镇江年鉴

ZHENJIANG YEARBOOK

总第30卷 2021

镇江市史志办公室 编

方志出版社
Publishing House of Local Records

图书在版编目（CIP）数据

镇江年鉴. 2021 / 镇江市史志办公室编. -- 北京 ：方志出版社，2021.10
ISBN 978-7-5144-4904-4

Ⅰ. ①镇… Ⅱ. ①镇…Ⅲ. ①镇江—2021—年鉴
Ⅳ. ①Z525.33

中国版本图书馆CIP数据核字（2021）第237395号

镇江年鉴（2021）

编　　者：镇江市史志办公室
责任编辑：刘　珊

出 版 者：方志出版社
地址　北京市朝阳区潘家园东里9号（国家方志馆4层）
邮编　100021
网址　http://www.zgfzcb.cn
发　　行：方志出版社图书经销中心
电话　（010）67110500
经　　销：各地新华书店
印　　刷：南京凯德印刷有限公司

开　　本：889×1194　1/16
印　　张：31
字　　数：1094千字
版　　次：2021年10月第1版　2021年10月第1次印刷
印　　数：0001~1200册
ISBN 978-7-5144-4904-4　定价：310.00元

《镇江年鉴（2021）》主审

马明龙　徐曙海

《镇江年鉴（2021）》编审人员

主　　编	马国进　徐　强
副 主 编	杨　兵　王　浩（执行）　蔡晓彬
编辑部主任	叶兆国
编　　辑	（以下按姓氏笔画排序）
	于　薇　叶兆国　杨正宏　宗晨婕　钱金金　潘　珏
顾　　问	杨正宏　徐　溯
特邀编辑单位	市委办公室　市人大常委会办公室　市政府办公室
	市政协办公室　市纪委监委办公室　市委组织部
	市委宣传部　市委统战部　市委政法委　市发改委
	市教育局　市科技局　市工信局　市住建局
	市农业农村局　市商务局　市退役军人局　市国资委
	市统计局　人行镇江中心支行　市保险协会
	丹阳市史志办公室　句容市史志办公室
	扬中市史志办公室　丹徒区史志办公室
	京口区史志办公室　润州区史志办公室
	镇江新区党政办公室　镇江高新区党政办公室
市（区）编辑	尹宏蔚　孙　可　孙　伟　李东东　张　虹　陈龙浩
	杭茹萍　殷　博
彩页设计	许紫妍　戴　璐
特邀摄影	杨宪华

《镇江年鉴》撰稿单位审稿人名单

（按姓氏笔画排序）

刁洪全　于彬彬　凡　浩　马云明　王永新　王加友　王建国　王思思　王香莲　王　浩

王海波　方向学　尹红敏　尹连荣　石庆银　石劲松　田红妹　田茂松　白淑泉　朱纪斌

朱国夫　朱　峰　朱　海　朱银忠　朱　毅　任　罡　刘贤忠　汤　兵　孙中良　苏　枫

李一匡　李　劲　李　玲　李晓光　杨长春　杨　文　杨晓勤　吴江玲　吴启忠　吴春明

吴晓晖　何　俊　余　峰　余　雷　宋飞雄　张玉宏　张　平　张宁晖　张永意　张忠华

张金宝　张　标　张　峥　张　俊　张剑斌　张　搏　张　蕾　陈小平（消防）

陈小平（编办）　陈　刚　陈　虹　陈秋明　陈峰林　陈海虹　周陪袁　周梅生　庞　迅

郑　丹　郑迎伟　赵守彩　赵志强　赵剑萍　胡舜根　柏　乐　柳建安　郜益农　段洪波

施　晶　胥　畅　姚海荣　骆　俊　贾龙华　贾安民　夏和生　顾林艳　钱伯安　徐子平

徐本林　徐志刚　徐建锋　徐恒功　徐超琼　殷秀忠　凌　华　高海涛　曹云杰　曹志云

曹　彤　曹宏明　龚祺祯　章存保　梁　坚　梁新歌　董和建　蒋新民　鲁　宽　谢立新

强　忠　解军英　窦玉成　蔡世源　蔡国华　鲜永超　谭　峥　戴云徽

编辑说明

《镇江年鉴》是镇江市人民政府主管，镇江市史志办公室编纂的大型地方综合年鉴，创刊于1992年。《镇江年鉴》的编纂以马克思列宁主义、毛泽东思想、邓小平理论、“三个代表”重要思想、科学发展观、习近平新时代中国特色社会主义思想为指导，坚持辩证唯物主义和历史唯物主义的立场、观点和方法，逐年记载镇江市经济和社会发展的基本情况，为社会各界认识镇江、研究镇江、发展镇江提供基础资料。

《镇江年鉴(2021)》记载2020年全市自然、政治、经济、文化和社会等方面的基本面貌、发展状况和各行各业取得的新进展、新成就、新经验，出现的新矛盾、新问题以及进行的新探索。《镇江年鉴（2021）》做了创刊以来的第二次改版。版式上，三栏改两栏，增大字号，方便读者阅读；优化版面设计，提升装帧美感。框架上，重组（新设）“镇江概览”“制造业”“建筑业・房地产业”“社会生活”“人力资源”“闻捷研究”“旅游营销”等类目（分目），在体现创新的同时，使框架更好地符合市情记载要求。内容上，刊载镇江市“十三五”期间脱贫致富、对口帮扶支援合作总体情况，以及2020年抗击新冠肺炎疫情、防汛防旱等重要情况，突出城市特色和年度特色内容。条目编纂上，增加“小概况+综合性条目”的编纂比例，并进一步去除内视性条目。通过改版，《镇江年鉴（2021）》无论从形式上还是内容上都有较大提升。彩色画页继续设立“城市名片”，介绍城市特点。为增强年鉴实用性，在相关部类安排重点企事业单位、科研机构、科研成果、大专院校等“点”上的信息，收入最新版《镇江市政区图》《镇江市城区图》，继续选登有资料价值、史料价值的图表。

全书采用分类编撰法，分类目、分目和条目3个层次，共设34个类目（栏目），依次为：特载、大事记、镇江概览、党政机关、民主党派・工商联、群众团体、军事、法治、经济管理、经济开发园区、人力资源、农业、制造业、交通・物流・邮政、口岸・港口、信息化建设、城乡建设与管理、建筑业・房地产业、生态环境、旅游、商贸流通、对外及对港澳台经济贸易、金融、科学技术、教育、文化、地域文化研究、大众传媒、卫生健康、体育、社会生活、人物、书目・文摘・题录、附录。按以上次序，用于图、表的排序依据。个别分目下设立次分目，其标题前后加“・”表示。条目为记述实体，其标题用黑体字加【】表示。文中“市区”表示“丹徒区、京口区、润州区”。表格中 # 表示“其中”。全书所用稿件由镇江市各部门、单位，各市（区）专人撰写，并经过各单位有关负责人审阅，事实与数据均经过反复核对。统计数据均使用法定计量单位，少数一次文献以及非统计意义的计量单位保持原貌。正文部分有关数据，由于统计来源、口径和时间不同而存在不尽一致的情况。对有些重要资料的记载在时限上适当放宽，以提高资料使用的时效性。

全书配有多重检索方法：卷首设中文目录，卷末设主题分析索引，并辅之以全书条目参见系统。全书所有资料可通过目录、索引、条目参见系统以及书眉等查寻。《镇江年鉴》搜索网址为：http://szb.zhenjiang.cn/。

【城市坐标】

市　　树　广玉兰
市　　花　杜鹃花
镇江精神　创业创新、开放文明、务实诚信
城市位置　长江运河“十字黄金水道”交汇处
城市性质　国家历史文化名城，长江三角洲重要的港口、风景旅游城市
城市历史　3000年文明历史
市（区）　丹阳市、句容市、扬中市、丹徒区、京口区、润州区、镇江新区、镇江高新区

【城市荣誉（2020）】

全国文明城市复核通过
江苏省政府办公厅真抓实干成效明显地方督查激励通报
综合运输服务示范城市
2018—2019年度全国无偿献血先进城市
第四批居家和社区养老服务改革试点成果验收优秀地区
2018年国家级服务外包示范城市综合评价通过（复核）
“中国醋都·镇江”称号
“百城百园”行动城市
首届全国职业技能大赛江苏省第四名
全省健全行政复议体制机制示范单位
2019年度设区市政府质量工作考核结果为A级
2019年度江苏省营商环境市场监管指标全省第二名
2019年设区市打好污染防治攻坚战综合考核得分排名第四名

【城市数字（2020）】

户籍人口	269.25万人
土地面积	3840平方千米
建成区土地面积	227平方千米，其中市区145平方千米
京杭大运河境内长	42.74千米
地区生产总值	4220.09亿元
人均地区生产总值	131580元
一般公共预算收入	311.74亿元
社会消费品零售总额	1141.93亿元
实际利用外资	7.88亿美元
进出口总额	722.44亿元，其中出口512.21亿元
港口货物吞吐量	36028万吨
城镇常住居民人均可支配收入	54572元
农村常住居民人均可支配收入	28402元

【文化遗存、风景名胜】

全国重点文物保护单位	焦山碑林、丹阳和句容南朝陵墓石刻、镇江英国领事馆旧址、昭关石塔、大运河（大运河镇江段、虎踞桥、江河交汇处、新河街一条街、西津渡古街）、甘露寺铁塔、“隆昌寺建筑群”、城上村遗址、葛城遗址、铁瓮城遗址、宋元粮仓遗址、春城土墩墓群、烟墩山墓地
全国重点寺院宫观	金山江天禅寺、焦山定慧寺、宝华山隆昌寺、茅山道院
国家级非物质文化遗产	白蛇传传说、镇江恒顺香醋酿制技艺、古琴艺术（梅庵琴派）、扬剧、灯彩（秦淮灯彩）、酿造酒传统酿造技艺（封缸酒传统酿造技艺）、董永传说、佛教音乐（金山寺水陆法会仪式音乐）、道教音乐（茅山道教音乐）
全国古籍重点保护单位	镇江市图书馆
国家重点风景名胜区	“三山”风景名胜区（金山景区、焦山景区、北固山景区、征润洲景区、云台山景区、江心岛景区）
国家AAAAA级旅游景区	金山·焦山·北固山旅游景区、茅山景区
国家AAAA级旅游景区	镇江博物馆、南山风景区、西津渡历史文化街区、宝华山国家森林公园、镇江醋文化博物馆、米芾书法公园、江苏茶博园
国家森林公园	南山国家森林公园、宝华山国家森林公园
国家重点公园	金山公园
省级风景名胜区	南山风景名胜区、茅山风景名胜区、九龙山风景名胜区
省级自然保护区	宝华山自然保护区、长江豚类自然保护区
省级旅游度假区	世业洲旅游度假区、茅山湖旅游度假区、水晶山旅游度假区
省级生态旅游示范区	南山风景区

镇江市政区图

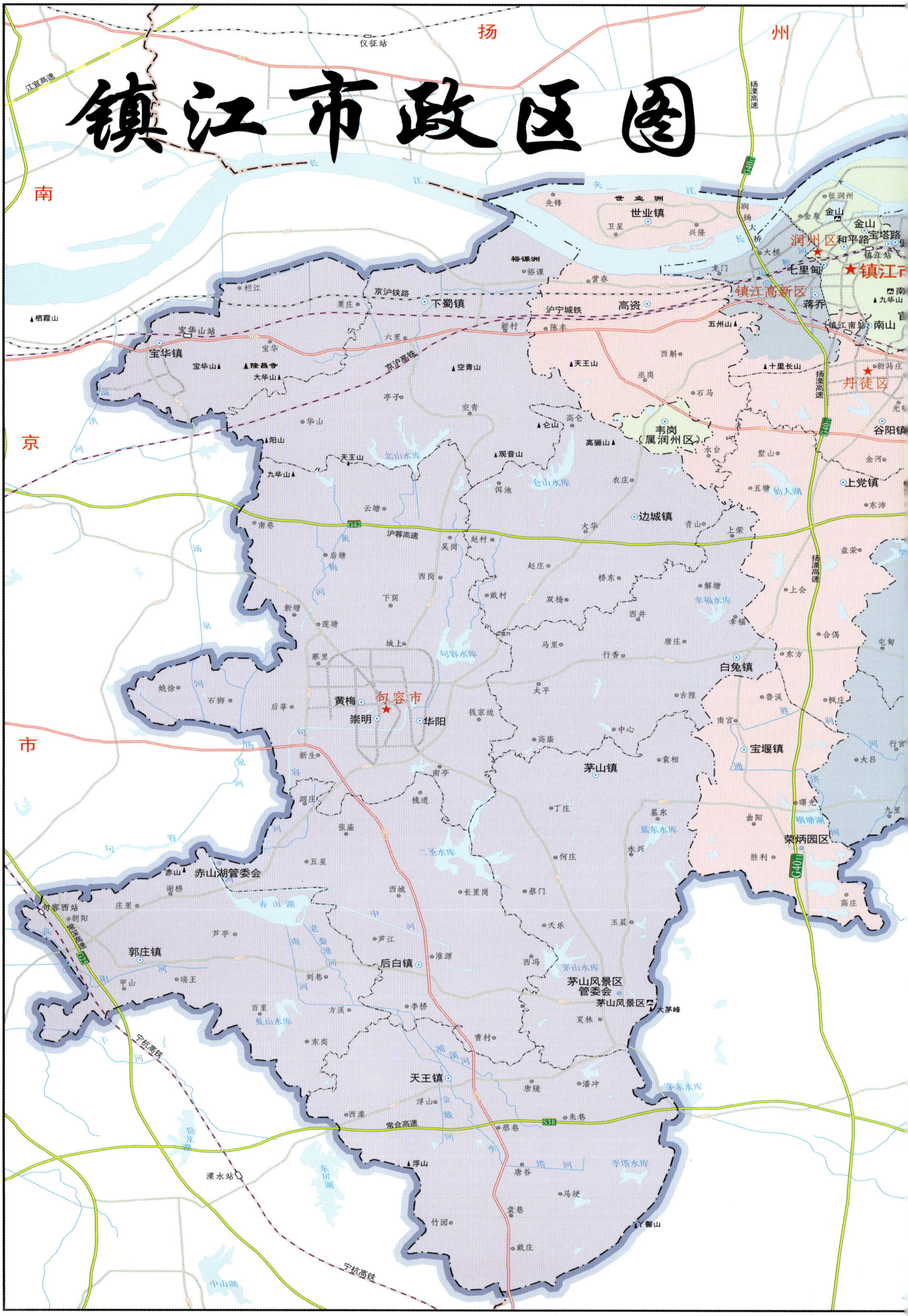

扬
州
南
京
市
仪征站
江宜高速
扬溧高速
长
江
夹
世业洲
世业镇
先锋
卫星
兴隆
润扬大桥
大桥
征润洲
金山
金山
宝塔路
和平路
润州区
镇江站
七里甸
镇江市
镇江高新区
龙门
蒋乔
南
九华山
南山
镇江南站
丹徒区
谷阳镇
上党镇
金河
东沛
盘荣
上会
合偶
东方
白兔镇
鲁溪
枫庄
南宫
宝堰镇
大吕
曙光
横塘湖
曲阳
荣炳园区
胜利
高庄
栖霞山
宝华山站
宝华镇
宝华山
隆昌寺
大华山
宝华
栖江
京沪铁路
栗庄
下蜀镇
裕课洲
裕课
营春
沪宁城铁
高资
新村
陈丰
六里
京沪高铁
空青山
五州山
天王山
西斛
巫岗
十里长山
石马
亭子
空青
华山
高仑
仑山
韦岗
属润州区
高骊山
阳山
天王山
北山水库
观音山
水台
暨山
九华山
仑山水库
俚池
衣庄
五塘
仙人湖
云塘
边城镇
南巷
G42
沪蓉高速
赵村
吴岗
大华
青山
上荣
后塘
西岗
赵庄
桥东
解塘
幸福水库
新塘
下蜀
戴村
双杨
西井
幸福
莲塘
城上
马里
唐庄
寨里
句容水库
行香
黄梅
句容市
崇明
华阳
姚徐
石狮
后莘
钱家边
太平
古隍
新生
高庙
中心
袁相
茅山镇
南亭
洞庄
槐道
丁庄
墓东
张庙
墓东水库
永兴
二圣水库
何庄
赤山
赤山湖管委会
五星
谢桥
西城
长里岗
蔡门
句容西站
庄里
赤山湖
朝阳
芦亭
芦江
天乐
玉晨
郭庄镇
后白镇
淮源
西冯
茅山水库
甲山
端王
刘巷
茅山风景区
管委会
茅山风景区
大茅峰
百里
方溪
李桥
夏林
虬山水库
东岗
曹村
宁杭高铁
天王镇
唐陵
潘冲
浮山
西溧
常合高速
蔡巷
S38
朱巷
浮山
唐谷
李塔水库
溧水站
马埂
东屏湖
袁巷
竹园
戴庄
磐山
中山湖
宁杭高铁

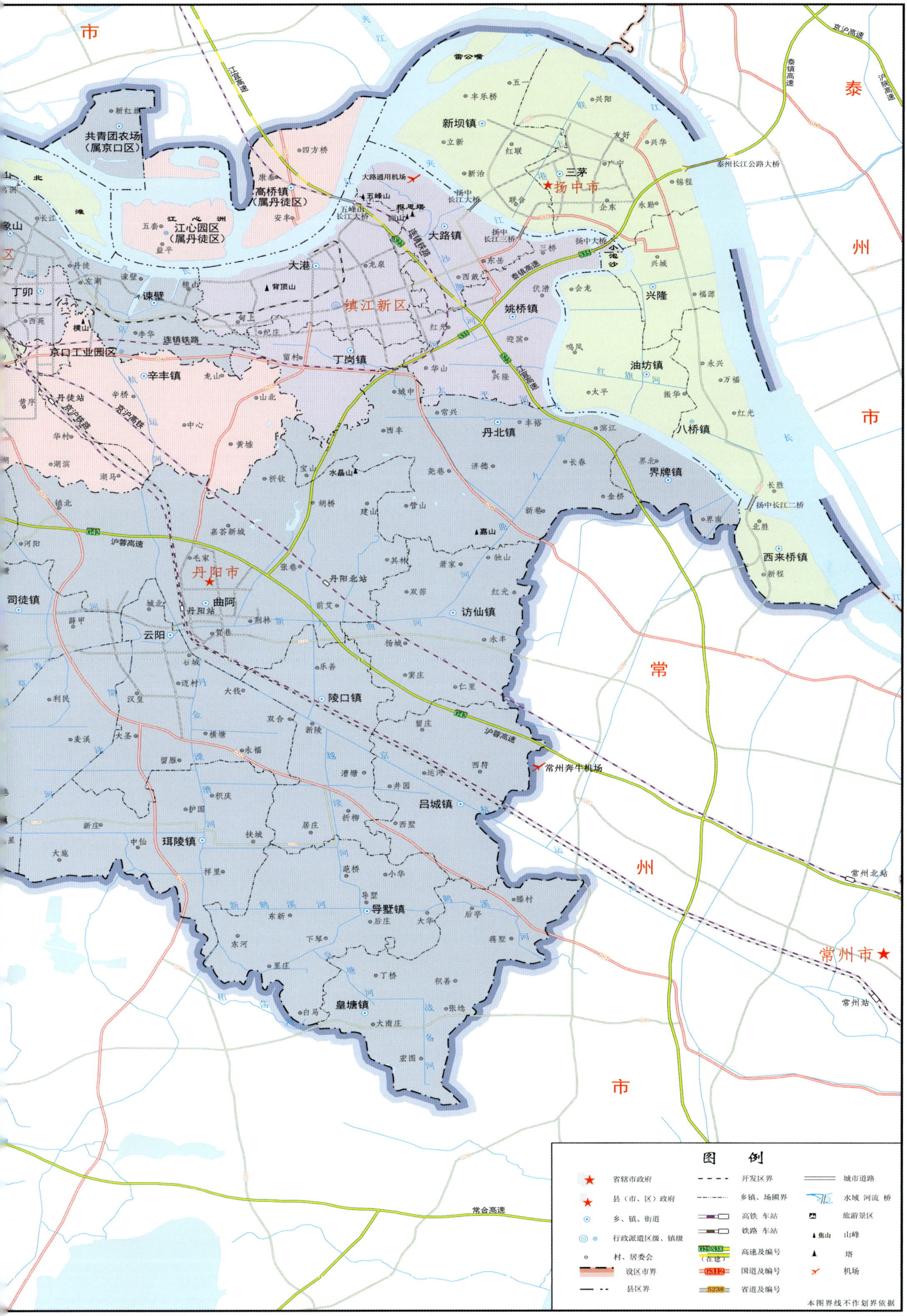

地图审核号：苏镇S(2021)03号

地图审核号：苏镇S(2021)02号

镇江市城区图

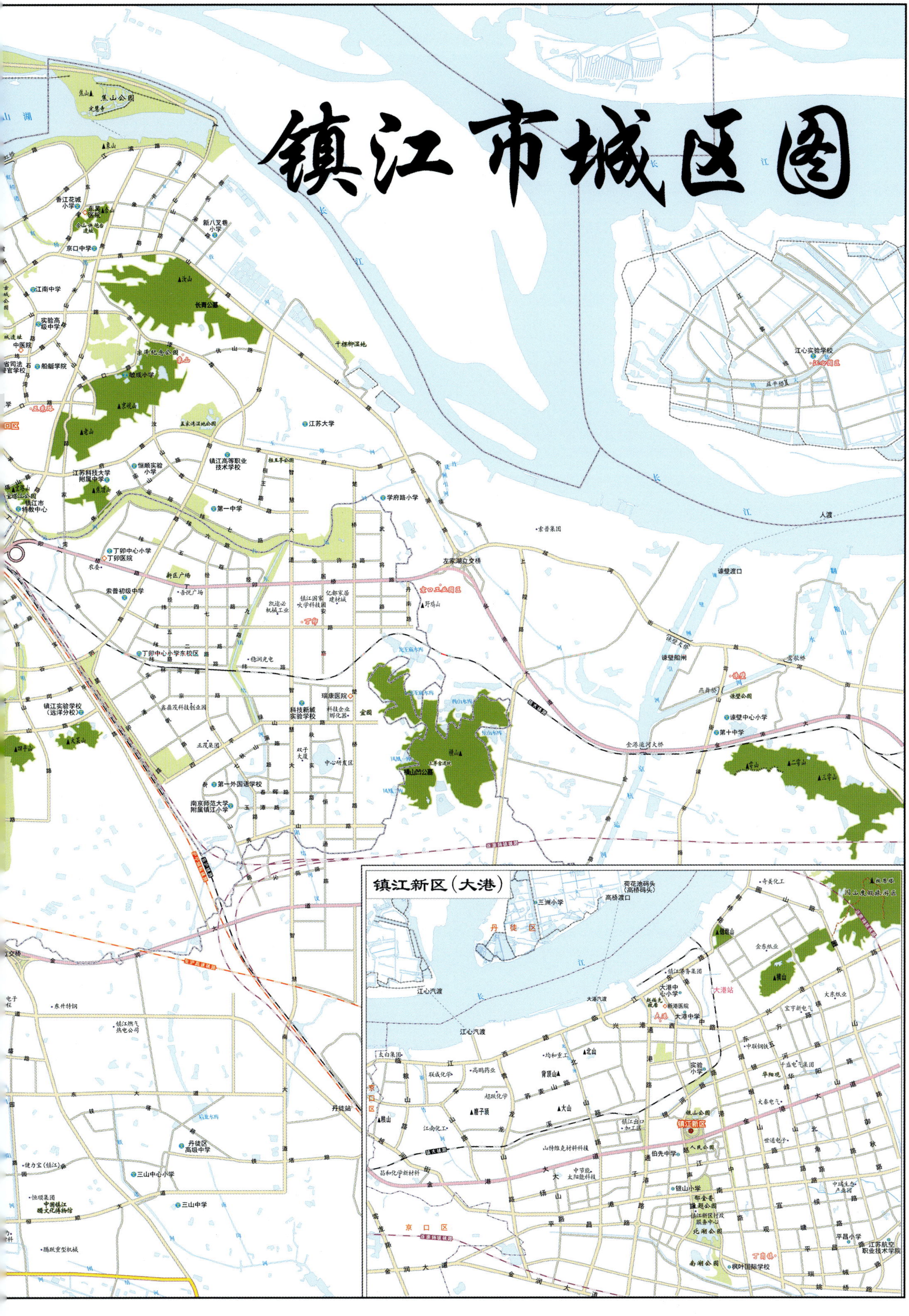

焦山公园
定慧寺
长江
象山
香江花城小学
东吴医院
新八叉巷小学
京口中学
江南中学
实验高级中学
中医院
船艇学院
汝山
长青公墓
千棵柳湿地
江苏大学
敏成小学
云台山
孟家湾湿地公园
镇江高等职业技术学校
恒顺实验小学
江苏科技大学附属中学
镇江市特教中心
第一中学
学府路小学
江心实验学校
江心园区
丁卯中心小学
丁卯医院
新区广场
索普初级中学
凯达必机械工业
镇江国家大学科技园
亿都家居建材城
京口工业园区
左家湖立交桥
谏壁渡口
谏壁大桥
谏壁船闸
谏壁公园
谏壁中心小学
第十中学
丁卯中心小学东校区
稳润光电
瑞康医院
科技新城实验学校
科技企业孵化器
鑫鑫茂科技创业园
镇江实验学校（远洋分校）
正茂集团
第一外国语学校
南京师范大学附属镇江小学
中心研发区
双子大厦
横山
横山烈公墓
五峰山
二峰山
三峰山
金港运河大桥
丹徒站
东升特钢
镇江燃气热电公司
丹徒区高级中学
三山中心小学
三山中学
健力宝（镇江）
恒顺集团
中国镇江醋文化博物馆
鹏跃重型机械
镇江新区（大港）
荷花池码头（高桥码头）
高桥渡口
三洲小学
丹徒区
江心汽渡
大港站
大港中心小学
新港医院
大港中学
实验小学
北山
横山
金东纸业
大东纸业
中联钢铁
华阳观
大泰电气
世通电子
银山小学
都会景
镇江新区
伯先中学
镇江出口加工区
山特维克材料科技
中节能太阳能科技
江南化工
磨子顶
大山
背景山
超跃化学
高鹏药业
联成化学
太白集团
京口区
北湖公园
南湖公园
枫叶国际学校
丁岗镇
平昌小学
江苏航空职业技术学院
中瑞生态产业园
五峰山
奇美化工

2020年镇江市主要经济社会指标

一般公共预算收入
比上年增长1.6%
2020年 311.74亿元

一般公共预算支出
比上年增长7.0%
2020年 498.91亿元

进出口总额
比上年下降7.0%
2020年 104.23亿美元

税收收入
比上年下降0.8%
2020年 237.18亿元

地区生产总值
比上年增长3.5%
2020年 4220.09亿元

住户存款
比年初增加342.67亿元
2020年 2764.35亿元

金融机构人民币贷款余额
比年初增加849.41亿元
2020年 6105.42亿元

金融机构人民币存款余额
比年初增加745.40亿元
2020年 6292.05亿元

全社会用电量
比上年增长1.0%
2020年 267.05亿千瓦时

出口总额
比上年下降6.1%
2020年　73.91亿美元

全体常住居民人均可支配收入
比上年增长4.3%
2020年　46180元

居民消费价格指数
比上年增长2.4%
2020年　102.4

城镇常住居民人均可支配收入
比上年增长3.5%
2020年　54572元

农村常住居民人均可支配收入
比上年增长6.0%
2020年　28402元

社会消费品零售总额
比上年下降1.4%
2020年　1141.93亿元

年末户籍人口
比上年减少0.91万人
2020年　269.25万人

城镇化率
比上年增长0.8个百分点
2020年　73%

工业用电量
比上年增长1.1%
2020年　192.23亿千瓦时

说明：本页数据均为统计快报数

中国共产党镇江市第七届委员会第十一次全体会议
1

中国共产党镇江市
2

镇江市第八届人民代表大会第四次会议
3

中国人民政治协商会议镇江市第八届委
4

❶ 2020年7月31日，中国共产党镇江市第七届委员会第十一次全体会议召开（《创新》编辑部供稿）

❷ 2020年12月28日，中国共产党镇江市第七届委员会第十二次全体会议召开（《创新》编辑部供稿）

❸ 2020年1月10日—13日，镇江市第八届人民代表大会第四次会议召开（《创新》编辑部供稿）

❹ 2020年1月9日—12日，中国人民政治协商会议镇江市第八届委员会第四次会议召开（《创新》编辑部供稿）

❺ 2020年4月20日，中国共产党镇江市第七届纪律检查委员会第五次全体会议召开（《创新》编辑部供稿）

5

1

人民日報
RENMIN RIBAO
2020年2月
9
星期日

切实维护正常经济社会秩序
本报评论员

总书记来过我们家
咱这儿真像画里一样
——回访江苏镇江市丹徒区世业镇永茂圩自然村洪家勇家

解决好厕所问题在新农村建设中具有标志性意义，要因地制宜做好厕所下水道管网建设和农村污水处理，不断提高农民生活质量。
要深化城乡统筹，扎实推进城乡一体化发展，让农村成为安居乐业的美丽家园。
——习近平

照片里全是欢喜事
世代乐居美丽家园
水清村美惬意生活

今日谈
补齐影响群众生活品质的短板

来自疫情防控一线的报道
守土担责，肩膀不能松！
——实地探访咸宁通城县抗击疫情工作

武汉雷神山医院收治首批患者
2

04 综合新闻
光明日报
含泪再忆果树栽培专家糜林
四川高校有效遏制"牛栏关猫"
争锋海上移动智能导航
用非遗作品讲述抗疫故事
3

生态 14
人民日报
调优产业结构、实施煤改气、推动绿色运输——
山西 源头治污保蓝天
4

5

化工巨頭與邁民企「聯姻」

總投120億美元 項目7月投產

海南限購 本地人最多買兩套房

安徽企業社保全年減負159億

粵發放專項低息貸逾200億

福田發布3700億重大項目投資計劃

鎮江規上工企全復工

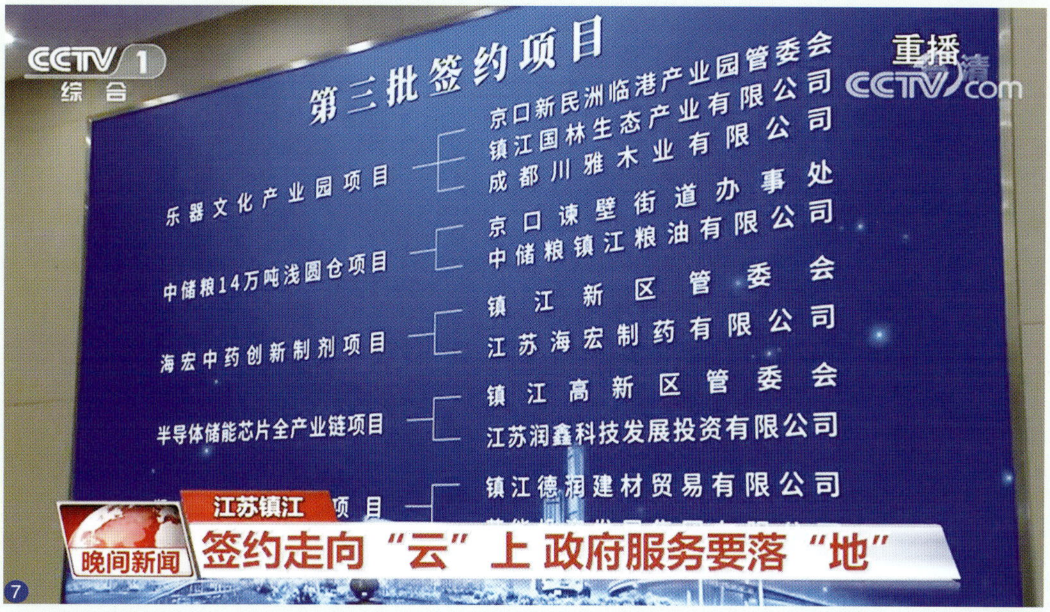

1. 中央电视台：《新闻直播间》报道《“点对点”指导复产 “屏对屏”对接产销》
2. 《人民日报》：咱这儿真像画里一样——回访江苏镇江市丹徒区世业镇永茂圩自然村洪家勇家
3. 《光明日报》：含泪再忆果树栽培专家糜林
4. 《人民日报》：江苏镇江破获特大非法采砂案——长江盗采船猎捕记
5. 中央电视台：《新闻联播》报道《镇江市长江大保护工作》
6. 《香港商报》：镇江规上企业全复工
7. 中央电视台：《晚间新闻》报道《江苏镇江：签约走向“云”上 政府服务要落“地”》
8. 中央电视台：《新闻直播间》报道《复工复产调研行 江苏丹阳：眼镜产业的逆境求生》

1. 2020年4月28日，镇江市产业强市大会召开（《创新》编辑部 供稿）
2. 2020年6月30日，国药智能康复医疗器械基地等大项目开工建设（丹阳市史志办 供稿）
3. 2020年6月2日，江苏信保集团与镇江市人民政府签署全面战略合作协议（市国资委 供稿）
4. 2020年6月30日，蜂巢动力系统（江苏）有限公司首台发动机下线仪式举行（扬中市融媒体中心 供稿）
5. 2020年，北汽蓝谷麦格纳新能源汽车实现量产（丹徒区史志办 供稿）

HYCET 蜂巢动力系统（江苏）有限公司
蜂巢动力系统（江苏）有限公司首台发动机
下线仪式
蜂巢动力系统（江苏）有限公司首台发动机下线仪式
共享 · 共

1

2

4

③

❶ 飞驰汽车集团生产车间（市国资委 供稿）

❷ 北汽蓝谷麦格纳焊装车间（张 云 供稿）

❸ 2020年6月2日，威翔航空科技股份有限公司完成首次批量验收飞行（马镇丹 供稿）

❹ 蜂巢易创扬中产业园装试车间（扬中市史志办 供稿）

❺ 中船动力有限公司生产车间（市国资委 供稿）

1 2020年11月6日，“中国醋都镇江”揭牌仪式举行（市工信局 供稿）

2 食醋灌装智能车间现场（市工信局 供稿）

3 2020年5月13日，恒顺高端香醋、料酒黄酒扩产项目开工仪式举行（恒顺集团 供稿）

4 恒顺集团食醋工业园区全景（市工信局 供稿）

5 2020年11月6日，恒顺180周年高质量发展峰会举行（市工信局 供稿）

众心所向
恒顺 180
恒顺180周年高质量发展峰会
HENGSHUN HIGH-QUALITY DEVELOPMENT SUMMIT OF THE 180TH ANNIVERSARY
恒顺味道 全球共享
HENGSHUN TASTE GLOBAL SHARING

❶ 2020年9月19日，第十四届中国镇江金山文化旅游节开幕式举行（王瑞稼 供稿）

❷ 2020年9月12日，第十四届中国镇江金山文化旅游节电子竞技大赛开幕式在苏宁广场举行（黄祉绮 供稿）

❸ 2020年9月20日，“镇江夜美好”诗词大会现场（胡 艳 供稿）

❹ 2020年9月19日—30日，第二届镇江面霸挑战赛现场（王瑞稼 供稿）

❺ 2020年10月7日，街头艺术家在北固山表演（张 梅 供稿）

❻ 2020年9月26日—29日，长三角地区民俗系列活动集锦（胡 艳 供稿）

❼ 《共度国庆》表演现场（田 冰 供稿）

6

❶

❷

1 舞台剧《春江花月夜·赛珍珠》演出剧照（市文广集团 供稿）

2 音乐剧《九九艳阳天》青春版演出剧照（市文广集团 供稿）

3 扬剧《茶山女人》演出剧照（市文广旅局 供稿）

3

❶ 爱心团体为弱势群体送爱心年夜饭活动（石小刚 供稿）

❷ 2020年5月19日，“镇有一手”巾帼带货——约您品甜瓜直播活动在丹阳市举行（谢道榅 供稿）

❸ 截至2020年，句容市投放镇村公交近200辆，开通线路270条，通达率100%。图为乡村校车（王 军 供稿）

❹ 老旧小区改造完成后的中营片区（文 雯 供稿）

❺ 2020年5月1日，健康路体育公园正式对外开放（文 雯 供稿）

校车
此车已消毒
3

❶ 358省道丹徒段（朱 文 供稿）

❷ 丹阳访上线（任一鸣 供稿）

❸ 丹阳生态大道（任一鸣 供稿）

❹ 连淮扬镇铁路镇江段（任一鸣 供稿）

❺ 新312国道路段（朱 文 供稿）

❻ 2020年12月16日，五峰山长江大桥建成通车（任一鸣 供稿）

5

1 镇江润京电力工程有限公司为老小区电力增容（市国资委 供稿）

2 大港水厂投产并网运行（市住建局 供稿）

3 2020年6月2日，镇江市海绵最大单体项目首项“开项”（文 雯 供稿）

4 2020年8月12日，中交公路规划设计院对润扬大桥主缆进行巡检保养（宋 伟 供稿）

5 2020年5月28日，建设中的宁句城际轨道交通一工区U梁架（王 军 供稿）

3

1. 2020年8月15日，体育相伴“京”夜无眠——暑期少儿公益体育培训举行（文 雯 供稿）

2. 2020年9月11日—14日，2020年江苏省青少年拳击锦标赛在镇江市举行（文 雯 供稿）

3. 2020年11月22日，“安利纽崔莱杯”2020第三届镇江南山越野赛暨宁镇扬越野邀请赛举行（文 雯 供稿）

4. 2020年12月5日—6日，2020年全国U系列田径通讯赛（江苏赛区）系列赛在镇江市举行（文 雯 供稿）

第三届
安利纽崔莱
2020·镇江
南山
终点
FINISH
0155
0153

280
363
7
6

1

2

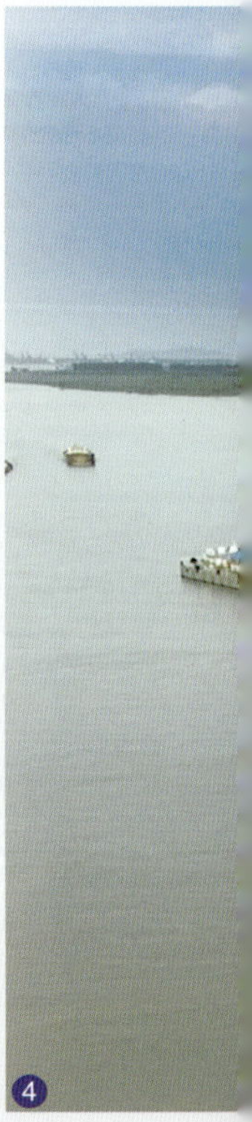

4

❶ 工作人员规范收集船舶油污水（市国资委 供稿）

❷ 世业洲湿地景观（朱柯蓉 供稿）

❸ 江苏省镇江长江豚类自然保护区风貌及其江中的江豚（陈 浩 供稿）

❹ 六圩水上服务区（陈 浩 供稿）

① 丹徒区世业镇永茂圩村（丹徒区世业镇 供稿）

② 句容市后白镇西冯村（魏 兢 供稿）

③ 句容市边城镇佴池村（魏 兢 供稿）

④ 丹徒区高资街道巫岗村（丹徒区高资街道 供稿）

⑤ 扬中市新坝镇联合村（唐华龙、孙亚静 供稿）

⑥ 扬中市三茅街道三桥村（王 尧 供稿）

3

❶ 镇江市首批医护人员驰援湖北（刘 桃 供稿）

❷ 镇江市第二批医护人员驰援湖北（刘 桃 供稿）

❸ 镇江市第三批医护人员驰援湖北（刘 桃 供稿）

❹ 镇江市第四批医护人员驰援湖北（刘 桃 供稿）

镇江市第三批援助湖北
医疗队出征仪式
2020年2月9日
镇江大爱精神 支援湖北抗击疫情

镇江市
镇江市第四批援湖北（黄石）医疗队

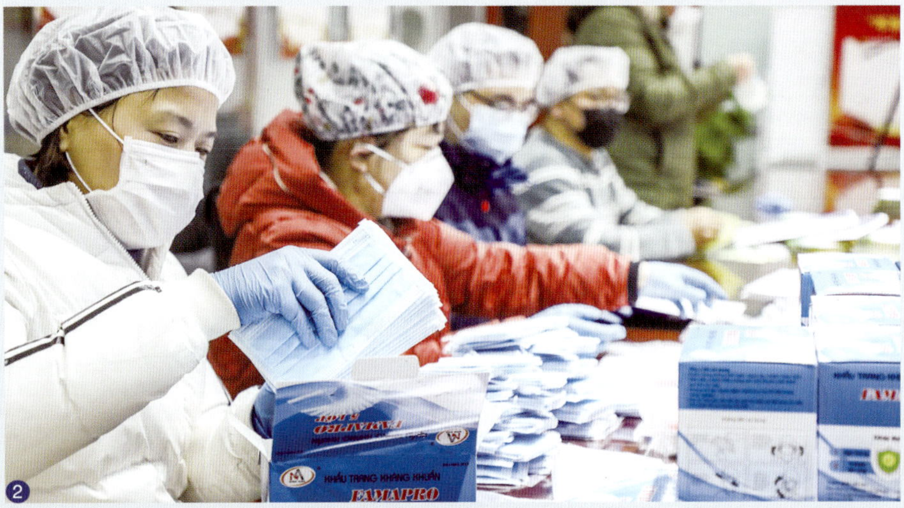

1 江苏鱼跃医疗设备股份有限公司开展防疫物资保障工作
（市工信局 供稿）

2 镇江邮政通信指挥中心分装市政府面向市民免费发放的新冠肺炎疫情防护口罩
（谢道榅 供稿）

3 中国邮政丹阳市分公司免费将医疗设备运输至武汉
（谢道榅 供稿）

《镇江年鉴（2021）》部分机构（单位）全称简称对照表

全称	简称	全称	简称
镇江市纪律检查委员会镇江市监察委员会机关	市纪委监委机关	镇江市机关事务管理局	市机关事务局
中共镇江市委办公室	市委办公室	中国共产主义青年团镇江市委员会	团市委
镇江市人民代表大会常务委员会办公室	市人大常委会办公室	镇江市妇女联合会	市妇联
镇江市人民政府办公室	市政府办公室	镇江市文学艺术界联合会	市文联
中国人民政治协商会议镇江市委员会办公室	市政协办公室	镇江市科学技术协会	市科协
镇江市中级人民法院	市法院	镇江市归国华侨联合会	市侨联
镇江市人民检察院	市检察院	镇江市台湾同胞联谊会	市台联
中共镇江市委组织部	市委组织部	中国国际贸易促进委员会镇江市委员会	市贸促会
中共镇江市委宣传部	市委宣传部	镇江市残疾人联合会	市残联
中共镇江市委统一战线工作部	市委统战部	镇江市哲学社会科学界联合会	市社科联
中共镇江市委政法委员会	市委政法委	镇江市关心下一代工作委员会	市关工委
中共镇江市委研究室	市委研究室	中国国民党革命委员会镇江市委员会	民革镇江市委
中共镇江市委全面深化改革委员会办公室	市委深改办	中国民主同盟镇江市委员会	民盟镇江市委
中共镇江市委全面依法治市委员会办公室	市委依法治市办	中国民主建国会镇江市委员会	民建镇江市委
中共镇江市委网络安全和信息化委员会办公室	市委网信办	中国民主促进会镇江市委员会	民进镇江市委
中共镇江市委财经委员会办公室	市委财经办	中国农工民主党镇江市委员会	农工党镇江市委
中共镇江市委外事工作委员会办公室	市委外办	中国致公党镇江市委员会	致公党镇江市委
中共镇江市委机构编制委员会办公室	市委编办	九三学社镇江市委员会	九三学社镇江市委
中共镇江市委军民融合发展委员会办公室	市委军民融合办	镇江市工商业联合会	市工商联
中共镇江市委审计委员会办公室	市委审计办	镇江市供销合作总社	市供销社
中共镇江市委农村工作领导小组办公室	市委农办	镇江市农业科学院	市农科院
中共镇江市委台湾工作办公室	市委台办	镇江市文化广电产业集团	市文广集团
中共镇江市委市级机关工作委员会	市委机关工委	镇江市住房公积金管理中心	市公积金中心

全称	简称	全称	简称
中共镇江市委巡察工作办公室	市委巡察办	江苏航空职业技术学院	江苏航院
中共镇江市委老干部局	市委老干部局	镇江市高等专科学校	镇江高专
镇江市史志办公室	市史志办	镇江国有投资控股集团有限公司	镇江国控集团
镇江市发展和改革委员会	市发改委	镇江城市建设产业集团有限公司	镇江城建集团
镇江市科学技术局	市科技局	镇江交通产业集团	镇江交通集团
镇江市工业和信息化局	市工信局	镇江文化旅游产业集团	镇江文旅集团
镇江市民族宗教事务局	市民宗局	江苏恒顺集团有限公司	恒顺集团
镇江市人力资源和社会保障局	市人社局	江苏索普（集团）有限公司	索普集团
镇江市住房和城乡建设局	市住建局	镇江市港口发展集团有限公司	市港发集团
镇江市城市管理局	市城管局	国家税务总局镇江市税务局	市税务局
镇江市文化广电和旅游局	市文广旅局	镇江市邮政管理局	镇江邮政局
镇江市卫生健康委员会	市卫健委	中国人民银行镇江市中心支行	人行镇江中心支行
镇江市退役军人事务局	市退役军人局	中国银行保险监督管理委员会镇江监管分局	镇江银保监分局
镇江市应急管理局	市应急局	镇江市烟草专卖局	市烟草局
镇江市人民政府外事办公室	市外办	江苏省广电有线信息网络股份有限公司镇江分公司	有线镇江公司
镇江市人民政府国有资产监督管理委员会	市国资委	中国电信股份有限公司镇江分公司	电信镇江公司
镇江市政务服务管理办公室	市政务办	中国移动通信集团江苏有限公司镇江分公司	移动镇江公司
镇江市市场监督管理局	市市场监管局	中国联合网络通信有限公司镇江市分公司	联通镇江公司
镇江市医疗保障局	市医保局	中国铁塔股份有限公司镇江市分公司	铁塔镇江公司
镇江市地方金融监督管理局	市金融监管局		

说明：部分全称与简称区别不大的单位未列入；该表仅限查阅使用，不作为排序依据

目　录

特　载

大事记

镇江概览

党政机关

民主党派·工商联

群众团体

军　事

法　治

经济管理

经济开发园区

人力资源

农　　业

制　造　业

交通·物流·邮政

口岸·港口

信息化建设

城乡建设与管理

建筑业·房地产业

生态环境

旅　　游

商贸流通

对外及对港澳台经济贸易

金　　融

科学技术

教　　育

文　化

地域文化研究

大众传媒

卫生健康

体　　育

社会生活

人　　物

书目·文摘·题录

附　录

索　引

镇江市国民经济和社会发展
第十四个五年规划和二〇三五年远景目标纲要(节选)

第一章 紧扣“三高一争”奋斗目标，奋力谱写“强富美高”新篇章

第一节 发展基础

“十三五”时期，面对错综复杂的宏观环境和前所未有的风险挑战，特别是新冠肺炎疫情的严重冲击，全市上下坚持以习近平新时代中国特色社会主义思想为指引，牢记习近平总书记“镇江很有前途”谆谆嘱托，以“跑起来”的奋进姿态，全力推动高质量发展，“强富美高”新镇江建设取得重大阶段性成果，决胜高水平全面建成小康社会取得决定性成就。

经济实力迈上新台阶。认真落实国家宏观调控政策，研究出台一系列立足当前、着眼长远的政策措施，全市经济保持平稳增长，经济实力不断增强。消费对经济增长的拉动作用持续增强，有效投入持续扩大，民间投资占固定资产投资比重达到 77% 左右。金融服务实体经济力度加大，人民币贷款余额达到 6100 余亿元。产业强市战略落地见效，高端装备制造、新材料两大主导产业销售收入占规模工业销售比重提高到 38.6%。招商引资取得新突破，累计完成产业项目投资 3000 余亿元，孚能科技、蜂巢易创等一批重大产业项目成功落地投产。工业应税销售突破 4800 亿元，年均增长 7.3%。7 家企业跻身百亿企业俱乐部。创新发展动能不断增强，高新技术产业产值占比达到 46%，国家高新技术企业数量从 528 家提升到 1188 家，境内外上市公司累计达到 20 家。苏南国家自主创新示范区建设扎实推进，镇江高新区实体化运作。大众创业、万众创新取得明显成效，镇江新区获批省创新创业示范基地。新增国家级、省级科学科技奖励 16 项和 124 项，航空航天领域多项成果填补国内空白。万人发明专利拥有量达到 42 件，新增国家知识产权示范企业 10 家，获批国家知识产权强市创建市。产业结构调整不断深化，服务业对经济增长的贡献率逐步提高，服务业增加值占地区生产总值比重超过 49%，租赁商务、信息服务等新业态服务业保持良好增长势头，润州成功入选省级服务业综合改革试点。乡村振兴战略深入实施，初步形成以优质粮油、特色园艺、特种养殖、休闲农业为主导的现代农业产业体系，绿色优质农产品比重达到 72%。“戴庄经验”在全省推广，国家农业科技园区通过验收，句容建成全国首家农业互联网医院。一批重大基础设施建成运行，连镇铁路、五峰山大桥、新 312 国道、镇丹高速、丁卯高架等建成通车，宁句城际轨道、南沿江高铁等重点工程顺利实施，大港南站、丹徒站开通运营。

百姓生活实现新提升。扎实推进民生实事项目，五年来直接用于民生及与民生相关的财政支出累计约 1538 亿元。脱贫攻坚任务全面完成，204 个经济薄弱村、2 万多名建档立卡低收入人口全部脱贫，茅山老区扶贫开发取得明显成效。居民收入水平不断提高，2020 年，城乡居民人均可支配收入比 2015 年分别增长 40% 和 46%。就业范围持续扩大，五年新增城镇就业 38.27 万人，零就业家庭保持动态清零。城镇失业再就业人数 18.3 万人，高校毕业生年末总体就业率稳定在 95% 以上，农村劳动力转移总量达到 4.16 万人，句容创成全国返乡农民创业示范市。大规模开展职业技能培训，新增高技能人才 6.26 万人，创业带动就业29.78万人。社会保障能力日益增强,医疗、养老、失业等主要保险覆盖率保持在98%以上,实现城乡低保保障标准一体化,城乡低保标准较2015年增长29.5%。建成省级农村留守儿童和困境儿童"关爱之家"9个、"残疾人之家"150个,获"全国慈善七星级城市"称号。教育现代化建设成效显著,深入实施"八校联动、三大工程",累计新改扩建学校153所,建成心湖高级中学、市特教中心新校区,引进苏州外国语、南师大附属小学等优质民办教育资源,智慧校园覆盖率达70%。镇江高校园区建成启用,江苏航空职业技术学院组建招生。城镇义务教育优质均衡比位列全省第一,学前教育改革成果获全国教育改革创新优秀奖,职业教育校企合作改革、教师县管校聘改革、集团办学全面推进。健康服务体系不断完善,抗击新冠肺炎疫情取得重大战略成果,常态化疫情防控机制逐步健全,公共卫生应急管理体系建设不断完善。统筹推进医联体建设,组建8个市级专科联盟,分级诊疗制度不断完善,国家卫生城市实现全覆盖,实现与长三角地区跨省异地就医门诊费用直接结算。健康镇江建设稳步推进,五年累计新建健身步道240余千米,建成体育小公园108个、多功能运动场220个,农民体育健身工程村覆盖率达100%。镇江籍运动员在各类运动会上取得佳绩。全国居家和社区养老服务改革试点成效显著,累计建成街道老年人日间照料中心30个,老年人助餐点400多个。人均预期寿命超过78岁。

生态环境彰显新优势。国家生态文明先行示范区建设实现新进步,绿色转型发展成效显著,为深化美丽镇江建设夯实基础。长江大保护扎实推进,完成长江经济带生态环境突出问题整改,长江豚类自然保护区等一批突出问题彻底解决,长江沿岸造林绿化380公顷(5700余亩)。坚决落实长江流域重点水域"十年禁渔",圆满完成"四清"目标。深化与三峡集团合作,形成餐厨废弃物与污泥协同处理资源化利用"镇江经验"。污染防治攻坚战成果显著,开展蓝天、碧水、净土保卫战,中央和省环保督察反馈突出问题全面整改销号。"263"专项整治行动深入推进,累计关停取缔"散乱污"企业909家,实施大气污染防治项目2051项,推进河湖长制和"两违三乱"整治,古运河综合整治成效明显。全市$PM_{2.5}$年均浓度较2015年下降35%,国、省考断面水质达标率、优Ⅲ比例均达到100%。生态文明建设取得突破,国家低碳试点城市建设稳步推进,成功举办四届国际低碳(镇江)大会。38个镇(街道)、49个村创成省级生态文明建设示范镇村,镇江新区通过国家循环化改造示范试点验收,赤山湖创成国家湿地公园。城乡人居环境明显改善,实施"城市双修",累计完成老旧小区改造约162万平方米。推进城镇污水处理提质增效精准攻坚"333"行动,城市建成区黑臭水体基本消除,获评全国海绵城市建设优秀试点城市。大力实施农村人居环境整治,完成1182个规划发展村庄生活污水治理任务,农村垃圾收运处理体系实现全覆盖。创成国家森林乡村13个、省级特色田园乡村19个、省级绿美村庄119个。

社会文明达到新高度。系统推进社会主义精神文明建设,把安全发展和平安建设贯穿经济社会发展各领域和全过程,实现满足人民文化需求和增强人民精神力量相统一、发展和安全相协调。文明城市标识更加鲜亮,颁布实施《镇江市文明行为促进条例》,推动群众文明素质和城乡文明程度稳步提升,"啄木鸟行动"文明创建经验在全国推广。镇江市荣获全国文明城市"三连冠",丹阳市蝉联全国文明城市称号、句容市创成全国文明城市。深化道德风尚高地建设,涌现出赵亚夫、王华、钱云宝、糜林等先进典型,"葡萄架下的文明实践"荣获全国学雷锋志愿服务"四个100"最佳志愿服务项目,"大爱镇江"品牌影响力不断提升。文化供给持续升级,新建镇江民间文化艺术馆新馆、扬中市博物馆、丹徒区美术馆等公共场馆,率先在全省实现村(社区)综合性文化服务中心全覆盖,创成国家公共文化服务体系示范区,镇江博物馆晋升为国家一级博物馆,完成全市应急广播体系建设。深入开展全民阅读活动,居民综合阅读率、阅读指数居全省前列,获评省级"书香城市建设示范市"。公共服务标准化步伐加快,大力实施"标准化+基本公共服务"行动,基本公共服务标准化实现程度超过90%。制定《政府服务网上运行规范》国家标准和《低碳城市评价指标体系》等8项省级地方标准,建成公共资源交易服务标准化等国家级省级试点16项,镇江文化广场管理服务标准化试点项目通过国标委验收。文旅品牌持续打响,统筹文化、旅游公共服务平台建设,积极推进大运河文化带建设。入选"国家全域旅游示范区创建城市"目录,句容市创成省级全域旅游示范区。句容丁庄村、丹徒五套村入选全国乡村旅游重点村。西津渡创成国家级城市中央休闲区。安全生产形势稳步向好,完成安全生产专项整治"一年小灶"任务,深入排查整治安全隐患,生产安全事故起数和死亡人数保持"双下降",应急管理能力不断提高。社会大局和谐稳定,重点领域风险得到有效控制,政府隐性债务化解取得明显成效。地方立法、基层网格化治理不断深化,社会信用体系不断健全,妥善化解一批信访积案,获批全国市域社会治理现代化试点城市。"平安镇江"建设迈上新台阶,推进"扫黑除恶"专项斗争,蝉联全国社会治安综合治理"长安杯"。防汛抗旱工作扎实有效。食品药品安全工作持续加强。

改革开放催生新动能。重点领域和关键环节改革深入,对外开放水平显著提升,为经济社会高质量发展提供源源不断的动力。深化改革向纵深推进，营商环境不断改善，"放管服"改革取得显著成效，政务服务事项不见面率超过96%，生态文明综合改革、国资国企改革、医药卫生体制改革、教育综合改革等重点领域改革扎实开展，确定为全国公立医院改革示范市。开放型经济有新成绩，外贸进出口总体稳定，获批中国服务外包示范城市。对外友好交流合作更加多样。

各项事业有新进展。国家安全、国防动员和后备力量建设稳步推进，军民融合发展步伐加快，军转安置、拥军优抚工作和军民共建等活动成绩显著。民族、宗教、档案、史志工作取得新进展，气象、供销、科普、老龄、妇女儿童、关心下一代、见义勇为、残疾人、红十字、慈善事业取得新进步，外事工作、对台事务、港澳工作、侨务工作有新成效。

五年来，全市坚持以习近平新时代中国特色社会主义思想为指导，贯彻落实新发展理念，推动思想解放和先行先试，创新发展动力持续增强、协调发展机制日益完善、绿色发展导向更加鲜明、开放合作发展优势巩固拓展、共建共治共享发展成果更加丰富，书写践行新发展理念的镇江新篇章，为更好落实"镇江很有前途"奠定扎实基础。五年来，紧扣"强富美高"新镇江建设目标，国民经济量质齐升，民生保障日趋完善，生态文明特色彰显，社会文明程度显著提升，"强富美高"成为全市上下砥砺奋进的鲜明标识。五年来，推动"六个高质量"发展，强化自主谋划、把握战略机遇、战胜困难挑战，在高质量发展方面进行镇江探索、形成镇江路径，防范化解重大风险、精准脱贫、污染防治"三大攻坚战"取得实质性成果，致力高质量发展成为全市上下接续奋斗的共同追求。五年来，坚定不移推动国家战略落地落实，把长江经济带"共抓大保护，不搞大开发"摆在压倒性位置，深度融入"一带一路"、长江经济带、长三角一体化、南京都市圈、宁镇扬一体化等区域发展大局，携手推进宁杭生态经济带、沿沪宁产业创新带建设，在国家、省战略实施中展现镇江担当作为。五年来，增强"四个意识"，坚定"四个自信"，做到"两个维护"，全面加强党的领导，调动和发挥广大人民群众、社会各阶层的积极性主动性创造性，抓住机遇、创新实干，拼搏奋进、攻坚克难，经济社会发展迈上新台阶，为乘势而上开启全面建设社会主义现代化新征程奠定基础，凝聚力量。

第二节 机遇挑战(略)

第三节 使命担当

推进高质量发展。(略)

创造高品质生活。(略)

实施高效能治理。(略)

争得城市荣光。(略)

第四节 总体要求

指导思想。高举中国特色社会主义伟大旗帜，深入贯彻党的十九大和十九届二中、三中、四中、五中全会精神，坚持以马克思列宁主义、毛泽东思想、邓小平理论、"三个代表"重要思想、科学发展观、习近平新时代中国特色社会主义思想为指导，全面贯彻党的基本理论、基本路线、基本方略，深入落实习近平总书记对江苏、镇江工作重要讲话指示精神，统筹推进"五位一体"总体布局，协调推进"四个全面"战略布局，坚持以人民为中心，坚持新发展理念，坚持深化改革开放，坚持系统观念，统筹发展和安全，紧扣"争当表率、争做示范、走在前列"新使命新要求，聚焦开启全面建设社会主义现代化新征程，加快推进高质量发展、努力创造高品质生活、深入实施高效能治理，在谱写"镇江很有前途"新篇章中争得更大城市荣光。

基本要求。推动"十四五"时期发展，必须坚持党的全面领导，加强前瞻性思考、全局性谋划、战略性布局、整体性推进，不断提高贯彻新发展理念、构建新发展格局、实现高质量发展的能力和水平，着眼重大使命，立足发展实际，牢牢把握以下要求。

坚持产业强市。始终把发展经济着力点放在实体经济上，主动融入国家和省现代产业体系大布局，大力发展先进制造业，协同发展现代服务业和特色农业，聚力核心技术自主化、产业基础高级化、产业链现代化，推动地标产业加速崛起、主导产业不断壮大、战略性新兴产业蓬勃发展，持续推动产业集群向高端攀升。

坚持创新驱动。突出创新核心地位，充分发挥镇江及周边城市科教资源富集的优势，全面扩大创新主体、提升创新载体、优化创新生态、浓厚创新文化，系统推动科教创新、产业创新、制度创新、治理创新等全方位创新，促进创新要素充分涌动、创新活力充分迸发，让创新融入城市灵魂。

坚持融合发展。抢抓"一带一路"建设、长江经济带发展、长三角一体化发展、宁镇扬一体化发展等重大战略机遇，系统推动区域融合、城乡融合、产业融合、产城融合、生产生活生态融合、两化融合、军民融合、校地融合等全领域融合，主动融入区域一体化发展，全面放大协同效应，以我为主、扬优展长，展现镇江作为，提升城市价值。

坚持以人民为中心。全面贯彻以人民为中心的发展思想，坚持共同富裕方向，始终做到发展为了人民、发展依靠人民、发展成果由人民共享，维护人民根本利益，激发人民积极性、主动性、创造性，不断实现人民对美好生活的向往，使人民群众的获得感、幸福感、安全感更加充实、更有保障、更可持续。

坚持深化改革开放。坚定不移推动改革走深走实，推动各项制度更加完善，破除制约高质量发展、高品质生活、高效能治理的体制机制障碍；加快推动双向开放融入融通，着力在更大范围、更宽领域、更深层次激活蛰伏的发展潜能，加快形成制度型开放新优势，持续增强发展动力和活力。

坚持生态优先绿色发展。牢固树立绿水青山就是金山银山的理念，协同推进经济高质量发展和生态环境高水平保护，加大生态系统保护修复力度，促进资源节约与永续利用，倡导绿色低碳生产生活方式，提供更多优质生态产品，筑牢美丽镇江生态基底，加快形成人与自然和谐发展现代化建设新格局。

第五节　二〇三五年远景目标

展望2035年，全市要以高于全国全省平均的速度、高于全省平均的水平，人均地区生产总值在2020年基础上实现翻一番，居民人均收入在2020年基础上实现翻一番以上，率先基本实现现代化，"镇江很有前途"展露更加生动现实的图景；基本建成现代化产业强市，区域创新能力明显增强，城市综合实力大幅跃升；全面融入新发展格局，致力打造长江经济带重要节点城市、长三角重要区域中心城市，沪宁线重要创新创业、休闲旅游目的地城市；民主法治建设走在前列，基本实现市域治理体系和治理能力现代化；自然生态、历史人文等优势充分彰显，人民群众对美好生活的向往更好实现，城市文化软实力显著增强，在美丽中国、健康中国、乡村振兴建设中争当示范，人们心目中的"创新创业福地、山水花园名城"跃然眼前。

第六节　"十四五"经济社会发展目标

锚定2035年远景目标，综合考虑国家、省发展目标和镇江发展条件，坚持目标导向和问题导向相结合，坚持守正和创新相统一，围绕谱写"强富美高"新篇章要求，在经济强、百姓富、环境美、社会文明程度高上不断取得新成就，力争在全国城市综合实力排名中实现争先进位。

一体化发展呈现更优格局。产业创新、基础设施、区域市场、绿色发展、公共服务、市内全域"六个一体化"基本实现，跨界区域、城市乡村等区域板块一体化发展达到较高水平，在区域共治、平台共建、要素共享上取得实质性突破，一体化发展体制机制更加有效，成为长三角一体化发展重要支撑板块。

高质量发展迈向更高层次。全面融入新发展格局，在质量效益明显提升的基础上保持经济增速高于全国、全省平均水平，产业结构持续优化，重点产业链进入价值链中高端，科技创新能力明显增强，内需潜力不断释放，开放发展水平取得新突破，现代综合交通运输体系更加完善，现代化经济体系建设取得重大进展。

高品质生活展现新面貌。居民收入稳步增长，就业更加充分更有质量，基本公共服务均等化水平明显提高，教育现代化水平保持全省前列，健康镇江建设取得重大进展，社会保障体系、卫生健康体系、公共服务体系、养老服务体系更加完善；社会文明达到新水平，社会主义核心价值观深入人心，人民精神文化生活日益丰富，文化软实力达到新高度；生态环境质量持续向好，城乡宜居品质明显提升，美丽镇江建设实现新跃升。

高效能治理取得更大成果。重点领域和关键环节改革深入推进，各方面制度更加成熟更加定型，国家市域社会治理现代化试点形成"镇江经验"；社会主义民主法治更加健全，社会公平正义进一步彰显，政府行政效率和公信力显著提升；防范化解重大风险体制机制不断健全，突发公共事件应急能力显著增强，发展安全保障更加有力；党的建设制度化规范化标准化水平明显提高。

镇江市"十四五"经济社会发展主要指标表

表1－1

类别	序号	指标名称	单位	2025年目标	指标属性
经济强	1	国内地区生产总值增长	%	年均6左右	预期性
	2	全员劳动生产率增长	%	年均6左右	预期性
	3	固定资产投资增速	%	年均10左右	预期性
	4	制造业增加值占比	%	高于省平均1个点	预期性
	5	高新技术产业产值占规模以上工业产值比重	%	48	预期性
	6	数字经济核心产业增加值占地区生产总值比重	%	10以上	预期性
	7	研发经费投入增长	%	年均7左右	预期性
	8	每万人口拥有高价值发明专利数	件	16	预期性
	9	社会消费品零售增长率	%	6以上	预期性
	10	实际利用外资总额	亿美元	14左右	预期性
	11	进出口总额占全省比重	%	1.75	预期性
	12	常住人口城镇化率	%	75以上	预期性

续表 1－1

类别	序号	指标名称	单位	2025 年目标	指标属性
百姓富	13	居民人均可支配收入增长	%	略高于经济增速	预期性
	14	城镇登记失业率	%	3 以内	预期性
	15	人均预期寿命	岁	80 左右	预期性
	16	每千人口拥有执业(助理)医师数	人	3.0	预期性
	17	城乡基本养老保险参保缴费率	%	保持在 90 以上	预期性
	18	每千人口拥有 0～3 岁婴幼儿托位数	个	4.5 左右	预期性
	19	接受上门服务的居家老年人数占比	%	18 左右	预期性
环境美	20	单位地区生产总值能源消耗降低	%	完成省下达任务	约束性
	21	单位地区生产总值二氧化碳排放降低	%	完成省下达任务	约束性
	22	非化石能源发电装机容量	万千瓦	260	约束性
	23	地表水国考断面水质达到或优于Ⅲ类比例	%	完成省下达任务	约束性
	24	空气质量达到优良天数比率	%	完成省下达任务	约束性
	25	林木覆盖率	%	稳定在 25 左右	约束性
社会文明程度高	26	劳动年龄人口平均受教育年限	年	12.3	约束性
	27	法治建设满意度	%	保持在 90 以上	预期性
	28	社会文明程度测评指数	—	保持在 90 以上	预期性
安全保障	29	耕地保有量	万公顷	完成省下达任务	约束性
	30	粮食综合生产能力	万吨	稳定在 100 左右	约束性
	31	生产安全事故起数和死亡人数下降	%	完成省下达任务	约束性
	32	公众安全感	%	保持在 96 以上	预期性

（市发改委）

“十三五”镇江市脱贫致富情况综述

镇江市 2016 年在全市范围内组织开展“百村万户达新标”行动，推进“精准扶贫、精准脱贫”工作，如期完成各项目标任务。

一、全面完成任务

截至 2019 年年底，全市 204 个市定经济薄弱村集体经济年收入全部达到 80 万元以上、经营性收入全部达到 18 万元以上，11238 户 21128 名建档立卡低收入人口年均纯收入全部达到 8000 元以上，全部落实“两不愁三保障”。2020 年，全市脱贫攻坚成果巩固提升，“两类人”（不稳定脱贫户、边缘户）获有效帮扶，未出现返贫、新致贫人员。

二、落实重点措施

（一）强化组织领导

市委市政府对脱贫攻坚工作高度重视，将脱贫攻坚作为政治任务统筹推进。市委常委会会议、市政府常务会议多次专题研究，专门成立市扶贫工作领导小组，加强扶贫工作的组织领导。一是强化统筹设计。2016 年，市委市政府研究制定《关于开展“百村万户达新标”行动的实施意见》，对全市脱贫攻坚工作进行全面部署。二是全面压实责任。以市扶贫工作领导小组名义制定《镇江市脱贫攻坚“一票否决”事项》，压实各市（区）的主体责任。以市委农村工作领导小组、市扶贫工作领导小组名义印发《辖市区党委和政府扶贫开发工作成效考核办法》《市直部门单位扶贫开发工作责任落实考核办法》等文件，将脱贫攻坚列入对各市（区）高质量发展综合考核。三是明确职责分工。出台《镇江市精准扶贫精准脱贫责任清单》，明确和细化各帮扶责任主体的责任，对 204 个经济薄弱村全部派驻第一书记，确定建档立卡低收入户帮扶责任人 4605 人。四是区域全覆盖。市委、市政府多次召开脱贫攻坚会议，现场推进扶贫工作。市委、市人大常委会、市政府、市政协 28 名领导分别带队，率领市直 111 个部门单位，组成 28 个市直挂钩帮扶团队，对全市 101 个茅山老区经济薄弱村进行挂钩帮扶。其余的经济薄弱村，各市（区）全部安排结对挂钩帮扶部门。

（二）坚持“造血”帮扶

为增强脱贫“造血”能力，确保扶贫成效的稳定，镇江市坚持把发展产业扶贫促进村集体经济增收作为脱贫攻坚的重要手段。一是强化财政支持。“十三五”时期，市级财政安排扶贫专项资金14130万元，全部拨付到位，各市（区）按1∶1的比例进行配套，中央和省级财政也安排镇江市扶贫专项资金2969万元。二是创新产业模式。按照“宜农则农、宜工则工、宜商则商、宜游则游”的思路，推动扶贫产业发展模式的创新，形成扶贫产业发展新格局。新一轮脱贫攻坚以来，全市建设扶贫项目427个，其中农业54个、广告牌32个、物业用房79个、标准化厂房23个、光伏14个、资产收益（入股）129个、民生设施84个、其他12个。2019年，全市项目产生经济收益2400余万元。三是突出利益联结。为做到明晰产权，落实管护责任，镇江市出台《市级财政扶贫专项资金管理办法》《关于关于进一步提高镇江市市级财政扶贫专项资金使用效益的通知》，要求全市财政资金及其他帮扶资金形成的产业、物业资产都具有相应的产权证明，并纳入村集体“三资”管理平台。产业扶贫项目和贫困群众利益联结机制得到体现，村集体拿出部分获得的收益用于贫困户的帮扶，促进贫困群众增收。

（三）聚焦重点领域

落实习总书记在重点解决“两不愁三保障”突出问题会议上的讲话精神，将落实“两不愁三保障”作为全市贫困群众脱贫的必要条件。一是保障住房安全。印发《关于进一步加强和落实全市建档立卡对象农村危房改造工作的通知》，按照2019年基本完成、2020年查漏补缺的要求，累计改造危房484户，确保建档立卡低收入户住房安全有保障。二是保障基本医疗。全市建档立卡对象100%参加城乡居民医疗保险，个人缴费部分由政府全额资助。实施“基本医保+大病保险+医疗救助+慈善助医”四重保障制度，救助待遇全面达标。对建档立卡低收入人口患有30种大病情况进行全面摸底排查，累计救治2309人。建档立卡低收入口全市范围内定点医院住院治疗不收取预付款、免收押金，实现先诊疗后付费、“一站式”结算制，累计享受6058人次，家庭医生服务签约率、免费体检率全部达标。三是保障义务教育。坚持扶贫与“扶智”相结合，全市义务教育阶段学生全部享受免费教育（免学费、教科书、作业本）。2016年以来，资助各学段保障儿童（建档立卡、低保、残疾、孤儿、特困）累计约34万人次，资金3.1亿元。落实好各类教育扶持帮扶措施，全市无建档立卡低收入户子女义务教育阶段因贫失学、辍学。

（四）开展系列行动

为巩固提升脱贫成果，及时发现影响脱贫质量的问题并落实整改，全市组织开展系列提质增效行动。一是开展问题“大排查”。立足脱贫攻坚成果巩固提升年，在全市范围开展“三落实”“三精准”“三保障”落实情况问题“大排查”，对发现的问题落实整改。二是组织成果“回头看”。重点查看全市204个脱贫村集体经济收入是否真实、稳定，各类收入占比是否合理，同时对年经营性收入低于30万元的8个经济薄弱村进行梳理、分析，重新制定落实“一村一策”。查看脱贫人口增收来源是否稳定、收入构成是否持续等。邀请第三方事务所对全市新一轮扶贫项目开展抽查，对发现问题落实整改。三是落实动态监测。结合疫情影响，按季度对“两类人”开展监测，实时掌握动态信息，防止返贫、新致贫。2020年四季度全市摸排“两类人”425户911人，全部录入国扶办系统。针对“两类人”制定“一户一策”帮扶措施，并纳入帮扶对象，明确结对帮扶责任人，落实“一对一”帮扶，帮助实现稳定增收。

（五）开展消费扶贫

贯彻习近平总书记在决战决胜脱贫攻坚座谈会上的讲话精神，推进消费扶贫。一是创新消费方式。2020年3月，出台《关于巩固提升农村低收入群体生活保障水平的意见》，将消费扶贫纳入解决相对贫困长效机制。7月，制定《关于开展消费扶贫助力脱贫攻坚的通知》，要求各单位按人均年消费不低于150元的标准采购市定经济薄弱村农产品，促进村集体经济和贫困群众增收。截至11月底，全市各单位采购600余万元。二是搭建促销平台。搭建平台开展促销对接活动，促进经济薄弱村农副产品走出去。组织全市大型国有企业、机关工会、电商负责人赴经济薄弱村生产加工基地观摩、洽谈。举办“经济薄弱村优质农产品进市区”活动，制作“从田间到餐桌”主题宣传节目，提高扶贫产品社会知晓度，鼓励社会各界参与消费扶贫。全市开展各类对接活动十余次，促进消费扶贫农产品300余万元。三是落实对口帮扶。开展省级消费扶贫产品认定，有12家企业22个产品通过市级审核。全市6个专馆建设任务，基本建设到位，计划与社会扶贫网对接。13个扶贫专区建设在推进中。796个专柜建设在落实中。截至11月底，全市预算单位落实“832平台”采购资金610余万元，超额完成省下达的270万元任务指标。引导各社会机构销售对口东西部协作农副产品8000余万元，消费渭南、秭归对口扶贫水果1.5亿元。

（六）行业合力协作

一是就业帮扶。制定出台《关于切实做好人力资源社会保障精准扶贫工作的实施意见》《镇江市精准扶贫三年行动计划（2018—2020年）》等文件，实施多项扶贫专项行动。转移农村劳动力1.97万人，连续180个月保持“双零”家庭动态清零。全市共建扶贫车间35个，聚焦茅山老区建档立卡人口，帮扶2056人就业、67人自主创业。推进镇江—渭南劳务协作脱贫攻坚，陕西在镇江务工总量1921人，培训渭南新进公务员45人。二是社会救助。落实《关于切实加强社会救助制度和扶贫开发政策有效衔接的实施意见》,及时将“两类人”中符合条件的低收入农户纳入社会救助范围。近年,全市农村低保标准年均增幅在8%以上,2020年,城乡低保标准为790元/人/月,农村特困人员供养标准1030元/人/月。出台《关于对我市因病支出型困难家庭实施定期定量生活救助的通知(试行)》,健全分层、分类、有梯度的救助体系,解决因病支出型困难家庭兜底保障问题。连续两年举行“脱贫攻坚慈善助力”“情系慈善公益助力脱贫攻坚”活动。三是慈善救助。实施扶贫济困行动。2016年以来,全市用于贫困家庭(建档立卡户和低保户)慈善救助支出4亿元。四是加强关爱。实施“复明行动”“健行行动”“安宁行动”等活动,先后出台残疾人意外伤害保险、教育专项补贴、免费乘坐公交车、有线电视优惠、贫困残疾家庭无障碍改造等30余项惠残政策。

(七)探索长效机制

在完成脱贫攻坚任务的基础上,探索解决相对贫困长效机制。一是制定落实机制。出台《关于提升低收入群体生活保障水平的意见》,从健康医疗、教育保障、残疾人保障等8个方面,制定20条详细保障措施。编印成小册子,发放给贫困户、扶贫干部、帮扶责任人,保障政策落地生根。二是聚焦重点人群。对“两类人”按季实行动态监测,落实民政兜底帮扶保障,防止返贫、新致贫,全市落实低保兜底保障和特困生活补助106户283人(低保103户279人、特困3户4人)。三是鼓励创新试点。市及各市(区)都相继出台有关长效机制文件,并结合工作实际鼓励创新尝试。如丹阳市创新帮扶方式,开展“高水平小康·丹阳在行动”活动,上线“万善丹阳”App。句容市出台《句容市加强低收入群体健康扶贫意见》,实现“基本医保+大病保险+医疗救助+残疾精神补助+慈善救助+补充商业保险”的“六位一体”一张清单“一站式”结算服务。丹徒区引入保险公司参与防返贫工作,区财政投入58.3万元为3239名“两类人”购买防返贫保险。

(八)推进阳光监管

一是开展专项行动。为提高脱贫质量,镇江市连续3年开展扶贫领域突出问题专项治理行动,促进各项工作举措落实,相关职能部门履职。二是平台在线监督。以“三层四库一端”为主要载体的“阳光扶贫”监管平台发挥作用,实现扶贫对象、扶贫项目等精准管理。三是实地走访督查。为掌握实情,不定期采取“四不两直”方式赴基层镇村、贫困家庭、项目现场检查工作,掌握第一手资料和真实情况,对发现的问题及时督促整改,确保惠民政策落实到位。

(刁野军)

镇江市抗击新冠肺炎疫情情况综述

新冠肺炎疫情发生后,镇江市贯彻习近平总书记关于疫情防控工作的重要讲话和指示批示精神,落实党中央、国务院和江苏省委、省政府疫情防控工作部署要求,把打赢疫情防控阻击战作为重大政治任务、当前最重要的工作,抓好患者救治、疫情防控、物资保障、复工复产、社会民生各项工作,全市确诊病例全省最少、无确诊病例时间最长,且是全省唯一没有农村地区确诊病例的城市。

市委、市政府按照国家、省部署要求,结合镇江疫情发展形势,动态调整工作策略,分阶段推动企业复工、产能恢复、经济发展。2020年2月底,全市规模以上工业企业全部复工;3月中旬,全市规模以上工业企业产能恢复到同期水平;3月底,全市424家规模以上服务业企业、387家规模以上餐饮企业全部复业复市;截至年底,全市无1例与企业复工复产相关病例。

一、建立健全组织领导

迅速组织动员部署。国务院疫情防控紧急会议召开后,市政府连夜进行部署、展开行动,第2天立即召开全市新型冠状病毒感染的肺炎疫情防控工作会议,市委、市政府主要领导加班加点研究推进,开展督查检查,并就人员摸排、防控救治、应急准备、复工复学、境外防控、舆情引导等具体工作提出要求。迅速构建指挥体系。成立“全市疫情防控指挥部+联防联控领导小组”指挥体系,随后又升格指挥架构,将指挥部和联防联控领导小组合二为一。根据形势发展,市防控指挥部逐步完善优化为“1办13组2专项指挥部”工作格局(办公室,防控救治组、交通管控组、社会及社区防控组、农村防控组、学校防控组、企业防控组、医疗物资保障组、生活物资保障组、经济运行保障组、新闻宣传组、督查督导组、对口支援组、监所防控组,涉外联防联控专项指挥部、春季开学专项指挥部),市(区)、镇(街道)两级参照市里模式,迅速完善组织架构。迅速落实一级响应。按照全省一级响应要求,市里发布关于实施新型冠状病毒感染的肺炎疫情一级响应措施的通告,明确“五个严格”十八条具体措施,同时要求指挥部系统各级领导干部立即取消春节休假,全部到岗到位,落实各项防控措施。迅速发动社会力量。市、县两级机关发动机关干部、中共党员以及社会志愿者参加防疫志愿服务,深入小区、农贸市场、企业、景区门口等防疫一线,协助做好防疫知识宣传、体温测量、人员登记、复工摸排等工作,短时间内,全市纵向到村(社区)、小区楼栋、单元住户、家庭个人,横向到各党政机关、公司企业、个体商户、营业场所、车站码头等全部按照市防疫指挥部部署落实防疫要求。

二、做好救治保障

始终把救治患者作为重中之重，坚持“四集中”原则，坚持中西医结合，救治确诊病例。组织开展全员培训。组织各地各医疗卫生机构参加国家、省新型冠状病毒感染的肺炎防控和救治视频会议，及时传达最新版诊疗方案，加强各级各类医疗机构医务人员全员培训，规范诊疗流程，提高患者救治水平。加强发热门诊建设。规范设置发热门诊。各医疗机构依据疫情防控要求及时调整扩容发热门诊隔离留观病区（房）的数量。所有二级及以上医疗机构预检分诊点除配备护理等相关工作人员外，全部配备至少1名呼吸科或感染科主治职称以上医师，提高预检分诊质量。完善医疗救治流程。制定《镇江市新型冠状病毒肺炎医疗救治工作预案（试行）》，明确医疗救治工作目标、救治流程、转诊规范、集中收治要求；制定镇江市新型冠状病毒性肺炎救治流程图，明确发热患者就诊和救治流程；制定《关于做好新型冠状病毒肺炎病例转运工作的通知》，结合院前急救体系的实际情况，规范转运要求及流程；制定《镇江市市级临床专家组会诊及转诊流程》，明确并规范留观隔离病例、疑似病例、确诊病例、出院病例的会诊及转诊流程。注重中西医协同治疗。全市确诊患者均按照辨证施治的原则，参照国家和省卫健委治疗方案，使用中成药和中药汤剂进行救治。治愈出院后，还专门配备中医康复处方，帮助恢复体力，增强免疫力，巩固治愈效果。严控院内感染风险。落实《关于进一步加强疫情期间医疗机构感染防控工作的通知》《新冠肺炎疫情期间医务人员防护技术指南（试行）》要求，多次组织院感专项督查，针对检查中存在的问题，要求限期整改；加大院内感染防控投入力度，指导各医疗机构储备质量合格、数量充足的防护物资，确保医务人员个人防护到位；关注医务人员健康，合理调配人力资源和班次安排，避免医务人员过度劳累；加强对院内职工进行健康管理，进院体温测量，职工每天进行健康状况申报。组织力量驰援外省。根据国家和省卫健委统一部署，派出医护人员和疾控专家，驰援湖北武汉、黄石以及新疆乌鲁木齐等地。

三、落实常态疫情防控

坚持“外防输入、内防反弹”的防控策略，落实好常态化防控各项举措，巩固疫情防控成效，统筹推进疫情防控和经济社会发展。加强入境人员管理。建立公安、外事、卫健等多部门协作机制，先后设立昆山专班、北京专班、南京专班，落实接驳转运和集中隔离医学观察工作，确保从“国门”到“家门”的全程闭环管理。同时，加强入境人员解除隔离后健康管理，对解除隔离入境人员开展核酸检测。加强重点人群管理。密切关注中高风险地区变动情况，及时向社会发布重要提醒；对离开中高风险地区未满14天的人员落实集中隔离医学观察和核酸检测，对中高风险地区到镇江人员查验7天内的核酸阴性证明，不能提供者转运至采样服务点进行采样检测，检测结果阴性方可自由流动。落实疫情常态化防控下新冠病毒核酸检测工作方案要求，对13类重点人群实施“应检尽检”、其他人群实施“愿检尽检”。加强重点场所管理。督促基层社区加大对居民小区，尤其是无物业小区的防控力度，持续做好人员测温、扫码等常态化疫情防控措施；强化商场超市及其他室内公共场所卫生保洁、测温消杀、口罩佩戴等工作措施，加大酒店、宾馆、旅社治安管理，引导各类场所开展错时错峰、总量控制下的有序经营。对于日常核验中发现的红码、黄码人员，严格按照相关规定规范开展处置，该医学观察的人员纳入医学观察，该送医的及时送医开展排查诊治。组织全市教育行政部门相关负责人、各级各类学校及托幼机构行政管理干部、校医（保健老师）开展在线疫情防控知识培训，指导监督各级各类学校动态排查疫情中高风险地区未返回镇江师生情况。提升检测能力。扩充全市具备核酸检测能力机构，新冠病毒核酸检测能力有提升。组建市核酸应急检测队，依托镇江市疾病预防控制中心建成镇江城市核酸检测基地建设，配备PCR提取仪。加强医疗卫生机构检测人员队伍建设，实现全市检验人员培训全覆盖。加强病原微生物实验室生物安全指南（第二版）、病原微生物实验室生物安全管理要求等培训，确保实验室生物安全。增强疫情处置能力。按照分级分类组建专业防控队伍的原则，在全市疾控机构、二级及以上医疗机构和基层医疗卫生机构中抽调专业人员，组建市、县两级流行病学调查队伍、核酸检测队伍、环境消杀队伍、心理健康服务队伍，多次开展专业培训和应急演练，进行现场考核和能力评估，提升疫情防控队伍能力。推进疫苗接种。制定《镇江市重点人群新冠病毒疫苗接种工作实施方案》，开展多轮次摸底调查，摸排全市重点接种人员数量，于12月18日启动新冠病毒疫苗重点人群接种工作，成立新冠病毒疫苗接种工作专班，统筹协调本地区疫苗接种工作；疫苗接种技术专家组和异常反应医疗救治工作组，强化接种医疗保障；加强与市财政局沟通协调，及时落实市本级接种人员的疫苗采购和接种服务费；整理《有关新冠病毒疫苗接种工作问题的解答》，通过“健康镇江”微信公众号进行发布，做好正面舆情引导。加强健康宣传引导。发布《在全行业推行公勺公筷实施意见》《市民卫生10条》等指导建议，倡导文明健康绿色环保的生活方式，树立良好饮食风尚，推广健康生活习惯。以开展爱国卫生月活动为抓手，加大健康知识普及力度，利用报纸、电视、宣传海报等传统媒体及微博、微信等各类新媒体，宣传卫生健康及传染病防控知识、个人防护指南等，引导群众正确认识疾病、科学自我防护，科学佩戴口罩、保持双手卫生、减少人员聚集、加强通风消毒、使用公筷公勺等。 （市政府办）

镇江市防汛防旱工作情况综述

2020 年，镇江市长江发生超历史大洪水，梅雨量是常年平均的 2 倍，全市各地、各部门通力协作、科学应对，未发生一例因汛人员伤亡、一处决口或重大财产损失事故。

一、超前谋划、全面备汛

1. 强化防汛防旱工作责任制落实。完善以行政首长负责制为核心的各项防汛责任制，及时调整防指成员，建立六大联防指挥部和“市县镇”防汛指挥网络。市委常委会、市政府常务会议专题研究部署防汛防旱工作。5 月 11 日，全市防汛防旱工作就年度防汛工作进行动员部署。江港洲堤防、骨干河道、中小型水库、大中型闸站和重点塘坝防汛责任人、技术人员和巡查人员进行明文通告，印发防汛责任制手册。

2. 强化度汛隐患整改。按时完成汛前大检查，梳理各类水利工程度汛隐患 60 处，逐一落实责任、明确整改措施和时限。各地工程及非工程措施并举，汛前全部整改到位。开展长江堤防穿堤涵洞探查 400 多座，组织分析研判，登记造册，分级处置，封堵度汛 9 座；7 座“四类”水闸纳入年度安全专项整治，强化度汛责任落实和闸门启闭设备、机械电气设备隐患排查整改。市住建部门发现排水设施隐患 295 处，排查出城市易淹、易涝点 16 处，专项部署地下空间度汛隐患排除，主汛前完成消险。镇江通信行业各运营商和铁塔公司出动抢险车辆 70 多台次，及时处置国防光缆干线塌方险情。

3. 完善预案体系。完善水库调度运用方案和应急预案，修订并报请印发防汛防旱防台风应急预案。按时完成城市、中型水库 12 个超标洪水防御预案编制上报工作。各地强化涉水工程、在建项目度汛方案、防汛抢险预案的审查、审批，落实各项度汛应急措施。

4. 强化应急抢险保障。提前下达防汛物资储备计划，组织储存草包 39.9 万只、编织袋 132.5 万只、木材 797 立方米、土工布 12.8 万平方米、块石 3.5 万吨，保质超额完成省政府下达的储备指标。组建河道抢险、水库抢险、专业抢险队伍 311 个，举办军地联合防汛抢险演练。加强各类抢险器械、设备的维修养护，强化运行车辆保障，确保调运及时。完善防洪抗旱抢险专家库，优化专业人员配置，增强防御洪水应急抢险的技术支撑。落实专业技术服务队伍，加强水库测报等系统巡检维护。

5. 落实值班值守制度。

二、汛情超常、险情多发

1. 风情

全年汛期无台风影响镇江市。

2. 雨情

汛期雨情。据镇江水文分局统计，全市汛期面平均降雨量 785.4 毫米，较多年平均（698.3 毫米）偏多 1 成，汛期平均雨日 59.3 天，最大点雨量 1013.5 毫米（句容袁巷站），最小 644.5 毫米（九华山站）。

梅雨期雨情。6 月 10 日入梅，7 月 21 日出梅，入梅偏早、出梅偏晚，梅雨期 42 天，是近 20 年来最长梅雨季，全市平均梅雨量 527.8 毫米，是常年平均梅雨量的 2 倍，是 2004 年以来降水量最多的梅雨季。

3. 水情

长江水情。长江上游 7 月 2 日、7 月 17 日、7 月 26 日、8 月 14 日、8 月 17 日共发生 5 次编号洪水。大通站汛期平均流量（48880 立方米/秒），较多年平均（41200 立方米/秒）偏多近 2 成，7 月 13 日出现最大流量 84600 立方米/秒（历史第二大）、最高水位 16.24 米（历史第三高，吴淞基面，下同）。镇江（二）站（镇扬汽渡）汛期平均潮位 6.14 米、较多年平均偏高 0.66 米。受上游来水影响，镇江（二）站高潮位自 7 月 3 日开始连续超警戒水位，7 月 7 日超 8.0 米，7 月 19 日开始超保证水位（8.59 米），7 月 21 日 7:30 达最高潮位 8.82 米（超保证 0.23 米），超历史（8.74 米）0.08 米。7 月 26 日回落到保证水位以下，8 月 7 日回落到 8 米以下（8.0 米以上共 32 天，1998 年 40 天）。9 月 8 日，高潮位回落到警戒水位以下、连续超警戒 67 天（汛期共超警戒 70 天），仅次于 1954 年（123 天）、1998 年（96 天）。扬中站 7 月 21 日出现汛期最高潮位 7.49 米。汛期扬中站潮位超警戒（6.00 米）共 76 天。

河湖水情。汛期主要河湖水情总体平稳，汛期苏南运河（丹阳站）、香草河（旧县站）水位没有超警戒，赤山湖（赤山闸上站）水位超警戒 8 天、句容河（赤山闸下站）水位超警戒 23 天。汛期苏南运河丹阳站汛期最高水位 5.58 米，平均水位 4.07 米，比多年平均偏低 0.14 米。香草河旧县站平均水位 4.11 米，持平，赤山湖赤山闸（上）站 9.22 米，偏高 0.60 米，句容河赤山闸（下）站 8.34 米、偏高 0.43 米。

水库水情。5 月 1 日入汛时，全市 16 座报汛水库蓄水量 92.6 百万立方米，至梅雨期前达到最少 77.66 百万立方米，后期受梅雨期降水影响蓄水量逐步增加，7 月 20 日出现汛期最多蓄水量 108.5 百万立方米，9 月平稳略减。10 月 1 日蓄水量为 93.2 百万立方米，比 2000 年以来多年同期平均蓄水量（84.6 百万立方米）偏多 1 成。

4. 工情（工程情况）

汛期沿江主要闸站总引水量 8.60 亿立方米，总排水量 5.02 亿立方米，其中谏壁节制闸引水 5.70 亿立方米、排水 0.03 亿立方米，九曲河闸引水 2.73 亿立方米、排水 0.45 亿立方米。谏壁抽水站抽排 2.90 亿立方米，九曲河抽水站抽排 1.64 亿立方米。赤山新闸汛期排水 1.89 亿立方米。

5. 险情

汛期及时发现并处置渗漏、管涌等险情 79 处，其中较大险情 3 处。3 处险情经组织实施应急抢险工程后坍势得到有效控制，未有次生灾害发生。

三、指挥有力、科学应对

1. 加强领导。省领导到镇江市检查指导抗洪抢险工作。省防指、省水利厅多次召开调度会部署防汛工作。市领导多次调研指导防汛工作，市委常委会 2 次专题研究部署防汛，市政府常务会议、专题会议多次专题布置防汛工作。省市防指派出督导组、专家组、工作组累计 412 组次，保障抗洪抢险工作科学、严谨。各级行政、技术责任人和巡查人员履职尽责，每日约 3500 人上堤巡查，累计巡堤 21 万人次、累计巡查堤防 1.9 万千米。7 月 5 日、7 日、12 日启动防汛Ⅳ级、Ⅲ级、Ⅱ级应急响应，7 月 19 日 20 时最高发布红色预警，期间，根据汛情发展及时变更预警和调整应急响应等级，8 月 12 日 12 时结束应急响应，保障抗洪抢险工作高效有序开展。

2. 科学调度。镇江水文分局每日及时准确传送水情信息、进行水情预报，为沿江闸站的科学调度、水情预警和防汛应急响应提供支撑。市防办组织 11 次防汛会商。降雨前，在册水库全部预降至汛限水位以下，调度谏壁节制闸、九曲河闸抢长江低潮间隙预降苏南运河丹阳站和镇江市内部河网水位至最低。及时开启赤山闸预降赤山湖片区水位。谏壁抽水站 6 月 28 日开泵，九曲河抽水站 7 月 6 日开泵，8 月 3 日停机，减轻湖西区防汛压力。为应对强降雨，7 月 2 日提前预降 7 座中型水库水位至汛限水位以下 0.5 米左右，保证调蓄能力。超汛限小水库及时溢洪，并加强高水位期间的巡查，保障工程和溢洪期间的运行安全。7 月 17 日夜间，强降雨造成城区河湖水位快速上涨，引航道泵站、七摆渡泵站及时开机，外排城区金山湖、古运河、运粮河涝水，确保城区不受涝。

3. 及时抢险。组织实施和畅洲右汊水下坍塌抢险抛石护岸工程，用时 17 天完成 4.75 万吨块石抛护，遏制险情发展。及时组织开展长江重点崩岸高风险段的应急监测分析。8 月 13 日，扬中市小泡沙坍江；14 日，组织水下地形监测情况研判和抢险抛石方案进行讨论，在对崩窝采取抢险抛石工程的同时，本着稳定河势的需要出发，对窝塘下游发现的 3 处指岸冲槽采取应急抛石防护措施控制其发展，抢险工程共计抛石面积 12030 平方米，抛石总量约 1.5 万吨，有效控制坍势。9 月 16 日，扬中市长江丰乐桥段部分江滩坍失，形成两处窝塘，扬中市防指委托测量单位于 17 日上午对坍江岸段实施水下应急监测，并委托设计单位编制抢险护岸工程实施方案。抢险工程于 9 月底完成，有效控制险情发展。

4. 强化保障。省防汛抗旱指挥部先后两次调拨 1.83 万吨省级防汛块石、1 万只编织袋支援丹徒区江心园区抗洪抢险，调拨 1 万吨省级防汛块石支持扬中小泡沙坍江抢险。市防汛抗旱指挥部向丹徒区世业镇调拨 3000 吨市级储备防汛块石支援堤防浪坎抢险；调拨 500 平方米彩条布和调派 3 台套抢险照明灯、调拨 5000 只编织袋支援高新区抢险；调拨 2 万只编织袋支持润州区堤防抢险。长江高水位期间，及时撤离江心洲滩人员，全市累计撤离 6094 人（其中长江洲滩撤离 5957 人），均妥善安置。

5. 加强联动。各级防汛抗旱指挥部及有关成员单位落实 24 小时值班制度。水利局全员投入防汛工作，专门组建 7 个工作组常驻指导，派遣专家一线指导抢险。每日统计上报防汛工作动态，实施发布汛情短讯，编发《防汛快报》11 期。气象局对天气状况严密监测、滚动预报，制作决策气象服务材料 18 期，发布各类气象灾害预警信号 25 次。镇江水文分局发送实时雨水情数据 30 万条，编制雨水情分析预报材料 30 份，发布镇江（二）站潮位预报成果 60 次，预报精度达到甲等。市应急管理局及时前置抢险力量，组织各类抢险救援队伍约 1000 人深入一线，随时待命。市住建局巡查道路排水设施隐患、树木倒伏、沿江堤防、城区危房等 40 余次，做好江心洲水厂安全保供工作。市消防救援队受理抗洪排涝类警情 10 余起，出动消防车 32 台次，出动指战员 188 人次。市委宣传部牵头组织省、市媒体，深入防汛一线，报道防汛工作动态，宣传先进典型及做法。市自然资源和规划局发布 4 期地质灾害气象风险黄色预警预报，出动群测群防体系成员 2600 余人次对全市 195 个隐患点进行巡查，有效处置 3 起灾情、5 处险情，撤离 20 户 60 人。市财政局加大财政支持力度，保障应急抢险项目顺利实施，先期落实 500 万元用于和畅洲西缘应急抢险。（龚　源）

镇江市生态文明综合改革情况综述

近年来,镇江市牢记习近平总书记"要继续努力为全国生态文明建设做出更大贡献"的期望,秉持"扬长、补短、务实、创新"原则,推进生态文明综合改革,形成生态文明建设"镇江模式"。

一、构建生态与产业紧密契合的发展格局

挖掘镇江山水资源和交通优势,优化生态、生产、生活空间布局,打造沿东西走向的三条发展带。一是"北线"沿江生态保护和高质量转型发展带。按照"共抓大保护、不搞大开发"要求,全面落实长江经济带负面清单,推进沿江增植补绿,建立多层次湿地保护系统,打造水清岸绿景美的"滨江绿廊",统筹推动大运河文化带建设,展现"江河交汇"魅力。二是"中线"产业创新发展带。依托宁镇山地北侧沿312国道区域、南侧沿42国道区域,重点推进312国道产业创新走廊建设,"西端"与句容"产业硅谷"串联,对接南京紫东地区;"东端"与镇江主城融合,增强对市域整体发展的拉动力和支撑力。三是"南线"绿色生态发展带。以122省道、规划宁扬宁马城际为轴线,发挥生态资源优势,融入宁杭生态经济带建设,重点布局高效农业、休闲观光、生态旅游、健康养老等产业,打造面向城市群服务的"菜篮子""后花园""休闲地"。

二、打造人与自然和谐共生的城乡美景

依托城市山林特质,推进"美丽镇江"建设。一是推进主城区"一山一景"改造。建设26座山体公园,构建"10分钟公园绿地服务圈",新增各类城市绿地544.93公顷,公园绿地服务半径覆盖率84%,2020年,新增成片造林666.67公顷(10000亩),自然湿地保护率和林木覆盖率分别为60%和25.4%。二是推动低碳景区标准化建设。制定低碳景区评价办法,开展低碳景区评选,根据低碳管理、低碳环境、低碳技术、低碳设施和低碳文化等5类指标,将低碳景区分为三个等级,低碳景区试点工作在全省率先"破题"。三是打造沿江生态风光走廊。金山湖串联镇江主城北部滨水区,成为拥有近40平方千米长江滩涂湿地的国家AAAAA级旅游景区;世业洲结合"两山"和"两康"理论,推进"生态岛、音乐岛、旅游岛、健康岛"四岛共建,每年游客量增幅保持10%左右;因地制宜打造西津渡国家级城市中央休闲区、赤山湖国家湿地公园、江心洲生态旅游区等生态风景精品。

三、走出补齐环境基础设施短板的多元路径

激励各方社会资本投入绿色发展。一是高标准实施海绵城市建设。采用BOT运作模式,由市政府联合企业共同出资成立合资公司,以"海绵+治黑+治涝+环境提升"为目标,推动道路、新老小区LID整治,成为全国首批海绵城市建设试点优秀城市,试点建成后实现试点区域易淹易涝片区和黑臭水体全消除,夏季热岛效应强度下降0.9℃。二是提升生活垃圾处置能力。建成镇江、丹阳、句容3座生活垃圾焚烧发电厂,成为苏南5市首个实现生活垃圾全量焚烧的城市。与长江三峡集团签署《共抓长江大保护合作框架协议》,采取"资本+专业化技术平台"合作模式,推动实施污泥和餐厨废弃物协同处理工程(一期工程采用国内首创工艺,资源利用率100%),餐厨废弃物处置"镇江模式"复制推广到湖北荆门、江西九江等地。三是市场化推进城市污水处理项目建设。与长江生态环保集团推进股权合作,融资8亿元推动建成区污水处理提质增效项目,实施建成区污水管网全覆盖和污水全收集、全处理工程。

四、探索经济发展与环境保护双赢的生动实践

一是完善生态文明建设改革方案。出台《镇江市深化生态文明建设综合改革实施意见》和《2020年镇江市生态文明(低碳城市)建设九大行动任务》,实施国土空间开发保护、绿色产业发展、污染修复治理、资源总量管理、生态环境监管和风险防范、生态环境保护责任六大机制。二是提升环境保护规范标准水平。在全国率先制定市级绿色工厂认定规范和指标体系,明晰全市绿色制造骨架,推进绿色产品的设计、生产加工以及供应链建设,全市累计建成国家级绿色工厂18家、市级绿色工厂62家。三是探索生态农业新路径。整合全市农业农村系统服务平台,打造"亚夫"直通信息服务、技术服务、展销平台等三大平台。支持农业龙头企业建立院士工作站、博士后工作站,新增"一村一所"40个、产业研究院2个,28个典型村"一村一所"实现全覆盖。实施品牌战略,开展有机农产品、绿色食品认证,建立农产品质量安全追溯体系建设,优质农产品基地面积占比60%以上。四是建立"服务型"管理机制。柔性推动环责险试点工作,建立共保体考核、积分回馈、满意度评价等服务机制,推进"环责险""安责险"折扣互惠,省内率先打造"服务型"环责险品牌。推动绿色金融走在全省前列,举办江苏省第四届"金环"对话会,搭建"绿色助企行、贷动双胜利"对接会等服务平台。制定实施绿色金融"五条举措",构建"1日达"、额度扩容、延期付息等服务机制,在全省率先试行环境影响评价文件告知承诺制,51个项目当日受理当日办结,审批效率提高90%。

(颜正清)

镇江市新时代法治化营商环境建设工作情况综述

2020年,镇江市坚持以人民为中心的发展理念,打造亲商友商的政策支持环境、安商稳商的执法监管环境、护商暖商的司法保障环境、爱商助商的社会协同环境,为经济高质量发展保驾护航。

一、加强制度供给,加强政策支持

制度引领是法治化营商环境的基础。4月23日,在全市政法工作会议上,市委常委、政法委书记许文将制定法治化营商环境实施意见列入全年重点政法工作,形成《关于法治化营商环境的调查与思考》调研报告,得到省、市领导批示肯定。在征求意见的基础上,形成《关于打造法治化营商环境的实施意见》,明确"政策支持、执法监管、司法保障、社会协同"四个方面20项具体任务,对全市法治化营商环境建设工作做出总体部署。

各单位加快制定相关配套政策,加强系列政策支持。市发改委出台《2020年镇江市优化营商环境评价方案》等工作制度,发挥政策引领作用。市市场监管局制定出台全国首个《口罩用熔喷布生产技术规程》市级标准,规范和维护熔喷布行业生产秩序,支持疫情防控工作。市自然资源和规划局出台《关于做好优化工业项目落户事前服务工作的意见(试行)》,提高项目落户的质效。

二、优化行政管理,提升企业获得感

持续推进商事登记制度改革,健全"政银联办"机制,推行新设企业银行开户与设立登记同步办理,实现流程再造,全市企业开办平均用时压缩至2天。加强平台整合共享,推广公共资源不见面交易,全年全市完成交易项目1866个,交易额177.69亿元,其中采用不见面交易355项,交易额45.79亿元,为招标主体节约成本2700万元。构建帮办代办机制,聚焦招商引资重大项目,提供从企业设立到延续招商"八环节"全方位帮办代办服务,全年帮办代办服务10026件,时效提高50%以上。

市市场监管局探索完善包容审慎监管,建立自我纠错、主动自新的社会鼓励和关爱机制,对受到行政处罚的市场主体,在国家企业信用信息公示系统公示处罚期间,已经纠正失信行为的,可以申请将该处罚信息不再公示。全年全市完成718家企业信用修复申请,最大限度减少对企业生产经营的影响。

同时,镇江市规范行政执法行为,力推行政执法三项制度,制定重大行政决定法制审核清单,建立重大行政案件集体审理制度,规范行政处罚自由裁量权,促进严格规范公正文明执法。深化行政执法体制改革,厘清市县两级行政执法机制和权责划分,明确执法职责整合、执法队伍组建,推进跨部门、跨行业综合执法。

三、强化法治保障,维护企业合法权益

2020年,在疫情防控常态化背景下,保市场主体是落实"六保"要求的首要任务。镇江市法院坚持司法服务大局,突出加强对民营企业的保护,制定出台《关于为促进民营经济高质量发展提供司法保障的意见》,从完善保障民营经济的工作机制等十六个方面提出保障民营经济的意见,保护各类市场主体合法权益,为全市法院优化法治化营商环境工作提供基本遵循。

执行难一直是困扰企业合法权益得以实现的难题。镇江市法院开展"全面巩固基本解决执行难专项执行行动",对涉金融、涉民生、涉拖欠中小民营企业债务等案件开展集中专项执行,全市法院执结涉金融执行案件1239件,执行到位金额5.1亿元,维护广大企业的胜诉权益。

公安机关聚焦涉企违法犯罪案件复杂、社会危害大的特点,组织开展一系列专项行动,打击涉企犯罪行为,相继破获一批涉企经济犯罪,抓获一批犯罪嫌疑人,为企业挽回巨大经济损失。持续完善公检法协作会商通案机制,对于重点涉企案件,在侦办过程中检法部门提前介入,在严守执法底线的同时,提高办案效率,加快办案进度,依法快速办结,尽量减少对企业正常生产经营的影响。

近年来,镇江市政法机关回应企业司法诉求,畅通涉企案件申诉反映渠道,持续加大对涉民营企业案件的监督力度,完善错案防范、纠错机制,确保在每一个司法案件维护营商环境,为全市经济社会高质量发展提供法治保障。

(市委政法委)

镇江市实施退役军人就业创业五大行动综述

2020年,镇江市树立退役军人人才理念,通过出台政策、搭建平台、优化服务,助推退役军人就业创业。

一、实施"五大行动",引领退役军人就业创业

镇江市坚持政府推动、政策优先、市场导向、社会参与,促进和引导退役军人就业创业措施有:出台专

岗开发和"填平补差"方案,稳步推进未签订无固定期劳动合同转业志愿兵(士官)再就业;与高校共建退役军人教育培训基地,常态化举办专场招聘会,拓宽退役军人就业渠道等。6月,市委、市政府在全省率先研究出台《镇江市促进新时代退役军人就业创业实施意见》(以下简称《实施意见》),引领退役军人就业创业。一是明确全市退役军人就业创业工作总体目标,确保退役军人在享受普惠性就业创业扶持政策和公共服务基础上再给予特殊优待,确保每年提供不低于上年度自主就业退役军人总人数3倍的适合岗位供退役军人选择就业,全市退役军人教育培训合格(毕业)率95%以上,教育培训合格(毕业)后稳定就业率90%以上。二是明确全市退役军人就业创业工作总抓手。实施能力提升行动,通过退役前培训、适应性培训、职业技能培训、学历教育政策、创业培训等措施,提升退役军人就业创业的竞争力和创造力;实施送岗就业行动。通过优先录用政策关怀、积极开展岗位招聘、鼓励企业招录退役军人、开发专门岗位、实施村干部培养工程等措施,促进广大退役军人充分就业。实施创业帮扶行动,通过资金补贴扶持、税费减免扶持、优惠金融扶持、创业场所优待等措施,激发退役军人创业热情。实施平台搭建行动,通过建设就业创业培训基地、就业创业交流论坛、就业创业导师团队、鼓励激励等措施,搭建丰富多元的退役军人就业创业平台和载体。实施服务升级行动,通过"信息化""一站式""多元化"服务,完善退役军人就业创业服务体系。三是明确全市退役军人就业创业工作的保障措施。建立由退役军人事务部门牵头,各相关部门联动工作机制,将退役军人就业创业工作纳入高质量考核指标,加大财政投入并将所需经费足额纳入预算。

二、推进"十个一工程",搭建退役军人就业创业平台

按照《实施意见》要求,市退役军人事务系统推进"十个一"工程。一是举办一场创业创新大赛,举办首届"建行杯"退役军人创业创新大赛,全市12支参赛队伍入围决赛,9个项目获奖,并作为优质项目参加全省选拔赛。二是签署一揽子战略合作协议,与13家银行镇江分行签订拥军优抚合作协议,为退役军人就业创业提供金融优惠服务;与市工商联、邮政镇江分公司、惠龙易通国际物流股份有限公司、"菜鸟驿站"等10家单位和企业签署促进退役军人就业创业战略合作协议,助推退役军人就业创业。三是开发一些专门岗位,举办2020年"尊戎直通车"退役军人专场招聘会,邀请上海消防救援总队、市公安局、市消防救援支队、恒顺集团等省内外34家单位和企业参加,服务退役军人及家属进场选岗求职。四是打造一批就业创业示范基地和创业孵化基地,全年各市(区)计划各创建1个就业创业示范基地和1个创业孵化基地,总数超过16个以上,并实行动态管理。五是组建一支就业创业导师队伍,聘请相关人士为就业创业导师,为退役军人就业创业规划指导。六是建立一个信息平台,利用"互联网+服务"模式,搭建自主就业退役军人就业创业信息服务平台,提供教育培训和就业创业信息网上发布、审核登记、异地办理等便利服务。七是组织一次交流研讨,组建退役军人创业联盟,举办专业有所突出、事业有所发展、创业有所成就的退役军人交流论坛。八是开展一系列热门技能培训,研究开展职业技能培训,提升退役军人的就业能力。九是建立一本退役军人就业创业基础台账,发挥各级退役军人服务中心、服务站网格化管理作用,采取走访到人、登记到人、信息入库等方式,对退役军人就业创业情况实行"一人一册"。十是宣扬一批就业创业典型,结合评比表彰工作,对退役军人就业创业典型进行宣传报道,营造良好氛围。

三、尽心当好"四员",提升就业创业服务水平

市退役军人事务系统履职尽责,当好"四员":一是当好"宣传员",把握退役军人就业创业工作发展大势,贯彻国家大政方针,及时把中央、省、市关于促进新时代退役军人就业创业的政策,传达到每个退役军人,增强其就业创业信心。二是当好"服务员",执行退役军人常态化联系点制度,对上年度退役的自主择业人员,主动上门了解就业情况,开展个性化服务,走进退役军人创办的企业了解生产经营情况,梳理问题,创造更多的就业平台和机会。三是当好"信息员",摸清退役军人就业底数和意向,通过线上线下相结合,及时发布学校培训信息、企业用工信息、动态市场信息、退役军人求职信息等,实现资源共享。四是当好"协调员",主动对接人社、教育、税务等部门,协调解决退役军人就业创业中存在的难题,实现高质量退役军人就业创业目标。

(退役军人事务局)

镇江市对口帮扶支援合作工作情况综述

2020年,镇江市贯彻习近平总书记在决战决胜脱贫攻坚座谈会、中央第七次西藏工作座谈会以及第三次中央新疆工作座谈会上的讲话精神,做好新时期对口支援西藏、新疆、三峡库区、东西部对口帮扶及振兴东北老工业基地的对口合作工作，提高政治站位，落实中央、省各项决策部署，推动对口帮扶支援合作工作发展。

一、苏陕扶贫协作工作。2020年，镇江市重点围绕“六抓六促”（抓高层互访，促交流合作；抓携手抗疫，促复工复产；抓项目推进，促产业发展；抓创新作为，促特色发展；抓考核整改，促强弱补短；抓协调协作，促合力攻坚），完成省下达的年度指标任务，主要县均指标均在全省前列，尤其是在争取额外财政资金、引导企业实际投资额、消费扶贫等方面。2021年镇江渭南工作组、挂职蒲城县专技人才阮祥忠入围全国脱贫攻坚先进集体和先进个人。主要特色亮点工作有以下几方面：一是突出产业扶贫积极作为。结合本地产业特色和需求，帮扶5个对口县招引产业项目20个，实际到位投资10.25亿元，带动贫困人口1530人，创历史新高；推进“区中园”建设，加大项目招引力度，富丹产业园连续3年获陕西省10个试点“区中园”建设综合评估第1名。二是创新推进“五个一”消费扶贫平台。打造“五个一”消费扶贫平台，即在镇江建立一个展示馆、一个批发交易中心、一个电商商城、一批直营店和专柜，在渭南确立一批标准化生产基地和直采基地，平台采购销售渭南农特产品3500万元，其中扶贫产品2500万元。三是探索实施“三集一劳”联贫新模式。苏陕资金对企业投资确权为集体资产，企业交纳集体资产使用费或分红，集体对资产收益进行分配，集体与贫困户签订劳务协议，贫困户通过完成集体提供的劳务量获取报酬，形成集体资产、产生集体收益，采取集体分配、实现按劳取酬，解决项目选择难、联贫益贫难、防返贫难等问题。村集体经济组织经营性资产壮大，带动贫困人口就近就业，在取得劳务收入的同时，还能实现分红收益。央视《朝闻天下》以“金融活水助力产业升级”为题，专题报道镇江市在帮助当地产业扶贫的成效，国家、省级媒体报道多次。

二、对口支援西藏拉萨市达孜区工作情况。实施援疆项目10个，总投资1.21亿元，提升镇江达孜工业园基础设施，打造扎叶巴民俗风情村，推动白纳沟生态公园建设。加大人才交流合作，共计260多人次，结合当地实际需求，开展“小组团”医疗、教育援藏。持续推进消费扶贫，依托旅游联盟赴全国多地开展旅游推介，拍摄援藏题材微电影《拉日宁布》，获江苏省社会主义核心价值观主题微电影一等奖。举办净土健康产品产销会、直播带货，销售额1000余万元。组织开展项目招引，正式签约项目3个，意向项目6个，总投资11.6亿元，引导江苏籍企业吸纳当地就业，新增就业130人。

三、对口支援新疆建设兵团第四师可克达拉市工作情况。推进援疆项目建设，全年34个项目，资金2.18亿元。围绕产业援疆，推进项目招引，发挥援疆干部人才资源优势，抽调10人参与师市5个专项招引工作组，正式签约项目6个，计划总投资50.32亿元、美元1.5亿元，实际到位3.23亿元；签订意向性项目10个，计划总投资30.6亿元；总投资35亿元的三迪半导体光电产业园项目6月签约落地，首期芯片焊线、测试、封装设备率先投产。深化智力援疆，实施第二批“万名教师支教计划”，选派50名教师，以“名校长+优秀中层+骨干教师”组团式模式，整建制充实到可克达拉市镇江高级中学、金山实验学校，举办第九届“疆内外教学周”活动，成效初显。江苏大学与四师医院建立非直属附属医院和临床医学院关系，合作建设江苏科技大学“丝路人才培训学院”镇江校区。

四、对口支援三峡库区工作情况。协调落实镇江市支援湖北秭归资金，足额拨付对口支援三峡库区移民工作计划下达的无偿援助资金155万元。配合做好招商引资对接事宜，引导镇江市企业赴秭归县开展产业合作对接，达成初步意向。开展组织扶贫水果销售，深化消费扶贫工作，销售秭归脐橙5万箱，帮助贫困果农实现销售收入600万元。

五、苏辽对口合作工作情况。按省有关规定完成对口合作工作任务。2020年9月15日，朝阳市市长谢卫东带队赴镇江市商研两市对口合作工作。两地交流合作日趋频繁，塔城陈醋酿造有限公司到恒顺集团考察交流。两地教育部门开展互访交流，签署合作协议，选派职业学校12名中层干部到镇江对口合作学校挂职锻炼、跟岗研修。引导江苏企业赴朝阳投资兴业，2020年赴朝阳投资项目7个，总投资10亿元，项目均已开工建设。

六、挂牌督战村结对工作情况。为落实省对口办《关于组织社会力量助力挂牌督战工作的通知》要求，2020年5月19日，由省对口办统一组织，镇江市6家国有企业分别与会泽县雨碌乡、上村乡6个挂牌督战村开展现场结对活动，60万元帮扶资金全部到位，并结合企业自身情况制定帮扶计划。8月27日，镇江市润州区政府赴云南省会泽县雨碌乡白彝村开展挂牌督战村工作调研，润州区慈善总会向白彝村捐资6万元。累计投入帮扶资金66万元。（市发改委）

1月

9日 国务委员王勇到五峰山长江大桥调研检查安全生产专项整治和安全防范工作。

9日—12日 中国人民政治协商会议镇江市第八届委员会第四次会议举行。

10日—13日 镇江市第八届人民代表大会第四次会议举行。

14日 2020年全市大气污染防治工作推进会召开。

同日 镇江市“不忘初心、牢记使命”主题教育总结大会举行。省委第二巡回指导组组长赵鹏出席会议。

16日 镇江市“两征两退”改革暨全市征兵工作电视电话会议召开。

17日 2019镇江网络嘉年华活动举行。

18日 “城门挂春联江苏开门红”活动在丹徒区中国米芾书法公园举办。该活动在全省13个市联动。

19日 镇江市道路交通安全专项整治行动联席会议召开。

21日 “爱心年夜饭”暨“书香礼包”集中发放活动举行。

29日 江苏省副省长费高云率队到镇江检查新冠肺炎疫情防控工作。

31日 江苏省省长吴政隆采取“四不两直”方式，到句容市的高速公路出入口、居民小区，检查新冠肺炎疫情防控工作。

2月

2日 江苏省副省长马秋林带领省工信厅、省政府办公厅等相关人员到镇江市鱼跃医疗，调研企业新冠肺炎疫情防控物资生产及组织情况。

3日 江苏省省长吴政隆主持召开省疫情防控工作领导小组会议暨视频调度会议。市委书记惠建林、市长张叶飞出席镇江分会场。

17日 江苏省安全生产第十一督导组督导镇江市工作动员部署会召开，组长刘广忠出席会议。

18日 镇江市委召开全市领导干部会议，宣布江苏省委关于镇江市委主要领导调整的决定：马明龙任镇江市委委员、常委、书记，惠建林不再担任镇江市委书记、常委、委员职务。

19日 全市疫情防控指挥部视频调度会议召开。

22日 江苏省退役军人事务系统支援武汉抗疫一线物资启运仪式，在惠龙易通国际物流股份有限公司举行。省退役军人事务厅党组书记、省双拥办副主任谢晓军出席仪式。

24日 镇江市企业复工复产惠企政策宣贯活动在镇江高新区举行。

25日 镇江市委、市政府召开统筹推进新冠肺炎疫情防控和经济社会发展工作部署会议。

26日 江苏省副省长赵世勇率队到镇江调研“菜篮子”稳产保供、农业龙头企业复工复产、水利项目施工建设和社会养老机构疫情防控等工作。

3月

1日 镇江市委、市政府和市疫情防控指挥部分别通报表彰在疫情防控一线表现突出的2名先进个人和3个先进集体。

2日 江苏省生态环境厅党组书记、厅长王天琦率领调研指导组到镇江调研指导生态环保工作。

3 日 江苏省省长吴政隆就推动长江经济带高质量发展到扬州、泰州、镇江调研。

6 日 2020 年镇江市产业项目“不见面”集中签约仪式以网络视频的方式举行。15 个项目集中签约，总投资近百亿元。

9 日 国务院督导组在镇江召开安全生产座谈会。国务院安委办副主任王浩水等参加座谈会。

11 日 镇江市领导与市级机关干部以及丹徒区干部群众 200 余人到世业镇参加义务植树活动。

12 日 镇江军分区党委召开宣布任职大会。省委常委、省军区司令员张黎鸿宣读任职通知：市委书记马明龙任镇江军分区党委第一书记。

16 日 中国拥军优属基金会向镇江市疫情防控指挥部捐赠医用一次性口罩及相关防疫物资。

17 日 2020 年镇江市“扫黄打非”工作会议召开。

17 日—18 日 中共江苏省委副书记任振鹤到镇江调研基层党建、脱贫攻坚工作。

23 日—24 日 中共江苏省委常委、组织部部长郭文奇到镇江调研党建工作。

26 日 镇江市文化旅游发展大会举行。

27 日 镇江市召开学校开学复课工作动员部署会。

30 日 镇江市农业农村重点工作暨脱贫攻坚推进座谈会召开。

30 日—31 日 中共江苏省委书记娄勤俭在镇江、扬州检查调研。省委常委、省委秘书长郭元强参加调研。

4 月

1 日 镇江市政府召开镇江市安全生产暨消防工作会议。省安全生产第十一督导组组长刘广忠出席会议。

2 日 镇江市政府与中国农业发展银行江苏省分行战略合作签约活动举行。

3 日 镇江市召开招商地图征求意见座谈会。

同日 江苏省委常委、省委统战部部长杨岳调研丹阳台资企业复工复产情况。

同日 江苏省台办主任练月琴带队调研镇江市台资企业复工复产情况。

8 日 江苏省高级人民法院党组书记、院长夏道虎到镇江调研法院工作和助企复工复产、服务保障情况。

9 日 江苏省人大常委会副主任许仲梓率队到镇江调研新冠肺炎疫情防控工作。

10 日 江苏万全智能环境设备有限公司通过省慈善总会，向镇江市区多家公立医院捐赠杀菌、杀病毒型空气净化器。

12 日 镇江市援鄂医疗队的成员先后全部平安回镇江。市委书记马明龙、市长张叶飞联名发出《致敬白衣战士弘扬大爱精神》感谢信。

14 日 由镇江市政府和江苏凤凰出版传媒股份有限公司合作共建的“凤凰书架”设立仪式在市图书馆举行。市长张叶飞，江苏凤凰出版传媒股份有限公司党委书记、总经理佘江涛出席仪式，并共同为镇江市图书馆“凤凰书架”揭牌。

同日 江苏省人民防空办公室主任戴跃到镇江市调研人防行业安全生产工作及防疫复工情况。

20 日 镇江市生态环境综合行政执法局、市生态环境保护调度中心、高新区生态环境综合行政执法局 3 个机构集中挂牌。

23 日 第八届镇江文心阅读节开幕式在凤凰广场举行。

26 日 镇江市庆祝“五一”暨劳模座谈会召开。

同日 江苏省旅游协会会长张卫国一行赴句容调研乡村振兴和文化旅游工作。

28 日 镇江市八届人大常委会召开第二十六次会议，表决通过关于任命徐曙海为镇江市副市长的决定、关于任命周凯为镇江市副市长的决定、关于接受张叶飞辞去镇江市市长职务请求的决定、关于徐曙海代理镇江市市长的决定。

同日 镇江市委、市政府召开镇江市产业强市大会。

5 月

7 日 镇江市疫情防控指挥部视频调度会召开。

8 日 镇江市政府召开“落实产业强市战略奋力实现争先进位工作部署会”。

同日 江苏省直单位全国人大代表到镇江考察复工复产等工作，听取有关建议。全国人大代表、省人大常委会副主任、党组副书记陈震宁，全国人大代表、副省长马秋林参加考察。

11 日 中共镇江市委书记马明龙会见北汽集团党委书记、董事长徐和谊一行，双方就进一步深化北汽镇江项目合作、推动新能源汽车 ARCFOX 品牌更好发展进行交流。

12 日 镇江以“致敬护士队伍携手战胜疫情”为主题举行庆祝“5·12”国际护士节暨先进事迹报告会。

同日 镇江市深化全国文明城市创建工作推进

会召开。

13日 江苏省政协主席黄莉新率领省相关部门负责人和部分省政协委员到镇江，调研医药卫生体制改革和公共卫生体系建设工作。省政协副主席胡刚参加调研。

16日 全市安全生产隐患排查工作推进会召开。

18日 国家动漫创意研发中心动漫发展研究院（镇江）揭牌仪式在镇江技师学院举行。

同日 江苏吉贝尔药业股份有限公司首次公开发行A股（科创板）上市仪式举行，股票简称“吉贝尔”，股票代码“688566”。

20日 2020年中国城市公共交通第二届“5·20”公交驾驶员关爱日主会场活动在南山北入口广场举行。该次活动采用5G技术进行网络直播，镇江市为活动主会场。

26日 镇江市与纳米比亚鲸湾港经贸交流暨APEC卡推介会在丹阳市召开。

29日 中共镇江市委召开全市传达学习贯彻全国“两会”精神大会。

6月

2日 中共镇江市委书记马明龙、代市长徐曙海会见凯莱英医药集团董事长兼首席执行官洪浩一行，就加快推进相关战略合作事宜进行会谈。

同日 江苏省属企业与镇江市属国有企业合作项目签约仪式举行。省国资委主任、党委书记兼省委组织部副部长徐郭平出席签约仪式并讲话。该次合作签约项目17个，总金额360多亿元，涵盖产业投资、股权合作、融资增信、贸易合作等多个领域。

3日 江苏省人大常委会原副主任、省扶贫“三会”理事长丁解民一行到镇江调研消费扶贫有关工作。

5日 江苏省副省长马秋林到镇江检查新孟河河长制工作。

6日 江苏省第十五届“长江经济带”全民健身大联动启动仪式暨2020“江河交汇·运河人家”线上健步走活动在镇江市举行。

8日 江苏省安全生产专项整治第十一督导组召开集中督导镇江市情况反馈会，组长刘广忠出席会议。

10日 国家长江办调研组王善成一行到镇江调研长江经济带生态环境突出问题整改工作。

11日 镇江市举行市政府与江苏证监局联席会议暨战略合作签约仪式。江苏证监局党委书记、局长李明出席会议。

11日—12日 全国人大常委会副委员长吉炳轩率执法检查组到镇江，开展农业机械化促进法执法检查，并围绕提高农机装备水平、确保国家粮食安全进行调研。

15日 镇江市委、市政府召开全市比学赶超争先进位大会。

17日—18日 中共镇江市委书记、市人大常委会党组书记马明龙率镇江市党政代表团赴陕西省渭南市考察交流。

22日 中共镇江市委书记马明龙会见中国中铁八局集团有限公司党委书记、董事长刘胜尧一行，就进一步加强合作进行交流。

23日 镇江市与韩国洪城郡通过视频连线形式举行建立友好合作关系签字仪式。代市长徐曙海、洪城郡郡守金石焕出席并在线签订两市友好合作关系备忘录。

24日 镇江市第30个全国“土地日”宣传周暨“镇江市自然资源抖音号”启动。

28日 镇江市第八届人民代表大会第五次会议召开。会议29日闭幕，马明龙当选镇江市第八届人民代表大会常务委员会主任，徐曙海当选镇江市人民政府市长。

30日 江苏省委宣传部在南京举行发布会，追授糜林江苏“时代楷模”称号。

7月

1日 全市庆祝中国共产党成立99周年会议召开。

2日—3日 江苏省委常委、省纪委书记、省监委代主任王常松到镇江，就监督保障统筹推进疫情防控和经济社会发展、整治群众身边腐败和作风问题等工作开展调研。

3日 镇江市供销合作社第四次代表大会召开。省供销合作总社党组书记、理事会主任陶长生出席会议。

4日 2020年宁镇扬党政联席会议在南京市举行。中共镇江市委书记马明龙、市长徐曙海参加会议。

8日 中共江苏省委组织部副部长、老干部局局长、离退休干部工委书记江桦一行到镇江市调研离退休干部党建和老干部作用发挥等情况，并开展纪念建党99周年主题党日活动。

9日 第五届镇江智库论坛举行。

14日 镇江市第六届金山文化创意设计大赛启动暨镇江市文创联盟成立仪式举行。

15 日 江苏"时代楷模"糜林同志先进事迹巡回报告会在镇江市举行首场报告会。

17 日 镇江市退役军人就业创业"五大行动"暨"建行杯"创业创新大赛启动仪式举行。

同日 全市稳就业工作会议召开。

19 日 中共江苏省委副书记任振鹤赴丹徒世业洲检查指导防汛工作。

22 日 江苏省副省长马秋林率队到镇江调研市场监管检验检测技术工作。

同日 江苏省副省长马欣赴江苏大学专题调研农业装备学科建设发展情况。

23 日 江苏图南合金股份有限公司挂牌上市仪式在深圳证券交易所举行,股票简称"图南股份",股票代码"300855"。

26 日 句容市综合交通运输学会(协会)揭牌成立。这是全省首个县级交通运输学会(协会)。省综合交通运输学会理事长史和平、副理事长江里程出席揭牌仪式。

28 日 江苏省副省长惠建林到镇江调研稳外资、稳外贸工作。

29 日 江苏省政协副主席、民进省委主委朱晓进带领民进省委安全生产专项民主监督调研组到镇江市,开展安全生产专项民主监督工作调研活动。

31 日 中国共产党镇江市第七届委员会第十一次全体会议在市行政中心会议中心举行。

8 月

4 日 "万企联万村共走振兴路"行动村企对接暨联建项目签约仪式举行。

5 日 由江苏省科技厅和镇江市政府共同主办的2020年高校院所走进镇江产学研合作大会在镇江市举行。副省长马秋林、中国工程院院士吴光辉、省科技厅厅长王秦等出席大会。

同日 镇江市第七次全国人口普查领导小组会议召开。各市(区)、60个乡级单位、747个村级单位全部完成人口普查机构组建工作。

6 日 江苏省副省长费高云率领省相关部门负责人到镇江,调研沿江港口船舶和港口污染防治工作。

7 日—9 日 中共镇江市委书记、市人大常委会主任马明龙率镇江市党政代表团赴西藏拉萨市达孜区考察交流。西藏自治区党委常委、拉萨市委书记白玛旺堆会见马明龙一行。

8 日 第三届"米芾杯"国际青少年书法大赛总决赛在镇江丹徒区文化艺术中心开赛。

12 日 镇江市"体育相伴 京夜无眠"暨苏宁易购第二轮超市惠民券发放"苏宁易购 818 双百亿行动"启动仪式举行。镇江苏宁发放1.4亿元消费券。

13 日 上海市政协副主席方惠萍率调研组就"加快推进长三角红色旅游一体化发展"专项课题到镇江市考察调研。

同日 市安委会全体(扩大)会议召开。

16 日 2020"苏韵乡情"乡村休闲旅游农业(镇江)专场推介活动暨句容第十一届丁庄葡萄节在句容葡萄小镇丁庄开幕。省农业农村厅厅长杨时云等出席开幕式。

19 日 镇江市庆祝2020年"中国医师节"大会举行。

同日 交通运输部长江航务管理局局长唐冠军一行到镇江,调研长江镇江段航道疏浚土综合利用(试点)工作。

同日 微软(中国)大中华区副总裁、微软中国公共事业部总经理滕文率领微软公司考察团到镇江参观考察。

20 日 镇江市政府与长江生态环保集团有限公司签署框架合作协议。三峡集团副总经理、总会计师杨省世出席会议。

21 日 长江经济带船舶和港口防污染现场推进会在镇江市举行。交通运输部副部长刘小明出席会议。

24 日 镇江市政府与交通银行江苏省分行举行战略合作签约仪式。交通银行董事会秘书、长三角一体化管理总部总裁顾生,交通银行江苏省分行党委书记、行长林骅出席签约仪式。

30 日 2020金山文化艺术节开幕。

31 日 长三角文学发展联盟大运河文化主题创作实践活动作家采风团到镇江。

9 月

1 日 甘肃省兰州市政协主席李宏亚率队到镇江市考察"有事好商量"协商议事室建设和运行情况。

2 日 江苏省商务厅厅长赵建军带队到镇江调研重点外贸外资企业、省重点产业项目实施等情况。

3 日 中共淮安市委书记、市人大常委会主任蔡丽新,市委副书记、市长陈之常率淮安市党政代表团到镇江市考察。

4 日 镇江市委、市政府召开全市遵循新发展理念持续排查解决突出民生问题工作会议。

5 日 江苏省慈善总会与镇江市联合举行以"共襄慈善事业,决胜全面小康"为主题的江苏省·镇江市纪念第5个"中华慈善日"暨"镇江慈善文化园"开园活动，这也是全省“中华慈善日”“江苏慈善周”“全省‘9·9’大型公益捐赠”宣传活动的主会场和启动仪式活动。省人大常委会原常务副主任、省慈善总会会长蒋宏坤等参加活动。

7日 江苏省体育产业集团党委书记、董事长顾晔一行到镇江市调研。

7日—8日 由陕西省渭南市市长王琳一行组成的陕西渭南市政府代表团到镇江市考察。

8日 荷兰王国驻中国大使馆农业参赞武田富（Wouter Verhey）应邀参加镇江国家农业科技园区暨创建省级句容农高区启动仪式并致辞。启动仪式前，镇江市副市长周凯会见武田富参赞和荷兰贸促会南京代表处首席代表理查德（Rechard van Ostende）。

9日 德国曼海姆市牵头举办国际友城“虚拟市长峰会”，13个国际友好城市以视频形式在线会面，并就新冠肺炎疫情带来的影响和后疫情时代城市如何复苏展开对话。镇江市派代表参加会议，并和与会代表共同签署《加强疫后合作 促进城市发展——曼海姆市“虚拟市长峰会”的联合声明》。

15日 镇江市政府与上海证券交易所合作共建的“上海证券交易所资本市场服务镇江基地”揭牌。

16日 2020年江苏省安全应急科普环省行进企业活动在索普集团举行。

19日 “水韵江苏、山水镇江”第十四届中国镇江金山文化旅游节在西津湾开幕。

22日 “世业杯”第一届全国美丽乡村健康跑暨第二届全国农民水果采收邀请赛在镇江市举办。

23日 镇江市政府与中国邮政储蓄银行江苏省分行举行战略合作签约仪式。邮储银行江苏省分行党委书记、行长吴祖讲出席会议。

24日 2020年江苏省党史部门主任座谈会在镇江市召开。省委党史工办主任邢光龙参加会议。

26日 由澎湃新闻网、长三角投资发展论坛组委会、长三角经济社会研究会与镇江市政府联合主办的“第六届长三角慢生活旅游峰会暨第四届长三角慢生活旅游目的地联盟峰会”在镇江市举行。会上发布的“长三角最佳文旅融合城市”系列评选榜单中，镇江市获特别奖。

27日—28日 由人力资源和社会保障部副部长李忠任组长，人力资源和社会保障部、民政部、水利部、农业农村部、公安部组成的第三联合督查组到镇江开展长江流域重点水域禁捕退捕工作督查。

28日 国内规模最大的乡村博物馆群——陈履生博物馆群在扬中市正式开馆。

30日 镇江市在烈士陵园纪念碑广场举行烈士纪念日纪念活动。

10月

9日—10日 江苏省人大法制委主任委员王腊生一行到镇江，开展《江苏省优化营商环境条例（草案修改稿）》立法调研。

10日 江苏省教育厅、省慈善总会在扬中八桥中学联合召开全省中小学校园慈善文化建设推进会。省人大常委会原常务副主任、省慈善总会会长蒋宏坤出席会议。

12日 镇江市档案馆首部电视专题纪录片《陈光甫》举行开镜仪式。

17日 健康镇江行动暨第五届全民健康节启动仪式举行。《落实健康中国行动推进健康镇江建设实施方案（2020—2030）》正式实施。

18日—19日 纳米比亚中国和平统一促进会会长吴勇率考察团访问镇江，开展经贸交流活动。

19日 全市建设美丽镇江推进大会召开。

22日 2020年全省网络安全事件应急演练在镇江举行。省委网信办主任兼省委宣传部副部长徐缨现场观摩。

23日 第十届江苏—澳门·葡语国家工商峰会暨镇江市专场推介会在澳门举行。副省长惠建林出席峰会并致辞。

24日 经中共江苏省委研究决定，巩海滨任中共镇江市委委员、常委、副书记（正市级）。

25日 “建设绿色新5G，助力镇江加速跑”5G科普镇江行活动启动。

28日 镇江市委、市政府举行镇江市官塘创新社区管理委员会揭牌仪式暨项目集中签约活动。市政府与阿里巴巴集团签署全面合作框架协议，镇江数据湖产业园、阿里和润数字产业园等9个项目签约。

30日 “云时代创新中心”在京口区正式开园，该园是一个以动漫游戏、短视频制作为特色的数字文创产业园区。

11月

1日 镇江市第七次全国人口普查登记启动仪式在大市口广场举行。

6日 恒顺180周年高质量发展峰会在西津湾举行。市委书记马明龙致辞，并与中国轻工业联合会会长张崇和共同为“中国醋都·镇江”揭牌。

7日 2020院士家乡行暨“金山英才”计划项目

集中签约活动举行。6名镇江籍院士回到家乡。

16日 镇江市学习贯彻中共十九届五中全会精神宣讲动员会召开。

17日 镇江市举行“镇江市人民奖章”颁奖大会。

18日 镇江市七届市委第十二轮巡察动员部署会召开。

同日 江苏省副省长马欣率队到镇江市，专题围绕历史文化遗产保护工作开展调研。

24日 学习贯彻中共十九届五中全会精神省委宣讲团宣讲报告会在镇江市举行。

24日—25日 最高人民法院研究室副主任、中国法学会证券法学研究会会长郭锋率领中国法学会证券法学研究会考察团到镇江市考察，开展专家下基层活动，并为镇江市总商会人民调解中心、镇江市总商会仲裁分会等揭牌。

25日—26日 全国政协常委、民建中央副主席、云南省政协副主席高峰带领全国政协农业农村委党外委员团一行到镇江市，围绕“加强乡村人居环境整治和公共卫生体系建设”课题进行专题调研。全国政协常委、最高人民检察院原副检察长姜建初，全国政协委员、中国船舶工业集团有限公司原党组书记、董事长董强参加考察。

26日—28日 中国道教协会第十次全国代表会议在镇江市举行。中央统战部副部长、国家宗教事务局局长王作安，省委常委、省委统战部部长杨岳参加会议。

28日 由北京茅以升科技教育基金会、市政协共同主办的茅以升“家乡土木工程奖”和“家乡教育奖”颁奖典礼在江苏省镇江中学举行。北京茅以升科技教育基金会理事长茅玉麟出席颁奖仪式。

29日 2020年长江(世业洲)户外休闲徒步大会举行。

12月

1日 李岚清篆刻作品捐赠仪式在镇江市举行。

3日 全国政协副秘书长、民进中央副主席朱永新到镇江市考察。

4日 江苏省抗击新冠肺炎疫情先进事迹报告会镇江专场在市艺术剧院内举行。

5日 2020南京都市圈党政联席会议在镇江召开。

同日 优秀传统文化与新时代高质量发展座谈会暨《江苏地方文化史·镇江卷》首发式在镇江市举行。

7日 2020年镇江市劳动模范表彰大会在市艺术剧院南山剧场举行。

9日 江苏省人大常委会副主任、省总工会主席魏国强率省先进碳材料产业链工作专班到镇江调研。

10日 镇江市政府、中国科学院自然科学史研究所主办的“纪念苏颂千年诞辰 弘扬科技创新精神”活动在镇江市举行。副省长马秋林、市委书记马明龙共同为“苏颂纪念堂”揭牌。中国科学院自然科学史研究所所长张柏春等出席活动。

11日 连淮扬镇铁路淮镇段暨五峰山大桥建成运营。

14日 第三届“健康江苏健步走”启动仪式在丹徒区世业洲举行。

15日 由中共镇江市委宣传部、江苏大学、市政府外事办、市社科联主办的“诗韵镇江四海名扬”镇江市外国留学生诗词大会暨短视频大赛颁奖典礼在镇江市举行。省委宣传部副部长、省政府新闻办主任杨力群等出席典礼。

16日 全国流浪乞讨人员救助管理工作标准体系研讨会在镇江市举行。

19日 由全国航空工业职业教育教学指导委员会主办的2020年“无国界杯”全国航空职业院校空中乘务技能大赛总决赛开幕式暨全国航空职业教育合作联盟成立大会在镇江航空教育小镇举行。

22日 第19届中国(句容)草莓文化旅游节在句容市开幕。

23日 《光绪丹徒县志》点校本首发式暨新闻发布会在中共镇江地方史馆、镇江方志馆举行。

24日 全市领导干部警示教育大会举行。

同日 中共镇江市委书记马明龙会见中国国民党原代主席、台湾冠军集团董事长林荣德一行。

27日 大全集团获国务院批准设立的工业领域最高奖项——中国工业大奖。

28日 中国共产党镇江市第七届委员会第十二次全体会议举行。

29日 镇江市规划勘测设计集团有限公司挂牌成立。

自然环境

【地理位置】 镇江市地处江苏省西南部，位于长江下游南岸、长江三角洲顶端，北纬31°37′～32°19′，东经118°58′～119°58′。东西最大直线距离95.5千米，南北最大直线距离76.9千米。东南接常州市，西邻南京市，北与扬州市、泰州市隔江相望。（叶 卜）

【土地面积】 镇江市土地总面积3840平方千米，占全省土地总面积的3.58%，其中水域面积470.8平方千米，占全市总面积的12.3%；市区面积1088平方千米，丹阳市面积1047平方千米，句容市面积1378平方千米，扬中市面积327平方千米。（叶 卜）

【地貌】 镇江市地貌走势为西高东低、南高北低，大部分地区属宁镇—茅山低山丘陵，沿江洲滩属长江新三角洲平原区，丹阳东南部则属太湖平原区。宁镇山脉境内大体为东西走向，有山峰114座，其中，市区62座、句容市45座、丹阳市7座。主要山峰高度：大华山437米、九华山（句容）433.4米、高骊山425.5米、宝华山396.4米、十里长山349米、五州山306米。茅山山脉境内略呈南北走向，是秦淮河水系和太湖水系的分水岭。主要山峰高度：丫髻山410.6米、大茅峰372.5米、马山362.8米、瓦屋山357米、方山307.6米、凉帽山307米。

江中洲地自西向东有世业洲、征润洲、新民洲、和畅洲（今江心洲）、顺江洲（今高桥镇）和太平洲（今扬中市全境）。

镇江市区地貌南高北低，北部沿江分布着心滩、洲滩、边滩以及冲积平原，海拔5米～10米。市区南部为低山残丘，自西向东分布着五州山、十里长山、东山、九华山、黄山、观音山、鸡笼山、磨笄山等，东郊零星分布着汝山、横山、京岘山、雩山等残丘，除五州山、十里长山高度超过300米，其余山丘高度均在100米～200米之间。城区内分布着金山、焦山、北固山、云台山、象山等高度低于100米的孤丘，总体上形成"一水横陈、连岗三面"的独特地貌。（叶 卜）

【资源】 土地资源。镇江市有耕地、园地、林地、牧草地、居民点及工矿用地、交通用地及水域等各种土地资源类型，更有一批风景名山。据镇江市第三次全国农业普查主要数据公报，2016年年末，全市实际经营耕地面积117.95千公顷，其中，灌溉耕地面积105.24千公顷；实际经营林地面积（不含生态林防护林）25.37千公顷。

水资源。镇江是水资源较为丰富的城市，长江和大运河在这里交汇，秦淮河、太湖湖西、沿江3个水系在这里集聚。水资源主要有地表水、过境水、地下水、回归水等4种形式。长江流经境内长103.7千米。京杭大运河境内全长42.74千米，在京口区谏壁街道与长江交汇。全市有流域面积50平方千米及以上河流32条（其中跨省2条），流域面积50平方千米以下至乡镇级主要河流328条。常年水面面积1平方千米及以上湖泊2个，0.5平方千米～1平方千米湖泊2个，均为淡水湖泊。有水库141座，塘坝3.97万处；地下水取水井13.49万眼，取水量1321.25万立方米。

矿产资源。镇江发现金属矿产有铁、铜、铅、锌、钼、钨、金、银、铼及镉等10余种，矿床（点）47处。非金属矿产有白云石、石灰石、大理石、膨润土、珍珠岩、沸石、耐火黏土、硅石、型砂及红柱石等，化工非金属矿产有硫铁矿、岩盐、泥炭、磷及含钾岩石等。温泉资源及地热资源丰富，包括地下热水和地温异常2类。

生物资源。植物方面，木本树种有74科183属394种及变种。自然植被分为针叶林、落叶阔叶林、落叶与常绿阔叶混交林、竹林、灌丛、草丛和水生植被等7个类型，栽培植被则包括大田作物、蔬菜作物、经济林、果园和绿化等5个类型。针叶林有马尾松林、黑松林、湿地松、杉木林、侧柏林等常绿针叶林和水杉林、池山林等落叶针叶林，落叶阔叶杂木林有栓皮栎林、麻栎林、白栎林、黄檀林、枫香林、刺槐林和朴树等，落叶、常绿阔叶混交林有短柄枹树和青冈栎林、黄檀及石栎林等。常见植物种类有苔藓植物、蕨类植物、裸子植物、单子叶被子植物和双子叶被子植物，其中，被列为国家一级保护植物的有珙桐、红豆杉、金钱松、银杏、苏铁等。动物方面，镇江市常见主要动物分为无脊椎动物与脊椎动物两大类，无脊椎动物有原生动物、多孔动物、腔肠动物、扁形动物、原腔动物、环节动物、软体动物和节肢动物等，其中节肢动物种类占整个动物种类的85%。脊椎动物有鱼类、两栖类、爬行类、鸟类及哺乳类动物，被列为国家一级保护动物的有白鱀豚、白鲟、鹳、丹顶鹤、大鸨、中华鲟等。鱼类资源丰富，境内长江鱼类分19个科。青鱼、草鱼、鲢鱼、鲤鱼、鳡鱼、鳝鱼等淡水养殖鱼类均有大量出产，其中，鲥鱼、鲥鱼、鳗鱼、河鲀鱼是名贵品种。（叶　卜）

【气候】 镇江市属北亚热带季风气候。2020年，全市平均气温16.9℃，平均降水量1209.9毫米，日照时数1740.4小时。

气温。2020年，全市年平均气温16.9℃，较常年偏高1.2℃，异常度值为1.75，属显著偏高年份。全年（2019年1月—12月）各站平均气温16.6℃（句容）~17.2℃（丹阳），比常年偏高1.0℃~1.5℃，其中，扬中年平均气温17.0℃，为当地有气象记录以来的并列第二位；丹阳年平均气温17.2℃，为当地有气象记录以来的并列第一位。3月7日进入春季，比常年平均（3月19日）早12天。春季77天，较常年平均65天多14天。5月16日入夏，较常年平均（5月23日）早7天。夏季140天，较常年平均124天多16天。10月3日入秋，比常年平均（9月24日）晚9天。秋季50天，比常年平均60天少10天。2019年—2020年冬季103天，比常年平均116天少13天。11月22日进入冬季，比常年平均（11月23日）早1天。11月30日出现初霜，比常年平均初霜日（11月13日）晚17天。

降水。2020年，全市年平均降水量1209.9毫米，比常年平均多11.5%，属正常年份。各站降水量1158.8毫米（丹阳）~1285.1毫米（扬中），比常年多6.7%~22.1%。2020年，各月降水量水平：1月显著偏多，2月偏少，3月、4月正常，5月显著偏少，6月显著偏多，7月、8月、9月、10月正常，11月偏多，12月偏少。全年降水量未出现月度极值情况。

梅雨。全年梅雨总体特点：（1）入梅偏早，出梅偏晚，梅期明显偏长。6月10日入梅（常年平均6月19日），7月21日出梅（常年平均7月12日），梅雨期42天，较常年明显偏长，是近20年最长梅雨季，是有气象记录以来第三长梅雨季。（2）区域性强降水过程多，梅雨量明显偏多。全市梅雨期降水量496.7毫米~566.4毫米，平均梅雨量527.8毫米，是常年平均量（253.9毫米）的2倍余，是2004年以来降水量最多的梅雨季。各地区梅雨量分别如下：镇江市区496.7毫米、丹阳508.9毫米、句容539.3毫米、扬中566.4毫米。

日照。全年日照时数为1681.7小时（镇江市区）~1853.6小时（扬中），与常年比，偏少132.4小时~344.0小时。全市年累计日照时数为1740.4小时，比常年偏少11.8%，属正常范畴。（尹媛媛）

【重要天气气候事件】 1. 暴雨（大暴雨）。2020年，暴雨日镇江市区2天、扬中2天、丹阳2天、句容4天；大暴雨日句容1天。3月26日，扬中站24小时降雨量51.5毫米。4月19日，句容站24小时降雨量50.6毫米。6月暴雨（大暴雨）均发生在梅雨期内，14日，镇江市区出现暴雨，雨量55.4毫米；15日，镇江市区、丹阳、句容均出现暴雨，雨量分别为58.8毫米、94.0毫米、100.2毫米；27日，扬中出现暴雨，雨量68.0毫米；28日，句容出现暴雨，雨量52.0毫米。7月有1个暴雨日，发生在梅雨期内，15日，丹阳、句容均出现暴雨，雨量分别为52.2毫米、50.5毫米。

2. 短时强降水。全年短时强降水有2次。6月15日，句容07:00~08:00降水量48.9毫米；丹阳08:00~

2020年镇江市市区气候资料分月统计表

表3-1

月份	1	2	3	4	5	6	7	8	9	10	11	12	全年
气温（℃）	4.9	7.5	11.8	14.8	22.3	25.6	25.4	29.7	23.8	17.2	12.8	4.2	16.7
降水（毫米）	81.5	32.1	81.2	58.1	39.4	322.9	207.2	180.1	64.4	56.1	80.6	20	1223.6
日照（小时）	42.1	132.9	166.5	211.3	178	93.7	43.4	196.4	179.7	168.6	132.4	136.7	1681.7

（尹媛媛）

09:00 降水量 38.1 毫米。8 月 25 日 19 时，受台风外围和西风槽共同影响，镇江市区出现中尺度对流天气，18:00～19:00 降水量 31.2 毫米。

3. 高温。2020 年，全市高温天气集中在 8 月。5 月有高温日 1 天，3 日，镇江市区出现 35.1℃、句容出现 35.0℃的高温。6 月，有高温日 1 天(4 日)，镇江市区、扬中、句容分别出现 35.5℃、35.2℃和 35.4℃的高温。8 月高温天气，镇江市区 12 天，扬中 12 天，丹阳 15 天，句容 13 天；其中 37℃以上高温，镇江市区 3 天，扬中 2 天，丹阳 4 天，句容 4 天，丹阳 13 日至 20 日连续 8 日高温。9 月，丹阳和句容有高温日 1 天，9 月 8 日，丹阳 35.1℃，句容 35.0℃。

4. 降雪和积雪。2020 年出现 8 个降雪日：(1) 1 月9 日凌晨，受冷暖空气交会影响，全市自北向南出现降雪，9 日中午逐渐转雨。8 日 8 时至9 日 8 时雨雪量：镇江市区 4.5 毫米、扬中 8.9 毫米、丹阳 0.4 毫米、句容 1.5 毫米；9 日 8 时积雪深度：扬中 1.3 厘米，镇江市区、丹阳、句容无积雪。(2) 1 月 16 日，全市小雨到小雨夹雪，傍晚句容出现短暂降雪，没有积雪。(3) 2 月 13 日开始全区出现连续降水，至 15 日下午到傍晚逐渐转为降雪，16 日凌晨雪止。16 日 8 时雪深：镇江市区 2 厘米，扬中 1 厘米，丹阳 1 厘米，句容 0 厘米。(4) 3 月 28 日凌晨，全市先后雨转雪，早晨雪止，未有明显积雪。(5) 12 月 13 日—14 日，全市出现小雨夹雪转纯雪，13 日 20 时至 14 日 20 时 24 小时雨雪量：镇江市区 1.9 毫米，扬中 0.6 毫米，丹阳 2.8 毫米，句容 2.8 毫米。仅句容有积雪，积雪深度 1 厘米。(6) 12 月 29 日—30 日，受寒潮影响出现大范围降雪，29 日上午降雨，中午至下午，自西北向东南先后转为纯雪，29 日 08 时至 30 日 08 时 24 小时雨雪量：镇江市区 12.6 毫米，扬中 17.3 毫米，丹阳 8.8 毫米，句容 9.3 毫米。积雪深度：镇江市区 2 厘米，扬中 4 厘米，丹阳 4 厘米，句容 7 厘米。

5. 大雾和霾。2020 年，霾天数镇江市区 41 天、丹阳 54 天、句容 25 天、扬中 45 天，雾日数镇江市区 47 天、丹阳 23 天、句容 33 天、扬中 19 天。

6. 大风。2020 年大风天气 4 次，具体为：2 月 6 日、4 月 12 日、6 月 12 日、12 月 29 日。

7. 台风。全年没有台风对全市造成影响。

8. 低温冰冻。2020 年，日最低气温小于等于 0℃的日数，镇江市区 16 天，扬中 11 天，丹阳 10 天，句容 12 天。极端最低气温均出现在 12 月 31 日，镇江市区 -8.5℃、扬中 -8.1℃、丹阳 -7.3℃，句容出现在 1 月 17 日(-7.5℃)。1 月日最低气温小于等于 0℃的日数镇江市区 8 天，扬中 5 天，丹阳 4 天，句容 7 天。有低温过程 4 次：1 日，极端最小日最低气温出现在镇江市区(-3.6℃)；12 日—15 日，极端最小日最低气温出现在句容 13 日(-3.0℃)；19 日—21 日，极端最小日最低气温出现在镇江市区 20 日(-1.8℃)；31 日，极端最小日最低气温出现在镇江市区、句容(均为 -2.9℃)。2 月日最低气温小于等于 0℃的日数：镇江市区 6 天，扬中 5 天，丹阳 4 天，句容 4 天。有低温过程 4 次：2 月 1 日，极端最小日最低气温出现在镇江市区(-3.3℃)；2 月 9 日，极端最小日最低气温出现在镇江市区(-0.9℃)；2 月 15 日—18 日，极端最小日最低气温出现在镇江市区 2 月 18 日(-3.9℃)；2 月 20 日，极端最小日最低气温出现在镇江市区(-0.4℃)。12 月日最低气温小于等于 0℃的日数：镇江市区 16 天，扬中 11 天，丹阳 10 天，句容 12 天。有低温过程 4 次：12 月 5 日—6 日，极端最小日最低气温出现在镇江市区 12 月 5 日(-1.7℃)；12 月 12 日—17 日，极端最小日最低气温出现在镇江市区 12 月 17 日(-5.3℃)；12 月 20 日—23 日，极端最小日最低气温出现在镇江市区 12 月 22 日(-5.1℃)；12 月 29 日—31 日，极端最小日最低气温出现在镇江市区 12 月 31 日(-8.5℃)。

9. 冰雹。6 月 3 日、15 日，丹阳出现小冰雹。

10. 寒露风。9 月 17 日—19 日，全市四站连续 3 天日平均气温低于 22℃，最低 19.7℃，对部分处于抽穗开花阶段的晚稻有一定不利影响，但对已安全齐穗、处于灌浆阶段的晚稻影响轻微。 (尹媛媛)

2020 年镇江市区雾霾天气分月统计表

表 3-2

月 份	霾(天)	雾(天)	月 份	霾(天)	雾(天)
1	11	7	7	3	5
2	4	7	8	0	0
3	3	5	9	0	1
4	4	4	10	0	2
5	2	4	11	1	2
6	1	5	12	12	5
合 计	25	32	合 计	16	15

(尹媛媛)

【水文水情】 2020年,长江大通站全年径流量11081亿立方米,较2019年(9232亿立方米)偏多20.0%,较常年(8886亿立方米)偏多24.7%。长江大通站全年水位过程总体呈单峰型。上游7月2日、7月17日、7月26日、8月14日、8月17日发生5次编号洪水,7月—8月,大通站出现年最高水位16.24米(7月13日21时),超过警戒水位1.84米;全年流量过程与水位过程总体一致,最大流量84600立方米/秒(7月13日6时),最小流量10700立方米/秒(1月9日1时)。

长江镇江(二)站全年平均潮位4.92米,较多年平均偏高1.20米。年最高潮位8.77米(7月21日),最低潮位1.95米(1月8日)。全年潮位超警戒天数70天。扬中站7月21日出现全年最高潮位7.49米,全年潮位超警戒水位天数74天。

全市主要河湖平均水位:大运河丹阳站3.81米,较多年平均偏低0.02米;香草河旧县站3.84米,赤山湖赤山闸(上)站9.46米,句容河赤山闸(下)站7.74米,较多年平均分别偏高0.10米、1.33米、0.33米。受长江高水位影响,梅雨期主要内河湖洪水外排困难,沿江闸站及时开启抽排,提前预降运河水位,减轻降雨形成内涝的影响。大运河(丹阳站)、香草河(旧县站)水位未超警戒水位,赤山湖(赤山闸上站)水位超警戒水位8天,句容河(赤山闸下站)水位超警戒水位23天。

谏壁闸引水13.7亿立方米,排水0.036亿立方米。九曲河闸引水5.88亿立方米,排水0.45亿立方米。谏壁抽水站引水0.77亿立方米,排水2.9亿立方米。赤山新闸排水1.89亿立方米。

2020年1月1日,全市16座报汛水库总蓄水量71.97百万立方米。前期呈上升趋势,汛期5月—6月水库蓄水量下降,其中6月受农业大用水影响,加之长期干旱少雨,下降加剧,6月12日出现汛期最低值77.56百万立方米;7月,由于长江流域暴雨频发导致蓄水量上升。7月20日,蓄水量达到汛期最高值108.46百万立方米,其后逐步减少。截至年底,总蓄水量101.1百万立方米,全年蓄水量比上年增长40.5%。 (蒋闻雨)

区划人口

【行政区划】 2020年年底,镇江市辖56个镇(街道)。其中,镇31个,街道25个。丹阳市辖10个镇、2个街道;句容市辖8个镇、3个街道;扬中市辖4个镇、2个街道;丹徒区辖6个镇、2个街道;京口区辖3个镇、8个街道,其中、镇江新区代管3个镇、2个街道;润州区辖8个街道,其中、镇江高新区代管1个街道。 (市统计局)

【人口】 根据镇江市第七次全国人口普查公报,2020年11月1日零时,镇江市常住人口3210418人。有家庭户1144197户、集体户68331户,家庭户人口2870233人、集体户人口340185人。平均每个家庭户人口2.51人。男性人口1631648人,占50.82%;女性人口1578770人,占49.18%。总人口性别比(以女性为100,男性对女性的比例)103.35。常住人口中,0岁~14岁人口381669人,占11.89%;15岁~59岁人口2072396人,占64.55%;60岁及以上人口756353人,占23.56%,其中65岁及以上人口562226人,占总人口的17.51%。拥有大学(指大专及以上)文化程度人口614297人;拥有高中(含中专)文化程度人口555661人;拥有初中文化程度人口1129074人;拥有小学文化程度人口673378人。文盲人口(15岁及以上不识字的人)64876人。居住在城镇的人口2550827人,占79.45%;居住在乡村的人口659591人,占20.55%。人户分离人口1352182人,流动人口1120778人。流动人口中,省外流入人口418530人。 (市统计局)

2020年镇江市行政区划情况表

表3-3

市(区)	镇	街道
丹阳市	丹北、司徒、延陵、珥陵、导墅、皇塘、吕城、陵口、访仙、界牌	云阳、曲阿
句容市	下蜀、宝华、边城、白兔、郭庄、后白、天王、茅山	华阳、崇明、黄梅
扬中市	八桥、西来桥、油坊、新坝	三茅、兴隆
丹徒区	谷阳、辛丰、上党、宝堰、高桥、世业	高资、宜城
京口区	—	正东路、健康路、大市口、四牌楼、象山、谏壁
润州区	—	宝塔路、和平路、七里甸、金山、官塘桥、韦岗、南山
镇江新区	丁岗、大路、姚桥	大港、丁卯
镇江高新区	—	蒋乔
合计	31	25

(市民政局)

历史人文

【建置沿革】 据考古,“宜”为镇江最早地名,是3000余年前周康王封给宜侯的领地名称,春秋时称朱方,后曾用谷阳、丹徒、京口、润州等名称。北宋政和三年(1113年)建镇江府,始称镇江,历经宋、元、明、清。辛亥革命后称丹徒县,1928年改为镇江县。1929年至1949年2月为江苏省政府所在地(其中1937年至1945年镇江沦陷期间,省政府迁往苏北)。1949年4月23日镇江解放后,划城区和近郊为镇江市,四乡为丹徒县,均隶属于苏南行政区镇江专署。1953年苏南行政区、苏北行政区合并建江苏省后,设镇江专员公署,后区划多有调整,至1983年地市合并前辖镇江市和10个县,镇江为县级市和专署所在地(其中1958年9月至1959年9月,专署迁至常州,改称常州专员公署)。1983年3月,镇江市改为省辖市,含4县2区。1987年、1994年、1995年,所含丹阳、扬中、句容先后撤县设市;2002年,丹徒撤县设区。现镇江市含丹阳市、句容市、扬中市和丹徒区、京口区、润州区以及镇江新区、镇江高新技术产业开发区。 (叶 卜)

【历代名人】 镇江扼南北要冲,得山水之胜,钟灵毓秀,代不乏才,历代文人墨客纷来寻幽探胜,寄情抒怀,其中有李白、杜牧、范仲淹、王安石、苏轼、陆游、辛弃疾等才士名贤,在此耕耘风雅,播种斯文。王昌龄的“洛阳亲友如相问,一片冰心在玉壶”、王安石的“春风又绿江南岸,明月何时照我还”、辛弃疾的“何处望神州,满眼风光北固楼”等成为千古绝响,流风遗韵,至今袅袅不断。李白的“丹阳北固是吴关,画出楼台云水间”、杜牧的“青苔寺里无马迹,绿水桥边多酒楼”、王湾的“潮平两岸阔,风正一帆悬”、范仲淹的“山分江色破,潮带海声来”,是一幅幅活色生香的有声画、无声诗。东晋时期,中原鸿儒显宦纷纷南下,移居京口者众多,或完成大业,或著书立说,著名的有:南朝宋开国皇帝刘裕(寄奴),撰有《世说新语》的刘义庆,著有《晋书》的臧荣绪,选编《玉台新咏》、诗文与庾信齐名的徐陵,中国第一部诗文总集《昭明文选》的编纂者萧统,著有中国第一部系统文艺理论巨著《文心雕龙》的刘勰等。宋代移居镇江的有:著有被誉为“十一世纪的科学坐标”——《梦溪笔谈》的作者沈括,制造世界上最早天文钟“水运仪象台”的科学家苏颂,书画家米芾,抗金名将宗泽等。明清两代镇江名人有:官居华盖殿大学士、内阁首辅的杨一清,主持编修《大清一统志》《佩文韵府》《康熙字典》的张玉书。近现代以来有:著有《铁云藏龟》和《老残游记》的刘鹗,著有第一部汉语语法专著《马氏文通》的马建忠,历史学家柳诒徵,飞机制造专家巴玉藻,世界语运动开创者之一的符恼武,金融家陈光甫,辛亥广州起义总指挥、被南京临时政府追授为上将军的赵声,辛亥革命著名将领李竟成、解朝东,有爱国民主人士冷遹、诗人闻捷、桥梁专家茅以升等。此外,丹阳市为三国吴大帝孙权和南朝齐高帝萧道成、梁武帝萧衍故里,近现代有爱国人士马相伯、美术家吕凤子,当代有语言学家、语文教育家吕叔湘;句容市有晋朝道教理论家、炼丹术家和医学家葛洪,南朝道教思想家、医药学家陶弘景。 (叶 卜)

【历代兵事】 镇江扼水陆交通要冲,地理形势险要,自古以来就是军事重镇。春秋时吴楚争霸,发生朱方之战。东晋隆安五年(401年),孙恩领导的农民起义军在镇江大战蒜山。南宋建炎四年(1130年),韩世忠率水兵8000名在江面截击金兀术的10余万大军,金兵被围困在黄天荡48天。元至元十二年(1275年),南下元军打败宋军,南宋抵抗力量受挫。清顺治十六年(1659年),郑成功北伐直抵焦山,与清军在城下大战,后郑成功据守镇江城38天,因南京战事失利退出镇江。清道光二十二年(1842年)六月,英国侵略军侵入镇江,遭镇江军民誓死抵抗,英军虽破城,但伤亡惨重,恩格斯在《英军对华的新远征》中对镇江人民给予高度评价。清咸丰三年(1853年)二月,太平天国军队攻占镇江,进行了4年9个月的镇江保卫战。清宣统三年(1911年),驻镇江新军起义,收复镇江。民国26年(1937年)12月,日本侵略军攻占镇江,镇江城蒙受巨大损失。民国27年(1938年)5月—6月,新四军先遣支队和一支队、二支队进入苏南,6月17日在韦岗伏击日军车队,打响新四军苏南抗战第一枪,随后创建以茅山为中心的苏南抗日根据地,领导苏南人民进行7年多的顽强抗战,直至取得胜利。1949年4月21日,中国人民解放军发动渡江战役,22日晚驻镇江城内国民党军队不战而逃,23日镇江获得解放。 (叶 卜)

【方言】 镇江话属于北方方言的江淮次方言,位于北方方言与吴方言两大方言的接合部,大致以谏壁为东界、上党为南界。古代的镇江话属吴方言,由于特殊的政治、社会、交通等原因,导致方言属性产生变化。镇江话虽属北方方言范畴,但构成复杂,其中既有吴方言的遗痕,又有旗腔(类似京腔)的影响。与普通话相比,镇江话没有全浊声母和舌尖后音声母;鼻化元音介于前鼻音韵母与元音韵母之间,in、ing,en、eng,n、l不分;有入声调。词汇中保留着丰富的吴方言词。句容、丹徒、扬中的方言类似镇江话,虽构成复杂,但均属北方方言系统。大港以东、宝堰以南、句容傍茅山一线及至丹阳西部的语言自西向东渐次出现吴方言特点，多文白异读，说话音接近吴语，读书音接近官话；全浊声母消失，舌面声母多，没有舌尖后音声母；单元音韵母多；读书音 4 个声调，说话音 6 个声调。丹阳东部则进入吴语区。

随着语言不断丰富和变化，镇江方言也在渐渐变化。声母方面，新派音中“然染燃”从老派音的[ø]声母变为[l]母；“姐且写谢”的声母新派已将舌尖前音成系统地换成舌面音，只是韵母还没有到位，发作[iɪ]；“暑族随邪斜”的老派读音，声母是[ʦ‘]，“纯瑞垂”的声母是[s]，读音不稳定；“浙江、彻底、电风扇”中的“浙、彻、扇”在新派音中已舌尖化，只是还没有舌尖后化，但是这一组声母字中口语色彩浓的字，如“折头、舌头、沾光”中的“折、舌、沾”则还保存着老派音；老派音“家”读作[ʨia]，新派音则作[ka]。韵母方面，新派镇江人学习普通话的时候，把[õ]说成[ɛ̃]，如“半搬盘潘判满漫断段短端锻团乱卵暖管观官灌冠款宽换欢缓转撰篆专传穿船川串喘钻窜算酸蒜碗丸玩宛软”；把[ɪ̃]说作[ɛ̃]，如“然染沾缠蟾闪扇善”的韵母。声调方面，镇江话也有趋向于普通话的细微变化，如部分[æʔ]韵变为[əʔ]韵；新派音中部分镇江人会把阴平提高，从而使镇江话更接近普通话。

（叶　卜）

民族宗教

【民族】　根据第六次全国人口普查资料，镇江市有 47 个少数民族，少数民族人口 18493 人，占全市总人口的比例为 0.594%。少数民族人口中，人数排在前 5 名的是回族 7288 人、苗族 2291 人、土家族 1820 人、彝族 1280 人、蒙古族 1062 人，以上 5 个少数民族人口占全市少数民族人口的 74%。全市有少数民族村 3 个、省级民族工作示范社区 8 个、民族学校 2 所、市级社会团体 1 个、对口支援学校 1 所、清真寺 4 座、清真食品网点 8 家、清真食品基本供应点 2 家。有全国民族特需商品定点生产企业 6 家。全市有民族公墓 7 处。

（曹祥清　黄萍萍）

【宗教】　镇江市是江苏省宗教工作重点城市之一，有佛教、道教、伊斯兰教、天主教和基督教。2020 年，全市有依法登记的宗教活动场所 154 处，其中，佛教 62 处、道教 15 处、伊斯兰教 4 处、天主教 1 处、基督教 72 处。金山江天禅寺、焦山定慧寺、宝华山隆昌寺和茅山道院为国务院批准开放的全国重点寺院宫观，绍隆寺为省重点寺院。全市有宗教团体 21 个，宗教教职人员 551 人。

（潘煜龙）

名城撷英

【历史文化遗存】　镇江是国家历史文化名城，有着深厚的文化积淀。全市有各级文物保护单位 299 处，其中国家级 13 处：焦山碑林、丹阳和句容南朝陵墓石刻、镇江英国领事馆旧址、昭关石塔、大运河（包括大运河镇江段、虎踞桥、江河交汇处、新河街一条街、西津渡古街等 5 个点）、甘露寺铁塔、隆昌寺、城上村遗址、葛城遗址、铁瓮城遗址、宋元粮仓遗址、春城土墩墓群、烟墩山墓地等。焦山碑林中有“大字之祖”瘗鹤铭以及苏轼、黄庭坚、米芾、陆游的墨迹碑刻和摩崖石刻；丹阳和句容南朝陵墓石刻存有齐梁帝王归葬丹阳故里的陵墓 8 地 11 个点 24 件、葬于句容的 1 个点 4 件，是南朝石刻瑰宝。有省级文物保护单位 54 处，其中，有焦山古炮台遗址、相传为孔子所书的延陵季子碑（唐拓本）、被誉为“江南第一钟”的唐中和铜钟、宋抗金名将宗泽墓、圌山炮台遗址等。有市、县级文物保护单位 232 处。

白蛇传传说、镇江恒顺香醋酿制技艺、古琴艺术（梅庵琴派）、扬剧、灯彩（秦淮灯彩）、酿造酒传统酿造技艺（封缸酒传统酿造技艺）、董永传说、佛教音乐（金山寺水陆法会仪式音乐）、道教音乐（茅山道教音乐）等 9 个项目先后被列入国家级非物质文化遗产名录，并有国家级非物质文化遗产项目代表性传承人 6 人。

（叶　卜）

【城市发展定位】　2013 年，国务院批复印发的《苏南现代化建设示范区规划》，对镇江的城市分工和发展定位为：发挥产业基础较好、自然生态良好的优势，建设全国重要的高端装备制造、新材料产业基地和区域物流基地、技术研发基地、创意生活休闲中心，成为现代山水花园城市与旅游文化名城。根据《江苏省城镇体系规划（2012—2030）》和 2017 年修订的《镇江市城市总体规划（2012—2020 年）》，镇江市为“国家历史文化名城，长三角重要的港口、风景旅游城市”。根据《镇江市国民经济和社会发展第十四个五年规划和二〇三五年远景目标纲要》，“十四五”时期，镇江经济社会发展主要目标：国内地区生产总值年均增长 6% 左右，研发经费投入年均增长 7% 左右，高新技术产业产值占规模以上工业产值比重 48%，常住人口城镇化率 75%，居民人均可支配收入年均增长略高于经济增速。

（叶　卜）

【交通】　镇江临江近海，水陆交通便利快捷。镇江为国家级水路主枢纽和省级公路枢纽城市。世界闻名的“黄金水道”——长江和京杭大运河在此交汇，沪宁高速公路、扬溧高速公路、京沪高速铁路、沪宁城际铁路、京沪铁路傍市而过。润扬长江公路大桥、泰州长江公路大桥为横跨长江的快速通道，五峰山长江大桥是长江江苏段第3座公路铁路两用大桥。104、312国道和122、231、238、241、243、337、340省道构成镇江与外省、市连接的公路网络。2020年，全市拥有公路总里程6890千米，其中高速公路193千米。镇江至南京高速公路行程45分钟，高速铁路行程20分钟。距南京机场和常州机场均为60千米，至扬州泰州国际机场70千米。 （叶 卜）

【口岸】 镇江港是全国主枢纽港之一、长三角组合港主要成员、国家一类开放口岸。镇江市长江自然岸线长270千米，其中，深水岸线长87千米。高资港区、龙门港区、谏壁港区、高桥港区、大港港区、扬中港区、新民洲港区构成镇江港口群体。2020年，全市完成港口货物吞吐量34023万吨，比上年增长109.2%，其中，长江港口吞吐量32928万吨，增长7.9%；港口集装箱吞吐量41.52万标准箱，下降3.8%。苏南运河镇江段42.74千米，是全国第一条国家级文明样板航道。 （叶 卜）

【风景名胜】 镇江为中国优秀旅游城市，是一座天然的风景名城，具有“城市山林”和“真山真水”的独特风貌，以“天下第一江山”闻名于世。市区多佳景，城北有金山、焦山、北固山，或屹立江中，或雄峙江岸，由长江组合成天然三山图，为国家AAAAA级旅游景区；城南有起伏的南山，掩映着鹤林、竹林、招隐诸寺，并由西向东嵌入城中，构成“城市山林”景观。古运河从镇江进入江南，由北往南折东，逶迤城中，汇入江南运河。西津渡古街全长1000米，存有六朝至清代的历史踪迹。主城区有宝塔山公园、伯先公园、河滨公园、梦溪园、赛珍珠旧居等景点，还有保存完好的三国东吴铁瓮城遗址。镇江市区东部有山上矗立“万里长江第一塔”——报恩塔的圌山风景名胜区。句容市有佛教“律宗第一山”隆昌寺和以“宝华玉兰”著称的宝华山国家森林公园，有集江南名山、道教圣地、革命根据地于一体的茅山风景名胜区。镇江的宗教活动在全国乃至东南亚有广泛影响，有全国重点寺院宫观4所。 （叶 卜）

【市树】 广玉兰。1985年3月，镇江市第一届人大第三次会议决定广玉兰为市树。广玉兰属于木兰科木兰属，长绿乔木，叶长10厘米～20厘米。花大白色，清香，直径20厘米～30厘米，通常6瓣，5月—7月为花期。种子外皮红色，9月—10月果熟。树冠呈卵状圆锥形，小枝和芽均有锈色绒毛，树形优美，是优良的庭院树与观赏树。 （叶 卜）

【市花】 杜鹃花。1985年2月，镇江市第一届人大常委会第十二次会议决定蜡梅为市花。1994年11月，市三届人大常委会第十三次会议重新决定杜鹃花为市花。杜鹃花别名映山红、山石榴，杜鹃花科杜鹃花属，多为灌木或小乔木，因生态环境不同，有各自的生活习性和形状，喜阴凉、湿润，耐寒。杜鹃花分落叶和常绿两大类。落叶类叶小，常绿类叶片硕大。花的颜色有红、紫、黄、白、粉、蓝等。 （叶 卜）

【镇江名特产——镇江“三怪”】 20世纪80年代以来，镇江市面上形成“肴肉不当菜，香醋摆不坏，面锅里煮锅盖”的“三怪”俚谚。

肴肉不当菜。肴肉也称“肴”，为镇江传统名特食品，“蹄肴”首见于《清稗类钞》，特点是酥嫩易化，食之不腻；胶冻柔韧透明晶亮，故又曰“水晶肴蹄”。镇江肴肉选用猪前蹄，用传统工艺腌制后经烹饪煮制而成。镇江人有吃早茶、品肴肉的习惯，食用时配上姜丝、香醋，“肴肉不当菜”故成镇江“一怪”。

香醋摆不坏。香醋是镇江传统名特产品，色、香、酸、醇、浓俱全，酸而味鲜，香而微甜，存放愈久味道愈醇，不易变质，“香醋摆不坏”遂成镇江“一怪”。镇江恒顺香醋采用优质糯米为原料，历经“制酒、制醅、淋醋”三大过程大小40多道工序，其独特固态分层发酵工艺被列入首批国家级非物质文化遗产保护名录。

面锅里煮锅盖。锅盖面是镇江人的日常面食。镇江位于南北交通要冲，由于面条洁净，制作方便，成为镇江大众化的餐饮。锅盖面原名火（伙）面［“火面”一词最早见于北宋张洎（934年—997年）的《贾氏谭录》，或因“是北方移民带来的，具有军营编制带过来的遗迹”，故名“火面”］，也称小刀面、跳面，在镇江本地至少有150年历史，属浓碱型面条。下面条时将小锅盖滂在大锅里，面条在小锅盖下面，面锅不潽，“面锅里面煮锅盖”遂成镇江“一怪”。镇江锅盖面汤汁和浇头品种较多。 （叶 卜）

国民经济和社会发展

【概况】 2020年，镇江市实现地区生产总值4220.09亿元（统计公报数，下同），比上年增长3.5%。其中，第一产业增加值149.50亿元，增长2.8%；第二产业增加值1988.63亿元，增长3.6%；第三产业增加值2081.96亿元，增长3.5%。三次产业比例调整为3.5∶47.2∶49.3，服务业增加值占地区生产总值比重比上年提高0.7个百分点。

全年居民消费价格指数（CPI）102.4，比上年上涨2.4%，其中消费品价格指数103.1，上涨3.1%；服务项目价格指数101.3，上涨1.3%。其中，食品烟酒类上涨7.5%，居住类上涨1.0%，生活用品及服务类上涨0.3%，教育文化和娱乐类上涨2.7%，医疗保健类上涨0.8%，其他用品和服务类上涨4.8%；衣着类下跌0.1%，交通和通信类下跌4.6%。食品中，粮食上涨0.9%，食用油上涨2.7%，鲜菜上涨9.1%，畜肉类上涨35.0%，蛋类下跌14.0%，鲜瓜果下跌10.0%；水产品上涨4.6%。（市统计局）

【农林牧渔业】 2020年，镇江市粮食播种面积13.23万公顷（198.52万亩），比上年减少0.06万公顷（0.91万亩），下降0.5%。粮食总产量95.60万吨，增加0.17万吨，增长0.2%。其中，夏粮总产量23.68万吨，减少1.51万吨，下降6.0%；秋粮总产量71.92万吨，增加1.68万吨，增长2.4%。油料总产量3.39万吨，下降16.5%。蔬菜总产量96.92万吨，增长2.2%；瓜果类产量11.83万吨，增长1.0%。

主要畜产品中，肉类总产量7.39万吨，比上年增长15.7%。其中，猪肉产量2.41万吨，下降9.0%；禽肉产量4.89万吨，增长34.4%。全年生猪出栏量30.80万头，下降11.6%；家禽出栏量2980.51万只，增长34.9%。水产品产量9.61万吨，增长1.1%。

全市拥有高标准农田10.59万公顷（158.8万亩），比上年增加0.29万公顷（4.3万亩）。农业机械化水平96%，农业科技进步贡献率70.3%。拥有高效设施种植业面积3.63万公顷（54.40万亩），增加0.19万公顷（2.9万亩）。年末农机总动力达152.89万千瓦，增长0.3%。年末拥有省级以上农业产业化龙头企业46家、省级家庭农场140家、农民专业合作社3570家。有农产品地理标志品牌3个、“两品一标”产品206个、有机农产品43个。长江禁捕退捕、长江干流岸线清理整治、两岸造林绿化等任务全面完成。（市统计局）

【工业】 2020年，镇江市规模以上工业增加值比上年增长6.3%，其中大中型企业增长6.0%。分轻重工业看，轻工业增长9.3%，重工业增长5.4%。分经济类型看，国有及国有控股企业增长24.5%，集体企业下降22.2%，股份制企业增长8.3%，外商及港澳台商投资企业增长2.5%；民营企业增长7.0%，其中私营企业增长6.7%。

全年规模以上工业利税总额比上年增长11.3%，利润总额增长16.0%。年末成本费用利润率6.5%，提高0.9个百分点。工业产品销售率97.5%，下降2.2个百分点。

全年规模以上工业高技术制造业增加值比上年增长10.2%，其中医药制造、计算机办公设备分别增长15.7%、18.9%。全年战略性新兴产业产值占比34.8%，比上年提高3.5个百分点。新兴产品增长动力强劲，手机、服务器、工业机器人等新兴智能产品比上年分别增长12.3%、16.4%和22.3%。年末拥有省级智能工厂3家、省级智能车间65个。（市统计局）

【建筑业】 2020年，镇江市实现建筑业总产值597.62亿元，比上年增长6.4%，其中建筑安装工程产值62.96亿元，增长33.6%；竣工产值427.43亿元，增长12.9%，竣工率71.5%。房屋建筑施工面积1991.65万平方米，下降0.9%，其中新开工面积600.84万平方米，下降0.9%；竣工面积553.41万平方米，下降15.4%，其中，住宅竣工面积263.43万平方米，下降30.9%。年末拥有资质以上建筑业企业448家，建筑业全员劳动生产率39.87万元/人，增长8.8%。（市统计局）

【固定资产投资】 2020年，镇江市固定资产投资比上年增长3.0%，其中，国有及国有控股投资下降18.7%，港澳台及外商投资增长6.0%，民间投资增长11.1%。分三次产业看，第一产业投资增长9.1倍；第二产业投资增长10.9%，其中制造业投资增长14.2%；第三产业投资下降3.4%。分别完成工业技术改造投资和高技术产业投资132.98亿元、157.36亿元，占工业投资比重

2020年镇江市主要工业产品产量情况表

表3-4

产品名称	单位	产量	比上年增长(%)
食醋	万吨	30.92	2.5
复合木地板	万立方米	4697.86	6.9
机制纸及纸板	万吨	256.76	-3.0
冰乙酸	万吨	117.86	11.5
多晶硅片	万片	92451	-18.3
水泥	万吨	1550.74	-5.2
钢材	万吨	501.76	4.2
铝材	万吨	71.09	3.2
金属切削工具	亿件	7.68	-4.5
自行车	万辆	107.62	104.8
高低压开关板	万面	4.71	-10.4
印制电路板	万立方米	124.78	-30.1
眼镜成镜	万副	1130.49	14.8
发电量	亿千瓦时	414.13	3.7
母线	万米	135.23	0.6

（市统计局）

32.0%、37.9%。完成产业类投资525.08亿元，占固定资产投资比重51.3%。（市统计局）

【房地产】 2020年，镇江市完成房地产开发投资400.92亿元，比上年下降0.6%，其中，住宅投资338.89亿元，下降0.2%。商品房施工面积2873.77万平方米，下降7.8%，其中，住宅施工面积2369.19万平方米，下降2.6%。商品房竣工面积402.91万平方米，下降37.6%，其中，住宅竣工面积325.79万平方米，下降37.0%。商品房销售面积632.23万平方米，增长8.2%，其中，住宅销售面积608.36万平方米，增长10.0%。商品房销售额573.44亿元，下降0.3%，其中，住宅销售额552.51亿元，增长2.4%。（市统计局）

【国内贸易】 2020年，镇江市实现社会消费品零售总额1141.93亿元，比上年下降1.4%。按经营单位所在地分，城镇市场零售额1029.79亿元，下降0.7%；乡村市场零售额112.14亿元，下降7.6%。按单位规模分，限额以上批发零售业零售额355.24亿元，增长2.1%；限额以下批发零售业零售额786.69亿元，下降2.9%。限额以上批发零售业通过网络实现的商品零售额比上年增长31.2%。

在限额以上批发零售业零售额中，食品饮料烟酒类40.51亿元，增长14.0%；汽车类119.51亿元，增长8.7%；石油及制品类56.36亿元，下降15.2%；通信器材类1.64亿元，下降19.2%；日用品类15.26亿元，下降27.9%；家用电器音像器材类16.17亿元，下降14.4%；化妆品类4.51亿元，增长8.7%；金银珠宝类11.53亿元，下降5.1%；体育、娱乐用品类2.83亿元，下降23.5%；服装、鞋帽、针织品类27.67亿元，下降4.9%。（市统计局）

【对外经济】 2020年，镇江市实现对外贸易进出口总额104.23亿美元，比上年下降7.0%，其中，进口总额30.32亿美元，下降9.1%；出口总额73.91亿美元，下降6.1%。从贸易方式看，一般贸易实现出口总额63.31亿美元，增长1.3%；加工贸易实现出口总额9.39亿美元，下降36.7%。从贸易市场看，直接与镇江市开展贸易往来的国家和地区达213个，其中，出口欧盟增长9.6%，美国增长6.9%，大洋洲增长10.2%，日本下降28.7%，东盟国家下降8.6%。

全年新批外商投资企业80家，新增协议注册外资21.87亿美元，比上年增长59.3%，其中，超3000万美元外资项目28个。实际使用外资7.88亿美元，增长19.4%。

全年服务外包产业接包合同总额32.98亿美元，比上年增长14.9%，执行总额28.48亿美元，增长18.2%；离岸外包合同总额11.13亿美元，增长21.3%；离岸外包执行额10.29亿美元，增长24.1%。年末，全市拥有服务外包企业1031家，从业人员10.5万人。（市统计局）

【交通】 2020年，连淮扬镇铁路镇江段、五峰山大桥建成通车，大港南站投入运营，丹徒站综合枢纽建成；双井路、宗泽路等扩容贯通。年末拥有公路总里程6890千米，其中高速公路193千米。机动车保有量76.28万辆，比上年增长3.3%，其中，私人汽车保有量59.57万辆，增长4.6%。市区拥有公交线路149条，当年新辟优化线路18条；拥有公共交通车辆1572辆，当年新购165辆。

全年公路客运量2045万人，比上年下降29.3%。公路旅客周转量11.38亿人千米，下降41.7%。公路货运量5882万吨，增长4.8%；水路货运量1581万吨，下降5.1%。公路货物周转量93.55亿吨千米，增长7.8%；水路货物周转量50.41亿吨千米，下降9.8%。完成港口货物吞吐量3.60亿吨，比上年增长5.9%，其中，长江港口吞吐量3.51亿吨，增长6.5%；港口集装箱吞吐量37.26万标箱，下降10.3%。（市统计局）

【邮政电信】 2020年，镇江市完成邮政电信业务总量351.30亿元，比上年增长21.6%，其中，邮政业务总量51.15亿元，增长26.2%；电信业务总量300.15

图3-1 2020年12月11日，世界荷载最大的公路铁路两用悬索桥——五峰山大桥建成通车 （谢道韫 供稿）

亿元,增长21.6%。实现邮政电信业务收入63.47亿元,增长11.9%,其中,邮政业务收入28.42亿元,增长19.9%;电信业务收入35.05亿元,增长5.5%。完成快递服务企业业务量1.92亿件,增长35.9%;实现快递业务收入21.14亿元,增长28.6%。年末拥有移动电话用户369.78万户,其中5G手机用户77.8万户。固定互联网宽带接入用户169.61万户,移动互联网宽带接入用户307.24万户。（市统计局）

【金融】 2020年,镇江市拥有银行业金融机构34家,其中,政策性银行1家,大型银行6家,股份制商业银行9家,城市商业银行2家,外资银行1家,农村合作金融机构10家,新型农村金融机构5家。年末金融机构人民币存款余额6292.05亿元,比年初增加745.40亿元,其中,住户存款2764.35亿元,比年初增加342.67亿元;非金融企业存款2505.30亿元,比年初增加473.88亿元。年末,金融机构人民币贷款余额6105.42亿元,比年初增加849.41亿元,其中,短期贷款265.42亿元,比年初增加42.18亿元;中长期贷款1577.76亿元,比年初增加155.92亿元。

年末,上市挂牌企业总数390家,其中当年新增44家。在主板上市20家(境内15家、境外5家),“新三板”挂牌32家,区域股权交易中心挂牌338家。

年末拥有保险机构63家。全年实现保费收入142.70亿元,比上年增长2.2%。其中,财产险32.24亿元,增长5.6%;人身险110.46亿元,增长1.2%。赔付额36.76亿元,增长2.1%,其中,财产保险赔付18.47亿元,增长1.6%;人身保险赔付18.29亿元,增长2.6%。（市统计局）

【财政】 2020年,镇江市实现一般公共预算收入311.74亿元,比上年增长1.6%;实现一般公共预算支出498.91亿元,增长7.0%。（市统计局）

【科学技术】 2020年,镇江市研究与试验发展(R&D)经费支出占地区生产总值的比重为2.3%。财政性科技投入16.63亿元,占一般公共预算支出的3.3%。实现高新技术产业产值占规模以上工业总产值比重46.2%,比上年提高0.6个百分点。新增省级以上工程技术研究中心23家,累计178家;年末拥有省级以上科技公共技术服务平台21家、省级以上科技企业孵化器34家;新增省级众创空间6家,累计35家。

全年专利申请量2.81万件,其中发明专利申请量0.73万件;专利授权量1.98万件,其中发明专利授权量0.23万件。全市有效发明专利拥有量1.34万件,比上年增加0.05万件;万人有效发明专利拥有量41.7件,增加1.48件。全市拥有国家知识产权示范企业11家。（市统计局）

【教育】 2020年,镇江市有普通高校8所,本专科招生2.98万人,在校学生9.33万人,毕业生2.23万人;研究生教育招生0.55万人,在校生1.39万人,毕业生0.36万人。中等职业学校6所,在校学生2.05万人。普通中学110所,在校学生11.04万人,毕业生3.31万人。小学111所,在校学生16.35万人,毕业生2.37万人。九年义务教育巩固率100%,高中阶段教育毛入学率100%。全市有幼儿园273所,比上年增加8所;在园幼儿8.62万人,增加0.28万人。（市统计局）

【文化】 2020年,镇江市有艺术表演团体5个、文化馆8家、公共图书馆9家、文化站59个、博物(纪念)馆14家、美术馆2家。年末,有线电视用户77.72万户,其中数字电视用户75.58万户。有省级以上文物保护单位67处,其中全国重点文物保护单位13处。开展“全民艺术普及城乡播种行动”,全年开展艺术辅导3000余场。国家公共文化服务体系示范区创建通过验收,举办第十四届中国镇江金山文化旅游节;打造“镇江夜·美好”文旅夜间消费品牌。（市统计局）

2020年镇江市一般公共预算收入和支出分项情况表

表3-5

指　标	绝对值(亿元)	比上年(±%)
一般公共预算收入	311.74	1.6
#税收收入	237.18	-0.8
#增值税(50%)	108.05	-4.2
企业所得税(40%)	32.25	0.1
个人所得税(40%)	10.50	10.5
房产税	11.60	7.5
印花税	3.49	4.2
契税	19.31	-8.7
一般公共预算支出	498.91	7.0
#一般公共服务	44.72	10.0
教育	81.06	7.1
科技	16.63	-6.4
社会保障和就业	62.33	20.5
医疗卫生	31.32	6.5
环境保护	15.33	-7.5

（市统计局）

【旅游】 2020 年,镇江市有国家 A 级旅游景区 31 家,其中,AAAAA 级旅游景区 2 家,AAAA 级旅游景区 7 家,AAA 级旅游景区 12 家。有省级旅游度假区 3 家,省星级乡村旅游区 72 家。有星级旅游饭店 25 家,其中,五星级宾馆 3 家;有旅行社 118 家,其中星级旅行社 36 家。全年接待境内外游客 3774.61 万人次,实现旅游业总收入 494.46 亿元,其中,接待国内游客 3772.93 万人次,实现国内旅游收入 492.2 亿元;接待入境过夜游客 1.68 万人次,实现旅游外汇收入 3270 万美元。 (市统计局)

【卫生】 2020 年,镇江市有各类卫生机构(医疗卫生机构)1052 个,其中,医院 53 个,卫生院 37 个,社区卫生服务中心 30 个,卫生防疫防治机构(疾病预防控制中心)7 个,妇幼保健机构 7 个,村卫生室 315 个。年末拥有卫生机构床位 1.73 万张,其中,医院 1.24 万张,卫生院 0.19 万张,社区卫生服务中心 0.16 万张。有卫生技术人员 2.23 万人,其中,执业医师及执业助理医师 8965 人,注册护士 9678 人。新冠肺炎疫情防控期间,全市派出医务人员援助湖北。基本医疗保险实现市级统筹,医保目录新增药品平均降价 60% 以上,市级医疗保障四级服务体系做法在全国推广,省级卫生村实现全覆盖,蝉联全国卫生城市称号。 (市统计局)

【体育】 2020 年,镇江市新增健身步道 122 千米,新建多功能运动场 10 片,社会足球场地 21 片,有各类体育公园 181 个。承办全国 U 系列田径通讯赛(江苏赛区)系列赛、江苏省拳击锦标赛等体育赛事;举办第二届镇江城市业余联赛、第三届南山越野赛、长江(世业洲)户外休闲徒步大会、国民体质免费测试等全民健身赛事活动,市体育会展中心创成"江苏省第三批体育服务综合体"。完成体育彩票销售 7.55 亿元,比上年下降 19.9%。 (市统计局)

【城市建设】 2020 年,镇江市市区实施城建项目 122 个,完成投资 87 亿元。完成谷阳路跨铁路桥改建、双井路北段改造、东吴路改造等道路工程,金西水厂深度处理工程基本完成,餐厨废弃物及生活污泥协同处理二期土建主体设施完成,新(改)建供水管网 26.86 千米,新建供气管网 4 千米,改造老旧供气管道 28 千米。完成老旧小区改造三年任务,改造 61 万平方米老旧小区,2.1 万名居民受益。实施张家湾、龚家湾等 7 个棚户区改造项目,新开工建设安置 6219 套,建筑面积 84.21 万平方米。实施城镇污水处理提质增效精准攻坚行动,推进污水管网全覆盖。全市创成 19 个省级特色田园乡村,培育 10 个市级特色田园乡村,美丽宜居村庄累计 739 个,27 个村庄被评为省级传统村落。开展脱贫攻坚农村危房改造,改造危房 77 户。

图 3-2 土壤修复现场 (市生态环境公共关系中心 供稿)

全年全社会用电量 267.05 亿千瓦时,比上年增长 1.0%,其中城乡居民生活用电量 32.36 亿千瓦时,增长 3.2%。全市建成区面积 228.08 平方千米,增加 4.5 平方千米。全市拥有区域供水厂 15 座,总供水能力 126 万吨/日,其中市区自来水供水能力 70 万吨/日。市区管道天然气供气总量 5.42 亿立方米,家庭天然气用户 26.90 万户,家庭液化气用户 5.98 万户。 (市统计局)

【环境保护】 2020 年,镇江市新增各类城市绿地面积 544.93 公顷,人均公园绿地面积 14.73 平方米。林木覆盖率、建成区绿化覆盖率分别为 25.4%、42.4%。全年国控站点 $PM_{2.5}$ 年均浓度为 38 微克/立方米,比上年下降 13.9%;空气优良天数比率 81.4%,提高 11.8 个百分点。全年地表水国考断面、省考断面、主要入江支流断面、集中式饮用水水源地水质达标率、优Ⅲ比例均为 100%,国、省考断面优Ⅲ比例分别提高 12.5 和 5.3 个百分点。集中式饮用水源地水质达标率 100%。全市累计建成国家级绿色工厂 18 家、市级绿色工厂 62 家。 (市统计局)

【就业】 2020 年,镇江市新增城镇就业人数 5.84 万人,新增城镇失业人员再就业人数 4.84 万人,新增就业困难人员再就业人数 6217 人。城镇登记失业率 1.7%。扶持成功创业 1.43 万人,其中引领大学生创业 2169 人,扶持农村劳动力自主创业 4068 人。城乡劳动者职业技能培训 4.03 万人。新增登记注册私营企业从业人员 3.98 万人,个体工商户从业人员 13.47

万人。（市统计局）

【人民生活】 2020年，镇江市常住居民人均可支配收入46180元，增长4.3%，其中，工资性收入28908元，增长2.5%；经营净收入6181元，增长0.3%；财产净收入4309元，增长8.5%；转移净收入6782元，增长14.2%。常住居民人均消费支出25337元，下降2.2%。按常住地分，城镇常住居民人均可支配收入54572元，增长3.5%；城镇常住居民人均消费支出28374元，下降1.9%。农村常住居民人均可支配收入28402元，增长6.0%；农村常住居民人均消费支出18904元，下降4.1%。城镇居民现住房人均建筑面积51.3平方米，百户家庭拥有汽车62.4辆、电脑81.5台、手机267部。农村居民现住房人均建筑面积61.3平方米，百户家庭拥有汽车51.7辆、电脑49.2台、手机255.6部。（市统计局）

【社会保障】 2020年，镇江市完成一般公共预算民生类支出372.46亿元，占比重74.7%。职工最低工资标准为2020元/月，城乡居民基础养老金标准提高至每人每月170元，城乡最低生活保障标准提高至每人每月790元，失业保险金最低标准提高至每人每月1185元。1.18万户、1.76万人享受低保，全年发放低保金1.59亿元。基本养老保险参保人数86.45万人，比上年增加1.01万人；城镇职工基本医疗保险参保人数106.38万人，增加5.33万人；失业保险、工伤保险、生育保险参保人数分别为55.26、65.51、64.01万人。有养老机构114家，养老机构床位数18750张，建成街道老年人日间照料中心30家，实现街道老年人日间照料中心全覆盖，城乡标准化社区居家养老服务中心覆盖率分别为80.2%和52.2%。福利彩票销售2.55亿元，下降37.0%。（市统计局）

市（区）

·丹阳市·

【概况】 2020年，丹阳市总面积1047.44平方千米。辖10镇、2个街道，145个行政村、77个居委会。年末总人口79.9万人。人口出生率6.3‰，死亡率9‰，人口自然增长率－2.7‰。全年实现地区生产总值1145.36亿元，一般公共预算收入64.02亿元，固定资产投资207.26亿元，城乡居民人均可支配收入分别为5.4万元、2.9万元。2020年，丹阳市镇（街道、区）、村（社区）、企业开展新冠肺炎疫情防控，组织专业医护人员驰援湖北、北京，设置发热门诊、医学隔离观察病床，全市未出现聚集性疫情和院内感染事件。7月，丹阳市获“国家电子商务进农村综合示范县”称号。8月，丹阳市被重新确认为国家卫生城市，司徒镇被重新确认为国家卫生乡镇。9月，江苏省商务厅公布的全省421家2020年度—2022年度江苏省重点培育和发展的国际知名品牌名单中，丹阳市10家企业上榜。在2020年中国工业百强县（市）榜单中，丹阳市位列全国第19位、江苏省第7位；丹北镇跻身全国百强。6家企业上榜江苏民营企业200强榜单。涌现出一批全国模范人物典型，赵俊霞、王志坚分获全国、江苏省抗击新冠肺炎疫情先进个人称号，汤龙保获全国敬老爱老助老模范人物称号，徐升贵获全国先进个体工商户称号，王良弼获全国关心下一代工作先进个人称号。（丹志办）

【“十三五”期间主要情况】 “十三五”期间，全市经济在保持稳定增长。2020年，全市工业应税销售突破1500亿元。三次产业结构进一步优化，服务业增加值占地区生产总值比重稳步提高。丹阳市被评为“长三角最强中国制造”县（市），获批国家级外贸转型升级（五金工具）基地，司徒镇、珥陵镇、吕城镇入选全国首批农村创业创新园区，珥陵镇入围国家农业产业强镇示范建设。新增4家境内主板上市企业，总计境内主板上市企业8家。全市高新技术企业增加142家，高新技术企业数占镇江总数的30.2%。建成中国科学技术成果评价（丹阳）服务中心，成立全国服务标准化技术委员会眼镜验配服务分技术委员会和全国汽车标准化技术委员会仪表分技术委员会，设立中国科技金融（丹阳）创新基地；获得五项国家科技进步二等奖，一项国家科技发明二等奖。“十三五”期间引进国家级人才23人。5家企业获评国家知识产权示范企业，8家企业12件专利获中国优秀发明专利奖。省级示范卫生院实现全覆盖，镇（区、街道）医疗保障服务中心建成，接入长三角跨省异地就医门诊直接结算平台。创成全国中小学责任督学挂牌督导创新市，获国家义务教育质量监测“县级优秀组织奖”；创成全国农村职业教育和成人教育示范县，获批全国青少年校园足球试点县。南师大中北学院丹阳校区正式启用。一批重点城建项目竣工。农村公路累计提档升级165千米。公共交通增至404辆车、76条线路，推广使用“丹阳交通行”App。治理黑臭水体824条。累计新增绿地118.9公顷，创成全国绿化模范市，8个重点考核断面全部达标，空气质量优良天数比例提升到81.8%。创成国家节水型社会达标县市。创成国家级卫生镇2个、省级绿美乡村5个。以全国第二名、全省第一名的成绩创成全国文明城市,并通过全国文明城市复审。连续15年被评为江苏省平安市。
（朱栋栋）

【农业和农村】 2020年,丹阳市实现农业产值86.23亿元,农业增加值58.43亿元,农村居民人均可支配收入29492元。粮食种植面积5.79万公顷(86.89万亩),粮食总产量42.67万吨。建成高标准农田0.11万公顷(1.6万亩),新增高效设施农业面积267.13公顷(4007亩),蔬菜总产量28.13万吨。生猪出栏13.13万头,存栏10.77万头;家禽出栏1163.3万羽,存栏313万羽;羊出栏1.79万只,存栏0.81万只;奶牛存栏0.06万头。实施池塘生态化改造面积233.33公顷(3500亩),新增稻渔综合种养面积46.66公顷(700亩),新增1家国家级健康养殖示范场,水产品总产量44585吨。对全市3144户建档立卡户、77个经济薄弱村,建立健全防返贫机制。提高医疗保险待遇和救助标准,推进建档立卡户危房改造。在镇江率先全部完成第一阶段村庄环境整治任务。推进畜禽粪污资源化利用和秸秆综合利用,农作物秸秆综合利用率96.52%,畜禽粪便综合利用率95.42%,规模养殖场治理率100%。加强绿色防控示范区建设,病虫专业化统防统治覆盖率65%以上。新增绿色食品企业4家、产品8个。全市具有一定规模的休闲观光农业企业47家,年接待旅游人数68.1万人次,农产品销售收入6600余万元,休闲农业与乡村旅游业带动就业人数6500余人。结合高效园艺、规模种植、农产品加工等优势主导产业,新增固定资产投资2.27亿元,实现园区产值102.56亿元。至年底,省级示范园开工23个。全市有农业龙头企业74家,新增农民专业合作社61家。完成镇江市首笔土地流转履约保证保险试点。在镇江市范围内率先开通农村产权线上交易平台,完成苏南地区首笔农村产权线上交易项目。
（陈　炀）

【工业】 2020年,丹阳市实现工业总产值1660.88亿元,比上年增长7.9%;其中规模以上工业总产值1228.15亿元,增长9.9%。新增城镇就业人数16157人,比上年增长136.9%。地区生产总值、制造业投资、新增城镇就业、规模以上工业总产值增速列镇江市第一名。全年新签约、新开工亿元以上项目分别为62个、70个。省级重点项目国药智能康复医疗器械产业基地完成投资6.5亿元,万洋、标龙等智能制造产业园稳步推进。制造业投资比上年增长25%。国药智能康复医疗器械产业基地、金宇生物医药基地、鱼跃年产600万台医用雾化器及制氧机3个项目入选2021年省重大产业项目计划,数量位居镇江市第一名。图南合金上市,上交所服务资本市场镇江基地落户丹阳。
（丹志办）

【产业转型】 2020年,丹阳市提升企业能级,认定高新技术企业114家,新增国家级专精特新"小巨人"企业2家。天工公司获省长质量奖,与沃得、大亚同列"中国制造业民营企业500强"。加快动能转换,新材料、高端装备制造、生命健康产业销售分别增长14.8%、13.7%、25.3%,战略性新兴产业产值比重提升11.7个百分点。促进"两业融合",新增省级工业设计中心2家,诺得物流跻身"中国民营物流企业50强"。推动"两化融合",建成5G基站1840个,新增省级示范智能车间7个,获评省五星级"上云企业"3家。
（丹志办）

【科技创新】 2020年,丹阳市申报省级以上科技计划项目88项,立项26项,争取资金资助3040.9万元;申报镇江市级科技计划项目69项,立项59项,争取资金资助917万元;立项1个省重大成果转化项目(镇江2个),各类省以上项目申报数保持镇江市第一名。入库国家科技型中小企业数列全省县(市)第七。举办"中国·丹阳碳纤维及复合材料产业链创新发展论坛",高新技术企业新增入库数列镇江市第一名,国家科技型中小企业入库数列全省第七名。5人入选省"双创"计划,13人入选镇江"金山英才"计划。高新区获批省产学研产业协同创新基地。优化知识产权服务,全市万人发明专利量20.9件,知识产权工作获省政府表彰。
（孙钧慧）

【外向型经济】 2020年,丹阳市实现外贸进出口总值31.02亿美元,其中出口28.05亿美元,创历史新高,比上年增长1%。批准境外投资项目10个(其中1个为增资项目),丹阳方协议投资额8627.2万美元,比上年降低6%;境外投资实际出资额7485万美元,增长117%;至年底,全市65家企业向28个国家或地区投资95个项目,丹阳方协议投资额6.6亿美元。实际利用外资21899万美元,增长64.7%。
（丹志办）

【城乡建设】 2020年,122省道花王至全州段、三七站桥、黄堰桥、丹珥线集镇段、丹界线九曲河至蒲河段建成通车;云阳大桥完成桩基部分施工,进入东岸主桥钢结构现场拼装施工和西岸第一联现浇箱梁施工,云阳大桥项目入选平安工地省级示范名单;丹阳市完成农村公路危桥改造5座,农村公路提档升级15.34千米;开工建设普善公交首末站;华南桥改造竣工通车。启动眼镜风尚小镇项目,加紧谋划练湖生态新区建设。全国文明城市通过复检。推进生活垃圾分类"三定一督"(指对住宅小区实行"定时、定点、定人督导"的垃圾分类管理)新模式,完成18个达标小区建设。开展"万企联万村·共走振兴路"行动,村企联建覆盖率88.4%。推进农村人居环境整治,探索建立治理机制,引导群众参与共建共治共享,在镇江率先完成整治任务。新建农村无害化卫生户厕17749座,建成农村生态河道7条,创成美丽宜居村庄50个、省级特色田园乡村8个,2816个自然村完成环境整治任务。上新河延陵段堤防加固工程竣工,新孟河延伸拓浚工程丹阳段全省率先通水验收。提档升级农村公路8.5千米,县道大中修11.3千米。　　(丹志办)

【生态环境建设】　2020年,丹阳市有关中央环保督察"回头看"交办信访件完成整改销号,环境信访比上年下降41.9%。深化长江生态保护行动,落实长江流域禁捕退捕任务,完成长江三角塘段江滩生态修复工程。清淤整治简渎河及城北分洪道城区段,完成104个村庄生活污水治理任务,新建城乡污水管网23千米,沃特、石城污水处理厂三期扩建工程投入运行,8个国省考断面全部达标。开展"守护丹阳蓝·春雷行动",全市空气优良天数比率81.9%,列镇江市第一名。完成造林面积446.67公顷(6700亩),修复湿地面积65.87公顷(988亩),建成国家森林乡村4个、省绿美村庄4个。　　(丹志办)

【社会文化事业】　2020年,丹阳市新增城镇就业14336人,城镇登记失业率控制在2.3%以内。年度城乡低保标准提高至每月每人790元。人民医院综合大楼进入交付阶段,中医院异地新建工程正式动工。有养老机构39家,养老床位5400张,护理型床位3240张。有定点零售药店242家,定点医疗机构49家。医疗保险参保81.85万人。建成镇级体育公园1个和村级体育小公园、多功能运动场4个;建成笼式足球场1座、二代健身路径2套。丹凤公园凤凰山遗址公园环线入选"2020江苏省最美跑步线路"。推进丹阳眼镜特色小镇、水晶山省级旅游度假区、九里风景区国家AAA级旅游景区申报等旅游项目建设。开展安全生产"大起底"专项整治,关停企业487家,整改企业6881家。　　(丹志办)

【全国汽车标委会仪表分委会在丹阳成立】　2020年,国家市场监管总局发布公告,全国汽车标准化技术委员会仪表分技术委员会(SAC/TC114/SC8)秘书处承担单位,由芜湖汽车仪表研究所调整为丹阳市江苏新通达电子科技股份有限公司,10月,在江苏新通达电子科技股份有限公司举行成立仪式,活动宣读公告函,现场举行揭牌仪式。中国汽车技术研究中心副总李维菁、江苏省市场监督管理局标准化处处长洪淼及丹阳市副市长黄俊杰出席会议。秘书处专业范围为负责全国汽车用车速里程表、转速表、压力表、燃油表、电流表、温度表、轮胎气压表或其组合仪表及传感器、警报装置的图形符号、型式尺寸、技术条件等专业领域标准化工作。全国汽车标准化技术委员会仪表分技术委员会秘书处设在丹阳,为丹阳市中国汽车零部件制造基地取得更多行业话语权,也为推动汽车仪表产业发展、产品同国际接轨提供支撑。(参见第187页)　　(朱　翔)

【丹阳眼镜产业获国家外贸转型升级基地认定】
2020年,丹阳市眼镜产业被商务部认定为国家外贸转型升级基地,国家外贸转型升级基地是培育技术、标准、品牌、质量、服务等竞争新优势的有效途径,是稳定和畅通产业链、供应链,推进外贸创新发展的重要举措。眼镜产业是丹阳市特色产业和支柱产业,镜架年产量1亿多副,占全国约30%,镜片年产量4亿多副,占全国约75%、世界45%。全市有1600多家从事眼镜生产及配套的工贸企业,从业人员近5万人。2019年,全行业实现销量超200亿元,完成进出口外贸总值4.44亿美元。　　(朱荣祥)

【丹阳获国家外贸转型升级基地(高端合金钢)认定】
2020年,丹阳市国家科技兴贸新材料基地通过考核,更名为国家外贸转型升级基地(高端合金钢)。丹阳市新材料产业基地自2009年被认定为第三批国家科技兴贸创新基地后,形成以天工国际为龙头的高速工具钢、模具钢、钛合金产业集群,以大力神集团为骨干的硅钢、含硼镀铝锌板材生产企业集群,以及以图南合金带动的一批镍基合金、高温合金企业。2019年,基地内实现销售收入283.5亿元,完成出口8.9亿美元。　　(朱荣祥)

【九里景区被评为国家AAA级旅游景区】　2020年12月,丹阳市九里景区被评定为国家AAA级旅游景区。至此,丹阳市拥有九里景区和丹阳眼镜城两处国家AAA级旅游景区。九里景区位于延陵镇九里村,建于2003年,规划以田园水乡为基调,以季子文化为核心,打造集文化体验与休闲为一体的国家旅游景区。近年来,该景区不断优化景区旅游服务质量和提高游客体验度,丰富古街旅游业态,建设北大门至景区的水路系统,新增6.67公顷(100亩)粉黛花草和树木观赏区,建成漫步人行道、游客中心。2020年10月,该景区举办的季子文化旅游节、菊花展吸引游客近10万人次。　　(丹志办)

·句容市·

【概况】 句容市位于江苏省西南部,地处苏南,东连镇江,西接南京,土地总面积1378平方千米。截至2020年年末,户籍人口58.53万人,常住人口63.93万人。全市辖8个镇、3个街道、1个管委会、24个社区居委会、152个建制村。2020年,句容市实现地区生产总值675.48亿元,比上年增长3.6%;完成一般公共预算收入54.85亿元,增长2.5%,税收占比88.1%;完成固定资产投资247.14亿元,增长2.4%;社会消费品零售总额152.63亿元。接待游客1246.53万人次,旅游总收入121.24亿元。城镇居民人均可支配收入和农村居民人均可支配收入分别为52802元和25667元;完成上级下达的节能减排任务。在2020年中国乡村振兴百佳示范县、中国城市全面建成小康社会指数百强县、全国投资潜力百强县榜单中,分别排名第5位、第37位、第42位。

2020年,句容市抓好新冠肺炎疫情防控,确保零确诊、零疑似、零境外输入。推进"融入南京、接力镇江",40个亿元以上项目签约落地,宁句轨道交通、南沿江城际铁路工程加快建设。创成全国文明城市,城市战略品牌规划和建设标准体系落地,新葛仙湖公园和葛洪纪念馆开放。"万企联万村共走振兴路"经验在全省推广,村党组织书记专职化管理试点成绩突出,唐陵花木交易市场成为全市首家国家级农业龙头企业。长江引水暨城区水厂、下蜀水厂工程加速建设,江苏省句容市高级中学异地新建工程正式开工,安全生产专项整治任务完成。 (陈龙浩)

【"十三五"期间主要情况】 "十三五"期间,句容市聚焦产业强市,华电二期、抽水蓄能电站、恒大童世界等一批百亿元级以上重大项目强力推进;南沿江城际铁路、宁句轨道交通开工建设,扬镇宁马铁路列入"十四五"铁路建设计划,市域(郊)铁路句容至茅山线纳入长三角交通一体化发展规划;镇江国家农业科技园区获批建设,赤山湖创成国家湿地公园,中央商场、吾悦广场商业综合体投入运营。民生支出年均增速高于一般公共预算支出增速,城乡居民人均可支配收入增速高于经济发展增速。提前完成脱贫攻坚任务,村户达标率100%。累计投入32亿元新建、扩建及加固52所学校校舍,建筑面积超70万平方米。江苏省人民医院句容分院挂牌运行,市人民医院、妇幼保健院新院区主体建造完成。南部应急水厂投入运行,二水厂完成应急改造,饮用水水质达标率保持100%。坚持山水林田湖草是一个生命共同体的新系统观,持续开展污染防治攻坚,开展蓝天、碧水、净土三大保卫战,空气质量不断改善,矿山宕口整治首创"排口长制",建成区绿化覆盖率35.43%。创成国家环境保护模范城市、国家级生态示范区,唐陵村、西冯村、丁庄村、中心村、永兴村、唐庄村成为全国"一村一品"示范村。总结提炼"尊上德、崇人文、勇拼搏、甘奉献"的新时代句容精神,涌现出全国"时代楷模"赵亚夫、江苏"时代楷模"糜林等一批榜样典型。新时代文明实践中心成为全国试点。 (陈龙浩)

【农业】 2020年,句容市粮食单产6816千克/公顷,总产27.71万吨,新增高效设施农业面积约388公顷(5819亩)。建成高标准农田0.27万公顷(4万亩),农作物总播种面积6.43万公顷(96.5万亩)。15万头生猪标准化养殖项目竣工投产,生猪恢复生产,总投资12亿元的何庄瑞华生态农业项目开工建设。新增农民合作社27家、家庭农场159家。完成农村集体产权制度改革试点,新增新型经营主体70家。丁庄葡萄合作联社入选全国农民合作社典型案例,丁庄葡萄、戴庄大米、西冯草坪获国家地理标志商标。 (陈龙浩)

【工业】 2020年,句容市实现工业应税销售585亿元,增长3.3%。国民新能源车、环境监测和负压方舱等一批重大项目签约落地,华祥耀句容(台湾)半导体产业园、协鑫高效智能组件等项目建成投产。天晟药业被认定为国家级专精特新"小巨人"企业,万城青年人才创业园、光明中小企业新材料科创园创成国家级科技企业孵化器。新认定国家高新技术企业96家,净增27家。 (陈龙浩)

【对外贸易】 2020年,句容市完成进出口总额42.17亿元人民币,实际利用外资及港澳台资1.47亿美元,比上年增长21.17%。其中,制造业到账10644万美元,增长48.81%;注册利用外资及港澳台资4.57亿美元,下降26.59%。全年新设外商及港澳台商投资企业9家,平均投资总额789.01万美元,平均注册资本483.2万美元。 (陈龙浩)

【旅游】 2020年,句容市接待国内外游客1246.53万人次;旅游总收入121.24亿元。截至年底,有国家AAA级以上旅游景区8家、全国乡村旅游重点村1个、江苏省乡村旅游重点村1个、江苏省星级乡村旅游区33家、江苏省自驾游基地1家。2020年,句容市入围全国县域旅游综合实力百强县第20名,茅山镇丁庄村被列入全国第二批乡村旅游重点村名录,天王镇戴庄村被列入省乡村旅游重点村名录,千华古村创成首批省级夜间文旅消费集聚区。 (陈龙浩)

【城乡建设】 2020年，句容市防汛防旱基础工程基本建成。长江引水工程城区水厂累计完成土建工程70%，肖杆河整治工程完工，创成国家级节水型城市。创成第六届全国文明城市。完成城区“白改黑”二期工程，启动华阳西路、人民路建筑立面改造试点，完成121个老旧小区改造、25个背街小巷整治提升工程。开展城市干道绿化、工地围挡美化等行动，拆除违规广告152处，新增机动车停车泊位近2000个。 （陈龙浩）

【生态环境建设】 2020年，句容市完成国家生态红线调整划定上报、自然保护地整合优化编制工作。开展中央环保督察和“回头看”、江苏省环保督察反馈问题销号工作，严防问题反弹回潮。全年空气质量优良天数比率78.5%，比上年提升7.5个百分点；$PM_{2.5}$年均浓度36微克/立方米，下降14.8%。实施城北垃圾填埋场综合整治，深化“排口长制”工作。开展长江大保护，落实“十年禁渔”，推进长江经济带废弃裸露矿山生态修复。完成35个农村生活污水处理设施建设，实现行政村全覆盖，改造无害化卫生户厕6528户。建成省级特色田园乡村5个，丁庄村入选2020年中国美丽休闲乡村。 （陈龙浩）

【教育】 2020年，句容市有3所普通高中、1所中专校、11所初中、28所小学、2所九年一贯制学校（含1所民办句容碧桂园学校）、1所特殊教育学校。普通高中学生6969人，初中学生12317人，区域内小学毕业生入学率为100%，年巩固率为100%；初中毕业生升学率97.53%；小学生28827人，入学率100%，巩固率100%；特殊教育学生130人，句容市特殊教育学校为省特殊教育现代化示范学校。石狮小学、华阳实验小学弘景校区建成交付。 （陈龙浩）

【卫生健康】 2020年，句容市拥有各级各类卫生机构240个，二级医院8家，病床总数2200张。在岗职工4208人，卫生技术人员3389人，比上年增加103人，在岗注册乡村医生235人。全年完成诊疗总人次370.2万人次，其中出院病人3.94万人次。市人民医院搬迁有序开展，体检中心投入使用，下蜀、天王中心卫生院建成全省首批农村区域性医疗卫生中心。

（陈龙浩）

【体育】 2020年，句容市安装更新健身路径45套、篮球场地26个、室内外乒乓球场地34个、笼式足球场1个、镇江市级多功能运动场3个。 （陈龙浩）

【句容市入选第六届全国文明城市】 近年来，句容市按照“标准为王、美感为要、文化为魂、以人为本”的理念，坚持“学标杆、定标准”，印发《创建全国文明城市专项整治行动方案》，实施“四大提升工程”（基础设施提升工程、公共秩序提升工程、创建氛围提升工程、文明素养提升工程）、18项专项整治行动。2020年11月10日，句容市入选第六届全国文明城市。

（陈龙浩）

【句容市长江引水工程暨城区水厂、下蜀水厂建设工程开工】 2020年5月21日，句容市长江引水工程暨城区水厂、下蜀水厂建设工程开工，工程总投资25亿元，占地20.33公顷（305亩），取水规模设计为日供水能力40万吨。其中，新建长江取水泵站、北山水库取水泵站各1座，占地均为0.87公顷（13亩）；新建日供水能力30万吨的城区水厂，占地13.5公顷（202.5亩）。新建日供水能力10万吨的下蜀水厂，占地5.07公顷（76亩）。 （陈龙浩）

【中国道教协会第十次全国代表会议在句容市召开】 2020年11月26日—28日，中国道教协会第十次全国代表会议在茅山举行。（参见第61页） （陈龙浩）

·扬中市·

【概况】 2020年，扬中市总面积327平方千米，辖4个镇、2个街道，有行政村58个、社区25个。全市户籍人口281037人，其中，男性137378人，女性143659人。年末全市常住人口31.6万人。全年实现地区生产总值489.59亿元，增长3.8%。其中，第一产业增加值16.41亿元，增长1.7%；第二产业增加值252.15亿元，增长4.4%；第三产业增加值221.03亿元，增长3.2%。三次产业构成比例为3.4∶51.5∶45.1。完成一般公共预算收入35.01亿元，增长2.94%。完成固定资产投资89.55亿元，增长9.8%，其中，制造业投资58亿元，增长31%。23个镇江市级、80个扬中市级重点产业项目分别完成投资52.1亿元、85.7亿元。城镇居民人均可支配收入6万元，增长3.8%；农村居民人均可支配收入3.25万元，增长6%。扬中全面小康指数140.28，列2020年中国县级市全面小康指数百强榜第8位，入选中国率先全面建成小康社会优秀城市。2020年，扬中市镇（街、区）、村（社区）、企业开展新冠肺炎疫情防控疫情防控工作，织密“防疫网”。扬中市人民医院孔凡荣、市交通运输局孙军获“江苏省抗击新冠肺炎疫情先进个人”称号，市公安局交警大队获“江苏省抗击新冠肺炎疫情先进集体”称号。 （张　虹）

【“十三五”期间主要情况】 “十三五”期间，扬中市经济社会保持转型加快、活力增强、民生改善的良好态势。综合实力迈上新台阶，产业结构不断优化，重大项目相继落户，骨干企业加速转型，载体平台持续提质，绿色能源岛建设成效明显，科技创新能力位居全省前列，省级高新区获批，经济开发区排名提升，连续两年获全省“推进高质量发展先进市”称号。完成脱贫攻坚任务，与“十二五”期末相比，城镇、农村居民人均可支配收入分别增加1.75万元、1.04万元，人均储蓄余额保持全省前列，医保报销比例、城乡低保标准提高，民生投入占财政支出比重80%以上。2020年全国县级市全面小康指数排名，扬中市位列第8位。滨江新城、西城区拉开框架。推进“五水联治”工程，基本消除建成区黑臭水体和内涝现象。开展污染防治攻坚战，$PM_{2.5}$浓度逐年下降，空气质量持续提高。农村公共服务“八位一体”标准化建设经验全国推广。公共文化服务体系不断完善，新时代文明实践中心、所、站实现全覆盖。新建、改扩建学校（幼儿园）28所，教育现代化监测得分连续3年列江苏省第一名，创成“全国健康促进县”，人均寿命81.3周岁，法治建设满意度列镇江第一。（张　虹）

【农业】　2020年，扬中市完成农林渔业总产值29.86亿元，比上年增长5.07%。推进“万企联万村、共走振兴路”行动，实施联建项目132个，培育壮大村级集体经济。发展现代农业，新建高标准农田333.33公顷，累计6006.6公顷；新增县级以上示范合作社和家庭农场11家，累计培育县级以上示范家庭农场74家，现代渔业产业园区创成省级现代农业产业示范园。（张　虹）

【工业】　2020年，扬中市完成工业应税销售745亿元，比上年增长10%；规模以上企业工业总产值突破500亿元，增长6%。实施工业企业资源集约利用综合评价，收回闲置土地5宗，盘活低效用地203.6公顷。新增“四上”企业（规模以上工业企业、资质等级建筑业企业、限额以上批零住餐企业、规模以上服务业企业）115家，大全集团获“中国工业大奖”，环太集团获中国有色金属工业科学技术一等奖，16家企业在江苏股权交易中心挂牌。（张　虹）

【外向型经济】　2020年，扬中市推出招商“云名片”，开展乡贤招商、供销员招商，开展各类招商活动90场（次），招引亿元以上项目59个，实际到位外资7900万美元，比上年增长24.7%。（张　虹）

【城乡建设】　2020年，扬中市编制完成镇村布局、城市停车设施、城市地下空间等专项规划。完成扬中一桥、二桥消险工程，建设幸福二桥临时治超点。启动城北公交枢纽建设，开通扬中至大港高铁站公交线路，全国城乡交通运输一体化示范市创建通过验收。启动自来水深度处理工程，更新改造自来水管网60千米。新增智能充电桩（棚）251个。完成预拌商品混凝土行业整治，整改拆除2.5万平方米。（张　虹）

【生态环境建设】　2020年，扬中市新建城乡雨污水管网152.7千米，控源截污雨污分流面积253公顷，智能化改造运营河道排口截污设施65个。关闭新坝、油坊取水口，提标改造沙家港、油坊镇、八桥镇、西来桥镇污水处理厂。推进长江扬中段禁捕退捕工作，清理河道“两违”118处，整治“三无船舶”329条，完成长江入江入河排口监测溯源。加强空气质量管控，整治挥发性有机物排放重点企业7家，完成化工企业安全环保整治提升7家。$PM_{2.5}$平均浓度绝对值优于全市平均水平，列镇江第一名。通过省生态文明建设示范市创建验收。建成省特色田园乡村4个，农村人居环境整治工作获省政府通报表扬。（张　虹）

【科学技术】　2020年，扬中市引进高层次人才（团队）52个、省级有突出贡献的中青年专家2人。新增国家高新技术企业112家、国家科技型中小企业205家，截至年底，全市有国家创新型企业2家、省创新百强企业2家、苏南国家自主创新示范区瞪羚企业3家、高新技术企业272家、民营科技企业和通过评价的科技型中小企业800余家。新增省级以上研发机构10家，省级以上研发机构累计155家；新增省级院士工作站1家，省级院士工作站累计9家，万人发明专利拥有量46.8件。线上线下政产学研活动签订合作项目60个。扬中经济开发区、扬中高新技术产业开发区获省知识产权示范园区称号。创成省“两化融合”贯标试点企业6家。新建5G基站656个。新增四星级上云企业5家、苏南自主创新示范区“瞪羚企业”2家，大全赛雪龙获评国家级“专精特新”小巨人企业，仁德新能源多晶硅片获评国家级绿色设计产品。（张　虹）

【社会文化事业】　2020年，扬中市完成建档立卡户1672户，3141人脱贫，新增城镇就业1.19万人，城镇登记失业率控制在1.56%内。新增标准化居家养老服务中心24家，累计66家；机构养老床位358张，累计3525张；城乡低保、特困人员供养标准分别提高至每人每月790元、1030元。深化医养融合，累计建立家庭病床273张。融媒体中心试点建设通过省级验收。实施教师“县管校聘”改革，交付使用特教中心、童心幼儿园，建成云腾幼儿园、第二幼儿园。完善重大疫情防控体制机制，建成加强型P2实验室（二级生物安全实验室）2所，实现核酸自主检测，新增名医工作站9家，累计26家。运行市博物馆、陈履生博物馆群、人防科普体验馆，完成市文化馆异地改建，新增体育公园13个、健身路径30条、健身步道6千米，累计建成体育公园（健身广场）50个，健身路径394条，健身步道35千米。建成万福桥闸站，实施丰乐桥、雷公岛崩岸、小泡沙坍江应急抢险工程，抵御历史罕见洪水。推进安全生产专项整治，创建省级安全发展示范城市。通过“七五”普法考核，法律援助“负面清单”工作全国推广，创成全省首批法治政府建设示范县（市、区）。（张 虹）

【第十七届中国·扬中河豚文化节】 2020年3月20日—5月20日，扬中市举办第十七届中国·扬中河豚文化节。文化节以“共享现代活力城，畅游中国河豚岛”为主题，针对疫情形势，转场网络，开启“云端”办节；以在线新闻发布的形式，开展河豚文化节开幕式；增加线上服务环节，整合扬中知名餐饮单位信息，搭建线上平台统一推介，实现游客“一键查询”。节庆期间，筹备经贸招商、文娱互动、美食品鉴、乡村旅游、文明公益5个板块、60余场活动。围绕弘扬美食文化，开展“2020扬中江鲜美食之旅”“中国河豚岛、敢为天下鲜”旅游美食网络推介活动，通过线上平台实现餐饮销售额4000万元、服务美食爱好者48万人次；围绕展现民俗风情，举行长江增殖放流、“相约河豚岛”书画摄影作品展、第六届“520荧光夜跑”等活动，扬中博物馆、陈履生博物馆群建成开放；围绕彰显宜游品质，开展美丽乡村、美丽庭院等系列评比活动，举办“行进河豚岛”户外运动嘉年华、园博园樱花展、郁金香花展，营造“全民参与、融入自然”的浓厚氛围。“以节为媒”全方位展示扬中宜居与宜游并重、美味与美丽并存的城市新形象，通过在“百度”手机端设置扬中“城市名片”，举办“中国河豚岛·扬中河豚的故事”短视频大赛，开展河豚美食文化直播，设置微博热搜“拼死吃河豚大赛”话题，邀请《中国影像方志》摄制组到扬中拍摄专题片等，在各级媒体全方位、高密度、立体式地推介扬中的美食文化、河豚文化。（张 虹）

【大全集团获“中国工业大奖”】 2020年12月27日，第六届“中国工业大奖”榜单揭晓，大全集团获“中国工业大奖”。“中国工业大奖”是国务院批准设立的工业领域最高奖项，包括中国工业大奖、中国工业大奖表彰奖和中国工业大奖提名奖3个奖项。“中国工业大奖”授予代表工业发展最高水平，在自主创新、转型升级、两化深度融合、战略性新兴产业、高技术产业、填补国内空白和替代进口等方面，以及彰显爱国主义为核心的民族精神和改革创新为核心的时代精神，发展民族品牌，增强综合国力，推动国民经济发展和生态文明建设做出重大贡献的工业企业和项目。大全集团是扬中市专业从事智能电气设备、轨道交通电气设备以及光伏新材料研发和制造的规模骨干企业。近年来，集团始终坚持以创新驱动高质量发展战略，每年科技投入约占销售额的5%。集团以智能制造为驱动，推进智能光伏建设，打破国外对直流牵引供电设备的垄断，加快推进“数字大全”建设，实现智能化运维增值服务。集团先后获国家知识产权示范企业、全国文明单位称号和国家科技进步特等奖、全国五一劳动奖状等国家级荣誉。（张 虹）

【蜂巢易创扬中产业园投产】 2020年，蜂巢易创完成投资30亿元，新增销售10亿元。6月30日，扬中市举办蜂巢动力系统首台发动机下线暨项目签约仪式，蜂巢易创产业园区动力项目投产。11月3日，第10000台蜂巢电驱A00级电驱动系统下线。11月18日，长城汽车自主研发的新一代动力总成在蜂巢易创扬中产业园下线，GW4N20发动机入选“中国心”2020年度十佳发动机名单，9DCT变速器成为全球首款横置9速湿式双离合变速器，二者混动总成节油70%。11月19日，蜂巢易创举行“i纪元”2.0动力总成产品发布会暨扬中产业园开园仪式。（张 虹）

【熔喷布行业规范化整治】 2020年新冠肺炎疫情发生后，扬中市行业用非织造布（简称熔喷布）制造企业大量涌现，非理性发展。扬中市成立由市政府分管领导任组长，各镇（街、区）、市场监管局、应急管理局、经济发展局、公安局、税务局、生态环境局、消防救援大队等单位为成员的熔喷布行业规范化整治工作领导小组。3月20日，扬中市交办相关熔喷布企业问题，开展全面排查摸底、集中检查。3月30日，在全市范围内开展熔喷布行业规范整治。4月2日，行政审批部门预约办理，工商登记限号办理。4月9日，召开熔喷布行业规范整治推进会，向社会发布《关于规范熔喷布企业生产经营秩序的通告》，明确“三个一律”：利用家庭作坊进行生产的一律取缔；没有合法合规生产经营手续的一律关停；存在安全隐患、环保不过关的一律停业整顿。4月10日，登记检查五大卡口出场车辆，依法查扣“三无”熔喷布产品。4月11日，通报全市熔喷布行业规范化整治情况。4月14日，召开熔喷布行业规范整治推进会，明确力争通过一周的突击整治，推动全市熔喷布行业总体平稳可控。依据《中华人民共和国产品质量法》，对255家涉及“三无”产品问题的企业下达整改通知书；交警部门查扣熔喷布运输车辆90余辆；现场查处私拉乱接、超容用电等违法行为33起；约谈快递公司10家；立案查处46件，关停或查封37户。4月15日，扬中市熔喷布生产经营企业全面停产整顿。（张 虹）

【长江扬中段渔业禁捕】 2020年1月1日，长江流域重点水域分类分阶段实行渔业禁捕，长江扬中段进入禁捕状态。扬中市落实“长江十年禁渔”目标任务，加强沿江生态岸线修复与保护，274名持证渔民全部退捕上岸，退捕渔民实现“应保尽保”，社会保障、医保覆盖率100%。开展“长江禁渔”行动和“三无”船舶专项整治，禁售长江流域非法捕捞渔获物，严查制造、销售禁用渔具的违法行为，严查以“野生长江鱼”“野生江鲜”等作为噱头营销，严查出售、购买长江流域珍贵、濒危水生野生动物及其制品等违法行为。 （张 虹）

图3-3 2020年6月16日，扬中博物馆开馆运行

（祝红卫 供稿）

【扬中博物馆开馆】 2020年6月16日，扬中博物馆开馆。博物馆位于南江路799号，占地面积1600平方米，展陈面积4900平方米，是一座集陈列展览、文物收藏、文物保护、宣传教育为一体的地方综合性博物馆。该馆以扬中地理、民俗、人文、发展为设计主线，以浩瀚长江贯穿的展陈大纲，通过“聚沙成洲”“岁时民俗”“舌尖美味”“乡音未改”“扬中之子”“上善若水”六个篇章展陈。

（张 虹）

【陈履生博物馆群开馆】 2020年9月28日，陈履生博物馆群开馆。陈履生博物馆群位于新坝镇新治村，建筑面积2700平方米，陈列展品8000余件，包括陈履生美术馆、汉文化博物馆、竹器博物馆。该馆是全球第一座用太阳能光伏发电系统提供电力的绿色博物馆，是国际竹藤组织所属50个成员国中的第一座竹器博物馆，是国内规模最大的乡村博物馆群。截至年底，陈履生博物馆群接待参观者2.6万人，服务团体260个。 （张 虹）

·丹徒区·

【概况】 2020年，丹徒区总面积617.08平方千米，其中土地面积541.58平方千米（耕地面积2.42万公顷、水面75.5平方千米）。全区总户数103607户，总人口288928人，其中男141642人、女147286人。辖6个镇、2个街道和2个园区。有93个村（居民委员会）。设有“两园四区”，分别是高新技术产业园、长上党生态汽车产业园、江苏丹徒经济开发区、世业洲旅游度假区、高桥临港经济产业园、镇江高校园区，另有农林场圃4个。年内，丹徒区组织开展新冠肺炎疫情防控阻击战，落实重点涉疫人员信息核查、分析研判、隔离管控，保持全区“零输入、零确诊、零感染”。推动企业复工复产，落实各项纾困惠企政策，帮助企业解决用工，为企业解决突出问题223件，发放各类消费券1400万元，奖补各类资金，减税降费5.71亿元，经济发展实现逆势上扬。全年新签约产业类项目183个，总投资213亿元，其中亿元以上项目48个，总投资188亿元。全年完成地区生产总值414.03亿元，比上年增长2.7%；一般公共预算收入23.89亿元，增长2.1%；使用外资7506万美元，增长63.4%。先后入选全国绿色发展百强区、全国新型城镇化质量百强区，2020年列全国百强新城区竞争力排名第90位。

（李东东）

【“十三五”期间主要情况】 至“十三五”末，丹徒区地区生产总值比“十二五”末增长24%。高新技术企业数125家，是“十二五”末的2.7倍，规模以上战略性新兴产业企业85家，占规模以上工业比重41%，比“十二五”增长14%。城乡居民人均可支配收入分别为53308元、25391元，分别是“十二五”末的1.41倍、1.45倍。民生领域公共财政支出超过72%，城镇登记失业率稳定在2.6%以内。新建高标准农田5566.67公顷，认定农民专业合作示范社国家级6家、省级20家；完成脱贫攻坚任务，经济薄弱村达标率和建档立卡户脱贫率均为100%；建成省级“生态文明建设示范区”、省级“长山文化生态旅游示范区”、省级“节水型社会示范区”，完成绿化造林304.7公顷，修复湿地26.7公顷，城区绿化覆盖率44.2%，人均体育场地设施面积3.1平方米；单位地区生产总值能耗降低1.8%，空气质量优良天数比例较“十二五”末提升16.5%，$PM_{2.5}$年均浓度下降

32.2%,关停取缔不符合环保安全要求的企业41家,提升改造企业231家,行政村生活污水处理设施实现全覆盖;与镇江市同步获"国家卫生城市"称号,连续三次获得"全国文明城市"称号,建成全国文明镇1个、全国文明村3个,入选全国"文明家庭"先进典型1个,累计入选"中国好人""全国最美公务员""江苏省道德模范""江苏最美人物"等先进典型12人。连续5年获得江苏省"双拥模范区"称号,社会治理、平安法治建设取得成效。（李东东）

【农业和农村】 2020年,丹徒区实现农业增加值21.71亿元,比上年增长0.6%。全年粮食种植面积1.83万公顷,粮食总产量13.16万吨,比上年下降3.8%。全区家禽存栏377.24万羽,出栏1270.54万羽;生猪存栏3.56万头,出栏4.19万头。新增设施园艺面积171.17公顷、"菜篮子"面积34.4公顷;蔬菜种植面积3766.67公顷,总产量11.7万吨,产值8.98亿元。水产养殖面积1897公顷,水产品总产量1.66万吨,渔业产值7.42亿元。创成省级绿优基地2个、规模2593.33公顷。农业机械总动力25.98万千瓦,有大中型拖拉机1048台、小型拖拉机1147台、灌排动力机械7737台、水稻插秧机1218台、联合收割机293台。有农业龙头企业36家,其中国家级1家、省级5家、市级20家、区级10家。新增市级龙头企业4家(3家为区级晋升,1家为原省级调整)。完成高素质农民培训任务3380人,其中培训小农户1489人,小农户培训占比88.74%。开展农村人居环境专项整治工作,全区所有行政村通过市级验收销号。（李东东）

【工业】 2020年,丹徒区规模以上工业企业完成产值363.44亿元,比上年增长3.8%;实现应税销售356.3亿元,下降1.4%,其中利润总额21.6亿元,下降11.9%。应税销售超亿元企业57家,比上年增加1家,其中,1亿元~5亿元的企业41家,5亿元~10亿元的企业7家,10亿元~20亿元的企业6家,超20亿元的企业3家。全区"40强"企业实现应税销售收入262亿元,占全区应税销售总额的61.6%。工业门类比较丰富,拥有高端装备制造、电力设备、新型建材、食品医药及绿色化工为主导的五大统优势产业。民营工业占有重要地位,占全区定报企业总数的95.4%、总应税销售额的80.2%、总税收的88.9%。全区57家应税销售超亿元企业中,民营企业为49家。（李东东）

【外向型经济】 2020年,丹徒区新签约产业类项目183个,总投资213亿元,其中,亿元以上项目48个,10亿元以上项目4个,制造业项目占比75%。全年实际利用外资7506万美元,增长63.4%。进出口总额49.02亿元,下降2.2%。（李东东）

【旅游】 2020年,丹徒区举办中国·丹徒旅游文化节,相继开展"世业鲜果·直播带货"采摘节、第三届"米芾杯"国际青少年书法大赛、第六届江心洲无花果节、第十四届谷阳七夕文化节等系列活动。中秋、国庆小长假期间,丹徒区接待游客按可比口径恢复70.01%,江心洲橘江里景区、开心休博园等景点和乡村旅游区出现客流量高峰。高桥镇五套村创成第二批全国乡村旅游重点村,世业镇卫星村创成省乡村旅游重点村。（李东东）

【营商环境】 2020年,丹徒区组织多场企业家座谈会,解决企业难题。深化"放管服"改革,推进"一窗受理、集成服务",24小时自助政务服务超市建成并投入使用,"公安1号窗口"实体化运行。实施基层整合审批服务执法力量改革,梳理调整区镇财政体制、推广"不见面"办税、组织行政审批局"人事物"划转,激发基层活力。（李东东）

【城乡建设】 2020年,丹徒区加强城市规划设计,启动国土空间规划编制工作,加快基础设施建设,新增邻里集市2个、公共停车位1500个,新建有机易腐垃圾处置中心1处。完善城乡综合交通网络,创成省级"四好农村路"达标县。实施主干道景观提升、道路修复、街巷整治等项目,改造城区绿化面积超过1万平方米。（李东东）

【生态文明建设】 2020年,丹徒区整治农村人居环境,建立村庄环境卫生"红橙黄榜"长效管护机制,清理河塘1835座(条),744个自然村全部通过市级验收,创成"省生态文明建设示范村"3个,省、市级"特色田园乡村"6个,区级"特色田园乡村"2个,区级"美丽宜居乡村"68个。改善生态环境质量,国控、省控断面优于Ⅲ类水质比例100%。空气质量优良天数比例77.5%,比上年增长12.3%;$PM_{2.5}$年均浓度为每立方米40微克,降低13.4%。全区行政村生活污水治理设施实现全覆盖,创成省级"生态文明建设示范区"。（李东东）

【社会文化事业】 2020年,丹徒区完成10件民生实事,推进落实"六保"任务52条务实举措。新增城镇就业8803人,提供就业岗位11008个次,发放就业困难人员各类补助、保险金1702万元。建立防返贫监测预警和动态帮扶机制,完成"脱贫攻坚回头看"和"两类人群"核查,帮扶213户466人。实施"万企联万村、共走振兴路"行动,落实村企联建项目50个。

持续改善公共服务，推进“厕所革命”；茅以升实验学校建成招生。开展国家公共文化服务体系示范区、国家级示范型退役军人服务中心创建工作，建成文化礼堂17个、自然村小微型文化广场60个，举办各类文旅活动近百场。（李东东）

【北汽蓝谷麦格纳汽车有限公司揭牌】 2020年5月11日，北汽蓝谷麦格纳汽车有限公司在丹徒区举办揭牌仪式。北汽集团党委书记、董事长徐和谊，镇江市委副书记、代市长徐曙海，副市长陈可可，麦格纳中国区总裁马克·董，华为智能汽车解决方案BU执行总监王隽等出席揭牌仪式。北汽蓝谷麦格纳汽车有限公司由北汽集团与麦格纳国际集团合资成立，位于镇江市丹徒区北汽大道，总投资近60亿元，占地面积137万平方米，致力于将北汽麦格纳高端智造基地打造成为亚洲地区最先进的智能工厂。（李东东）

·京口区·

【概况】 2020年，京口区总面积125平方千米。辖6个街道、2个园区，56个社区（含18个“村改居”社区）、5个建制村。2020年年末，总户数128126户，户籍人口313098人。人口自然增长率1.6‰。实现地区生产总值449.48亿元，比上年增长4%，三次产业比例为0.2∶25.8∶74。社会消费品零售总额237.98亿元。地方财政一般预算收入21.7亿元，增长1%。城镇居民人均可支配收入54883元，增长3.7%。2020年，京口区建立新冠肺炎疫情防控领导工作组，统一部署各项疫情防控工作。发动111名基层医卫人员参与社区防控，派出75人次现场指导复工复产复学、中高考等防疫工作。组织实施隔离观察工作，有序接种新冠病毒疫苗，设立核酸检测采样服务点，组建核酸检测、流调溯源专班。全系统1个集体、1名个人获省级表彰。（京口志办）

【“十三五”期间主要情况】 “十三五”期间，京口区地区生产总值年均增长4.2%。累计进出口额超76亿美元，累计利用外资3.19亿美元。战略性新兴产业产值占工业总产值比重30%。9家企业挂牌上市，鼎胜新材实现京口区民营企业主板上市“零”突破。全社会研发投入占地区生产总值比重2.2%，高技术产业投资占固投比重提升至7.8%。引进7名国家级人才，15人入选省级人才工程，56人（团队）入选市“金山英才”计划。创成1个国家级、5个省级科技孵化载体，万人发明专利拥有量130件。投入基础设施建设资金282亿元，焦山路、小米山路等道路竣工通车，新增和改造城市管网94.8千米。完成“两个周边”（索普化工基地和新区化工园区周边）等征收搬迁128.7万平方米，实施老旧小区改造160.5万平方米。减煤785.3万吨，$PM_{2.5}$年均浓度较“十二五”期末下降35.6%。落实“河（湖）长制”，开展“两违三乱”整治，完成11个长江干流岸线利用项目清理整治。消除城市黑臭水体，国考、省考断面水质达标率100%。新增和提升孟家湾湖湿地公园等一批绿化空间。城镇居民可支配收入是“十二五”期末的1.4倍。建成中心社区10个，标准化社区居家养老服务中心36个。实现社区卫生服务机构、社区（村）基层综合性文化服务中心全覆盖。九年义务教育巩固率和学前三年毛入园率均为100%。（京口志办）

【农业和农村】 2020年，京口区粮食总产0.105亿千克，粮食面积0.15万公顷（2.31万亩），其中水稻0.06万公顷（0.91万亩）。蔬菜播种面积为271公顷（4065亩），开展蔬菜农药残留检测618批次，合格率100%。推行农产品上市合格证制度，3家企业主体打印合格证95批次。开展农机、水库闸站安全专项检查整治。开展农村人居环境专项整治行动，全区25个村（涉农社区）全面销号，出台《关于京口区农村人居环境有效长效管护的指导意见》，以工作机制保障环境管护。长江干流岸线利用项目清理整治、“两违”（违法圈圩项目、违法建设项目）“三乱”（河湖管理范围内乱占、乱建、乱排）专项整治、长江经济带生态环境警示片问题整改全部销号。（京口志办）

【工业】 2020年，京口区有规模以上工业企业63家、职工人数13171人，完成规模以上工业增加值73.5亿元，比上年增长7.4%，全市排名第一名。完成规模以上工业产值379.8亿元，增长5%。实现利税22.04亿元，增长6.6%。工业用电量28.9亿千瓦，增长2.4%。全区实现工业应税销售425.3亿元，增长0.5%。高技术产业投资占固定资产投资比重提升至8.6%，工业战略性新兴产业总产值占工业总产值比重为30%（定报数），服务业增加值占地区生产总值比重提升至74%。（京口志办）

【城市建设】 2020年，京口区完成青云门等8个老旧小区、32.3万平方米改造任务。实施会莲庵街三期征收拆迁项目，开工建设王家新苑和象山花园三期安置房，完成谏电二村等“三供一业”（供水、供电、供热和物业管理）移交维修改造工程。实施市容环境综合整治等“五大工程”（市容环境综合整治工程、违法建设集中整治工程、标准化菜市场达标工程、物业管理提升工程、市民文明素质提升工程）。分类推进33个试点小区物业管理提升工作。优化提升疏导点4个，整治主次干道39条，实现市区城市道路机械化清扫率90%以上。累计拆除违建约10.1万平方米。改造升级永安路等菜市场3座。新建垃圾分类亭30座,新建及提档升级公厕6座。全区 $PM_{2.5}$ 年均浓度为38.0微克/立方米,下降9.5%;空气质量优良天数比率77.7%,上升9.6个百分点。国考断面焦山尾和省考断面谏壁桥水质年均浓度达标,地表水好于Ⅲ类水体比例为100%。全年开展环境监管现场标准执法722厂次,快捷留痕731厂次,出动环境执法人员2900余人次,下达《环境监察意见书》48份、《责令改正违法行为决定书》73份、行政处罚决定书25件,处罚金额151.86万元。 (京口志办)

【外向型经济】 2020年,京口区实际利用外资3088万美元,比上年下降39%;进出口总额88.48亿元人民币,下降15.4%。制造业利用外资占比77%。实现离岸服务外包执行额3.19亿美元,增长2.4%。在省级服务外包示范区年度综合考评中,京口区列全省47家示范区第13位,较上年提升1位。(京口志办)

【社会文化事业】 2020年,京口区研发投入占地区生产总值2.3%(口径调整),高新技术企业总量52家,高新技术企业净增15家。举办"春风行动""再就业援助"等各类招聘会45场。实施"创响京口"富民行动,支持自主创业1417人,发放创业担保贷款3156万元,带动就业7198人。建成居家养老服务中心26家,60周岁以上老年人意外险实现应保尽保。京口中学新校址投入使用,完成中山路小学改扩建、江滨幼儿园等校安工程。创成2所省级智慧校园。建成6个标准化儿童预防接种门诊,改造提升10个"中医阁"。开展794场"京彩"文化惠民活动。新增和提档升级31条健身路径,通过国家公共文化服务体系示范区验收。成立23个安全专项整治工作组,整改安全生产专项整治督导巡察交办各类问题313条。启动违法违规"小化工"及"低散乱"企业专项整治。 (京口志办)

【"七人普"国家综合试点工作】 2020年3月—5月,国务院第七次全国人口普查领导小组办公室在京口区开展国家级综合试点,作为全国唯一综合试点单位,形成线上和线下公开招募志愿者形式选聘"两员"(普查员和普查指导员),以及"两员"调配管理模式等一批可复制、可推广的"七人普"国家综合试点京口经验。7月底,国务院第七次全国人口普查领导小组办公室寄发感谢信,对试点工作给予肯定。9月11日,江苏省第七次全国人口普查领导小组办公室与省统计局联合印发《关于在全省人口普查工作中用好镇江市京口区试点经验的通知》,首次以文件形式要求各设区市第七次全国人口普查领导小组办公室、统计局,学习借鉴京口试点经验。 (京口志办)

·润州区·

【概况】 2020年,润州区土地总面积124平方千米,其中,耕地面积1489公顷,茶园面积98公顷,果园面积5.20公顷。辖7个街道、3个场圃;有8个行政村,52个社区。实现地区生产总值244亿元,比上年增长6.6%;一般公共预算收入13.94亿元;社会消费品零售总额127亿元,增长6.5%,新增城镇就业9583人,城镇登记失业率1.47%,下降2.7%。城镇居民人均可支配收入5.19万元,增长7.9%。2020年年末,润州区实有人口户数103796户,户籍人口241420人(男性120480人、女性120940人)。死亡人口1724人,出生人口1637人。面对新冠肺炎疫情挑战,润州区打响疫情防控阻击战,推行"大数据+网格化+铁脚板"的工作模式,制定疫情防控"作战图",织牢织密联防联控网络。区卫健委被评为"全省抗击新冠肺炎疫情先进集体"。 (孙 伟)

【"十三五"期间主要情况】 "十三五"期间,润州区区推进产业转型,初步建立以生产性服务业、高端商贸业、现代旅游业为主要支柱的城市经济产业体系。2020年,服务业占地区生产总值比重83%,较"十二五"末增长近20%,成为拉动经济增长的主要动能。坚持生态宜居理念,城区110条道路417万平方米保洁实现市场化运作,街巷生活垃圾实现机械化清运。206个居民小区生活垃圾分类基础设施设置实现全覆盖;通过国家卫生城市复审、全国文明城市荣誉称号复查确认和海绵城市建设国家级验收考核。完成西南片区环境综合整治,关闭污染企业41家,空气环境质量连年提升,$PM_{2.5}$浓度较2015年下降39%,空气优良天数比例上升17%;城区黑臭水体整治完成率100%。突出民生优先原则,取得全面小康决定性成就。城镇居民人均可支配收入年均增长7%,高于经济发展水平;社保覆盖率98%以上;征地农民保障人数4913人,保障率100%。完成农村集体经营性资产股份制改革,2020年年末,村均集体经营性经济收入320万元,为全市最高水平。强化基层网格建设,科学划分262个综合网格。安全生产事故起数和死亡人数持续维持在较低水平。 (孙 伟)

【产业发展】 2020年,润州区落实减税降费、暖企稳岗政策举措,全年社保降费近2亿元。率先在全市发放消费券300万元,直接拉动消费近5000万元。210家"四上企业"(规模以上工业企业、资质等级建筑业企业、限额以上批零住餐企业、国家重点服务业企业)在3月底全面复工。全年实现地区生产总值244亿元,比上年增长3.2%;新增市场主体10780户,增长19.96%。官塘创新社区管委会挂牌,首批签约镇江数据湖产业园、阿里·和润数字产业园等重大产业项目,总投资132亿元。商务金融服务区入选省级生产性服务业集聚示范区,服务业综合改革试点全省验收位于第一方阵。东南大学校友经济产业园、国家大学科技园双创基地等一批校地创新合作平台签约落户。 (孙 伟)

【生态文明建设】 2020年,润州区 $PM_{2.5}$ 浓度下降16.1%,降幅全市第二名,空气优良天数比例上升15%,增幅全市第一名。实施"十年禁渔",做好长江禁捕退捕工作。完成长江沿岸绿化造林15.6公顷,长江岸线生态环境显著改善。 (孙 伟)

【社会民生】 2020年,润州区财政民生支出75%以上,争取抗疫特别国债及各类上级资金3.36亿元,全部投入民生改善项目。新增就业6000人以上,城镇登记失业率控制在2%以内,低于全市平均水平。民生实事项目完成,标准化居家养老服务中心建设获评"2020民生示范工程"。面对超历史极值的特大汛情,全面动员、科学调度,守住主城区长江岸线,实现安全平稳度汛。 (孙 伟)

【润州区实施"十年禁渔"】 2020年,润州区做好长江禁捕退捕工作,实现捕捞许可证100%收回注销、渔船100%征收、网具100%销毁、失水渔民100%安置四个"100%"目标。始终保持对长江非法捕捞和违法垂钓的高压态势,开展拉网式大排查,肃清长江镇江段非法捕捞残留物,确保长江镇江段禁捕工作落到实处。 (孙 伟)

【官塘创新社区管理委员会成立】 官塘创新社区总面积14.57平方千米,是中共镇江市委、市政府战略重点打造的发展载体,也是G312产业创新走廊的重要节点。官塘创新社区依托自身优势,打造总部经济集聚区、产城融合示范区、山水花园名城样板区。总投资24亿元的镇江数据湖产业园、总投资15亿元的联东U谷产业园、阿里和润数字产业园和启迪协信产研园、国网镇江现代服务基地,以及社区配套的区域现金中心、档案中心,创新社区基础设施项目、邻里中心等9个项目率先签约落户。 (孙 伟)

·镇江新区·

【概况】 2020年年末,镇江新区总面积222平方千米,常住人口26.39万人,辖丁卯、大港2个街道,丁岗、大路、姚桥3个镇。完成地区生产总值683.59亿元,可比价比上年增长3.7%;一、二、三产业分别实现增加值6.37亿元、427.96亿元、249.27亿元,三产比例0.9∶62.6∶36.5。一般公共预算收入52.5亿元,增长2.1%。社会消费品零售总额118.4亿元,下降1.2%。城乡居民人均可支配收入分别为53285.1元、28311.7元,增长3.7%、5.9%。新冠肺炎疫情防控期间,新区组建疫情处置队伍,储备疫情处置应急物资。各部门严格落实疫情防控措施,开展复工复产复学督查指导,加大重点人群新冠疫苗接种。坚持人物同防原则,强化常态化管理,实现全区零感染。新区社发局被评为"全省抗击新冠肺炎疫情先进集体"。

(新区经发局 社发局)

【"十三五"期间主要情况】 "十三五"期间,镇江新区以"四个新区"(创新创业新区、活力高效新区、低碳清洁新区、健康乐享新区)建设为主线,推进高质量产业强区。建设创新创业新区,经济质效稳步提升。2016年—2020年,镇江新区地区生产总值从582.13亿元上升至683.59亿元。聚焦新能源、新材料、航空航天、生命健康"四个一"产业集群,创成省创新创业示范基地。2019年9月,天奈科技公司在科创板上市,成为镇江市第1家科创板上市企业;2020年,长三角资本市场服务基地镇江分中心成功落户。人才成果加速集聚,"十三五"期间,引进国际行业顶尖人才2人,集聚国家级人才12人、省级人才计划47人、市"金山英才计划"148人,高端人才引培数量位居全市前列。建设活力高效新区,营商环境持续优化。2020年,试点"1113"审批制度改革,在1个工作日内完成企业开办所有手续,1个工作日内获得不动产权证书,从企业立项到获得施工许可证,审批时长不超过13个工作日,实现项目签约即挂牌、交地即发证、拿地即开工。集成改革加速推进,"一核两网三集成"高效能治理模式受到《人民日报》《新华日报》等媒体报道。建设低碳清洁新区,生态环境持续美化。创成国家绿色园区,入选国家环境污染第三方治理园区名单,创成省生态工业园区,新材料产业园获批全省化工园区认定,创成中国智慧化工园区示范试点单位,为美丽新区建设夯实基础。2020年,$PM_{2.5}$年均浓度37微克/立方米,较2015年下降36%;优良天数比例81.2%,较2015年上升21.5%;国考、省考断面水质达标率、优Ⅲ比例均为100%,消除黑臭水体。建设健康乐享新区,美好生活人民共享。"十三五"期间,农村居民人均可支配收入从20015元提升至28312元,城镇居民人均可支配收入从40589元提升至52385元,4个经济薄弱村达标,39户建档立卡低收入人口实现全部脱贫;镇丹高速、常泰高速、江宜高速、丁卯桥快速路、连镇铁路大港南站、五峰山长江大桥先后建成,镇江东部能源中心获批建设。持续深入推进百姓家门口的“7+2”民生实事，建设中小学、幼儿园12所，开办心湖高中，江苏航空职业技术学院组建招生，引进第一外国语、南师附小及幼儿园、“好未来”等优质教育资源；建成全省首家中美合资镇江瑞康医院，完成基层医疗机构标准化建设；建成全市首家医养结合“公建民营”养老机构。每年举办“欢乐东乡”群文活动超300场次，惠及群众超6万人次；建成7个农村文化礼堂、71个文化广场，“15分钟公共文化服务圈”日渐成熟。（新区党政办）

【农业和农村】 2020年，镇江新区实现农业总产值12.11亿元，比上年增长3.4%，农业增加值6.77亿元。粮食播种面积0.81万公顷（12.12万亩），单产7168.5千克/公顷（477.9千克/亩），总产57927吨，其中：水稻0.43万公顷（6.45万亩），单产9129千克/公顷（608.6千克/亩）；小麦0.25万公顷（3.75万亩）、单产5364千克/公顷（357.6千克/亩）。蔬菜播种面积0.33万公顷（4.96万亩），其中油菜0.03万公顷（0.5万亩），单产2730千克/公顷（182.0千克/亩），总产0.09万吨。生猪出栏3.44万头、存栏1.78万头；肉鸡出栏13.3万羽。新增高标准农田0.15万公顷（2.28万亩）、高效节水灌溉农田0.06万公顷（0.92万亩），特色农业机械化水平53.8%，绿色优质农产品比重提升至70.3%。新落地亿元以上乡村产业项目3个，年出栏13万头的牧原生猪养殖项目当年建成投产；新增江苏润果等省、市级农业产业化龙头企业3家，省、市家庭农场示范场分别增加3家和2家。

脱贫攻坚建档立卡低收入户人均收入超万元，市级经济薄弱村村均集体经济收入162.4万元，比上年增长20.6%。全面推行村级小微权力清单，试点推进“银农直联”，拓展产权交易线上功能，全年农村产权交易1371笔，成交额1.3亿元，增长116.67%；村均集体经营性收入140.4万元，增长4.24%。推进村庄清洁行动和乡村公共空间治理，如期完成农村人居环境整治三年行动任务。（新区社发局）

【产业发展】 2020年，镇江新区实现工业应税销售1005.3亿元，比上年增长0.3%；奇美化工公司纳税首次突破10亿元；金斯瑞、晶鼎光电、荣海生物等3家企业获省战略性新兴产业发展资金扶持4400万元，吉贝尔药业在科创板上市。全年入库培育高新技术企业62家，新增高新技术企业70家，累计210家。新增市级及以上研发机构38个，累计253个。招引科技类项目62个，新签订产学研合作协议40项，新聘任“科技副总”20名。新增国家级绿色工厂1家，市级绿色工厂4家，累计培育市级以上绿色工厂28家，居全市第一名。（新区科信局）

【外向型经济】 2020年，镇江新区实现产业类到位外资及港澳台资2.8亿美元，比上年增长23.5%。实现进出口总额246.74亿元，下降8.8%，其中，进口总额131.04亿元，下降3.1%；出口总额115.7亿元，下降14.3%。新批外商及港澳台商投资企业36家，新设立外资及港澳台资贸易公司3家，深圳荣辉、香港百万葵园等企业落户。新签约亿元以上项目81个，其中10亿元以上项目20个，数量超前5年总和。总投资50亿元凯莱英项目、30亿元江化微高端电子材料项目落地。（新区经发局　招商中心）

【城乡建设】 2020年，镇江新区实施47个政府投资项目，完成年度投资11.6亿元，比上年下降46.67%。江化微南侧挡土墙、大路安置房二期等重点项目建设完成，连淮扬镇高铁大港南站站房及配套设施投入使用。开展“宜地清尘”行动，累计清理各类垃圾2.6万吨，拆除违建174处3万平方米。（新区建设局）

【生态环境建设】 2020年，镇江新区环境质量稳步上升，$PM_{2.5}$年均浓度37微克/立方米，比上年下降23.3%；优良天数比例81.2%，上升11.5%，两项指标均居全市第一名。国考、省考断面水质均值达到Ⅲ类标准，3个省级水功能区达标率100%。打好污染防治攻坚战，环境信访投诉量下降23.67%；实施4项大气、水污染物减排工程，累计削减化学需氧量259.72吨、氨氮20.98吨。19个行政村实现农村生活污水治理设施全覆盖，大路镇、丁岗镇和留村、东岳村分获省级生态文明示范镇、村称号。申报成功全省危险废物全生命周期监管系统试点，率先在新材料产业园10家企业开展先行先试，实现危废危废信息全申报、贮存零超期、监管全流程。（新区生态应急局）

【文化旅游】 2020年，镇江新区接待游客299.2万人，旅游总收入39.1亿元。举办全区首届心湖龙舟邀请赛、“圌山极光之夜璀璨灯光节”、途居露营地“月球音乐节”。总投资3亿元的乡伴理想村特色民宿项目正式签约，培育新增规模以上文化企业7家，新增营业收入4亿元。建成37个村（社区）基层综合文化服务中心，5个镇（街道）综合文化站实现星级达标全覆盖。通过全国文明城市复审，姚桥镇儒里村获评全国文明村，大路镇龚舒林家庭获评全国文明家庭，“丁卯蓝”志愿服务项目获评全省志愿服务金奖项目。深度挖掘新区历史文化、地域特色和传统风味，兴国东乡长鱼汤获“镇江十大农家菜”评选一等奖，《宜地青铜》丝绸书和“丝绸车载”蚕丝获“镇江十大优购旅游商品”铜奖。（新区宣传统战部）

【社会事业】 2020年，镇江新区先后派出医务人员驰援湖北参与新冠肺炎疫情防控，姚桥镇获批省级卫生镇，14 个村成功创建省级卫生村。新建体育健身设施 34 套，新增社会体育指导员 80 余人。全年新建标准化居家养老服务中心 24 家，城乡社区覆盖率分别为 80%、40%；建成运营全市首家医养融合的社区“嵌入式”养老综合体。完成 92 户困难老年人家庭适老化改造工作，开发 80 岁居家养老上门服务系统。镇江新区实验小学改扩建工程竣工交付，增加优质学位 720 个，镇江心湖高级中学二期工程有序推进。创建市“智慧校园”3 所、市“五星平安校园”5 所、市级以上“优质幼儿园”2 所，116 名教师获评“镇江市第八批中青年骨干教师”，增长率 59%。（新区社发局）

【“1113”审批制度改革】 2020 年 7 月，镇江新区推行“1113”审批制度改革，即在 1 个工作日内完成企业开办所有手续，1 个工作日内获得不动产权证书，从企业立项到获得施工许可证，审批时长不超过 13 个工作日。审批时间平均压缩 86%，审批环节压缩 59%，审批立项到施工许可材料精简 60%。全年有 2083 家新申请开办企业均在 1 个工作日内获得营业执照；不动产登记中心日均受理 70 件，办件均在 1 个工作日内办结；项目流转不断优化，一批重点项目从立项到取得施工许可仅耗时 11 个工作日，其中，总投资 10 亿元的万事达高性能围护系统智能制造基地项目从签约到开工用时 45 天，刷新全区项目开工最快纪录。（王　钰）

【全省首条跨省低空短途通勤航线开通】 2020 年 8 月 26 日，全省首条跨省低空短途通勤航线（镇江大路—浙江千岛湖）在镇江大路通用机场通航运行。同时，全省首个布局规划的 A 类飞行服务站——江苏（镇江大路）通用航空飞行服务站启动建设，建成后将为省内沿江城市提供通用航空飞行服务。（仇家鹏）

【凯莱英小分子药物综合性研发生产基地项目落户】 2020 年 9 月 28 日，凯莱英医药集团小分子药物综合性研发生产基地项目在镇江新区正式签约，总投资 50 亿元，规划用工 3000 人。项目将分期建成华东片区小分子合成药研发中心和生产基地，投建绿色、安全生产线，主要为欧美及国内新兴生物科技制药公司提供医药合同定制研发生产，覆盖小分子合成药全产业链。项目投产后，预计年销售额 50 亿元。（解茗宇）

【“不见面”招商】 2020 年 2 月 4 日，镇江新区出台《推进“不见面”全面招商工作的意见》，在统筹抓好新冠肺炎疫情防控的同时，创新招商举措，建立“网络会客厅”“云端洽谈室”等数字化项目信息对接机制，改“面对面”交流为“屏对屏”沟通，加强项目甄别研判。在 2 月 21 日该区第一批产业类项目“不见面”集中签约仪式上，7 个亿元以上项目通过视频连线在线签约成功，总投资 33.25 亿元，其中，航天海鹰投资 12 亿元，建设 C919 大型客机机体结构件二期批产项目，预计 2025 年销售收入 8 亿元。（解茗宇）

【“一核两网三集成”高效能治理】 2020 年 8 月 29 日，镇江新区召开活力高效新区建设暨高效能治理专题推进会，以“一核两网三集成”探索高效能治理新路径。“一核”即坚持党建引领核心，构建七级组织架构，推动党的建设、企业服务等 10 个条线“十网合一”；“两网”即用好企业网格和社会网格，新布局 38 个企业网格，覆盖全区 2400 多家企业，梳理项目推进、帮办代办等 10 项服务清单；“三集成”即深化集成受理、集成办理、集成处理路径。所有事项均由集成网格受理，按照事项难易程度，分别通过网格人员、集成管理指挥中心、党工委管委会解决处理；所有进入集成管理指挥中心的企业事项“24 小时内响应，48 小时内办结”，形成全流程闭环运行。（司徒俊）

·镇江高新技术产业开发区·

【概况】 镇江高新技术产业开发区（简称“镇江高新区”）位于镇江主城区西侧。2020 年，高新区下辖 1 个街道、9 个村（社区），区域面积 44.03 平方千米，耕地面积 135 公顷。全区有 2.07 万户，户籍人口 3.04 万人，常住人口 6.01 万人。全区实现地区生产总值 117.33 亿元，按可比价计算，比上年增长 3.3%，其中，第一产业 0.66 亿元，增长 0.1%；第二产业 44.78 亿元，增长 3.7%；第三产业 71.89 亿元，增长 3.1%。地方一般公共预算收入 6.36 亿元，增长 2%。固定资产投资 42.7 亿元，增长 9.2%。城镇居民人均可支配收入 52785.3 元，增长 3.4%。全年全区坚持疫情常态化防控和经济社会发展“两手抓”“两手硬”，做好“六稳”工作、落实“六保”任务。镇江高新区蒋乔街道七里社区党委书记王凯被评为全省抗击新冠肺炎疫情先进个人，龙门村村民委员会被评为全省抗击新冠肺炎疫情先进集体，6 人获评全市抗击新冠肺炎疫情先进个人，5 家单位获评全市抗击新冠肺炎疫情先进集体。（殷　博）

【“十三五”期间主要情况】 “十三五”期间，镇江高新区围绕“城市发展新空间、新兴产业承载地、创新驱动主引擎”的发展定位，统筹抓好规划引领、项目建设、功能配套、能力提升四项重点工作，基本建立全级规划体系，形成“1 + 4”（高新区总体布局规划及云创领地、小牛山片区、嶂山片区、工业园区 4 个重点片区规划)规划格局,并纳入全市总体规划体系,综合交通规划纳入全市综合交通规划体系,全域控制性详细规划实现“全覆盖”。做好“引、盘、转、升”四篇文章,招引亿元以上产业项目77个,总投资突破500亿元,盘活闲置载体25万平方米。创新资源加速集聚,引进各类新型研发机构、人才实训基地、创业孵化载体、公共服务平台27个,连续4年举办“镇江高新区杯”创新创业大赛,创成全国首批国家级“双创”特色载体,引进培育各类孵化项目110个、高层次人才121人。园区形象提升三年行动计划收官,南徐大道西延、团山路西段城市化改造、睿泰广场形象提升等工程完成,核心区污水管网实现“全覆盖”。团山睿谷投入建设,菁英人才公寓加快建设。生态领先、民生优先,完成江小圩、八摆渡片区解危搬迁。推进治水、治土、治气三大攻坚战,盘活全域水系,亲山、滨水风貌显现。实行“大部制”扁平化管理,推动机构职能改革完善,建立市场化用人机制,优化绩效管理考核体系,开展“双周六”能力素质提升行动。建成“一站式”政务服务中心,承接行政权力事项1713项,基本实现园内事、园内办。 (殷 博)

【农业】 2020年,镇江高新区全区农业结构优化提升,重点扶持引领特色农业转型,发展“五峰迎春”茶叶、“超群”蝴蝶兰、“嶂山”水蜜桃、“希望”葡萄、“皇冠”梨、“源春”肴肉等农业特色品牌,形成以龙头企业为引领、农民专业合作社为支撑的现代农业发展新格局。 (殷 博)

【工业】 2020年,镇江高新区工业应税销售收入86.3亿元,比上年增长3.2%,全区54家规模以上工业企业中年产值超过亿元的有20家,占37%;产出增长的有14家,占亿元以上企业数的70%。重点培育船舶与海工配套装备主导产业,发展半导体及通信、数字创意、现代物流、高技术服务等产业,形成“1+4”产业发展格局。总投资30亿元的中船电气科技产业园项目列入省重点产业项目,团山睿谷和中集挂车帮项目列入省重点服务业项目;22个项目列入市重点项目,计划总投资109.28亿元,全年完成投资24.75亿元。推进产城融合,加快团山睿谷、半导体产业园、高端装备制造产业园等载体建设,推动产业“三集”发展。玉石小镇项目完成门楼装修、直播招商;钙钛矿、兆能电子进场装修并开工建设;丹佛斯二期项目完成土地上市并开工建设。 (殷 博)

【外向型经济】 2020年,镇江高新区进出口总额4.3亿美元,增长0.3%,其中,出口3.9亿美元,增长43.7%。全年完成合同注册外资及港澳台资3365万美元,增长339%;实际利用外资及港澳台资1864万美元,增长79.6%。全年完成服务外包合同额3.4亿美元、执行额2.6亿美元、离岸外包执行额2763万美元。 (殷 博)

【创新创业】 2020年,镇江高新区引进国家数字化设计与制造创新中心镇江分中心、南邮半导体产业技术研究院等新型研发机构2家,举办新型研发机构助力企业科技创新路演对接会。提升新型研发机构技术创新和研发服务能力,成立创新服务中心,打响综合服务超市、技术诊疗所、金融输血站三大服务品牌,搭建3D打印、智能制造、工业互联网等一批公共服务平台,服务范围覆盖全市超200家企业。成功通过国家“双创升级打造特色载体”项目验收,精准实施“团山英才”计划,举办第四届“镇江高新区杯”创新创业大赛,面向全球引进各类高层次人才(团队)项目39个,获批省级众创社区。 (殷 博)

【城市建设和生态环境】 2020年,镇江高新区高标准编制高新区国土空间规划(分区规划)及相关专项规划。实施园区形象提升行动,道院路完工,蚕桑路西延、留脉湾路污水管网改造完成。加快完善生活性、生产性配套设施,优化便民服务中心布局,构建“十分钟公共服务圈”。生态环境持续改善,开展治水、治土、治气三大攻坚战,空气质量$PM_{2.5}$浓度比上年下降16.1%,优良天数比例增长15%,省考重点水功能区达标率100%,主要入江支流运粮河永庆桥断面水质稳定达Ⅲ类标准。开展长江岸线清理整治,超额完成两岸造林绿化任务,滨江湿地公园建成开放,新增沿江生态景观防护林近20万平方米。 (殷 博)

【民生改善】 2020年,镇江高新区人居环境提升,15个自然村人居环境完成集中整治,龙门片区解危搬迁工作有序推进,金牛山片区棚户区改造基本完成。着力解决拆迁安置难题,推进鲇鱼套南、二道河沿线拆迁安置工作,居民住房条件改善。办好民生“十件实事”,新建文化广场1个、AAA级居家养老服务中心2家。富民增收成效明显。壮大村级集体经济,深化“合作社+”模式,扩大“五峰迎春”茶叶、“超群”蝴蝶兰、“嶂山”水蜜桃、“源春”肴肉等特色农产品知名度,嶂山果品合作社创成国家级合作社。强化“法治高新”“平安高新”建设,推广“楼栋微自治”,打造“凤凰议事厅”和“邻里情服务站”等惠民服务平台。 (殷 博)

【2020年“镇江高新区杯”创新创业大赛】 2020年4月22日,2020年“镇江高新区杯”创新创业大赛启动仪式暨新闻发布会在镇江高新区举行。上海、北京等

地区139个项目报名参赛，涉及智能装备、新材料、现代物流、新一代信息技术、生物医药与健康产业等新兴产业领域。7月6日—7日，总决赛暨颁奖仪式在镇江举行。“面向人工智能和物联网应用的高性能存算一体架构的端侧分析芯片”等18个项目获奖并与镇江高新区签署意向落户协议，8个项目入选“金山英才”计划。（殷　博）

图3－4　2020年5月21日，镇江高新区举行项目集中签约仪式，总投资超45亿元（镇江高新区办　供稿）

【全市企业科技创新路演对接会——镇江高新区专场】　2020年8月26日，全市企业科技创新路演对接会——镇江高新区专场在碧榆园宾馆举行。高新区创新服务中心和镇江智能制造研究院、哈工大高端装备研究院、中澳人工智能研究院等3家新型研发机构揭牌。国创中心、江科大海装院、南师大创新发展研究院等6家新型研发机构负责人做路演推介。高新区新型研发机构与全市200多家企业负责人进行对接洽谈。大会发布科技成果114项，达成各类合作意向40余项。（殷　博）

【“文明高新”品牌建设】　2020年，镇江高新区评选四期“高新好人”16人，打造“好人工作室”1个，并在电子屏、微信公众号、善行义举榜等载体上进行宣传。开展“百场文艺进社区、百名干部下基层、百件善举暖人心”为主题的“三百”文明惠民品牌创建活动，营造共建文明和谐家园的良好氛围。深化“德元国学诵读”“雏鹰课堂”等未成年人校外活动品牌建设，关注和加强对青少年思想领域的引领培育。（殷　博）

【高新区企业家沙龙】　2020年，镇江高新区创新服务中心从企业、新型研发机构、创新创业团队需求出发，整合区内外优质配套资源，全年主办5场企业家沙龙活动，内容涉及新型研发机构推介、知识产权申报、财税风险规避、惠企政策解读等，参加企业累计超百家，直播在线收看次数3000人次，帮助各类主体解决实际问题。（殷　博）

【嶂山水蜜桃通过“绿色食品”认证】　镇江市高新区蒋乔街道嶂山村，以产桃闻名一方，也是主城区的“桃花源”，其中80%的家庭种植水蜜桃，种植面积133.3公顷（2000多亩）。嶂山牌水蜜桃连续6年获“江苏省著名商标”称号；2013年通过“无公害农产品”认定，2020年通过“绿色食品”认证并先后引进安龙水蜜、湖景蜜露、大白凤等优良品种。（殷　博）

【纪念苏颂千年诞辰】　2020年12月10日，“纪念苏颂千年诞辰 弘扬科技创新精神”活动暨“苏颂纪念堂”揭牌仪式举行。副省长马秋林，市委书记马明龙，市委副书记、市长徐曙海等省市领导、专家、学者出席活动。苏颂是北宋时期著名政治家、天文学家、天文机械制造家、药物学家，官至宰相，并徙居镇江直至终老。高新区五州山建有“苏颂纪念堂”。（参见第323、327页）（殷　博）

·市（区）经济社会发展基本情况·

2020年丹阳市各镇（街道）经济社会发展基本情况一览表

表3－6

镇（区）名称	土地面积（平方千米）	户籍人口（人）	地区生产总值（亿元）	工业总产值（亿元）	地方一般预算收入（万元）	实际利用外资（万美元）	农村常住居民人均可支配收入（元）
司徒镇	91.65	45405	57.56	88.88	25725	1201	24921
延陵镇	115.52	60704	46.92	52.19	13789	—	25039
珥陵镇	83.66	47583	25.50	34.83	5368	—	26317

续表 3－6

镇（区）名称	土地面积（平方千米）	户籍人口（人）	地区生产总值（亿元）	工业总产值（亿元）	地方一般预算收入（万元）	实际利用外资（万美元）	农村常住居民人均可支配收入（元）
导墅镇	80.6	46677	36.88	35.73	12976	—	26275
皇塘镇	80.44	48313	64.88	140.02	14753	40	31049
吕城镇	67.99	47452	38.55	65.82	13100	—	30436
陵口镇	64.4	41181	25.51	41.44	6944	2	27840
访仙镇	73.79	47886	32.04	62.08	10004	—	29001
界牌镇	23.63	21783	58.45	119.28	17484	25	49909
丹北镇	114.91	75031	230.28	485.54	99058	8204	36396
云阳街道	72.01	181384	209.73	105.91	97761	4290	29693
曲阿街道	178.63	135632	319.06	429.14	190381	8136	25156

（丹阳志办）

2020年句容市各镇（街道、园区、管委会）经济社会发展基本情况一览表

表 3－7

镇（街道、园区、管委会）名称	土地面积（平方千米）	耕地面积（公顷）	户籍人口（人）	人口自然增长率（‰）	地区生产总值（亿元）	社会消费品零售总额（万元）	地方一般公共预算收入（万元）
华阳街道	119.97	5189	62770	17.48	93.77	913783	79210
下蜀镇	96.44	2642.2	34620	－2.71	75.65	7762	50262
宝华镇	103.06	981	28710	0.21	56.56	46988	115077
白兔镇	115.50	4569	39644	－0.81	37.31	35064	5699
边城镇	109.00	3411	34607	－0.74	39.42	4402	10243
郭庄镇	150.55	7854	67263	－0.82	68.21	42232	19112.73
后白镇	143.28	7761	58033	－0.87	55.56	18184	8819
茅山镇	81.00	4667	29137	－0.56	30.11	15124	2941
天王镇	131.54	8173	53920	－1.11	51.34	68167	5000
茅山风景区管委会	153.00	4585	32697	－0.69	28.62	14151.3	3516
句容开发区	144.00	2785	75458	0.02	138.99	162035	158276

（句容志办）

2020年扬中市各镇（街道、园区）经济社会发展基本情况一览表

表 3－8

镇（街道、园区）名称	土地面积（平方千米）	耕地面积（平方千米）	户籍人口（人）	人口自然增长率（‰）	地方一般公共预算收入（亿元）	固定资产投资（亿元）	规模以上工业总产值（亿元）
新坝镇	74.11	16.17	45077	－3.97	7.77	12.9	159.78
三茅街道	78.12	17.95	121625	2.83	11.34	30.41	75.58
油坊镇	50.27	20.87	39149	－6.23	2.00	5.52	45.80
八桥镇	56.92	14.92	31202	－4.20	1.72	8.20	64.89
西来桥镇	30.97	7.01	16926	－3.37	0.85	5.76	40.98
扬中开发区	36.96	10.19	27058	－6.06	4.32	26.76	114.86

（扬中志办）

2020年丹徒区各镇（街道、园区）经济社会发展基本情况一览表

表 3－9

镇（区）名称	土地面积（平方千米）	耕地面积（公顷）	户籍人口（人）	地区生产总值（亿元）	一般公共预算收入（万元）	农村居民人均可支配收入（元）	参加农村社会养老保险（人）
谷阳镇	50.68	1813	27342	26.85	9082	—	2481
辛丰镇	79.4	2708	47476	58.62	10571.82	—	10695
上党镇	112.6	3510	48758	50.24	12493	26390	25568
宝堰镇	40.19	1786	23215	15.83	4136.9	—	—
高桥镇	42.79	1098	19309	14.80	7661	—	9096
世业镇	52.75	1303	14060	9.21	3628	25080	—
高资街道	93.66	1718	40302	92.67	44200	—	—

续表 3－9

镇(区)名称	土地面积(平方千米)	耕地面积(公顷)	户籍人口(人)	地区生产总值(亿元)	一般公共预算收入(万元)	农村居民人均可支配收入(元)	参加农村社会养老保险(人)
宜城街道	49.8	2424.835	41931	126.12	77400	35711	—
江心洲生态农业园区	13.46	411	7467	4.37	4216	—	—
荣炳盐资源区	45	1617	19068	14.51	5454	24490	5622

（丹徒志办）

2020 年京口区街道(园区)经济社会发展基本情况一览表

表 3－10

街道(园区)名称	土地面积(平方千米)	户籍人口(人)	人口自然增长率(‰)	社区居委会(个)	村委会(个)	地区生产总值(亿元)	地方一般公共预算收入(万元)	城镇居民人均可支配收入(元)
谏壁街道	32	30609	-2.1	6	3	87.45	44610	55770
象山街道	26.04	49021	10.22	15	0	111.38	30100	67375
正东路街道	5.6	34786	0.83	7	0	—	16200	54883
健康路街道	6.82	85289	0.31	9	0	—	16600	—
四牌楼街道	3.57	58513	-0.03	10	0	—	32090	49813
大市口街道	2.49	59294	0.53	7	0	19.73	21320	48161
京口经济开发区	7	4660	-0.72	1	2	24.17	12500	—
新民洲临港产业园	22.5	1081	-7.2	1	0	—	7090	—

（京志办）

2020 年润州区各街道经济社会发展基本情况一览表

表 3－11

街道名称	土地面积(平方千米)	户籍总人口(人)	财政收入(万元)	现代服务业产业投资(万元)	社会消费品零售总额(亿元)	固定资产投资(亿元)
宝塔路街道	5.08	102423	29172	350	51.22	28.5
和平路街道	57.19	68000	11290	110	25.33	20
七里甸街道	7.81	26943	25248	347	12.04	20.5
金山街道	3.00	50000	14302	110	9.35	8
官塘桥街道	12.64	7730	7240	345	3.57	17.2
韦岗街道	10.48	5083	13443	140	1.14	1.2
南山街道	16.81	7503	3888	140	11.96	0.6

（孙　伟）

2020 年镇江新区各镇(街道)经济社会发展基本情况一览表

表 3－12

镇(街道)名称	土地面积(平方千米)	户籍人口(人)	一般公共预算收入(万元)	工业应税销售(亿元)	产业类实际到位外资(万美元)
丁岗镇	35.36	23335	18243	46.1	1203
大路镇	41.67	30166	6880	26.1	500
姚桥镇	55.88	44505	6859	36.3	300
大港街道	66.3	52091	63837	330.7	9588
丁卯街道	20	34549	91079	117.7	3937

（镇江新区党政办）

2020 年镇江高新区街道经济社会发展基本情况一览表

表 3－13

街道名称	土地面积(平方千米)	户籍人口(人)	地区生产总值(亿元)	地方一般公共预算收入(亿元)	工业应税销售(亿元)	进出口总额(亿美元)	城镇居民人均可支配收入(元)
蒋乔街道	44.03	30394	117.33	6.36	86.3	4.33	52785.3

（殷　博）

中共镇江市委员会

·综　述·

【概况】 2020年，镇江市以“比学赶超、争先进位”为奋进指向，推动全市发展。地区生产总值增幅实现反转，固定资产投资、工业投资、实际利用外资等投入类指标增幅进入全省前列，工业增加值、金融机构人民币存贷款余额等指标增幅高于全省平均水平，社会消费品零售总额、工业用电量等指标增幅位次前移。“三大攻坚战”夺取新胜利。财政全口径债务总量下降、成本下降、结构优化，防范化解债务风险有成效。长江经济带生态环境突出问题、中央环保督察和“回头看”反馈问题整改到位，长江退捕全面完成，“三无”（无船名、船号、无船舶证书、无船籍港）船只全面清理，长江浮吊全面取缔。经济薄弱村、建档立卡低收入人口脱贫成果持续巩固，全面小康指数列全国地级市第21名。规划打造312国道宁镇产业创新走廊，启动官塘创新社区建设，优化高校园区体制机制，培塑更多城市增长极。各板块竞相发展，丹阳金融生态环境评估排名大幅进位，句容入选全国文明城市，扬中获评全国建成小康社会优秀典型案例，丹徒、京口重大产业项目招引实现新突破，润州“全域党建”经验获评全国基层党建创新最佳案例，镇江新区签约项目及签约落地率创历史新高，镇江高新区创成全国首批国家级“双创”特色载体。

以“产业强市、创新驱动、融合发展”为战略路径，推动高质量发展。全市新签约亿元以上产业项目数量和总投资创近年来最好水平，省重大、市重点产业项目超额完成年度投资计划。产业结构逐步优化，战略性新兴产业、高新技术产业占比稳步提升。创新能力不断增强。企业研发投入力度加大，科技项目层次明显提高，高新技术企业、“专精特新”小巨人企业培育实现新突破。“金山英才”五年计划收官。区域融合发展迈上新台阶，连镇铁路镇江段、五峰山大桥正式通车，南沿江城际铁路、宁句城际轨道进展顺利，宁镇扬信用城市联盟、跨界水体水质提升等领域合作深化拓展。城乡融合发展体制机制逐步健全，“万企联万村共走振兴路”行动推进，村企联建有成效。生态文明建设综合改革推进，全国居家和社区养老服务改革试点获评特别优秀地区，农村集体产权制度改革任务通过国家评估。国家级行政服务标准化试点高分通过验收，与金融机构战略合作加强，“五送五助”民营企业服务活动开展，营商环境优化。用好澳门·葡语国家工商峰会等经贸交流载体，推动合作交流新提升。

以“人民至上、以人为本”为根本立场，推动人民生活持续改善、安全与发展相统筹。稳就业、促创业，持续保持零就业家庭动态清零，退役军人就业创业“五大行动”“十大工程”经验做法在全省推广。生猪恢复生产任务完成。十大民生实事完成，义务教育标准化建设、义务教育优质均衡比例、教育现代化建设等指标在全省排名前列，完成国家公共文化服务体系示范区创建任务，居民健康素养水平列全省前列。疫情防控效果明显。科学应对历史级汛情，全市未发生人员伤亡事故、未出现重大灾情。推进安全生产专项整治，生产安全事故起数、死亡人数下降。平安镇江、法治镇江建设推进，“扫黑除恶”专项斗争有成效，获中央特派督导组肯定。

以“充满温度、独具魅力”为总体目标，推动美丽镇江建设获新成效。编制国土空间总体规划及相关专项规划，科学布局市域空间，推动山络水脉文韵更好融入城市。老旧小区改造三年任务、村庄人居环境集中整治全面完成。宗泽路拓宽改造等道路工程竣工,城市路网更加完善。污染防治推进,市区 $PM_{2.5}$ 年均浓度大幅下降,优良天数比例上升,国、省考断面优Ⅲ比例首次为100%,河湖环境改善。开展长江岸线清理整治,超额完成两岸造林绿化任务。镇江市蝉联“全国文明城市”,连续六届入选“全国无偿献血先进城市”,骨髓捐献志愿者人数列全省第3名,获评“中国醋都·镇江”城市品牌。

以“让辛苦者心不苦”为导向,推动干事创业精气神激发。推进党建助推产业强市“三项行动”、党建引领乡村振兴专项行动,压实基层党建“书记项目”。强化基层党组织堡垒建设,“两新”党组织应建尽建率100%,村党组织书记专职化管理走在全省前列,党建联盟工作在全国产生影响,村(社区)“两委”换届推进。完善党委(党组)理论学习中心组制度化、规范化建设。加强意识形态责任制专项检查和考核。弘扬“亚夫精神”“糜林精神”,做好“镇江市人民奖章”、劳动模范等评选表彰工作。巩固深化“不忘初心、牢记使命”主题教育成果,引导树立正确政绩观。实施领导干部能力提升工程。正风肃纪推进。严格落实中央八项规定精神,整治形式主义、官僚主义,为基层减负。查处腐败和作风问题。完成市委巡察“全覆盖”目标任务,强化运用监督执纪“四种形态”,巩固风清气正政治生态。 (郭　松)

【政策研究工作】 2020年,镇江市委政策研究系统学习贯彻习近平新时代中国特色社会主义思想和中共十九届二中、三中、四中、五中全会精神,发挥职能作用。

全年市委研究室负责起草市委全会、全市产业强市大会、全市比学赶超争先进位大会、全市建设美丽镇江推进大会、推进宁镇扬党政联席会议议定事项座谈会、镇江市乡村振兴暨“万企联万村 共走振兴路”行动现场观摩推进会、全市遵循新发展理念持续排查解决突出民生问题工作会议、恒顺180周年高质量发展峰会、2020院士家乡行暨“金山英才”项目集中签约活动、第四届南京都市圈党政联席会议、镇江市国民经济和社会发展第十四个五年规划和二〇三五年远景目标的建议等会议文稿。全年起草市委领导文稿、对上汇报等各类材料,共计137篇61.7万字。《江苏改革简报》刊载镇江市基层改革经验5篇,6个村(社区)社会治理优秀案例入选省委研究室编印的《江苏新型农村社区治理与服务典型案例选编》,《宁镇扬一体化格局下的镇江数字经济发展研究》获评江苏省哲学社会科学界第十四届学术大会优秀论文一等奖。

建立完善调研制度体系,优化重点调研课题,全年确立37项重点课题,形成调研报告80篇,其中29篇获市委领导批示。市委研究室与市社科联联合举办第五届镇江智库论坛,形成“课题共谋、资源共享、工作共商、激励共为”机制。市委党刊《创新》提质提效,上线“创新镇江”微信公众号。与市发改委联合开展“十四五”建言献策有奖征文活动,为编制全市“十四五”规划提供参考。全年刊发《调查研究》33期,其中,经济数据快报6期,调查研究报告27期。调研报告中14期获市委领导批示。

筹备召开市委深改委会议4次,审议改革文件18个,开展改革督察6次,推进105项重点改革任务落地落实。起草形成《市委深改委2020年工作要点》,建立议题生成机制,统筹组织法律顾问、业务处室对改革工作开展规范性审查、合法性审查。健全领导干部联系重点改革任务制度,市、县两级139人挂钩联系146项重点改革任务。全年深改委工作要点细化分解为195项考核任务点,对省考核的20项改革任务逐项细化。召开“改革开放高质量”新闻发布会,公布重点领域和关键环节改革的进展情况。

筹备召开2次市委财经委会议,形成的调研成果中3次获市委主要领导批示并转化为相关政策文件。建立完善宏观财经信息收集分析机制,打造重点经济指标数据库。选取60家有代表性的企业作为经济运行观测点,长期跟踪分析,掌握企业发展情况,为科学决策提供参考样本。 (白登峰)

【保密工作】 2020年,镇江市无失泄密事件发生。全市出台《镇江市保密行政执法人员行政执法规范》、保密行政执法“三项制度”,规范行政执法。开展保密规范化建设,制定《机关单位保密管理操作规程(样例)》并推广。开展保密信息化建设,完善保密综合管理信息系统和态势感知平台,对保密监管防护一体化平台进行扩容升级,74家市级机关单位和58家保密资质(格)单位纳入监管范围。市保密技术服务中心建成载体销毁、保密实训、特种保障、涉密设备维修维护、数据清除恢复和检验检测等六大功能,江苏省保密技术服务(镇江)工作站在市保密技术服务中心挂牌。先后组织全市保密管理骨干、保密管理人员、市级机关定密责任人和涉密信息系统“三员”400余人培训。组织开展《中华人民共和国保守国家秘密法》修订实施10周年系列宣传活动。全省市委保密委员会委员、县(市、区)党委保密委员会主任和保密局局长专题实训在镇江开展19场,533人次参训。

(李　一)

【政务接待】 2020年,镇江市合作交流中心完成接待任务627批次,接待宾客6306人次。其中,党和国家领导人8批次,省部级领导76批,院士13人,地厅级89批次以及各类督导、检查、考核、调研组136批次。统筹市委主要领导调研102次。报送重要客情报告单518份,其中市委、市政府领导批示472份,向省委办公厅报送28条重要客情信息。提供有效招商信息源2个。

全年统筹组织2020院士家乡行暨“金山英才”计划项目、三峡集团与镇江市战略合作协议、全市金融支持实体经济推进会暨政银企战略合作等重要活动。重点保障吉贝尔药业上市仪式活动以及国家、省相关部门和券商赴拟上市公司美龙航空、图南高科、天工集团调研考察工作,助推企业对接资本市场。统筹协助镇江新区、丹阳市完成总投资40亿元~50亿元凯莱英集团华东地区高端医药研发中心和生产基地项目,总投资50亿元的新城心湖商业综合体项目签约活动以及总投资50亿元的丹阳国药集团基地开工典礼等活动。

拓宽信息收集渠道,完善近500人的镇江知名人士数据库。对“重量”级镇江知名人士或全国著名人士在镇江活动情况资料进行整理和归档。全年为市商务系统提供有效招商信息2条。

新冠疫情期间,市合作交流中心联合市商务局为海外10余名镇江籍知名人士邮寄防疫物品。5月,市合作交流中心联合市科协编印《镇江院士风采手册》。

全年,市合作交流中心建立全市176个重大任务考察点、11家重要接待基地数据库。此外,整理成册1985年—2019年客史档案共48卷宗并建成电子档案。 (陈诗妍)

·重要会议和决策·

【产业强市大会】 2020年4月28日,镇江市委、市政府召开镇江市产业强市大会。市委书记马明龙出席会议并讲话,市委副书记、代市长徐曙海做工作部署,市委副书记、组织部部长李健主持会议。会议以视频会议形式召开,各市(区)和镇江新区、镇江高新区设分会场。会上播放产业强市专题片,表彰2019年度制造业“金山奖”、科技创新“梦溪奖”、“项目招引奖”、“金融服务贡献奖”以及高质量发展综合考核、“一创六争”先进集体和先进个人,并举行镇江招商地图(园区版)上线仪式。镇江新区党工委、市自然资源和规划局、工商银行镇江分行、江苏鱼跃集团等4家单位做交流发言。 (郭 松)

【中共镇江市委七届十一次全会】 2020年7月31日,中国共产党镇江市第七届委员会第十一次全体会议举行。全会以习近平新时代中国特色社会主义思想为指导,学习贯彻中共十九大,十九届二中、三中、四中全会和省委十三届八次全会精神,动员全市上下推进高质量发展、创造高品质生活、实施高效能治理,高水平全面建成小康社会,开启现代化建设新征程,在谱写“镇江很有前途”新篇章中争取城市荣光。全会由市委常委会主持,市委书记马明龙代表市委常委会做报告,市委副书记、市长徐曙海做会议小结。 (郭 松)

【全市建设美丽镇江推进大会】 2020年10月19日,镇江市委、市政府召开全市建设美丽镇江推进大会。市委书记马明龙讲话;市委副书记、市长徐曙海做工作部署。会议要求全面落实建设“美丽中国”“美丽江苏”总体要求,建设一座充满温度的美丽城市。会议以电视电话会议形式召开,各市(区)和镇江新区、镇江高新区设分会场,扩大到镇(街道、园区)党政主要负责人。 (郭 松)

【南京都市圈党政联席会议】 2020年12月5日,2020南京都市圈党政联席会议在镇江召开。南京市、镇江市、扬州市、淮安市、芜湖市、马鞍山市、滁州市、宣城市、常州市领导以及江苏省发改委、安徽省发改委相关领导出席。会议听取南京都市圈工作推进情况报告和下一步工作思路,以及都市圈规划专委会、交通专委会工作汇报,审议并通过《南京都市圈城市发展联盟章程》,吸纳常州溧阳市、金坛区加入南京都市圈。都市圈成员市(区)签署《共同打造高质量发展区域增长极框架协议》,相关城市签署共建宁淮宣生态经济带、共建宁马城际和宁滁城际轨道交通协议。都市圈相关区、开发区、部门分别签署《深化集成电路产业链供应链合作框架协议》,以及城乡融合发展、人社、规划、治气、治水、长江禁捕退捕、市场监管、法律服务合作协议。 (江 鉴)

【中共镇江市委七届十二次全会】 2020年12月28日,中国共产党镇江市第七届委员会第十二次全体会议在镇江影剧院举行。全会以习近平新时代中国特色社会主义思想为指导,贯彻中共十九大,十九届二中、三中、四中、五中全会,中央经济工作会议和习近平总书记视察江苏重要讲话指示精神,落实省委十三届九次全会要求,总结“十三五”及2020年发展成效,谋划部署“十四五”及2021年任务。全会由市委常委会主持,市委书记马明龙代表市委常委会做报告。全会审议通过《中共镇江市委关于制定镇江市国民经济和社会发展第十四个五年规划和二〇三五年远景目标的建议》《中国共产党镇江市第七届委员会第十二次全体会议决议》。马明龙就该建议向全会做说明。市委副书记、市长徐曙海做经济工作部署。 (郭 松)

2020年中共镇江市委常委会会议情况表

表4－1

纪要文号	主要内容	会议时间
第1号	传达学习省十三届人大三次会议和省政协十二届三次会议精神，听取国务院安全生产督导组反馈问题隐患整改情况和全市安全生产专项整治进展汇报，传达学习省委书记娄勤俭在2019年度设区市市委书记抓全面从严治党述职会议上的讲话精神，传达学习全省组织部长会议精神，听取省委巡视反馈意见整改工作汇报，听取2019年度市级机关和各市、区综合考核情况和“一创六争”活动评选情况汇报，研究并原则通过《2020年全市机关作风效能建设工作要点》，会议通报市纪委监委对有关人员的处理情况，研究其他事项	1月21日
第2号	传达中共中央政治局常委会会议和省委常委会会议关于新型冠状病毒感染的肺炎疫情防控工作精神，听取疫情防控工作汇报，研究部署下一阶段疫情防控工作	1月26日
第3号	传达学习《中共中央关于加强党的领导、为打赢疫情防控阻击战提供坚强政治保证的通知》和习近平总书记指示批示精神，听取疫情防控工作进展情况汇报，对全市疫情防控工作进行再研究、再部署	1月29日
第4号	传达中共中央政治局常委会会议和省委常委会会议关于新型冠状病毒感染的肺炎疫情防控工作精神和省委书记娄勤俭对镇江当前疫情防控工作的指示要求，听取疫情防控工作进展情况汇报；会议传达学习全国、全省宣传部长会议和“扫黄打非”工作电视电话会议精神；学习《中国共产党党和国家机关基层组织工作条例》、省级机关党的建设工作会议精神，听取机关党的建设工作汇报	2月7日
第5号	传达中共中央政治局常委会会议、习近平总书记在北京市调研指导新型冠状病毒感染的肺炎疫情防控工作和在中央全面依法治国委员会第三次会议上的重要讲话精神，听取疫情防控工作进展情况汇报；听取省安全生产督导工作准备情况和对下安全生产督导工作方案的汇报；会议原则同意2020年全国劳动模范和先进工作者推荐人选和市劳动模范评选工作方案	2月14日
第6号	传达学习中央全面深化改革委员会第十二次会议、省委常委会（扩大）会议暨省委应对疫情工作领导小组会议精神，听取新冠肺炎疫情防控工作和企业复工复产情况汇报	2月18日
第7号	听取疫情防控表彰奖励激励工作汇报	2月25日
第8号	传达中共中央政治局常委会会议和习近平总书记在湖北省考察新冠肺炎防控工作时的重要讲话精神、省委常委会会议暨省委财经委员会第四次会议精神，研究部署新冠肺炎疫情防控工作和企业复工复产情况，听取省委巡视反馈意见整改工作情况汇报，研究并原则同意《市委常委会成员、市政府领导班子成员2020年安全生产重点工作清单》，听取全市“扫黑除恶”专项斗争工作汇报、全市信访工作汇报	3月13日
第9号	传达中共中央政治局常委会会议和省委常委会会议暨省委应对疫情工作领导小组会议精神，研究部署新冠肺炎疫情防控工作和经济社会发展工作，研究通过《关于2019年市委常委会贯彻执行中央八项规定精神和省委、市委十项规定情况的报告》和《关于解决形式主义突出问题为基层减负工作情况的报告》，传达学习全国全省统战部长会议精神和全省对台工作会议精神，听取并原则同意贯彻落实工作打算，研究并原则同意全市产业强市大会方案，会议还研究其他事项	3月27日
第10号	传达学习省委书记娄勤俭在镇江调研和省委座谈会精神，研究并原则通过《关于在市级机关开展“五抓五促”提效能、全力夺取“双胜利”专项行动的实施方案》，传达学习全省关工委工作会议精神，听取全市关心下一代工作情况汇报	4月1日
第11号	传达中共中央政治局常委会会议、在浙江考察时的重要讲话精神和省委常委会会议精神，研究部署全市统筹推进疫情防控和经济社会发展有关工作，研究同意2019年度制造业“金山奖”、科技创新“梦溪奖”、金融服务贡献奖评选结果，原则通过《镇江市2020年某组织整顿工作方案》，研究并原则通过《镇江市国有企业退休人员社会化管理方案》，研究其他事项	4月9日
第12号	传达学习十九届中央纪委四次全会和十三届省纪委五次全会精神，传达学习全省巡视巡察会议暨省委第八轮巡视动员部署会会议精神，传达学习中央政法工作会议和全省政法工作会议精神，传达学习中组部、省委组织部抓党建促决战决胜脱贫攻坚电视电话会议精神，听取全市防汛抗旱工作汇报，听取全市慈善工作汇报，听取市劳模评选情况汇报	4月17日
第13号	研究贯彻落实江苏省安全生产专项整治集中督导推进会精神有关工作，研究并原则通过《镇江市党建助推产业强市三项行动实施方案》《镇江市党建引领乡村振兴专项行动实施方案》，听取全市生猪生产情况汇报，研究并原则通过《关于推进基层整合审批服务执法力量的实施方案》，会议还研究其他事项	4月27日
第14号	传达学习省委国安办有关会议精神，传达学习省产业工人队伍建设改革试点工作部署推进会精神，研究并原则通过《镇江市城市安全发展实施意见》《各市（区）党委政府和市安委会成员单位履行安全生产工作责任考核评价指标》，研究并原则通过《关于统筹推进“三农”领域重点工作开启基本实现农业农村现代化新征程的实施意见》，研究并原则同意2020年度重要会议和活动计划安排，会议还研究其他事项	5月15日
第15号	传达学习省委组织部学习贯彻党政领导班子建设规划纲要座谈会会议精神，研究《关于深入解决形式主义突出问题持续为基层减负的通知》《镇江市市级2020年度督查检查考核工作计划》，研究《关于建立健全市级层面国家安全重点领域协调机制实施方案》，研究市八届人大五次会议筹备工作安排，听取312国道科创带、312国道快速化改造等情况汇报	6月5日
第16号	听取全面从严治党工作汇报，传达学习省乡土人才“三带两助”推进会暨省人才工作领导小组会议精神，听取老干部工作汇报，听取见义勇为基金会工作汇报，听取市扶贫开发“三会”工作汇报，研究其他事项	6月12日
第17号	传达学习习近平总书记重要指示批示精神和省政府长江“禁渔”专题会议精神，集中学习民法典精神	6月23日

续表 4－1

纪要文号	主要内容	会议时间
第 18 号	传达学习习近平总书记关于统计工作重要指示批示和有关文件精神，研究并原则通过《镇江市贯彻落实国家统计督察江苏反馈意见整改方案》；会议传达学习省委常委、省纪委书记、省监委代主任王常松在镇江调研时的讲话精神；传达学习《党委（党组）意识形态工作责任制实施办法》《关于当前意识形态领域情况的通报》精神；会议传达学习 2020 年宁镇扬党政联席会议精神；传达学习全省“万企联万村、共走振兴路”行动对接工作部署会精神；会议研究并原则通过 2020 年度市综合考核实施办法；研究并原则通过《关于领导干部外出请示报备工作的实施办法》《关于进一步严明市委常委会会议等重要会议及活动纪律的规定》；传达学习全国、全省党校（行政学院）校（院）长会议精神	7 月 10 日
第 19 号	学习习近平总书记关于防汛工作的重要指示批示精神，听取全市防汛工作汇报；研究并原则同意全市推进“有事好商量”协商议事工作；会议还研究其他事项	7 月 17 日
第 20 号	学习习近平总书记在企业家座谈会上的重要讲话精神；传达中央、省有关领导调研讲话要求；传达全省党委秘书长座谈会、全省加快实施安可替代工程工作会议精神，传达学习全省群团改革再出发座谈会会议精神；传达学习全省科技镇长团轮换工作会议精神；听取上半年全市安全生产专项整治工作情况汇报，研究并原则同意《镇江市安全生产专项整治三年行动工作方案》；讨论通过市委七届十一次全会工作报告和会议方案，决定 7 月 31 日召开市委七届十一次全会，要求根据讨论意见和省委全会精神及时修改完善工作报告并提交全会审议；研究其他事项	7 月 28 日
第 21 号	传达学习习近平总书记重要批示和省委专题部署会议精神；传达学习全省“万企联万村、共走振兴路”行动现场推进会会议精神；传达学习全国、全省安全生产电视电话会议精神；传达学习全国、全省人口普查电视电话会议和全省统计督察整改落实推进会会议精神；研究并原则通过《党建引领群团改革再出发的实施意见》；听取全市未成年人思想道德建设工作汇报；会议还研究其他事项	8 月 14 日
第 22 号	学习习近平总书记在推进长三角一体化发展座谈会上的重要讲话和在安徽考察时的重要讲话精神，在经济社会领域专家座谈会上的重要讲话精神，传达学习全省村书记专职化管理试点工作座谈会会议精神，学习 2020 年省“金环”对话会会议精神，研究并原则通过《关于“六保”专项巡察发现突出问题整改工作方案》，研究并原则通过《关于加强新时代人大工作和建设的意见》，研究并原则通过《关于设立镇江市政府融资担保机构的方案》，会议还研究其他事项	8 月 31 日
第 23 号	学习习近平总书记在全国抗击新冠肺炎疫情表彰大会上的重要讲话精神；学习习近平总书记在中央第七次西藏工作座谈会上的重要讲话精神；传达学习全省村（社区）“两委”换届工作部署会会议精神，研究并原则通过《关于做好全市村（社区）“两委”换届工作的实施方案》；传达学习全省离退休干部先进集体和先进个人表彰大会会议精神；研究并原则通过《关于贯彻〈中国共产党宣传工作条例〉的实施方案》；研究并原则通过《关于加快推进市域社会治理现代化建设更高水平平安镇江的实施意见》；研究并原则通过《关于进一步加强全市纪检监察机关处理检举控告工作的实施意见》；会议研究并原则通过《镇江市党政机关办公用房管理办法》《镇江市党政机关公务用车管理办法》；会议还研究其他事项	9 月 17 日
第 24 号	学习习近平总书记在纪念中国人民抗日战争暨世界反法西斯战争胜利 75 周年座谈会上的重要讲话精神；学习习近平总书记在第三次中央新疆工作座谈会上的重要讲话精神；会议研究并原则通过《镇江市解决突出民生问题行动方案》；听取授予“镇江市人民奖章”称号工作汇报，原则同意“授荣”对象建议名单和下一步工作安排；会议对做好国庆中秋双节期间有关工作做安排；会议还研究其他事项	9 月 29 日
第 25 号	学习习近平总书记在广东考察时和深圳经济特区建立 40 周年庆祝大会上的重要讲话精神，学习《习近平治国理政》第三卷第十九章有关内容等，学习江苏省推动长江经济带发展领导小组会议精神，讨论《中共江苏省委关于制定江苏省国民经济和社会发展第十四个五年规划的建议》，研究并原则通过 2020 年度金山英才顶尖人才计划推荐人选，研究并原则同意全市抗击新冠肺炎疫情省级表彰推荐方案，会议强调要开展好全市五级人大代表统一接待选民日活动；会议还研究其他事项	10 月 28 日
第 26 号	学习习近平总书记在纪念中国人民志愿军抗美援朝出国作战 70 周年大会上的重要讲话精神，传达学习全省干部人才援派工作座谈会会议精神，听取关于省委督查组对全市 2020 年省委一号文件贯彻落实督查情况及整改建议汇报，听取贯彻全省产业工人队伍建设改革试点工作情况汇报，研究并原则通过《关于推动我市信访工作高质量发展走在前列的工作意见》	11 月 4 日
第 27 号	学习习近平总书记在江苏考察时的重要讲话精神，学习习近平总书记在第三届中国国际进口博览会开幕式和浦东开发开放 30 周年庆祝大会上的重要讲话精神，传达学习省委第十轮巡视暨对巡察工作指导督导动员部署会会议精神，传达学习全省民营经济统战工作会议精神，听取第二届市委法律顾问遴选工作汇报，研究并原则通过《关于深入推进美丽镇江建设的实施意见》，研究并原则通过《关于全面加强危险化学品安全生产工作的实施方案》，研究并原则通过镇江国控集团参与江苏银行配股方案，会议还研究其他事项	11 月 16 日
第 28 号	市委常委议军会议，会议听取 2020 年度国防动员工作开展情况汇报和军队改革有关情况介绍，研究军分区提出的大学毕业生士兵征集、军分区作战值班室改造、《镇江市区随军家属就业安置工作实施细则》修订等 3 个具体事项	11 月 24 日
第 29 号	学习习近平总书记在中央全面依法治国工作会议上的重要讲话精神，传达学习全省高层次“爱国奋斗奉献”精神主题学习会会议精神，听取领导干部个人有关事项报告专项整治工作督查情况汇报，听取《镇江市人大常委会 2021 年立法计划》编制情况汇报，会议还研究其他事项	12 月 2 日
第 31 号	学习习近平总书记在中共中央政治局第二十六次集体学习时的重要讲话精神，传达学习全国、全省精神文明建设表彰会议精神，研究并原则通过《全国扫黑办特派督导镇江市反馈问题整改工作方案》，听取市八届人大六次会议、市政协八届五次会议筹备工作汇报，听取全面从严治党工作汇报，听取市高校园区管理体制机制调整有关工作汇报，并原则同意调整方案，会议还研究其他事项	12 月 16 日
第 33 号	学习中央经济工作会议精神，传达学习省委十三届九次全会精神，讨论市委七届十二次全会方案与工作报告、《中共镇江市委关于制定镇江市国民经济和社会发展第十四个五年规划和二〇三五年远景目标的建议》，传达学习全省 2020 年度年终综合考核工作动员部署会会议精神，传达学习全省高校院所人才发展改革推进会暨人才工作领导小组会议精神，传达学习江苏省全国双拥模范表彰会议和江苏省退役军人工作会议精神，研究并原则通过《关于巩固深化“不忘初心、牢记使命”主题教育成果的实施意见》，听取全市食品安全工作汇报，会议还研究其他事项	12 月 25 日

（郭　松）

【应对新冠肺炎疫情支持企业共渡难关的政策意见】 2020年，镇江市委、市政府印发《关于应对新型冠状病毒感染的肺炎疫情支持企业共渡难关的政策意见》。政策分为五大类、十八小条：一是加强金融信贷支持，包括加大信贷支持力度，降低企业融资成本，完善融资担保体系；二是加强稳岗就业支持，包括实施稳岗返还补贴，降低社保费率，缓缴社会保险费，加大招工用工支持，加强职业技能培训；三是加强财政税收支持，包括适当延期缴纳税款，减免企业税费负担，加大财政补助力度，加快专项资金兑付；四是加强生产运营支持，包括减免中小企业房租，降低企业用能成本，降低企业物流成本；五是加强政务服务支持，包括优化企业外贸服务，完善信用修复机制，推进暖企助企行动。每一条具体措施都对应到相关责任单位，确保惠企政策落地落实落细。 （郭　松）

【推进美丽镇江建设的实施意见】 2020年11月25日，镇江市委、市政府印发《关于深入推进美丽镇江建设的实施意见》（简称《意见》）。《意见》要求坚持以习近平新时代中国特色社会主义思想为指导，树立绿水青山就是金山银山理念，紧扣“创新创业福地、山水花园名城”发展愿景，顺应人民群众对美好生活的向往，走生产发展、生活富裕、生态良好的文明发展道路，以优化空间布局为基础，以改善生态环境为重点，以绿色可持续发展为支撑，以美丽宜居城市和美丽田园乡村建设为主抓手，让城市和乡村融入自然、富涵文化、传承历史，共创幸福家园，共享美好生活。《意见》提出要持续优化发展布局，彰显空间形态之美；持续改善环境质量，彰显自然生态之美；推进内涵式发展，彰显城乡宜居之美；塑造城市气质，彰显文明和谐之美；凝聚美丽镇江建设强大合力。 （郭　松）

·组织工作·

【概况】 2020年，镇江市各级组织部门落实中央、省委、市委决策部署，推进全省组织工作“三个五五”（指组织工作要做到五聚焦五落实、干部工作要做到五突出五强化、人才队伍建设做到五坚持五提升）基本布局落地落实，提升各项工作实效性、科学性、精准性和系统性，为全市工作提供组织保证。

政治建设引领干部队伍建设。坚定政治信仰，制定《关于巩固深化“不忘初心、牢记使命”主题教育成果实施方案》，巩固“不忘初心、牢记使命”主题教育成果，固化“一人一重点、领办解难题”机制，964个难题全部销号，在市中心设立“红色初心亭”，《新闻联播》“七一”当天专题报道。突出政治标准，优化“政治体检”指标设置，全市领导干部和村（社区）干部实现“全覆盖”，协助省委组织部拍摄《画准干部“政治像”》作为换届教育专题片；落实“五突出五强化”机制，选用干部做法被中央党建领导小组《党建要报》呈报中央领导；配合省委组织部开展“新时代党政机关复合型干部培养与使用”专题调研；组织习近平总书记关于提高年轻干部七种能力重要指示精神的学习讨论。强化政治功能，开展市县乡换届前班子综合研判，对各类领导班子年龄、专业、能力等结构进行动态分析，提升领导班子整体功能；落实省高校领导班子政治建设专题研修班要求，实施国有企事业单位班子“领航工程”；开展好组织系统“三比三争”（即比党性、比作风、比创新，争做“服务型”“实干型”“廉洁型”组工干部）活动，提升政治机关建设水平。

推进各项组织工作。基层组织建设工作围绕推进基层党建“五聚焦五落实”，建立11项清单，明确11项重点工作、13个具体指标，夯实基层基础。发挥“三项机制”示范效应，编发11期“三项机制”《专报》，向省报送典型案例46个，选出30名“新时代新担当新作为”干部典型。关心关爱干部工作力度加大，定期走访慰问军转安置干部、援派干部家属、困难变故家庭，公务员晋升职级3100余人次，丹徒区世业镇副镇长、先锋村书记聂永平获评全省唯一的全国“最美公务员”。“金山英才”五年计划收官，举办院士家乡行暨“金山英才”计划签约活动，引进高层次产业领军人才604名。党建工作有政绩，市、县两级党建成果7次被《新华日报》头版报道，其中头版头条4篇，《组工信息》《中国组织人事报》《江苏组工信息》39次推介镇江市做法。 （市委组织部办公室）

2020年镇江市党员和党组织情况表

表4－2

单位	党员队伍（人）					发展党员（人）				基层党组织（个）			
	党员数	女党员	少数民族党员	35岁以下	大专文化以上	发展数	女党员	35岁以下	大专文化以上	总数	党委	党总支	党支部
市直	42756	14879	678	16257	35550	3259	1695	2956	1085	2537	71	247	2219
中共丹阳市委	54426	10576	55	9808	22593	569	228	390	462	2887	216	126	2545
中共句容市委	37203	8172	63	6599	15767	454	181	333	368	1887	96	216	1575

续表 4-2

单 位	党员队伍(人)					发展党员(人)				基层党组织(个)			
	党员数	女党员	少数民族党员	35 岁以下	大专文化以上	发展数	女党员	35 岁以下	大专文化以上	总数	党委	党总支	党支部
中共扬中市委	24017	6501	20	4380	12063	287	107	224	231	1234	116	66	1052
中共丹徒区委	21392	5491	57	3533	9099	239	98	140	187	1109	88	95	926
中共京口区委	15640	5097	218	2100	8196	89	35	56	80	684	64	31	589
中共润州区委	12761	4084	193	1952	6801	110	53	78	102	629	63	44	522
中共镇江新区工委	11829	2752	38	2327	5498	151	59	82	124	630	39	58	533
中共镇江高新区工委	2084	478	22	362	963	27	11	17	25	143	7	11	125
合 计	222108	58030	1344	47318	116530	5185	2467	4276	2664	11740	760	894	10086
所占比例(%)	100	26.13	0.61	21.30	52.47	100	47.58	82.47	51.38	100	6.47	7.62	85.91

(市委组织部组织处)

【“一创八争”活动】 2017 年以来,镇江市在市管领导班子和干部队伍中开展“一创六争”活动,累计评选好班子 43 个、好干部 196 名。2020 年,全市将活动覆盖到村(社区)和“两新”组织,即村(社区)党组织书记争当“头雁领航好支书”、“两新”组织党组织书记争当“融合发展好能手”,形成“一创八争”新格局。全年评选出 14 个好班子、89 名好干部。 (李旭东)

【干部教育工作】 2020 年,镇江市实施领导干部能力提升工程。聚焦全市改革发展重点任务,举办第 51 期~54 期县处级干部进修班、第 19 期~20 期中青年干部培训班,联合市应急管理局、地方金融监管局等部门开展专题培训,引导和帮助干部增强党性修养、提升专业能力。严格执行组织调训制度,做好中组部、省委组织部主体班次和专题班次学员推荐,完成省委组织部 14 个主体班次、8 个专题班次、152 名学员的推荐选调工作。推动干部教育培训阵地向网络延伸,开设市管干部学习贯彻中共十九届四中全会精神网上专题班,819 名参训县处级干部全部结业。

(胡 元)

【党建助推“产业强市”三项行动】 2020 年,镇江市制定并落实《镇江市党建助推产业强市三项行动实施方案》,突出党建引领,聚焦营商环境优化,开展招引项目建支部、在建项目派干部、重点企业解难题三项行动。市、县、乡三级联动,对全市 5 亿元以上新签约项目成立 32 个功能型党支部,帮办项目总投资 530 亿元,超过当年签约项目投资总量的一半以上。选派 31 名挂职干部,为 29 个在建重点项目解决项目融资等各类困难 36 个,完成投资 103.7 亿元,完成年度投资计划的 101%。组织市级机关 71 家党组织与 71 家企业结对共建,收集梳理结对企业反映的各类问题 125 个,解决难题 107 个。 (杨 阳)

【基层党建创新推进】 2020 年,镇江市提升社区工作者职业体系建设,对社区工作者职业体系建设情况开展专项抽查,对抽查的问题制定整改措施。推进农村基层党建标准化建设,全市标准化建设基本完成,通过省标准化试点项目和国家级标准化试点项目立项。推行村书记专职化管理,探索建立村书记“专职五级”管理工作制度,出台《关于推行村党组织书记专职化管理的指导意见》,各市(区)制定 1 个实施办法和 4 个配套细则,形成文件汇编、政策解读、操作口径 3 本制度性成果。全市 504 名村(涉农社区)书记纳入专职化管理,全省村书记专职化管理试点工作调度会、座谈会先后在镇江市召开,有关工作获《中国组织人事报》总编辑徐月高、浦东干部学院副院长刘靖北等学者肯定。 (杨 阳)

【党建引领筑牢红色防线】 2020 年,在新冠疫情防控、防汛救灾中,镇江市发挥基层党组织战斗堡垒作用和党员先锋模范作用,开展向糜林学习活动,深化“党旗飘在一线、堡垒筑在一线、党员冲在一线”突击行动,新冠疫情一线表现优秀的人员“火线入党”、优先发展入党,短片《绝不后退》是中组部“共产党员”公众号采用的唯一一个地级市战疫片。组织动员党员自愿捐款用于新冠疫情防控,市、县两级划拨资金用于支持新冠疫情防控和防汛救灾。 (杨 阳)

【村(社区)“两委”换届工作完成】 2020 年,镇江市部署开展村(社区)“两委”集中换届。建立市、县、乡、村四级联动责任体系,制定换届纪律要求,派出 34 个督导组下沉一线开展督查指导,选取 48 个试点村(社区)按照“6 个步骤 22 个环节”开展先行换届。全市 475 个村、249 个社区“两委”换届工作完成,选出 5480 名村(社区)“两委”成员,其中村“两委”3574 人,社区“两委”1906 人。 (杨 阳)

【“金山英才”计划收官】 2020 年，镇江市加强人才引进，更加突出项目创新性、人才投入度、企业承载力和市场认可度，再次择优支持“金山英才”计划人才 92 人，其中顶尖人才 3 人，5 年来累计引进高层次领军人才 604 人，其中顶尖人才 16 人，保质保量完成“十三五”引才总体目标。5 年里，市、县两级财政累计投入 7.2 亿元，带动入选人才企业投入 241.17 亿元，入选人才企业年销售 480.65 亿元，实现年税收 18.2 亿元，累计带动就业超 9.7 万人。 （史云翔）

【“十四五”人才工作布局】 2020 年，镇江市开展“十四五”人才发展规划编制工作，系统总结“十三五”人才工作，提出“十四五”时期人才发展思路，为全市未来一个时期的人才发展指明方向。响应“产业强市”一号战略，聚焦全市四大主导产业集群和八条重点产业链，同市政府办、市人社局等部门共同出台“十四五”人才新政，形成全市“1 +2 +3”（“1”是纲领性文件《关于实施人才“镇兴”行动建设人才集聚福地的若干意见》；“2”是两个重点引才“拳头产品”，分别是面向高层次人才引进培养的《“金山英才”计划（2021—2025）》和面向青年人才集聚的《大学生“聚镇”计划（2021—2025）》；“3”是政策落地的三个路径，分别是镇江人才政策“一本通”、镇江人才服务专窗、“镇江人才码”服务平台）的人才政策体系。 （史云翔）

【市级机关党建工作】 截至 2020 年年末，镇江市市级机关有机关基层党组织 75 个，其中，机关党委 46 个，党总支 13 个，党支部 16 个；党员 9214 人（其中预备党员 83 人），其中，女党员 2531 人，占党员总数 27.5%，少数民族党员 102 人；大专以上学历党员 7990 人，占党员总数 86.7%；35 岁以下党员 1393 人，占党员总数 15.1%；离退休党员 2819 人，占党员总数 30.6%。

基层党组织组织力加强。组织市级机关党务干部、纪检干部、宣传干部、支部书记等各类培训班次，600 多人次参训。成立 3 个督查组对市级机关 57 个党委（党组）理论学习中心组学习情况进行现场旁听。组织全市万余名机关党员干部参与省工委组织的“学用新思想”网络答题竞赛活动。举办“初心 · 使命 · 担当”讲坛 6 期。制定《市级机关部门单位党组（党委）落实机关党建领导责任清单》，印发《2020 年度机关党建目标管理考核指标》。优化星级考评管理，机关工委命名 20 个“四星”级先进党支部，2 个机关党支部被市委党建办命名为“五星”先进党支部。市级机关有“五星”先进党支部 16 个，占全市“五星”支部总数 10%。总结推广 48 个“党支部工作法”并汇编成册，通报 40 名优秀党支部书记和 80 个党员示范岗。新冠疫情期间，市级机关 2000 多名党员志愿者，到 20 个镇（街）146 个社区和 8 个交通卡口开展志愿服务工作。落实党建助推重点企业解难题，71 家机关部门党组织与 71 家企业结对共建，收集梳理企业反应的问题百余条，跟踪问题解决。助力文明城市创建迎检，和 75 个社区开展结对共建，在 24 条主次干道开展文明引导行动，参与志愿服务行动的党员志愿者逾万人次。

作风效能建设加强。强化责任落实，响应市委专项行动部署，开展大讨论活动。强化社会监督，以专项督查推动专项行动落实落细，分别组织 27 个督查组 108 名社会监督员，聚焦“五抓五促”落实情况和营商环境指标开展两次专项督查，发现问题，跟踪整改。强化典型引领，在机关党建网、微信公众号上开辟“五抓五促”专栏，每周以专报形式交流经验做法。全年编印专报 37 期。

党风廉政建设加强。抓实“两个责任”，落实党风廉政建设“两个责任”清单，推动运用“两个责任”履责纪实信息平台。推进市级机关党风廉政建设，加强重要节假日作风专项督查，开展形式主义、官僚主义问题集中整治。深化廉政教育，印发《关于进一步深化市级机关廉政教育的通知》。通过机关党建微信公众号发布“每月一案例”。强化执纪监督，坚持把党纪条规学习和典型案件警示教育作为基础性工作，常抓不懈。查处违反中央八项规定精神的行为。开展规范机关党组织党纪处分专项工作，规范党纪和政务案件移送审理工作流程，提升案件查办质量。全年纪监工委审理各类违纪违法案件 65 起。

机关党建活力增强。创新工作方法，探索破解机关党建难题之策，作为工委书记项目，探索推进。创新载体平台，开展机关党建文化系列活动，举办“品味书香 · 畅享悦读”主题读书分享会，推进艺术普及进机关，全年评出 10 个市级机关“党建文化示范点”。创新调查研究，开展 2020 年度机关党建工作调研，评选优秀调研文章 20 篇，1 篇课题获全省机关党建课题研究一等奖。全年工委在“旗帜”网刊登文章 16 篇，“学习强国”平台刊登 7 篇，《工作与学习》杂志刊登 3 篇。深化党建带群团，工会工委做好抗美援朝纪念章发放工作，开展机关首批劳模疗休养；妇工委推进“明礼义 · 慧工作 · 馨家园”主题活动。 （丁纳薇）

· 宣传工作 ·

【概况】 2020 年，镇江市宣传系统推动党委（党组）理论学习中心组制度化规范化建设，市委理论中心组带头加强学习、集中研讨近 20 次。开展县处级领导干部读书调研活动，完成对全市各级党委理论中心组学习巡听全覆盖。用好“学习强国”学习平台，全市适龄党员参与度超过90%。常态化推出“在习近平新时代中国特色社会主义思想指引下——新时代新作为新篇章”系列报道。建立宣讲队伍。“党员冬训+学习强国”模式获省创新案例奖。“‘戴庄经验’及其可推广性研究”调研课题获省政府社科优秀成果一等奖。编制《“十四五”文化发展改革规划》。

新冠疫情防控宣传。做好新冠肺炎疫情防控舆论引导、科普宣传和政策解读。组织创作750余部抗疫文艺作品，策划推出“我用声音陪你”——2020镇江全城亮声公益行动，制作公益歌曲《大爱镇江 心手同牵》。开展志愿服务活动，为一线医务人员及其家属服务。组织全市6万余名志愿者进行人员排查、秩序维护、防控宣传、环境清洁等疫情防控工作。开通疫情防控心理咨询公益热线“96111”。4人获评江苏“最美防疫人物”，1人获评“全国疫情防控先进个人”并入选省“抗疫先进事迹报告团”。

意识形态工作。研究出台《关于贯彻〈中国共产党宣传工作条例〉的实施方案》。创新意识形态领域风险防范工作模式，优化意识形态工作联席会议机制，定期组织分析研判和情况通报。修订完善《党委（党组）意识形态工作责任制实施细则》，制定《2020年度意识形态工作任务清单》。强化意识形态阵地管理。推动“扫黄打非”基层站点规范化标准化建设。规范出版秩序，推进传媒审读，依法开展新闻出版行政审批。

舆论宣传工作。推出“聚力强富美高 决胜全面小康”系列报道，组织“梦圆全面小康”——新闻战线践行“四力”集中采访行动。开展“决胜小康，奋斗有我”主题宣传教育，《拉日》《全城救援》两部作品分获省微电影征集一、二等奖，组织“共圆小康梦 幸福舞起来”广场舞展演。围绕重大主题和市委、市政府重点工作，策划推出系列主题报道，组织“长三角媒体看镇江”集中采访活动。推进赛珍珠文化品牌建设。加强新闻发布工作规范化建设。市委、市政府举办新闻发布会30场，组织协调政务新媒体（“镇江发布”微信公众号）发布1000余篇信息。打造新媒体融合传播矩阵，推进媒体融合发展。

精神文明建设。深化“大爱镇江”品牌建设，启动重建“大爱镇江”展示馆，更新“大爱镇江”典型人物长廊。开展“我推荐我评议身边好人”活动，2人入选“中国好人榜”。选树宣传7名“江苏最美人物”，1人获评江苏“时代楷模”。健全完善新时代文明实践中心建设联席会议制度。组织开展优秀村规民约和移风易俗案例征集活动。镇江市、丹阳市通过中央文明办检查复核，句容市入选第六届全国文明城市。推动出台《镇江市文明行为促进条例》，开展诚信缺失专项整治。

文化事业产业。举办“2020金山文化艺术节”，开展“我们的节日”主题文化活动，推进“书法之城”品牌建设，举办第三届“金山合唱节”。深化“乡村文艺播种计划”，开展超2500次文艺志愿课程，培育近600支文艺团队。制定《未来三年镇江市拟启动重点文艺创作项目汇总表》，组织市第三届“五个一工程”奖评选，启动“文艺精品赋能人才库”建设，建立重点文艺创作项目日常跟踪制度，开展文艺创作题材库征集工作，赵亚夫、糜林题材入选省委宣传部重点推介十大题材。成立镇江市文创产业联盟，举办第六届文化创意设计大赛，云时代创新中心开园。举办第八届文心阅读节。推进乡镇影院建设，开展农村电影公益放映转型升级试点。连续第3年获评国家版权局查处侵权盗版案件有功单位。推进大运河文化带建设，编制《大运河镇江段文化保护传承利用实施规划》，推动成立大运河文旅基金。西津渡和京口闸—丁卯桥—丹徒闸沿线导入应用大运河国家文化公园LOGO及标识系统。举行第二届大运河文化月活动，开展大运河文化保护志愿活动日。4家文化公司在江苏股权交易中心挂牌，全市累计挂牌上市文化企业有35家。完成镇江荣誉市民、德国曼海姆市原副市长艾格尔的外宣书籍《扬子江畔的明珠——镇江》中文版出版发行工作。（郭　涛）

【“文艺播种计划”工作品牌】 2020年，镇江市“文艺播种计划”在8个市（区）展开，汇集梳理610个村约650项文艺需求，组建近300人的市、县（区）两级文艺志愿者队伍，开展超2500次文艺志愿课程，超16万人次接受文艺志愿服务；举行近50场“文艺播种计划”中大型展演比拼活动，惠及全市300万名市民、10万名文艺爱好者。（高小琪）

【第三届“五个一工程”奖评选】 2020年，镇江市开展第三届“五个一工程”奖评选工作，镇江文广集团、镇江市文联、镇江市文化广电旅游局、丹阳市委宣传部、句容市委宣传部等5个单位获评“组织工作奖”（按积分排序）。音乐剧《九九艳阳天》获评“荣誉作品奖”。戏剧《红船》《啷当与你拉家常》、电视纪录片《长风破浪会有时》、电影《赵亚夫》、广播剧《初心难忘》《诗人闻捷》、歌曲《走在你身后》《一眼看千年》、图书《冲天》《雪域高原的镇江海拔》等10部作品获评“优秀作品奖”。（高小琪）

【重大文艺创作生产项目资助工作】 2020年，镇江市有19个项目列入“2020年度镇江市重大文艺创作生产项目资助名单”，11月，签订资助协议，分2年进行资助，由各申报单位督促、管理创作主体按照序时进度完成项目。2020年度资助金额为152.5万元，其中重点项目扶持于下年7月启动结项审批工作。

（高小琪）

【“书法之城”品牌建设】 2020年，由于受新冠肺炎疫情影响，第三届“米芾杯”国际青少年书法大赛在镇江、安阳和南京分设主赛场，以“云直播”的形式进行。海内外近200所中小学和书法培训机构选送近万件参赛作品，其中评选出千余件入围作品；此外近100家团体分别自行举办比赛。在金山文化艺术节期间设立“方寸之间——艺术展览与讲堂”板块，推出江山壮丽·镇江昆山古诗词书法精品展、当代书画名家邀请展、夜游图书馆——品味镇江诗词、书法篆刻作品展览和摄影作品展览等一系列艺术培训、讲座、比赛。

（高小琪）

【文明系列先进评选】 2020年，镇江市6个全国文明单位、7个全国文明村、2户全国文明家庭、1所全国文明校园、1个全国未成年人思想道德建设工作先进单位受中央文明委表彰。26个单位（家庭）复查保留全国文明系列称号。丹阳市曲阿街道华甸社区金凤凰小区10号楼2单元等232个楼道获评“示范楼道”。2018年—2020年，全市共命名文明楼道632个。

（于　凡）

【志愿者服务行动】 2020年，镇江市志愿者投身人员排查、秩序维护、防控宣传、环境清洁等疫情防控工作，开通“96111”疫情防控心理咨询公益热线，策划开展“大爱护航 同心战‘疫’”主题志愿服务活动，实施牵手暖心行动、生活关爱行动、人文保障行动、心理舒压行动、鼓劲聚能行动等五大行动。

镇江新区“丁卯蓝”志愿服务项目获评第五届江苏志愿服务展示交流会金奖，镇江市自来水公司“打通为民供水服务最后一米”志愿服务项目获评银奖，丹阳市“理想曲阿”理论宣讲志愿服务项目、句容市“红色种子”爱国主义教育志愿服务项目获评铜奖。6名志愿者获江苏省疫情防控优秀志愿者称号。

雷锋车队1人入围全国最美志愿者，句容市“葡萄架下的文明实践”科技助农志愿服务项目入围全国最佳志愿服务项目，京口区正东路街道京口路社区入选全国最美志愿服务社区，3人入围全国学雷锋志愿服务“4个100”先进典型，人数列全省第1名。

（王景英）

【未成年人主题系列活动】 2020年，镇江市在未成年人中组织开展“全面小康 追梦成长”教育实践活动，以“小康中国 大爱天地”为主题，开展第二届“童话里的世界”童话故事创作市级评选工作；以“童诗寄情 梦圆小康”为主题，开展第四届“童心里的诗篇”少儿诗会市级评选工作；举办江苏省暨镇江市“四仪”教育示范观摩活动14岁青春仪式专场；在全市中小学校组织开展抗疫一线医护人员与青少年面对面交流活动。

（王景英）

【第六届金山文创设计大赛】 2020年7月14日，镇江市第六届金山文化创意设计大赛启动。大赛特设“镇江地域文旅商品创意设计赛”，围绕镇江“三山”、“三怪”、西津渡等镇江文化符号特别设立“十佳‘最镇江’文创设计奖”。成立镇江市文化创意产业联盟，首批有12家联盟成员单位，通过联盟平台促进镇江文创产品研发、生产、推广。大赛收到作品1361件，比上年增长87.7%。

（张　萌）

【道德模范与微美人物评选】 2020年8月5日，江苏省道德模范与身边好人（镇江·扬中）现场交流活动暨第五届扬中市道德模范表彰典礼在扬中市举行。活动邀请全国道德模范提名奖获得者与省道德模范提名奖获得者为扬中市新当选道德模范赠送“传家宝”。活动现场公布7月“江苏好人”、新时代好少年人选。全年推荐产生“中国好人”3人、“江苏好人”24人，评选产生“镇江好人”58人、镇江市“微美人物”34人。在新冠疫情防疫中，道德模范与“中国好人”捐赠款物。全年命名21个第二批“镇江市好人工作室”。

（张金强）

【2020金山文化艺术节】 2020年8月30日，2020金山文化艺术节启幕，10月25日落幕，历时近2个月。文化节以“让文艺点燃镇江”为主题，围绕“创新创业福地、山水花园名城”理念，坚持创新、开放、精品、惠民、节俭、可持续的办节原则，立足云端资源、网络直播、街头展演三个维度，依托“乡村文艺播种计划”等一批品牌活动，推出六大板块118项子活动。（参见第316页）

（高小琪）

【宣传思想文化系统高层次人才选树培育】 2020年10月，镇江市制定《全市宣传思想文化人才项目资助管理办法》，对13名高层次文化人才开展第一期项目扶持，累计资助17万元。全年推荐29人申报国家、省级高层次人才培养项目，实现镇江市文化人才“双创计划”零突破，7人获评“江苏省紫金文化英才、优青”。

（蒋　立）

【镇江市大运河文化保护传承利用实施规划】 2020年11月11日，镇江市大运河文化带建设领导小组召开全体会议专题审议《镇江市大运河文化保护传承利用实施规划》。该规划落实国家和省级大运河规划相关要求，提出“江河交汇津渡文化示范区、水利航运科技文化体验区”目标定位，明确打造“江河交汇、山水名城”的城市品牌。规划包括文化遗产保护、河道水系治理、文旅融合发展等六大工作重点。 （张　萌）

【《江苏地方文化史·镇江卷》出版发行】 2020年12月5日，《江苏地方文化史·镇江卷》出版发行。全书共17章，40多万字，系统梳理镇江历史文化的发展脉络和规律，填补镇江文化史学术空白。叙述时间从20万年到40万年前的镇江句容放牛山旧石器遗址、丹徒高资人股骨化石，一直到中华人民共和国成立，跨度数十万年。叙述范围涵盖山水园林、教育科举、学术科技、文学创作、书法绘画、工艺美术、音乐戏曲、宗教文化、方言民俗以及镇江文化与世界文化的交流等各方面。 （刘　尧）

【大运河文化保护志愿者日系列活动启动仪式开幕】 2020年12月19日，“共同守护精神家园”2020大运河文化保护志愿者日系列活动启动仪式暨戏曲艺术展演活动在丹阳奥体中心举行。12个城市的志愿者代表将带来的家乡运河水，注入大运河轨迹地图，共同启动大运河文化保护志愿日系列活动。省委宣传部副部长徐宁和镇江市委常委、宣传部部长孙晓南共同启动“访古问道大运河”抖音号。

（张　萌）

·统战工作·

【概况】 2020年，镇江市委统战部以习近平新时代中国特色社会主义思想为指导，贯彻中共十九届五中全会精神，召开市委统战工作领导小组会议和市委民族宗教工作领导小组会议，打赢疫情防控阻击战，组织市各民主党派负责人开展重点联合考察，举办第十二届华创会。市委统战部获2020年全省脱贫攻坚组织创新奖。

构建大统战工作格局，建立健全统战工作领导小组框架下的各类专题会议工作机制。镇江统战系统打好疫情防控阻击战，向150多个国家和地区宣传抗疫经验，累计捐款捐物近2亿元。打好复工复产攻坚战，建立诉求响应机制，减税降费12亿元，省委常委、省委统战部部长杨岳到镇江调研并给予肯定。

多党合作工作。落实参政党建设文件精神，开展主题教育活动近百场，举办各类主题培训班。制定《队伍建设规划》，完善“一考核三机制五制度”体系，发挥好制度效能。推进政党协商，召开经济运行情况等民主协商会、通报会9次。提升民主党派参政议政工作质效，围绕建言“十四五”，组织开展联合考察调研，提交提案议案500余件。“同心工程”实验区获2020年全省统战系统唯一脱贫攻坚组织创新奖。完善民主监督工作，在全省率先开展服务民营经济专项民主监督。

民营经济工作。深化理想信念教育，在句容设立省民营经济人士理想信念教育基地，全年接待参观学习近万人次。实施“新时代企业家精神师承计划”，中央统战部《每日汇报》专题介绍。开展民营企业服务月活动，《新华日报》头版报道镇江经验。邀请国内券商开展融资对接，邀请互联网公司开展科技创新辅导，成立全省首家高新技术企业商会。构建亲清政商关系，出台《政商交往“正面清单”》，开展法学会专家下基层活动，成立市总商会人民调解中心等调处机构。开展“万企联万村、共走振兴路”行动，联建项目243个，投资总额55亿元。

民族宗教工作。承办中国道教协会第十次全国代表会议。开展宗教场所安全工作专项整治，整改率100%。开展民族团结进步教育创建工作，卫星民族村获评全国民族团结进步示范单位。

港澳台工作。首创《香港一本通》工具书，开展撑国安立法等系列活动，实现辖市香港联谊同乡组织全覆盖。建成“谁羽争峰”青少年羽毛球训练基地、赛珍珠纪念馆、陈履生博物馆等3家港澳台文化交流基地。举办澳门镇江联谊会成立2周年庆祝大会。承办“江苏—澳门·葡语国家工商峰会暨镇江市专场推介会”。

侨务工作。举办第十二届镇江华创会。完善大侨务工作机制，开展归乡系列活动。举办海联会和海协会合并换届，有海外成员320多人，覆盖60多个国家和地区。“海派宜客”等3家单位获评省为侨服务示范单位。建成韩国“东方明珠”号游轮等海外文化交流基地，创成全省首家归侨侨眷创业基地。市欧美同学会召开海归创新创业座谈会，开展“我和镇江一起跑”沙龙活动。

新的社会阶层、党外知识分子工作。知联会（即党外知识分子联谊会）覆盖面扩大，成立市级机关、非公经济人士和参政议政专委会，镇江新区、镇江高专成立知联会。深化网络人士统战工作，办好《网络社会组织》刊物，开展“网事三部曲”系列活动20多场。

（赵正杰）

【“十三五”期间主要情况】 “十三五”期间，镇江市统战系统开展各类主题教育，在全国率先探索开展党外人士“政治体检”，市委召开专题民主协商会45次。在句容袁相村打造统一战线“同心工程”实验区，全市统一战线先后投入建设资金5000多万元，引进资金2亿元。

强化使命担当。聚焦疫情防控，向多个国家和地区侨团宣传抗疫经验并接返回镇江人员，并捐款捐物。连续举办十二届镇江华创会，建立起包括 120 个国家和地区的 220 多个侨团 6000 多名华侨华人的友好联系网络，引导、服务签约内资 1 亿元以上或外资 1000 万美元以上产业类项目 156 个，总投资超过 300 亿元。完成两届江苏发展大会镇江行活动。引导侨资企业为镇江公益事业慈善捐赠款物 1.21 亿元(不含疫情捐赠)。

坚持创新发展。在全国率先成立网络社会组织联合会，建立全省首家网络社会组织联谊分会。打造全国亲清政商关系先行区，全国工商联领导多次到镇江调研。成立香港镇江同乡会、澳门镇江联谊会，实现辖市香港联谊同乡组织全覆盖。

聚焦提振效能。申办第五届国际道教论坛，在句容召开中国道教协会第十次全国代表会议；中央统战部宗教文化出版社与镇江净因寺共建全国首家宗教类公益图书馆“兰书房”，江苏佛学院焦山学院竣工投入使用；茅山新四军纪念馆获评全国民族团结进步教育基地，穆源民族学校被国务院评为“全国民族团结进步模范集体”，丹徒区卫星民族村获评全国民族团结进步示范单位。 (赵正杰)

【中国道教协会第十次全国代表会议在镇江开幕】 2020 年 11 月 27 日，中国道教协会第十次全国代表会议在句容开幕。会议总结中国道教协会第九次全国代表会议以来的工作，交流经验，分析问题，研究部署未来 5 年的主要工作，选举产生新一届理事会。中央统战部副部长、国家宗教事务局局长王作安应邀出席并讲话，省委常委、省委统战部部长杨岳应邀出席并致辞。(参见第 36 页) (赵正杰)

【华侨华人创新创业镇江洽谈会开幕】 2020 年 8 月 28 日、9 月 25 日，2020 华侨华人创新创业镇江洽谈会欧亚和北美两场线上专场项目洽谈会分别开幕举办。会议邀请到 18 个国家和地区的 91 名嘉宾，10 个人才技术项目与镇江市相关企业达成合作意向并进行线上签约；6 家海外专业人士社团分别与镇江签订友好合作协议、海外人才工作联络站协议。 (赵正杰)

·台湾工作·

【概况】 2020 年，面对新冠肺炎疫情和复杂多变的台海形势，镇江市对台工作有成效。

经贸合作。开展政策进企、要素助企、减负惠企、服务暖企“四大行动”，帮助台企抵御疫情影响。2 月底，复工复产率 100%，实现零输入、零感染、零事故。开展台企金融服务对接会，与中国银行镇江分行签订战略合作和综合金融服务协议，为 53 家台企提供授信支持，综合授信额度 40 亿元。开展项目招引，全年邀请台商到镇江经贸考察 22 批次近 100 人次；新批台资项目 7 个，增资项目 12 个，协议台资 1.63 亿美元、实到台资 0.97 亿美元，比上年分别增长 6%、210%。

交流交往。以视频直播和云课堂、视频展播等形式开展交流活动，参与活动的台胞近 200 人。举办“镇青春 · 少年行”活动、“苏韵流芳 · 云享镇江”2020 镇台青少年云端文化交流周活动、“‘津’夜无眠、‘九’久回想”镇台连线共探古街夜经济线上交流活动、“吴韵汉风 · 云聚江苏”2020 海外台湾青少年“云中看江苏”网上冬令营活动。全年组织台胞线上线下交流活动 18 批 421 人次。

惠台服务。制定下发《企业人力资源风险防控手册》；邀请涉台法律顾问团队进行线上授课；推动“支持在苏台企复工复产健康关爱行动”落实；完善“一企一档”数据库，动态掌握台企发展情况，制订精准走访计划，适时召开“台企求助协调工作例会”，帮助台企协调复工复产问题，依法指导台企免费参保复工复产保险；推进海昌眼镜快捷申报高新技术企业。为在镇江的台商办理子女入学、医疗绿卡等。全年受理涉台权益保护求助 62 起，办结 61 起，办结率 98%。

涉台企其他工作。1 月 30 日，台湾奇美集团通过镇江奇美化工有限公司向湖北省红十字会捐款，支援武汉新冠疫情。奇美化工总经理洪良义获评

图 4-1 2020 年 8 月 28 日，2020 海外华侨华人高层次人才江苏行暨华侨华人创新创业镇江洽谈会召开 (赵正杰 供稿)

“镇江市人民奖章”。12 月 24 日，市委书记马明龙会见中国国民党原代主席、台湾冠军建材集团董事长林荣德一行。12 月 7 日，台商郭耀钟获评镇江市劳动模范，成为镇江市首位当选市级劳模的台商。

（龚文斌）

【台属联谊会 2020 迎春联谊活动】 2020 年 1 月 17 日，镇江市台属联谊会在台属企业镇江三维输送装备公司举行迎春联谊活动，市台办领导、各市（区）台办分管领导、市台属联谊会理事会成员 40 多人参加活动。会议通报 2019 年全市对台工作情况和 2020 年对台工作打算。市台属联谊会总结 2019 年台属联谊会工作，并针对当前两岸关系形势，结合 2020 年工作提出意见。会后，开展联谊活动。（龚文斌）

【镇台连线共探古街夜经济】 2020 年 9 月 29 日，省级对台交流基地——镇江西津古渡历史文化街区与台湾新北市瑞芳区九份老街商圈以视频交流方式，开展“‘津’夜无眠、‘九’久回想”网上交流活动，共同探讨后疫情时代古街夜经济发展。镇江市台办、对台交流基地、西津渡社区、万科社区负责人等与台湾新北市瑞芳区里长和九份老街商户代表 30 多人参加交流活动。交流活动中，两地古街负责人分别介绍抗击新冠疫情中所做的工作和帮助商户复工复产以及重振古街经济采取的措施。瑞芳区各里长和镇江社区负责人重点交流帮助基层民众走出疫情阴影、发展低碳社区和服务当地居民采取的做法和打算。（章邦勇）

【海外台湾青少年“云中看江苏”网上冬令营开营】 2020 年 12 月 23 日，2020 海外台湾青少年“云中看江苏”网上冬令营活动在镇江第三中学开营。活动历时 10 天，吸引美国、加拿大、日本、菲律宾等国家的近 80 名台湾青少年报名参加。冬令营以“吴韵汉风·云聚江苏”为主题，以视频云课堂的形式组织实施，寓教于乐，以寻访历史文化遗迹，展现经济发展成果为契机，通过授课、互动、完成作业等形式，为营员们进行文化课程辅导，提高他们学习汉语和了解中华文化的兴趣。（章邦勇）

2020 年台湾重要团组考察访问镇江情况表

表 4－3

到访日期	重要团组及领队	参观访问内容
6 月 29 日	台湾青年联合会大陆代表倪家杰一行 2 人	参访交流
7 月 31 日	台湾台泥集团副总经理葛保罗一行 5 人	参访交流
9 月 3 日	两岸经贸文化发展交流协会会长黄子榕一行 6 人	经贸考察
8 月 19 日	台湾中华两岸交流协会常务副会长刘仲宇一行 5 人	文化交流
12 月 24 日	中国国民党原代主席、台湾冠军建材集团董事长林荣德一行 3 人	参访交流

（龚文斌）

·机构编制工作·

【概况】 2020 年，镇江市完成市县机构改革任务，推进重要领域体制机制改革、事业单位改革，统筹配置各类编制资源，强化政治机关建设，为全市发展提供体制机制和机构编制保障。

强化机构编制管理。加强前置关口管理。结合全市经济社会科学发展需要及市委市政府工作重点，综合各机关事业单位工作职能变化与人才需求情况，优先保障涉及民生等重点领域的用编需求，全年审核下达行政用编计划 266 个、事业用编计划 578 个。做好日常监督检查。对各机关事业单位落实机构改革情况、规范机构编制管理情况、执行“三定”规定情况等开展监督检查，建立机构编制问题台账，推进各类机构编制问题整改。开展事后管理评估。对 30 余家市级机关事业单位机构编制配置及执行情况进行阶段性总体评估，将结果作为部门工作实绩考核、制定部门新“三定”规定和调整机构编制的重要依据。做好编外用工管理。出台《镇江市市级机关事业单位编外用工管理办法》，推行“限额核定＋指标管理”的编外用工管理模式，将编制使用前置化管理理念向编外用工管理领域延伸，在确保各机关事业单位职能履行的基础上，有效压缩编外用工整体规模。

服务保障重点领域。服务高质量发展领域。推动镇江高新区、丹阳经开区、丹阳水晶山旅游度假区、句容赤山湖湿地公园、丹徒世业洲旅游度假区等经济发展一线地区的管理机构升格；推动镇江国家农业科技园、市土地储备中心、市生产力促进中心、市国际投资促进中心等服务地方产业发展的机构升格。服务教育领域。在全省率先推进教师“县管校聘”改革市、县全覆盖；加强对市属高校建设的支持力度，推动全市 13 所四星级高中全部升格为正科级以上；优化调整和增核镇江高专、江苏航院内设机构，促进职业教育、航空航天产业发展。服务公共卫生领域。开展疾控体系补短板工作，增核市疾控中心事业编制；支持公共卫生专业技术人员补强，推动扬中市中医院等单位升格。服务生态环境领域。将全市生态环境系统 31 家事业单位整合为“一局一站四中心”，增核行政编制、事业编制。服务安全生产领域。制定《镇江市市级部门及省以上驻镇单位安全生产责任清单》，推进各地安委办实体化运作，在市安全生产监察支队框架下专门成立危化品安全执法大队，增核参公事业编制。服务意识形态领域。完成丹阳、句容、扬中、丹徒融媒体中心等单位升格。服务军民融合产业领域。强化市委军民融合办统筹协调职责,围绕促进军民融合产业发展,设立市委军民融合办综合协调处、产业发展处,增核行政编制专项用于军民融合工作。（李　凯）

【机构和行政体制改革】　2020年,镇江市完成基层整合审批服务执法力量改革。在全市52个镇(街道)复制推广"党的全面领导、审批服务一窗口、综合执法一队伍、基层治理一网格、指挥调度一中心"的"1+4"基层社会治理模式;各镇(街道)职能机构统筹优化设置为7个~9个,各市(区)根据镇(街道)实际需求,下放行政权力,并同步下沉人员编制等行政资源,实现机构编制向基层一线倾斜。该改革为省对设区市的重点考核项目,并通过省评估验收,得分列全省第一方阵。完成综合执法改革。建立健全市本级和各市(区)"市场监管、生态环境保护、文化市场、交通运输、农业、城市管理"等"六大领域"综合行政执法体制;在此基础上,在扬中市推进县域综合执法改革试点,构建"整域执法、体系执法、智慧执法"的县域综合执法新模式。完成行政类、经营类事业单位改革。完成行政类、经营类事业单位改革,涉及64家行政类事业单位、70家经营类事业单位,改革后减少44家事业单位,收回编制若干个,实现政事分开、事企分开。完成开发区"去行政化"改革。在丹阳经开区、句容经开区开展"去行政化"改革试点,科学划分开发区与属地政府的职能边界,确保开发区承担经济发展职责的职能机构比例不低于60%,推行"公务员事业单位+一表'六岗五十一级'+全员聘用"的管理新模式。深化审批服务便民化改革。推进市行政审批局实体化运行工作,推动市发改委、市工信局、市市场监管局等7个部门,84个行政审批事项划转至市行政审批局相对集中行使;制定《镇江市市级行政权力清单》,对地方性法规和地方政府规章设置的38个行政权力事项进行清单化规范管理。（李　凯）

【机构编制创新工作】　2020年,镇江市创新推进市域治理现代化指挥中心建设,在全省率先实现包括公安在内的各条线14.7亿条信息数据的相互关联、融合、分析,提高对基层执法一线的感知能力和监测预警能力。创新公立医院编制周转制度。在事业编制总量不变的前提下,加大编制资源挖潜力度,集中公立医院10%的空编使用权,保障编制紧缺公立医院的用编需求,解决部分公立医院"无编可用"和"编制闲置"结构性矛盾。创新镇(街道)职能机构设置。在镇(街)统筹设置7个~9个职能机构的基础上,突出保障地方产业发展特色,在全国乡村旅游示范地区句容市的部分乡镇挂牌设立旅游管理办公室,在推动产业强市高质量发展的镇江经开区部分镇(街道)设立科技创新和投资促进局。创新开发区集成管理模式。在镇江经开区创新构建"一核两网三集成"现代化综合治理体系,形成"一区两网、分类设置,精准施策、集成服务"的开发区行政管理新体制。（李　凯）

·老干部工作·

【概况】　2020年,镇江市老干部工作贯彻新发展理念,在《中国组织人事报》、《中国老年报》、中组部"离退休干部工作"微信公众号等全国性媒体报道15次,银发宣讲团获评省首届"最美老干部志愿服务团队",市老干部活动中心创成"江苏省文明单位",13个省市到镇江学习交流。

组织离退休干部学习习近平新时代中国特色社会主义思想,领会中共十九届五中全会精神、习近平总书记视察江苏重要讲话指示精神,收看四场全国离退休干部网上专题报告会。做好《加强离退休干部政治建设十条意见》贯彻落实,实施市"离退休干部政治生活馆"二期工程,扩建书记小屋、谈心小屋、志愿小屋、阅读小屋等阵地,20多批近700名离退休干部进馆。在全市统一开展"畅谈奔小康,共话建党史,助跑加速度"主题党日活动900余场,1.2万余名老干部参与,评选"百佳"主题党日。市级层面开展4期银发讲习堂。

推进"六有一提升"(有组织、有班子、有活动、有作用发挥、有制度、有保障,提升组织力)达标创优。对撤销、合并、新组建单位老干部党支部进行优化组合,推动支部换届,选优配强支部书记和骨干。举办离退休干部党支部书记培训班,对市直171名支部书记实施"三步考评法"并发放补贴65.1万元。命名市级示范党支部37个,创成省级示范党支部7个。4个案例获评全省老干部党建创新案例。截至2020年10月底,全市提前2个月实现达标全覆盖。（黄志清）

【"担当先锋、银发生辉"服务品牌】　2020年,镇江市健全老干部志愿服务"总队—中队(团、站)—分队(岗)"三级组织架构,建立2个中队,授牌4个银发人才工作站,依托支部成立297个分队;全市"银发生辉"志愿服务组织有474个,志愿者人数7346人。分六大类构建银发人才库,入库480余人,试点探索去行政化的老年人才服务中心建设。引导离退休干部实施"五服务五助力"行动,173支志愿服务团队开展服务837场次,帮扶项目253个,参与志愿者6200人次,获益群众12万余人。新冠抗疫期间,离退休干部捐款,创作的快板书《风雨过后是晴天》登上《人民日报》客户端并在全市推广。（黄志清）

2020 年镇江市离休干部情况表

表 4－4　　　　单位：人

单位	离休干部总人数	参加革命工作时期				享受待遇情况							
		红军时期	抗战前期（1937 年 7 月 7 日至 1942 年 12 月底）	抗战后期（1943 年 1 月 1 日至 1945 年 9 月 2 日）	解放战争时期（1945 年 9 月 3 日至 1949 年 9 月底）	副省长级医疗待遇	享受地（厅）级待遇	享受副地（厅）级待遇	享受地（厅）级医疗乘车待遇	享受副司局级医疗待遇	享受县（处）级待遇	享受副县（处）级待遇	享受科级及以下待遇
镇江市	721	—	31	91	599	—	2	24	42	67	11	286	289
市直单位	400	—	16	56	328	—	2	17	32	30	11	181	127
丹阳市	104	—	4	11	89	—	—	2	7	9	—	22	64
句容市	69	—	6	7	56	—	—	2	—	11	—	28	28
扬中市	35	—	1	4	30	—	—	—	3	2	—	9	21
丹徒区	60	—	3	8	49	—	—	2	—	9	—	23	26
京口区	30	—	1	4	25	—	—	1	—	4	—	15	10
润州区	18	—	—	—	18	—	—	—	—	—	—	8	10
镇江新区	5	—	—	1	4	—	—	—	—	2	—	—	3

（黄志清）

【老干部服务工作】　2020 年，中共镇江市委重要会议和重大活动邀请离退休干部参加，定期向老干部通报有关情况。组织近 300 名离退休干部开展“看乡村新变化，助镇江跑起来”参观考察活动。推进领导小组成员单位为老干部办实事项目 16 个，落实医保自费部分再报销 30% 的医疗待遇，健全离休干部及遗属特困帮扶机制，高龄护工补贴发放到位。重要节日开展走访慰问活动，发放慰问资金约 180 万元，组织慰问易地安置离休干部、抗战和抗美援朝老战士。推进离退休干部信息化平台建设。　（黄志清）

·史志工作·

【概况】　2020 年，镇江市史志系统开展党史编研、方志编修、年鉴编纂、宣传教育等各项工作。1 月 14 日，省地方志办公室副主任许善军一行到镇江调研地方志宣传工作。5 月 12 日，省地方志办公室主任、党组书记左健伟一行，到扬中市调研地方志工作及《新坝镇志》编纂工作进展情况。

党史工作。完成党史三卷本资料长编 12 章 43.2 万字，完成初稿编写 1.29 万字。组织完成《江苏高新经济开发区史》（镇江部分）组稿工作；与市扶贫办联合开展《江苏扶贫实录》（镇江部分）组稿工作，上报《亲历篇》8 篇，《纪实篇》1.7 万字。全省党史部门主任座谈会在镇江召开。

地方志工作。指导《江苏名镇名村志》编撰，全媒体志书《新坝镇志》出版。出版发行《光绪丹徒县志》点校本。组织开展《江河交汇 群星璀璨——镇江籍院士风采》编纂工作。完成《镇江经济技术开发区志》审稿、验收工作，指导《镇江商会志》《镇江茶叶志》等志编纂。7 月 23 日，市史志系统参加第十届江苏书展，有 51 部地方志成果参展。“镇江方志文化宣传的创新与探索”项目获评省地方志系统 2020 年十大创新项目。

年鉴工作。11 月 18 日，市史志办召开镇江市年鉴工作会议，交流年鉴工作经验，提高全市年鉴编纂业务能力。12 月，《镇江年鉴（2020）》公开出版发行。《镇江新区年鉴（2020）》正式创刊出版，填补镇江市经济开发区年鉴的空白。第七届全国地方志优秀成果（年鉴类）评审中，镇江市有 2 部年鉴获奖。

信息宣传工作。4 月，出版发行镇江市史志研究论文集（第四辑）。编纂出版《初心·使命——新时代党课二十讲》。启动建党 100 周年纪录片拍摄工作。联合市新四军研究会组织纪念全民族抗战胜利 75 周年暨苏南新四军主力北渡“开辟苏北、发展华中”及新江抗创建苏南东路抗日根据地 80 周年征文活动。与市委《创新》杂志合作，完成《党史红色故事》和《文心笔谈之史话》两个栏目，全年供稿 12 篇。

发挥中共镇江地方史馆、镇江方志馆（以下简称“两馆”）宣传教育作用。2020 年，“两馆”项目获评江苏省地方志系统 2019 年十大创新项目。“两馆”加入中共镇江市委党校组建的镇江市红色阵地联盟，入选润州区团委设立的“西津渡青年学习社学习线路”。“镇江西津渡”微信公众号设立《镇江史志》专栏，定期宣传推广“两馆”及地方党史、方志地情知识，全年宣传 14 期。全年“两馆”开展红色文化宣讲、《初心·使命——新时代党课二十讲》书籍首发式、开馆一周年暨赠书仪式、《光绪丹徒县志》点校本首发式暨 2020 年市史志办新闻发布会等活动；接待参观者 27600 人次。

（宗晨婕）

【史志成果“六进”活动】　2020 年，镇江市史志办开展“史志六进”活动，赠送史志成果进市自然资源和规划局、第二干休所、市博物馆、宝塔路小学、西津渡社区、四县抗敌总会纪念馆。拓展“史志六进”形式,6月,与市宝塔路小学签订结对共建协议书,将宝塔路小学作为固定联系点,建立史志图书角,举办更多的党史、方志地情普及活动。 (宗晨婕)

【2部志书、1部地情书获评省地方志书质量评定优秀成果】 2020年6月16日,江苏省地方志办公室通报2020年度江苏省地方志书质量评定优秀成果,《镇江市京口区志(1983—2007)》《镇江市文物志》《听风听雨·吾爱吾庐——镇江名人故居撷珍》分别获评县(市、区)志、专题志、地情书类优秀成果。 (宗晨婕)

【新四军四县抗敌总会纪念馆获批“江苏省党史教育基地”】 2020年10月28日,镇江市史志办为获批第二批“江苏省党史教育基地”的新四军四县抗敌总会纪念馆授牌。纪念馆作为红色教育课堂,发挥其教育阵地作用,是党员干部了解中共历史、加强党性锻炼的重要基地。 (宗晨婕)

【《光绪丹徒县志》点校本出版发行】 2020年12月23日,《光绪丹徒县志》点校本首发式暨新闻发布会在中共镇江地方史馆、镇江方志馆举行。市史志办于2016年4月启动组织《光绪丹徒县志》点校工作,历经近5年点校和研磨,由江苏大学出版社出版发行。全书208.5万字,分上、下两册,是传承镇江历史文脉、探索研究镇江历史文化的重要文献。 (宗晨婕)

【2部年鉴获评第七届全国地方志优秀成果】 2020年12月30日,中国地方志指导小组、中国地方志学会组织的第七届全国地方志优秀成果(年鉴类)评审工作结果揭晓,评审范围为公开出版的2019年卷全国各级各类年鉴。镇江市有2部年鉴获奖,其中,《镇江年鉴(2019)》被评为一等市级综合年鉴,是江苏省唯一一部获一等的市级年鉴;《扬中年鉴(2019)》被评为二等县级综合年鉴。 (宗晨婕)

·党校工作·

【概况】 2020年,镇江市委党校(市行政学院)学习贯彻习近平新时代中国特色社会主义思想,落实中共十九届五中全会精神和习近平总书记视察江苏重要讲话指示精神,贯彻落实《中国共产党党校(行政学院)工作条例》,推进各项工作。市委党校获评第九届全省党校系统优秀教学组织奖;“建设镇江红色阵地联盟”基层党建书记项目获评2020年度镇江市“十佳书记”项目。

教育培训工作。市委党校举办主体班15期,合作培训班82期,培训学员6834人次;开放高清在线课程25节,服务党员干部4000人次;上线“党校云学”19讲,点播量超万次;开展志愿宣讲225场,受众1.3万余人;完成镇江市党性教育中心培训280批次,培训1.2万人次。建成红色阵地联盟,开展红色经典主题教育。推进“用学术讲政治”,重点打磨“学习新思想”“学习全会精神”等教学板块,紧扣“国家治理体系和治理能力现代化”等重大课题,开设新专题112课。出台《关于推进用学术讲政治的意见》,增加“用学术讲政治”评价指标。优化特色教学方法,优化问题式教学、研究式教学,不断校准教研咨一体化方向。发挥学员专业优势,为振光电力等企业帮办解难题。依托实训室打造“新闻发布”“应急处置”实境课程。开发电影党课10讲,融入党性教育。提升师资业务水平。做好精品课建设,实施《2020年精品课工作方案》,打磨精品课程2节,赴省委党校参评获佳绩。健全新专题动态招募机制、教学专题准入和退出机制,开发新专题43讲,举办集体备课会8场。组织全市党校系统青年教师赛课活动。举办系列学科工作坊活动,强化学科建设。

科研资政工作。市委党校提升科研组织力、研究力、服务力。全年完成各级各类课题111项,出版专著1部、编写党性教育教材1部。发表各级各类论文91篇,其中省级以上学术论文47篇。发表理论宣传文章27篇,4篇入选省级学术会议。获各级各类科研奖项37项,其中省级以上11项,市委党校在省委党校组织的全省重点课题评比中获奖数列地市党校第1名。推进决策咨询工作。召开科研信息工作协调会,组建科研信息报送团队。完成深度决策咨询报告8篇。提升科研组织力。举办全市党校系统科研工作协作会、教师科研能力培训会。拓展调研途径,组织教师开展调研活动12场。建设党校联盟专家库,吸收34名专家共建党校智库。 (瞿 毅)

【镇江红色阵地联盟】 镇江市委党校依托镇江市重要的红色资源基地,通过阵地共用、教材统编、线路共建、专题共享、队伍共培等举措,联合打造“镇江红色阵地联盟”。2020年9月21日,在镇江市委党校举行“红色阵地联盟”签约授牌仪式,市委党校与16家成员单位签订共建协议并授牌,共同推出5条红色现场教学线路,开发35讲党性教育新专题,组建一支30人以上、100%研究生学历的教师讲解队伍,实现红色资源开发利用。 (瞿 毅)

【党校云学】 2020年4月29日,镇江市委党校开通“党校云学”网上学习平台,面向社会大众推送党校教师优质课程,全年推出课程19讲,发挥党校思想引领的职能作用,传达中央最新声音和党的思想、理论、路线、方针、政策及社会热点,丰富“信仰力量希望红色学府”的品牌内涵。 (瞿 毅)

【党校(行政学院)校(院)长座谈会】 2020年7月30日,镇江市党校(行政学院)校(院)长座谈会召开,会议贯彻落实《中国共产党党校(行政学院)工作条例》,研究部署下一阶段工作。市委副书记、组织部部长、党校(行政学院)校(院)长李健出席会议并讲话。会后还召开全市党校(行政学院)常务副校(院)长座谈会,就贯彻落实全市党校(行政学院)校(院)长座谈会精神进行部署。 (瞿 毅)

·档案工作·

【概况】 2020年,镇江市档案工作有新进展。全年接收近108万件档案进馆,各级综合档案馆和城建档案馆馆藏总量1500余万件,其中市档案馆馆藏总量近260万件。全市档案馆接待社会各界利用者1.5万余人次,查阅档案数量3.8万卷(件),提供复制件7万余张,其中市档案馆接待查档753人次,为利用者提供档案、资料9788卷(件),复印7000余张。扬中市档案科技项目获国家档案局立项,丹阳推进远程查档,《句容抗日战争档案汇编》被列入国家重点档案开发项目,润州举行档案展示馆开馆暨红色档案捐赠仪式。

档案工作体制机制健全。市档案局牵头制定档案局馆联席会议工作规则,联席会议办公室设在市委办档案处。联席会议研究局馆共同承担的工作任务及全市档案工作重大事项、重要工作,解决档案工作中遇到的困难和问题。

依法治档工作推进。市档案局定期维护网上权力事项,认领行政许可1项、行政奖励2项、行政其他2项、行政处罚5项、行政服务8项。标准化事项在线办理率100%,不见面审批率100%,承诺时间相对于法定办理时间压缩95.16%。梳理5项行政监管事项、7项行政检查事项,监管事项覆盖率100%。对全市68家机关档案室开展档案年检,对各单位年检情况予以通报。

档案室规范化创建。全年19家单位档案室完成等级测评验收,其中,创建省五星级档案室2家、省四星级2家、省三星级5家、省二星级10家。市委办公室新建综合档案室,并创成全省党办首家档案工作五星级单位。创建省数字档案室4家。其中,句容市供电公司、京口公安分局、润州公安分局等3家单位通过省AAAAA数字档案室评估。

档案信息化水平提升。市档案局开展数字档案室系统操作培训,72家单位参训,实现OA系统电子文件与档案室系统的数据兼容。全年各级档案馆信息化扫描近358万页,其中市档案馆完成馆藏档案数字化任务34个全宗273万页,完成涉改单位档案49万件,数字化率95%以上。

服务大局功能强化。开发利用红色档案资源,完成全市红色档案收集工作。提前介入疫情防控、道教论坛、抗洪救灾、脱贫攻坚等重大活动、重要事件档案收集工作,完成第一阶段新冠肺炎疫情防控专题档案移交进馆。《镇江市脱贫攻坚档案开发利用系列成果》获评"全省档案开发利用成果奖"一等奖。市档案馆编纂出版《镇江市档案馆藏日军战时暴行与战后所受人道待遇档案汇编》,与镇江广播电视台联合拍摄电视专题片《陈光甫》,与省档案馆合作完成《赵亚夫眼中的小康路》《用照片讲述小康故事"家·国小康"大型图片故事征集展示活动》等微视频和微信创作推送。

档案队伍建设加强。全年由市档案局牵头举办档案业务培训6次,累计参训500余人次。与市档案馆联合举办新修订的《中华人民共和国档案法》解读和疫情防控等重大活动档案收集培训、举办档案信息化、档案资源建设专题培训。 (吉星昇)

【疫情防控档案收集】 2020年,镇江市印发《关于做好全市新型冠状病毒感染的肺炎疫情防控工作中档案资料收集工作的通知》《关于进一步依法做好疫情防控工作中档案资料收集归档工作的通知》,编制《新冠疫情档案整理指导意见》,召开疫情防控指挥部成员单位协调推进会,市档案馆上门分类指导和培训,收集、整理、接收文书、照片等疫情档案3982件(册)。丹阳、句容、扬中等地疫情档案收集工作均按序时进度完成。 (吉星昇)

【脱贫攻坚档案宣传活动】 2020年6月9日是第13个国际档案日,镇江市档案部门举办"档案见证镇江脱贫攻坚"主题展,开展赵亚夫扶贫档案捐赠活动、主题征文活动,拍摄纪录片、制作H5,发放宣传手册。各市(区)档案部门举办宣传活动10余场。全市现场活动参加人数2000余人、线上网络活动参与人数7000人。《江苏镇江:走向小康,档案见证》《江苏镇江:赵亚夫眼中的小康路》《今天这个节目,听赵亚夫讲过去的故事》等登录"学习强国"平台。 (吉星昇)

镇江市人民代表大会

·综 述·

【概况】 镇江市第八届人民代表大会代表名额为355人。到2020年市八届人大四次会议,实有代表

354 人。至市八届人大常委会第三十一次会议为止，调离本市 10 人，辞职 9 人，离世 1 人，该 20 名代表的代表资格终止。有关选举单位依法补选 20 人。经市八届人大常委会代表资格审查委员会审查，确认其代表资格全部有效，补选后代表人数为 354 人。

2020 年，市委召开市人大工作会议，出台《中共镇江市委关于加强新时代人大工作和建设的意见》。市人大召开市八届人大五次会议，依法选举产生市人大常委会主任和市政府市长。全年督办“加快推进我市居家和社区养老服务高质量发展”议案 1 件、重要建议 5 件，听取“一府一委两院”关于刑罚执行监督、对外交流交往、脱贫攻坚、2020 年政府投资项目完成情况、“十三五”规划纲要实施和“十四五”规范纲要编制情况等 5 个专项工作报告。

关注疫情防控和经济社会发展，向全市发出贯彻落实省人大常委会关于依法防控新冠肺炎疫情相关决定的通知并对决定进行解读，开展《全国人民代表大会常务委员会关于全面禁止非法野生动物交易、革除滥食野生动物陋习、切实保障人民群众生命健康安全的决定》《中华人民共和国野生动物保护法》《江苏省野生动物保护条例》执法检查。围绕“十四五”规划纲要编制开展 7 项专题调研，组织开展“我为省市‘十四五’规划献良策”活动。与沪苏浙皖等相关地区人大开展协作交流，对接南京市人大围绕 312 国道产业创新走廊建设、跨界水环境治理等主题，开展联合调研考察。每季度调研全市经济运行情况。

制定出台《镇江市文明行为促进条例》《镇江市电梯安全管理条例》，“镇江出台国内首部长江岸线资源保护条例”获评江苏省第四届“十大法治事件”。与省人大联动开展《中华人民共和国安全生产法》《江苏省安全生产条例》及《中华人民共和国土壤污染防治法》执法检查，开展《中华人民共和国中医药法》执法检查，专题调研《镇江市长江岸线资源保护条例》《镇江市非物质文化遗产项目代表性传承人条例》贯彻实施情况，对《镇江香醋保护条例》《镇江市饮用水源地保护条例》执法检查意见和审议意见落实情况进行“回头看”，推动地方性法规有效实施。

对“十件民生实事”实行“清单化”督办，审议脱贫攻坚工作情况报告并进行票决，调研促进就业工作情况，组织收集各类民生热点问题 2187 件，并逐项推动解决。召开政情通报会，对市政府 8 个工作部门及其主要负责人开展评议。健全人大听取政府年度环境报告制度，跟踪督办《2019—2020 年镇江市突出环境问题清单》，围绕《镇江市长江岸线资源保护条例》贯彻实施，专题调研全市长江大保护工作并组织考察。

召开全市人大代表工作会议，出台《关于加强和改进人大代表工作 充分发挥人大代表作用的意见》《关于加强全市人大代表联络工作站建设的意见》。全年选编 8 期《代表之声》，组织“五级人大代表统一接待选民日”活动，对 13 名省人大代表、70 名市人大代表履职情况实施评价。首次形成市党政主要领导牵头联系、领办代表建议的新做法，市八届人大四次会议提出建议 253 件，解决率 68.4%，比上年提高 1.2 个百分点。

成立市人大常委会机关党组，开展“五走进五助力”系列活动和老干部党支部“三谈三讲三助跑”活动。各市（区）全部实行民生实事票决制；全市 12 个街道建立议政会制度；镇（街道）人大听取政府年度环境报告制度试点推广。（赵敬敬）

【“镇江市人民奖章”授予工作】 2020 年 5 月—11 月，镇江市人大常委会开展该届授予“镇江市人民奖章”称号工作。5 月 20 日，全市召开“授荣”工作部署会，启动部署相关工作。10 月 29 日，市八届人大常委会第二十九次会议听取审议关于授予“镇江市人民奖章”称号的议案并作出相应决定，向社会公布。11 月 17 日，镇江市举行“镇江市人民奖章”颁奖大会，20 人获评“镇江市人民奖章”。（参见第 384 页）（赵敬敬）

·重要会议·

【市八届人大四次会议】 2020 年 1 月 10 日—13 日，镇江市八届人大四次会议举行，会议应到代表 354 名，实到代表 331 名，组成 8 个代表团。市政府组成人员和其他方面负责人，地市职离退休老干部，部分在镇江的全国、省人大代表等列席会议。会议举行 3 次全体会议、4 次主席团会议。会议表决通过张洪水请求辞去镇江市八届人大常委会副主任、裔玉乾请求辞去镇江市人民政府副市长的职务案，并宣读相关决定。会议补选裔玉乾为镇江市八届人大常委会副主任，杜新、张纪成、陈秋明、陈鹏飞为镇江市八届人大常委会委员。

会议听取和审议《政府工作报告》《镇江市人民代表大会常务委员会工作报告》《镇江市中级人民法院工作报告》《镇江市人民检察院工作报告》，审查和批准《镇江市 2019 年国民经济和社会发展计划执行情况及 2020 年国民经济和社会发展计划草案的报告》（书面）、《镇江市 2019 年预算执行情况和 2020 年预算草案的报告》（书面），批准以上报告并作相应决议。

会议收到市人大代表提出的议案和建议 254 件，其中“关于加快推进我市居家和社区养老服务高质量发展”被确立为代表议案，交市人大常委会审议决定。其余 253 件作为建议处理，其中，“扶持与规范并举，促进民办学校健康发展”“建好菜市场、管好菜篮子，提升百姓幸福感”“优化营商环境，激发民营企业活力”“切实提升农村人居环境”“加强精装修商品房质量监管，切实保护消费者权益”等5件为重要建议，交由市人大常委会主任会议处理。（赵敬敬）

【市八届人大五次会议】 2020年6月28日—29日，镇江市八届人大五次会议举行，会议应到代表347人，实到代表337人，组成8个代表团。大会选举马明龙为市八届人大常委会主任、徐曙海为镇江市市长。该次会议未安排人员列席，未邀请非人大代表的领导参加开幕会。（赵敬敬）

【市人大常委会会议】 2020年，镇江市八届人大常委会举行7次会议。

1月3日，市八届人大常委会第二十四次会议讨论市人大常委会工作报告（讨论稿），市八届人大四次会议主席团和秘书长、主席团常务主席、副秘书长等建议名单，市八届人大四次会议选举办法（草案）、有关专门委员会的设立和组成人员人选通过办法（草案），审议通过代表资格审查报告、列席人员名单，市人大常委会各工作委员会、新区工作委员会2019年度书面工作报告。张洪水、王萍、王常生、岳卫平、陈琳、丁羽如出席会议。胡宗元、汤小夫、张新祥列席会议。

2月28日，市八届人大常委会第二十五次会议听取并审议通过关于“加快推进我市居家和社区养老服务高质量发展”议案的处理意见。听取审议市政府关于提请审议《镇江市文明行为促进条例（草案）》的议案，审议通过市人大常委会2020年工作要点，表决通过有关人事任免。裔玉乾、王萍、王常生、岳卫平、陈琳、丁羽如出席会议。曹丽虹、汤小夫、张新祥列席会议。

4月28日，市八届人大常委会第二十六次会议表决通过关于任命徐曙海为镇江市副市长的决定、关于任命周凯为镇江市副市长的决定、关于接受张叶飞辞去镇江市市长职务请求的决定、关于徐曙海代理镇江市市长的决定以及其他人事任免。听取审议市政府关于2019年环境状况和环境保护目标完成情况的报告，市检察院关于刑罚执行监督工作情况报告，审议通过市人大常委会代表资格审查委员会和相关工作委员会组成人员调整名单。裔玉乾、王萍、王常生、岳卫平、陈琳、丁羽如出席会议。陈可可、汤小夫、张新祥列席会议。

6月19日，市八届人大常委会第二十七次会议听取审议《镇江市文明行为促进条例（草案）》审议结果的报告，表决通过《镇江市文明行为促进条例》，并报请省人大常委会批准。听取审议《镇江市人大常委会2020年评议工作实施方案》，关于市八届人大五次会议筹备工作意见并表决通过相关决定，审议通过关于个别代表的代表资格的报告。讨论市八届人大五次会议主席团和秘书长、主席团常务主席、副秘书长等建议名单及选举办法（草案）。表决通过有关人事任免。裔玉乾、王萍、王常生、岳卫平、陈琳、丁羽如出席会议。王文生、汤小夫、张新祥列席会议并提请人事任免案。

8月28日，市八届人大常委会第二十八次会议听取审议市政府关于2019年财政决算的报告、关于2019年度市本级预算执行情况和其他财政收支的审计工作报告、市人大常委会关于2019年市本级财政决算（草案）审查结果的报告，做出关于批准2019年市本级财政决算的决议，审议市政府关于2020年上半年国民经济和社会发展计划执行情况、上半年财政预算执行情况的书面报告。听取审议市政府关于对外交流交往工作情况的报告，市人大常委会执法检查组关于检查《中华人民共和国安全生产法》和《江苏省安全生产条例》贯彻实施情况的报告。审议市政府关于提请审议《镇江市扬尘污染防治条例（草案）》的议案，审议《镇江市电梯安全管理条例（草案）》审议结果的报告并表决通过《镇江市电梯安全管理条例》，报请省人大常委会批准。表决通过有关人事任免。马明龙、裔玉乾、王萍、王常生、岳卫平、陈琳、丁羽如出席会议。胡宗元列席会议，黄利民提请人事任免案，汤小夫列席会议，张新祥提请人事任免案。

10月29日，市八届人大常委会第二十九次会议听取审议市政府关于脱贫攻坚工作情况的报告并票决通过。听取审议市政府关于2019年行政事业性国有资产管理情况的专项报告，审议市政府关于2019年国有资产管理情况的书面综合报告。听取关于授予“镇江市人民奖章”议案的说明并作出相应决定，市人大常委会执法检查组关于检查《中华人民共和国中医药法》实施情况的报告。听取审议部分省人大代表履职情况的报告，并进行测评。决定任命殷敏为镇江市副市长，表决通过有关人事任免。马明龙、裔玉乾、王萍、王常生、岳卫平、陈琳、丁羽如出席会议。曹丽虹、汤小夫、张新祥列席会议。

12月30日，市八届人大常委会第三十次会议听取审议市政府关于“加快推进我市居家和社区养老服务高质量发展”议案办理情况的报告，并票决通过。听取审议关于市八届人大四次会议代表建议办理情况的报告。听取审议市政府关于“十三五”规划纲要执行和“十四五”规划纲要编制情况的报告，关于《2020年镇江市本级预算调整方案（草案）》议案的说明并表决通过相关决议，关于2020年市级政府投资项目完成情况的报告。听取审议市八届人大六次会议筹备工作意见，表决通过相关决定。审议市政府有关部门及其主要负责人评议意见落实整改情况的书面报告,以及市政府关于2019年市本级财政预算执行和其他财政收支审计发现问题整改情况的书面报告。表决通过有关人事任免。马明龙、王萍、王常生、岳卫平、丁羽如出席会议。郭建、殷敏、汤小夫、张新祥列席会议。 (赵敬敬)

【重点工作通气会】 2020年1月7日,镇江市人大常委会、市政府举行2020年重点工作通气会。市长张叶飞主持会议并讲话。市人大常委会常务副主任张洪水介绍2020年市人大常委会的重点工作。王萍、王常生、岳卫平、陈琳,胡宗元、曹丽虹、陈可可、潘早云、丁羽如、贾晟出席会议。 (赵敬敬)

2020年镇江市人大常委会主任会议表

表4-5

时　间	会议名称	会议内容	参加会议的市人大常委会领导	列席会议的市政府领导
1月23日	市八届人大常委会第三十八次主任会议	讨论关于市八届人大四次会议议案和重要建议的处理意见	裔玉乾、王常生、岳卫平、陈琳、丁羽如	—
2月27日	市八届人大常委会第三十九次主任会议	集中学习传达2月23日习近平总书记在统筹推进新冠肺炎疫情防控和经济社会发展工作部署会议上的重要讲话精神;讨论市政府关于提请审议《镇江市文明行为促进条例(草案)》的议案;讨论市八届人大四次会议议案、重要建议的督办工作方案;讨论市人大常委会2020年工作要点(讨论稿)	裔玉乾、王萍、王常生、岳卫平、陈琳	潘早云
3月31日	市八届人大常委会第四十次主任会议	讨论市人大法制委员会、财政经济委员会、监察和司法委员会、社会建设委员会议事规则;讨论通过市人大常委会办公室、研究室、各委员会工作职责;传达学习中央政治局会议、省委常委会暨省委应对疫情工作领导小组会议、市委常委会暨市委应对新冠肺炎疫情工作领导小组会议及市委理论学习中心组学习会精神	裔玉乾、王萍、王常生、岳卫平、陈琳、丁羽如	—
4月27日	市八届人大常委会第四十一次主任会议	讨论通过关于开展授予"镇江市人民奖章"工作方案,讨论代表资格审查委员会和相关工作委员会组成人员调整名单	裔玉乾、王萍、王常生、岳卫平、陈琳、丁羽如	—
5月27日	市八届人大常委会第四十二次主任会议	听取市政府关于"扶持与规范并举,促进民办学校健康发展"重要建议办理情况的汇报	裔玉乾、王萍、王常生、岳卫平、陈琳、丁羽如	曹丽虹
6月18日	市八届人大常委会第四十三次主任会议	听取市政府关于"建好菜市场、管好菜篮子,提升百姓幸福感"重要建议办理情况的汇报;听取关于《镇江市文明行为促进条例(草案修改稿)》准备情况的汇报,讨论2020年评议工作实施方案;讨论通过《镇江市人大常委会信访工作制度》;讨论《中华人民共和国安全生产法》和《江苏省安全生产条例》执法检查方案;讨论代表资格审查情况的报告、市八届人大五次会议主席团和秘书长等建议名单及选举办法(草案)	裔玉乾、王萍、王常生、岳卫平、陈琳、丁羽如	周　凯
7月30日	市八届人大常委会第四十四次主任会议	听取市政府关于"优化营商环境,激发民营企业活力"重要建议办理情况的汇报	裔玉乾、王常生、岳卫平、陈琳、丁羽如	陈可可
8月26日	市八届人大常委会第四十五次主任会议	讨论市政府关于提请审议《镇江市扬尘污染防治条例(草案)》的议案;讨论政情通报会专题审议发言;讨论并原则通过关于授予"镇江市人民奖章"称号的初步名单;听取关于《镇江市电梯安全管理条例(草案修改稿)》准备情况的汇报;讨论《中华人民共和国安全生产法》和《江苏省安全生产条例》执法检查报告	裔玉乾、王萍、王常生、岳卫平、陈琳、丁羽如	陈可可
9月28日	市八届人大常委会第四十六次主任会议	听取市政府关于"切实提升农村人居环境"重要建议办理情况的汇报、关于"加强精装修商品房质量监管,切实保护消费者权益"重要建议办理情况的汇报、关于"十四五"规划纲要编制情况的汇报;听取对拟授予"镇江市人民奖章"称号人员情况的汇报;讨论评议工作组评议报告;讨论通过《中华人民共和国中医药法》执法检查方案;学习传达市委人大工作会议、市委调研人大工作座谈会精神	裔玉乾、王萍、岳卫平、陈琳、丁羽如	胡宗元
10月27日	市八届人大常委会第四十七次主任会议	讨论《中华人民共和国中医药法》执法检查报告;讨论关于评选市人大代表活动先进小组、优秀市人大代表小组组长、优秀市人大代表、优秀议案和建议的方案	裔玉乾、王萍、王常生、岳卫平、陈琳、丁羽如	—
11月23日	市八届人大常委会第四十八次主任会议	听取市政府关于民生实事完成情况和侨务工作情况的汇报,讨论《镇江市人大常委会2021年立法计划(草案)》	王萍、王常生、岳卫平、丁羽如	潘早云

(赵敬敬)

【全市人大代表工作会议】 2020年7月22日，镇江市人大常委会召开全市人大代表工作会议，在全省率先出台《关于加强和改进人大代表工作，充分发挥人大代表作用的意见》《关于加强全市人大代表联络工作站建设的意见》，代表工作规范化水平提升。市委书记、市人大常委会主任马明龙做批示。

（赵敬敬）

【市委人大工作会议】 2020年9月24日，镇江市委召开人大工作会议，出台《中共镇江市委关于加强新时代人大工作和建设的意见》。市委书记马明龙出席会议并讲话，市政协主席李国忠出席会议，市委副书记、组织部部长李健主持会议。会议以视频形式召开。市委常委，市人大常委会副主任，市政府副市长，市中级人民法院、市检察院主要负责人；部分市人大常委会离退休人员；市各有关部门和单位主要负责人；部分在镇江全国、省、市人大代表等在市行政中心会议中心主会场参加会议。各市（区）和镇江新区、镇江高新区设分会场。（赵敬敬）

·人大监督·

【概况】 2020年，镇江市人大常委会聚焦疫情防控、产业强市、乡村振兴、生态文明建设等重点工作，运用调研、考察、听取审议工作报告等形式助推实施。召开“推进产业强市·人大积极行动”专题会议，开展的“五大行动”有成效；全年审议“一府一委两院”关于环境目标完成，计划执行，决算和同级审，预算，国有资产管理，刑罚执行监督，对外交流交往，脱贫攻坚，政府投资项目，“十三五”规划纲要实施和“十四五”规划纲要编制情况等12个专项工作报告；开展关于《中华人民共和国土壤污染防治法》等3场执法检查；专题调研《江苏省奖励和保护见义勇为人员条例》等6部法律法规贯彻实施情况；组织对全市落实惠台措施、长江大保护工作进行2次考察；对野生动物保护管理、精装修房屋质量监管等8项工作进行调研督办；继续对“十件民生实事”实行“清单化”督办。市人大常委会在丹阳召开全市镇（街道）人大听取政府年度环境报告工作推进会，介绍丹阳经验，对该项工作做出部署。（赵敬敬）

【民生实事清单化督办】 2020年，镇江市人大常委会对政府工作报告中承诺的“十件民生实事”实施“清单化督办”，监察司法工委牵头督办医疗保险全覆盖、居家养老设施建设、犬类管理、体育公共设施建设相关4件，环资城建委牵头督办老旧小区改造、优化道路交通、优化出行、老旧小区加装电梯相关4件，教科文卫委牵头督办普及急救知识、建成智慧校园相关2件。10件民生实事均基本完成。（赵敬敬）

【评议工作】 2020年6月—12月，镇江市人大常委会聚焦“助推产业强市”主题，对市发改委、市工信局、市自然资源和规划局、市农业农村局、市商务局、市文广旅局、市科技局、市地方金融监管局8个部门及负责人开展评议。7月20日，召开2020年评议工作动员部署会。10月21日，召开2020年评议大会。

（赵敬敬）

【政情通报】 2020年8月28日，镇江市人大常委会组织召开政情通报会。市长徐曙海通报上半年全市经济社会发展情况和下半年工作安排，相关领导参加会议。8名市人大代表分别围绕“持续优化营商环境”“全力打造山水花园名城”“高质量编制‘十四五’规划纲要”“打赢常态化疫情防控持久战”“发展壮大农村集体经济”“推进养老服务高质量发展”“深入贯彻《镇江市文明行为促进条例》”“发挥新侨作用”做专题发言。（赵敬敬）

【《中华人民共和国安全生产法》和《江苏省安全生产条例》执法检查】 2020年7月—8月，镇江市人大常委会执法检查组对《中华人民共和国安全生产法》和《江苏省安全生产条例》贯彻执行情况开展执法检查。7月7日，执法检查组召开第一次全体会议。7月10日和14日，执法检查组分别赴丹阳市、镇江新区开展实地执法检查，其他市、区自主完成执法检查工作并上报报告。7月21日，执法检查组召开第二次全体会议，对全市安全生产工作提出意见建议。（赵敬敬）

【《中华人民共和国土壤污染防治法》执法检查】 2020年8月，镇江市人大常委会执法检查组开展《中华人民共和国土壤污染防治法》执法检查，召开执法检查工作会议，对各市（区）土壤污染治理与修复项目、土壤污染重点监管单位、耕地质量提升项目、农药包装废弃物回收项目、尾矿库等进行现场执法检查，并听取贯彻实施情况和意见建议。

（赵敬敬）

【《中华人民共和国中医药法》执法检查】 2020年9月—10月，镇江市人大常委会执法检查组开展《中华人民共和国中医药法》执法检查。9月底，执法检查组召开第一次全体会议。10月中旬，执法检查组赴丹阳市、润州区进行实地执法检查，并听取汇报。句容市、扬中市、丹徒区、京口区等地政府和镇江新区管委

会提交关于贯彻实施中医药法情况的书面报告。（赵敬敬）

【长江大保护考察】 2020年10月22日，镇江市人大常委会开展《镇江市长江岸线资源保护条例》实施以及长江大保护调研工作。实地考察水上绿色服务区、豚类保护区、沿江防护林、饮用水源地、化工园区等工作，并专题听取相关部门工作汇报。（赵敬敬）

·人大代表工作·

【概况】 2020年，镇江市人大常委会发挥代表主体作用，召开全市人大代表工作会议，出台《关于加强和改进人大代表工作，充分发挥人大代表作用的意见》《关于加强全市人大代表联络工作站建设的意见》。深化"两个联系"机制，组织"五级人大代表统一接待选民日"活动，开展"四个一"活动，选编8期《代表之声》。落实人大代表向原选举单位报告履职情况制度，健全建议督办机制，推广民生实事票决制，指导各市（区）、镇江新区推行街道议政会制度，12个街道建立议政会制度。（赵敬敬）

【疫情防控】 2020年2月4日，镇江市人大常委会向全市各级人大代表发出共同抗击疫情倡议书，人大代表们捐赠物资，89名人大代表就疫情防控、谋求发展、代表作用发挥等提出建议意见172件。（赵敬敬）

【"我为省市'十四五'规划献良策"活动】 2020年7月开始，镇江在全市人大代表中开展"我为省市'十四五'规划献良策"活动，通过组织市人大代表小组专题活动、召开在镇江全国、省人大代表座谈会、在代表履职平台发布信息等形式，征集到126名各级人大代表意见建议185条。（赵敬敬）

【代表小组"四个一"活动】 2020年，镇江市深化市人大代表小组"四个一"活动（开展一次专题学习、组织一次专项调研、联系一个村或社区、接待一次选民），以19个村、社区为小组联系点，对部分贫困户和贫困学生进行结对帮扶，全市20个代表小组全年开展活动80次。围绕产业强市战略开展"进企业、议发展、献良策"专题调研，形成19篇调研报告并汇编成册，78名代表提出建议意见145条。（赵敬敬）

【"五级人大代表统一接待选民日"活动】 2020年11月13日，镇江市2400多名全国、省、市、县（市、区）、镇人大代表深入304个选民接待点，围绕"助力'三高一争'——听民意、访民情、解民忧"，接待选民7554人，收集意见、建议和诉求4050件。（赵敬敬）

·议案和重要建议·

【概况】 2020年，镇江市八届人大四次会议期间，人大代表提出建议253件，其中，市人大常委会主办1件，政府系统主办232件，市中级人民法院主办7件，市检察院主办1件，市党群部门主办12件、分办1件，均答复代表。其中，当年解决173件，占68.38%；正在解决70件（承诺两年内解决的17件，两年外解决的53件），占27.67%；因条件限制暂时难以解决或作为工作参考的10件，占3.95%。代表对建议办理结果表示满意的245件、基本满意8件。健全建议督办机制，遴选6类18件代表建议重点督办，首次形成市党政主要领导牵头联系、领办代表建议新做法。提高建议工作信息化水平，新建并逐步完善代表议案建议办理平台，实现议案建议办理"全程可视"。（赵敬敬）

【加快推进镇江市居家和社区养老服务高质量发展的议案】 2020年1月12日，在镇江市八届人大四次会议上，大会主席团将印明等30名代表提出的"关于加

图4－2　2020年11月13日，镇江市"五级人大代表统一接待选民日"活动　（张　慧　供稿）

快推进居家和社区养老服务高质量发展的议案”、陈嘉辉等10名代表提出的“关于加快发展和完善市区养老服务业的议案”和魏丽等10名代表提出的“关于加快推进社会居家养老服务体系建设的议案”作并案处理，交市人大常委会审议。议案建议：完善居家和社区养老保障体系；保障社区养老服务设施有效供给；完善医养结合政策；加快发展养老机构人才队伍；加大社区养老服务多元投入。（赵敬敬）

【建好菜市场、管好“菜篮子”的重要建议】 2020年1月12日，在镇江市八届人大四次会议上，潘培荣等10名代表就建好管好“菜篮子”提出建议：对于主城区菜市场的现状推进综合执法；加大菜市场新建和改造力度，加快推进菜市场全面提档升级；推进主城区菜市场长效管理综合考评，提升菜市场管理水平；建立健全政府、职能部门与菜市场主办方三方联动，引进第三方监督的综合长效管理机制；制定出台菜市场管理条例，依法对菜市场进行刚性管理；对主城区农批市场进行搬迁。（赵敬敬）

【加强精装修商品房质量监管的重要建议】 2020年1月12日，在镇江市八届人大四次会议上，吴国杰等30名代表就加强精装修商品房质量监管、保护消费者权益提出建议：出台加强精装修商品房监管的相关制度；修订并强制使用《商品房买卖合同》示范文本；建立精装修商品房验收制度。（赵敬敬）

【优化营商环境的重要建议】 2020年1月12日，在镇江市八届人大四次会议上，周岳新等10名代表就优化营商环境，激发民营企业活力提出建议：强化政府部门的服务意识；营造公平的市场竞争秩序；创新渠道破解民营企业融资瓶颈；优化完善银行服务民营企业形式。（赵敬敬）

【提升农村人居环境的重要建议】 2020年1月12日，在镇江市八届人大四次会议上，王荣飞等10名代表就提升农村人居环境提出建议：立足长远，坚持高起点规划；加快制定配套倾斜政策；加大资金投入力度；突破难点，提升综合整治水平；完善机制建设。（赵敬敬）

【促进民办学校健康发展的重要建议】 2020年1月12日，在镇江市八届人大四次会议上，秦谦等10名代表就扶持与规范并举，促进民办学校健康发展提出建议：认识发展民办学校重要地位和意义；加大扶持力度，争取政策上取得更大突破；规范办学行为，促进民办学校良性健康发展；引导内涵建设，探索民办学校优质特色发展。（赵敬敬）

镇江市人民政府

·综 述·

【概况】 2020年，镇江市完成全年主要目标任务，夺取疫情防控和经济社会发展“双胜利”。全年实现地区生产总值4220亿元，比上年增长3.5%；一般公共预算收入311.7亿元，增长1.6%；固定资产投资1023.8亿元，增长3%；城乡居民人均可支配收入分别为54572元、28402元，增长3.5%、6%；城镇登记失业率控制在1.8%以内。

项目招引。新签约亿元以上产业项目数量和总投资额分别增长27.3%、64.5%，其中30亿元以上项目9个，润州的阿里·和润数字产业园、京口的微软数字经济创新中心等世界级企业投资的新兴产业项目落地。新招引项目当年开工率40.6%，镇江新区签约项目及签约落地率创历史新高，总投资50亿元以上的国药医疗器械产业（丹阳）基地等大项目开工建设，扬中的蜂巢易创产业园正式投产，丹徒的北汽麦格纳新能源汽车实现量产。创新动能增强，新认定高新技术企业433家，新增省级企业工程技术研究中心23家、企业联合创新中心11家，镇江高新区的丹佛斯全球研发中心获批省级跨国公司功能性机构，江苏天工工具有限公司获省长质量奖，镇江奇美化工有限公司年度纳税额突破10亿元；战略性新兴产业产值增长8.5%，高新技术产业产值占规模以上工业产值比重为46%，科技进步贡献率提升至65%，列国家创新型城市第21名，镇江高新区创成首批国家级“双创”特色载体。

生态保护。落实蓝天、碧水、净土保卫战具体措施，中央和省环保督察反馈问题全部完成整改，空气质量持续向好，国、省考断面水质优Ⅲ比例首次为100%，污染地块土壤治理有序推进，长江禁捕退捕、长江干流岸线清理整治、“三无”船舶整治、水上过驳取缔、两岸造林绿化等任务完成。

人居环境。老旧小区改造3年行动完成，改造162万平方米，惠及居民5.44万户，农村人居环境整治任务完成，城乡污水管网覆盖面提升，农村“厕所革命”、公共基础设施管护有成效，市域黑臭水体基本消除。

交通工程。连淮扬镇铁路镇江段、五峰山大桥建成通车，大港南站投入运营，丹徒站综合枢纽建成；双井路、宗泽路等断头路、瓶颈路扩容贯通，市区至辖市直达公交通车运营。区域联动更加紧密，主动对接长三角一体化，南京都市圈党政联席会议在镇江市举办，312 国道产业创新走廊规划建设顺利，官塘创新社区管委会揭牌运行，与连云港共建省级创新试点园区在筹备中。城乡融合深化，“万企联万村”联建项目总投资超百亿元，乡村旅游等多业态融合发展有成效，句容进入全国乡村振兴百佳示范县前列。

民生保障。74.7% 的公共财政支出用于民生领域，民生支出增长 7.3%，完成十项民生实事。出台稳就业和促进退役军人、高校毕业生创业就业政策，城镇新增就业 5.8 万人，零就业家庭保持“动态清零”，退休人员基本养老金、城乡低保标准保持增长。基本医疗保险实现市级统筹，医保目录新增药品平均降价 60% 以上，市级医疗保障四级服务体系做法在全国推广，省级卫生村实现全覆盖，蝉联全国卫生城市称号。粮食稳产、生猪复产目标全面完成，重要农产品供给充足，食品安全保障有力。公共服务持续改善，义务教育优质均衡比例、教育现代化建设等指标在全省前列。获评全国居家和社区养老服务改革特别优秀地区。国家公共文化服务体系示范区创建通过验收，获评“中国醋都 · 镇江”城市品牌。第七次全国人口普查京口试点受到国务院人普办通报表扬。化解安置房权证办理等一批历史遗留问题和信访积案，“扫黑除恶”专项斗争收官，公众安全感超过 98%。（钱　智）

【营商环境建设】 2020 年，镇江市新取消、下放市级权力事项 391 项，百项高频政务服务事项实现“一件事一次办”，健全减税降费、援企稳岗政策和资金直达等机制，全年降低企业成本 107.7 亿元；实施失信联合惩戒，严重失信企业数量首次实现下降；组织多场企业家早餐会、座谈会，依法依规帮助企业解决问题，帮助近千家企业修复信用。新登记市场主体数量增长 12.8%。推动对外开放向高水平发展，国家级服务外包示范市排名上升 17 名，完善“外商投资一卡通”政策，对外投资额增长 104.5%，利用外资稳中提质，制造业利用外资占比高于全省平均 24.7 个百分点，“信保 + 再贷款 + 出口贷款”模式入选商务部典型案例。（钱　智）

·重要会议和政务·

【市政府全体（扩大）会议】 2020 年 8 月 6 日，镇江市政府全体（扩大）会议召开。会议主要任务是贯彻落实省委十三届八次全会和市委七届十一次全会精神，确保完成全年目标任务。会上，市长徐曙海以“自觉用新思想定向领航 奋力完成全年目标任务”为主题，从决胜全面建成小康社会、长江大保护、安全生产专项整治、农村人居环境整治等方面工作对全市相关部门做部署。市委常委、市政府党组副书记、市委秘书长郭建，副市长胡宗元、曹丽虹、王文生、陈可可、潘早云、周凯分别部署分管条线主要工作，市政府秘书长贾晟参加。（钱　智）

【政务公开】 2020 年，镇江市落实政务公开各项要求，政务公开各项工作有新进展。全年市政府门户网站的政府信息公开栏目公开各类政府信息 4422 件，收到和办结留言 1512 条，发布征集调查 8 期，在线访谈 4 期，政策解读 10 篇，回应公众关注热点或重大舆情 11 次。26 个基层政务公开规范化、标准化建设按照国家和省规定的时间节点要求有序推进，县级基层政务公开事项目录全部完成。全市通过不同渠道和方式主动公开的政府信息 47285 条。新冠肺炎疫情发生后，市政府门户网站开辟专栏，及时发布相关信息 1600 余条。

市政府办公室及时刊登市政府出台的所有规章、规范性文件以及其他重要政府信息，对《政府公报》发放工作做适当微调，增加查阅点的发放数量，推动政务新媒体规范化建设，建议关闭长期无人维护的且多次整改仍不合格的政务新媒体。全年通过政务新媒体公开政府信息 30735 条。

全年市政府办公室收到政府信息依申请公开 59 件，全部在规定期限内办结答复。市政府系统承办人大代表建议 232 件、政协委员提案 361 件，满意和基本满意率为 100%。

（吴丰成）

2020 年镇江市人民政府常务会议情况表

表 4－6

文　号	主 要 内 容	会议时间
常务会议纪要 39 号	1. 传达学习省安委会全体成员会议精神；2. 研究疫情防控和经济发展工作	2 月 16 日
常务会议纪要 40 号	1. 学习《中华人民共和国外商投资法》；2. 听取 2019 年度各市（区）政府教育工作督导考评情况汇报；3. 审议《关于完善市区符合政府安排工作条件退役士兵安置工作体制的通知（送审稿）》	3 月 9 日
常务会议纪要 41 号	1. 学习新《中华人民共和国土地管理法》；2. 审议《镇江市矿山地质环境恢复和综合治理规划（2017—2025）》；3. 听取关于延续扶持政策加快新民洲发展的情况汇报	4 月 8 日
常务会议纪要 42 号	1. 审议全市主要指标二季度工作目标分解方案；2. 研究调整市政府部分领导分工	5 月 7 日

续表 4－6

文　号	主要内容	会议时间
常务会议纪要 43 号	1. 传达学习习近平总书记在山西考察时的重要讲话精神；2. 审议《镇江市城市安全发展实施意见》《各县市区党委政府和市安委会成员单位履行安全生产工作责任考核评价指标》；3. 审议《关于深化改革加强食品安全工作的若干措施》《镇江市党政领导干部食品安全工作责任清单》	5 月 14 日
常务会议纪要 44 号	1. 研究市政府与江苏省信用再担保集团有限公司合作事项	6 月 2 日
常务会议纪要 46 号	1. 学习习近平总书记在十九届中央政治局第二十次集体学习时的重要讲话精神；2. 审议《镇江市长江禁捕退捕工作实施方案》；3. 审议《镇江市地区生产总值统一核算改革工作方案》	7 月 8 日
常务会议纪要 47 号	1. 明确调整市政府领导分工	7 月 17 日
常务会议纪要 49 号	1. 学习习近平总书记在企业家座谈会上的重要讲话精神；2. 审议《镇江市人民政府工作规则》《镇江市人民政府议事决策规则》和市级财政预算追加安排管理等相关规定（修订稿）；3. 听取上半年安全生产专项整治工作情况汇报，审议《镇江市安全生产专项整治三年行动工作方案》	7 月 27 日
常务会议纪要 50 号	1. 学习习近平总书记在 7 月 30 日中央政治局会议上的重要讲话精神；2. 传达学习全国全省安全生产电视电话会议精神，审议《镇江市突发事件总体应急预案》；3. 听取近期有关统计工作汇报；4. 研究《关于推动镇江地区污水处理市场化价格机制改革框架合作协议》	8 月 10 日
常务会议纪要 51 号	1. 学习《习近平谈治国理政》第三卷第九专题：推动经济高质量发展；2. 学习《优化营商环境条例》；3. 听取农村人居环境整治工作汇报	8 月 20 日
常务会议纪要 52 号	1. 学习习近平总书记在推进长三角一体化发展座谈会上的重要讲话精神；2. 审议《关于确保重要农产品有效供给的意见》；3. 审议《镇江市党政机关办公用房管理办法》	9 月 1 日
常务会议纪要 53 号	1. 学习习近平总书记在全国抗击新冠肺炎疫情表彰大会上的重要讲话精神；2. 审议《镇江市授予“荣誉市民”称号实施办法》；3. 审议《镇江市市设权力清单》	9 月 17 日
常务会议纪要 54 号	1. 学习习近平总书记在广东考察和出席深圳经济特区建立 40 周年庆祝大会时的重要讲话精神；2. 审议《关于规范农村宅基地审批管理的通知》；3. 审议 2020 年度“金山英才”顶尖人才计划推荐人选	10 月 22 日
常务会议纪要 55 号	1. 传达全国和省疫情防控工作电视电话会议精神；2. 学习《中华人民共和国基本医疗卫生与健康促进法》；3. 审议《关于全面加强危险化学品安全生产工作的实施方案》	11 月 12 日
常务会议纪要 56 号	1. 学习习近平总书记在中央全面依法治国工作会议上的重要讲话精神；2. 审议《镇江市 5G 通信基础设施专项规划（2020—2025）》；3. 审议《镇江市门楼牌号管理办法》	12 月 3 日
常务会议纪要 57 号	1. 学习中共中央政治局会议精神；2. 听取全市食品安全工作情况汇报；3. 审议《“十四五”规划基本思路》和《“十四五”市级专项规划编制目录》	12 月 15 日
常务会议纪要 58 号	1. 学习中共中央政治局民主生活会会议精神；2. 学习《保障农民工工资支付条例》；3. 审议《镇江市 2020 年度打好污染防治攻坚战市、区成效考核实施方案》	12 月 30 日

（钱　智）

【政务督查】　2020 年，镇江市政府督查工作转变思想观念，改进方法手段，以高效能督查助推高质量发展。全年印发《督查快报》68 期，对人代会上确定的政府重点工作任务、十项民生实事开展定期督查，推动工作有序推进。开展长江镇江段造林绿化、秸秆禁烧、熔喷布整治、签约项目落地等专项督查 30 余次，及时通报进展、反映问题；即交即办市长批示件 40 余件。核查“国务院互联网＋督查”交办事项近 20 件、交办“市长信箱”群众来信 600 余件，全部妥善处理、按时办结；协调政府系统部门单位，办理完毕市人大代表建议 232 件、政协委员提案 361 件，代表与委员满意和基本满意率 100%。　（王　冬）

【机关事务管理】　2020 年，镇江市机关事务管理工作服务大局，主动作为。做好全市党政机关新冠肺炎疫情防控，确保市行政中心未发生 1 例疫情，疫情防控、机关安全运行“双胜利”。完成 1000 余场重大会议活动保障任务。推进市级行政事业单位闲置资产变现化债工作，变现处置 5 套房产。推进市级无烟党政机关创建工作，验收评估 35 家达标创建单位。

集中统管深化。制定出台《镇江市党政机关办公用房管理办法》《镇江市党政机关公务用车管理办法》，并召开全市大会贯彻落实；协调推动办公用房、公务用车管理纳入市级机关作风效能绩效考核。加强办公用房规范管理，全市党政机关办公用房管理信息系统“一张网”基本建成；查纠、督导整改微超标办公用房 67 间，办理 9 个单位办公用房维修改造，完成 5 家单位调剂办公用房工作。加强公务用车管理，审核把关并批准 3 家党政机关 3 辆车、22 个事业单位 30 辆车的购置更新；规范公车“三化”管理，督促 2 家单位公务用车标识喷涂到位；推进公车管理平台升级扩能，实施公务用车全生命周期监管。

安全生产加强。完善和推进安全生产“两个清单”管理和安全生产全员行动；强化安全生产专项整治行动，排查整改安全隐患；强化安保队伍建设，组织保安人员换装、开展队列训练和“岗位大练兵”活动；推动微型消防站实体化运作；常态化开展市行政中心及周边交通、治安和信访整治。

项目建设推进。完成40余项维修改造工程。推进智能化建设，市行政中心智慧安防工程进场施工，协调完成市行政中心5G基站建设工作。做好设施设备维修工作，上门维修2000余次；完成行政中心室内消火栓更换项目、所有弱电机房空调安装、地下室生活水泵房等设施设备和部分办公用房维修工作。

厉行节约有成效。开展全市党政机关食堂制止餐饮浪费整治工作，市级机关食堂餐厨垃圾减少30%以上。推进节约型机关创建工作，制定印发《节约型机关创建行动实施方案》，全市514家公共机构申报296家，申报率58%；经初审，达标率超过40%的年度指标；完成市行政中心综合能源服务项目，年节约用电252万千瓦时，比上年下降21.7%；6家公共机构的合同能源管理项目通过专家评审验收。市行政中心等2家单位创成“国家级节约型公共机构示范单位”，1家单位创成“国家级能效领跑者”；5家单位创成“省级节能示范单位”；市行政中心等6家单位创成“江苏省节水型单位”。

服务效能提升。完成会议服务规范、环境保洁服务规范、文印服务规范等制定。加强外包服务监管，严格考核奖惩，提升服务质量和服务满意度。做好经费保障、物业管理、设施设备维保、绿化管护、卫生保洁等工作；做好餐饮服务，增加公务餐厅、自助餐厅、外卖服务；启用智能快递箱服务；完成应急出车保障1200余次，安全行车16万余千米；做好医疗保障服务3.4万人次；承印各类文件材料7000余件。

（胡福乾）

·政务服务·

【概况】 2020年，镇江市政务服务管理办公室贯彻落实省、市“放管服”改革工作要点和任务要求，加大推进政府职能转变力度，推动各项改革政策措施落地见效，打造市场化、法治化、国际化的营商环境。

推进相对集中行政许可权改革，提高集约、集中、集成服务效能。围绕体制机制改革，推进职能调整。2019年，根据省统一部署推动相对集中许可权改革，市本级和各市（区）均成立行政审批局，实现市级以下全覆盖。截至2020年年底，市本级划转7个部门85个事项，丹阳、扬中各58项，京口、润州各25项，丹徒区43项。推进“一窗受理，集成服务”，推动“一件事一次办”改革，发布高频事项“一件事一次办”100件，开设“一件事一次办”专窗，建立“一窗受理、套餐式办理”服务模式。围绕强化审管联动，深化试点地区“证照分离”改革。结合镇江新区行政审批权限，梳理58项行政审批“证照分离”改革全覆盖试点事项；制定《镇江新区“证照分离”改革试点方案》，建立健全配套工作机制，通过月报制度、审批档案全流程管理制度实现办件有记录、监管有留痕。

推进“3550”改革普惠制，提升涉企便民服务实效。推广企业开办“全链通”平台应用，开通“全链通”服务专窗。实行精简收件材料改革，取消重复收取二代身份证复印件、评估报告等材料，将申请书、纳税申报单等整合为综合申请书；建立“一窗受理平台”“自助服务区”“远程预约系统”，实现水、电、气、有线电视等联动过户，不动产登记交易“7×24”全天候服务，做到线上线下同步办理，个人业务全部在0.5个工作日办结。取消13个事项（13个子项），梳理完成包含审批事项56项（子项80项）在内的流程清单。全市政府投资类项目审批时间控制在76个工作日内完成，一般社会投资项目65个工作日内完成，小型或带方案出让项目41个工作日内完成，比全省工程建设项目审批时间压缩至100个工作日以内的目标，分别压缩24、35、59个工作日。

（吉　利）

【“不见面审批”（服务）拓展】 2020年，镇江市一体化在线政务服务平台建设以“四级联动”为目标，向8个市（区）、57个乡镇（街道）、770个村（社区）延伸，截至年底，完成市、县两级一体化平台全面上线、审批联动。拓展服务范围。推动政务服务事项在江苏政务服务网“应上尽上”，全市6836项政务服务事项主项拆分为7508个业务项，事项办理更加规范，其中824项行政许可类政务服务事项实现全程不见面，不见面率为97.85%；24小时自助政务服务区实现121项热点事项全天候自助办理。丰富线上纳税咨询平台，拓展网上办税缴费事项范围，提高发票“非接触式”领用比例，推动扩大出口退税无纸化申报范围，依托电子税务局实现纳税人90%以上主要涉税服务事项网上办理，非接触办税占比为89.48%，出口退税的平均办理时间再提速20%，压缩至8个工作日。

（吉　利）

【公共服务优化】 2020年，镇江市推广公共资源“不见面”交易，全市完成交易项目3399项，交易金额439.73亿元，为招标主体节约19.85亿元。全年全市完成不见面交易项目604项，交易金额74.44亿元，为投标主体节约1812万元。聚焦“招商引资、重大项目”，牵头集成帮代办，提供从企业设立到延续招商线上线下融合帮代办服务，全市上下联动服务项目539个，时效提高50%以上。“12345”热线开通企业服务专席，建立涉企服务知识库，构建企业服务“好差评榜单”，为企业答疑解难；为企业开展“送法惠企”活动，提升企业依法治企水平。（吉 利）

【“互联网＋监管”系统建设】 2020年，镇江市实现“11223”［一张监管清单、一个数据中心、两个系统界面（工作界面和服务界面）、两个支撑体系（标准规范体系和安全运维体系）、三个运用系统（执法监管、风险预警、决策分析）］系统建设目标。梳理监管事项，汇总监管数据上报至省平台，全年全市在省“互联网＋监管”系统中领取879个事项，新增特有事项8项，共计887项，覆盖821项。编制检查实施清单903项，完成率100%；汇聚数据16987条，报送监管动态及曝光台信息645条。（吉 利）

【企业开办时间再压缩】 2020年，镇江市推广企业开办“全链通”平台应用，开通“全链通”服务专窗，市政务服务管理办公室会同公安部门规范公章刻制服务，健全“政银联办”机制，推行新设企业银行开户与设立登记同步申请、并行办理模式，加强人民银行镇江分行与行政审批部门信息共享、流程再造等工作衔接。企业开办中企业登记、刻制公章、银行开户、领取发票4个环节平均用时压缩至1.6天。（吉 利）

【“12345”发挥总客服作用】 2020年，新冠肺炎疫情发生后，镇江市“12345”热线第一时间启动应急预案，快速回应市民诉求，强化防控联动机制，主动研判诉求建议，24小时不间断发挥总客服作用。全年全市受理市民诉求620090件，形成工单512126件，其中，疫情类工单综合满意率97%，及时向市委、市政府反映政情民意90期。（吉 利）

【“一企来”企业服务热线推出】 2020年，镇江市推出“一企来”企业服务热线，涉企问题只需直接拨打“12345”，按8号键即可进入企业服务热线，“一键直达”为企业排忧解难。“一企来”热线配齐涉企“政策专员”，并成立专家库，提供“专家门诊式”的政策咨询和办事指引。企业在需要咨询有关政策、了解办事程序、反映办事堵点难点、提出意见建议时，由“12345”专席按照涉企知识库进行解答。对无法通过涉企知识库解答的事项，由专席连线“政策专员”在线解答；对于不能在线解答的政策咨询和办事诉求，形成工单后第一时间交由相关职能部门办理。（吉 利）

2020年镇江市政务办各窗口办件一览表

表4－7 单位：件

部门名称	即办件		承诺件		联办	批量导入	上报件		汇总		办结率（%）
	受理	办结	受理	办结			受理	办结	受理	办结	
公安局	44858	44857	3145	3139	263	116581	0	0	164847	164840	100
税务局	27328	27328	0	0	0	28130	0	0	55458	55458	100
审批一处	2884	2884	2679	2679	0	39213	0	0	44776	44776	100
京口区	16830	16830	8650	8650	0	0	0	0	25480	25480	100
润州区	16458	16458	6651	6644	0	0	0	0	23109	23102	100
财政局	4737	4737	0	0	0	0	0	0	4737	4737	100
自然资源和规划局	69	69	2965	2902	0	696	0	0	3730	3667	98
审批二处	0	0	1780	1780	0	0	0	0	1780	1780	100
城管局	199	181	1533	1393	0	0	0	0	1732	1574	91
卫健委	765	764	428	427	0	0	2	2	1195	1193	100
住建局	87	80	683	681	0	0	0	0	770	761	99
自来水公司	288	288	134	121	0	0	0	0	422	409	97
烟草局	0	0	417	417	0	0	0	0	417	417	100
教育局	3	3	298	298	0	0	0	0	301	301	100
生态环境局	0	0	215	188	0	0	0	0	215	188	87
文广旅局	8	8	147	147	0	0	0	0	155	155	100

续表 4－7

部门名称	即办件		承诺件		联办	批量导入	上报件		汇总		办结率（%）
	受理	办结	受理	办结			受理	办结	受理	办结	
民政局	0	0	98	95	0	0	8	8	106	103	97
审批三处	13	13	90	90	0	0	0	0	103	103	100
农业农村局	0	0	85	73	0	0	0	0	85	73	86
交通运输局	0	0	27	27	0	0	0	0	27	27	100
水利局	0	0	23	23	0	0	0	0	23	23	100
华润燃气	0	0	8	8	0	0	0	0	8	8	100
体育局	0	0	5	4	0	0	0	0	5	4	80
应急管理局	4	4	1	1	0	0	0	0	5	5	100
工信局	0	0	2	2	0	0	0	0	2	2	100
气象局	1	1	1	1	0	0	0	0	2	2	100
安全局	0	0	0	0	0	0	0	0	0	0	0
档案局	0	0	0	0	0	0	0	0	0	0	0
地方金融监管局	0	0	0	0	0	0	0	0	0	0	0
发改委	0	0	0	0	0	0	0	0	0	0	0
供电公司	0	0	0	0	0	0	0	0	0	0	0
机关事务管理局	0	0	0	0	0	0	0	0	0	0	0
科技局	0	0	0	0	0	0	0	0	0	0	0
民宗局	0	0	0	0	0	0	0	0	0	0	0
司法局	0	0	0	0	0	0	0	0	0	0	0
统计局	0	0	0	0	0	0	0	0	0	0	0
消防支队	0	0	0	0	0	0	0	0	0	0	0

说明：1. 2020 年总办件 329490 件，其中，即办件 299152 件，承诺件 30338 件，办结率 100%，办件差错率 0%。2. 表格中的办结率包含统计时受理的办件，也包含统计时未办结但并未超过承诺办理时间的办件；办结件含上年结转

（吉　利）

·外　事·

【概况】 2020 年，镇江市外事部门贯彻落实中共中央决策部署和省委、市委工作要求，加强涉外疫情防控，开拓开展对外交流交往，推动镇江外事工作发展。

建立战时机制，守牢涉外疫情防线。市外办作为市涉外防控协调组组长单位，会同各相关部门紧急建立战时工作机制，织密国门、返镇、隔离三条防线。组成苏州昆山、北京顺义、南京禄口工作专班。安全转运入境到镇江人员，落实对通过“快捷通道”到镇江的外国人的“闭环管理”防疫措施。8 月起，重启驻昆山专班，安全转运浦东空港口岸入境到镇江人员；启动“宁镇扬一体化”联动机制，保障南京禄口空港入境人员到镇江分流。11 月，市外办被省委、省政府授予“全省抗击新冠肺炎疫情先进集体”称号。

加强疫情后合作交流。全年走访各国驻沪总领馆以及商务机构 30 余家，接待美国、日本、韩国、马来西亚等国驻沪总领事、副总领事到访，加强沟通对接，筑牢合作基础。举办“镇江市——纳米比亚鲸湾港经贸交流暨 APEC 卡推介会”，寻找后疫情时代经贸合作良机。

加强涉外管理。实行因公出国（境）限量管理，严控因公出国团组人数、国家数和在外天数，全年因公出国（境）团组、人次均控制在计划指标之内。牵头召开全市涉外管理网络单位工作会议，修订涉外应急处

置预案。落实行前教育责任主体，强化监管责任，建立行前教育协调机制。加快外事外语人才队伍建设。改进因公出国（境）审批、APEC 商务旅行卡推广、外国人到华邀请函电的发放等工作。定期走访企业，简化审批手续，完善企业人员因公出访绿色通道。

（张忠华）

【"十三五"期间主要情况】 "十三五"期间，镇江市共与美国圣贝纳迪诺市、澳大利亚洛克汉普顿市等 10 个国家的 12 个城市结好。市外办举办、合办大型招引活动 20 次，践行"产业强市"战略。加大"一带一路"建设力度，先后赴德国、日本、新加坡等 42 个国家驻华使领馆做市情专介，冰岛、匈牙利、坦桑尼亚、马尔代夫等国驻华大使、美国、英国、瑞士等国驻沪总领事等 130 多名高级别外交官员到镇江洽谈磋商，与"一带一路"沿线国家驻沪领馆举办各类活动 40 余次。

整合全市外事资源，组织参与重大外事活动。市委、市政府主要领导 5 次率团赴美国、奥地利、韩国等重点国家开展经贸招商活动。举办"中瑞镇江生态产业园·卢加诺对接会""中国镇江（汉堡）海洋工程装备与节能环保产业投资说明会""中加（镇江）国际经贸交流会"，参加联合国气候峰会、"C40"全球疫情防控网络会议等一批重要活动。

打造对外交流品牌。镇江市的"德国曼海姆市中国文化周"活动纳入中宣部"中华文化走出去"项目。举办"赛珍珠国际文化交流活动"，推动镇江成为赛珍珠研究的世界中心。邀请国际友人撰写讲述镇江故事的书籍。连续 5 年赴友城马来西亚古晋南市开展"东盟文化之旅"活动。江苏大学在国内高校中率先建立"一带一路"校企联盟，吸引"一带一路"沿线国家留学生。

（笪俊杰）

【国际抗疫合作】 2020 年，镇江市主要领导与德国、美国、日本等国的 15 个友好城市市长、跨国公司总裁等国际友人互致慰问函电；向德国、法国等 6 个国家 10 个城市捐赠医用外科口罩。应邀参加"C40 城市气候领导联盟"组织的国际新冠肺炎疫情防控全球在线研讨会，分享应对疫情经验。参加"全球疫情会诊室"，为非洲常态化防控和复工复产提供意见建议。参加由德国曼海姆市牵头举办的国际友城虚拟市长峰会，就新冠肺炎疫情带来的影响、后疫情时代城市复苏等展开对话交流。与日本友城津市、仓敷市通过视频分享抗疫信息，交流防控经验。

（张忠华）

【新冠疫情期间人文关怀】 2020 年，镇江市外事系统发布多语种涉疫信息，向在镇江外籍人士每日通报。成立入境到镇江外籍人士关爱服务中心，设置 2 部 24 小时热线电话，接听多起市民咨询，提供中文、英文、日文、韩文等多语种关爱服务。指导、支持驻镇江高校依法依规开展在镇江外国留学生疫情防控工作。建立美国、日本、欧洲等"海外留学生关爱微信群"，为镇江在外留学生提供心理咨询和政策咨询。

（张忠华）

【云端外事平台对外交流】 2020 年，镇江市与韩国洪城郡"云签"友好合作关系备忘录，促进开展多领域交流与合作。与美国坦佩市、俄罗斯斯塔夫罗波尔市、澳大利亚洛克汉普顿市、芬兰瓦萨市、德国曼海姆市、美国亚利桑那州语言预备学校等城市和机构开展"云展览"、网上资源共享活动，利用数字资源推出介绍镇江人文旅游和文物档案的系列视频。与美国赛珍珠国际通过互联网召开专题视频会议，加强与美国民间文化交流。

（张忠华）

2020 年镇江市外事接待情况表

表 4－8

到访日期	团　　组	主要访问事项	主要访问点
1 月 14 日	日中交流促进会理事长朽木光晴一行	商讨该会青少年及体育访华团一事	西津渡历史文化街区、北固山
5 月 22 日	日本驻上海总领馆经济领事和仁一紘一行	对镇江市开发区日产园管理模式和全市营商环境进行实地访问和考察	丹阳市
5 月 27 日	美国驻沪总领事谭森一行	经贸考察交流	镇江市
6 月 24 日	日本驻沪副总领事福田高幹一行	拜会市外办、商务局，丹阳市外办、商务局，感谢新冠疫情期间给予领馆的支持和帮助，关注日资企业复工复产整体情况	西津渡历史文化街区、丹阳市
7 月 28 日	日本驻上海总领事馆经济领事室井崇一行	对高新区管理发展模式和营商环境进行实地访问和考察	镇江高新区
7 月 30 日	法国道达尔（中国）投资有限责任公司总裁晏安（Ian Lepitit）一行	就道达尔在镇江新区新增投资项目和未来合作可能性等事项进行会谈	镇江市政府

续表 4－8

到访日期	团　组	主要访问事项	主要访问点
9 月 16 日—17 日	韩国驻沪总领事崔泳杉一行	深化交流与合作	中国镇江醋文化博物馆
9 月 25 日	日本驻沪总领馆副总领事福田高幹和日本金融企业界代表团一行	组织日本金融企业界代表到镇江访问，参加镇江投资环境座谈会	鱼跃集团、恒顺集团
10 月 16 日	马来西亚驻沪总领事丘世豪一行	到丹阳市参观访问、经贸交流	丹阳市会展中心
12 月 11 日	以巴勒斯坦驻华大使法里兹·马赫达维为团长的阿拉伯国家驻华使节代表团一行，外交部亚非司司长王镝、参赞华昕，省外办亚洲处副处长盛才强陪同	友好访问	镇江市
12 月 15 日	丹麦丹佛斯马达全球技术负责人贝安钟一行	参加“诗韵镇江 四海名扬”外籍留学生吟诵镇江诗词大会暨短视频大赛颁奖典礼并颁奖	镇江市
12 月 18 日	日本书法学院院长刘洪友一行	拜会市外办，商讨对日书法、文化交流事宜	金山寺、西津渡历史文化街区
12 月 21 日	匈牙利驻沪总领馆商务领事唐安哲一行	与京口区政府、市外办座谈，商讨交流合作	镇江市
12 月 21 日	墨西哥糖果项目考察团托雷斯一行	经贸考察	镇江高新区

（笪俊杰）

【国际友城“虚拟市长峰会”】 2020 年 9 月 9 日，德国曼海姆市牵头举办国际友城“虚拟市长峰会”，13 个国际友好城市以视频形式在线会面，就新冠肺炎疫情带来的影响和后疫情时代城市如何复苏展开对话。德国曼海姆市市长皮特·库尔茨在欢迎致辞中感谢镇江市在抗击疫情中给予的支持与帮助。联合国代表娜塔莉·萨马拉辛哈作为特邀嘉宾发言。摩尔多瓦共和国基希讷乌市、以色列海法市、波兰比得哥什市、英国斯旺西市、德国里萨市、加拿大温莎市、中国青岛市、法国土伦市、德国柏林市夏洛腾堡区、立陶宛克莱佩达市、土耳其贝伊奥卢市、中国镇江市先后做主题发言。市委常委、常务副市长郭建参加会议并和与会代表共同签署《加强疫后合作 促进城市发展——曼海姆市“虚拟市长峰会”的联合声明》。（邵文卿）

·侨　务·

【概况】 镇江市是江苏省重点侨乡之一。2020 年，全市旅居海外的华侨华人有 3.66 万人，分布在美国、加拿大、澳大利亚、日本等国家和地区；全市范围有归侨侨眷 6.18 万人，大部分于抗日战争前后回国定居；海外留学人员约 1.2 万人。全市正常运营的侨资企业 940 多家，签约海外人才联络站、海外友好社团 100 余家；获批全国侨务示范单位、为侨服务站 12 家，中华文化海外交流基地 6 家，华文教育基地 4 家。

侨务机制建设。开展以组织一次海内外侨界人士看家乡活动、编印一本《侨海情深》摄影和故事作品集、承办一场全市侨资企业迎新春联谊活动、举办一场侨界新年文艺演出、向海外侨胞和镇江籍留学生寄发一封新年贺卡和一封家书为内容的“五个一”“归乡”系列活动。开展庆祝《中华人民共和国归侨侨眷权益保护法》颁布实施 30 周年活动，向侨界群众发放涉侨法律法规宣传册和问答式折页 2 万余份，制作宣传展板 200 余块。

海外宣传工作。拓展海外宣传路径，在各大洲的海外华文媒体刊登海外专版。全年在海外报纸刊发专版 3 个。美国《侨报》刊出《江苏句容：升级版“全域旅游”给游客带来新体验》，法国《欧洲时报》刊出《江苏扬中新坝：醉美水乡夏日长 魅力小镇谱华章》，澳大利亚《大洋时报》刊出《江苏丹阳：长三角一颗璀璨的明珠》。《华人时刊》推出镇江专版。

（刘　彪　张伯华）

【侨务活动品牌打造】 2020 年，镇江市侨务系统深化“华创会”侨务工作品牌，克服全球疫情蔓延等不利因素，邀请 18 个国家和地区的 91 名海外嘉宾，通过实时视频连线的方式举办第十二届镇江“华创会”欧亚和北美两个专场项目对接活动。全年全市签约和推进 1000 万美元以上产业项目 219 个，侨资项目占 60%。召开江苏发展大会工作部署会，37 名海内外知名人士受邀，上届签约的 1 个百亿元项目、1 个 30 亿元项目和 16 个亿元以上项目基本做到“硬落户”。

（刘　彪　张伯华）

【暖侨关爱行动】 2020年，镇江市侨务系统走访侨界重点人士54户，为26户困难归侨争取爱心年夜饭，为37名困难归侨侨眷发放定补，发放慰问金近7万元。探索服务新模式，在丹徒区高资镇西斛村水月雨家庭农场建成全省首家村级归侨侨眷创业实践培训基地，镇江新区获评华侨华人创新创业服务中心，润州区七里甸街道万科社区、丹徒区宜城街道西麓村获评社区侨务工作示范单位。

（刘　彪　张伯华）

【海外侨爱援助】 2020年，镇江市侨务系统引导海内外侨胞先后向武汉及湖北其他疫区捐款捐物。海外疫情期间，向海外40余家海外侨团、侨社免费赠送中餐典籍和菜谱、教学视频U盘，向海外侨团邮寄一次性医用外科口罩、健康包，为华侨华人及留学生送去防疫知识并进行心理疏导。派人赴昆山、北京参加海外接驳工作。开展援外惠侨行动，在韩国首尔打造首家“华助中心——中餐繁荣基地”“东方明珠”号游轮餐厅。（刘　彪　张伯华）

【侨务对外文化交流】 2020年，镇江市侨务系统推动赛珍珠纪念馆和陈履生博物馆中外特色文化交流基地建设。壮大海外友好力量，新增6家海外人才联络站和海外友好社团，召开镇江市海外联谊会和海外交流协会合并换届大会，聘请李昌钰、施恭旗、马有礼等侨领、海内外代表人士担任新一届镇江市海联会名誉会长、副会长，海外成员320多人，覆盖60多个国家和地区。

（刘　彪　张伯华）

【纳米比亚中国和平统一促进会一行访问镇江】 2020年10月18日—19日，纳米比亚中国和平统一促进会会长吴勇率统促会领导考察团到访镇江，先后考察江苏玉石文化产业园，侨企盛邦家俱有限公司、盛邦印务包装有限公司，参观镇江醋文化博物馆、西津渡和茅山。市委常委、统战部部长、宣传部部长孙晓南会见纳统促会一行。纳米比亚中国北方中国城与盛邦家俱初步达成在纳米比亚经售户外家具意向。（张伯华）

·港澳事务·

【概况】 2020年，镇江市赴澳门举办第十届江苏——澳门·葡语国家工商峰会暨镇江市专场推介会，向葡语国家、澳门和江苏的300多名中外嘉宾展示镇江风采。镇江市离岸双创海智工作站落户澳门“678文创园”，建成吸引海外高端人才新平台。镇江市政府与香港特区政府驻沪办在镇江共同主办“善用香港平台 镇港合作共赢”经贸交流会。

（周文军）

【苏港澳创意创新基地调研】 2020年5月14日，为落实推进产业强市战略，服务企业高质量发展，镇江市港澳办与市科技局赴苏港澳创意创新基地进行疫情后复工复产情况调研，并向企业介绍2020年度政策引导计划内容，解释申报项目流程及要求，计划通过该平台吸引更多港澳企业与镇江市相关企业进行科技交流与合作，加强镇港澳在科技领域的合作，推进全市经济社会发展，推动提升全市开放创新水平。

（笪俊杰）

【江苏—澳门·葡语国家工商峰会暨镇江市专场推介会举行】 2020年10月23日，第十届江苏—澳门·葡语国家工商峰会暨镇江市专场推介会在澳门举行。副省长惠建林出席峰会并致辞。澳门中联办副主任姚坚、澳门经济财政司司长李伟农，中葡论坛（澳门）常设秘书处、外交部驻澳公署负责人，安哥拉、佛得角、圣多美和普林西比、东帝汶、巴西、葡萄牙、莫桑比克、几内亚比绍等国驻华使节和江苏、澳门以及葡语国家的300多名中外嘉宾参加峰会。澳门镇江联谊会会长马志强，镇江市委常委、常务副市长郭建参加活动。（沈　伟）

图4-3　2020年10月23日，第十届江苏—澳门·葡语国家工商峰会暨镇江市专场推介会在澳门举行　（赵亚玲　供稿）

2020 年港澳人士到镇江访问情况表

表 4－9

到访日期	团　组	主要访问事项	主要访问点
1 月 6 日	香港驻沪办副主任、首席入境事务主任翁荣桢一行	商讨 2020 年合作事宜	市外办
1 月 8 日	港澳政协委员一行	经贸和文化交流	镇江市
4 月 15 日	澳门镇江联谊会会长马志强一行	经贸和文化交流	镇江市
8 月 11 日—13 日	香港驻沪办副主任巩连全一行	举办“善用香港平台 镇港合作共赢”经贸交流会	镇江新区相关企业、句容丁庄葡萄小镇、丹阳鱼跃集团
11 月 12 日—13 日	全国政协常委、澳门中华总商会会长马有礼一行	经贸和文化交流	中国镇江醋文化博物馆
11 月 13 日	澳门侨界青年骨干团一行	经贸和文化交流	丹阳眼镜小镇
11 月 16 日	澳门科技大学原校长、澳门江苏联谊会监事长许敖敖一行	经贸和文化交流	镇江市
11 月 24 日	香港驻沪办总入境事务主任翁志强一行	举办第三场优才及专业人士入境计划推广讲座	江苏大学

（田沛仪）

政协镇江市委员会

·综　述·

【概况】 2020 年，政协镇江市委员会坚持以习近平新时代中国特色社会主义思想为指导，贯彻落实中共十九届五中全会精神，围绕中心服务大局，立足本职发挥作用。截至年底，市政协委员有 338 人。

政治引领。深化理论武装，健全常态化学习制度，组织学习贯彻落实中共十九届五中全会精神、习近平总书记系列重要讲话指示精神和中央、省委、市委决策及要求。增强政治定力，在中共市委领导下开展工作，召开“践行新发展理念、推进高质量发展、决胜高水平小康”专题协商议政座谈会，组织市政协和各民主党派、工商联及无党派人士代表议政建言。强化党建工程，压实党建责任，成立市政协机关党组，实施“嵌入式”党建，开展机关创建。

助推发展。聚焦发展大局群策群力，围绕“十四五”规划编制提出六方面意见建议。召开“弘扬企业家精神，提振发展信心”政企协商座谈会，邀请省、市、县三级 11 名企业家委员与市政府主要领导、分管领导和相关部门负责人面对面交流。聚焦市域治理，组织委员围绕“推进基层社会治理现代化”主题进行调研、研讨。围绕“完善城市管理、建设精美镇江”，市政协主席会议开展专题考察，提出对策建议。以三级政协联动的方式，就“化工行业安全生产专项整治落实情况”“长三角区域污染防治协作机制落实情况”开展监督调研。组织委员就《镇江市文明行为促进条例》等 3 部法规开展立法协商。聚焦百姓，市政协常委会议专题听取市政府关于高水平全面建成小康社会的情况通报，就食品安全工作召开主席会议进行专题考察监督。围绕加强医联体建设、完善老旧小区改造等民生实事召开双月协商议政会。

凝心聚力。加强新冠疫情防控，围绕疫情防控和复工复产，开展专题调研和走访慰问，政协委员投身抗疫一线，捐款捐物。加强团结统战，定期沟通联系、开展调研、督办重点提案。促进民族宗教关系和谐，组织委员就“发挥名山名寺在镇江发展中的积极作用”开展调研。推进“五侨”联动，开展“重视引进海外青年人才”课题调研。扩大交流影响，举办“茅以升家乡奖”颁奖典礼，主办书画进机关活动。采编《镇江院士风采录》，出版《古今名人与镇江》，就“传承发展乡贤文化”开展调研、提出建议。

履职实践。推动协商民主向基层延伸，推进协商议事工作，编发协商议事经典案例，召开镇、街道联络委主任“协商议事室”建设专题培训班，指导市（区）开展“有事好商量 · 民生专题协商议事月”活动。推动提案督办，制定《重点提案遴选与督办办法》，开展市委、市政府领导领衔督办重点提案工作，就“加强产业强市”“推动长江大保护”等 15 件重点提案开展现场督办。全年 384 件提案均有效办复，满意率和基本满意率 100%。推动政协履职向网上拓展，推进政协履职信息化建设，建成掌上履职“智慧政协”信息系统。

队伍建设。强化委员服务管理，以“垃圾分类从我做起——政协委员在行动”为重点开展年度委员主题活动。强化委员学习培训，优化委员服务管理，完善委员考核、激励、约束等机制。“政协好声音”连续 3 年获评市级机关“十佳服务品牌”，举办“政协开放日”，开展“书香政协”活动，组织“创新案例”“优秀文稿”“优秀社情民意信息”评选。（顾　飞）

【网络专题议政】 2020年2月26日，镇江市政协以网络议政会形式，就“发挥政协优势、强化责任担当，助力夺取疫情防控和经济社会发展双胜利”进行专题议政。市政协主席李国忠出席会议并讲话。会上，16名政协委员代表先后围绕疫情防控、企业复工复产、加强基层治理和能力提升等话题进行建言献策。各市（区）政协主席和政协镇江新区工委主任，医卫、经济、科技等界别的部分市政协委员通过“云视讯”客户端连线主会场。（顾 飞）

·重要会议·

【市政协八届四次会议】 2020年1月9日—12日，中国人民政治协商会议镇江市第八届委员会第四次会议举行。会议贯彻习近平新时代中国特色社会主义思想和中共十九届四中全会精神，落实中共镇江市委七届九次、十次全会精神。会议学习市委书记惠建林代表中共镇江市委在开幕时所做的讲话，审议市政协常务委员会工作报告、提案工作报告。全体与会人员列席市八届人大四次会议，听取和讨论《政府工作报告》和其他相关报告。会议选举高国成、吴彤、蒋鹏程为市政协副主席，选举方玉强、刘正泰、张标、张友林、张旭彬、罗娟、胡光亮、葛玉连、韩迎农为市政协常委。朱云峰不再担任市政协副主席。（顾 飞）

【市政协常委会议】 2020年5月28日，镇江市政协召开八届十八次常委会议，围绕“为编制十四五规划建言献策”开展协商议政。市委副书记、代市长徐曙海出席会议并讲话，市政协主席李国忠主持会议。市发改委通报全市“十四五”规划编制情况。政协副主席吴彤代表专题调研组对综合调研报告起草情况做说明。8名委员发言，提出意见建议。会议还审议通过有关委员调整和人事任免事项。

7月30日，市政协召开八届十九次常委会议，专题听取市政府关于高水平全面建成小康社会的情况通报。市政协主席李国忠主持会议并讲话，市委常委、市政府党组副书记、市委秘书长郭建通报全市高水平全面建成小康社会情况。

11月2日，市政协召开八届二十次常委会议，围绕“推进基层社会治理现代化”进行专题协商议政。市委书记马明龙出席会议并讲话，市政协主席李国忠主持会议并讲话。市委常委、市委政法委书记许文通报全市推进基层社会治理现代化相关工作情况。市政协副主席徐平做专题调研情况说明，6名委员提出意见和建议。市政府秘书长贾晟通报市政协八届四次会议以来政府系统提案办理情况。会议还审议通过修订的《中国人民政治协商会议镇江市委员会提案工作条例》和有关人事任免事项。

12月30日，市政协召开八届二十一次常委会议，传达贯彻市委七届十二次全会精神，听取市纪委书记、市监察委主任黄利民关于全市党风廉政建设和反腐败工作的情况通报，审议通过市政协常务委员会工作报告（讨论稿）和关于提案工作情况的报告（讨论稿），审议通过关于召开市政协八届五次会议的决定、委员调整等事项，增补李健等14人为市政协第八届委员会委员。市政协主席李国忠主持会议并讲话。（顾 飞）

【市政协主席会议】 2020年1月11日，镇江市政协八届三十五次主席会议召开，专题审议《市政协2020年工作要点（讨论稿）》。

2月27日，市政协召开八届三十六次主席会议，组织学习习近平总书记在中央统筹推进新冠肺炎疫情防控和经济社会发展工作部署会议上的重要讲话精神，传达省委常委会暨疫情防控工作领导小组扩大会议、全市统筹推进新冠肺炎疫情防控和经济社会发展工作部署会议精神，部署市政协贯彻落实意见。

3月26日，市政协召开八届三十七次主席会议，集中审议通过加强和改进政协调查研究等工作意见与工作制度。会议审议通过《政协镇江市委员会关于加强和改进调查研究工作的意见》《政协镇江市委员会委员履职管理考核办法（试行）》《镇江市政协委员活动经费管理办法（试行）》《镇江市政协重点提案遴选与督办办法》。

4月24日，市政协召开八届三十八次主席会议，就镇江段长江大保护落实情况开展专题考察和民主监督，落实省、市、县三级政协联动。参会人员先后现场察看长江豚类自然保护区综合治理工程、茂源化工地块整治提升和生态修复工程、癞元墩地块植树造林工程的实施情况。

5月22日，市政协召开八届三十九次主席会议，就镇江文化旅游融合发展进行专题协商议政。市文广旅局通报镇江文旅融合发展的情况，市政协专题调研组介绍前期调研情况，参加专题调研的2名委员分别提出意见建议。

6月23日，市政协召开八届四十次主席会议，就“完善城市管理、建设精美镇江”开展专题考察监督。与会人员先后实地察看镇江新区综合垃圾处理中心、智慧城管项目建设情况。会上，市城管局通报完善城市管理工作的情况。3名委员提出意见与建议。

7月8日，市政协召开八届四十一次主席会议暨党组理论学习中心组学习扩大会，专题学习习近平总书记重要讲话，举办民法典专题讲座。

8月20日，市政协召开八届四十二次主席会议，就食品安全工作进行考察监督。

9月25日，市政协召开八届四十三次主席会议，围绕“推进乡村公共空间综合治理、做大农村集体经济”进行考察推进和专题协商。与会人员考察丹徒区荣炳盐资源区的洋湖水面治理和卧龙村人居环境整治现场，听取市委农办（市农业农村局）关于推进乡村公共空间治理工作情况的通报和市政协农业农村委的有关调研报告。2名委员提出具体意见建议。

10月20日，市政协召开八届四十四次主席会议暨党组理论学习中心组学习扩大会，集中学习习近平总书记近期系列重要讲话和重要指示精神，讨论审议有关事项。

11月26日，市政协召开八届四十五次主席会议，贯彻落实市委产业强市战略，就“提升产业招商质效、推进项目招引落地”进行专题协商。市政协主席李国忠出席会议并讲话。与会人员现场考察瑞祥科技产业园和江苏德晴碳纤维两个项目，听取市商务局关于全市产业招商工作的情况通报和市政协经科委的有关调研报告。2名委员提出具体意见建议。

12月30日，市政协召开八届四十六次主席会议，会议审议《市政协常务委员会工作报告（讨论稿）》和《市政协常务委员会关于提案工作情况的报告（讨论稿）》；审议召开市政协八届五次会议有关事项；审议有关市政协委员调整事项；决定召开市政协八届二十一次常委会议有关事项。（顾　飞）

【政企协商座谈会】　2020年9月27日，镇江市政协召开“弘扬企业家精神、提振发展信心”政企协商座谈会，11名省、市、县三级政协企业家委员围绕企业生产经营状况、面临的困难以及意见建议发言。市长徐曙海对全市企业家为镇江经济社会发展做出的贡献表示感谢，并希望企业家继续关心支持镇江经济社会发展，政企同心，携手并进。（顾　飞）

图4－4　2020年9月27日，镇江市政协召开“弘扬企业家精神、提振发展信心”政企协商座谈会（张晨霞　供稿）

·重点建议选刊·

【镇江市编制“十四五”规划的建议】　2020年5月28日，镇江市政协召开八届十八次常委会议，对全市编制“十四五”规划提出6方面的建议：一是要把产业强市作为经济工作的重中之重，二是要把生态文明建设放在更加突出的位置，三是要把创新驱动作为经济发展的核心战略，四是要把深化改革开放融入长三角、宁镇扬一体化发展，五是要把增进民生福祉作为根本价值追求，六是要把提升社会治理能力作为现代化建设的重要保障。（顾　飞）

【推进基层社会治理现代化的建议】　2020年11月2日，镇江市政协召开八届二十次常委会议，就“推进基层社会治理现代化”进行专题协商议政，形成5方面建议：一是创新基层治理理念，二是创新基层治理方式，三是创新基层治理手段，四是创新基层治理机制，五是创造基层治理条件。（顾　飞）

纪检监察

·综　述·

【概况】　2020年，镇江市纪检监察机关发挥监督保障执行、促进完善发展作用，全市全面从严治党群众满意度提升，得分94.49分。市纪委监委“清风润廉、正风护航”服务品牌连续5年获评市级机关“十佳服务品牌”。

坚持执纪为民。查纠群众身边的腐败和作风问题，全市纪检监察机关受理信访举报总量比上年下降39.6%。保障脱贫攻坚。开展脱贫结果“回头看”和“四不摘”政策落实，巩固经济薄弱村、建档立卡低收入人口脱贫成果。排查扶贫领域信访举报，查处扶贫领域腐败和作风问题52起64人。深化“打伞破网”。深挖彻查涉及管某某黑社会性质组织案件，立案查处涉黑涉恶腐败和“保护伞”204人，获全国扫黑办特派督导组肯定。公开曝光“保护伞”典型案例25起，制发纪检监察建议10份。严惩“蝇贪蚁腐”。连续4年实施

“三治理一挂牌”专项行动，查处群众身边腐败和作风问题572起792人。纵向贯通监督体系，派出监察员办公室立案311件，增长378.5%。镇江高新区加强村(社区)经营性资产租金管理，推动回笼陈欠租金660余万元。解决民生实事。全覆盖部署应用检举举报平台，畅通举报渠道，构建群众参与的社会监督机制。围绕群众反映强烈的问题，市县两级联动开展“2+8”集中整治(“2”是“市本级开展解决市区安置房不动产证办理难问题，解决医保二次报销办理难问题”；“8”是“八个市区结合本地情况开展群众反映强烈的突出问题‘小切口’集中整治”)，推动解决医保二次报销、安置房不动产办证难等10类“老大难”问题。

优化治理效能。严查不担当、不作为、乱作为、假作为问题126起235人，推动党员干部履职尽责。压实责任。协助市委制定年度落实全面从严治党责任清单，强化督责问责“双线核查”，与党委主要负责人谈话占比提高至66.2%。对15人实施容错纠错，常态化回访教育受处分干部。纠治“四风”。开展机关、国企下属单位重点督查，全市查处违反中央八项规定精神问题316起478人，党纪政务处分占比78.5%。督促有关部门出台厉行节约制止餐饮浪费规定，开展公车私用、私车公养专项治理，推动出台《镇江市党政机关公务用车管理办法》，配套监管平台实行管理。润州区先行先试街道精简发文监测点工作，为基层减负做法获省纪委肯定推广。强化监督重点。制定派驻机构工作规定，开展“一机构一课题”品牌创建，试点开展专项财务检查，市纪委监委派驻机构发现问题线索162件、立案76件。聚焦政府采购、政府投资项目、房屋征收拆迁等领域突出问题，精准监督、推动整改、建章立制。镇江新区创新建成廉情预警平台，监督政府投资项目61个、监管资金30多亿元。优化环境。制定惠企政策落实监督清单，助推“五抓五促”提效能专项行动，专项督导重大项目建设，深化党建结对企业解难题。建立全市纪检监察机关班子成员挂钩联系企业制度，出台政商交往“正面清单”，制定监督营商环境“10条”。

注重标本兼治。立案增幅和首次违纪违法占比呈现“一升一降”态势。强化不敢腐的震慑。全市纪检监察机关立案1409件，其中县处级48件、乡科级151件；给予党纪政务处分1144人，留置85人，移送检察机关75人，挽回经济损失2.26亿元。其中，查处陈某某案件及时挽损、止损超亿元；承办上级纪委监委指定管辖案件，依法追缴股权和涉案款超亿元。全市13人主动投案自首。新建市级规范化留置场所，在全省率先建设智能谈话辅助指挥系统，深化信息化“合成办案”模式，获评全省信息技术实战应用十大精品案例。丹徒率先实践监督检查部门直接承办留置案件。突出不能腐的防范。加强“一案一分析”，从查办案件中发现体制性、机制性问题，提出“一案双查”、制度治理等建议。注重把办案与堵塞漏洞、强化监管、加强廉政教育结合起来，全市纪检监察机关制发纪检监察建议147份，推动案发单位整改落实。促进不想腐的自觉。协助市委召开全市领导干部警示教育大会，制作警示教育片《坚守初心、慎用权力，让“三高一争”的政治生态更加清朗》，组织编印中共十九大以来严重违纪违法市管干部忏悔录。发挥市党风廉政警示教育基地作用，推动分行业、分领域警示教育，廉政教育“说说”系列活动获评全省廉洁文化实践探索“优秀成果奖”。（高君恺）

【政治监督】 2020年，镇江市纪检监察系统把握“两个维护”政治监督根本任务，监督落实重大任务。围绕统筹推进新冠疫情防控和经济社会发展，推动“六稳”“六保”重大决策部署落实。新冠疫情防控中，市纪委监委明确容错“六种情形”，支持担当作为，督查督导整改问题1500余个。监督推进专项工作。围绕推动高质量发展，聚焦打好三大攻坚战、违建别墅、违法占用耕地和长江禁捕退捕等工作，强化专责监督；聚焦违法违规“小化工”百日专项整治行动，开展危化品生产企业官商勾结专项整治，镇江市“嵌入式”监督机制入选全省典型做法清单予以推广。扬中整合构建“扬清风”智慧监督系统，重点对公车使用、民生资金发放等实施大数据监管。监督优化政治生态。首次对各市(区)开展政治生态监测评估，形成专题报告提交市委，跟踪推进46项问题整改。市纪委监委对566人党风廉政情况实施回复，对11人提出不宜或暂缓使用建议。运用“四种形态”处理3312人次，前两种形态占比提高至91.5%，教育挽救干部力度加大。丹阳实施“廉洁丹阳·清风行动”，靶向施治影响政治生态的顽瘴痼疾。（高君恺）

【市纪委监委与江苏大学纪委签订校地协作配合框架协议】 2020年8月20日，镇江市纪委监委与江苏大学纪委举行校地协作配合框架协议签约仪式。校地双方本着“资源共享、优势互补、互促共赢、共同发展”的原则，巩固和发展合作关系，协同推进校地纪检监察工作发展。市委常委、市纪委书记、市监委主任黄利民和江苏大学党委副书记李洪波出席签约仪式并致辞。江苏大学纪委书记高庆国与市纪委副书记、市监委副主任周奇恒分别代表双方签署校地协作配合框架协议。（高君恺）

【“沁廉”志愿服务总队】 镇江市纪委监委“沁廉”志愿服务总队成立于2019年11月28日，总队下设4个志愿服务分队，队员由97名纪委监委机关35周岁以下年轻干部组成。2020 年,市纪委监委"沁廉"志愿服务总队组织开展基层新冠疫情防控、文明城市创建、社区服务、爱心奉献等系列志愿服务活动 30 余次共计 600 余人次。编撰廉政宣讲材料,在党政机关、企事业单位、街道社区、中小学校宣讲党规党纪、法律法规、党风廉政建设和廉政文化;组织开展农村(社区)美化环境、清运垃圾、文明秩序引导、岗位学雷锋、日行微善等活动;赴敬老院、特教中心等组织开展敬老爱老助老、图书漂流、心理健康疏导、经济困难资助、爱心结对助学、义务献血、义务捐款等活动;新冠疫情防控期间,协助街道做好各项志愿服务。

(冷亭玉)

· 巡察工作 ·

【概况】 2020 年,镇江市开展两轮对 13 家党组织常规巡察和 3 家党组织提级巡察,市委巡察覆盖率 100%。开展落实"六保"任务专项巡察和危化品安全生产专项巡察,对 9 家被巡察单位巡察整改落实情况开展专项督查,接受省第三巡察指导督导组对镇江市巡察工作指导、调研督导,建成智慧巡察平台。通过巡察,发现"三个聚焦"方面问题 499 个,推动解决立行立改问题 30 个,移交问题线索 35 个,推动立案 10 件、留置 2 人,向省委巡视办报送专题报告 1 份,向市委提交专题报告 2 份、巡察监督建议 2 份。

落实主体责任。市委常委会 3 次专题学习习近平总书记和中央、省委关于巡视巡察工作要求,研究部署巡察工作。市委书记专题会 3 次听取巡察工作情况汇报。市委主要领导对巡察工作做出批示 16 次。

深化政治巡察。贯彻落实全国巡视工作会议、全国市县巡察工作座谈片会、全省巡视巡察工作会议精神,围绕"三个聚焦"深化政治监督。推动解决立行立改问题 30 条,危化品安全生产专项巡察新发现违法违规"小化工"8 家,中期移交问题线索 8 件,立案 6 件。

突出有形有效覆盖。运用常规巡察、专项巡察、提级交叉巡察等方式,推动有形有效覆盖。坚持巡视巡察上下联动。在对市中级人民法院、市人民检察院以及 2 家垂管部门巡察时,与省高级人民法院、省检察院和相关省级机关部门对接沟通,建立协作机制,通报巡察情况,增强巡察质效。 (汤　云)

【巡察整改机制建设】 2020 年,镇江市纪检监察系统健全完善巡察整改日常监督、巡察与执纪执法协作配合机制。提高巡察发现问题及问题线索的质量和巡察移交问题线索的办理效率。向巡察移交问题线索办结率由 76% 增至 92%。落实"一通报两建议"(即向分管市领导通报巡察情况,提出提请谈话建议和巡察监督建议)机制,实施巡察整改材料"四方联审",压实巡察整改主体责任,推动面上问题整改。对 9 家党组织巡察整改落实情况进行督查,并全市通报。向被督查单位发放督办函 9 份,向 7 家被巡察党组织新任主要负责人发送落实巡察整改责任提醒函。前八轮巡察,被巡察单位整改率平均为 95.7%。

(汤　云)

【巡察工作信息化水平提升】 2020 年,镇江市纪检监察系统借鉴中巡办巡视巡察发现问题线索管理系统、省委巡视办巡视整改督查系统等平台系统的建设经验,吸收其他市区巡察信息化平台建设成果,建成"镇江市智慧巡察信息管理平台"。通过信息化手段助力巡察工作的过程监督和闭环管理,实时掌握巡察全覆盖情况,了解巡察工作全过程进度以及巡察整改、线索处置等工作的进展情况,以纪检监察内网为依托,建成日常管理系统、巡察智库系统、整改督查系统、线索管理系统等四大模块,提升巡察工作科学化、规范化、信息化水平。 (汤　云)

· 重要会议和活动 ·

【纪检监察系统作风建设大会】 2020 年 1 月 16 日,镇江市纪委监委召开全市纪检监察系统作风建设大会。市委常委、市纪委书记、市监委主任黄利民出席会议并讲话。会上,全体人员观看警示教育片《初心使命、铭记在心》,并集中签订《作风建设承诺书》。

(高君恺)

【七届市纪委五次全会】 2020 年 4 月 20 日下午,中共镇江市第七届纪律检查委员会第五次全体会议召开。出席会议的市纪委委员 27 人,列席会议 165 人。全会学习贯彻习近平总书记在中央纪委四次全会上的重要讲话和中央纪委四次全会、省纪委五次全会精神。市委书记惠建林出席全会并发表讲话,全会审议通过由市委常委、市纪委书记、市监委主任黄利民代表市纪委常委会所作《坚持稳中求进,深化改革创新,推动新时代镇江纪检监察工作高质量发展》工作报告和《中国共产党镇江市第七届纪律检查委员会第五次全体会议决议》。 (高君恺)

【全市巡察工作会议暨七届市委第十轮巡察动员部署会】 2020 年 4 月 26 日,镇江市巡察工作会议暨七届市委第十轮巡察动员部署会召开。根据市委部署,该轮对市人大机关党委、市政协机关党委、市中级人民法院党组、市委宣传部、市委网信办、市公安局党委、市自然资源和规划局党委、市生态环境局党组、市退役军人事务局党组、市医疗保障局党组等 10 家党组织开展常规巡察；对丹阳市、扬中市、丹徒区、京口区等 4 个市（区）生态环境局党组织开展延伸巡察。

（高君恺）

【落实“六保”任务专项巡察工作动员会】 2020 年 5 月 26 日，镇江市落实“六保”任务专项巡察工作动员会召开。会议传达市委书记马明龙关于对落实“六保”任务强化巡察监督的批示精神。根据市委部署，该轮巡察对象为市发改委（市粮食和物资储备局）、市教育局、市工信局、市民政局、市财政局、市人社局、市商务局、市卫健委、丹阳市、句容市、扬中市，巡察时间为 5 月 28 日至 6 月 20 日。（高君恺）

【危化品安全生产专项巡察动员部署会】 2020 年 8 月 26 日，镇江市委第十一轮危化品安全生产专项巡察动员部署会召开。会议学习贯彻习近平新时代中国特色社会主义思想特别是习近平总书记关于安全生产的重要论述，贯彻中共十九届四中全会、省委十三届八次全会、市委七届十一次全会精神，落实省委巡视工作领导小组关于开展省市巡视巡察联动的要求，部署开展危化品安全生产专项巡察。市委常委、市纪委书记、市监委主任、市委巡察工作领导小组组长黄利民出席会议并讲话。根据市委部署，七届市委第十一轮巡察对市工信局、市生态环境局、市应急管理局、市市场监管局开展“对口式”专项巡察；对 6 个市（区）应急管理局、镇江新区生态应急局、镇江高新区综合行政执法局开展提级交叉系统巡察；对丹阳经济开发区、扬中市油坊镇、丹徒经济开发区、京口区象山街道、镇江新区新材料产业园开展延伸巡察。

（高君恺）

【优化营商环境企业家座谈会】 2020 年 9 月 16 日，镇江市纪委监委召开企业家座谈会，聚焦全市营商环境存在问题，听取企业家关于镇江市营商环境和纪检监察机关优化营商环境专项监督工作方案的意见建议。市委常委、市纪委书记、市监委主任黄利民主持会议并讲话。参加座谈会的 12 名企业家围绕加强政府诚信建设、提升政务服务效能、健全服务帮办体系、解决历史遗留问题等方面进行发言。会上解读《全市纪检监察机关优化营商环境专项监督工作方案》。（高君恺）

【七届市委第十二轮巡察动员部署会】 2020 年 11 月 18 日，七届镇江市委第十二轮巡察动员部署会召开。会议学习贯彻中共十九届五中全会和省委、市委有关会议精神，部署启动七届市委第十二轮巡察工作。七届市委第十二轮巡察对市人民检察院、市委政法委、市港口发展集团有限公司开展常规巡察，对句容市人民检察院、丹徒区人民检察院、镇江市经济开发区检察院开展提级巡察。（高君恺）

【廉政教育“说说”系列集中学习活动】 2020 年，镇江市纪委监委在全市各级党组织和党员干部中开展廉政教育“说说”系列集中学习活动，拍摄制作“说纪、说法、说德、说责”系列视频课件，阐述全面从严治党“两个责任”、中央八项规定精神、党的“六大纪律”、问责等 8 个专题，宣传全面从严治党、党风廉政建设和反腐败工作形势任务，解读重要党规党纪和法律法规。（高君恺）

【市纪委监委“开放日”活动】 2020 年 12 月 15 日，镇江市纪委监委开展“开放日”活动，听取特约监察员、社会监督员代表对纪检监察工作的意见建议。活动中，特约监察员、社会监督员代表了解市纪委监委部门设置及职责情况，参观信访接待窗口、市党风廉政警示教育基地和“润苑”，听取全市纪检监察系统“清风润廉、正风护航”服务品牌创建情况。特约监察员、社会监督员代表在交流发言时对“开放日”活动形式表示肯定，并就推动“开放日”活动更加亲民化、更好发挥监察员和监督员作用以及推动监督更加精准化等方面提出意见和建议。（高君恺）

图 4－5　2020 年 12 月 15 日，“开门问策，集思广益”镇江市纪委监委开展“开放日”活动（高君恺　供稿）

综　述

【概况】 2020年，镇江市各民主党派、工商联以中共十九届五中全会精神和习近平新时代中国特色社会主义思想为指导，结合各党派章程，把思想建设放在首位，开展民主党派调研，建言献策。市各民主党派、工商联负责人和无党派人士代表参加中共镇江市委组织召开的民主协商会、情况通报会9次。各民主党派在省政协提交提案5件，市政协集体提案45件、个人提案201件；在省人大提交议案3件，市人大议案8件。全年全市各民主党派发展新成员182人，截至年底，全市有民主党派成员4040人。

市各民主党派将政治建设放在首位，开展“不忘合作初心，继续携手前进”主题教育活动，围绕学习贯彻中共十九届五中全会精神等主题，开展骨干培训班、知识竞赛、座谈研讨、实地参观等系列活动。举办全市民主党派新成员培训班。围绕“建言‘十四五’，共谋新发展”主题，市各民主党派主委、工商联主席和无党派人士代表开展联合考察调研，市委书记主持召开专题民主协商会听取调研成果。

市工商联被省工商联评为创新示范引领单位。全年新增工商联会员企业520余家，新增商会组织7家。创建句容茅山江苏省民营经济人士理想信念教育基地，组织开展年轻一代民营企业家理想信念教育实践活动，联合市科技局、人才办、团市委举办“双百菁英”特训营第二期。开展2019年度优秀调研成果评选工作。与市委统战部联合开展民营服务月活动，联合科技局，成立省内首家高新技术企业商会。举办科技创新辅导报告会，邀请腾讯、阿里、今日头条等国内企业负责人开展科技专题辅导。在全省率先建设总商会人民调解中心、总商会仲裁分会。与市委统战部联合举行“新时代企业家精神师承计划”。召开“万企联万村 共走振兴路”行动现场推进会，全市民营企业参与的本地联建项目417个，占总项目的89.67%；市、县两级工商联推动苏陕东西部协作扶贫捐款捐物121.35万元。　（赵正杰）

【市各民主党派、市工商联和无党派人士开展联合考察调研】 2020年9月28日，镇江市各民主党派主委、市工商联主席和无党派人士代表，围绕“建言十四五、共谋新发展”主题开展联合考察调研活动。联合考察组一行围绕宁镇扬一体化、先进制造业、高科技企业、特色农业和创新社会治理等方面内容，先后到宁句城际轨道交通DS6－TA02标土建五工区、茅山镇丁庄葡萄小镇等地进行调研，为建言镇江“十四五”规划编制工作了解情况。　（赵正杰）

2020年镇江市各民主党派及工商联组织、成员、参政情况一览表

表5－1

党派名称	组织情况(个)				成员情况(人)			参政情况											
								人大代表(人)				政协委员(人)				任处级以上实职数(人)	市特邀(约)人次数(人)	集体提案件数(件)	个人提案件数(件)
	市委会	总支部	基层委员会	支部(支社)	总数	高级职称	新成员	县(市)区	市	省	全国	县(市)区	市	省	全国				
民革	1	1	1	13	398	147	21	5	6	0	0	24	17	1	0	0	20	11	81
民盟	1	1	6	52	1045	863	40	9	7	0	0	60	26	2	0	3	9	12	114

续表 5－1

党派名称	组织情况(个)				成员情况(人)			参政情况											
								人大代表(人)				政协委员(人)							
	市委会	总支部	基层委员会	支部(支社)	总数	高级职称	新成员	县(市)区	市	省	全国	县(市)区	市	省	全国	任处级以上实职数(人)	市特邀(约)人次数(人)	集体提案件数(件)	个人提案件数(件)
民建	1	2	4	33	559	108	30	1	5	0	0	51	17	1	0	1	5	6	28
民进	1	0	1	21	459	142	20	6	0	0	0	39	23	3	0	0	10	7	52
农工党	1	0	4	27	734	328	34	5	4	1	0	39	18	1	0	0	2	7	29
致公党	1	4	3	23	329	91	16	5	4	0	0	36	14	1	0	1	1	5	96
九三学社	1	0	4	25	516	368	21	3	0	2	0	41	16	1	0	3	21	4	19
工商联	—																	7	100
合计	7	8	23	194	4040	2053	182	34	26	3	0	290	131	10	0	8	68	59	519

（赵正杰）

民革镇江市委员会

【概况】 2020年，民革镇江市委会以“组织建设年”为契机，加强自身建设，履行参政党职能，为推动经济社会发展和夺取疫情防控胜利贡献力量。《对口支援，民革镇江市委在行动》作品获评江苏统一战线微视频创意大赛图片组三等奖，市委会获评民革江苏省委先进集体四项。民革党员1人获评民革中央抗击新冠肺炎疫情先进个人，39人获评民革省委先进个人。

思想建设。成立民革市委领导班子理论中心组，组织开展《加强中国特色社会主义参政党建设》等文件精神学习活动30多次。开展“中山杯”《民革与新中国的建立》读书征文活动，收到党员投稿15篇，举办3次读书分享会。全年被《团结报》、民革中央网站等中央级媒体采用稿件74篇，被省级媒体采用102篇。

组织建设。全年发展21名新党员，截至年底，全市有民革党员398名。成立镇江新区支部和丹徒区基层委员会；市委会有1个基层委员会、1个总支、13个支部。各支部开展学习座谈、考察调研等特色活动30多次。

参政议政。在中共镇江市委专题协商议政会上，分别做《传承百年蚕桑文化 打造特色文旅产业新亮点》等3次专题发言。“两会”期间，民革市委和党员中的人大代表和政协委员，提交各级议案、建议和提案92件，其中，省政协提案建议3件，市政协集体提案11件。开展服务民营经济专项民主监督活动，提交1份调研报告。完成民革江苏省委立项课题3项，参加省“中山议政会”。各支部和专委会完成30篇调研报告。撰写报送122篇信息，被全国政协采用1篇，被民革中央采用2篇，被民革省委办等省级组织采用40多篇。

社会服务。筹集10.83万元助力贵州省纳雍县蛇场村脱贫攻坚，开展“温暖工程”关爱活动，为蛇场村127户贫困家庭购置生活用品；开展“博爱·牵手”活动，为20名在校学生发放教育助学金，开展脱贫攻坚慰问活动。捐款2.4万元，为句容袁相村22户贫困家庭提供生活补助费，组织中山书画院书法家为村民书写近300副春联。在韦岗小学举行“中山·博爱·牵手 社会服务站”挂牌仪式，为全校学生捐赠价值5700多元的259册图书，为全校师生开展爱牙护牙健康讲座。开展“中山博爱”捐资助学爱心公益活动，为特教儿童、贫困学生、癌症患者和特困人群献爱心20多次；民革组织和党员开展普法宣传活动20多次。

祖统工作。宣传对台政策方针，联合市台联举行台情报告会和首届台海形势座谈会。邀请中国国民党原代主席林荣德等台商到镇江开展台商台企高质量发展交流活动。联合市台联赴台企考察调研。与市台办联合举办民革企业家与在镇江台资企业助力产业发展联谊活动。

抗击新冠疫情。民革组织和党员为抗击疫情捐款，并捐赠或促进捐赠各类物资。组织中山书画院成员创作《送瘟神》等书画作品。在“镇江民革”微信公众号刊载抗疫文章。 （陈 梅）

【加强食品安全检测的建议】 2020年1月，在镇江市政协八届四次会议上，民革镇江市委会关于加强食品安全检测的建议被选为市领导领衔督办重点提案，建议针对食品安全检测存在的问题提出四点建议：一是着眼宣传引导，强化“自我”把关。采取签订合同等形式把经营者食品安全把关责任明确下来。科学设计食品市场准入制度，经营户按照要求执行。二是着眼责任落实，完善"机制"把关。明确农贸市场、超市管理者以及经营者的权利和义务，强化制度管理，提高经营户对食品安全把关问题的主动性和自觉性。三是着眼食品检测，加强"技术"把关。发挥"检测中心、检测车、检测箱、检测点"四位一体的食品检测网络作用，完善食品检测工作考核制度。四是放大食品安全检测效应。发挥政协民主监督作用，抽检市场，随机抽查商品内容，通过市场公示、消费警示、经济处罚等形式，放大食品安全检测效果。（陈　梅）

【传承百年蚕桑文化的建议】 2020年，民革镇江市委主委王加友在中共镇江市委专题民主协商会上，就镇江市传承百年蚕桑文化提出四点发展建议：一是以规划编制为契机，加强蚕桑文化科学规划和法律保护，将蚕桑文化发展列入全市"十四五"规划编制，以地方法规的形式制定蚕桑文化发展与保护条例或法规。二是以蚕桑文化为灵魂，加强名人轶事资料收集和媒体宣传，挖掘蚕桑历史名人和名人轶事，对重要的蚕桑资源建立文化标识和说明。三是以蚕桑优势为载体，打造蚕桑文化项目建设新亮点，打造蚕桑文化主题公园，将蚕桑文化融入西津渡街区系列活动，发挥蚕桑优势助力"一带一路"国际合作。四是以蚕桑资源为依托，促进蚕桑特色旅游商品的开发生产，延伸蚕桑产业链条，促进产学研深度融合，做精做优蚕桑商品。（陈　梅）

民盟镇江市委员会

【概况】 2020年，民盟镇江市委员会围绕中共镇江市委中心工作，履行参政党职能，加强自身建设，抗击新冠疫情，获评民盟中央"民盟思想建设和宣传工作先进集体""社会服务工作先进集体"，获评民盟江苏省委"江苏民盟抗击新冠肺炎疫情先进集体"。全年新发展盟员40人，教育、文化、科技主界别占比77.5%。截至年底，全市有盟员1045人。

组织盟员抗击疫情，捐款捐物。医卫界盟员直接参与抗疫，盟员教师开展线上教学，文化艺术界盟员创作抗疫作品等。1人获评中共江苏省委、省政府"江苏省抗击新冠肺炎疫情先进个人"，3人获评"江苏民盟抗击新冠肺炎疫情先进个人"，丹阳中医院支部、扬中支部获评"江苏民盟抗击新冠肺炎疫情先进集体"。

将"不忘合作初心，继续携手前进"主题教育活动与盟务工作结合，举办镇江民盟"抗疫颂"主题书画摄影诗歌展、"同心奔小康 共圆中国梦"文艺会演、"阅读盟史书籍 重温合作初心"读书活动等一系列学习教育活动。在各级媒体发表新闻稿件201篇，微信公众号推送81篇。编印《镇江民盟》《镇江民盟2019年工作精编》。

开展"四好"基层组织创建活动，召开现场推进会，编印《镇江民盟"四好"基层组织创建活动风采录》，新建"丹徒委员会盟员之家"，改造升级"盟机关盟员之家"。建成"盟员之家"11个，覆盖近50%的基层组织。新成立民盟镇江新区支部、江科大张家港校区支部，江科大委员会完成换届。句容支部获民盟中央"盟务工作先进基层组织""思想政治建设和宣传工作先进集体"称号，京口委员会获民盟中央"盟务工作先进基层组织"称号。

全年完成重点调研课题6项，形成调研报告8篇，其中，1篇获第七届江苏生态文明建设研讨会特等奖，2篇分别获第三届江苏文化发展研讨会一等奖和二等奖，1篇获第八届城镇化建设研讨会二等奖。举办以"教育供给侧结构性改革——学校篇"为主题的镇江民盟第十届教育论坛，参加第十一届江苏教育发展论坛，1篇获二等奖，2篇获三等奖。"民盟履行民主监督职能的实践与探索"获2019年度民盟中央理论研究课题二等奖。向中共镇江市委报送建议信1件，向省政协、民盟省委、中共镇江市委统战部等部门报送各类社情民意信息40条。组织盟员委员参加市政协"垃圾分类从我做起——政协委员在行动"主题活动。组织部分盟员代表委员赴句容开展"服务民营经济"专项民主监督。

组织10名盟员书法家为江滨新村社区居民现场写春联。组织江苏农林学院支部6名盟员现场指导句容袁相村农民种植，科技助农事迹被《新华日报》《人民政协报》等9家媒体集中采访报道。与京口区香江花城社区党总支结对开展党盟共建。促成润州区机关幼儿园与市残联启明星幼儿园结对帮扶。先后授予江苏语诣光电科技有限公司、周艺公益服务中心、赛菲索电子科技有限公司等3家盟员企业"创新创业基地""社会服务基地"称号。

（胥云飞）

【打造古运河风光带的建议】 2020年10月，民盟镇江市委在中共镇江市委专题民主协商会上围绕打造古运河风光带提出三点建议：一是科学谋划新蓝图。中共镇江市委、市政府统筹谋划、科学布局、精准施策，注重规划引领，强化法制支撑，创新运营模式，借鉴外地的先进经验，参与古运河的开发和建设。二是系统创建新品牌。打造高颜值的绿色生态带、高品位的文化旅游带、高端化的标志性工程。三是营造新气氛。加大宣传力度，开展志愿者公益行动，加强重点

领域的专题研究，开展群众性的体育运动和"水韵江苏·运河人家"大运河文化节等节庆活动，扩大大运河文化的影响力。（胥云飞）

民建镇江市委员会

【概况】 2020年，民建镇江市委会发展新会员30人，增补1人为民建镇江市第十二届委员会副主任委员。成立企业总支部委员会。增补丹徒区基层委员会、城建总支部委员会副主委。完成京口区基层委员会、江苏大学支部换届。对丹阳市基层委员会的下设支部负责人进行调整。充实专门工作委员会人员。调整领导班子对口联系基层名单和会领导及机关干部联系基层组织和专委会名单。新建"会员之家"10个。润州区基层委员会获评"全国先进集体"，1人获"全国优秀会员"称号。丹徒区基层委员会获评"民建江苏省委特色基层组织"，企业总支、江大支部获评民建江苏省委"先进集体"，5人获评民建江苏省委"优秀会员"。

学习宣传。围绕"纪念民建成立75周年"开展爱国爱会教育，组织参观章乃器纪念馆等教育基地。办好网站和微信公众号，发布《众志成城抗疫情 镇江民建在行动》系列报道。全年宣传稿件被中央级刊物、网站采用30余篇，被省级刊物、网站采用50余篇。有4条信息被民建中央采用，2条信息被中共江苏省委采用，4条信息被江苏省政协采用，12条信息被民建江苏省委采用。编印《民建镇江市委制度汇编》，举办新会员培训班。

协商议政。在市政协八届四次会议上，提交6件集体提案、28件委员个人提案。赴浙江省台州市"智能模具小镇"调研，完成《引导城市工商资本下乡推动乡村产业融合发展》《安徽歙县旅游业考察调研思考》《镇江旅游业发展与安徽旅游业差距》等报告；赴溧阳开展乡村公共空间治理调研。与民建省委联合调研并完成《引导城市工商资本下乡推动乡村产业融合发展》等调研报告。2人获评民建省委"参政议政工作先进个人"，市委会获评民建省委"参政议政工作先进单位"。

抗疫工作。全市会员为防控新冠疫情捐款捐物。市委会获评民建省委"抗疫先进集体"，1人获评民建中央"抗疫先进个人"。丹阳市基层委员会、京口区基层委员会以及1人分别获评民建省委"先进集体"和"先进个人"。市委会获评民建省委"社会服务优秀组织奖"。

精准扶贫。为河北省承德市丰宁满族自治县胡麻营镇塔黄旗"爱心超市"募集价值1.5万元生活物资。为民建中央"聚光福 稳脱贫"光伏扶贫专项行动捐款1.67万元。民建丹徒区"社会服务实践基地"挂牌，丹徒民建—苏陕合作消费扶贫平台获评民建省委"社会服务特色品牌"。市委会与市工信局、市国资委、市市场监管局、市地方金融监管局建立对口联系工作机制。（赵 红）

【建设镇江大运河文化公园的建议】 2020年1月，在镇江市政协八届四次会议上，民建镇江市委就保护、传承和利用好运河文化，建设镇江大运河文化公园提出三点建议：一是镇江大运河文化公园的建设应遵循保护、传承和利用好运河文化遗产原则。要抓好前期规划和建设细节，通过大运河文化公园的建设，集中展示镇江以水兴城的历史，展示与运河有关的历史人物、文化元素，讲好运河上发生的故事。二是要根据镇江的实际状况，盘活资源、合理利用，以宝塔山公园为基础和核心，与运河都天庙景区和丁卯景区联合打造，减少大拆大建的"开发"模式。将宝塔山公园更名为大运河文化公园。三是要建设彰显在镇江、江苏乃至全国具有突出文化价值、文化特色和重要文化影响的运河文化带元素。开通重游古运河项目，把古运河和金山湖连接，重现历史上江河交汇的场景。在宝塔山至丁卯桥运河沿岸，设置运河诗文长廊或诗碑等。（赵 红）

民进镇江市委员会

【概况】 2020年是中国民主促进会成立75周年，也是民进中央确定的履职能力建设主题年。民进镇江市委员会获评"民进全国履职能力建设先进集体"，1人获评"民进全国履职能力建设先进个人"，1人获评"民进全国会史工作先进个人"。

庆祝民进成立75周年，市委会联合镇江民进书画研究会和文化支部举办"75载同心路"主题书画展，并在镇江市区和丹阳进行巡展；在全会开展庆祝民进成立75周年征文活动，收到征文46篇，编辑成征文集印发给各基层组织进行交流学习。

深化"不忘合作初心，继续携手前进"主题教育活动，在重阳节前夕组织老会员赴新四军四县抗敌总会纪念馆开展"不忘初心跟党走"主题教育活动；举办"镇江民进2020年骨干会员培训班"，系统学习中共十九届五中全会精神，邀请专家宣讲《中华人民共和国民法典》，带领会员知法学法守法。

成立镇江叶圣陶研究会和镇江民进经济界会员联谊会，挂牌4家"会员之家"，文化支部挂牌"会员之家"的同时还加挂"镇江民进文化艺术交流活动基地"

牌匾。

参政议政。市政协八届四次会议上，民进镇江市委员会提交集体提案7件，其中《优化我市新材料产业布局，完善产业链条的建议》的提案被列为重点督办提案。市委会承接的民进省委会招标课题“加强我省全科医生队伍建设”通过省委会评审。全年向民进省委和中共镇江市委统战部上报信息140余条，其中，民进中央采用7条，中共江苏省委办公厅采用1条、民进省委采用29条。

组织建设。全年发展新会员20人。举办“民进镇江市委会2020年新会员培训班”，加强会员思想建设和履职能力提升。选派2人到民进省委会跟岗学习。

社会服务。参加民进中央组织的“2020年度学习习近平总书记关于扶贫工作的重要论述征文活动”，1人获二等奖，2人获三等奖。在民进中央“彩虹行动”中，市委会继续做好金沙县沙土镇第二幼儿园结对帮扶工作，组织教育界会员和爱心企业家赴幼儿园开展送教活动，并向该校捐赠价值3万元的教学设备。打造“关爱残障儿童，扶志扶技伴成长”社会服务品牌，“六一”节前夕向京口区特教中心自闭症孩子捐赠价值4000余元的教学教具；11月11日，市委会联合镇江苏宁广场举办爱心拍卖捐赠活动，筹集爱心款项2万元，定向捐赠给京口区特教中心。（胡智浩）

【优化新材料产业布局的建议】 2020年1月，在镇江市政协八届四次会议上，民进市委会就镇江新材料产业发展中存在的问题提出两点建议：一是优化新材料产业布局。建议在布局新材料产业高质量发展的工作中，优先考虑高性能合金材料、高性能碳纤维及其复合材料和高效储能材料等优势领域。建议以丹阳碳纤维材料产业基地、扬中市新能源产业园等产业基地为载体，依托各领域骨干企业，形成集群化发展模式，发挥出园区的集聚效应。二是完善新材料产业链条。一方面，依托新材料领域已有的研发平台和科研院所，逐步完善已有公共服务平台的产业培训、产品检测、市场拓展、投融资等功能；另一方面，通过建立全市新材料检验检测设备和实验室开放共享信息平台，引导有条件的试点企业实现开放共享，减少重复投资。（胡智浩）

【提高市民应急救护能力的建议】 2020年1月，在镇江市政协八届四次会议上，民进市委会就镇江市提高市民应急救护能力的问题提出三点建议：一是加大公共场所急救设备投入，加强相关知识的宣传普及。提高应急救护的关注度，加大对急救设备的财政支持，增加公共场所急救设备的数量，多渠道、多方式讲解相关救护设备的操作。二是改进急救知识的宣传方式。相关部门要创建专业、权威的急救知识网络传播平台，平台与医疗单位、红十字会等权威部门合作，确保平台传播急救知识的权威性和及时性。三是加大急救知识“五进”活动力度。建议针对学前及中小学老师和学生进行急救知识培训，以具备一定的急救知识和技能，增强自我保护能力。（胡智浩）

农工党镇江市委员会

【概况】 2020年，农工党镇江市委会按照习近平总书记提出的“四新三好”要求，落实农工党中央部署，紧扣农工党成立90周年纪念主题，带领全市农工党各级组织和党员，参与疫情防控，提高履职能力。

抗疫工作。农工党市委会动员医卫界农工党党员坚守一线，为市民开设新冠抗疫心理疏导节目，为宣传系统党员干部开展心理辅导讲座；流行病学专家通过媒体宣传新冠疫情知识。聚焦抗疫物资保障、公共卫生管理、企业复工复产、群众心理关怀等问题撰写信息。向中国初级卫生保健基金会捐款，向湖北黄石捐助防护面罩、护目镜、防护服等物资，向黄石市慈善总会捐款。报道党员阻击疫情、捐资捐物情况，形成人物专访9篇，2人获评“江苏省抗击新冠疫情先进个人”。

思想建设。举办农工党成立90周年党史宣讲；开展“党史教育行”主题活动。2名党员的作品入选农工党成立90周年提名展，市委会获评“庆祝农工党成立90周年·燃情三行诗”征文活动优秀组织奖一等奖。推动理论研究，《人民政协在推进国家治理体系和治理能力现代化中的作用》获评农工党中央理论征文三等奖，6篇研究论文获评农工党中央三等奖。投稿138篇，农工党中央微信公众号采用1篇，“学习强国”平台采用2篇。

组织建设。市委会获评农工党中央“先进集体”，江苏大学基层委员会等6个基层组织获评农工党江苏省委“先进基层组织”。规范基层换届，领导带队走访基层组织所在党委。完成丹阳基层委员会换届。推进“农工之家”建设，以“四有”（有场所、有经费、有实效、有作用）标准建成7个“农工之家”。全年发展新党员34人，举办新党员培训班。1人获评“全国先进工作者”，5人获评“农工党中央先进”，11人获评“农工党江苏省委先进”。

参政议政。全年提出集体提案7件，个人提案29件，人大建议12件。在中共镇江市委双月座谈会上做《推动公共卫生和临床医疗融合发展》发言；参加党外代表人士座谈会、中共镇江市委常委会民主生活会等会议，提供决策参考。开展“两癌”筛查专题调研，赴京口开展民营经济专项民主监督活动，开展推进“美丽镇江”建设调研。上报信息207篇，中央统战部《零讯》单独采用1篇，综合采用1篇，农工党中央采用5篇。申报农工党省委课题，立项并完成5项；农工党江苏省委“农工论坛”联合调研提交征文13篇，获评一等奖1项、三等奖2项、优秀奖3项。

社会服务。开展社会服务活动53场次，参加党员150余人次，服务群众7250余人次，捐资捐物价值合计63万余元。为结对帮扶对象句容袁相村村民提供健康咨询服务，捐资捐药价值1万元；帮扶贵州省大方县，2名党员捐赠扶贫款10万元。为镇江中学等3所学校师生及家长进行考前专题心理健康辅导和答疑解惑。开展“环境与健康宣传周——垃圾分类从我做起”活动，发放抗疫防护用品；赴金山寺为僧众开展义诊，发放口罩及中药香囊。（周　萍）

【保持院前急救医疗事业平稳健康发展的提案】2020年，农工党镇江市委会在市政协八届四次会议上就保持院前急救医疗事业平稳健康发展提出三点建议：一是出台政策完善“非急救转运”体系。建议加强对“黑救护车”的监管、打击力度，允许由市急救中心主导、第三方社会机构参与，共同开展“非急救转运”业务。二是稳定急救队伍。建议放宽年龄、学历等报考条件，吸引专业技术人员报名急救中心事业编制，重点补充急救医师队伍。三是加大车辆补助、配齐急救装备。建议将救护车日常维护及运营经费纳入财政预算项目经费，按每台救护车运维成本给予专项补助，配足并更新救护车，逐年选配特需监护型车辆，根据急救车数量配齐配足随车医疗设备。（周　萍）

致公党镇江市委员会

【概况】 2020年，致公党镇江市委会学习贯彻中共十九大和十九届五中全会精神，助力“疫情防控阻击战”和防汛抗洪，围绕中共镇江市委、市政府中心工作，立足本党特色，履行好参政党职能。

思想建设。开展学习《中共中央关于加强中国特色社会主义参政党建设的意见》主题活动，举办专题学习成果分享会，全国人大常委会环资委副主任、致公党中央副主席吕彩霞出席活动。建立“镇江致公”微信公众号，推送文章92篇；组织22名党员参加宣传骨干培训班，在市级以上媒体共发表文章220余篇。

组织建设。全年发展党员16人，全市有党员329人。成立润州区基层委员会；建立代表人士队伍；探索出台《党务领导干部任职试用期暂行办法（试行）》；调整市监督委员会人员组成，开展党籍“两会人员”履职情况专项督查和“党员发展规范化流程执行情况”专项督查；完成专委会调整，开展青工委委员竞聘工作，成立志愿者服务总队及各分队；建成“致公之家”4个；2名党员参加致公党省委举办的“省市领导暑期研讨班”。

参政议政。全市上报各类参政议政调研课题30个，被省委会立项4个，被列为省重点课题1个；在各级“两会”上提交集体和个人议案、提案101件；上报信息、社情民意44条。致公党省委汇智论坛上，2篇课题分别获评二等奖、三等奖；2篇调研报告被列为省政协提案，获评致公党省委2019年度优秀调研报告。3人获评致公党省委2019年度信息工作先进个人。

社会服务。在抗击新冠肺炎疫情行动中，若干名医卫界党员奋斗防疫一线，市委会捐赠抗疫医用物资；市委会对口援助湖北黄石抗疫，捐赠防疫物资，同时认捐致公党中央“爱心小包裹”。向江心洲捐赠募集到价值10余万元物资和2万元专项资金用于防汛抗灾；赴陕西省渭南市合阳县金峪镇开展“助学行动”，发放助学金3.24万元；参加中共镇江市委统战部袁相村“慈善助农”活动，捐赠2万元购买榉树苗。1人获评致公党中央“抗击新冠疫情先进个人”，1人获评“江苏省抗击新冠疫情先进个人”，1人获评江苏省卫健委“2020年优秀基层卫生骨干人才”；市委会、市直基层委、丹阳总支部、润州四支部、江大二支部获评致公党省委会“抗击新冠疫情先进集体”，8人获评致公党省委会“抗击新冠疫情先进个人”。

海外及侨务联谊。海外联络工作委员会与市留学人员联谊会合并工作，邀请专家讲述抗疫故事，传授“防疫知识”。开展侨务联谊工作，联合开展“决胜小康、奋斗有我”群众主题宣传教育活动，刊印“侨海情深”主题摄影和故事集；联合举办“我与家乡一起跑”镇江市新侨海归创新创业分享会。（蒋　薇）

【留学归国人员创新创业面临问题的建议】 2020年1月，在镇江市政协八届四次会议上，致公党市委会就留学归国人员创新创业面临的问题提出两点建议：一是加强对留学归国人员创新创业的资金支持。引导企业和高校、科研单位结合，增加科研投入强度；可设立留学人员创业基金，支持留学人员高新技术研发及产业化;建立健全高科技的高风险投资、融资机制和退出机制;加大政策性金融扶持力度,支持金融机构开展各种类型的归国留学人员创业贷款项目。二是完善留学归国人员创新创业的相关政策和服务。成立高效的协调机构,整合各相关部门的资源;对一些特殊的人才引进可以打破年龄、户籍的限制;加强与广大留学归国人员互动的主动性,建立海归创业奖励制度,重视后期服务保障工作的跟进。

(蒋　薇)

九三学社镇江市委员会

【概况】 2020 年,九三学社镇江市委员会学习贯彻中共十九届四中、五中全会精神,先后召开全委会 2 次,主委会 4 次。九三学社市委理论研究会 2 次召开理论征文座谈会,全年报送理论征文 26 篇。组织"读原文,学原著"活动。推进社中央思想教育基地功能建设,与茅以升纪念馆开展联合调研、档案数字化、增加解说功能等共建活动,先后接待茅以升科技教育基金会和合肥、马鞍山、沈阳等地社员参观学习 300 余人次。

严格社员发展的政策关和入口关,首次采取函调方式开展新社员考察,并对毕业证书、荣誉证书等支撑材料进行审核。全年新发展社员 21 人。先后完成九三学社江苏科技大学委员会、京口支社、润州委员会的换届工作。全年组织开展新社员培训班 1 次,履职专题培训 1 次,选派 2 名成员参加九三学社省委干部培训。完善社内人才库动态管理。

开展"社员之家"建设,在杏虎村九三学社社会服务基地内设立"社员之家",为社员提供学习、交流场所。乒乓球代表队参加九三学社省委第四届"九三杯"乒乓球邀请赛并获团体赛亚军。在节日期间,开展针对老年社员交流活动 2 场,上门慰问 80 余人次。

围绕抗击新冠疫情、防洪抗汛等工作,撰写典型事迹 16 篇,在《挚友》、江苏统一战线网站、《江苏九三》、《镇江政协》等发表宣传文章 36 篇。

召开参政议政课题招标选题交流会,参与九三学社中央党派大调研,开展一省五市联合调研,调研报告入选九三学社中央第十五届"九三论坛"。1 篇调研报告入选第十三届"江苏九三论坛"。参与九三学社省委参政议政课题招标,完成结题报告 11 篇,入围 5 篇。提交市政协集体提案 4 件,个人提案 19 件,其中 1 件集体提案作为市领导督办的重点提案。上报社情民意信息 140 余条,各级采用 87 条,其中,九三学社中央采用 11 条,中共江苏省委采用 3 条;1 条被全国政协《每日社情》采用。

组织社员支援抗击新冠疫情工作,向疫区捐赠口罩、酒精、消毒片等物资,并通过红十字会等渠道捐赠款项。社员中若干人直接参加治疗患者、联防联控和后勤服务保障,2 人分别获评九三学社中央"湖北抗疫一线优秀社员"和"九三学社抗击新冠肺炎疫情先进个人"。开展"同心送温暖"活动,赴句容袁相村"同心"工程实验区慰问贫困户,京口支社组织律师到袁相村开展"送法律"服务。在丹阳市杏虎村挂牌"社会服务"基地,向杏虎村及附近村民提供诊疗服务,获评国际科学与和平周中国组织委员会"优秀活动组织奖"以及九三学社省委"2020 年度社会服务先进集体"。润州委员会开展"送福送春联"活动,与镇江监狱联合开展《中华人民共和国民法典》微讲座活动等。句容支社组织社员在疫情期间远程指导徐州等地合作社和家庭农场春耕备耕。蚕研所支社赴广西、四川等地指导蚕桑产业发展。丹阳委员会组织社员文艺会演助力农民增收。九三学社江苏大学委员会第五支社获评社中央 2016—2020 年社会服务先进集体,1 人获评社中央 2016—2020 年社会服务先进个人。

(孙　凯)

【优化科技民企营商环境的建议】 2020 年,九三学社镇江市委会在市政协八届四次会议上就优化科技民企营商环境提出四点建议:一是提高政府服务企业的能力和水平,优化、共享、压缩、精简行政审批流程,做好网络预审、预判,把"一站式服务、不见面审批"落到实处。二是用好网络、媒体及时向企业宣讲和解读政策,介绍经济形势,为企业提供信息服务。三是发挥政府、行业协会和企业中介的联络、沟通、协调、服务职能,搭建促进技术转让、技术服务、企业合作等合作创新平台。四是完善健全金融监管制度,政府加大对发展实业的扶持力度,对经认定的民营科技企业,多从政策上予以优待。鼓励科技民企专心做大做强,形成核心竞争力。 (孙　凯)

镇江市工商业联合会

【概况】 2020 年,镇江市工商联完成全年预期目标,获评省工商联创新示范引领单位。全年新增工商联会员企业 520 余家,新增商会组织 7 家。

参政议政。市工商联围绕主导产业发展形成《推动新材料产业高质量发展》调研报告,联合市税务局撰写《关于从税收视角看我市民营经济发展的分析报告》,获市委书记批示。开展 2019 年度优秀调研成果评选工作,全年工商联系统提交各级各类议案、提案百余件，调研报告30余篇。牵头起草《镇江市企业家参与涉企政策制定实施办法(试行)》。联合市发改委、信用办推动制定《镇江市企业失信修复办法(试行)》，在全省率先构建信用修复新模式，全年协助组织10场信用修复培训会，帮助908家企业通过信用修复。推动市纪委监委出台《政商交往"正面清单"(试行)》。做实企业家接待日制度，与市工信局"一门帮办"平台对接，先后帮助相关企业优化部分批次出口产品退货渠道、协调融资难题、协调进口设备关税等问题。承担省人大基层立法联系点工作，加快建立立法决策和民营领域之间的联系机制。

组织建设。全年新增商会组织7家，成立省内首家高新技术企业商会。29家商会获评省工商联"四好"商会，推荐7家商会申报全国工商联"四好"商会。开展"新时代企业家精神师承计划"，提升年轻企业家整体素养。全市主管商会建立中共党支部17个，覆盖率70.5%，选派机关干部担任市直商会党建指导员。培育省级商会党建示范点1个，推荐申报"五星"先进党支部1个、"四星"先进党支部2个。

"产业强市"中发挥工商联独特作用。做好新冠疫情防控工作，会员企业捐款捐资近亿元。4家企业分别获评全国工商联"抗疫先进商会组织""抗疫先进民营企业"。2家企业获评省委、省政府"抗疫先进集体"。推动"万企联万村 共走振兴路"行动，在省内首家独立举办观摩会和签约会。全市民营企业参与本地联建项目417个，占总项目的89.67%；参与镇江与连云港南北联建项目43个，占总项目的44%；市、县两级工商联推动苏陕东西部协作扶贫捐款捐物121.35万元。全市产业强市大会后，先后引荐发掘21个产业项目。

宣传引导。刊发5期《镇商聚力 共抗疫情——镇江民营企业在行动》专刊，《镇江市工商联：众志成城抗疫情 战"疫"复工勇担当》被全国工商联及多家媒体、官方网站刊登。通过网站、公众号、报刊等渠道，市委书记致信万新光学董事长，坚定全市民营企业发展信心。加强典型案例宣传，通过"学习强国"等平台，宣传案例，发挥示范引领作用。 (王 芳)

【民营经济服务】 2020年，天工集团等3家企业入围中国民营企业500强，建华建材等5家企业入围中国民营企业制造业500强；8家企业入围江苏省民营企业200强，5家企业入围江苏民营企业制造业100强，4家企业入围江苏民企创新100强。开展民营服务月活动，完成17项清单任务，全员下基层、走企业，覆盖114家执委企业，收集汇总各类问题55件，帮助解决28件，协调或移交相关部门处理27件。会同人民银行镇江支行、金融学会举办民营经济金融服务对接研讨会，与金融监管局合作举办企业上市培训班，联合科技局成立省内首家高新技术企业商会，邀请腾讯、阿里等国内企业负责人开展创新辅导报告会。与市工信局合作开展中小企业发展转型升级培训班，联合司法局举办专项法律服务活动，71个"纳税人之家"实现一站式服务。组织企业参加"江苏省总商会国际合作联谊会暨江苏境外园区推进大会"。在全省率先建设总商会人民调解中心、总商会仲裁分会，调解工作站运行1个月，调解案件18起，涉及标的368.2万元。 (王 芳)

【企业家理想信念教育活动】 2020年，镇江市工商联组织企业家学习习近平总书记系列重要讲话精神以及中共十九届五中全会精神，创建句容茅山江苏省民营经济人士理想信念教育基地，全年开展理想信念教育16班次，1139名企业家接受教育。发挥镇江商会旧址、广肇公所、陆小波故居等5个市级教育基地作用，组织开展年轻一代民营企业家理想信念教育实践活动。联合市科技局、人才办、团市委举办的"双百菁英"特训营第二期结业；启动第三期特训营报名。组织编写《镇江商会志》，推荐2家企业为第四批省级民营企业文化建设示范单位；启动第二批市级民营企业文化建设示范单位创建活动。1人获评全国爱国拥军模范，1人获评全省民族团结进步模范个人。 (王 芳)

图5-1 2020年8月28日，镇江市举行"万企联万村 共走振兴路"联建项目签约仪式 (王 芳 供稿)

镇江市总工会

【概况】 2020年，镇江市总工会下辖17个市直行（产）业、局工委（会），4个市属产业集团工会。全市基层工会组织4885个，其中，独立基层工会4233个，联合基层工会652个，基层工会覆盖单位19786个，会员803234人，其中，女会员351274人、农民工会员250024人。

应对新冠疫情防控。市总工会加强组织部署，发布《镇江市总工会关于抗击新型肺炎疫情的倡议书》《致广大企业工会的倡议书》《关于做好疫情防控期间工会劳动保护工作的紧急通知》。设立专项抗疫资金，拨付市一线抗疫部门、各市（区）、援鄂医护人员等。助力复工复产，出台《镇江市工会组织助力复工复产十条措施》，全市返还小微企业工会经费2854.5万元。下发《关于深化集体协商减少疫情影响助力企业发展的指导意见》，开展“聚合力 促发展”优秀职工代表提案征集活动，开展新时代女职工精神大讨论。配合市政府复商复市要求，刺激全市职工提前消费近1亿元。开展“连线最美逆行者”主题活动，发布“抗疫有你 奋斗有我”影集，赠送“最美形象”设计卡。部分抗疫一线人员获各级劳模、五一劳动奖章等荣誉。

助推高质量发展。产改工作推进。召开全市产业工人队伍建设改革试点工作部署推进会，制定印发《2020年产改要点》《产改试点工作方案》。在全省率先出台产改工作激励办法，举办“产改沙龙”活动，制定举办入职入会仪式、授荣仪式、荣退欢送仪式的指导意见。举办“产改进行时，劳模工匠在行动”镇江市产业工人图片故事展。工人队伍素质提升。开展“劳模工匠进校园 思政教师进企业”活动，发布15个“劳动先锋”云课堂，开展7期“网聚职工正能量 思政趣答题”活动，参与人数超过15万人次。举办155项市级一类、二类职工技能竞赛，产生高级工以上高技能人才2000多人。助力乡村振兴。组织渔业、葡萄、草莓劳模创新工作室举办养殖种植培训班，300户农民参加培训。举办“乡村振兴联万村 工会助力幸福路”主题活动。

工会建设工作。工会组织基础愈加牢固。通过“百日竞赛”新建工会408家，30万名会员实名入库。成立全市快递行业工会联合会，覆盖千余人。在全市非公企业中实施“党建带工建”八项升级行动，开展党建带工建“三创争两提升”示范单位创建活动。全年公开招录市、区19名工会社工，派遣各基层工会工作。工会服务资源整合。职工服务中心全年接待职工访问、电话2万余人次。职工互助互济参保人数32万人，为特殊群体赠送互助保障13789人。全年组织43批次1887名职工开展疗休养活动。首次实现线上选课，“文化普惠”全年开设41个班次，招收学员1107人次。启动文化宫修缮提升及周边环境改造工程。

（徐 瑶）

【“十三五”期间主要情况】 “十三五”时期，镇江市工会加强职工思想政治引领，开展“中国梦·劳动美·幸福路”主题宣传教育、庆祝中华人民共和国成立70周年系列活动，开展“劳模工匠进校园 思政教师进企业”活动。弘扬劳模精神、劳动精神、工匠精神，先后有255人获评全国、省、市劳动模范和先进工作者。

发挥工人阶级主力军作用。围绕“十三五”重点工程，开展“当好主人翁、建功新时代”主题劳动和技能竞赛。实施创新驱动发展战略，开展市职工十大科技创新成果、十大先进操作法、十大发明专利认定工作。推进产业工人队伍建设改革，制定《新时代镇江产业工人队伍建设改革实施方案》,确定六大体系23项措施,建立产改项目管理激励制度、"产改沙龙"活动制度、职工会员职业生涯全程关怀制度等。

开展职工维权服务。开展工会"送温暖"活动,推动政府救助政策全覆盖,职工互助互济参保人数32万人,建档立卡的2500余户困难职工家庭实现脱困。加大创业服务力度,培育39个职工创业示范基地。建设镇江市职工服务中心和"镇工惠"微信小程序,上线12项主要服务功能。深化法律服务,推进职工法律援助实体化建设。维护职工民主政治权利,加强"双达标、双提升"职代会建设,开展"劳动规章负面清单"工作。关爱职工身心健康,开展"爱岗爱厂爱镇江,安全健康伴我行"劳动保护主题活动,2018年起恢复开展职工疗休养工作。 (徐　瑶)

【工会维权服务】 2020年,镇江市工会组织健全职工法律服务体系。职工法律援助工作获国家级项目资金支持,为446名职工提供法律服务,挽回经济损失230万元。市总工会驻劳动人事争议仲裁院职工法律援助站获省工会第一批"三化"建设成效明显职工法律援助中心(站)称号。开展10场"尊法守法·携手筑梦"送法活动,组织6场网上法律知识竞赛,吸引13.5万人次答题。深化职工民主管理工作,加强"双达标、双提升"职代会建设,劳动规章"负面清单"制度全覆盖推进,市总工会获评全国推动厂务公开民主管理先进单位。职工帮扶关爱内容健全。全市筹集帮扶资金692.5万元,帮助困难职工8003人次,提供医疗救助7228人次、子女助学202人次,提高困难职工生活救助标准。会同市人社局组织54家企业提供1000多个工作岗位,选树12名职工创业先进个人和11个示范基地。开展女职工生殖健康和"两癌"筛查"三年行动",开展夏季安康"三送"慰问农民工17451人次。 (徐　瑶)

【"镇工惠"微信小程序运行】 2020年,"镇工惠"微信小程序运行,上线12项主要服务功能,发布线上活动51期、工会资讯522期,活跃会员超5.5万人。科学设置积分兑换福利体系,累计投入100余万元上线56种普惠福利。市总工会微信公众号(含小程序)媒体价值上升,传播力WCI指数提升400%。(徐　瑶)

【新时代镇江产业工人队伍建设改革工作】 2020年6月8日,镇江市召开全市产业工人队伍建设改革试点工作部署推进会,下发《2020年镇江产业工人队伍建设改革工作要点》《镇江产业工人队伍建设改革试点工作方案》《镇江市推进产业工人队伍建设改革激励办法》。9月18日,举办以"提高产业工人技能水平"为主题的首期镇江"产改沙龙"活动。10月21日,举办全市产改业务工作培训班。11月16日,在市民大厅举办"产改进行时,劳模工匠在行动"镇江市产业工人图片故事展。11月23日,邀请专家到镇江授课。12月11日,下发《关于调整新时代镇江产业工人队伍建设改革联席会议组成人员的通知》。12月23日—28日,市产改联席会组织3个督查组,对各市(区)、镇江新区、镇江高新区产改工作进行专项督查。 (徐　瑶)

【"乡村振兴联万村 工会助力幸福路"主题活动】 2020年9月28日,"乡村振兴联万村 工会助力幸福路"——镇江市工会系统"三联三促"签约暨劳模优质农产品直销会启动仪式举行。12家村企工会现场签约,全年30家村企工会结对成功。组织吸引25个团队进场直销,销售额500万元,全年工会系统帮助农村劳模销售农产品3000万元左右。发布《助力乡村振兴六项措施》,其中"爱镇江,游镇江"职工春秋(乡村)游活动在全省首开先河,明确机关企事业单位每年可在全市范围内开展1次~2次职工春秋(乡村)一日游活动,人均每年不超过600元,拉动农村综合消费。 (徐　瑶)

【全市劳动模范表彰大会举行】 2020年12月7日,镇江市劳动模范表彰大会在市艺术剧院南山剧场召开。市委书记、市人大常委会主任马明龙出席并讲话。市委副书记、市长徐曙海主持大会。会上表彰全国劳动模范和先进工作者6人、市劳动模范200人,省五一劳动奖状6个、五一劳动奖章11个、五一劳动荣誉奖章3个、工人先锋号24个。劳模先进代表钱军、钱京、夏桂芳在会上做事迹报告,沈春雷向全市劳动者宣读《倡议书》。 (徐　瑶)

共青团镇江市委员会

【概况】 2020年,镇江市有团员106569人,各级团组织6948个,其中,团委300个,团总支131个,团工委40个,团支部6477个。各级团干部12361人,其中专职团干部198人。

共青团镇江市委员会举办中共十九届五中全会精神共青团青联专场宣讲报告会,常态化推进"青年大学习",创成省级"青年学习社"3家、省级"青年学习社"线路2条。举办纪念五四运动101周年主题活动,开展"绽放战疫青春·坚定制度自信"宣讲暨"青年讲师团"全市行、"千名好青年、百场分享会"活动,举办"我们身边的好青年"暨第十三届"镇江市十大杰出青年"评选,16人获评"江苏好青年",

450 人获评“江苏好少年”。开展庆祝卢刚老师从事少先队事业 60 周年活动。开展“礼赞生命·童绘今天”“红领巾探秘小康路”“第九届中学中职辩论赛”“镇江高校共青团开学第一课”等活动，市少工委获全省少先队辅导员少先队活动辅导技能大赛团体金奖、单项特等奖 9 个、单项一等奖 8 个，镇江团市委获第五届全省中学中职学校微团课大赛团体总分一等奖。

共青团镇江市委员会指导成立镇江援湖北医疗支援队临时团支部，青年突击队和青年志愿者投身疫情防控、复工复产、防汛救灾一线。为援湖北医护人员家庭结对志愿者 77 人，发放暖心礼包 200 余份。举办第六届镇江市青年（大学生）创新创业大赛，成立宁镇扬高校校地共建双创联盟，推进 11 家“苏青 C 空间”建设，7 个项目在省青年双创大赛上获奖，创成省级青年安全生产示范岗 1 家。举办“镇江跑起来·青年献一计”活动，征集各类意见建议 2010 条。实施“青春四进 建功乡村”行动，促成 55 个村企项目签约，发放“新农菁英贷”81 笔共计 10225 万元。搭建 8 家市级“团团直播间”，推选 2 名省级青年网络星主播，开展共青团助农直播 27 场，线上销售总额 220 余万元。

共青团镇江市委员会开展“返乡看发展”“大学生暑期实习见习”“三下乡”等活动，参与学生人数 4.4 万人次。举办“团团微就业·直播荐岗”活动，组织线上线下荐岗企业 338 家，推荐就业岗位数量超 4500 个。创新结对帮扶机制，首批试点完成 6 间梦想小屋改造，深化“希望有约·益童成长”公益计划，募集爱心资金 150 余万元，帮助 94 名困境青少年圆梦大学。培育扶持 3 个专业社会组织和 12 个社会公益项目，开展“3·5”学雷锋、“保护母亲河·争当河小青”等系列志愿活动，连续 18 年开展“生命志愿者”造血干细胞捐献。重点实施“希望有约·青力扶贫”“青春共享·线上帮扶”“镇疆一家亲·结对帮扶”等 3 个项目，捐助各类物品总价值 110 余万元。

（王佳雨）

【“十三五”期间主要情况】 截至“十三五”期末，镇江市有团员 106569 人，各级团组织 6948 个，各级团干部 12361 人，其中专职团干部 198 人。

凝聚青年。开展“青年大学习”行动，每周 10 万余人次直接参与。打造 43 家市级示范型“青年学习社”，发布 6 条市级“青年学习社”精品线路，创成省级“青年学习社”4 家、省级“青年学习社”线路 2 条。举办“金山青年说”“千名好青年、百场分享会”等活动，开展“镇江市十大杰出青年”“我们身边的好青年”等评选，1 人获评“全国向上向善好青年”，3 人获评全国最美中学（中职）生，39 人获评江苏省“我们身边的好青年”。

融入党政大局。发动青年志愿者投身新冠肺炎疫情防控和复工复产一线，指导成立镇江援湖北医疗支援队临时团支部。连续 6 年举办镇江市青年（大学生）创新创业大赛，分系统、分行业定期举办“青春有约”系列交友联谊活动，做好 2018 国际低碳（镇江）大会、全民“健康节”、“镇江国际马拉松”等赛会志愿服务。实施“青春四进 建功乡村”行动，打造“团团直播间”8 家，发放“新农菁英贷”等各类贷款 2.5 亿余元。

服务青年发展。开展“返乡看发展”“大学生暑期实习见习”“三下乡”等活动，举办“团团微就业·直播荐岗”等活动，助力大学生实习就业。擦亮“青”字号品牌，镇江市政府“12345”热线获评全国“青年文明号”，扬中团市委等 3 家单位获评全国“青少年维权岗”。全省首创“2+2”结对帮扶机制，实施“梦想改造+”计划，持续推进“希望工程”圆梦行动，每年帮助百余名困境青少年圆梦大学。持续推进对口支援帮扶，连续 18 年开展“生命志愿者”造血干细胞捐献。

从严治团。落实市委办《关于党建引领群团改革再出发的实施意见》，分步实施“磐石工程”，推进“智慧团建”。新建非公企业团组织 1333 个，新发展团员 6100 名，新建团组织 1662 家，评星定级 3477 家团支部。实施基层团建“书记项目”，推动“联青服务站”建设，试点建设“一专一站两联”，各市（区）成立团代表联络站。召开镇江市第七次少代会和学代会，完成各市（区）少工委集中换届工作。坚持“下跨两级、分级分类、逢训必考”，推行基层团干部“持证上岗”制度，落实机关干部（党员）“先锋亮绩、积分管理”制度。

（王佳雨）

【“学习雷锋好榜样·为奉献者奉献”志愿关爱行动】 2020 年 3 月 5 日，“学习雷锋好榜样·为奉献者奉献”志愿关爱行动举办，活动为镇江驰援湖北以及在镇江市抗疫一线的医务工作者家庭赠送“新农菁英”暖心礼包，向支援湖北团员每人发放慰问金。同时，开展志愿服务进社区、事实孤儿关爱、青年社会组织助力等行动，提供免费理发、课业结对辅导、基层团组织长期结对帮扶等服务。

（王佳雨）

【纪念五四运动 101 周年大会】 2020 年 4 月 26 日，镇江市纪念五四运动 101 周年大会举行。市委书记马明龙作批示。各市（区）、镇江新区、镇江高新区党（工）委分管负责人，市青年工作联席会议成员及各界青年代表参加会议。大会对第十三届“镇江市十大杰出青年”、2019 年度全市五四红旗团委、五四红旗团支部、优秀共青团员、优秀团干部代表分别进行颁奖。3 名青年代表发言。

（王佳雨）

【“千名好青年、百场分享会”系列活动】 2020年4月29日，“千名好青年、百场分享会”系列活动启动，并举办全市致敬“最美青春逆行者”分享会。3月初，2020年镇江市“我们身边的好青年”评选活动启动，1185名优秀青年典型入选。五四期间，疫情防控、爱岗敬业、创新创业、勤学上进、扶贫助困、诚实守信、孝老爱亲、匠人匠心等八大类好青年分类别开展专场分享。

（王佳雨）

图6－1 2020年4月29日，“千名好青年、百场分享会”系列活动在镇江市疾控中心启动 （王佳雨 供稿）

【高校共青团“开学第一课”暨“镇江跑起来·青年献一计”活动】 2020年9月18日，镇江高校共青团“开学第一课”暨“镇江跑起来·青年献一计”总结表彰活动举办。全市各驻镇江高校团委负责人、各市（区）团委书记、市青联、青商会代表以及江苏科技大学学生代表参加活动。活动采取“线上＋线下”同步直播的方式进行，市疾病预防控制中心讲述“抗疫”故事，时代楷模赵亚夫寄语勉励青年学生。活动发布镇江市“青年学习社”精品线路，对2020年全市大学生志愿者暑期“三下乡”“返家乡”社会实践活动先进个人、先进工作者、先进团队进行表彰，并为“镇江跑起来·青年献一计”金点子征集活动获奖人员颁发证书。 （王佳雨）

【中国少年先锋队建队71周年庆祝活动】 2020年10月12日，镇江市庆祝中国少年先锋队建队71周年“高举队旗跟党走”主题活动举行。活动分为“与先锋同行，致敬逆行者”“寻访小康路，童心颂祖国”“争做小先锋，奔跑向未来”3个篇章，并为“镇江市优秀少先队员”“镇江市优秀少先队辅导员”“镇江市优秀少先队中队”和“镇江市优秀少先队大队”颁奖。

（王佳雨）

【“联青服务站”建设启动仪式暨“童享阳光”一对一牵手关爱集中服务日活动】 2020年10月31日，镇江共青团“联青服务站”建设启动仪式暨“童享阳光”一对一牵手关爱集中服务日活动举行。仪式后，团市委机关、各市（区）团委、各直属团组织团干部按照结对方案与相关乡镇（街道、园区）团组织书记组成“联青服务站”，在村（社区）开展“童享阳光”一对一牵手关爱活动。 （王佳雨）

【“镇江农商银行杯”第六届镇江市青年（大学生）创新创业大赛】 2020年12月4日—5日，2020年“镇江农商银行杯”第六届镇江市青年（大学生）创新创业大赛决赛及颁奖典礼举办。宁镇扬有关高校团委负责人，全市11家苏青C空间负责人以及30支决赛队伍代表等共计100余人参加活动。大赛自10月启动后，遴选113个参赛项目进入初赛，覆盖现代农业、先进制造业、互联网技术与应用等10个领域，吸引宁镇扬数十所高校的青年学生参加，最终评选出一、二、三等奖及优秀奖，共20个优秀团队。 （王佳雨）

【“青春四进 建功乡村”江苏青商企业“市县行”走进丹阳暨镇江共青团助力“万企联万村”活动】 2020年12月11日—12日，“青春四进 建功乡村”江苏青商企业“市县行”走进丹阳暨镇江共青团助力“万企联万村”活动举办。80余名省青年商会以及宁镇扬连等地青年商会的青年企业家共谋乡村振兴发展之道。活动发布《镇江市“青春四进建功乡村”宣传片》，举行镇江市青商企业村企联建典型项目集中开工仪式，并为镇江市青年职业农民培训学院成立揭牌。

（王佳雨）

镇江市妇女联合会

【概况】 2020年，镇江市妇联组织动员妇女群众共建共治共享，妇女儿童事业有新成效。市妇联获评全国家庭工作先进集体。

发起“在你身边·抗击疫魔”健康守护行动，筹集爱心款向定点医院和基层社区捐赠防护物资。实施关爱战“疫”天使项目，关爱援鄂医护人员家庭。联合市农业农村局推出“镇有一手”“田”字号巾帼系列活动。举办巾帼带货培训31期，为1160人次的妇女培训技能。打造10个“田妈妈”田间课堂，创成10个电商新业态创业女党员示范岗，建成各类省、市巾帼示范基地35个。

市妇联联合人民银行镇江市中心支行推出“巾帼荣誉贷”业务，全年向172人发放创业贷款4408万元。家政能手刘佳获全国巾帼家政服务职业风采大赛养老护理组二等奖。搭建政策宣介、网上学技、线上招聘等平台，帮助4700名城乡女性就业。推选全国、省、市“五好”家庭、最美家庭、书香家庭174户。组织开展“学习强国”进家庭成果征集、“家的味道”厨艺大赛、有福“童”享等活动。“三全”社区家庭教育支持行动试点落地扬中，镇江八姑娘公益律师联盟进校园宣讲11场，向2500多名学生普及预防性侵知识。完成第四期中国妇女社会地位调查任务。组织630余场次“镇好声音·巾帼大宣讲”活动，吸引3.5万人次参与。工作被“学习强国”、《中国妇女报》、人民网等宣传报道20余次。

市妇联举办中青年女干部培训班、妇联干部党性锤炼培训班、妇联工作实务培训会，创成党员示范岗。指导市公安局、市第二人民医院、镇江高等专科学校、江苏农业职业技术学院、市律师行业协会、市木兰拳协会等10家单位新建、改建妇联。编印“妇女微家”优秀案例，命名10个新时代文明实践“妇女微家”示范点。建立健全女性人才库，储备入库3932人，向省女科技联盟推荐女性科技人才9名。市妇联执委领办、联办项目23个。10个服务妇女儿童公益社工项目获省级立项，获专项资金45万元。开展“粉红丝带健康相伴”关爱女性公益义诊讲座10场。加强苏陕协作，举行镇江·渭南——巾帼扶贫产品宣传推介会。 （郑　丹）

【“十三五”期间主要情况】 镇江市“十三五”妇女儿童发展规划162项指标中，达标143项，达标率88.27%。

妇女事业全面发展。“十三五”期间，线上、线下培训农村妇女8000余人次。2020年疫情期间，举办“春风送暖”联动招聘73场次，为1万多名女性提供公共就业创业服务。截至2019年年底，全市妇女就业人员所占比重为47%，城镇单位女性就业人数15.04万人，完成省定任务。企业执行《女职工劳动保护特别规定》比例为96%，女职工特殊保护专项集体合同巩固率94%。截至2019年年底，全市孕产妇每10万人死亡率4.78人，流动人口孕产妇死亡率0%，低于全省平均水平；孕产妇住院分娩率保持100%，各市（区）二级以上妇幼保健院建成率100%。女性参加城镇职工基本医疗保险和养老保险人数分别为40万人、59.8万人，城镇女性参加失业保险和工伤保险人数分别为23.17万人、25.38万人，城乡最低生活保障平均标准提高到每人每月750元，妇女累计获法律援助5488人。

促进儿童健康成长。截至2019年，婴儿死亡率1.34‰，5岁以下儿童死亡率2.01‰，新生儿疾病筛查超10万例，筛查率99.34%。学前3年毛入园率为99.6%，九年义务教育巩固率、高中阶段毛入学率、适龄残疾儿童义务教育阶段巩固率均为100%；实现“家长学校”或“家庭教育指导服务点”建设在学校、幼儿园、社区、行政村全覆盖。全市各镇、街道共配备专兼职儿童社会工作者66人，村、社区聘请专兼职儿童社会保护督导员740人；乡镇文化活动中心、村（社区）综合文化服务中心儿童阅览室或儿童专用书架配备率保持100%。

办好民生实事。五年来，全市先后争取省级扶持资金282万元，承接省妇儿公益社工服务项目62个，累计办结省定实事项目24项，发放各类创业补贴1206余万元、富民创业担保贷款近5亿元。完成农村妇女“两癌”（乳腺癌、宫颈癌）检查56.2万余人次，实施免费产前筛查9300余例。全市医院、公园、商场、交通枢纽等公共场所母婴设施建成165家，市吾悦广场、润州区法院、镇江高铁南站3家母婴室获评“国家优秀母婴室案例”。书香镇江建设步伐加快，全市居民综合阅读率92%。 （郑　丹）

【“镇有一手”巾帼带货直播活动】 镇江市妇联在全省妇联系统中最早开展巾帼带货助农直播活动。2020年，春分时节的春茶带货直播，1小时吸引近5000人围观，当天炒制的茶叶销售完毕；5月19日，甜瓜带货直播，1小时销售甜瓜3000千克；8月16日，通过“学习强国云直播”助销丁庄葡萄，现场销售5万余千克、总额近167万元；9月26日，推介丹徒世业洲的乡村旅游有成效；12月5日，扬中新坝“小镇里的博物馆”专场直播，首播吸引近110万人在线打卡。 （郑　丹）

【“织爱行动”】 镇江市“织爱行动”对1600余名困境儿童和110名身患乳腺癌、宫颈癌的农村贫困妇女给予现金救助和关怀。2020年“99”公益日，网上、线下众筹320万元。“慈善关爱女性健康”项目筹集资金45万元，救助覆盖225名低保、建档立卡家庭患癌妇女。10名农村贫困“两癌”妇女获每人1万元的全国专项基金救助。38个“巾帼文明岗”与142户有意愿的贫困患癌妇女家庭结对，采取赠树苗、帮养护、助销售模式，探索变输血为造血的扶贫路径。“冬日暖阳”活动慰问贫困妇女儿童282人，“微心愿”圆梦活动关爱困境儿童102人，10个困境儿童集中的学校新建“爱心书屋”。女企业家参与“爱心助学·筑梦未

来”活动，为广西三江县独峒镇八协小学捐赠校服251套。 （郑　丹）

【纪念三八国际劳动妇女节110周年】 2020年3月，镇江市妇联开展纪念第110个国际劳动妇女节暨致敬最美逆行者活动，走进第一人民医院，通过视频连线，向身处一线的医护人员送去节日慰问。在《京江晚报》刊登《为最美巾帼奋斗者而歌》专版，展示优秀巾帼形象、闪耀疫线巾帼情、复工复产她力量、在希望的田野上等四大主题。制作《致敬最美逆行者》沙画作品和散文诗《你们去了武汉》，致敬医护工作者。 （郑　丹）

【标准化家事调解社区工作室创建】 2020年6月，镇江市康乃馨家庭工作室标准化建设现场推进会召开。市妇联、市司法局、市中级人民法院印发《关于在全市开展“标准化家事调解社区工作室”创建活动的通知》，明确创建标准。全市创成标准化家事调解社区工作室20家，其中有8家被命名为江苏省标准化家事调解社区工作室。全年20家工作室调解家事案件458件。 （郑　丹）

【妇联十四届十次执委会议】 2020年8月20日，镇江市妇联召开十四届十次执委会议，增、替补市妇联十四届执行委员会委员，选举市妇联挂职副主席。会议选举马宇茜、王莉、左建香、刘志奇、李志鹰、宋蕾、郑丹等7人为市妇联十四届执行委员会委员；选举左建香为市妇联十四届执行委员会副主席（挂职）。 （郑　丹）

【全市妇女儿童工作会议】 2020年12月18日下午，镇江市召开全市妇女儿童工作会议暨省政府评估动员部署会，落实男女平等基本国策和儿童优先原则，贯彻全国和全省妇女儿童工作会议精神，总结“十三五”期间全市妇女儿童工作的成绩，部署下一阶段妇女儿童工作任务。市教育局、市卫健委、扬中市政府和润州区政府等4家单位做交流发言。市妇联主席、妇儿工委副主任张宜英做工作报告，副市长、市妇儿工委主任殷敏出席会议并讲话。 （郑　丹）

镇江市科学技术协会

【概况】 2020年，镇江市科协推动科协各项事业新发展。选树科技创新人才，推荐1人作为江苏省科协2021年中国工程院院士候选人人选，1人获评中国青年科技奖，8人获评江苏省创新达人。开展“镇江市创新争先成绩突出科技人物和科技团队”选树活动，选树先进个人10人、团队4个。实施青年科技人才托举工程，资助30名青年科技人才参加学术交流、创新创业等活动。服务党委、政府科学决策，围绕镇江产业体系、科技创新、社会治理难题等三大类别，打造“镇江智库”，开展建言献策征集活动，形成“镇江船舶与海工产业高质量发展”等24个研究成果，为党委、政府提供决策参考。召开镇江市科技助力产业强市座谈会，市委主要领导参会。邀请阿里巴巴达摩院博士杨楂文为市委中心组理论学习作《X＋5G时代，经济数字化转型探索和实践》主题报告。构建具有镇江特色的化工产业安全科学体系。 （夏　凯）

【国际交流合作扩大】 2020年，镇江市举办智能制造暨第二届柔性机械电子产业化国际论坛、世界草莓大会等国际论坛，邀请6个国家级学会，5名国内外院士、60余名学者到镇江，组织高层次学术交流活动、推进科技合作项目、开展建言献策活动。举办江苏省智能电气“青创赛”等赛事，吸引省内140余家企业参会、参展、参赛。为拓展国际引才引智渠道，在澳门建立离岸双创海智工作站，新建市级海外工作站6家，与日本农文协、法国海外留学人员专业联合会等海外科技团体及机构建立长期合作关系。 （夏　凯）

【“四大工程”实施】 2020年，镇江市科协推进基层科普行动，实施“四大工程”，提升基层科普工作实效，提升全民科学素质。全市公民科学素质达标率为13.8%，列全省第6名。实施“科普兴村”工程。全年构建“线上＋线下”科普载体；新建市级以上科普惠农服务站7家、乡村科普e站33家；围绕“科普宣传周”“全国科普日”等节点，开展“科普进村”系列活动180场次，市科协获评全国科协活动周先进单位，1人获评先进个人。借助5G＋全息直播，向国内外推荐展示镇江优质特色农产品、农业新技术和农业经营新模式。实施“科普益民”工程。打造“家门口的科普学堂”，建成京口区孟城社区、润州区宝平社区等社区科普馆4家、社区科普益民惠民服务站10家；打造“互联网＋科普”，强化城镇社区科普信息化建设，新增信息化终端34个；遴选大专院校、科研院所等专家，建成98个“科普讲师团”，新增科技科普志愿者2400人。实施“科普促学”工程。在全省率先打造精品科普教育基地，新增省级科普教育基地2家，优秀省级科普教育基地1家，认定市级科普教育基地79家；新增省科学教育综合示范学校2所，建有青少年科学工作室10个，培育科技辅导员40人，开展“科普进校园”活动12场次；组织参加第三十一届江苏省青少年科技创新大赛、2020年江苏省创新大赛等赛事，获评省级以上一等奖13个，7个优秀作品被推荐参加国赛。实施“应急科普”工程。在新冠疫情防控中,“十万个为什么”科普电台,乡村、社区、学校科普大屏,手机 App,科普画廊等线上线下载体快速响应,第一时间发挥科普应急功能,该项特色工作获中国科协肯定;发挥科技工作者、科技志愿者的作用,编纂防疫科普漫画手册、《新型冠状病毒肺炎复工防控知识问答(企业版)》,助力企业安全复工,为全市“两手抓”“双胜利”做出贡献。（夏　凯）

【“慧安”行动创新实施】 2020 年,镇江市科协实施“慧安”行动,助力安全生产水平提升。构建协同推进机制,牵头制定“慧安”行动实施方案,明确十大任务 28 项工作。举办镇江市“慧安”行动发布会,向全市发布“慧安”行动工作安排。强化安全隐患排查,开展专家“百企行”活动,抽调 50 名安全生产专家,挂钩联系全市 100 家重点企业,累计排查安全生产隐患 615 个,指导企业整改问题 405 个,指导企业加强技术改进,指导推进安全技改项目 135 个,推动企业落实主体责任、整改安全隐患,提高本质安全和生产过程安全。推进安全科普,举办“慧安”科普大讲堂,组织“消防安全”“安全检查中发现的主要问题”等主题宣讲 4 场次,参会企业 200 多家;开展“慧安”科普“五进”宣传教育活动 14 场次,举行“我是小小科普安全员”演讲竞赛活动。全市招募安全科普志愿者 550 人,开展安全知识普及、安全事故规避和应对方法宣传等志愿活动。（夏　凯）

镇江市归国华侨联合会

【概况】 2020 年,镇江市旅居海外的华人、华侨有 3.6 万余人,主要分布在美国、加拿大、澳大利亚、新西兰、德国、日本等国家。全市范围内有归侨、侨眷 61800 多人。

侨界合力抗疫。联合全市涉侨部门向全市侨界群众和海外侨胞发出《坚决打赢疫情防控阻击战》的倡议书,与市委统战部(市侨办)、市外办等部门联合开展“守望相助、共克时艰”镇江侨爱援助行动,组织和配合做好捐赠、寄送抗疫物资工作,开展“亲情中华・同心战疫”诗书画摄影作品征集,联合市商务局、科技局、法院、律师事务所等部门和单位开展暖企行动。办理金光集团向市防疫定点医院捐款。

助推产业强市。参与主办“我与家乡一起跑”新侨海归创新创业分享会,组织侨商和侨界青年参与省侨联“后疫情时期侨创沙龙”“创青春——江苏侨界青年双创发展(苏州、无锡)分享”等活动,召开助力侨企发展座谈会,承办中国侨联第 8 期海外联谊研修班暨“侨连五洲・相约江苏”江苏省侨联第 2 期海外侨领研修班镇江现场教学活动,形成《对镇江加快发展大健康产业的思考》调研报告。召开首届侨界专家座谈会,邀请 10 多名侨界专家为全市“十四五”规划建言献策。

侨界群众工作。牵头涉侨部门开展“侨海同心奔小康”主题摄影作品和故事征集活动,编印《侨海情深》作品集,召开“侨海同心、奋斗有我”主题座谈会。与涉侨部门共同开展侨界宣传活动,承办省侨联“追梦中华”看镇江进丹阳活动,组织新侨和留学人员“看镇江助发展”活动。联合市委统战部(市侨办)开展涉侨法律法规宣传系列活动,发动侨界群众参加中国侨联第二届“侨商杯”法律知识竞赛线上线下学法活动。开展“我爱侨家”“送温暖、献爱心”“夏季侨界集中走访”“送医送药进侨乡”等品牌活动。

参政议政工作。市侨联围绕经济社会发展热点,组织侨界专家、侨界人大代表和政协委员开展调研,建言献策,撰写的《对镇江加快发展大健康产业的思考》获市委书记批示,市侨界专家参与承接的江苏省侨联“新侨创新创业路径选择及政策研究”课题获全国侨联优秀调研课题二等奖。在市政协会议期间,侨联界别委员提交《加强我市高层次存量人才持续培养的建议》《关于加强对我市长江沿线生态保护宣传及研究》等 14 件提案。（胡其军）

【“亲情中华・为你讲故事”网上夏令营】 2020 年 6 月 14 日—28 日,镇江市侨联与省侨联、江苏大学语言文化中心联合承办中国侨联 2020“亲情中华・为你讲故事”网上夏令营活动,580 余名美国、加拿大、瑞士、意大利、西班牙等国华侨华人青少年学习感知中华优秀文化,增进中华情愫和桑梓情怀。（胡其军）

【“追梦中华・好暖江苏”活动】 2020 年 8 月 21 日,镇江市侨联在省侨联的支持下,举行“追梦中华・好暖江苏”侨界人士看镇江进丹阳主题活动,侨界代表们先后参观鱼跃集团、江苏吟春碧芽茶叶研究所、丹阳眼镜博物馆;走进丹阳高新区乡村振兴示范点——大钱甲自然村,了解丹阳经济社会发展,感受家乡发展变化。（胡其军）

【“看家乡助发展”活动】 2020 年 12 月 25 日,镇江市侨联开展侨界人士“看家乡助发展”活动,在镇江创业和工作的归国人员、归国留学生、部分归侨侨眷、市留学人员亲属、市侨务专兼职干部、市“五侨”部门领导 100 余人出席活动。活动走访新坝镇五一村、五峰山大桥等地。（胡其军）

【加强全市高层次存量人才持续培养的建议】 2020年，镇江市侨联在市政协八届四次会议上就加强全市高层次存量人才持续培养提出四点建议：一是建设高质量的、全面精准的高层次人才服务体系。抓好顶层设计和发展规划，做好基础服务工作，通过“金山英才”等人才计划招引高层次人才。二是对存量人才，突显人文关怀。建立各级领导干部联系人才制度，随时掌握引进人才的工作和生活情况，协调解决各类困难，解决引进人才的后顾之忧，培养其对镇江的认同感和归属感。三是对存量人才仍要有持续政策和考评机制。挖掘和发挥存量人才的资源和潜能，运用好政策措施，增强高层次人才的凝聚力和向心力，同时出台对已引进人才的考核和退出机制。四是探索建立优秀高层次人才列席市委、市政府以及市“两会”的工作机制，给予适当的政治安排，提高政治待遇。

（胡其军）

镇江市台湾同胞联谊会

【概况】 2020年，镇江市台联以习近平新时代中国特色社会主义思想为指导，坚持中央对台工作大政方针，为促进海峡两岸关系和平发展和镇江高质量发展做贡献。

思想教育。市台联先后组织全市台胞赴世业洲重走总书记视察路、赴扬中参观渡江文化园、参观台湾同胞抗日遗址遗迹图文展，组织理事学习中共十九届五中全会精神。召开台胞代表恳谈会。

疫情防控。召开新冠防疫工作专题会议，部署防控工作，落实日报制度，并派员参加疫情防控工作；利用微信、电话等形式做好信息发布，引导台胞做好防范；为台胞大家庭捐赠口罩，为困难家庭发放补助款。捐款用于湖北台胞和黄石市抗击新冠疫情。

团结服务。利用春节、中秋等重要节日举办联谊活动6次，走访慰问“老病困”台胞及老领导28人次，发放好省、市台联老台胞生活补助费、困难台胞补助费。帮助台胞协调解决党员关系接转、开店工商注册、房屋过户等问题。走访慰问“同心工程”实验区袁相村困难户2批11户。

沟通交流。全年接待常住大陆台胞、海峡两岸婚姻家庭等4批5人次，为3人出具中考加分证明。为1人协调转学事宜。走访调研丹阳台资企业，促进镇江投资环境改善。

参政议政。在市、区政协全会上，台联界别政协委员建言献策，提出提案8件，其中3件提案列入提案审查报告。市台联组织开展调研活动2次，先后走访2家台资企业，围绕垃圾分类走访1家小区。台籍委员与周围群众联系，开展调研。

（刘　军）

【提振镇江发展信心的提案】 2020年，镇江市台联在市政协八届四次会议上就提振镇江发展信心提出五点建议：一是以“专精特新”作为镇江经济社会发展的一个特质。在各行各业、各个县（市、区）做出自己的特色，彰显镇江小而优、小而特的独特魅力。二是集中人力解难题。各地区、各部门在做好常规工作的基础上，以“专精特新”的要求，突出重点，解决难题，争创特色，做出亮点，破解经济社会发展中的瓶颈。三是集中财力办大事。在财力有限的情况下，各级财政部门、各单位加强对重点工作、特色工作、优势工作关注，逐步建立财政投入绩效评估机制。四是发挥镇江籍人才的优势。在吸引外地人才、做好本市人才工作的基础上，加强本地乡贤联系，发挥他们的优势。五是加大宣传力度。每年适时分批组织人大代表、政协委员、机关干部、各界代表参观全市新发展，让他们做镇江发展的宣传员，提高大家的信心。

（刘　军）

镇江市文学艺术界联合会

【概况】 2020年，镇江市文学艺术界联合会贯彻落实习近平总书记关于文艺工作的一系列重要讲话批示指示精神，推动市委关于文艺工作的部署要求落实，完成各项目标任务。8月4日，省文联党组书记、常务副主席、书记处第一书记水家跃等一行7人到镇江调研，调研组先后到北汽镇江基地、镇江博物馆、镇江民间文化艺术馆、镇江市美术家协会等地考察，并赴镇江美术馆观看“大家风采”老艺术家学术提名展，在市文联会议室（市文艺之家）召开专题调研座谈会。

系列文艺活动。市文联策划组织第18届中国微型小说年度奖评选、2020第三届米芾杯国际青少年书法大赛、第三届镇江金山合唱节、第十五届摄影艺术展等38场文艺展演展示活动。

文艺精品创作建设。市文联实施文艺创作扶持政策，对《中国精神》、《2020战役·镇江援鄂医疗队员远征纪实》、《七里甸》、电影《寻人启示录》、歌曲《幸福乡村》等文艺作品进行重点资助。同时，发挥文艺家协会奖项的导向作用，全年组织书法篆刻双年展、第十五届摄影艺术展、“广玉兰奖”首届社会舞蹈大赛等活动的评选。4件作品获评镇江市第三届市“五个一工程”奖；在首届江苏报告文学奖评奖中，《共和国平民简史》获报告文学奖金奖；6部舞蹈作品入围江苏省第七届社会舞蹈展演；10件作品入选中国美协主办的国家级展赛，13件作品参加第三届江苏美术奖作品展，1件作品获评江苏美术奖提名奖；1件作品获评江苏文艺大奖摄影奖提名奖；微电影《落子无悔》获评全国第四届平安中国最佳微电影；《记忆是一扇扇彩色的窗，我和我的小康》获评北京国际公益广告创意征集大赛创作类特等奖。

文艺人才培养工程。市文联持续实施文艺新秀培养工程，召开第五期文艺新秀座谈会，举办“春华秋实”历届文艺新秀专场汇报演出。参与省“五个一批”、紫金英才计划、金山英才计划推荐。1人获评“2020年江苏紫金文化创意优秀青年”，2人获镇江市宣传文化人才项目资助，3人入选“百年江苏——大型美术精品创作队伍”。举办“大家风采”2020镇江老艺术家学术提名展、“我摄影我快乐”镇江影友作品展、“疫痕”孙悦萌摄影作品展，评选镇江市十佳设计师。举办3期中国画国展创作班、2期油画高研班。

（高兴玺）

【“文艺轻骑兵”主题活动】 2020年，镇江市文联贯彻习近平总书记给乌兰牧骑回信重要指示精神，开展“文艺轻骑兵”志愿服务活动，全市首个文艺志愿者之家在京口区挂牌开放，组织“非遗进社区·文化永相传”剪纸艺术走进江东社区、康盛剧社送戏进苏宁、扬州评话端午少儿书场、弘扬社会主义核心价值观篆刻创作走进红光社区等惠民活动。开展“用文艺暖流唤醒生命春天”抗疫主题创作活动，创作各类文艺作品6000多件，编印《使命召唤——镇江抗击新冠肺炎疫情原创音乐作品集》。（高兴玺）

【对外文艺交流】 2020年，镇江市文联与杭州市文联共同举办“行走江南运河”镇江杭州摄影采风和作品交流展，与鄂尔多斯文联共同举办鄂尔多斯摄影创作采风和作品展，与常州市文联共同举办“翰墨抒情”镇江常州书法交流展，与蚌埠市文联共同举办“在水一方”镇江蚌埠两地艺术家美术作品展，应邀参加第三届“邮驿路运河情”全国美术作品展开幕式，主办扬中市美术书法摄影作品晋省展，承接江苏省文联的当代书法江苏论坛、长三角文学发展联盟大运河文化主题创作实践活动。（高兴玺）

【“内强素质·外树形象”工作】 2020年，镇江市文联系统打造活动平台，建设“文艺之家”，开设公益“文联讲坛”，举办葫芦丝演奏、公文写作、新闻摄影、风光摄影等多场业务培训。建设信息平台，创新“互联网+协会”工作模式，开发建设镇江市文艺家会员管理系统，对3200多名会员实现信息化管理，实现全市各级会员数据互联互通。开通宣传平台，建设镇江文联微信平台。召开江苏数字影视产业发展座谈会、网络影视产业园项目推进会。（高兴玺）

【市文联五届八次全委扩大会议】 2020年4月2日，镇江市文联在市行政中心市民大厅第六会议室组织召开五届八次全委扩大会议。会议总结2019年全市文联系统工作，部署2020年工作任务。会上表彰全市文联系统2019年度先进集体、优秀文艺工作者。市、区（行业）文联、镇江市文艺家协会代表做交流发言。会议增补7人为市文联第五届委员会委员。

（高兴玺）

【中共镇江市文学艺术界委员会第一次党员代表大会暨党建工作会议】 2020年5月26日，镇江市文联组织中共镇江市文学艺术界委员会第一次党员代表大会暨党建工作会议在市行政中心会议中心召开。会议成立中共镇江市文学艺术界委员会，张志耕任中共镇江市文学艺术界委员会书记、王香莲任副书记，洪琦、聂元学、蔡永祥、沙强、任国卿、郑为人、陈见东为委员。张志耕代表市文联党组做大会工作报告。

（高兴玺）

镇江市残疾人联合会

【概况】 截至2020年年底，镇江市有残疾人约18万人。市残联做好各项残疾人工作，推动残疾人事业发展，满足残疾人对美好生活的向往。

市残联组织编排7个节目参加全省第十届文化艺术会演，市残工委举办第29个“国际残疾人日”主题活动。举办镇江市全民健身运动会残疾人三项选拔赛；在全省第八届全民健身运动会上获女子组掼蛋第二名，获3人制聋人男子篮球队第6名；聋人旱地冰壶队首次代表江苏参加在杭州举办的全国比赛；在全省残疾人排舞公开赛中获2个特等奖、1个一等奖。由市残联主导创作《用法律为残疾人撑起一片晴朗的天空》宣传片。

镇江市构建残疾人司法救助服务体系，开辟司法救助和法律服务新局面，全市14个单位和个人受到省政府残工委、省残联和省人社厅表彰。成立“社会组织星火联盟”，“99”公益募捐募集资金57.9万元。化解信访矛盾和问题328起，办理公交卡1274张，为低收入残疾人家庭实施无障碍改造205户，为重度残疾老年人家庭适老化改造372户，临时救助970多人次。扬中新宁村获评全国无障碍村。聘请3名专业心理咨询师，每月20日为残障人士提供免费的一对一心理咨询辅导。

全市新建成2个就业创业基地，其中在西津渡打造惠及全市6万多名残疾人的创业就业孵化基地，基地是集创业平台、就业平台、成果展示销售平台、残疾预防和社会组织孵化等五大功能为一体的残疾人综合性服务平台，是党员干部的教育实践基地；基地还被列为“银发生辉”老干部志愿服务基地，50多个助残社会组织加入扶残助残队伍，20多个团队开展体验行动，接待10多个外地单位考察学习，“DARK有爱，助残‘双创’”服务品牌创建工作走在全市前列。

市残联开展系统安全管理专项整治工作，到基层一线开展安全生产管理和服务机构恢复运行大检查、大排查等相关工作，指导各市（区）残联联合各地消防、食药、安监等部门，对全市350多家残疾人各类服务机构开展拉网式安全生产管理大排查和疫情防控措施落实等，4类10多项安全隐患问题整改到位。

（王晨沛）

【助残“十大行动”品牌】 2020年，镇江市打造“大爱镇江、风雨同行”服务品牌，其中民生助残“十大行动”有成效。复明行动：为全市338名贫困残疾人实行免费白内障手术，手术成功率100%。健行行动：为全市贫困残疾人安装高品质假肢142例，给3564名贫困残疾人适配各类辅助器具。天籁行动：与市妇幼保健院联合开展耳聋基因检测110例。安宁行动：对全市3617名贫困精神残疾人实施免费服药。平安行动：为全市6万多名持证残疾人购买人身意外伤害保险。阳光行动：市公办托养中心全日制托养36人，全市有2330名残疾人在123家各类托养机构接受服务。扶持53家（镇江市内17家）“金手指”盲人按摩行业服务品牌，盲人通过培训就业率100%。彩虹行动：建成152个“残疾人之家”。暖心行动：全年全市走访探视残疾人1500多户。护苗行动：500名残疾儿童全部纳入护苗行动的受助范围，基本实现结对帮扶的全覆盖。全市新增残疾儿童康复机构11家（总数为24家），镇江市区、丹阳市、扬中市实现各类别全覆盖，0岁~6岁抢救性儿童康复242人，7岁~16岁抢救性儿童康复训练89人，残疾儿童康复服务率100%。兜底行动：全市有25420名重度残疾人享受生活补贴，20249名重度残疾人享受护理补贴，102名残疾学生及贫困残疾人家庭子女享受教育补贴政策。

（王晨沛）

【残疾人脱贫攻坚】 2020年，镇江市下发《关于巩固提升农村低收入群体生活保障水平的意见》，市残联先后联合民政、财政出台系列文件，在“两项补贴”覆盖率100%基础上，生活补贴扩大到精神和智力三、四级残疾人群众，护理补贴扩大到听力和言语重度残疾人。新建成“残疾人之家”58家，全市有152家，覆盖率100%。市、县、乡镇、村四级核查建档立卡残疾人5181人，其中失访残疾人234人。市本级按照实际需求对140多户困难残疾人进行集中走访慰问，全年全市走访探视1500多户。

（王晨沛）

【残疾人康复工作】 2020年，镇江市12家社区康复示范点改造提升任务完成，设立12个辅具租赁点并配发辅具314件。丹阳市各示范点实现残疾人手机“一键点击”精准康复服务，句容市建立“一键输入”全市精神病免费服药服务系统，扬中市推行各示范点康复网格化服务，润州区“星星家园公益服务中心”为残疾人提供多功能便民服务。市残联与市卫健委、市中西医结合医院开展成人康复服务项目，探索建设覆盖“全生命周期、全残疾类别”的康复体系，形成“分层级诊疗、分阶段康复”的新型康复服务模式。

（王晨沛）

【残疾人培训、就业创业工作】 2020年，镇江市城乡新增残疾人培训人员480人，新增残疾人实名制就业502人；应届高校残疾人毕业生就业创业服务率100%，就业率94.74%；城镇有就业能力和就业意愿的青壮年残疾人就业率97.11%（全省排第3名），农村有就业能力和就业意愿的青壮年残疾人转移就业率83.5%（全省排第2名）。全市保障金征收在新冠疫情影响下仍然突破7000万元。市残联对市区94家企业单位落实超比例安排残疾人奖补资金100多万元。在2020年全国残疾人岗位精英职业技能竞赛中，镇江市选手张亚伟获服装配饰设计项目第3名。

（王晨沛）

【市残联第六届主席团第三次会议】 2020年6月4日，镇江市残疾人联合会第六届主席团第三次会议召开。大会按照《中国残疾人联合会章程》，推举温小卫为市残联执行理事会理事长，调整温小卫为市残联第六届主席团副主席，调整承纲、胡光亮、张业华、张雨冬、杨留永、陶伟等为市残联第六届主席团委员。

（王晨沛）

镇江市红十字会

【概况】 2020年，镇江市有基层红十字会188个、冠名医疗机构10个、团体会员单位81个，会员总数9.33万余人，注册志愿者3495人。市红十字会学习贯彻习近平新时代中国特色社会主义思想，围绕市委、市政府中心工作，贯彻落实省、市红十字会改革实施方案，开展“三救三献”等核心业务工作。市红十字会获评江苏省应急救护技能大赛团体二等奖、江苏省红十字会系统新冠肺炎疫情防控工作先进集体、2020年全省高校“博爱青春”项目优秀组织奖。

推动应急救援体系建设。市红十字会与市应急管理局签订《防灾减灾救灾联动工作机制合作协议》；修订《镇江市红十字会自然灾害应急预案》；新建2个红十字救护培训基地。红十字救援队参与镇江第三届南山越野赛等4场大型赛事保障；开展急救、水域、山地、防疫、防汛等专题演练培训10余场次；开展普及培训300余人次。

全市新建6个者“博爱家园”。推动“博爱家园”和养老照护志愿服务有机融合，引领养老照护志愿服务、博爱系列项目、防灾减灾宣传、应急救护培训、人道传播、博爱送万家等扎根社区、服务群众。开展养老照护知识普及培训2600余人。

镇江市、丹阳市、句容市、扬中市、丹徒区红十字会和镇江新区社会事业发展局分别与渭南市及对口县级红十字会开展对口扶贫工作，支持扶贫款物60万元。

全市新增注册志愿者334人，开展各类志愿服务活动。红十字志愿者3人获评2020年江苏省学雷锋先进典型，1人获评2020年全国学雷锋志愿服务“四个100”先进典型——最美志愿者。红十字金山公益志愿服务队的“天使在现”关爱失独家庭项目获评第五届“江苏慈善奖”。

市红十字会于12月19日搬入镇江市南徐大道18号市卫生健康委员会6楼东侧办公。（贾建芬）

【新冠肺炎疫情防控工作】 2020年，镇江市红十字会系统接收支持新冠肺炎疫情防控捐赠款物，所有捐赠款物支出100%。落实捐赠公告备案登记、信息日报告、捐赠物资调配和日进日清、捐赠款物及时公示、信息发布审核、信息备案等六项制度。发动红十字“博爱家园”志愿者参与社区联防联控；组织红十字应急救援队走进景区、校园防疫消杀护航景区复园、学校复课，走进企业普及疫情防控知识，助力企业复工复产。（贾建芬）

【红十字会基层组织建设】 2020年，镇江市、丹阳市、句容市、扬中市、丹徒区、京口区、润州区政府办分别出台各地改革实施方案。丹阳市、京口区、润州区红十字会理顺管理体制（全市所有市、区红十字会均理顺管理体制），依法独立自主开展工作。批准成立镇江市高等专科学校红十字会。市红十字会与镇江高等专科学校共同签署《校地联动工作机制合作协议》。（贾建芬）

【应急救护培训】 2020年，“应急救护知识普及和培训”项目列入镇江市政府为民办实事项目。全市红十字会系统完成救护员培训6132人，普及性培训65317人。全市国家AAAAA级旅游景区红十字救护站实现全覆盖，并向AAAA级旅游景区延伸，在景区投放6台AED((全自动体外除颤仪)设备。（贾建芬）

【红十字博爱送万家】 2020年，镇江市开展红十字博爱送万家活动，发放救助款物217万余元，5000余户困难家庭受益，其中，乐乐助学、“博爱助学”项目资助贫困学生65人，发放助学款15.1万元。举办首届“博爱镇江·红十字人道”项目结项展评活动，评出一等奖1个、二等奖2个。（贾建芬）

【造血干细胞捐献】 2020年，镇江市新报名加入中华骨髓库志愿者888人，实现造血干细胞捐献2人。“5·8”红十字博爱周期间，开展造血干细胞捐献“云采集”宣传活动。联合东吴人寿股份有限公司镇江分公司为镇江造血干细胞捐献者免费提供3年每人10余万元团体意外伤害险。2名捐献者被江苏省文明办、共青团江苏省委、江苏省红十字会、江苏省志愿者协会联合授予“江苏省优秀红十字志愿者”称号。（贾建芬）

【遗体器官(组织)捐献】 2020年，镇江市新增线上线下遗体、人体器官捐献登记2749人，实现遗体捐献11例，器官捐献2例，单纯角膜捐献1例。清明前夕举办“清明颂——生命回响 云上缅怀”网上缅怀活动。生命永恒志愿服务队走进乡村、社区开展遗体器官捐献宣讲24次。遗体器官捐献者纪念园开工建设。（贾建芬）

【“博爱青春”志愿服务】 2020年，镇江市实施高校红十字会“博爱青春”暑期志愿服务项目17个，其中，1个项目获中国红十字会总会支持，6个项目获省红十字会支持，524名大学生志愿者参与其中，志愿服务时长3.92万小时，10万余人直接受益。江苏大学“为建筑女工撑起爱的防护伞”获评2020年第五届中国青年志愿服务项目大赛银奖。江苏农林职业技术学院“童心筑梦，园艺圆梦”——基于园艺疗法的智障儿童关爱行动，获评第六届江苏省“互联网+”大学生创新创业大赛一等奖。（贾建芬）

【市红十字会第七次会员代表大会】 2020年7月10日，镇江市红十字会第七次会员代表大会召开。160余名红十字工作者、会员、志愿者代表参加会议。市委书记、市人大常委会主任马明龙，江苏省红十字会党组书记、常务副会长齐敦品出席开幕式并讲话。会议审议通过市红十字会第六届理事会工作报告，选举产生新一届理事会理事、常务理事，监事会监事。聘请市委书记马明龙、市长徐曙海为市红十字会名誉会长，副市长潘早云当选为会长，苏枫为常务副会长。

选举产生首届监事会。（贾建芬）

【第三届镇江市应急救护技能竞赛】 2020年10月13日，镇江市红十字会、市总工会、市人力资源和社会保障局联合在镇江市高等专科学校举办第三届镇江市应急救护技能竞赛。40名救护培训师参加比赛，市红十字应急救援中心代表队获评团体一等奖，句容市代表队获评团体二等奖，镇江高等专科学校代表队获评团体三等奖。竞赛第1名获评镇江市人力资源和社会保障局“镇江市技术能手”；第2、3、4名获评镇江市总工会“镇江市五一技术标兵”；竞赛前15名的选手获评“镇江市红十字应急救护能手”。（贾建芬）

镇江市关心下一代工作委员会

【概况】 2020年，受新冠肺炎疫情影响，镇江市关工委利用各类媒体，使青少年不出家门也能接受“爱党爱国、立德立行”教育。4月起，全市各地关工委线上线下活动同步开展。2020年，镇江市关工委网站和丹徒区关工委网站开通。京口区、润州区和镇江新区作为镇江市关工委的二级网站正常运行。

4月7日，全市关心下一代工作会议在镇江市行政中心召开。5月19日—20日，省关工委常务副主任张艳一行3人到镇江调研句容市关工委落实“党建带关建”、推进校外教育辅导站建设情况。5月16日，镇江市委组织部、市委“两新”工委、市关工委、市市场监管局在扬中市威腾电气公司召开全市民企关工委工作现场推进会，就发挥民企关工委作用进行具体部署。6月23日，镇江市关工委在丹阳市“三扶两创”基地召开全市关工委“三扶两创”工作现场推进会。9月30日，中国关工委常务副主任胡振民一行考察句容关工委“三扶两创”工作，在白兔镇、茅山镇青年农民创业基地进行调研。2020年是中国关工委成立30周年，中国关工委和中央文明办联合表彰一批先进集体和先进个人。江苏大学关工委和句容市关工委获评“全国关心下一代工作先进集体”，3人获评“全国关心下一代工作先进个人”。（吴明宝）

【校外教育辅导站建设】 2020年，在省关工委校外教育辅导站工作评比中，镇江市14个优秀校外教育辅导站和28名优秀辅导员受表彰。在省关工委的老少同台朗诵比赛评选中，20个校外教育辅导站获评先进集体，30名朗诵者获评先进个人。市关工委选送的主题教育活动视频在省关工委“全省校外教育辅导站优秀活动视频”评比中获1个特等奖、1个一等奖、2个二等奖。12月16日，市关工委和文明办举办全市第12期校外教育辅导站工作研训班，会上表彰14个2018—2020年度镇江市校外教育示范辅导站，并举行授牌仪式。12月26日，市关工委举行所属市关爱心理咨询中心迁址揭牌仪式，并召集关爱咨询中心的兼职心理专家召开工作会议。润州区金山街道校外教育辅导总站举办“学校与社区共建共育”特色展示活动，全市各教育系统关工委和润州区各街道关工委负责人参加。（吴明宝）

【“爱党爱国、立德立行”主题教育活动】 2020年，镇江市关工委与市文明办、教育局联合开展“爱党爱国、立德立行”主题教育活动。在省关工委江苏少年网举办的“我为国旗点个赞”活动中，镇江市点赞数获全省第1名。在全省“梦圆小康”老少同台演讲决赛中，1组选手获一等奖。在教育部关工委举办的主题教育演讲、朗诵视频评比活动中，市教育局关工委选送的33名选手获评6个一等奖、18个二等奖、9个三等奖。选送的18个视频，5个获评一等奖，10个获评二等奖，3个获评三等奖。（吴明宝）

【青少年违法犯罪预防和减少工作】 2020年，镇江市各地关工委和政法系统关工委做好法律法规宣传教育，推进法治教育进校园、进社区、进家庭。全市法治宣传和关爱工作因地制宜、因情施策，6月，提前完成全市72个户籍派出所关爱工作站建设任务。丹阳市、句容市公安局和镇江新区公安局分别打造“蒲公英”“向日葵”“三叶草”等一批关爱工作“样板”。全市青少年违法犯罪人数比上年下降11%。（吴明宝）

【驻镇高校“百名教授老区行”第20次活动暨总结大会】 2020年11月18日，驻镇高校“百名教授老区行”第20次活动暨总结大会在句容市茅山镇举行。市委副书记、组织部部长李健出席活动并讲话。会上，市委老干部局、离退休干部工委向“百名教授老区行”活动授牌镇江市首届“最佳老干部志愿服务项目”，向一批先进集体、突出贡献者和先进个人颁发证书。驻镇江6所高校关工委负责人向受捐助的茅山镇困境学生所在学校代表捐款。活动现场，驻镇江各高校的200多名离退休教授、教师和学生分别开展法律、科技咨询等科普服务，进行义诊、保健和心理健康咨询等医疗服务以及文艺演出、写对联、剪纸等文化服务。（吴明宝）

镇江军分区

【概况】 2020年，镇江军分区面对各类复杂的斗争形势，面对新冠肺炎疫情，聚力备战任务，推进疫情防控和年度工作，各项建设有成效。调整规范军分区部分党组织设置。军分区党委常委分片挂钩帮带，推进党建工作落实。召开军分区党委第一书记宣布任职大会；协调召开议军会暨过“军事日”活动。

思想政治建设。以学习习近平中国特色社会主义思想和强军思想两个纲要为主线，全员覆盖开展“五看五增强”教育。做好信息服务工作，组织国防动员某演练做法被东部战区某刊物刊登。军分区人武部结对贫困村、学校和敬老院，开展扶贫帮困、捐资助学活动。牵头对接驻军单位开展某专项行动；与市委网信办签署战略合作协议，处置相关工作。组织重要岗位和参加演训人员政治考核。开展肃清流毒影响工作和纠治政治领域官僚主义专项清理整顿。

练兵备战工作。做好日常战备工作，修订作战方案，采集重要军事目标数据。强化两个专项任务落实，组织全市国防动员委员会全体会议暨国防动员某部署会，协调市委召开常委会3次；军分区党委召开专题会议10次，研究相关工作。按纲开展分业、分类训练，组织民兵轮训备勤、专业分队骨干集训、民兵任务分队训练。出动民兵支持地方新冠肺炎疫情防控和复产复工、抢险救灾、防汛、防台风等工作。

国防动员建设。核准呈报潜力数据，组织军兵种部队现地对接。撤并传统分队，组建新质分队。新建某网络训练平台。国务委员、国防部长魏凤和到镇江调研。推动出台《加强和改进征兵工作的意见》，大学生和大学毕业生征集比例分别为81.5%、27.4%。

基层建设。对照省军区“四个秩序”规范，镇江军区分机关和基层两个层面统筹推进正规化建设。贯彻《军队安全管理条例》，开展“军车交通活动月”活动和“百日安全活动”，围绕6个阶段、9个方面，组织开展安全隐患整治，全面清查网络安全，常态落实安全分析、昼查夜巡、情况通报、风险评估等制度。贯彻“三个不降”要求，加强精细化服务、个性化保障；开展“四个专项”整治。加强全民国防教育，协调做好退役军人安置、随军家属就业、军人子女入学等工作。组织基层卫勤人员开展以新冠肺炎疫情防控、心肺复苏和自救互救等科目为主要内容的卫生勤务训练。

综合服务保障。组织对团级单位财务管理情况检查验收，清理审核上报2019年及以前结余经费情况。贯彻落实省军区《财务管理实施细则》，规范财经管理秩序，10个方面财务管理问题、24个历史遗留经费问题全部解决。做好新冠肺炎防疫保障、被装发放、人员体检、配发军车接收等工作，销毁处理退役报废弹药装备。强化重点领域清理整顿，核查公寓住房，清理超面积经济适用住房，移交空余房地产，开工干休所综合整治项目；协调地方为机关办公大楼加装电梯；推动转业滞留干部移交、职工有关福利待遇与地方接轨等历史遗留问题解决。开展新冠肺炎疫情常态化防控，实现“零感染”。 （夏 军）

【宣布任职大会】 2020年3月12日，镇江军分区党委召开宣布任职大会。省委常委、省军区司令员张黎鸿宣读任职通知：中共镇江市委书记马明龙任镇江军分区党委第一书记；同时，向马明龙颁发任职通知书。张黎鸿在讲话中提及：“镇江市委、市政府高度重视武装工作，积极支持驻镇部队各项建设，党管武装意识强、摆位正，国防动员准备标准高、力度大，军民融合思路清、落点实，国防文化氛围浓、创意好，有力促进经济社会发展与党管武装工作落实。”马明龙参加会议并讲话。

（夏　军）

【镇江市委常委议军会】　2020年11月20日，镇江市委常委议军会召开，会议听取2020年度国防动员工作开展情况介绍，研究提请会议审议的有关事项。会议要求强化政治担当，深入贯彻习近平强军思想，始终坚持党管武装根本原则，切实强化人民军队使命担当，始终把牢党管武装政治方向不动摇，努力开创新时代党管武装工作新局面；聚焦主责主业，在抓实应急应战准备、提升国防动员质效、夯实基层建设基础上狠下功夫，全力提升国防动员准备质效，坚决完成党和人民赋予的使命任务。同时，会议强调要加快构建军地融合共建新格局；扎实有效解决“三后”问题等。会前，军地领导开展“过军事日”活动。

（夏　军）

武警支队

【概况】　2020年，中国人民武装警察部队镇江支队（以下简称武警镇江支队）做好新冠肺炎疫情防控、规划攻坚和年度相关工作，部队建设向上向好。

2020年，武警镇江支队落实“习主席最新讲话精神随到随学机制”，统筹推进主题教育，并开设“金山大讲堂”。倡导“研究、务实、勤勉、自省”四种风气，树立“四少四多”理念，纠治干部“不为、乱为、空为、难为”现象。承办武警支队政治教员评选表彰工作。组织网络歌咏比赛、优秀老兵事迹报告会和授衔晋衔仪式等活动。开展“好军嫂”评选表彰活动。新冠肺炎疫情期间，开展“减压释负、密切内部关系”活动。推进军史长廊、中队荣誉墙建设。当年，武警镇江支队先后投入10万元，援建曙光村清理村河道项目和厚固村村民公园健身设施项目；到对口帮扶村开展“送医下乡、捐资助学”活动。7月1日，镇江支队开展“七一”主题党日活动，组织学习《中国共产党章程》等内容，观看专题纪录片，并到镇江市烈士陵园重温入党誓词。9月16日，江苏省文化和旅游厅调研组一行5人到武警镇江支队，调研文化建设军民融合发展工作，武警总队政治工作部主任参加调研座谈。当年，1人获评武警部队“优秀政治教员”。

（秦俊杰）

【练兵备战工作】　2020年，武警镇江支队落实《军队基层建设纲要》，制定实施细则，落实考察帮建、当兵蹲连制度，提升基层战斗力。承办武警总队执勤工作规范化网上观摩演示和某比武竞赛，某中队某小队获评团体第2名。做好某训练，组织舟艇操作集训和驾驶员复训。武警镇江支队与某企业签订保障维修协议。开展军需能源行业整肃治理和资产清查，组织后勤精细化管理试点观摩和炊事员、糕点师培训。

（秦俊杰）

军事学院

【陆军军事交通学院镇江校区】　2020年，陆军军事交通学院镇江校区的发展总体方针为：坚持政治建校、质量为本，坚持教战研战、向海图强，坚持强固根基、安全发展，坚持攻坚克难、开拓创新；同时，统筹兼顾人才培养和新冠肺炎疫情防控工作，校区建设态势稳中有进。

思想政治建设。该校强化政治学习，学习习近平新时代中国特色社会主义思想和习近平强军思想，推动理论武装走深、走实。开展“三心三感三爱”（事业心、责任心、进取心；政治认同感、事业成就感、国防使命感；爱军精武、爱学成才、爱岗敬业）和“四立”（立德明志、立学增智、立身强能、立业建功）教育，深化“传承红色基因、担当强军重任”主题教育，推动“不忘

图7－1　2020年9月24日，中国人民武装警察部队镇江支队组织人员到对口帮扶村开展“送医下乡”活动　（秦俊杰　供稿）

初心、牢记使命”主题教育常态化、制度化。传承“三热爱”(热爱祖国、热爱边防海岛、热爱船艇部队)育人传统,强化“江海精神”培育,筹划设计以军史校史和边防海防文化为主题的政治环境建设。

基层建设。该校围绕“三个过硬”(锻造听党话跟党走的过硬基层,能打仗打胜仗的过硬基层,法纪严风气正的过硬基层),制订基层建设年度计划,建立基层工作联系点,开展基层党组织考察帮建工作,每季度研判基层建设形势,贯穿全年举办党支部书记暨政治干部培训。推动全校学习贯彻《军队安全管理条例》,开展“安全警示月”和“法治宣传月”系列活动;开展创建“平安校区”工作。统筹开展“我为党委提意见”和答复解决基层意见建议落实情况“回头看”等,全年为基层官兵办好 12 件实事,基层满意度 96.3%。

拥政爱民工作。该校运用自身特色资源接待地方党政机关和学生到学校开展国防教育活动,完成驻地所在的 8 所地方院校 2 万余名新生军训任务。开展学雷锋、扶残助民和社会公益活动,投入 5 万元为桃花坞小学、敏成小学补充教学器材,投入 30 万元为句容市边城镇扩建党员活动中心,投入 18 万元为丹徒区上党镇完善居民公共活动和健身场地;新冠疫情严峻时期,向驻地群众捐出数万元防疫物资;夏季汛情紧急时,会同驻地有关单位做好防汛演练准备。

(刘登科)

【教学训练活动】 2020 年,陆军军事交通学院镇江校区围绕 10 个方面 33 项重点任务,开展新时代军事教育方针学研宣贯活动,研究制定贯彻落实具体措施。提升人才培养质量,开展“教学质量年”活动,组织内河航行、航海实习等课程实习;开展毕业综合演练,检验某背景下学员专业技能和指挥能力;与部队开展联教联训。多批次派员到一线部队开展集训授课、技术指导、士兵职业技能鉴定等服务工作。编写数十型某操作使用教程、维修保障技术文件等,发表学术论文 59 篇,授权专利 115 项,登记软件著作权 21 项。举办“船艇讲坛”,鼓励学员参加各类科创实践活动,30 余人次在全国大学生英语竞赛、全军第四届某建模竞赛等活动获奖。 (刘登科)

人民防空

【概况】 2020 年,镇江市人民防空工作围绕有效履行战时防空、平时服务、应急支援的使命任务,推进人防事业融入经济社会发展和城市建设。在新冠肺炎疫情防控工作中,市人防部门运用防空无人机空中喊话,宣传疫情防控知识;对部分大型公共人防工程承租企业,以免费顺延租期的方式落实减负举措。当年,市人民防空办公室获评省人防办“全省人防工程建设管理先进单位”,并获全省人防系统行政执法案卷评查一等奖。

人防指挥信息化建设。市人民防空系统构建某指挥平台。5 月,句容市某所主体竣工。升级改造市级人防基本指挥所,满足军地联合指挥新要求。提升人防实战化水平,召开全市人防指挥机构成员单位联席会议 2 次,推进人防相关部门建立联动工作机制,镇江市县级以上人防战时指挥部实名率为 100%。

人防工程建设。市人民防空系统强化战时思维应急救援,提升防空防震减灾一体建设水平。落实人防工程应建必建、质量与数量并重的原则,实现城市、镇规划区范围内建筑,按总建筑面积的一定比例建设符合防护等级要求防空地下室,并与地面建筑同步规划、设计、施工、质量监督和竣工验收。截至“十三五”期末,镇江市人防工程竣工总量较“十二五”期末增长 125.8%,并可为社会提供地下停车泊位数万个。

人防工程维护管理。市人民防空系统推进人防工程标识标注工作,在全省率先出台《镇江市人防工程标识服务指南》,明确人防工程标识标注的制作规范要求和验收标准,做好人防标识标牌、色带墙体、平战转换示意牌、人防警示标语等元素设置,该项创新在全省设区市人防办中属首创。做好早期人防工程安全管理和拆迁、拆除工作,完成自建人防工程维修改造工作,重点完成某地下通道人防工程新风系统、防火门与防火卷帘门安装及相应配套整改工作,并对部分自建人防工程火灾自动报警系统、泵房控制系统进行维修或更换。 (刘 坚)

【“9·18”防空警报试鸣系列活动】 为表达全国各族人民对抗击新冠肺炎疫情斗争牺牲烈士和逝世同胞的深切哀悼,国务院决定,2020 年 4 月 4 日 10 时举行全国性哀悼活动,其间,镇江市所有防空警报同步鸣响。9 月 18 日上午 10 时,全省统一组织 2020 年防空警报试鸣活动。防空警报持续时间 19 分钟,警报鸣响率 100%,音响覆盖率 98% 以上。当日,镇江市同步组织系列活动:组织社区居民和中小学学生开展紧急疏散演练;组织广场人员和地下商场、超市人员以防空袭为背景条件向地下人防工程进行紧急疏散演练;组织蓝天救援队进行心肺复苏、固定包扎和灭火器使用操作演示;组织江苏科技大学 2020 届新生进行人防知识竞赛。 (刘 坚)

【全省人防工程管理暨安全生产业务培训】 2020 年 8 月 31 日—9 月 4 日,江苏省人民防空办公室在镇江市举办全省人防工程管理人员业务暨安全生产培训班。培训内容主要有安全生产、人防工程建设与审批相关政策、人民防空工程基础知识、人防工程结建审批和质量监督等。同时,培训组织参训人员进行工作交流和业务探讨。近200人参加培训。（刘　坚）

【实战化演练活动】 2020年5月11日—15日,镇江市参加全省人防某实战化演练活动,10多人及部分自带装备参加演练。7月,市人防应急机动指挥平台到镇江新民洲参加某综合应急演练。8月—10月,市人防应急机动指挥平台分别到苏州、泰州、盐城、扬州4市与相关单位开展人防通信专业的联调联测训练。

（刘　坚）

双拥共建

【概况】 2020年,镇江市双拥工作聚焦改革强军备战、巩固全国双拥模范城创建成果、密切军政军民关系、增进军政军民团结,各项工作有成效。驻镇江各部队支持参与驻地经济社会建设,军地互办20件实事按时序完成。

制度建设。2020年,镇江市双拥工作领导小组继续实行书记、市长"双组长制",加强对双拥工作的组织领导;印发年度双拥工作意见,统筹部署互办实事、走访慰问、双拥创建、社会化拥军等工作;印发《领导小组工作规则》《领导小组成员单位工作职责》《领导小组办公室职责和工作制度》《双拥慰问工作制度》等制度,推动双拥工作规范、有效开展。

新冠肺炎疫情防控工作。市双拥办向全市双拥系统、拥军企业和退役军人印发《捐献物资倡议书》,并承担全省双拥系统支援武汉抗疫一线军队医护人员防疫物资的汇总、统计和举行启运仪式等工作;惠龙易通国际物流股份有限公司无偿承担物资运送任务;对在武汉一线抗疫的军队医护人员,以"五个一"(进行一次走访、发放一张联系卡、寄出一封慰问信、送上一份慰问品、解决一些现实难题)形式提供服务保障。市双拥办协助部队做好新冠肺炎疫情防控工作,先后帮助武警支队、73056部队、31619部队等解决防护服、口罩、医用手套、消毒液等物资短缺难题。

军地互办实事情况。2020年,市双拥办、市双拥工作领导小组各成员单位及各市(区)双拥办投入资金400余万元,开展军地互办20件实事活动。重点完成以下项目:镇江供电公司对73056部队东营区进行供电增容;市住建局、市城管局、市公安局、镇江供电公司帮助32521部队营区路口改造;市交通局、文旅集团帮助武警镇江支队出入道路改造;市文广旅局援建73056部队图书馆;市体育局帮助31121部队新建文体设施等。各驻镇江部队开展抗"疫"无偿献血、结对帮扶等活动。

部队建设与改革服务工作。市双拥办协调解决陆军军事交通学院镇江校区退役军人相关补助经费退费、军队资产移交、大型装备运输;东部战区总医院镇江医疗区被占用土地收回;73091部队公寓房清理、餐厨垃圾处置;73056部队等级厨师培训;武警镇江支队参加省武警总队文艺会演等。处理"三后"[后路(转业安置)、后院(家属就业)、后代(子女入托入学)]问题。常态化开展光荣牌发放和立功送喜报等活动。落实各类优抚对象抚恤补助、医疗服务、住房保障、社会优待等待遇,优抚事业总支出2.22亿元,其中地方配套1.25亿元。镇江某站与南京某站修订跨区域某保障方案,构建有20多家单位加盟的应急联动保障体系,形成"医、食、住、行、购"新型应急保障模式,该经验在全国会议上交流推广。

双拥宣传工作。全市双拥系统开展"情系边海防官兵"拥军优属活动。开展市级双拥示范基地(点)评选活动,新增市级双拥示范基地(点)18个。施文进获评全国爱国拥军模范个人。市双拥办选送4个作品参加全省双拥公益短片大赛,获1个一等奖、1个二等奖和2个三等奖;市双拥办获评优秀组织奖。开展烈士褒扬纪念活动,举办"致敬·2020清明祭英烈"、"9·30"烈士纪念日纪念、抗美援朝志愿军入朝作战70周年纪念等活动。（张永义）

【拥政爱民活动】 2020年,镇江市各驻镇江部队开展拥政爱民活动。73056部队投入60万元,实施援建基础设施等3项帮扶措施;31619部队出资20万元援建句容市郭庄镇虬北村停车场;陆军军事交通学院镇江校区出资15万元支持桃花坞小学"墨趣智慧教室"建设,并捐赠4万元教学用品;73091部队关爱驻地群众,举办迎新春团拜会,走访慰问驻地机关、学校和敬老院,为军烈属和家庭困难群众送米送油,向贫困户每户发放2000元慰问金。新冠肺炎疫情期间,陆军军事交通学院镇江校区向上党镇捐出3万多元疫情防控物资;31619部队赠送三元村4000只口罩、100千克消毒液等防疫物资,官兵开展无偿献血活动。

（张永义）

综 述

【概况】 2020年，镇江市围绕维护国家政治安全、确保社会大局稳定、促进社会公平正义、保障人民安居乐业的主要职责，推进平安镇江、法治镇江、社会治理、过硬队伍建设，完善党对政法工作绝对领导的体系、平安镇江建设工作协调体系、全面依法治市工作推进体系、共建共治共享的社会治理体系、政法领域改革政策体系和政法队伍建设管理体系等“六大体系”，政法系统各项工作有提升。 （钟 镭）

【平安镇江建设】 2020年，镇江市出台《关于加快推进市域社会治理现代化、建设更高水平平安镇江的意见》，成立平安（社会治理现代化）建设领导小组，县、乡两级网格化服务管理中心实现全覆盖。推动社会治理智能化平台、新一代“雪亮技防工程”等试点项目实施。健全现代化社会治安防控体系，全市违法犯罪警情、刑事案件比上年分别下降8%、16.9%；全年未发生重大群体性事件，群众安全感为98.74%。开展社会矛盾风险隐患集中排查化解暨“三官一律”（法官、检察官、警官，律师）进网格集中月活动，“三官一律”4895人下沉网格，化解矛盾纠纷1268起。开展“扫黑除恶”专项斗争，开展“六清”（线索清仓、逃犯清零、案件清结、伞网清除、黑财清底、行业清源）行动，当年，全市新侦办黑社会性质组织4个、“恶势力”犯罪集团6个、“恶势力”团伙2个，破获的“黑恶”组织总数比上年增长37%；新查处“涉黑涉恶”腐败和“保护伞”92人，查扣“涉黑涉恶”资产约9亿元，总数分别是上年的2.4倍、3.5倍。办结全国“扫黑办”挂牌督办管某某黑社会性质组织案件。发动全市网格员1.3万人，运用“大数据+网格化+铁脚板”治理机制，依托网格、警格和数据赋能掌握涉疫底数，先后对全市村（社区）开展6轮排查，推送各类数据21万余条。 （钟 镭）

【法治镇江建设】 2020年，镇江市推进政法领域改革，出台《关于推进新时代政法领域全面深化改革的实施意见》，加强现代警务改革，完善公益诉讼机制，开展以审判为中心的刑事诉讼制度改革，“非诉”调处中心市、县、乡全覆盖，政法大数据业务协同全面应用。出台《关于打造新时代法治化营商环境的实施意见》。组织开展企业法治体检，帮助企业挽回损失6100余万元，依法审结涉及民营企业案件2.1万余件，通过破产清算清理债权债务80余亿元。推动开展重点任务34项、法治项目81个，创成3个国家级、39个省级“民主法治示范村（社区）”，镇江市通过“七五”普法终期评估验收。 （钟 镭）

地方立法

【概况】 2020年，镇江市推进科学、民主、依法立法。市人大常委会围绕弘扬社会主义核心价值观、改善民生需求、保护生态环境等方面开展立法，制定《镇江市文明行为促进条例》《镇江市电梯安全管理条例》2部地方性法规。《镇江市文明行为促进条例》旨在培育和践行社会主义核心价值观，规范、倡导文明行为及提高公民文明素质和社会文明程度，共六章四十二条，包括总则、基本规范和文明倡导、重点治理、实施和管理、法律责任、附则。《镇江市电梯安全管理条例》按照《中华人民共和国特种设备安全法》等法律法规和国务院办公厅《关于加强电梯质量安全工作的意

见》的要求，对电梯生产、使用、维护保养与检验检测、应急处置、监督管理等方面做出明确规定，共八章四十九条。（赵敬敬）

【民主立法工作】 2020年，镇江市人大常委会通过集中座谈、专题讨论、委托调研、电子邮件征询等形式对每部条例进行修改。赴丹阳市、句容市、丹徒区上党镇、润州区七里甸街道、扬中市兴隆街道等立法联系点开展5次实地调研；召开征求意见座谈会8场，征求意见和建议768条（采纳346条），组织集中修改10次；对照上位法规定设置权利义务和法律责任条款，邀请立法咨询专家和行业专家就每部条例重要制度和条款设置进行集中研究论证。（赵敬敬）

【备案审查工作】 2020年，镇江市人大常委会就市政府报备的1件政府规章、2件规范性文件开展"三方同步审查"，未发现有不适当情形。就市民提出《镇江市户外广告设置管理办法》中"户外广告设置许可主体"的1件审查建议开展审查，经研究，该规范性文件相关内容不存在与上位法抵触的情形。完成涉及公共卫生安全、野生动物保护等内容地方性法规清理工作，发函催促市政府法制机构对涉及上述内容的地方政府规章、规范性文件开展清理。完成涉及民法典、食品安全等领域的法规、规章和规范性文件的清理工作。（赵敬敬）

法治政府建设

【概况】 2020年，镇江市围绕中央和省法治政府建设各项部署，提升各项工作法治化、规范化水平，法治政府建设有新进展。完成承担行政职能事业单位和经营类事业单位改革工作，推进公益类事业单位改革。推进"三整合"改革，推动编制资源向重点工作倾斜、向基层一线倾斜。拓展"不见面"审批服务，不见面率提升至96%，全市企业开办时限平均时长压缩至1.66天。加强相对行政许可权集中改革，按照"一窗受理"的原则，划分为市场准入、社会事业、投资项目类，实现"一枚印章管审批"。印发《镇江市新冠肺炎疫情防控应急预案》《镇江市新冠肺炎疫情秋冬季防控工作方案》等文件，依法防控新冠肺炎疫情。制定落实《镇江市深化生态文明建设综合改革实施意见》《2020年镇江市生态文明（低碳城市）建设九大行动任务》，提升生态文明建设水平。制定《镇江市人民政府重大行政决策程序规定》。在开展重大决策项目过程中，各地、各部门坚持公众参与的原则，广泛听取社会公众的意见。履行法治建设第一责任人职责，市委书记、市长分别担任市委全面依法治市委员会主任、副主任；同时开展党政主要负责人履行推进法治建设第一责任人职责情况和法治政府建设专项督察。组织开展法治化营商环境专题调研，出台《关于打造新时代法治化营商环境的实施意见》。开展法治政府建设"补短板、强弱项"专题活动。（夏　玉）

【政府立法制规】 2020年，镇江市政府办公室下发《2020年度镇江市政府重大行政决策事项目录》，将"出租车价格调整"等4个决策事项列入目录，明确重大行政决策的相关要求。印发《2020年市政府规章和规范性文件制定工作计划》，确定全年市政府规章制定项目1件、评估项目2件；市政府规范性文件制定项目2件、调研项目1件、评估项目2件。发布《关于印发〈市政府规章清理目录〉〈市政府规范性文件清理目录〉（有效、修订、失效和废止、延长有效期）的通知》，清理规范性文件4件。制定出台《镇江市行政规范性文件备案审查规定》，细化备案审查工作。完成1部地方性法规、2部市政府规范性文件、1部规章的合法性审核和备案工作，报备率、及时率和规范率均为100%。对市（区）、市级部门上报的23件规范性文件进行备案登记和实质性审查，并对其中15件较为复杂的规范性文件邀请专家进行论证。对国务院行政法规《商事主体登记管理条例》、14件省人大地方性法规和9件省政府规章提出修改意见和建议。对50件政府协议、合同以及重大事项组织政府法律顾问开展审查，出具法律意见书41份。对77件市政府规范性文件出具合法性审核意见，对其中20件涉及市场主体权利义务的市政府行政规范性文件开展审查。（夏　玉）

【行政执法监督】 2020年，镇江市推进市级综合执法工作，推行市（区）一级执法。整合组建农业农村、交通运输、文化旅游、城市建设管理、市场监管等领域6支执法队伍，并向乡镇延伸。完成基层整合审批服务执法力量改革，围绕省政府明确可赋予基层的46项行政审批权和323项行政执法权，以县为单位，建立乡镇（街道）权力清单、服务清单和责任清单。完善行政执法"三项制度"组织体系，将行政执法"三项制度"纳入中共镇江市委全面深化改革委员会2020年工作重点并推进落实。各级执法部门均建立行政执法"三项制度"，事前事中均公示，事后决定公开件数为131857件；组织召开行政执法"三项制度"新闻发布会，将"三项制度"落实情况向社会公布。全市各级执法部门配备执法记录仪5896台，投入使用72135次。对丹阳市司徒镇、句容市下蜀镇和扬中市新坝镇综合行政执法情况开展专项督查；对市场监管、生态环境、自然资源、劳动监察、文化市场、交通运输等重点执法领域及“两法衔接”情况进行专项督查。组织开展行政执法案卷评查。组织市级行政执法人员培训,落实行政执法人员持证上岗和资格管理制度。

（夏　玉）

【行政复议】 2020年,镇江市司法局、市中级人民法院联合出台文件,建立预防化解行政争议联席会议制度,构建6项工作机制。邀请两级法院法官对全市行政复议案件卷宗质量进行评查。全年全市新收行政复议案件136件,受理106件,不予受理10件,告知5件,补正15件。审结104件(含2019年结转),其中,维持原判30件、驳回11件、终止47件、调解3件、撤销7件、确认违法3件、责令履行3件,综合纠错率为60.58%。办理以市政府为被告的行政应诉案件79件(含旧存),均无败诉案件。市司法局、市中级人民法院编写《镇江市行政诉讼败诉案例选编(2018—2019年)》。在省高质量发展绩效评价中,行政复议直接纠错率和数、综合纠错率和数等指标列全省13个设区市前列,综合评分列全省第2名。

（夏　玉）

公　安

【概况】 2020年,镇江公安机关统筹新冠肺炎疫情防控与服务发展,深化“放管服”改革,公安行政服务满意率99%以上。开展“扫黑除恶”等专项工作,全市违法犯罪警情、刑事案件发案数比上年分别下降8%、16.9%,破案率增长3.8%。加强基层基础建设,推动“警格+网格”双网融合,统筹组织“三官一律”(法官、检察官、警官和律师)公安民警进网格活动;加强基层所队特色亮点培育工作,形成“蒲公英”“三叶草”“向日葵”等特色品牌;在镇江新区分局、刑警支队探索试点警务改革。全市道路运输和道路交通事故起数、死亡人数均实现“双下降”,群租房、公安监管涉危领域安全可控。推进“坚持政治建警全面从严治警”教育整顿试点工作。实施“书记项目”等基层党建质量提升工程,组织开展公安英模报告会;开展“镇江最美警察”“十佳复转军人”“双月好警”等评选活动;挂牌成立“张叶宏”“贺设平”好人工作室。当年,“雷霆”行动、丹阳公安反通讯网络诈骗中心建设均获评全市2020年度“十佳法治惠民实事”;交通安全宣传“百千万”工程获评全市2020年度“优秀法治惠民实事”;镇江新区分局大部制警务改革获评2020年全省公安重大改革创新项目奖;镇江市车管所获评“全国一等车辆管理所”;《深化“双网融合”提升安全监管精准化水平的实践与思考》获全市主题征文一等奖。

（周　帅）

【“十三五”期间主要情况】 “十三五”期间,镇江市平安建设质态有提升。推进“扫黑除恶”专项斗争,侦办一批黑社会性质组织和犯罪集团。以打击非法集资和传销为主要内容的“清风行动”,化解经济领域风险。部署开展“春雷”“利剑”“使命”“蓝剑”等系列专项行动,全市社会治安形势稳中向好。“十三五”期间,现行命案、全部刑事案件、八类主要刑事案件、“两抢一盗”案件、重特大道路交通事故等衡量社会治安状况的重要指标均下降,群众安全感为98.03%。推进安全生产专项整治,全市公安监管领域安全生产形势保持稳定,全市群租房、涉危领域未发生重大有影响的案(事)件。新冠肺炎疫情期间,开发“镇疫”系统。深化“放管服”改革,打造“汇聚镇警事、平安掌上行”服务品牌,“‘店小二式’的车管服务新模式”有成效。推广“一窗受理”“一站办理”等改革项目,公安行政审批事项“不见面”“见一面”率均为100%。开展“清水蓝天”行动、污染防治攻坚、长江禁捕等专项行动,部署烟花爆竹全面禁放、犬类管理、电动车安全驾驶整治等工作。镇江公安化解重大风险、精准脱贫、污染防治三大工作经验多次被中央、省、市主流媒体播报。组织开展“不忘初心、牢记使命”“警·思”等主题教育活动,推进“坚持政治建警全面从严治警”教育整顿试点工作。开展“派出所所长论坛”“李树干式好民警”“镇江最美警察”评选等活动。“十三五”期间,镇江市获评全国社会治安综合治理优秀市,蝉联“长安杯”;镇江市公安局获评服务镇江高质量发展“十佳单位”;扬中市新坝派出所获评全国首批“枫桥式公安派出所”;交警支队车管所获评“全国工人先锋号”;1人获评“全国特级优秀人民警察”;1人获评“全国民族团结进步模范个人”。

（周　帅）

【案件侦破工作】 2020年,镇江公安机关推进“扫黑除恶”专项斗争,侦破“黑恶”类案件381起;摧毁涉黑组织3个、“恶势力”犯罪集团4个、“恶势力”团伙5个,扣押各类涉案资产9.45亿元;侦破“全国‘扫黑办’挂牌督办百起大案”之一的“5·13”专案。组织开展“净网”“净边”“昆仑”以及整治娼赌等系列专项行动,侦破刑事案件6510起,抓获嫌疑人6221人,年内命案全部破获,破获命案积案3起,抓获逃犯1551人,娼赌警情比上年下降23.5%。破获毒品刑事案件95起,抓获犯罪嫌疑人151人,缴获毒品6千克。查处食药环、野生动物领域案件173起367人,分别增长27.2%、16.1%,捣毁“黑工厂”“黑作坊”“黑窝点”70余个。组织开展打击盗窃电动车及电瓶违法犯罪“雷霆”行动,警情数、发案数分别下降51.7%和

51.8%。组织开展打击治理通讯网络诈骗犯罪“云剑”“断卡”等专项行动，破获“4·23”通讯网络诈骗等案件261起。查处非法捕捞案件52起72人，打掉“3·19”水上盗采江砂犯罪团伙1个。侦破“7·26”酒托诈骗以及亚洲首起暗网中文平台等大要案件。

（周 帅）

【维稳工作】 2020年，镇江公安机关加强巡防力量建设，成立应急处突队伍，实现“一小时内将××人力量投送到全市任何一个县区”的目标。建成综合警务服务站8个、临时警务站30余个。完成全国“两会”、中共十九届五中全会、“5·13”案件庭审、第三届进博会等重大安保任务。全市街面“两抢”和盗窃警情比上年分别下降17.1%、35.9%。围绕基层基础工作“双集”（基层工作方法集约化应用、基础重点工作集成化推进）发展，制定派出所重点工作考核办法。组织开展“全警进网格，入户送平安”活动，推进“警格+网格”融合，全市463个警格全部入网，350个村（社区）警务室（站）完成建设改造任务。作为全国唯一一个设区市试点单位，完成京口区象山街道第七次全国人口普查户口清理整顿试点工作。

（周 帅）

【新冠肺炎疫情防控工作】 2020年，镇江公安机关落实“大数据+网格化+铁脚板”机制，加强与卫健、疾控、交通部门的沟通协作，推动建立社区（村）、校企入境到镇江人员联防联控体系。制定出台疫情防控和保障经济社会发展18条措施，建立企业定点帮办、项目跟踪、民警派驻等机制，结对全市规模以上企业1995家、省市重点产业项目206个。做好“互联网+公安服务”，受理线下预约5275件，线上审批6188件，先后为42家企业完成复工备案审批，开通绿色通道。查处利用疫情诈骗、制售假劣口罩等涉疫案件。年内，市公安局等3个集体获评全省抗击新冠肺炎疫情先进集体；20名民警获评全国抗击新冠肺炎疫情先进个人及全省抗击新冠肺炎疫情先进个人。

（周 帅）

【教育整顿试点工作】 2020年，镇江市公安局被确定为全省“坚持政治建警、全面从严治警”教育整顿工作试点单位，该局推动建立立体化组织推进、系统化学习教育、精准化查纠问题、长效化整改提高的“四化联动”工作模式。对“六大顽瘴痼疾”进行梳理，研究制定5个方面110条负面问题清单并落实整改措施。发放致社会各界、民警家属、“两代表一委员”三封信，召开座谈会179场次，征集意见建议534条。梳理近5年现行制度275项，研究新建27项，修订完善12项，清理废止26项，同步编制涵盖公安党建、议事决策等7个方面的镇江公安制度体系。警务有效投诉比上年下降16.3%，在人民网、新华网、“长安剑”等媒体刊发稿件253篇。实施“众话廉政”“自律承诺”“廉政·家”党风廉政教育三大行动。打造京口分局、润州分局鹤林派出所、新区分局丁卯派出所等首批勤廉教育示范点。

（周 帅）

【公安管理工作】 2020年，镇江市公安局在车辆管理方面打造移动支付平台，网上交管业务移动支付联通，26项网办业务实现网上直联缴费。创建驾证业务一体化“C型”走廊，办证耗时缩短至6分钟；与人保财险协作建立“警保联动”模式，对道路交通事故开展联动查勘、快处快撤、快速理赔；加强“警邮”“警保”“警企”合作，设立55处机动车登记服务站及共建点，实现40%的新车上牌和80%的二手车过户业务有效分流。扬中市车管所推出“交钥匙”工程，实现新车检验上牌、车辆年检“一条龙”便捷服务，办理新车上牌、车辆年检业务2100余项。治安管理方面，派出所户籍窗口实现“一站式”办理，开通居民身份证、居住证办理“绿色通道”，扩大居民身份证异地受理范围；推出户籍档案就近查询，居民身份证异地挂失、换（补）领、预约办理，临时身份证下放到派出所等服务举措。行政审批方面，在市政务服务中心公安窗口设立全市首个异地收件点，对长三角区域户籍居民、企业提出的办事申请直接流转至属地公安机关完成办理。

（周 帅）

【公共安全监管工作】 2020年，镇江公安机关加强隐患治理，防范化解重大风险，压降安全事故，确保全市安全生产形势的稳定。摸清查改各类问题隐患1759条，上级交办15条重点隐患以及国务院督导组交办7个方面9类问题全部整改到位。围绕道路交通事故“减量控大”目标任务，一体推进专项打击、集中整治、区域联治，全市道路运输事故起数、死亡人数比上年分别下降43.2%和56.8%，道路交通事故起数、死亡人数分别下降7.9%和27.5%，未发生较大及以上事故。推进群租房、违法违规化工企业专项整治，查处群租房治安案件62起62人、涉危单位违法案件57起，安全处置剧毒、易制爆化学品100余吨，涉危事故保持“零发生”。规范物流寄递、水域、重点目标等公共安全监管重点行业领域安防措施，未发生重大有影响的案（事）件。推行权责清单制度，细化分解21项任务清单。试点“两客一危一货”运输企业车辆安全风险评估、货运车辆源头治超治限、“12345”在线服务平台流转群租房安全隐患等工作。（周 帅）

【公安法治建设】 2020年，镇江公安机关推进全市法治公安建设，制定出台《镇江市公安局关于进一步严格规范公正文明执法责任分工方案》《2020年全市公安法治建设要点》，分别明确40条分工方案和21个建设要点，列出80项评估细则。实体化运作市、县两级执法管理委员会，完善例会、通报、约谈等机制，落实执法问题整改责任。推进市、县两级执法办案管理中心建设，开发市、县、所队三级执法监督管控平台，实现对办案轨迹全流程跟踪、执法对象全进程管控、执法活动全过程监督管理。依托“法律网校”组织全市民警参学、参考，抽考30轮次3550人次。组织旁听庭审20余次，500余人次参加。通过基本级执法资格考试4584人，通过率96.4%；通过高级执法资格考试270人。当年，镇江市公安局获全省公安法律知识竞赛团体三等奖，其中2人分别获评“全省公安机关十佳学法领导”“全省公安机关十佳学法民警”。

（周　帅）

【道路交通事故分析】　2020年，镇江市发生道路交通事故388起，死亡231人，受伤236人，直接经济损失129.6万元，与上年相比，事故起数、死亡人数、受伤人数、直接财产损失分别下降11.01%、10.47%、18.9%、17.45%。

从事故发生地区来看：丹阳市、丹徒区辖区事故起数呈上升趋势；京口区、润州区、扬中市、句容市、镇江新区、高速辖区事故起数呈下降趋势。从事故死亡人数来看：全市各辖区死亡人数均下降。从事故发生道路来看：全市高速公路发案10起，致8人死亡；国省道（不含高速）发案74起，致46人死亡；县乡道路发案156起，致106人死亡；其他道路发案148起，致71人死亡。从事故发生时间来看：10月事故相对多发，发案44起；4月死亡事故相对多发，死亡30人；周三事故发案较多，发案80起；周六死亡人数较多，死亡44人；事故高发时段集中在19时—20时，发案35起，死亡23人。

（周　帅）

2020年镇江市汽车和驾驶员拥有量情况表

表8－1

名称	单位	合计	丹阳市	句容市	扬中市	市区直辖	丹徒区	京口区	润州区	镇江新区
民用汽车	辆	688138	223350	81157	73110	3114	73142	94450	77499	62316
载客汽车	辆	644647	208269	74713	69571	3036	67331	90701	73335	57691
私人汽车	辆	595735	195729	72551	63046	2204	63408	84693	64428	49676
小型汽车	辆	662241	217138	77423	70981	3083	69386	91249	73830	59151
驾驶员	人	1344681	318979	180551	154871	260365	92725	170632	101968	64590

说明：润州区中含镇江高新区

（周　帅）

2020年镇江市暂住人口情况表

表8－2　　单位：人

	合计	性别		暂住时间				来自地区				居住处所						
		男	女	半年以下	半年至一年	一年至五年	五年以上	省内		省外		租赁房屋	单位内部	工地现场	旅店	居民家中	自购房屋	其他
								乡村	城镇	乡村	城镇							
合计	593342	350108	243234	284379	63341	215015	30607	203457	22954	325649	41282	79324	139219	35113	1352	270582	40433	27319
务工	423569	259623	163946	236696	38902	127703	20268	141973	9261	250245	22090	65328	86531	33863	838	192980	29169	14860
录（聘）用	729	376	353	328	194	177	30	294	116	190	129	234	177	104	3	97	78	36
投资经商	22614	13378	9236	9053	1169	9495	2897	6472	510	14331	1301	4801	1215	78	63	11504	1932	3021
务农	16377	8988	7389	7780	735	5205	2657	6115	525	8468	1269	2381	804	172	15	10123	597	2285
服务	6023	3063	2960	3138	494	1937	454	1812	229	3416	566	903	574	19	28	3633	345	521
就读	79383	41938	37445	12775	16824	49108	676	24004	9907	32128	13344	2652	48558	32	333	21481	2180	4147
随迁学龄前子女	921	486	435	430	163	305	23	256	32	551	82	236	106	32	0	360	106	81
治病疗养	80	45	35	41	16	22	1	33	10	31	6	10	8	1	1	43	12	5
投靠亲属	5753	2517	3236	1996	1149	2569	39	2850	298	2340	265	48	87	8	5	4419	1054	132
探亲访友	7799	3379	4420	1697	308	4994	800	4345	258	2928	268	979	86	11	26	5963	496	238
其他	30094	16315	13779	10445	3387	13500	2762	15303	1808	11021	1962	1752	1073	793	40	19979	4464	1993

（周　帅）

检　察

【概况】 2020 年,镇江市检察机关依法履职,为大局服务,为人民司法。办理刑事、民事、行政、公益诉讼等各类案件 9622 件,24 件案件入选全国、省典型案例,38 个典型案事例被中央、省级主流媒体关注报道,5 项工作在省级会议介绍交流。

刑事检察工作。市检察院、公安、海关等多部门出台重大案件侦查终结前讯问合法性核查工作意见,防止和纠正冤假错案。全年批捕 1359 人,起诉 4746 人,监督立案 40 件,监督撤案 96 件。对不构成犯罪或证据不足的,不批捕 184 人,不起诉 27 人,纠正漏捕、漏诉 84 人,纠正侦查违法 122 件,提出刑事抗诉 24 件。落实适用认罪认罚从宽制度等相关要求,推动更多案件从简办理,最大限度节约司法资源、减少社会对抗。市检察院、公安、司法行政机关等部门会签工作意见,发挥认罪认罚环节律师作用。适用该制度审结 4774 人,1 起认罪认罚案件获评全国精品案例。加强刑事执行监督,推进监狱巡回检察,纠正减刑、假释、暂予监外执行不当 398 人;纠正社区矫正脱管、漏管 4 人,监督财产刑执行 666 人,执行到位资金 976 万余元。

民事检察工作。监督纠正民间借贷等重点领域虚假诉讼 28 件,涉案金额 2285 万余元,移送涉罪线索 8 件。市检察院、丹徒区检察院纠正 2 起虚假诉讼案,帮助企业挽回损失 325 万元。对民事生效裁判提出再审检察建议 22 件,提出或提请抗诉 15 件,法院同期改判 14 件;对裁判正确的,促成息诉服判 159 件。两级法院支持检察监督,推进执行案件信息共享,发出民事执行监督检察建议 21 件,起诉拒不执行判决、裁定的 18 人。

行政检察工作。受理不服行政生效裁判监督案件 30 件。经审查,提请抗诉 2 件,提出再审检察建议 1 件;对裁判正确的,不支持监督申请 21 件。对行政审判不当情形提出监督纠正意见 9 件,采纳 8 件。加强行政非诉执行监督,提出检察建议 22 件。开展"促进行政争议实质性化解"专项活动,化解行政申诉信访积案 7 件。丹阳市检察院针对 1 起持续 10 余年的退休金测算标准争议,促成 4 名聘用制退休人员与基层政府调解成功。

公益诉讼检察工作。全年立案 365 件,起诉 21 件。推动公益保护融入社会治理大格局,市检察院与消费者协会建立消费者权益保护协作机制,联合 5 个部门出台加强野生动物保护工作意见。句容市、京口区等地建立"网格员 + 公益诉讼观察员""网格长 + 河湖长 + 检察长"机制。运用诉前磋商、工作提醒函等形式,推动 96.8% 的行政公益诉讼案件诉前解决。对检察建议发出后问题仍未解决的,依法起诉 2 件。扬中市检察院督促整治野生动物非法交易行政公益诉讼案入选最高人民检察院野生动物保护公益诉讼典型案例。开展 7 个关于民生的专项监督,就电梯安全隐患制发检察建议,"让群众乘上'放心梯'"的做法被省检察院作为典型案例发布。开展小区消防安全专项监督,推动 104 个居民小区完成安全整改,清除隐患 300 余处。

新冠肺炎疫情期间,镇江市检察院、市中级人民法院、市公安局制定涉疫刑事案件办案规范,办理医疗废弃物处置等涉疫公益诉讼案件。扬中市检察院协同法院、公安部门开展庭审 5G 直播。开设法治"云课程",制作防疫微视频,加强校园防疫法治宣传,保障开学复课。助力企业复工复产,丹阳市检察院回应企业诉求开展法治"云讲座";润州区检察院结合企业走访提出 4 项建议,纳入区保障复工复产工作方案。检察干警投入基层联防联控。

检察队伍建设。推进履职能力建设,入额院领导带头直接办案,办理各类疑难复杂案件 123 件,检察长列席法院审委会 28 次。制定出台青年业务拔尖人才培养方案,选拔青年干警 51 人,明确 3 年周期;2 人获评全省"业务能手"。全年有 30 余个集体和个人获省级以上表彰,1 人获评"镇江市人民奖章"。立项国家和省级重点课题 3 个,7 项研究成果获省级以上表彰,2 个办案团队和 1 名检察官分别获评"全省优秀办案团队""全省优秀办案检察官"。（万子彦）

【"十三五"期间主要情况】 "十三五"期间,镇江市检察机关依法履行检察职能,办理刑事、民事、行政、公益诉讼等各类案件 4.5 万余件,市党政主要领导及省检察院领导 47 次批示肯定;50 余件案件入选全国、省典型案例。

"十三五"期间,依法办理中央交办的山西"1·23"职务犯罪系列专案、公安部挂牌督办的"8·29"特大骗取出口退税案、中央电视台曝光的龙江钢铁公司污染环境案、公安部挂牌督办的"2·24"特大生产销售假药案、公安部和国家扫黄打非办联合挂牌督办的"迅播影院"特大网络侵权案、中央电视台《东方时空》专题报道的丹阳特大团伙毒狗案、集资金额 180 余亿元的"统汝圣"非法集资系列案等一批大要案件。其中,办理的"10·26"侵犯著作权案,被国家版权局列为 2017 年度全国最有代表性案例;办理的固体废物污染公益诉讼案,被评为全国环境公益诉讼十大典型案例;办理的杨某某等 25 人"涉黑"案,入选最高人民检察院"扫黑除恶"专项斗争典型案例;办理的全省首例长江非法采砂领域刑事附带民事公益诉讼,被省委办公厅信息转发;监督纠正的1起殴打在押人员案,获评全国巡回检察精品案例;监督纠正1起侵害民营企业利益虚假诉讼案,推动执行回转4800余万元,入选全省检察机关护航民企典型案例。

“十三五”期间,两级检察院有160余个(名)集体和个人获省级以上表彰奖励。市检察院和丹阳市、句容市、丹徒区检察院先后获评“全国文明接待室”,4个派驻检察室获评“全国一级规范化检察室”,开发区检察院获评“国家知识产权战略实施工作先进集体”。检察系统多名个人分别获评“最高检一等功”“全国侦防业务竞赛标兵”“全国维护妇女儿童权益先进个人”“全省新时代优秀检察官”“镇江市人民奖章”等。

(万子彦)

【防范化解金融风险工作】 2020年,镇江市检察院起诉破坏金融管理秩序犯罪和金融诈骗犯罪106人。在办理涉案总金额180亿元的“统汝圣”非法集资系列案中,发挥诉前主导作用,敦促全部被告人20人认罪认罚,并协同做好案件庭审及社会面稳控。排查案件背后风险隐患,市检察院针对投融资平台管理问题形成专题报告。市检察院组建“护航民企”工作专班,制定工作清单落实各项举措。丹阳市检察院建成涉企涉众经济犯罪风险防范中心,39个行业协会、金融机构以及相关企业920余人次参观交流,开展涉企犯罪预防宣传。扬中市检察院制发检察建议,推动金融监管部门开展专项治理,辖区35家保险机构签订承诺远离非法集资。 (万子彦)

【“扫黑除恶”专项斗争】 2020年,镇江市检察院批捕“黑恶”犯罪嫌疑人,受理的所有“黑恶”案件全部清结。采取跨地组建办案团队、实质化引导侦查、检察长领办等举措,办理丹阳管某某、句容徐某某以及上级交办的兴化周某某3起黑社会性质组织犯罪案件,工作经验在全省会议介绍交流。全年追捕、追诉19人,不捕2人,依法不予认定3件。落实“六清”行动要求,严查涉案“黑伞财”,发现并移送相关线索58条,起诉“保护伞”犯罪嫌疑6人,合力追缴“黑恶”资产8.4亿元。在重点行业领域突出问题制发检察建议4份,推动落实行业监管职责和全链条整顿。

(万子彦)

【未成年人司法保护工作】 2020年,镇江市检察机关批捕侵害未成年人犯罪35人,起诉68人。扬中市检察院监督立案的1起强制猥亵案,入选省检察院公告案例。丹阳市检察院监督立案并起诉1起校外经营户强制猥亵多名在校学生案件。对未成年人犯罪坚持教育挽救为主,不起诉52人。对主观恶性大、罪行严重的未成年人坚持宽而不纵,京口区检察院在办理1起校园欺凌案中,对1名未成年主犯依法批捕起诉。与教育部门深化校园法治共建,开展防范校园欺凌、校园周边安全等专项行动,153名检察官“法治副校长”开展校园法治教育83场次,覆盖师生12万人。与共青团、妇联等部门协作,市检察院会同多部门出台家庭教育指导工作意见,完善未成年人保护社会支持体系。丹阳市检察院建立涉性侵违法犯罪人员信息查询系统,对与未成年人密切接触工作岗位开展入职查询1640人次。 (万子彦)

【生态环境司法保护工作】 2020年,镇江市检察机关起诉破坏环境资源犯罪180人;丹徒区检察院对“10·19”重大环境污染案被告人22人、被告单位5家提起公诉。融入“长江大保护”工作,贯彻“十年禁渔”决策部署,起诉非法采砂、非法捕捞犯罪123人;金山地区检察院对非法捕捞长江水产品犯罪嫌疑人10人依法批准逮捕。围绕“重化围江”、岸线保护等问题开展公益诉讼专项监督,立案35件,发出诉前检察建议14件。市检察院指导扬中市、京口区检察院对违法行使长江非法采砂监管职权、导致国有财产巨大损失的有关行政机关提起类案公益诉讼5件,入选全省检察机关保护长江生态环境典型案例。依法追索环境损害赔偿修复金198万余元,补植复绿林地、治理污染水域3700余平方米,放流鱼苗3万尾。

(万子彦)

【群众信访司法工作】 2020年,镇江市检察机关兑现“群众信访件件有回复”承诺,对接收的1480件群众信访,一律7日内“应回尽回”“能回尽回”;对符合受理范围的461件群众信访,一律3个月内办理过程或结果答复。完善涉法涉诉矛盾多元化解机制,举办检察公开听证45场次;市检察院及丹阳市、句容市、扬中市3家基层检察院试点检察听证互联网直播。以刑事和解方式化解12件发生在亲属和邻里间的轻微刑事案件,全年清理信访积案23件,工作经验在全省推广,检察环节信访量比上年下降56.1%,一起公开听证案件入选全国检察机关信访积案清理活动典型案例。 (万子彦)

【司法扶贫纾困工作】 2020年,镇江市检察机关对因案致贫返贫的91户受害家庭发放救助金96.4万元;丹阳市检察院推动该市全面深化改革委员会审议通过司法救助与社会救助衔接工作意见。加强特殊群体权益保护,开展根治欠薪专项监督行动,起诉恶意欠薪犯罪9人,支持劳动者起诉18件,帮助追讨薪酬39万余元。发出综合治理类检察建议48件,形成犯罪态势、婴幼儿产品违规销售等问题分析报告30份。 (万子彦)

【法治反腐工作】 2020年，镇江市检察机关加强法治反腐工作，受理监委移送案件75件82人，起诉67件79人，其中，厅级3人，县处级12人。完成上级交办的江苏汇鸿集团、中国建材集团专案任务。退回补充调查2件，不起诉1人，检察环节追缴赃款赃物2500余万元。依法行使法律赋予的“14个罪名”侦查权，直接立案侦查司法工作人员职务犯罪3人，1起徇私舞弊减刑案入选全省检察机关查办司法工作人员职务犯罪典型案例。 （万子彦）

【司法公开透明工作】 2020年，镇江市检察机关向两级人大及其常委会报告工作22次，市人大常委会专门听取刑罚执行监督工作报告。梳理市八届人大四次会议代表审议意见，细化五大项16条改进措施。办结人大代表、政协委员建议提案2件。300余名人大代表、政协委员应邀视察检察工作、观摩司法活动。市检察院首次举办开放式检委会，邀请人大代表参与决策咨询。召开新闻发布会22场，公开法律文书3085份。接受律师履职监督，采取检律座谈等形式听取意见建议。 （万子彦）

【“5·13”重大“涉黑”案】 “5·13”案是丹阳市管某某黑社会性质组织案。该案由中央“扫黑除恶”第十七督导组交办线索，全国“扫黑办”、最高人民检察院挂牌督办。以管某某为首的黑社会性质犯罪组织实施违法犯罪行为52起，非法所得8.7亿余元，案件终审被告人27人分别被判处1年6个月至24年不等刑罚。2020年，该案获评全省检察机关“扫黑除恶”专项斗争典型案例，办案经验在全省检察机关“扫黑除恶”专项斗争推进会上介绍交流。 （万子彦）

法　院

【概况】 2020年，镇江市两级法院受理案件86035件，审执结79548件，案件平均审理天数91天，法官人均结案245件。当年，全市法院有39个集体和77名个人获中央、省市有关部门表彰。市中级人民法院获评“全省职务犯罪审判工作先进集体”，市中级人民法院、丹阳市人民法院获评“全国优秀直播法院”，句容市人民法院、丹徒区人民法院获评“全省多元解纷示范法院”，句容市人民法院李师柯获评“全国法院办案标兵”。

全市法院受理一审刑事案件3421件，审结3090件。严惩严重暴力犯罪、多发性侵财犯罪，审结故意杀人、抢劫等案件114件163人，审结盗窃、诈骗等案件934件1243人。审结危害食药安全犯罪案件28件。整治毒品突出问题，审结毒品犯罪案件113件131人。参与“净网行动”，审结网络寻衅滋事、开设赌场、侵犯公民个人信息等案件20件150人。依法加大反腐败打击力度，审结职务犯罪案件60件79人，其中，上级法院指定管辖重大职务犯罪案件6件。

全市法院受理一审民事案件34169件，审结30841件。审结家事案件2305件，润州法院“家事纠纷一站式化解”经验被“学习强国”平台推介；审结劳动争议纠纷案件1181件；审结道路交通事故赔偿案件4942件，兑现赔偿款超7亿元；审结买卖、加工承揽等合同纠纷案件22941件，涉案金额55.98亿元；审结各类知识产权案件697件；审结农村土地承包、征地补偿等案件72件。

全市法院受理一审行政案件678件，审结574件，审查非诉行政执行案件551件。强化行政争议实质性化解，督促行政机关完善行政行为，推动行政机关负责人出庭应诉，出庭应诉率100%，一审行政案件撤诉率30%，比上年增长5个百分点。协助培训执法人员3000余人次，向行政机关发送司法建议14份。

全市法院受理执行案件25186件，执结23174件，执行到位金额65亿余元，有财产可供执行案件法定审限内执结率99.51%，执行案件执结率94.22%，位列全省法院第2名，执行信访办结率100%，终本合格率100%。组织“六稳”、“六保”、金融债权、民生权益等专项执行177次，出动干警2579人次。开展执行积案清理“百日攻坚”行动，长期未结案件压降至203件，比上年减少525件。加大联合惩戒力度，向公安机关移送拒不履行生效裁判犯罪线索24条，将被执行人15030人纳入失信名单并限制高消费，1737人履行义务。创新资产处置模式，组织司法网拍2895次，成交金额27亿余元，总体溢价32.65%。 （邢小辉）

【“十三五”期间主要情况】 “十三五”期间，镇江市法院受理案件446298件，审执结439834件。其中，市中级人民法院受理53232件，审执结52807件。

全市法院受理一审刑事案件15558件，审结15227件。开展“扫黑除恶”专项斗争，审结“涉黑涉恶”和“保护伞”案件76件，在全省法院率先实现“积案清零”目标。审结全国“扫黑办”督办的管某某等29人“黑社会”性质组织案等大要案。参与“清风行动”，审结涉众型经济犯罪178件，审理“统汝圣”等3起特大非法集资犯罪案件。审结职务犯罪案件349件，其中处级以上领导干部40件41人。市中级人民法院审结最高人民法院指定管辖的“山西系列”重大职务犯罪案件，获评“全省职务犯罪大要案审判工作先进集体”。

全市法院受理一审民事案件197209件，审结193881件。审结婚姻家庭等案件19209件，审结破产案件476件。创新完善“府院联动”机制，在全国率先创设“破产资产池”。创建“8+2”破产审判流程管控机制，在全国法院率先推行破产案件全流程关键节点限时办结制。新冠肺炎疫情期间，开展“抗风险、稳经营”联系企业活动，审结妨害疫情防控犯罪案件10件，通过协调延期履行还款义务、加速发放执行案款等措施，帮助企业度过难关。

全市法院受理一审行政案件3257件，审结3153件，对1134起行政行为依法判决。市中级人民法院审结的“鸿兴磁选设备公司与公积金管理公司撤销行政处理案”入选最高人民法院公报案例。强化行政争议实质性化解，2019年12月起，实行由润州区人民法院集中管辖全市一审行政案件，2020年实质性化解行政争议153件，一审行政案件撤诉率比2019年提升5%。推动行政机关负责人出庭应诉，全市行政机关负责人出庭应诉率长期高于全省平均水平。加强司法与行政互动，每年发布行政审判年度报告，协助培训行政执法人员，建立行政诉讼败诉案件“一案一建议”制度，发送的加强和规范行政执法及行政应诉的司法建议获评“全省优秀司法建议”。

全市法院受理执行案件125911件，执结118848件，执行到位金额256亿元。常态化开展集中执行，组织开展执行积案清理“百日攻坚”、腾让不动产“雷霆行动”，以及涉民生、企业、金融债权、党政机关等专项执行活动。加强联合惩戒，将74972名自然人、24333名法人等纳入失信人员名单，在全省率先出台信用激励和信用修复工作意见鼓励主动履行。探索“司法＋辅拍”模式，引入直播、VR技术全方位展示拍品，累计上网拍卖财产11120件次，成交金额71.06亿元，整体溢价率96.18%。 （邢小辉）

【“扫黑除恶”专项斗争】 2018年—2020年，镇江市中级人民法院审结“涉黑涉恶”案件61件549人、“保护伞”案件15件19人，判处五年以上重刑138人，对281人并处财产刑，被告人认罪认罚率64.26%，在全省法院系统内率先实现“积案清零”目标。审结中央“扫黑办”挂牌督办的管某某等29人黑社会性质组织犯罪案、省委挂牌督办的任某某等82人网络“套路贷”案，获中央特派督导组肯定。开展“打财断血”“黑财清底”专项执行，追缴罚金、没收违法所得4.98亿元。开展“套路贷”虚假诉讼专项整治，移送案件线索622条，新收民间借贷案件降幅列全省第3名。针对行业治理漏洞发送司法建议43份，反馈落实率100%，其中2份获评“全省优秀司法建议”。 （邢小辉）

【营商环境法治保障】 2020年，镇江市中级人民法院出台《关于优化营商环境助推产业强市的实施意见》，制定4个方面28项工作措施，推动提升执行合同、办理破产等营商环境评价指标。加强破产案件办理，运用破产重整使2家企业重新健康运营，通过破产清算使106家企业有序退出市场；清理债权债务80多亿元，盘活闲置土地93.33公顷、厂房73万平方米。保护中小投资者，审结合同诈骗、侵占、挪用资金等侵害民营企业犯罪案件31件，涉案金额1.05亿元。维护企业正常经营，审结民营企业金融借贷、股东权益等纠纷案件21342件。促进善意执法，采取“活封活扣”措施，通过临时解封等方法帮助企业转贷，减少诉讼对企业经营的影响；对有发展前景的困难企业适用“放水养鱼”措施，对失信被执行人1801人进行信用修复。 （邢小辉）

【复工复产服务保障工作】 2020年，镇江市中级人民法院推出服务保障措施82项，开展“送法进企助复工”和“抗风险、稳经营”联系企业活动，征集并回应企业需求189项。惩治涉疫犯罪，从快审结妨害疫情防控犯罪案件。准确把握应对新冠肺炎疫情司法政策，协调解封顺通建筑等公司银行账户，释放流动资金近亿元，向胜诉企业加速发放执行案款2.3亿元。疫情发生后网上立案15548件，远程视频开庭3918次，网上调解2475次；通过网络查询，冻结执行财产20余万次；网上表决通过龙门矿业公司财产分配方案，发放欠付职工工资290万元。 （邢小辉）

【“美丽镇江”建设服务保障】 2020年，镇江市中级人民法院贯彻落实全省法院环境资源“9＋1”审判机制要求，制定加强环境资源审判协作工作的指导意见，与环境资源案件集中管辖法院（江阴法院）签订《长江流域环境资源第一法庭管辖区（镇江地区）环境资源保护司法协作协议》和《共建长江流域环境资源第一法庭管辖区（镇江征润洲）环境资源司法研究修复基地协议》，协同办理违反长江禁捕规定、非法采砂等犯罪案件55件；为环境资源管辖法院提供庭审保障26次，协助管辖法院为19件案件的112名被告人落实法律援助律师；协调本地行政部门承担法律援助费用10万余元，向财政拨付生态修复基金166万余元。开展危险化学品安全综合治理，建立全市法院危险化学品安全综合治理工作协调联络机制，建立涉危险化学品案件周报制度，协调主管部门及时处置涉案工业固废748吨，清理移除涉案企业置放在长江沿岸的危化品37吨。 （邢小辉）

【执行体制改革工作】 2020年，镇江市中级人民法院优化执行手段，按照分段集约60项节点职责表落实“五定”要求，重点推进执行指挥中心“854＋无纸化”运行模式，基本建成“执行案件中间库”和“执行事务中心”。加大基层协助执行网络建设力度，制定《关于将协助执行工作纳入基层社会治安综合治理网格化管理工作方案》，推广句容市人民法院“执行＋网格员”经验。强化执行监督，提高执行合力，对组织集中执行、使用惩戒措施和处置执行资产等 13 个执行关键节点实行全市统一管理。深化执行联动机制建设，推动建立市综合治理执行难工作联席会议制度，健全完善与不动产登记部门、公积金管理部门以及车辆管理部门的“点对点”执行联动机制。（邢小辉）

【矛盾纠纷化解】 2020 年，镇江市中级人民法院落实“大数据 + 网格化 + 铁脚板”治理机制，新收一审民商事案件比上年下降 35.48%。推行诉前调解，诉前分流并调解成功纠纷 3889 起。推进“法官进网格”活动，组织全体法官进网格，开展“无讼村居（社区）”创建，全市“民事行政案件万人起诉率”省内正向排名上升 7 名。丹徒区人民法院 16 名青年党员干警担任村、社区兼职副书记。完善诉调对接工作，与行政机关、社会团体、行业协会建成诉调对接平台 59 个。强化诉讼与非诉对接，设立调解工作室 31 个，选聘 39 名人民调解员驻院调解；调配 113 名法官助理充实调解岗位。做好涉诉信访工作，化解信访积案 49 件。（邢小辉）

【便民利民措施】 2020 年，镇江市中级人民法院完善“一站式”诉讼服务体系，推行诉讼事项一站通办、一网通办、一号通办。转型升级诉讼服务中心，集中提供立案、查询、咨询等 9 类服务。构建全流程在线诉讼服务平台，将线下服务项目全部集成到线上，提供跨域服务、自助服务。提高诉讼服务热线效能，市中级人民法院印发《关于启用全市法院“12368”话务中心的通知》，建立全市法院“12368”话务中心，向当事人集中提供预约法官、申请调解和案件咨询等热线服务。提升审判辅助事务集约化管理水平，市中级人民法院联合邮政、移动、电信公司打造法律文书集中送达平台，对 14536 件案件进行 55268 人次的集中送达，送达办结 47942 人次，送达成功率 86.74%；电子送达办结 16741 人次，电子送达成功率 88.96%。（邢小辉）

【诉讼制度改革工作】 2020 年，镇江市中级人民法院深化刑事诉讼制度改革，推进庭审实质化，为 777 件刑事案件的被告人指定辩护人。加强认罪认罚从宽工作，市中级人民法院与市人民检察院制定认罪认罚从宽适用工作中加强协作配合的意见，促使 94% 的刑事被告人认罪认罚。加强多元解纷与繁简分流机制衔接，组建“审判员 + 调解员”速裁团队 55 个。完善“智能 + 人工”案件分流模式，近 70% 的案件进入诉讼前端解决“快车道”。建立速裁快审办案新模式，推行类案集中审理、要素式审判、示范性诉讼等做法，适用小额诉讼、简易程序审结案件 19512 件，平均审理天数降至 56 天。（邢小辉）

【制约监督机制】 2020 年，镇江市中级人民法院优化审判权运行机制，制定审判执行权力和责任清单，实行疑难复杂案件由院庭长直接办理。加强案件事中监督，制定案件监督管理办法，明确院庭长对“六类案件”的监管职责；修订专业法官会议、审委会工作规则，将集体定案把关的案件由 19 类增加到 31 类。强化案件裁判制约，推行类案强制检索制度，制定错案责任追究办法，定期开展案件评查，对 29 件案件启动“一案双查”。构建“阳光司法”体系，向当事人推送审判执行信息 25.9 万条，上网公布生效裁判文书 7.1 万份，直播庭审 2.7 万场。完成“党委监督审判运行机制”专题调研，探索完善法院党组领导监督制度机制。依法接受检察机关法律监督，审结抗诉案件 25 件，办理检察建议 31 份，邀请检察长列席审委会 28 次。落实市人大调研陪审员工作指导意见，制定保障陪审员实质性参审 10 条意见，随机抽选陪审员参审案件 12688 件。开展“千名代表听百案”活动，邀请代表委员旁听庭审、见证执行 1029 人次。加强“两代表一委员”联络工作，结对联络走访代表委员 2068 人次，办结代表建议 13 件、委员提案 12 件，满意率 100%。（邢小辉）

【方某某生产、销售不符合安全标准的食品罪】 2019 年 12 月—2020 年 1 月，被告人方某某在其经营的小吃店内，违规使用含铝泡打粉加工制作包子，共生产、销售不符合安全标准的包子 9380 个，获利 4690 元。2020 年 1 月，镇江市丹徒区市场监督管理局至该店检查，当场扣押该店代加工的包子以及含铝泡打粉等。经鉴定，涉案包子内铝含量为 444 毫克/千克。2020 年 3 月 17 日，被告人方某某主动到公安机关投案，并如实供述其犯罪事实。

丹徒区人民法院经审理认为：被告人方某某生产、销售不符合食品安全标准的食品，足以造成食源性疾病，构成生产、销售不符合安全标准的食品罪。公诉机关对被告人方某某指控的事实清楚，证据确实、充分，罪名成立。被告人方某某犯罪后主动投案，并如实供述其犯罪事实，系自首，可酌情从轻处罚。综合考虑被告人方某某的犯罪事实、犯罪性质、情节和对社会的危害程度，判处被告人方某某拘役三个月，缓刑四个月。（邢小辉）

【遗嘱纠纷案】 镇江市的“赵某丁与赵某甲、赵某乙、赵某丙及第三人朱某某遗嘱纠纷案”入选 2020 年度江苏婚姻家庭典型案例。赵某（1995 年逝世）与朱某某（女）系夫妻关系，共生育 3 个子女赵某甲、赵某乙、赵某丙，儿子赵某丙育有一子赵某丁。2013 年 1 月，朱某购买拆迁安置房 1 套。2016 年 10 月 15 日朱某临终前，3 个子女均在场，赵某乙代朱某书写遗嘱。赵某甲、赵某乙、赵某丙及朱某娥、朱某顺、朱某金、聂某顺在遗嘱见证人处签名，朱某某在立遗嘱人处签名。当天，朱某去世。2019 年 6 月，赵某乙诉至法院要求继承上述房屋三分之一的产权份额。镇江经济开发区法院认为赵某乙作为继承人为朱某代书遗嘱，违反继承法规定，且现有证据亦不足以证明该遗嘱内容系朱某真实意思表示，故该代书遗嘱无效，判决支持赵某乙的诉讼请求。赵某丁不服一审判决上诉。

镇江市中级人民法院二审认为：代书遗嘱虽因形式瑕疵导致无效，但各当事人均在遗嘱上签字，名为“遗嘱”，实为家庭成员之间协商一致达成的分家析产协议，经主持调解，各方当事人达成调解协议，确认案涉房产归赵某丁所有，赵某丙、赵某丁补偿赵某乙 3 万元。（邢小辉）

司法行政

【概况】 2020 年，面对新冠肺炎疫情，镇江市司法部门成立全系统防疫领导机构，提请中共镇江市委依法治市委员会印发依法推进疫情防控 13 条意见；开展“疫情防控 · 法治同行”专题活动，组建疫情防控专项法律服务团。排查回访社区矫正对象、重点刑满释放人员 3700 余人次，完成 180 多人“必接必送”。开展“防范化解重大风险法律战”“法律扶贫”“德法涵养文明”等专项行动，完成对规模民营企业“一带一路”重点项目“四进四送”（“四进”：法治体检进商会协会、法治体检进产业园区、法治体检进重大项目、法治体检进顾问单位；“四送”：送法律指引、送专场讲座、送专门体检、送专业调解）法治体检；新创成国家级“民主法治示范村（社区）”3 个，上线运行“镇江普法地图”手机版。出台落实保障农民工工资支付条例 10 项举措，开展“法润镇江 · 2020 春风行动”，办理法律援助案件 3739 件；推动公共法律服务进园区，市公共法律服务中心通过省级服务业标准化试点验收。加快“非诉”调处机制建设，三级实体中心窗口实现全覆盖，调处矛盾纠纷近 51000 件。推行证明事项告知承诺制和“不见面”审批。12 月 5 日，镇江市 2020 年“宪法宣传周”主题活动暨“法眼新观察”融媒体平台启动仪式举行。当年，镇江市通过“七五”普法终期省级评估验收；镇江公证处获评全市“十佳基层政法单位”；市法律援助中心获评 2020 年全国“敬老文明号”；“八姑娘联盟”获评全省首批公益律师法律服务品牌。（夏 玉）

【法治营商环境优化工作】 2020 年 7 月，镇江市委全面依法治市委员会办公室、市委政法委联合开展全市法治营商环境调研并形成调研报告。镇江市司法局出台《关于打造新时代法治化营商环境的意见》，明确 4 个方面 20 项工作举措。“学习强国”平台和《新华日报》分别刊载《镇江出台“20 条”全力优化法治化营商环境》。8 月，市司法局出台《关于充分发挥职能作用进一步优化法治化营商环境的若干举措》，从行政立法、行政执法、法律服务等 5 方面列出 19 条措施，强化举措、明晰责任。（夏 玉）

【法治政府建设“补短板、强弱项”专项活动】 2020 年 5 月，镇江市委全面依法治市委员会办公室印发《法治政府建设“补短板、强弱项”专项活动任务分解表》，对照 7 块重点任务，细化分解为 35 项指标任务。将法治政府建设“补短板、强弱项”专项活动整改落实情况作为督察重点，分类开展涉及民生重点领域执法司法督察、法治建设重点工作专项督察。围绕群众关注度高、与群众切身利益紧密相关的安全生产、食品药品、劳动保障、城市管理、教育等重点领域执法司法工作，重点督察市市场监管局、市生态环境局、市应急管理局、市教育局等部门。对于督察中发现的突出问题，督促责任部门整改到位，并视情开展督察“回头看”。（夏 玉）

【重点帮教对象管控教育长效机制】 2020 年 10 月，镇江市司法局、市公安局联合制定出台《关于建立对全市社区矫正对象刑满释放重点帮教对象开展滚动排查和监管教育帮扶机制的实施意见》。该意见细化

图 8－1 2020 年 12 月 5 日，镇江市 2020 年“宪法宣传周”主题活动暨“法眼新观察”融媒体平台启动仪式举行 （笪 伟 供稿）

12 项工作举措，实行“清单制 + 责任制”，建立在册社区矫正对象、刑满释放重点帮教对象名单通报机制、公安机关打击处理信息通报机制，明确公安机关配合司法行政机关开展适用社区矫正前调查评估工作等。（夏　玉）

【非诉讼纠纷解决机制建设】 2020 年 3 月，镇江市司法局出台《关于建立非诉讼纠纷解决机制的实施意见》，并与市中级人民法院联合出台工作方案。截至 12 月底，全市建成 7 个非诉服务中心、16 个分中心和 8 个诉讼与非诉讼对接中心，实现驻法院和驻市、市（区）两级人民检察院人民调解工作室全覆盖。同时，建成 20 家标准化家事调解社区工作室，形成市、县、乡、村 4 个层级以及行政机关、专门机构、社会组织、民间人士等联动的非诉纠纷解决机制组织网络。（夏　玉）

【镇江公证处】 2020 年，镇江公证处办理公证约 2 万余件，其中，涉外及涉港澳台公证文书 2000 余件，未出现错、假、伪证。全年向群众发送“联系卡”“咨询单”5 万余份，办理各类公益性服务 700 余件，收到当事人感谢信及锦旗 20 余次。当年，镇江公证处获评“全国公共法律服务工作先进集体”“镇江市十佳基层政法单位”。（夏　玉）

【江苏省司法警官高等职业学校】 2020 年，江苏省司法警官高等职业学校有教职工 189 人、专任教师 120 人。其中，有教授、副教授等高级职称的 32 人，“双师型”教师 66 人。学校设置刑事执行、社区矫正、法律事务、法律事务（人民调解方向）、法律文秘、司法信息技术、安全防范技术、罪犯心理测量与矫治技术等 7 个专业、1 个专业方向。学校有全日制在校生 2461 人。校园占地面积 35.81 公顷（其中桃花坞校区 5.38 公顷、句容宝华校区 7.53 公顷、南京桥林新校区 22.9 公顷），校舍建筑面积 17.54 万平方米；有校内实训基地 39 个、校外教学实习实训基地 44 个。学校有纸质图书 19.2 万册、电子图书 30 万册。学校固定资产总值 1.0349 亿元。

2020 年，南京桥林新校区处于建设中，一期工程预算 6.8 亿元。新校区 13 幢单体建筑全部封顶，进入内外部装修阶段；新校区信息化项目获省发改委立项和可行性研究报告批复，进入招标程序，整个新校区计划于 2021 年 6 月底建成交付使用。

新冠肺炎疫情期间，该学校部署防控措施，加强校园封闭管理，开展应急处置演练，强化防疫物资保障，投入 70 余万元用于校园消杀和师生卫生防护。完成镇江监狱多批次隔离备勤服务保障工作。争取地方疫情防控领导小组的支持，将学校防控保障纳入地方整体疫情防控保障体系。组织开展线上教学。推动信息技术与教育教学融合创新，组织 37 名教师参加省教育厅在线教学信息化能力提升培训。分批错峰开学复课后，线上线下教学衔接，采取“两延长一缩短”方式，确保教学课时不减少、教学任务不打折，完成全年授课总时数计划。以业务竞赛为载体，提升教师专业素养，举办第十届教师教学业务竞赛。推进学生到监狱实习工作，投入 146 万元为刑事执行、社区矫正、司法信息技术等专业科和警体教研室购置实训设备。

创新教育教学管理手段，优化人才培养方案，设置劳动教育课程。调整优化专业结构，司法信息安全国控专业首次招生。健全完善“三全”育人长效机制。2020 届毕业生 492 人中，获监所自考本科学历的占 76.7%，其中，学位申请成功的 274 人，比上年增长 238%，有学生 127 人考入省监狱戒毒系统民警队伍。

加强就业指导服务，毕业生年终就业率为 92%，比上年增长 91%。该校学生参加 2020 年全国司法职业院校实务技能大赛、全国信息处理大赛，获团体奖项 5 个、个人奖项 18 个。11 名学生获中级保安员国家职业资格技能鉴定证书。

汇编印发《教师师德手册》，制定《教师师德失范行为负面清单》。加强学管队伍建设，开展班主任业务培训，举办学生管理工作论坛。年内，获评“人民满意先锋岗”集体岗、个人岗各 1 个；3 个支部、22 名党员民警受厅局级以上表彰，其中，1 名民警被省委政法委记三等功 1 次。2 名教师获全省职业院校教学大赛二等奖。举办狱内侦查、罪犯危险性评估等培训班 15 期，培训近 1600 人次。开发完善特警培训课程库及编写相关特警培训教材。开展理论研究，申报市级以上课题 30 余项。年内，教师发表“知网”可查论文 35 篇，比上年增长 133%。1 名教师自主研发的“基于罪犯画像的矫治案例智能推荐模型建设方案”“罪犯自我矫正辅助模型”，分别获省司法厅数据应用建模大比武、全省监狱系统智能化创新案例大比武一等奖。1 名教师撰写的《新时代枫桥经验在矛盾调处中的实践》获镇江市法学会年度课题一等奖。（刘保成）

【镇江监狱】 2020 年，镇江监狱提高监狱执法效能，提升罪犯改造质量，激发民警队伍活力，当年，镇江监狱获评 2020 年度全省监狱系统高质量发展先进单位。

面对新冠肺炎疫情，镇江监狱每日召开研判会；每周运用“学习强国”视频 + 现场会议形式，学习传达疫情防控最新要求；建立 6 支“党员先锋突击队”。开展战“疫”堡垒、战“疫”领头雁、战“疫”先锋岗评比活动，以及“我是党员我先上”“我是党员我坚守”和“党员示范岗”创建等活动。制定《镇江监狱关于贯彻落实省局关于新型冠状病毒感染肺炎疫情防控工作方案的实施意见》《镇江监狱发生新型冠状病毒感染的肺炎疑似、确诊病例处置应急预案(试行)》等,应对各类突发状况。严格进监车辆审核、人员跟踪溯源管理,逐人签订承诺书,严格核查身份信息、行动轨迹和健康状况,做到“应检尽检”。在内网开辟疫情防控阻击战专栏,讲好“警察故事”,报道200余期。

镇江监狱突出安全治理在整个监狱工作中的作用,落实重大风险防范化解工作,建立监狱风险防控4项机制,完善《重大风险隐患清单》,分析研判隐患风险点,制定对策措施,确定责任部门和单位,加强跟踪问效。开展应急演练。开展监规纪律整顿专项活动,整肃监管改造秩序。推进“扫黑除恶”专项斗争工作,拍摄“扫黑除恶”微电影《交锋》,获第五届平安江苏“三微”比赛微电影组一等奖。“扫黑除恶”相关工作经验获司法部领导批示转发。按照“一年小灶,三年大灶”要求,开展安全生产专项整治,对“一年小灶”中排查出的安全生产问题和隐患全部完成整改。开展反“三违”、“安全月”、“评估月”和“消防月”活动,开展防暑降温和防汛工作,防汛做法获司法部刊物转发。镇江监狱与中共镇江市委、市政府联系对接,纳入地方疫情联防联控体系,并在镇江市新冠肺炎疫情防控指挥部增设监所防控组。召开镇江片区5家单位与镇江市建立风险防控四项机制座谈会,5家单位全面纳入市级层面国家安全重点领域协调机制体系。加强与镇江市应急管理局沟通联系,签订战略合作协议,正式纳入地方应急管理体系。

镇江监狱联系疫情防控常态化下重刑犯改造实际,提升罪犯改造效果。将政治改造贯穿罪犯日常改造全过程,增强罪犯服刑意识、规范意识和改造意识。组织开展“两会”精神、《中华人民共和国民法典》和“抗疫精神”等内容的时事专题教育;在国庆以及“七一”等重要时间节点,开展系列活动;结合春节、端午、中秋等节日,引导罪犯感悟中华传统文化。针对疫情防控下罪犯的心理特点,开展心理防护知识宣传教育。加强出监教育,增强罪犯回归适应能力。开展“法润江苏2020春风行动——抗‘疫’前行”活动。结合疫情防控封闭化管理实际,邀请镇江市相关专家学者,对罪犯进行疫情防控知识讲座以及《中华人民共和国民法典》等法律法规的答疑解惑。

镇江监狱深化依法治监实践,推动刑罚执行工作效能提升。建成减刑假释办案中心,发挥案件办理、审理、研讨交流及培训等功能,促进执法办案民警牢固树立规范执法意识,提高办案质量和民警专业化能力。年内,办案合格率为100%。定期组织开展执法业务培训,提高执法管理水平。严格钱款社会化管理,印发《汇款告知书》3000份,引导罪犯及其亲属自觉遵守监狱管理规定。强化医联体建设,邀请社会医院专家进监会诊。深化刑罚执行一体化建设,化解相关问题。

镇江监狱深化为基层减负要求,制定“下沉一线”工作方案,推进机关“精兵精政”;动态调整机关人数,充实基层一线。修订出台《镇江监狱高质量综合考核实施办法(试行)》《镇江监狱民警平时考核办法》。针对民警警容风纪、值勤履职、疫情防控等工作,开展专项警务督察。推行民警重大事项报告制度,加大民警“八小时以外”管理力度。常态化开展实战能力提升大培训工作,提升民警实战技能。推进“五抓五促”提效能、全力夺取“双胜利”专项行动。在民警职工中开展防疫“先锋岗”和防疫“最美家庭”评选活动。

(陈小康)

仲 裁

【概况】 2020年,镇江市仲裁委受理案件426件,涉案标的额4.92亿元。案件类型涉及房屋买卖合同、建设工程合同、租赁合同、土地出让合同、股权转让合同、物业合同等。全年没有案件被人民法院裁定撤销或不予执行。当年,成立镇江市知识产权仲裁分中心;在市工商联设立镇江市总商会仲裁分会,同时,设立仲裁巡回庭,负责处理总商会系统内发生的仲裁案件。

(朱 明)

【工作协调机制建设】 2020年8月4日,镇江市中级人民法院出台《关于进一步支持和监督仲裁工作的意见》,该文件从支持仲裁事业发展出发,提出建立与仲裁委员会之间的工作协调机制,沟通有关情况,完善、创新司法监督机制,规范仲裁协议效力的认定、仲裁保全、裁决撤销和不予执行程序,依法支持和监督仲裁。

(朱 明)

信 访

【概况】 2020年,镇江市信访系统开展“一战两整治”行动,聚焦重点领域、重点群体、重点问题、重点人员连续3年开展化解攻坚战,开展城乡建设领域信访问题专项整治等;完成全国“两会”、上海进口博览会、中共十九届五中全会等会议召开期间的信访任务。全市受理人民来信、网上投诉、群众来访、电话信访等问题18026件,其中,市信访局受理人民来信3300件11806人次,市人民来访接待中心接待群众1047批次4147人次,网上受理信访投诉13679件14256人次。群众信访诉求主要涉及城乡建设(征收拆迁、房地产纠纷等)、涉法涉诉、劳动保障、农业农村、环境保护、投资理财等问题。对省信访局交办的649件信访问题,市政府成立领导小组,市及各市(区)同步成立工作专班推进解决;市信访局建立信访工作通报制度,将通报情况纳入各地高质量发展和各部门作风效能的考核内容。截至年底,649件信访问题化解率93.5%。

镇江市委常委会议每半年、市政府常务会议每季度听取信访工作情况汇报,推动化解重要信访问题。市领导挂钩联系包案、下访18件重要信访问题,化解成功10件。全年,市、县(市、区)两级党政领导接待群众上访745批次809人次,化解343件信访问题。市党政领导到市人民来访接待中心接待群众8批,化解10个信访问题。市委、市政府主要领导对信访工作批示107次,其中主要领导批示91次;批示人民来信79件,化解70件。1月,镇江市信访局建立信访工作"名师工作室";6月,启动"智慧信访"平台;7月,市信访局协助省信访局在丹阳市举办全省"践行新思想、担当新作为"主题演讲比赛决赛;9月,镇江市建立五项机制化解P2P信访问题。

市信访工作联席会议办公室提升信访工作应急保障质效;印发《关于开展城乡建设领域信访问题专项整治工作的通知》,明确征收安置、补偿安置、房地产开发、工程质量、规划设计、农民工工资、城市管理和其他等8个方面工作重点。全市开展集中治理重复信访化解信访积案专项工作,截至年底,实现当年重复信访问题化解30%以上的目标。市信访局研究制定《关于推动我市信访工作高质量发展走在前列的工作意见》。当年,市信访局向市委、市政府上报29期《重要信访信息》,按要求报送信访形势分析研判报告178篇,研判各类风险隐患1421个,其中,交办304件,化解283件。市信访局印发《关于实行"三函两单"工作机制的通知》,发出信访风险警示函、信访事项办理告知函、信访问责建议函和信访事项交办单、信访事项督办单等"三函二单"62件。

镇江市信访局完成"七五"普法终期评估验收工作。省委巡视反馈市信访局2个问题全部整改到位,予以销号。在全市开展"让镇江'跑起来',我为镇江高质量发展建言献策"专题人民建议征集活动,收集建言献策27条,其中《关于加强精装修商品房质量监管,切实保护消费者权益的建议》《关于积极稳步推进既有住宅加装电梯的建议》被市政府采纳。

(谢华明)

【"十三五"期间主要情况】 "十三五"期间,镇江市信访系统打造"潜心立信、办访为民"品牌,围绕"减存量、控增量、提质量"目标,提升工作成效,信访形势保持平稳可控。其间,镇江市信访局受理人民来信14748件次,网上信访投诉27665件次,市人民来访接待中心接待群众来访6204批次35144人次。群众信访诉求主要集中在城乡建设(征收拆迁、房地产纠纷、民工工资)、劳动保障(国企改制、社会保险)、国土资源、环境保护、涉法涉诉、农业农村、金融理财等方面。全市信访工作质效有提升。减存量上,市信访局排查交办2502件信访问题,大部分化解或办结;控增量上,2018年以后,初信初访一次性化解率90%以上,阳光信访信息系统"四率"指标在全省较靠前;提质量上,优化"一站式受理、一条龙服务、一揽子解决"接待模式,运用"1539"工作法,业务办理效率有提高,市、县(市、区)两级信访接待窗口全部创成"人民满意窗口"。重点工作有序推进。2016年2月,全市信访系统开展"通过法定途径分类受理信访投诉请求工作广场主题宣传日"活动。7月,全市37个部门和各市(区)梳理编印信访分类投诉请求清单,并向社会公开。加快全国信访信息系统建设,确保实现市直部门和所有基层镇(街道、开发区)信息全录入、业务全流转、数据全生成、办理全公开。建立手机信访App平台,开启镇江市信访工作"互联网+"新模式。镇江市信访局建立由50名律师和8名心理咨询师组成的律师、心理咨询师参与信访工作人才库,在镇江市信访矛盾调处服务中心建立专门工作室,组织律师定期值班接访、心理咨询师预约咨询,接待到访群众。2018年下半年,市信访局规范业务办理程序和期限,形成初信初访"日日清、周周明、月调度、季清零"的"1539"工作法,提升一次性成功化解率,群众合理诉求"最多访一次""最多访一地"。2019年,市信访局创新建立信访积案"挂图作战",重点案件"挂牌督办",信访局领导"挂证接访",市、县(市、区)信访部门中层干部与信访人"结对攀亲"的"三挂一攀"工作机制。提升窗口建设水平。2019年12月,市人民来访接待中心软硬件完成升级改造。2020年1月,市人民来访接待中心设立信访工作"名师工作室";6月,镇江市启用"智慧信访"网上平台,方便信访群众查询信访事项办理进度。

(谢华明)

【"人民满意窗口"建设质量提升工程】 2020年,镇江市各级信访接待窗口实施质量建设提升工程,优化"一站式受理、一条龙服务、一揽子解决"办理模式,做到"四优六化"(机制优、队伍优、服务优、环境优,领导接访常态化、业务管理制度化、工作流程标准化、方法手段信息化、受理办理法治化、接待服务精细化),把"人民满意窗口"创建范围向乡镇(街道)延伸,向责任部门拓展,提升窗口服务和接访办访效能,实现信访信息"一网通"全覆盖。市信访局申报丹阳市、句容市、扬中市3个县级接访窗口和丹徒区高桥镇、京口区象山街道2个镇级接访窗口为"人民满意窗口"。

(谢华明)

发展规划管理

【概况】 2020年，镇江市完成地区生产总值4220.1亿元，比上年增长3.5%；一般公共预算收入311.7亿元，增长1.6%；固定资产投资增长3.0%；社会消费品零售总额1141.9亿元，下降1.4%；城镇居民人均可支配收入54572元，增长3.5%；农村居民人均可支配收入28402元，增长6.0%。推进项目建设，196个市重点产业项目完成投资417亿元，长城蜂巢易创等一批技术含量较高、带动性较强的重大项目竣工投产。招商地图上线运行，全年新签约亿元以上项目219个，计划总投资1008亿元，新招引项目当年开工率为40.6%。镇江市政府与阿里巴巴集团签署全面合作框架协议，与微软（中国）有限公司签订战略合作备忘录，项目合作有实质性进展。培育高新技术企业，新认定“高新技术企业”433家、“国家科技型中小企业”668家。新增国家级“单项冠军”2家、“专精特新”小巨人企业4家、省“工业互联网标杆工厂”7家、省“星级上云”企业120家；入围国家、省科技计划项目224项；丹佛斯动力系统（江苏）有限公司在镇江市布局全球研发中心。5G赋能有成效，镇江市政府与移动、电信、联通、广电等4家运营商签订5G战略合作协议，提前完成5G基站年度建设任务。

镇江市围绕长江经济带建设、长三角一体化建设、宁镇扬一体化建设等战略机遇，加快谋划312国道产业创新走廊建设。加强与三峡集团合作，探索创新长江镇江段治理新机制。连淮扬镇铁路及五峰山长江大桥正式通车；大路通用机场上线运营省内首条跨省低空短途通勤航线；镇江市通过全国首批综合运输服务示范城市验收。深化“放管服”改革，取消、下放权力事项391项，承接、新增184项，打造“镇合意”服务品牌，优化营商环境。新增50家上市挂牌企业。保障就业，城镇新增就业人数5.8万人，为1.28万家企业发放稳岗返还资金1.53亿元。

镇江市防范化解财政金融领域风险，全口径债务总量下降，金融机构不良贷款率0.86%，低于全国、全省平均水平。环境质量实现突破，$PM_{2.5}$浓度38.4微克/立方米、空气优良天数比率81.4%、国省考断面优Ⅲ比例首次为100%。清理整治长江岸线项目142个，长江经济带“4+7+7”突出环境问题全部清零，长江退捕全面完成。实施去产能项目10个，关闭退出化工生产企业11家。204个经济薄弱村、2万多名建档立卡低收入人口全部达标脱贫。统筹推进疫情防控和经济社会发展工作，推进安全生产专项整治“一年小灶”任务落实。

（邱玉珊　龚晨慧）

【产业发展能级提升工作】 2020年，镇江市加强顶层设计和规划引领，编制镇江市重点产业发展规划，提出“十四五”及未来较长一段时期将重点构建高端装备制造、新材料、生命健康、数字经济等四大产业集群，推进汽车（新能源汽车）及零部件、新型电力（新能源）装备、医疗器械和生物医药、高性能新材料、航空航天、新一代信息技术、船舶海工、智能农机装备等8条重点产业链高质量发展，明确全市产业发展重点及主攻方向，为全市产业精准招商和布局优化提供指引。

2020年，全市重点制造业项目153个，完成投资314.5亿元。总投资50亿元的丹阳国药年产50万套（只）智能化医疗康复器械项目、投资50亿元的上海电气集团重装基地等一批新建大项目开工建设。扶持战略性新兴产业发展，为江苏金斯瑞生物、镇江晶鼎、荣海生物科技、北汽蓝谷麦格纳等4个企业项目争取5500万元省战略性新兴产业发展资金;江苏鱼跃、长城汽车等项目获专项资金3.3亿元扶持。加快推进创新平台建设。当年申报成功省级工程研究中心9家。市发改委组织江苏恒顺、大全集团等5家龙头企业参加"云上2020中国品牌日云展馆"展示活动。全市5家省级"双创示范基地"获优秀等次的有3家。镇江市"推动'双创'政策落地"和"大力培育发展战略性新兴产业"工作获省政府通报表彰。开展"大健康产业招引"活动,完成"大健康招商图谱"编制。落实"党建助推产业强市三项行动",解决企业融资、用工、市场开拓问题。保障新冠肺炎疫情期间企业复工达产。推动跨区域保用工和供应链稳定。加强重要防控物资如口罩、防护服、熔喷布、体温计的运行监测工作,争取将江苏鱼跃医疗设备股份有限公司列入国家第一批重点调拨医用物资生产企业名单,帮助企业获设备投资资金补助,为企业争取贴息贷款政策。（钱志俊　廖　佳）

财　政

【概况】 2020年,镇江市受新冠肺炎疫情等事件影响,财政运行面对减税降费的较大压力,全年完成一般公共预算收入311.7亿元,比上年增长1.6%。

服务发展工作。镇江市强化财政政策、资金精准发力,市级安排产业类专项资金2.8亿元、科技人才专项资金2亿元,推进产业转型、科技创新和人才招引。加大企业上市扶持力度,对企业上市进行全过程、全周期支持,拨付奖补资金7616.9万元。引导金融资源服务实体经济,为小微企业发放周转贷款近600笔,金额超过50亿元。率先在全省设立规模为2.19亿元的市级风险补偿总资金池,并建成全省首个财政金融运管服系统,发放贷款19.82亿元。镇江市强化财政保障,制定《关于应对新冠肺炎疫情支持中小企业共渡难关的若干政策》《关于应对新冠肺炎疫情支持外贸企业稳定发展的政策意见》等一系列扶持政策;设立新冠肺炎疫情防控专项资金,确保医疗救治、防控设备、物资采购等政策落地;实施复工复产疫情防控综合保险项目。

民生保障工作。集中财力落实各类民生保障政策,启动困难群众物价联动机制,将城乡居民基本养老保险基础养老金财政补助标准、城乡低保补助标准分别提高至人均170元/月和790元/月,将基本公共卫生服务财政补助标准、城乡居民基本医疗保险财政补助标准分别提高至人均80元/年和580元/年。加大援企稳岗力度,统筹安排就业创业专项资金2390万元,发放应急稳岗返还资金3316万元。统筹资金1000万元用于茅山革命老区三年行动计划巩固提升工作。推进农村人居环境整治,设立规模2000万元的市级"农村人居环境综合整治工作综合奖补资金"。推进生态文明建设,严格执行与污染物总量挂钩财政政策,获生态环保领域"真抓实干成效明显地区"奖励资金1000万元。增强基层"三保"(保基本民生、保工资、保运转)保障能力,将特殊转移支付资金1.629亿元全部下达区级财政。2020年,全市民生类支出372.46亿元,占一般公共预算支出的74.66%,比上年增长7.34%。

财政改革工作。市财政部门优化市级财政预算追加管理流程,强化预算刚性约束。推进"互联网+政务服务",开出镇江市第一张医疗门诊收费电子票据。实施非税收入收缴电子化改革,完成交通罚款电子化收缴改革试点任务。推进国库集中收付改革,建成"财政国库电子凭证库二期"系统。深化政府采购领域改革,在全省率先开通政府采购贷,并通过"线上办理"模式,实现采购方式变更等12个环节事项"不见面"审批或交易。构建大绩效管理体制,对政府性专项资金项目、部门预算中200万元以上项目全面编制绩效目标,并将编制部门整体支出绩效目标单位扩大到所有一级预算部门。（徐菽晗）

【"十三五"期间主要情况】 "十三五"期间,镇江市财政部门推进产业强市、振兴实体经济的重大战略部署,落实财政支持经济发展的各项政策措施。市级财政每年安排专项资金2.5亿元壮大战略新兴产业,加快先进制造业和传统支柱产业提档升级。每年安排科技人才专项资金2亿元,推动科技公共服务平台、科技企业孵化器、"众创空间"以及金山英才计划发挥更大效应。运用贷款贴息方式,鼓励企业加大设备有效投入。落实省"科技改革30条"、市"科技改革20条"政策,推动重大创新平台载体建设。探索实施科技创新券制度,为企业发展注入新动力。支持多层次、多领域人才招引,出台12项措施鼓励支持高校毕业生到镇江就业创业,推动人才发展与产业发展深度融合。支持中小企业发展,在全省率先落地政府采购类应收账款线上融资业务。引导和撬动金融资源,放大财政贴息、风险补偿、资金扶持等政策效应,新设"苏微贷""镇文贷""小微创业贷"等金融业务,投入近亿元做大"镇科贷""镇农贷""经信贷"等产业发展资金池规模,将周转贷规模扩大到3亿元。在全省率先推出财政金融运管系统。鼓励镇江市企业通过上市挂牌、兼并重组拓展融资渠道,推动18家企业进入"新三板"挂牌,兑付扶持资金1060万元。整合财政金融产品,建立规模2.19亿元的风险补偿资金池,用以支持企业发展、“三农”振兴和创业富民，每年可撬动金融资本20亿元。突出优化财税环境，全面落实结构性减税政策，加强涉企服务，取消涉企收费超百项，每年帮助企业争取省以上补助资金20多亿元。

服务保障能力建设。按照有保有压、突出重点的原则，优化支出结构，全面保障基本民生支出。全面落实居民医疗保险、城乡低保等各类民生提标、提档、提补政策，将基本公共卫生服务经费标准、城乡居民基本医疗保险财政补助标准分别提高至人均80元/年、550元/年。完善养老服务体系建设，镇江市入选全国第四批居家和社区养老服务改革试点。实施精准就业援助、援企稳岗补贴，安排就业帮困资金超过8000万元。设立扶持村级集体经济奖补资金1.2亿元和振兴发展茅山革命老区专项资金5000万元，为“百村万户达新标”工程提供支持，实行“一户一策”“一村一策”精准帮扶，204个经济薄弱村如期达标，11000余户农村建档立卡低收入对象全部脱贫。加大教育投入，安排资金开展主城区义务教育学校布局规划调整和技师学校新校区建设。提升文化体育设施服务标准，安排资金开展博物馆改造、民间文化艺术馆迁建、健康路全民健身中心工程建设，推动镇江市国家公共文化服务体系示范区创建。改善城市人居环境，安排各类保障性安居工程资金9.9亿元，统筹推进市区棚户区、老旧小区改造。

财政改革工作。完善公共财政体系建设，制定出台预决算公开制度，明确公开的基本原则、公开的内容和要求，细化公开的表格样式和说明内容。全面实施政府支出经济分类改革，“四本预算”(一般公共预算、政府性基金预算、国有资本经营预算、社会保险基金预算)全部按经济分类编制到款级。建立预算监督查询平台，实现人大常委会对预算安排、资金拨付、收支执行全流程的实时在线监督。扩大政府部门财务报告试点编制范围，加大“四本预算”有机衔接，政府性基金与一般公共预算统筹力度加大。启动新一轮市区财政体制调整工作。按照“权责清晰、财力协调、区域均衡”原则，调整市区财税分配关系，调动区级发展经济积极性。出台《镇江市预决算信息公开管理暂行办法》。镇江市获评省财政厅“全省预决算公开工作先进集体”。

(徐菽晗)

2020年镇江市财政收支情况表(按项目)

表9-1　　　　单位:万元

项　目	2020年	同口径增幅(%)	项　目	2020年	比上年增长(%)
一、公共财政预算收入	3117410	1.6	一、公共财政预算支出	4988952	7.00
(一)税收收入	2371798	-0.8	一般公共服务支出	441354	10.72
#增值税	1080517	-4.2	公共安全支出	280600	0.17
企业所得税	322475	0.1	科学技术支出	165258	-9.76
个人所得税	104954	10.5	文化旅游体育与传媒支出	83315	-11.22
城市维护建设税	151542	-2.9	社会保障和就业支出	612362	18.32
土地增值税	191785	1.6	卫生健康支出	326616	11.54
契税	193057	-8.7	节能环保支出	151791	-3.91
(二)非税收入	745612	9.9	城乡社区支出	1015043	28.87
#专项收入	177539	-7.3	农林水支出	346318	-12.63
行政事业单位收费收入	135441	-1.9	交通运输支出	133487	-44.32
罚没收入	85544	-1.8	资源勘探工业信息等支出	78660	21.01
国有资源(资产)有偿使用收入	246245	58.0	住房保障支出	290654	30.34
二、政府性基金收入	3472740	4.3	其他各项支出	293486	9.37
三、社保基金收入	1202704	-14.9	二、政府性基金支出	6215080	24.28
四、上划中央收入	1788974	-2.2	三、社保基金支出	1202704	-14.93
五、国有资本经营预算收入	485408	23.5	四、国有资本经营预算支出	119764	-63.90

(赵　盈)

2020年镇江市财政收支情况表(按地区)

表9-2 单位:万元

地 区	公共财政预算收入		公共财政预算支出	
	2020年	同口径增幅(%)	2020年	比上年增长(%)
镇江市	3117410	1.6	4988952	7.00
市级	1578605	0.3	2664450	5.19
县级	1538805	2.9	2324502	9.15
镇江市本级	983215	-0.4	1919045	2.34
市直	394601	-3.9	1326978	4.74
镇江新区	525035	2.1	532588	-4.50
镇江高新区	63579	2.0	59479	17.50
京口区	217033	1.4	210521	11.81
润州区	139448	0.9	216082	32.66
丹徒区	238909	2.1	318802	4.02
丹阳市	640210	3.2	949998	5.56
扬中市	350115	2.9	584505	17.92
句容市	548480	2.5	789999	7.63

(赵 盈)

【农业农村及水利建设财政保障】 2020年,镇江市财政部门围绕"三农"脱贫攻坚和实现全面小康等方面的任务短板,助力农业供给侧结构性改革,推动农业农村及水利事业发展。市级安排农口政府性专项资金18047万元,用于提升农业综合生产和服务能力、推动高标准农田建设和脱贫攻坚工作,开展水利工程建设和维修养护、水资源节约、水土保持、防汛防旱等工作。下达"菜篮子"工程(蔬菜生产基地)建设专项资金313.7万元,为主要农产品稳产保供提供保障;增加连栋大棚、老菜地综合产能提升、菜农风险补贴等项目,推动设施农业发展;对受新冠肺炎疫情影响生产经营遇到困难的新型农业经营主体新发生的流动资金贷款进行财政贴息及担保费补助,贷款贴息比例2%,担保费全额补助,下达稳产保供主体贷款贴息和担保费补助资金;对新冠肺炎疫情期间的重要农产品保供主体进行补贴,兑现疫情期间蔬菜生产保供补贴,下达2020年农业电子商务拓展补贴资金。发放耕地地力补贴3234.7万元,规模稻谷生产者按每亩105元发放补贴,为巩固粮食产能、保障粮食安全提供保障。转拨省级以上农机购置补贴资金1083万元,下达市级农机化发展资金319万元。下达省级以上农田建设类资金3276万元、市级高标准农田建设资金3788.08万元;下达高标准农田建设示范镇奖补资金640万元,建成高标准农田11.78万亩(7853.3公顷),高标准农田占比72.25%。全市稻麦轮作地区推行冬季季节性轮作休耕,对轮作休耕农户按每亩、每年300元标准发放补贴。兑现规模猪场新增种猪奖补29.66万元,加快恢复生猪生产;市级预算安排农业产业扶持资金2540万元,推动实施重点乡村产业招引;分别下达省级以上、市级农业公共服务类资金915.09万元、374万元,增强动物疫病防控、农产品质量监管、病虫害防治等能力;市级安排农业社会化综合服务建设资金150万元,推进"农资惠"等农村现代流通项目建设、农业综合服务中心和高标准综合服务社建设等。市级安排脱贫攻坚专项资金1244万元,市级安排农村人居环境整治资金1422.46万元;下达省级以上农业生态保护与资源利用专项资金1430.46万元,落实长江流域退捕资金20398.8万元。强化水利基础保障,统筹安排专项资金6790万元,完成重点水利工程建设投资1.23亿元;设立辖区农村河道疏浚、农村生态河道建设市级专项奖补资金600万元,安排水土保持小流域治理奖补资金300万元;强化水资源管理和保护,安排河湖长制专项资金245万元、水资源管理和保护专项资金830万元、防汛防旱专项资金591万元。 (陈 隽)

【公共卫生服务财政保障】 2020年，镇江市财政部门做好新冠肺炎疫情防控经费保障，落实各项应急物资采购专款，拨付应由政府承担的病人的应急诊疗费用等。设立新冠疫情防控财政专项资金，下达中央及省级防控专项资金，用于保障新冠肺炎患者救治；发放防疫人员临时性工作补助；采购疫情防控所需专用设备、诊断试剂、应急物资；开展应检尽检人员核酸检测；疫情常态化管理等。推动公立医院综合改革，安排公立医院设备购置补贴3254万元、重点学科建设与人才培养补助资金2220万元、医药价格综合改革补助资金1146万元。完善分级诊疗制度建设，对下派医生、下转病人进行补助，引导优质资源下沉，完善“基层首诊、双向转诊、急慢分治、上下联动”的分级诊疗机制。 （钱国云）

【新冠肺炎疫情相关财政保障】 2020年，镇江市财政部门拨付省级新冠肺炎疫情防控专项资金。拨付省级环保引导资金用于镇江市第一人民医院等6家单位购买医疗废弃物专用收集贮存物、运输车辆、相关人员防护用品，升级相关处置能力和运维水平，强化医疗废水、污泥的消毒灭菌水平等方面。拨付省级现代服务业发展专项资金补助防控物资保供的物流企业。拨付省级粮食产业发展专项资金补助疫情防控期间粮油保供重点企业。市财政局、市自然资源和规划局、市住房和城乡建设局联合出台《市区受新冠肺炎疫情影响的开发项目延期缴纳城市市政公用基础设施配套费的实施细则》，延期缴纳配套费，缓解相关企业的资金压力。推进相关企业市政公用基础设施配套费减免项目审核报批工作，对“惠龙港电子商务及智慧物流与场站枢纽”“中海油生物质清洁能源配套设备建设”“高新区半导体及通信产业标准厂房建设项目7#变电站”等3个新兴产业（孵化器）建设项目减免市政公用基础设施配套费。 （殷文玺）

【财政金融产品】 2020年，镇江市“财政金融助力贷”扶持对象4500多户，农业银行镇江分行等4家银行新增贷款超过19亿元。对新冠肺炎疫情期间申请“财政金融助力贷”的中小微企业，一季度全额贴息，二季度贴息50%；对个人创业的全年予以全额贴息。同时，对于受疫情影响较为严重的行业，给予不超过半年的展期还款。 （万　晶）

【教育经费投入】 2020年，镇江市教育部门调整资金支出结构，通过集中和分散采购方式，采购新冠肺炎疫情防控物资，保障复学复课需要，初高中学校、职高地方高校复课有序。市财政部门规范中小学课后延时服务收费项目，强化收费资金的监管，确保资金专项用于课后服务教师绩效工资分配。安排学前教育优质普惠及改革发展试点专项资金300万元，安排高品质示范高中综合改造经费2000多万元。安排镇江高职校“省中等职业学校领航计划”项目设施770万元。投入1亿多元实施主城区义务教育学校布局规划调整，推进义务教育优质均衡发展。推进全市中等职业教育学校免收学费政策实施，足额发放资助资金。足额安排教师队伍建设专项资金和教师人才培养奖励费，用于各类教师基础培训、继续教育、转岗培训、学历提升，名师工作室建设、人才引进等。（参见第297页） （李金华）

税　务

【概况】 2020年，镇江市税务系统组织各项税费收入561.06亿元，比上年下降4.64%。其中，税收收入427.24亿元，下降1.31%；社保费收入120.26亿元，下降14.93%［社保费收入大口径（含社保部门征收）下降19.86%］；其他基金、费收入13.56亿元，下降3.43%。全年全市完成地方级收入238.00亿元（含省级），下降0.73%，其中，地方一般公共预算税收收入237.29亿元［市县（区）级］，下降0.76%。

从中央税看，消费税降幅较大，车辆购置税小幅度下降。2020年，消费税收入6.70亿元，减收0.81亿元，下降10.78%。从消费税征收品目看，各主要征收品目均有不同程度的下降。其中，卷烟批发入库消费税55801万元，下降3.23%；燃料油入库消费税3933万元，下降20.63%；实木地板入库消费税2441万元，下降26.22%；金银首饰、铂金首饰和钻石及钻石饰品入库消费税1640万元，下降20.71%；中轻型商用客车入库消费税690万元，下降73.69%；车辆购置税入库9.09亿元，减收589万元，下降0.64%。

从共享税看，增值税有所下降，企业所得税略有增长，个人所得税同期因政策因素减收基数较低，2020年有所增长。当年，增值税收入216.16亿元，减收9.63亿元，下降4.27%，其中，全年实现免抵调库24.05亿元，增收5.08亿元，增长26.78%。剔除免抵调库因素，增值税直接收入较上年减少14.71亿元，下降7.11%。2020年企业所得税入库82.43亿元，增长0.24%，其中，2019年度汇缴入库33.08亿元，下降10.99%；预缴入库48.30亿元，增长5.97%。个人所得税入库26.41亿元，增长11.21%。个人所得税增收，主要是由于2019年受减税降费政策影响收入减少，基数下降，2020年实现自然增长。

从地方税看，"地方十税"8 增 2 降，总体较上年小幅增长。2020 年"地方十税"入库 86.38 亿元，增收 1.84 亿元，增长 2.18%。分税种看，税收超过 10 亿元以上的税种有 4 个，其中增长的有：土地增值税入库 19.18 亿元，增长 1.59%；房产税入库 11.60 亿元，增长 7.54%。下降的有：契税入库 19.31 亿元，下降 8.65%；城市维护建设税入库 15.18 亿元，下降 2.95%。其余税种均有不同程度的增长，按照收入规模，分别为：土地使用税入库 8.83 亿元，增长 26.79%；耕地占用税入库 4.57 亿元，增长 15.23%；印花税入库 3.49 亿元，增长 4.17 %；车船税入库 2.11 亿元，增长 6.79%；环境保护税入库 1.74 亿元，增长 11.99%；资源税入库 3692 万元，增长 30.92%。

从行业看，制造业、信息传输、软件和信息技术服务业、金融业贡献最多的税收增量，房地产业，批发和零售业，电力、热力、燃气及水的生产和供应业有不同程度的下降。2020 年，全市税收增量贡献最多的行业依次分别为制造业，信息传输、软件和信息技术服务业，金融业，分别入库税收 171.43 亿元、7.16 亿元和 27.11 亿元，分别增收 7.68 亿元、2.64 亿元和 2.38 亿元，3 个行业合计增收 12.7 亿元。房地产业，批发和零售业，电力、热力、燃气及水的生产和供应业分别入库 83.61 亿元、42.18 亿元和 14.67 亿元，分别下降 11.74%、11.30% 和 16.01%，减收幅度较为明显。从全年税收总体情况看，全市第二产业税收收入 217.62 亿元，比上年增长 1.4%，税收占比 50.94%（其中工业税收 187.91 亿元，增长 3.17%）；第三产业税收收入 209.24 亿元，下降 3.97%，税收占比 48.97%。

2020 年，镇江市税务系统助力新冠肺炎疫情防控工作，开展"税企同舟 共渡难关"专项服务行动，落实地方联防联控工作，累计 1.6

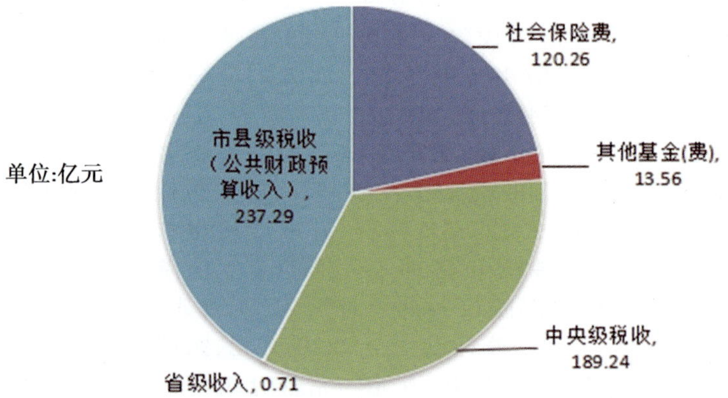

图 9－1　2020 年镇江市税收收入构成示意图（张　旭　供稿）

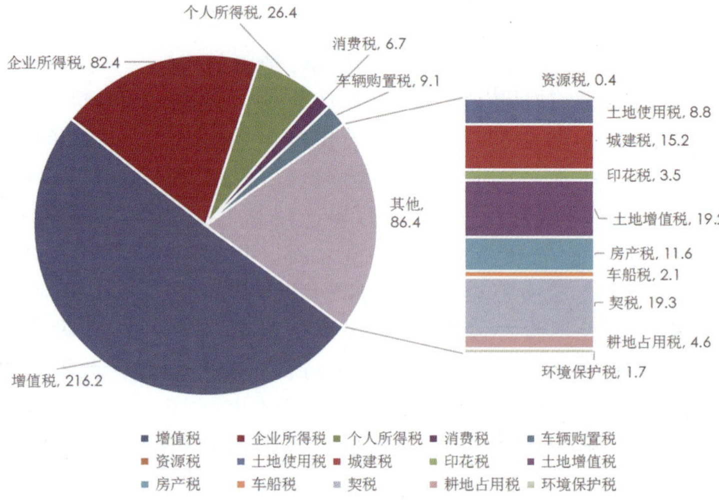

图 9－2　2020 年镇江市税收收入分税种统计图

（张　旭　供稿）

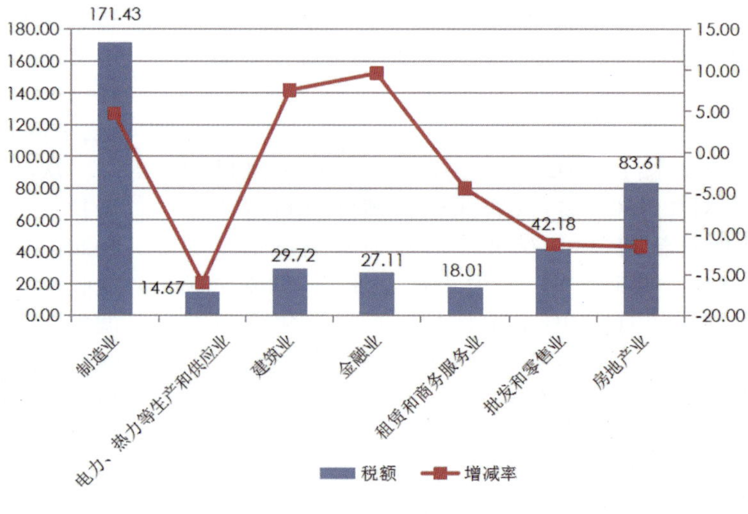

图 9－3　2020 年镇江市重点行业税收情况统计图

（张　旭　供稿）

万人次参加志愿服务。开展"非接触式"办税,95%以上税收业务实现"全程网上办";开设"税务金融街",帮助企业获信用贷款。当年,市税务系统推进"党旗领航、税润镇江"品牌建设,开展"美丽镇江、清新税务"主题活动。

(邱文伟　潘强华　张　旭)

【"十三五"期间主要情况】　"十三五"期间,镇江市税务系统组织各项税费收入2749亿元,比"十二五"时期增长130%,为镇江经济社会发展提供财力保障。在纳税服务上,"全程网上办""最多跑一次"范围不断扩大;"清新税务e路同行"连续3年获评市级"十佳服务品牌";"银税互动"累计发放纳税信用贷款57.58亿元,纳税人制度性交易成本降低。在税费改革上,增值税、环保税、个人所得税等税制改革落地,税制与征管加速匹配,机构与机制加深融合,新的税收征管体系初步形成,覆盖党务、政务、业务的制度体系基本建立。在税收治理上,围绕"走稳政治方向、把握法治保障、守稳风险底线,增强征管效能、挖掘服务潜能、激发干部动能"开展工作,税收治理体系和治理能力有进步。在以税资政上,发挥税收大数据优势,向各级党委政府报送税收经济分析报告151篇,获市级以上领导批示18次,并形成"税眼看经济"品牌。

(孟丽冬)

【依法治税工作】　2020年,镇江市税务系统推进税收治理体系和治理能力现代化建设,依法治税与制度治局"双轮"驱动。落实减税降费政策,保住市场主体,巩固税源税基,依法依规组织税费收入,严守"不收过头税费"底线;落实"三项制度"(全面推行行政执法公示制度、执法全过程记录制度、重大执法决定法制审核制度)建设。加强对规范性文件的制定管理,制定公布市、县、分局三级责任清单。运用内部控制监督平台税收执法考评系统,加强日常过错的监督管理,全年预警执法过错660次。成立增值税发票管理"快反团队",发现发票管理风险,构筑"内部快反"常态化"警戒线"。上线发票核定智能审核系统,监控发票虚开风险。完善风险应对方式,把风险提示提醒作为前置程序,为纳税人提供更多自我纠正的机会,减少下户检查次数,不断提升纳税人满意度,全年风险应对总成效12.46亿元,组织收入贡献率3%。

(张铁良)

【减税降费】　2020年,镇江市税务局参与镇江市《关于应对新型冠状病毒感染的肺炎疫情支持企业共渡难关的政策意见》政策制定,落实相关税费优惠的"备案"转"备查"工作,并升级"减税降费应享尽享"管理平台,推动各项惠企利民政策落实。全年新增减税降费69.23亿元;办理出口退税36.79亿元;为585家困难企业办理延期缴纳税款9.56亿元,缓解企业资金压力,稳定经济基本盘。

(张铁良　张　旭)

【营商环境优化工作】　2020年,镇江市税务系统制定推进"税收营商环境最佳体验区"建设,出台4大类、26项、60条工作任务。拓展"非接触式"办税缴费方式,95%税收业务实现"全程网上办",办税缴费制度性交易成本下降。其中,对新办企业申请"套餐"实行信息化处理,工作效率提升;车购税实现全面网上申报;社保费新增微信、支付宝线上支付渠道;房产交易"一窗受理、集成服务"办税时间压缩至2分钟以内;"12366"热线准期答复率100%;邮寄配送发票11.52万户次。当年,"纳税人之家"数量增至80家。

(潘强华)

【征收管理】　2020年,镇江市税务系统制定《镇江税务新征管体系建设实施方案》,加速推动机构与机制融合,提升征管效能。落实个人所得税首次汇算工作,实行分片包干、定向辅导,保证第三步改革平稳落地。完善社保费和非税征管机制,城乡居民、灵活就业人员、机关事业单位社保费征缴整体平稳。加强跨境税源利润监控。完善环保税协同共治机制,规范扬尘环保税征管,实现工程项目全覆盖。制定下发《规范稽查运行机制暂行办法》,提高一体化协同稽查的能力,"打骗打虚"全年立案检查案件152户,挽回税款损失2.19亿元。

(李寿宝)

2020年镇江市主要税种收入统计表

表9-3　　　　单位:万元

税　种	合　计	市　区	丹徒区	丹阳市	句容市	扬中市
增值税	2161599.50	787459.37	186971.46	547774.96	349707.28	289686.42
比上年增收	-96347.33	-3831.18	-3618.11	-70321.57	-6183.20	-12393.27
增长(%)	-4.27	-0.48	-1.90	-11.38	-1.74	-4.10
消费税	67045.34	59318.07	4098.60	3016.75	149.86	462.07

续表9-3

税 种	合 计	市 区	丹徒区	丹阳市	句容市	扬中市
比上年增收	-8097.37	-4347.68	-2723.17	-986.94	-147.41	107.82
增长(%)	-10.78	-6.83	-39.92	-24.65	-49.59	30.44
企业所得税	824257.51	334344.16	87059.57	128012.32	225200.25	49641.21
比上年增收	1974.79	28071.90	1947.95	3902.94	-29242.53	-2705.47
增长(%)	0.24	9.17	2.29	3.14	-11.49	-5.17
个人所得税	264113.94	118841.50	12487.71	33938.14	27347.19	71499.40
比上年增收	26614.13	17037.63	-2016.31	-3609.34	-8238.93	23441.08
增长(%)	11.21	16.74	-13.90	-9.61	-23.15	48.78
城建税	151785.94	59795.51	13302.25	38688.63	22683.09	17316.46
比上年增收	-4618.17	-300.06	-274.02	-1933.53	139.98	-2250.54
增长(%)	-2.95	-0.50	-2.02	-4.76	0.62	-11.50
土地增值税	191785.87	73826.25	6859.47	31181.24	69961.85	9957.05
比上年增收	2995.07	-19118.35	470.46	7994.19	20558.20	-6909.42
增长(%)	1.59	-20.57	7.36	34.48	41.61	-40.97
房产税	115991.23	46617.72	10588.75	31306.71	15070.18	12407.89
比上年增收	8135.58	-6259.73	1106.60	9403.29	1454.17	2431.25
增长(%)	7.54	-11.84	11.67	42.93	10.68	24.37
车辆购置税	90946.13	46532.46	3356.64	23933.58	9952.85	7170.59
比上年增收	-588.51	-4979.90	3231.76	1160.63	-1949.47	1948.46
增长(%)	-0.64	-9.67	2587.81	5.10	-16.38	37.31
契税	193058.32	77745.40	15788.24	36736.38	52647.22	10141.08
比上年增收	-18290.02	-12396.53	2951.37	7962.72	-11440.77	-5366.81
增长(%)	-8.65	-13.75	22.99	27.67	-17.85	-34.61
耕地占用税	45715.78	4783.71	2659.36	6556.08	22069.04	9647.58
比上年增收	6044.04	-6165.40	-567.03	2168.29	9038.65	1569.54
增长(%)	15.24	-56.31	-17.57	49.42	69.37	19.43
土地使用税	88287.29	24747.13	8522.75	25692.49	9066.91	20258.00
比上年增收	18656.14	-403.85	-353.09	11667.45	-2297.29	10042.91
增长(%)	26.79	-1.61	-3.98	83.19	-20.22	98.31
其他税收收入	636.26	16.36	64.19	497.78	56.98	0.95
同口径增收	1123.65	-41.35	244.87	958.10	33.13	-71.09
增长(%)	-230.54	-71.65	-135.53	-208.14	138.88	-98.68
资源税	3692.43	1431.03	589.75	1.89	1669.75	0.00
比上年增收	872.63	1224.44	-471.50	-13.60	133.30	0.00
增长(%)	30.95	592.67	-44.43	-87.79	8.68	0.00
印花税	34908.50	15024.65	3003.37	6994.02	5995.59	3890.87
比上年增收	1395.78	138.53	400.80	403.34	-232.61	685.72
增长(%)	4.16	0.93	15.40	6.12	-3.73	21.39

续表 9－3

税　种	合　计	市　区	丹徒区	丹阳市	句容市	扬中市
车船税	21125.62	10547.89	2268.44	3631.45	2607.24	2070.59
比上年增收	1343.30	－71.59	261.61	524.38	420.54	208.35
增长(%)	6.79	－0.67	13.04	16.88	19.23	11.19
环境保护税	17427.06	6213.07	2147.87	2502.93	5449.17	1114.02
比上年增收	1865.77	392.59	35.41	535.97	407.97	493.83
增长(%)	11.99	6.74	1.68	27.25	8.09	79.63

（张　旭）

2020 年镇江市税收分地区收入统计表

表 9－4　　单位：万元

地　区	合　计	市　区	丹徒区	丹阳市	句容市	扬中市
税收总额	4272377	1667244	359768	920465	819634	505264
比上年增收	－56921	－11051	628	－30184	－27546	11232
增长(%)	－1.31	－0.66	0.17	－3.18	－3.25	2.27
其中：中央级税收	1892381	771686	160763	398257	336513	225161
比上年增收	－39331	15592	－1157	－34370	－27661	8265
增长(%)	－2.04	2.06	－0.71	－7.94	－7.60	3.81
省级税收	7111	7111	0	0	0	0
比上年增收	514	514	0	0	0	0
增长(%)	7.80	7.80	—	—	—	—
公共财政预算收入	2372885	888447	199005	522208	483121	280103
比上年增收	－18104	－27156	1785	4187	115	2967
增长(%)	－0.76	－2.97	0.90	0.81	0.02	1.07

（张　旭）

国有资产监督管理

【概况】　2020 年，镇江市人民政府国有资产监督管理委员会（以下简称“市国资委”）直接履行出资人职责的企业资产总额 4720 亿元，比上年增长 9.23%；净资产 1688 亿元，增长 9.42%；全年实现营业收入 361 亿元；实现利润总额 22.2 亿元，增长 8.62%。市国资委完善国资国企运行中的“三重一大”决策、融资管理、产权管理、市场选聘、职业经理人制度、薪酬改革、履职待遇等一系列监管制度文件，防范国有资产流失风险。投资管控上，严格执行投资项目生成审核机制，对不符合企业主业发展的项目一票否决，对暂不具备条件或时机不成熟的 3 个项目未予批准，涉及投资总额 2.34 亿元。加大项目后续监管力度，督促企业对投资回报未达预期或投资条件发生重大变更的项目及时中止、退出。指导市县国资监管机构强化国有企业竞争性领域投资监管。加强违规经营投资责任追究工作“1＋N”体系建设，明确 39 项重点监管清单。产权管理上，建成国有资产监管信息平台，强化对企业产权、资产情况的动态管理。加强企业国有资产评估交易管理，对 21 个资产评估项目审查备案，强化产权流转、资源配置的价值关口管控。加强国有资产交易管理，推进国有资产股权交易法制化、规范化、透明化，完成 4 家进场交易，挂牌交易金额 6142.96 万元。薪酬分配上，强化考核结果运用，实现岗位薪酬差异化。实施工资总额管理，实现个人收入与企业效益同向联动。探索超额利润奖励制度。开展审计项目 34 个，下发整改通知书，督促限期整改。开展房产管理情况专项审计，纠正房产出租管理问题。

新冠肺炎疫情防控工作。2020 年，新冠肺炎疫情期间，市国资委印发《关于疫情期间市属国有企业落实减免中小企业房屋租金政策的通知》，对承租国有资产类生产经营用房的中小微企业进行全面摸底统计，并建立台账；各市属国有企业根据实际情况制定实施办法并与承租户对接，按要求减免，全年减免房屋租金惠及中小微企业及个体户。市属国有企业在应急保供、医疗支援、复工复产、稳定产业链供应链等方面发挥作用。恒顺醋业向武汉市场发货9万余件食醋；海纳川物流公司参与运输防疫物资；城建集团承担30个安置小区的防疫管理工作；百姓汇公司做好12个国有菜市场的保供工作；飞驰汽车公司紧急生产负压救护车支援黄石市；恒顺醋业向黄石市专项捐赠200万元用于购买医疗物资，并无偿提供10000支喷雾白醋。（周光恒　邓　荣）

【“十三五”期间主要情况】　“十三五”期间，镇江市国有资本规模实力增强，截至2020年年底，市国资委监管企业资产总额4720亿元，净资产1688亿元，分别较“十二五”末增长62.5%、52.3%。2020年，市国资委监管企业实现营业收入361亿元，实现利润总额22.2亿元，分别较“十二五”末增长89.4%、82.5%。

国有资本布局结构情况。利用全省港口资源整合机遇，国控集团出资11.88亿元入股省港口集团。整合全市江河岸线码头和涉港资源，以交通集团、索普集团等为主体，出资组建镇江港口发展集团；自2018年挂牌以后，该公司实现营收5.32亿元、利润1.24亿元。以索普港物流为载体，成立镇江海纳川物流产业发展股份有限公司。

国有企业改革。制定出台具有镇江特色的国资国企改革“1+N”配套文件20多项，梳理出监管事项责任清单20条，禁止类投资项目10条，形成涵盖资产产权、投资融资、评价分配、财务审计等方面较为完备的国资监管体系。恒顺集团围绕以食醋为核心的调味品主导产业，推进依托资本市场助力产业发展，上市公司市值增长较大。索普集团将核心优质的醋酸及衍生品业务、化工新发展经营性资产注入上市公司，较大幅度提升国有资产证券化率。完成太白集团换股式改革，由上市公司金浦钛业的控股股东金浦投资公司在交易市场整体摘牌。设立江苏金信产业发展基金，引导更多社会资本投资镇江市重大产业项目。强化资本运作，城建集团、国控集团、交通集团主体信用评级上调至AA+。

国有资产监管。建设镇江国资监管信息平台，核清企业产权登记数据信息、资产情况。加强企业国有资产评估管理，2016年—2020年，办理资产评估核准备案64件，评估值48.63亿元，评估增值16.83亿元。推进国有产权流转公开化、规范化，2016年—2020年，完成19家进场交易工作，挂牌交易金额9.33亿元。五年中，市属企业实现投资317亿元。

国有企业党的建设。国有企业党的领导、党的建设实质性加强，将党建工作写入国有企业公司章程，健全党的领导制度体系；打造“国资骄傲”党建总品牌；打造示范星级支部，建成78个“四星党支部”、7个“五星党支部”，创成4个市级“党员示范岗”。全市国资系统抗疫救灾捐款3358人、59万元；“慈善一日捐”157万元。

人才队伍建设。出台外部董事管理办法，从在镇江央企、省属高校、行业协会等领域选聘出4名专业人才担任市属产业集团外部董事。全系统培养“169工程”学术技术带头人14人、“科技骨干”33人；省“333工程”第二层次2人、第三层次3人；市突出贡献中青年专家5人。（邓　荣　陈　莲）

【产业强市情况】　2020年，镇江市加快各市属国企产业项目推进力度，市国资系统召开产业强企大会，加快自营产业项目进度，培育发展新动能。市国资系统20个产业项目集中开工、签约，总投资额51.38亿元。其中，恒顺集团总投资3.5亿元年产10万吨精品醋和10万吨料酒项目、泓润科技餐厨废弃物及生活污泥协同处理项目开工建设；“长江生态环保引战（引进战略资本）泓润科技项目”落地，1.8亿元增资款实缴到位；食材配送合作经营项目——江苏汇海科技农业有限公司成立，新增江苏科技大学等10余家新客户单位；城市建筑固体废弃物资源化利用项目设备采购完成招投标，推进厂房改造；交通集团区域金融档案中心项目优化升级，总投资约10亿元。市国资委、南京航空航天大学经济与管理学院联合编印《镇江市航空航天产业招商目录》，梳理出航空和航天2个领域的产业链，整理细分出行业龙头企业以及科研院所等近千家企业的名单和产品名录、研究方向。镇江市国有企业与省属企业召开合作项目汇报会，10家省属企业和市属企业达成合作共识，举行省属企业与镇江市属国有企业合作项目签约仪式。交通产业集团与江苏交通控股有限公司强化在路桥养护、拌合料供应等方面的合作；瀚通物贸公司成为中江集团的钢材及工程电器产品的合格供应商；大东纸业与汇鸿纸浆公司开展纸浆采购业务。长山环境、智慧停车、百姓汇商贸、朱方建设、港发绿色资源、金信资产、国投创业、泓润科技、东普科技等公司投入运营。港发绿色资源公司年产500万吨机制砂项目建成投产，完成疏浚砂综合利用92万吨，实现机制砂生产15万吨、销售10万吨。朱方建设公司完成九如商业广场项目，启动运营招租，并获消防设施、防水防腐保温的专业承包二级资质及钢结构专业承包三级资质。金信资产公司强化招商落地，存量经营性房产新增去化面积1.6万平方米。（周光恒　邓　荣）

【资本运作工作】　2020年，索普集团完成索普股份重大资产重组事宜，索普股份建成煤化工、基础化工和精细化工一体化产业平台，镇江市化工产业链进一步强化，上市公司产业升级和核心竞争力有提升。恒顺集团围绕“醋、酒、酱”三大主业，依托资本市场助力产业发展，上市公司年底市值比年初增长100%。恒顺集团、索普集团、国控集团办理证券非交易过户业务，形成资产管理计划，盘活存量股票，发挥利用资本市场功能，实现企业价值和利益最大化。交通产业集团加大资本运作力度，提高主营业务收入，其信用等级提升至AA+。（周光恒　邓　荣）

【国有企业党建工作】 2020年，镇江市国资系统全面推行党组织书记抓党建述职评议制度，实行市属企业党委向市国资委党委报告年度党建工作，分层组织基层企业党组织书记抓基层党建、意识形态和党风廉政建设述职评议会议。健全企业党建工作责任考核体系，统筹开展党建工作考核和经营业绩考核，将考核结果同企业领导人员任免、薪酬、奖惩挂钩，推动基层党建从“软约束”变成“硬指标”。开展好基层党组织质量建设活动，以基层党组织质量与党建品牌创建两个“巩固年”为切入点，完善国有企业党建工作领导体制，督促系统内基层党组织做好换届工作。按照管资本就要管党建的原则，市国资委划转路桥公司党组织关系至交通产业集团，并接收规划勘测集团等党组织关系。

（周光恒　邓　荣）

【任期制和契约化管理】 2020年，镇江市国资系统建立市场导向的选人用人机制，实行内部培养和外部引进相结合，按市场化方式选聘和管理企业负责人；明确新设企业以及企业新增人员以市场化选聘作为选人用人主渠道。全面推行任期制和契约化管理，子企业经理层成员全部实行任期制和契约化管理，实现由身份管理向岗位管理转变、由任命制向选聘制转变、由行政化向契约化转变。81家子公司签订经营业绩责任状，企业负责人的岗位同目标任务挂钩，每届任期2年~3年，一年度一考核，一任期一考核，完成目标的可继续留任，不符合业绩标准的免去职务，不再续任，按一般工作人员调整岗位。（朱贤坤）

【职业经理人制度试点】 2020年，镇江市国资系统按照“市场化选聘、契约化管理、差异化薪酬、市场化退出”原则，选取8家市场化程度较高的企业面向市场选聘经理层，3年一个任期，签订《聘用合同书》和《经营业绩目标责任书》，明确权利义务、业绩目标、薪酬标准以及续聘和解聘条件等，未按约定完成目标任务的，终止聘用关系并解除劳动合同，实行“能进能出”的管理机制。（朱贤坤　唐　为）

【差异化薪酬分配机制】 2020年，镇江市国资系统探索构建新的考核和薪酬体系，根据行业特点，在突出利润、营收等主要指标的基础上，设定考核指标。以经营目标为导向，设置组织架构和工作岗位，做到“以岗定级、以级定薪、人岗匹配、易岗易薪”；以对企业贡献价值作为评判标准，拉开不同人员之间的收入分配差距；建立薪酬管理体系有效性的定期评估机制，促进薪酬的合理性、全面性、激励性。发挥薪酬的激励约束作用，根据企业所处行业特点、资产经营水平、发展阶段等实际，“一企一策”个性化确定企业经理层薪酬结构和水平。薪酬水平与经营业绩水平紧密挂钩，体现“业绩升、薪酬升，业绩降、薪酬降”。实行任期制和契约化管理的经理层成员，绩效薪酬与企业效益和岗位业绩紧密挂钩，绩效薪酬原则上不低于年度总薪酬的60%。职业经理人实行更加高效灵活的短期和中长期激励相结合的薪酬制度，激发职业经理人的主观能动性和创造力。建立薪酬追索扣回制度，对于违反国家法律法规规章，导致重大决策失误、重大安全与质量责任事故、严重环境污染事故、重大违纪事件，给企业造成重大不良影响或造成国有资产流失的，追索扣回部分或全部的绩效薪酬，规范履职行为。（宋鹏程）

【国有企业退休人员社会化管理】 2020年，中共镇江市委、市政府出台《镇江市推进国有企业退休人员社会化管理工作方案》，召开全市国有企业退休人员社会化管理工作部署会、培训会，推进国有企业退休人员社会化管理工作。镇江市国有企业退休人员社会化管理工作涉及46家国有企业18493人。其中，央企25家11863人，省企13家3352人，市企8家3278人。5月21日，首批国有企业退休人员社会化管理交接仪式举行，5家国有企业负责人与市人社局社保中心签订移交协议，移交1676人。（段为生）

【镇江央(国)企开展“六联六促一基金”村企合作】 2020年，镇江市国资委推动央(国)企开展“六联六促一基金”村企合作，即：联产业促发展，联产品促增收，联科技促创新，联金融促创业，联民生促和谐，联党建促合力。活动中，90家央(国)企、48个项目带动村企复工复产。同时，发起设立“乡村振兴先锋基金”，专项用于符合条件的“三农”项目和农村党员帮扶，激活发展新动能。（翟昌高　杨春潮）

【镇江市规划勘测设计集团成立】 2020年，经中共镇江市委、市政府批准同意，原镇江市规划设计研究院和市勘察测绘研究院通过公司化改造合并组建镇江市规划勘测设计集团有限公司，并明确为市国资委监管企业。12月29日，镇江市规划勘测设计集团有限公司挂牌成立。（参见第142页）（须亚斌）

2020 年镇江市国有及国有控股企业基本情况表

表 9－5　　单位：万元

地区	企业户数（家）		国有资产总量（万元）	年末在岗职工人数（人）	职工人均工资（元/人）
	合计	其中：大中型			
江苏省镇江市国有企业汇总	153	46	31794401.20	18898	75636.55
江苏省镇江市市直汇总	85	31	16603185.20	13127	81714.17
江苏省镇江市丹阳市汇总	10	6	4365589.40	2498	56795.21
江苏省镇江市句容市汇总	17	3	1682501.40	1731	57748.21
江苏省镇江市扬中市汇总	2	1	20405.00	309	39948.22
江苏省镇江市丹徒区汇总	18	3	1970495.70	719	63445.98
江苏省镇江市京口区汇总	3	1	631309.30	68	127887.32
江苏省镇江市润州区汇总	7	0	329806.50	158	71063.06
江苏省镇江市新区汇总	11	1	6191108.70	288	135636.67

（张培工　刘　艳）

2020 年镇江市国有资产监管企业经济效益指标表

表 9－6　　单位：万元

企业名称	资产总计	净资产	营业总收入	利润总额	上缴税费	工业总产值
镇江市国资委监管企业汇总	47204767.84	16879142.22	3609347.55	222179.24	130905.73	824198.24
镇江国有投资控股集团有限公司	5057153.97	2414889.62	722418.30	6983.45	5238.86	186356.70
镇江城市建设产业集团有限公司	21446862.93	7697129.82	572886.71	74595.64	25509.49	43615.10
镇江交通产业集团有限公司	9664943.36	2620941.04	730812.36	4922.83	39097.09	6766.19
镇江文化旅游产业集团有限责任公司	7891489.55	2736212.16	471773.31	58580.39	9143.09	0
江苏索普（集团）有限公司	624092.40	439083.22	459672.19	14101.39	20017.75	345481.79
江苏恒顺集团有限公司	541278.74	146781.54	288744.55	33003.32	23359.31	241978.45
镇江市高校投资建设发展（集团）有限公司	1040459.22	339382.53	234812.50	5838.84	0	0
镇江市港口发展集团有限公司	67521.70	54178.38	27109.64	5947.47	3640.08	0
镇江市金信融资担保有限公司	332683.28	325971.78	15441.37	13754.52	4224.44	0
镇江体育产业发展有限公司	2098.15	323.93	2200.70	5.87	1.8	0
镇江市金信资产经营有限公司	35504.92	20231.64	207.75	313.56	48.27	0
镇江智慧停车有限公司	49854.08	8037.22	2978.46	49.64	56.1	0
镇江金港产业投资发展有限公司	420685.79	58122.89	76905.00	4945.10	569.43	0
江苏泓润生物质能科技有限公司	30139.74	17856.45	3384.71	－862.79	0	0

（张培工　刘　艳）

2020年镇江市国有及国有控股企业经济效益情况表

表9-7　　单位:万元

分类	营业收入		利润总额		上缴税金		净资产收益率	
	全市	市直	全市	市直	全市	市直	全市	市直
工业企业(全市13家,市直11家)	1047764.18	1016200.26	48271.98	47922.37	41584.14	40204.46	5.20	5.26
投资公司(全市18家,市直6家)	1674107.66	411795.29	153551.61	147977.51	84432.85	17209.59	0.61	1.33
贸易及餐饮业(全市16家,市9家)	454805.55	388285.63	-4292.50	-5215.69	1660.33	1430.79	-7.21	-19.27
房地产业(全市25家,市直14家)	304092.09	202422.54	-10293.08	9039.20	17074.03	10026.61	-0.37	0.42
服务及其他(全市81家,市直45家)	1699383.47	1613202.86	-26086.38	22600.48	67467.00	62334.67	-0.43	1.01
合计(全市153家,市直85家)	5180152.95	3631906.58	161151.63	222323.87	212218.35	131206.12	0.39	1.20

(张培工　刘　艳)

2020年镇江市国有及国有控股企业资产负债结构表

表9-8　　单位:万元

分类	资产总计		负债合计		净资产		国有资本金	
	全市	市直	全市	市直	全市	市直	全市	市直
工业企业(全市13家,市直11家)	1737023.52	1519620.76	1043620.28	839071.99	693403.24	680548.77	261207.00	253598.18
投资公司(全市18家,市直6家)	64529521.94	31959015.73	40534128.35	20568463.85	23995393.59	11390551.88	2950276.88	830100.00
贸易及餐饮业(全市16家,市9家)	1161229.69	987963.08	1099533.75	964217.74	61695.95	23745.34	92987.24	81421.16
房地产业(全市25家,市直14家)	11705114.24	5365495.39	7999892.57	3546964.31	3705221.67	1818531.08	622873.56	292470.00
服务及其他(全市81家,市直45家)	10980938.60	7443023.11	7204401.32	4469738.39	3776537.26	2973284.72	1640428.41	1109569.96
合计(全市153家,市直85家)	90113827.99	47275118.07	57881576.27	30388456.28	32232251.71	16886661.79	5567773.09	2567159.30

(张培工　刘　艳)

【镇江国有投资控股集团有限公司】 2020年,镇江国有投资控股集团有限公司(以下简称"国控集团")实现营收107亿元,利润总额6.8亿元;完成项目投资11.5亿元。

金融板块工作。国控集团推进江苏金信金融控股集团有限公司实体化运营。加强与省属国有企业合作,入股江苏信保集团,提升金融服务能力。参与设立政府性融资担保机构,推动建立现代金融体系和投融资服务体系。强化资本运作,完成港股天工国际及天工工具公司境内IPO项目投资;基于国家国防科技工业局项目评审中心的资源,完成"中科聚信"基金投资;以专项资金出资方式,完成成都科来网络技术有限公司、上海哔哩哔哩电竞信息科技有限公司股权项目投资;完成"中金启德""中信惠科"等基金项目的报批;推进"通灵电气"等项目的上市进程,集团在投的"杨凌美畅"项目在科创版上市,"威腾母线"项目在科创板首发上市申请获通过;运用香港融资平台,启动中资美元债合作业务;实施国控集团持仓股票市值管理计划,参与江苏银行配股项目,实现国有资本保值增值。

实体板块工作。国控集团推动所属企业改革重组,先后完成路桥公司股权协议转让、增资工作;推进股权结构优化调整,增强集团银行流贷融资的结构性功能,启动江苏车驰股权调整。推进"瘦身强体",推动非主业企业剥离,实施子公司壳体资源整合,集团合并报表企业家数由25家压缩至18家。推进重点项目,加大对北汽麦格纳项目服务保障力度,落实项目资金需求,保障北汽麦格纳合资项目投产;推进东普新材料公司"空分及硫酸副产蒸汽梯级利用""氯碱循环经济"等项目、大东纸业公司"2#机电子载体纸"等项目;国控集团、金浦集团组建有限合伙基金,推动太白集团注入上市公司收尾工作。

贸易板块工作。国控集团子公司中的镇江市京口石油有限责任公司克服新冠疫情、成品油价格下降、汛期和下游需求减少等不利因素,实现交易吨数和金额比上年"双增长";天津车驰汽车贸易有限责任公司克服新冠疫情、《轻型汽车污染物排放限值及测量方法(中国第六阶段)》政策的影响超额完成任务。

资产管理工作。国控集团推进岗子下、北京华联、恒顺等地块上市工作,完成对3个地块的工程管理招标,并委托专门的队伍进行地块管理;推进岗子下二期安置房建设前期工作。推进解决蚕种场多年的历史遗留问题,成立蚕种场工作小组,调查土地现状,统计违建、危房及租赁户信息。推进朱方路92号、211号危房解危工作,解危111户、4310平方米;完成居民搬迁手续办理,并实施拆除作业和土建招投标工作。筹措资金,解决困难企业职工社保欠费挂账问题。

运营管理工作。国控集团加强对外投资股权管理,制定《子公司国有股权管理办法》及若干配套制度,按照出资比例、企业运营质态、内部管理水平,建立授权清单,对企业进行分类管控。组建相应服务中心,推进财务集中管控,推行全面预算管理,强化预算的编制、执行、调整、分析。推行职业经理人和契约化管理,出台下属企业负责人选聘办法及薪酬管理办法,完善薪酬和考核机制。完善招标投标监督管理体系,成立集团招投标管理机构,制定《镇江国有投资控股集团有限公司中介机构聘用管理办法》,强化对招标、投标、开标、评标等各活动环节的监督管理。

(吴春明)

【镇江城市建设产业集团有限公司】 2020年,镇江城市建设产业集团有限公司(以下简称“城建集团”)实施城建事业和城市产业双轮驱动战略,通过资源整合、专业化公司建设、并购重组等举措基本完成产业布局,改革转型有成效。集团成立财务结算中心、审计委员会、综合督查室等内控机构,强化企业治理。集团通过“全国文明单位”复审,党委班子获评市“一创六争”活动“忠诚团结创新担当好班子”称号。

产业发展情况。城建集团整合内部资源组建江苏朱方建设集团,专业化运作EPC工程总承包产业,截至12月底,获工程总承包等5项二级资质,并承接2个安置房项目开发和EPC工程总承包业务。构建绿色发展板块,以政府支持与市场化方式获取土地资源,切入韦岗——青山湖片区开发,聚焦资源利用重大项目,获取采矿权;实施存量石子和尾矿砂销售,整合绿色建材和固废产业,形成循环经济产业链。强化城市运营板块,推进城市农贸产业项目,获12家国有菜市场运营管理权并改造运营;试点混合所有制改革发展配送产业,启动主城区食材配送中心项目,组织实施肉类加工基地建设,形成菜市场和配送双业务格局。城建集团全年盘活去化28.2亿元,其中,土地22.0亿元、房产6.2亿元。西津渡历史文化街区由城市名片向市场化街区运营转变,打造西津渡“夜经济”;财富广场、市政府旧址东大院等其他商业街区形成效益。

资金运作情况。城建集团按照“防风险、控规模、调结构、降成本”目标,守住债务风险底线。全年新增融资增幅比上年收窄6.9个百分点,债务增幅收窄;银行贷款和债券类直融占比提高4.3个百分点,非标类总体下降5.5%,债务结构改善;6月19日,集团发行的第六期超短票面利率2.70%,创下全区域、全类别历史最低价,融资成本压降。城建集团与索普集团实施重大资产重组,完成股权收购和增资,实现上市公司市值大幅上涨,集团经营性收入、利润大幅提升。

项目开展情况。城建集团以集中建设(代建)模式市场化承接政府投资项目业务,全年代建项目23个,总投资约9.6亿元,基本完成镇江南站综合客运枢纽一体化改造等10个建设项目。以政府购买服务方式承接棚改业务,完成棚户区改造3.07万平方米。推进31项政府重点项目,“一湖九河”水系整治任务基本完成;五里路东段建成通车;财富广场综合体、航空职业技术学院、大西路九如广场、市监委留置场所、4个菜场升级改造、玉山超岸寺拆迁还建等重点项目全面竣工。当年,集团获“江苏省房地产开发行业综合实力50强企业”称号;长山小学、金山湖小学项目获镇江市优质结构奖。

“瘦身强体”情况。城建集团推进24项公益性项目移交,其中,完成跑马山公园等5个公园、西团结河下段等7条河道等项目的移交工作。清理合并重组“僵尸”企业、亏损企业17家。

(王雅琦)

【镇江交通产业集团】 2020年,镇江交通产业集团(以下简称“交通集团”)实现营收81.31亿元,比上年增长15.53%;实现利润8.89亿元,增长4.55%,其中,自营业务收入60.16亿元,增长22.95%。该集团主体信用等级进入“AA+”级。全年盘活去化各类资产12.29亿元。完成6个安置房项目住宅权证办理、2个商业项目不动产权证办理。注销“空壳”企业6家,全口径“瘦身”43人。完成8项市政基础设施项目移交。管理费用实际发生额比上年同口径压降5%。在新冠疫情期间,为经营户减免租金。党员干部自发捐款。截至“十三五”期末,交通集团营业收入、利润总额分别为“十二五”期末的3.6倍、2倍;子公司利润总额由原来的亏损到转变为盈利7300万元。在主业布局上,围绕交通全产业链和片区投资开发综合服务商战略定位,布局“3+1”(交通基础设施建设和运营、交通相关产业的投资和运营、片区开发,股权投资和资本运作)发展方向;在改革发展上,实施“龙腾虎跃奔百亿”三年行动计划,推进转型发展;在债务管控上,债务规模3年不新增,银行贷款在债务中的占比从不足30%到超过60%,债务结构优化,债务管控能力增强;在内部管理上,先后出台和修订60余项制度办法,在财务委派、法务管控、契约化管理等方面有创新。

风险防范工作。2020年,交通集团成立化债领导小组，切入债务置换机遇，实现融资成本和总量双下降；全年新增融资成本比上年下降120BP，隐性债务总额下降18.48%。优化融资结构，银行类贷款和直接融资占比为85%，非标占比下降。

重点业务情况。2020年，交通集团与润州区共同成立官塘创新社区，“易华录数据湖”“邻里中心”等9个项目集中签约。推动罐头厂地块上市。开展省属企业合作，与中国江苏国际经济技术合作集团有限公司、江苏交通控股有限公司分别签订采购、管养等合作协议；推进与江苏省国际信托投资公司、江苏银行镇江分行等省属金融机构合作。该集团下属路桥公司连续中标省内高速公路和市政道路项目19个，合同金额17.2亿元，全年实现利润1356万元。城际资产公司与镇江高新区组建镇江高新环境有限公司，承接高新区范围内所有道路的保洁业务。混改企业吉通公司全年钢材销售量突破125万吨，实现营收58亿元，成为镇江市钢贸行业龙头企业。“智慧停车”公司整合停车泊位1.9万余个，线上会员用户数近10万人，主城区车主覆盖率近50%。

民生实事办理情况。2021年1月20日，该集团负责建设的东站枢纽工程正式通车运营，鹤林寺文保区正式对外开放。推进下穿京沪高铁项目现场的“三通一平”（水通、电通、路通和场地平整）工作；完成李家大山291户、29608平方米的安置任务，提前一年实现逾期安置全面“清零”。当年，该集团与丹徒区谷阳镇千里村结对共建。（彭夏菊）

【镇江文化旅游产业集团】 2020年，镇江文化旅游产业集团（以下简称“镇江文旅集团”）面对新冠肺炎疫情给文旅行业产生的较大冲击，开展“五个增强”（增强危机意识、增强市场觉醒、增强创新功能、增强风险预警、增强底线思维）大讨论活动，化解风险，推动行业稳定发展。推进“卫生健康旅游景区”建设，与市红十字会建设并启用景区红十字救护站；组建党员突击队做好隔离点的服务工作；做好复工复产和止亏止损工作。建立景区品质提升会、一泉国宾改扩建项目例会、化债工作例会等多个专题例会制度，推进项目建设和产业发展。当年，一泉国宾馆竣工；景区品质提升方案获上级主管部门批准，并完成相关项目招投标工作；镇江慈善园一期建设完成。镇江文旅集团等部门联合开通金山湖环湖游水上旅游线，镇江旅游发展有限公司商业运营收入超上年水平。镇江文旅集团、镇江高新区、国控集团达成协议，完成房产去化449套，盘活资产效率。镇江文旅集团推进企业“瘦身强体”，全年消减445人；完成一泉宾馆事业单位公司化改造工作；完成景区大龄用工清理和规范工作；推进部门、子公司经理层任期制和契约化管理。（朱丹丹）

自然资源·规划

【概况】 2020年，《镇江市历史文化名城保护条例》正式实施。镇江市自然资源和规划部门承接省政府委托用地审批权。镇江市规划勘测设计集团有限公司挂牌成立。2020年第一期采矿权网上挂牌出让成功。推进处置安置房不动产登记历史遗留问题。林业管理处获评国家林业和草原局“2016—2018年度全国森林防火工作先进单位”；市不动产登记交易中心，丹阳市自然资源和规划局，镇江市自然资源和规划局京口分局、润州分局、丹徒分局均获评全省自然资源系统“2016—2018年度江苏省文明单位”；“句容市海绵城市专项规划”获批2019年度江苏省优秀城乡规划二等奖。

国土空间规划。围绕长江经济带、长三角区域一体化发展等重大国家战略，衔接“十四五”规划，编制《镇江市国土空间总体规划（2020—2035）》，城市发展战略研究、各专题及规划方案基本完成。国土空间基础信息平台和国土空间规划“一张图”实施监督信息系统上线试运行。推进历史文化名城保护，市政府办印发《关于贯彻落实〈镇江市历史文化名城保护条例〉的实施意见》，2035年版《历史文化名城保护规划》通过省自然资源厅预审，《第二批历史建筑名录》获市政府批复。编制312国道产业创新走廊发展规划及合作示范区空间规划研究、官塘片区产城融合发展规划研究、特色街区规划研究、“一山一景”实施方案和城市综合交通体系规划等。启动编制“十四五”矿业、林业、测绘、地灾防治、海洋经济发展等规划。《镇江市区镇村布局规划（2020版）》获市政府批复，并报省自然资源厅备案。市自然资源和规划局、市农业农村局联合完成41个“多规合一”实用性村庄规划编制。市自然资源和规划局党建教育馆建成。镇江豚类自然保护区整治做法在中央新闻媒体宣介推广。

土地利用情况。市自然资源和规划局编制年度土地储备、建设用地供应计划，合理控制建设用地供应规模。全市供应各类建设用地464宗20148亩（1343.2公顷），收取出让金283.88亿元[其中，市区160宗6163亩（410.9公顷），收取出让金101.41亿元]。推行工业用地弹性年期出让19宗707亩（47.1公顷），节约企业成本6334万元。单列253亩（16.9公顷）用地计划专项用于农村一、二、三产业融合发展项目用地。完成农村集体经营性建设用地入市交易试点，丹阳市3宗14.16亩（0.944公顷）集体经营性建设用地入市成交总金额396.4万元。全市工业用地数据库动态管理系统投入使用，盘活批而未供土地

1.44万亩（960公顷），处置闲置土地41宗1520亩（101.3公顷）。全面施行矿业权竞争性出让和“净矿”出让，少姑山—刺莉山水泥用灰岩矿业权出让以4322.42万元成交。建立规划审查机制，按照“拿地即开工”要求，实现“即报即审”。

执法监察工作。市自然资源和规划局完成违建别墅问题项目整改销号工作。开展农村乱占耕地建房问题专项整治行动，摸排成果通过省级审核。做好省自然资源厅实时监管系统和自然资源部执法综合监管平台的违法案件收录工作。将新发生违法用地查处、整改到位率纳入年度对各地政府违法用地控制率考核。年度新发生违法用地45宗251.4亩（16.76公顷），查处率100%，整改率93.7%。推进违法用地三年行动，整改到位225宗4242.86亩（282.9公顷），面积整改到位率70.81%。市自然资源和规划系统执法查处案卷质量评查工作获省自然资源厅通报表扬。全年市自然资源和规划局办理行政争议案件79件；行政诉讼案件行政负责人行政出庭应诉率100%，已审结行政争议案件无一败诉。开展打击野生动物违法犯罪专项行动，完成8家禁食陆生野生动物人工繁育单位退出补偿处置。开展“扫黑除恶”专项整治行动。

服务保障能力建设。市自然资源和规划局优化营商服务环境，合并“建设用地规划许可证”“建设用地批准书”；全面下放工业用地、划拨用地审批权限。深化工程审批制度改革，印发《建设工程设计方案批后调整和建设工程许可变更管理实施意见》，出台《建设工程规划核实管理实施意见》。建成“多测合一”体系，实现“一次委托，统一测绘，成果共享”。常态化推行“交房（地）即发证”，为自然资源部绘制流程图。出台专项资金管理办法，配合相关部门完成经济责任和自然资源资产审计。全市自然资源和规划系统实现各类数据管理平台互联互通、数据资源共享共用。推进农村不动产权籍调查，开展农村房地一体不动产权确权颁证。市自然资源和规划局、市总工会、人社局联合举办第一届“镇易登杯”不动产登记业务技能竞赛，全年办理不动产权证书和登记证明32.8万件。南京、无锡、常州、苏州、镇江五市实现不动产登记“跨城通办”。“二手房转移登记+抵押登记”平均1小时办结。“线上登记”办理业务量占总业务办理量的18%。完成存量电子证照签发、下载和管理工作，签发电子证书及证明90.9万本。推广“双预告和预转本登记”银行一站式服务模式。健全小微企业办理不动产登记费优惠减免快速响应机制，全年退费18.26万元。加大政府信息公开，195件政府信息公开申请全部按要求办结。当年，市自然资源和规划局获评省自然资源厅“地球日宣传优秀组织奖”；市自然资源和规划局和丹阳市自然资源和规划局上报省自然资源厅的“世界地球日”主题宣传项目获评“好项目”。

安全生产管控。市自然资源和规划局开展陆生野生动物保护管理和疫源疫病监测防控，巡护1.1万余人次，巡护近3.6万千米，监测到野生动物数量约15.9万只（次）。对市第三人民医院改扩建新冠肺炎疫情项目同意先行用地。制定出台《关于进一步加强重大项目用地服务保障工作的通知》，帮助企业复工复产。制定《森林防灭火联合会商工作机制》，开展森林防灭火专项整治、打击森林违法用火行为专项行动和重大火险隐患专项排查治理，消除森林火灾隐患。发布《2020年度地质灾害防治方案》，完成106个地质灾害危险性评估项目，排查地质灾害隐患点（危险点）195处；市自然资源和规划局、省地矿局第三地质大队签订战略合作，联防联控，保证度汛安全。全年受理信访2996件次，按时办结率100%；接待上访159批次430人次，比上年分别下降43.8%和52.9%。

（巫少群　傅　琰）

【“十三五”期间主要情况】 “十三五”期间，镇江市实施“责任+激励、行政+市场”的耕地保护机制，落实耕地占补平衡，土地整治补充耕地62535亩（4169公顷）。开展“大棚房”专项整治、违建别墅问题清查整治、农村乱占耕地建房问题专项整治、违法用地三年整治、“卫片执法”等行动，全市耕地保有量、永久基本农田保护面积均超出江苏省定制的目标任务；永久基本农田上图入库，划定永久基本农田储备区4.11万亩（2740公顷）。盘活批而未供土地3.74万亩（2493.3公顷），完成城镇低效用地再开发2.28万亩（1520公顷），处置闲置土地2万多亩（1333.3公顷），实施工业用地弹性出让。开展国土资源节约集约模范县（市、区）创建工作，单位地区生产总值建设用地面积累计下降13.51%。市政府印发《镇江市矿山地质环境恢复和综合治理规划（2017—2025年）》。完成废弃露天矿山生态修复工程竣工验收49个、生态修复面积6331亩（422.1公顷）。推进绿色矿山建设，新建国家级绿色矿山3个、省级试点1个。完成绿化造林8.4万余亩（5600公顷），长江两岸（镇江段）1000米范围内成片造林2944亩（196.3公顷），全市森林、林木覆盖率分别为20.01%和25.41%。修复湿地11656亩（777.1公顷），自然湿地保护率提升至60%。落实差别化供地政策，实行要素跟着项目走，建立省市重大项目挂钩联系工作制度，全程跟踪帮办，全市报批建设用地11.22万亩（7480公顷），供应建设用地11.7675万亩（7845公顷），收取出让金1289.5045亿元。审核上报永久使用林地项目140批次1.2579万亩（838.6公顷）。保障丹阳国药、肯帝亚木业、句容抽水蓄能电站、城际轨道交通、维克空调、新区凯莱英、U谷工业等项目用地用林需求。市自然资源和规划局在市人大常委会开展的助力产业强市专项评议中满意率100%，并获第2名。召开建设项目方案局长审查专题办公会80次，审查项目474个。召开市规划委员会会议23次，审查项目63个；召开市规划委员会市长专题审查会57次，审查项目256个。编制镇江中心城区城市设计高度研究、镇江市主城区及周边山体保护利用导则、镇江运河文化带建设规划研究等91项。办理建设项目用地预审与选址意见书721项、建设用地规划许可证2733项、建设工程规划许可证6768份，规划许可面积8595.11万平方米。实现无规划不建设、市区控规全覆盖。2019年，组建市自然资源和规划局，对外保留市林业局牌子。出台《镇江市山体保护条例》《镇江市历史文化名城保护条例》等法规，启动编制全市国土空间规划，承接省政府委托用地审批权。深化"放管服"改革，梳理规范行政权力339项，下放行政审批近40项。落实"多测合一、多审合一、多证合一"改革。破解安置房不动产登记等历史遗留难题，为5.21万套安置房办理不动产首次登记。实现地质灾害危险性区域评估全覆盖，连续17年全市地灾防治实现零伤亡。落实"三靠前"（指挥、队伍、装备），做到"三个早"（发现、报告、扑救），连续14年全市未发生较大级以上森林火灾和人员伤亡事故。（巫少群　傅　琰）

【《镇江市历史文化名城保护条例》实施】　2018年2月，原镇江市规划局牵头组织《镇江市历史文化名城保护条例》立法起草工作。2019年10月29日，该条例经镇江市第八届人民代表大会常务委员会第二十二次会议通过；2019年11月29日，经江苏省第十三届人民代表大会常务委员会第十二次会议批准，并于2020年3月1日正式实施。该条例分八章五十四条，对包括历史城区、历史文化街区、历史地段、历史文化名镇、历史文化名村、传统村落、历史建筑、传统风貌建筑、不可移动文物、地下文物埋藏区、历史环境等要素规定保护要求，突出保护优先原则，尊重传统风貌，限制新、改、扩建行为。（巫少群　傅　琰）

【省政府委托用地审批权承接工作】　2020年，镇江市政府出台《镇江市政府承接省政府委托用地审批权实施方案》，明晰审批事项、职责分工，规范审批流程、审查内容。市政府发布《市区征地区片综合地价执行标准、地上附着物和青苗等补偿标准》，根据该标准，市区范围内，征收农民集体所有农用地的将各辖区分别划定为3个区片，区片Ⅰ、区片Ⅱ、区片Ⅲ执行标准分别为87万元/公顷、82.5万元/公顷、70.5万元/公顷。编制《国土空间规划近期实施方案》，加强过渡期国土空间规划实施管理，配置空间要素资源。当年，市自然资源和规划局批准39个批次（项目）建设用地7493亩（499.5公顷），完成征地136宗5948亩（396.5公顷），安置失地农民4515人；审核上报使用林地项目53批次（项目）1863.62亩（124.2公顷），确保异地植被恢复和省级以上重点公益林"占一补一"。（巫少群　傅　琰）

【采矿权挂牌出让】　2020年，镇江市自然资源和规划局委托市公共资源交易中心网上挂牌出让2020年第一期采矿权；2020年12月29日—2021年1月11日，经公告、网上报名、网上挂牌竞价等流程，镇江市长山环境有限公司以4322.42万元竞得采矿权，实现省内"首个'净矿'出让、首次网上挂牌形式出让、2014年以后全市首例采矿权出让"3个"第一"。该次挂牌出让的采矿权为镇江市少姑山—刺莉山水泥用灰岩矿，出让资源量1161.63万吨，出让期限6年。出让遵循"政府负责、部门协同、公众参与、社会监督"的"净矿"出让工作机制，依法依规避让生态保护红线、省级生态空间管控区域、永久基本农田等禁止限制开采区。同时，明确要求矿业权人对照绿色矿山建设要求和行业标准，开展开发利用方案、矿山地质环境保护与土地复垦方案编制，推动新建矿山严格按照绿色矿山标准进行规划、设计、建设和运营管理。（巫少群　傅　琰）

【安置房不动产登记历史遗留问题处置】　从2019年开始，镇江市对部分安置房因缺少规划、用地、消防、综合验收等手续，无法办理不动产登记交易的历史遗留问题开展集中处置。市政府印发《市级政府投资项目若干历史遗留问题的处置意见》《镇江市区不动产登记所涉历史遗留问题处置暂行办法》，先后两次对370个政府项目中的回迁安置房项目进行详细摸排，相关部门及属地政府协商会办。截至2020年年底，为32个小区49793套安置房办理不动产首次登记，涉及建筑面积519.5万平方米，占已摸排小区总户数的95.13%。（巫少群　傅　琰）

【国土空间生态保护修复】　2020年，市自然资源和规划局落实耕地保护政策，完成"三调"（国务院第三次全国国土调查）统一时点更新，推进"三调"耕地资源质量分类。对非农建设占用耕地审批实行集体会办、会审，防止耕地"非农化"。全年全市完成土地整理复垦项目202个，新增耕地面积6015亩（401公顷）。加快废弃矿山恢复治理，开展长江经济带10千米范围内废弃露天矿山生态修复，110个图斑、434.32公顷中的110个项目治理主体工程全部完成，39个项目完成省级竣工验收；推进中央和省级财政支持的废弃露天矿山地质环境治理项目中历史遗留问题处置工作，33个遗留问题标段处置到位11个。推进绿化造林，当年新增成片造林23000亩(1533.3公顷)，其中，珍贵用材树种造林19400亩(1293.3公顷)，林木覆盖率25.41%；完成长江两岸成片造林3383亩(225.5公顷)；完成500米范围村庄绿化新建示范村8个，改造提升21个；500米范围“三网”造林绿化折实面积417亩(27.8公顷)；1000米范围森林质量提升面积7707亩(513.8公顷)；建成省级“绿美村庄”20个，创建申报“国家森林乡村”22个。当年，市自然资源和规划局在植树节期间组织现场义务植树活动14场次，参加人数2840人次，植树近10000株。加大自然保护地巡查执法力度，开展保护区日常巡查128次，向相关部门和属地政府发放整改函件5份。市自然资源和规划局、中国水产科学研究院淡水渔业研究中心多次联合开展长江江豚考察工作。9月3日—8日，镇江市江豚保区内观测到江豚24群次77头次，占长江镇江段数量的70%以上，江豚种群数量扩大，保护区工作成效在中央电视台《新闻联播》等各类重要门户传媒播出。当年，镇江市湿地保有量4.17万公顷，自然湿地保护率为60%。完成高新区运粮河湿地保护小区建设，推进丹徒区江心洲南江湿地保护小区建设，修复湿地面积2352亩(156.8公顷)。

(巫少群　傅　琰)

【《镇江市区镇村布局规划(2020版)》获批】 2020年12月30日，《镇江市区镇村布局规划(2020版)》经镇江市政府正式批复下发。作为国土空间规划体系中的专项规划，镇村布局规划为优化村庄布局、统筹城乡基础设施和公共服务设施建设、加强村庄规划管理、规范农民建房等工作提供重要依据。该规划按照“村酝酿、镇统筹、区汇总”工作路径，明确市区1098个现状自然村的分类和布局，建议规划发展村庄209个(其中，“集聚提升类村庄”125个、“特色保护类村庄”72个、“城郊融合类村庄”12个)，“其他一般村庄”589个，“搬迁撤并类村庄”300个，并建议统筹各类基础设施和公共服务设施配置，保护永久基本农田和生态保护红线，促进土地节约集约利用。规划在编制思路上，实现从就空间论空间的单要素规划模式到经济、社会、空间等多要素统筹规划模式，从以空间集聚为规划方案主导模式到以基本公共服务水平的均衡发展为主导的模式，从蓝图化的规划到以蓝图为目标、渐进性实施的规划，以区、镇两级主导的规划决策模式到在村庄分类标准指引下的多方参与和村民自主决策模式的“四个转变”。截至年底，市区、丹阳市、句容市、扬中市新一轮镇村布局规划完成政府报批。

(巫少群　傅　琰)

【镇江市规划勘测设计集团有限公司挂牌成立】 2020年12月29日，镇江市规划勘测设计集团有限公司(以下简称市规划勘测集团)挂牌成立大会举行。市规划勘测集团是经中共镇江市委、市政府批准同意，由原镇江市规划设计研究院(注册登记为镇江市规划勘测设计集团有限公司)、原镇江市勘察测绘研究院(注册登记为镇江市勘察测绘研究院有限公司)2家事业单位通过公司化改造合并组建而成。镇江市规划勘测设计集团有限公司、镇江市勘察测绘研究院有限公司均系市规划勘测集团的子公司，并由其全资控股。市规划勘测集团为市属国有企业，属市国资委监管企业，由市自然资源和规划局负责行业管理和业务指导。

(巫少群　傅　琰)

市场监督管理

【概况】 2020年，镇江市强化市场监管治理体系建设，提升治理、监管能力，全年市场监管领域安全形势总体平稳，没有发生重特大事故和较大影响事件。镇江市获评省政府“2019年度落实‘商事制度改革’真抓实干成效明显地方”，并在2019年度省级质量工作考核中，获A级等次；句容市入选省政府“2019年度推动‘放管服’改革真抓实干成效明显地方”；丹阳市、句容市获评“江苏省食品安全示范县(市、区)”；镇江市市场监督管理局获评中共镇江市委、市政府“2020年度优化营商环境‘甘露奖’”，并获评“2019年度全市安全生产先进单位”；市餐饮所获评2020年度市级“十佳服务先锋岗”；“文俊工作室”入选2020年全国市场监管领域“100个社会共治案例”、江苏省市场监管领域“改革典型案例”。

营商环境建设。市市场监管部门健全以“双随机、一公开”监管为基本手段、以重点监管为补充、以信用监管为基础的新型监管机制，全年完成市场监管系统“双随机”抽查任务460项7677家。推进部门联合“双随机”抽查工作，全市有97个部门依托市场监管信息平台制定完成127项任务，抽取检查企业546家。推进企业年报工作，将企业年报列入对市、区高质量发展考核、营商环境评价指标，2019年度企业年报率93.8%，列全省第3名。加强信用监管，健全失信联合惩戒机制，全年列入经营异常名录7445家，移出3535户，列入严重违法失信企业名单1745家。加强部门联合惩戒力度，对失信主体在行业准入、项目审批、政府招投标、银行贷款等方面依法予以限制，上传市场准入和任职资格限制信息、拖欠工资黑名单信息至江苏省市场监管信息平台，为50家企业完成信用修复。推进涉企信息归集共享和公示工作，市、县两级有216个部门依托平台归集345829条信息。完成外资企业登记职责调整，办理新设外资企业106

家、登记事项963件，所有事项网上登记办理。

市场竞争秩序管理。市市场监管部门加强涉企收费、电力价格监管，实施反不正当竞争和公平竞争审查，发挥公平竞争审查联席会议制度作用，为企业合并反垄断审查提供指导服务，全年查办涉《中华人民共和国反不正当竞争法》案件17件。开展网络市场监管，组织第三方网络销售平台行政约谈会，指导线上平台履行主体责任，强化规范管理。市市场监管局与美团等外卖订餐平台签署食品安全社会共治战略合作协议，确保线上线下餐食同标同质，维护网络市场交易秩序。加强"智慧315"维权体系建设，打造"一体化""云维权""快处理"维权平台功能。制定《镇江市线下实体店无理由退货指导意见》，在全市推行线下实体店无理由退货制度。整合"12315""12365""12331""12358""12330"等5条热线资源，一号对外，集中接听，一体化规范运作，提升消费维权服务整体效能。

市场监管执法工作。镇江市推进市场监管综合行政执法改革，制定出台《关于深化市场监管综合行政执法改革的实施方案》。开展熔喷布、长江禁渔、安全生产、知识产权等专项整治，全市查办各类案件1164件，移送司法机关案件21件。扬中市市场监管局查办全省市场监管系统长江禁渔工作行政处罚第一案；镇江新区市场监管局查办涉嫌制售假冒伪劣防疫防护用品案件，案值300万元，被国家市场监管总局作为典型案例通报；句容市市场监管局查办的假冒伊利巧乐兹冷饮案被列为国家市场监管总局重点督办案件。

新冠肺炎疫情防控工作。2020年年初，市市场监管部门成立新冠肺炎疫情防控领导小组，下设农(集)贸市场、药品和医疗器械、价格监管、食品安全、应急宣传及综合保障5个工作组；出台《镇江市市场监管局进一步加强疫情防控工作方案》，明确市场监管领域6个方面、17项具体防疫任务。加强农(集)贸市场监管，对全市153家农(集)贸市场实施定人值守、全覆盖督导，严禁活禽销售和任何形式的野生动物交易；全面落实疫情防控措施，检查农(集)贸市场11300余家次，检查比例100%。开展零售药店退热、止咳、止泻药品登记销售工作，在全省率先推广药品销售登记微信填报小程序。加强进口冷链食品疫情防控工作，落实进口冷链食品集中监管制度，全市设3个进口冷链食品集中监管仓，分别设在镇江新区、丹阳市、句容市，全面推行进口冷链食品集中监管，把"人""物"同防要求落实到贮存、运输、市场流通等各环节，防控和阻断疫情通过进口冷链食品传播。出台《关于应对疫情支持企业复工复产和平稳发展的若干措施》《推动餐饮单位有序恢复营业工作指引》等政策文件，支持食品生产企业全面复工复产，协助学校开学复课。开展防疫物资和野生动物违规交易"联合双打"行动，查办疫情防控相关案件91件。检验检测机构落实减免政策，为3593家企业减免检验检测费用968万元。开展对哄抬价格、囤积居奇等价格违法行为专项检查，约谈药品零售企业12家，检查经营主体465户，发放政策提醒函4500份。督促各单位食堂防范集中用餐风险。支持企业开展信用修复，用时1天完成江苏佩尔家纺有限公司转产医用口罩、明月镜片股份有限公司上市信用修复流程。组织全市17家各级质量奖获奖企业开展共同抗击新冠肺炎联合倡议，减免计量检定测试费用84.1万元，检定测试计量器具4万余台(套)。 (仲　晨)

【"十三五"期间主要情况】 "十三五"期间，镇江市推动市场监管体制机制创新，各项工作有成效。2019年1月24日，市市场监管局组建成立，整合原市工商局、市质监局、市食药监局(市食安办)职责以及相关部门的部分职责。3月23日，市委办、市政府办发文明确市场综合监督管理等23项职责。市市场监管局健全以"双随机、一公开"监管为基本手段，以重点监管为补充、以信用监管为基础的新型监管机制；推进市场监管综合行政执法改革。

质量强市建设。"十三五"期间，镇江市深化质量、标准、知识产权战略，出台《镇江市质量提升行动实施方案》，成立市质量发展委员会。全市新增"江苏省省长质量奖"单位2家、"镇江市市长质量奖"单位15家、"江苏精品"认证企业4家；发挥标准引领作用，新建全国标准化专业技术组织5个、省级标准化技术组织1个，主导和参与制修订国际标准1项、国家标准81项、行业标准43项，新增省级以上标准化试点项目45个、国家级标准化示范项目1个，新增国家地理标志保护产品1个。

安全工作。"十三五"期间，全市没有发生重特大安全事故和区域性、系统性、原发性事件。在食品安全监管上，推动食品安全党政同责，在全省率先同步印发《关于深化改革加强食品安全工作的若干措施》和《镇江市党政领导干部食品安全工作责任清单》；2020年全市食品(农产品)抽检率千人7.91批次，食品检测合格率98.48%。扬中市、丹徒区、丹阳市、句容市4家获评"江苏省食品安全示范县(市、区)"。在药品安全监管上，围绕新《中华人民共和国药品管理法》的实施，以防范风险为重点，着重加强疫苗监管，查处执业药师"挂证"行为，规范医疗机构质量管理行为，构建新体制下部门联动监管机制，保障药品、医疗器械质量安全。在特种设备安全监管上，起草《镇江市电梯安全管理条例》并施行。开展涉危化品企业特种设备大排查大整治、特种设备安全隐患安全大排查大整治、气瓶安全专项整治等专项行动，创新方式推动解决江苏索普集团65.8千米压力管道未检验的历史遗留问题。

市场秩序管理。省市场监管局与镇江市政府签订“推进高质量发展合作协议”，明确省、市各8个项目深度高效合作的服务措施和具体举措。推进“放管服”改革，全市范围内全面推广企业登记“全链通”平台，2020年，全市新登记企业登记环节平均每户耗时0.5天。推进注销便利化改革，2020年，全市注销企业6743家，其中，3562家企业通过简易注销快速退出，占比52.83%。市市场监管部门开展公平竞争制度审查，集中清理排除限制民营企业公平竞争的政策措施；以“信用让消费更放心”为主题，推进“大消保维权”为切入点，构建以“互联网+消费维权”为形式的“智慧315”维权信息平台。 （仲　晨）

【特种设备安全监管】 2021年1月1日，《镇江市电梯安全管理条例》施行，该条例是全省首创的电梯质量保修期的法律规定，也是镇江市获地方立法权后由市场监管部门牵头起草的首部地方性法规。市市场监管部门开展安全生产“一年小灶”专项整治，检查企事业单位3904家次，排查设备6736台、压力管道144.5千米，督促整改特种设备安全隐患2792条。强化涉危化品企业特种设备安全工作，组织对189家涉危化品企业进行“拉网式”排查，排查特种设备8721台，对检查中发现的隐患实行“清单式”管理、“对账销号式”落实。做好油气输送管道安全风险隐患排查，督促使用单位对管道安全管理、检验检测、腐蚀防护、应急处置以及新建管道安装监督检验等情况进行自查自纠。开展大型游乐设施安全隐患专项治理，检查排查39台大型游乐设施。加强气瓶充装单位安全管理，督促充装单位开展隐患自查自纠，对全市气瓶充装单位的特种设备使用登记、定期检验情况、充装前后检查与记录等情况进行突击检查，打击充装超期、改装气瓶、翻新气瓶、报废气瓶和无二维码气瓶的违法行为，全年出动执法人员460余人次，检查液化气钢瓶充装单位40家，抽查充装实瓶1500余只，发现并督促整改隐患35条。创新压力管道检验检测新模式，突出治理工业压力管道历史遗留问题，攻克江苏索普集团65.8千米压力管道未检验的历史遗留问题；完成542千米涉危化品压力管道检验工作，管道检验覆盖率较高。润州区构建的“润州智慧电梯监管服务2.0+平台”投入使用，并将辖区内所有垂直客梯和维保单位全部纳入监管，储存日常维保提交信息近10万条。 （仲　晨）

【食品安全监管】 2020年6月，镇江市在全省率先同步制定出台《关于深化改革加强食品安全工作的若干措施》和《镇江市党政领导干部食品安全工作责任清单》，这是镇江市首次以中共市委、市政府和“两办”名义出台的食品安全工作纲领性文件，旨在建立食品安全现代化治理体系，全面提升食品安全治理能力和治理水平。9月21日，市政府升格调整镇江市食品安全委员会（全省第2家），市长徐曙海担任主任。推进“双安双创”工作，扬中市、丹徒区、丹阳市、句容市获评“江苏省食品安全示范县（市、区）”。市市场监管部门为食品生产企业建立一企一档“身份证”式监管模式，强化食品安全领域信用建设；创新餐饮安全监管方式，打造江苏首个餐饮服务品牌“文俊工作室”，并在全国首创“智慧模拟厨房监管示范中心”。当年，镇江市创成省级“餐饮质量安全示范街区”2条、“示范单位”80家。全市千人食品抽检率7.91批次。 （仲　晨）

【药品安全监管】 2020年，镇江市市场监管部门强化疫苗监管工作，对19家儿童预防接种门诊、7家狂犬病暴露预防处置门诊开展现场抽查，督促整改安全隐患55条。市市场监管局、省药监局、省卫健委对镇江市疾控中心、接种单位疫苗储存运输管理情况开展督查，重点检查疫苗储存运输设施设备管理、储存运输温度监测、储存运输环节有关制度建设、储存运输中温度异常处理、疫苗接种等情况。加强对全市出口呼吸机、红外体温计等五大类疫情防控用医疗器械经营企业的专项督查检查，加强对出口产品的质量监管。组织开展疫苗、含麻黄碱复方制剂、中药饮片、无菌和植入性医疗器械等品种专项检查，对全市19家儿童预防接种门诊和7家狂犬病暴露预防处置门诊进行疫苗接种专项督查。开展医疗器械经营使用环节监督检查，出动检查人员24564人次，检查药品零售、使用单位、医疗器械经营使用单位11700家次，责令整改354家次。修订印发《镇江市药品和医疗器械安全突发事件应急预案》。加强对基本药物、疫苗、中药注射剂、高风险药品的重点监测。组织开展药品抽检900批次。 （仲　晨）

【质量发展工作】 2020年，镇江市实施质量强市战略，提升全市产业质量水平和品牌影响力。6月16日，江苏省市场监管局和镇江市政府签订高质量发展合作协议，明确省市场监管局支持镇江市高质量发展的8项服务措施和地方推进市场监管事业发展的8项具体举措，双方对照协议内容，加强优势互补，开展项目化合作，推进机制化落实。市市场监管部门在光伏产品、汽车零部件、眼镜、雪地靴等4类产品80家企业中开展质量提升行动，江苏天工工具有限公司获评2020年江苏省质量奖。组织开展镇江市市长质量奖评选。指导11家企业完成江苏省质量信用AA、

AAA 级评审现场核查。组织推荐全市优势行业的龙头企业参与“江苏精品”申报，4 家企业首批通过“江苏精品”认证。在全市组织开展首席质量官提升培训，培训质量管理负责人 400 人。以服务产业为目标，指导扶持小微企业质量管理体系认证升级，并开展进口产品免予办理强制性产品认证相关工作，为 17 家企业发放免办证明 58 个，促进跨境贸易便利化。开展机动车检验检测机构专项整治，规范机动车检验检测市场秩序。制定发布全国首个《专利侵权鉴定服务规范》地方标准。3 月，国际标准化技术组织发布由江苏天奈科技主导制定的国际标准《纳米技术—碳纳米管浆料—表征与测量方法技术规范》(ISO/TS 19808 : 2020)。2020 年，镇江市立项省级地方标准 8 个、市级地方标准 13 个；获批 1 个国家级农业标准化示范推广平台，立项 3 个省级标准化试点，8 个标准化试点通过验收。推进标准化技术组织建设，全国醇醚标准化技术委员会、全国汽车标准化技术委员会仪表分委会落户镇江市。制定发布全国首个《口罩用熔喷布生产技术规程》市级地方标准。指导句容市在全省创新探索农村基层党建标准化建设，并通过省级验收。（仲　晨）

【重点产品质量安全监管】　2020 年，镇江市市场监管部门制定出台《2020 年市级产品质量监督抽查目录》，实行生产和流通领域和线上线下产品质量一体化监督抽查，全年组织抽查产品 395 批次。完善监督抽查不合格产品后处理机制，采取整改复查、通报、行政指导等方式，督促 12 批不合格产品生产销售企业落实质量主体责任、加强生产经营过程的质量把关。以玩具、文具、服装、婴幼儿化妆品等儿童和学生用品为重点，综合治理儿童和学生用品质量安全等问题。深化儿童和学生用品等重点产品质量安全守护行动；开展婴幼儿配方乳粉质量安全提升专项行动。开展眼镜、雪地靴等地方特色主导产品和化妆品监督抽检 445 批次。开展家用燃气具及配件专项整治，加大城镇燃气相关产品质量监管力度。强化塑料制品源头治理，组织开展聚乙烯农用地膜和塑料购物袋生产企业监督检查和产品质量监督抽查，督促企业严格执行生产规范、流程，从源头上杜绝禁限类塑料制品流入市场。（仲　晨）

【民营经济情况】　2020 年，镇江市有各类市场主体 52.32 万户，注册资本（金）14371.9 亿元，其中，民营经济体 50.56 万户，注册资本（金）9075.5 亿元，分别占市场总量的 96.6% 和 63.1%。镇江市民营经济体中，有私营企业 11.34 万家、个体工商户 38.8 万户、农民专业合作社 3707 户。民营经济以服务业为主，一、二、三产业的分布情况分别为 3.93%、17.11%、78.95%；行业主要集中在批发零售业、制造业、住宿餐饮业，占比分别为 47.4%、12.9%、7.8%。2020 年，全市新增民营经济体 10.11 万户，注册资本（金）1155.92 亿元，占新增市场主体的 97.2% 和 76.71%，比 2019 年年底增长 19.3% 和 11.0%。其中，新增私营企业 1.71 万家、个体工商户 8.39 万户、农民专业合作社 119 户。（仲　晨）

审　计

【概况】　2020 年，镇江市审计机关以“五个强审”（党建强审、改革强审、质量强审、科技强审、人才强审）为切入点，提升审计工作质量和成效。当年，全市审计机关完成审计项目（调查）166 个，查出主要问题金额 350.8 亿元，审计处理处罚金额 12.47 亿元，促进整改落实问题金额 23.93 亿元，审计促进拨付资金到位 1.22 亿元，审计后挽回避免损失 6526 万元，审计建议被采纳 422 条。构建“党建领航 + 业务提升 + 队伍建设 + 廉政防控”为一体格局，出台《廉政风险防控措施》，根据审计项目资金规模大小、被审计对象权力职责等，精准划分审计项目廉政风险等级、定位风险点，据此建立人员回避、双人工作等 8 项防控举措。句容市审计局正式设立 3 个审计派出所，每个所配备编内人员，制定相应管理办法，提供人财物制度保障。审计派出所按照“项目、组织、力量”统筹的原则，接受句容市审计局领导，对开发区、重点乡镇进行“零距离”审计监督。当年，审计系统有 1 名审计人员入选联合国审计人才库，赴联合国开展人道援助审计项目。（甘　永）

【审计业务质量建设】　2020 年，镇江市审计机关完善《审计业务会议制度》，制定《审核复核审理审定工作管理办法》《审计发现问题容错纠错操作办法》，落实三级复核机制，前移审理关口，对重点项目实现事前事中事后的全过程审理。开展全市审计项目质量互评，通过随机抽、交叉评、全员参与等方式，点评梳理相关问题，实现重点项目和一般项目质量同步提升。开展优秀项目、“两统筹”（审计项目和审计组织方式统筹）项目、大数据项目评选，2 个项目分别获评省审计厅优秀项目和表彰项目。建成以“四库一案”（法规库、案例库、问题库、优秀项目库和业务处室讲业务课案）为重点的审计实验室，建设集法规查找、案例借鉴、问题比对、项目展示和业务学习的综合平台，为审计培训和实战提供支撑。（甘　永）

【审计整改工作】　2020 年，镇江市审计机关制定《规范审计整改对账销号机制》，分类制定对账销号整改措施和认定标准，整改情况纳入市级机关作风效能考核。建立长效机制，将未整改问题按问题类型、未整改原因进行分类，归纳4类屡审屡犯问题提交市委审计委员会研究，解决一批顽固性问题。建立协同合作机制，市审计、纪检等部门联合在全市范围内通报每半年审计查出问题整改情况；对“同级审”查出问题整改不力的部门和负责人，组织人大代表进行督查；实施审计整改督办制度，向13家单位及其主管部门出具审计整改督办函；常态开展“回头看”，对存在明知故犯行为的重新挂号。当年“同级审”整改率96%以上。（甘　永　吴　琼）

【审计“两统筹”工作】　2020年，镇江市审计机关提高审计“两统筹”协同性，18个项目确定为“两统筹”项目，所有项目融合《2020年重大政策措施落实情况跟踪审计要点》实施。整合审计资源，改“以处室定项目”为“以项目定人员”，做好“时度效”统筹，合力攻坚优秀项目。拓展审计“全覆盖”深度、广度，动态管理市本级预算单位、国有企业、经济责任审计对象、政府投资项目4个数据库，并基于此制定重点对象、资金“五年轮审”计划。首次将部门预算执行审计单独立项，通过大数据手段集中分析280余家预算单位财务数据。统筹运用政策跟踪、专项资金、经济责任等审计，对财政、国资等15个重点系统开展审计。探索项目计划后评估，从质量角度倒逼项目方案编制、实施成效、审计整改，提升计划管理绩效。（甘　永）

【重大政策落实情况跟踪审计】　2020年，镇江市审计机关开展新冠肺炎疫情防控专项审计，促进防控资金和物资按照政策要求拨付到位。开展高标准农田建设、长江水污染防治、政府债务化解等专项审计，债务、养老等8项审计成果被省审计厅采用。开展“三促进”审计：开展促进财政资金提质增效相关审计，2019年市级“三公两费”比上年下降14.23%；开展促进优化营商环境专项审计，推动清偿15家民营企业欠款5540.45万元；开展促进就业优先政策落实情况专项审计，促进出台《就业补助资金管理实施细则》等多项制度。（甘　永）

【财政审计】　2020年，镇江市审计机关开展2020年度新增财政资金直达基层惠企利民情况跟踪审计，该审计分7月、9月、12月三轮进行，发现某特别国债存在存放方式不合理等问题。在市本级预算执行和财政收支审计中，通过“两统筹”的方式，将财政审计与部门预算执行审计、各专项审计和政策跟踪审计相互融合达到成果共享，提升审计质量和审计效率。同时，重点在资金绩效领域，对市财政预算内、非税、资金专户及部门账户进行系统摸底，掌握资金沉淀和项目结转情况。（贾　如）

【领导干部经济责任审计】　2020年，镇江市审计机关开展领导干部离任交接工作并逐步实现常态化，所在单位资金规模较小、任职未满3年或接受过经济责任审计未满5年、近3年所在单位接受过全面审计的领导干部，在任期届满或任期内离开领导岗位时，须将相关经济责任事项进行移交说明，准确划分前后任领导干部责任，确保“离任不离责、新官理旧账”。（甘　永）

【自然资源和生态环境审计】　2020年，镇江市审计机关开展全市2017年—2019年水污染防治情况、市级污水处理费征收、使用及绩效情况及丹阳经济开发区领导干部自然资源资产离任审计等项目，并派员参加省审计厅组织实施的上级统一项目。审计发现存在生态专项资金拨付不及时、项目建设运行进展缓慢、固体废物污染防治和污水处理费征收不到位等问题，提出加强和改进相关工作建议，助推生态文明建设。（刘应满）

【政府投资审计】　2020年，镇江市审计机关改变以往主要借助外聘中介协审的模式，对6个政府投资项目独立开展审计。全年实施市级投资和以市级投资为主的建设项目11个，以及其他关系到民生领域的重大公共工程项目。同时，跟踪项目绩效情况，审计涵盖学校、体育馆、保障性安居工程等多个民生领域方面，审计核减投资额4.13亿元，促进减税降费3065.5万元。（曲　明　甘　永）

【社会保障审计】　2020年，镇江市审计机关对市本级2017年—2019年企业职工基本养老保险制度运行、政策执行及基金的筹集、使用、管理等情况进行审计，审计报告和专报获省、市领导批示5次，该项目在全省统一组织项目考核中列第一等次。对镇江市公立医院综合改革政策落实情况进行专项审计(调查)，涉及江苏大学附属医院、镇江市中医院，并延伸核查市财政局、卫生健康委员会、医疗保障局等单位，综合报告获省、市领导批示3次，该项目在全省统一组织项目考核中列第一等次。（宋啸天）

【内部审计】　2020年，镇江市审计局、市国资委出台国有企业内部审计高质量发展合作意见，构建内审协作机制，明确双方合作的指导思想和制度建设、队伍建设、业务指导、科技强审、审计整改等5个方面内容，并建立定期会商、项目互补和成果共享等三项机制。提升内审人员业务水平，通过以审代训方式向全市36个内审机构开放53个审计项目，有14个单位合计16人次参加12个审计项目；组织全市内审机构审计人员参与经济责任审计培训班。市教育局审计与监督处获“2017—2019年全国内部审计先进集体”称号。（邵佳莹）

【大数据审计】 2020年，镇江市审计机关集合全市大数据审计人才，组建“一办一组三团队”，即：金审工程项目办公室，网络安全和信息化领导小组及大数据攻关、分析、专家咨询团队。制定《大数据审计指南》，提供操作指引。拓宽数据采集渠道，大数据审计纳入“智慧镇江”建设，市审计局、大数据管理局签订协议，采集范围向各级财政供养单位横向扩张；扩充数据采集类型，完成财政、社保等9个行业数据的采集清洗，数据总量5太字节。实行数据、业务双主审制度，现场与非现场审计相结合，在公立医院和养老保险等数据量大的项目中，构建行业专项大数据分析模型，大数据技术提前介入，让现场审计组带着疑点去核查延伸，变计算机辅助审计为信息化引领审计。（刘晖 甘永）

【高标准农田专项资金审计】 2020年，镇江市审计机关开展高标准农田专项资金审计，运用大数据审计思路，借助ArcGIS、GoogleEarth软件进行数据比对，发现部分项目建设和验收程序不规范、部分建成的高标准农田未划为基本农田进行保护等问题。针对反映问题，市农业农村局、市财政局制定出台《镇江市农田建设项目和资金管理暂行办法》，为高标准农田建设工作提供制度保障和方法指导。（夏颖）

统 计

【概况】 2020年，镇江市统计系统以切实提高统计数据质量为核心，以深化统计体制改革为路径，提升统计工作质量。

镇江市强化防范和惩治统计造假相关工作，成立由常务副市长为组长、市纪委监委等9家部门为成员的统计督察整改工作领导小组，对全市强化防范和惩治统计造假工作进行推进和部署；建立完善数据质量闭环管控机制，对统计数据即报即审，并定期开展数据质量分析，加强数据质量源头管控。当年，市统计局完成全市985家重点企业实地走访工作，对统计数据轻微误差问题及时纠偏；实现对3985家“四上”［指规模以上工业企业（年主营业务收入2000万元以上），有资质的建筑业企业，限额以上批发（年主营业务收入2000万元以上）和零售业企业（年主营业务收入500万元以上）、限额以上住宿和餐饮业企业（年主营业务收入200万元以上）、有开发经营活动的全部房地产开发经营业企业，规模以上服务业法人（年营业收入1000万元或平均从业人数50人以上、部分行业年营业收入500万元以上或平均从业人数50人以上）］单位统计数据质量核查全覆盖；对宝堰镇、蒋乔街道“四上”单位开展“双随机”执法检查；全市执法检查企事业单位41家，处理有统计违法行为的单位1家。

统计服务工作。市统计局开展新冠肺炎疫情对企业生产经营、对外贸易等造成影响情况的快速调查37次；开展“机关服务满意度”“民营企业营商环境”等社情民意调查7次。上报各类分析报告95余篇，获中共市委、市政府领导批示23篇。服务企业社保阶段性减免和稳岗就业工作，向相关职能部门提供大型企业清单，并加强企业单位规模界定解释工作，全年核对并提供社保返还企业清单4批次3.1万家。走访乡村（社区）250余个，服务企业400余家；反馈企业复工复产的问题（困难）74项，帮助协调解决19项。

统计基层基础建设。市统计局开展“四上”单位入库专项行动，制定《“四上”企业入库专项行动方案》，建立“准四上”企业调查和部门联席会商机制，加强对“准四上”单位摸排，全年新增“四上”企业732家。开展基层统计业务培训专项行动，举办“提高统计数据质量专班”业务技能培训班50多场次，覆盖各市（区）、镇（街道）统计机构和全部“四上企业”统计人员。市统计局、市人社局、市总工会、团市委联合举办工业企业统计业务技能竞赛活动。开展工业企业电子台账试点工作，促进提升源头统计数据质量。

重点领域监测工作。镇江市强化高质量发展监测工作，市统计局、市考核工委办研究制定各市区、镇（街道）考核指标体系，建立部门专班工作机制，按季跟踪监测、研究分析高质量考核共性指标进展。推进全面小康监测工作。加强重点工作监测，建立市级重点投资项目、重点领域重点企业监测制度，汇总分析项目进展和企业发展态势。（胥畅）

【第七次全国人口普查工作】 2020年1月30日，镇江市政府印发《镇江市人民政府关于做好第七次人口普查工作的通知》，启动普查工作。当年，全市1.37万个普查小区选聘指导员和普查员1.7万人；落实普查经费4460万元。3月，国家统计局在京口区象山街道11个社区、277个小区组织开展国家级试点现场实战演练，涉及住户34534户，其中，3395户完成自主申报，自主申报率15.2%。8月5日，镇江市政府召开镇江市第七次全国人口普查领导小组会议，全面部署推进相关工作。（胥畅）

经济开发园区

责任编校：杨正宏

综　述

【概况】　2020年，镇江市有省级及以上开发区9个。其中，国家级经济技术开发区（简称经开区）和高新技术产业开发区（简称高新区）各1家（镇江经开区、镇江高新区），省级经开区5家（丹阳经开区、句容经开区、扬中经开区、丹徒经开区、京口经开区）、省级高新区2家（丹阳高新区、扬中高新区），另有国家级综合保税区（简称综保区）1家（镇江综保区）。全年全市9个省级及以上开发区实现地区生产总值2440亿元，占全市比重58%。实现工业应税销售收入3433亿元，比上年增长2.5%，占全市比重70.6%。完成一般公共预算收入162.2亿元，增长5%，占全市比重52%。实际到位外资6.29亿美元，占全市比重70.6%。

2020年，镇江经开区在商务部218家国家级经开区综合考评中列第30名，继续保持第一方阵。在全省118家经开区综合评价中，镇江经开区列27家国家级经开区第9名。丹阳、扬中、句容经开区分别列91家省级经开区第8、12、17名，处于上游水平；京口、丹徒经开区分别列第48、64名，处于中游偏下水平。扬中、句容、京口、丹徒经开区较上年分别进2、3、1、2名，镇江、丹阳经开区分别退3、6名。

镇江高新区在科技部全国169家高新区综合评价中列第76名。全省51家高新区考核评价，镇江高新区列21家国家级高新区第18名；扬中、丹阳高新区分别列30家省级高新区第4、10名，镇江、丹阳高新区较上年分别进1、5名，扬中退2名。　（冯　涛）

【“十三五”期间主要情况】　“十三五”期间，镇江市9个省级及以上开发区地区生产总值，2016年为1874.7亿元，2020年为2440亿元，占全市比重由2016年的48.9%提高到2020年的57.8%。2016年，工业应税销售收入2612.8亿元，2020年工业应税销售收入3433亿元，占全市比重由2016年的52.3%提高到2020年的70.6%。“十三五”期间完成一般公共预算收入占全市比重由2016年的48.5%提高到2020年的52%。“十三五”期间，开发区进出口额占全市比重均大于60%。经济质量持续优化。截至2020年，全市拥有65个省级示范智能车间和3家省级智能工厂，多家企业申报国家智能制造工厂试点示范，工业机器人及智能制造产业发展较快。全市9个开发区投资强度达5250万元/公顷（350万元/亩），税收为181.2万元/公顷（12.08万元/亩）。研发能力不断增强，创新载体不断丰富，创新要素有序集聚。全市9个省级以上开发区有新技术创业服务中心（孵化器）35家，中心（孵化器）内各类型企业1513家，其中高新技术企业902家，实现高新技术企业工业总产值2057.6亿元。国际载体持续丰富。日本（丹阳）汽车零部件产业园、中瑞镇江生态产业园、镇江高新区与乌克兰国立造船大学共建中—乌船舶与海洋工程跨国技术转移中心，建设中挪船舶及海工装备产业园等。江苏恒神在英国布里斯托设立欧洲研究中心，鱼跃医疗在美国圣地亚哥、德国图特林根建立研发中心。诺贝尔奖得主巴里·马歇尔团队与镇江经开区共建马歇尔健康产业研究院。大全集团在美洲、欧洲、非洲等地区建立10余家分支机构。　（冯　涛）

【招商引资】　2020年，镇江市9个省级以上开发区实际到账外资6.29亿美元，占全市比重70.6%。新批外商投资企业160家。新增内资企业注册资本589亿元，开发区新增内资企业4678家，比上年增长2.9%。（冯　涛）

【项目建设】　2020年，镇江市重点产业项目投资计划中，全市开发区产业项目 118 个，占全市比重 60%；计划项目总投资 906 亿元，占全市比重 58%；年度投资 201 亿元，占全市比重 57.4%。项目个数、计划总投资、年度计划总投资分别比上年提高 7、21.1、17.4 个百分点。（冯　涛）

【科技创新】 截至 2020 年年底，镇江市累计建有孵化器 23 家，科技孵化项目 246 个。丹阳高新区获批江苏省知识产权示范园，句容高新技术产业园获评优秀国家级科级孵化器，启迪之星（句容）众创空间和启迪绿谷众创园获省级众创空间认定。（冯　涛）

【审批服务】 2020 年，镇江市开发园区探索优化营商环境。行政审批方面。镇江经开区探索高效能治理新路径，在全省开发区率先建成第一个集成管理指挥中心，编制全国第一张国家级开发区"全链审批"赋权清单，实现"一枚印章管审批""一个窗口全受理"，推进"不见面审批（服务）"，推行"1113"行政审批改革，启动实施容缺预审代办，不断完善"互联网＋政务服务"体系建设。区域评估方面。由政府对投资项目审批过程中涉及的评估事项进行统一评估，形成整体性、区域性成果，结果由区域内项目免费共享，变"单个项目评"为"区域整体评"，变"企业付费"为"政府买单"，变"申请后审批"为"申请前服务"，为区域内企业投资项目审批减环节、减时间、减材料、减费用。全市各开发区完成矿产压覆评估事项，推进水土保持、环境评价等评估事项。（冯　涛）

【载体建设成果】 2020 年，镇江市开发园区载体建设成果如下：京口经开区高性能铝合金材料产业园获批"省级第三批特色创新示范园区"；日本（丹阳）汽车零部件产业园获批"全省首批国际合作园区"；丹阳经开区获批"国家知识产权试点园区"；在 2019 年度苏陕扶贫协作共建"区中园"综合评估中，富丹产业园蝉联全省第 1 名；扬中经开区调区获省政府办公厅批复。（冯　涛）

国家级经济开发区

【中国镇江经济技术开发区】 2020 年，中国镇江经济技术开发区（简称镇江经开区）完成地区生产总值 683.59 亿元，按可比价比上年增长 3.7%；一般公共预算收入 52.5 亿元，增长 2.1%；完成工业应税销售 1005.3 亿元，增长 0.3%；社会消费品零售总额 118.45 亿元，城乡居民人均可支配收入分别增长 3.7%、5.9%。在国家级经开区营商环境指数排名中，列全国第 18 名，比上年上升 5 名。

产业建设。一、二、三产业分别实现增加值 6.37 亿元、427.96 亿元、249.27 亿元，三产比例 0.9：62.6：36.5；聚焦新能源、新材料、航空航天、生命健康四大主导产业，全年制造业投资 118.2 亿元，比上年增长 27.9%。金斯瑞、晶鼎光电、荣海生物等 3 家企业获省战略性新兴产业发展资金扶持 4400 万元，吉贝尔药业在科创板上市。优利德"5G＋无人叉车"、中节能"5G＋机器视觉"2 个 5G 示范应用项目实施，30 家企业创建省星级上云企业。中节能（镇江）公司成为全区首个"江苏省互联网标杆工厂"，斯诺物联 LOGIDELTA 工业互联网平台被认定为省级重点平台，航发优才、优利德等 5 家企业创成省级示范智能车间。对 16 家重点用能企业开展节能诊断，实施绿色制造项目 27 个；新增国家级绿色工厂 1 家、市级绿色工厂 4 家，累计培育市级以上绿色工厂 28 家，居全市第一名。

招商引资。聚焦重大项目招引，新冠肺炎疫情期间推行"不见面招商"，全年新签约亿元以上项目 81 个，比上年增长 80%，其中 10 亿元以上项目 20 个，数量超前 5 年总和。签约项目中符合新能源、新材料、航空航天、生命健康"四个一"产业布局占比超 60%，总投资 50 亿元凯莱英项目、30 亿元江化微高端电子材料项目落地，项目转化率超 70%。完成产业类到位外资 2.8 亿美元，全市占比超过 1/3；新批外商投资企业 36 家，其中增资扩股企业 23 家。创新贸易公司等轻资产模式，新设立外资及港澳台商投资贸易公司 3 家，实现到位外资 1200 万美元。吸引深圳荣辉、香港百万葵园等企业落户，实现进出口总额 246.74 亿美元，其中，进口总额 131.04 亿美元，出口总额 115.7 亿美元。

科技创新。全年入库培育高新技术企业 62 家，

图 10－1　2020 年 2 月 1 日，镇江经开区举行 2020 年第一批产业类项目"不见面"集中签约仪式（范　昀　供稿）

新增高新技术企业70家,全区拥有高新技术企业210家。加强科技研发平台建设,全区累计建有孵化器7家、众创空间4家;建有市级及以上研发机构253个,其中2020年新增38个。成立专业科技招商队伍2个,畅通与省产业技术研究院等平台信息沟通渠道,全年招引科技类项目62个,其中科技企业类项目42个、科技孵化类项目20个。开展"企业进高校""专家赴企业"活动10场,新签订产学研合作协议40项;新聘任"科技副总"20名,数量超历年总和。为科技类企业发放科技贷款超2亿元。

城市建设与管理。全年实施47个政府投资项目,包括产业配套、生态治理、民生等六大类,完成年度投资11.6亿元,其中城建类项目43个。江化微南侧挡土墙、培山路东延(御秋路—圌山路)、大路安置房二期等重点项目建设完成,连淮扬镇高铁大港南站站房及配套设施投入使用。成功创建全省首家"省级节水型社会示范区";开展"宜地清尘"行动,清理各类垃圾2.6万吨,联合电信部门整治非法小广告,停机处理263件,行政处罚110件。加大违法建设防控和拆除力度,集中开展市容环境整治、智能制造园环境整治,拆除违建174处、3万平方米;首次开展51座桥梁结构体检,全部合格。市政设施不断完善,绿化管护市场化率提升至26.8%;新划设非机动车停车线6000余米,新增及出新730个道路停车位,建成新材料产业园和智能智造园公共停车场2个;引入3000辆助力共享单车。

社会文化事业。新"7+2"(老旧小区整治、沟塘绿化美化、特色街区打造、农贸市场、厕所革命、脱贫攻坚、农路提档升级新7件实事和扩大救助范围、提高救助标准2个方面)民生实事行动完成。全年改造老旧小区5万平方米,新增小区停车位289个,绿化美化河道1200米,街区整治出新2.6千米;新增文体活动广场4.8万平方米,改建大路镇等农贸市场3座。公共卫生服务落实到位,79名建档立卡低收入人口100%完成家庭医生签约、免费健康体检,3家卫生院创建市级特色科室3个。在全区10所中小学、1个体育广场投放11台体外除颤仪(AED)。通过省级血吸虫病消除达标、省级慢性病示范区验收。新建体育健身设施34套,人均拥有公共体育设施面积3.82平方米,比上年增长26.9%。全区养老机构6家,有各类养老床位2264张,平均每千名老人拥有养老床位数45张,养老机构入住率48%,较上年提升4个百分点。全年新建标准化居家养老服务中心24家,城乡社区覆盖率分别为80%、40%;全市首家医养融合社区嵌入式养老综合体建成运营。成功创建市级智慧校园2所、市级"五星平安校园"5所,推进镇江心湖高级中学二期工程。通过全国文明城市复审验收,姚桥镇儒里村获评全国文明村,大路镇龚舒林家庭获评全国文明家庭。

管理与服务。探索"一核两网三集成"("一核"即坚持党建引领为核心,"两网"即社会网格和企业网格全覆盖,"三集成"即实现集成受理、集成办理、集成处理)高效能治理新路径。以党建为引领,构建七级组织架构;划分5个镇(街道)、54个村(社区)和96个片区三层级社会网格,新布局38个企业网格,2400多家企业可享受线上线下快捷服务。梳理项目推进、帮办代办等10项服务清单,干部下沉一线提供专班志愿服务;上线"清上加亲、宜企在线"微信小程序。全年两类网格主动发现问题44206件,办结率99.88%,满意率98.81%。推行"1113"审批改革试点,将开办企业、不动产登记、施工许可3个阶段审批周期分别压缩至1天、1天和13个工作日,审批时间平均压缩86%,环节压缩59%,立项到施工许可材料精简60%。

"十三五"期间,镇江经开区总投资150亿元孚能科技项目、总投资100亿元航空教育小镇项目等相继落户,世界500强、央(国)企、上市公司、行业领军企业投资项目超过1/3,制造业实体经济项目占比超70%,项目质效提升。累计完成实际利用外资17.16亿美元,外资总量连续5年居全市第一名;累计签约亿元以上产业类项目305个,总投资1848亿元。2017年,编制全国第一张国家级开发区"全链审批"赋权清单,推行实施"2332"阳光高效审批,将开办企业、不动产登记、施工许可3个阶段审批周期分别压缩至2个、3个和32个工作日;2019年,开辟企业开办"全链条"绿色通道,新设立市场主体在5个小时内具备市场运行基本条件;2020年试点"1113"审批制度改革。形成以航空航天、生命健康、新材料、新能源为主的"四个一"产业发展体系。其中新材料产业园创成中国智慧化工园区示范试点单位,2018年跻身"中国化工园区30强";航空航天产业园创成国家新型工业化(航空产业)示范基地、中国航空运动飞行营地2个国家级品牌,苏南国家自主创新示范区优秀科技园区、江苏省航空特色产业集群等8个省级品牌。全区高新技术企业210家,建有省级以上企业研发机构152家;累计获批科技项目540项,入选省"双创计划"人才75人、"双创团队"4个。社会民生不断改善。打造宜园、人才第四空间两大人才高地和乐业中心、魔方公寓、精英公寓3个人才驿站;心湖高中、市丁卯第二中心小学、姚桥卫生院等建成使用。累计完成15个村、22个社区整治提升,建成家门口的公园广场13.4万平方米,新建小区、道路停车位4098个。累计教育投入24.75亿元,新建校舍16.5万平方米,公办中小学全部创成市教育现代化先进学校和数字化校园,教育设施装备100%达省定Ⅰ类标准。引进建设南师大镇江附小、枫叶国际学校、镇江第一外国语学校等民办教育品牌，获江苏省学前教育改革发展示范区、江苏省社区教育示范区等称号。建成日间照料中心5家、社会化运行助餐点14个，建成标准化居家养老服务中心15个，每千名老人拥有床位数45张；建成全省首家中美合资、全市首家二级老年病医院，完成基层医疗机构标准化建设。人均拥有公共体育场地设施面积3.52平方米，连续举办五届镇江国际马拉松赛，2018年获"金牌赛事"称号。（赵　璐）

【中国镇江综合保税区】 2020年，中国镇江综合保税区（以下简称综保区）加大改革力度，产业定位逐步清晰、平台功能逐步完善、物流品牌逐步打响。

经济发展。做好新冠肺炎疫情防控以及外贸业务，聚焦芯片等高货值货品，进出口额大幅增长。全年实现一般公共预算收入2637万元，比上年增长24.5%；完成工业产值11.36亿元，增长73.96%。海关监管货值实现33.3亿美元，增长42.51%；工商税收4949.45万元，增长36.42%；海关关税及代征税5.1亿元，增长75.26%。全年实现到位外资700万美元，固定资产投资7.07亿元；进出口总额8.5亿美元，增长77.08%。

项目招引。完成亿元以上项目招引3个，总投资1100万美元先进光电科技（镇江）有限公司增资项目实现当年签约、当年设备安装试运行。总投资31.5亿元生态智慧联运中心项目落户。镇江中远海运仓储发展有限公司保税物流及跨境电商基地项目、网营（镇江）物流供应链项目竣工试运营。

降本增效。变更升级场站平台管理模式，整合通关资源，免除卡口关联费、过磅费、场站加班费等服务费用，5月实施，当年减免费用30.91万元，成为江苏省唯一一家免除卡口服务费用海关特殊监管区域。实现出口退税"容缺办理"，为相关企业办理免抵退税额185万元。将综保区保税监管服务事项全部纳入金关二期系统，"互联网+海关"、国际贸易"单一窗口"等系统实现网上办理，海关核销手续延期办理等制度实施，提升企业通关效率。

载体优化。制定《镇江综合保税区服务外包单位考核办法》，完善载体定价机制，加大国有载体去库存力度，全年新增载体租赁面积2.88万平方米，载体出租率比上年增长10.1%。

为企服务。区内企业全部纳入镇江经开区网格化服务管理，全年处理各类网格工单105件，办结率100%；对企业提出的政策咨询，24小时内回复；先后帮助各类企业招聘员工30余人，对上争取资金补贴和奖励1170万元，为企业稳定发展提供高效服务。

"十三五"期间，镇江综保区产业定位逐步明晰。市政府出台《加快镇江综合保税区建设发展的指导意见》，提出构建"一区三中心"战略目标。出台《镇江综合保税区入区项目管理办法》，发挥招商引资导向作用。经济指标翻倍增长。进出口额2015年为2.2亿美元，2020年9.3亿美元，增长3.22倍。一般公共预算收入2015年1000万元，2020年2600万元，实现翻番增长。工业应税销售2015年为2亿元，2020年11.02亿元，增长4.51倍。"十三五"期间，累计到位外资1.28亿美元，固定资产累计投入54.8亿元。园区企业加速集聚。招引落地中远海仓、南锦电子、网营物流（富春）、万邑酒业等项目，企业数量从2015年21家增至2020年54家，增长1.57倍。保税库出租率90%以上，标准厂房出清率提高15%以上，载体收入累计1500万元。平台功能逐步完善。建成华东地区有重要影响力的冷链物流中心汇鸿冷链基地，设立公共保税仓库、预包装食品和进口水产品查验平台；实现线上"汇冷优鲜"生鲜冻品源采到端互联网平台和线下"汇冷鲜全球食品体验中心"体验店互动融合电商新模式。批获全省第一批"企企通"建设园区试点单位。获批全国海关特殊监管区域企业增值税一般纳税人试点资格。创新举措促进贸易便利化。南京海关重点改革项目"掌上物流"2.0系统运行，提升卡口作业效率。分类监管仓库运营；金关二期项目上线实施；复制实施简化进出区管理等自贸区创新制度。（任晓峰）

【镇江高新技术产业开发区】 2020年，镇江高新技术产业开发区（简称镇江高新区）加强疫情常态化防控和经济社会发展，做好"六稳"工作、落实"六保"任务。核心区实现地区生产总值117.33亿元，按可比价比上年增长3.3%；一般公共预算收入增长2%；固定资产投资增长9.2%；工业应税销售收入增长3.2%；全年人均可支配收入52785.3元，增长3.4%；全年新登记各类市场主体增长20.8%。

产业建设。核心区签约亿元以上产业项目个数、总投资额较上年翻一番，丹佛斯全球研发中心、"芯视达图像芯片"等一批龙头型、基地型、科技型项目签约落地，丹佛斯全球研发中心被认定为江苏省第十一批跨国公司功能性机构。团山睿谷和中集挂车帮项目列入省重点服务业项目。市级重点产业项目超序时完成年度投资计划，团山睿谷部分主体结构封顶，半导体产业园开园。

招商引资。全年核心区签约引进芯视达图像芯片、好享家智慧家居等亿元以上产业项目，项目落地率65%。新增合同利用外资比上年增长339%，完成实到外资增长79.58%。实现进出口总额增幅8%，离岸外包执行额增长32.9%。镇江高新区创意产业园通过省级服务外包示范区考核并在苏南地区31家示范区中综合评价排名第23名，进2位。美的悦然广场商圈打造"夜间网红经济点"取得初步成功。

科技创新。成立创新服务中心，整合新型研发机构、孵化器等各类创新资源，搭建集咨询、诊断、研发于一体的综合性技术诊疗服务平台，推动院企合作项目45个。通过国家“双创升级打造特色载体”项目验收，获5000万元资助。以“云评审”“云路演”创新方式举办2020年“镇江高新区杯”创新创业大赛，126个项目报名参赛，18个项目获奖并与高新区签订合作协议，8个项目入选“金山英才”计划。

城市建设。形成以总体规划为纲，“云创领地”等片区规划、雨水污水等专项规划、“精美高新”等专题研究、控制性详细规划全覆盖为核心的较为完整的“1+4+X”全级规划体系。工业园区提升出新三年行动收官，基本实现一年一变样，三年大变样。城市路网日趋完善，群众出行更顺畅，治理河道8条，道院路通车，高新大厦亮化、蚕桑路西延、留脉湾路污水管网改造、蚕桑路西段路灯新建、六摆渡河整治、戴家门路南段管网等一批项目完成。

社会文化事业。策划系列文艺活动，举办“高新区文艺播种计划文艺汇演”，举办第三届高新区广场舞大赛。在苏颂千年诞辰之际，协助举办纪念苏颂千年诞辰活动，苏颂纪念堂揭牌。培育引导龙脉刻瓷、源春肴肉、镇江膏药、金莲麻油等申报并获批市级非物质文化遗产传承项目；设立“嶂山马灯”工作室。嶂山马灯代表性传承人卢相喜被评为第五批省级代表性传承人。

管理和服务。成立集成管理指挥中心，综合管理平台3月开发实施，指挥大厅9月完成装修改造，12月上线运行，基本实现一般问题1天内处理，城市管理类、安全环保类事项“20分钟快速处置”。“一站式”政务服务中心推广“全链通”服务，实现0.5个工作日内完成企业设立。提升即办件事项占比、不见面审批率、网办事项覆盖率、压缩事项办理时限等指标，位居全市前列。

“十三五”期间，镇江高新区围绕“城市发展新空间、新兴产业承载地、创新驱动主引擎”的发展定位，统筹抓好规划引领、项目建设、功能配套、能力提升四项重点工作，取得高质量发展重大阶段性成果，在全国169家国家高新区综合评价中排名第71位。成立招商中心，推动招商机制市场化、招商队伍专业化。不断做优做强产业经济，2017年，招引中集挂车帮租赁总部项目、软通动力等项目，完成胜华船厂破产重组；2018年，菁英人才公寓项目、工业大数据及科技服务平台等一批优质项目签约落地，中能建电力设备、新能源汽车热管理研发及产业化、美佳高速电梯、中船日立等项目投产运行；2019年，团山睿谷、半导体产业园等市级重点产业项目紧跟序时，中集智能物流装备产业园、新能源汽车热管理系统、耐德佳AR镜片模组研发及产业化等制造业项目投产运营；2020年，丹佛斯全球研发中心、芯视达图像芯片等项目签约落地。不断积聚创新资源。2017年，南京师范大学创新发展研究院、江苏科技大学海洋装备研究院等平台载体签约落户；2018年，按照“两委员会两法人”模式，建设镇江哈尔滨工业大学高端装备制造研究院、中澳(镇江)人工智能研究院等研发机构；2019年，举办“宁镇高校院所走进镇江高新区”科技合作对接会等多场活动，新增市“金山英才”计划13人、省“双创”博士1人、“科技副总”13人；2020年，连续四年举办“镇江高新区杯”创新创业大赛，通过国家“双创升级打造特色载体”项目验收，成功获批江苏省第四批备案试点众创社区。举办“新型研发机构助力企业科技创新路演对接会”，推介发布科技成果114项，达成各类合作意向40余项。

(殷　博)

省级经济开发区

【江苏省丹阳经济开发区】 丹阳经济开发区(简称丹阳经开区)成立于1992年，1993年升格为省级经济技术开发区，是全省首批省级开发区之一。全区行政管辖总面积178平方千米，辖20个行政村、19个社区，建有汽车零部件产业园、精密制造产业园、生命科学

图10－2　2020年12月10日，镇江高新区蒋乔街道职能机构组建成立大会召开

(镇江高新区办　供稿)

产业园、航天航空产业园、高新技术创业园等特色园区。2020年,全区实现地区生产总值319.06亿元,比上年增长3%,一般公共财政预算收入19.04亿元,增长5.6%;规模以上工业总产值345.22亿元,增长7.8%;制造业投资23.11亿元,增长45.5%;实到外资8136万美元,增长130.8%。在2019年省级经济开发区科学发展综合考核中,列全省同等级开发区第8位。

产业建设。全年有市级以上重点产业项目46个,总投资246亿元,其中38个新建项目开工25个,应开尽开率93%。坚持“三区三园”发展战略,以大健康产业、新材料、装备制造和汽车零部件等为重点产业,推进开发区西部、东部、北部三大园区建设。金融助力不断加码,与省担保公司联合推出“园区贷”,金融街正式运行,设立开发区新兴产业发展引导基金等5个基金,总规模45亿元。

招商引资。外出招商活动100余次,拜访企业180余家,接待客商150批次,洽谈项目100余个。全年签约项目17个,总投资额230.2亿元,比上年增长130%,占丹阳市61%,其中50亿元、30亿元以上项目各1个,10亿元以上项目5个。

科技创新。依托江苏省科技镇长团,6家企业与相关高校达成产学研合作,全区申请专利636件,授权专利1004件;成功申报江苏省“双创”计划1人、镇江“金山英才”5人;新增国家级“两化融合”示范企业1家、省级3家,培育高新技术企业23家;日产园获评省级国际合作园区。

城市建设。基本完成眼镜小镇、练湖新区、天波城北侧等9个项目44.9万平方米搬迁任务;完成河阳新城等4个安置房交付项目988户1658套,实现过渡期外无安置户;城际站片区排涝排污工程、玉泉路桥和星港桥危桥新建改造工程基本完成;完成市政道路维修维护1.2万平方米,疏浚污水管网2.1万米;组织编制完成迎宾路沿线区域及重要节点城市设计,完成357省道、大泊高速口、马塘桥等12个城区重要节点绿化改造,总长度20千米,总面积10.52万平方米。

社会文化事业。加强疫情常态化管控,管控重点人员,进行核酸检测;新区实验小学分校基本完工,马相伯中学开工,河阳中心幼儿园挂牌,嘉荟等社区医生工作室建设完成,村(社区)居家养老服务中心建设覆盖率分别为40%和80%以上;推进“高水平小康·丹阳在行动”活动,完成结对帮扶19户,筹措帮扶资金15万余元;实现“阳光扶贫”App及国家扶贫网数据动态管理,完成建档立卡355户618人信息录入、入户走访。

管理与服务。深化网格化管理,全区调整划分网格382个,初步建立起比较完善的社区治理网,通过平台随时掌握矛盾纠纷排查化解和治安问题处理情况,累计调解各类社会矛盾纠纷1083起,调解成功率100%。持续推进“放管服”改革,基本完成“1+4”综合指挥服务平台建设。强化基层党建,完成39个村社区换届工作,创“五星”支部4个,完成23个村(社区)党群服务中心标准化建设。首创“思·享空间”理论学习平台和“有事好商量”民主协商议事室,成为镇江市典型;“理响曲阿”理论宣讲志愿服务项目获第五届江苏志愿服务展示交流会铜奖。

“十三五”期间,丹阳经济开发区累计引进外资企业48家、各类民营企业1312家,高新技术企业保持在每年80家左右,鱼跃医疗产业园、仅一一号园、明月光学、天豪输变电等一批大项目竣工投产。科创园创成国家级孵化器、国家级众创空间,航空航天新材料产业园创成省级特色创新示范园区,日本零部件产业园创成省级国际合作园区,开发区获评国家知识产权试点园区。基础设施持续完善,先后完成中北学院东西两侧道路建设、麒麟路道路改造拓宽、滨河路道路改造、大业片区基础设施提升、水环境综合整治等工程;加快推进精密制造产业园、生命科学产业园等园区基础设施建设。城市功能持续完善,加快推进新城吾悦城市综合体、国际眼镜城二期建设;完成曲园小区、云天花园、百花新村、迎春小区等老旧小区改造。拆建安置稳步推进,完成马塘桥体育公园、高楼片区黄金塘村等区域搬迁面积约81万平方米,搬迁总户数为1672户;完成嘉荟新城、汇金天地、河阳新城等小区安置房交付2917户4553套,总面积约49.5万平方米。乡村振兴持续推进,完成创建20个农村环境生态村和2个生态文明示范村,建山村黄连山、陈山村、前刘家等3个自然村通过省级特色田园乡村验收,荆林村三城巷上榜省级传统村落;全区各级农业龙头企业16家,其中,国家级1家,省级4家,镇江市级6家。民生福祉持续增进,荆林中心、普善幼儿园、前艾幼儿园、实验小学分校、马相伯中学等一批学校相继投入使用或在建;低保、五保、残疾人兜底保障覆盖全区,留守和困境儿童保障体系日益完善,养老机构日益完善并完成社会化运营。全区17个村(社区)被评为省级民主法治示范村(社区),高楼社区被评为全国民主法治示范社区。党建宣传持续深入,完成20个村党群服务中心标准化建设,完善3个城市社区工作者职业体系,全区城市社区工作者获“双全”社工比例100%;全区建成1个新时代文明实践所、39个新时代文明实践站、5个新时代文明实践岗。

(杨　超)

【江苏省丹阳高新技术产业开发区】 江苏省丹阳高新技术产业开发区(简称丹阳高新区)创建于2013年,2018年9月获省政府批复设立,是高科技、创新型、生态型园区。丹阳高新区位于丹阳市区南部，总规划面积175.85平方千米，重点建设区域49平方千米。2020年，丹阳高新区实现地区生产总值454.3亿元，工业总产值682亿元，高新技术产值占比59.8%。在全省2019年度国家和省级高新区综合排名中，较上年提升7位，列第27位。在30家省级高新区综合排名中，较上年提升5位，列第10位。

产业建设。2020年，丹阳高新区核心区实现地区生产总值217亿元，比上年增长8%；一般公共预算税收收入7.9亿元，增长3%；固定资产投资61亿元，增长9%；制造业投资8.6亿元，增长68%；规模工业总产值84.58亿元，增长16%；工业应税销售104亿元，增长30%。14个丹阳市级及以上重点产业类项目开工13个，开工率92.86%。

招商引资。丹阳高新区重点围绕特色主导产业做到精准招商，全年利用北京中关村飞地孵化器与“985上海校友会”共建技术转移中心、苏州纳米城驻点招商等方式。“瞪羚企业”南京视客、“科技小巨人企业”上海视客等8个亿元以上项目相继落户高新区。

科技创新。2020年，丹阳高新区获批江苏省知识产权示范园区，获评省医疗器械产学研协同创新基地，在国家级科技企业孵化器2019年度考核评价中获评优秀，慧创医疗获评中国创新创业大赛优秀企业。设立“园区贷”“人才贷”，开展多场次科技金融路演，解决成长型企业资金急需，破解融资难题。新增高新技术企业12家，规模以上工业企业研发活动企业数占比80%，投入强度6.2%。

城市建设。启动颜庄、蒋巷、阜阳路西延片区、西门大街（一期）改造提升项目，总拆迁面积6.3万平方米。产业路、竹林路竣工通车。开展国省干道、县道两侧及横塘集镇环境整治提升。187个自然村完成人居环境整治，推进有甲、茅甲、花园美丽宜居乡村建设，大钱村获评省级特色田园乡村。

社会文化事业。高新区实验小学、幼儿园，吕叔湘中学，中医院迁建项目相继开工建设。横松线等农路实现提档升级。推进社会公益事业，垃圾分类作为全省首个公益项目试点实施。“一窗通办 暖企便民”获市作风效能“十佳服务品牌”。福乐园公墓完工。116户建档立卡户全部脱贫，7个经济薄弱村全部摘帽。开展安全生产“大起底”，关停生产经营单位25家，停产整顿21家，417家工贸企业955条安全隐患全部完成整改。社会矛盾防范化解成效明显，中央督查环境信访全部销号，庭审维稳等各类群体性事件平稳处置。

管理与服务。高新区坚持“简政放权、放管结合、优化服务”的鲜明导向，推动为民服务中心建设。中心窗口受理涉及12大条线的各类行政审批和民生服务事项，可办理136项具体业务。通过“互联网+政务服务平台”与实体智能政务大厅相结合，建设高新区特色“前台受理—后台审批—全程监控”事项受理模式，实现近70%业务量在窗口立即办结。

“十三五”期间，丹阳高新区先后被命名为苏南国家自主创新示范区——高性能合金材料科技成果转化示范区、首批一站式服务中心、江苏省重大科技创新平台集成服务基地等。项目招引成效显著。先后赴北京、上海、深圳等地开展小分队招商、驻点招商，举办北京科技创新推介会，落户中关村丹阳青创中心。总投资50亿元的江苏力合（丹阳）智能制造产业园项目签约落户，南京视客、上海聚建等一批重点产业类项目加快建设。园区获批国家级科技企业孵化器，集聚创新型在孵企业86家，累计实现销售5.09亿元，纳税2230.14万元。先后入驻北航（丹阳）研究院、苏南（丹阳）高端装备制造研究所等前瞻性高端产业公共研发平台6家，省级工程技术研究中心等各类研发平台21家，引进院士18人、省“双创”人才47人。程凯团队入选省双创领军人才计划，北航（丹阳）研究院获批全省首家产业院士工作站，新绿能科技获国家科技进步奖。园区建设加快推进。推进片区改造，先后完成安巷、丹棉、姜邓甲、大邓甲、颜庄片区800余户搬迁，涉及面积13.6万平方米。推进基础设施建设，南三环、伊甸园路万伏杆线下地，丹湾1线、2线迁改，新丰路、振兴路东段改造等工程完工。持续完善配套功能，161套人才公寓实现拎包入住，学校、医院等重点民生类工程开工建设，园区生产与生活协调发展格局基本形成，南部新城影响力、吸引力和承载力不断提升。城乡面貌更加精美。推进老旧小区、城中村有机出新，景阳花园、云阳新村、凤美小区、锦湖小区、玉乳泉等小区实现市场化物业管理，获评江苏省物业管理示范项目3个、镇江市物业管理示范项目11个。加快助推乡村振兴，完成196个村庄布局规划，创建大钱路、留花线等“四好农路”，打造双合洪甲、大钱丰甲庄等美丽宜居村庄，大钱村获评首批国家森林乡村。民生福祉稳步攀升。建成政务服务中心，12大条线、136项具体业务实现“一站式”审批、“一条龙”服务。打赢精准脱贫攻坚战，7个经济薄弱村全部达标，115户建档立卡户全部脱贫。持续推进居家养老服务中心、敬老院、残疾人之家建设。

（邹　涛）

【江苏省句容经济开发区】 江苏省句容经济开发区（简称句容经开区）创建于1992年，1993年被省政府批准为省级经济开发区，行政区划面积134平方千米，下辖19个村（社区），是句容市首要的招商引资和项目建设载体。40平方千米核心区内供水、供电、供天然气等“九通一平”基础设施全部建设到位，集金融、商贸、文化教育、娱乐服务等为一体的现代城市功能配套日趋完善。2020 年,句容经开区经济积极应对新冠肺炎疫情,加速“跑起来”,经济建设和社会事业均实现历史突破。一般公共预算收入 15.8 亿元,比上年增长 21.4%;工业应税销售 123.21 亿元,增长 10.9%;规模以上工业企业 64 家,增长 36.17%;实际到账外资 7600 万美元。在 2019 年度全省省级经济开发区综合排名中列第 17 位。

产业建设。突出“科技园 + 产业园”两大形态、双轮驱动,聚焦智能制造、新能源汽车、新材料等重点产业,招引优质项目;28 个市级以上重点项目有序推进,华祥耀半导体等一批项目建成投产,半导体产业动能持续释放;全区新增规模以上工业企业 24 家,占全市新增企业数的 38%;增加高新技术企业 8 家,累计 44 家;新增亿元销售企业 9 家;海田、晶度、金合 3 家企业完成股份制改革。

招商引资。句容经开区切入“紫东大建设”“高铁加地铁”时代机遇,项目招引量质齐升。在 8 月 6 日的“项目突破年”集中签约活动上,新能源国民汽车、负压方舱及高光半导体等十多个总投超百亿元的项目落户开发区,涵盖智能制造、新一代信息技术、新能源等多个领域。做实闲置资源盘活文章,引导传统企业携手高端平台,以“存量”带“增量”,三京机电、伟诚电子、久润光通信等项目通过租用闲置、低效厂房,带动新增年产值 3 亿元以上。

科技创新。17 家企业通过高新技术企业入库申报,13 家企业通过高新技术企业认定,申报成功科技型中小企业 33 家;句容高新技术产业园获评优秀国家级科技企业孵化器,启迪之星(句容)众创空间和启迪绿谷众创园获省级众创空间认定;江苏赛达电子科技有限公司获评省级工程技术研究中心,江苏兆鋆新材料股份有限公司入选 2020 年度省“专精特新小巨人”认定企业名单。帮助企业引进高层次人才 30 多人,其中 2 名国家级人才落户;组织 30 余家企业和项目申报省市人才项目,其中壹度科技何於获镇江“金山英才”计划重点资助;举办 2020 年“福地青年英才”创业大赛开发区分赛,2 个项目分获市总赛初创组和成长组一等奖。

城市建设。致远路全线恢复通车,黄金河支流实现“水清、点绿、景美”目标,推进雨污分流二期工程,开展城市秩序、安全生产、防违控、“散乱污”和“小化工”企业专项整治行动。文明城市创建期间,开展黑臭水体治理、楼道出新、增设车位、路面硬化、环境卫生整治、创建氛围营造等工作。

社会文化事业。疫情防控期间,筑牢疫情“防火墙”。全年办理黄梅新村、黄金花园、通宁公寓等安置房不动产证 8609 本,占比 85.9%。开展征地拆迁“拔钉子”工程,实施信访积案百日攻坚专项行动。黄梅街道上报的 79 个自然村一次性通过镇江市验收销号,清理农村生活垃圾 16220 吨,清淤塘坝沟渠 505 处,处理畜禽养殖粪污等农业生产废弃物 535 吨,清除无保护价值的残垣断壁 140 处。脱贫攻坚方面,为 12 户建档立卡户改造危房,502 户建档立卡户全部脱贫。

管理与服务。以优化营商环境为切入点,强化跟踪保障,确保重点项目早落地、早开工、早投产;开展以“三走进、三服务”为主题的作风效能提升主题活动,探索“网格化 + 铁脚板”的企业服务模式,定组定责、一网一表、一企一清,企业帮办代办助力项目审批加速推进。

“十三五”期间,句容经济开发区重塑龙头引领作用,2017 年以来签约亿元以上产业项目 25 个,22 个落户,落地率 88%。壹度科技创造“当年签约、当年投产、当年达效”的“壹度速度”,当年开票销售 7000 多万元。逐步形成以壹度科技为代表的半导体和以国民电动车为代表的新能源汽车产业集群,对全市产业发展具有重大拉动作用。实施园区升级工程。壹度科技、华祥耀等一批半导体产业项目投产达效,中电科半导体、金纬机械、金晓电子等一批优质智能制造及生产性服务业项目加速集聚,联东 U 谷、恒生科技园、中南高科等一批园区专业运营项目加速推进,推动区域产业转型升级和园区面貌提档升级。开拓无地招商新路。壹度科技、台湾半导体产业园、沃德机械、骏成电子等项目累计盘活闲置多年土地 73.33 公顷(1100 亩)、厂房 11 万平方米。纳容科技、金合能源、巨宝科技等企业先后增资,增加注册资本超 3 亿元,单位面积投资强度、亩均产出均实现大幅提升。

(许文晖)

【江苏省扬中经济开发区】 江苏省扬中经济开发区(简称扬中经开区)位于江苏省扬中市东南部,下辖 8 个村(社区),总面积 27.4 平方千米,常住人口 4.2 万人,拥有深水岸线 7.2 千米。2020 年,扬中经开区实现工业应税销售 156.37 亿元,比上年增长 21%;公共财政预算收入 4.32 亿元,增长 8%;工业固定资产投资 26.7 亿元,增长 64.1%。在全省经开区综合考核排名中,扬中经开区在 88 家省级开发区中列第 12 位。

产业建设。排定千万元以上项目 19 个,列入省重大项目 1 个、镇江市重点项目 4 个。其中,蜂巢易创扬中产业园开园,蜂巢动力发动机、传动变速器、电驱动电机等项目相继举行下线仪式,完成一期投产,全年形成销售额 14 亿元。通灵智能接线盒、高照新能源绿色单晶硅片项目竣工投产;兴隆港务临港物流提升改造项目完成;江拓新材料项目进入试生产。

招商引资。成立扬中发促会经开区分会、经开区乡贤文化促进会。全年对接有效项目信息 20 余个，完成项目签约 13 个，完成项目注册 7 个、项目落地 7 个。项目总投资 42.5 亿元，其中 10 亿元项目 1 个(5GW 太阳能组件项目)、15 亿元项目 1 个(智能制造大数据中心产业园项目)，全部投产后可新增销售 101.2 亿元、利税 13.2 亿元。

科技创新。2020 年，扬中经开区全年认定国家高新技术企业 22 家，高新技术企业培育入库 20 家，新增后备高企 12 家，蜂巢动力获省示范智能车间、亿能电气获首批“江苏精品”企业称号，扬碟钻石获评省级工程技术研究中心，经开区获评江苏省知识产权示范园区，科创中心获评省级 A 类孵化器。全年组织企业赴华东理工大学、西安交通大学等多所高校进行项目对接和人才招引，举办“扬中—华东理工大学科技人才对接交流会”主题活动，全年申报镇江“金山英才计划”项目 6 个，申报江苏省“双创计划”3 个，新增在手人才项目 16 个，获批镇江首批“人才工作服务站”5 家。

城市建设。新建三跃污水提升泵站等 3 座泵站，新建及改造长征路、兴茂路等主干雨污水管网 28 千米，检测、修复雨污管网 35 千米，完成兴隆、三跃两大集镇雨污分流改造，3 年完成的水环境治理工程在 2 年内完成。开展农村人居环境整治，清理河沟 455 条、残垣断壁 160 余处，种植花木 8 万余株，打造“长寿园”、文博新村等多处人居环境整治示范点，福源村“长寿园”成为镇江、扬中乡村振兴现场会观摩点。长效推进创文创卫工作，全年督查梳理创卫问题 2600 余条，整改率 100%，绿化补植等提升工程竣工，生活垃圾日产日清，集镇环境卫生明显改善。

社会文化事业。提前完成精准扶贫任务，全区建档立卡户均纳入城乡居民医疗保险范围，15 户建档立卡户危房改造全部完成。推动村校、校企共建，强化“名师结对”，提升青年教师素养，全年兑付“助学兴教”奖励资金 106 万元。推进养老机构公建民营改革，探索区域性居家养老服务新模式。开展慈善救助，慈善基金规模突破 1700 万元。打造“一村一品”特色文化，举办 2020 太平文化旅游周、重阳节推介会等各类文艺活动，自创舞蹈入围省五星工程奖决赛。

管理与服务。落实新冠肺炎疫情防控要求，建立健全联防联控机制，管控服务外地回扬中人员，帮助企业代买口罩 5 万只，在全市率先启动企业复工复产。汛期对江港堤防实行 24 小时值班值守制度，及时处理兴隆大闸渗水隐患。推进“扫黑除恶”专项斗争，全年破获刑事案件 34 起；推进“雪亮工程”建设，建成全域现代化社会治安防控体系，建成港湾新城“智慧小区”。全年开展各类安全检查近 300 次，检查企业 252 家，发现并整改问题隐患 180 余条；针对国务院安全生产督导组交办的华盛喷涂隐患整改任务，聘请国家级涉粉涉爆专家现场指导，全区 30 条喷涂生产线全部通过整改验收。

党建与文明实践。推进“不忘初心、牢记使命”主题教育，亮化“党建 365，在线每一天”品牌，探索党员发展“四重审”、组织员“333”指标工作法，工会益企益家睦邻项目、妇工委家庭教育项目分别成为省工会优秀创业项目、省妇联首批“三全”试点项目。全年开展各类党员教育活动和文明实践活动 400 余场、大型文化活动 24 场，初心政治生活馆接待党组织 80 余次，党员 2000 余人。兴隆中心小学获评“全国文明校园”，1 人获评“新时代江苏好少年”，8 人分别获评扬中“道德模范”“扬中好人”。

“十三五”期间，扬中经开区经济总量比“十二五”期间增长 77.9%；一般公共预算收入增长 149.7%；在全省综合考核排名从第 17 位前进到第 12 位。2018 年获扬中市重大项目突破奖，2019 年获镇江市项目招引奖，2020 年获评江苏省商务系统先进集体。先后创建成功“中国光电产业最具投资潜力园区”、江苏省博士后创新实践基地、江苏省新能源产业园、江苏省知识产权试点示范园区、江苏省海外智力引进示范基地和省级太阳能光伏产业园等。有企业近 500 家，扬中市“六十强”企业 14 家，其中镇江市

图 10－3　2020 年 6 月 30 日，蜂巢动力系统(江苏)有限公司首台发动机下线

(倪　杰　供稿)

“三十强”企业8家,产业工人超过1.5万人。全区产业门类齐全,主要有新能源、工程电气、临港物流三大主导产业,以及核级阀门、管材管件、汽车内饰件等传统产业,其中光伏行业形成完整产业链,多晶硅片、逆变器、接插件等产品在江苏乃至全国行业中具有显著的竞争优势。2018年7月,总投资95亿元的汽车核心零部件项目(蜂巢易创、精诚工科)落户经开区,汽车核心零部件产业成为经开区新兴主导产业。拥有高新技术企业58家,科技型中小企业33家,扬中市科创中心2013年创成国家级科技企业孵化器,是镇江市唯一的A类国家级孵化器,近年来多次获评国家级和省级A类(优秀)科技企业孵化器。建立省工程技术研究中心13家、省企业技术中心11家、省院士工作站1家、博士后创新实践基地1家、省研究生工作站15家,获批省重大成果转化项目5个,引进国家人才10人,省“创新团队”1项,省“双创人才”14人,“双创博士”3人,镇江“金山英才”22人。

(丁伟东)

【江苏省扬中高新区技术产业开发区】 江苏省扬中高新技术产业开发区(简称扬中高新区)2015年11月经江苏省人民政府批准筹建,2018年9月获批正式设立。批复核心面积为3.12平方千米,实际管辖总面积22.759平方千米。扬中高新区依托智能电气产业园核心区为主体创建,以发展智能电气、新能源、新材料等产业为重点。连续3年位居镇江“三集”发展考核工作第一方阵第1名,被工信部确立为全国首批“产业集群区域品牌建设”试点单位,被科技部确立为国家智慧电气高新技术产业化基地。2020年,扬中高新区完成工业申报纳税销售229亿元,比上年增长7.8%;完成一般公共预算收入7.77亿元;实际使用外资3800万美元。入驻企业635家,高新技术企业140家,全社会研究与开发投入占地区生产总值比重2.9%。有院士工作站7家、博士后工作站6家,国家级技术研发中心1家,国家“863计划”成果转化基地1家,万人发明专利拥有量100件;与90余所高校、科研院所建立长期稳定的产学研合作关系。在2019年全省国家和省级高新区中排名第17位,省级高新区中排名第4位。

产业建设。区内聚集大全集团、威腾股份等一批电力电气大型骨干企业,形成较好集聚集约效应。大全集团先后获国家技术发明二等奖、国家科技进步一等奖和国家科技进步特等奖,并获镇江首个“中国工业大奖”;大全赛雪龙入选国家级“专精特新”小巨人企业。威腾股份上榜2020年度中国电力电气行业“复合封闭绝缘母线十大品牌”。大航智能电气获评“苏南国家自主创新示范区瞪羚企业”。江苏蓝鲸新材料与西安交通大学合作的高性能压电单晶产品,获第八届“创业江苏”科技创业大赛江苏赛区新材料行业赛第一名,在首届江苏特色小镇“创新创业”大赛中获评十佳项目;中远稀土等企业参与国家和行业标准制定。营商环境优化,全年固定资产投资超50亿元,其中高技术产业投资占比近70%。

招商引资。全年实施扬中市级以上重点项目41个,其中镇江市重点项目10个,总投资80亿元,重点项目开工率100%。

科技创新。举办西安“双招双引”政策推介会暨“大航杯”首届扬中人才创新创业项目路演、智能制造暨第二届柔性机械电子产业化国际论坛、电气小镇能源互联网+智能制造分论坛、扬州大学农业专场产学研对接会等一系列活动,推动院士专家、高层次人才向区域集聚,促进新能源、电气主导优势产业发展和转型升级。与华北电力大学共建智能电气研究中心,华电研究生培养基地初见成效,首批100个研究生进入基地培养。

城市建设。结合“绿色能源岛”建设,加快光伏、风能等可再生能源在区内推广和循环利用。区内工业厂房安装并网48兆瓦,居民户安装并网3800余户。对污水垃圾处理等环境保护基础设施进行升级改造;构建主次干道网络和慢行交通系统;完善智慧城市系统改造配建,加强城镇道路、供水、供电、通信、物流等基础设施建设,完善和提升智慧电气小镇的功能和承载能力。

社会文化事业。建成创新高地生态新城。引进北京青苗国际双语学校镇江校区落户扬中高新区,与养老服务连锁品牌康乐年华合作运营养护院,与国家博物院原副馆长陈履生合作建设陈履生美术馆、汉文化博物馆、竹器博物馆,并对外开放。打造集行政审批、政策咨询、科技金融等功能为一体的“一站式服务中心”,引进亿蜂科技等优质企业服务平台,建成“三基地两中心”立体服务网络,在创新政策落实、国际业务开展、科技金融、技术转移、检验检测等方面给区域内企业带来大量服务资源。

管理与服务。扬中高新区将40多个部门精简整合为“一办七局”(党政办公室、经济发展和改革局、财政和资产管理局、政法与社会事业管理局、建设局、科技人才局、综合行政执法局、行政审批局)。推进新坝镇、高新区和国资平台——大航集团的资源整合,形成“镇”“区”“平台”三位一体的整体合力。

“十三五”期间,扬中高新区围绕产业夯基础、强链条,打造实力板块。引进云企智造共享工厂项目,实现工程电气智能柔性加工链条延伸。切入“新基建”战略发展机遇,以士林集团与西南交大产学研合作为突破口,加速工程电气与轨道交通产业融合。围绕“四新经济”,丰富产业业态、拓宽发展路径;围绕总部经济,推动大全集团做大做强扬中板块;围绕与央企合作,鼓励弘历电气借船出海、靠大挂强;围绕数字经济,加快推进腾迈 5G 通信、乐仕 5G 电源柜项目,在持续发力、高效推动中不断拓展产业新版图。瞄准高新强驱动、激活力,构建最优双创生态。有 140 家高新技术企业、7 家院士工作站、6 家博士后工作站、1 家国家级技术研发中心、1 家国家“863 计划”成果转化基地,建有国家级孵化器 1 家、省级孵化器 2 家、省级众创空间 3 家,累计孵化企业超 200 家,国家级科技企业孵化器获科技部火炬中心、省科技厅科技企业孵化器绩效评价“双 A 类”。高质高效运营国家级科技企业孵化器、华扬众创空间、红十六创等孵化载体,争创国家知识产权试点园区。加快推进华北电力大学扬中研究生院建设,打造创新生态示范区。2019 年,被科技部确立为国家智慧电气高新技术产业化基地。聚焦体制改革添活力、优服务,积蓄发展后劲。根据《江苏省开发区条例》,制定行政管理体制改革方案,将 40 多个部门精简整合成“一办七局”。落实《江苏省开发区条例》等文件规定,严格建设项目产业政策、环境评价、用地标准等方面的条件,鼓励科技含量高、投资强度高、质量效益高、产业关联度高、具有自主知识产权的项目进入开发区,深度融入长三角,瞄准上海、苏州等重点地区,壮大招商力量。 (周　颖)

【江苏丹徒经济开发区】 江苏丹徒经济开发区(简称丹徒经开区)1993 年 12 月经江苏省人民政府批准设立。开发区位于上海、南京两大都市经济圈之间,是长三角地区重要的物流集散地。园区总体规划面积 25 平方千米,完成开发面积 12.5 平方千米。拥有长江深水岸线 6.32 千米,建成 5 万吨级以上码头 9 座,千吨级内河码头 11 座。是省级装备制造业特色基地、省级临港物流特色园区、国家级循环经济标准化示范试点园区、江苏省循环化改造示范试点园区、国家级循环经济标准化示范试点园区、江苏省知识产权示范园区。2020 年,丹徒经开区实现地区生产总值 218.1 亿元,其中规模以上工业增加值 71.13 亿元。完成财政收入 26.5 亿元,其中一般公共预算收入 12.11 亿元。完成全社会固定资产投资 58.27 亿元。完成实到外资 3192 万美元。

产业建设。2020 年,丹徒经开区有法人单位企业 238 家,规模以上企业 72 家,园区逐步形成较为完善的绿色建筑、装备制造、现代物流等特色支柱产业。

招商引资。全年经开区列入市区重点项 10 项,实际完成投资 6 亿元,其中中铸新材、中金医疗、中建科技、润港码头、宏顺热电技改等 5 个项目建成试产。总投资 1.45 亿美元晋得新材料改性沥青加工及仓储物流项目、总投资 2700 万美元金华普钢结构二期项目、总投资 1.4 亿元智农农业综合开发项目、总投资 50 亿元建华工程建设高性能复合材料项目、总投资 1.49 亿元建科预制件扩建及技改项目、总投资 1.02 亿元静脉产业园项目签约落户园区。新签约亿元以上项目 6 个、限额以上项目 21 个。

科技创新。园区实有高新技术企业 72 家,实现产值 132.76 亿元,完成销售 132.37 亿元。中铸新材纪士东硕士抗熔铝炉粘黏渗透浇注耐火材料研发及产业化项目通过丹徒区“长山计划”立项,中铸新材总经理何胜平参加第八届中国江苏人才创业创新大赛入围省决赛。

城市建设。投资 314.35 万元完成基础设施配套,新增雨污水管网 3 千米,新增提升泵站 270 平方米。投资 223.35 万元,对全长 1.1 千米的双仙河进行河道清淤整治工程,加强协调推进,完成集镇天燃气进区建设工程。推进安置房建设,幸福家园一期 8.4 万平方米安置房完成各项准备工作开工建设。投入资金 1180 万元,实施长江经济带 22 个辖区废弃宕口复绿工作。推进长江造林绿化工程建设,完成总面积 37 万平方米。

社会文化事业。有各级科技研发机构 21 个,其中省级 9 个、市级 12 个。有科技人员 1484 人,年内获科技成果 11 项。辖区有中学 2 所、小学 2 所、中心幼儿园 2 所。有卫生院 2 所,病床 52 张。有文体活动中心 1 个,影剧院 1 座,党员服务活动中心 1 个。

管理与服务。加强机关作风效能建设,成立督

图 10－4　2020 年 7 月 12 日,北汽蓝谷麦格纳汽车有限公司揭牌仪式举行

(丹徒经开区办　供稿)

查员队伍，对机关各部门落实上级党委和开发区党工委决策部署情况进行督查，聘请12名社会监督员，畅通监督渠道，开展"群众满意部门""效能标兵"评选活动。成立功能性临时党支部，挂钩重点项目，推行包办、代办、会办制度，拉近区企距离。推行"三证合一"行政审批机制，提高办事效率，优化营商环境。

"十三五"期间，丹徒经开区2020年完成的地区生产总值、一般公共预算收入、亿元销售企业数分别是2015年的1.22倍、1.52倍、1.9倍，累计完成固定资投资80亿元。截至2020年年底，经开区税收超1000万元企业15家，工业应税销售占全区40%以上，工业企业入库税收占全区比重超过35%。产业格局初步形成。推进中建科技、省交等市、区重大产业项目23个，鹤林水泥、建科科技、城科发展、中建科技等企业落户推动产业集聚，新材料、绿色建筑成为经开发新的主导产业。2018年，国机二重(镇江)公司实现扭亏为盈，高端装备制造等新兴产业进入稳步发展阶段。同时成为全国最大特种碳材基地。发展循环经济，落实各项循环化改造项目和标准化实施方案，2016年被国家标准委、国家发改委认定为国家级循环经济标准化试点园区；同年10月，省级循环化改造示范试点园区通过验收。2017年实施"263"专项行动，3年累计减原煤90万吨，2018年投入去产能资金2.1亿元，关闭华元焦化、华泰化工、长三角化工等化工企业；2019年完成卫生防护区营春、陈丰村近1000户农户的拆迁工作。推进企业品牌、专利、名牌产品、高新技术、战略创新产业等工作，截至2020年，有国家高新技术企业18家，是2015年的4.5倍，规模以上工业企业研发机构占比60%，获批省工程中心、企业技术中心、研究生工作站8个。2019年9月获批入选江苏省知识产权示范园。

（贡献 侯辉 邱玮）

【江苏镇江京口经济开发区】 江苏镇江京口经济开发区(简称京口经开区)地处长江三角洲中下游地区，西临南京，东接上海，位于沪宁经济走廊地区。2003年2月经镇江市人民政府批准设立，2006年经省政府和国家发改委批准，正式升级为省级开发区；2019年12月经省政府批复，更名为"江苏镇江京口经济开发区"。一期规划面积4平方千米，2013年3月增至7平方千米，下辖左湖村、上埕村和李华社区3个村、社区，总人口4542人。经开区拥有市级"三集"制造业示范园区京口高性能材料产业园、苏南自主创新示范区"一区十四园"之一的高性能铝材料产业园。有两个省级创新创业载体：京口工业园区高创中心和镇江亿致新材料创业园。先后获批省级小企业创业示范基地、省级航空铝材特色产业基地、省级知识产权试点园区、省级生态工业园区等。

经济发展。全年完成一般公共预算收入12540万元，比上年增长7.76%。固定资产投资完成8.41亿元，其中高技术产业类投资3.01亿元；实际到位外资2306万美元。随着新冠肺炎疫情缓解，工业产品产量逐步增长，工业总产值110亿元，增长-2.3%，产值降幅进一步收窄；规模以上工业企业应税销售增幅1%；龙头企业鼎胜新材产值正增长月数11个月，对工业生产恢复向好形成有力支撑。新增规模以上工业企业10家。在2019年全省91家省级开发区综合考核评价中列第48位。

招商引资。全年实现新签约产业类项目12个，总投资7.56亿元，其中亿元以上项目4个。落户总投资1.1亿元的芯航东方航空零部件及半导体设备材料精深加工项目，盘活科捷地块并招引总投资3亿元的智能网联传感器及敏感电子元件精密制造项目；举办第十二届长三角铝业高峰论坛。

项目建设。区级重点产业类项目20个，其中续建6个、新建14个，总投资24.77亿元，年度计划投资10.19亿元。纳入市级重点产业项目6个(含科技类1个)。日泰生物食用菌液态深层发酵关键控制技术及装置项目、万京技术车辆轮端研发制造项目一期项

图10－5　2020年11月18日—20日，第十二届中国长三角铝业高峰论坛暨2020上海铝协年会在京口经济开发区召开

（京口区新闻中心　供稿）

目及正恺电子年产5G新型射频同轴连接器及电缆组件技术改造项目竣工投产，芯航东方航空零部件及半导体设备材料精深加工项目实现当年签约当年建设当年投产，鼎胜新材新建高端彩色铝质轻合金材料智能工厂项目和航空航天中小企业基地二、三期等新建项目开工建设。

科技创新。高创中心通过省级科技企业孵化器绩效评价，镇江汇鑫中小企业发展服务有限公司成功申报省级众空间和市级小型微型创业创新示范基地，经开区通过省知识产权示范园区的复审；泊菲莱引进的中科院理化所和中山大学高层次人才，均入选市"金山英才"先进制造业领军人才，鼎胜新材引进日本专家人才入选市"金山英才"高技能领军人才；新入选高新技术企业5家。

基础设施建设。集约利用土地，投资5000万元实施高压杆线迁改。连镇铁路（镇江段）沿线绿化工程涉及经开区全长1220米，沿线房屋外墙出新5万余平方米，绿化广场900多平方米，新增绿化交地总面积约6.67公顷。道路、路灯维修工程修复蔡家路和金阳路路灯120余盏，修复破损路面面积约950平方米。启动实施总建筑面积分别为14000平方米、10000平方米的航空航天中小企业基地二期和三期项目。

生态文明建设。违法用地整改率100%；全年实现新违建零增长。采取"集中堆放、集中收运"处置方式，保证秸秆禁烧工作质效。落实《镇江市农村人居环境整治专项行动实施方案》，农村人居环境明显改善。对经开区范围内卫生死角和旱厕粪坑进行集中清理。完善河长制度，牵头做好河道长效管理工作，总投资600余万元的老鼠山河、华村沟、月湖中心沟经开区段黑臭水体整治工程整治完成。

社会文化事业。开展医保、农保等社会保障工作，经开区社保覆盖率100%，民生类各项任务达序时进度。实行领导信访包案制度和信访值班制度，未发生群体恶性上访事件。提升新冠肺炎疫情防控治理水平，优化居民生活环境，户厕改造204座，实现辖区范围无害化户厕全覆盖；通过加大用工隐患排查，帮助企业开展用工招聘、劳动处理等各项工作，创成省和谐劳动关系创建示范园区。开展专项整治"一年小灶"，安全生产形势保持总体稳定，未发生亡人安全生产和消防事故。

"十三五"期间，京口经开区2020年完成的国内生产总值、一般公共预算收入、亿元销售企业数分别是2015年的1.22倍、1.52倍、1.9倍，"十三五"期间累计完成固定资投资80亿元。到2020年年底，经开区税收超1000万元企业15家，工业应税销售占全区40%以上，工业企业入库税收占全区比重超过35%。在有色金属压延、机械加工、零件制造等传统产业基础上，依托鼎胜新材、爱励铝业等龙头企业优势，发展航空航天及交通运输用铝材，高档汽车用铝合金板，各类铝板带箔及精深加工的高性能铝材料产业，以高性能铝合金新材料为主的产业格局初步形成。推进5万吨动力电池电极用铝合金箔、机翼板深加工、航空航天中小企业基地及高强度铝合金航空板等市、区重大产业项目，建成全球最大的空调铝箔、动力锂电铝箔生产基地，拥有完善的高档航空铝合金厚板生产厂家，落户核岛防护铝基新材料国产化领军企业，形成百亿级高性能铝材料产业集群。2018年，鼎胜新材在上海证券交易所上市。爱励铝业获欧洲空客2017年度优秀供应商和质量持续改进奖，2018年获波音新供应商资质认可奖，公司是中国商飞C919大飞机和ARJ支线飞机结构铝合金板的主要供应商。"十三五"期间，京口经开区通过"263"专项行动、"散乱污"整治累计关停各类企业、作坊47家。辖区企业累计投入近1亿元用于节能减排、累计投入约2000万元用于人居环境打造。"十三五"期间，经开区重点推动企业品牌、专利、名牌产品、高新技术、战略创新产业等工作；至2020年累计有"四上"单位33家，是2015年的4倍；拥有高新技术企业14家，是2015年的3倍；规模以上工业企业研发机构占比91%；获省工程中心、企业技术中心、院士工作站、博士后科研工作站、研究生工作站11个；获国家级、省级孵化器、众创空间6个。2020年通过江苏省特色创新示范园认定，通过江苏省知识产权示范园复审。（庄　严）

综　述

【概况】 2020 年，镇江市人社部门推出“免、减、缓、返、补”等组合政策，为 2.8 万家企业减免社保费 45 亿元，为 1.4 万家企业发放稳岗返还资金 1.68 亿元。开展人社服务快办行动，人社审批服务清单内事项网上可办率 98.9%，列全省第 1 名。加强重点项目帮办服务，帮助企业纾困发展。开展万名高校毕业生留镇行动，引进本科以上高校毕业生 1.8 万人，驻镇江高校毕业生留镇率首次突破 20%。新获批国家级高技能人才培训基地 1 家、国家级技能大师工作室 1 个，每万名劳动力中高技能人才为 1057 人。镇江技师学院建成华为数字化人才培养基地，并挂牌成立中国动漫研究院镇江分院。

加强民生保障，就业形势总体稳定，城镇新增就业 5.83 万人，年末城镇登记失业率 1.71%；就业工作获省政府督查表彰，“就业 580（就业我帮您）”服务品牌创成全市“十佳服务品牌”，并被人力资源和社会保障部纳入全国人社系统远程教育课程。实施退捕渔民安置保障专项攻坚行动，退捕渔民转产就业率和社保安置率在全省率先实现两个 100%。提高城乡居民基本养老保险待遇，城乡社保覆盖率稳定在 98% 以上。落实富民增收政策，强化指标调度，城镇居民收入指标由省设区市第 11 名提升到第 9 名。创新成立镇江市家政行业协调劳动关系三方委员会，实现裁决书互联网公开，结案率超过 90%。贯彻《保障农民工工资支付条例》，实施根治欠薪夏季、冬季攻坚行动，欠薪治理有成效。（郑仁轩）

【“十三五”期间主要情况】 “十三五”期间，镇江市人力资源系统以“民生为本、人才优先”为工作主线，稳就业、惠民生、助转型、促发展。累计实现城镇新增就业 38.28 万人，城镇登记失业率控制在 3% 以下，为企业发放各类稳岗返还金 3.9 亿元。2018 年、2019 年就业工作获省政府办公厅督查表扬。建成省级创业示范基地 17 个、省级创业型园区 5 个、创业型街道（镇）49 个、创业型社区（村）511 个。打造的“就业 580（就业我帮您）”服务品牌，列入人力资源和社会保障部的全国人社系统远程教育课程。开展万名高校毕业生留镇行动，驻镇江高校毕业生留镇江率提高到 20.34%。引进培养本科以上人才 8.5 万人、专业技术人才 8.15 万人；培养乡土人才 413 人，句容戴庄农业合作社获评全省首批乡土人才传承示范基地。举办第四届“江苏技能状元”大赛。在首届全国技能大赛上，镇江市综合成绩列全省第 4 名。全市高技能人才总量 20.6 万人，每万名劳动力中高技能人才 1057 人。制定加强劳动关系和谐企业正向激励意见，规模以上劳动合同签订率 99.99%；培育市级以上劳动关系和谐企业 527 家、劳动关系建设和谐示范园区 17 家。打造“双型双式”（法治型、服务型，“110”式、保姆式）劳动保障监察品牌，受理各类举报投诉 8987 起，立案查处 6010 件，为 3.34 万名劳动者追回工资 22285.49 万元。承办国际劳工组织研讨会 2 次，镇江市综合维权服务体系建设做法获国际劳工组织代表肯定。推进人社“放管服”改革，推进“5A 智慧人社”平台建设。建设“人社 7×24 小时自助服务区”，人社审批服务清单内事项网上可办率 98.9%。建成市县联动的“12333”咨询热线服务系统，创成首批全国“12333”电话咨询服务示范单位和全国人社系统“优质服务窗口”。（郑仁轩）

就业创业

【概况】 2020 年，镇江市新增城镇就业 5.83 万人，就业人数提升至全省第5名。年末城镇登记失业率1.71%，城乡就业困难人员再就业6217人。发放创业担保贷款6.64亿元，帮扶创业1.43万人，创业带动就业6.36万人。开展城乡劳动者就业技能培训4.03万人，全市零就业家庭连续180个月保持“动态清零”。镇江市就业工作获省政府办公厅通报表扬。（郑仁轩）

【就业促进政策】 2020年，镇江市面对新冠肺炎疫情影响和经济下行压力，以稳就业、保居民民生为重点，施行各类促进就业政策。召开全市稳就业工作会议，联动成立6个“稳就业保用工”专班；实施重点企业用工调度保障行动，先后在1000多家企业进行现场办公；出台12条“保用工”、24条“稳就业”、10条促进高校毕业生就业创业政策举措，编制集成《就业创业政策一本通》。全年减免社保费、发放稳岗返还金，兑现各类培训补贴，发放创业贷款。（郑仁轩）

【重点群体就业创业】 2020年，镇江市人力资源和社会保障局打造“就业580（就业我帮您）”人社服务品牌，帮扶各类人群就业，服务品牌被人力资源和社会保障部纳入全国党员干部现代远程教育专题教材，被省人社厅作为特色亮点工作全省推广。实施“一人一策”就业扶贫行动，依托全市761个人社基层服务平台，采取“乡村大喇叭、就业直通车”等方式，组织引导45.9万名返乡农民工就地、就近就业。实施精准对接、技能定培、岗位定制、创业扶持、托底帮扶、劳务输送、服务提质等行动，帮扶1752名本地建档立卡低收入贫困劳动力和5639名城乡就业困难群体稳定就业，城乡零就业家庭连续180个月保持动态清零。全年全市发放失业补助金1790.58万元。实施网上春风行动，开发上线“招聘通”空中招聘系统，推出“互联网+”招聘模式，为5300多家企业网上发布岗位信息5.8万个，远程面试招引到镇江务工人员7000余人。全年帮扶高校毕业生就业创业4196人，离校未就业高校毕业生就业率96.59%。率先在全省实现退捕渔民转产就业率100%。（郑仁轩）

【创业富民行动】 2020年，镇江市实施创业富民行动，对受新冠肺炎疫情影响可能逾期还款、感染新冠肺炎的申请人分别给予展期扶持，展期期间由财政给予全额贴息。全年为5237人各类城乡创业者发放富民创业担保贷款。落实创业示范载体租金“一免两减半”扶持政策，全市65家市级及以上创业示范基地为752家入驻企业减免租金249.6万元。全年兑现各项创业补贴139.3万元，扶持城乡1.43万人创新创业成功，带动就业6.36万人。鼓励和支持创业载体建设，创成省级创业示范基地2家、市级创业示范基地4家。建立优秀大学生创业项目库，通过创业项目大赛、创业项目路演、成功案例推介等形式，先后征集300多个省级“大学生优秀项目”入库，供创业者免费查询。举办第四届“中国创翼”创业创新大赛江苏省选拔赛暨“创响江苏”创业创新大赛镇江市初赛，通过2019年度优秀项目的省级复核，2020年新入选省级“优秀大学生创业项目”25个。启动“金秋创业行”系列活动，举办“2020创业大讲堂·财税与法律专题讲座”、“创响江苏”创业指导专家团镇江行、“2020科技金融走进镇江创业园”以及2019年度“十大创业明星评选”等系列活动；举办镇江市“创业明星”颁奖典礼暨创业故事巡回分享会；举行《逐梦镇江·我的创业故事》新书首发式；聘任30名投资人、学者、企业家和创业培训师等为“镇江市创业导师”。（郑仁轩）

人力资源服务

【概况】 2020年，镇江市引进培养本科以上人才18019人，其中硕士以上2236人。新增就业见习基地188家，开发见习岗位5462个，组织就业见习3003人。苏南人力资源市场举办线下招聘会101场，进场单位3287家次，提供岗位8.1万个次。实施促进高校毕业生就业创业10条措施，2020届离校未就业高校毕业生就业率96.59%。实施万名高校毕业生留镇行动，引进本科以上高校毕业生1.8万人，驻镇江高校毕业生留镇率首次突破20%。（郑仁轩）

【人才交流工作】 2020年，镇江市人力资源和社会保障局搭建“线上+线下”人才交流平台，开展2020年镇江市人才“云招聘”活动月、企业HR直播带岗活动；开通抗击新冠肺炎疫情人力资源调剂网上平台、“百日千万网络招聘专项行动专区”；开发上线“招聘通”空中招聘系统，实现招聘服务远程化、数字化和全程无接触面对面，解决新冠肺炎疫情期间企业引才的难题。3月4日，恢复苏南人力资源市场现场招聘，形成以每周三至周五特色小型专场为主体、周六综合招聘会为支撑的人才交流工作机制，公共人力资源市场在保就业、稳就业方面发挥作用。5月28日，组织重点人才企业到镇江高校，举办“产业强市 人才兴企”城市发展环境和人才政策推介会、校园专场招聘会。（郑仁轩）

【人才区域合作】 2020年，镇江市人力资源和社会保障局组织开展赴外招才引智系列活动。围绕高端装备制造、新材料等特色新兴产业，征集556家企事业单位新兴产业和“双高”（高级经营管理、高级专业技术）人才需求8221个，并通过高校网站发布以及编印人才需求手册等形式进行推送。深化区域人才交流合作，举办沿江八市春季联动招聘会、“镇江—连云港”网络招聘会；参加第九届全国中小城市人才服务工作座谈会，并做大会经验交流。加大校地人才交流合作力度，组团赴省内高校引才；开辟省外重点引才线路，与黑龙江大学、中国矿业大学等11所高校签订人才引进培育合作协议，校地共建人才工作服务站。引导人力资源服务机构市场化引才，实施新冠肺炎疫情期间人力资源服务机构就业服务补助政策；举办长三角人力资源服务机构与企业对接洽谈会，发挥市场在人力资源配置中的决定性作用。（郑仁轩）

【人才服务工作】 2020年，镇江市人力资源和社会保障局推出“不见面”人才服务系列措施，采取“网上办、邮寄办、咨询办”等形式，为服务对象提供求职招聘、补贴申请、职称申报等线上服务。创新无纸化在线职称评审模式，组建乡土人才、高层次和急需紧缺人才中级评审委员会，首次开展乡土人才初、中级和国土资源专业中级职称评审。优化人事档案服务，推行流动人员人事档案属地化管理和档案基本情况信息报送制度，实现实物属地化管理、数据向上集中。加大高校毕业生就业服务力度，组织开展2020年全国人力资源市场高校毕业生就业服务周、就业服务进校园活动，建设镇江市高校毕业生就业服务信息平台，提供线上招聘、就业导引等“8＋2”线上服务。规范就业见习管理，制定出台《青年就业见习管理办法》，实行见习基地动态管理和见习全过程监管，保障见习人员权益。（郑仁轩）

【技能人才队伍建设】 2020年，镇江市技能人才总量为54.1万人，其中，高技能人才总量20.6万人，每万名劳动力中高技能人才数为1057人。市人社局开展职业技能提升行动“百日攻坚”活动，新建成面向全市的线上职业技能培训平台2个，推出覆盖20个职业（工种）的数字培训资源，开展线上培训2万人次以上。建立镇江市职业技能提升行动实名制管理信息系统，实现全市职业培训补贴实时动态管理，全年开展各类职业技能补贴性培训9.9万人次。推行企业“新型学徒制”，全年培养企业“新型学徒”718人。制定下发《关于做好2020年“金山英才”高技能领军人才申报工作的通知》，评审产生高技能领军人才（团队）9个。开展第二届“镇江工匠”评选，评选“镇江工匠”10人。在第一届全国技能大赛上，镇江市选手获“1金1银1铜”和5个优胜奖。在第五届“江苏技能状元”大赛上，镇江市获一等奖1个、二等奖2个、三等奖10个，并获省政府“高技能人才摇篮奖”、大赛组委会“优秀组织奖”。当年，镇江市有4人获评“全国技术能手”，7人获评“江苏工匠”。新获批国家级高技能人才培训基地1家、国家级技能大师工作室1个、省级技能大师工作室3个，新建市级技能大师工作室5个。3家企业入选第一批省“产教融合型试点”名单，1个项目获批2020年江苏省技工院校重点建设项目。（郑仁轩）

事业单位管理

【概况】 2020年，镇江市发布事业单位招聘职位2287个。其中，高层次人才招聘职位58个，一般人才招聘职位2229个。组织实施2021年考试江苏省考试录用公务员笔试工作。职称申报实现全程网上办理，可以通过服务系统查验核实学历、学位证书以及社保信息。建立高层次和急需紧缺人才评价绿色通道，首次启动乡土人才初、中、高级职称评审工作。新设国家博士后科研工作站1家、省博士后创新实践基地5家。5个项目入选省博士后科研资助计划，1人获国家博士后科学基金特别资助，2人获国家博士后科学基金面上资助；3名专家入选2020年享受政府特殊津贴人员，5名专家入选2020年“江苏省有突出贡献中青年专家”，40名专家入选2020年“镇江市有突出贡献中青年专家”。（郑仁轩）

【人事制度相关工作】 2020年，镇江市人力资源和社会保障局开展及时奖励工作，镇江市第一人民医院重症医学科等3个集体、市疾控中心刘金等5名个人获记功奖励。5个医疗单位集体、66名工作人员（其中医疗卫生系统52人）获嘉奖奖励。完成新冠肺炎疫情防控一线医务人员临时性工作补助审核工作，落实卫生防疫津贴调整；8名疫情防控一线医务人员直接晋升专业技术岗位等级。市人社、教育、卫健、编办等部门做好全市乡村中小学教师和基层医疗卫生机构定向培养计划申报工作，全市有乡村教师培养需求115人、农村定向医学生189人。完成2名退役运动员组织安置工作，选派92名基层教育、卫生、农业技术人员对口支援陕西省渭南市各区（县）。（郑仁轩）

【人事考试和技能鉴定工作】 2020年，镇江市人力资源和社会保障局组织实施2020年江苏省考试录用公务员面试工作，有1258名考生参加面试。组织实施2021年江苏省考试录用公务员笔试工作，有15626名考生报名参加笔试。组织实施2020年镇江市市属暨辖市（区）事业单位第一批和第二批招聘的报名和笔试、面试等考务工作，有21353人参加考试，报考人数比上年增长201%。组织实施监理工程师、二级建造师、一级建造师执业药师、一级消防工程师等20余项执业资格考试工作，2.1万余人次参加5.3万余科次的考试。新增公共科目试题3000余条，新增医学专业试题800余条；新培养结构化命题专家1人、教育类命题专家6人、卫生类命题专家5人，完成119名新任考官的初任培训工作。新增高技能人才4984人、技师（高级技师）525人。当年，职业技能鉴定发证2.7万人次。（郑仁轩）

劳动关系维权

【概况】 2020年，镇江市新签劳动合同17.6万份，规模以上劳动合同签订率99.9%，全市已建工会企业集体合同签订率96%以上。仲裁立案受理案件中，审结3786件、结案率99.59%，仲裁终结率84.31%。案件调解成功率85.11%。全市劳动保障监察机构为3796名劳动者追发工资3426.23万元，督促征缴社会保险费178.72万元。接处劳动人事争议案件4857件，其中，立案受理3775件，通过案前调解化解争议1082件。全市劳动人事争议调解员岗位业务技能竞赛获全市产业（行业）工业“四有”优秀特色项目三等奖。市劳动监察支队获评人力资源和社会保障部“清理整顿人力资源市场专项行动先进单位”。当年，镇江市有5名农民工获评国务院农民工工作领导小组“全国优秀农民工”。（郑仁轩）

【和谐劳动关系创建】 2020年，镇江市开展和谐劳动关系创建活动，印发《关于对劳动关系和谐企业加强正向激励的实施意见》，对和谐劳动关系企业给予四大类17项激励措施。鼎胜新能源等4家企业被认定为“江苏省劳动关系和谐企业”，京口经济开发区等3个园区（乡镇）被评定为省级“和谐劳动关系创建示范园区”。召开全市构建和谐劳动关系现场推进会，评定100家企业为“镇江市百家示范劳动关系和谐企业”。推进企业工资集体协商，市人社局、市总工会、市工信局、市工商联联合举办2020年度工资集体协商“春季要约”活动，围绕“共克时艰保发展，携手共商促和谐”主题，对集体协商工作进行专题部署。围绕农民工在劳动保障、申请落户、子女教育、基本生活等方面的实际需求，强化劳动保障服务、拓展落户管理服务、优化基本生活服务。（郑仁轩）

【企业薪酬制度改革】 2020年，镇江市推进国有企业工资总额决定机制改革，全面实行工资总额预算管理、国有企业职工工资与经济效益联动机制，同向联动、能增能减。集中对359家企业薪酬进行调查，向全市发布6个职业大类的工资指导价位，管理技术技能岗位平均工资指导价位，不同学历、年龄、工龄劳动者工资指导价位，以及13个行业的企业人工成本信息。确定发布2019年市属企业工资指导线为7.5%，推进国有企业工资总额决定机制改革开展。完成2019年度市管企业负责人薪酬审核兑现工作，调控国企负责人过高和不合理收入。（郑仁轩）

【劳动监察维权】 2020年，镇江市劳动保障监察机构围绕“夯基础、强品牌、提质效”三大重点，推行“双型双式”劳动监察执法模式，维护劳动关系和谐稳定。全年全市开展“双随机”检查用人单位3979家，涉及劳动者19.15万人；立案查处违法案件1030件，为3796名劳动者追发工资3426.23万元；督促征缴社会保险费178.72万元，实施行政处罚21件，向公安机关移送拒不支付劳动报酬案件14件。推进“互联网+书面审查”，全年通过网络书面审查用人单位9243家。市劳动保障监察部门、市场监督管理部门联合对市直528家用人单位劳动用工、职业介绍、人力资源服务等进行专项整顿。开展“护薪2020”专项整治行动，集中对督办频次高、维权案件多、监管难度大、易造成集访的“四类”企业和项目开展整治。成立17个工作专班分5轮系统推进建设领域定点挂钩服务制度和“四规范”（规范台账资料、规范项目管理、规范操作应用、规范维权宣传）工作，排查隐患、规范管理、督促整改。深化窗口个性化服务，开设农民工维权绿色通道，实现受理对象、内容、渠道“三直通”。加强规范化建设，制定落实劳动监察行政执法公示、全过程记录和法制审核“三项制度”，完善《人力资源和社会保障行政处罚事项及自由裁量基准》，细化《人力资源市场暂行条例》《保障农民工工资支付条例》等法规行政处罚自由裁量权标准。（郑仁轩）

【劳动人事争议调处】 2020年，镇江市人力资源和社会保障局面对新冠肺炎疫情，调整劳动人事争议调解仲裁工作模式，先后切换为防疫模式、应急模式、选择模式、重启模式，并出台《关于加强疫情期间劳动人事争议调解仲裁工作的通知》《关于进一步做好涉疫情案件劳动人事争议案件处理工作的通知》，调度全市疫情期间的案件处理。加强调解仲裁信息公开，向社会公布全市各调解组织的信息，施行网上公布仲裁裁决文书制度。市人社局、市中级人民法院联合举办“助力企业复工复产，维护职工合法权益”新闻发布会，并印发《镇江市劳动人事争议典型案例》。加大法律援助力度，全年法律援助637件。根据2020年全省通报，镇江市2019年劳动人事争议仲裁结案率列全省第6名，发展指数列全省第2名。构建多元化解机制做法获评省人社厅“2019年‘法治人社’建设亮点工作”。（郑仁轩）

综 述

【概况】 2020年，镇江市粮食种植面积132347公顷，比上年下降0.45%；粮食平均单产7223.76千克/公顷，增长0.64%；实现粮食总产956040吨，增长0.18%。播栽油菜11447公顷，下降20.06%；油菜籽单产2686.95千克/公顷，增长2.36%；总产30763吨，下降18.16%。全年肉、蛋、奶产量分别为8.39万吨、2.88万吨、0.85万吨；水产养殖面积1.27万公顷，实现水产品总产量9.50万吨。全市高标准农田建设项目立项治理面积2866.67公顷，建设高效节水灌溉面积600公顷，项目总投资9100万元。在新冠肺炎疫情防控中，构建市、县、镇、村四级农村防控网络。开展长江禁捕退捕，实现"捕捞许可持证"回收、渔民上岸、渔船处置3个100%。"丁庄葡萄""江南生物康韵""东方紫"等5个农产品品牌入选江苏农业品牌目录，"江南生物康韵"入围全省30强农业知名品牌大赛。镇江"金山翠芽"获评中国最具品牌溢价力的品牌，镇江茶叶在江苏省第十九届"陆羽杯"名特茶评比中获7个特等奖。"镇江江蟹"在全国河蟹大赛中获"最佳口感奖"和"金蟹奖"。润州凤头白鸭入选《国家畜禽遗传资源品种名录》。全市有"两品一标"（绿色食品、有机农产品和农产品地理标志）266个，地理标志产品11个，绿色优质农产品比重为72%。句容市入选全国第五批率先基本实现主要农作物生产全程机械化示范县（市、区），丁庄万亩葡萄合作联社入选全国第二批农民合作社典型案例，"丁庄葡萄"被编入《美味中国——2021全国品牌农产品日历》；丹阳市大亚圣象、京口区中储粮获评"全国农产品加工业100强企业"；扬中现代渔业园区申报成功省级现代农业产业示范园创建；丹徒区获评省级"粮食生产全程机械化整体推进示范县"；句容市丁庄村、丹徒区五套村入选第二批全国乡村旅游重点村；句容市唐陵村、丁庄村、丁家边村、西冯村、白兔村入选全国乡村特色产业亿元村。推进"一村一所"建设，全市新增"一村一所"40个，建立丹阳食用菌产业研究院、句容稻米产业研究院，"一村一所"覆盖率92.6%。出台支持农业人才队伍建设六条意见，实施"金山英才"人才计划，入选15个，招引人才团队3个。新增"1+1+N"[1个首席专家（团队）+1个本地农技推广服务小组+若干新型农业经营主体]新型农技推广项目6个，组建农技推广项目体系团队29个，引入29名首席专家及其团队。当年，仇毅、朱友理分别获全国农业行业职业技能大赛个人第2名和第5名，仇毅获评"全国技术能手"；笪浩所在的团队在全国动物防治员职业技能大赛上获团体第2名；句容市张奎峰获评全国农民教育培训"百名优秀学员"扶贫先锋。

2020年，镇江市当年公共资金使用中农林水支出预算22.7亿元，占全年一般公共预算支出的5.8%，比2019年项目增量和增幅分别提高4.1亿元和0.8个百分点。全市涉农贷款余额2318.37亿元，比年初增加256.96亿元，增长11.52%。出台《镇江市2020年乡村产业重大项目招引奖励实施细则》，全市乡村产业招引协议资金、投资总额超1000万元以上项目，分别完成全年任务的428.7%、206.7%。开展第二届"十佳"农民评选，完成农民培训7045人次。全市新增省级"示范家庭农场"29家，新增省级"示范合作社"20家、国家级"示范合作社"5家，全市农业适度规模经营水平59.6%。全市农机总动力超153万千瓦，农业机械化水平89%以上，其中特色农业机械化率52%以上。全市稻麦秸秆机械化还田率74%，水稻机插率84%、机种率93%。"蔬菜机械化技术与装备集成创新与推广”获江苏省农业技术推广奖二等奖。

镇江市实施农村公路提档升级工程，全年完成农村公路建设30千米、农桥建设34座，全市行政村双车道四级路通达率100%。丹阳市、句容市、扬中市创成“四好农村路”省级示范县，“句容福道”入选江苏“最美农路”十大自驾游线路。定向培养乡村教师374人，创建省教育服务“三农”高水平示范基地1个。参照二级医院标准建设农村区域性医疗卫生中心，全市按标准设置乡镇卫生院37个、村卫生室311个，实现乡镇全覆盖。社会保障向农村覆盖，对困难群体做到“参保、代缴、领取待遇”3个100%，城乡居民基础养老金最低标准提高到每人每月170元。全市597个村（涉农社区）全部完成改革任务，确认农村集体经济组织成员177.7万人，量化集体经营性资产49.8亿元；向农村集体经济组织成员发放“股权证”38.7万户。出台文明乡风规范标准，建成“六有”县级“新时代文明实践中心”5个、“新时代文明实践所”42个、“新时代文明实践站”547个。句容市“葡萄架下的文明实践”科技助农文明实践活动品牌获评全国学雷锋“四个100”最佳项目。全市县级及以上文明镇占比96.77%，县级及以上文明村占比75.58%。镇江市7个村入选第六届全国文明村，3个镇、8个村复查保留全国文明镇村称号。完善“大数据+网格化+铁脚板”基层社会治理模式，制定出台《关于坚持和完善“大数据+网格化+铁脚板”治理机制构建基层社会治理新格局的实施意见》。建立科级建制的综治中心（网格化服务管理中心），配备专职工作人员。全市62个镇（街道）政法委员全部配备到位，培训网格员20余期、4000余人次，实现城乡基层网格员培训全覆盖。推进法治乡村建设，全市有372个村（社区）获评省级民主法治村（社区），建成率51.8%。（卢更生）

【“十三五”期间主要情况】 2020年，镇江市高标准农田面积158.8万亩（10.6万公顷），占比68.5%，比2015年增长19.8%；农作物耕、种、收综合机械化率87%以上，信息化覆盖率65%，比2015年增长8%。全市粮食总产100万吨以上，保证全市口粮自给；生猪出栏30万头，猪肉自给率逐步恢复；全市生鲜农产品和初级加工农产品网上销售额增幅23.4%；2020年，全市农业产业增加值149.50亿元；全市有省级农业龙头企业数量比2015年增长近30%；全市县级以上示范家庭农场623家，比2015年增长170%，其中，省级示范140家、市级示范326家，入选全国家庭农场典型案例1家，入选全省家庭农场典型案例6家；县级以上示范合作社数量比2015年增长近68%；建成国家级休闲农业与乡村旅游示范县1个、全国休闲农业与乡村旅游星级示范点（园区）18个，江苏省休闲农业示范村20个，江苏省主题创意农园14个，2020年，全市休闲农业综合经营收入19.9亿元。

“十三五”期间，镇江市建设练湖、赤山湖、江心洲、雷公岛等一批湿地自然保护区及湿地公园，长江禁捕、退捕有阶段性成效，镇江市森林覆盖率27%；实施乡村河道塘坝清淤工程，加快农业面源污染控制，畜禽粪污综合利用率97%，秸秆综合利用率95%、农膜回收率80%；控制农药化肥过度使用，主要农作物化肥使用量比2015年削减5%。全市农村生活垃圾无害化处理率95%；农村无害化卫生户厕普及率95%以上；农村区域供水入户率99%；建成污水处理设施行政村343个，村庄人居环境“脏、乱、差”状况有改观；创成美丽宜居村庄739个，美丽宜居乡村建成率74.9%，有中国传统村落5个，省级传统村落27个，省级历史文化名村5个，江苏省特色田园乡村19个。乡风文明培育有新进展。“十三五”期间，新命名全国文明镇3个、全国文明村15个，省级文明镇17个、省级文明村65个，有赵亚夫、王华、糜林等一批先进典型。

“十三五”期间，镇江市实施抓乡兴村党建提质“40/60”计划行动，培育乡镇党委书记后备干部250人，村党组织书记后备干部2000人；形成民事民议、民事民办、民事民管的多层次基层协商村民自治格局；坚持农村党务、村务、财务定期公开，打造公开栏能看、网络能查、群众能问的村务阳光工程村庄规划管理覆盖率90%，各行政村百兆光纤服务实现全覆盖，农业信息化覆盖率65%，村民委员会依法自治达标率100%，农村和谐社区建设达标率100%，村务监督委员会覆盖率100%。截至2020年年底，完善精准扶贫的制度设计，施行“领导挂帅、部门单位结对、企业挂钩、强村参与、干部蹲点”五位一体的帮扶机制，204个经济薄弱村、11000余建档立卡户全部达标脱贫。镇江市城乡低保对象17554人，特困供养人员6181人，开展临时救助4805人次，累计支出社会救助资金2.14亿元。镇江市入选全国第四批居家和社区养老服务改革试点地区，获评民政部、财政部“改革试点成果验收特别优秀地区”，丹阳和扬中先后入选江苏省第一批和第二批居家和社区养老服务改革创新示范地区。（卢更生）

【乡村振兴工作】 2020年，镇江市农村生活垃圾集中收运率100%，农村生活污水处理设施行政村覆盖率100%；新改造农村无害化卫生户厕3.44万座，完成农村人居环境整治三年行动目标任务。市委、市政府印发《镇江市乡村公共空间“513”专项治理实施意见》，召开全市乡村公共空间“513”专项治理推进会。开展市委农村工作领导小组成员单位为“三农”发展办实事活动，45家成员单位领办和完成“三农”实事141件。推进村企联建，先后举行3场集中签约，落实村企联建项目465个，计划总投资107.47亿元；452家工商企业和商会参与联建，涉及全市383个村和涉农社区。加强南北挂钩合作，与连云港市签订村企联建项目105个，总投资近7亿元，涉及连云港市42个乡镇和相关园区的119个村。全市实施农业农村重大项目57个，完成投资50.17亿元。发展"互联网+农业"，建成京东中国特产·镇江农特产馆，全市农业电商主体1500余家，农产品电子商务销售额39.83亿元，比上年增长44.4%。开通"苏韵乡情"乡村休闲游App"山水福地"镇江馆，茅山镇丁庄村入选2020年"中国美丽休闲乡村"；新增全国"一村一品"示范村镇2家，新增江苏主题创意农园5个。 （卢更生）

【农村水利】 （参见228页）

【脱贫攻坚】 2020年，镇江市在做好"两类人"（脱贫不稳定户和边缘户）的调研与帮扶的基础上，巩固全市204个经济薄弱村和1.1万余户、2.1万余名建档立卡低收入人口的脱贫成果，未出现返贫或新致贫人口。全市建设扶贫项目109个，包括农业类6个、资产收益（入股）41个、广告牌9个、物业用房13个、民生设施35个、其他5个，全部完成验收，可产生收益327万元。全市完成危房改造40户。建档立卡人口100%参加城乡居民医疗保险，个人缴费部分由政府全额资助。实施"基本医保+大病保险+医疗救助+慈善助医"四重保障制度，全市医疗救助人员政策范围内门诊医药费综合报销比例86%，住院医药费综合报销比例91%。落实先诊疗后付费、"一站式"结算和大病专项救治。落实教育补助扶持措施，未发现有贫困家庭子女因贫辍学、失学。开展消费扶贫，全市各地、各部门单位消费扶贫额660万元。5月，市农业农村局、市总工会开展经济薄弱村农产品促销对接活动；9月，市农业农村局开展"消费扶贫月"活动，市农业农村局、市供销社开展经济薄弱村优质农产品进市区；制作"从田间到餐桌"主题广播节目。市农业农村局、市对口办、市财政局等单位开展东西部消费扶贫，镇江市预算单位在"832平台"采购610万元。推进"三专"（专柜、专馆、专区）建设，6个专馆、7个线下专区到位。镇江市出台《关于巩固提升农村低收入群体生活保障水平的意见》，从健康医疗、教育保障、残疾人保障、社会兜底、就业等8个方面列出20条详细保障措施。丹阳市开展"高水平小康·丹阳在行动"活动，上线"万善丹阳"App；句容市出台《句容市加强低收入群体健康扶贫意见》，实现"基本医保+大病保险+医疗救助+残疾精神补助+慈善救助+补充商业保险""六位一体"的一张清单"一站式"结算服务；丹徒区引入保险公司参与防返贫工作，区财政投入58.302万元为"两类"人群3239人购买防返贫保险。 （刘惠娟）

【农产品质量监管】 2020年，镇江市农产品质量安全监管工作围绕农产品消费安全，加强基层质量监管队伍建设，完善质量控制措施，农产品质量监测总体合格率为98.78%。全市绿色农产品153个，有机农产品43个，农产品地理标志3个。新建成7个乡镇绿色优质农产品基地1.06万公顷；全市有19个乡镇绿色优质农产品基地3.39万公顷，绿色优质农产品占比80.17%。推进农产品质量安全安全县建设工作，丹阳市、扬中市创建成功省级"农产品质量安全县"，丹徒区申请成功省级"农产品质量安全县"。推进农产品质量安全追溯工作，全市540家生产单位注册使用省级追溯信息平台，其中，省级绿色优质农产品基地规模生产单位上线率为80%，实现"带证明上网、带编码上线、带标识上市"。开展省级监督抽查160批次，完成省部级抽样蔬菜550批次、畜禽产品343批次、水产品96批次。镇江市开展定量风险监测341批次，各市（区）组织县级定量风险检测500批次以上、监督抽检50批次以上，镇（街道）快速检测138115批次。年度农产品质量安全专项整治重点为农药及农药残留、瘦肉精、兽用抗菌药及残留、生猪屠宰、水产品及其投入品、生鲜乳及农资打假7个方面。开展地产蔬菜生产过程中违法使用农药；蛋禽养殖过程中抗菌药使用不规范；鳜鱼、乌鳢、加州鲈鱼等水产品养殖中违法使用禁用药品及其他化合物；生猪定点屠宰企业不符合设立条件；不开展肉品品质检验；生猪私屠滥宰；基层农产品质量安全监管队伍不稳，能力薄弱等专项整治。全市4个省考县（区）35个乡镇，实施"乡镇农产品质量安全监管能力再提升"项目，开展新一轮设备更新、人员培训、监管标准化建设。 （庄 磊）

【镇江市"十佳"农民评选】 2020年11月19日，2020年度镇江市"十佳"农民评选决赛举行。决赛采取PPT路演汇报、专家提问方式进行。张奎峰、魏巧、郭强、虞德飞、谢广胜、汤沄、范亚君、茅建俊、徐启伟、吴霖刚等10名农民获评镇江市2020年度"十佳"农民，熊国云、袁国亮、谢旭东、贺春、鲁伟坪、周光辉、王孝飞、马庆权、沙爱国、施善志等10名农民获镇江市2020年度"十佳"农民入围奖。 （刘常珍）

【镇江市农科院】 2020年，镇江市农科院申报各类项目立项54项，其中，主持34项，合同经费1061.5万元；发表各类论文24篇，其中学报级8篇。"镇麦13号""荃优982"和"镇12F28"通过国家审定，"镇糯29号"等4个水稻品种通过江苏省审定，10个甘蓝品种、2个辣椒品种、5个甜瓜品种和1个油菜品种获品种登记。制定颁布江苏省地方标准3项、镇江市标准4项,入选省级主导品种6项、市级主推技术4项。

科技服务。全年稻麦品种转化收益到账550.45万元;1个蔬菜、3个甜瓜和1个草莓品种进行转让,合同收益34万元;42件专利对外转让,合同收益73万元;实现一般性服务收入和技术性收入合同收益196.81万元。17个稻麦等品种申请品种权保护,21件发明申请专利,5个品种获品种权授权,10件发明专利获授权。全年争取到科技服务项目15个,资金255万元。科技人员开展科技推广服务,和地方政府、各类农业经营主体、种植大户签订各类科技服务协议20余项,开展各类科技指导和培训300多场次,现场观摩活动20多场次;培训农民8000多人次,帮助新建种植基地66.67多公顷,无偿赠送价值20多万元的各类农资。在省内多地建立西(甜)瓜示范基地、草莓、葡萄绿色防控示范基地66.67公顷。

粮油育种。抗稻瘟病育种有突破,育成全国首个抗稻瘟病优质高产早熟晚粳糯稻新品种"镇糯6778",多个中抗稻瘟病新品系进入各级生试。2个糯稻新品种通过江苏省品种审定。"镇麦13号"通过国家审定,5个品种成为江苏省主导品种,其中"镇麦12号"种植面积为8万公顷。小麦育种本地加代、分子开发新标记等技术有突破,为开展小麦遗传理论研究和后续育种进程提供支撑。"镇油8号"列入江苏省主导品种名录。

蔬菜花卉研究。引进结球甘蓝种质资源20余份,配制耐寒圆球、扁圆球杂交组合100多份;引进青花菜种质资源20余份,试配青花菜杂交组合100多个,筛选出6个表现优异的杂交组合;筛选出2个羽衣甘蓝新组合和1个综合性状较好、抗病的厚皮甜瓜新组合,优化"镇甜二号"全覆盖栽培技术研究。推进青花菜、甘蓝、辣椒、睡莲等基础理论研究。

果树研究。开展草莓、桃、梨等新品种育种和引进筛选工作,加大省力化、高质化、生态化新技术配套研发;猕猴桃、欧洲大樱桃等果树新种类研究有进展;草莓早熟化育苗机理、葡萄和梨等果锈形成机制、耐涝猕猴桃品种发育机制等栽培生理机理研究有进展。

生态农业研究。研发的草莓、葡萄、桃生态防控新技术、新模式,减少用药量和用工成本,并使病虫害发生率明显降低,提升果实的产量和品质。以丘陵地区土壤修复和改良为切入点,加强土壤培肥、有机质提升研究,提高果树土壤肥力。葡萄架下套种油菜改土培肥等技术有成效。天然抗原载脂蛋白A1制备技术有突破,纯度95%以上可以作为免疫原。加强红茶加工技术研发和推广,利用茶叶生化及加工等相关专业优势,加强夏秋季红茶品质提高技术工艺研究。

植保研究。围绕水稻种子处理、长效控制及抗性机制,小麦赤霉病绿色防控、果树病害抗药性监测及综合治理研究等方面开展相关研究工作,加强水稻病虫害简约化防控技术研究;开展水稻种传病害、种子处理防治水稻苗瘟和叶瘟以及小麦赤霉病防治研究,并在相关药剂研究方面有新进展。监测省域草莓灰霉病菌和葡萄炭疽病的抗药性。

平台建设。依托建成的江苏省现代农业(稻麦)综合示范基地、江苏省农业现代产业(梨、葡萄)体系推广示范基地、江苏省种植业氮磷流失原位监测点等开展品种、技术的创新和示范推广。新挂科技部生物农药与生物防治产业技术创新战略联盟常务理事单位、江苏省甘蓝类蔬菜产业技术创新战略联盟副理事长单位;江苏省花木协会荷花专业委员会常务理事单位。科技创新基地南扩工程完成并投入使用。加强中心实验室的建设管理,结合项目建设新购置一批专业化仪器设备。

当年,镇江市农科院获江苏农业科技奖创新奖一等奖1项、二等奖2项;江苏省农业技术推广奖三等奖1项;省农科院科技进步奖二等奖1项,社会科学奖二等奖1项;江苏省农业技术推广奖一等奖2项。由镇江市农科院指导服务的科技示范户生产的优质草莓、桃产品,在行业评比获金奖24项、银奖16项、优秀奖12项。1人获镇江市优秀共产党员称号;1人获镇江市劳动模范称号;糜林被追授"江苏时代楷模"、全国脱贫攻坚奖贡献奖。(王敬根)

种植业

【概况】 2020年,镇江市种植粮食132347公顷,比上年下降0.45%;粮食平均单产7223.76千克/公顷,增长0.64%;实现粮食总产956040吨,增长0.18%。播种夏粮46170公顷,下降7.83%;单产5129.11千克/公顷,增长1.98%;总产236811吨,下降6%。其中:种植小麦44870公顷,下降7.92%;单产5190.95千克/公顷,增长2.07%;总产232918吨,下降6.01%。播种秋粮86177公顷,增长4%;单产8345.98千克/公顷,下降1.54%;总产719229吨,增长2.40%。其中:种植水稻72303公顷,增长2.33%;单产9091.20千克/公顷,下降0.73%;总产657324吨,增长1.58%。播栽油菜11447公顷,下降20.06%;油菜籽单产2686.95千克/公顷,增长2.36%;总产30763吨,下降18.16%。(成春枫)

【农产品获奖情况】 2020年,镇江市农产品参加多场评比活动并获奖。在第二届优质葡萄评鉴活动中,镇江市的葡萄产品获特等奖2个、金奖5个、银奖10个。在第三届江苏省葡萄产业技术体系鲜食葡萄新品种展示及优质果评比活动中，镇江市丹徒区秋收阁葡萄专业合作社生产的阳光玫瑰葡萄获金奖。在"好葡萄 你来选"江苏优质葡萄推介会中，镇江市润州区蒋乔东山希望葡萄家庭农场生产的阳光玫瑰获"最佳风味奖"。在江苏省第二届优质早熟梨评鉴活动中，镇江市选送的梨产品获金奖11个、银奖8个。在江苏省优质中熟梨评鉴活动中，镇江市选送的梨产品获金奖11个、银奖8个；镇江市农业农村局获优秀组织奖。在江苏省第十九届"陆羽杯"名特茶评比活动中，镇江市的金山翠芽、茅山长青、长山剑毫3个地方特色品牌获7个特等奖、6个一等奖；镇江市农业农村局获优秀组织奖。

（茅蓉芳）

2020年镇江市农产品获奖情况表

表12－1

比赛项目	获奖单位	种类(品种)	获奖等级
第19届中国(句容)草莓文化旅游节全国精品草莓评比	句容市白兔镇纪荣喜家庭农场	白雪公主	特等奖
	句容市白兔镇樊忠家庭农场	宁玉	特等奖
	句容市白兔镇柏生草莓专业合作社	宁丰	金奖
	句容市白兔镇笪小华家庭农场	宁丰	金奖
	江苏农林职业技术学院	宁丰	金奖
	句容市倪塘徐华果园	宁丰	金奖
	句容市白兔镇文杰家庭农场	红颜	金奖
	句容市白兔镇溢香园家庭农场	红颜	金奖
	句容市白兔镇云兔草莓合作社	容莓3号	银奖
	句容市白兔镇笪小华家庭农场	宁玉	银奖
	句容市启祥家庭农场	红颜	银奖
	句容市白兔镇纪腊梅家庭农场	红颜	银奖
	句容市白兔万山红遍家庭农场	红颜	银奖
	句容市白兔镇柏生草莓专业合作社	红颜	银奖
	句容市白兔镇云香家庭农场	红颜	银奖
	句容市白兔镇绿源家庭农场	红颜	银奖
	句容市白兔镇上荣农产品合作社	红颜	银奖
	句容市白兔镇璟香果园家庭农场	红颜	银奖
	句容市白兔镇春夏秋冬家庭农场	红颜	银奖
	句容市白兔镇樊忠家庭农场	红颜	银奖
	万山红遍合作联社倪塘鲜果合作社	红颜	银奖
第三届江苏省精品枇杷评比	镇江丹徒区上党镇幸福农场	白玉	金奖
	丹徒区江心洲白沙果树种植家庭农场	白玉	金奖
	扬中市知青滩家庭农场	白玉	金奖
	扬中市云标果园	霸红	金奖
第二届优质葡萄评鉴活动	句容市白兔镇致富果业专业合作社	紫金红霞	特等奖
	句容市七彩玉葡萄科技有限公司	阳光玫瑰	特等奖
	江苏现代农业(葡萄)产业技术体系句容推广示范基地	阳光玫瑰	金奖
	句容市白兔镇致富果业专业合作社	夏黑	金奖
	句容市华阳镇福星家庭农场	阳光玫瑰	金奖
	句容市茅山镇醉香缘家庭农场	阳光玫瑰	金奖
	镇江市丹徒区秋收阁葡萄专业合作社	浪漫红颜	金奖
	句容市后白镇不吐皮家庭农场	金手指	银奖

续表 12－1

比赛项目	获奖单位	种类(品种)	获奖等级
第二届优质葡萄评鉴活动	句容市华阳镇山本家庭农场	阳光玫瑰	银奖
	句容市春城立文葡萄园	阳光玫瑰	银奖
	句容市茅山镇长城村启禄家庭农场	美人指	银奖
	江苏现代农业(葡萄)产业技术体系句容推广示范基地	长野紫	银奖
	句容市果丰家庭农场	巨峰	银奖
	句容市二丫葡萄专业合作社	阳光玫瑰	银奖
	句容市茅山镇长城村启禄家庭农场	金手指	银奖
	句容市后白镇永峰葡萄专业合作社	阳光玫瑰	银奖
	句容市下蜀镇河山家庭农场	金手指	银奖
第二届优质早熟梨评鉴活动	句容市后白镇美佳多果品专业合作社	爱甘水	金奖
	江苏绿舟梨果业发展有限公司	翠冠	金奖
	江苏丘陵地区镇江农业科学研究所	翠冠	金奖
	句容市丰之源果品专业合作社	爱甘水	金奖
	镇江市农业科学院	早生新水	金奖
	丹阳市导墅镇贺春家庭农场	翠玉	金奖
	丹阳市导墅镇贺春家庭农场	翠冠	金奖
	镇江市农业科学院	苏翠1号	金奖
	丹阳市访仙绿舟农场	翠冠	金奖
	镇江市农业科学院	爱甘水	金奖
	句容市珍源农产品有限公司	苏翠1号	金奖
	句容市珍源农产品有限公司	爱甘水	银奖
	镇江市农业科学院	明水	银奖
	镇江市农业科学院	喜水	银奖
	镇江市农业科学院	筑水	银奖
	句容市春城曹庄家庭农场	翠冠	银奖
	句容市丰源生态农业有限公司	苏翠1号	银奖
	句容市后白镇一鸣家庭农场	翠冠	银奖
	句容市边城镇天蜜家庭农场	翠冠	银奖
江苏省优质中熟梨评鉴活动	句容市丰之源果品专业合作社	秋月	金奖
	句容市丰源生态农业有限公司	凉丰	金奖
	句容市春城曹庄家庭农场	丰水	金奖
	句容市大润家庭农场	丰水	金奖
	镇江市万山红遍农业园	彩玉	金奖
	镇江市农业科学院	凉丰	金奖
	句容冠豪家庭农场有限公司	秋月	金奖
	句容市后白镇果丰家庭农场	丰水	金奖
	句容市边城镇天蜜家庭农场	丰水	金奖
	句容市边城镇天蜜家庭农场	黄冠	金奖
	句容市后白镇美佳多果品专业合作社	丰水	金奖
	句容市小布梨家庭农场	彩玉	银奖
	镇江市农业科学院	凉丰	银奖
	镇江市农业科学院	丰水	银奖
	句容市春城曹庄家庭农场	清香	银奖
	镇江市万山红遍农业园	秋丽	银奖
	丹阳市司徒镇兴金家庭农场	丰水	银奖
	句容市后白镇美佳多果品专业合作社	丰水	银奖
	句容市边城镇东篱家庭农场	黄花	银奖

续表 12－1

比赛项目	获奖单位	种类(品种)	获奖等级
江苏省第十九届“陆羽杯”名特茶评比	镇江金山翠芽茶业股份有限公司(建林茶场基地)	金山翠芽	特等奖
	镇江金山翠芽茶业股份有限公司(下蜀茶场基地)	金山翠芽	特等奖
	句容市林场	句容白茶	特等奖
	句容市张庙茶场	茅山长青	特等奖
	句容市茅山风景区一念宽家庭农场	茅山长青	特等奖
	句容市龙山茶场	茅山长青	特等奖
	丹徒区上党三泉茶场	长山剑毫	特等奖
	镇江金山翠芽茶业股份有限公司	金山翠芽	一等奖
	句容市行香绿润茶场	句容白茶	一等奖
	江苏茗苑茶叶科技开发有限公司	茅山长青	一等奖
	句容市下蜀茶场	茅山长青	一等奖
	句容市西冯茶场	茅山长青	一等奖
	丹徒区上党春梅茶叶种植家庭农场	长山剑毫	一等奖

(茅蓉芳)

【第19届中国(句容)草莓文化旅游节】 2020年12月21日—23日,由中国园艺学会主办,中国园艺学会草莓分会、江苏省草莓协会、句容市政府承办的第19届中国(句容)草莓文化旅游节在句容市举行,该旅游节旨在展示草莓新技术,推广最新科技成果、加强交流与合作,促进草莓产业提升发展和转型升级。在该次大会组织的全国精品草莓擂台赛中,30名专家从50个品种、640多个草莓样品中,通过对草莓的果形、大小、色泽、甜度以及肉质、口感等进行现场打分后,最终选出10个特等奖、80个金奖以及120个银奖,镇江市获特等奖2个、金奖6个、银奖13个。草莓节还举办草莓基地现场观摩、国内外草莓学术报告会、草莓产业研讨会等活动。 (茅蓉芳)

【第三届江苏省精品枇杷评比暨2020年江苏枇杷产业大会】 2020年5月25日—26日,由江苏省农业技术推广总站、省太湖常绿果树技术推广中心、省园艺学会、省休闲观光农业协会主办,镇江市农业农村局承办的第三届江苏省精品枇杷评比暨2020年江苏枇杷产业大会在镇江市举行。省内的42份枇杷样品参与精品枇杷评比大赛,专家在风味、大小、外观等特征方面进行评比,评选出金奖、银奖、最佳风味奖、最甜枇杷奖、最大枇杷奖等。其中,镇江丹徒区上党镇幸福农场、丹徒区江心洲白沙果树种植家庭农场、扬中市知青滩家庭农场、扬中市云标果园等单位选送的枇杷产品获金奖,镇江市园艺技术指导站获优秀组织奖。 (茅蓉芳)

【农作物病虫草害防治】 2020年,镇江市开展农作物病虫草害化学防治65.3万公顷次,水稻亩均施药5.5次,小麦亩均施药2.7次。挽回水稻损失24.92万吨,挽回小麦损失7.11万吨,控制全市主要农作物病虫草危害。新建16个省级农作物病虫绿色防控示范区、6个市级绿色防控示范区,绿色防控产品和技术使用面积占比86.7%。推进农药减量增效,农药使用量2020吨,比2015年下降20.7%。新增省级“五有五好”专业化病虫害防治服务组织9家,全市主要农作物重大病虫专业化统防统治覆盖率68.1%。控制桔小实蝇、加拿大一枝黄花等农业检疫性有害生物发生程度,未发现新增农业检疫性有害生物。(朱友理)

【水肥一体化】 2020年,镇江市利用省耕地质量建设示范区建设项目、市“一村一品”财政支农项目资金,通过新建和改造利用设施农业既有喷滴灌系统,完善配套施肥新系统,促进全市水肥一体化技术经济高效发展。水肥一体化技术推广覆盖草莓、葡萄、柑橘、梨,茶叶以及设施蔬菜等作物。全市水肥一体化技术推广面积2400公顷。各级耕保(土肥)部门开展水溶肥筛选、肥水运筹等多项试验,完善草莓、葡萄等水肥一体化技术栽培模式。世业洲先锋村明兰家庭农场葡萄水肥一体化技术种植模式省水、省肥、省药、省工,增产增收有效果,有复制性,省耕地质量与环境保护站将其作为典型技术模式拍摄成专题宣传片在全省推广。 (狄　霖)

畜牧业

【概况】 2020年,镇江市出栏生猪30.8万头、家禽3559.59万羽、肉羊4.21万只;年末存栏生猪23.4万头、家禽1048.72万羽、奶牛1759头、肉羊2.62万只;肉、蛋、奶产量分别为8.39万吨、2.88万吨、0.85万吨;生猪、蛋禽、肉禽、奶牛县级及以上规模养殖比例分别为 93.77%、90.47%、93.48%、99.27%，生猪大中型规模养殖比例为 88.5%。截至 2020 年年底，全市有畜禽规模养殖场 383 家，省级生态健康养殖场 49 家，其中新增及复检合格省级生态健康养殖示范场 11 家；推广应用生态健康养殖技术 317 家，其中当年推广应用 49 家。全市生态健康养殖比重 97.34%。全市生猪定点屠宰场 6 家，屠宰生猪 60 万头。丹阳市新建 1 家羊集中屠宰企业，屠宰肉羊 2.2 万只。全市畜禽规模养殖场 383 家，完成治理 383 家，规模养殖场治理率为 100%，粪污处理设施装备配套率为 100%，全市畜禽粪污综合利用率为 98.72%。（祝　威）

【重大动物疫病防控】　2020 年，镇江市组织实施春、夏、秋、冬季重大动物疫病集中防疫行动，落实强制免疫、免疫监测为主的防控措施，全市未发生重大动物疫情。牲畜口蹄疫、高致病性禽流感、猪瘟、高致病性猪蓝耳病、羊小反刍兽疫畜禽群体应免密度保持 90% 以上。强化非洲猪瘟防控，落实"网格化"精准防控措施。安排动物疫病防控应急物资采购专项资金 40 万元，用于采购消毒药品、消毒器械、防护服、扑杀器等应急物资。全年实施生猪产地检疫 30.18 万头，屠宰检疫 54.14 万头，检出病害猪产品 54.18 吨，检出率 1.3‰。开展瘦肉精检疫 3.7 万头份，未发生瘦肉精中毒事件。实施病死猪无害化处理 8126 头，通过"一卡通"形式发放给养殖户无害化处理补助财政资金 65.01 万元，确保病死猪全部实施无害化处理。（戎沿华）

【畜产品监管】　2020 年，镇江市农业农村局、市公安局、市交通运输局等部门 2 次开展打击违法违规调运生猪专项行动。在全市高速出入口等地设置检查卡口 16 个，安排卡口上岗检查人员 201 人，其中畜牧兽医上岗检查人员 90 人。检查运猪车辆 993 辆，检查生猪 8.5 万余头。对 1 家生猪屠宰企业未如实记录屠宰生猪来源进行立案查处。对饲料、兽药、生鲜乳、畜产品（猪肝、猪肉、牛羊肉、禽蛋）等各类样品 480 份开展饲料成分分析值、兽药残留、卫生指标、重金属等检测，检出 1 份禽蛋中抗生素超标，畜产品及畜牧投入品合格率 99.99%。在养殖和屠宰 2 个环节强化"瘦肉精"监管工作。养殖环节检测 1936 份样品，其中，生猪 1416 份，肉牛 200 份，肉羊 320 份；屠宰环节检测 3.5 万份生猪样品，合格率 100%。（戎沿华）

渔　业

【概况】　2020 年，镇江市水产养殖面积 1.27 万公顷，实现水产品总产量 9.61 万吨，比上年增长 1.15%；实现渔业总产值 62.45 亿元，增长 3.7%。（马　梁）

【渔业品牌建设】　2020 年，镇江市推进渔业品牌的创建培育、推介营销和社会宣传等工作。3 月 20 日—5 月 20 日，开展以"共享现代活力城，畅游中国河豚岛"为主题的扬中河豚文化节，组织经贸招商、文娱互动、美食品鉴、乡村旅游、文明公益 5 个板块 60 余场活动。10 月 27 日，镇江市"镇江江蟹"农产品地理标志授权使用单位——江苏江心源生态水产有限公司在第十四届"王宝和杯"全国河蟹大赛中获"最佳口感奖"和"金蟹奖"。11 月 22 日，第六届镇江市蟹文化节暨"镇江好蟹"评选活动在碧榆园举行，全市 20 家企业参与评选，晨瑶生态家庭农场、丹阳市佳吉渔业合作社等 5 家单位获金蟹奖，镇江环网渔业科技有限公司、扬中市万红江鲜养殖专业合作社等 5 家单位获最佳口味奖。（马　梁）

【增殖放流活动】　2020 年 5 月 27 日，镇江市在长江扬中段暗纹东方鲀刀鲚国家级水产种质资源保护区举行以"开展生态保护，建设美丽镇江"为主题的增殖放流活动，投放河豚、青鱼、草鱼、鳙鱼等鱼类 50 余万尾。7 月 2 日，在陆军军事交通学院镇江校区码头，组织开展以"养护水生生物资源建设生态文明镇江"为主题的 2020 年长江渔业增殖放流活动，近百人参加活动，现场放流鲢鱼、鳙鱼鱼种、夏花 800 余万尾。（马　梁）

【长江禁捕工作】　2020 年 1 月 1 日，镇江市长江段在全省率先实现全面禁捕，市政府出台《关于长江镇江段全面禁捕长效管理的工作意见》，开展巡查执法工作。成立执法整治专项组，由公安部门牵头负责，制定《全面推进镇江长江流域禁捕退捕执法整治攻坚会战方案》，全市各级渔政部门同步开展"中国渔政亮剑 2020"系列执法行动，增加渔政船的出航频率，组织开展检查、督查、巡查、互查，定期开展全市巡航执法行动。公安、渔政等部门出动执法人员 25000 余人次，执法船艇 3300 余航次，取缔违规渔具 3278 件，查办各类涉渔行政案件 102 起、刑事案件 69 起，行政处罚 106 人次，刑事处罚 127 人次，提起公诉 47 人，一审判决 39 人。长航公安局镇江分局破获的 17 起镇江段水域涉渔刑事案件中，有 5 起被列为公安部挂牌督办案件，镇江市公安机关有 4 起被确定为打击长江流域非法捕捞犯罪专项行动省公安厅督办案件。10 月 15 日，市农业农村局、市公安局水上分局、长航公安局镇江分局集中开展违法渔具和涉渔"三无"船舶集中拆解行动，拆解地笼网 400 余条、刺网 60 余条、虾笼 30 只、钓具 15 根、撒网 1 条、密眼网 1 条、电捕器 28 套（台），涉渔"三无"船舶 30 条。（韦　龙）

【长江全面退捕工作】 2020年，镇江市人社、农业农村、财政、民政等部门开展摸排工作，建立健全退捕渔民基础台账，按照“村不漏户、户不漏人”和“能快则快、应救尽救”的原则，对重点困难对象通过线上信息核对、线下入户核查同步推进的方式，掌握需兜底保障对象的家庭人口和收入财产状况，将有生活困难的，符合条件的退捕渔民家庭纳入社会救助保障范围。镇江市建档立卡的捕捞渔民696人。市医保局医疗保险基金管理中心对全市建档立卡退捕渔民开展大重病患者人员排查，其中，大重病患者35人、残疾人13人、未成年人50人、60周岁及以上203人，将符合救助条件的困难退捕渔民纳入救助保障范围。印发《关于进一步做好持证退捕渔民就业帮扶工作的通知》，坚持市场就业与政策帮扶就业相结合，落实退捕渔民就业安置工作。当年，发放服务清单和政策宣传单496人次，开展专场招聘12次，免费职业介绍128人次，提供职业培训101人次，发放职业培训补贴0.6万元；通过职业介绍、转产就业培训、落实政策扶持、输送企业就业、自主创业、公益性岗位托底安置等措施，帮扶324名有劳动能力和就业意愿的退捕渔民实现就业，就业率100%。退捕渔民享受创业担保贷款11万元。 （韦　龙）

农业经济管理

【概况】 2020年，镇江市农民专业合作社总量3570家，比2015年增加241家。丹阳市、句容市、扬中市、丹徒区完成农民合作社规范化建设整县（市、区）推进试点工作，在全省率先实现农民合作社规范化建设整县（市、区）推进农业现代化监测县全覆盖。合作社年报公示率保持在60%左右，530家合作社进入全省统一的农民合作社专用财务软件平台，完成“一个固定账号、一本财务规范账册、数本原始凭证”的合作社财务规范化模型构建。国家、省、市、县四级示范社总量为356家，其中，国家级43家、省级74家，示范社培育率14.7%；综合社试点社12家，句容市丁庄万亩葡萄专业合作联社、句容市宝华镇仓头强民稻米专业合作社分别入选江苏省首批农民合作社、农业社会化服务典型案例，句容市丁庄万亩葡萄专业合作联社入选全国第二批农民合作社典型案例。 （滕士安）

【新型农业经营主体】 截至2020年年底，镇江市家庭农场总量2403家，比2015年增加618家；家庭农场经营总面积3.04万公顷，占家庭承包经营面积的31.2%，占土地流转面积的46.9%；各级示范家庭农场554家，比2019年增加354家。句容市如花家庭农场、丹徒区高祥家庭农场分别入选全国、全省首批家庭农场典型案例，句容市如花家庭农场、句容市满园香家庭农场、句容市张峰良品家庭农场、丹徒区高祥家庭农场、丹徒区陶竑利家庭农场、丹徒区江河汇家庭农场入选《江苏省家庭农场案例选编（2020年）》；“高质量发展家庭农场的路径研究——基于对我市82户家庭农场的三年监测”获2019年度江苏省农业软科学课题研究一等奖。 （滕士安）

【农村集体“三资”管理】 2020年，镇江市制定下发《2020年全市加强农村集体“三资”管理工作方案》，完善监督管理制度，规范村级集体组织财务公开。市农业农村局与江苏银行、农业银行、邮储银行合作，拓展“银农直连”试点范围，巩固和完善“三资”管理平台。开展农村集体资产清产核资工作，清理资产165.47亿元，其中，经营性资产97.21亿元；清理数据全部录入全国清产核资系统。完成第十一届村“两委”干部任期和离任经济责任专项审计工作。 （郭冬楠）

【农村集体产权制度改革】 2020年，镇江市农业农村局推进农村集体产权制度改革，落实操作步骤、规范操作程序、严格工作规范和工作纪律，处理基层改革中发生的矛盾问题。全市597个村级集体经济组织全部完成农村集体产权制度改革任务，345个村集体经济组织进行分红或福利分配，分配7878.5万元，其中股份分红722.2万元。注册登记赋码完成100%，界定农村集体经济组织成员178.3万人。 （郭冬楠）

【农村集体产权交易】 2020年，镇江市农村产权交易县、镇全覆盖，进场交易项目13130个，成交13102个；交易农村集体资产170万平方米，土地规模流转1.21万公顷，成交11.3亿元，溢价1891万元；丹阳市、句容市、扬中市、丹徒区、镇江新区开通线上交易功能。推进农村土地经营权抵押贷款业务，完成土地抵押贷款9笔，涉及土地经营权82.35公顷、农户241户、贷款金额444万元。 （郭冬楠）

【“万企联万村”行动】 2020年7月，镇江市组织开展“万企联万村 共走振兴路”行动，市委出台《“村企联建育新机 乡村振兴开新篇”行动工作方案》，实施“12345”（建立1个工作专班，抓好村情企情、落实村企对接2条实现路径，建立项目推进、常态交流、问题交办3项机制，开展党建共建、产业引领、基础建设、人才共育四大行动，加大财税、用地、金融、改革、激励5项政策）工程。市农业农村局编制《全市村情指引》和《乡村产业需求清单》，对接全市央国企、民营企业。全市召开部署推进会47场次，举办各类对接会、双选会、现场考察等对接活动68场次，组织南北村企联建对接活动

19场次。全市有村企联建项目465个,其中,丹阳市146个、句容市104个、扬中市110个、丹徒区34个、京口区27个、润州区13个、镇江新区26个、镇江高新区5个,计划总投资107.47亿元。452个工商企业和商会参与联建,涉及全市383个村和涉农社区。与连云港市合作,签订村企联建项目105个,涉及该市42个乡镇和相关园区的119个村。（郭冬楠）

农业科技和绿色发展

【概况】 2020年,镇江市培育各类农业科技示范主体2190户,其中,丹阳市360户、句容市200户、扬中市930户、丹徒区700户。培育"高素质"农民9219人;新增省级农民培训"田间课堂"4家;新增"一村一所"40个,"一村一所"覆盖率为92.6%;新增产业研究院(共建试验示范基地)2个。推广"戴庄经验"发展生态循环农业,建立高效生态农业示范基地15个,创建省级生态循环农业试点村2个、市级生态循环农业试点村10个。启动受污染耕地安全利用工作,全市受污染耕地安全利用率98.8%。完成太湖流域水污染治理、污染防治攻坚战、长江大保护等农业面源污染治理工作任务。（刘常珍）

【现代农业"政产学研"合作平台"一村一所"建设】 2020年,镇江市印发"一村一所"项目建设申报指南,组织涉农村企与省农科院等科研院所开展对接合作;签订协议,邀请专家现场开展技术指导和培训等服务。全年新增"一村一所"40个,其中,丹阳市12个、句容市12个、扬中市6个、丹徒区10个;全市累计352家,"一村一所"占全市农业村的92.6%。共建产业研究院2个,丹阳江南生物有限公司与省农科院共建食用菌产业研究院,后白镇人民政府与南京农业大学共建水稻研究院,全市累计共建示范基地或产业研究院8个。（刘常珍）

【镇江市农业科技嘉年华活动】 2020年,镇江市第三届农业科技嘉年华活动先后在扬中市、句容市、丹阳市举行,分别举办西甜瓜专场、梨专场、稻米专场等3场系列活动,并开展梨和优质稻米评比。3场活动邀请省内外相关专家近40人,参会人数约300人;扬州大学院士张洪程等开展专题技术讲座。（刘常珍）

【农业技术推广体系建设】 2020年,镇江市推进16个省级农业产业体系推广示范基地建设,15个省级示范基地通过省级考核。印发《关于加强"1+1+N"新型农技推广体系项目资金管理的通知》,完善体系项目督查管理机制,2018年度5个项目设施完成并通过验收。全年全市新增新型农技推广项目团队项目6个,全市累计组建"1+1+N"[1个首席专家(团队)+1个本地农技推广服务小组+若干新型农业经营主体]项目29个。开展新技术、新成果、新模式等技术成果征集,选择一批技术列入市级农业主推技术目录,编制发布镇江市2020年—2021年农业主推技术计划。（刘常珍）

【"戴庄经验"发展生态循环农业推广】 2020年,镇江市将学习推广"戴庄经验"发展生态循环农业列入全市农业农村重点改革任务。印发《学习推广"戴庄经验"推动农业绿色发展工作方案》,以28个村办合作社典型村为重点,学习"戴庄经验"内涵理念。镇江市出台扶持政策,安排415万元开展试点示范工作,新建高效生态农业示范基地15个,累计建成30个,其中,粮油基地6个、园艺基地14个、渔业基地8个、畜禽养殖基地2个。句容市天王镇戴庄村、丹徒区世业镇先锋村入选省级生态循环农业试点村;丹阳市折柳村、东皇村、杏虎村,句容市丁庄村、仓头村、唐陵村、大华村,扬中市兴阳村,丹徒区丰城村、水台村作为首批10个市级试点村开展至少1项特色生态农业技术或模式。抽调镇江市亚夫服务团专家与30个典型村、试点村进行挂钩服务,帮助发展主导产业、编制生态循环农业发展规划。（刘常珍）

【亚夫科技服务团】 2020年9月10日,镇江市组建亚夫科技服务团,从江苏大学、江苏农林职业技术学院、镇江农科院等驻镇江院校及地方农技推广机构遴选220名农技专家为服务团成员,根据农业产业类别分设粮油组、畜牧兽医组、水产组、蔬菜组等9个产业组,建立9个微信工作群,通过线上交流、实地指导、技术帮扶等形式为农民开展精准化服务。组建以后,亚夫科技服务团专家开展服务300余人次,开展相关培训21期,培训2000多人次,指导农业经营主体100余家,帮助解决农业生产问题近260个。（刘常珍）

【农业绿色发展】 2020年,镇江市推进化肥农药减量增效行动,推广运用农药化肥减量增效技术、模式以及高效机械,实施轮作休耕1.07万公顷,建设省市级主要农作物病虫害绿色防控示范区22个,绿色防控产品使用面积占比85%以上,稻麦重大病虫防治统防统治覆盖率65%左右;发布2020年—2021年县域农作物基肥主推配方21个,建成耕地质量示范区8个,集成推广一次性施肥、"一基一追"(一次基肥、一次追肥)或"一基两追"施肥方法35项,测土配方施肥技术应用面积14.06万公顷,测土配方覆盖率95%以上。全市化肥使用量 47122 吨，比 2015 年下降 12.5%；农药使用量 2051 吨（折纯），比 2015 年下降 19.5%。推进畜禽养殖场综合治理，开展畜禽养殖废弃物资源化利用，建立全市规模养殖场污染治理清单、设施配套清单和小规模场污染治理清单，整合省市级专项资金支持畜禽养殖场粪污收集、处理、利用配套设施建设。全市规模养殖场治理率 100%，设施装备配套率 100%，畜禽粪污综合利用率 98.72%。推行渔业健康生态养殖，推广绿色养殖、循环水养殖、稻田综合种养、池塘养殖尾水处理等技术和模式，全市发展稻田综合种养面积约 666.67 公顷，新增生态化改造面积 684 公顷，建成池塘养殖尾水处理示范点 5 个，创成国家级水产健康养殖示范场 5 家。加强农业废弃物综合利用，争取省级秸秆综合利用资金 1280 万元，落实秸秆还田每亩补助 10 元和按量补贴秸秆离田利用政策；全年投入 1.23 万台（套）秸秆粉碎、旋耕机等还田农机开展秸秆还田；全市 263 家秸秆收储利用主体进行秸秆收集，全年全市秸秆综合利用率为 96.68%，其中秸秆机械化还田率 70% 以上。推进废旧农膜和农药包装废弃物回收利用，印发《关于加快推进废旧农膜和农药包装废弃物回收处置工作的指导意见》，累计建设农膜回收网点 40 个，建立地膜减量替代技术试验示范点 5 个；生产废旧农膜 967.38 吨，回收 835.64 吨，回收率 86.38%；农药包装废弃物回收由 2019 年丹阳市、扬中市试点扩展到全市所有涉农市（区），推动建立以镇村农药经营门店为回收主体、县级回收总站为归集骨干、有资质固废处理企业集中处置的农药包装废弃物回收处置体系，全年全市回收各类农药包装废弃物 29.4 吨，处置农药包装废弃物 7.5 吨。（刘常珍）

农业产业化发展

【概况】 截至 2020 年年底，镇江市有市级以上农业龙头企业 150 家，其中，国家级 4 家、省级 42 家、市级 104 家；省级以上 43 家非市场类龙头企业实现销售收入 329.5 亿元，科研投入 3.94 亿元，带动农户 77.65 万户。当年，1 家企业获评“国家重点农业龙头企业”，3 家企业获评“江苏省农业产业化省级重点龙头企业”。全市有国家级休闲农业与乡村旅游示范县 1 个（句容市）、示范点（园）19 个，省级示范点（村）20 个，省级主题创意农园 19 个，休闲农业游客吸引度 3135 人次/平方千米。全市有休闲农业经营主体 676 个，年接待游客 1200 万人次，年综合营业收入 19.9 亿元，从业人员 15885 人。（毕风兰）

【外向型农业】 2020 年 10 月 31 日，镇江市乡村振兴暨“万企联万村 共走振兴路”行动现场推进会举行，现场签约项目 12 个，总投资 25.07 亿元；大会期间，举办镇江市乡村振兴行动现场观摩会优质农产品品鉴活动、镇江市乡村振兴产业投资成果展。11 月 20 日，镇江农产品（上海）贸易对接会在上海市举办，6 家沪企与镇江农业企业签订农产品供销合同，贸易额 1.31 亿元。当年，市农业农村局组团参加第十八届中国国际农产品（重庆）交易会、第二十二届江苏国际农业合作（连云港）洽谈会、第十八届江苏名特优农产品（上海）交易会等境内展销会。在第十八届江苏名特优农产品（上海）交易会活动中，镇江展团获“最佳展团奖”，丹阳市、句容市、丹徒区、镇江新区农业农村局（社发局）获“县（市、区）最佳展团奖”；丹阳市顺源种植专业合作社的大米、句容市后白味稻稻米专业合作联社的天香米、江苏茅宝葛业有限公司的葛根茶、句容市边城茶场的白茶等 4 家产品获“畅销品奖”；江苏红叶福茸农业科技有限公司的红叶福茸猴菇沙棘茶、句容市西冯茶场的茅缘牌茅山长青、镇江仙妻味业有限公司的醋豆等 3 个产品获“创新产品奖”。（毕风兰）

农田建设

【概况】 2020 年，镇江市高标准农田建设项目立项治理面积 2866.67 公顷，建设高效节水灌溉面积 600 公顷，项目总投资 9100 万元，其中，中央财政资金 4317 万元、省级财政资金 2687 万元、市级财政配套资金 1186.8 万元、县级财政配套资金 909.2 万元。高效节水灌溉资金投入 675 万元，市（区）两级财政提升标准资金投入 900 万元。（尚 颖）

【国家高标准农田建设项目】 2020 年，镇江市新建高标准农田 2866.67 公顷。项目新建塘堰 13 座，小型拦河坝 17 座，泵站 65 座，疏浚沟渠 1.61 千米，渠系建筑物 4914 座；修建田间道路 63.903 千米，衬砌渠道 89.07 千米；管灌面积 296.67 公顷，喷灌 10 公顷，硬化机耕道路 63.603 千米，农田林网工程 12590 米，低压输电线路 0.02 千米。新增和改善灌溉达标面积 2190 公顷；新增和改善排水达标面积 973.33 公顷；新增节水灌溉面积 943.33 公顷，其中，高效节水灌溉面积 276.67 公顷，年节约水量 295.02 万立方米；增加农田林网防护面积 33.33 公顷；增加机耕面积 133.33 公顷；新增粮食生产能力 288.05 万千克。（尚 颖）

【市级高标准农田提升项目】 2020 年，镇江市级高标准农田建设提升项目在国家高标准农田建设项目投资的基础上，每公顷增加 6750 元，提升面积 1333.33 公顷，总投资 900 万元。其中，市级财政资金 765 万元，区级财政配套 135 万元，项目分别位于丹徒区和镇江新区。镇江市在 2020 年度国家级高标准农田项目亩均 1750 元的基础上，按照“缺什么补什么”原则，对丹徒区和镇江新区项目追加每公顷 6750 元左右的投资，建设每公顷投资 33000 元左右的高标准农田。（尚　颖）

农业机械化

【概况】 2020 年，镇江市农机总动力 152.8 万千瓦；全市有大中型拖拉机 5029 台、收割机 3102 台、插秧机 6647 台、烘干机 1556 台、自走式植保机 755 台、秸秆还田机 5670 台。水稻机插面积 99.7 万亩（66467 公顷），水稻机播面积 105.67 万亩（70447 公顷）。小麦机收面积 78.16 万亩（52107 公顷），机收率 99.98%；水稻机收面积 111.16 万亩（74106 公顷），机收率 99.91%；小麦、水稻、玉米耕种收综合机械化率 96.99%。全年稻麦秸秆机械化还田面积 128 万亩（85333 公顷），秸秆机械化还田率 74.3%。粮食产地烘干能力接近 80%。设施农业、畜牧业、渔业、林果业、农产品初加工机械化率 53% 以上。镇江市“两大工程”（设施农业“机器换人”工程、绿色环保农机装备与技术示范工程）项目，以林果和蔬菜为主攻方向，大面积推广机械化生产，重点在种植、运输、保鲜、采收及除草用药施肥等环节提高时效性、精准性、统一性。全市投保政策性保险（农机交强险）、农机综合保险 3200 台，财政补贴超过 130 万元。加强“双优加油卡”等系列优质服务活动，市农业农村局、市中石化公司联合发布《“三优一免”农用柴油供应公告》，设立 39 个办卡点，开辟 44 个农机“双优”加油绿色通道。（叶　涛）

【农机化扶持政策落实】 2020 年，镇江市实施农机购置补贴和报废更新政策。通过政策引导，推广应用高效节能、先进适用的农机具。全年全市新增各类农机具 3401 台，实施中央及省级农机购置补贴资金 4163 万元。全市争取省级秸秆机械化还田资金 1045 万元，各市（区）制定实施方案，推进和完善“行政检查、社会监督和第三方核查”相结合的考核督查机制。落实《农作物秸秆机械化还田作业补助政策信息公开指导意见》，推进信息公开。市级安排农机化发展资金 256.5 万元，对大马力拖拉机、高效植保机、精米加工线等机具和项目进行配套扶持；开展烘干机清洁能源改造、植保无人机试点补贴，促进农机化、智能化、绿色化协调发展。（叶　涛）

【粮食生产全程机械化推进】 2020 年，镇江市新增大中型拖拉机 212 台、收割机 21 台、插秧机 526 台、高效植保机 99 台、植保无人机 124 台、烘干机 45 台、撒肥机 434 台。经监测，全市主要粮食作物耕种收综合机械化水平为 96.99%。丹徒区创建成省粮食生产全程机械化示范县，句容市获评“全国主要农作物生产全程机械化示范县”。（叶　涛）

【农机抢收抢种】 2020 年，镇江市针对夏秋两季粮食生产，启动工作预案，加快作业进程，突出农业机械抢收抢种主力军作用。农忙期间，组织 4000 多台联合收割机、5000 多台插秧机及 10 万台配套机具投入两季农业生产。建立农忙服务保障机制，公布值班电话，成立应急服务小分队，协调中石化保障农机作业用油。各市（区）成立跨区作业接待站 24 个，做好协调服务工作，督促农机维修点履行 24 小时服务承诺。市农业农村局组织人员深入机收机种一线，掌握机具使用情况，通过“平安农机通”向农民和机手通报天气状况和机具供需信息。（叶　涛）

【农机安全生产责任落实】 2020 年，镇江市加强农机重点行业安全生产工作的领导，制定《2020 年镇江市农机安全生产工作要点》，农机安全生产任务逐级分解，市、县（区）、镇（街道）、村、合作社、机手层层签订“农机安全生产目标责任状”，落实农机服务组织安全生产主体责任。全市 41 个乡镇出台文件，明确 409 名村级协管员。各地农业农村局和各乡镇农机主管部门签订安全生产责任书 41 份，各乡镇农机主管部门与所辖村签订安全生产责任书 409 份，各行政村与农机服务组织签订安全生产责任书 1069 份。全年组成检查组 170 个，参加人员 1419 人，排查隐患 348 个，整改 348 个，整改率 100%。全市存量变型拖拉机 376 台全部注销淘汰，10 月底全市变型拖拉机清零。（叶　涛）

【农机人才培训】 2020 年，镇江市农机学校举办各类农机操作人员培训班 15 期，培训农机从业人员 503 人次。其中，举办基层农机人员培训班 1 期，培训基层农机管理人员 80 人；举办“机二代”新型职业农民培训班 1 期，培训农机合作组织负责人、农业规模种植大户及从事农机与农业职业的子女 83 人；举办农机职业技能培训班 3 期，培训农机修理工 220 人；举办拖拉机驾驶培训班 7 期，培训拖拉机驾驶员 97 人、联合收割机驾驶员 6 人。组织 17 名选手参加第三届全国农业行业职业技能大赛，镇江市选手仇毅获个人第 2 名，并获评“全国技术能手”；参加第三届江苏省百万技能人才技能竞赛岗位练兵活动暨第七届全省农机职业技能竞赛，镇江市获团体第 3 名，并获“团体优胜奖”。（叶　涛）

综　述

【概况】 2020年，镇江市实施“产业强市”战略，以高质量发展为主题，以供给侧结构性改革为主线，实现总量、质量、服务的新提升。全年全市规模以上工业增加值比上年增长6.3%，列全省第7名，比上年位次前移4名；工业投资增长11%，列全省第4名，比上年位次前移9名；工业技改投资增长5.7%，列全省第2名，比上年位次前移7名，是全省4个实现正增长地区之一；制造业固定资产投资增长14.2%，占固定资产比重为36.9%，比上年提高3.6个百分点。

重点企业培育。镇江市新增国家“专精特新‘小巨人’”企业4家，实现“零”的突破；全市有国家“单项冠军企业(产品)”6家；累计培育国家级、省级、市级“专精特新‘小巨人’”企业分别为4家、43家、97家。全年新增规模以上工业企业321家，比上年增加64家。2020年，大全集团获评“中国工业大奖”，瑞祥科技公司入选“全国互联网成长型企业20强”，鱼跃医疗公司入选国家新型信息消费示范项目。3家工业企业入选“2020中国民营企业500强”，7家工业企业进入“全省百亿企业俱乐部”，4家工业企业入选“2020江苏民营企业创新100强”。

重点项目建设。镇江市153个市级制造业重点项目完成投资315.8亿元，超年度计划15.7个百分点。完成省级重点工业经济新增长点项目55个，新增销售68.7亿元，拉动规模以上工业增长1.7个百分点。“长城蜂巢”“孚能科技动力电池”“北汽麦格纳智能纯电动乘用车”等一批重大项目竣工投产。

发展环境优化工作。镇江市首次设立制造业“金山奖”和科技创新“梦溪奖”，获奖企业可享受有效期1年的政策“奖励红包”。优化升级“一门帮办”企业服务平台，市工信局全年办结企业诉求816件，办理量比上年增长53.7%，办结率100%、满意率98%。镇江市首创“一门帮办”服务企业的做法，在全国中小企业服务联盟发展大会上做经验介绍，并获2020年度全国中小企业服务联盟能力竞赛“创新服务奖”。2020年，市工信局承办中共镇江市委、市政府企业家座谈会、早餐会7场，举办宁镇集成电路产业链对接等各类“三聚”对接活动68场。其中，“专精特新”企业融资服务全省行镇江站活动合计授信64.18亿元、新增放款14.7亿元。全年降低企业成本107.7亿元。市工信局获评“金融生态县创建工作先进单位”(全省工信系统唯一)。　(邱　亚)

【“十三五”期间主要情况】 “十三五”期间，镇江市加快构建以战略性新兴产业为先导、先进制造业为主体的现代产业体系。

产业规模。镇江市在全省率先出台重点产业链培育意见，打造“3+2+X”重点产业链体系。先后创成“中国制造2025苏南城市群试点示范城市”、消费品工业“三品”战略示范城市，并获“中国醋都·镇江”称号。全市工业增加值和工业应税销售年均分别比“十二五”期间增长4.6%、6.8%。2020年，重点产业链销售收入占规模以上工业比重46.2%。全市“百强企业”对工业经济的贡献率近50%。滚动实施市级制造业重点项目633个，总投资4501.4亿元，完成投资1458.1亿元。实施新增长点项目237个，新增主营业务收入412.6亿元，拉动规模以上工业增长2%。

产业质量。镇江市组织实施工业强基工程，参与国产大飞机重大专项、高新技术船舶等国家重大项目18项。培育国家“技术创新示范企业”1家、“全国质量标杆企业”1家。累计入选国家首台(套)重大技术装备保险试点项目 13 个，省首台（套）重大装备项目 80 个，列全省第 7 名；10 个产品获省工业设计产品奖。累计有国家级新型工业化示范基地 2 个、省级 5 个。建成省级以上企业技术中心 106 家，实现重点产业链全覆盖，其中，国家级 6 家，数量列全省第 7 名。累计创成国家中小企业公共服务示范平台 5 个，数量列全省第 3 名。鱼跃医疗公司创成国家级工业设计中心；有省工业设计中心 11 家，数量列全省第 9 名。实施关键核心技术攻关项目 140 个，承担省级新材料、车联网、高端装备等领域关键核心技术攻关项目 11 个；引进“金山英才”先进制造业领军人才项目 253 个。

绿色转型。全市单位地区生产总值能耗超额完成江苏省定“十三五”目标任务，并连续多年在全省节能工作考核中名次靠前。累计实施绿色化改造项目 177 个，新增节能能力 76 万吨标准煤以上。完成新能源汽车推广任务，累计推广 21997 辆标准车（新能源标准车推广数量以纯电动乘用车为标准进行计算，其他类型新能源汽车按照相应比例进行折算）。工业绿色转型城市试点以第 1 名成绩通过工业和信息化部中期评估。在全国地级市率先出台“绿色工厂”认定标准，累计培育国家级“绿色工厂”18 家，数量列全省第 3 名；培育“绿色供应链管理企业”1 家、“绿色设计产品”2 个、“绿色园区”1 个、省级“绿色工厂”2 家、市级“绿色工厂”63 家。实施工业企业资源集约利用综合评价工作，退出低端、低效企业超过 256 家，盘活土地 6168.7 亩（411.2 公顷）。累计实施去产能项目 155 个，压减水泥产能 508 万吨、钢铁 60 万吨；退出电镀产能 10.4 万吨、焦炭（碳素）95 万吨、铸造 2.2 万吨等。累计关闭退出化工企业 118 家，率先在全省实现城镇人口密集区危化品企业清零。

智能升级。1 家企业入选“中国互联网成长型企业 20 强”。1 家入选国家新型信息消费示范项目。2 个项目入选省首批“5G + 工业互联网”融合应用项目。镇江数据湖大数据产业园、旺捷大数据中心等一批大数据产业项目签约落地。2019 年，全市信息化发展水平指数为 96.23，列全省第 5 名。实施“千企上云”、工业互联网、“互联网 + ”系列行动；建设“1 + N”工业互联网平台，工业大数据云平台上线。成立全国首个物流行业工业互联网标识解析创新中心。累计培育国家级制造业“双创”平台 3 家，列全省第 3 名；国家两化融合贯标评定通过企业 100 家，列全省第 9 名；省“互联网企业 50 强”2 家、“工业互联网标杆工厂”8 家，列全省第 4 名；省“星级上云企业”334 家。产业链智能升级做法被工业和信息化部列为区域智能制造十大推进路径之一。完成国家级智能制造工程项目 3 个，其中试点示范项目 2 个。成立市级智能制造服务联盟，为 56 家企业提供智能制造诊断服务，创成省“智能车间”65 家、“智能工厂”3 家。

产业服务。创新“互联网 + 企业服务”新模式，打造全国地级市中首个“一门帮办”企业服务平台。发布全国首个企业服务领域地方标准，集合全市 72 个涉企部门的政务服务资源，办结企业诉求 3786 件，办结率 100%。该做法获全国中小企业服务联盟评价“为全国服务中小企业、打造更佳营商环境，探出一条新路”。帮助企业争取市及以上扶持资金 12.98 亿元。制定《关于切实降低企业成本促进经济高质量发展的若干措施》，整合企业用能、用工、融资等各项降本措施，降低企业成本 510.6 亿元。

（邱　亚）

【重点产业发展】 2020 年，镇江市高端装备、新材料两大主导产业营业收入占全市规模以上工业比重的 38.6%，比上年提高 1.5 个百分点；工业战略性新兴产业产值占工业总产值比重的 42.2%，提高 7.2 个百分点，列全省第 6 名。全年组织实施亿元以上高端化、智能化、绿色化升级改造项目 78 个，占全市制造业重点项目数 50.9%。在全省率先成立市级智能制造服务联盟，新增省“示范智能车间”19 家，数量列全省第 4 名。3 个项目中标省“关键核心技术（装备）”项目，数量列全省第 4 名。7 个产品增补入选国家首台（套）重大技术装备推广应用指导目录，并新增省首台（套）重大装备项目 4 个，数量列全省第 3 名。在全省率先编制《市级新技术新产品新装备推广应用目录》。引进“金山英才”先进制造业人才项目 37 个。新增省级企业技术中心 9 家。新增省工业设计中心 4 家。在全省率先与中国电信江苏分公司、中国移动江苏有限公司、中国联通江苏分公司、中国铁塔江苏分公司四大通信运营商签订 5G 战略合作协议，提前 3 个月完成 5G 基站建设年度任务。2 个项目入选省首批“5G + 工业互联网”融合应用项目。成立全国首个物流行业工业互联网标识解析创新中心；新增省“工业互联网标杆工厂”7 家、省重点工业互联网平台 3 家。当年，镇江市获“中国醋都 · 镇江”称号。

（邱　亚）

【木业特色产业链】 2020 年，镇江市木业产业链中规模以上企业 20 家，比上年增加 2 家，实现主营业务收入 38.4 亿元。

镇江市木业产业链条较为完善，发展平稳，形成集“林地资源控制—木质纤维板/刨花板制造—实木及复合地板制造—品牌网络直销服务”为一体的“林板及加工一体化”木业产业链，产品覆盖秸秆颗粒、木托盘、人造板、地板和家居。大亚集团和肯帝亚木业为全市木业产业链中规模最大、链条最长、发展最快的龙头企业,2 家企业的销售收入占全市产业链比重约 80%。面临境外新冠肺炎疫情及美国关税等诸多情况,肯帝亚木业采取加大新品开发及节能减耗降低成本等一系列措施,全年销售 10.1 亿元、利润 0.3 亿元,分别比上年增长 4.67% 和 5.67%。2020 年,镇江市木业产业链重点技改项目 2 个,分别是:总投资 12.8 亿元的圣象集团"复合木地板(圣象二期)"项目、总投资 10.9 亿元的江苏新民洲港务有限公司的"木业先进制造区"项目,2 个项目均竣工投产。国家知识产权局发布关于第二十一届中国专利奖授奖的决定,大亚人造板集团有限公司的"一种超低甲醛释放量刨花板的制备工艺"获"中国专利优秀奖"。在世界品牌实验室(World Brand Lab)发布的 2020 年《中国 500 最具价值品牌》榜单中,"肯帝亚"以 96.72 亿元的品牌价值入选"最具价值品牌",其"超级地板"获评"中国地板十大品牌""中国地板十佳品牌"。

2020 年,受新冠肺炎疫情、贸易关税、国家林业政策中对天然林禁伐政策的实施、环保政策收紧、原材料成本上升、人才流失等因素的影响,镇江市木业海外销售各项指标下滑(包括下游产业海外市场),企业出口产品降价销售。大亚新材料集团有限公司和佛山南海力豪包装有限公司开展战略合作,打造一站式包装印刷服务平台体系,为客户提供研发、生产、应用等一站式包装印刷服务。大亚集团利用木业全产业链优势和上市公司融投资平台进行产业整合和扩张,以江苏为中心,在全国林业资源集散地和木业产业基地建设多条国际深加工生产线。江苏肯帝亚木业有限公司重点升级科技新产品——防火防水生物质地板。镇江市加强林业资源发展,在源头上降低资源成本,减少物流费用,推进全产业链合作。(杜广宇)

【医疗器械特色产业链】 2020 年,镇江市医疗器械产业链有规模以上工业企业 32 家,全年实现营业收入 85.5 亿元,比上年增长 57.6%,高于规模以上工业增幅 56.4 个百分点,增幅列重点产业链第 1 名。全市形成"健康监测管理设备—诊察治疗器械及医用辅耗材—康复护理器械"的产业链体系,规模以上企业主要集中在丹阳市、镇江新区、扬中市、丹徒区。其中,丹阳市有规模以上企业 17 家,占全市的 48.6%;镇江新区 11 家,占 31.4%;扬中市 4 家,丹徒区 2 家,分别占 11.4% 和 5.7%。

全市有鱼跃医疗、英科医疗、苏惠乳胶等一批成长性较好的企业,形成以康复护理器械、诊察治疗设备、医用辅耗材等为主的产品制造体系。制氧机、血压计、听诊器、轮椅和血糖仪试纸的产量和市场占有率均为国内第 1 名。江苏鱼跃医疗股份有限公司是家用医疗器械领域的全国龙头企业,制氧机产品曾获评国家级"制造业单项冠军";丹阳慧创医疗设备有限公司的近红外脑功能成像装置是该领域中国首个 100 通道以上的医疗器械注册证产品。

2020 年,镇江市实施医疗器械产业链重点项目 6 个,计划总投资 112.6 亿元,当年完成投资 22 亿元。总投资 50 亿元的鱼跃医疗设备及高值耗材项目竣工投产,具备年产 1000 万套医疗设备的生产能力;总投资超 50 亿元的国药(丹阳)智能康复医疗器械产业基地项目开工建设。面对新冠肺炎疫情,镇江市发挥医疗器械产业链骨干企业支撑作用,支持江苏鱼跃集团股份有限公司、江苏双盛医疗器械有限公司等企业扩产扩能,提升疫情防控物资保障能力。其中,江苏鱼跃集团股份有限公司向全球 100 余个国家和地区提供筛查、检测、监测、治疗、急救类产品 1500 多万台(支)、感控消毒产品 1 万余吨。

(凌　鹏)

【绿色制造体系建设】 2020 年,镇江市新增市级"绿色工厂"18 家;累计创成市级以上"绿色工厂"63 家。全年推广 2831 辆标准车。深化工业企业资源集约利用综合评价工作,实施去产能项目 10 个;退出低端低效企业 109 家。关闭退出化工企业 11 家,率先在全省实现城镇人口密集区危化品企业清零,化工企业数列全省第 12 名,为沿江 8 市最少。统筹推进化工、民用爆炸物品和船舶修造行业安全生产专项整治。

(邱　亚)

【新冠肺炎疫情后制造业产能恢复】 2020 年,镇江市新冠肺炎疫情形势好转后,市工信部门制定《企业防控指南》和惠企政策实施细则,并组建工作专班,派出驻厂联络员,帮助企业打通供应链,畅通产业链。全市没有发生 1 起与企业复工复产相关的疫情。2 月底,镇江市成为全省首批规模以上企业复工率 100% 的 6 个城市之一;3 月底,全市规模以上工业企业产能恢复到上年同期水平;上半年,全市规模以上工业增加值实现"转正"。镇江市做法被工业和信息化部复工复产调研组认为"走在了全国前列"。

(邱　亚)

2020 年镇江市制造业重点项目情况表

表 13－1

项目类别	地　区	项目名称	企业名称
工业基本建设项目	丹阳市	医疗设备及高值耗材	江苏鱼跃医用设备有限公司
	丹阳市	高端包装制品	江苏恒宏包装有限公司
	丹阳市	电梯驱动总成	江苏同力日升机械股份有限公司
	丹阳市	仅一实验配套基地	江苏仅一联合智造有限公司
	丹阳市	高端医疗器械	丹阳视准医疗器械有限公司
	丹阳市	高档汽车灯具	江苏海德莱特汽车部件有限公司
	丹阳市	汽车零部件制造项目	江苏朗佑精密部件制造有限公司
	丹阳市	眼镜加工生产设备项目	丹阳市雷登科技有限公司
	丹阳市	汽车发动机重要支承部件及安全防撞缓冲系统生产	丹阳荣嘉精密机械有限公司
	丹阳市	汽车保险杠生产	江苏标楷汽车科技有限公司
	丹阳市	汽车座椅护板生产	丹阳市亚光车辆附件有限公司
	丹阳市	粉末冶金工具	天工爱和特钢有限公司
	丹阳市	汽车灯具及转向系统	丹阳市新丰车辆部件有限公司
	丹阳市	智能研磨设备项目	江苏锃道智能装备有限公司
	丹阳市	智能化医疗和康复设备制造	国药控股集团
	丹阳市	上海电气集团重装基地	上海锅炉厂
	丹阳市	沃得先进农机装备生产项目	江苏沃得农业机械有限公司
	丹阳市	丹阳力合智能制造产业园	深圳力合创新发展有限公司
	丹阳市	彩色镜片项目	海昌隐形眼镜有限公司
	丹阳市	江苏标龙(丹阳)智能制造产业园	丹阳市标龙产城实业发展有限公司
	丹阳市	铝镁合金汽车零部件	江苏飞亚金属制品有限公司
	句容市	壹度半导体光电芯片半导体先进封装测试	江苏壹度光电信息科技股份有限公司
	句容市	句容(台湾)半导体产业园	华祥耀(江苏)电子科技股份有限公司
	句容市	果饮浓浆和植物酵液	江苏华桑食品科技有限公司
	句容市	高档休闲食品研发加工	江苏桃李科技有限公司
	句容市	碳纤维新材料	江苏兆鋆新材料股份有限公司
	句容市	复合木地板(圣象二期)	圣象集团
	句容市	年产 4GW 太阳能单晶硅切片	协鑫集团
	句容市	协鑫高效智能组件	江苏协鑫能源系统制造有限公司
	句容市	高光掩模板	江苏高光半导体材料有限公司
	句容市	和能人居装配式装修系统部件	天津达因建材有限公司
	句容市	年产 5GW 高效光伏组件	协鑫集团
	句容市	年产 1GW 太阳能电池组件	句容恒嘉自动化设备制造有限公司
	句容市	智能防护设备生产	江苏天旸科技有限公司
	扬中市	中南高科·扬中智能制造产业园	中南高科产业集团
	扬中市	超高分子聚乙烯纤维	江苏领誉纤维科技有限公司
	扬中市	数字扬中	香江科技股份有限公司
	扬中市	长城汽车核心零部件项目	蜂巢易创科技有限公司
	扬中市	智能装备制造	江苏福麟智能装备制造有限公司
	扬中市	船舶脱硫脱硝系统设备	华通船舶工程有限公司
	扬中市	数据中心云计算配套智慧能源与机房环境系统	江苏量子电子科技有限公司
	丹徒区	车用环保纤维项目	镇江赛维尔环保纤维科技有限公司
	丹徒区	建华新材料及智慧物流科创园	建华建材(中国)有限公司
	丹徒区	北汽二期麦格纳多客户智能纯电动乘用车项目	制造合资公司(镇江卫蓝)筹建阶段
	丹徒区	旋转式、涡旋式压缩机生产项目	江苏德澳压缩机制冷技术有限公司、德国比泽尔集团
	丹徒区	智能汽车制造项目	镇江合力汽车紧固件有限公司
	丹徒区	氧化镁墙体板材生产加工及装配组装项目	多立克(江苏)科技新材料集团有限公司

续表 13－1

项目类别	地　区	项目名称	企业名称
工业基本建设项目	京口区	木业先进制造区	江苏新民洲港务有限公司
	京口区	彩色涂层铝板带箔	江苏鼎胜新能源材料股份有限公司
	京口区	先进制造中小企业基地	镇江瑞盈科技发展有限公司
	镇江新区	传奇生物科技项目	江苏金斯瑞生物科技有限公司
	镇江新区	台佳中央空调全国研发生产基地项目	昆山台佳机电有限公司
	镇江新区	年产 24GWH 锂离子电池项目	孚能科技(镇江)有限公司
	镇江新区	荣海健康生物科技产业基地项目	荣海生物科技有限公司
	镇江新区	镇江英科医疗产业基地	江苏英科医疗制品有限公司
	镇江新区	药业生产基地及研发中心项目	江苏吉贝尔药业股份有限公司
	镇江新区	年产 22.8 万吨超高纯湿电子化学品、副产 0.7 万吨工业级化学品及再生项目	江化微(镇江)电子材料有限公司
	镇江新区	46000 吨/年高纯电子级产品项目	镇江润晶高纯化工有限公司
	镇江新区	航发优材钛合金中介机匣精密成型制造线项目	航发优材(镇江)钛合金精密成型有限公司
	镇江新区	年产 240 架 CT 系列轻型运动飞机制造项目	威翔航空科技(江苏)有限公司
	镇江新区	年产 10 万吨宠物食品项目	江苏伯纳天纯宠物食品有限公司
	镇江新区	海宏凝胶膏贴剂及喷雾产业化项目	江苏海宏制药有限公司
	镇江新区	细胞治疗质粒载体工艺研究服务平台建设项目	江苏金斯瑞生物科技有限公司
	镇江新区	年产 200 万片 DPC 陶瓷基电子元器件及 180 万套集成电力封装元器件项目	镇江晶鼎光电科技有限公司
	镇江新区	中新置地智能高端装备制造中心项目	中新置地智能产业园(镇江)有限公司
	镇江新区	赢创新安气相二氧化硅项目	赢创新安(镇江)硅材料有限公司
	镇江新区	年产 555 架份飞机客舱系统项目	菲舍尔航空部件(镇江)有限公司
	镇江新区	新能源汽车及轨道交通配套设备项目	竺凡轨道交通设备(上海)有限公司
	镇江新区	万事达洁净室高端围护华东智能制造基地项目	山东万事达建筑钢品股份有限公司
	镇江新区	钢研热等静压服务中心项目	江苏钢研昊普科技有限公司
	镇江高新区	半导体及通信产业园	镇江汇博科技服务有限公司
	镇江高新区	环保建材产业园	港发集团
	镇江高新区	中船海洋电气科技产业园(一期系统集成中心)	中国船舶集团有限公司下属单位等
	镇江高新区	高纯纳米电子专业材料	印势新材料科技(江苏)有限公司
工业技术改造项目	丹阳市	高档金刚石锯片	江苏金欣隆钻石工具有限公司
	丹阳市	高档毛针织精纺面料的智能工厂建设	江苏丹毛纺织股份有限公司
	丹阳市	汽车钣金件	江苏佰达伟业车业有限公司
	丹阳市	汽车智能辅助产品	江苏新通达电子科技股份有限公司
	丹阳市	醋自动翻坯车间技改项目	镇江丹和醋业有限公司
	丹阳市	家电塑件项目	丹阳市鸿凯科技有限公司
	丹阳市	年产 20 万立方米装配式建筑墙板 ALC 板材和年产 20 万立方米陶粒生产线新建项目	江苏贝斯特新型建材有限公司
	丹阳市	年产 100 万套交通器材及汽车零部件	江苏瑞鑫交通科技有限公司
	丹阳市	年产 3000 吨接装纸、转移卡纸生产线	江苏佳意包装科技有限公司
	丹阳市	年产 2 亿只新型全息防伪包装盒生产线建设项目	江苏中彩印务有限公司
	丹阳市	年产 15 万套汽车外观包围改装配件	江苏高标文化发展有限公司
	丹阳市	奔驰沃尔沃重卡系列配件	丹阳卡驰汽车部件有限公司
	句容市	汽车显示屏背板及支架	巨宝精密加工(江苏)有限公司
	句容市	一线窑节能提标技术改造	句容台泥水泥有限公司
	扬中市	综合抗震支吊架	江苏圣大中远电气有限公司
	扬中市	柴油机动力总成核心部件	江苏永航轨道交通科技有限公司
	扬中市	防尘口罩	扬中市鸿运医药包装有限公司
	扬中市	ACM 复合材料电力塔杆	蕴能江苏有限公司

续表 13－1

项目类别	地　区	项目名称	企业名称
工业技术改造项目	扬中市	工业 4.0 智能制造共享工厂项目	江苏云企智造有限公司
	扬中市	智能断路器及智能家居电器项目	江苏正泰苏正智能电气有限公司
	扬中市	C 型铜排项目	扬中凯悦铜材有限公司
	扬中市	支吊架自动化生产线项目	雷朋电气集团有限公司
	扬中市	切割车间扩建	江苏新韩通船舶重工有限公司
	扬中市	年产 1500 节云轨高地铁内饰零部件项目	江苏荣胜长江塑业有限公司
	扬中市	年产 330 万千米金刚石线锯制造项目	江苏中畅精密科技有限公司
	丹徒区	新型节能高温材料项目	中铸新材(江苏)工业有限公司
	丹徒区	核电石化压力容器升级改造工程	中国二重(镇江)重型装备厂有限责任公司
	丹徒区	健力宝(镇江)饮料有限公司扩建项目	健力宝(镇江)饮料有限公司
	丹徒区	年产 150 万平方米洁净墙板项目	江苏崇佑新型建材有限公司
	丹徒区	顶管机制造项目	镇江威立克机械有限公司
	京口区	高强度铝合金航空板	爱励铝业(镇江)有限公司
	京口区	年产 5 万吨动力电池电极用铝合金箔	江苏鼎胜新能源材料股份有限公司
	京口区	船用救生设备及多用途起重机生产线技术改造	中船绿洲镇江船舶辅机有限公司
	京口区	车辆轮端研发制造	江苏万京技术有限公司
	润州区	节能环保技术提升改造项目	江苏船山集团
	镇江新区	30 万吨/年有机硅单体氯资源综合利用项目	镇江江南化工有限公司
	镇江新区	有机溶剂 NMP、碳纳米管与导电浆料技改项目	镇江新纳环保材料有限公司
	镇江新区	奇美改性合金塑胶及原料储罐卸货装置项目	镇江奇美化工有限公司
	镇江新区	金东静电复印纸加工生产线技术改造项目	金东纸业(江苏)股份有限公司
	镇江新区	KYB 马达、高压油缸技改项目	凯迩必机械工业(镇江)有限公司
	镇江新区	阿雷蒙光伏连接器项目	阿雷蒙紧固件(镇江)有限公司
	镇江新区	可再生 PS 塑料环保回收机械项目	镇江英科环保机械有限公司
	镇江新区	道达尔润滑油二期扩产项目	道达尔润滑油(中国)有限公司
	镇江新区	中节能电池技改项目	中节能太阳能科技(镇江)有限公司
	镇江新区	江南化工草甘膦技改项目	镇江江南化工有限公司
	镇江新区	东普氯乙酸项目	江苏东普新材料科技有限公司
	镇江新区	特种高分子单体项目	江苏常青树新材料科技有限公司
	镇江高新区	电源模块研发生产	江苏兆能电子有限公司
	镇江高新区	长城海工贝雷钢桥	长城海工装备(江苏)有限公司
	镇江高新区	钙钛矿先进电子薄膜研发生产	大正(江苏)微纳科技有限公司
	镇江高新区	碳化硅功率器件产业化	镇江华弗三代半导体产业技术研究院有限公司(筹)
	镇江高新区	SOI 半导体级晶圆片生产	江苏华赛半导体有限公司(筹)
	镇江高新区	镇江船厂特种船舶船坞	江苏省镇江船厂(集团)有限公司
	镇江高新区	环保机制砂石生产	镇江市港发新材料有限公司
	镇江高新区	新能源汽车高压加热器产业化	镇江海姆霍兹传热传动系统有限公司
工业科技创新项目	丹阳市	可控式靶向气溶胶吸入治疗设备关键核心技术研发	江苏鱼跃医疗设备股份有限公司
	丹阳市	5G 移动通信网络身份识别模块研发及产业化	恒宝股份有限公司
	丹阳市	航空航天紧固件用高温合金棒丝材研发及产业化	江苏图南合金股份有限公司
	丹阳市	具有仿生分形结构的高效板式换热器关键技术研发与产业化	江苏唯益换热器有限公司
	句容市	热塑性碳纤维复合材料关键技术研发及应用	江苏兆鋆新材料股份有限公司
	扬中市	基于人工智能的自适应高效长寿命混合储能关键技术研发	江苏为恒智能科技有限公司
	扬中市	光伏硅片切割废料精制再生高纯硅关键技术研发	江苏高照新能源发展有限公司

续表 13－1

项目类别	地　区	项目名称	企业名称
工业科技创新项目	扬中市	LNG 用超低温高可靠性阀门关键技术研发及产业化	江苏亿阀股份有限公司
	丹徒区	基于微生物代谢调控技术开发富含苯乳酸的镇江香醋及其产业化	江苏恒顺醋业股份有限公司
	丹徒区	某系统研发及产业化	江苏捷诚车载电子信息工程有限公司
	京口区	新一代动力锂电池用高性能铝箔/薄板的绿色制造技术的开发	江苏鼎胜新能源材料股份有限公司
	京口区	关于轨道式集装箱起重机高精度高智能远程操控系统的研发	江苏鼎盛重工有限公司
	镇江新区	锂电池用高性能石墨烯复合导电浆料研发及产业化	江苏天奈科技股份有限公司
	镇江新区	基于供应链管理的物流大数据处理平台研发及产业化	江苏斯诺物联科技有限公司
	镇江新区	基于高压直挂式电池储能的新一代电网能量柔性调控系统	威凡智能电气高科技有限公司
	镇江新区	舱室辅机智能管控系统研制	镇江赛尔尼柯自动化有限公司
	镇江新区	大飞机复合材料结构件(后机身前段和垂尾)研发及产业化	航天海鹰(镇江)特种材料有限公司
	镇江高新区	邮轮动力系统及辅助系统集成及调试技术研究	中船动力有限公司
	镇江高新区	镇江智能制造创新研究院	江苏九达智能制造技术有限责任公司
	镇江高新区	中澳(镇江)人工智能研究院	江苏中澳科技发展有限公司
	镇江高新区	镇江哈工大高端装备研究院	镇江智谷高端装备研究院有限公司
	镇江高新区	万吨级甲板运输船的设计和全电力推进应用研究	江苏省镇江船厂(集团)有限公司
	镇江高新区	船岸双向供电智能并网控制技术开发	镇江船舶电器有限公司
	镇江高新区	半导体测试和系统解决方案	镇江矽佳测试技术有限公司

（朱　卯）

2020 年镇江市规模以上工业企业主要经济指标情况表

表 13－2

单位:万元

项　目	企业单位数(家)	平均用工人数(万人)	工业总产值	营业收入	利润总额	利税总额
总　计	2008	31.39	39424940	38980057	2492846	3493267
#亏损企业	401	6.54	7013709	6675177	－420994	－281939
国有控股企业	56	1.67	3484391	3714884	221963	339083
一、按登记注册类型分						
内资企业	1717	23.59	27653325	27485253	1257388	1942733
国有企业	11	0.36	279454	259336	－13637	－7020
集体企业	6	0.05	22766	28879	－164	452
股份合作企业	0	0.00	0	0	0	0
联营企业	2	0	150362	71760	－6949	－6142
有限责任公司	132	2.42	4331584	4544356	239181	376419
股份有限公司	35	1.40	2341773	2428381	167410	224482
私营企业	1530	19.12	20518218	20143156	871371	1353994
其他企业	1	0.03	9169	9386	177	547
港、澳、台商投资企业	130	3.87	6341367	6189220	728558	894759
外商投资企业	161	3.92	5430249	5305584	506900	655775
二、按经济组织类型分						
独资企业	217	4.85	6299676	6203454	715372	892845
合作、合伙企业	9	0.29	232536	151894	－737	2560
股份有限公司	88	3.16	5586676	5489014	574863	702093

续表 13－2

项　　目	企业单位数（家）	平均用工人数（万人）	工业总产值	营业收入	利润总额	利税总额
有限责任公司	1694	23.08	27306052	27135696	1203348	1895768
三、按轻重工业分						
轻工业	593	10.00	8869041	8590597	619140	835729
重工业	1415	21.38	30555900	30389460	1873707	2657538
四、按企业规模分						
大型企业	29	5.50	8046310	8223206	1084569	1277007
中型企业	204	10.25	13093090	12728583	704666	1063029
小型企业	1666	15.44	17743696	17474388	701164	1144022
微型企业	109	0.19	541845	553881	2447	9209
五、按行业分						
有色金属矿采选业	1	0.00	2976	2877	102	111
非金属矿采选业	5	0.11	106562	113127	22613	33178
农副食品加工业	25	0.17	1398082	1353728	18539	21421
食品制造业	17	0.35	300836	327467	39368	53176
酒、饮料和精制茶制造业	4	0.04	81796	85645	8605	10288
纺织业	42	0.61	395573	365232	4991	14052
纺织服装、服饰业	48	1.10	379507	359959	5868	21678
皮革、毛皮、羽毛及其制品和制鞋业	15	0.18	56836	55715	213	2140
木材加工和木、竹、藤、棕、草制品业	23	0.46	708973	658258	65806	87305
家具制造业	4	0.14	57496	49722	－1461	－1056
造纸和纸制品业	34	0.68	1545450	1521797	132629	181698
印刷和记录媒介复制业	38	0.47	446096	441221	19912	32753
文教、工美、体育和娱乐用品制造业	24	0.23	106239	105846	5373	7895
石油、煤炭及其他燃料加工业	10	0.11	733123	640189	22085	49092
化学原料和化学制品制造业	116	1.61	4924897	4805921	571300	705337
医药制造业	20	0.36	265660	260898	37890	52348
化学纤维制造业	5	0.10	112976	102776	16302	21722
橡胶和塑料制品业	101	0.92	832276	827778	40312	56447
非金属矿物制品业	161	1.70	2219193	2154443	309890	390166
黑色金属冶炼和压延加工业	30	0.82	2695754	2744054	39727	91660
有色金属冶炼和压延加工业	73	0.85	2599365	2601247	33417	54586
金属制品业	217	2.24	2550945	2590443	61433	108396
通用设备制造业	127	1.70	1319637	1279464	76686	113374
专用设备制造业	138	4.04	3003522	3070989	460964	525387
汽车制造业	188	3.23	2735989	2825100	79888	145569
铁路、船舶、航空航天和其他运输设备制造业	52	0.94	1249915	1225583	9313	30741
电气机械和器材制造业	308	4.52	4750719	4515298	143025	284468
计算机、通信和其他电子设备制造业	106	2.43	1714195	1615316	－17950	15188
仪器仪表制造业	31	0.51	375860	359003	21404	32735
其他制造业	15	0.12	58664	59104	1080	1986
废弃资源综合利用业	3	0.02	15088	24775	442	1349
金属制品、机械和设备修理业	1	0.00	3171	3171	26	268
电力、热力生产和供应业	14	0.35	1329770	1473885	214134	289501
燃气生产和供应业	5	0.10	278640	278135	47831	54068
水的生产和供应业	7	0.16	69161	81895	1091	4242

（市统计局）

2020年镇江市工业应税销售百强企业一览表

表13－3

地区	企业名称	地区	企业名称
镇江新区	镇江奇美化工有限公司	丹阳市	江苏锐升新材料有限公司
丹阳市	江苏沃得机电集团有限公司	丹徒区	江苏捷诚车载电子信息工程有限公司
丹阳市	天工国际有限公司	丹徒区	江苏振光电力设备制造有限公司
镇江新区	金东纸业（江苏）股份有限公司	京口区	爱励铝业（镇江）有限公司
京口区	江苏鼎胜新能源材料股份有限公司	句容市	句容毅马五金制品有限公司
京口区	中储粮镇江粮油有限公司	丹阳市	恒宝股份有限公司
京口区	国家能源集团谏壁发电厂	镇江新区	镇江南帝化工有限公司
扬中市	大全集团有限公司	镇江新区	优利德（江苏）化工有限公司
句容市	建华建材（中国）有限公司	丹阳市	江苏肯帝亚木业有限公司
丹阳市	丹阳龙江钢铁有限公司	镇江高新区	江苏省镇江船厂（集团）有限公司
丹阳市	大亚科技集团有限公司	句容市	苏州协鑫光伏科技有限公司句容分公司
句容市	华电江苏能源有限公司	扬中市	江苏威腾电气集团
京口区	江苏鸿泰钢铁有限公司	丹阳市	江苏新泉汽车饰件股份有限公司
丹阳市	江苏鑫海高导新材料有限公司	扬中市	中电电气集团有限公司
京口区	江苏索普（集团）有限公司	丹阳市	江苏晶工集团
丹阳市	江苏飞达控股集团有限公司	丹徒区	二重集团（镇江）重型装备厂有限责任公司
润州区	江苏船山集团有限公司	镇江新区	太白集团有限公司
镇江新区	镇江联成化学工业有限公司	丹阳市	江苏彤明高科汽车电器有限公司
扬中市	江苏中海粮油工业有限公司	丹阳市	江苏辰阳电子有限公司
扬中市	江苏环太集团有限公司	丹阳市	江苏瑞美福实业有限公司
丹阳市	江苏鱼跃医疗设备股份有限公司	扬中市	江苏森林建筑新材料股份有限公司
丹徒区	镇江焦化煤气集团有限公司	丹阳市	江苏瑞美福新材料有限公司
镇江新区	江苏通达铜材有限公司	镇江新区	镇江大东纸业有限公司
镇江新区	道达尔润滑油（中国）有限公司	丹徒区	镇江李长荣高性能材料有限公司
镇江新区	江苏车驰汽车有限公司	丹阳市	海昌隐形眼镜有限公司
丹徒区	江苏镇江发电有限公司	扬中市	江苏利奥新材料科技有限公司
镇江新区	镇江江南化工有限公司	扬中市	江苏尚昆生物设备有限公司
丹阳市	大力神科技集团有限公司	丹阳市	万新光学集团有限公司
丹徒区	金海宏业（镇江）沥青有限公司	镇江新区	江苏东普新材料科技有限公司
镇江新区	中节能太阳能科技（镇江）有限公司	镇江新区	巴斯夫造纸化学品（江苏）有限公司
句容市	巨宝精密加工（江苏）有限公司	句容市	江苏毅马铸锻有限公司
丹徒区	江苏恒顺集团有限公司	丹阳市	江苏申阳集团
镇江新区	索尔维（镇江）化学品有限公司	丹阳市	迅驰车业江苏有限公司
句容市	句容宁武新材料股份有限公司	镇江新区	江苏新越高新技术股份有限公司
扬中市	镇江荣德新能源科技有限公司	镇江高新区	中船动力有限公司
镇江新区	中润油新能源股份有限公司	镇江新区	金隆浆纸业（江苏）有限公司
丹阳市	大赛璐安全系统（江苏）有限公司	扬中市	现代重工（中国）电气有限公司
句容市	句容协鑫集成科技有限公司	丹阳市	江苏华凯比克希线束有限公司
镇江新区	凯迩必机械工业（镇江）有限公司	丹阳市	常诚车业江苏有限公司
句容市	句容台泥水泥有限公司	镇江新区	瑞肯耐特流体控制系统（镇江）有限公司
润州区	镇江华润燃气有限公司	丹阳市	江苏华力金属材料有限公司
镇江新区	江苏超跃化学有限公司	镇江新区	春金（镇江）油脂工业有限公司
扬中市	香江科技股份有限公司	丹阳市	江苏福荣制衣有限公司
丹阳市	江苏长丰纸业有限公司	镇江新区	华东泰克西汽车铸造有限公司
镇江新区	镇江东方电热科技股份有限公司	扬中市	江苏亿能电气有限公司
句容市	句容中圣板带科技有限公司	镇江新区	镇江高鹏药业有限公司
丹徒区	帝高力装饰材料（江苏）有限公司	扬中市	江苏太阳集团有限公司
镇江新区	江苏正丹化学工业股份有限公司	丹阳市	江苏超力电器有限公司
句容市	华君集团有限公司	丹阳市	江苏丹毛纺织股份有限公司
扬中市	江苏新韩通船舶重工有限公司	丹徒区	北汽蓝谷麦格纳汽车有限公司

（魏星远）

2020 年镇江市新增国家、省中小企业公共服务示范平台和省小型微型企业创业创新示范基地情况表

表 13－4

地区	企业名称	所获称号
镇江高新区	惠龙易通国际物流股份有限公司	国家中小企业公共服务示范平台
市直	镇江市信息资源中心	江苏省中小企业公共服务示范平台
京口区	江苏省船舶设计研究所有限公司	江苏省中小企业公共服务示范平台
镇江新区	镇江市计量检定测试中心	江苏省中小企业公共服务示范平台
镇江新区	江苏易蝶软件科技有限公司	江苏省中小企业公共服务示范平台
镇江高新区	江苏汇智知识产权服务有限公司	江苏省中小企业公共服务示范平台
丹阳市	丹阳高新技术创新园	江苏省小型微型企业创业创新示范基地

（陈砚琳）

2020 年镇江市新增国家级“单项冠军”企业（产品）、国家级“专精特新‘小巨人’”企业、省级“专精特新”产品和“小巨人”企业情况表

表 13－5

地区	企业名称	所获称号
句容市	建华建材（中国）有限公司	国家级制造业“单项冠军”示范企业
镇江高新区	江苏省镇江船厂（集团）有限公司	多功能全回转拖船获国家级制造业“单项冠军”产品
丹阳市	江苏万新光学有限公司	国家级“专精特新‘小巨人’”企业
丹阳市	江苏图南合金股份有限公司	国家级“专精特新‘小巨人’”企业
扬中市	镇江大全赛雪龙牵引电气有限公司	国家级“专精特新‘小巨人’”企业
丹徒区	镇江大力液压马达股份有限公司	国家级“专精特新‘小巨人’”企业
丹阳市	江苏迅捷装具科技有限公司	智能档案柜获省级“专精特新”产品
丹阳市	江苏华昌工具制造有限公司	金刚石锯片获省级“专精特新”产品
丹阳市	琦瑞科技（江苏）有限公司	600 只／分钟～800 只／分钟碱性电池高速智能生产线获省级“专精特新”产品
句容市	江苏兆鋆新材料股份有限公司	热固性复合材料及制品获省级“专精特新”产品
句容市	江苏建华新型墙材有限公司	蒸压钢筋陶粒混凝土轻质隔墙条板获省级“专精特新”产品
扬中市	江苏士林电气设备有限公司	三层共挤乙丙橡胶绝缘复合屏蔽封闭管型母线获省级“专精特新”产品
镇江新区	江苏阳明船舶装备制造技术有限公司	船舶及海洋工程合拢管设计制造系统获省级“专精特新”产品
丹阳市	冈田精机丹阳有限公司	省级“小巨人”企业（制造类）
丹阳市	江苏富新电子照明科技有限公司	省级“小巨人”企业（制造类）
丹阳市	视悦光学有限公司	省级“小巨人”企业（制造类）
丹徒区	江苏恒顺醋业股份有限公司	省级“小巨人”企业（制造类）
镇江新区	镇江威特药业有限责任公司	省级“小巨人”企业（制造类）
镇江新区	江苏海宏制药有限公司	省级“小巨人”企业（制造类）

（蒙呈魁　赵雅婕）

2020 年镇江市新增“绿色工厂”一览表

表 13－6

地区	企业名称	认定等级	地区	企业名称	认定等级
句容市	镇江北新建材有限公司	国家级	扬中市	江苏绿能电力科技有限公司	省级
镇江新区	金东纸业（江苏）股份有限公司	国家级	丹徒区	帝高力装饰材料（江苏）有限公司	省级

（郭升荣）

装备制造业

【概况】 2020 年，镇江市强化对装备制造业的政策扶持，突出创新驱动，高端装备制造业主导作用增强，高端创新步伐加快。全市有高端装备制造业规模以上企业 417 家，比上年新增 24 家；实现主营业务收入 788.7 亿元，增长 11.1%。高端装备制造业占装备制造业销售收入、规模以上企业主营业务收入的比重，分别比上年提高 2.54 个百分点和 1.06

个百分点。全年装备制造业领域新增省级企业技术中心5家(累计75家)。新增"中船动力船用大功率微引燃L28/32双燃料发动机""万创灭菌WC-FMD16绿色智能化瞬时粉末灭菌装置"等省级"首台(套)重大项目"4个,数量列全省第3名。"工大金凯超精密镜片加工专用机床关键核心技术(装备)攻关"等3个项目中标省"关键核心技术(装备)项目",数量列全省第4名。7个产品增补国家《首台(套)重大技术装备推广应用指导目录》,新增国家"首台(套)重大技术装备保险补偿项目"2个(累计13个)。在全省率先编制《市级新技术新产品新装备推广应用目录》。成立全省首个市级智能制造服务联盟,以政府购买服务的方式免费为56家企业提供智能制造诊断服务,其中13家企业经诊断后创成省级"智能车间"。新增省级"示范智能车间"19家,数量列全省第4名。新增国家"道路机动车辆产品"72款(累计732款)。入选国家新能源汽车推广推荐车型目录18款(累计43款)。组织实施高端装备制造业项目52个,占市级重点项目比重的34%;完成投资104.19亿元。长城蜂巢汽车零部件、孚能科技动力电池、北汽麦格纳高端智能纯电动乘用车等一批重大项目竣工投产。 (栾 蕾)

【镇江市企业获批全国汽车标委会仪表分技术委员会秘书处承担单位】 2020年3月,市场监督管理总局向工业和信息化部、应急管理部、中国轻工业联合会复函,同意全国汽车标准化技术委员会仪表分技术委员会(SAC/TC114/SC8)秘书处承担单位由芜湖汽车仪表研究所调整为江苏新通达电子科技股份有限公司,专业范围为负责全国汽车用车速里程表、转速表、压力表、燃油表、电流表、温度表、轮胎气压表或其组合仪表及传感器、警报装置的图形符号、型式尺寸、技术条件等专业领域标准化工作。江苏新通达电子科技股份有限公司是国家火炬计划高新技术企业、全国车用仪表龙头企业和中国汽车工业协会车用仪表委员会理事长单位,主要从事车用仪表的研发、生产及销售。(参见第34页) (栾 蕾)

【化学品运输船交付】 2020年4月7日,由江苏省镇江船厂(集团)有限公司为韩国船东建造的4499DWT液态硫黄运输船——"HANYU FRONTIER"完工交付。该船长99.9米,配置2个独立的硫黄罐体,装载容量为2800立方米,运输能力4499载重吨,配备先进的热风加热系统,是一艘较为先进的化学品运输船。 (栾 蕾)

【8万吨级海轮出坞】 2020年5月2日,江苏新韩通船舶重工有限公司为德国Oldendorff公司建造的3艘8万吨级散货轮出坞。这是新韩通重工公司第1次完成3船同步建造、同步出坞。该次出坞的3艘散货轮尺寸相同,均为船长299米、宽32.26米、型深20.05米,设计载重量8.2万吨,是当年镇江市出坞的最大吨级海轮。 (栾 蕾)

【奥立特机械公司沥青碳纤维生产线交付】 2020年5月,由镇江奥立特机械制造有限公司生产的年产100吨沥青碳纤维生产线交付,该生产线的交付推进碳纤维关键生产装备国产化进程。碳纤维的生产从原丝到碳丝,涉及氧化碳化、表面处理等多个环节,碳纤维成套装备缺乏,严重制约产业发展。该公司成立于2004年,是一家专业从事碳纤维、陶瓷纤维、芳纶等高性能纤维牵伸柔性恒张力控制等技术研发及成套设备制造的高新技术企业。2016年,公司自主研制的"柔性恒张力碳纤维生产成套装备"获评江苏省首台(套)重大装备,实现行业突破。 (栾 蕾)

【镇江市首个国家智能制造新模式应用项目通过验收】 2020年,工业和信息化部委托省工信厅组织专家对大全集团"智能电网中低压输配电关键设备智能制造新模式"项目进行验收;6月,该项目通过验收。该项目是镇江市首个智能制造新模式应用项目,并获国家专项资金支持。项目总投资4.3亿元,自2016年1月启动建设,到2020年3月竣工;项目运行后,生

图13-1 2020年4月7日,江苏省镇江船厂(集团)有限公司为韩国船东建造的液态硫黄运输船完工交付 (高文君 供稿)

产效率提高 38.2%，运营成本降低 27.0%，产品升级周期缩短 43.1%，产品不良率降低 27.6%，单位产值能耗降低 26.4%。（栾　蕾）

【蜂巢易创扬中产业园首台发动机下线】 2020 年 6 月 30 日，镇江市首台发动机在长城汽车蜂巢易创扬中产业园下线，蜂巢易创扬中产业园首个项目投产。该次下线的发动机为 EB 发动机，规划产能 25 万台；该机型应用 350Bar 燃油喷射压力、D－VVT、热管理模块等先进技术，适应国家第六阶段机动车污染物排放标准要求，主要搭载于长城汽车的哈弗、WEY 品牌车型。（参见第 38 页）（栾　蕾）

【环保船用二冲程低速双燃料发动机点火成功】 2020 年 7 月，中船动力有限公司研制的船用 400 毫米缸径低速双燃料机工程样机点火成功，该型工程样机全面转入试验阶段。截至年底，该型 400 毫米缸径双燃料机是世界上缸径最小、性能指标最高、最先进的一款绿色环保船用二冲程低速双燃料发动机，采用低压 Otto 循环技术路线，气体模式下完全满足 IMO Tier Ⅲ排放控制要求，可为 1 万吨～3 万吨级液货船、汽车运输船、渡船、集装箱船、干散货船提供绿色动力。（栾　蕾）

【镇江市 3 家企业入选“全国百家优秀汽车零部件供应商”】 2020 年 11 月 23 日，第 17 届“全国百家优秀汽车零部件供应商”榜单发布。镇江市企业江苏新泉汽车饰件股份有限公司、江苏超力电器有限公司、江苏新通达电子科技股份有限公司等 3 家企业入选。其中，超力电器和新通达电子获评“优秀汽车电子电器供应商”，新泉股份获评“优秀通用件、车身附件供应商”。（栾　蕾）

【中船动力有限公司】 2020 年，中船动力有限公司（法人）完成柴油机对外交验 169 台、31.5 万千瓦，分别比上年下降 33.2% 和 20.1%；实现营业收入 65519 万元，下降 1.9%；工业总产值 64611 万元，下降 1.3%。截至年底，公司有职工 677 人；在岗职工 635 人；专业技术人员 124 人，其中，高级职称 36 人、中级职称 44 人、高级技师 7 人、技师 30 人。

2020 年，中船公司面对新冠肺炎疫情影响和外部经济形势冲击，经济运行相对平稳，在市场开拓、科技创新、生产管理、成本管控、管理提升等方面有成效。拓展大缸径中速机和小缸径低速机业务，承接台湾长荣、上海打捞局、三沙渔业等客户的 L32/40 订单。公司强化 LNG、PCTC 等双燃料船舶市场，双燃料机订单增长较快。推进备件销售，备件营业收入保持两位数增长。完善低速机制造体系，完成低速机 16 台，其中，母型机 13 台，低速机高压 SCR 试验 1 套。低速机台位占用时间压缩至 25 天左右，比 2019 年有较大提升。大缸径中速机生产效率提高，L32 机装配周期从 40 天缩短至 20 天。当年，中船公司推出满足内河新规范的 L23/30H 中速柴油机，该柴油机完成 1720 小时耐久试验和 6 次排放测试达到 C1 标准，匹配 SCR 满足 C2 要求。该公司自主开发的首套中速 SCR 系统完成方案设计、样机装配，为产业化推广奠定基础；同时，全球首制 6X40DF 工程样机完成 TAT 船级社试验。（纪锡丹）

【中船动力有限公司所属控股参股投资公司】 2020 年，中船动力有限公司所属控股参股投资公司生产经营情况如下：镇江中船现代发电设备有限公司完成工业总产值 1.7 亿元，比上年下降 5.6%；实现营业收入 1.9 亿元，增长 11.8%。镇江中船日立造船机械有限公司完成工业总产值 0.7 亿元，下降 12.5%；营业收入 0.7 亿元，下降 12.5%。镇江中船瓦锡兰螺旋桨有限公司完成工业总产值 2.1 亿元，与上年持平；营业收入 2.0 亿元，下降 9.1%。（纪锡丹）

【北汽蓝谷麦格纳汽车有限公司】 北汽蓝谷麦格纳汽车有限公司位于镇江市丹徒区北汽大道 1 号，总投资近 60 亿元，占地面积约 137 万平方米。北汽集团与麦格纳合作后，麦格纳为智造基地引入经由阿斯顿马丁、奔驰 G、宝马 5 系、捷豹 IPACE 等车型验证的麦格纳 MAFACT（Magna Factory Concept）生产制造体系。在该套体系下，通过标准化流程及目标管理，引入欧洲汽车制造先进工艺与管理技术，推动北汽蓝谷麦格纳高端智造基地进入亚洲地区先进智能工厂行列。2020 年 9 月 26 日，北汽蓝谷麦格纳汽车有限公司首款产品 ARCFOX αT 预售发布会在北京举行，ARCFOX 品牌中文名“极狐”同步发布。ARCFOX αT 有 653 千米真续航、4.6 秒百千米加速、哈曼 4K 超大屏影音系统、麦格纳“全球豪华制造”、华为 5G 科技互联、α－Pilot 智慧驾驶等亮点，是高端智能纯电 SUV（运动型多用途汽车），并实现部分自动驾驶（L3）。（张　云）

【二重（镇江）重型装备有限责任公司】 二重（镇江）重型装备有限责任公司成立于 2008 年 9 月 19 日，是中国机械工业集团有限公司旗下具有独立法人资格的全资子公司，由国机重型装备集团股份有限公司托管。2020 年，该公司有正式职工 179 人，实现营业收入 9.7 亿元，比上年增长 32%；实现新签合同额 11.3 亿元，增长 104%。全年实现 42 台容器产品的产出（内销产品 22 台、自营产品 20 台）。该公司以超大型石化压力容器设备制造为主，以码头物流、冶轧成套为辅,具有世界级压力容器制造能力,同时具有年吞吐量130多万吨的中转运输能力,二重港区综合通过能力近千万吨。代表产品有30万吨/年及以上合成氨关键设备,100万吨/年及以上乙烯关键设备,石油化工及煤化工重型容器、塔器类产品、热交换器等超大型、超重石化容器产品。公司核电容器厂房占地约5.3万平方米,配有带极堆焊设备、窄间隙焊接设备、马鞍形焊机等大型焊接设备,落地镗床、数控立车等机加设备,以及大型卷板机、大吨位滚轮架、变位器等焊接辅助设备,并配置大型行车、大规格热处理炉、射线探伤室、喷砂室等。车间具备生产2500吨级容器的生产制造能力,其中,最大重量2400吨,最大直径近10米,最长的产品超过70米。公司成套重装车间厂房占地约3.9万平方米,配有落地镗床、数控立车、卧式车床、数控双龙门铣镗床等大型加工设备,配置大型装配地坑。车间可用于轧机、大型钢构、矿山机械、海洋平台、船机、风电等重大成套装备制造。公司配有理化检测中心和焊接培训试验中心,有拉伸万能试验机、摆锤冲击试验机、氧氮氢化学分析仪等设备,焊培中心具备18个工位同时开展焊接培训的能力。公司重装码头具备正式经营许可资格,作业平台全长709米,宽度25米。码头重件泊位可实现货物的江、海、公路、铁路联运和中转,具备一次装卸单件最大1700吨货物能力,港区水位常年在15米以上,无封冻期,并配5万吨级海船泊位。

“十三五”期间,该公司完成从生产制造基地到公司化运营的转型,业务范围转变为协同业务和自主营销两部分,初步形成国内特大型石化装备生产制造基地雏形。公司先后获特种设备制造许可证(压力容器A1、A2)、压力容器设计许可证ASMEU/U2认证、ISO 9001质量管理体系认证、ISO 45001职业健康安全管理体系认证、ISO 14001环境管理体系认证、中国石化HSSE管理体系认证等,并获钢结构二级企业资质、码头运营资质、特种设备作业人员考试机构资质。同时,该公司是国家级高新技术企业,并获批成立镇江市工程技术中心。2016年—2019年,公司分别实现营业收入26126万元、22242万元、112113万元、73597万元。

2020年4月1日,该公司由“二重集团(镇江)重型装备厂有限责任公司”正式更名为“二重(镇江)重型装备有限责任公司”;4月3日,公司获ISO 14001/ISO 45001/HSSE证书;12月7日,公司内港池码头获港口经营许可证;12月8日,公司核电石化压力容器扩能配套工程技术改造项目入选镇江市重点建设项目,并获2020年度镇江市工业和信息化专项资金支持。当年,该公司获评“2020中国石化行业百佳供应商”;公司1名职工加入镇江市代表队参加江苏省首届特种设备无损检测人员职业技能竞赛获团体三等奖;公司1名职工获评“镇江市劳动模范”,1人获评“全国青年岗位能手”。

(胥秀娟)

新材料产业

【概况】 2020年,镇江市以打造具有全国影响力的特色新材料产业基地为目标,以“高端、高新、高效”为导向,实施“五大提升行动”(特色基地建设、创新能力提升、初期市场培育、重点项目带动、开放融合增效),健全新材料产业体系。全市新材料产业规模以上工业企业108家,营业收入663.8亿元,比上年增长1.3%。全年组织实施天工集团“粉末冶金工具”、鼎胜新材公司“彩色涂层铝板带箔”、天奈科技公司“锂电池用高性能石墨烯复合导电浆料研发及产业化”、兆鋆公司“碳纤维新材料”等重点项目31个,占市级制造业重点项目数量的20.3%,其中亿元以上项目26个。强化对新材料领域的“金山英才”项目的投入,5年近100个项目获奖补资金近1亿元。全年新材料行业新增省级以上企业技术中心3家(累计18家),新增省级以上“绿色工厂”2家(累计4家),新增国家级“单项冠军企业”1家(累计3家),新增省级“专精特新”企业3家(累计11家)。江苏和达电子科技有限公司铜蚀刻液项目获国家重点新材料首批次应用保险补偿补助,镇江市新材料首批次应用保险补偿试点工作实现零的突破。镇江市“碳纤维”入选全省重点产业集群,恒神股份1人入选省级新材料产业专家目录库。12月,省先进碳材料产业链、特钢材料产业链工作专班先后到镇江调研。7月23日,江苏图南合金股份有限公司挂牌上市。9月16日,江苏鼎胜新能源材料股份有限公司自主研发的“环保节能型涂层容器箔”获2020“中国铝箔创新奖”之“资源效率奖”。9月27日,江苏天工工具有限公司获省政府“2020年江苏省省长质量奖”。12月19日,江苏天奈科技股份有限公司“碳纳米管导电浆料”企业标准获评市场监管总局等8部门“企业标准‘领跑者’”。12月21日,工业和信息化部、中国工业经济联合会公布第五批制造业单项冠军企业(产品)名单,建华建材(中国)有限公司获评“制造业单项冠军示范企业”。

(丁　琦)

【吉林碳谷与恒神股份签署战略合作协议】 2020年7月21日,吉林碳谷碳纤维股份有限公司与江苏恒神股份有限公司战略合作签约仪式在江苏恒神股份有限公司举行。按照协议,双方将在碳纤维原丝、碳丝、碳纤维制品等领域开展合作,旨在进一步提升双方整体运营效率、降低运营成本、优化产业模式,以高质量

发展畅通碳纤维大丝束产业化道路。（丁　琦）

【中国·丹阳碳纤维及复合材料产业链创新发展论坛】 2020年11月26日—27日，由中国化学纤维工业协会、江苏省生产力促进中心、丹阳市人民政府主办的中国·丹阳碳纤维及复合材料产业链创新发展论坛暨2020年中国化学纤维工业协会碳纤维分会年会在丹阳市召开。会议围绕“新形势下的中国碳纤维可持续发展”主题开展研讨和交流。会议同期举行中国化学纤维工业协会碳纤维分会的换届仪式，江苏恒神股份有限公司总经理钱京当选为第四届碳纤维分会轮值会长。江苏恒神股份有限公司与远景能源有限公司在会上签订战略合作协议。中国纺织工业联合会副会长、中国化学纤维工业协会会长端小平，中国工程院院士蒋士成，中国科学院院士朱美芳等出席会议，江苏省生产力促进中心，丹阳市组织部、科技局、经发局，国内外碳纤维生产及应用企业、高等院校、科研院所等200多人参加会议。（丁　琦）

传统产业

·综　述·

【概况】 2020年，镇江市传统产业受全球新冠肺炎疫情影响，下行压力较大，但总体运行情况稳定，下降趋势年内逐步收窄。

冶金行业。冶金行业有规模以上企业133家，重点企业有江苏鼎胜新能源材料股份有限公司、江苏天工集团有限公司、丹阳龙江钢铁有限公司、江苏鑫海铜业有限公司、江苏大力神科技集团有限公司、江苏鸿泰钢铁有限公司等。2020年，应税销售623.4亿元，比上年增长2.5%。

建材行业。建材行业有规模以上企业238家，重点企业有建华建材（江苏）有限公司、句容台泥水泥有限公司、江苏鹤林水泥有限公司、江苏苏润高碳材股份有限公司等。2020年，应税销售241.0亿元，下降7.8%。

化工行业。化工行业有规模以上企业121家，重点企业有镇江奇美化工有限公司、江苏索普（集团）有限公司、金海宏业（镇江）石化有限公司、镇江联成化学工业有限公司、镇江江南化工有限公司、索尔维（镇江）化学品有限公司等。2020年，应税销售481.8亿元，下降15.0%。（丁　琦）

【食醋产业】 镇江食醋产业有悠久的历史传承、独特的酿造工艺。“镇江香醋”是江苏省首个获得地理标志产品保护的地方特色产业，也是全国食醋类行业首个原产地地理标志证明商标和中国驰名商标；同时是中国首个获得欧盟保护的调味品。截至2020年年底，“镇江香醋”品牌价值为458.92亿元，列国家地理标志保护产品第2名，仅次于“茅台”。2006年，“中国镇江酱醋文化节”被列为中国十大民俗文化节之一；2008年，镇江市建成中国最大的醋文化博物馆，是国内首个专业性醋文化主题博物馆，也是镇江市第一个集文化遗产保护、科普教育、工业旅游等功能于一体的主题展馆；2016年，作为全国首个对食品行业进行地方立法的城市，《镇江香醋保护条例》经江苏省人大常委会批准实施。

2020年，全市有食醋生产企业43家（其中配套企业7家），食醋生产规模近50万吨，全国市场占有率超过10%，是全国食醋品类最丰富，也是出口量最大的城市。镇江香醋龙头企业恒顺醋业的食醋产销量连续25年列全国第1名。“镇江食醋”有国家企业技术中心1个、国家博士后科研工作站1个、江苏省企业院士工作站1个、省级工程中心2个、省部级以上研发平台7个；有全国最大的食醋原料生产加工基地，食醋专用原料基地种植面积10万余亩（约6666.7公顷），其中绿色稻米种植基地面积超3万亩（2000公顷）；生产有各类高、中、低档香醋品种300多个，涵盖“香醋”“陈醋”“白醋”“米醋”和“果醋”。10月26日，中国轻工业联合会、中轻食品工业管理中心联合授予镇江市“中国醋都·镇江”称号。（参见第191页）（成向阳）

【镇江焦化煤气集团有限公司】 2020年，镇江焦化煤气集团有限公司出口各类煅烧石油焦40.4万吨、阳极11.3万吨，实现主营业务销售收入19.5亿元，缴纳各项税收8072万元，出口创汇1.5亿美元。

焦化煤气集团下属企业经营情况如下：江苏苏润高碳材股份有限公司面对新冠肺炎疫情，调整内外销结构和营销策略，兼顾国外大客户的稳定供应，全年出口各类煅烧石油焦31.6万吨，保持国际市场份额。江苏苏亚迪炭材有限公司在中国煅烧焦出口市场遇到的竞争较激烈，部分出口价格比国内贸易更低，合作伙伴承购量减少。该企业调整内外销比例，拓展内外销客户，并通过精细化管理降低制造成本，全年出口煅烧石油焦8.8万吨。江苏苏菱铝用阳极公司在强化产品合格率控制的同时，开拓外销市场，全年出口各类阳极11.3万吨。江苏华元焦化有限公司做好停产后土壤修复以及企业留守人员安置的工作；利用存量土地寻求新项目转型升级；与深圳普拉德环保科技（集团）有限公司合资成立江苏格瑞普拉德新材料有限公司，该项目为70万吨/年新型（环保）建材项目，符合国家产业政策，按计划2021年4月开工，2022年5月投产。江苏苏润港务物流公司物流业务竞争较激烈，该企业拓展业务，强化精细化管理，降低成本，全年装卸船563艘次，吞吐量216万吨。镇江苏润精工机械有限公司、江苏贝雷钢桥有限公司开拓国内外市场，销售收入和利润均有提升。镇江南徐船舶机械有限公司控制成本、费用，拓宽产品市场和产品加工面，争取新客户源，完成年度生产经营计划。镇江苏润能源贸易公司调整经营思路，争取多元化销售渠道，降低资金风险。丽景国际饭店在新冠肺炎疫情期间损失较大，被市政府紧急征用为集中隔离观察酒店。该酒店采取系列措施，做好相关保障工作和服务，为新冠肺炎疫情防控工作做出贡献；新冠肺炎疫情稳定后，酒店复工复产，加大营销力度，减少经营损失。（张　军）

【天工国际有限公司】 2020年，天工国际有限公司实现销售收入421.1亿元，比上年增长20%；利润25.1亿元，增长19%；纳税13.6亿元，增长15%。当年，该公司攻克粉末冶金技术难题，打破粉末冶金"卡脖子"关键技术国际垄断，成为国内唯一掌握粉末冶金规模化生产技术企业，公司获2020年"江苏省省长质量奖"，成为"江苏省高质量发展标杆企业"。该公司海外首条年产4800万件精密切削刀具现代化生产线——天工精密工具（泰国）有限公司在泰国洛加纳工业园区建成投产；公司正式进入深港通交易，公司市值超百亿元；引入国家级战略投资者，并同步实现员工持股双重背书。当年，该公司入选2020年度中国钢铁品牌榜，并获"2020年中国优特钢市场优秀品牌"，品牌影响力列第1名。"数字化工厂"项目建设有进展，销售、采购、生产、人力资源、仓库信息平台正式启用。"南京大学天工国际奖助学基金"设立成功，助力品学兼优的学子完成学业或赴境外大学（研究机构）交流访学，以及助力中国新材料产业发展。全国人大代表、该公司董事局主席朱小坤的相关建议获国家发展和改革委员会、中国人民银行等相关部门答复，并推进相关工作。（白世国）

【江苏索普（集团）有限公司】 2020年，江苏索普（集团）有限公司实现营业收入约46亿元，利润约1.4亿元，税金约2亿元。"十三五"期间，集团实现营业收入283亿元，比"十二五"期间增加25亿元，增长9.69%；实现利润7.92亿元，增加4.28亿元，增长117.69%；上缴各项税费10.41亿元，减少0.39亿元，下降3.63%；资产负债率从79.35%降至30.49%。截至2020年12月31日，索普集团在岗职工2094人。

2020年1月9日，国务委员王勇调研检查索普集团安全生产工作。当年，集团总投资近2000万元建成安全生产信息化管理平台，实现重大危险源监控信息、可燃有毒有害气体检测报警信息、企业安全风险分区信息、生产人员在岗在位信息、企业生产全流程管理信息的"五位一体"。8月，总投资12.75亿元的醋酸造气工艺节能减排技术改造项目获环评批复，并开工建设。10月，索普股份120万吨/年醋酸生产线获镇江市重污染天气应急管控停限产豁免，是全市唯一一家获豁免的化工企业。11月，索普化工基地被取消化工园区定位；12月，江苏索普化工股份有限公司获认定为镇江市第一批化工重点监测点。

2020年，索普集团先后获评全国石化行业新闻宣传先进单位、全省机冶石化系统"最美职工之家"、全省科学技术奖三等奖、全省化学化工学会科学技术奖一等奖等；"离子液体催化剂耦合精馏生产醋酸酯工艺"入选《石化绿色工艺名录（2020年版）》。当年，集团新增授权专利10件，旗下3家子公司通过国家高新技术企业认定。（丁筱茜）

【江苏太白集团有限公司】 2020年，江苏太白集团有限公司重组后加强制度建设，对接母公司——南京金浦投资控股集团有限公司相关管理要求、技术标准，完善规范企业运行结构，公司管理水平有较大提升。全年销售实现产销平衡，完成销售收入7.29亿元，年底库存降至公司历史最低水平。该公司重视技术转型升级，推进给排水中和曝气尾气整改项目、钛三自动包装项目、连续酸解等项目；氧化石墨烯等转型升级产品在市场销售有突破。通过技术改造，该公司生产的自动化程度提高，电耗、天然气等各类消耗降低，并实现生产100%排放达标。（朱阳光）

【江苏恒顺集团有限公司】 2020年，江苏恒顺集团有限公司克服新冠肺炎疫情造成的诸多不利因素，聚焦打造"醋、酒、酱"三大品类，"主推产品"实现销售7.5亿元，比上年增长18.1%；"高端产品"实现销售2.3亿元，增长12.1%。在传统电商增长放缓的情况下，切入生鲜电商及社区团购市场，全年新零售销售额1.4亿元，增长47%。拓展海外市场，首次接到阿曼苏丹国和比利时的订单，国际贸易营收突破5000万元，增长21%。截至年底，恒顺市值超220亿元，品牌价值为82.71亿元。10月15日，"中国醋都·镇江"品牌称号通过评审；11月6日，在恒顺集团180周年高质量发展峰会上，中共镇江市委书记马明龙、中国轻工业联合会会长张崇和共同为"中国醋都·镇江"揭牌。

数字化重塑项目。推进企业转型升级，把数字化重塑定位为企业级战略，全局谋划。成立数字化中心，统筹推进数字化转型落地；优化6个核心专题、67个业务专题、167个业务流程和58个业务管理制度，构建横向到边、纵向到底的数字化新管理模式。2021年1月4日，新系统上线。

重大项目建设。2020年，醇酿中心项目投入使用，新增存储能力5000吨；“36000瓶/小时醇酿灌装生产线”落地投产，比N1线产能提升50%；“酱园”“酒海”开馆；开工10万吨香醋、10万吨料酒的扩产项目，以及开工10万吨醋糟综合利用项目，计划总投资超7亿元。推进节能降耗工作，完成酱菜灌装生产线改造、“新上壶线”项目、高压电房增容等44项技改项目，超额完成江苏省“百千万重点用能单位双控目标考核”任务。

科技研发。加大酿造优良菌种的研究，菌种库中新增菌株50余株（总数为400余株），获授权菌种相关发明专利2件；智能翻醅机运转成功转交车间使用。全年输出技术服务30余项。2020年，该公司技术成果获评中国食品科学技术学会“技术发明一等奖”1项，中国轻工业联合会“科学技术进步奖三等奖”1项；全年申请国家发明专利11件、PCT国际专利2件，新获授权国家专利17件，其中发明专利6件。

（王　娜）

【镇江大东纸业有限公司】 镇江大东纸业有限公司注册资本3.28亿元，占地371亩（24.73公顷），公司地址为镇江新区大港东方路8号。2020年，该公司（含子公司）完成产量115656吨、销量107414吨；实现销售收入6.27亿元、工业总产值6.66亿元。公司有职工994人，有机制纸生产线6条［含子公司大东全斯福特种纸业（镇江）有限公司PM10热转移生产线1条，集广大东特种纸科技（镇江）有限公司PM2生产线1条］、淋膜纸生产线3条，年产能15万吨；有3台共12000千瓦时发电机组；有循环流化床锅炉75吨/小时、50吨/小时各1台；有日处理1.5万吨污水处理场和日处理2万立方米清水场各1座。公司为国家高新技术企业、“江苏省节水型企业”、“江苏省绿色低碳示范企业”、“中国防伪行业优秀企业”，并具有江苏省特种工程技术研究中心资质，有7项产品发明专利、2项实用新型专利。公司是国家税务防伪发票纸指定供应商，也是国家民航电子行程单唯一的生产供应商。公司“HOOPOE”及图形商标为中国驰名商标；幸运鸟商标曾获“江苏省著名商标”；“HOOPOE”及图牌双胶纸为“江苏名牌产品”；“幸运鸟”牌税务发票专用纸为“镇江名牌产品”。

2020年，该公司开发销售电子载体纸、铁路水印热敏纸、吸管纸、胶片卡纸、太和棉纸等多种新品。公司实施设备更新改造，完成变频改造、疏水回用、污水风机技改项目，节降成本约75万元；完成污水处理提标改造和锅炉超低排放项目，降低污染物排放量。当年，公司获评中国防伪行业“质量信用A级企业”；通过FSC换证审核。

（王珺珺）

·电力工业·

【概况】 2020年，镇江市有公共发电企业24家，其中：统调电厂3家（江苏华电句容发电有限公司、江苏镇江发电有限公司、国家能源集团谏壁发电厂）；公用热电联产企业4家（丹阳兴联热电有限公司、江苏华和热电有限公司、镇江宏顺热电有限公司、镇江大港热电厂有限责任公司）；生物质发电企业1家［江苏华晟生物发电有限公司（丹阳）］；垃圾发电企业3家［光大环保能源（丹阳）有限公司、句容绿色动力再生能源有限公司、光大环保能源（镇江）有限公司］；地面光伏发电站13家。全市公共电厂总装机容量928.97万千瓦，其中，统调电厂总装机容量820万千瓦，公用热电厂总装机容量9.6万千瓦，生物质发电总装机容量3万千瓦，垃圾发电总装机容量6.1万千瓦，各类光伏发电总装机容量90.27万千瓦。

（杨正跃）

【国家能源集团谏壁发电厂】 2020年，国家能源集团谏壁发电厂以“一防三保”（防控疫情扩散，保安全生产、保职工健康、保稳定供应）为工作主线，开展“社会主义是干出来的”岗位建功行动，各项工作稳中向好。全年完成发电量156.1亿千瓦时，供热量195万吨，实现利税10.47亿元。当年，该厂完成巴基斯坦恰西玛核电厂检修技术支持工作，并获评国家能源集团“一防三保”岗位建功集体。

安全生产。开展“安全环保风险管控年”活动，形成78项风险管控责任清单。落实安全生产集中整治要求，解决隐患问题521项。制订安全生产专项整治三年行动计划，实施网格化管理。开展季节性安全大检查，发现解决问题241项。设立外委项目（将项目委托给其他具有相关资质的单位实施）安全专管员，落实高风险作业和8小时外作业报备工作。建立网络安全常态化管理清单，提升网络安全防范能力。建成投用主要出入口视频图像识别管控系统、全员安全教育培训系统、生产视频监控中心等，提升安全管控能力和应急处置效能。加强#7～#10机组拆除现场监管，9月16日，安全爆破4台机组锅炉房。当年，该厂获评全国安康杯优胜单位，国家能源集团“安全环保一级单位”。

科技创新工作。与高等院校、科研院所合力攻关的“一次风机变频器无扰切换项目进度”等科技项目解决企业安全生产中的重点、难点问题。“大型锅炉水冷壁智能化检修平台及关键技术研究”项目成果入选“学习强国”、国家能源集团网站等平台。全年获授权或在审专利73项、技术类创新奖9项，在核心期刊发表论文12篇。开展班组精益管理、QC小组等活动，提升基层创新能力，相关成果获省部级以上奖项22项。贞观山光伏项目获批“江苏省2020年第一批平价上网项目”。推进储能、园区综合能源供应、光伏、码头转驳、LNG码头和燃机等项目。

设备治理。完成#14、#12机组C修、#13机组及公用系统D修工作。尿素制氨系统全面投用。完成智能化集中监控管控系统主体改造，#14机组修后供电煤耗下降2.1克/千瓦时。加强四管泄漏（锅炉水冷壁、过热器、再热器和省煤器管道）、炉外管检查，开展技术监督和“二十五项反措”活动。AGC精度攻关小组开展活动，优化深度调峰逻辑、INFIT系统等，“两个细则”（《并网发电厂辅助服务管理实施细则》和《发电厂并网运行管理实施细则》）盈利提升。完成化学预处理泥水收集、工业冷却水回用技改、#6煤场封闭改造，推进江边区域绿化、美化，灰库整治等工作。

企业管理。开展电力企业标准化建设工作，获评中国电力企业联合会“AAAAA级标准化良好行为企业”。加强企业管理，当年，该企业获评中国质量协会“现场管理诊断评价”五星级现场2个、四星级1个；1个班组获评“全国质量信得过班组”，2个班组典型经验获评中国水利电力质量管理协会一等奖；在江苏省火电集控运行值班员技能竞赛中，1人获“江苏省五一劳动奖章”，8人获评“江苏省电力行业能手”。推动依法治企，绘制实施《合规风险地图》，构建推行两级“法治讲堂”机制，创新开展“民法典进部门”专场普法沙龙活动。制定厂办大集体改革总体方案、实施方案，并通过职工代表大会的审议，完成资产审计评估。完成“三供一业”（供水、供电、供热和物业管理）、退休人员社会化管理等工作。

文化建设。开展“企业文化周”“谏电好故事”“身边的榜样”主题宣传活动，举办“弘扬中华优秀传统文化”“展望‘十四五’，建功新时代”等主题讲堂活动。企业干部职工扶贫捐款137万元，线上认捐生态林树木逾万棵、近20万元。企业获评第六届“全国文明单位”“2020年度新时代党建+企业文化优秀单位”“2014—2019年度镇江市红十字工作先进集体”。《谏电记忆》获评“第七届最美企业之声”优秀代言作品。造血干细胞捐献者服务队获评镇江市“最佳慈善志愿者团队”。（张　巍）

【国网镇江供电公司】 2020年，镇江市全社会用电量267.05亿千瓦时，比上年增长1.01%；供、售电量分别为243.64亿千瓦时和237.06亿千瓦时，分别增长0.28%和0.42%；调度最高用电负荷460.21万千瓦，增长5.43%。全市有35千伏及以上变电站152座，其中，500千伏4座、220千伏31座、110千伏94座、35千伏23座。有变压器293台，主变容量2574万千伏安。35千伏及以上输电线路长度5253千米，其中，500千伏660千米、220千伏1697千米、110千伏1984千米、35千伏912千米。截至年底，该公司连续安全生产5755天，服务电力客户207万户。全市累计申请业扩报装容量2867.9兆伏安。

供电公司落实“迎峰度夏”“迎峰度冬”各项措施，保障镇江电网安全稳定运行。220千伏及以上变电设备“零跳闸”，220千伏及以上线路“零外破”。公司印发或修订《安全生产奖惩实施细则》、安全督查管理办法等制度文件，优化安全生产奖惩体系，健全安全督查激励约束机制；完成“一市三县”安全管控中心建设，推进“现场+远程”作业管控。

供电公司推行报装接电“特快电力”服务，高、低压业扩平均接电时间分别压降至35个和5个工作日。在全省首家建立企业复工复产电力数据统计分析日报制度，为政府施策提供参考。排查整改群租房和小区电线私拉乱接用电安全问题300余处，完成全省首个10千伏配电变压器下方违建拆除工作。落实工商业电费5%减免政策，减少客户电费支出4.09亿元。该公司的营商环境评价“获得电力”指标列全省第5名。

2020年，该公司完成参与建设的连淮扬镇铁路配套工程；220千伏辛度输变电工程、110千伏云台输变电工程等13项电网建设项目投产；220千伏五峰山大跨越改造工程投产。建成无线专网基站149座；新建充电桩16台、岸电设施10套；新建、改造配电线路683千米，投运配电变压器891台。投运配电馈线自动化线路565条，该公司的配电自动化主站系统在全省首批通过实用化验收。建成不停电作业中心，增售电量7378万千瓦时，增长19.8%。当年，该公司获评“江苏省放心消费创建先进单位”；公司志愿服务工作获江苏团省委表彰；句容公司职工书屋获评“全国工会品牌职工书屋示范点”。（孟学阳）

【新冠肺炎疫情期间电费优惠政策执行】 2020年，在新冠肺炎疫情期间，国网镇江供电公司执行国家发改委“自2020年2月1日起至12月31日止，电网企业在计收除高耗能行业用户外的，现执行一般工商业及其他电价、大工业电价的电力用户电费时，统一按原到户电价水平的95%结算”的政策，落实全市近18.6万用户的电费优惠工作。截至2020年12月31日，降低企业用电成本4.09亿元。

（孟学阳）

【企业复工复产电力数据统计分析日报制度】 2020年，国网镇江供电公司对全市12条重点工业产业链复工电力指数进行分析，并分行业、分区域对规模以上企业开展重点监测,助力镇江市企业复工复产。企业复工电力指数综合考虑行业、区域、时间等因素,根据用电信息采集系统中企业历史用电量情况、当日用电量情况等数据,将企业当日用电量与历史日均电量进行比较并设立企业复工复产阈值,从复工企业数量比例、复工电量比例2个维度分析企业复工复产水平。（孟学阳）

【“使用电力指数”】 2020年,国网镇江供电公司在全省首家推行“使用电力指数”(PACT),推动降低企业用电成本。“使用电力指数”从政策收益(P)、平均电价成本(A)、信用评价奖励(C)、电力市场交易收益(T)4个方面对用户用电成本进行计算,采用世界银行评价营商环境的前沿距离评估算法(DTF)形成分行业的用户指标得分和排名,并对得分较低、排名靠后的用户进行针对性分析,提出解决方案,推动企业加强精益化管理,降低用电成本,助力节能降耗。

（孟学阳）

【“逅街”全电化美食街建设】 2020年,镇江市在新冠肺炎疫情形势缓解后,“夜市地摊”有所增加,部分“夜市地摊”存在私拉乱接等问题,造成安全隐患。8月,国网镇江供电公司围绕江苏大学后街打造“逅街”全电化美食街。该公司将区域内用电申请纳入业扩报装绿色通道,为美食街新上2台400千伏安公变,从项目立项到装表送电,用15天时间。（陈　虎）

【“5G＋千兆宽带”共享机房】 2020年6月24日,国网镇江供电公司、中国移动镇江分公司合作,建成国内首个“5G＋千兆宽带”共享机房。该机房利用已有供配电基础设施资源、管道资源部署“5G设备＋千兆宽带”设备,在实现5G机房、千兆宽带数据高效传输,提升宽带接入质量的同时,能减少配电房空间占用和配套改造工作量,提升机房综合利用效率。（陈　虎）

【供电服务中心组建】 2020年,国网镇江供电公司组建城区、丹徒2个供电服务中心,建立起“三县三区”服务管控新模式。供电服务中心成立后,配网运维水平进一步提升,公司用户平均停电时间比上年下降52%,配网线路故障率下降35%,故障平均恢复时间下降31%,10(20)千伏和400伏非居民客户平均接电时间分别下降40%和50%。同时,客户服务质效提升,“万客户投诉次数”降低,列全省第6名。

（张　翔）

【220千伏辛度输变电工程】 2020年6月,220千伏辛度输变电工程投运,该工程为2020年“迎峰度夏”重点工程,工程投运增加500千伏上党新站向镇江西部电网东片区的送电通道,强化镇江西部电网结构。同时,该工程承担为连淮扬镇横山牵引站供电的任务。该工程本期建设220千伏辛度开关站,220千伏出线7回,10千伏站外电源线2回。（张　翔）

【110千伏丰裕输变电工程】 2020年12月,110千伏丰裕输变电工程投运,该工程位于扬中市,旨在完善扬中市电网架构,提高地区电网供电能力和供电可靠性,并助力扬中现代渔业产业园区和扬中现代都市农业园2个“三集”园区的建设。该工程远景规划3×50兆伏安主变压器,本期建设2×50兆伏安主变压器;110千伏出线远景规划为4回,本期建设4回,其中2回备用;10千伏出线远景规划为36回,本期建设24回。

（张　翔）

【110千伏云台输变电工程】 2020年4月,110千伏云台输变电工程投运,该工程位于镇江市区太古山地块,地处镇江主城中心,工程投运改善区域电网结构,为太古山地区开发建设提供电力保障。该工程远景规划3×80兆伏安主变压器,本期建设2×50兆伏安主变压器;110千伏出线远景规划为4回,本期建设2回;10千伏出线远景规划为36回,本期建设24回。

（张　翔）

【中国能源建设集团江苏省电力建设第三工程有限公司】 2020年,中国能源建设集团江苏省电力建设第三工程有限公司完成营业收入52.29亿元。全年在建工程国内项目278个,分布于28个省、市、自治区;国际项目3个,分布于亚洲区域2个(卡拉奇项目、孟加拉国项目),非洲区域1个(安哥拉调试指导服务合同)。全年投产移交机组6台,共计2948兆瓦;完成风电机组30台,共计60兆瓦;建成变电站15座,投运输电线路16条,共计188.92千米。该公司推进自主创新和科技进步,17项QC成果获省部级以上奖项,1项研究获电力科学技术金桥奖,1项工艺获发明专利授权,2项施工工法获省部级以上奖项。公司重视安全质量环保管理,承建的“镇江中南御锦城3.3期总包工程”获评省级“建筑施工标准化星级工地”,“大唐国际金坛燃机2×400MW级燃机热电联产工程”获评优秀焊接工程一等奖,“华能苏州”等4项工程获评中国电力优质工程,“江西神华”“江苏华电昆山”2个工程获国家优质工程奖,“华能苏州燃机热电联产工程”获评“中国安装之星”。当年,公司地方及行业资信等级保持AAA级水平;获镇江市建筑业发展专项引导资金;获评镇江市建筑业“最佳企业”、江苏省工程建设和电力建设“诚信典型企业”、江苏省建筑业抗击新冠肺炎疫情表现突出集体、江苏省建筑业“百强企业”。（汤　杰）

交通运输综述

【概况】 2020年,镇江市辖区内公路总里程6890.3千米,公路网密度179.1千米/百平方千米。其中,高速公路193.2千米、一级公路968.7千米、二级公路894.4千米、三级公路805.6千米、四级公路4028.4千米。二级以上公路客运站场5个,长江汽渡4个(镇扬汽渡、扬高汽渡、大港汽渡、江心汽渡)。内河航道(不含长江)70个,总里程597.2千米,航道网密度15.5千米/百平方千米,其中,三级航道61.1千米、六级航道27.9千米、七级航道22.4千米、等外航道485.9千米。通航船闸1座。港口2个(镇江港、镇江内河港),码头泊位334个,码头总延长31283米。其中,万吨级以上深水泊位52个、5万吨级以上深水泊位25个、专业化集装箱泊位5个。铁路里程339.6千米,其中,客运314.6千米、货运25千米,车站8个。通用机场1个。

2020年,全市境内公路客运量0.20亿人次,旅客周转量11.38亿人千米;公路货运量0.59亿吨,货物周转量93.55亿吨千米。水路货物运输量0.16亿吨,货物周转量50.41亿吨千米。镇江港货物吞吐量3.51亿吨,集装箱吞吐量37.3万标准箱。内河港口(不含长江)货物吞吐量0.10亿吨。

新冠肺炎疫情期间,镇江市交通疫情防控工作投入人员,检查进入镇江车船、人员。做好交通保畅工作,组织道路应急运输2061辆次,运送应急、“三必需”物资2.1万余吨。为重点工程项目定制复工方案,协调复工人员返岗,调度生产物资,保障连镇铁路镇江段、南沿江高铁、宁句城际、五峰山过江通道接线高速等项目建设推进。1月9日,国务委员王勇到五峰山长江大桥调研检查安全生产专项整治和安全防范工作。2月18日,五峰山过江通道镇江公路接线项目WFS—4标率先在全线复工。镇江市综合交通事业发展中心启动“开路先锋——交通重点工程党建联合体”。镇江市交通运输高质量发展工作会议召开。镇江市接受交通运输部“十三五”干线公路养护管理治理效益评价组检查。泰州至镇江高速公路镇江新区至丹阳段(镇丹高速公路)通过江苏省交通运输厅的竣工验收。当年,镇江市入选全国首批综合运输服务示范城市;镇江市交通运输局获评“全省抗击新冠肺炎疫情先进集体”;“畅·镇江”获第二届全国交通运输优秀文化品牌“政务事业类”十佳品牌。 (陈伊洋)

【“十三五”期间主要情况】 “十三五”期间,镇江市完成交通建设投资442.5亿元,完成规划投资的109.7%,比“十二五”投资规模减少。其中,铁路投资占比45.9%,公路投资占比28.0%,水运投资占比20.1%,航空投资占比0.1%,运输服务及民生工程投资占比5.9%。截至2020年年底,全市交通线网总里程为7802千米,其中,公路6890千米、内河航道597千米、铁路315千米。

重点工程。铁路方面,连淮扬镇铁路镇江段于2020年12月11日开通运营,南沿江城际铁路正线土建工程基本完成,首架段箱梁架设完成总工程量的90%,宁句城际高架线段梁板架设完成总工程量的98%,盾构作业完成全线段的91%,4座地铁车站主体结构完成。公路方面,镇丹高速建成并通车,五峰山长江大桥接线高速公路主线贯通。通行政村双车道四级路覆盖率实现100%。港口水运方面,总泊位数为181个(万吨级以上63个),设计年通过能力1.85亿吨;长江12.5米深水航道贯通。苏南运河镇江段“四改三”和丹金溧漕河丹阳段“五改三”

整治工程建成通航。航空方面,镇江大路通航小镇列入全省首批特色小镇创建名单。2015 年入选全国首批综合运输服务城市创建城市,2020 年创建成功。2017 年入选省级公交优先示范城市建设试点城市。建成交通信息综合指挥中心省级示范项目,在全省率先实现城乡公交智能化全覆盖。举办多届国际低碳大会交通边会,低碳交通城市试点建设通过交通运输部考核验收,镇丹高速、312 国道城区改线段通过交通运输部考核验收。完成交通干线环境综合整治"五项行动"省级验收。《镇江市长江岸线资源保护条例》正式实施,成为全国首部"长江大保护"地方法规。 （彭甜恬）

【交通综合建设】 2020 年,镇江市完成交通建设投资超 80 亿元,铁路方面,建成连镇铁路镇江段、五峰山长江大桥、丹徒站、大港南站;南沿江高铁完成路基总量的 48%、桥梁下部结构总量的 82%,宁句城际完成路基、桥梁下部结构和架梁施工;推进扬镇宁马城际、镇杭铁路前期工作。公路方面,五峰山过江通道接线高速主体工程进入扫尾阶段;推进 312 国道宁镇段快速化改造、仪禄高速、镇扬第二过江通道、丹金高速等前期工作;265 省道丹徒南段进入路面施工,357 省道丹阳段、122 省道丹阳段主体完工;完成农路提档升级 30 千米,通行政村双车道四级路覆盖率实现 100%。港航方面,建成荷花池一期散货码头 3 个 5 万吨级泊位;建成长旺一期码头 4 个 3000 吨级通用泊位、4 个 3000 吨级散货泊位;润祥 LNG 加注站项目开工;联合动力码头桩基施工;定易洲锚地建设完工,高资锚地启动建设;谏壁船闸大运河文化带文化标识项目开工。航空方面,推进大路机场二期跑道扩建工程,完成水上机场水域部分主体结构,飞行服务站试运行,开辟"镇江—千岛湖"全省首条短途通勤航线。 （陈伊洋）

【交通运输服务】 2020 年,镇江市推进民生公交工作,开通市区至丹阳市、句容市、扬中市直达公交,年客运量为 27 万人次;新辟、优化城乡公交线路 40 条,新购新能源公交车 190 辆;完成全域公交智能化系统开发,实现市区、城乡、镇村公交"一站式"查询。转型道路客运,开通镇江至上海迪士尼等 3 条"运游结合"线路;镇江市交通运输局、禄口机场开展"空地联"联程服务,年服务 11 万人次;推进公共服务均等化,镇村公交保持 100% 全覆盖,城乡交通运输一体化发展水平为 AAAAA 级。货运物流方面,新增多式联运线路 11 条、服务网点 5 个,完成多式联运量 424 万吨,比上年增长 7.8%。培育 2 家网络货运企业,完成在线交易 10.5 万单、运量 300 万吨。新增租赁挂车 600 辆,行业企业投放新型特种集装箱 300 个。维修驾培服务方面,完成 231 家汽修企业信用评级,改善服务品质。通过远程网络教学、"预约培训、一人一车"等方式,培训 5 万余名学员。 （陈伊洋）

【港航经济发展】 2020 年,镇江港完成货物吞吐量 3.51 亿吨,比上年增长 6.5%,其中,外贸吞吐量 4355 万吨,增长 1.3%。上半年,镇江港货物吞吐量进入全国港口前 10 名,其中增幅列第 1 名。谏壁船闸货物通过量 1.18 亿吨,增长 3.5%,其中,集装箱船舶通过 365 艘次,通过 1.64 万标箱,分别增长 444% 和 459%。调整运输结构,推进镇瑞铁路瑞山站铁水联运枢纽项目建设和大港一、二期码头铁路装卸工艺改造。全年铁路货物发送量 149.5 万吨,完成集装箱公铁联运量 32.7 万吨,增长 8.3%。钢铁、电解铝、电力、焦化等重点企业铁路、水路运输比例为 70% 以上。 （陈伊洋）

【交通运输行业管理】 2020 年,镇江市交通运输局加强安全监管效能工作,全年交通安全生产事故起数、死亡人数分别比上年下降 32.4% 和 47.7%。国家、省、市交办的 66 项安全隐患全部销号,处置"三无"(无船名船号、无船舶证书、无船籍港)船舶 1308 艘,连镇铁路沿线 312 处、普速铁路沿线 178 处安全隐患全部清零,完成 60 辆"两客一危"(从事旅游的包车、三类以上班线客车和运输危险化学品、烟花爆竹、民用爆炸物品的道路专用车辆)挂靠车辆清理。出台全省首个《货物装载源头超限超载管理办法》。全年组织港口设施保安等 7 次大型应急演练。完成船舶生活污水防污改造 612 艘,启用省内首个内河船舶生活污水收集站。辖区码头船舶污染物接收设施全覆盖,易起尘码头粉尘在线监测系统全覆盖,沿江港口、内河服务区岸电全覆盖。建成 11 家绿色汽修维修站,淘汰高能耗、高排放老旧运输车 820 辆。承办交通运输部长江经济带船舶和港口防污染现场会。建设使用治超源头单位视频与称重监管平台,接入 96 个重点源头;公路、桥梁、隧道、航道、客运场站、公交、出租等视频数据实现联网整合。全年向市"双公示平台"报送行政处罚信息 2532 条、行政许可信息 13129 条,考核企业 132 家,记录失信行为 488 个,上报超限超载"一超四罚"案件信息 5093 件。 （陈伊洋）

【《道路货运装载源头超限超载管理办法》出台】 2020 年 6 月 22 日,镇江市出台并实施《道路货运装载源头超限超载管理办法》。该办法是江苏省第 1 部由市政府出台的源头治理超限超载规范性文件,有效期 5 年。该办法共 22 条,通过落实属地、主管部门、源头

单位三方责任，建立健全源头治理货运车辆超限超载制度。（陈伊洋）

【句容市、扬中市获评“四好农村路”省级示范县】 2020年8月9日，江苏省政府办公厅发文授予句容市、扬中市2019年“四好农村路”省级示范县称号。句容市推进农村公路工作从部门行为向政府主导作为的转变，统筹“四好农村路”+“全域旅游”，建设农村公路旅游驻足观光点和特色农路景观路。153个行政村通双车道四级公路覆盖率100%，362个规划发展村庄等级公路通达率100%，农村公路三类及以上桥梁占比为98.9%。扬中市推进农村公路纳入县级地方政府行政管理范围，统筹“四好农村路示范县”“全国城乡交通运输一体化示范县”双创建，保障农村公路及其设施的日常维护。2013年—2020年，扬中市、镇两级投入2.5亿元，完成农村公路提档升级近160千米，危桥改造12座，安防工程345千米。（朱　文）

【连淮扬镇铁路淮镇段暨五峰山长江大桥建成运营】 2020年12月11日，连淮扬镇铁路淮镇段暨五峰山长江大桥建成运营。连淮扬镇铁路位于江苏省中北部，北起连云港市，向南经淮安市、扬州市到镇江市，全线长约305千米，设计标准为客运专线，设计时速250千米。北段连云港至淮安段于2019年12月16日开通运营，淮镇段正线全长约200千米，设淮安东、宝应、高邮北、高邮、扬州东、大港南、丹徒、镇江等车站。五峰山长江大桥是连淮扬镇铁路跨越长江的关键工程，也是全线的控制性工程，大桥全长6409米，主跨为1092米，采用单跨悬吊钢桁梁悬索结构，上层为高速公路双向8车道，设计时速100千米；下层为四线高速铁路，设计时速250千米。五峰山长江大桥以江苏省铁路集团为主投资，由中国铁路上海局集团建设管理、中铁大桥院设计、铁科院大桥院联合体监理、中铁大桥局施工，2015年10月底动工，2019年12月26日主桥合龙。（张海伦）

【镇江市交通工程建设管理有限公司】 2020年5月8日，原镇江市交通工程建设管理处根据生产经营性事业单位公司化改造的工作要求，成立镇江市交通工程建设管理有限公司（以下简称建管公司），有江苏润通项目管理有限公司、江苏恒信交通工程试验检测有限公司、镇江巽安安全环境技术咨询有限公司以及镇江市公路桥梁检测有限公司4家子公司。建管公司全年完成经营目标产值12358.02万元。润通公司获质量管理体系、环境管理体系及职业健康安全管理体系认证证书，完成市政乙级资质申报注册工作；恒信公司通过资质认定（计量认证）评审，代表省公路发展中心承担全省国省干线公路的质量检查验收任务；巽安公司试水先行安全咨询业务，承揽连镇铁路镇江段路外环境安全隐患整治项目、丹阳云阳大桥安全咨询等项目；桥检公司完成转企改制和资质变更相关工作。当年，该公司承监的宿州至扬州高速公路江苏段工程被评为2020年度江苏交通“苏畅杯”优质工程奖；京沪高速公路改扩建工程JHK—JL—YZ2总监办获评“2019年度江苏省劳动和技能竞赛工人先锋号”；江苏润通五峰山过江通道公路接线工程、海安至启东高速公路工程、溧阳至高淳高速公路常州段、524国道通常汽渡至常熟三环段改扩建工程获评省级品质工程师范创建达标项目。（陈　虹）

【镇江市交通规划设计院】 截至2020年年底，镇江市交通规划设计院完成各类规划、设计、咨询等项目千余项。其中：镇大公路（金港大道）、338省道拓宽改造工程、茅以升大道等多个设计项目获省、市级奖项。规划代表性项目有镇江市县道网规划、乡道和村道网规划、邮政规划、镇江渡区规划等项目。设计代表性项目有国省干线改造设计完成233国道镇江段“畅安舒美”示范路、338省道拓宽改造工程、265省道镇江至荣炳段改扩建工程、241省道和243省道镇江段安全生命防护（保障）工程、丹阳市国省干线沿线环境综合整治等项目；农村公路改造设计完成句容农路三年滚动计划、句容市农村公路安全生命防护工程“十四五”项目库编制及路段排查、扬中市农村公路提档升级“三年行动计划”、丹徒区农村客运（校车）线路（县道）隐患整改工程等项目；市政项目设计完成茅以升大道、上党大道、镇江官塘新城宝珠路与官平山路建设工程、长江路（润州路—太平北路）污水管道工程安全性评价等项目；产业园及与其他院合作项目设计完成创普大道、省道238上隍互通、镇澄路中段（谏壁闸桥至莺歌桥段）拓宽改造工程、312国道东延建设工程、358省道丹徒及句容段养护改善工程、312国道镇江段“畅安舒美”示范路创建、新建热网（新纳、全邦段）管道钢结构安全评价等项目。（陈宽长）

铁路运输

【概况】 2020年，中国铁路上海局集团有限公司镇江站做好新冠肺炎疫情防控工作，保障铁路安全。年内，“12306”线下服务台、电子客票、铁路“e卡通”、自助快递柜等便民利民服务新举措先后实施。连镇客专全线建成通车，大港南站、丹徒站投入运营。

面对新冠肺炎疫情，镇江火车站建立三级防疫指挥系统，24小时值班值守，落实属地化管理。参加镇江市疫情防控交通管控组联合办公，在沪宁城际镇江、丹阳站调整进出站通道，集中实施旅客进出站测温、健康申报；在辖区内的5个客运站设置体温监测服务点、留观室，配备防疫物资，加强站场环境卫生动态消杀，服务保障援鄂医疗队运输。（李　俊）

2020年铁路镇江站技术指标完成情况表

表14－1

项目	单位	实绩	比上年增长(%)
旅客发送量	万人	719.35	-43.07
货物发送量	万吨	149.64	-6.83
客运收入	万元	63302.72	-45.42
日均装车	车	88.03	-2.39
日均卸车	车	33.44	13.13
货车静载重	吨/车	46.45	-4.78
货车停留时间	时/次	16.6	-3.49

（李　俊）

【大港南站、丹徒站开通启用】 2020年12月11日，中国铁路上海局集团有限公司镇江站辖区内大港南站、丹徒站投入运营。大港南站位于镇江新区丁岗镇晒里村境内，以"圌山云水、空半楼台"为设计理念，站场规模为2台4线，站房总建筑面积5998.50平方米。丹徒站位于江苏省镇江市丹徒区，以"水墨丹青，城市山林"为设计理念，站场规模为4台10线，站房总建筑面积9986.24平方米。（李　俊）

公路运输

【概况】 2020年，镇江市境内公路客运量0.20亿人次，旅客周转量11.38亿人千米；公路货运量0.59亿吨，货物周转量93.55亿吨千米。镇江市公路事业发展中心开展"路网建设与养护、公路法治与服务、绿色智慧与安全、党建创新与改革"四项行动计划。全年完成国省干线公路建设投资8.41亿元，建成通车48千米；实施65千米国省干线公路养护大中修工程项目，农村公路改造道路27条、农桥36座；新增公交28路视频上"云"，共计108路视频在江苏路网微信公众号实时查询。新增诺得物流股份有限公司和惠龙易通国际物流股份有限公司2家网络货运企业。镇江市江苏宏马物流基于供应链管理的公铁联运示范工程通过江苏省第一批多式联运示范工程项目验收。当年，市公路中心获评全省交通运输行业"安康杯"竞赛优胜单位和全省交通干线沿线环境综合整治五项行动先进集体；市区中心党支部创成全省交通运输行业先进党支部，312国道镇江段公路中心党支部创成镇江市"五星"党支部。（朱　文）

【客运发展】 2020年，镇江市推进疫情防控和运输行业复工复产，开通"点一点"直达包车，运送返岗工人2475人次。加强疫情常态化防控，做好通风消毒、佩戴口罩、体温检测、查验健康码等工作。引导客运企业通过节点配载、运力调整、走向优化等形式提升班线资源利用效率。整合淮安、盐城等地班线。开通镇江高校园区至西津渡"运游结合"专线。加强"空巴通"旅客联程联运服务，推进"空地联"旅客联程平台应用，实现出行票务信息共享。推动"三主四辅"客运枢纽体系建设，镇江东站、镇江新区站客运枢纽基本完工，与连镇铁路同步开通运营。对南门车站进行降级验收，指导句容市天王客运站站级调整。（鲍金萍）

【货运发展】 2020年，镇江市惠龙港电子商务及智慧物流与站场枢纽项目通过交通运输部投资补助资金的货运枢纽（物流园区）项目审核。完成省级多式联运示范工程验收1家，新辟多式联运线路11条，多式联运量比上年增长7.8%。新增网络货运企业2家，在线交易运单10万单以上，车货平均等待配载时间缩短至8小时以内。推广"互联网＋挂车共享租赁"新模式，全年新增租赁挂车600辆以上。培育运输新动能，投入新型沥青运输特种集装箱300个，沥青综合运输成本比上年下降25.3%。货运装备技术升级，发展清洁能源、专用货车510辆，淘汰老旧货车820辆。（陈晓明）

【交通运输安全监管】 2020年，镇江市交通运输部门检查企业393家次，查处道路交通运输安全生产违法案件279起、船舶违法案件3013起，排查整改各类安全隐患和问题493个。港口执法案件实现"零"的突破。开展"一超四罚清零行动"，上报并通过市、省两级审核"一超四罚"案件387条，落实约谈及停业整顿43家。推动重点源头企业安装治超监控系统并接入市级货物装载源头监管平台。强化"两客一危"车辆动态监控管理，全年在线抽查企业12180次、车辆8700车次，派发工单43份，交通运输部门和交警部门约谈问题较多、排名靠后企业。同时，通过报废、股份合作、转出、规范化管理等形式，完成对摸排核实的50辆"两客一危"挂靠车辆的

整改工作。（朱　彤）

【汽修和驾培行业】 2020年,镇江市有54家驾培机构,其中,市区28家、丹阳市10家、扬中市5家、句容市11家;报名学员总数51917人,受新冠肺炎疫情影响,比上年下降。所有驾校开通驾培理论线上学习服务,所有学员网上参加理论学习;驾培预约培训人数51194人,比上年增长152%。推进“放管服”改革工作,实施机动车维修经营许可改备案工作。强化综检机构管理,完成综检机构的能力核查和换证工作,落实普货营运车辆省内异地年审。推进道路货运车辆“三检合一”,推动落实机动车检测《机动车安全技术检验项目和方法》(GB 38900—2020)实施。根据行业特点,分类推进落实营运驾驶员安全文明驾驶教育培训专项行动。以信用管理代替从业人员诚信考核等级评定。（谷　旗）

【358省道丹徒段路面改造工程交工验收】 2020年11月5日,358省道丹徒段路面改造工程交工验收。该工程起于丹阳市与丹徒区交界处通济河桥西桥头(不含通济河桥),跨越扬溧高速,终点位于丹徒区与句容市交界处,路线全长6.35千米,按照二级公路标准进行路面改造,横断面形式采用双向两车道,设计时速80千米。（朱　文）

【346国道戴家门环岛渠化改造主体工程完成】 2020年11月17日,346国道戴家门环岛渠化改造主体工程完工,道路开通试运行。镇江市交通公路部门对原有环岛范围内进行渠化改造,去除环岛,采用信号灯控制车辆流入,拓宽出口车道、增设右转专用道加速流出,同时增设照明设施,完善标志标线等附属设施,提升道路通行效率和安全水平。（朱　文）

【隧道突发事件应急演练】 2020年10月17日,由镇江市交通运输局、镇江市公安局主办的镇江2020年度隧道突发事件应急演练在238省道观音山隧道举行。该次演练情景设定为1辆小车由于故障停在观音山隧道右洞内,后方多车与其追尾并造成隧道由西向东方向完全阻断。接到险情通知后,公路部门第一时间启动应急预案,组织交通管制、指挥疏导、医疗救护、路面清理等队伍参与应急处置,经过各小组配合,车内被困人员救出并获立即救治,隧道内滞留车辆和人员疏散,道路交通恢复正常通行。公路、公安、医疗等部门100余人参演,投入各型车辆40余辆。（朱　文）

【扬中一桥完成升级改造】 2020年9月8日,扬中一桥启动升级改造工程。该桥位于238省道K36+118处,建成于1994年,通车26年。该桥改造工程拆除原有桥梁护栏,安装防撞等级更高的A级护栏,拆除桥面两侧人行道板及路缘石,并将桥面沥青混凝土铣刨重新摊铺。通过改造,原桥面行车区域拓展至13.9米,老式栏杆更换为金属梁柱式护栏。12月1日,扬中一桥完成升级改造恢复通车。（朱　文）

【新冠肺炎疫情防控工作】 2020年,镇江公路部门先后3次在沪蓉高速镇江出口和镇扬汽渡组织交通管控,值守100余天,工作2400多小时,进行300余次交接班,出动人员3000多人次,检查车辆。全市设置高速公路检查点,国省干线检查点,农村公路市际检查点。（朱　文）

内河水路运输

【概况】 2020年,镇江港航系统组织对“十四五”港航发展规划开展专项调研等相关工作。推进苏南运河、丹金溧漕河整治工程桥梁扫尾工作;续建的跨河桥梁三七站桥和黄埝桥交工通车;完成丹金船闸老闸拆除工作。312国道桥开工建设,全年完成投资1000万元。推进定易洲、高资锚地建设工作,完善长江镇江锚地布局。干线航道通航保证率、三级航道达标率有提升,日常养护完成投资2586万元。安全生产方面,构建航道系统安全生产防控体系、应急处置体系和全员安全责任体系,推进谏壁船闸安全生产基础建设,谏壁船闸安全生产标准化建设达标二级审核并通过。开展安全生产管理科技创新工作,应用船舶一体化监控系统,实现过闸船舶身份识别、船舶流量监测、危险品船舶跟踪等;加强船舶过闸安全管理,谏壁船闸自建闸以后,安全运行逾14700天。8月6日,江苏省副省长费高云带队到京杭运河镇江服务区视察镇江内河船舶和港口污染防治工作。9月18日,省委省级机关工委、省生态环境厅、省自然资源厅、省交通运输厅在京杭运河镇江水上服务区举行“先锋绿源通”党建联盟结对共建签约仪式。10月13日,新华社、中央电视台、人民网、《新华日报》、澎湃新闻、《中国环境报》、江苏省广电总台、《现代快报》等8家新闻媒体到京杭运河镇江服务区进行“决战决胜污染防治攻坚战”专题新闻采访活动。

按照苏南运河绿化规划方案,推进2条干线航道的绿化提升和环境整治,加强绿色航运示范段建设,提升通航环境美化、船用能源清洁化、船舶过闸自动化和航运服务现代化水平。推进美化、亮化绿色港口工作和“智慧港口”工作,完成新增港口绿化面积

5.8万平方米。结合改革后新增港口职能，实施“三引导、三免费、三提升”的3个举措。推进干线航道电子航道图试点应用，配合中科院相关单位开展5G通信基础上的全省内河干线航道网运行监测及调度指挥体系、智能感知、船闸智能化管控等技术研究；完成QC活动课题“减少ETC已调度未进闸的船舶数量”，镇江市港航事业发展中心谏壁船闸“领航”QC小组获评2020年度江苏省交通行业优秀质量管理小组。（姚晶晶）

【水上安全保障】 2020年，镇江港航辖区水上安全形势保持平稳。通过发布航行通告、设置警示标志、进行施工管制、实现除旧换新等手段，消除中石化苏南运河成品油输送管道埋深不足、丹金溧漕河丹金老闸拆除后尾留工程不满足三级航道通行标准2个安全隐患。开展船舶超载、超航区、长期脱管、配员、渡运安全、无线电使用、救生衣等系列专项整治活动，采取“教、查、纠、罚、控”相结合的方式查处船舶超载208艘、未按规定配员853艘、未按规定办理进出港报告31艘，开出“危化品船舶关闭通信设备”“船舶未经登记调度强行进闸”两个首张罚单。强化对危运船等重点船舶的动态跟踪和节点防控，督促600总吨及以下危运船22时至5时期间在内河水域禁航，为87艘次危运船办理进出港审批，维护2911艘重载危运船安全通过辖区。以信用管理倒逼船员提高安全意识和履职能力，加入黑名单船舶1671艘，实施违法记分船员73人、294分，对船员开展批评教育1890人次。全年发生水上交通小事故4起，接处警5起，组织、协调搜救行动5次，救助成功遇险船舶5艘、遇险人员15人，避免和挽回直接经济损失240万元，搜救成功率100%。（朱　彤）

【镇江市交通运输综合行政执法支队】 2020年，镇江市交通运输综合行政执法支队开展“一案一档一视频”活动，推进执法用语规范、行为规范、程序规范；通过“执法人员集中培训”、“执法案卷评查”、“规范执法行为、推进廉洁执法”专项整治、“执法技能竞赛”等活动，提升支队执法规范化；建成交通运输综合行政执法平台，统一执法流程、执法文书、自由裁量标准，建设非现场执法平台、AIS数据采集系统、海事三基数据平台等。镇江交通执法支队全年出动执法人员2964人次，检查旅客318万人。制定执法监督检查、“两客一危”专项检查和新冠肺炎疫情调查相结合的长效工作计划，加强汽车客运站、出租场站、货运场站的管理，同时加强驻站值班。开展行业新冠肺炎疫情防控措施落实情况、复工复产情况摸排工作，研究制定问题解决方案。推出非接触式执法、不见面审批、线上办理、预约办理、错峰办理等方式。做好应急物资运输保通保畅工作，发放应急通行证1738张，组织应急运输1767辆次，运送应急物资约18365.99吨。当年，镇江市交通运输综合行政执法支队获评2020年交通运输法治政府部门建设基层先进集体；“以晨学三分钟学习平台推进法制交通建设”项目获省交通运输厅“七五”普法创新创优项目；“镇江市交通运输综合行政执法平台”入选镇江市“法治惠民”项目。（朱　彤）

【谏壁船闸】 2020年4月14日，谏壁船闸全天放行货轮880余艘、船队6拖，船舶单日通过量约88万吨，刷新该船闸船舶通过量历史最好成绩。谏壁船闸开展“两保一强”（保安全、保畅通，强服务）专项行动，为过往船舶提供安全便捷的过闸环境。针对疫情后生活物资紧缺的困难船民，提供服务，保障船民所需；针对复工复产后船舶流量激增的情况，船闸加强现场维护。针对电煤、成品油等重点物资船舶，船闸开辟绿色通道快速放行。针对汛期潮汐，船闸24小时关注水位变化，实时掌握气象动态，向过往船舶进行宣传，实现信息共享；入汛以后，长江水位猛增，恶劣天气发生频繁，谏壁船闸提前对运行现场的设备、设施进行维护保养，尤其是对防雷击系统、闸门水位控制系统等重点部位强化巡查；制定运调方案并结合新版便捷式过闸系统（水上ETC）开放通闸，保障船舶过闸安全。（范胜澜）

【谏壁船闸大运河文化带文化标识建设通过交工验收】 2020年10月29日，谏壁船闸大运河文化带文化标识建设（引航道及服务区锚地部分）项目通过交工验收。该项目为省港航事业发展中心在镇江实施大运河文化带建设的前期试点项目，主要分为苏南运河镇江水上服务区锚地部分岸上环境整治和谏壁船闸上游东侧引航道环境整治两部分。于2020年3月15日开工建设，2020年9月15日完工。（范胜澜）

【苏南运河镇江市区段三级航道整治工程通过竣工验收】 2020年6月17日，苏南运河镇江市区段三级航道整治工程通过江苏省交通运输厅竣工验收。截至年底，该工程是镇江历史上整治等级最高、幅射能力最强、社会效益最大的水运重点工程项目。该工程起于谏壁口门，止于练湖砖瓦厂，按照三级航道标准整治航道里程14千米，自北向南沿线穿越京口区谏壁镇、丹徒区辛丰镇。航道北连长江，向南直通常州、无锡、苏州、上海、浙江等地。建设内容包括整治航道14千米，建设停泊服务区1个、锚地1个、航道管理锚地1个，以及航道标志标牌及环保、绿化等工程；新（改）建桥梁2座，工程总概算60189.75万元。（姚晶晶）

【江苏省内河电子航道图应用测试】 2020年9月8日，江苏省内河电子航道图在镇江港航进行应用测试。2019年，全省内河电子航道图基础数据采集等相关工作在镇江港航展开，镇江港航也作为首批测试单位进行全省内河电子航道图应用测试。该电子航道图包含全省内河航道面、航标、航道里程、轮渡航线、固定码头等信息，可为航运企业、社会大众、港航管理单位提供航道信息服务。 （朱训松）

【"三引导三提升"工作】 2020年，镇江市实施"三引导三提升"政策保护沿江内河生态环境。"三引导"：实施内河优先过闸政策，引导船舶应用LNG清洁能源；免收集装箱货运船舶过闸费，引导发展内河集装箱运输，当年，谏壁船闸免收234艘次、13706标准箱，比上年分别增长249.3%、366.9%；加快岸电设施建设，引导停靠船舶使用岸电，镇江沿江港口、内河水上服务区建成投入使用岸电设施117套，覆盖率100%，年用电量130万千瓦时，可减少二氧化碳排放量1100吨和其他污染物排放量4.4吨。"三提升"：提升船舶污染治理力度、提升码头污染防治能力、提升沿江沿河绿化水平。全年全市清理"三无"船舶1308艘，完成150艘400总吨以下内河货运船舶生活污水防污改造，易起尘码头全部建成粉尘在线监测系统，沿江港口新增港区绿化面积5.8万平方米。 （姚晶晶）

【小吨位船舶生活污水改造完成】 2020年4月8日，镇江市交通执法支队启动镇江市小吨位船舶生活污水改造工作，召开各市（区）交通运输局、涉改航运企业参加的动员部署会，印发《镇江市400总吨以下内河货运船舶生活污水防污改造实施方案》，对进入零排放水域的其他船舶推行加装船舶污水柜措施，封闭原处置装置。全年完成小吨位船舶生活污水防污设备改造612艘。 （朱　彤）

【"三无"船舶治理工作】 2020年6月19日，镇江市政府专题召开"三无"船舶专项整治动员会。镇江市交通运输局制定实施《镇江市"三无"船舶专项整治实施方案》。整治期间，出动执法艇145艘次、执法人员604人次，检查船舶3195艘，排查处置"三无"船舶1308艘，破除长期存在的通江口门载运治江石船乱停靠、防汛码头停靠僵尸船两大通航隐患。 （朱　彤）

【镇江市交通运输综合执法领域行政检查规范化平台启用】 2020年10月26日，由镇江市交通运输综合行政执法支队研发的镇江市交通运输综合执法领域行政检查规范化平台上线试运行。该平台以交通运输综合执法领域监督检查工作规范为基础，全面覆盖整个交通运输综合执法领域行政检查事项目录清单以及"互联网+监管"事项，通过应用移动互联网、数据分析原理和技术，将交通运输综合执法领域行业监管执法监督检查从计划布置、源头信息采集、过程监督处理、结果应用进行全链条闭环管理。该平台能对各执法部门年度执法监督检查工作计划的完成进度进行实时跟踪，对交通运输各领域行政执法检查的范围、频次、"互联网+监管"事项的覆盖率进行自动研判，并针对"监管盲区"或不规范监管行为自动预警，实现行业监督检查风险预警提醒。 （朱　彤）

城市公共交通

【概况】 2020年，镇江市推进城乡公交一体化建设，开通镇江市区至丹阳市、句容市、扬中市直达通勤公交，安全运输旅客27万人次；开通镇江经宝华镇至南京营防公交线路。完成城乡交通运输一体化和城乡客运一体化评价，评价结果均为AAAAA级。新辟定制公交线路7条，新辟、优化市区公交线路30条；新购置新能源公交车辆195辆，建设充电桩26根。完成镇江市全域公交智能化系统开发，打通镇江市区与市（区）、城市公交与城乡及镇村公交网络的线上通道；实现全域公交的数据汇集与共享、运营服务运行监测、数据分析等功能；实现全市公交信息整合，构建全域公交"一张网"智能化服务平台。镇江市公共交通有限公司与中国建设银行合作新增约60个IC卡充值网点。当年，镇江市公共交通有限公司凌建锋获评"全国抗击新冠肺炎疫情先进个人"。

市交通运输局出台出租行业扶持政策，减轻驾驶员经营压力。市出租车行业协会出台承包金减免方案，减免金额670万元。加强网约车和巡游车融合发展，起草《镇江市网络预约出租汽车经营服务管理实施细则》，降低车辆、平台要求，明确网约车平台公司管理职责，保障运营安全和乘客合法权益。市发改委启动镇江市巡游车新一轮调价改革，建立健全巡游出租汽车运价动态调整机制和作价规则。 （鲍金萍）

【镇江市公共交通有限公司】 2020年，镇江市公共交通有限公司有从业人员约2500人、公交车辆1653辆。其中，天然气公交车307辆、油电混合公交车282辆、纯电动公交车793辆。营运线路117条，线路长度超2200千米，实现营运线路新能源车辆的全覆盖。全年总客运量为0.97亿人次，公交社会满意度为88.74%。开通81路拥军文化专线，81路线上所有公交驾驶员均为退伍军人，公交车辆上印有南昌起义、长征、镇江解放日等宣传画。2020年4月13日起，特

困职工本人持“特困职工证”在镇江市免费乘坐公交。（朱之豪）

【“5·20”公交驾驶员关爱日活动】 2020年5月20日，由中国土木工程学会城市公共交通分会、中共镇江市委宣传部、镇江市总工会、共青团镇江市委、镇江市公安局、镇江市交通运输局、镇江市文明办等单位联合主办，镇江市公共交通有限公司承办的2020年中国城市公共交通第二届暨江苏镇江第四届“5·20”公交驾驶员关爱日活动举行。该活动主题为“理解与尊重同行，共同关爱公交驾驶员”。活动采用5G技术进行网络直播，镇江市为活动主会场，上海“久事”公交、天津公交、石家庄公交和上海嘉定公交为4个分会场，全国19个省、自治区、直辖市的60余家公交企业分别在各自城市同时举办“5·20”公交驾驶员关爱日活动，中国客车网对该活动进行全程直播报道。活动主会场举行一场集体婚礼，7名新郎均为镇江公交驾驶员。（朱之豪）

【68路米芾文化专线开通】 2020年9月21日，镇江市公共交通有限公司开通68路米芾文化专线。该线路由运河路公交枢纽站至米芾书法公园，全长18.6千米，途径南山景区、体育会展中心、镇江南站、科技产业园等。68路米芾文化专线车身外围绕米芾书法、人文历史典故等主题打造，车厢内安装线路走向、站点停靠位置、米芾公园介绍等提示栏。（朱之豪）

【首个公交信号优先系统启用】 2020年12月21日，镇江市在解放路与大西路的交会路口启用首个公交信号优先系统。该路口的公交信号优先系统采用被动优先控制模式，通过信号灯定时给出优先放行信号，公交车被动接受信号优先，该模式信号配时相对固定，对社会车辆通行影响相对较小。解放路南北进口均设置一条公交专用车道，启用时间为7:00—9:00、17:00—19:00。为规范车辆驾驶行为，路口安装卡口抓拍系统，对直行公交车占用社会车道及社会车辆占用公交专用车道的行为进行同等抓拍。（朱之豪）

【8路特色服务示范线开通】 2020年12月26日，镇江公交8路特色服务示范线启用。8路线是镇江公交打造的党建红色文化专线，该线路由科技新城西园公交站开往金山公园，全程15.7千米，线路班组配有21名驾驶员、18名乘服员。该线路参照“空乘式”服务模式，全程配备乘服人员，推行优质服务、精细服务，旨在营造整洁卫生、温暖有爱、文明和谐的车厢环境。（朱之豪）

2020年镇江市城市公共交通情况表

表14－2

项目	计量单位	2020年	2019年
运营车辆	辆	1653	1491
清洁能源车辆	辆	307	307
新能源车辆	辆	1075	910
标准运营车数	标台	2077.2	1866.6
运营线路网长度	千米	616.35	612.05
公交专用道长度	千米	69.7	69.7
客运总量	亿人次	0.97	1.43
线路情况	条	117	118
站点数	个	1800	1780

（朱之豪）

2020年镇江市新开通和优化公交线路情况表

表14－3

项目	线路名称	开通时间	基本走向
新辟线路	定制公交1号线	4月1日	行政中心—姚桥
	定制公交2号线	5月1日	金山公园—京口工业园区
	定制公交3号线	5月1日	我家山水—京口工业园区
	定制公交6号线	5月18日	京口路润洲路—丁岗所
	定制公交8号线	7月31日	焦山风景区—江科大长山校区（西北门）
	定制公交16号线	10月10日	江苏科技大学长山校区—火车站南广场

续表 14-3

项目	线路名称	优化时间	具体优化情况
优化线路	82 路	3 月 15 日	恢复黄山涵洞运行,撤销 2 对站点,新增万达广场一对站点
	91 路	3 月 15 日	恢复黄山涵洞运行,撤销 2 对站点,新增万达广场一对站点
	32 路	6 月 3 日	健康路涵洞施工完成,撤销 1 对站点,新增运河路公用站、黄山东路、黄山北路南站 3 对站点
	95 路	6 月 3 日	健康路涵洞施工完成,撤销 2 对站点,新增运河路公用站、黄山一号夜市公园、北府路东站 3 对站点
	113 路	6 月 3 日	健康路涵洞施工完成,撤销 3 对站点,新增解放桥(运河路)、农机公司 2 对站点
	202 路	6 月 3 日	健康路涵洞施工完成,撤销 6 对站点,新增庄泉路、黄山东路、珍珠桥、健康路 2 对站点
	212 路	6 月 3 日	健康路涵洞施工完成,撤销 4 对站点,新增黄山东路、万达广场 2 对站点
	215 路	6 月 3 日	健康路涵洞施工完成,撤销 6 对站点,新增百盛家园、万达广场南站、北府路东站、黄山一号夜市公园 4 对站点
	218 路	6 月 3 日	健康路涵洞施工完成,撤销 2 对站点,新增运河路公用站、黄山一号夜市公园、北府路东站 3 对站点
	213 路	6 月 15 日	永泰路—安丰路段优化至高红路,撤销金德利鞋业 1 对站点,原永泰路上的安丰村(渡口)站点移至高红路
	520 路	7 月 31 日	新增百盛家园西站一对站点
	瑞康医院专线(定制公交 7 号线)	8 月 1 日	线路走向优化为:彩虹城—镇江瑞康医院(南门)
	135 路	11 月 26 日	优化至官山路运行,撤销 3 对站点,新增官塘绿苑、远洋香奈城、官山路莱山路路口北 3 对站点
	87 路	11 月 26 日	撤销 1 对站点,新增长香水岸东站、茅以升实验学校 2 对站点

说明:优化线路不含加密调整的公交线路

(朱之豪)

现代物流业

【概况】 2020 年,镇江市现代物流业围绕省市物流发展工作要点,维护行业安全稳定,引导转变发展方式,推进降本增效,加速转型升级。全年全市列统交通运输、仓储和邮政企业实现增加值 173.52 亿元,比上年增长 2.69%。

从货运指标来看,全年全市公路货运量 0.9 亿吨、货运周转量 102 亿吨千米,分别比上年增长 4% 和 8%;水路货运量 0.16 亿吨,下降 1.9%;货运周转量 44 亿吨千米,增长 2%。港口运输方面,全年全市港口货物吞吐量完成 36028 万吨,增长 5.9%。其中,长江港货物吞吐量完成 35064 万吨,增长 6.5%。从快递行业看,全年全市快递服务企业业务量完成 19211.93 万件,增长 35.86%;业务收入完成 21.14 亿元,增长 28.64%。

全市新增镇江港务集团有限公司和江苏卡满行物联科技有限公司 2 家省级物流重点企业,省市重点物流企业(基地)36 家。根据 20 家省级重点物流企业(基地)自报数据显示,全年实现营业收入 88.1 亿元,实现利税总额 5.7 亿元。受新冠肺炎疫情影响,重点物流企业(基地)营业收入和利税比上年明显下降。

镇江市培育省级多式联运示范工程 4 家,其中宏马物流华东地区首开“丹阳—北京”货运专列。示范企业发展多式联运示范线路 47 条,年联运量约 300 万吨,综合统计,可降低运输成本 20% ~30%,缩短运输时间 5% ~10%。全市培育省部级无车承运试点企业 6 家,其中,2 家获网络货运经营许可(惠龙易通、诺得物流),加速社会物流零散资源在线匹配,降低空驶率约 18%,车货平均等待配载时间在 8 分钟以内。全市培育 2 家国家级、2 家省级甩挂运输试点企业,发展甩挂运输线路 20 条,甩挂牵引车 281 辆、挂车 543 辆,单车载重行驶里程约 17%。江苏挂车帮租赁有限公司发展“挂车租赁共享”新模式,发展租赁挂车 1906 辆。江苏新越高新技术股份有限公司自主研发新型沥青运输特种集装箱,并结合自身的铁路、公路、水路联运基础,开拓沥青全产业链服务新模式,当年新投放沥青新型特种集装箱 300 个、新型特种集装箱 1100 个,降低装备采购成本 58%,提升货物装载量 15%;沥青运输成本下降约 25%,沥青卸载效率提升 65%;减少加热成本 70%,减少加热能源消耗 53.6%。江天城配开展集约化经营,实施运营共同配送,降低物流成本 30% 以上,提高物流效率 20% 以上,减少车辆投放 40% 以上。

诺得物流建成占地 6.14 公顷的物流中心,可向社会提供甩挂运输、零担配载、信息交易等物流服务。疫苗新政之后，宏马物流建成全国唯一的GSP（Good Supply Practice）高标准疫苗冷链外仓。安能物流镇江、常州地区分拨中心落户丹阳市并投入运营。镇江首家跨境电子商务监管中心建成。镇江亚夫江天城市配送有限公司与商贸合作方合作运营5个仓配一体站点，构建镇江全域及周边城市配送网络。

（唐艺荣）

【重点物流项目情况】 2020年，镇江市10个重点物流项目投资额度为32.42亿元。其中，江苏润华物流有限公司码头工程三期仓储物流项目、路得跨境电子商务产业园一期项目、富春网营物联（镇江）智能城市仓储物流项目均竣工。孟家港国际物流园项目水域码头790米、3个10万吨级码头泊位土建工程完成。中储粮18万吨浅圆仓（中储粮百万吨仓储基地）项目主体、附属设施完成。临港产业物流基地及3D可视化制造业供应链服务中心建设项目中仓库投入使用，港口环保部分设备投入使用。恒伟（句容）智慧物流产业园、新能源汽车零配件供应链管理华东基地、船港物流生产资料智能集散中心综合技改工程项目（工业技改）等项目开工建设。（唐艺荣）

邮 政

【概况】 2020年，镇江市出台《中国（镇江）跨境电子商务综合试验区工作方案》。市邮政管理局、市生态环境局联合印发《关于推进镇江市邮政业生态环境保护工作的实施意见》，推进低碳城市建设，加快邮件快件包装综合治理，实施邮政业生态环保“9991”工程；市邮政管理局、市工业和信息化局联合印发《关于促进快递业与制造业深度融合发展的实施意见》，支持快递企业与制造企业通过市场化方式，创新供应链协同共建模式，建立互利共赢的长期战略合作关系，优化产业规划布局，鼓励集聚发展，促进数据信息共享，加快行业标准建设；市邮政管理局、市财政局、市人社局联合印发《镇江市快递从业人员职业技能提升实施方案》，对邮政快递行业岗前技能、就业技能、岗位技能、安全技能培训等四类培训给予资金补贴。

邮政普遍服务监管工作。市邮政管理局推进“邮政在乡”工程，全年新增设建制村“邮乐购”站点24个，建成“邮乐购”加盟店2055家，实现自营批销额7110万元。推进“一市一品”农特产品进城项目，实现销售额2181万元，带动包裹寄递3.8万个，带动邮政包裹业务收入25.7万元。组织开展“疫情防控，助农销售，有你有我”蔬菜销售专项活动。推进“政邮”“警邮”“税邮”合作，为“一站式办理”提供线下寄递服务，实现网点寄递4730件。推动“警邮”“税邮”业务，建成“警邮”网点41个、“税邮”网点4个，实现县区100%覆盖。推进“邮快”合作，组织举办“邮快”合作下乡进村框架协议签约仪式，为邮政、快递企业搭建合作平台，在各市（区）、15个乡镇、21个建制村开展村邮站快递代收、代投业务。启动“法邮合作”项目，开拓“政邮合作”新领域和新路径。配备人员9人，投入资金200万元，在全省共建镇江法院集约送达中心，通过“法邮合作”实现司法文书电子送达的“零距离、零等待”。推行“邮寄办”服务，市邮政管理局、市政务办和市邮政分公司在全市通过邮政寄递办理做好政务服务利企便民工作，提供寄递服务71.23万次。推进“扫黄打非”进基层工作，实现邮政营业106个网点“扫黄打非”工作站全覆盖。保持建制村直接通邮的稳定性，通过建立实时通报制度，实现建制村投递打卡率保持100%。（曾忆峰）

【中国邮政集团有限公司镇江市分公司】 2020年3月20日，中国邮政集团公司镇江市分公司改制更名为中国邮政集团有限公司镇江市分公司。该公司下辖镇江市寄递事业部，丹阳市、句容市、扬中市3家县邮政分公司和城区、丹徒区、新区3家区邮政分公司，有员工2368人，有营投部23个；有网点109个，其中，综合网点99个、纯金融网点3个、纯邮务网点7个。投递线路485条，日均总里程21852千米。其中，城市段道158条，农村段道327条。邮路339条，邮路总长度（单程）23230千米。全年实现业务收入7.5亿元。

开展脱贫攻坚工作，加强定点扶贫、电商扶贫、金融扶贫工作，脱贫攻坚工作有成效。截至2020年年底，开展各类扶贫项目6个，投入定点扶贫资金21.77万元。新增镇江水青米、镇江句容马埂村农产品、黄河黄小米、高邮咸鸭蛋4个销售过万单电商扶贫项目；培育电商扶贫能手19人。推进惠农项目，加强与农业农村主管部门合作，联合中国邮政储蓄银行镇江分行与市农业农村局签署战略合作协议。加强金融风险防控，完善管理机制，开展市、县机构及网点风险防控分等、分级管理。推进绿色包装、绿色运输和绿色金融三大任务，绿色邮政“9792”工程全部达标。

新冠肺炎疫情期间，该公司成立疫情防控领导小组，组织防疫“绿色通道”临时突击车队向武汉、黄石运送防疫物资。2月3日，免费承运江苏鱼跃医疗设备股份有限公司向武汉捐赠的抗疫物资。免费承接市政府线上预约发放的防疫口罩寄递工作。对接市教育局等政府部门，推出教材寄送到家服务，全省首创校园考卷寄递服务。加快拓展医药配送项目。帮助

图 14－1　2020 年 2 月 3 日，中国邮政集团公司镇江市分公司免费承运江苏鱼跃医疗设备股份有限公司向武汉捐赠的抗疫物资

（朱灵杰　供稿）

解决“农民卖菜难，市民买菜难”问题，以同城配送满足百姓生活必需品供应。

围绕法治宣传等需求，发展法院电子与寄递送达业务，拓展法院“12368”一号通办及法律事物外包等新型业务。开发各类房地产延交通知书项目，配送 9320 份。综合开发抗疫产品，为地方援鄂医生制作个性化邮票。应对发票电子化趋势，服务税务客户转型发展需求。借鉴直播带货商业模式，运用微信公众号、抖音等互联网工具，做好产品营销。9 月 5 日，与文广集团联合开展“邮你（礼）就播”镇江邮政“谢师恩”系列文创产品直播活动。搭建“抗疫情 保供应”生鲜农产品同城运营平台；线下开展“疫情防控，助农销售，有你有我”蔬菜销售活动。“919”邮政电商节期间组织农产品直播带货。

2020 年，该公司先后与中国人寿保险公司镇江分公司、市农业农村局、紫金保险、市中级人民法院、市供电局、中国石化销售有限公司江苏镇江石油分公司、市退役军人事务局等签订战略合作协议，围绕惠农合作、汽车产业链发展、政务服务等领域，联动推进项目服务工作。开展“普遍服务提质达标专题月”活动、普遍服务达标回头看专项检查，印制《非常见业务操作手册》口袋书。优化网络布局，根据地方居民区、商业区、政务区等分布变化，完善服务功能。当年，新增城区金山水城邮政支局、新区美林湾支局邮政营业场所，撤销官塘桥支局，将市政府邮政所普服网点变更为市政府非普服服务点；完成城区学府路支局、扬中丰裕支局迁址工作。当年，该公司获评“全国文明单位”；投递员许丽获评新冠肺炎疫情防控类“镇江好人”（大爱之星）；“绿色通道”临时突击车队获评“基层抗疫先锋”。　（朱灵杰）

【共建合作工作】　2020 年，中国邮政镇江市分公司与镇江市中级人民法院签订合作协议，共建集中送达中心，实现法院文书集中送达项目上线运作。集中线上送达以电话、短信、微信等方式实现全区集中管理；集中线下送达以邮寄、终端自助等方式。“两个集中”提升司法文书送达效率，创新送达方式，推进节能减排。4 月 16 日，镇江邮政分公司与法院达成“12368”诉讼服务平台和车辆及不动产查解封协助执行 2 项事务项目外包合作。镇江邮政分公司与市退役军人事务局达成合作共识：为广大军人军属、退役军人和其他优抚对象提供优先、优质、优惠的“三优”服务；围绕“五个一”（建立一支服务队伍、开展一轮慰问活动、共建一个服务品牌、打造一个服务阵地、提供一系列专属增值服务）具体落实推进“关爱老兵”各项活动政策；以“拥军邮路”建设为主线，发挥“金融”“寄递”“电商”“文化传媒”综合服务优势，拟定“关爱老兵”暨“拥军邮路”建设实施落地方案；通过“五个一”搭建平台，双方共同举办“关爱老兵”系列活动。　（朱灵杰）

【“三农”发展办实事项目】　2020 年，中国邮政镇江市分公司作为农村工作领导小组成员单位，为市民办好 3 件实事。一是电商扶贫。加强开展惠农合作项目，为有存贷款需求及邮寄服务的合作社提供优质服务；依托邮政电商，拓展农产品销售渠道，开展线上邮政农品展销会；开发本地黄桃、草莓、葡萄、大米、鸡蛋等农产品项目，全年助销农产品 200 万元。二是金融扶贫。依托 102 个金融网点，通过“邮乐食堂”平台配置邮政持卡客户引流特惠购活动，助力农产品线上销售，同时为金融客户提供优质低价产品。三是定点扶贫。投入定点扶贫资金，农村地区金融智能设备投放覆盖率 100%。　（朱灵杰）

·快递业·

【概况】　截至 2020 年年底，镇江市邮政企业和规模以上快递服务企业业务收入（不包括邮政储蓄银行直接营业收入）完成 28.42 亿元，比上年增长 19.92%，其中，规模以上快递服务企业业务收入完成 21.14 亿元，增长 28.64%。业务总量完成 51.15 亿元，增长

26.21%,其中,规模以上快递服务企业业务量完成19211.93万件,增长35.86%。快递业务量突破200万件的企业有18家;快递业务收入突破2000万元的企业有22家,比上年增加4家。全市规模以上快递服务企业快递业务投递量21617.8万件,增长32.18%,日均投递量59.23万件。11月11日—16日,日均处理246.32万件,日均收件134.3万件,日均派件112.02万件。同城快递业务量、收入分别完成1631.96万件和1.08亿元,分别增长18.87%和15.23%;异地快递业务量、收入分别完成17478.93万件和14.63亿元,分别增长38.15%和31.96%;国际及港澳台快递业务量、收入分别完成101.04万件,分别下降13.17%和增长16.90%。 (吉　源)

【快递监管】 2020年,镇江市依法获快递业务经营许可证的企业36家、一级分支机构17个、二级分支机构84个、末端网点974个。经营体制有国有、民营、外资3种,分属22个品牌。镇江市邮政管理局与市快递协会在全市范围内开展快递标杆网点创建工作,中国邮政速递镇江丁卯揽投部等4个网点获评首批"江苏省快递标杆网点";全省快递标杆网点推进现场会在镇江市召开。全市投放智能快件箱1941组,比上年增长6.6%。全市邮件快件包装综合治理有成效,45毫米以下"瘦身胶带"封装比例为90%,电商快件不再二次包装率为95%,可循环中转袋使用率为90%以上,城市建成区邮政、快递网点包装废弃物回收装置覆盖率为100%。全市快递服务制造业典型项目总数为6个,服务制造业的快递业务量为348.25万件,业务收入为2689.35万元,支撑制造业总产值超过7.77亿元。全市快递服务制造业领域涉及服饰业、纺织业、眼镜配件等。推进快递服务现代农业"一县一品"项目,快递业务量133万件,业务收入665万元,带动农业总产值4800万元。推进"快递入区"和"快递下乡"工程,全市城区快递末端公共服务站数量297个,全市8所高校规范收投率为100%,主要快递企业设在城区的直营网点标准化率为100%。推进快递服务进村,邮政、顺丰、京东等品牌寄递服务进村(行政村)覆盖率为100%,其他"三通一达"(圆通速递、申通快递、中通速递,韵达快递)等主要品牌通过驻村设点、"抱团"进村、"邮快合作"等多种形式实现快递服务直接到达的行政村为290个。全年出动执法人员436人次,执法检查178次,检查单位178家,出检76天,纠正和查处违法违规行为133次,其中,约谈告诫18次,下达责令改正通知76件,做出行政处罚决定36份,罚没款金额9.7万元。 (黄　庆)

2020年镇江市快递企业情况表

表14－4

企业名称	企业品牌	注册地址
镇江市顺丰速运有限公司	顺丰速运	镇江市丹徒新城长香东大道78号8号楼1层
镇江市申通快递有限公司	申通快递	镇江市丹徒新城工业园瑞山东路98号
丹阳市申通快递有限公司	申通快递	丹阳开发区大亚东路东侧
扬中市申通快递有限公司	申通快递	镇江市三茅镇中桥村
句容市申通快递服务有限公司	申通快递	镇江经济开发区通宁路之江商贸城南申通快递仓库1号
镇江琼华速递有限公司	圆通速递	镇江市丹徒工业园区华园路57号
丹阳市星通快运有限公司	圆通速递	丹阳经济开发区宏福物流园
扬中鸿顺速递有限公司	圆通速递	镇江市三茅街道丰华路24号
句容市运通物流有限公司	圆通速递	句容经济开发区西环路2幢1层
江苏江韵物流有限公司	韵达快递	镇江市句容市空港新区塘西路66号
镇江指针物流有限公司	韵达快递	镇江市京口区学府路恒美嘉园B区21幢104室~105室
镇江金韵达货运代理有限公司	韵达快递	镇江高新区蒋乔街道蒋家门社区凤凰山西路润州开发区钢模出租站内
镇江通用物流有限公司	韵达快递	镇江新区丁卯纬五路17号2幢第1至2层103室
镇江新春货运服务有限公司	韵达快递	镇江市京口区京岘山庄2幢105室
镇江新区韵达快递有限公司	韵达快递	镇江新区大港村(原五台灯光厂大楼)
丹阳市韵达快递有限公司	韵达快递	镇江开发区金陵西路8号
句容市韵达快递有限公司	韵达快递	句容经济开发区文昌西路2幢
镇江中通速递有限公司	中通速递	镇江市京口区扬帆路3号

续表 14－4

企业名称	企业品牌	注册地址
丹阳市中通速递有限公司	中通速递	丹阳开发区希望路16号
扬中市中通快递服务有限公司	中通速递	扬中市扬子西路联盟桥东侧
句容中通快递有限公司	中通速递	镇江经济开发区西转盘西300米处104国道南侧1幢
镇江百润物流有限公司	百世快递	镇江新区丁岗镇平昌路168号
丹阳市瑞顺快递有限公司	百世快递	丹阳开发区六纬路北侧陈家工业园2号
扬中市润通物流有限公司	百世快递	扬中市三茅街道环城南路36号
句容大众快递有限公司	百世快递	镇江开发区世茂路万珂机械院百世快递
镇江天达物流有限公司	天天快递	镇江市京口区宗泽路北星光电器2幢1－2层
镇江天天快递有限公司	天天快递	镇江市丹徒区镇荣公路155号
扬中市瑞达快运有限公司	天天快递	扬中市三茅街道中兴路91号
句容天天快递有限公司	天天快递	句容开发区通宁路127号3号楼
镇江优速货运代理有限公司	优速物流	镇江市丹徒区谷阳镇南纬八路西镇江万盛物流园内
丹阳市优速快递有限公司	优速物流	丹阳市丹北镇后巷济德村
镇江罗文供应链管理有限公司	极兔速递	丹徒新城谷阳大道35号院内
丹阳浩宇物流有限公司	其他	镇江开发区市门一路东侧
镇江禾东物流服务有限公司	其他	镇江市京口区学府路301号江苏大学B区6幢
丹阳市天翼速递有限公司	其他	丹阳开发区希望路16号(1号楼1楼)

（黄　庆）

2020年镇江市快递企业分支机构情况表

表 14－5

企业名称	分支机构名称	企业地址
中国邮政速递物流股份有限公司	中国邮政速递物流股份有限公司镇江市分公司	镇江市丹徒区金润大道201号
江苏京迅递供应链管理有限公司	江苏京迅递供应链管理有限公司镇江分公司	镇江市丁卯桥路四季经典24幢第1至2层109室
江苏慧达供应链有限公司	江苏慧达供应链有限公司镇江分公司	丹阳开发区通港路与北五路交汇处天工工业园区内
南京德邦物流有限公司	南京德邦物流有限公司镇江分公司	镇江市京口区兴泽路12号33文化文旅创业园5号楼
南京苏宁物流有限公司	南京苏宁物流有限公司镇江分公司	镇江市经七路纬一路交叉口
联邦快递(中国)有限公司	联邦快递(中国)有限公司镇江分公司	镇江市丁卯桥路239号106室
中国外运长江有限公司	中国外运长江有限公司镇江分公司	镇江高新区戴家门路6号金山物流园内
中外运——敦豪国际航空快件有限公司	中外运——敦豪国际航空快件有限公司镇江分公司	镇江市丹徒新城瑞山东路9号3号楼西段
江苏众邮物流科技有限公司	江苏众邮物流科技有限公司镇江分公司	句容市郭庄镇花茂路协鑫物流园A2库
南京跨越速运有限公司	南京跨越速运有限公司镇江分公司	镇江高新区蒋乔镇秀山村雷家组(沿江公路北侧90号)
南京晟邦物流有限公司	南京晟邦物流有限公司镇江分公司	镇江市京口区象山乡宗泽路42号
嘉里大通物流有限公司	嘉里大通物流有限公司镇江分公司	镇江丁卯开发区四季经典24幢105号

（黄　庆）

综　述

【概况】　镇江港是长江三角洲地区综合运输体系的重要枢纽和中国沿海主要港口之一，是上海国际航运中心集装箱运输体系的重要组成部分和集装箱支线港，是长江沿线能源、原材料海进江运输的主要中转港之一和长江中上游地区内外贸物资江海转运的重要口岸。镇江港形成包括大港、谏壁、龙门、高资、高桥、扬中和新民洲等“一港七区”的港口布局，建有生产性码头泊位176个，设计通过能力总计1.59亿吨。按泊位性质分，公用码头87个，设计通过能力8916万吨；货主码头89个，设计通过能力7071万吨。按靠泊能力分，万吨级以上泊位58个，其中5万吨级以上泊位37个；专业化集装箱5万吨级泊位3个，设计通过能力100万标准箱。在装卸设备、后方堆场、仓储设施等码头配套设施方面，镇江港有堆场约400万平方米，集装箱堆存能力5万标准箱，装卸线4个。全年全市港口完成货物吞吐量36028.5万吨，比上年增长5.9%。

镇江港与京沪铁路、沪宁高速、扬溧高速、镇泰高速和312国道、338省道、138省道等连接，京沪铁路支线接入大港港区，港区内有润扬大桥、泰州大桥、五峰山长江大桥等过江大桥，贯通南北。镇江港沿江港口岸线总长度126千米，占全省的6.5%，其中，深水岸线75千米，占全省的12.3%，水深条件和岸线的稳定性有利于建设5万吨～7万吨级大型港口码头。其中，具备建设10万吨级码头的岸线3.5千米。镇江港吞吐量主要以矿石、煤炭、粮食等大宗散货和件杂货为主，其中煤炭、矿石等散货吞吐量占比84%。中转货物吞吐量占比为52%，当地货物吞吐量占比为48%。中转运输主要以公用码头承担，以煤炭、矿石等货类为主，主要服务长江中上游区域。其中，在矿石运输系统布局中主要以接卸中转二程进江的外贸矿石为主，兼顾接卸直达进江的外贸进口铁矿石。

2020年，镇江市港口建设项目投资完成13.8亿元。华电句容储运码头、二重集团长江码头及内港池码头等项目通过竣工验收并投产；推进扬中港区联合动力码头、高桥港区荷花池作业区一期散货码头工程建设。编制完成《镇江市港口岸线整合利用5年规划》，结合宁镇扬一体化规划，落实“共抓大保护、不搞大开发”，坚持“生态优先、绿色发展”，规划港口岸线规模由126千米降至108千米；结合港口资源分布，推进沿江港口规划修订工作，与长江岸线资源保护规划实现协调互补，推进各港区形成各具特色、分工协作，协调发展、港城融合的发展新格局。高桥港区润祥LNG码头项目岸线使用获交通运输部批复，项目于12月30日开工。

镇江水运口岸有对外开放泊位50个，与世界上70多个国家近300个港口建立外贸运输业务，建有镇江综合保税区、中国镇江外轮代理有限公司公共型保税仓库、江苏润华物流有限公司公共型保税仓库、江苏扬子公路沥青有限公司专用型保税仓库等特殊监管区域。推进码头对外开放工作，金海宏业（镇江）沥青有限公司码头对外开放获省政府批复，江苏华电句容储运有限公司码头（储运1号泊位）和大港港区四期工程（14号和15号）通过省级验收。完成新建镇江出入境边防检查站某中队的选址、规划设计和建设资金筹措等工作。发挥镇江电子口岸的作用，对接口岸查验机构，完成口岸通关时效分析等四大系统的开发并上线运行；同时，完成国际航行船舶转港复用功能等四项新功能升级，提升口岸通关效率。加强口岸疫情防控工作，建立“部门联动”“信息日报”“提前预研”三项工作机制，落实口岸防控主体责任，完成“育鹏”轮入境防疫闭环操作，支持开放码头企业复工复产，及时协调处理船员紧急就医等突发事件。　（仇　诚　施无双）

图 15－1　2020 年 11 月 18 日，大港港区四期工程(14 号和 15 号)验收现场　（施无双　供稿）

主要货种运输发展情况。镇江市进出港货种主要以煤炭、金属矿石、矿建材料、非金属矿石、粮食等为主。2020 年主要货种完成吞吐量如下：煤炭：完成煤炭吞吐量 5518 万吨，占全港货物吞吐量的 15.7%，比上年增长 19.7%。其中，内贸吞吐量 5088.4 万吨，增长 25.0%；外贸吞吐量 434.8 万吨，下降 19.4%。金属矿石：完成金属矿石吞吐量 6434 万吨，增长 27.4%。其中，外贸吞吐量 1593.5 万吨，占金属矿石总吞吐量的 25.1%，增长 11.6%。铁矿石完成吞吐量 6251.6 万吨，增长 27.2%，其中，外贸量 1576 万吨，增长 14.7%。矿建材料：完成矿建材料吞吐量 17014 万吨，占全港货物吞吐量的 48.5%，下降 1.6%。粮食：完成粮食吞吐量 846 万吨，增长 21.8%。其中，外贸量 514.9 万吨，增长 23.1%。非金属矿石：完成非金属矿石吞吐量 905 万吨，下降 15.1%。其中，内贸量 496 万吨，下降 4.8%，外贸量 412.8 万吨，下降 24.3%。化工原料及制品：完成化工原料及制品 802 万吨，增长 3.9%，其中，外贸吞吐量 226.1 万吨，增长 10%。

港口经济运行特点。除矿建材料、非金属矿石、水泥吞吐量出现下降外，粮食、金属矿石、煤炭、木材、石油天然气及制品等均实现增长，其中，粮食、金属矿石、煤炭吞吐量增长幅度较大，超过 15%。沿江港口公用码头完成吞吐量 29835 万吨，比上年增长 2.6%；货主码头完成吞吐量 5229 万吨，增长 35.6%。克服国际贸易争端和新冠肺炎疫情不利影响，港口外贸吞吐量小幅增长。金属矿石及粮食外贸吞吐量是稳定全市港口外贸吞吐量的主力，全年完成吞吐量 2108 万吨，占镇江市港口外贸吞吐量的 48.4%，增长 14.3%。　（吕敬忠）

【“绿色”港口建设】　2020 年，镇江市落实《镇江沿江港口船舶污染物接收、转运及处置设施建设方案》，沿江 34 家港口企业全面实现船舶污染物按规定处置，船舶生活污水、垃圾、含油污水转运及处置能力为 100%；过驳作业区(含浮吊)、锚地等水上设施要求停靠船舶加装生活污水处理装置或存储装置；船舶含油污水、船舶垃圾送交给有资质的接收单位，接收转运处置能力为 100%。开展沿江企业环境整治工作，通过新建绿地、拆墙透绿、见缝插绿、垂直挂绿等多种方式，绿化、美化环境。　（仇　诚）

港口生产经营和服务

【概况】　2020 年，镇江市港口企业克服新冠肺炎疫情的影响，港口生产运行保持平稳增长。全市港口完成货物吞吐量 36028.5 万吨，比上年增长 5.9%。沿江港口完成货物吞吐量 35064.3 万吨，增长 6.5%。其中，进港货物吞吐量 19154.3 万吨，增长 7.5%，出港货物吞吐量 15910 万吨，增长 5.4%。全市内河港口完成货物吞吐量 964.2 万吨，下降 12.0%。镇江港完成外贸吞吐量 4355.4 万吨，增长 1.3%。其中，进港外贸货物吞吐量 3696.5 万吨，增长 1.2%；出港外贸货物吞吐量 658.9 万吨，增长 1.8%。镇江港完成集装箱箱运量 37.3 万标准箱，下降 10.3%。其中，外贸箱量 14.7 万标准箱，下降 20.1%；内贸箱量为 22.6 万标准箱，下降 2.2%。完成集装箱重量 594.2 万吨，下降 13.1%，其中，外贸集装箱重量 236.3 万吨，下降 17.8%。

【镇江港务集团有限公司】　2020 年，镇江港务集团有限公司管辖生产性泊位 25 个，其中，万吨级泊位 14 个(以 7 万吨级泊位为主，最大靠泊能力 15 万吨级减载)，码头总长度 5135 米，设计通过能力 2765 万吨。全年完成货物吞吐量 10650.9 万吨、自然吨 5716.8 万吨、集装箱量 37.3 万标箱，比上年分别增长 10.5%、6.4%、－10.2%。面对新冠肺炎疫情，镇江港外防内控，全年货物吞吐量列全国港口企业第 18 名。

2020 年，镇江港推进产能建设，新建库棚 4.4 万平方米；添置 2500 吨/时卸船机 1 台、40 吨门机 2 台；打造全回转拖轮 3 艘；启动 6 号流程线建设；委托交通运输部规划研究院开展专项规划研究，谋划大港20万吨级泊位改扩建；推进“大船战略”，研究镇江港船舶靠泊吃水深度。

2020年，镇江港推进平安绿色智慧港口建设工作。推进港口污水采集和污水循环利用项目建设，推进港区大气环境监测系统建设，规划生态港区建设。大港分公司、金港分公司、东港公司获“排污许可证”，金港分公司获评四星级江苏绿色港口。镇江港与中国电信江苏公司、华为技术有限公司联合组建“5G智慧港口创新研发中心”，推进5G新基建，运用5G、大数据、AI、AR等先进技术，尝试港口数字化转型；推进大型设备远程监测、现场安全监管无人化、斗轮机无人控制等一批智能化项目。全年获省部级奖项5项、知识产权41项，争取政府扶持资金1500万余元。

2020年，镇江港开展2个试点工作，一是产业工人队伍建设改革试点工作，遵循“一切为了员工、发展依靠员工、成果惠及员工”的理念，提升产业工人队伍素能，员工人均年收入比上年增长24%。二是合规管理试点工作，镇江港全覆盖的风险预控机制基本建立，多措并举增强员工合规意识，提高风险治理能力。

（牟红梅）

【中石化长江燃料有限公司镇江分公司】 中石化长江燃料有限公司镇江分公司隶属于中石化长江燃料有限公司，是经国家相关部委批准主要从事国际航行船舶保税油供应、国内水运船舶燃润料供应的专业性企业，也是镇江唯一从事航行国际航线船舶保税油供应单位，经营地方港口、运输船舶燃润料供应等多项业务。2020年，中石化长江燃料有限公司镇江分公司面对新冠肺炎疫情爆发、经济运行整体下滑、市场竞争激烈等经济形势，坚持疫情防控和生产经营共同开展。全年公司产品销量为5.3万吨，比上年增长28%，安全生产局面稳定，未发生等级以上安全责任事故；同时，推进水上绿色服务区建设，24小时为客户提供油品供应及各类附加值服务。（张　明）

【镇江中联理货有限公司】 2020年，镇江中联理货有限公司完成理货船舶285艘次，件杂货理货量211.9万吨，集装箱船舶理货量1.4669万标准箱，集装箱装拆箱理货量1.23万标准箱。服务满意率、制单合格率均为100%。当年，该公司开展油品计量、水尺计量、监装监卸、危险品、煤炭采样取样等检验业务。完善内部管理，提升理货服务功能与品位，加快服务方式的转型升级，实施理货信息系统更新升级，提升理货服务功能。推进与海关、集装箱公司等多家单位数据联网工作，理货信息网上实时查询，快捷、准确、方便为口岸涉外单位、码头及各代理提供理货服务。（付馨慧）

【镇江中远海运物流有限公司】 2020年，镇江中远海运物流有限公司为客户提供定制化物流服务、应急租船租库等业务，为4户客户5万只进口口罩提供物流服务，帮助企业快速复工复产。

该公司向全程物流和物流供应链转型，全年实现营业收入1.4亿元，比上年增长7.7%。该公司管理的保税和跨境电商综合物流基地位于镇江综保区内，占地5.6公顷，仓储面积4.2万平方米，堆场面积2万平方米，为当地企业的润滑油、太阳能电池板、亚麻籽等货种提供仓储服务。与镇江综合保税区签订公共服务平台委托管理协议，搭建服务进出区物流业务的唯一平台，成立专业服务团队，优化流程，提升通关便利化水平。发挥中远海运物流网络优势，促进综保区进出口额度集聚，全年完成进出口额1.13亿美元。公司落实镇江市政府发展跨境电商业务的需求，做好跨境电商出口试点，操作完成镇江市首票跨境电商B2B出口“9810”和B2C“1210”模式。（章会龙）

【中国外运长江有限公司镇江分公司】 2020年，中国外运长江有限公司镇江分公司面对新冠肺炎疫情影响，做好疫情防控，强化安全保障，企业运行稳定。全年实现营业收入8708万元，代理集装箱10154标准箱，代理海运大宗散货455万吨；公司党支部连续5年获评“法制型、服务型四星级先进党支部”。

（汤　溶）

港口运行和管理

【概况】 2020年，镇江市交通运输局加强港口建设管理，强化港口规范经营，推进“绿色港口”建设，确保港口运营和管理的规范有序。

港口建设管理。推进《镇江港总体规划》修编工作，《镇江市港口岸线整合利用5年规划》完成初稿，规划整合岸线累计3.8千米，重点实施高桥港区LNG加注站及接卸站工程等6项港口项目，推动生产、生活、生态三大空间科学合理布局和码头集约利用水平提升。联合镇江海事、住建等6个部门印发《镇江市长江经济带船舶和港口污染突出问题整治工作方案的通知》，开展为期1年的专项整治。

污染防治工作。沿江港口企业码头船舶污染物接收设施实现全覆盖，做到固定接收和流动接收的“双保险”；沿江、内河分别建设运行一处船舶生活污水公共接收处理设施，实现船舶送交生活污水的免费接收；辖区码头（危化品码头除外）岸电设施实现全覆盖；辖区易起尘码头粉尘在线监测系统实现全覆盖,共建设107套,总投资近1000万元;投资140万元在大港港区建成港口空气自动监测站,提升港区大气污染防治能力;新增绿化面积55万平方米,港区绿化实现全覆盖。推进船舶能源升级,谋划投资28亿元在镇江港高桥港区建设LNG加注站及接收站工程。按照《长江干线水上洗舱站布局方案》要求,开展全市化学品洗舱站工程可行性研究,旨在促进2025年前在高桥港区建设一处年设计能力600艘次的洗舱站。

专项治理工作。配合海事部门开展“三无”(无船名船号、无船舶证书、无船籍港)船舶整治,全市排查处置“三无”船舶1308艘。推进400总吨以下船舶水污染治理,全市完成船舶加装生活污水柜改造和检验发证501艘,镇江市籍船舶防污改造完成100%。

黄金水道功能优化工作。港口建设项目投资计划完成13.1亿元,全年实际完成投资13.8亿元,占年度投资计划的105%。推进高桥港区荷花池作业区一期散货码头工程,3个5万吨级泊位建成。扬中港区长旺作业区一期工程建成。扬中港区兴隆作业区联合动力码头工程开始桩基施工。 (仇　诚)

【智慧港口建设】 2020年,镇江市在全省率先运行船舶污染物电子联系监管平台,实现船舶污染物接收转运处置全过程、多部门联合监管;开发使用粉尘在线监测监管平台,实时监控干散货码头扬尘数值,达到限值自动预警;推进港口3D可视化监测平台的建设,实现港口基础信息整合,作业流程实时监控。

(仇　诚)

口岸监管与服务

【概况】 2020年,镇江口岸查验机构及口岸服务单位优化服务机制,加强新冠肺炎疫情防控,改善口岸营商环境、缩短通关时间、提高通关时效。全年镇江口岸完成货物吞吐量17740.71万吨,比上年增长12.60%。完成外贸货物吞吐量4651.18万吨,下降1.31%。完成集装箱箱运量372586标准箱,下降10.28%。其中,外贸集装箱146638标准箱,下降20.30%。

镇江口岸强化口岸监管职能,提升口岸服务效能。推动金海宏业、句容华电、港务集团码头转型升级,帮助企业落实码头现场查验配套设施建设。推进句容华电码头储运1号泊位、港务集团四期集装箱泊位通过对外开放省级验收;金海宏业(镇江)沥青有限公司码头获省政府批文。

口岸疫情防控工作。完成“育鹏”轮入境防疫闭环操作,帮助师生排除疫情风险安全返程。推动启用江苏港口口岸中国籍船员换班申报核批系统,采用“互联网+不见面”审批方式,实现船员换班“一个窗口、一次申请、一口办理”,协调船员在镇江口岸完成换班。为海关、边防、海事和引航站协调争取防疫物资,发放口罩、护目镜、防护服等各类防疫用品54000余件。

镇江口岸结合企业和联检单位诉求,完成口岸通关时效分析、口岸合规成本分析、口岸物流协同、口岸智慧监管等四大系统的开发并上线运行;同时,完成国际航行船舶转港复用功能、国际航行船舶船员换班申报、海关运输工具监管功能升级、跨境电商平台B2B(9710、9810)出口业务申报等四项新功能升级。将货物代理企业与码头企业、监管单位之间业务由线下转为线上办理,信息共享,提升口岸办事效率。

(施无双)

【长江航运公安局镇江分局】 2020年,长江航运公安局镇江分局以“724”专项行动、长江干线水域突出治安问题综合整治行动、打击非法捕捞违法犯罪专项行动为重点,维护长江干线水域政治治安稳定。全年接处警2330起,破获刑事案件655起,处理198人,其中,逮捕22人,直诉176人;查处行政案件604起,处罚551人(其中拘留90人)、53家单位;查处交通违法行为1431起;处置群体性事件13起。全年执法安全无事故。

反恐维稳工作。加强对镇江港务集团硫磺堆场、高港汽渡等单位定期检查。加强与地方公安、边检等部门协调对接,建立反恐快速反应机制。成立应急处突队,提升快速反应能力。以情报信息为先导,围绕涉军、涉访、企业改制及渔民上岸等重点群体强化信息收集研判,保障辖区稳定。

推进“扫黑除恶”专项斗争、“724”专项行动开展,办结中央“扫黑除恶”巡视组交办的“6·5”冯某等人寻衅滋事案件,犯罪嫌疑人13人全部移送起诉。破获“10·25”“1·7”“12·10”“11·28”“11·30”等涉砂刑事案件248起;打掉犯罪团伙19个,涉案价值1100余万元。按照“全环节、全要素、全链条”侦办要求,破获非法捕捞案件163起,查获渔获物540千克,查扣非法捕捞船只10艘、电捕捞渔具等208套;打掉“7·31”“10·7”非法捕捞犯罪团伙13个,刑事处理59人、行政处罚19人,办结公安部督办“6·18”“6·28”等5起非法捕捞案。

加强与海事、水利、渔政、边防等涉水部门执法协作。以危化品储运、人员密集场所为重点,开展“两船”(砂石运输船、施工船)整治、春夏火灾防控、危化品运输消防安全专项治理;开展消防宣传教育89场次，发现整改安全隐患2855处。推进“枫桥式公安派出所”争创工作，处置各类群体性事件。

当年，该局在各级媒体刊播稿件1698篇，其中，新华社11次、《人民日报》4次、中央电视台3次、《人民公安报》3次；“学习强国”平台18次报道该局工作情况。（褚 特）

【长江镇江航道管理处】 2020年，长江镇江航道管理处聚焦航道服务主业，强化公益服务职责，推进各项工作。成立新冠肺炎疫情防控工作专班，强化疫情管控。水文在线综合测报系统以及AIS基站虚拟航标系统等级保护定级为一级。

做好长江生态保护以及长江十年禁捕相关工作。依据《关于设置镇江市长江航道疏浚土综合利用配套项目第3转运区转驳综合服务工程专用航标的许可决定》，做好镇江市长江航道疏浚土综合利用配套项目的航道技术服务工作。落实江苏省政府《长江江苏段水上过驳作业取缔工作方案》要求，完成辖区3个过驳区15座专用航标撤销工作。在五峰山长江大桥施工期间，该单位提供航道安全保障服务，设置施工期专用航标15座；施工期累计维护航标21000余座天，调整航标40余座次；每年提供2次全水道观测测量服务。完成2020特大洪水航道维护疏浚监测。全年恢复失常标志841座次，维护疏浚量为1127.7724万立方米，保障2020年特大洪水期12.5米深水航道的正常运行。

全年开展各类安全专项活动，启动安全生产专项治理三年行动，修订完善安全综治环保责任清单等5项制度；推进40米、50米级航标船安全管理手册编制；拟定新设备《等离子切割机安全操作》；加强双重预防体系运行管理，修订航道维护安全双重预防体系管理办法，完成体系运行中间评估，对主要致险因素及较大和以上风险管控措施进行完善补充。

当年，长江镇江航道管理处获评镇江市献血先进单位奖；长江江阴航道处获评长江航务管理局抗击新冠肺炎疫情先进集体；航道测绘中心整治建筑物观测成果获江苏省测绘协会优秀测绘地理信息工程二等奖；宁道标“1005轮”获评长江航务局文明建设先进集体；宁道标“415轮”船长刘月军获评交通运输部先进工作者。（包 波）

【长江引航中心镇江引航站】 2020年，长江引航中心镇江引航站按照交通运输部“一断三不断”（坚决阻断病毒传播渠道；公路、交通、网络不能断，应急运输绿色通道不能断，必要的群众生产生活物资运输通道不能断）以及上级保障水上物资运输的相关要求，做好各项工作，确保镇江港外贸货物的水上运输畅通。

全年引领中外籍船舶11407艘次，总吨位2.17亿吨，净吨位1.21亿吨，比上年分别增长－2.2%，0.8%、1%。镇江引航站为港口重点项目、重要货种、特殊类型船舶的个性服务需求提供技术支持和服务保障，满足进江船舶尺度大型化、装载大吃水化的新需求，全年引领受限船3433艘次，其中引领开普型船110余艘进靠镇江大港码头。新冠疫情防控期间，镇江引航站确保重点防疫物资运输“绿色通道”畅通，优先为装载防疫物资原材料以及电煤、成品油等事关国计民生的重点物资船舶提供引航服务，利用引航优势加快船舶周转，对符合夜航条件的船舶全面放开夜航，提高码头和船舶营运效率，满足港航企业复工复产需求，全年夜航引领船舶7682艘次，夜航率为67.3%。面对长江特大汛情，镇江引航站配合海事部门做好船舶应急抢险工作。（王霁雯）

【镇江海事局】 2020年，镇江海事局全年监管28.5万艘次船舶、3.51亿吨货物进出镇江港，其中，15万吨级以上开普型船115艘次，比上年增长27.8%。首次实现辖区一般及以上等级事故为零、死亡失踪人数为零，事故四项指标（运输船舶水上交通事故数量、死亡失踪人数、沉船数量、直接经济损失金额）分别比上年下降100%、100%、66.7%、76.9%。

推进“8＋2＋N”水上交通运输安全生产专项整治，完成国务院、省、市督导反馈中2项共性问题整改销号。推进长江禁捕退捕、水上过驳取缔、“三无”船舶治理等工作，协调拆解处置“三无”船舶1308艘。发挥水上交通岗亭的动态感知、精准指挥、统筹调度作用，提升基层执法监管效能。推动出台《京杭运河与长江干线交汇水域水上交通安全管理规定（试行）》，实现尹公洲水域全年零事故、零沉船、零死亡。推动市政府发布《水上搜救应急预案》，建立水文气象信息共享机制。施救“5·24”“长江之盛”轮与“沪油12”轮碰撞等水上突发险情，救助成功遇险船舶441艘次、遇险人员1772人次，救助成功率分别为99.6%、100%。

镇江海事局开展船舶污染防治工作，推动镇江六圩水上绿色综合服务区提档升级，相关经验在交通运输部长江经济带船舶和港口防污染现场推进会上展示推广。研究制定《长江镇江段船载危险化学品安全风险分布图》，协同市交通运输局核减沿江3家危化品码头单位10个货种。推动货主、码头成立危化品选船联盟，淘汰低标准船舶59艘。开展危化品装卸作业现场监督和网上核查765艘次，查处危化品船舶违法行为206起，比上年增长25.6%。推广使用长江干线船舶水污染物联合监管与服务信息系统，推动港航企业免费接收船舶生活污水3.2万吨、生活垃圾195吨，分别增长4.3倍、3.9倍。辖区港口泊位岸电覆盖率 100%,8567 艘次船舶使用岸电 63.9 万千瓦时,分别增长 117%、96%。

镇江海事局开展水路疫情防控以及助力复工复产等工作。落实“一断三不断”要求,落实船岸卡口管控措施,加强重点船舶和敏感人群核查,疫情防控初期,保障湖北急需物资运输。落实港口口岸涉外疫情防控职责,服务国际航行船舶中国籍船员换班 4067 人次。协调解决大连海事大学“育鹏”轮入境、靠泊、防疫等难题,帮助 91 名师生在镇江安全下船。落实应对疫情服务港航企业发展 8 项举措,探索船员线上培训考核、远程视频船舶安检等举措。建成 5 个海事政务自助服务站,95% 以上海事业务实现线上办理或自助办理。组织船员考试 71 期、签发各类证书 893 本。免征外贸货物港口建设费、油污基金 1.74 亿元。保障五峰山大桥建成通车。指导金海宏业码头对外开放,服务新韩通栖装码头等 5 个码头泊位完成改造升级。 (季荣春)

【镇江出入境边防检查站】 2020 年,镇江出入境边防检查站检查出入境(港)船舶 3455 艘次、出入境人员 45423 人次,检查上下轮人员 60000 人次,办理各类证件 14000 余份,查处违法、违规案件 4 起 11 人次,业务量列全省边检站第 5 名。服务句容华电二期码头、金海宏业码头、大港四期码头对外开放工作;优化政策指导、强化后勤保障;为企业员工开展专题培训,提升涉外员工业务素质。

镇江出入境边防检查站服务“一带一路”、长江经济带和宁镇扬一体化发展,制定出台助力企业复工复产 5 项举措和服务口岸通关 10 条便民措施,服务港口企业加快复苏,为企业节约报检时间 6000 余小时,船舶靠港停留时间下降近 30%,实现镇江港吞吐量比上年增长 11.1%。

镇江出入境边防检查站探索“枫桥式海港警务区”建设,打造集办证、执法、处突、咨询为一体的“15 分钟边检服务小片区”,推行“4+1+2+2”工作机制,推动“大管控”“大矛盾”在“小单元”内解决的工作模式,年内整理上报情报信息 25 篇,查获入境船员携带暴恐音视频、违规上下人员物品等违法案、事件 4 起 11 人次,处置 2 起不准入境人员案件。镇江出入境边防检查站、海事、长航公安等职能单位共同开展长江水域镇江段水上秩序专项整治行动,重点加大对“幽灵船”和“货郎船”集中清理整治,联合巡航 14 次,出动船艇 16 艘次。

镇江出入境边防检查站将疫情防控与口岸管控同研究、同部署,推动落实“四四六”管控机制,完成大连海事大学教学船“育鹏”轮及 91 名人员离船入境边防检查工作。锚地管控经验做法被《中国出入境观察》全文刊载。

当年,镇江出入境边防检查站选拔推荐民警许艳璐在广西三江县支教,联合市妇联为对口扶贫的该县独峒镇八协小学捐赠价值 4 万余元的校服;开展“99 公益日”慈善捐款主题党日活动。 (吕世明)

海　关

【概况】 2020 年,镇江海关完成税收入库 53.43 亿元,比上年下降 8.19%;审结报关单 4.24 万份,下降 9.90%。监管货运量 3544 万吨,下降 1.50%;监管货物总值 86.04 亿美元,下降 11.70%;备案加工贸易合同 379 份,下降 21.86%;合同备案金额 7.08 亿美元,下降 5.12%;新增注册企业 685 家,下降 6.68%。签发各类原产地证书 2.18 万份,签证货值 10.4 亿美元。

新冠肺炎疫情期间,防止境外疫情输入,根据入境船舶来源地、航线、健康申报状况等进行风险分析研判,对入境船舶一律实施登临检疫,对入境船员 100% 进行健康申报、体温监测、医学巡查、流行病学调查和采样送检;制定换班船员监管“一船一方案”,严格落实“三查三排一转运”的检疫措施,与镇江市口岸部门衔接保障船员换班入境船员 1883 人;强化国际航行船舶进场修理、外贸转内贸等特殊环节防控;开展进口商品风险监测,做好进口冷链及非冷链商品口岸环节新冠病毒检测和预防性消毒工作。

镇江海关编制《镇江海关进出口危化品检验应急处置预案》,对辖区内 5 家涉危监管作业场所和 1 家涉危保税监管场所逐个重点检查安全生产隐患,对监管区进行摸排确保无长期滞留危险品。应用进境粮食检验检疫监管信息系统,提升初筛实验室鉴定能力,做好有害生物监测;进境动植物检疫有成效;防范沙漠蝗、非洲猪瘟等重大疫情疫病。无害化处置 1700 吨涉案走私冻品,维护食品安全。

开通疫情防控物资快速通关专门受理窗口和绿色通道,保障 20 批次、65.07 万件企业复工复产防疫物资迅速进口;推进口岸快速提离模式,根据港口条件,按照“船边直提”“运抵直装”政策,实现进出口货物物流零延时,全年为金东进口木片和港区出口煅烧石油焦节省成本超 2000 多万元;实施装运前检验,解决自有品牌呼吸机等产品出口知识产权保护难题,帮助国家防疫物资重点生产企业鱼跃医疗扩大出口;运用“企业问题清零系统”解决江苏荣海生物科技公司受疫情影响面临高额损失等复工复产难题。

镇江海关打击濒危物种及其制品走私,加强船员行李物品查验监管,先后查获船员违规携带的鳄鱼皮皮包 1 个、皮带 7 条,均为 CITES 公约附录 II 保护动物制品，并全国首次查获2枚鹤鸵蛋，属《世界自然保护联盟濒危物种红色名录》物种。立案1起走私珍贵动物案，查获犯罪嫌疑人购买走私进境苏卡达龟和红腿陆龟。镇江海关对进口矿产品开展联合风险研判，查获分三批走私进境的固体废物氧化铁皮烧结物3276吨，并开展退运工作，从立案到退运用时1个多月，全年退运出境固体废物4549吨。

镇江海关《深化业务改革2020框架方案》有成效，12月一线进境报关单"两步申报"比例为20%以上；"两段准入"扩大至转关进口货物，大宗散货报关单试点申报"两段准入"监管模式成功，实现"附条件提离"。上线原产地证书智能审核系统，镇江市原产地证书审签进入"7×24"小时"读秒"时代。跨境电商B2B出口监管方式落地，眼镜、五金工具等丹阳市传统跨境电商商品出口加速。"创新企业问题清零机制"项目获2020年度镇江市"优秀法治惠民实事"项目。

镇江海关试点首票"1210"跨境电商空运出口业务成功，综保区跨境电商业务实现零的突破；开展"整报分送"改革，允许企业先报关纳税并完成检验检疫，再分批办理货物出区手续。推进"区港联动"核注清单业务，解决物流企业运输车辆数量不足问题，实现大宗货物车辆循环使用运输出入区，降低企业物流成本；指导芯片保税检测企业利用综保区保税仓储功能，提前进行备货和中转，避免因疫情造成的运输困难。当年，镇江综保区进出境货值46.1亿元，比上年增长88.5%。（杨 昉 孙弘升）

【首次截获多种有害生物】 2020年4月6日，镇江海关在一批所罗门群岛原木中截获数头Camponotus chloroticus，经中国检科院确认系全国口岸首次截获。镇江口岸首次截获多种有害生物，4月14日，在一批进境巴布亚新几内亚朴木原木等硬杂木中截获数头中对长小蠹（Platypus parallelus）、显纹肿腿象（Phaenomerus notatus Pascoe）和六脊坚甲［Bitoma siccana（Pascae）］；4月24日，在装运巴基斯坦铁矿的进境集装箱中截获数株豆科杂草鹰嘴豆（Cicer arietinum）；5月12日，在一批进境所罗门群岛原木中截获红艳长蠹（Xylothripes religiosus）、杯长小蠹（Dinolatypus calliculus Chap）；7月20日，在一批进境所罗门群岛原木中截获花角长角象属（Xenocerus sp）、狡诈材小蠹（Xylebourus fallax）；12月7日，在一批进境所罗门群岛原木中截获数头海岛新白蚁［Neotermes insularis（White）］。（杨 昉 王富海）

【大连海事大学教学实习船入境保障工作】 2020年3月22日，入境船舶大连海事大学教学实习船"育鹏"轮91名师生从镇江口岸入境。当时尚无水运口岸大规模人员入境处理指导方案，镇江海关与口岸各单位、卫健委、公安等部门先后5次专题会商，牵头制定镇江市《"育鹏"轮入境防控工作方案》和《专项工作指导手册》等专项文件，设立口岸现场指挥部，依托"海关基层党建示范品牌"第四党支部组建"战时突击队"，第一时间进行登临检疫，保障"育鹏"轮按期入境。1人获评"全省抗疫先进个人"。（杨 昉 孙弘升）

【镇江海关缉私分局】 2020年，镇江海关缉私分局立案侦办刑事案件8起，抓获犯罪嫌疑人27人，案值460万元，涉税220万元。5起案件被海关总署缉私局挂牌督办，其中，"81·11"走私国家禁止进出口货物案、"87·15"走私手表案、"89·15"涉嫌走私国家禁止进出口货物案为一级挂牌督办案件；日照亿汇盈贸易有限公司等涉嫌走私废物案、"87·31"涉嫌走私国家禁止进出口货物案为二级挂牌督办案件。全年行政立案33起，案值1.0057亿元，涉税97.4万元，缉私罚没174.99万元。

镇江海关缉私分局参加"蓝天2020"专项第二轮集中打击行动，刑事立案1起，抓获犯罪嫌疑人5人；破获走私固废团伙1个，现场查扣国家禁止进口的固体废物3276吨，全部退运出境。立案调查1起涉及医疗物资违规出口案件。开展打击成品油走私"守卫"专项行动，现场查获过驳成品油的走私油船1艘、油罐车5辆，抓获犯罪嫌疑人4人；现场查扣走私成品油100余吨，案值80万元，涉税40万元。

镇江海关缉私分局以缉私装备信息化为导向，搭建、完善各类数据分析模型，推进"科技+"运用，推进情报研判、查缉装备的更新和升级，推动缉私工作向专业化、信息化、智能化的变革，构建信息化装备库，实现基层反走私核心战斗力的提升。（张 倩）

综　述

【概况】　2020 年，镇江市以基础设施建设、工业互联网发展、信息消费升级为切入点，深化“互联网 + 先进制造业”，推进制造业数字化转型步伐。

5G 建设。镇江市编制《镇江市 5G 通信基础设施专项规划(2020—2025)》，统筹规划信息通信基础设施空间布局。在省内率先与中国电信江苏分公司等四大通信运营商签订 5G 战略合作协议。面向工业制造等领域实施 10 个 5G 应用示范项目，其中，大全集团、沃得农机 2 家公司入围省首批 5G + 工业互联网融合应用项目。5 家企业获标识解析二级节点建设资格；镇江市首家物流行业标识解析创新中心成立。市工信局、通信管理办公室及通信运营企业开展“5G 科普镇江行”宣传活动。

工业互联网发展。镇江市通过实施“星级上云”、提档升级、“666”工程、“强链拓市”等专项行动，推进工业互联网基础研究、产业应用和创新发展。全年新增省工业互联网重点平台 3 家、省“工业互联网标杆工厂”7 家、省“星级上云企业”186 家。市工信局开展“三聚”(聚焦产业、聚集资源、聚合力量)服务“软硬对接”、省科技企业家工业互联网专题培训等活动，提升企业工业互联网建设与应用能力；制定、修订镇江市工业信息安全相关制度文件，免费为 15 家企业开展工业信息安全测试评估；开展工业信息安全培训及应急演练活动。

信息消费示范工作。镇江市推进国家级、省级重点信息消费示范项目建设，提升企业信息消费供给能力。鱼跃医疗公司“基于远程服务及中央监护技术的智能呼吸设备”入选工业和信息化部“2020 年新型信息消费示范项目”(全省 2 家)；恒顺醋业“三西堂”入选省首批特色类信息消费体验中心。同时，市工信局组织企业人员近 150 人次参加 10 期省工业电商创新发展专题线上培训。

企业疫情防控及复工复产工作。镇江市出台《关于应对疫情为企业提供信息化服务的五条意见》《关于支持培育和应用新一代信息技术助力工业企业复产提效的通知》等文件，发动华为软件、海康威视、镇江电信、镇江移动、镇江联通、大华股份、金蝶软件、用友软件等 10 多家信息技术企业，为镇江市疫情防控平台建设、信息采集、数据分析等工作提供支持，并为 400 多家工业企业复工复产提供远程办公、视频会议、热成像温度检测、云系列服务等服务，健全疫情防控保护网。

(朱瑜慧)

【“十三五”期间主要情况】　“十三五”期间，镇江市 1 家企业入选“中国互联网成长型企业 20 强”；1 个项目入选国家新型信息消费示范项目；2 个项目入选省首批“5G + 工业互联网”融合应用项目，数量列全省第 1 名。镇江数据湖大数据产业园、旺捷大数据中心等一批大数据项目签约。2019 年，全市信息化发展水平指数为 96.23，列全省第 5 名。建设“1 + N”工业互联网平台，“工业云”平台上线。成立全国首个物流行业工业互联网标识解析创新中心。培育国家级制造业“双创”平台 3 家，列全省第 3 名；通过国家两化融合贯标评定企业 100 家，列全省第 9 名；有省“互联网企业 50 强”2 家、“工业互联网标杆工厂”8 家，列全省第 4 名；有“重点工业互联网平台”5 家，列全省第 5 名。

(邱　亚)

【旺捷大数据中心及工业云平台项目】　2020 年 7 月 23 日，江苏大渡云科技有限公司、北京艾瑞维克科技有限公司、扬中市金控投资管理有限公司三方合作成立的“江苏旺捷大数据中心及工业云平台项目”在扬中市举行签约仪式，该项目旨在强化镇江市制造业与互联网的深度融合发展，打造高可靠绿色环保大数据中心和有影响力的工业互联网云基地。项目总投入15.8亿元，规划用地12公顷，设计规模10000台机柜(分三期建设)，2023年前完成所有投资。按规划，该项目达产年年销售收入15.1亿元，年利税5.5亿元。（朱瑜慧）

【“三聚服务”系列活动】 2020年，镇江市工信部门牵头推进“三聚服务”系列活动。9月1日，省工信厅、市工信局、句容市工信局开展工业互联网“三聚服务”走进句容活动。活动围绕产品创新、融资合作、上游产业、生产制造等方面开展交流，助力句容工业互联网建设应用。9月17日，市工信局组织“三聚服务”助推镇江软件产业高质量发展活动，为软件企业提供政策辅导，推进镇江市软件产业高质量发展。9月25日，市工信局、中国电信镇江分公司在丹阳市开展镇江市“企业上云”“三聚服务”走进丹阳活动，推进“企业上云”建设与应用。10月21日—23日，市工信局、市企业信息化协会在句容市开展镇江市“软硬”(“软”指软件信息技术，“硬”指制造业企业)对接“三聚服务”活动，帮助企业分析“两化融合”问题，推进企业信息化发展。（朱瑜慧）

【工业信息安全专题培训和应急演练】 2020年12月17日，镇江市工信局、江苏省信息安全测评中心、江苏恒顺醋业股份有限公司、中国电信镇江分公司、江苏怡通智能科技有限公司在江苏恒顺醋业股份有限公司开展镇江市工业信息安全专题培训和应急演练活动。活动中，省信息安全测评中心围绕“工业信息安全当前现状及有关政策标准”开展培训；演练单位通过设定黑客PLC漏洞攻击、黑客勒索病毒攻击三级工业信息安全事件，在攻击组、值班组、应急组、技术组的配合下，为参会工业企业展现应急安全事件从响应到处置再到恢复的全过程演练，提高镇江市工业企业信息安全防护水平和应急处置能力。（朱瑜慧）

【大数据管理工作】 2020年，镇江市大数据工作在新冠肺炎疫情防控、“数字政府”建设、公共服务、经济发展等方面发挥作用。建成“镇江健康申报平台”，具备“入镇申报”“健康申报”等功能。加快“数字政府”建设，出台《镇江市政务信息资源共享建设技术规范》《政务信息资源共享目录(2020版)》等标准规范，编制市级政务部门的数据目录，汇集数据，实现数据共享超过百万次。大数据中心的服务能力有提升，构筑数据中心安全防御体系。建成市政府网站群新集约化平台，成立镇江市市域治理现代化指挥中心。提升公共服务能力，“智慧镇江”App整合便民服务功能42项(累计为60项)。发展数字经济，阿里巴巴、国脉互联、易华录、华云数据、恒生电子等一批大数据项目落户镇江，总投资超过50亿元。（陶迪明）

新一代信息技术产业

【概况】 2020年，镇江市推进以云计算、大数据、人工智能、集成电路为代表的新一代信息技术产业发展。全市从事软件研发、信息系统集成、信息技术服务、集成电路设计、嵌入式软件、云计算和大数据的企业有600余家，从业人员5万余人，软件产业规模列全省第6名。当年，新增“国家规划布局重点软件企业”1家、“中国互联网成长型20强企业”1家、“国家光伏制造业规范企业”2家、省级“互联网众创园”1家、省“专精特新”软件企业8家、省“腾云驾数”转型升级优秀企业5家、省大数据重点监测企业68家。

新基建工作。市工信局制定《关于推进2020年新基建和项目招商的工作方案》，成立新基建工作专项推进小组，推进新基建工作。举办新基建产业招引

图16－1 7月23日环太集团大渡云科技、北京艾瑞维克、扬中金控投资三方共同打造的“江苏旺捷大数据中心及工业云平台项目”在扬中市举行签约仪式（鲍健 供稿）

专题培训会、“5G＋工业互联网应用发展态势”等新基建专题讲座。市工信局、中国信息通信研究院启动镇江新基建建设发展研究，形成镇江市新基建产业图谱，并出台文件《镇江市推进新型信息基础设施建设助力产业强市行动方案（2020—2022）》。

软件、大数据产业发展。市工信局编制《镇江市“十四五”新一代信息技术产业发展规划》。全年举办“三聚服务”助推镇江软件产业高质量发展、江苏省互联网创新创业大赛镇江选拔赛、镇江市软件设计大赛、镇江软件人才双选会、人才交流会、镇江市信息技术应用创新大会等各种活动近20场。组织工业App、人工智能、区块链等内容的5场专题培训；组织20多名企业家参加“育鹰计划”高研班培训；组织500多人参加全国计算机软件考试。组织企业参加南京软博会、物联网博览会、深圳电子博览会等各项展会。开展软件企业转型升级系列培训，推动企业向以大数据为核心的新技术、新模式转型，全年培训人数300人以上。推进镇江数据湖产业园数据中心等重大项目签约落户。

集成电路产业发展。市工信局推动全市集成电路产业高质量发展，形成《壮大我市电子信息产业发展对策研究》《集成电路发展指导手册》等多篇研究报告。筹建集成电路产业联盟，加强当地企业合作交流，抱团发展，推动集成电路产业良性发展。搭建合作平台，举办2场宁镇同“芯”“链”动发展集成电路产业链对接活动，37家企业参与，6家企业达成合作。（周　旭）

【第六届“i创杯”互联网创新创业大赛镇江站开赛】 2020年6月29日，在江苏省工业和信息化厅指导下，由镇江市工信局主办的第六届“i创杯”互联网创新创业大赛镇江站在句容宝华仙东网谷产业园开赛。镇江市有21家互联网企业、创业团队参加，参赛项目涉及大数据、云计算、人工智能、物联网等新一代信息技术领域，通过5分钟的展示和3分钟的答辩时间，向南京市、苏州市、镇江市等地的7名投资人展示各自项目的创新元素、市场前景等。“元一科技隧道爆破贯通全周期管控智慧平台”项目以全场最高分获直通决赛的“Pass”卡，“面向肾病诊疗的中医人工智能系统”“VSR社科大数据平台”和“无痛给药”等3个项目晋级复赛，现场有9个项目获11张投资邀请函。（周　旭）

【中国（南京）国际软件博览会镇江馆】 2020年9月6日—9日，第十六届中国（南京）国际软件博览会在南京国际博览中心举行。以“软件定义新基建”为主题的镇江馆位于博览中心7号馆G01区，镇江市的斯诺物联、仅一、中节能、镇江移动、镇江电信、镇江联通等14家软件企业组织自主技术和产品，通过图文展示、实物展示、互动演示等方式，集中展示“5G＋”、工业互联网、防控软件产品和解决方案三大主题，展现镇江软件行业的发展状况。（周　旭）

【宁镇集成电路产业链对接活动】 2020年9月29日，由南京、镇江两市工信部门组织的宁镇集成电路产业链对接活动在镇江市举行。该活动以“宁镇同‘芯’‘链’动发展”为主题，旨在推动两市产业协调发展、错位发展和共同发展。南京市的华天科技、新芯电子等6家集成电路骨干企业和服务机构到镇江实地考察江苏壹度科技股份有限公司、江苏艾科半导体有限公司等重点企业。活动现场，2家企业达成意向合作。10月27日，宁镇两市集成电路、新能源汽车同“芯”活动在南京市举行。镇江市的江苏壹度科技股份有限公司等8家集成电路骨干企业和江苏卡威汽车工业集团股份有限公司到南京实地考察台积电展厅、华天科技（南京）有限公司等。活动现场，多家企业发布新能源汽车对集成电路产品的需求；20家集成电路企业代表进行集成电路产品推荐。（周　旭）

【镇江数据湖产业园项目】 2020年10月28日，中共镇江市委、市政府举行镇江市官塘创新社区管理委员

图16－2　9月6日—9日，南京软博会镇江馆　（周　旭　供稿）

会揭牌仪式暨项目集中签约活动。镇江数据湖产业园等 9 个项目签约。数据湖产业园项目总投资 24 亿元,规划用地约 64 亩(4.27 公顷),项目计划建设集产、学、研、用为一体的产业园,完善集数据流、技术流、业务流、人才流、资金流于一身的新时代数字经济基础设施,打造“数据湖 + 城市大脑 + 智慧应用”的数字城市完整体系,为政府、企业、公众等多方提供数据服务。（周　旭）

【第二届软件设计大赛】 2020 年 12 月 4 日,由镇江市工信局、团市委主办的“联通杯”镇江市第二届软件设计大赛决赛举行。该大赛有 120 个项目在线报名,有 18 个项目进入决赛。比赛通过 5G 全程直播,3 万多人次观看比赛。“中节能 TPM 全员维护管理系统”项目获一等奖。（周　旭）

【镇江市信息技术应用创新大会】 2020 年 12 月 25 日,由江苏省工信厅指导,市工信局、市委信息化工作领导小组办公室联合主办的镇江市信息技术应用创新大会在镇江市召开。会议旨在推进镇江企业积极参与信息技术应用创新(以下简称“信创”),推动镇江信创产业发展,构建信创生态体系。会上,专家宣讲相关政策,信创骨干企业太极计算机股份有限公司和华为有限公司围绕构建信创生态做主题演讲,江苏锐天、江苏怀业等镇江市企业以自主创新为主题做交流。（周　旭）

通信服务业

【概况】 2020 年,镇江市电信业务总量 300.15 亿元(统计公报数),比上年增长 21.6%;电信业务收入 35.05 亿元,增长 5.5%。移动电话用户 369.78 万户,其中 5G 手机用户 77.8 万户;固定互联网宽带接入用户 169.61 万户,移动互联网宽带接入用户 307.24 万户。

2020 年,镇江市加快实施基础设施建设,编制《镇江市 5G 通信基础设施专项规划(2020—2025)》,以 5G 关键技术为核心,统筹规划信息通信基础设施空间布局。同时,在省内率先与四大通信运营商签订 5G 战略合作协议,成立镇江市首家物流行业标识解析创新中心,推进 5G 基站及机房、管道、光交箱等配套设施建设,提前完成全年基站建设任务。组织通信运营企业到社区开展 5G 科普宣传;开展“5G 科普镇江行”宣传启动仪式,加强 5G 在全社会的宣传引导。围绕工业制造、物流、港口、医院等行业推进 10 个 5G 应用示范项目,其中,大全集团、沃得农机 2 家企业入围江苏省“5G + 工业互联网”融合应用重点项目,并获 1438 万元资金扶持。全年无线电实施监测、监听 7200 小时,受理辖区内干扰投诉 2 起,协查干扰 4 起;派出 164 人次实施考试保障 28 场,查获“黑广播”11 个;组织业余无线电操作证书考试 1 次,完成 3 个固定站建设项目的招标工作。（郑耀威）

【《5G 网络建设与应用战略合作协议》签署】 2020 年 3 月 19 日,5G 网络建设与应用战略合作签约仪式在镇江市举行。会上,镇江市政府与中国电信江苏分公司、中国移动江苏有限公司、中国联通江苏分公司、中国铁塔江苏分公司签订《5G 网络建设与应用战略合作协议》,镇江市成为全省首个同时与四大通信运营商签订 5G 建设战略合作协议的设区市。按照该协议的内容,2025 年前,四大运营商将在镇江完成 112.5 亿元投资,在加快新一代信息基础设施建设、打造工业互联网平台、推进 5G 产业发展及建设智慧城市等领域全面开展合作。（傅　蓉）

【五峰山长江大桥跨江电力塔上架设 5G 基站建设】 2020 年,镇江供电公司与中国移动镇江分公司、中国电信镇江分公司、中国联通镇江分公司 3 家通信运营商在镇江 110 千伏隆高 898 线 35 号铁塔(五峰山大跨)上安装 6 套发射频率为 3.5G 赫兹的 5G 通信射屏无线装置。5 月 9 日,完成跨江电力塔 5G 基站建设。该基站是全国首个实现跨江铁塔上同时部署中

图 16－3　2020 年 3 月 19 日,5G 网络建设与应用战略合作签约仪式在镇江市举行（傅　蓉　供稿）

国移动、中国电信、中国联通3家通信运营商设备的5G共享基站。（陈　虎）

【中国电信股份有限公司镇江分公司】　2020年，中国电信股份有限公司镇江分公司加强网络基础及队伍建设，提升客户触点服务能力，推动企业高质量（有效益规模化）发展。推动精准投资、精细维护工作，移动与光网服务能力双提升。在镇江市行业内，移动网络覆盖率较领先，完成“5G二期及增补工程”；4G/VoLTE/NB室外覆盖率较领先；高速、高铁等重点场景普及率较领先。2G/3G网络完成减载60%，4G周流量比上年增长27%，网络负荷指标22.76%，列全省中等水平，并保持整体稳定。开通超1000个5G室外站点。千兆端口实占率为60%，比上年增长16%。宽带业务质量感知体验值有较大提升，列全省第2名、镇江市行业内第1名。该公司以问题为导向，强化服务前置，完善《动态服务风险手册》，规范热点投诉处理，提升服务能力；开展“宽带用户满意度提升”专项工作，提升重点产品端到端客户服务质量；建立“五翼”（“翼装维”“翼营业”“翼维系”“翼政服”“翼客服”）服务标准，打造“知心翼”服务品牌形象。当年，该公司综合满意度在镇江市行业内列第2名，第四季度宽带满意度列第1名。（谢月珍）

【电信公司5G建设】　2020年，中国电信股份有限公司镇江分公司启动5G规模建设，全年投资3.08亿元，建设5G室外站1046个、室分系统43套，所有基站与中国联通有限公司镇江分公司实现共享。截至2020年年底，中心城区（以及辖市城区）、高铁沿线等重要区域实现全覆盖。在提供更高速的无线上网体验之外，该公司推进5G网络建设及应用，加快乡镇的5G网络建设；优化中心城区覆盖效果，推进5G与制造、物流、医疗、教育等行业的深度融合，强化5G技术在“智慧园区”“智慧港口”“智能监控”等领域的应用。（洪朝晖）

【中国移动通信集团江苏有限公司镇江分公司】　2020年，中国移动通信集团江苏有限公司镇江分公司推进5G网络、数据中心等新型基础设施建设，累计投资超4亿元，实现镇江主城区及县城以上区域的5G网络连续覆盖；建成IDC数据中心4个，其中，檀山路数据中心五星机房为当地最高规格机房，入驻政府信息化平台20多个。推进“城市光网”建设，宽带网络具备全光纤网络接入能力，推出“三千兆”网络服务，内容分发网络能力为1万亿字节，宽带网速较大提升。该公司推进业务产品的线上化、“数智”化、“云”化，推动信息技术与社会各领域的融合。移动客户可通过“任我选会员”业务享受30多项会员权益，实现主流App会员月月随意切换；可享受个性化家庭WiFi网络设计优化方案定制服务，结合智能门锁、“移动看家”、可视门铃等移动特色物联网产品，实现全屋联网，体验“智慧生活”。该公司在农业、交通、教育、工业、党政、医疗卫生等多个行业、领域完成“5G+”行业应用布局，建成“智能公交”、远程抄表、电力控制、文书送达、“智慧医疗”等多个5G应用特色项目，推动镇江市“智慧城市”建设，提升社会治理智能化水平。5月27日，镇江市秸秆禁烧工作现场调度会召开，该公司与镇江市政府、市生态环境局合作，开展夏季秸秆禁烧“蓝天卫士”监控工作。（杨　欣）

【“5G+千兆宽带”共享机房】　2020年6月，中国移动通信集团江苏有限公司镇江分公司、国家电网镇江分公司在镇江新城花园四期3号配电房开通全国首个“5G+千兆宽带”共享机房。该机房利用两家公司共享的电力基础设施建设5G基站，实现电网与通信行业资源高度整合利用，实现基础资源共享的一站多能。（参见第194页）（杨　欣）

【中国联合网络通信有限公司镇江市分公司】　2020年，中国联合网络通信有限公司镇江市分公司（以下简称“镇江联通”）重点推进5G新基建、数字化转型等工作，完成1014个5G站、639个4G小区的共享建设。全年镇江联通盘活资产原值5038万元；开展降本增效工作，节约网运成本375万元；主营收入比上年增长9.95%，利润增长117%。镇江联通加快创新转型，落实安全生产和新冠肺炎疫情防控责任，自主研发相关交通管理系统，助力镇江市疫情防控工作。完成镇江首个“工业互联网标识解析二级节点”建设。当年，镇江联通“宽带修障碍服务感知度”列全省第1名，“宽带装移机服务感知度”列全省第3名，并获评江苏省“放心消费”创建示范单位；其下属丹阳市民广场营业厅、大西路营业厅获评2020年度江苏省通信行业“放心消费、满意服务”示范营业厅，扬中联通获评2020年度镇江市放心消费创建活动示范单位。（成　玺）

【中国铁塔股份有限公司镇江市分公司】　2020年，中国铁塔股份有限公司镇江市分公司（以下简称“镇江铁塔”）以通信基础设施建设为核心，落实《5G网络建设与应用战略合作协议》。全年投资2.1亿元，完成基站建设2888个，其中，4G基站650个、5G基站2238个；新建基站共享率为75%，其中5G站址95%以上通过原有站址资源改造完成。截至年底，市区、县（市）重点区域和工业园区5G网络全覆盖，主城区5G网络覆盖率为95%；完成室分建设项目118个，覆盖面积 1162.19 万平方米。

重点项目建设。镇江铁塔全年开展的重点项目有:在连淮扬镇铁路镇江段沿线建设 76 个宏站。在五峰山长江大桥及南北引桥总长 5.8 千米的桥面公路两侧,新建 6 根 12 米单管塔,以及改造主桥原 2 处门架,实现对大桥公路面全线覆盖;在公路、铁路合建段约 2.8 千米区域,采用铁路桥专用泄漏电缆对大桥铁路部分进行全线覆盖。在江苏科技大学新校区,完成 33 栋楼宇室分建设及 8 栋楼宇楼顶美化外罩建设,总投资约 900 万元。

服务社会工作。镇江铁塔加强地震、环保等领域发展,增加机房、铁塔的"地震测试仪""$PM_{2.5}$探测器"功能。新冠肺炎疫情期间,公司通过"高音大喇叭 + 无接触高精度测温 + 铁塔亮化宣传"综合解决方案,增强对通信网络覆盖区域的发布通知、宣传教育功能,助力全市疫情防控工作。助力镇江市老小区改造工程,完成全市 30 个小区两轮电动车充电桩端口建设,解决居民充电难问题,同时向有换电需求的物流行业提供锂电池,淘汰高污染铅酸电池。 (傅　蓉)

广电网络

【概况】 "十三五"期间,江苏有线镇江分公司经营情况稳中向好,安全播放保障能力持续增强,创新能力不断提升,资本运营平稳有序,高质量创新性发展形态初步显现。引入互联网视频节目,实施城区光纤化改造,建设覆盖全市的"新时代文明实践中心",普及乡村应急广播等。多网络融合、多业务集成、接入网改造、"智慧安防"、"智慧交通"等经验在全省推广。

2020 年,江苏有线镇江分公司主要经营指标名次在全省较靠前。国家广电总局领导到句容市分公司考察,省委宣传部 2 名副部长分别调研丹阳市、丹徒区的"新时代文明实践中心"。当年,该公司获评江苏有线公司"先进基层党组织"、省广电局"科技创新二等奖"、镇江市"放心消费示范单位"、镇江市"百家示范劳动关系和谐企业"等。

重点项目开展情况。2020 年,该公司承建的应急广播系统覆盖镇江市区 37 个行政村(社区)的 670 个音柱、500 个公交站台、8 个城市广场 LED 大屏幕以及市区全部有线数字电视用户。支撑教育部门上线"镇江智教育""名师空中课堂"等,上传和转码镇江市幼儿园、小学、初中、高中教学视频 2900 节课 2.8 万亿字节内容,课程日均点播 1 万次,单日峰值最高 4.2 万次。12 月 28 日,首次发布寒潮橙色、大风黄色、道路结冰橙色和暴雪黄色 4 条预警信息。

社会服务情况。2020 年,该公司在全市公用企业中,出台贫困残疾人家庭享受收视费优惠减免政策,赠送"电视大礼包"200 份;支持镇江市重点民生工程建设,助力运河路沿线、观音桥巷、医政路北侧等 10 个老小区 7800 户改造,五里路、谷阳路、东吴路(禹山路—滨水路)管路改造等工程;到驻镇江部队开展"双拥送文化"活动;结对五里社区开展"文明创建社区行"活动;运用光机箱宣传文明用语,支持镇江创建全国文明城市;开展"感谢有你"文化惠民补贴活动,为润州区抗击新冠肺炎疫情一线的医务人员、社区工作者、疫情防控志愿者提供高清 4K 机顶盒免费置换和充值优惠送宽带活动,惠及 1812 户家庭。 (王　磊)

【江苏有线数据网络有限责任公司镇江分公司】 2020 年 11 月,江苏有线数据公司在镇江市成立全省第 1 家设区市分公司——江苏有线数据网络有限责任公司镇江分公司。该公司经营范围为:广播电视数据网络建设和服务;广播电视工程、建筑智能化工程、安全技术防范工程、计算机信息系统、通信信息网络系统、建筑装饰工程的设计、集成、施工、维护;软件开发;计算机软件硬件、通信设备器材、网络设备器材、机电设备器材、音视频设备器材、智能化设备器材及办公用品的生产、销售、技术服务;物联网信息咨询;工程监理;增值电信业务。该公司有 IDC 经营许可证、建筑业企业智能化一级资质、安防工程企业一级资质、涉密信息系统集成乙级资质等。同时,公司建成的保密室获镇江市保密局颁发的使用许可。当年,该公司中标镇江市"信创"工程项目,并按约完成相关建设。 (王　磊)

综　述

【概况】　2020年，镇江市住房和城乡建设部门面对新冠肺炎疫情，构建防控体系，成立城市居民小区、建筑工地、供排水、营业场所等防控小组，制定专门防控方案，维护社会秩序。全市超过3万名物业服务人员投入防疫第一线，自来水厂、污水处理厂、生活垃圾处理厂、城镇燃气企业安全平稳运行；开放性公园、绿地管控有效。48小时内在沪宁高速镇江出口、镇江南站搭建临时疫情防控办公用房。出台《关于应对新冠肺炎疫情支持城乡建设企业稳定持续发展的实施意见》，帮助房地产、建筑业等企业应对生产经营困难和相关问题。全年完成建筑业产值782亿元，比上年增长5.8%；实现纳税29.5亿元、企业营业额837亿元。强化绿色建筑设计施工监管，全市新建绿色建筑618万平方米，城镇绿色建筑占新建建筑比重的100%；新开工装配式建筑246万平方米。

美丽宜居城市建设。开展系统集成建设行动，全市实施城建项目155个，完成年度投资122亿元。市区实施城建项目122个，完成年度投资87亿元。完成铁路镇江东站枢纽工程、谷阳路跨铁路桥改建工程等道路工程，谷阳路拓宽改造工程主体完工。开展公共服务提升行动，完成丹徒污水处理厂一期提标暨二期工程、新区第二污水处理厂提标改造工程；金西水厂深度处理工程主体竣工；餐厨废弃物及生活污泥协同处理项目二期土建完工；完成朱方路等道路绿化提升工程。开展生态环境提升行动，实施城镇污水处理提质增效精准攻坚“333”（“三消除”“三整治”“三提升”）行动。推进长江大保护工作，镇江市政府与三峡集团合作，召开推动长江经济带发展领导小组办公室专题会暨三峡集团参与共抓长江大保护工作现场会。开展美丽乡村建设行动，全市创成19个省级“特色田园乡村”，培育10个市级“特色田园乡村”；有“美丽宜居村庄”739个，27个村庄获评省级“传统村落”。开展脱贫攻坚农村危房改造工作。

城市建设安全工作。2020年，市住建部门在建筑施工领域发现安全隐患3144条，下发整改通知书710份、停工整改通知书189份；整改完成国务院交办的建筑施工隐患32条。在城镇燃气领域，排查隐患580处，下发整改通知书50份，暂扣钢瓶404个，取缔“黑气点”4家，关闭供应点1家，停业整顿6家。在地下管网领域，发现并完成整改安全隐患1870处；完成市区污水管道检测400千米，并推进城市供排水基础设施信息及监测预警管理平台建设。在城中村安全领域，对全市124个重点地块进行排查，涉及居民16403户、总面积530万平方米，发现供电、供气、消防、群租房等安全隐患598处，全部完成整改。在农村房屋安全领域，建立县、镇、村三级工作安全排查联络机制，完成用作经营的农村自建房安全隐患排查任务。

居住质量建设。2018年，中共镇江市委、市政府启动实施老旧小区“三年改造计划”，截至2020年年底，改造工作完成，市区累计完成改造片区31个、面积162.1万平方米，5.44万名居民受益。1月23日，市政府办制定《镇江市区既有住宅加装电梯工作实施意见（试行）》，出台配套制度，简化审批手续，完善施工流程，4部电梯竣工运行，镇江市加装电梯实现“零”的突破。征收拆迁获阶段性成效，市区11个历史遗留项目销号完成。出台加强市区新建全装修住宅建设管理相关意见，在全省率先执行材料样板、工艺样板、交付样板“三个样板”制度。市区老旧小区实现物业管理服务全覆盖。全市30个物业管理项目获评省级“示范项目”，7个物业管理项目获省级“党建引领物业服务工作示范点”称号，51家物业服务企业成立中共党组织。

业务服务工作。镇江市推进工程审批制度改革，办理工程建设项目审批指标评分由2019年的全省第13名上升至第3名。市住建部门承接消防审查验收职能；实行审验模式改革，强化权责统一，规避廉政风险，推进建设工程消防设计审查受理和办结工作。推进建筑业"放管服"改革，推动建筑业企业"走出去"发展，江苏拓科集团有限公司获批建筑工程施工总承包特级资质企业，江苏省交通工程集团等3家企业获评江苏省建筑业"百强企业"。　（蒋旻持）

【自来水】　2020年，镇江市自来水公司实现售水量1.25亿立方米，最高日供水量43.44万立方米，服务用户66.5万户；自来水水质综合合格率、管网水余氯合格率、管网水大肠菌群合格率、管网水浊度合格率和管网水压力合格率均为100%，综合管损率9.23%。推进金西水厂深度处理改造工程；新建和改造城乡供水管网26.86千米；投入400万元，完成怡海家园、美意家园、九洲广场3个二次供水改造项目，实现供水范围内的二次供水设施改造全覆盖和统一管理。当年，市自来水公司做好新冠肺炎疫情防控、防汛、高峰供水、抗寒防冻等工作，公司或其所属部门先后获评全省住房和城乡建设行业新冠肺炎疫情防控工作先进基层党组织、江苏省巾帼文明岗、第五届江苏省志愿服务展示交流会银奖、全省住房城乡建设系统优质服务窗口、省"安康杯"竞赛组织工作优秀单位、市放心消费创建活动先进单位等。　（郭　皓）

【天然气】　2020年，镇江华润燃气有限公司完成各类燃气工程436项，敷设各类燃气管网118.54千米。完成大港14千米高压工程管道敷设，完善镇江新区东部管网布局。完成高资沿江高等级公路至高资镇区燃气工程，完善西部片区管网布局。开工建设丹徒世业洲LNG站及姚桥高中压调压计量站，保障气源稳定。完善句容乡镇管网建设，敷设下蜀、郭庄等乡镇管道，建成白兔镇和茅山镇高中压调压站，实现"镇镇通"；完成高资镇中压燃气管道敷设、谷阳镇湖山路道路工程以及辛丰镇、大路镇、谏壁街道、槐荫村民用户通气工程。全年销售天然气5.54亿立方米，发展民用户4.09万户、工商业客户301户。全年未发生重大安全责任事故。当年冬供期间，该公司高价采购天然气气源，保障全市燃气客户用气安全稳定。

（裴文瑾）

【供电】　2020年，镇江市城乡居民生活用电32.36亿千瓦时，比上年增长3.24%，其中，市区用电13.27亿千瓦时（增长2.32%），丹阳市用电9.10亿千瓦时，句容市用电6.63亿千瓦时，扬中市用电3.36亿千瓦时。全市有城市居民用户95.1432万户，其中，市区59.0903万户，丹阳市16.5766万户，句容市14.8999万户，扬中市4.5764万户。全市有农村居民用户86.7659万户，其中，市区18.7598万户，丹阳市28.6436万户，句容市30.2933万户，扬中市9.0692万户。　（孟学阳）

2020年镇江市房屋征收拆迁户数情况表

表17－1　　单位：户

序号	区域	实施户数	完成户数	完成率(%)	国有			集体			其中当年项目			其中结转项目		
					实施户数	完成户数	完成率(%)	实施户数	完成户数	完成率(%)	实施户数	完成户数	完成率(%)	实施户数	完成户数	完成率(%)
一、市　区																
1	京口区	261	235	90.0	261	235	90.0	0	0	0.0	257	235	91.4	4	0	0.0
2	润州区	72	69	95.8	70	67	95.7	2	2	100.0	50	50	100.0	22	19	86.4
3	丹徒区	130	130	100.0	0	0	0.0	130	130	100.0	117	117	100.0	13	13	100.0
4	镇江新区	96	96	100.0	0	0	0.0	96	96	100.0	96	96	100.0	0	0	0.0
5	镇江高新区	211	194	91.9	0	0	0.0	211	194	91.9	156	156	100.0	55	38	69.1
	市区合计	770	724	94.0	331	302	91.2	439	422	96.1	676	654	96.7	94	70	74.5
二、市(区)																
1	丹阳市	1259	1259	100.0	3	3	100.0	1256	1256	100.0	1256	1256	100.0	3	3	100.0
2	扬中市	364	364	100.0	340	340	100.0	24	24	100.0	339	339	100.0	25	25	100.0
3	句容市	156	156	100.0	156	156	100.0	0	0	0.0	26	26	100.0	130	130	100.0
	市(区)合计	1779	1779	100.0	499	499	100.0	1280	1280	100.0	1621	1621	100.0	158	158	100.0
	全市总计	2549	2503	98.2	830	801	96.5	1719	1702	99.0	2297	2275	99.0	252	228	90.5

（薛伟忠）

城市建设重点工程

【概况】 2020年，镇江市区实施城建项目122个，完成年度投资87亿元。其中，实施续建项目28个，完成年度投资50.5亿元；实施新建项目94个，完成年度投资36.5亿元。全年竣工项目约60个。完成铁路镇江东站枢纽工程、谷阳路跨铁路桥改建工程、双井路北段工程、东吴路改造工程、宗泽路拓宽改造工程、五里路工程等道路工程，谷阳路（官塘桥路—丁卯桥路）拓宽改造工程主体完工。完成丹徒污水处理厂一期提标暨二期工程、新区第二污水处理厂提标改造工程；金西水厂深度处理工程主体竣工；餐厨废弃物及生活污泥协同处理项目二期土建完工；完成朱方路、润州路等道路绿化提升工程。实施城镇污水处理提质增效精准攻坚“333”行动，推进污水管网全覆盖、全收集、全处理工作，新建丹徒—谏壁老集镇等区域污水管网。（沈执中）

【东吴路改造工程】 2020年8月，镇江市东吴路改造工程开工建设，于当年12月建成并通车。该项目北起滨水路，南至禹山路，长约1436米，规划红线宽30米，为城市支路。原道路建于2003年，改造前道路管线分布杂乱、破旧残损，环境脏乱差，局部路面破损严重，影响市民出行。该次改造着重梳理改善地下市政配套管网，新建雨、污水管道，建立雨污分流系统，重新铺设路面，并对沿线单位外墙立面修整翻新，对人行道、各出入口优化处理。作为镇江市东片区南北向交通的主要通道之一，该道路改造完成后，道路通行能力、行车舒适性及城市环境提升。（陈燕华）

2020年镇江市区城建重点竣工项目情况表

表17－2

序号	项目名称	主要建设内容及规模	建设阶段	开竣工时间（年/月）
一、市住建局				
1	谷阳路跨铁路桥改建	桥梁拆除重建，长约520米，双向8车道，宽46.5米～49米	续建	2019年5月—2020年12月
2	老旧小区改造	改造市区老小区约50万平方米	新建	2020年7月—2020年12月
3	双井路北段	长江路—会莲庵街，长330米，宽36米	新建	2020年9月—2020年12月
4	东吴路（禹山路－滨水路）道路改造	禹山路—滨水路，长1450米，宽30米	新建	2020年9月—2020年12月
5	直管公房修缮	修缮直管公房7000平方米	新建	2020年3月—2020年12月
6	镇江市区排口整治、管网检查项目（丹徒集镇管网覆盖建设工程、东圩区管网分流改造工程）	项目主要为包括东圩区管网分流改造工程和丹徒集镇管网覆盖建设工程两部分组成。建设京口厂—征润洲厂互通管，双拥路、丹徒路、兴隆路等处污水管道，缓解东圩区污水收集系统压力，解决丹徒—谏壁老集镇内管网收集空白区域	结转新建	2019年1月—2020年12月
7	丹徒污水处理厂二期工程＋一期提标改造	新增2万吨/日规模，一期2万吨/日提标改造	结转新建	2019年12月—2020年12月
8	新区第二污水处理厂提标改造（化工污水处理）	4万吨/日处理能力提标改造	结转新建	2019年12月—2020年12月
9	镇江市某人防工程升级改造项目	略	新建	2020年1月—2020年12月
10	城市道路绿化	结合近年新接管道路、游园广场、山体公园、风光带绿化现状，更新、优化植物品种，改善植物种植基础，对具备条件的道路，补植落叶大乔木	结转新建	2019年1月—2020年12月
二、市交通局				
1	连淮扬镇铁路镇江段	按客运专线标准新建铁路主线43千米、联络线12千米，建设长江特大桥1座。新建镇江新区站，改建镇江东站，实施南门货场迁移	续建	2015年10月—2020年12月
2	连镇铁路沿线绿化项目	铁路沿线高架两侧各50米、路基段两侧各20米，设计绿化面积约86万平方米	新建	2020年2月—2020年12月
3	戴家门环岛改造工程	对戴家门环岛进行渠化改造，以及相交道路主线范围内的车道展宽等内容。项目规划用地总面积3.6公顷，不涉及新增用地	新建	2020年1月—2020年12月
三、市土地储备中心				
1	戴家湾路东延	戴家湾路东延，长190米，宽14米	续建	2019年6月—2020年12月

续表 17－2

序号	项目名称	主要建设内容及规模	建设阶段	开竣工时间(年/月)
四、市城建集团				
1	南徐片区配套道路	五里路,南山路—某围墙,长约 500 米,宽 12 米～16 米	结转新建	2018 年 12 月—2020 年 12 月
2	镇江市固体废弃物资源化利用厂项目	项目建设固体废弃物资源化利用工厂。其中,一期建设一条 30 万吨/年拆除垃圾预处理生产线,同时配套一条 50 万平方米/年的混凝土制品生产线、22 万吨/年的无机混合料生产线	新建	2020 年 1 月—2020 年 12 月
五、市交通集团				
1	铁路镇江东站枢纽建设	建设连淮扬镇铁路镇江枢纽站东站	续建	2019 年 3 月—2020 年 8 月
六、市国控集团				
1	岗子下片区路网工程	康泰路北起康平路,交矿机路,南至丁卯桥路,全长约 517 米,道路红线宽 14 米;矿机路西起鸿鹤桥路,东至康宁路,全长约 462 米,道路红线宽 14 米	新建	2020 年 8 月—2020 年 12 月
七、市退役军人事务局、民政局				
1	军休二所装修出新、老年活动中心厕所改造	军休二所装修出新以及老年活动中心厕所改造	结转新建	2019 年 11 月—2020 年 12 月
八、社会福利有奖募捐委员会办公室				
1	中福在线吾悦广场销售厅装修项目	装修面积为 562.02 平方米,主要建设内容为室内外装修(门楼)、智能化、监控、中央空调、室外电子屏	新建	2020 年 3 月—2020 年 12 月
九、市文旅集团				
1	三山风景名胜区旅游服务基地项目	占地约 1152 亩(76.8 公顷),建设魔幻海洋世界周边配套设施,含游客服务中心、水上游客服务中心、三间一涵、园区道路、绿化景观、旅游设施配套等	续建	2016 年 2 月—2020 年 12 月
十、各辖区共同实施项目				
1	长江沿江及堤防绿化工程	镇江新区范围内长江沿线主江、夹江植树造林	续建	2019 年 11 月—2020 年 8 月
2	农村公路提档升级	新改建农村公路提档升级 15 千米,农桥改造 20 座	新建	2020 年 1 月—2020 年 12 月
十一、京口区政府				
1	宗泽路(花山路—象山国土所)拓宽改造	宗泽路(花山路—象山国土所),长 450 米,宽 30 米	续建	2018 年 1 月—2020 年 12 月
2	连镇铁路(镇江段)沿线绿化工程	铁路沿线高架两侧各 50 米、路基段两侧各 20 米,设计绿化面积约 86 万平方米	新建	2020 年 2 月—2020 年 8 月
3	华村沟上游整治工程	华村沟河上游河道清淤疏浚,排口整治,岸坡整理,源头雨污分流	新建	2020 年 1 月—2020 年 10 月
4	雩山水泥厂路(雩山路)建设	完成宽 6 米,长 590 米水泥路面	新建	2020 年 1 月—2020 年 12 月
5	粮山河整治工程	粮山河清淤疏浚、岸坡整治及垃圾清运	新建	2020 年 1 月—2020 年 12 月
十二、润州区政府				
1	运粮河东段生态清淤及景观提升	河道清淤疏浚:清淤土方 2.73 万立方米;堤顶防汛道路:混凝土道路 5000 平方米;河坡清杂清障;增设草皮护坡	新建	2020 年 1 月—2020 年 12 月
2	城市环境提升工程	实施连淮扬镇铁路沿线环境整治工程	新建	2020 年 1 月—2020 年 12 月
3	城市水质提升工程	实施四明河上段清淤疏浚、岸坡整理,周家河锚链厂区段暗涵清淤及排口整治	新建	2020 年 1 月—2020 年 12 月
4	公共卫生设施提升工程	完成 6 座公厕升级改造;新购环卫车辆 7 辆(燃油车 3 辆,电动车 4 辆)用于全区环卫工作	新建	2020 年 1 月—2020 年 12 月
十三、丹徒区政府				
1	丹徒区合作坝水库除险加固	涵洞翻建、溢洪道翻建、大坝土方加高培厚、迎水坡护砌、新建上坝道路、新建坝顶道路、新建管理房等	新建	2020 年 1 月—2020 年 5 月
2	358 省道路面改善工程	起于丹阳与丹徒交界处通济河桥西桥头,终点位于丹徒区与句容市交界处,路线全长 6.35 千米,设计速度 80 千米/小时,路基宽度 12 米	续建	2019 年 11 月—2020 年 8 月

续表 17－2

序号	项目名称	主要建设内容及规模	建设阶段	开竣工时间(年/月)
3	2020 年县道大中修工程镇荣公路 X103(上东线—金坛界)路面改善工程	振兴街—金坛交界处,全长 19.81 千米(其中句容境内约 2.55 千米),实际改造长度 16.29 千米,对老路采用就地冷再生处治;维持现状二级公路标准,路面宽度 12 米,设计速度 60 千米/小时	续建	2019 年 10 月—2020 年 8 月
4	镇江市丹徒区村庄生活污水治理 EPC＋运维项目	137 个村庄的生活污水处理设施和配套管网建设	续建	2017 年 10 月—2020 年 12 月
5	丹徒区辛丰镇污水管网修复改造工程	辛丰镇六条市政管道的修复改造,分别为基冯路与中天路、纬二路、辛丰路、中天北路、辛黄路	新建	2020 年 1 月—2020 年 10 月
6	镇江市丹徒区京杭运河辛丰镇、王家桥断面水环境综合整治工程二期	运河西侧截流工程;泵站提升改造;辛庄街道污水市政主管网检测修复及新建雨水工程;辛丰世纪花园雨污分流改造工程;辛南路排水工程	新建	2020 年 1 月—2020 年 12 月
7	宜城、智慧大道污水管网修复一期工程	1.2 千米的污水管道修复	新建	2020 年 4 月—2020 年 12 月
8	丹徒新城中水回用工程	建设一条污水压力管,将丹徒新城污水处理厂尾水用于朝阳河、白露河、跃进河三条河道的补水,长度约 8.1 千米	新建	2020 年 3 月—2020 年 12 月
9	连镇铁路丹徒区环境整治工程	连镇铁路沿线环境整治工程丹徒段,总长约 14.8 千米,面积约 482.4 亩(32.16 公顷);环境整治面积约 346 亩(23.1 公顷),涉及高桥镇、辛丰镇、丹徒高新园、谷阳镇、宜城街道	新建	2020 年 2 月—2020 年 8 月
10	2020 年市政道路大中维修	驸马街、架鼓山路、谷阳大道东延、长香路(城区段)、茅以升路等 5 条城市道路大中修,面积为 134290 平方米	新建	2020 年 1 月—2020 年 12 月
11	2020 年"四好农村路"创建	路域环境整治、路面病害维修、路附属设施及节点景观打造等外业工程。迎检农村公路里程总长约 71.56 千米	新建	2020 年 1 月—2020 年 12 月
12	有机易腐垃圾处置中心建设(配套建设餐厨垃圾收运处置中心)	建设有机易腐垃圾处置中心;谷阳转运站西侧地面硬化工程;转运站仓库修缮、环境整治	新建	2020 年 1 月—2020 年 12 月
13	长江经济带废弃露天矿山生态修复工程	完成全部 35 个废弃露天矿山的生态修复任务	新建	2020 年 1 月—2020 年 12 月

十四、镇江新区管委会

1	产业类项目配套工程	航发优材机匣项目配套道路,长约 400 米、宽约 20 米;江化微项目配套道路,连接青龙山路与荞麦山路,长约 600 米;百里路西延,道路红线宽度约 15 米,建设长度约 300 米;赢创项目红线东侧新建道路,连接龙溪路和白云路(按城市支路标准建设,沿项目地块东侧红线北至白云路,南至龙溪路,全长约 810 米,宽 15 米);荣海项目配套建设车行桥梁 1 座,跨径 3 米×12 米,桥宽 8 米;江化微与巨贤、SK 之间的挡土墙加固和修复等工作	续建	2019 年 10 月—2020 年 12 月
2	2019 河长制	吴沙河流域水环境综合治理工程;丁卯片区团结河、四明河排口整治	续建	2019 年 4 月—2020 年 12 月
3	综合治理废弃矿山地质环境	江苏省镇江市国家级技术开发区废弃矿山地质环境治理示范工程三期工程一区工程:背山顶采石场(A2)、大山采石场(C1、C5)、大港采石场(D1、D2)。主要工作内容:地质灾害治理及废弃地综合整治、绿化工程和辅助工程。总面积约 381481 平方米	续建	2018 年 12 月—2020 年 12 月
4	2019 年大路姚桥农村污水收集处理	兴隆、儒里、华山等农村生活污水治理,建设污水收集和处理设施	续建	2018 年 12 月—2020 年 8 月
5	镇江新区老旧小区整治提升工程	消防设施设备普查及维修改造;部分小区安防设施设备试点改造;平昌中心社区部分小区漏水、绿化及路面等实施综合修缮	续建	2018 年 12 月—2020 年 12 月
6	大路安置房二期配套道路	包括温泉路、兴港路污水管道建设,安置房西北侧闸南路建设	续建	2019 年 11 月—2020 年 12 月
7	连镇铁路镇江大港站客运综合枢纽及基础设施配套项目及衔接道路	站前广场约 36000 平方米、景观绿化、支路三条共计长约 650 米、公交首末站、非机动车停车场、出租车场、风雨连廊等;站东路、站西路及广场南路三条农路,其中,站东、站西路均长约 320 米,广场南路长约 1500 米	续建	2019 年 5 月—2020 年 9 月

续表 17－2

序号	项目名称	主要建设内容及规模	建设阶段	开竣工时间(年/月)
8	长江沿江及堤防绿化工程	镇江新区范围内长江沿线主江、夹江植树造林	续建	2019年11月—2020年5月
9	临江东路(港中路—烟墩山路)积水点整治	建设相关排水管道设施	续建	2019年11月—2020年12月
10	民生实事"7+2"行动	大路镇、丁岗镇、姚桥镇村庄环境改造;丁卯街道谷阳新村一区、大港街道新村三区老旧小区改造	新建	2020年6月—2020年12月
11	连镇铁路沿线环境整治	连镇铁路沿线的环境整治和提升	新建	2020年1月—2020年5月
12	2020年镇江新区水环境综合治理	四明河下游约200米河道(包括丁卯桥下)清淤;留村河清淤	新建	2020年8月—2020年12月
13	某公园防灾避难场所	公园应急供电、应急供水等方面改造	新建	2020年9月—2020年12月
十五、镇江高新区管委会				
1	六摆渡河	清淤疏浚,排口整治,岸坡整理,源头雨污分流	新建	2020年1月—2020年10月
2	戴家门路南段污水管网建设	戴家门路南段污水管网建设,长度约600米	新建	2020年1月—2020年12月

(沈执中)

村镇建设

【概况】 2020年,镇江市新建成"美丽宜居镇"1个、"美丽宜居村"454个。19个村庄入选江苏省"特色田园乡村",10个村建成市级"特色田园乡村";18个村庄入选江苏省"传统村落"。完成194个规划发展村庄和居民点生活污水治理,实现461个行政村生活污水治理全覆盖。全市建制镇用水普及率为100%。

(仲 涛)

【特色田园乡村建设】 2020年,丹阳市的访仙镇红光村鸾集翔、延陵镇九里村九里、延陵镇柳茹村柳茹、高新区大钱村大钱甲、经济开发区建山村(黄连山、陈山村、前刘家)、访仙镇草塘村草塘;句容市的茅山风景区管委会李塔村陈庄、天王镇唐陵村东三棚、天王镇蔡巷村西庄、茅山镇丁庄村丁庄、后白镇西冯村西冯;扬中市的三茅街道营房村国字圩、八桥镇利民村六圩埭、新坝镇新治村三江湾、三茅街道兴阳村永乐圩;丹徒区的世业镇世业村永茂圩、世业镇世业村还青洲、世业镇先锋村一组、高资街道水台村水台等19个村获评江苏省"特色田园乡村"。 (仲 涛)

【传统村落保护】 2020年,丹阳市的经济开发区荆林村三城巷、经济开发区建山村黄连山、经济开发区建山村陈山、经济开发区建山村前刘家、陵口镇留墅村留墅;句容市的经济开发区石狮村石狮沟、茅山管委会茅山村南镇街、边城镇青山村青山、茅山镇丁庄村丁庄、茅山风景区李塔村陈庄、天王镇唐陵村东三棚、后白镇西冯村西冯、后白镇西城村后村;扬中市的三茅街道友好村宽新圩、八桥镇利民村蒋家埭;丹徒区的宝堰镇南宫村丁角、谷阳镇槐荫村张付、世业镇世业村还青洲等18个村入选江苏省"传统村落"。

(仲 涛)

城市管理

【概况】 2020年,镇江市城管系统围绕高质量发展、高效能治理、高品质服务推进各项工作,提升城市综合治理能力和保障水平。当年,推进城管执法"重心下移"工作,市城管局、市委编办、市司法局、各区政府(管委会)、各区综合行政执法局明确下放权力事项清单,完成丹徒区、京口区、润州区城管执法人员划转工作;市城管局与镇江新区、镇江高新区管委会签订《城市管理行政执法委托书》。

新冠肺炎疫情防控工作。镇江市城管系统成立新冠肺炎疫情防控工作领导小组,制定印发《镇江市市区废弃口罩分类收运处置工作方案》《市区重点公共场所预防性消毒处置工作方案》,部署落实疫情防控工作。疫情防控期间,市区设置废弃口罩专用收集桶899个;每日定时对全市52422个垃圾箱(房)、2340辆垃圾清运车、83个垃圾中转站、1100座公厕进行清洁消毒;出动城管执法队员2万余人次,对市区主次干道、农贸市场、居民小区周边进行巡查,排查劝导从业人员不文明行为。

管理服务工作。市城管系统助力市文明城市创建,制定迎检工作方案,针对城管领域15项重点难点问题,明确规范标准以及目标措施,环卫保洁、小广告治理、车辆停放管理等重点工作有成效。推进“厕所革命”,全年全市新建公厕11座,改造32座;市区新增导厕牌218块(总计434块)。加快“智慧城管”建设,完成核心业务应用平台和数据库总体架构建设,划分万米网格9390个、工作考核网格360个。实施176个生活垃圾分类投放设施覆盖小区和121个省级达标小区建设;推进正东路街道、和平路街道垃圾分类“定时定点投放”试点街道建设。完成镇江市生活垃圾分类监管信息系统开发,运用信息化手段开展智能化管理,实现社会单元全覆盖。加强环境卫生保洁,提升城市环卫作业质量标准,对主城区主要道路实施每日4次洒水(其中国控点周边道路每日12次洒水)、3次机扫的常态化作业,降尘抑尘,改善空气质量,提高机械化清扫率。编制出台《关于设置秋冬季节城市落叶景观道路工作方案》,在不影响环境、交通和安全的前提下,筛选出部分景区、公园道路,按照“只捡垃圾叶不扫,天晴不扫雨后扫,堵塞下水迅速扫,易燃易腐彻底扫”的原则,打造落叶景观道路。加强市政设施管养,全年完成工作量8921.19万元;文明城市复审迎检期间完成管养外养护维修面积4604.69平方米、完成工作量247万元;全年完成人行道净化工程养护面积1700平方米、维修护栏550米。加强灯光建设,完成路灯养护维修1683.99万元,主干道亮灯率99.23%、次干道及支路亮灯率99.04%,设施完好率96.11%;引入新能源形式,修复改造太阳能庭院灯305套、新装太阳能草坪灯207套;完成跑马山公园、市民公园、文化公园、白龙湖公园等60万平方米大型山体公园景观照明设施管养接收工作;实施“微改造”,修复环湖路路口6000平方米休闲广场景观照明;完成主城区30条道路、81.4万平方米、69处景观照明设施管养;结合古文物保护和金山寺建筑特点,采用新型魔方灯具,提升金山宝塔夜景亮化效果。（唐　昊）

【“十三五”期间主要工作情况】 “十三五”期间,镇江市区拆除违建40.02万平方米、各类违章户外广告(店招标牌)62381平方米,清理小广告24596处。市城管系统在市区设置临时摊点疏导点40处、摊位736个,增辟临时摆摊缓冲区70处、摊位818个。每年投入400万元完成20栋楼宇夜景灯光建设任务。实施市区户外广告泊位市场化运作,实现泊位出让金1260万元。推进“厕所革命”,新建改造公厕63座。开展“僵尸车”专项清理行动,清理机动车1349辆、非机动车2178辆。开展扬尘污染整治,完成270余辆渣土车密闭化改造,市区机械化清扫率90%以上。开展窨井盖专项整治行动和有奖举报活动。制定出台《镇江市城乡生活垃圾分类和治理三年行动计划(2018—2020)》。设置垃圾分类收集亭1761座、分类收集容器70838个;更新道路两侧果壳箱分类标志14810个;购置更新分类运输车1090辆。建成运行镇江市焚烧灰渣处置场二期工程、镇江市城东垃圾填埋场渗沥液处理站提标改造项目、丹阳市生活垃圾焚烧发电和餐厨垃圾协同处理项目;推进镇江市餐厨废弃物及市政污泥协同处理二期项目、镇江市大件垃圾拆解中心项目、应急填埋场项目、建筑垃圾资源化利用项目建设;各地建成可回收物分拣中心、有害垃圾暂存库,全市生活垃圾无害化处理率100%;全市党政机关实现垃圾分类全覆盖;完成垃圾分类投放设施覆盖小区1025个,完成垃圾分类试点乡镇建设9个。建立“精美镇江”建设指挥部,推进全国文明城市、卫生城市,省优秀管理城市建设。出台《全市辖市(区)城市管理类指标绩效管理考核实施办法》,日常考核区域范围156平方千米,建立5个辖区、19个街道、160个社区、398个单元考核网格。建立城市基础设施微小破损、缺失问题快速处置机制。推动“数字城管”向“智慧城管”升级。开工建设公共智能停车信息化管理三期项目。实施停车便利化三年工程,截至2020年年底,主城区公共停车泊位有44769个,投放公共自行车2500辆。开展“强基础、转作风、树形象”专项行动,出台《镇江市城市管理(综合行政执法)局推行行政执法“三项制度”实施方案》。开展“扫黑除恶”专项斗争,落实长效管控措施。（唐　昊）

【专项整治工作】 2020年,镇江市城管系统开展农村生活垃圾专项整治,推进垃圾房和转运车辆密闭化改造、非正规堆放点治理,提升农村人居环境。治理违章广告,制定区户外广告(店招标牌)专项整治实施方案、小广告长效管理机制和集中整治行动方案,拆除违章户外广告设施113块、约11899平方米;清理小广告26981处;设置便民信息栏6384块;申请停机号码414个,申请复机号码261个,治安处罚2起。治理违法建设,全年市区拆除违法建设3609处、35.3万平方米(新增违建939处20万平方米,存量违建2670处15.3万平方米)。开展渣土运输治理,督促工地落实净车出场制度,对违规车辆和公司建立“黑名单”制度;开展渣土运输车辆专项整治行动16次,组织执法检查315人次,检查处置工地122个、渣土车310余辆次,处罚91辆次;推广新型智能渣土车,有80辆投入运输。治理“小微”问题,开展窨井盖“有奖举报”和“僵尸车”日常长效管理督查,对山巷、花山湾、中山东路等59座窨井进行改造;建立城市管理“双微”快速处置机制,处置基础设施微小破损和轻微违法行为案件。（唐　昊）

【垃圾承载能力建设】 2020年,镇江市有光大环保能源(镇江)有限公司、光大环保能源(丹阳)有限公司、句容绿色动力再生能源有限公司等3座生活垃圾焚烧发电厂，总设计处理规模3150吨/日，实际处理约3000吨/日，镇江市实现生活垃圾全量焚烧、日产日清。推进焚烧灰渣处置场二期工程，该工程总投资3781.9万元，主体于2019年7月底竣工，截至年底，环保验收及决算审计工作完成。2020年5月，城东垃圾填埋场规范化封场工程达标运行，日均处理量110吨以上。2020年5月13日，总投资1.99亿元的餐厨废弃物处理项目二期工程开工建设，按照规划，建成目标为形成总处置规模620吨/日（其中餐厨废弃物320吨/日、污泥300吨/日）的城市有机质综合处理能力，实现餐厨废弃物收集处理全覆盖。当年，启动大件垃圾拆解中心项目。（唐　昊）

【停车便利化工程】　2020年，镇江市城管系统以停车便利化工程为切入点，通过规划引导、政策调控、规范服务、智慧管理等方式，加快停车泊位建设供给。同时，加强公共自行车和共享单车规范管理。全市新增机动车停车泊位11806个，市区新施划机动车停车泊位1947个（限时泊位131个）；施划非机动车停车泊位5635个，长度7.17万米。同时，对市区道路临停泊位"出新"，增设导向箭头，共标线出新（含导向箭头）5439个。实施"管办分离"，推动"互联网+停车"全覆盖特许经营项目落地，加大"智慧停车"信息系统建设，运用大数据分析，提高停车泊位使用率，提升智能化监管水平。截至年底，"智慧停车"App覆盖市区42家停车场9392个泊位，会员突破9万人。推动低碳出行，投放1600辆新型公共自行车；指导共享单车运营企业增设文明提示语音，更换老旧车辆，规范停放秩序；投放有桩助力共享单车2000辆。（唐　昊）

水　利

【概况】　2020年，镇江市水利系统完成县级以上饮用水源地长效评估工作，推进丹徒区世业洲水源地、丹阳市九曲河、扬中市铁皮港备用水源地达标建设，农业水价综合改革任务完成。全年创建各类节水型载体32个，句容市创成国家节水型社会达标县，镇江新区成为全省首家开发区节水示范区，金东纸业创成国家级"水效领跑者"；江苏省首笔"节水贷"业务落户镇江。开展新一轮水利工程划界工作，推进河湖库保护规划编制。谏壁抽水站完成国家级水管单位创建年度任务并创成省级"水利风景区"；镇江高新区制定《河库长效管护实施细则》，白蚁防治工作有成效。开展安全生产专项整治三年行动，水库闸站专项整治工作与全市27个重点领域同步推进，全行业连续3年未发生等级以上安全生产事故。市水利局"七五"普法考核通过终期验收。推动《镇江市节约用水条例》列入市人大常委会立法计划。结合"扫黑除恶"专项斗争，建立跨区域联合执法机制，推动扬中市八桥镇、镇江新区五峰山执法基地建设，抓获非法采砂船40条，集中处置拆解采砂船47条。市水政支队周佩日获评"全国水利系统先进工作者"。深化"放管服"改革，完成镇江新区水行政执法权限下放工作；市水利局行政审批办结率、群众满意率均为100%。

农村水利建设及水土保持工作。加快农村水利工程建设，全年完成投资约2亿元，清淤农村河道210万立方米，建设农村生态河道24条；综合治理水土流失面积15平方千米；建设30个小微水体整治示范点，完成人民沟、茹塈湖水保治理工作，句容市鲍亭、丹阳市九里创成"生态清洁小流域"。"美丽库区、幸福家园"水库后扶项目建设投入约2600万元，完成丹徒区邬庄村、句容市丁庄村、西冯村年度建设任务。出台《切实加强全市农村河道管护工作的意见》，提升长效管护水平，4个涉农市（区）农村河道长效管护省级考核评估全部优良。加强水土保持监管，开展生产建设项目监督性监测，完成168个水土保持遥感扰动图斑现场复核及查处，编制全市首期水土保持公报，镇江市水土保持政府责任目标考核列全省第3名。（龚　源）

【水利重点工程建设】　2020年，镇江市完成水利重点工程投资1.29亿元。推进丹阳市太平港闸站工程、扬中市江堤加固及兴隆港应急改造工程、通济河整治工程。实施镇扬河段和畅洲应急护岸工程、扬中市何家大港工程及句容市仑山水库除险加固项目。"智慧水利"项目全面开工，建成镇江新区姚桥堤防提升工程、扬中市万福桥闸站工程，新孟河延伸拓浚镇江境内工程在全省率先实现通水验收。（龚　源）

【生态河湖建设】　2020年，镇江市四级河湖长巡河履职5万人次，交办任务清单3600多份，推动解决河湖问题。101个市级"两违三乱"（"两违"：河湖违法圈圩、违法建设；"三乱"：乱占、乱排、乱建）按期整治销号，142个长江干流岸线清理整治项目完成。全市取缔非法码头43个，清退长江岸线5.3千米，生态复绿70万平方米；整治沿河排口192个，建设改造沿岸绿化和滨水空间约40.27万平方米，城区黑臭水体基本消除。化肥使用量比2015年下降12.7%，农药使用量下降18.2%。建立宁镇扬联合河长制，镇江市、常州市签订水污染协同治理协议，建立城区河湖治理联盟，促进一体化协同治理。当年，镇江市国省考断面优Ⅲ比例首次为100%，生态河湖建设三年行动收官。（龚　源）

建筑业

·综　述·

【概况】　2020年，镇江市出台《关于加强我市市区新建全装修住宅建设管理的意见》，将新建全装修住宅建设过程纳入监管工作范围。开展保证金缴纳方式改革，银行保函、保险公司保单与现金具有同等效力，减轻企业负担。市住建局开展建筑市场综合执法检查，规范建筑市场秩序；完善企业信用评价体系，将监理企业纳入信用评价范围，推进“两场联动”（施工现场与招投标市场）；强化建筑工程安全生产和扬尘管控，提升安全生产文明施工管理水平。全年全市质量安全形势总体平稳。

2020年，全市完成建筑业总产值782亿元，比上年增长5.8%；签订的合同额1347亿元，下降1.5%，其中，当年新签合同额669亿元，增长20.3%；交纳税金29.5亿元（增值税、所得税、税金及附加），下降7.8%；房屋建筑施工面积2250万平方米，增长2.5%，其中，当年新开工面积797万平方米，增长18.8%；市外产值为458亿元，占全市建筑业总产值的58.6%，增长6%；省外产值为246亿元，占全市建筑业总产值的31.5%，增长7%。市住建局核准建筑业企业资质11批、604家。江苏索普化工建设工程有限公司通过住房和城乡建设部石油化工工程施工总承包一级资质核准。截至2021年1月底，全市有建筑业资质企业2241家，增长26%；有施工总承包资质项2019个，其中，特级资质1个、一级资质54个、二级资质231个、三级资质1733个；有专业承包资质项2815个，增长22.2%，其中，一级资质153个、二级资质984个、三级资质1416个、不分等级资质262个；有劳务资质项297个。全市统计联网直报平台新增规模以上企业（有资质建筑业企业）91家，增长405%。市促进建筑业发展领导小组对在项目创优、科技进步等方面做出突出业绩的镇江市27家建筑业企业进行财政奖励，奖励资金300万元。当年，江苏省交通工程集团有限公司、中国能源建设集团江苏省电力建设第三工程有限公司、江苏合发集团有限责任公司等3家企业获评2019年度江苏建筑业“百强企业”。

（鲍习文）

【“十三五”期间主要情况】　“十三五”期间，镇江市出台《镇江市人民政府关于促进建筑业改革发展的实施意见》，制定一系列扶持建筑业发展措施，对在产值纳税、项目创优、资质晋升以及科技进步等方面有突出成绩的建筑业企业给予财政奖励，奖励资金1610万元。2016年—2020年，镇江市相关项目获国家优质工程奖4个、省“扬子杯”优质工程奖107个、市“金山杯”优质工程奖713个。镇江市建筑业企业参建“鲁班奖”项目8个，参加建设房建类国家优质工程项目17个、主创全国建筑类专业专项奖项目18个；创成省“标准化文明工地”247个；建成省级技术研发中心6个；获评省级工法72个；50个项目通过省新技术应用示范工程评审，获评省级和国家级QC小组成果201项。

“十三五”期间，全市建筑业企业完成产值3471亿元，比“十二五”期间增长19%；年均产值694亿元，年均增长3.73%。建筑业企业在镇江市缴税150.88亿元，年均缴税30.18亿元。全市有资质的建筑业企业2241家，是“十二五”末的2.5倍；具有施工总承包资质项2019个，是“十二五”末的3倍；具有专业承包资质项2815个，是“十二五”末的2.8倍；有一级总承包资质企业54家,比"十二五"末增加12家。江苏省交通工程集团公司于2019年通过住房和城乡建设部公路工程总承包特级资质核准,实现镇江市特级资质"零"的突破。江苏省交通工程集团有限公司、中交二航局第三工程有限公司、中国能源建设集团江苏省电力建设第三工程有限公司、江苏合发集团有限责任公司、江苏山水环境建设集团有限公司、江苏省建设集团有限公司等6家企业先后获评江苏建筑业"百强企业"。 (鲍习文)

·建筑市场管理·

【概况】 2020年,镇江市推进建筑行业"六稳六保"(稳就业、稳金融、稳外贸、稳外资、稳投资、稳预期,保居民就业、保基本民生、保市场主体、保粮食能源安全、保产业链供应链稳定、保基层运转)工作,减轻建筑业企业资金周转压力和财务成本。市住建局印发《关于开展建筑领域保证金缴纳方式改革试点工作的通知》,落实保证金缴纳方式改革,镇江市建筑业企业可自愿选择银行保函、保险公司保险单或现金方式缴纳农民工工资保证金、工程投标保证金,银行保函、保险公司保险单作为缴纳保证金的形式之一,与现金、支票、汇票等具备同等效力,建筑企业凭银行保函、保险公司保险单办理企业信用管理手册、工程投标。全年有234家建筑施工企业办理投标保证保险,释放投标保证金3892.3万元;有125家建筑施工企业办理农民工工资保证保险,释放农民工工资保证金5010万元。12月8日,"镇江市建筑业企业信用管理手册(电子版)"启用,该系统实行无纸化审核,可通过"扫一扫"手册打印件二维码实时读取企业的相关信息。在新冠肺炎疫情期间,市建设工程招标办委托软件公司完成设计、监理、货物等招标项目的"不见面开标"系统建设,涉及建筑类工程项目设计、施工、监理等招标、开标均可采取"不见面"方式,并在全省率先实现建筑类招标项目"不见面开标"全覆盖,降低疫情传播风险及招投标成本。

专项整治工作。市住建局印发《全市住房和城乡建设系统扫黑除恶专项斗争工程建设领域专项整治行动方案》,成立专项整治领导小组,推进专项整治。8月,市区在建项目实施主体填报自查表155份;9月,市质监站、安监站、招标办等监管部门根据任务清单,摸排"涉黑涉恶"线索,填写检查表435份;10月,开展建筑市场综合执法大检查。根据"有黑扫黑、无黑治乱"工作要求,加大建筑领域违法行为查处力度,全年市区受理调查建筑行业涉嫌违法案件49件,立案查处22件,罚没款收缴到位104.3375万元。查处的案件中,未取得施工许可证、擅自施工的5件;扬尘类的4件;其他涉及安全生产、工程质量、施工图审、人防、招投标、排水等方面的13件。 (鲍习文)

【建筑市场综合执法检查情况】 2020年,镇江市对市区在建工程进行检查,上半年检查53个项目标段,总建筑面积约551.92万平方米,总工程造价约101.31亿元,涉及施工单位43家、监理单位16家,发出安全隐患整改通知书15份、工程质量监督抽查整改通知书2份、局部停工整改通知书5份、全面停工整改通知书2份。下半年检查57个项目标段,总建筑面积约568.32万平方米,总工程造价约103.31亿元,涉及施工单位44家、监理单位17家,发出安全隐患整改通知书22份、工程质量监督抽查整改通知书2份、局部停工整改通知书12份、全面停工整改通知书2份。 (鲍习文)

【农民工工资支付管理】 2020年,镇江市住建局、市交通运输局、市水利局、市人社局等部门联合印发《关于加强建设领域保障农民工工资支付管理的通知》,制定工程款分账管理、管理人员实名考勤、总包代发、统一全市农民工工资卡等12项管理措施,并建立监管联动机制,提升欠薪监管水平。完善"一卡一户一平台"管理模式,规范施工现场实名制信息化管理,落实农民工工资支付保障制度,维护农民工和建筑企业合法权益。全市纳入江苏省实名制信息化管理系统的在建项目262个,实名制用工总人数138385人,登记在册用工总人数85804人;开设农民工工资专用账户262个,工资代发总金额18.4331亿元;通过专用账户由银行代发工资累计48.8662亿元。12月底,江苏省实名制信息化管理系统显示镇江市在建项目考勤覆盖率100%、专户开通覆盖率100%、工资代发覆盖率96.18%,分别列全省第1名、第1名、第8名。同时,市住建局在建设项目开工条件审核、日常巡查、专项检查、综合执法检查中,将"实名制管理、农民工工资专用账户、按月足额发放工资、农民工工资保证金、工程款支付分账管理、工程款支付担保、总包代发工资、维权告知牌"等8项管理制度纳入检查范围,与安全文明施工工作同部署、同检查、同问责,先后对136个实名制管理落实不到位项目进行曝光并要求限期整改,并限制整改期内项目申报标准化文明工地。 (鲍习文)

【信用体系建设】 2020年,镇江市出台《镇江市建筑业企业信用管理实施细则(试行第七版)》,将纳税金额、参与应急抢险救灾、慈善公益活动等纳入信用评价加分事项范围。出台《关于印发〈镇江市监理企业信用管理实施细则（试行第一版）〉的通知》，完成监理信用评价系统建设，为开展监理信用评价提供技术保障。当年，市住建局开展建筑业企业信用评价、监理企业信用评价工作，将信用评价结果应用于招投标，实现施工现场与招投标市场的“两场联动”，督促建筑行业企业提高现场管理水平。

（鲍习文）

·质量安全管理·

【概况】 2020年，镇江市新报监房屋建筑单位工程1799项、建筑面积1066万平方米，分别比上年下降8%、30%；新报监市政工程221项、总造价18亿元，工程数增长132%，总造价下降55%。竣工房屋建筑单位工程1001项、建筑面积884万平方米，分别下降40%、28%；竣工市政工程4项、总造价1.6亿元，分别下降88%、50%。质量监督机构受理质量投诉2653起，增长75%，其中，市区547起、句容市1409起、丹阳市113起、扬中市12起、镇江新区487起、丹徒区85起，投诉处理率100%。市住建局对全市建筑施工安全生产工作分季度进行专项督查，开展层级督查4次，抽查项目40个，下发执法建议书3份。当年，镇江市有19个项目获省“扬子杯”优质工程奖，130个项目获镇江市“金山杯”优质工程奖；镇江市建筑业企业申报通过省级工法29个，获省级QC成果47个，评选出市级QC成果183个，11个项目通过省级新技术应用示范工程评审。

安全生产工作。市住建局制定并印发《市住建局安全生产专项整治行动工作方案》《市住建局10个行业领域安全生产职责任务清单》，成立“13+1”（市住建局安全生产专项整治工作领导小组+13个专班）安全生产工作专班，负责全市建筑施工、城镇燃气、地下管网、城中村安全等4个专项整治工作。全年开展隐患排查治理工作，发现并整改隐患（问题）7136条，处罚企业8家，罚没金额93.9805万元。

绿色施工工地创建工作。市住建局对建筑工地扬尘污染防治实施分级分类管理，根据日常监管情况将建筑工地分为一、二、三级，一级工地可享受重污染天气管控免停工激励政策，对二级工地进行正常巡查和监管，对三级工地进行重点监督督查。市区开展15次扬尘专项检查，下发整改、停工通知单157份，移交立案处理3起。全市有20个工地获评省级标准化文明工地、73个工地获评市级标准化文明工地。

（鲍习文）

【全装修住宅质量监管】 2020年，镇江市住建局、市发改委、市市场监管局联合出台《关于加强我市市区新建全装修住宅建设管理的意见》，制定全装修住宅工程施工图审查、工程发包、销售许可、质量安全监管、工程验收、交付使用等各环节监管措施；市质监站研究制定《镇江市新建全装修住宅施工质量监督工作指南（试行）》，将全装修住宅纳入工程质量监督范围，保障全装修住房工程质量，减少质量问题等投诉。

（鲍习文）

2020年镇江市新开工建设工程报监项目情况表

表18－1

地区	市政设施						房建项目合计					
	数量（项）			造价（万元）			数量（项）			面积（万平方米）		
	2019年	2020年	增长（%）	2019年	2020年	增长（%）	2019年	2020年	增长（%）	2019年	2020年	增长（%）
市　区	20	17	－15	47687.95	27148.74	－43.07	343	247	－27.99	298.37	162.04	－45.69
句容市	21	28	33.33	331910.1	48542.26	－85.37	441	638	44.67	338.5	357.06	5.48
丹阳市	25	30	20	18055.89	16829.72	－6.79	433	417	－3.7	301.24	265.62	－11.82
镇江新区	9	15	66.67	10943.2	12479.66	14.04	307	177	－42.35	207.479	118.68	－42.8
丹徒区	1	1	0.00	345	1108	221.16	266	201	－24.44	191.32	93.66	－51.05
扬中市	19	130	584.21	10309.68	80044	676.4	171	99	－42.11	178.94	69.15	－61.36
合　计	95	221	132.63	419251.82	186152.4	－55.6	1961	1799	－8.26	1515.849	1066.21	－29.66

（鲍习文）

2020 年镇江市建设工程竣工情况表

表 18 – 2

地区	市政设施						房建项目合计					
	数量(项)			造价(万元)			数量(项)			面积(万平方米)		
	2019 年	2020 年	增长(%)	2019 年	2020 年	增长(%)	2019 年	2020 年	增长(%)	2019 年	2020 年	增长(%)
市　区	0	1	—	0	7800	—	399	214	-46.37	356.26	208.91	-41.36
句容市	2	0	—	6000	0	—	514	233	-54.67	358.01	201.5	-43.72
丹阳市	28	3	-89.29	19166.92	7717.93	-59.73	252	245	-2.78	214.46	214.48	0.01
镇江新区	1	0	—	2123.95	0	—	324	176	-45.68	199.64	155.29	-22.21
丹徒区	1	0	—	3961	0	—	128	70	-45.31	73.14	48.85	-33.21
扬中市	0	0	—	0	0	—	57	63	10.53	33.1	54.93	65.95
合　计	32	4	-87.5	31251.87	15517.93	-50.35	1674	1001	-40.2	1234.61	883.96	-28.4

（鲍习文）

·建筑产业现代化和绿色建筑·

【概况】 2020 年，镇江市新开工装配式建筑面积 246 万平方米，新开工装配化装修住宅面积 48.52 万平方米。市住建局出台《关于进一步加强装配式混凝土建筑工程质量检测工作的通知》，明确参建各方管理职责，细化施工图审查、施工方案论证、现场灌浆质量管理、质量检测及验收等环节工作要求，保障装配式建筑工程质量安全。开展 2020 年度镇江市预拌混凝土及装配式建筑构件生产企业专项检查，规范 PC（混凝土预制件）构件生产企业的市场行为，提高企业的产品质量控制水平。成立建筑产业现代化专业委员会，指导规范 PC 构件标识制度，实现构件产品全过程跟踪管理，强化装配式建筑质量追溯制度，推动 PC 构件生产企业质量体系建设。

2020 年，全市新建民用建筑 617.6 万平方米，城镇绿色建筑占新建建筑比重的 100%；既有建筑节能改造 115 万平方米，应用可再生能源建筑 243 万平方米。全市获绿色建筑评价标识 57 项，总建筑面积 389 万平方米，其中二星级及以上绿色建筑 233.8 万平方米。

2020 年，市住建局开展绿色建筑暨建筑产业现代化高质量发展培训，培训 821 人。开展节能设计方案（含绿建）审查，控制节能作品设计变更，全市绿色建筑标准执行率 100%。开展绿色建筑和装配式建筑专项检查，检查项目标段 57 个，总建筑面积约 568.32 万平方米。实施绿色建筑专项评估，督促在建项目落实绿色建筑关键设计标准和技术措施。加强绿色节能材料使用事中事后监管，完善建筑节能技术、产品登记与性能认定程序，重点对保温板、隔声垫、门窗等节能产品进行登记管理，全年完成 183 项节能产品登记。推动既有建筑绿色化改造，对市儿童医院、市政府东大院等公共建筑实施“绿色化”改造，其中市政府东大院“绿色化”改造工程获省绿色建筑创新奖二等奖；三茅宫、江滨二社区等老旧小区实施“绿色 + 节能 + 海绵”改造。推进机关办公建筑等大型公共建筑采用合同能源管理改造模式，完成合同能源管理项目建设 21 个，节能改造面积 115 万平方米。“十三五”期间，镇江市完成既有建筑节能改造 315 万平方米，获省级既有建筑节能改造示范城市专项资金 1500 万元。（鲍习文）

【新技术科技成果推广】 2020 年，镇江市围绕城市建设、建筑节能、装配式建筑等重点领域，推广应用“四新”（新技术、新工艺、新设备、新材料）成果，组织科研攻关，推进产学研合作，推动建筑产业结构调整优化和质量效益提升。全年住建系统获各级科技项目立项 7 项，其中，部级项目 1 项、省级项目 2 项、市级项目 4 项。“低品位铁尾矿协同互补制备绿色建材关键技术研究与应用”作为市级重点研发计划推进；“一般建筑固体废弃物协同互补制备绿色建筑材料关键技术及应用研究”获 2020 年度省建设科技创新成果项目三等奖。（鲍习文）

房地产业

·综　述·

【概况】 2020 年，镇江市商品房批准预售面积 532.26 万平方米，其中，市区商品房批准预售面积 189.57 万平方米，比上年下降 35.39%；商品住房批准

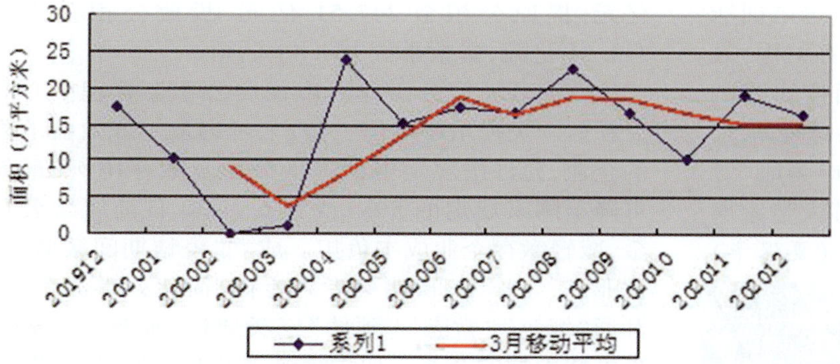

图 18－1　2019 年 12 月—2020 年 12 月，镇江市区商品住宅月度新增供应情况图　（张世顺　供稿）

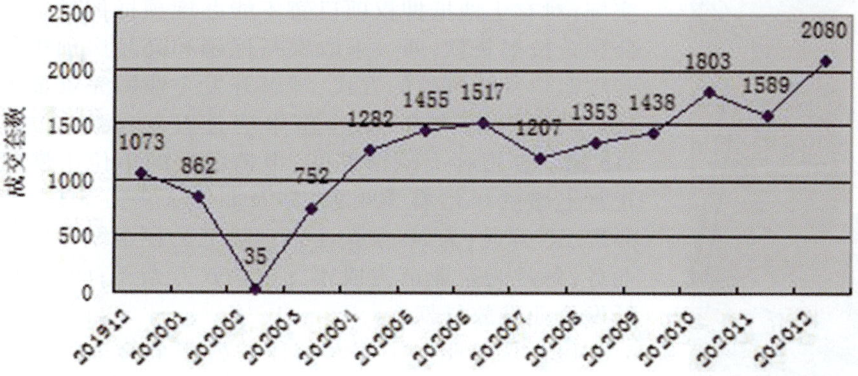

图 18－2　2019 年 12 月—2020 年 12 月，镇江市区新建商品住房月度成交情况图　（张世顺　供稿）

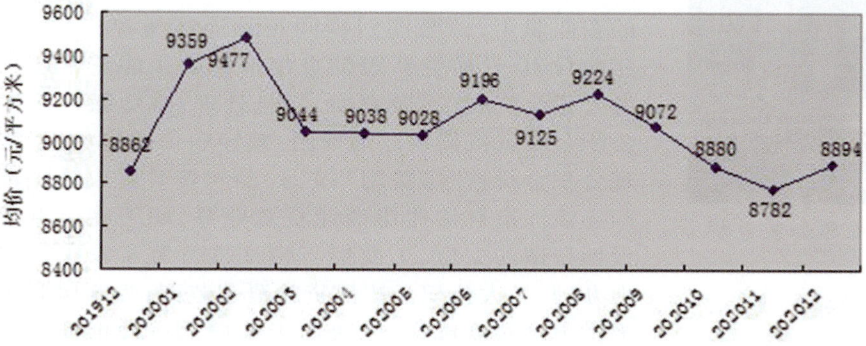

图 18－3　2019 年 12 月—2020 年 12 月，镇江市区商品住房（不含别墅）月度算术均价走势图　（张世顺　供稿）

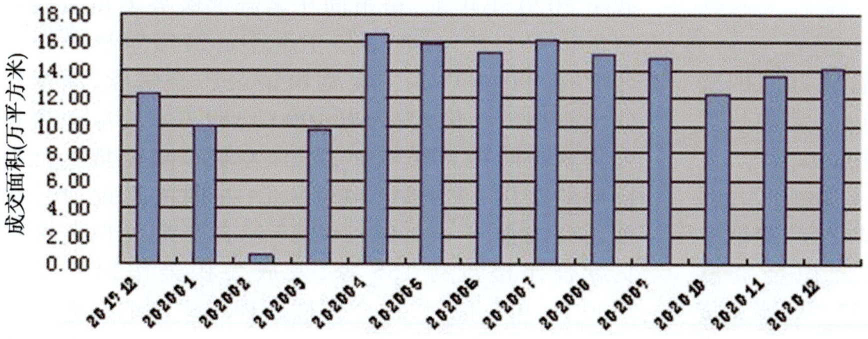

图 18－4　2019 年 12 月—2020 年 12 月，镇江市区二手住房成交走势图　（张世顺　供稿）

预售面积 467.62 万平方米，其中，市区商品住房批准预售面积 163.73 万平方米，下降 34.64%。截至年末，全市商品房月末可售面积 1082.61 万平方米，其中，市区商品房月末可售面积为 454.64 万平方米，下降 1.63%；全市商品住房月末可售面积 685.66 万平方米，其中，市区商品住房月末可售面积 240.76 万平方米，下降 5.94%。

（张世顺）

【房地产销售情况】　2020 年，镇江市商品房销售面积 546.39 万平方米，销售金额 519.74 亿元。其中，市区商品房销售面积 207.42 万平方米，比上年下降 20.57%；销售金额 203.82 亿元，下降 17.15%。全市商品住房销售 41011 套，销售面积 503.66 万平方米，销售金额 481.38 亿元。其中，市区商品住房销售 15322 套，下降 21.63%；销售面积 188.24 万平方米，下降 18.73%；销售金额 185.97 亿元，下降 13.13%。截至年末，全市商品住宅去化周期约为 16 个月，市区商品住宅去化周期约为 15 个月。

（张世顺）

·物业管理·

【概况】　2020 年，镇江市物业行业在新冠肺炎疫情期间，做好各项防控工作，全市物业服务人员服务防疫第一线，每天对各个住宅小区开展疫情宣传、出入管控、体温检测、公共区域消毒、人员摸排、居家隔离服务等工作。市区老旧小区实现封闭管理。市住建局制定以党建引领全面提升物业管理服务水平的实施意见。全市物业管理服务行业党委成立，各市（区）成立物业服务行业党组织。　（夏保华）

【电梯加装工作】　2020 年 1 月 22 日，镇江市出台既有住宅加装电梯工作实施意见。4 月，该项工作进入实质推进阶段,先后开展加装电梯政策宣传培训活动,制定配套示范文本,召开管线单位会议等工作,其中,管线单位会议明确涉及的水、电、气、通信线路的迁移费用和审查要件。全市有双井路(环球花苑)、“香江花城”等小区4 部电梯投入运行;“京口美地”等 2 部电梯进入施工图设计阶段;东岳巷、江苏大学家属区进入征求业主意见阶段。(夏保华)

图 18－5　2020 年 11 月,镇江市首部加装电梯(位于润州区解放路某小区)投入运行

(夏保华　供稿)

·住房公积金管理·

【概况】 2020 年,镇江市住房公积金管理部门围绕“服务住房市场、服务缴存职工”工作重心,完善政策保障措施,扩大制度保障范围,提升对外服务效能,主要指标完成情况较好。全市新增开户 4.28 万人,归集公积金 62.96 亿元;提取公积金 45.39 亿元,提取率 72.10%。向 10532 户职工家庭发放公积金贷款 36.46 亿元;发放“商转公”贷款贴息 3333 户,涉及贷款金额 12.02 亿元,贴息金额 1825.24 万元,公积金个贷率为 102.67%。全市公积金逾期率 0.39‰。截至年末,全市缴存公积金 507.72 亿元,缴存余额 160.21 亿元;提取公积金 347.51 亿元,投放公积金贷款 344.31 亿元,贷款余额 164.49 亿元。

营商环境服务工作。市住房公积金管理中心对受新冠肺炎疫情影响停工停产、延迟复工或效益下降的企业,允许按规定申请降低公积金缴存比例(最低可降至国家规定的 5%)或在 6 月 30 日前缓缴公积金,减轻缴存企业成本负担。成立“疫情期间缓缴、降比业务”工作专班,明确专人专岗,简化办事流程,并开通“绿色”“常态”“预约”三类通道,服务受新冠肺炎疫情影响的企业。加强缓缴企业跟踪回访,对缓缴到期企业复缴公积金做好政策指导和帮助,推进正常生产经营且产生效益的企业及时复缴,保证政策平稳实施;对有土地抵押权项目暂不能办理预抵押登记的公积金按揭贷款,通过采取银行保函和商品房预售款专用账户发放贷款的方式,缓解开发企业回笼资金困境。截至 2020 年年末,全市申请公积金缓缴单位有 315 家。新冠肺炎疫情期间,申请缓缴的单位中恢复正常汇缴的单位有 304 家,涉及职工 2.7 万人、金额 8327.50 万元;为 50 家企业办理降低公积金缴存比例业务,每月为企业节省成本支出 266 万余元;向 13 户开发企业发放贷款。

民生保障服务工作。市住房公积金管理中心对镇江市赴湖北支援的医务人员,3 年内在镇江市购房并符合公积金贷款条件的,可享受 1 次个人贷款限额上浮 50% 政策;对申请缓缴公积金并审批通过的企业职工,缓缴期间视同正常连续缴存;对 2020 年 6 月 30 日前受新冠肺炎疫情影响未能正常还款的公积金贷款,不做逾期、罚息处理;减免缴存职工公积金贷款抵押物评估费用,减轻职工购房负担,实现公积金贷款“零费用”;9 月,新增按月提取公积金归还镇江市自住住房商业贷款业务,职工在市直建设银行镇江支行、工商银行镇江支行等 4 家银行就地办理;扩大公积金按揭贷款覆盖范围,为购房职工提供更多楼盘选择,解决职工购房无房产抵押的难题;派队伍赴“美的城君兰悦”“美堤苑”等近 20 家公积金按揭贷款合作楼盘,现场受理职工贷款业务。截至 2020 年年末,全市向 9 名赴鄂医务人员发放购房贷款 451 万元;通过公积金中心缓缴审核的企业名下有 500 多户职工家庭申请公积金贷款,涉及贷款金额超 1.7 亿元;为近 1900 户职工家庭减免公积金贷款逾期罚息超 1.2 万元;为职工减免贷款抵押物评估费用 4774 笔、143 万元;办理按月提取公积金还商贷业务 232 笔、102 万元。全市公积金按揭贷款合作楼盘有 155 家,发放公积金按揭贷款超 2600 户、9.7 亿元;在合作楼盘现场受理购房职工贷款业务 600 多笔、2.5 亿元。

政策制度落实。市住房公积金管理中心服务拟上市企业,对比核查社保数据与公积金缴存人数,加强政策解释服务，督促单位合规经营；规范处理职工信访投诉，邀请法律顾问作为第三方全程跟踪，防范化解社会矛盾。截至2020年年末，为泰舸电池公司等12家企业、240人建缴公积金，增加月缴存额11万余元；受理职工信访投诉41起，调解成功24名职工与单位在缴存公积金方面的矛盾纠纷。完善公积金政策，对婚姻存续期间单独购买住房申请使用公积金、异地缴存职工在镇江市购房申请公积金贷款、公积金贷款申请时已提取额度的扣减等业务进行政策规范，实行分批办理商业贷款转公积金贷款业务，保障职工刚性及改善性购房需求。截至年末，全市发放“商转公”贷款14亿元，占当年公积金贷款的40%。加大困难职工帮扶力度，对镇江市特困、困难职工公积金贷款进行贴息，减轻住房消费负担。

业务办理服务。深化“放管服”改革要求，压缩承诺事项办理时限，不见面审批事项比率和网上业务办理比率均为100%。取消终止解除劳动关系证明、家庭生活困难证明、个人身份信息变更表等办理材料10余项；完善“商转公”二次贴息业务流程，与不动产、社会保险、民政等部门实现数据共享，实时查询社会保险、婚姻、房产等相关信息，无须职工携带纸质证明材料。全年核查社会保险数据近8万笔、婚姻状况近3万人次、房产信息2.56万笔。深化以“门户网站、网上服务大厅、微信公众号、手机App、自助终端、‘12329’热线、‘12329’短信、微博”八大服务渠道于一体的综合服务平台建设，将公积金服务从线下延展到线上，分流业务高峰。当年，镇江市公积金综合服务平台以优秀等次通过专家组检查验收。截至年末，全市有3200多家单位签约单位网厅，办理缴存业务18.4万笔、金额15亿元；有25.7万名职工完成互联网渠道签约，办结提取业务7万笔、金额10.46亿元。

（孙媛媛）

【“十三五”期间主要情况】 “十三五”期间，镇江市住房公积金管理部门以扩面开源为切入点，开展缴存专项稽查和维权执法行动，落实自由职业者、镇江市就业港澳台同胞缴存使用公积金等政策。以保障安居为目标，调整完善公积金政策；落实公积金贷款人才安居政策；扩大按揭贷款楼盘范围；实行公积金存贷比挂钩机制；出台新冠肺炎疫情期间阶段性保障政策。以“放管服”改革为要求，创新实行公积金贷款“小委托”模式，开辟不动产登记进驻服务大厅绿色通道，综合服务平台建设通过住房和城乡建设部“双贯标”检查验收；实现异地转移接续平台的全国联网及上线，公积金制度覆盖范围扩大，资金总量规模增大，“互联网+公积金”综合服务体系逐步完善。

“十三五”期间，全市年均新开户单位1428家，年均新增开户职工4.17万人。发放住房公积金个人贷款4.89万户、金额157.72亿元。新增开户职工20.85万人，实缴人数年均增长率为3.12%。归集住房公积金259.79亿元，缴存总额突破500亿元，比“十二五”末增长104.78%；缴存余额160.21亿元，比“十二五”末增长58.70%。提取住房公积金200.52亿元，提取率77.19%。向4.89万户职工家庭发放贷款157.72亿元，比“十二五”末增长32.54%；贷款余额164.49亿元，比“十二五”末增长62.38%。拉动住房消费面积近600万平方米。（孙媛媛）

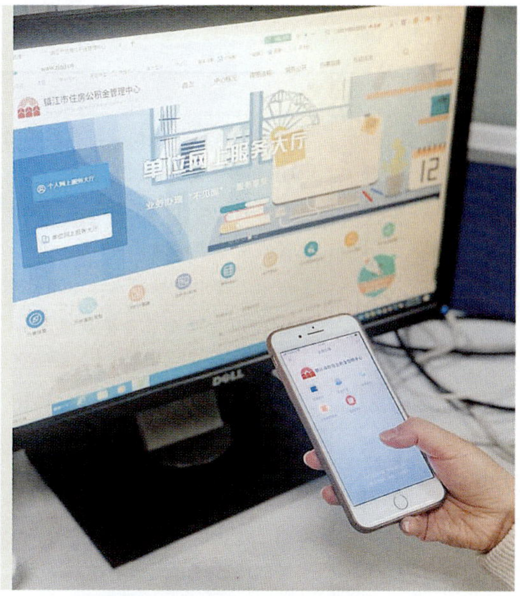

图18-6　2020年，镇江市公积金综合服务平台通过省住建厅专家组验收。图示分别为自助智能服务区（左）、网上服务大厅（右）

（孙媛媛　供稿）

综 述

【概况】 2020年，镇江市打好污染防治攻坚战，加强生态环境保护，《镇江市“十三五”环境保护规划》13项主要指标完成，污染防治攻坚战三年行动收官。市区$PM_{2.5}$年均浓度为38.4微克/立方米，比上年下降15.6%；优良天数比率为81.4%，上升11.8个百分点；全市地表水国考断面、省考断面、主要入江支流断面、集中式饮用水源地的水质达标率、优Ⅲ比例均为100%，国、省考断面优Ⅲ比例分别上升12.5和5.3个百分点。长江经济带“4+7+7”（国家《长江经济带警示片》曝光涉及镇江市的4个问题+自查发现的7个问题+上级交办新增的7个问题）突出环境问题全部完成整改；丹徒区投入1.15亿元彻底关闭茂源化工，污染地块土壤修复有进展。全年市生态环境部门开展行政执法12185次，环境行政处罚案件336件，罚款金额2132.62万元，运用环保法配套办法查处案件63件，其中，查封扣押41件，行政拘留16件，涉嫌污染犯罪移送6件；将环保绩效水平较高的重点民生保障类企业249家纳入生态环境监督执法正面清单，实施环保守法承诺和“非现场、不接触”监管，除信访举报以外不进行现场执法检查，实现对守法企业无事不扰；受理各类生态环境信访举报4548件，其中，部、省级重点信访分别为378件和128件，分别下降41.76%和59.37%；出台《镇江市保护和奖励生态环境违法行为举报人的若干规定（试行）》。 （颜正清）

镇江市“十三五”环境保护主要指标完成情况表

表19－1

类别	序号	指标	单位	指标属性	2020年	目标值
环境质量	1	空气质量达到二级标准的天数比例	%	约束性	81.4	80左右
	2	$PM_{2.5}$年均浓度下降率	%	约束性	15.6	3
	3	地表水国控断面优于Ⅲ类水质比例	%	约束性	100	75左右
	4	地表水劣Ⅴ类水质比例	%	约束性	0	基本消除
	5	县级以上集中式饮用水源水质达到或优于Ⅲ类比例	%	约束性	100	100
污染减排	6	单位GDP化学需氧量排放强度	千克/万元	约束性	完成省下达的任务	完成省下达的任务
	7	单位GDP二氧化硫排放强度	千克/万元	约束性		
	8	单位GDP氨氮排放强度	千克/万元	约束性		
	9	单位GDP氮氧化物排放强度	千克/万元	约束性		
	10	重点重金属污染物排放强度下降比例	%	预期性		
环境管理	11	城镇生活垃圾无害化处理率	%	预期性	100	100
	12	生态红线区域占国土面积	%	约束性	23.67	22.3
	13	危险废物安全处置率	%	约束性	100	100

（颜正清）

【环境保护宣传教育】 2020 年，第 49 个世界环境日期间，镇江市生态环境局启动“点亮孩子艺术之梦童绘长江环保绘画大赛”，组织小学生开展“长江大保护，绿色共成长”活动；组织百名市民走进光大环保能源（丹阳）有限公司；举办“关爱自然 · 刻不容缓”绿色骑行活动；开展“绿色家园、动手筑造”主题活动暨综合实践活动推进会、“弘扬绿色理念、践行低碳生活”主题广场活动等系列活动。市生态环境局制作的环境保护题材微电影《解封》，获省污染防治攻坚战指挥部开展的微电影评选二等奖。5 名环保志愿者获评 2019 年度全省优秀环境守护者。（李 媛）

【镇江市生态环境综合行政执法局组建】 2020 年，镇江市生态环境局将镇江市环境监察支队及各市（区）环境执法大队等 9 个机构整合，组建镇江市生态环境综合行政执法局。4 月 20 日，镇江市生态环境综合行政执法局、镇江市生态环境保护调度中心、镇江市高新区生态环境综合行政执法局 3 个机构集中挂牌。镇江市生态环境综合行政执法局负责全市生态环境保护执法工作，下设丹阳、句容、扬中、丹徒、京口、润州、镇江新区、镇江高新区 8 个生态环境综合行政执法局，分别负责驻地的生态环境综合行政执法工作。镇江市生态环境保护调度中心为全省首家市级生态环境保护调度中心，该中心融合污染防治综合监管平台、突出环境问题整改、环境信访投诉、重点排污单位污染物排放情况实时监控等各项生态环境业务系统。（孟 薇）

【“263”和污染防治攻坚专项行动】 2020 年，镇江市推进实施“263”和污染防治攻坚专项行动。污染防治攻坚暨“263”专项行动完成年度任务。全市非电行业煤炭消费量比 2016 年减少 160 万吨，超额完成省下达的 140 万吨减煤目标任务；垃圾分类集中处理率 79%；所有港口码头、船闸锚地建成污染物接收设施，并与城市公共转运、处置设施进行衔接；市区城市道路机扫率 90%；禁养区内规模养殖场全部退出，全市规模养殖场治理率 100%，设施装备配套率 100%，畜禽粪污综合利用率 98.72%，小规模养殖场配套率 97.6%；秸秆综合利用总量约 80.41 万吨，综合利用率为 96.59%；公交车辆 1653 辆，其中，新能源公交车 1075 辆，占比 83.6%；长江、京杭运河水上服务区、长江和内河港口基本具备船舶岸电供应能力，新建 5 套港口岸电系统；市政再生水利用率 20%；完成 188 艘 400 总吨以下适改内河货运船舶生活污水防污改造；全市农药和化肥使用量分别为 2051 吨、47122 吨，分别比 2015 年减少 19.5%、12.5%；关闭退出化工生产企业 11 家；污染地块安全利用率为 100%；新增生活污水处理能力 4 万吨/天，新增污水管网 76.78 千米；完成堆场扬尘治理项目 2 项，降尘量 3.33 吨/月 · 平方千米；建成 139 个垃圾分类示范小区，5 个乡镇开展镇村全域垃圾分类试点工作；新建的原油、汽油、石油类等装船作业码头全部安装油气回收设施，储油库和年销售汽油量大于 5000 吨的加油站安装自动监控设备，完成油气回收治理改造项目 1 项。（陈 嵘）

环境质量

【概况】 2020 年，镇江市主要环境质量指标改善。市区 $PM_{2.5}$ 年均浓度比上年下降 15.6%，比 2015 年下降 32.1%，比 2013 年下降 47.2%，达到国家提出的“比 2015 年下降 3%”和“比 2013 年下降 20%”的目标要求。市区环境空气质量优良天数比率为 81.4%，超额完成 75.3% 的年度目标。全市发生 11 次重污染天气过程。酸雨平均发生率为 7.1%，下降 5.1 个百分点，降水年均 pH 值为 5.98。镇江市区、丹阳市、句容市、扬中市酸雨发生率分别为 12.0%、4.2%、9.7%、0.0%。全市地表水环境质量总体为优。列入国家《水污染防治行动计划》地表水环境质量考核的 8 个断面中，水质符合《地表水环境质量标准》（GB 3838—2002）Ⅲ类的断面比例为 100%，无劣Ⅴ类断面。Ⅰ类～Ⅲ类水比例上升 12.5 个百分点。列入江苏省“十三五”水环境质量目标考核的 20 个流域地表水断面中（鹤溪河当年不纳入考核），水质符合Ⅲ类的断面比例为 100%，无劣Ⅴ类断面。Ⅰ类～Ⅲ类水比例上升 5.3 个百分点，总体水质改善。全市生物环境状况总体保持稳定，全市 8 个点位流域水生态环境质量综合评估指数介于 2.4～3.6 之间，除兆文山和葛村桥处于轻度污染水平之外，其余处于良好水平；与上年相比，流域水生生物质量状况持续稳定，无显著变化。（魏建国）

【城市和城镇空气质量】 2020 年，镇江市区环境空气中 $PM_{2.5}$、PM_{10}、二氧化硫、二氧化氮年均浓度分别为 38 微克/立方米、58 微克/立方米、8 微克/立方米、30 微克/立方米；一氧化碳 24 小时平均第 95 百分位数浓度（以下简称一氧化碳浓度）、臭氧日最大 8 小时滑动平均第 90 百分位数浓度（以下简称臭氧浓度）分别为 0.9 毫克/立方米、164 微克/立方米。对照《环境空气质量标准》（GB 3095—2012）二级标准限值，超标污染物为 $PM_{2.5}$ 和臭氧。$PM_{2.5}$、PM_{10}、二氧化硫、二氧化氮、一氧化碳和臭氧浓度分别比上年下降 15.6%、19.4%、11.1%、9.1%、18.2% 和 10.9%。8 个市（区）$PM_{2.5}$ 浓度范围为 36 微克/立方米～40 微克/立方米，各市（区）均有所下降，降幅范围为 9.5%～

19.6%，其中镇江新区降幅最大。8个市(区)环境空气质量优良天数比率范围为76.0%～81.9%，其中，扬中市下降2.4个百分点，其他市(区)均有所上升，其中，润州区和镇江高新区升幅最大，为15.1个百分点。（邹云娣）

【饮用水和主要水系水质状况】 镇江市区金山水厂和金西水厂2座集中式供水厂共用的1个长江征润洲取水口是全市主要饮用水源地，丹阳市和扬中市的城市(城镇)集中式饮用水亦取自长江，句容市的城市(城镇)集中式饮用水主要取自北山水库和句容水库。2020年，镇江市区征润洲水源地水质达标率为100%。全市4个县级城市集中式饮用水水源地，丹阳市长江江心洲水源地、扬中市二墩港水源地、句容市北山水库和句容水库水源地水质达标率均为100%。全市10个太湖流域重点考核断面水质达标率为100%。镇江市长江干流水质为优，4个监测断面水质类别均为Ⅱ类，与上年相比，水质保持稳定。主要入江支流总体水质为优，10个控制断面中，水质符合Ⅲ类的断面比例为100%，总体水质状况与上年持平。（胡纪全）

【土壤环境】 2020年，镇江市环境监测部门对全市15个国家网土壤点位和5个省控网土壤点位开展土壤环境质量监测。15个国家网土壤点位中，有14个符合《土壤环境质量农用地土壤污染风险管控标准(试行)》(GB 15618—2018)风险筛选限值要求。5个省控网土壤点位全部满足《土壤环境质量农用地土壤污染风险管控标准(试行)》(GB 15618—2018)风险筛选限值要求。（邹云娣）

【区域环境噪声】 2020年，镇江市昼间区域声环境质量总体一般，噪声平均等效声级为56.9分贝，比上年下降0.7分贝。市区及3个县级市均为三级(一般)水平。影响城市声环境质量的主要声源是社会生活噪声，占比为74.3%；其余依次为工业噪声(占比19.4%)、交通噪声(占比6.1%)和施工噪声(占比0.2%)。依据国家《声环境质量标准》(GB 3096—2008)评价，全市1类～4类功能区声环境昼间达标率分别为95.0%、100%、100%、100%，夜间达标率分别为81.2%、100%、96.4%、95.2%。功能区噪声昼间平均达标率上升7.5个百分点，夜间平均达标率上升8.6个百分点。全市道路交通噪声昼间平均等效声级为65.6分贝，上升0.1分贝。全市昼间道路交通噪声平均等效声级超出二级强度限值(超过70dB)的干道长度为49.457千米，占总监测路长的8.9%，上升4.8个百分点。（邹云娣）

【辐射环境】 2020年，镇江市辐射环境3个国控点和14个省控点监测结果表明，环境γ辐射吸收剂量率、土壤中主要放射性核素浓度值与江苏省环境天然放射性水平调查测量结果处于同一水平。重点饮用水水源地取水口水中放射性指标符合《生活饮用水卫生标准》(GB 5749—2006)要求。环境中电磁辐射监测结果均低于《电磁环境控制限值》(GB 8702—2014)中公众曝露控制限值的要求。（全 东）

生态保护

【概况】 2020年，镇江市加大生态文明建设力度，6月，镇江市委、市政府出台《镇江市深化生态文明建设综合改革实施意见》。开展长江经济带共抓大保护、不搞大开发相关工作，完成116项长江干流岸线利用项目清理整治，累计拆除建筑物20万平方米，腾退岸线9.8千米。完成成片造林1528.46公顷(22927亩)，建成主城区“10分钟公园绿地服务圈”，林木覆盖率25.4%，完成长江两岸造林绿化面积225.53公顷(3383亩)，初步建成“一带多点绿美长廊”。完成全市自然湿地保护监测统计，修复湿地156.8公顷(2352亩)，湿地保有量4.17万公顷，自然湿地保护率60%。完成废弃露天矿山生态修复面积340公顷，投入资金约2.5亿元。印发《关于长江镇江段全面禁捕长效管理的工作意见》和实施方案，全面禁止长江镇江段非法捕捞行为，开展打击非法捕捞行动，全市查处违法案件51起。12月，扬中市通过省级生态文明建设示范市考核。全市新增省级生态文明建设示范镇(街道)13个、省级生态文明建设示范村14个，累计创成省级生态文明建设示范镇(街道)38个、省级生态文明建设示范村49个，句容市、扬中市获命名的镇(街道)为100%，丹阳市和丹徒区为90%。推进环保设施开放，邀请政府机关和市民代表、中小学生、大学生环保志愿者、环保公益组织成员参观垃圾焚烧发电、污水处理、餐厨垃圾协同处置、环境质量监测等污染防治处理设施。开展文明消费、节约用餐等绿色消费活动，新增“绿色商场”3家。推广绿色出行，新增新能源公交车165辆。（颜正清）

【《南京市与镇江市跨界水体水质提升合作协议》签署】 2020年7月4日，2020年宁镇扬党政联席会议在南京召开，南京、镇江两市政府签署《南京市与镇江市跨界水体水质提升合作协议》。该协议围绕南京、镇江两市上下游、左右岸交界的句容河、便民河、大道河、和平河、七乡河、汤水河、高阳河等7条主要河道水质改善工作，共同实施区域产业协调、科学设置断面及监测、开展水质达标整治、实施沿河污染管控、扩大区域补偿范围等工作。协议还明确两市建立联席会议、应急联动、信息共享三项制度。根据协议要求，2020年镇江市完成张巷河、巷南河、四古凹河三条跨界河流的主要污染源调查和河道环境整治，建立河道巡查机制；句容市和栖霞区两地生态环境部门联合开展监测，对会商确定的16个监测点位进行3次采样监测；句容市实施“排口长”制，对9条河道177个排口加强监测和治理，完成17个排口的污水截流和雨污分流，检测疏通污水管网约27千米、新建污水管网1200米，汤龙路污水提升泵站投入使用，完成凤坛花园入河排口污水管道改造工程。（胡纪全）

【水生态环境保护】 2020年，镇江市长江干流和京杭运河水质分别为Ⅱ类和Ⅲ类，主要入江支流优Ⅲ类比例100%。排查整治长江入河排污口4368个，新增尾水净化湿地2处。推进船舶和港口污染防治，建成六圩水上绿色综合服务区、京杭运河镇江服务区等一批水上综合示范服务区，实现“一零两全四免费”船舶污染物治理模式全覆盖。采用TMDL技术开展海绵城市建设，形成“截污—净雨—畅流”初期雨水净化策略，污染削减率68.41%。实施“一厂一策”方案解决征润洲、谏壁、东区等污水处理厂进水浓度较低问题，帮助80多家企业解决污水治理提标技改问题。开展“守碧水提水质”和“水平衡”等多部门执法联动，立案处罚违法违规排污企业8家，取缔关闭3家，移送公安5家。（胡纪全）

【农村人居环境整治】 2020年，镇江市完成农村生活污水治理项目80个，实现农村生活污水治理行政村全覆盖；推进户用卫生厕所改建，完成省下达的1.55万座农村户用卫生厕所改造任务；推进农村垃圾治理，完成丹阳市3个非正规垃圾堆放点整治任务，新（改）建农村垃圾房2868座，购置（改造）垃圾清运车辆426辆，改造老旧转运站设施设备3座，农村生活垃圾收运处理体系基本实现全覆盖。建成省市级主要农作物病虫害绿色防控示范区22个，绿色防控产品使用面积占比85%以上，测土配方施肥技术应用面积14.06万公顷（210.9万亩），测土配方覆盖率稳定在95%以上，推广建设水肥一体化示范点12个。建成40个农膜回收网点和5个地膜减量替代技术试验示范点，推广强化耐候膜33.33公顷（500余亩），开展全生物降解地膜、强化耐候地膜应用试验，全年产生废旧农膜量967.38吨，回收835.64吨，回收率为86.38%。建成美丽宜居村庄454个，开展特色田园乡村建设试点29个（省级19个、市级10个），其中5个创成并获省级命名。全市7014个自然村全部完成村庄环境整治并通过验收销号。（童满平）

【江苏镇江长江豚类省级自然保护区管理】 2003年设立的江苏镇江长江豚类省级自然保护区是江苏省最早的水生生物自然保护区。2020年，镇江市在完成保护区范围内违法违规建设问题整改的基础上，完善巡护管理工作制度、水生野生动物救护应急预案等，配套完善监测站、巡护艇、无人机、高清监控等保护区管理设施，开展保护区水生生物资源本底和生物多样性调查，加强保护区内长江江豚等生物资源监测和水域生态监控。保护区内有水生动物75种、鸟类111种，9月，观测到江豚77头次。全面落实长江禁捕措施，破获长江镇江水域江豚保护区非法捕捞案15起，打掉电捕鱼团伙1个，取缔拆解非法捕鱼的“三无”船舶653艘，通过开展修复水生植被、建设人工鱼巢和生态浮岛等生态修复措施以及禁渔期执法管理，水域生态环境改善。镇江焦北滩1600多公顷的长江滩涂建成江苏省面积最大的沿线芦苇荡型湿地。（何坤兴）

【温室气体“体检”报告】 2020年8月，镇江市生态环境局发布《2005、2010、2015—2018年镇江市温室气体清单总报告及降碳分析报告》。2005年以来，镇江市温室气体净排放总量从约3665万吨二氧化碳当量上升到5899万吨二氧化碳当量，能源消费和工业过

图19－1　2020年9月，镇江长江豚类保护区全景

（市生态环境公共关系中心　供稿）

程是主要温室气体排放源，分别占比约 85.5%、11.9%；2005 年—2018 年，全市地区生产总值年均增长量 12.38%，温室气体排放量年均增长量 3.72%，单位地区生产总值的二氧化碳排放量由 3.88 吨二氧化碳/万元降至 1.41 吨二氧化碳/万元；全市工业能源消费结构高碳特征明显，可再生能源装机规模及利用效率不高。报告提出加快发展高新技术产业、改造升级传统产业、推动重点耗煤行业和单位“煤改电”、“煤改气”、推广太阳能生物质能等可再生能源利用、淘汰煤耗高污染重的落后生产能力等对策举措。

（冯　斌）

环境管理

【概况】 2020 年，镇江市生态环境局审批建设项目环境影响评价文件 79 个，全市生态环境部门审批建设项目环境影响评价文件 592 个，登记表备案 956 个项目；办理辐射安全许可申领、变更、延续、重领、注销 90 件，办理辐射建设项目环评审批 16 件，其中，核技术应用项目 10 件，电磁类电项目 6 件。3 月 23 日，市生态环境局制定《镇江市落实生态环境监督执法正面清单工作方案》，有 249 家企业纳入监督执法正面清单，其中，涉及疫情防控急需的医疗卫生、物资生产企业 16 家，民生保障重点行业企业 22 家，污染小、吸纳就业能力强的企业 153 家，重点领域行业 40 家，已安装在线监控的企业 18 家；纳入正面清单的企业原则上实行“非现场、不接触”监管，市生态环境部门利用在线监控检查企业 79 家、无人机检查 11 家、电话网络调度 160 家、现场帮扶 52 家。镇江市生态环境局开展规模化生猪养殖项目环评告知承诺试点工作，保障生猪市场供应，建设单位提交项目相关材料后直接审批，全年全市告知承诺制生猪养殖项目办理 8 件，出栏量 65 万头。8 月 28 日，江苏省第四次“金环”对话会在镇江举行，6 家企业获 2020 年省政府绿色金融奖补；市生态环境局与江苏银行镇江分行签订绿色金融战略性框架合作协议。11 月，第八届沿江八市环境应急联动联席会在镇江举行，会后，市生态环境、应急管理、消防等部门在镇江李长荣石化仓储有限公司开展模拟甲醇泄漏着火突发事故应急演练，通过中控系统报警、现场勘查、甲醇泄漏点封堵，明火扑灭等流程完成应急处置工作，提升企业与生态环境、消防等部门联动开展突发环境事件的实战能力。

（袁桂珍　朱发斌）

【项目环评“告知承诺制”试行】 2020 年，为支持企业复工复产，镇江市生态环境局从 5 月 7 日起对《建设项目环境影响评价分类管理名录》中 22 个大类 54 个小类行业，以及合规园区内符合园区产业定位且编制环境影响报告表的建设项目，试行环境影响评价文件告知承诺制。5 月 13 日，全市首例工业投资类“告知承诺制”审批项目江苏镇德电力设备有限公司高低压成套设备和变压器生产项目实现当日受理当日办结。该项目属于电气机械及器材制造，法定审批时间为 30 个工作日，试行“告知承诺制”后，市生态环境局在收到企业告知承诺书及环境影响评价文件等要件的当天即出具审批意见。全年审批告知承诺制项目 51 件。（袁桂珍）

【“绿岛”试点企业获环保贷】 镇江市生态环境局推动企业绿色发展，鼓励建设治污设施集约共享的“绿岛”试点项目，降低企业治污成本。2020 年 7 月 20 日，“绿岛”项目环保贷授信合作仪式举行，江苏银行镇江分行向江苏图南合金股份有限公司、江苏普金再生资源股份有限公司、中集车辆智能物流装备有限公司、振华物业管理服务有限公司、镇江华科生态电镀科技发展有限公司、镇江新宇固体废物处置有限公司等 6 家“绿岛”示范企业授信环保贷 1.35 亿元。同时，市生态环境局会同市财政局研究制定“绿岛”示范企业环保贷贴息政策，将贷款成本降至 3%～4%。

（邵　炜）

图 19－2　2020 年 11 月，镇江李长荣石化仓储有限公司模拟甲醇泄漏着火突发事故应急演练　（市生态环境应急中心　供稿）

【排污许可证核发工作】 2020年,镇江市生态环境局制定印发《镇江市2020年排污许可发证登记工作和固定污染源排污许可清理整顿工作方案》,推进排污许可相关工作。4月底,全市完成第一阶段清理整顿任务,分类清理企业3285家;8月上旬,完成第二阶段清理整顿任务,分类清理企业19020家,完成清理整顿范围内22305家企业的分类处置工作,排污许可登记率和发证率为100%,基本实现排污许可管理全覆盖。其中,帮助313家企业完成排污许可证申领,帮助13000多家企业完成排污登记,并对其余近9000家企业进行关停、无实体生产等识别和标记。

(袁桂珍)

【中高考绿色护考行动】 2020年中考、高考期间,镇江市排查学校、考点周边环境污染源和风险源,发放《关于加强中高考期间环境管理的通知》450份;叫停可能产生噪声污染的施工作业,严控考点周边的娱乐场所、个体加工点以及餐饮、空调和冷却设施等噪声污染,检查工地等点位120多个,对高新区四季风华工地等违规作业的4个点位依法查处;考点周围安排环境执法人员全天巡查,组织应急调处小组接报待命,快速处置偶发噪声源11次、油烟异味污染源7次,劝止室外烧烤、音响等环境噪声10次。(汤　虹)

【建筑、市政工地和散货码头重污染天气应急管控停限产豁免管理】 2020年6月,镇江市生态环境局印发实施《镇江市建筑、市政工地和散货码头重污染天气应急管控停限产豁免管理办法(试行)》,分类别明确建筑、市政、渣土处置工地和散货码头扬尘污染防治、柴油机械尾气防治两方面的应急管控豁免条件。其中,扬尘污染防治须符合《江苏省秋冬季错峰生产及重污染天气应急管控停限产豁免管理办法(试行)》关于建设施工类企业的豁免条件以及镇江市相关部门对建筑、市政工地及码头扬尘防治的相关要求;柴油尾气防治须符合国家对非道路移动机械和柴油车的出厂标准要求、尾气排放限值要求、使用柴油等级要求,同时柴油车须安装并接入OBD(车载自动诊断系统)系统。根据该办法,镇江市范围内建筑工地和散货码头在每年8月、11月各进行一次豁免集中申报,市、县两级住建、交通、生态环境等行业主管部门审批通过后予以公示;市政工地和渣土处置工地实行动态申报,由市级行业主管部门核查通过后予以公示。豁免名单实施动态管理,已豁免的单位在日常检查中发现不符合豁免条件的,取消豁免资格,并且半年内不得再次申报。全年市生态环境局对10家工地、1家码头进行重污染天气应急管控停限产豁免。

(马万祥)

【废弃放射源处置工作】 1985年,原江苏远东水泥有限公司将一枚废弃放射源钴-60放射源以铅罐全密封形式深埋于句容市少姑山脚下,由于江苏远东水泥有限公司的关闭和掩埋场所地形地貌的变化,该放射源一直未能准确找到并处置。2020年10月,镇江市生态环境局与句容市政府实施精准勘探和挖掘处置方案,经过1.5万立方米开挖作业,将该枚钴-60放射源取出,并运往江苏省城市放射性废物库收贮。镇江市历史遗留放射源隐患基本清除。(彭遂红)

污染防治

【概况】 2020年,镇江市实施年度大气污染防治工程348项、水污染防治项目43项,削减化学需氧量1323吨、氨氮174吨、总氮342吨、总磷34吨、二氧化硫1023吨、氮氧化物1615吨。市生态环境局出台《镇江市区柴油车尾气综合治理示范项目建设方案》,试点安装OBD在线监控100台,对非法油品加工点、弄虚作假的排放检验机构等实施专项整治。全市建成沿江港口码头粉尘在线监测系统58套,港口干散货码头粉尘防治率100%,大型煤炭、矿石码头粉尘在线监测覆盖率为100%;4个园区、110家企业制定VOCs(挥发性有机物)“一园一策”“一企一策”治理方案,全年完成359项挥发性有机物治理项目、110家企业工业挥发性有机物清洁原料替代及综合治理。推动10家省级及以上工业园区加强污水处理设施专项整治,指导光大海绵城市发展(镇江)有限公司开展沿金山湖CSO溢流污染综合治理工程,该项目列入省级生态安全缓冲区示范项目。市交通运输局加强航运船舶污染防治,全市完成船舶生活污水接收柜加装612艘,其中,400总吨以下镇江籍小吨位船舶188艘,沿江港口码头完成污染物接收装置建设(含流动接收装置)35套,覆盖率100%,同时还建设船舶含油污水固定接收设施,做到固定接收和流动接收的“双保险”。推进土壤污染防治,按照国家要求布设112个土壤环境质量监测点位,编制《镇江市土壤污染治理与修复规划》,完成原凯美科瑞亚化工(江苏)有限公司地块治理与修复项目和原江南化工厂地块治理与修复试点项目。年底,镇江市运行的危险废物处置设施年处置能力46.95万吨,其中,焚烧3.54万吨/年,填埋12万吨/年,综合利用31.41万吨/年。镇江市医疗废物年处置能力3380吨,其中,高温蒸煮3300吨,焚烧80吨。重点危险废物产生单位规范化管理抽查合格率和经营单位规范化管理抽查合格率分别为98%和100%。(吴锦利　张　琦)

【污染防治综合监管平台运行情况】 2020年,镇江市污染防治综合监管平台收集环境保护类问题线索13439条,办结问题线索12814条,办结率为95.35%,如期办结率91.20%。全年,问题线索涉及大气污染3879条,占比28.86%;涉及噪声污染4383条,占比32.61%;涉及固废污染2842条,占比21.15%;涉及水污染1619条,占比12.05%;涉及土壤污染37条,占比0.28%;涉及其他污染679条,占比5.05%。

(阙 薇)

【臭氧污染防治】 2020年,镇江市生态环境局印发实施《臭氧污染防控工作方案》,开展臭氧污染防治工作。运用源解析成果锁定源头,排定VOCs重点监管和应急管控企业150余家,针对臭氧生成主控因子VOCs"一企一策"实施精细化管控。实施工程减排,聚焦石化、化工、涂装印刷等重点行业产生的芳香烃、烯烃和烷烃等7种重点污染因子,实施VOCs重点治理项目31个,削减VOCs本底排放。强化区域整治,对镇江新区新材料产业园、丹徒经济开发区、丹阳市经济开发区、索普化工基地等开展VOCs区域集中整治。推进清洁生产,对40多家企业采用物料源头替代、无组织排放控制等措施削减生产工艺中的VOCs排放。强化应急管控,4月—10月是臭氧污染易高发时段,采取VOCs强制减排、重污染天气削峰等措施强化管控,对296家涉VOCs企业开展执法检查,发现257家企业存在不同程度环境问题680个,建议立案查处29件,取缔关闭9家。

(刘 浩)

【原江南化工厂退役厂区土壤污染治理与修复国家试点项目完成】 原江南化工厂退役厂区土壤污染治理与修复国家试点项目总投资额近2.5亿元,占地面积17.13公顷(257亩),经先期场地调查和风险评估,土壤中有29种污染物超过筛选值,地下水超过筛选值的污染物有25种。自2015年项目启动后,经土壤污染状况调查、风险评估、土壤和地下水修复3个阶段,修复污染土壤约18.5万立方米、地下水约12.4万立方米,最大开挖深度为12米,治理污染物主要包含有机农药六六六、多环芳烃、苯系物、三乙胺、重金属等,经修复后土壤和地下水基本达到安全标准。

(王 纬)

太湖流域水污染防治

【概况】 2020年,镇江市10个太湖流域考核断面水质达标率100%;17个重点水功能区水质达标率88.2%,消除劣V类水功能区。5月,镇江市政府印发实施《镇江市打好太湖治理攻坚战实施方案》,并与涉及太湖流域的丹阳市、句容市、丹徒区政府签订年度太湖流域治理目标责任书。镇江市太湖治理重点工程项目共18个,年内完成17个,其中丹徒区生态循环农业项目未完成。实施京杭运河国省考断面辛丰镇和王家桥断面水体达标方案,开展多项水环境达标整治工程,先后完成辛丰镇、王家桥断面水环境综合整治工程(二期)、支流半月沟和人民沟的整治、辛丰集镇污水管网修复改造工程、京杭运河监测体系与预警系统的建设。实施丹阳市北沟河、泥炭河2个支浜消劣V类及水质提升工程,入湖河流支浜水质实现达标。继续实施整体耕地轮作休耕工作,全市耕地轮作休耕补贴面积1214.65公顷(18219.8亩)。对太湖流域范围内畜禽养殖场通过"三分离一净化"及农木集合进行治理改造工作,加快规模化畜禽养殖场污染治理配套设施建设;严格执行养殖水排放标准,推动水产养殖尾水集中处理、循环利用,实现达标排放或零排放。全市河道清淤51.308千米,加强水系沟通,实现镇江市太湖流域县级市建成区基本消除黑臭水体的目标。

(林瑜杰)

2020年镇江市太湖流域水污染防治重点工程(当年投资500万元以上)完成情况表

表19-2

项目名称	实施地点	主要建设内容及规模	年内实际投资(万元)	2020年目标	完成情况
石城污水处理厂三期扩建	丹阳市	扩建规模2万吨/日	6858.05	完成	完成
司徒污水处理厂二期扩建工程	丹阳市	扩建规模1万吨/日	5481.32	完成	完成
丹徒污水处理厂二期扩建及一期提标工程	丹徒区	新建2万吨/日规模,对一期2万吨/日进行提标改造	8843	完成	完成
沃特污水处理厂提标及扩建工程	丹阳市	对污水处理厂一、二期2万吨/日进行提标改造,扩建三期2万吨/日工程	8389	一、二、三期完成土建	三期扩建内容:工艺模块细格栅、生化池、二沉池、高效沉淀池、V型滤池、接触消毒池、加药加氯间、鼓风机房主体结构完成;设备安装完成,进水调试中。二期提标改造:完成脱泥房改造、二沉池、生化池等设施仪表、管线设备更新

续表 19－2

项目名称	实施地点	主要建设内容及规模	年内实际投资（万元）	2020 年目标	完成情况
辛丰镇污水管网维修改造工程	丹徒区	维修改造运河东侧原有污水管网，使其具备应有的功能，共计 7.5 千米	530	完成	完成
丹阳市城镇污水处理设施配套污水管网工程	丹阳市	新建污水管网 15 千米	4701.92	完成	完成
镇江市丹徒区京杭运河辛丰镇、王家桥断面水环境综合整治工程（二期）	丹徒区	辛庄线现状市政雨水合流改造、辛丰世纪花园雨污分流改造、运河西侧污水截留、低洼地区雨水系统建立、辛南路截留工程、肖庄农村污水源头收集。建设一体化泵站一座，中途泵站一座	2300	完成	完成

（林瑜杰）

环境监测与科研

【概况】 2020 年，江苏省镇江环境监测中心发布空气质量日报 365 期，微博预报更新 365 条，环境空气质量月报 12 期，重污染预警快报 11 期，重污染天气预报 24 小时预报准确率 95%，通过网格化点位和雷达监控监测到污染热点 80 次；发布水质预警快报 34 期，水环境质量报告 12 期，水质自动监测周报 52 期。开展句容河溯源专项调查、京杭运河镇江段全流域调查分析、大港新区北山河重金属专项调查等工作。镇江市生态环境局启动全市乡镇（街道）空气质量监测网络建设工作，全市计划新建 40 个乡镇（街道）空气自动监测站点，其中，丹阳市 10 个、句容市 9 个、扬中市 5 个、丹徒区 6 个、京口区 3 个、润州区 3 个、镇江新区 4 个；截至年底，完成扬中市 5 个、句容市 9 个、京口区 3 个、润州区 4 个、镇江新区 4 个，共计 25 个站点建设工作。完成《镇江市"十四五"国家城市环境空气质量监测点位优化调整技术报告》，在镇江高新区增设 1 个国控大气监测点位。江苏省镇江环境监测中心完成主城区 4 个大气站点的空气微生物监测，饮用水源地、长江、河流湖泊点位的粪大肠菌群等的监测及太湖流域底栖生物采集分析工作，完成 11 个点位的瞬时 γ 辐射空气吸收剂量率的监测及赛珍珠广场的环境累积剂量率监测、质控样监测，完成辐射自动站干湿沉降、气溶胶样品采集及送样工作。

（邹云娣　魏建国）

【新冠肺炎疫情防控期间环境保障与监测】 2020 年，镇江市生态环境局会同镇江新宇固体废物处置有限公司、光大环保能源（镇江）有限公司和江苏弘成环保科技有限公司，共同成立镇江市医疗废物应急处置工作组，制定《镇江市新型冠状病毒感染的肺炎疫情期间医疗废物应急处置方案》，全市各医疗机构、医学观察点、隔离小区医疗废物全部做到日产日清；处置医疗废弃物约 121.34 吨。市生态环境局下发《关于对医疗污水应急监测的指导意见》，对医疗废水消毒技术要求、排放指标要求以及现场监测防护要求做出规范。镇江环境监测中心制定《镇江环境监测中心关于应对新型冠状病毒感染疫情生态环境应急监测方案》，每日开展大气和地表水自动监测数据分析研判，开展饮用水源地新冠肺炎管控特征项目余氯、生物毒性的加密监测工作，确保饮水安全。编发疫情期间环境监测信息简报 230 期。

（张　琦）

【环境监测能力与科研】 2020 年，江苏省镇江环境监测中心启动土壤专项监测特色实验室建设工作，完成土壤特色实验室设备采购 1625 万元，编制完成《2020 年土壤新项目开发计划》；全年申报课题 3 项，验收课题 8 项，发表论文 18 篇，其中，该中心主持的镇江市社会发展项目"富马酸废液生产功能性聚合物树脂新技术的应用研究"获江苏环境保护科学技术奖三等奖；开展"$PM_{2.5}$、臭氧及其前体物监测体系、质控质保体系研究及示范应用"协作课题的 VOCs 连续加密采样工作，加强数据分析利用，为环境管理决策提供支撑。

（邹云娣）

旅　游

责任编校：钱金金

综　述

【概况】　2020年，镇江市接待国内游客3772.93万人次，恢复到上年的53%；实现旅游总收入494.46亿元，恢复到上年的48.3%。截至年底，全市有国家A级旅游景区31家，其中，AAAAA级2家（“三山”、茅山）；AAAA级7家（西津渡、南山、宝华山国家森林公园、镇江博物馆、醋文化博物馆、米芾书法公园、江苏茶博园）。有省级旅游度假区3家（茅山湖旅游度假区、世业洲旅游度假区、水晶山旅游度假区）；有全国乡村旅游重点村2家（句容市丁庄村、丹徒区五套村）、省级乡村旅游重点村3家（句容市戴庄村、扬中市利民村、丹徒区卫星村）。有旅行社118家，其中出境社12家；省星级旅行社36家，其中，五星1家（镇江中国旅行社）、三星26家，二星8家、一星1家。有旅游星级饭店25家，其中，五星级3家（镇江国际饭店、富力喜来登大酒店、水中仙大酒店）、四星级5家［镇江观海楼大酒店、丹阳新世纪国际大酒店、金陵饭店（丹阳）、句容曙光国际大酒店、江苏长江大酒店］、三星级15家、二星级2家。全市有导游2470人。

举办第十四届中国镇江金山文化旅游节，国庆期间，全市游客量按可比口径恢复到上年同期的81.96%；发放文旅消费券20.5万张，价值3384.6万元。全市开展旅游推介43场。打造“镇江夜美好”夜经济品牌，形成全市以及各市（区）夜游经济主题，包括丹阳市的“夜畅云阳、难忘镜霄”、句容市的“夜在句容，福想连篇”、扬中市的“江中夜明珠”、丹徒区的“畅游宜夜”、京口区的“星夜大市口”、润州区的“润州明月夜”、镇江新区的“月宜月美”、镇江高新区的“夜享高新”。培育夜间文旅消费集聚区，西津渡文化旅游有限责任公司、句容市宝华山国家森林公园管委会入选省级夜间文旅消费集聚区建设单位（全省30家）。

开展“5·19”中国旅游日、“宜游镇江”网络推广、镇江旅游（上海）推广周等宣传活动，组队参加中国国际旅游交易会、第二届大运河文化旅游博览会、第八届澳门国际旅游（产业）博览会等活动。“春绿江南岸·镇江三日游”等4条旅游线路入选省级“精品旅游线路”。制作完成镇江文化旅游宣传片英文版、日文版、韩文版。加强文旅行业监测监管，建成运营智慧文旅综合平台，实现“一部手机游镇江”。加强新冠肺炎疫情防控，落实旅游景区、文化场馆“限量、预约、错峰”要求。在省内对全国医务人员实行一年免费入园优惠，对镇江援鄂医护人员及家属发放“致敬天使·爱心卡”免费游园卡。开展“景区景点党情大调研”活动，走访全市所有A级以上景区和86家乡村旅游区，组织党员志愿服务队开展“送文化旅游政策上门”“送文化旅游故事上门”等精准帮扶活动。

镇江市文广旅局组织编制《“三山一湖一渡”旅游规划》。开展全域旅游新标准规范线上解读和培训，丹徒区、润州区文化旅游部门启动全域旅游规划编制。句容市强化旅游交通建设，建成“句容福道”360千米；丹阳市推进A级景区创建工作，丹阳眼镜城开展对标整改工作，九里旅游景区创成国家AAA级旅游景区；扬中市以乡村旅游为主导板块，打造3个乡村旅游集聚区；京口区以完善旅游六大要素配套为方向，打造宜游环境。　（王佑嘉）

【“十三五”期间主要情况】　“十三五”期间，镇江市按照“以文促旅，以旅彰文”的工作思路，推进文化与旅游在职能、产业、市场等多领域融合。举办节庆活动情况：2016年，举办第六届苏台灯会“江苏·台湾灯会”，在展灯28天内接待游客约350万人次。2019年，启动8年未开展的金山文化旅游节，2020年举办的第十四届金山文化旅游节发放20.5万张、价值3384.6万元的文旅消费券，接待游客275万人。培育“镇江夜美好”夜间经济品牌，各市（区）分别推进各自夜间经济品牌，促进文旅消费。开展全域旅游示范区创建，2016年11月，镇江市被国家旅游局列入第二批全域旅游示范区创建单位。2019年11月，镇江市编制出台《镇江市全域旅游规划纲要（2018—2022）》，明确各市（区）创建进度安排。2019年，句容市创成省级全域旅游示范区。2020年推进扬中市、丹徒区、润州区3个市（区）全域旅游示范区建设。“十三五”期间，新增省全域旅游示范区1家、国家级乡村旅游重点村2家、省乡村旅游重点村3家；国家AAAA级旅游景区1家、AAA级旅游景区6家。“十三五”期间，镇江市建设旅游厕所468座，其中，AAA级60座，AA级172座，A级214座，无等级22座，均完成百度地图线上标注。新增8个旅游集散中心。出台《镇江市金山焦山北固山南山风景名胜区保护条例》，是镇江市获立法权后制定的首部地方性法规。推进乡村旅游发展，举办美丽镇江乡村游嘉年华活动；推进乡村旅游集聚区建设和标准化试点，“乡村旅游集聚区服务标准化试点”项目入选2020年江苏省战略性新兴产业和服务业标准试点项目，是全省旅游业唯一的社会事业类标准化试点项目，同时也实现全市旅游业社会事业类标准试点项目“零”的突破。制定地方标准《乡村旅游民宿建设与服务规范》，出台《关于提升全市乡村民宿发展水平的实施意见》，以句容为试点探索镇江乡村旅游民宿发展途径。开展镇江市乡村旅游民宿安全专项整治，推动促进全市乡村旅游民宿规范、健康、高品质发展。文旅融合以后，2019年接待国内游客7120.71万人次，比上年增长8.76%；实现旅游业总收入1024.59亿元。建成智慧文旅综合平台并上线运营，培育线上文旅消费新模式。全市9家国家AAAA级以上旅游景区全部实现线上分时预约全覆盖，实时监控实现与省级平台对接。（王佑嘉）

【旅游景区质量提升工程】 2020年，镇江市实施旅游景区质量提升工程，加强旅游景区问题导向，实施“标牌标识、游客中心、导游服务、卫生环境和安全管理”等5个专项质量提升工程。开展景区明察暗访，制定并试行“景区红黄榜”制度。推进景区母婴室、游客中心、生态（低碳）景区和智慧景区建设。实施文旅融合场景化建设工程，推进红色演艺、文化演艺进景区20余场，建立图书等文化服务设施与乡村民宿、旅游景区共建、共享机制。（王佑嘉）

【旅游业态拓展工作】 2020年，镇江市推进“旅游+”“+旅游”工作模式，开发延伸供给知识科普型、自然观赏型、体验考察型、励志拓展型和文化康乐型等5类研学旅行产品，推出镇江太平民俗民艺馆、赤山湖国家湿地公园、金山湖房车露营地等9个研学旅游目的地，发布“科普教育 体验拓展”之旅等5条研学旅游线路。开展镇江十大“优购”旅游商品大赛。茅山湖度假区等省级旅游度假区通过年度考核验收。（王佑嘉）

【《“三山一湖一渡”旅游规划》】 2020年，镇江市文广旅局按照“深度挖掘、强化主题、产旅融合、空间重构”原则，组织编制《“三山一湖一渡”旅游规划》，谋划“三山”、西津渡和金山湖建设格局，打造主城区休闲旅游目的地。该规划旨在增加镇江市休闲度假游旅游产品，丰富旅游内容，拓展旅游深度，注入文化内涵，提高服务质量。同时，完善旅游交通基础设施及城市旅游公共服务体系，推进城市配套与旅游共建、共享。（王佑嘉）

旅游规划与建设

【概况】 2020年，镇江市在全省率先建成智慧文旅综合平台；“宜游镇江”微信公众号电商平台上线并投入运营。全年全市开展文旅推介招商活动42场，签约项目30个，计划总投资约77亿元。举办第十四届中国镇江金山文化旅游节，到镇江旅游游客275万人，国庆、中秋8天，西津渡接待游客增长11.1%。推进旅游区复工复产复业，提高旅游景区满意度；引导乡村旅游优化发展，推进旅游产品创新体系建设。组织2020镇江十大“优购”旅游商品大赛，120多个旅游商品参赛，276301人次参与网上投票，分别选出“杏园雅集”等系列文创经典类和“味道镇江”镇江“三怪”礼盒等创意类“优购”旅游商品各10件（套）。推进茅山湖度假区等省级旅游度假区度假产品业态提升、旅游设施配套完善、旅游服务项目增加，该度假区通过省级年度考核验收。（王佑嘉）

【红色旅游建设】 2020年，镇江市以茅山新四军纪念馆等红色资源为重点，开展一个课堂、一个展览、一个铁军营和一条线路等“七个一”系列活动，推进各市（区）红色旅游资源板块建设。开办茅山红色夏令营，打造文艺表演、寻访革命前辈等特色活动；开展文化志愿服务，培训“小小讲解员”；举办党员干部现场教学活动，开展“重温一次入党誓词，重唱一次国歌，重走一次铁军路,看一场展览,听一场讲座,吃一顿忆苦思甜饭”的“六个一”现场教学活动;推进“红色+绿色”融合发展,将新四军医疗所、修械所等遗址纳入陈庄乡村振兴发展规划,构建红色文化旅游区,丰富乡村振兴产业发展路径;将新四军遗址串联成“重走铁军路”环节的经典线路,串联红色遗址群、生态农场、乡村民宿等景点,形成主客共享的红色陈庄乡村游模式。（王佑嘉）

【乡村旅游建设】 2020年,镇江市整理全市的乡村旅游产业要素,形成“市、市(区)、镇、点”多层次乡村旅游节庆体系。打造“美丽镇江乡村游”品牌,举办“美丽镇江乡村游”嘉年华乡村旅游节、“乡村游·跑起来”乡村骑行、镇江“十大农家菜”评比等系列活动,发布并推广生态康养游、文化体验游、休闲运动游、田园乡趣游等4个类型9条“乡村旅游精品线路”,培育乡村旅游品牌民宿3家。开展全市乡村民宿安全专项整治行动,解决乡村旅游民宿手续办理的难题。句容市丁庄村、丹徒区五套村入选第二批“全国乡村旅游重点村名录”,句容市戴庄村、扬中市利民村、丹徒区卫星村入选“江苏乡村旅游重点村名录”。在全省率先开展乡村旅游集聚发展试点项目标准化建设。新(改)建11座乡村旅游厕所。开展“三场一中心两提升”行动,明察暗访乡村旅游区230人次,取消25家省星级乡村旅游区的品牌资格。在长三角推介镇江乡村旅游,依托“美丽镇江乡村游”公众号、小程序推广乡村旅游集聚区、重点村、民宿和乡村旅游区,以及农副产品和乡村特色文创商品。“福地养生一日游”线路入选文化和旅游部《乡村旅游精品线路发布目录》,“句容生态农旅二日游”等4条线路入选省“乡村旅游精品线路发布目录”。（王佑嘉）

【“镇江转转卡”旅游通票上线运营】 2020年12月30日,“镇江转转卡”旅游通票上线运营。产品分24小时(包括A、B、C三种产品)、48小时、72小时5种产品。游客可以通过登陆“宜游镇江”微信公众号电商平台、“苏心游”微信公众号电商平台购买。24小时卡内产品对外售价215元,线上购买95元;48小时卡内产品对外售价625元,线上购买188元;72小时卡内产品对外售价775元,线上购买268元。卡内包含镇江主要景区及乡村旅游点、星级酒店及民宿、镇江美食店铺、文创特色产品、文化演出等有镇江特色的文化旅游产品,购买“转转卡”的游客主要通过“六个一”(逛一个人气景区,看一场文化演出,做一次特色体验,享一顿地道美食,用一次酒店住宿折扣,带一份精致伴手礼)感受镇江的魅力。（王佑嘉）

【第十四届中国镇江金山文化旅游节】 2020年9月19日—10月8日,第十四届中国镇江金山文化旅游节举办。该旅游节以“水韵江苏·山水镇江”为主题,围绕“以文促旅、以旅彰文、和合共生”理念,开展6大板块30项子活动。“三山一湖一渡”、茅山、宝华山等景区开展戏曲展演、“非遗”民俗、美食集市、夜游经济等活动,文化旅游节期间主要景区接待游客量275万人。博物馆、民艺馆、美术馆、图书馆开启夜游模式,到馆人数16.3万人。发放文旅消费券20.5万张,价值3384.6万元。国庆、中秋双节期间镇江旅游市场接待游客565.3万人次,按可比口径恢复到上年同期的81.96%,实现旅游总收入62.34亿元,按可比口径恢复到上年同期的72.7%。首次举办第六届长三角慢生活旅游峰会暨第四届长三角慢生活旅游目的地联盟峰会,46家单位代表和全国50家知名媒体代表200人参加,镇江市获评“长三角最佳文旅融合城市特别奖”。长三角民俗文化系列活动中,无锡、宿迁、嘉兴等地30项“非遗”项目的300件展品参加。策划“镇江夜美好”品牌,全市各板块同步开启“夜跑、夜读、夜演、夜购、夜嗨”等十大主题活动。“西津集市”接待游客18.5万人;篝火晚会接待游客3.84万人;“镇江诗词大会”有760人现场参与,20万人在线观看。开幕式现场近80万人“云”参与;抖音挑战赛话题播放量5170万次;同程直播超230万名观众参与,直播带货销售额80万元。电子竞技大赛有500名选手参加,10万人在线观看。该届文旅节线上受众约6000万人次。（王佑嘉）

旅游营销

【概况】 2020年,镇江市开展旅游推介活动42场,邀请当地旅行社代表800余人、媒体记者代表160人参会;发表旅游宣传文章约150余篇,多家旅行社与镇江开展业务合作。其中,赴上海市、杭州市、湖州市、北京市举办文化旅游推介招商活动。在上海举办镇江文化旅游推广周,组织旅游企业赴南京参加2020南京国际度假休闲及房车展览会;组织参加2020中国国际旅游交易会、苏州国际旅游交易会。当年,“春绿江南岸·镇江三日游”“醉美生态·镇江美食养生三日游”分别获“江苏省精品旅游线路”一等奖、三等奖;“‘千年兴衰 漕运文化’——镇江扬州淮安四日游”入选“江苏大运河文化旅游精品线路”;“镇江站+‘三山’、西津渡”入选“‘长三角高铁+景区’快捷线路”以及“扬子江名城之旅”线路。（王佑嘉）

【"宜游镇江"网络推广】 2020年,镇江市招募6名"古风达人"组成体验团到镇江进行3天2晚的深度体验游,并通过"直播+旅游+电商"模式启动3场直播活动。该活动通过体验、新媒体互动、直播等互联网方式,实现话题流量的传播,输出镇江旅游优质精品内容,讲好镇江文旅故事。3场直播有230万名网友在线观看,直播带货销售额近80万元,发起的微博话题"宜游镇江"阅读量4224.2万人次。

(王佑嘉)

【媒体宣传】 2020年8月5日—7日,上海电视台东方购物频道到镇江市拍摄宣传节目,在金山、焦山、南山、西津渡、镇江博物馆、中国醋文化博物馆、白娘子爱情文化园等取景拍摄,该节目分别在8月底和9月初播出。8月18日,江苏省广电总台文艺广播《文艺大搜索》栏目组赴槐荫村开展素材的采集、拍摄等工作,节目于8月25日七夕节播出。9月中下旬,省广电总台教育频道《悠游四海》栏目到镇江市金山、焦山、北固山、南山、西津渡、博物馆、恒顺集团、宴春酒楼、陶大面馆等地拍摄,9月—10月播出5期节目。

(王佑嘉)

【旅游区域合作】 2020年,镇江市到连云港市开展旅游推介交流活动,与连云港市文广旅局签订合作协议,接待连云港旅游协会代表到镇江考察交流。9月,接待连云港400名游客的镇江两日游。启动镇江·渭南"双城万人游"活动,两市签订合作协议,开展两地旅行社互相踩线活动。与辽宁朝阳市签订旅游区域合作框架协议。 (王佑嘉)

图20-1 2020年12月15日,2020镇江文化旅游投资(北京)合作推介会文化旅游合作签约仪式现场 (王瑞稼 供稿)

【文化旅游交流】 2020年,镇江市组队参加第八届澳门国际旅游(产业)博览会、第二十五届澳门国际贸易投资展览会、2020澳门国际文化艺术品博览交易会。在日本市场加大推介力度,在日本最大的线上生活旅游资讯网站"RETRIP"投放镇江宣传文章;镇江市观光情报上线日本"JATA旅行协会"官网,并在上海HIS、JTB等日本主流旅行商门店陈列镇江市宣传信息。加大旅游线路开发力度,与日本联合开发"Go to镇江·扬州"主题系列产品:联合开发"探寻水韵文脉 感受江苏风华"镇江、扬州、南京3市研学产品,联合开发三国主题定制镇江一日游精品团。首次推广韩国市场,开展线上宣传、市场调查、线下推广等活动。承办全省文化和旅游对外及港澳台交流与合作培训班,制作完成镇江文化旅游宣传片英文版、日文版、韩文版;制作镇江旅游宣传折页韩文版;完成《日本赴镇江旅游市场情况调研报告》《后疫情时代日本文旅市场推广创新做法》等材料。

(王佑嘉)

旅游行业管理

【概况】 2020年,镇江市围绕无证照文化旅游经营场所专项整治、文化市场专项整治行动等重点执法任务,完成全市文化市场无证整治"清零"任务,文化市场经营场所专项整治有成效。完善部门协同执法机制,加强区域执法协作。受新冠肺炎疫情影响,文旅市场投诉量增加,接到市民和游客投诉387件,其中,咨询4件、不予受理8件;结案375件,结案率100%。受理案件中涉及旅游投诉312件,文化举报94件,安排现场调解9件,为游客挽回损失25.65万元。完成1861名社会导游的导游证到期换证工作。举办第十四届中国镇江金山文化旅游节电子竞技大赛,决赛线上观赛人数超10万人。为7个重点旅游项目、11家旅行社和5家绿色网吧争取省纾困资金472万元;8个项目享受省旅游产业基金利息减免224万元;争取省级文化旅游、广播电视产业引导和奖励资金710万元;发放市旅游业发展考核奖励609.8万元;退还77家旅行社旅游服务质量保证金1632万元。按照疫情防控要求,在一定期限内管控旅行社"不得经营跨省

(区、市)和出入境团队旅游业务及'机票+酒店'旅游业务"。开展文化市场夜间巡查,加强文化市场安全生产管理。加强"12301"全国旅游服务平台监管。检查全市旅行社租车协议,组织开展星级饭店复核工作。12月24日,《江苏省文化市场综合行政执法管理办法》实施推进会在镇江市召开。镇江市承接文化和旅游部"市级文化市场综合执法规范化建设"课题。当年,镇江市执法支队获评"2019年度全国查处侵权盗版重大案件有功单位""2020年度全省扫黄打非先进集体和全省广播电视先进单位"。

(王佑嘉)

【旅游安全管理】 2020年,镇江市继续开展安全生产专项整治三年行动,制定下发《镇江市文化旅游市场安全生产部门联动工作机制》,镇江市文广旅局、市交通运输局、市市场监督管理局和市消防救援部门建立联合会商、检查、执法和信息共享机制。发放落实企业安全生产主体责任清单宣传海报,利用报纸、电视、网络等向广大市民宣传旅游安全常识,在抖音上发布室内消火栓使用方法短视频,在网络上制作传播"旅游安全顺口溜"。组织开展安全生产培训和应急演练,制作旅游星级饭店应急逃生宣传片、文化场馆反恐防暴教学视频等教育培训材料,邀请消防专家、食品安全专家对旅游安全从业人员进行安全培训。组织全市导游员安全生产技能培训,开展"百团进百万企业安全生产宣讲"活动。在文博场馆、星级饭店、旅游景区组织开展反恐防暴和消防救援应急演练。打击行业"黑恶势力",开展歌舞娱乐场所违禁曲目专项整治,对私人影院开展专项检查。

(王佑嘉)

【"三山"、南山风景名胜区保护管理】 镇江市区风景名胜区有两处,分别为"三山"国家级风景名胜区和南山省级风景名胜区,总面积30余平方千米。2020年,南山风景名胜区总体规划(2019—2035年)获省政府批复。市文广旅局按照《镇江市金山焦山北固山南山风景名胜区保护条例》要求,规范镇江市区"三山"、南山风景名胜区内的建设活动,保护和永续利用风景名胜区资源。加强涉风景名胜区前置审核工作,履行"三山"、南山保护职责,把握各项规划控制性指标,提升政务服务质量水平。检查"三山"、南山风景名胜区保护利用管理工作,重点检查"三山"、南山风景名胜区维护、建设、运营、策划情况。(王佑嘉)

【"五山"重点风景区】 2020年,"金山""焦山""北固山""南山""宝塔山"游客量数据分别为:金山景区191.03万人次、焦山景区95.5万人次、北固山景区47.76万人次、南山景区85.8万人次、宝塔山公园7.19万人次。当年,"五山"结合自身文化特点开展多项活动:2019年12月31至2020年1月1日,在金山风景区佛教文化广场举办"辞旧迎新·钟鸣圆满——2020年镇江金山新年撞钟活动"。4月5日,在南山文苑景区举办"南山寿芽·品味生活"南山茶艺表演活动。6月25日—27日,在北固山举办"端午习俗知多少"趣味字谜和端午"非遗"民俗体验活动;9月28日—10月18日,在北固山举办"仙侠斗疫"仙人掌展。10月1日—5日,在金山开展"普天同庆·相约金山"文艺会演。10月—12月,开展民法典进景区活动,镇江"三山""南山"景区将《文化和旅游法律知识100问》摆放于游客服务中心内,供游客取阅。

(朱丹丹)

图20-2 2020年10月1日—5日,以"普天同庆·相约金山"为主题的文艺会演在金山景区举办 (高 学 供稿)

综 述

【概况】 2020 年，镇江市实现社会消费品零售总额 1141.9 亿元，比上年下降 1.4%，列全省第 7 名，上升 2 名。其中，限额以上企业单位消费品零售额 355.24 亿元，增长 2.1%；限额以下企业消费品零售额 786.69 亿元，下降 2.9%。按经营单位所在地分，城镇消费品零售额 1029.79 亿元，下降 0.7%；乡村消费品零售额 112.15 亿元，下降 7.6%。按消费形态分，批发业零售额 187.84 亿元，增长 5.6%；零售业零售额 840.14 亿元，增长 1.5%；住宿业零售额 5.94 亿元，下降 17.1%；餐饮业零售额 108.02 亿元，下降 5.6%。从限额以上批发和零售业分类商品零售情况看，食品饮料、烟酒类上涨 14%，汽车类增长 8.7%，家用电器和音像器材类下降 14.4%，服装、鞋帽、针纺织品类下降 4.9%。（黄　昕）

【餐饮百货消费券发放】 2020 年，镇江市为应对新冠疫情影响，提振商贸企业发展信心，从 6 月开始，市商务局开展"'券'心'券'意 惠民助商"2000 万元餐饮消费券发放；12 月，以"温暖冬夜'镇'美好"为主题发放 750 万元夜间餐饮百货消费券。各大餐饮百货类商家响应政府餐饮消费券活动，吸引众多消费者。两次消费券总核销率 66.9%，高于周边城市的平均核销率，总计拉动消费 9728 万元，拉动比为 1∶5。（黄　昕）

【夜间经济发展】 2020 年，镇江市开展"夜间消费打卡地(点)"评选活动，经过各市(区)商务部门推荐申报和初审筛选，有 21 家夜间消费打卡地和 37 家夜间消费打卡点进入网上展示投票环节，通过网上投票和专家评审，最终评出"十佳夜间消费打卡地(点)"。各商家在"温暖冬夜'镇'美好"夜间餐饮百货消费券发放活动中开展各类促销活动，对 14 个商家举办的活动开展"夜间促销活动优胜单位"评选，最终评选出 6 家优胜单位。（黄　昕）

【安全生产工作】 2020 年，镇江市开展开发区、加油站和商业场所安全生产专项整治，配合开展危险化学品、餐饮燃气等专项整治。市商务局与市应急管理局委托市石油流通协会，聘请安全专家对全市 294 家加油站(点)进行检查，建立检查档案。全年检查出加油站一般安全隐患 713 个，全部整改完成。会同住建、市场监管、消防救援等部门，联合电信等企业，在全市 10973 家餐饮燃气用户中开展餐饮燃气泄漏安全保护装置安装推广，并先后在丹阳市和句容市召开安装推进现场会。截至年底，全市餐饮燃气用户安装燃气泄漏安全保护装置总体比例 87.7%。建立安全生产领导分片挂钩检查机制和重要节假日巡查机制，由领导定期带队督查检查各地商贸领域安全生产落实情况。（黄　昕）

【菜市场升级改造】 2020 年，镇江市按照省民生实事任务，完成主城区 3 个菜市场升级改造，并指导丹阳、句容市推进完成 3 个乡镇集贸市场升级改造任务，改善当地及周边群众的日常消费环境。市商务局会同市市场监督管理局印发《镇江市主城区菜市场长效管理综合考评工作实施方案》和《镇江市辖市主城区菜市场长效管理综合考评工作实施方案》，提升菜市场精细化、规范化、常态化管理水平；按照《镇江市菜市场管理暂行办法》和《镇江市菜市场长效管理综合考评办法》，配合市市场监督管理局对主城区 42 个菜市场开展月度考评、各区自评及菜市场职能部门季度测评工作，促进菜市场提升管理水平。

（黄　昕）

【农产品产销对接】　2020 年，镇江市商务系统指导"我的社区 365"电子商务平台对"线上农批"进行改版，升级自由交易区、增设线上代卖区、提供物流服务咨询，对镇江市 204 个经济薄弱村为基础的特色产品开展产销对接活动，为当地农业企业、生产合作社和家庭种植大户、农副产品流通企业提供对接平台。全年实现对接直销地产蔬菜 1.35 亿元，其中平台自销农产品 1210 万元。（黄　昕）

【供应链建设】　2020 年，镇江市探索供应链治理新机制、新模式，完善产业供应链体系，促进经济转型升级。按照省供应链试点建设要求，市商务局指导江苏汇鸿冷链物流有限公司、丹阳市诺得物流股份有限公司、镇江海纳川物流产业发展有限责任公司等 3 家企业通过省供应链创新与应用试点重点培育企业中期评估，推动供应链创新与应用重点项目建成并投入使用，完善现代化供应链管理体系，提高供应链运营效率。（黄　昕）

【锅盖面品牌推广】　2020 年 7 月—10 月，镇江市商务局组织开展 2020 年镇江市"十佳网红锅盖面""十佳金牌锅盖面馆"评选活动，全市有近 130 家锅盖面馆报名参与。通过线下评分、网络投票、锅盖面消费券核销、现场比赛等环节，评选出"十佳网红锅盖面"和"十佳金牌锅盖面馆"。市商务局通过抖音推广、锅盖面进食堂、制作手绘地图等方式对获选面馆进行线上线下推广。评选活动宣传推广镇江锅盖面品牌形象，促进锅盖面行业质量提升，部分获奖面馆销售额比活动前增长 30% 以上。（黄　昕）

餐饮服务业

【概况】　2020 年，新冠肺炎疫情使镇江市餐饮业受到较大影响，餐饮经济下行，消费滞缓，全年全市餐饮业收入 106.8 亿元；住宿业收入 5.88 亿元。

面对突发的疫情，镇江市餐饮协会和各餐饮企业做好对内对外工作、安抚顾客，对预订的酒宴，尊重顾客意愿，可退、可改、可转、可打包半成品，没有发生一起投诉事件；安置好企业职工，外地员工安排食宿一日三餐，本地职工轮流上岗，保障职工队伍稳定。

针对全行业所面临的特殊困难和共性问题，全市餐饮行业组织生产自救。处理原材料积压，在店门口削价售卖，减少损失；安排厨师轮岗上班，出售盒菜；推出"首批十家送餐企业"，开辟团餐业务；开展线上线下外卖。市餐饮协会帮助餐饮企业有序复工。为提高疫情复工复产后餐饮行业士气，6 月 2 日，市餐饮协会召开镇江市餐饮行业协会第五届、镇江市烹饪协会第七届会员大会，出席会员单位有近百家。8 月 14 日，全市 50 多家餐饮企业召开减少餐桌浪费专题研讨会。

市餐饮协会于 7 月成立中共镇江市餐饮服务行业协会支部委员会，为非建制性功能型党支部。10 月，市餐饮行业工会联合会第二届会员代表大会暨集体协商签约仪式举行，选举出新一届行业联合工会主席等人选。（何绍珍）

【餐饮行业为疫情重灾区捐款捐物】　2020 年新冠疫情期间，镇江市餐饮行业为疫情重灾区捐款，全市各餐饮企业捐款，还为医院、交警，福利院捐赠各种物资。企业代表参加江苏省委省政府的慰问活动，向江苏赴湖北的多名医护人员，捐赠肴肉和香醋。

（何绍珍）

【镇江饮食文化弘扬活动】　2020 年，镇江市总厨专业委员会成立冷菜专业委员会，6 月，组织开展冷艺交流会。市锅盖面、餐饮协会承办 2020 年镇江锅盖面大赛。9 月 28 日，举办 2020 镇江十大农家菜评选活动。镇江市餐饮、烹饪协会就镇江肴肉、镇江锅盖面两个项目开展专项职业能力考核规范编写和题库开发。（何绍珍）

【餐饮行业交流】　2020 年 9 月 4 日—6 日，第二届大运河文化旅游博览会在无锡举行，镇江市餐饮、烹饪协会率队参加并制作西津古渡主题宴。9 月 18 日—20 日，市餐饮、烹饪协会带队 30 余家会员单位赴南京 2020 第十届中国·江苏国际餐饮博览会参观学习。10 月 15 日，市餐饮、烹饪协会新当选的行业工会联合会主席率队参加第三届中国（淮安）国际食品博览会。12 月 1 日—2 日，省民政厅举办 2020 江苏省社会组织展示交流会暨第二届慈善论坛，市餐饮服务行业协会作为优秀社会组织应邀参展。（何绍珍）

【餐饮行业帮困扶贫】　2020 年，镇江市餐饮行业开展腾讯"99 公益日"一日捐网上捐赠活动，同时在线下持续 13 年与报社联合组织开展为贫困家庭送年夜饭活动。市餐饮企业对经济薄弱村进行扶贫，购买大米 1000 包。部分餐饮企业到镇江新区姚桥镇三桥村，参观考察春江鲥鱼养殖基地，达成合作意向，截至年底，帮助其销售鲥鱼近 400 条。（何绍珍）

烟草专卖

【概况】 2020年，镇江市烟草专卖局推动改革发展，企业高质量发展有成效。卷烟经营方面，镇江烟草系统全年销售卷烟12.16万箱，比上年增长0.26%；实现税利15.57亿元，增长8.82%。人均销量、单箱结构、重点品牌占比均列全省前列。专卖管理方面，查获各类案件1983起，上升97.67%；查获各类违规卷烟3333万支，上升70.99%；总案值4301万元，上升78.47%。创新管理方面，镇江烟草系统以创新为第一动力，提升创新工作水平。全年完成创新及QC课题29项，其中2项课题分获全省系统、省质协优秀QC小组成果一等奖；2项课题获省质协优秀QC小组成果二等奖；获国家授权专利2项、软件著作权7项。

（蒋辰颖）

【烟草专卖管理】 2020年，镇江市烟草专卖局统筹推进市场监管、打假破网、证件管理、案件管理等重点工作，加大对涉烟违法行为打击力度，组织开展“百日会战”“利剑5号”“利剑6号”等专项行动，全年出动执法人员23026次，查获各类案件1953起，其中，50万元～100万元案件7起，100万元以上案件4起，查获各类违规卷烟3333万支，总案值4301万元。拘留15人、逮捕17人、判刑16人。2019年的“4·29”案、“7·28”案、“10·10”假烟网络案申报为国标网络案件，全市市场净化率动态始终保持在98%以上。

（蒋辰颖）

粮　食

【概况】 2020年，镇江市粮食和物资储备工作聚焦国家粮食安全战略和乡村振兴战略，围绕落实粮食安全责任制，构建粮食和物资储备安全保障体系。

地方储备粮管理加强。与中储粮、省级储备建立中央、省、市县三级地方储备粮协同运作机制，发挥地方储备“第一道防线”和中央储备“压舱石”的作用。修订完善《镇江市粮食应急预案》。市发改委、丹阳市、丹徒区开展粮食应急供应演练。

粮食安全责任制落实。市政府出台《关于进一步落实粮食安全责任制确保全市粮食安全的实施意见》，对全市所有市（区）政府考核全覆盖，改变现场抽查方式，对（市）区现场普查，落实市（区）全过程属地责任。

（张加强　张英峰）

【粮食收购工作】 2020年，镇江市召开小麦最低收购价收购启动工作会议，于6月15日启动镇江市小麦最低收购价收购。严格执行收购政策，下达17万吨的优质优价收购目标任务。协调金融机构加大信贷支持，用活用好粮食收购信用担保基金，为各类企业入市收购提供信贷支持。

（张加强　张英峰）

【新冠肺炎疫情期间粮油市场保供稳价工作】 2020年，镇江市加强粮油市场动态监测，及时掌握粮油市场每日销售量、库存量，以及粮油市场批发价、零售价，正确引导市民理性消费。指导企业制定“一企一策”疫情防控方案，落实疫情防控主体责任和各项措施，推动粮油应急保供企业、粮油加工市场复工复产。8家企业获省“疫情期间保供”财政补助。

（张加强　张英峰）

【粮食产业发展】 2020年，镇江市粮油加工转化企业工业总产值77.56亿元，利润3.86亿元。争取仓储物流和仓库维修改造项目资金，打牢科学保粮基础。上报江苏润华物流有限公司码头建设项目，获补助资金896万元；上报扬中、丹徒2个仓库维修改造项目，获补助资金121万元。

（张加强　张英峰）

供销合作

【概况】 2020年，镇江市供销社系统实现销售230.53亿元，报表利润8580.87万元，资产总额18.34亿元，所有者权益7.85亿元，主要经济指标比上年增长10%；改造升级农村综合服务社，新建现代农业综合服务中心。新建农民专业合作社，其中农民专业合作社联合社3家；新建10家基层社，完成5家“薄弱基层社”改造，创建3家“三体两强”示范基层社，基层社社员数为17872人。全市组织农业社会化服务面积5.59万公顷次（83.78万亩次），扩大农药集中采购统一配供试点范围，提档升级全系统“农资惠”网点40家。

综合改革落地见效。召开市供销合作社第四次代表大会，选举产生市供销社第四届理事会和监事会。句容、丹徒、润州供销社“三会”制度改革通过省级验收，扬中市社和京口区社、丹阳市社先后召开代表大会，全市县级社“三会”制度实现全覆盖，治理体系完善规范，完成省乡村振兴高质量年度考核指标任务。

基层基础夯实。句容市社在实现“农综社”乡镇全覆盖的基础上，深化生产、消费合作并引入金融服务，拓展服务内容，扩大服务对象。以“农民合作社”

为依托，丹阳、扬中市社在访仙、新坝开展“农综社”建设。以“为农服务社联合社”为依托，丹徒区社在高资、高桥和谷阳等地推进“农综社”建设。改造升级农村综合服务社12家，新建现代农业综合服务中心4家。发展植保、农机等专业合作社，新建农民专业合作社12家，其中农民专业合作社联合社3家。全年开展农民经纪人培训3批次，培训258人次。句容市社获评2020年“全国百强”和“全省20强”县级社。

（缪 丹 颜 光）

【供销系统为农服务】 2020年，镇江市供销社系统以土地托管为切入点，推广句容郭庄“大田托管”经验模式，发挥各类专业合作社、现代农业服务中心、农业服务企业的作用，开展农机规模作业、农资集中采购、农药统防统治、农业科技服务等农业专业化、社会化服务。提档升级全系统“农资惠”网点40家，推动农资网点规范化、标准化、便民化运营。组织“放心农资惠万家”行动，推动农资企业“合作化、一体化、个性化”发展。开展农资打假专项治理行动，确保农资质量安全、可追溯。丹阳市社探索开展农资化肥应急储备工作。农药集中采购统一配供工作扩大范围，在丹阳、句容、扬中、丹徒等地推广，全年完成水稻防治用药6批次2.72万公顷次（40.8万亩次），为农户直接节约成本约350万元。参与农村人居环境整治，全年回收农药包装废弃瓶（袋）264.3万件、废旧农膜157.72吨，减少农业面源污染。（姚 强 李 辰）

【助农销售】 2020年，镇江市分别在南京和苏州组织“时代楷模”赵亚夫系列农产品推介会暨采购签约活动。市供销社组织系统内专业合作社、农业骨干企业、农业新型经营主体等参加全国及省供销系统各类农产品展销会。发挥供销社连接城乡流通功能，于1月和9月牵头举办农产品集市活动，其中“2020镇江市金秋农产品集市暨经济相对薄弱村优质农产品进市区”活动，线上线下销售超过百万元。对接青海、新疆农四师、陕西渭南等地，通过组织企业开展合作、设立扶贫专柜、直接购买等方式，实施对口援助。在新冠肺炎疫情给实体店造成冲击的情况下，指导支持系统内新型农业经营主体自建电商平台或依托知名电商，开展农产品销售业务。镇江逸宁电子商务公司京东“镇江馆”成立第2年销售1500万元；丹阳特产馆、句容茅山人家、句容倍全电子、润州金莲食品等企业依托电商开展线上销售；全系统电商平台年销售4.87亿元，比上年增长12%。（曹尧东 张 新）

【社有经济发展情况】 2020年，镇江市供销社系统承担社会责任，减免中小微租户租金近千万元。以项目建设为引领，争取各级政策、资金的支持，加快社有经济转型发展，项目建设有亮点。总投资4800万元的句容再生资源回收利用基地建成对外招租，每年可增收200多万元，总投资1300万元的扬中禾丰农资仓储配送中心项目基本建成。丹阳南翔、句容华达等项目争取资金近800万元。

（戴文俊 陈 玉）

石 油

【中国石化销售股份有限公司江苏镇江石油分公司】

中国石化销售股份有限公司江苏镇江石油分公司是中国石化在镇江地区唯一以经营成品油、天然气业务为主的全资子公司，下辖谏壁油库及丹阳、句容、扬中3个县级分公司。其中，谏壁油库总库容7万立方米，年吞吐量超过130万吨，用工近700人。2020年，全市中石化旗下加油站120余座，成品油销售总量近55万吨，销售额近35亿元，汇缴各类税费近千万元，市场占有率66%，确立油品市场供应主导地位。打造汽车综合服务商，中石化镇江分公司拓展非油品业务，线上线下并举，与市内多家银行、保险、旅游等单位跨界合作，向“一流综合服务商”转型。（邓 璇）

【中国石油天然气股份有限公司江苏镇江销售分公司】 中国石油天然气股份有限公司江苏镇江销售分公司（以下简称镇江分公司）是中国石油天然气股份有限公司的全资子公司。2020年，镇江分公司销售成品油12.43万吨，零售销量10.11万吨，直批销售2.32万吨，非油品销售收入4341.44万元，全年实现销售收入7.75亿元，上缴利税313.04万元，安全环保零事故，员工队伍稳定和谐。（仲志栋）

综　述

【概况】 2020年，镇江市签约内资1亿元以上人民币及外资1000万美元以上产业类项目219个，比上年增长27.3%；签约项目总投资1008亿元人民币，增长64.5%，完成“签约200个、总投资1000亿元”目标。当年签约、当年入库列统项目89个，总量是上年21个项目的4.2倍，入库率40.6%。

2020年，全市上报实到外资8.9亿美元，超额完成8亿美元的工作目标；确认7.9亿美元，比上年增长19.4%，增幅列全省第3名。服务外包执行额28.4亿美元，增长18.3%。其中，离岸外包10.2亿美元，增长24.1%，增幅高于全省11个百分点。新批境外投资项目23个，镇江方协议投资3.19亿美元，增长104%，增幅列全省第3名；镇江方对外实际投资1.48亿美元，增长49.6%，增幅列全省第7名。全市进出口额722.4亿元人民币，下降6.4%，12月单月进出口回升至71.3亿元人民币。

镇江市商务局建立“党支部规范运行、问题协调解决、党支部考评”三项机制。市级层面分4批成立32个功能型党支部，解决60余个重点难题，《新华日报》《中国组织人事报》头版专题报道。加强项目与银行对接，当年举办7场活动，105家招引项目及企业达成合作意向，76家获授信，56家获批贷款23.5亿元。完善预审评估机制，对44个项目信息进行预评估，项目信息集散中心确认和流转有效项目信息146条，推进近百个项目。

镇江市商务局制定工作专班制度，协调推进跨境电商综试区、出口退税、规范医疗物资出口等具体难题。市贸促会为15家企业出具24份不可抗力证明书。开展3批22个外资项目帮办工作，推动近2亿美元外资到位。出台稳外贸10条，编印《外贸惠企政策汇编》。“汇保贷”融资平台成为商务部“两稳一促”（稳外贸、稳外资、促消费）典型案例。调整市级贸易促进计划，组织参加线上内外贸展会，为70家企业200多名外籍管理人员办理到中国的邀请函，为5家企业12名高管办理“外商投资一卡通”。

面对新冠肺炎疫情，镇江市商务局采用无接触办公方式办理7000多张“证明（调拨）函”，解决保供车辆通行难题。疫情初期从海外市场购置口罩，缓解全市防疫口罩匮乏的局面。搭建产销对接平台，推动41家商场（超市）企业（经销户）与103家种植企业（户）达成采购意向，帮助销售当地果蔬超过5000吨。完成大连海事大学教学轮（“育鹏”轮）91名师生离船入境防疫服务工作。建立“部门联动、信息日报、提前预研”三项机制，协调4186名船员在镇江口岸完成换班，无一起异常。

（秦锐文）

【“十三五”期间主要情况】 “十三五”期间，镇江市对外及对港澳台经济贸易发展稳定。进出口104.2亿美元，年均增长近1%；其中，出口73.9亿美元，年均增长1.8%；累计实现贸易顺差200.3亿美元；服务外包执行额28.5亿美元，年均增长24.8%。实际使用外资及港澳台资7.88亿美元，累计到位50.5亿美元；镇江方对外协议投资额3.19亿美元，年均增长近10%。优化外贸结构，“十三五”期末，一般贸易进出口占全市比重超过80%、民营企业进出口占比超过50%，比“十二五”期末分别提高6.6个百分点、4.5个百分点；对“一带一路”沿线出口占比超过30%，比“十二五”期末提高4个百分点，高于全省5个百分点。离岸服务外包突破10亿美元，增幅高于全省离岸、全市外包平均水平。2020年发布的31个国家级服务外包示范城市综合评价，镇江市列第13名。提升双向投资质量,“十三五”期末,制造业实际使用外资及港澳台资占比为64%,比省平均高出10个百分点,是处于全省前列;累计认定道达尔、凯迩必(KYB)、台泥、丹弗斯等5家跨国企业地区总部与功能性机构;镇江方对外实际投资1.48亿美元,占当年镇江方协议投资比重的46.7%。全市9个省级及以上开发区贡献全市国内生产总值的52.3%、实到外资的72.8%、出口的68%、固定资产投资的45.7%、一般预算收入的49.3%。 (秦锐文)

对外及对港澳台贸易

【概况】 2020年,镇江市进出口722.4亿元人民币,比上年下降6.4%,列全省第10名。其中,出口512.2亿元人民币,下降5.4%;进口210.2亿元人民币,下降8.6%。

1月—12月,全市对美国出口118.8亿元人民币,比上年增长7.5%,比全市出口高12.9个百分点,列出口市场第2名;对一带一路沿线国家出口166.1亿元人民币,列出口市场第1名。欧盟、东盟和南美洲分别列出口市场第3至第5名,分别增长10.3%、-7.9%和-6.3%。传统进口市场中,东盟下降18.2%,欧盟下降8.8%;中国台湾、南美洲分别增长23.0%、176.3%。

一般贸易出口小幅回升,加工贸易下降。1月—12月,镇江市一般贸易进出口580亿元人民币,比上年下降0.3%。其中,出口增长1.9%,进口下降6.7%。加工贸易进出口88.1亿元,下降44.3%。其中,出口下降36.0%,进口下降59.4%。保税区进出境仓储或转口货物增长94.9%。

新冠肺炎疫情期间,镇江市商务局出台《关于应对新冠肺炎疫情支持外贸企业稳定发展的政策意见》,同时明确落实政策配套资金的使用原则。编制《镇江市应对疫情支持外贸企业稳定发展政策问答》,通过“商务镇江”微信公众号宣传。做好外籍重点到华人员邀请函的审核报批工作,确保重点外贸企业人员往来畅通。协助78家重点外贸企业办理到华人员邀请函。规范医疗物资出口秩序,加强非医用口罩出口质量监管。指导企业签署医疗物资出口声明,帮助企业申报医用和非医用物资出口资质。 (洪 靓)

【线上展会组织与培训工作】 2020年,镇江市商务局组织183家企业参加第127、128届线上中国进出口商品交易会(广交会),开展线上展会培训会,指导企业做好展品图片上传、直播间设置、VR场景拍摄等网上交易准备工作;与市贸促会联合环球资源、米奥兰特等会展公司,举办各类网上展会,组织开展线上展览活动,帮助企业争取订单,减少损失。 (洪 靓)

【外贸质量建设项目申报工作】 2020年,镇江市商务局指导江苏卡威汽车工业集团股份有限公司、镇江康飞汽车制造股份有限公司、镇江飞驰汽车集团有限责任公司、江苏鸿运汽车科技有限公司等企业申报汽车出口资质,帮助句容宁武新材料股份有限公司申报食糖配额。组织23家企业申报2020年—2022年江苏省重点培育和发展的国际知名品牌,21家企业品牌入选,其中,9家为新参评企业。组织省级公平贸易工作站申报和考核,推动圣象实木地板行业、超硬工具材料省级公平贸易工作站提档升级。 (洪 靓)

2020年镇江市各市(区)进出口额情况表

表22-1 单位:亿元

市(区)	进出口		出口		进口	
	累计数	比上年增长(%)	累计数	比上年增长(%)	累计数	比上年增长(%)
全市	722.44	-6.4	512.21	-5.4	210.23	-8.6
丹阳市	215.20	-0.8	194.70	1.8	20.50	-20.1
句容市	42.17	-9.8	33.11	-19.4	9.05	59.0
扬中市	31.99	-10.6	29.34	-5.2	2.65	-45.3
丹徒区	49.02	-2.2	44.57	-5.3	4.44	44.6
京口区	88.48	-15.4	50.48	-17.9	38.00	-12.0
润州区	19.10	10.3	17.46	8.4	1.64	36.0
镇江新区	246.74	-8.8	115.70	-14.3	131.04	-3.1
镇江高新区	29.74	0.3	26.83	43.7	2.91	-73.5

(洪 靓)

2020 年镇江市进出口贸易方式情况表

表 22－2　　单位：万元

贸易方式	出口			进口			进出口		
	累计数	比上年增长（%）	占比（%）	累计数	比上年增长（%）	占比（%）	累计数	比上年增长（%）	占比（%）
贸易方式	5122054	－5.4	100.0	2102339	－8.6	100.0	7224394	－6.4	100.0
一般贸易	4387028	1.9	85.6	1411991	－6.7	67.2	5799019	－0.3	80.3
加工贸易	652845	－36.0	12.7	228458	－59.4	10.9	881303	－44.3	12.2
来料加工装配贸易	303771	－47.3	5.9	129176	－67.7	6.1	432947	－55.7	6.0
进料加工贸易	349075	－21.2	6.8	99281	－39.3	4.7	448356	－26.1	6.2
保税区进出境仓储或转口贸易	69879	－5.5	1.4	412466	137.7	19.6	482346	94.9	6.7
其他贸易	3124	124.1	0.1	3361	－23.4	0.2	6485	12.2	0.1

（洪　靓）

2020 年镇江市进出口主要国别（地区）情况表

表 22－3　　单位：万元

序号	国别（地区）	进出口		出口		进口	
		金额	比上年增长（%）	金额	比上年增长（%）	金额	比上年增长（%）
1	进出口总值	7224394	－6.4	5122054	－5.4	2102339	－8.6
2	中国香港	140862	－37.3	140170	－37.3	691	－29.8
3	日本	506418	－25.6	283253	－28.0	223165	－22.2
4	韩国	392812	－20	207971	－8.2	184841	－30.1
5	中国台湾	464064	9.1	142756	－13.0	321308	23.0
6	东盟组织	1070971	－11.7	707691	－7.9	363280	－18.2
7	欧盟组织	1120529	4.8	840098	10.3	280431	－8.8
8	美国	1267033	6.4	1188110	7.5	78923	－8.3
9	南美洲	543515	25.8	333905	－6.3	209610	176.3
10	大洋洲	223355	－24.3	140978	10.7	82377	－50.9
11	“一带一路”沿线国家	2193621	－11.9	1661432	－12.0	532189	－11.6

（洪　靓）

2020 年镇江市进出口额前 50 强企业情况表

表 22－4　　单位：万元

序号	企业名称	累计数	比上年增长（%）	占全市（%）
1	金东纸业（江苏）股份有限公司	508090	－46.4	7.03
2	镇江奇美化工有限公司	229541	－28.6	3.18
3	江苏鱼跃医疗设备股份有限公司	160981	375.5	2.23
4	中储粮镇江粮油有限公司	157689	596.2	2.18
5	镇江朔达国际物流有限公司	157384	—	2.18
6	江苏鼎胜新能源材料股份有限公司	143637	－26.1	1.99
7	江苏天工工具有限公司	126784	－24.8	1.75
8	帝高力装饰材料（江苏）有限公司	121680	－5.3	1.68
9	江苏锐升新材料有限公司	95840	－3.7	1.33
10	镇江中林林业有限公司	94693	－16.8	1.31

续表 22－4

序号	企业名称	累计数	比上年增长(%)	占全市(%)
11	镇江中沙保税物流有限公司	82902	1011.5	1.15
12	索尔维(镇江)化学品有限公司	81771	16.3	1.13
13	镇江中远海运仓储发展有限公司	78900	2448.1	1.09
14	江苏省镇江船厂(集团)有限公司	71700	15.9	0.99
15	江苏汇鸿冷链物流有限公司	59162	151.1	0.82
16	镇江海纳川物流产业发展有限责任公司	58842	-48.5	0.81
17	江苏英科医疗制品有限公司	56866	109.8	0.79
18	爱士惟新能源技术(扬中)有限公司	56504	3473.7	0.78
19	江苏苏润高碳材股份有限公司	54296	-17.6	0.75
20	大赛璐安全系统(江苏)有限公司	54276	-48.7	0.75
21	江苏淘镜有限公司	54106	24.5	0.75
22	江苏索普化工股份有限公司	53433	1278.7	0.74
23	句容宁武新材料股份有限公司	51860	10.9	0.72
24	爱励铝业(镇江)有限公司	47600	-38.4	0.66
25	易佰得(丹阳)光学有限公司	42407	46.2	0.59
26	大亚车轮制造有限公司	42348	-5.1	0.59
27	镇江江南化工有限公司	41269	-27.1	0.57
28	江苏英汇能源科技有限公司	40915	137.5	0.57
29	镇江矽佳测试技术有限公司	39839	-39.6	0.55
30	镇江大远物流有限公司	39758	233	0.55
31	江苏泛华进出口有限公司	39410	-5.6	0.55
32	镇江威宇保税物流有限公司	39205	950.3	0.54
33	江苏沃得农业机械有限公司	39049	28.8	0.54
34	江苏苏菱铝用阳极有限公司	37400	91.2	0.52
35	江苏艾科半导体有限公司	37125	-57.5	0.51
36	江苏福荣服装有限公司	36265	-7.7	0.50
37	江苏久正光电有限公司	35408	-27	0.49
38	镇江李长荣高性能材料有限公司	35099	79.7	0.49
39	镇江鸿亿达贸易有限公司	33986	—	0.47
40	江苏沃得家有限公司	33142	-2.1	0.46
41	江苏汇天国际贸易有限责任公司	30449	10.1	0.42
42	镇江瑟克希德贸易有限公司	30021	-7.7	0.42
43	优利德(江苏)化工有限公司	29320	-29.5	0.41
44	江苏万新光学有限公司	28690	-7.9	0.40
45	江苏肯帝亚木业有限公司	28119	-16.1	0.39
46	道达尔润滑油(中国)有限公司	27901	-11.6	0.39
47	镇江艾康医疗器械有限公司	27714	9	0.38
48	江苏正丹化学工业股份有限公司	27270	8.9	0.38
49	江苏希西维轴承有限公司	27179	-11.8	0.38
50	凯迩必机械工业(镇江)有限公司	25624	-44.4	0.35
	合计	3553449	-0.10	49.20

(洪　靓)

2020年镇江市出口额前30强商品情况表

表22－5　　单位：万元

序号	商品名称	当年数	比上年增长(%)	占全市(%)
1	氯乙烯聚合物制铺地制品	268868	-2.4	5.25
2	其他书写、印刷纸及纸板，含机械纤维≤10%	159380	-56.1	3.11
3	非玻璃材料制其他眼镜片	149391	-9.9	2.92
4	其他材料制工作部件的钻孔工具	121043	10.1	2.36
5	其他眼镜	107861	43.6	2.11
6	其他已煅烧石油焦	101773	-32.6	1.99
7	机动车辆用电气照明装置	71387	12.2	1.39
8	非机械驱动残疾人用车	67833	-16.4	1.32
9	太阳能电池	63648	-54.8	1.24
10	轧制后未进一步加工的无衬背铝箔	56356	-31.9	1.10
11	其他集成电路	56262	-12.1	1.10
12	其他无衬背铝箔	53898	-10.0	1.05
13	乙酸乙酯	51820	-6.4	1.01
14	无创呼吸机	50994	—	1.00
15	氧气治疗仪	49006	—	0.96
16	成卷的铜版纸	46730	-58.6	0.91
17	厚度>4mm铝合金制矩形厚板	46678	-21.3	0.91
18	其他逆变器	44967	2654.0	0.88
19	其他车辆用铝合金制车轮及其零附件	44716	-6.0	0.87
20	初级形状的其他聚醚	44073	1.9	0.86
21	化学改性的动、植物油、脂	42128	97.9	0.82
22	10.1英寸及以下液晶显示板	41349	-19.0	0.81
23	口罩	41298	—	0.81
24	其他塑料制品	40313	33.9	0.79
25	其他高速钢条、杆	38919	-39.6	0.76
26	带有天然或合成金刚石、立方氮化	38441	-5.3	0.75
27	其他金属家具	38220	13.1	0.75
28	其他碳电极	36586	81.9	0.71
29	功率<160马力的联合收割机	33723	24.5	0.66
30	其他材料制漆刷及类似刷	33669	21.1	0.66
	合计	2041328	-10.0	39.85

（洪　靓）

使用外资及港澳台资

【概况】　2020年，镇江市实际使用外资及港澳台资7.9亿美元，比上年增长19.4%，总量列全省第11名；占全省比重为2.77%，比上年增长0.25个百分点。协议注册外资及港澳台资21.87亿美元，增长59.3%。新批准设立外资及港澳台资企业80家，下降32.7%，其中，新批及净增资3000万美元以上企业28家，增长3.7%。

镇江市制造业实际使用外资及港澳台资6.6亿美元，比上年增长0.92%，占全市比重为83.5%。金光能源、优利德化学、金斯瑞生物科技、北汽蓝谷麦格纳等多个项目到位外资1000万美元以上，北汽蓝谷麦格纳、天工投资管理、金光能源等一批制造业项目总投资超5000万美元。

镇江市实际使用港资5.6亿美元，比上年增长31.12%，占全市比重的71.6%，列全市第1名；实际使用英属维尔京群岛、萨摩亚等自由岛地区外资0.28亿美元，占全市比重为3.59%；实际使用欧洲、美国和日韩等实到外资1.3亿美元，新批项目占全市项目的16.4%。

（夏　旭）

【服务业实际使用外资情况】 2020年，镇江市服务业实际使用外资1.1亿美元，比上年下降28.6%，占全市比重为14.1%。其中，增长显著的批发和零售业0.2亿美元，增长3415.52%；信息传输、金融业0.76亿美元，增长53.45%；租赁和商务服务业0.83亿美元，增长107.5%；房地产0.11亿美元，下降79.57%。

（夏　旭）

2020年镇江市外商及港澳台商直接投资情况表

表22－6　　单位：万美元、家

地　区	实际利用外资及港澳台资		协议注册外资及港澳台资		新注册企业数	
	当年数	比上年增长(%)	当年数	比上年增长(%)	当年数	比上年增长(%)
全　市	78765	19.4	218676	59.3	80	－32.8
丹阳市	18540	31.4	52610	—	25	8.7
句容市	11808	－3.6	62007	210.0	9	－74.3
扬中市	7378	17.2	41440.3	67.9	7	－15.4
丹徒区	10200	616.3	16083	51.8	7	－20
京口区	1985	－68.1	8796	104.3	6	－40
润州区	1867	－3.7	977	258.5	5	－37.5
镇江新区	25122	10.8	30079	41.2	13	－45.8
镇江高新区	1864	79.6	779	－83.1	8	100.0

（夏　旭）

2020年镇江市实到外资及港澳台资1000万美元以上企业情况表

表22－7　　单位：万美元

企业名称	实到外资及港澳台资	企业名称	实到外资及港澳台资
江苏天工投资管理有限公司	7388.2	优利德（江苏）化工有限公司	1500
北汽蓝谷麦格纳汽车有限公司	6975.5	华君电力科技（江苏）有限公司	1500
金光能源（镇江）有限公司	5320.6	丹阳镜茂小镇开发有限公司	1487.9
江苏天工新材有限公司	3040.3	中粮包装（镇江）有限公司	1487.1
镇江世纪好未来教育科技有限公司	3000	句容市和丰实业有限公司	1250
扬中市大航新农村建设发展有限公司	2845.0	镇江奇美化工有限公司	1202.6
江苏万隆化学有限公司	2700	江苏蒙爱城旅游实业有限公司	1022.4
句容台泥环保有限公司	2202.6	江苏英科医疗制品有限公司	1000
镇江高鹏药业有限公司	2178.1	江苏金斯瑞生物科技有限公司	1000
江苏云企智造有限公司	2167.3	芯视达科技（江苏）有限公司	1000
建华科创园（江苏）有限公司	2052.2	天忠九州商业保理（江苏）有限公司	1000
镇江豪西实业发展有限公司	1865.3		

（夏　旭）

服务外包

【概况】 2020年，镇江承接服务外包执行额28.48亿美元，比上年增长18.2%。其中，离岸外包执行额10.3亿美元，占外包执行额的36.17%。新增服务外包从业企业115家，新增从业人员1.07万人；执行总额增幅超全省均幅9.74%，离岸执行额增幅超全省均幅10.8%；执行总额增幅列江苏省5个示范城市第1名，离岸执行额增幅列江苏省5个示范城市第2名；总量均列全省第6名。截至2020年年底，全市有服务外包企业1029家，从业人员10.5万人。新增服务外包企业注册资金超过千万元的企业有65家，占全市新增服务外包企业的56.52%。 （刘千驰）

【国家级服务外包示范城市建设】 商务部、国家发改委等9部委公布2020年国家级服务外包示范城市综合评价结果，镇江市列全国31个服务外包示范城市第14名，较上年前移4名；列16个东部发达地区第12名，较上年前移1名。京口区、镇江国家大学科技园、句容市和镇江高新区创意产业园等4家省级服务外包示范区通过省商务厅综合考评，名次均有提升。5家企业获批为省级“重点服务贸易企业”，享受专项扶持政策。2020年，镇江市商务局获评省级服务贸易和服务外包统计工作先进单位，孙亚斌获评省级服务贸易和服务外包统计工作先进个人。 （刘千驰）

2020年镇江市服务外包情况表

表22－8　　单位：万美元

市(区)	服务外包执行额						服务外包合同额			
	总金额			其中：离岸外包			总金额		其中：离岸外包	
	工作目标	当年数	比上年增长(%)	工作目标	当年数	比上年增长(%)	当年数	比上年增长(%)	当年数	比上年增长(%)
全　市	256000	284751.8	18.2	87760	102861.5	24.1	329782.1	14.9	111335.8	21.3
丹阳市	33000	38673.2	33.9	22000	26901.6	33.7	45093.8	26.8	28446.7	34.6
句容市	25600	27378.9	15.2	4400	6491.8	270.6	30965.4	18.5	7824.1	189.6
扬中市	32000	38365.8	24.5	12000	13638.1	21.6	46394.1	22.2	15949.7	16.6
丹徒区	22000	23615.1	15.9	2700	2927.9	18.5	30913.5	27.1	4132.1	19.7
京口区	56000	58894.8	7.6	30000	31887.5	2.4	62048.2	6.1	32244.1	-1.6
润州区	7900	8573.3	15.9	660	832.5	37.4	8962.0	13.6	949.5	43.1
镇江新区	56000	63005.0	18.9	13400	17418.7	29.2	71356.1	1.1	18777.8	25.9
镇江高新区	23500	26245.7	20.1	2600	2763.4	32.9	34049.0	29.9	3011.8	22.6

市(区)	登记企业数(家)			新引进注册资本1000万元以上企业数(家)		通过认证数(个)		
	当年新增		累计数	新增数	比上年增长(%)	当年新增		累计数
	新增数	比上年增长(%)				新增数	比上年增长(%)	
全　市	115	22.3	1029	65	54.8	57	62.9	502
丹阳市	25	47.1	155	17	112.5	16	433.3	83
句容市	22	144.4	159	18	350.0	17	466.7	60
扬中市	19	58.3	150	16	77.8	19	46.2	108
丹徒区	5	-37.5	56	1	-50.0	3	—	7
京口区	13	8.3	150	3	50.0	-3	-400.0	98
润州区	3	0	79	2	0	2	—	19
镇江新区	15	-31.8	209	2	-77.8	1	-92.9	108
镇江高新区	13	18.2	71	6	0	2	100	19

（刘千驰）

对外及对港澳台经济技术合作

【概况】 截至2020年年底，镇江市批准329个境外项目，分布在全球65个国家和地区，镇江方协议投资19.5亿美元。全年新批及增资境外投资及港澳台资项目23个，比上年下降17.9%；镇江方协议投资3.19亿美元，比上年增长104%。其中，6家企业在“一带一路”沿线的泰国、新加坡、越南等6个国家投资设立6个项目，镇江方协议投资额7727.6万美元。

主要投资项目有江苏锐升新材料有限公司在越南设立总投资4500万美元的越南锐升新材料有限公司，孚能科技(镇江)有限公司分别在卢森堡和德国设立总投资8440.54万美元的孚能科技(卢森堡)创新有限公司和8978.98万美元的孚能科技(德国)有限公司。

全市6家企业有对外承包工程经营权(镇江国际公司有劳务合作和工程承包双权)。工程承包市场分布在欧盟、东南亚、南亚、非洲等10多个国家和地区。劳务市场分布在31个国家和地区，有建筑工、缝纫工、计算机工程师、机械工程师、石油勘探工等工种。全年全市新签订对外承包工程合同额9435万美元，比上年下降23.7%；完成营业额2.44亿美元，下降12.4%；新派劳务867人，下降12.3%。主要工程承包项目有中国能源建设集团江苏省电力建设第三工程有限公司巴基斯坦卡拉奇K2/K3核电项目常规岛土建、安装工程，完成营业金额8146万美元；江苏省交通工程集团有限公司大达卡可持续发展项目盖资浦至机场快速公交2标项目，完成营业额2646万美元；喀麦隆雅温得新马兰机场高速公路项目，完成营业额2978万美元。 (孙标艳)

【外经服务工作】 2020年11月23日，镇江市对外投资和经济合作联合会成立，为镇江市企业走出去提供政策咨询、投资分析研究、境外投资考察、国际法律服务、会计税务咨询等配套服务。当年，镇江市商务局下发市级外经专项资金191.83万元。处理涉及句容永信劳务公司纠纷。 (孙标艳)

2020年镇江市对外投资及对港澳台经济合作情况表

表22-9 单位：万美元、人

市(区)	境外投资			
	项目数(个)	比上年增长(%)	镇江方协议投资额	
			累计数	比上年增长(%)
全　市	23	-17.9	31888.3	104.0
丹阳市	10	11.1	8627.2	20.4
句容市	1	-50.0	100.0	-95.8
扬中市	4	—	1313.2	—
丹徒区	1	-66.7	250.0	-70.6
京口区	2	—	78.4	—
润州区	0	-100	0	-100
镇江新区	5	-44.4	21519.5	365.3
镇江高新区	0	-100	0	-100

市(区)	承包工程				外派劳务		
	新签合同额		完成营业额		当年新派人数及期末在外人数		
	累计数	比上年增长(%)	累计数	比上年增长(%)	新派人数	比上年增长(%)	期末在外人数
全　市	9435	-23.7	24474.5	-12.4	867	-12.3	3407
丹阳市	0	—	0	—	56	-37.1	109
句容市	0	—	0	—	0	—	0
扬中市	0	—	0	—	0	—	0
丹徒区	0	—	5835.5	172.7	22	37.5	76
京口区	0	—	0	—	132	214.3	655
润州区	9435	-16.2	8667.0	7.5	73	-90.5	661
镇江新区	0	-100	8480.3	5.0	584	711.1	1667
镇江高新区	0	—	1491.7	-84.5	0	—	239

(孙标艳)

国际及港澳台贸易促进工作

【概况】 2020年，镇江市贸促会签发原产地证22612份，涉及出口金额94.57亿元人民币，其中，优惠产地证6191份，涉及出口额15.47亿元人民币。办理商事证明书1689份、使馆认证603份。新注册会员企业83家。市贸促会完成线上展览（线上配对）项目33个，线下展览项目6个，参展企业388家，线下参展面积1000平方米。举办各类线上线下经贸培训22次，参加人数超过1000人次。完成各类涉外认证文件翻译66份，涉及西班牙语、俄语等小语种。

面对新冠肺炎疫情，镇江市贸促会为41家镇江外贸企业办理55份不可抗力事实性证明书，涉及合同金额29.1亿元人民币，帮助企业保住订单、稳住出口。与省商务厅、省贸促会等部门合作，组织镇江366家企业参加33个在线展会项目（在线配对），免除参展费用超过700万元，免除企业办理不可抗力证明书办证费用4.4万元，减免所有会员企业2020年度会费。安排人员为企业发放口罩等防疫物资帮助企业复工复产。

镇江市贸促会帮助企业开拓市场，推出系列"云展"（线上展览）活动。省贸促会、市商务局、市贸促会共同举办全省首个"线上展览+跨境电商"相融合的江苏品牌线上丝路行（镇江专场），105家镇江企业参加；组织100家镇江企业参加环球资源镇江专题线上展，外商点击镇江产品率为123万次，镇江亿地光电等企业通过线上展览与外商达成贸易合作。疫情期间，因印度对中国参展企业限制入境，镇江市贸促会组织汽配企业采用远程视频方式与客商进行业务交流和推介产品，保障参展工作顺利完成。市贸促会、镇江市旅游协会合作组织7家镇江旅游企业参加成都国际旅游展。市贸促会组织22家镇江医疗器械、汽配等行业企业参加在上海市和江苏省举办的防疫物资展和法兰克福（上海）汽配展。

（沈为民）

【营商服务环境优化工作】 2020年，镇江市贸促会开展专班帮办服务，到江苏索普、江苏环太、肯帝亚、鼎胜铝业等企业调研，帮助环太集团推进多晶硅生产设备对外合作项目；为镇江日盛进出口公司邀请俄罗斯客商到中国开展业务考察。绘制防疫物资涉外认证导引图，让企业了解防疫物资出口认证流程，提高办证效率；到江苏鱼跃、康尚医疗等防疫物资生产企业开展业务培训和办理出口认证文件等服务。落实"一次性就办好"制度，网上办证并快递传送资料，确保镇江产品出口。（沈为民）

【经贸信息服务工作】 2020年，镇江市贸促会分别在镇江市区和扬中市举办新冠肺炎疫情时期国际经贸形势分析宣讲会，通过宣讲引导企业正确研判国际市场形势；与省商务厅、省贸促会、南京海关共同举办FTA自贸优惠政策专题培训，指导企业利用自贸协定优惠政策；举办《中华人民共和国民法典》、不可抗力证明使用、外贸经营风险防范能力等线上线下法律政策大讲堂，增强企业外贸风险防范能力；举办企业参展能力提升培训，邀请展览行业专家现场指导企业如何在展会上提升营销水平。

（沈为民）

【经贸合作平台搭建工作】 2020年，镇江市贸促会与香港贸发局、香港环球资源等境外单位驻沪机构加强合作，为镇江企业开拓国际市场搭建平台。与格鲁吉亚格中经济文化促进会签订战略合作协议；与纳米比亚中国和平统一促进会建立合作关系；与西麦克展览公司签订战略合作协议；与上海半导体照明协会、镇江市旅游协会、镇江市跨境电商协会等加强合作，拓展贸促服务内容；与江苏银行、交通银行等金融单位合作，组织企业参加"外贸企业金融帮扶专项行动"，拓宽企业融资渠道。（沈为民）

金　融

责任编校：潘　玹

综　述

【概况】　2020 年，镇江市银行业金融机构存款余额 6384.66 亿元，贷款余额 6133.63 亿元，保险公司保费收入 142.7 亿元（省银保监局数据）。全年新增 A 股上市公司 2 家、江苏股权交易中心挂牌企业 48 家，新增股票融资 58.27 亿元。非法集资高发频发态势得到有效管控，全年新立非法集资案件数、涉案金额、参与人数，比上年分别下降 43.75%、60.75%、65.75%，金融生态环境良好。　　（宋传兵）

【“十三五”期间主要情况】　“十三五”期间，镇江市金融业长足发展。截至“十三五”末，全市金融业增加值 370.83 亿元，占国民生产总值的比重为 8.79%；全市有金融机构 248 家，其中，银行业金融机构 34 家，保险机构 63 家，证券机构 43 家和地方金融从业机构 108 家。全市银行业各项存款余额 6384.66 亿元，各项贷款余额 6133.63 亿元，分别比“十二五”末增长 57.38% 和 102.84%；地方金融从业机构贷款余额 286 亿元。2020 年，全年保险业金融机构实现保费收入 142.7 亿元，比“十二五”末增长 78.27%；证券业实现营业收入 3.12 亿元。

全市上市公司总量稳步增长，截至 2020 年年末，全市境内外上市公司总量 20 家，其中，境内 A 股上市公司 15 家，比“十二五”末增幅 88%。新增股票融资 170.59 亿元（首发融资 51.57 亿元，再融资 119.02 亿元），增幅超 134%。上市公司市值规模持续扩大，截至年末，全市 A 股上市公司市值规模为 1323.90 亿元，增幅 53.5%。上市公司市值与地区生产总值之比为 31%，提高 7 个百分点。

金融生态环境持续优化。金融风险防范体制机制更加健全，开展全市打击和处置非法集资攻坚战，做好金融领域“扫黑除恶”工作，打击“套路贷”。重大风险隐患得到化解，非法集资高发态势获管控，非法集资案件数、涉案金额、集资参与人数大幅下降。所有省重点关注地方法人银行风险均完成处置，群众风险防范意识与能力增强。在全省 2017—2019 年度县域金融生态环境综合评价中，句容市、扬中市获评 2017—2019 年度金融生态优秀县，丹阳市获评 2017—2019 年度金融生态达标县，镇江市地方金融监管局获评 2019 年度“金融生态县创建工作先进单位”。　　（丁长华　张　华　王　凯　孙凡钦）

【银行保险服务】　2020 年，镇江市银行业各项存款余额 6384.66 亿元，比年初增加 771.18 亿元，增长 13.74%；各项贷款余额 6133.63 亿元，比年初增加 849.05 亿元，增长 16.07%，多增 55.91 亿元。强化精准投放，将融资服务贯穿重大产业项目招引、建设和运营全过程，全年向 70 个省市级重点产业项目发放贷款 145.66 亿元。

合作成效显著。争取省级金融资源向镇江倾斜，推动市政府与农业发展银行、农业银行、建设银行、交通银行、邮储银行、工商银行等 6 家省级分行签订战略合作协议，现场签约 955 亿元。加强机构招引，4 月 19 日，平安银行镇江分行开业。推动镇江农商行与常熟农商行签订定向募股认购协议，做大做强地方法人银行。协调市现金处理中心和建设银行省分行苏南业务中心落地相关工作。

服务能力提升。推动金融助力企业复工复产，参与拟定《关于应对新型冠状病毒感染的肺炎疫情支持企业共渡难关的政策意见》（“镇江 18 条”）中的信贷支持措施，在全国率先实施“五应五尽”（应贷尽贷、应续尽续、应延尽延、应降尽降、应免尽免）

金融服务。举办金融支持高质量发展、金融服务“三外”等融资对接活动,累计帮扶企业2100余家;建立大型民营企业帮扶会诊机制,协调企业贷款超50亿元。

保险服务发展。推动农业保险经营模式全覆盖,会同银保监、保险协会等引导全市保险机构强化组织领导,建立疫情防控联络组,将新冠肺炎纳入保险责任,向医护人员、社区工作人员免费捐赠保险。全市保险业风险保障能力提升,全年实现保费收入142.7亿元,比上年增长2.2%。

金服平台成效。发挥综合金融服务平台高效融资对接优势,开设“受疫情影响小微企业融资绿色通道”,在全省率先试运行综合金融服务平台2.0版本。截至年末,平台累计注册企业总数21379家,平台企业覆盖面超17%;平台普惠小微企业贷款余额129.80亿元,平台信贷服务覆盖面突破20%,两项列入省优化营商环境考核的指标综合评分列全省第3名。　（丁长华　宋传兵）

【资本市场】 2020年,镇江市深化上市合作交流,与江苏证监局、沪深交易所、长三角资本市场服务基地、银河证券等深化合作,建立“一中心两基地”(长三角资本市场服务基地镇江分中心,上交所资本市场服务镇江基地、中国银河证券镇江综合金融服务基地),通过联合组织开展资本市场培育发展专场活动、券企融资对接、提升直接融资座谈会等活动,增强资本市场发展合力,共同推动资本市场“镇江板块”加速发展。

强化上市培育引导。赴江南大学举办企业上市与资本运作高级研修班,邀请沪深交易所、头部券商等专家为全市拟上市企业高管及各级金融干部授课。带领重点拟上市企业高管走进无锡市优质上市公司参观学习。推动股权融资,依托长三角资本市场服务基地、深交所股权融资路演平台、上交所资本市场服务镇江基地,开展股权融资路演,组织多家创新创业企业与国内知名券商、投资机构互动交流,加快优质拟上市企业孵化。吉贝尔、图南股份分别在科创板、创业板上市,同力机械通过证监会审核。全市上市挂牌企业总数390家,其中,境内外上市公司20家,“新三板”挂牌企业32家,区域股权交易市场挂牌企业338家。累计实现股票融资297.60亿元;亿元地区生产总值企业股权融资额高质量考核指标列全省前列。

发挥政策激励作用。结合注册制、再融资等资本市场改革最新形势,出台《关于进一步支持企业上市挂牌的政策意见》,完善上市扶持政策,加大资金扶持力度,强化上市组织保障,为企业上市提供政策支持。将最新上市扶持政策、资本市场政策汇编成册,向各地上市办及企业发放《镇江市企业上市挂牌工作指引》超400册。

提升上市服务水平。全年实地走访调研40家重点企业,了解企业上市进展,帮助企业解决上市过程中遇到的问题。通过举办提升上市公司质量座谈会、上市公司高质量发展论坛,帮助上市公司用好资本市场政策工具,做大规模、做强品牌。　（王　凯）

【地方金融从业机构监管】 2020年,镇江市做好防范化解重大金融风险工作。完善工作机制建设,制定打好防范化解重大金融风险攻坚战指挥部办公室和成员单位工作职责及推动农民资金互助社清理工作,完成高风险村镇银行风险化解任务,金融生态环境优化。

完善金融风险监测预警体系。探索试行金融领域风险防范四项机制,组织涉众型金融风险月度研判7次、季度研判2次,对42项风险线索开展分析研判。推进金融网点网格化工作机制,以748个金融、地方金融从业机构网点为监测预警网格点,将防范和处置非法金融活动纳入社区“网格化治理”工作职责。强化线上联防联控,用好省非法金融活动监测预警系统、省非法集资风险和案件管理等平台,报送线索13件;办理扫黑办交办线索4件。

推进非法金融活动专项治理。做好金融领域“扫黑除恶”专项斗争,开展放贷机构“回头看”,对14家企业联合约谈,建立清单动态管控;推进涉贷款类App专项整治,对33家涉贷款App类运营企业分类处置。陈案处置工作基本完成,列入省统计督办的58件陈案,终本执行57件,占陈案总数98.28%。加大风险排查整治力度,开展投融资服务企业金融风险摸排,建立名单库,滚动开展风险排查,排查企业1170家,做好重点风险企业分类处置。

增强群众风险防范意识。常态化开展宣传教育,以“防范金融风险、服务实体经济”主题宣教活动为切入点,通过全媒体宣传“扫黑除恶”、防范非法集资和“套路贷”典型案例与常见手法,提升人民群众风险防范意识与能力。创新宣传方式,与市文广集团合作制作的《守住钱袋子、护好幸福家》抖音视频获评处置非法集资部际联席会议办公室优胜奖作品,是全省唯一获国家奖项的作品。　（孙凡钦）

【银行保险监督与管理】 2020年,镇江市银行机构办理贷款本金延期15781户、443.57亿元,累计延期付息2893户,利息1.01亿元。银保监分局与市地方金融监管局针对受新冠疫情影响的重点企业开展融资会诊帮扶,稳定2家企业共计30亿元存量授信。

支持企业复工复产。联合市地方金融监管局等部门出台《市区复工复产企业疫情防控综合保险服务实施方案》。新冠疫情期间全市银行业积极发放各类企业贷款。全市银行机构制造业贷款余额 1099.59 亿元,制造业贷款占各项贷款比重 17.93%,高于全省平均水平 3.71 个百分点;制造业中长期贷款 258.74 亿元,比年初增长 134.02%。

薄弱领域信贷支持加强。推动地方政府出台金融惠企"白名单"管理办法,梳理"白名单"企业 362 家,与京口区、丹徒区、镇江高新区政府联合举办三场对接会,促成 15 家银行与 104 家企业对接,其中 34 家首贷户。截至年底,全市银行机构普惠型小微企业贷款余额 640.36 亿元,增长 33.43%,高于各项贷款增速 17.35 个百分点。银行机构对金融支持乡村振兴试点示范乡镇句容市天王镇贷款余额 19.36 亿元,增长 116%。

企业融资成本下降。市财政安排 1 亿元专项资金用于小微企业周转贷业务,帮助解决小微企业资金周转困难。全年全市银行业企业新增贷款利率 4.93%。

丹阳汽配行业转型发展。丹阳市政府与保险机构签订战略合作协议和业务合作协议,在全国率先创建保险认证配件产业园区,推动丹阳汽配行业后市场转型。全年 2 家保险机构与丹阳市 30 多家汽配企业进行合作,完成约 4300 余件 SKU 配件认证。全年通过保险公司交易平台采购金额约 3 亿元,汽配企业账期可缩短至 1 个月以内,相关保险机构车险配件理赔成本下降 20% ~50%。

不良贷款实现"双降"。全市银行业处置不良贷款 62.88 亿元(银保监局统计口径),其中核销 31.47 亿元。截至年底,全市银行业不良贷款余额为 49.28 亿元,比年初减少 15.85 亿元,不良贷款率为 0.80%,下降 0.43 个百分点。

保险业参与社会治理。保险业配合市民政、财政部门,实施差别承保方案,全年全市 72.27 万名老年人获 75.6 亿元意外伤害风险保障,在全省率先实现老年人意外伤害保险市级全覆盖。推动保险行业发挥防灾减损和事故预防的作用,牵头制定和完善《镇江市"两客一危一货"风险评估指引(试用版)》,将安全风险评估机制等创新方法和手段引入"两客一危一货"运输企业车辆管理中。

银行保险市场秩序维护。保险行业制定基层监管合规指引,主要保险机构对照指引自查整改。对 13 个主体(机构、个人)实施行政处罚,罚款金额 380 万元,其中,对 3 名责任人罚款金额 11 万元,对 4 名责任人处以警告处分,对 1 名责任人禁止从事银行业工作 5 年。

金融消费者合法权益保护。银行业保险业消费者权益保护中心成立,制定《消费投诉处理监管工作规程》《镇江市银行业保险业消费者权益保护中心管理办法(试行)》,理顺各部门、各环节的职责流程。银行保险机构加强建设,夯实消费者保障服务主体责任。

"十三五"期间主要情况。全市信用风险有序化解,守住不发生系统性、区域性风险的底线。2020 年年底,全市银行业不良贷款率比 2016 年年初下降 1.76 个百分点。引导银行机构回归主业,跟进国家和省市重大战略部署,加大对新兴装备制造业信贷投入,帮助转型升级制造业去杠杆,改善制造业融资环境。督促银行机构按照全年小微企业"两增两控"和信贷计划做好序时投放,引导全市银行业小微企业金融服务由高速增长转向高质量发展,缓解小微企业金融服务供给不充分、结构不均衡的问题。截至 2020 年年底,全市银行业各项贷款余额 6134.02 亿元(监管统计口径),比 2016 年年初增加 3110.17 亿元,增长 102.85%。全市制造业贷款余额 1099.59 亿元(监管统计口径),比 2016 年年初增加 14.78 亿元,增长 13.62%。

(赵晓雯)

银 行

【概况】 截至 2020 年 12 月末,镇江市有银行业金融机构 34 家,其中,政策性银行 1 家(农业发展银行),国有商业银行 6 家(工商银行、农业银行、中国银行、建设银行、交通银行、邮储银行),股份制商业银行 9 家(华夏银行、浦发银行、民生银行、招商银行、中信银行、兴业银行、广发银行、光大银行、平安银行),外资银行 1 家(大新银行),城市商业银行 2 家(江苏银行、南京银行),法人农村商业银行 4 家(镇江农商行、丹阳农商行、句容农商行、扬中农商行),异地农村商业银行分支机构 6 家(紫金农商行、常熟农商行、丹阳张家港农商行、丹阳江南农商行、句容苏州农商行、扬中太仓农商行),村镇银行 5 家(丹徒蒙银、丹阳苏银、句容苏南、扬中恒丰、润州长江)。下设分支机构 647 个,银行从业人员 11204 人。全市银行业金融机构各项存款余额 6384.66 亿元,增速为 13.74%;各项贷款余额 6133.63 亿元,比上年增长 16.07%。

(宋 静)

2020年镇江市主要金融机构主要经营指标情况表(本外币合计)

表23－1　　　　单位:亿元

金融机构	各项存款余额	比年初增减额	比上年同期增长(%)	各项贷款余额	比年初增减额	比上年同期增长(%)
农业发展银行	49.51	-3.77	-7.08	261.19	16.91	6.92
中国工商银行	556.55	101.20	22.22	605.77	82.50	15.77
中国农业银行	811.77	93.79	13.06	593.24	96.48	19.42
中国银行	518.73	60.64	13.24	505.21	26.51	5.54
中国建设银行	491.48	70.82	16.84	510.16	51.73	11.28
交通银行	313.90	22.66	7.78	261.78	22.53	9.42
中信银行	286.38	41.99	17.18	392.52	63.92	19.45
中国光大银行	178.49	53.66	42.98	176.93	57.17	47.74
华夏银行	126.10	11.73	10.26	130.08	18.56	16.64
平安银行	2.28	2.28	—	4.49	4.49	—
广发银行	43.65	13.46	44.57	63.84	23.51	58.30
招商银行	77.71	7.59	10.83	77.42	11.63	17.68
浦东发展银行	134.00	26.35	24.47	172.07	35.93	26.40
兴业银行	204.22	38.02	22.88	203.92	42.32	26.19
中国民生银行	268.82	-15.03	-5.29	261.60	41.49	18.85
江苏银行	575.49	57.22	11.04	455.70	55.53	13.88
南京银行	241.78	28.46	13.34	204.42	54.61	36.46
农村商业银行	1077.21	109.60	11.33	909.01	112.31	14.10
中国邮政储蓄银行	326.34	34.88	11.97	303.77	30.61	11.21
村镇银行	36.80	2.84	8.35	44.09	1.03	2.40
大新银行有限公司	12.12	1.02	9.17	5.84	-0.23	-3.72

(宋　静)

【存款】　截至2020年年末,镇江市银行业金融机构各项存款余额6384.66亿元,增长13.74%,列全省第6名;新增771.18亿元,为上年全年增量的157.65%,多增282.02亿元。分期限看,住户存款和非金融企业存款新增841.46亿元,其中活期存款新增113.57亿元,多增4.72亿元;定期及其他存款新增727.88亿元,多增408.61亿元。分部门看,非金融企业存款增量多增497.78亿元,对各项存款多增额的贡献率为115.98%,住户存款多增86.24亿元,广义政府存款延续回落态势。　(宋　静)

【贷款】　截至2020年年末,镇江市银行业金融机构各项贷款余额6133.63亿元,比上年增长16.07%,增速比上年末提升1.59个百分点,列全省第10名;比年初增加849.05亿元,多增55.91亿元。从贷款期限看,短期贷款新增136.26亿元,少增152.31亿元,中长期贷款新增714亿元,多增209.11亿元。分部门看,新增贷款主要集中在企(事)业单位。住户贷款增速放缓至12.04%,回落4.23个百分点;企(事)业单位贷款新增较多,增加651.39亿元,多增88.67亿元。

信贷结构优化。一是房地产领域贷款增速放缓。截至2020年年末,全市房地产各项贷款余额1808.06亿元,新增146.43亿元,增幅8.81%,回落9.42个百分点(全口径统计)。二是制造业贷款保持多增。制造业贷款(不含票据贴现)余额924.95亿元,新增77.27亿元,多增53.14亿元,增长9.12%,增速提升6.19个百分点。三是普惠小微企业贷款增势加快。普惠小微贷款余额604.35亿元,新增145.70亿元,多增52.88亿元,增长31.77%,高于各项贷款平均增幅15.7个百分点。

大部分机构保持贷款多增态势。全年股份制商业银行贷款新增321.56亿元,多增52.38亿元,增量贡献率37.87%;中资四大银行和城市商业银行贷款增量分别为257.22亿元和110.15亿元,分别多增27.89亿元和19.51亿元;农村商业银行贷款增量112.31亿元,少增7.73亿元;村镇银行贷款增量1.03亿元,多增0.05亿元。

企业贷款利率回落至历史低位。年末,镇江市人民币贷款加权平均利率4.81%。分企业类型看,大中型企业贷款加权平均利率为4.77%,小微企业贷款加权平均利率4.87%,处于2018年以来的最低位。其中,单户授信1000万元以下的普惠小微企业贷款加权平均利率4.87%,下降92.89个基点。　(宋　静)

2020 年镇江市贷款分行业统计表

表 23－2 单位：亿元

行　　业	贷款余额	比上年增减	增幅(%)	行　　业	贷款余额	比上年增减	增幅(%)
A. 农、林、牧、渔业	78.28	8.67	12.45	M. 科学研究和技术服务业	7.63	0.96	14.37
B. 采矿业	0.96	－0.61	－38.83	N. 水利、环境和公共设施管理业	1078.13	272.12	33.76
C. 制造业	924.95	77.27	9.12	O. 居民服务、修理和其他服务业	12.70	5.68	80.95
D. 电力、热力、燃气及水生产和供应业	63.68	－0.07	－0.11	P. 教育	7.30	－1.41	－16.16
E. 建筑业	257.74	32.42	14.39	Q. 卫生和社会工作	40.09	7.66	23.63
F. 批发和零售业	339.86	53.44	18.66	R. 文化、体育和娱乐业	23.24	5.14	28.36
G. 交通运输、仓储和邮政业	70.68	20.87	41.91	S. 公共管理、社会保障和社会组织	10.64	－4.32	－28.86
H. 住宿和餐饮业	15.33	2.08	15.74	T. 国际组织			
I. 信息传输、软件和信息技术服务业	8.90	1.59	21.79	对境外贷款	2.05	－0.36	－14.98
J. 金融业	28.02	－0.48	－1.68	个人贷款及透支	1843.23	198.02	12.04
K. 房地产业	173.08	－2.97	－1.69	贷款总计	5839.54	827.62	16.51
L. 租赁和商务服务业	853.04	151.92	21.67				

说明：不含票据融资 （宋　静）

【经营效益】 2020 年，镇江市各银行业金融机构处置核销不良贷款 53.32 亿元（人行统计口径），年末不良贷款余额 49.28 亿元，比年初减少 15.85 亿元，不良率 0.80%，下降 0.43 个百分点。地方法人银行业金融机构信贷风险有所暴露，9 家地方法人银行业金融机构全年处置 19.16 亿元不良贷款，减少 2.14 亿元，不良率降至 2.33%，高于全市不良水平 1.53 个百分点。 （宋　静）

【跨境人民币业务】 2020 年，镇江市办理跨境人民币结算业务 192.46 亿元，比上年增长 31.2%。其中，经常项下结算业务 97.8 亿元，增长 24.94%，资本项下结算业务 94.66 亿元，增长 38.37%。经常项下跨境人民币结算业务中，货物贸易结算金额 49.13 亿元，下降 16.24%，服务贸易及其他经常项目结算金额 48.67 亿元，增长 148.01%。1 月—12 月，离岸转手买卖合计 11.88 亿元，下降 55.82%，其中，收入 5.78 亿元，支出 6.1 亿元。资本项下跨境人民币结算业务中，直接投资结算金额 71.7 亿元，增长 138.13%，其他投资结算金额 22.96 亿元，下降 40.06%。跨境融资结算金额 21.94 亿元，下降 42.63%。跨境融资结算业务中收入业务 10.28 亿元，支出业务 11.66 亿元。 （宋　静）

【国际收支】 2020 年，镇江市进出口总额、进出口顺差比上年双降；跨境收支和结售汇规模同步下滑，结售汇顺差大幅收窄。全年镇江市跨境资金流入 82.48 亿美元，下降 7.82%；跨境资金流出 40.45 亿美元，下降 10.65%；跨境收支顺差 42.03 亿美元，下降 3.65%。镇江市银行结汇 58.72 亿美元，下降 11.55%；售汇 26.97 亿美元，下降 5.2%；结售汇顺差为 31.75 亿美元，下降 16.32%。

外汇形势主要特点。一是外部需求端的挫伤未完全修复，全年进出口额双降。二是货物贸易跨境收支顺差先降后升，货物贸易收结比波动较大。全年镇江市货物贸易跨境收支顺差 44.53 亿美元，上升 3.53%，月度间呈现波动上升的态势。三是四季度外国来华投资资本金流入加快，但全年资本金净流入大幅下降。全年外商直接投资资本金流入 3.23 亿美元，上升 1.37%，前三季度下降 15.97%；外商直接投资撤资 2.05 亿美元，增长 1288.76%，增幅比前三季度扩大 324.98 个百分点；外国来华投资净流入呈现顺差 1.18 亿美元，下降 61.05%，降幅比前三季度收窄 5.94 个百分点。四是对外投资规模稳中有升，企业对外投资意愿有所增强。全年镇江市有 22 家企业发生境外投资，对外直接投资资本金流出 1.14 亿美元，上升 7.39%；对外直接投资撤资 1.89 万美元，下降 69.97%；对外投资净流出 1.13 亿美元，上升 7.27%。五是企业外汇贷款余额有所回升，跨境融资规模保持平稳。截至 12 月末，镇江市外汇贷款余额 4.32 亿美元，比年初下降 0.01 亿美元，比上年同期上升 0.22 亿美元，上升 5.37%。跨境贷款流入为 2.42 亿美元，下降 0.36%，跨境贷款流出 2.39 亿美元，增长 37.07%；跨境贷款净流出 6469.98 万美元，而上年同期为净流入 1913.65 万美元。 （宋　静）

【货币信贷工作】 2020 年，人行镇江市中心支行做好稳企业保就业工作。开展再贷款再贴现支持有序复工复产专项行动，率先发放全国首批抗疫专项再贷款、全省首单复工复产专用额度再贷款 1.5 亿元。支持受疫情影响暂时失去收入来源的个人创业者和小微企业，全年发放创业担保贷款 4618 笔、5.8 亿元。

组织“外贸企业全面金融帮扶”专项活动,2417家外贸企业与银行业金融机构对接。推进“金融助力制造业提质增效”专项行动,截至12月末,制造业贷款新增77.27亿元,增幅9.12%,其中制造业中长期贷款增速为53.1%。推进首贷增量扩面行动,重点推出23600家无贷户企业名单,提升银企互信与对接。

缓解融资难题。运用多种货币政策工具,引导金融市场利率下行。截至12月末,全市人民币贷款加权平均利率4.81%,分别比上年同期、年内高点下降34.68和53.45个基点,小微企业贷款加权平均利率4.87%,为企业减费让利约17亿元。组织实施辖区2项直达实体的货币政策工具,截至12月末,累计实施阶段性延期偿还的普惠小微贷款本金155.04亿元,平均延期率71.88%,普惠小微信用贷款新增57.96亿元,占普惠小微新增贷款比重为39.41%。

创新金融服务。在全国首创“再贷款+出口信用保险”外贸企业融资模式,并被全省推广。推进“再贷款+信用贷款”的农村信用体系建设模式,全市选择8个乡镇率先试点,开展整村联合授信,运用再贷款撬动农村地区信用贷款投放,提升小微企业、农户贷款可获得性。全年为信用农户授信13.66亿元,实际用信3.3亿元,其中,信用贷款用信1.7亿元,增加0.9亿元。发行债务融资工具605.7亿元,列全省第4名,推动鼎胜新能源发行2.5亿元的首单民营企业新冠疫情防控债。落地成功全国首批供应链票据。（宋 静）

【金融稳定工作】 2020年,镇江市提升金融监管力度。在省内率先建立“开户首接负责制”和账户内控制度交叉评审,加大账户管控力度。跨部门联合开展电信网络新型违法犯罪及跨境赌博专项治理工作,在某跨境赌博案件中,移交公安部门17户涉案账户信息、15119条交易明细,493条IP地址。牵头完成对28家银行业金融机构2019年度综合评价工作,完成重大事项报告收集报送552次。追踪BT币经营新型地下钱庄、疫情期间洗钱风险,上报重点可疑交易线索72条,向公安等部门移送7条。

破解重点风险难题。人行镇江市中心支行配合地方政府、监管部门化解处置重大风险。落实银行业金融机构风险化解主体责任,控制贷款风险。截至12月末,镇江市不良贷款余额为49.28亿元,比上年下降24.33%;不良贷款率为0.80%,下降0.43个百分点,低于全省平均水平。

优化金融生态环境。推动“八城同创”金融生态环境建设工作纳入市政府年度综合考核。江苏省2019年金融生态环境综合评估情况,各市(区)排名有进步,其中,句容市、扬中市获评2017—2019年度金融生态优秀县,丹阳市获评2017—2019年度金融生态达标县。（宋 静）

【金融服务工作】 2020年,镇江市推进金融消费者权益保护工作。组织开展“金融广告随手拍”微信小程序上线推广工作,全年上传线索200余条,移交和处置违法违规线索17条,处理金融消费纠纷47起。开展“3·15”金融消费者权益日“金融知识普及月”等宣传教育活动,开展金融消费者权益保护大讲堂活动180余次。

金融统计工作。利用Python(“拍森”)软件开发“金融基础数据报文生产”小程序,并在全国部分省市、南京分行辖区报数机构推广使用。围绕新冠肺炎疫情情况,开展调查研究和监测工作,多篇研究成果被总分行采用,2篇调研获市长批示。

移动支付便民工程。深化移动支付场景建设,实现全市公交车移动支付全覆盖,打造“移动支付+智慧停车”“移动支付+智慧校(企业)园”“移动支付+智慧医疗”等3个品牌工程示范点。截至12月末,市区208个路段、3816个道路停泊车位上线PDA扫码模式,“云闪付”付款通道全部打通。

金融科技水平。以数据集中应用为重点,做好“三集中”和省金融科技应用项目试点工作。推进金融科技新技术应用与业务工作结合,推动人脸识别线下支付应用和移动金融创新。指导辖区法人银行业金融机构做好国际LEI编码申请相关工作,推动相关银行业金融机构上线成功非税云缴费系统。

国库经理能力。实现财政收支联网电子化辖区全覆盖,全年办理各级预算收入455.70万笔、1101.61亿元;办理预算支出68.14万笔、2084.21亿元;为纳税人办理退税25.21万笔、88.18亿元。推动储蓄国债到期兑付工作,兑付256笔、1335.13万元,兑付总额完成率87.57%,兑付笔数完成率66.49%。

征信服务范围。推进二代征信系统上线工作,推动全市3家村镇银行完成切换工作,新增2个征信自助查询机。开展征信服务,全年受理企业和个人征信查询21万笔、司法查询305笔,为2637家企业和个人调整征信报送记录,涉及金额70.41亿元,减免征信查询费3.52万元。

现金管理服务。推进现金服务标准化建设,做好新版人民币和普通纪念币发行,全年全市投放现金173.9亿元,回笼现金113.6亿元。开展整治拒收现金、现金整洁度专项治理行动,强化小面额人民币兑换服务,推进句容市天王镇现金服务示范区创建活动。设立“硬币预约收兑点”,推动硬币自循环工作。

（宋 静）

【外汇管理与服务】 2020年,镇江市提升外汇业务便利化水平。推动货物贸易便利化第三批试点,江苏银行镇江分行等3家银行业金融机构、江苏鼎胜新材料等11家企业获批试点资格。落实资本项目收入支付便利化政策，全市有6家银行业金融机构办理资本项目收入支付便利化业务，合计金额3381万美元。帮助企业拓展境外融资渠道，全年有36家企业申请外债签约登记71笔，跨境融资3.07亿美元。

加强外汇管理执法力度。加强辖区跨境资金双向流动监管，加大外汇违规行为打击力度，上报可疑与违规线索15条，立案并查处违规案件4起，合计罚款182万元。防范跨境资金异常，122家企业列入货物贸易现场核查，涉及1.37亿美元；服务贸易现场核查26家，涉及7.08亿美元；个人外汇项下异常交易75笔，涉及337.43万美元；资本项目非现场及现场核查30笔，涉及1.82亿美元。（宋 静）

【中国农业发展银行镇江市分行】 2020年年末，农发行镇江市分行各项贷款余额261.19亿元；各项存款余额49.51亿元，实现利润3.4亿元，不良贷款余额保持为0元。夏秋两季发放粮食收购贷款24.02亿元。发放应急新冠防疫贷款和复工复产绿色通道贷款。全行发放产业扶贫贷款5.25亿元。完成定点扶贫捐赠20万元、扶贫投资2万元任务；购买、销售51.29万元贫困地区农产品。签订政银企战略合作协议，列出59个项目清单、意向融资455亿元，全年贷款授信总额90.8亿元，实现贷款投放44.83亿元，发放长江大保护类贷款30.25亿元。发放生猪全产业链贷款9300万元，小微企业贷款4900万元，农村土地流转和规模经营中期流动资金贷款1.26亿元。（孙 爽）

【中国工商银行股份有限公司镇江分行】 2020年年末，中国工商银行镇江分行总资产596.93亿元，总负债583.40亿元；有支行9家、网点56家；全行在编职工总人数1184人。年末，本外币各项存款余额556.55亿元，比年初增加101.20亿元，各项贷款余额605.77亿元，增加82.50亿元。全年实现净利润11.86亿元，实现拨备前利润17.85亿元，实现营业收入22.88亿元。不良贷款余额4.03亿元，不良率0.67%，比年初实现“双降”。

工行镇江分行落实“春润行动”“春融行动”部署，对鱼跃医疗等重点新冠防疫企业加大信贷支持。推动工商银行省行与镇江市政府战略签约。强化网点渠道建设，改善网点整体形象。成立重大项目服务团队，中标地方国库集中收付代理和财政集中支付代理资格。为全市小微企业提供金融服务。（王双平 许 凯）

【中国农业银行股份有限公司镇江分行】 2020年年末，农业银行镇江分行总资产842.94亿元，总负债832.6亿元；有支行7家、网点92家；全行在编职工总人数1713人。年末，本外币各项存款余额811.77亿元，比年初增加93.79亿元，增长13.06%。各项贷款余额593.24亿元，增加96.48亿元，增长19.42%。不良贷款余额3.81亿元、不良率0.64%，分别下降0.15亿元和0.16个百分点。

强化重点领域信贷支持，全年获批31个项目、金额48.46亿元，当年投放32亿元。深化普惠金融服务，全年落地实施项目97个，投放32.52亿元。年末，央行降准口径普惠小微企业贷款余额61.98亿元，增加27.58亿元。农行镇江分行与镇江市大数据局签订合作协议，入驻“智慧镇江”App金融专区，全年互联网有效场景净增206户，场景流量58.2亿元，场景获客14.3万户。推进网点转型，加强二级支行“瘦身”、厅堂智慧改造、劳动组合优化，提升网点服务能力。（鄢楚慧）

【中国银行股份有限公司镇江分行】 2020年年末，中国银行镇江分行实现本外币一般性存款余额518.73亿元，比年初新增60.64亿元，增幅13.24%；本外币贷款余额505.21亿元，新增26.51亿元，增幅5.54%。受疫情及国内外经济形势影响，截至12月末，全行不良贷款余额5.97亿元，比上年年末增加2.28亿元；不良率1.18%，上升0.41个百分点。全行强化风险与内控管理，未发生重大事故和案件。

全年信贷投放326亿元，其中实体经济贷款占比为70.56%，制造业贷款余额105.91亿元，民营经济贷款余额102.86亿元。全行普惠金融贷款余额39.71亿元，增速40.77%，高于各项贷款增速35个百分点，同时普惠不良余额、不良率均比年初实现“双降”。全行科技金融授信余额超11亿元，覆盖全市232户科技型企业。新冠肺炎疫情初期，镇江中行联动市慈善总会，在中行手机银行上线“为最可爱的人加油”捐赠项目，累计捐款3.6万人次，筹措善款78563元。全行1200余人捐款超15万元，并实现“脱贫攻坚”公益采买26万元。镇江中行与市农村农业局联合开展“益农信息社＋农村金融服务站”合作共建，在句容、扬中地区成立农村金融服务站48家，截至12月末，全行农户生产经营贷款惠及农户240余户，余额1.4亿元，增速超400%。（周丽娜）

【中国建设银行股份有限公司镇江分行】 2020年年末，建设银行镇江分行总资产512亿元，总负债530亿元；设有8家支行（含营业部），56个营业网点；本部内设20个部门，全行在编职工总人数1096人。年末，本外币各项存款余额491.48亿元，比年初增加70.82亿元，增长16.84%。各项贷款余额510.16亿元，增加51.73亿元，增长11.28%。普惠金融贷款余额59.12亿元，增加19.54亿元；涉农贷款余额121.64亿元，增加6.27亿元。实现账面拨备前利润13.86亿元。

建行江苏省分行与镇江市政府签署战略合作协议,实现新增投放42.25亿元。全年制造业贷款余额96.55亿元,新增9.95亿元,增幅11.49%。新冠疫情期间,利用“跨境撮合平台”资源,将区域内两家企业的医疗物资出口到海外。普惠小微信用贷款16.49亿元,新增4.57亿元,增速38%。新冠疫情期间,为1750户小微企业办理贷款延期还本。建设乡村金融服务点“裕农通”544个,覆盖行政村434个,签约农户11780户。全年完成7个网点升级改造,对1个网点进行局部装修,迁址新建离行式自助银行4家,撤销离行式自助银行1家。全年实现安全稳定运行,堵截案件7起,挽回经济损失65.5万元。（乔 欢）

【交通银行股份有限公司镇江分行】 2020年年末,交通银行镇江分行有本外币总资产326.91亿元,本外币总负债319.62亿元。有支行19家,全行在编职工总人数508人。本外币各项存款时点余额313.90亿元,比上年增加22.66亿元,增长7.78%;本外币各项贷款时点余额261.78亿元,增加22.53亿元,增长9.42%。全年经营利润6.88亿元。不良贷款余额0.78亿元,不良率0.3%,分别下降1.68亿元和0.73个百分点。

制造业贷款比年初增加5.51亿元,民营企业贷款增加15.59亿元,普惠“两增”口径贷款比年初增加6.3亿元,增速59.71%。交行省分行与镇江市政府签署新一轮3年500亿元战略合作协议,以及交银集团多家子公司与企业签订综合融资合作协议。加快推进基层网点转型,深化网点智能化改造,新投放8台现金型智易通设备、4台票据现金一体机。逐项推动重大风险化解项目,做好个贷和普惠日常管控。（朱 超）

保险·证券

【保险概况】 镇江市级保险机构从2016年年底的58家,发展到2020年的63家,其中,财险公司29家,寿险公司34家,另有中介代理机构2家。全市保费收入从2016年的100.96亿元,发展到2020年141.84亿元,年均增长8.18%。其中,产险公司保费收入32.25亿元,年均增长5.44%;寿险公司保费收入109.59亿元,年均增长8.99%。镇江市初步建成保障范围全面、服务领域广泛、补偿功能完善、经营诚信规范的保险服务体系,保险深度从2016年的2.63%增长到2020年的3.36%,年均增加0.15个百分点,保险密度从3173.63元发展到4427.68元,年均增长7.9%;商业养老保险和健康保险在社会保障体系的支柱作用逐步显现;社会治理和灾害救助体系完善;构建多领域广覆盖的“三农”保险服务体系,设立村级“三农”保险服务点501个,镇级三农保险服务站45个,中心乡镇网点18个,实现基层网点全覆盖。

2020年,全市产险、寿险赔款与给付支出34.94亿元,比上年增长3.9%。其中,财产险赔款支出18.05亿元,增长2.8%;人身险给付支出16.89亿元,增长5.1%。全行业从业人员约2.56万人,其中代理人19943人。（汤 岚）

【保险行业协会】 2020年,镇江市保险行业完成市保险学会与市保险行业协会整合和市保险学会的清算注销。落实“减费让利”政策,减轻会员单位负担,重新制定会费收取标准。成立专业社工服务队,参与保险行业志愿者慈善公益项目对接会,培育保险行业文化。

加强行业自律,维护保险市场公平健康发展。督促依法合规经营,组织财险公司签订车险自律公约,制定自律规则,开展相关数据监测,建立数据报告制度和投诉举报制度,约束不正当竞争行为;落实《江苏

图23-1 2020年9月5日,镇江市保险行业志愿者慈善公益项目对接会启动 （汤 岚 供稿）

省人身保险公司从业人员流动自律公约》。推进信用建设和寿险营销员荣誉体系建设，开展“放心消费”创建和“诚信单位”评比活动，提升行业服务品质。从2016年到2020年，4家公司获评省级放心消费示范单位，6家公司获评省级放心消费先进单位，2家公司获评市级放心消费示范单位；9家公司获评市级放心消费先进单位，24家公司获评诚信单位。通过开展“百名寿险服务之星”和“寿险行业之星”评选活动，建立起全市寿险营销员荣誉体系。开展会员自律管理，2017年—2020年，有7家公司受到缴纳违约金处理，24家次公司受到暂时停业处理。

提高和创新服务手段，维护保险公司和消费者合法权益。协会参与行业发展和利益相关的决策论证。作为镇江市人大立法联络点，参与相关地方法规的意见征求工作。维护行业合法权益。与政府相关部门协调保险企业服务地方经济发展，为政府部门提供保险咨询服务，协调多家公司参与政府组织的安全生产责任险、环境污染责任险、大病保险等招标。打击保险欺诈行为。作为江苏省反保险欺诈中心镇江工作站，协会借助公安司法力量，打击保险欺诈行为。3月，协会承担社会责任，主动配合丹阳市公安局对“人伤黄牛”涉嫌恶势力保险诈骗案件立案侦查。维护会员合法权益，管控镇江寿险市场“格式化”恶意投诉行为。聘请法律顾问，为各公司提供专业的法律服务。指导建立行业纠纷调解机制。2016年—2020年，协会共计受理各类投诉咨询880余件，有效投诉128件，件件都有落实。做好“12315”消费维权服务站、镇江市消费者协会保险投诉站各项工作，持续推进丹阳道路交通事故处理诉讼综合服务中心诉讼调解、人民调解和交警调解等工作。

沟通协调，履行行业服务职责。邀请市金融监管局、市工信局负责人到行业宣传国家和本市发展政策，组织会员公司加入政府相关组织和平台，引导会员公司参与地方经济建设和民生保障工程。排查行业突出问题、监测风险隐患，加强与监管部门信息通报，协助做好风险防范。组织开展保险从业人员违规销售非保险金融产品风险排查。推进案件风险防控排查工作，发现风险问题590个，督促保险公司整改，消除案件风险隐患。开展会员内部培训工作，完善人才培训机制。落实新冠疫情防控要求，发挥保险保障作用，各保险公司在疾病险、医疗险等产品中取消新冠肺炎等待期、免赔额、定点医院、药品类别等限制，涉及保单46077件，保险金额11095.23亿元；协调15家保险公司联合推出“镇江市区复工复产企业疫情防控综合保险项目”；实施“快速赔付”，各保险公司推出新型冠状病毒感染肺炎专属7×24小时电话咨询服务；各保险公司向医疗护理人员赠送保险保障9亿多元，向疫情防控一线人员捐赠保险保障20多亿元，拓展新冠疫情保险险种105个，承保客户约8万人，保险金额约2000亿元，合计捐赠爱心善款9万余元。推进“两客一危一货”评估试点，保障出行安全。推动主要保险机构总（分）公司与丹阳汽配产业链融合。

促进保险业内外交流。联系协调市政府相关部门事项，交换信息和数据，每月向会员单位提供最新保险政策、发展状况、行业动态和业务数据。

（汤　岚）

2020年镇江市财产保险业务统计表

表23－3　　　　单位：万元

单位		累计承保金额	累计保费收入																				比上年（%）	赔款支出		赔付案件（件）	市场份额（%）
			企财险	家财险	工程险	车险保费总额	商业车辆险		交强险				运输险	船舶险	责任险	保证险	人意险	健康险	信用险	农险	其他险	累计		累计	赔付率（%）		
								其中：电销	汽车	其中：电销	摩托车	拖拉机															
人保财险	市区	49154965	4145	126	1464	48196	37924	600	10233	313	34	5	524	77	2601	309	1195	910	135	1437	1267	62386	2.0	32839	52.6	32714	
	丹阳	41272716	1351	294	5	28361	21858	437	6425	222	46	32	140	0	2011	18	1034	6587	89	3263	158	43311	10.1	26332	60.8	65734	
	句容	9863068	172	74	15	8239	6228	181	1961	84	20	30	97	0	1058	1	267	222	0	3189	－1	13333	14.3	7649	57.4	7198	40.03
	扬中	7833722	210	84	21	5703	4358	91	1321	46	16	8	50	0	499	22	298	2599	22	543	－13	10038	15.0	6234	62.1	238058	
	合计	108124471	5878	578	1505	90499	70368	1309	19940	665	116	75	811	77	6169	350	2794	10318	246	8432	1411	129068	6.7	73054	56.6	343704	
太平洋产险	市区	23091887	3269	17	160	14233	11142	113	3055	35	36	0	408	109	769	1087	744	696	70	340	0	21902	－4.1	8814	40.2	9644	
	丹阳	8564051	1805	5	224	6274	4836	28	1420	11	18	0	17	0	333	40	298	252	85	835	0	10168	26.9	5171	50.9	4851	
	句容	4771253	333	6	49	2928	2212	23	695	9	21	0	17	0	123	16	114	120	0	506	0	4212	13.3	2086	49.5	1981	12.59
	扬中	4576800	456	13	0	3251	2470	84	765	31	16	0	80	0	66	13	159	96	0	172	0	4306	4.5	2634	61.2	2432	
	合计	41003991	5863	41	433	26686	20660	248	5935	86	91	0	522	109	1291	1156	1315	1164	155	1853	0	40588	4.9	18705	46.1	18908	
平安财险	市区	52775641	921	69	15	19867	15400	19	4430	20	37	0	88	11	2921	－1612	1114	428	0	0	0	23822	9.0	14170	59.5	14347	
	丹阳	21783309	1617	94	8	15045	11392	5	3621	4	32	0	143	0	436	0	743	256	0	0	0	18342	1.8	11376	62.0	11635	
	句容	10607703	172	49	0	5990	4474	2	1465	3	51	0	7	0	70	0	371	121	0	0	0	6780	3.4	3973	58.6	4143	16.33
	扬中	4944499	101	12	60	3014	2272	1	742	1	0	0	2	1	150	0	260	127	0	0	0	3727	－1.7	2292	61.5	2398	
	合计	90111152	2811	224	83	43916	33538	27	10258	28	120	0	240	12	3577	－1612	2488	932	0	0	0	52671	4.9	31811	60.4	32523	

续表 23－3

单位		累计承保金额	累计保费收入：企财险	家财险	工程险	车险保费总额	商业车辆险	商业车辆险其中：电销	交强险：汽车	汽车其中：电销	摩托车	拖拉机	运输险	船舶险	责任险	保证险	人意险	健康险	信用险	农险	其他险	累计	比上年（%）	赔款支出：累计	赔付率（%）	赔付案件（件）	市场份额（%）
国寿财险	市区	9679366	513	27	255	7836	5787	478	2036	167	13	0	38	343	3337	5	303	24	0	119	48	12848	18.7	7385	57.5	8025	7.29
	丹阳	3006186	379	6	2	5131	3843	32	1278	14	10	0	2	1	210	0	96	4	0	15	3	5849	12.1	4798	82.0	4849	
	句容	1158564	57	15	0	1898	1407	0	476	0	15	0	0	0	98	2	64	1	0	423	2	2560	16.3	1358	53.0	2856	
	扬中	1641912	48	2	4	2045	1517	4	521	1	7	0	2	0	70	0	88	1	0	0	0	2260	－1.6	1504	66.5	1953	
	合计	15486028	997	50	261	16910	12554	514	4311	182	45	0	42	344	3715	7	551	30	0	557	53	23517	14.5	15045	64.0	17683	
阳光财险	市区	5109395	146	3	10	4107	2940	488	1158	199	9	—	4	—	89	－103	762	—	—	—	—	5018	－25.2	3773	75.2	4585	2.83
	丹阳	584404	56	—	—	1278	918	186	360	76	—	—	—	—	17	—	78	—	—	—	—	1429	－18.9	1006	70.4	1477	
	句容	423174	11	—	34	1287	929	100	358	41	—	—	—	—	28	—	63	—	—	—	—	1423	9.7	843	59.2	1403	
	扬中	422984	11	—	—	1172	840	70	332	28	—	—	—	—	8	—	74	—	—	—	—	1265	2.8	816	64.5	1259	
	合计	6539957	224	3	44	7844	5627	844	2208	344	9	0	4	0	142	－103	977	0	0	0	0	9135	－17.0	6438	70.5	8724	
中华财险	市区	6014088	273	2	172	2459	1848	—	611	—	—	—	95	31	686	—	390	64	—	10	—	4182	18.5	2004	47.9	3459	1.98
	丹阳	742384	197	—	—	763	567	—	196	—	—	—	—	—	15	—	52	15	—	16	—	1058	－1.5	647	61.2	1915	
	句容	505685	22	—	—	580	437	—	143	—	—	—	—	—	50	—	34	7	—	—	—	693	8.1	398	57.4	1184	
	扬中	321340	10	—	—	343	247	—	96	—	—	—	—	—	44	—	37	9	—	—	—	443	－31.6	492	111.1	517	
	合计	7583497	502	2	172	4145	3099	0	1046	0	0	0	95	31	795	0	513	95	0	26	0	6376	8.2	3541	55.5	7075	
太平财险	市区	2598467	134	1	—	2698	1955	257	732	91	11	—	10	35	97	5	140	17	—	—	—	3137	－7.0	2013	64.2	3416	1.87
	丹阳	910805	17	—	—	1373	1026	147	347	52	—	—	3	—	22	—	38	10	—	—	—	1463	－6.2	925	63.2	1577	
	句容	364654	14	—	—	583	444	57	139	20	—	—	—	—	12	—	47	1	—	—	—	657	－2.1	403	61.3	610	
	扬中	367671	7	—	—	739	552	38	187	12	—	—	—	—	9	—	10	3	—	—	—	768	25.5	401	52.2	796	
	合计	4241597	172	1	0	5393	3977	499	1405	175	11	0	13	35	140	5	235	31	0	0	0	6025	－3.1	3742	62.1	6399	
天安财险	市区	1973512	189	3	76	1786	1345	—	437	—	4	—	116	—	135	—	94	82	—	—	—	2481	8.9	1336	53.8	1604	1.99
	丹阳	981464	118	—	—	1070	779	—	291	—	—	—	238	—	63	—	28	15	—	—	—	1532	－0.6	928	60.6	1137	
	句容	1691180	39	—	—	863	643	—	220	—	—	—	1	—	246	—	241	10	—	—	—	1400	－5.7	939	67.1	585	
	扬中	1249805	65	—	—	705	507	—	198	—	—	—	109	—	69	—	42	9	—	—	—	999	17.4	334	33.4	514	
	合计	5895961	411	3	76	4424	3274	0	1146	0	4	0	464	0	513	0	405	116	0	0	0	6412	4.2	3537	55.2	3840	
大地财险	市区	3752850	245	1	23	1074	770	448	304	210	—	—	14	5	246	669	445	13	—	8	—	2743	－43.3	1578	57.5	12671	1.74
	丹阳	1174797	10	—	—	1146	813	545	333	208	—	—	17	—	8	—	82	5	60	—	—	1328	－0.4	918	69.1	1135	
	句容	802040	3	—	—	693	504	197	189	84	—	—	—	—	32	—	82	17	—	—	—	827	－11.4	501	60.6	734	
	扬中	569237	123.00	—	—	441	319	140	122	60	—	—	—	58	31	—	25	2	26	—	—	706	－8.3	223	31.6	412	
	合计	6298924	381	1	23	3354	2406	1330	948	562	0	0	31	63	317	669	634	37	86	8	0	5604	－28.8	3220	57.5	14952	
紫金保险	市区	4653746	195	2337	17	2203	1668	—	517	—	10	8	25	21	386	3	757	128	—	321	—	6393	108.6	2385	37.3	27384	3.93
	丹阳	2431098	392	1	1	1969	1502	—	467	—	—	—	—	—	231	—	67	69	—	532	—	3262	17.8	1471	45.1	2273	
	句容	867196	37	1	1	966	734	—	232	—	—	—	—	—	33	—	47	44	—	127	—	1256	－18.5	944	75.2	1376	
	扬中	5788145	199	10	—	920	701	—	213	—	1	5	49	49	102	—	318	66	—	63	—	1776	20.4	673	37.9	1233	
	合计	13740185	823	2349	19	6058	4605	0	1429	0	11	13	74	70	752	3	1189	307	0	1043	0	12687	43.4	5473	43.1	32266	
英大财险	市区	726718	28	—	—	1132	923	—	209	—	—	—	—	—	463	130	25	—	—	—	—	1778	－4.4	1509	84.9	1018	0.77
	丹阳	299067	25	—	—	282	219	—	63	—	—	—	—	—	370	9	22	2	—	—	—	710	9.6	—	0.0	—	
	句容	—	—	—	—	0	—	—	—	—	—	—	—	—	—	—	—	—	—	—	—	0	—	—	0.0	—	
	扬中	—	—	—	—	0	—	—	—	—	—	—	—	—	—	—	—	—	—	—	—	0	—	—	0.0	—	
	合计	1025785	53	0	0	1414	1142	0	272	0	0	0	0	0	833	139	47	2	0	0	0	2488	－0.8	1509	60.7	1018	
永安产险	市区	824624	51	1	—	2126	1533	—	591	—	2	—	28	—	83	3	121	7	—	—	—	2420	－6.5	1255	51.9	1483	1.36
	丹阳	210281	6	—	—	599	429	—	170	—	—	—	—	—	49	—	6	2	—	—	—	662	－18.9	280	42.3	425	
	句容	269933	1	—	1	776	560	—	216	—	—	—	1	—	26	—	17	6	—	—	—	828	－14.4	511	61.7	459	
	扬中	189730	—	—	—	448	311	—	137	—	—	—	—	—	12	1	15	1	—	—	—	477	－10.8	222	46.5	316	
	合计	1494568	58	1	1	3949	2833	0	1114	0	2	0	29	0	170	4	159	16	0	0	0	4387	－10.6	2268	51.7	2683	
中银保险	市区	3138145	366	20	—	1117	809	—	302	—	6	—	78	21	1355	18	232	385	139	—	—	3731	1.9	1671	44.8	3064	1.49
	丹阳	550513	387	—	—	287	217	—	70	—	—	—	1	—	291	—	2	92	—	—	—	1060	－13.0	434	40.9	646	
	句容	—	—	—	—	0	—	—	—	—	—	—	—	—	—	—	—	—	—	—	—	0	—	—	0.0	—	
	扬中	—	—	—	—	0	—	—	—	—	—	—	—	—	—	—	—	—	—	—	—	0	—	—	0.0	—	
	合计	3688658	753	20	0	1404	1026	0	372	0	6	0	79	21	1646	18	234	477	139	0	0	4791	－1.8	2105	43.9	3710	
长安责任	市区	852234	93	1	—	829	604	—	224	—	1	—	—	—	181	7	125	—	—	—	—	1236	65.7	921	74.5	656	0.61
	丹阳	289724	43	—	—	456	353	—	103	—	—	—	—	—	63	—	19	—	—	—	—	581	62.7	244	42.0	253	
	句容	82972	—	—	—	143	104	—	39	—	—	—	—	—	1	—	22	—	—	—	—	166	207.4	204	122.9	78	
	扬中	—	—	—	—	0	—	—	—	—	—	—	—	—	—	—	—	—	—	—	—	0	—	—	0.0	—	
	合计	1224930	136	1	0	1428	1061	0	366	0	1	0	0	0	245	7	166	0	0	0	0	1983	71.4	1369	69.0	987	

续表 23－3

单位		累计承保金额	累计保费收入：企财险	家财险	工程险	车险保费总额	商业车辆险	商业车辆险其中：电销	交强险：汽车	交强险汽车其中：电销	交强险：摩托车	交强险：拖拉机	运输险	船舶险	责任险	保证险	人意险	健康险	信用险	农险	其他险	累计	比上年（%）	赔款支出：累计	赔付率（%）	赔付案件（件）	市场份额（%）
都邦财险	市区	753510	45	2	14	1182	797	—	368	—	17	—	1	5	105	—	51	9	—	—	—	1414	2.9	853	60.3	916	0.56
	丹阳	153487	1	—	—	388	252	—	136	—	—	—	—	—	4	—	6	1	—	—	—	400	－5.7	207	51.8	279	
	句容	—	—	—	—	0	—	—	—	—	—	—	—	—	—	—	—	—	—	—	—	0	—	—	0.0	—	
	扬中	—	—	—	—	0	—	—	—	—	—	—	—	—	—	—	—	—	—	—	—	0	—	—	0.0	—	
	合计	906997	46	2	14	1570	1049	0	504	0	17	0	1	5	109	0	57	10	0	0	0	1814	0.9	1060	58.4	1195	
安诚财险	市区	760418	84	—	67	751	552	—	198	—	1	—	23	—	28	—	32	—	—	—	—	985	－24.7	677	68.7	1101	0.39
	丹阳	—	—	—	—	0	—	—	—	—	—	—	—	—	—	—	—	—	—	—	—	0	—	—	0.0	—	
	句容	—	—	—	—	0	—	—	—	—	—	—	—	—	—	—	—	—	—	—	—	0	—	—	0.0	—	
	扬中	141589	1	—	—	281	202	—	79	—	—	—	—	—	—	—	4	—	—	—	—	286	－16.4	182	63.6	331	
	合计	902007	85	0	67	1032	754	0	277	0	1	0	23	0	28	0	36	0	0	0	0	1271	－23.0	859	67.6	1432	
华泰财险	市区	2039872	2	78	—	776	574	—	201	—	1	—	4	2	3	—	38	39	—	—	—	942	－40.0	993	105.4	1393	0.29
	丹阳	—	—	—	—	0	—	—	—	—	—	—	—	—	—	—	—	—	—	—	—	0	—	—	0.0	—	
	句容	—	—	—	—	0	—	—	—	—	—	—	—	—	—	—	—	—	—	—	—	0	—	—	0.0	—	
	扬中	—	—	—	—	0	—	—	—	—	—	—	—	—	—	—	—	—	—	—	—	0	—	—	0.0	—	
	合计	2039872	2	78	0	776	574	0	201	0	1	0	4	2	3	0	38	39	0	0	0	942	－40.0	993	105.4	1393	
华安财险	市区	292287	3	—	—	422	299	—	123	—	—	—	—	48	76	—	5	6	—	—	—	560	－38.7	222	39.6	676	0.53
	丹阳	258345	6	2	—	401	275	—	126	—	—	—	—	—	8	—	17	—	—	—	—	434	18.3	280	64.5	399	
	句容	237516	—	—	—	133	92	—	41	—	—	—	—	—	53	—	155	2	—	—	—	343	－18.1	135	39.4	385	
	扬中	136110	—	—	—	155	106	—	49	—	—	—	—	—	59	—	161	7	—	—	—	382	360.2	172	45.0	41	
	合计	924258	9	2	0	1111	772	0	339	0	0	0	0	48	196	0	338	15	0	0	0	1719	－3.5	809	47.1	1501	
亚太财险	市区	324223	12	—	—	72	50	—	21	—	1	—	2	—	24	—	5	—	—	—	—	115	－61.3	232	201.7	97	0.34
	丹阳	639691	109	—	—	670	551	—	119	—	—	—	4	—	108	—	94	—	—	—	—	985	44.0	262	26.6	249	
	句容	—	—	—	—	0	—	—	—	—	—	—	—	—	—	—	—	—	—	—	—	0	—	—	0.0	—	
	扬中	—	—	—	—	0	—	—	—	—	—	—	—	—	—	—	—	—	—	—	—	0	—	—	0.0	—	
	合计	963914	121	0	0	742	601	0	140	0	1	0	6	0	132	0	99	0	0	0	0	1100	12.1	494	44.9	346	
大家财险	市区	762785	5	—	—	118	79	—	39	—	—	—	—	—	72	—	435	1	—	—	—	631	—	289	45.8	176	0.47
	丹阳	397793	—	—	—	356	288	—	68	—	—	—	—	—	3	—	1	—	—	—	—	360	—	338	93.9	348	
	句容	403212	1	—	—	309	246	—	63	—	—	—	—	—	19	—	3	—	—	—	—	332	—	309	93.1	307	
	扬中	182302	3	—	—	157	106	—	51	—	—	—	—	—	21	—	1	1	—	—	—	183	—	212	115.8	154	
	合计	1746092	9	0	0	940	719	0	221	0	0	0	0	0	115	0	440	2	0	0	0	1506	—	1148	76.2	985	
永诚财险	市区	360764	85	—	—	23	16	—	7	—	—	—	3	—	74	1	22	2	—	—	—	210	－38.2	177	84.3	125	0.07
	丹阳	—	—	—	—	0	—	—	—	—	—	—	—	—	—	—	—	—	—	—	—	0	—	—	0.0	—	
	句容	—	—	—	—	0	—	—	—	—	—	—	—	—	—	—	—	—	—	—	—	0	—	—	0.0	—	
	扬中	—	—	—	—	0	—	—	—	—	—	—	—	—	—	—	—	—	—	—	—	0	—	—	0.0	—	
	合计	360764	85	0	0	23	16	0	7	0	0	0	3	0	74	1	22	2	0	0	0	210	－38.2	177	84.3	125	
安信农保	市区	68877	4	—	—	0	—	—	—	—	—	—	—	—	12	—	25	—	—	16	—	57	0.0	17	29.8	28	0.02
	丹阳	—	—	—	—	0	—	—	—	—	—	—	—	—	—	—	—	—	—	—	—	0	—	—	0.0	—	
	句容	—	—	—	—	0	—	—	—	—	—	—	—	—	—	—	—	—	—	—	—	0	—	—	0.0	—	
	扬中	—	—	—	—	0	—	—	—	—	—	—	—	—	—	—	—	—	—	—	—	0	—	—	0.0	—	
	合计	68877	4	0	0	0	0	0	0	0	0	0	0	0	12	0	25	0	0	16	0	57	0.0	17	29.8	28	
泰山保险	市区	76422	3	—	—	177	130	—	41	—	6	—	1	—	10	—	11	—	—	—	—	202	33.8	88	43.6	117	0.11
	丹阳	—	—	—	—	0	—	—	—	—	—	—	—	—	—	—	—	—	—	—	—	0	—	—	0.0	—	
	句容	—	—	—	—	0	—	—	—	—	—	—	—	—	—	—	—	—	—	—	—	0	—	—	0.0	—	
	扬中	50639	—	—	—	129	98	—	31	—	—	—	—	—	—	—	9	—	—	—	—	138	－55.2	207	150.0	147	
	合计	127061	3	0	0	306	228	0	72	0	6	0	1	0	10	0	20	0	0	0	0	340	－25.9	295	86.8	264	
浙商财险	市区	513872	65	—	—	770	581	38	188	—	1	—	4	—	133	—	47	1	—	—	—	1020	－2.2	515	50.5	873	0.32
	丹阳	—	—	—	—	0	—	—	—	—	—	—	—	—	—	—	—	—	—	—	—	0	—	—	0.0	—	
	句容	—	—	—	—	0	—	—	—	—	—	—	—	—	—	—	—	—	—	—	—	0	—	—	0.0	—	
	扬中	—	—	—	—	0	—	—	—	—	—	—	—	—	—	—	—	—	—	—	—	0	—	—	0.0	—	
	合计	513872	65	0	0	770	581	38	188	0	1	0	4	0	133	0	47	1	0	0	0	1020	－2.2	515	50.5	873	
渤海财险	市区	908128	37	—	13	1424	990	—	429	—	2	3	—	18	86	—	189	—	—	—	—	1767	－4.1	703	39.8	871	0.55
	丹阳	—	—	—	—	0	—	—	—	—	—	—	—	—	—	—	—	—	—	—	—	0	—	—	0.0	—	
	句容	—	—	—	—	0	—	—	—	—	—	—	—	—	—	—	—	—	—	—	—	0	—	—	0.0	—	
	扬中	—	—	—	—	0	—	—	—	—	—	—	—	—	—	—	—	—	—	—	—	0	—	—	0.0	—	
	合计	908128	37	0	13	1424	990	0	429	0	2	3	0	18	86	0	189	0	0	0	0	1767	－4.1	703	39.8	871	
国任财险	市区	1138142	14	25	3	1313	955	—	356	—	2	—	—	—	16	3	62	2	—	—	—	1438	47.5	423	29.4	628	0.45
	丹阳	—	—	—	—	0	—	—	—	—	—	—	—	—	—	—	—	—	—	—	—	0	—	—	0.0	—	
	句容	—	—	—	—	0	—	—	—	—	—	—	—	—	—	—	—	—	—	—	—	0	—	—	0.0	—	
	扬中	—	—	—	—	0	—	—	—	—	—	—	—	—	—	—	—	—	—	—	—	0	—	—	0.0	—	
	合计	1138142	14	25	3	1313	955	0	356	0	2	0	0	0	16	3	62	2	0	0	0	1438	47.5	423	29.4	628	

续表 23－3

单位		累计承保金额	累计保费收入：企财险	家财险	工程险	车险保费总额	商业车辆险	商业车辆险其中：电销	交强险：汽车	汽车其中：电销	摩托车	拖拉机	运输险	船舶险	责任险	保证险	人意险	健康险	信用险	农险	其他险	累计	比上年（%）	赔款支出：累计	赔付率（%）	赔付案件（件）	市场份额（%）
安盛天平	市区	764507	—	—	—	997	651	101	345	33	1	—	—	—	27	—	41	10	—	—	—	1075	8.5	414	38.5	1093	0.33
	丹阳	—	—	—	—	0	—	—	—	—	—	—	—	—	—	—	—	—	—	—	—	0	—	—	0.0	—	
	句容	—	—	—	—	0	—	—	—	—	—	—	—	—	—	—	—	—	—	—	—	0	—	—	0.0	—	
	扬中	—	—	—	—	0	—	—	—	—	—	—	—	—	—	—	—	—	—	—	—	0	—	—	0.0	—	
	合计	764507	0	0	0	997	651	101	345	33	1	0	0	0	27	0	41	10	0	0	0	1075	8.5	414	38.5	1093	
富德财险	市区	1207608	56	—	13	424	287	—	137	—	—	—	—	—	207	1	92	10	—	—	—	803	－50.6	528	65.8	835	0.35
	丹阳	—	—	—	—	0	—	—	—	—	—	—	—	—	—	—	—	—	—	—	—	0	—	—	0.0	—	
	句容	—	—	—	—	0	—	—	—	—	—	—	—	—	—	—	—	—	—	—	—	0	—	—	0.0	—	
	扬中	367166	15	—	2	227	153	—	74	—	—	—	—	—	69	3	19	1	—	—	—	336	—	90	26.8	—	
	合计	1574774	71	0	15	651	440	0	211	0	0	0	0	0	276	4	111	11	0	0	0	1139	－30.0	618	54.3	835	
长江财险	市区	822924	137	—	—	991	661	—	330	—	—	—	—	—	46	—	162	—	—	—	—	1336	345.3	154	11.5	550	0.41
	丹阳	—	—	—	—	0	—	—	—	—	—	—	—	—	—	—	—	—	—	—	—	0	—	—	0.0	—	
	句容	—	—	—	—	0	—	—	—	—	—	—	—	—	—	—	—	—	—	—	—	0	—	—	0.0	—	
	扬中	—	—	—	—	0	—	—	—	—	—	—	—	—	—	—	—	—	—	—	—	0	—	—	0.0	—	
	合计	822924	137	0	0	991	661	0	330	0	0	0	0	0	46	0	162	0	0	0	0	1336	345.3	154	11.5	550	
合计	市区	175139977	11120	2713	2302	119103	91270	2542	27622	1068	195	16	1466	726	14268	526	7664	2834	344	2251	1315	166632	2.6	87761	52.7	133549	100.00
	丹阳	84250115	6519	402	240	65849	50118	1380	15593	587	106	32	565	1	4242	67	2683	7310	234	4661	161	92934	8.7	55617	59.8	99182	
	句容	32048150	862	145	100	25388	19014	560	6237	241	107	30	123	0	1849	19	1527	551	0	4245	1	34810	7.3	20253	58.2	23299	
	扬中	28783651	1249	121	87	19730	14759	428	4918	179	40	13	292	108	1209	39	1520	2922	48	778	－13	28090	8.3	16865	60.0	250561	
	总计	320221893	19750	3381	2729	230070	175161	4910	54370	2075	448	91	2446	835	21568	651	13394	13617	626	11935	1464	322466	5.3	180496	56.0	506591	

（汤　岚）

2020 年镇江市人寿保险业务统计表

表 23－4　　　　单位：万元

单位		累计保费收入：合计	其中：首年新单	首年期缴	续收	团险	营销	银邮	其他业务	比上年（%）	累计给付金额：理赔给付	其他给付	合计	累计给付案件（件）	累计退保金额	累计承保人次	市场份额（%）
中国人寿	市区	105684	25144	18380	80540	3832	96234	5618	—	8.8	7652	10481	18133	22072	7772	1237037	32.86
	丹阳	114929	24448	17368	90481	4278	104019	6632	—	1.8	7588	12197	19785	16374	13494	1304091	
	句容	72016	18727	13519	53289	3384	60298	8334	—	9.5	3970	4441	8411	9740	3825	2044456	
	扬中	67476	18513	13520	48963	3887	55295	8294	—	6.4	6925	5354	12279	23007	5342	826799	
	合计	360105	86832	62787	273273	15381	315846	28878	0	6.1	26135	32473	58608	71193	30433	5412383	
平安人寿	市区	40343	8797	7283	31546	4203	34981	1159	0	－4.1	3274	5357	8631	3756	6267	7001	10.02
	丹阳	52158	11374	9415	40784	5433	45226	1499	0	－1.8	4149	2022	6171	5120	2271	16728	
	句容	10313	2249	1862	8064	1075	8942	296	0	0.0	781	431	1212	616	381	3799	
	扬中	7043	1536	1271	5507	734	6107	202	0	－1.4	576	404	980	599	298	1806	
	合计	109857	23956	19831	85901	11445	95256	3156	0	－2.5	8780	8214	16994	10091	9217	29334	
阳光人寿	市区	6287	1284	543	5003	443	2955	1443	1446	－36.8	314	4236	4550	250	527	603	1.19
	丹阳	2892	418	418	2474	—	2892	—	—	－25.4	237	—	237	74	532	513	
	句容	726	111	111	615	—	726	—	—	－20.3	46	—	46	34	395	165	
	扬中	3150	423	423	2727	—	3150	—	—	－13.6	368	—	368	154	536	562	
	合计	13055	2236	1495	10819	443	9723	1443	1446	－29.0	965	4236	5201	512	1990	1843	
太平洋寿险	市区	33501	4502	2911	28999	538	32845	118	0	－6.7	2152	8469	10621	41149	2241	217677	5.53
	丹阳	11208	2513	1522	8695	295	10837	76	0	－1.2	791	2113	2904	10818	767	67603	
	句容	8288	1649	1240	6639	147	8090	51	0	0.7	470	478	948	3422	1034	55257	
	扬中	7604	1090	827	6514	128	7456	20	0	0.8	577	1318	1895	6465	373	55610	
	合计	60601	9754	6500	50847	1108	59228	265	0	－3.8	3990	12378	16368	61854	4415	396147	
人保寿险	市区	14535	4656	3693	9879	1004	3784	9747	—	77.7	333	4112	4445	2980	15875	11782	1.61
	丹阳	237	158	155	79	—	237	—	—	－88.2	—	21	21	213	32	1176	
	句容	1231	270	269	961	—	1231	—	—	－67.8	22	28	50	498	33	1182	
	扬中	1593	627	623	966	—	1593	—	—	－39.9	5	197	202	377	59	1297	
	合计	17596	5711	4740	11885	1004	6845	9747	0	5.6	360	4358	4718	4068	15999	15437	

续表 23－4

单位		累计保费收入								比上年（%）	累计给付金额			累计给付案件（件）	累计退保金额	累计承保人次	市场份额（%）
		合计	其中								理赔给付	其他给付	合计				
			首年新单	首年期缴	续收	团险	营销	银邮	其他业务								
利安人寿	市区	51995	34302	13632	17693	795	990	50204	6	－3.2	248	314	562	184	746	19773	
	丹阳	2746	576	539	2170	8	2738	—	—	167.9	35	254	289	22	346	1937	
	句容	1097	105	82	992	1	1096	—	—	－1.5	28	97	125	14	145	797	5.35
	扬中	781	574	306	207	49	532	—	—	10.2	156	49	405	208	954	10861	
	合计	58619	35557	14559	23062	1053	7356	50204	6	0.4	467	914	1381	428	2191	33368	
君康人寿	市区	61907	43950	11004	17957	—	84	61819	4	－44.1	324	123	447	99	3556	7540	
	丹阳	0	—	—	—	—	—	—	—	—	—	—	0	—	—	—	
	句容	0	—	—	—	—	—	—	—	—	—	—	0	—	—	—	5.65
	扬中	0	—	—	—	—	—	—	—	—	—	—	0	—	—	—	
	合计	61907	43950	11004	17957	0	84	61819	4	－44.1	324	123	447	99	3556	7540	
太平人寿	市区	30947	5963	4762	24984	427	26272	4248	—	2.0	1334	1343	2677	788	2039	24120	
	丹阳	5010	595	215	4415	14	4996	—	—	－18.9	211	819	1030	85	2440	2051	
	句容	1412	235	120	1177	15	1397	—	—	1.1	99	254	353	31	146	892	3.55
	扬中	1565	201	52	1364	45	1520	—	—	－33.8	91	148	239	35	298	263	
	合计	38934	6994	5149	31940	501	34185	4248	0	－3.3	1735	2564	4299	939	4923	27326	
富德生命人寿	市区	15715	5948	1878	9767	—	10747	4648	320	49.8	2	4324	4326	26	2014	987	
	丹阳	7205	2527	369	4678	—	3754	3316	135	60.0	—	675	675	7	256	421	
	句容	3004	1170	233	1834	—	1067	1847	90	1.0	—	387	387	3	234	301	3.15
	扬中	8571	3330	983	5241	—	7458	806	307	16.8	1	3994	3995	12	1240	878	
	合计	34495	12975	3463	21520	0	23026	10617	852	36.3	3	9380	9383	48	3744	2587	
新华保险	市区	19840	4326	1180	15514	717	15384	3739	—	10.5	1050	2482	3532	5286	1118	19017	
	丹阳	9014	1683	1022	7331	—	9014	—	—	5.4	1050	2482	3532	3856	406	3686	
	句容	4165	922	922	3243	—	4165	—	—	5.1	506	1196	1702	2140	358	1880	3.08
	扬中	701	174	174	527	—	701	—	—	7.7	109	258	367	161	30	1017	
	合计	33720	7105	3298	26615	717	29264	3739	0	8.3	2715	6418	9133	11443	1912	25600	
泰康人寿	市区	25177	3109	2448	22068	2	20448	4449	278	－3.0	1250	6660	7910	729	787	8900	
	丹阳	12161	1677	1378	10484	—	12161	—	—	17.2	411	956	1367	295	345	8205	
	句容	5563	906	890	4657	—	5563	—	—	19.2	161	403	564	139	134	4551	4.18
	扬中	2877	430	370	2447	—	2877	—	—	－8.3	88	174	262	135	70	2326	
	合计	45778	6122	5086	39656	2	41049	4449	278	3.7	1910	8193	10103	1298	1336	23982	
建信人寿	市区	10278	8108	955	2170	30	281	9605	362	108.7	164	25	189	39	5666	—	
	丹阳	0	—	—	—	—	—	—	—	—	—	—	0	—	—	—	
	句容	0	—	—	—	—	—	—	—	—	—	—	0	—	—	—	0.94
	扬中	0	—	—	—	—	—	—	—	—	—	—	0	—	—	—	
	合计	10278	8108	955	2170	30	281	9605	362	108.7	164	25	189	39	5666	0	
人保健康	市区	3299	2876	116	423	2785	105	380	29	－10.9	2449	282	2731	72	190	236262	
	丹阳	0	—	—	—	—	—	—	—	—	—	—	0	—	—	—	
	句容	0	—	—	—	—	—	—	—	—	—	—	0	—	—	—	0.30
	扬中	0	—	—	—	—	—	—	—	—	—	—	0	—	—	—	
	合计	3299	2876	116	423	2785	105	380	29	－10.9	2449	282	2731	72	190	236262	
农银人寿	市区	8729	3413	2777	5316	493	1240	6996	—	27.6	322	1216	1538	—	1165	120	
	丹阳	0	—	—	—	—	—	—	—	—	—	—	0	—	—	—	
	句容	0	—	—	—	—	—	—	—	—	—	—	0	—	—	—	0.80
	扬中	0	—	—	—	—	—	—	—	—	—	—	0	—	—	—	
	合计	8729	3413	2777	5316	493	1240	6996	0	27.6	322	1216	1538	0	1165	120	
东吴人寿	市区	9446	6122	1274	3324	348	3985	5113	—	－32.6	267	132	399	—	759	—	
	丹阳	657	338	144	319	—	657	—	—	45.4	3	13	16	—	25	—	
	句容	450	112	108	338	—	450	—	—	13.9	18	13	31	—	10	—	1.00
	扬中	455	166	149	289	—	455	—	—	－13.8	93	1	94	—	7	—	
	合计	11008	6738	1675	4270	348	5547	5113	0	－28.5	381	159	540	0	801	0	

续表 23 －4

单位		累计保费收入								比上年(%)	累计给付金额			累计给付案件(件)	累计退保金额	累计承保人次	市场份额(%)
		合计	其中								理赔给付	其他给付	合计				
			首年新单	首年期缴	续收	团险	营销	银邮	其他业务								
国华人寿	市区	4278	3560	460	718	—	11	4267	—	-60.3	43	282	325	—	10698	—	
	丹阳	0	—	—	—	—	—	—	—	—	—	—	0	—	—	—	
	句容	0	—	—	—	—	—	—	—	—	—	—	0	—	—	—	0.39
	扬中	0	—	—	—	—	—	—	—	—	—	—	0	—	—	—	
	合计	4278	3560	460	718	0	11	4267	0	-60.3	43	282	325	0	10698	0	
华夏保险	市区	62835	16787	14380	46048	49	44515	18268	3	3.0	244	3126	3370	791	8815	19089	
	丹阳	14222	3273	2759	10949	—	14222	—	—	-8.2	278	2393	2671	550	447	7567	
	句容	1417	197	97	1220	—	1417	—	—	4.3	89	216	305	263	216	3143	7.54
	扬中	4152	1207	157	2945	—	4152	—	—	-65.8	101	939	1040	144	130	2130	
	合计	82626	21464	17393	61162	49	64306	18268	3	-8.2	712	6674	7386	1748	9608	31929	
民生人寿	市区	2192	128	120	2064	1	2050	—	141	-9.0	145	2341	2486	84	257	7543	
	丹阳	953	174	160	779	—	953	—	—	13.0	18	45	63	11	75	1692	
	句容	183	—	—	183	—	183	—	—	-14.5	16	30	46	3	12	977	0.33
	扬中	341	—	—	341	—	341	—	—	-26.3	4	38	42	1	38	1015	
	合计	3669	302	280	3367	1	3527	0	141	-6.6	183	2454	2637	99	382	11227	
华泰人寿	市区	624	29	26	595	68	536	19	1	-3.0	503	1109	1612	—	366	586	
	丹阳	3928	536	473	3392	—	3928	—	—	3.2	—	—	0	—	—	—	
	句容	764	78	70	686	—	764	—	—	7.5	—	—	0	—	—	—	0.62
	扬中	1454	196	163	1258	—	1454	—	—	-6.1	—	—	0	—	—	—	
	合计	6770	839	732	5931	68	6682	19	1	0.9	503	1109	1612	0	366	586	
中宏保险	市区	6948	734	734	6214	142	6610	169	27	3.3	466	239	705	1886	354	5202	
	丹阳	—	—	—	—	—	—	—	—	—	—	—	0	—	—	—	
	句容	—	—	—	—	—	—	—	—	—	—	—	0	—	—	—	0.63
	扬中	—	—	—	—	—	—	—	—	—	—	—	0	—	—	—	
	合计	6948	734	734	6214	142	6610	169	27	3.3	466	239	705	1886	354	5202	
信泰保险	市区	33836	24271	5092	9565	—	7171	24511	2154	185.8	33	7721	7754	89	562	1605	
	丹阳	167	167	167	—	—	167	—	—	-34.8	—	—	0	—	—	565	
	句容	256	256	256	—	—	256	—	—	-9.5	—	—	0	—	—	680	3.13
	扬中	0	—	—	—	—	—	—	—	—	—	—	0	—	—	—	
	合计	34259	24694	5515	9565	0	7594	24511	2154	176.7	33	7721	7754	89	562	2850	
长城人寿	市区	816	188	69	628	—	816	—	0	46.5	49	80	129	57	41	816	
	丹阳	783	262	214	521	—	783	—	0	8.6	9	57	66	7	43	783	
	句容	1025	210	206	815	—	1025	—	0	15.8	13	79	92	2	53	1025	0.35
	扬中	1244	360	358	884	—	1244	—	0	11.7	23	86	109	6	51	1244	
	合计	3868	1020	847	2848	0	3868	0	0	18.0	94	302	396	72	188	3868	
中信保诚人寿	市区	4757	2547	2300	2210	67	2111	2565	14	7.7	276	38	314	539	149	6342	
	丹阳	2243	321	310	1922	0	2243	0	0	-20.2	—	—	0	—	—	—	
	句容	80	33	33	47	0	80	0	0	-80.0	—	—	0	—	—	—	0.65
	扬中	0	0	0	0	0	0	0	0	—	—	—	0	—	—	—	
	合计	7080	2901	2643	4179	67	4434	2565	14	-7.2	276	38	314	539	149	6342	
合众人寿	市区	250	33	22	217	—	250	—	—	-47.8	32	127	159	—	34	—	
	丹阳	95	2	3	93	—	95	—	—	46.2	1	5	6	—	—	—	
	句容	185	21	21	164	—	185	—	—	302.2	—	2	2	—	1	—	0.05
	扬中	0	—	—	—	—	—	—	—	—	—	—	0	—	—	—	
	合计	530	56	46	474	0	530	0	0	-10.2	33	134	167	0	35	0	
同方全球人寿	市区	5386	4015	610	1371	—	431	4955	—	180.8	52	2083	2135	—	38	—	
	丹阳	0	—	—	—	—	—	—	—	—	—	—	0	—	—	—	
	句容	0	—	—	—	—	—	—	—	—	—	—	0	—	—	—	0.49
	扬中	0	—	—	—	—	—	—	—	—	—	—	0	—	—	—	
	合计	5386	4015	610	1371	0	431	4955	0	180.8	52	2083	2135	0	38	0	

续表 23－4

单位		累计保费收入								比上年(%)	累计给付金额			累计给付案件(件)	累计退保金额	累计承保人次	市场份额(%)
		合计	其中								理赔给付	其他给付	合计				
			首年新单	首年期缴	续收	团险	营销	银邮	其他业务								
陆家嘴国泰人寿	市区	3028	677	639	2351	14	2987	—	27	21.4	255	109	364	—	29	—	0.28
	丹阳	0	—	—	—	—	—	—	—	—	—	—	0	—	—	—	
	句容	0	—	—	—	—	—	—	—	—	—	—	0	—	—	—	
	扬中	0	—	—	—	—	—	—	—	—	—	—	0	—	—	—	
	合计	3028	677	639	2351	14	2987	0	27	21.4	255	109	364	0	29	0	
友邦寿险	市区	7248	3856	2813	3392	34	6906	308	—	71.2	409	13	422	—	62	—	0.66
	丹阳	0	—	—	—	—	—	—	—	—	—	—	0	—	—	—	
	句容	0	—	—	—	—	—	—	—	—	—	—	0	—	—	—	
	扬中	0	—	—	—	—	—	—	—	—	—	—	0	—	—	—	
	合计	7248	3856	2813	3392	34	6906	308	0	71.2	409	13	422	0	62	0	
英大人寿	市区	6440	3865	1234	2575	—	3600	2840	—	75.9	190	51	241	35	73	1995	1.14
	丹阳	3149	1254	943	1895	—	2666	483	—	2.9	61	38	99	15	51	1884	
	句容	818	275	246	543	—	818	—	—	52.0	11	14	25	4	7	606	
	扬中	2033	1426	1403	607	—	2033	—	—	288.0	5	—	5	4	6	992	
	合计	12440	6820	3826	5620	0	9117	3323	0	59.9	267	103	370	58	137	5477	
百年人寿	市区	23241	13816	5097	9425	8	1008	22225	—	14.7	690	497	1187	6043	2319	3490	2.15
	丹阳	341	92	89	249	—	341	—	—	16.8	5	—	5	10	15	284	
	句容	0	0	—	—	—	—	—	—	—	—	—	0	—	—	—	
	扬中	0	0	—	—	—	—	—	—	—	—	—	0	—	—	—	
	合计	23582	13908	5186	9674	8	1349	22225	0	14.8	695	497	1192	6053	2334	3774	
国联人寿	市区	21968	18576	1252	3392	1	2913	19054	—	10.4	231	195	426	—	534	144	2.04
	丹阳	174	174	172	—	—	174	—	—	－39.8	—	—	0	—	—	—	
	句容	0	—	—	—	—	—	—	—	—	—	—	0	—	—	—	
	扬中	163	163	163	—	—	163	—	—	－69.4	—	—	0	—	—	—	
	合计	22305	18913	1587	3392	1	3250	19054	0	7.7	231	195	426	0	534	144	
中英人寿	市区	1123	389	389	734	—	1123	—	—	31.3	1	—	1	—	3	—	0.10
	丹阳	0	—	—	—	—	—	—	—	—	—	—	0	—	—	—	
	句容	0	—	—	—	—	—	—	—	—	—	—	0	—	—	—	
	扬中	0	—	—	—	—	—	—	—	—	—	—	0	—	—	—	
	合计	1123	389	389	734	0	1123	0	0	31.3	1	0	1	0	3	0	
平安养老	市区	2410	2410	—	—	2410	—	—	—	9.4	1091	3	1094	—	—	—	0.22
	丹阳	0	—	—	—	—	—	—	—	—	—	—	0	—	—	—	
	句容	0	—	—	—	—	—	—	—	—	—	—	0	—	—	—	
	扬中	0	—	—	—	—	—	—	—	—	—	—	0	—	—	—	
	合计	2410	2410	0	0	2410	0	0	0	9.4	1091	3	1094	0	0	0	
德华安顾人寿	市区	410	312	296	98	5	405	—	—	262.8	4	—	4	4	4	2188	0.04
	丹阳	0	—	—	—	—	—	—	—	—	—	—	0	—	—	—	
	句容	0	—	—	—	—	—	—	—	—	—	—	0	—	—	—	
	扬中	0	—	—	—	—	—	—	—	—	—	—	0	—	—	—	
	合计	410	312	296	98	5	405	0	0	262.8	4	0	4	4	4	2188	
合计	市区	625473	258693	108369	366780	18416	333778	268467	4812	－0.2	25849	67570	93419	86958	75060	1839819	100
	丹阳	244272	52562	37835	191710	10028	222103	12006	135	0.9	14847	24090	38937	37457	21545	1419186	
	句容	112993	27526	20285	85467	4622	97753	10528	90	4.6	6230	8069	14299	16909	6984	2119711	
	扬中	113203	30416	20942	82787	5043	98531	9322	307	－3.5	9122	13160	22282	31308	9432	906800	
	总合计	1095941	369197	187431	726744	38109	752165	300323	5344	0.2	56048	112889	168937	172632	113021	6285516	

（汤　岚）

【中国人民财产保险股份有限公司镇江市分公司】 2020年年末，公司有营业网点26个，从业人员485人。全年保费收入12.91亿元，比上年增长6.76%。其中，车险实现保费收入9.05亿元，增长4.53%；非车险保费收入3.01亿元，增长11.85%；农险保费收入0.84亿元，增长8.02%。市场份额40%。全公司处理赔案343704件，支付各险赔款7.31亿元，赔付率56.6%。重要保险项目8项。重大保险赔案2件。　（刘海燕）

【中国人寿保险股份有限公司镇江市分公司】　2020年年末，公司有营业网点53个，从业人员5038人。全年保费收入36.01亿元，比上年增长6.13%，其中，营销业务保费收入31.58亿元，分红类产品保费收入8.4亿元。市场份额32.86%。给付案件71193件，给付金额5.86亿元，给付率99.07%。30万元以上重大保险给付案件65件，给付金额3140.64万元。（袁　慧）

【中国太平洋财产保险股份有限公司镇江中心支公司】　2020年年末，公司有营业网点8个，从业人员189人。全年保费收入4.06亿元，比上年增长4.9%。其中，车险保费收入2.67亿元，增长4.7%；农险保费收入1853万元，增长63.8%。市场份额12.59%。全公司处理赔案18908件，支付各险赔款1.87亿元，赔付率46.1%，减少赔付2.94%。重要保险项目66个，保费收入5300万元。重大保险赔案49件，合计赔付金额2569.69万元。（朱　彤）

【中国太平洋人寿保险股份有限公司镇江中心支公司】　2020年年末，公司有营业网点15个，从业人员1422人。全年保费收入6.06亿元，比上年下降3.8%，其中个人业务保费收入5.92亿元。市场份额5.53%。给付案件61854件，给付金额1.64亿元，给付率27%，增长2%。重大保险给付案件20件，给付金额480.19万元。（曹杨昀）

【太平财产保险有限公司镇江中心支公司】　2020年年末，公司有营业网点4个，从业人员57人。全年保费收入6025万元，比上年下降3.1%。其中，企业财产险保费收入172万元，下降28.5%；家庭财产险保费收入1万元；车辆保险保费收入5393万元，下降2.2%。市场份额1.87%。全公司处理赔案6399件，支付各险赔款3742万元，赔付率62.1%。重大保险赔案161笔，赔付金额2000万元。（王远景）

【太平人寿保险有限公司镇江中心支公司】　2020年年末，公司有营业网点5个，从业人员980人。全年实现保费收入3.89亿元，比上年下降3.3%，其中个险保费收入3.4亿元。市场份额3.55%。给付案件939件，给付金额4299万元。（郭　青）

【中华联合财产保险股份有限公司镇江中心支公司】

2020年年末，公司有营业网点6个，从业人员63人。全年保费收入6376万元，比上年增长8.2%。其中，车险保费收入4145万元，增长1.2%；非车财产险保费收入802万元，增长75.5%；责任险保费收入795万元，增长24.2%；意健险保费收入608万元，下降1.2%；农险保费收入26万元，下降68.3%。市场份额1.98%。全公司处理赔案7075件，支付各险赔款3541万元，赔付率55.5%，增长1.63%。重要保险项目2件，保费收入121.32万元。重大保险赔案80件（10万元以上），赔付金额1666.28万元。（唐国卿）

【紫金财产保险股份有限公司镇江中心支公司】

2020年年末，公司有营业网点5个，从业人员138人。全年保费收入1.27亿元，比上年增长43.4%。其中，车险保费收入0.61亿元，增长13.6%；财意险保费收入0.56亿元，增长140.54%；农险保费收入1043万元，下降12.4%。市场份额3.93%。全公司处理赔案32266件，支付各险赔款5473万元，赔付率43.1%，增长45.9%。重要保险项目1件，保费收入238.62万元。重大保险赔案7件，赔付支出566.89万元。（王　跃）

【证券概况】　2020年，镇江市证券公司盈利水平比上年提升。截至年末，全市有证券公司15家，设证券营业部26家，其中，丹阳市6家，句容市3家，扬中市2家，京口区7家，润州区7家，丹徒区1家。账户数198.01万户（其中，资金账户54.42万户，A股证券账户96.83万户，B股证券账户0.52万户，基金账户46.24万户），指定与托管证券市值657.35亿元。全年市场交易量上升，净利润提升，股票基金交易量11501.29亿元，手续费及佣金收入2.5亿元，全行业实现净利润0.76亿元。（宋　静）

2020年镇江市证券经营情况表

表23－5　　　　单位：万元

证券机构	手续费及佣金收入	增幅（%）	交易金额	增幅（%）
安信证券	1369.00	56.26	6446884.00	55.85
东吴证券	503.00	45.94	2133275.00	−23.78
中信华南（原广州证券）	69.00	157.75	205000.00	14.75
国联证券	829.00	39.79	2744619.00	58.31
银河证券	644.00	426.01	3985797.00	236.12
南京证券	1,627.00	36.14	6943979.00	37.85
中信证券	876.00	123.94	3425606.00	46.71

续表 23－5

证券机构	手续费及佣金收入	增幅(%)	交易金额	增幅(%)
金元证券	85.00	24.49	428726.00	32.07
华林证券	2.00	－98.50	14534.00	－35.01
海通证券	431.00	96.37	1828749.00	57.03
申银万国	2039.00	52.50	8494891.00	105.60
中金财富(原中投证券)	263.00	118.60	1464461.00	137.86
光大证券(镇江)	96.00	992.15	324502.00	522.74
海通证券(丹阳)	1603.00	171.58	10197557.00	205.79
西部证券(丹阳)	1382.00	41.55	3074930.00	46.03
光大证券(丹阳中新路)	3084.00	99.51	6554852.00	55.47
光大证券(丹阳东方路)	707.00	101.55	1728287.00	71.39
国联证券(丹阳)	111.00	161.12	466413.00	97.61
南京证券(句容)	144.00	89.40	536841.00	93.26
申银万国(句容)	764.00	51.64	2178989.00	51.70
南京证券(扬中)	581.00	77.66	1540873.00	100.48
华泰证券(扬中)	1379.00	33.79	6639203.00	57.33
华泰证券(镇江)	4295.00	16.00	28342750.00	58.90
华泰证券(丹徒)	918.00	－0.01	6818964.00	28.96
华泰证券(丹阳)	415.00	－16.77	2839796.00	3.39
华泰证券(句容)	756.00	108.78	5652392.00	170.30

(宋　静)

地方金融从业机构

【概况】 2020年年末，镇江市有地方金融从业机构108家，分别为小额贷款公司43家、典当行25家、融资租赁公司14家、商业保理公司4家、小微企业转贷公司6家、担保及再担保机构15家、交易场所1家。

(潘　鹏　孙凡钦)

【小额贷款公司】 截至2020年年末，镇江市有开业的小额贷款公司43家，其中，农贷公司39家，科贷公司4家。累计发放各类贷款802.72亿元，比年初增加贷款44.2亿元；累计支持客户15331户，增加1410户，平均年利率为11.29%。贷款余额52.63亿元，增加1.6亿元，其中，涉农(涉科)贷款占比97.53%，小额贷款(单笔50万元以下)占比47.79%，中长期贷款(3个月以上)占比98.66%；营业收入2.7亿元，下降1.7%；不良贷款总额17.61亿元，不良贷款率33.46%。

(潘　鹏)

【典当行业】 截至2020年年末，镇江市有25家典当行及分支机构。典当总额3.02亿元，比上年增长8.9%；典当余额2.59亿元，增长84.58%；业务笔数9361笔，下降37.56%；营业收入1299.19万元，增长41.69%；绝当金额3.56万元，下降99.7%。

(潘　鹏)

【融资租赁行业】 截至2020年年末，镇江市有14家融资租赁公司，其中开展业务的9家。资产总额153.39亿元，融资租赁资产额85.65亿元，客户数1056户，不良租赁资产余额2.92亿元，不良租赁资产率3.4%。

(潘　鹏)

【商业保理行业】 截至2020年年末，镇江市有4家商业保理企业，其中开展业务的3家。资产总额10.57亿元，发放保理融资款本金6.73亿元，客户数25户，受让应收账款余额8.28亿元；不良保理资产余额3157.5万元，不良保理资产率4.68%。

(潘　鹏)

【小微企业转贷公司】 截至2020年年末，镇江市有6家转贷服务公司，资产总规模3.55亿元；当年累计发放转贷金56.28亿元，支持企业1137家，户均转贷额495万元。

(潘　鹏)

【融资性担保公司】 截至2020年年末，镇江市有10家融资性担保法人机构，净资产48.87亿元，累计担保代偿金额4.97亿元，在保余额79.27亿元，担保户数558户，担保代偿率0.68%，营业收入2.46亿元，放大倍数1.62倍。

(孙凡钦)

科技综述

【概况】 2020 年，镇江市高新技术产业产值占规模以上工业产值的 46.4%，科技进步贡献率 65.3%。镇江市在全国 72 个国家创新型城市创新能力排名中列第 21 名（江苏省第 5 名）。

创新企业集群情况。全年组织申报高新技术企业 771 家，比上年增长 26.8%；认定公示 433 家；高新技术企业总数为 1188 家；450 家企业新列入省高新技术企业培育库，增长 3.9%。吉贝尔药业公司在科创板上市，图南合金公司在创业板上市。对承租国有孵化载体用房的中小科技企业，采取“退、免、抵、延”等方式，实施 1 个月房租免收、2 个月房租减半的扶持，为 764 家孵化企业减免房租 1007 万元。企业申报研发费用加计扣除 1345 户，加计扣除抵扣应纳税所得额 51.79 亿元，增长 13.8%；申报高新技术企业所得税减免 333 户，减免税额 9.25 亿元。

技术创新水平。镇江市获省级以上科技计划项目立项 352 项，争取省级以上资金支持 2.91 亿元。加快大数据、云计算、人工智能等前瞻技术，以及新材料、高端制造等关键核心技术的研发，立项市级科技计划项目 198 项，撬动研发投入超 2 亿元。全市获国家技术发明奖 1 项，省科学技术一等奖 4 个、二等奖 5 个、三等奖 16 个。奖补 2020 年度“柔性引才”的 15 名人才；44 人入选省“双创”人才计划（“科技副总”）。

创新平台建设。推动“双创”载体建设，获批国家级孵化器 2 家、省级孵化器 1 家、省级“众创社区”1 家、省级“众创空间”6 家；4 家国家级孵化器、6 家省级孵化器获绩效评价优秀等次。建成镇江高新区创新服务中心。丹佛斯全球研发中心落户镇江。丹阳高新区获批省级“军民科技协同创新示范基地”“产学研产业协同创新基地”。11 家企业与省产业技术研究院共建联合创新中心，新增省级企业工程技术研究中心 23 家，获批省“外国专家工作室”7 家。

创新要素资源情况。举办“2020 年高校院所走进镇江产学研合作对接大会”、“院士家乡行”、“纪念苏颂千年诞辰，弘扬科技创新精神”、镇江市—东南大学“校地融合、创新发展”等多场大型活动。市科技局牵头制定海工船舶产业招商图谱，推动成立镇江市船舶与海洋工程行业协会。市技术交易所获第十届中国技术市场“金桥奖·集体优秀奖”。

创新生态环境情况。镇江市的江苏蓝鲸新材料有限公司的压电单晶项目获第八届“创业江苏”科技创业大赛初创组二等奖。举办联想之星·星云加速器“双百菁英”特训营，培训创业人才和优秀科技企业家。推进“民营企业服务月”活动，举办全市科技创新专题辅导报告会暨对接交流会，“腾讯”“阿里”“字节跳动”等 3 家企业专家到镇江授课。对 2020 年新增的“苏科贷”及“中小微企业助力贷”，实行一季度全额贴息、二季度 50% 贴息政策。通过科技金融产品，推动银行发放“苏科贷”“中小微企业助力贷”“高企贷”等 240 多笔，帮助企业融资约 10 亿元。开展“科技金融进孵化器”系列活动。新冠肺炎疫情期间，创新服务方式，将科技企业融资路演从线下转移到线上平台，实现在线“云路演”。加强对中小微企业普惠性支持，224 家企业申领电子创新券。举办“高企融资服务直通车”等活动 12 场。市科技局推进科技资源开放共享，完善市科技资源云平台功能，开发“大型科学仪器设备资源地图”，入网大型仪器 1400 台（套），原值超 13 亿元。市生产力促进中心获全国“生产力促进（服务贡献）奖”。

（郑淇元）

【“十三五”期间主要情况】 “十三五”期间，镇江市深化科技“放管服”改革，提升科技创新能力，在72个国家创新型城市排名中列第21名，在“福布斯中国最具创新力城市30强”中列第18名。

创新生态环境情况。出台“科技改革20条”、高新技术企业培育实施细则等文件。1403家次高新技术企业享受所得税减免43.79亿元；3763家次企业享受研发费用加计扣除政策，抵扣应纳税所得额145.85亿元。发放科技贷款1252笔，帮助企业解决融资需求47.6亿元，连续3年获评省“苏科贷”优秀合作地区。连续3年举办“宁镇扬科技活动月”活动；连续2年与省科技厅合作举办“大院大所走进镇江”产学研合作活动，与30多所高校院所签订战略合作协议，与160余家高校院所建立合作关系。

技术创新情况。围绕特色优势产业，推动产业前瞻与共性关键技术研发。设立市重大科技专项，单个项目支持最高1000万元；引导大数据、人工智能等前瞻技术研发。承担国家、省级科技计划项目1900余项，争取上级科技资金超14亿元。获国家科学技术奖励16项，其中特等奖2项；获省科学技术奖124项（人）。

创新主体情况。构建创新型领军企业、高新技术企业、民营科技企业、科技型中小企业梯队，推动科技企业提档升级。高新技术企业数量由2016年的545家增长至2020年的1188家。有民营科技企业1858家、国家创新型（试点）企业2家、省“创新型领军企业”11家、“独角兽企业”2家；有科创板上市企业2家，其中天奈科技公司为全省3家首批科创板企业之一。开展“双百菁英”科技企业家培训活动。

载体建设成效。推进苏南自创区镇江一区十四园建设，江苏省扬中高新技术产业开发区获批国家智慧电气高新技术产业化基地、国家农业科技园区；争取上级资金1.62亿元。建成科技资源云平台和网上技术交易市场。建有省级重点实验室6家、省级工程技术研究中心191家，备案新型研发机构22家。建有省级及以上孵化器34家（国家级14家），省级及以上“众创空间”35家（国家级4家），省级“众创社区”6家，省级以上“星创天地”16家（国家级5家），在孵企业1300多家。 （郑淇元）

【科技招商】 2020年，镇江市科技部门确定“以产引研、以研促产”的招商路径，全年备案11个亿元以上项目信息，做好“好享家”空间环境健康产业集聚区项目、国药集团“器械产业园”等落地大项目帮办工作，牵头海工船舶产业招引亿元以上项目5个。镇江市科技局牵头成立“好享家”空间环境健康产业集聚区项目帮办服务临时党支部，为该公司注册、审批立项提供全程式帮办服务。截至2020年12月，该公司实现销售上千万元。9月，市船舶与海洋工程行业协会组织镇江市的大全集团等30家船舶海洋工程配套企业，赴上海外高桥、江南造船厂开展产业链上下游招商和合作交流活动。编制产业招商地图、重点产业招商图谱。推动一批项目建设，江苏亿阀公司“LNG储卸装置用大口径高磅级超低温阀门关键技术研发及产业化”项目开工建设，总投资6500万元；“丹佛斯动力系统工作装置事业部功能性全球研发中心”项目签约，落户镇江高新区。 （郑淇元　卢永慧）

【镇江市船舶与海洋工程行业协会成立】 2020年7月28日，镇江市船舶与海洋工程行业协会成立暨首届会员大会召开。该协会的成立旨在加强全市船舶海洋工程企业与科研院所的沟通联系、技术协同创新，并促进企业间、产业链上下游配套和科技招商。全市有63家船舶海洋工程企业成为会员单位。 （卢永慧）

【海工船舶产业招商图谱】 2020年，镇江市科技部门作为海工船舶产业牵头招引部门，委托哈尔滨工程大学编制完成海工船舶产业招商图谱。该图谱分为高技术与特种船舶制造、船舶关键配套、海工关键配套等9个章节，对国内外海洋工程船舶行业的产业链、企业分布、核心技术、市场分布等状况进行介绍。 （卢永慧）

科技管理

【概况】 2020年，镇江市深化改革创新，强化科技招商，围绕产业链，部署创新链，配套资金链，加快研发普惠制政策落地。推进24个科技创新重点项目实施，全年实现投资4.6亿元。修订出台《镇江市科技创新券实施管理办法》，对企业向高校院所购买科研服务和技术成果给予普惠性补贴，搭建创新券电子化管理平台。9月，经科技部认定，镇江市入选“科技抗疫‘百城百园’行动”城市，并获中央引导地方科技发展资金300万元。 （宋胡生）

【科技与人才工作目标管理】 2020年，镇江市44人入选江苏省双创人才计划（“科技副总”）。93人入选“金山英才”计划，其中，入选顶尖人才计划3人，每人获1000万元资助；11家企业15人获柔性引才计划项目后补助。“十三五”期间，镇江市引进605名“领军人才”、16名“顶尖人才”；财政资助7.2亿元，带动企业投入240亿元，实现年销售额480亿元、年税收18.2亿元，带动就业近10万人。 （王　强）

【"星创天地"创建情况】 2020年11月,镇江市"句容特色农产品'星创天地'""镇江世业洲高效农业'星创天地'"和"镇江苏峰茶产业'星创天地'"3家"星创天地"通过省级备案。截至12月底,镇江市有省级以上"星创天地"16家,其中,国家级"星创天地"5家。 (陈 晨)

【农村科技发展情况】 2020年9月8日,镇江市组织开展"走进镇江国家农业科技园区暨创建省级句容农高区启动仪式"活动,江苏镇江国家农业科技园区与中国农科院茶叶研究所等高校院所签订合作共建协议,有12个项目集中签约落地,涉及科技创新、产业发展等多个领域。该园区通过网上发布招商信息、项目发布会等方式,开展各类招商推介活动3场,引进"茅山长青""火龙果产业研究院"等项目,实施面积约133.3公顷(2000亩),总投资近1.5亿元。当年,镇江市17家参加省科技厅年度考评的江苏农村科技服务超市分店和便利店均达到合格以上标准,其中,句容经济林果、丹阳食用菌、扬中特种水产和丹徒特色畜禽等4家分店考评定性为优秀等次。全年全市科技服务超市组织科技培训70余场次,培训人数超5000人次;推广新成果、新技术和新品种累计60余项,辐射带动农户3784户,人均增收2466元。11月,镇江市"江苏省彩叶苗木产业技术创新战略联盟"获省科技厅确认。截至12月底,镇江市有省级以上农业产业技术创新战略联盟9家,其中国家级1家。11月,江苏沃得高新农业装备有限公司、江苏江南上一道科技股份有限公司、镇江市邦禾螺旋制造有限公司等3家企业入选江苏省科技厅"江苏省农业科技型企业名单"。 (陈 晨)

科技合作

【概况】 2020年,镇江市科技合作工作以实施创新驱动发展战略为主题,以促进创新链与产业链有机融合、增强科技创新实力、培育经济发展新动能为主线,以构建政府为引导、市场为主导、企业为主体、高校院所为依托的协同创新体系为主旨,开展产学研活动,构建协同创新体系,打造专业素养高的技术经纪人队伍,优化推行科技创新券政策。全年举办线下产学研活动61次,参与企业数1815家,签约项目423项。举办2020高校院所走进镇江产学研对接活动,相关企业、政府部门与高校院所签订产学研合作协议225项,合同金额33399.39万元;签订框架合作协议131项。举办镇江市—东南大学"校地融合、创新发展"合作大会。2月24日,省生产力促进中心、省军民融合科技协同创新服务中心联合下发《关于发布首批"江苏省军民科技协同创新示范基地"名单的通知》。11月12日,省科技厅发布《关于确认第四批省产学研产业协同创新基地的通知》,丹阳高新区获批江苏省医疗器械及视觉健康产业产学研协同创新基地。 (卢永慧)

【《2020年镇江市产学研工作要点》推进情况】 2020年5月12日,镇江市发布《2020年镇江市产学研工作要点》。要点分三大块:一是开展产学研活动,细分为专题产学研活动、深化与驻镇高校产学研合作、举办和参与重大产学研活动等三部分。市科技局围绕船舶海洋工程、新材料等领域,牵头组织相关单位赴国内相关高校院所,举办小分队式专题对接活动30场,促进高校科技成果在镇江市转化。开展"镇江企业走进江苏大学、江苏科技大学"产学研对接会,深化校地双方交流合作。采取省市联动方式,围绕苏南国家自创区建设,促进更多宁镇扬高校院所及省外重点高校成果资源向镇江高新区集聚,并举办2020年高校院所走进镇江产学研对接活动。二是构建产学研协同创新体系。完善产学研工作机制,探索建立镇江科技创新发展联盟,构建人才、信息、资源共享机制。三是建立健全全市产学研合作服务体系,通过完善产学研协同创新信息网建设,做好搜集、发布技术需求与成果等基础性工作,发挥科技创新券政策红利作用,促进全市产学研工作有亮点、有成效。 (卢永慧)

【专题对接会举办情况】 2020年7月10日,镇江市船舶与海工产业产学研对接会召开,江苏科技大学30名专家、教授与30多家船舶海工企业代表现场对接。7月28日,江苏大学校企专场对接会召开,活动邀请机械制造、新材料、生物医药等领域11名专家与镇江11家企业开展一对一交流。9月初,市科技局、镇江高新区管委会联合举办新型研发机构助力全市企业科技创新路演对接会,邀请国创中心镇江中心、江科大海装院、南师大创新发展研究院等6家新型研发机构进行路演推介,发布科技成果114项,并与200多家企业就技术开发、委托研发、成果转化进行现场交流,达成合作意向40项。全年全市相关企业与驻镇江高校院所达成产学研合作项目168项,合同金额13595.89万元;签订框架合作协议52项。 (卢永慧)

【2020年高校院所走进镇江产学研合作大会】 2020年8月5日,江苏省科技厅、镇江市政府联合主办的高校院所走进镇江产学研合作大会召开,副省长马

秋林、省科技厅厅长王秦、中国工程院院士吴光辉出席会议。会议现场举行10家省产业技术研究院企业联合创新中心揭牌仪式；镇江市相关市（区）与东南大学、华北电力大学等高校院所签订校地合作协议8项，镇江市相关企业与清华大学、南京大学、北京理工大学等高校签订产学研合作协议18项；南京大学、东南大学、中科院系统各院所、中船重工第八研究院、中电科十四所、省产业技术研究院等高校院所的60多个专家团队与近300家相关企业负责人进行对接洽谈，现场达成合作意向146项。

（卢永慧）

【镇江市—东南大学“校地融合、创新发展”合作大会】 2020年12月18日，镇江市政府、东南大学联合召开镇江市—东南大学“校地融合、创新发展”合作大会。会议上，东南大学校友经济产业园（镇江）先导区、东南大学国家大学科技园双创基地（镇江）、东南大学国家技术转移镇江中心、东南大学镇江人才工作站揭牌；润州区政府向东南大学捐赠设立“东南大学国家大学科技园发展专项资金”。润州区政府、官塘创新社区管委会与东南大学南京校友会、东南大学国家大学科技园四方签订东南大学校友经济产业园（镇江）先导区和双创基地合作共建协议；首批5家拟入驻东南大学校友经济产业园（镇江）先导区项目集中签约；镇江市企业与东南大学教授（团队）签订产学研合作项目协议。现场签约12项，项目总金额400万元。

（卢永慧）

【镇江市获省产学研合作指导性项目立项17项】 2020年11月23日，江苏省科技厅下发《关于2020年江苏省产学研合作项目立项的通知》，镇江市组织申报的17个项目获立项，立项数比上年增长41.7%。其中，由江苏大学、江苏科技大学等驻镇江高校作为承担单位的项目有12项，占总数的70.6%。

（卢永慧）

【科技对外合作工作】 2020年，镇江市加强对外科技平台建设，深化创新政策服务，引导创新主体融入全球创新网络，加强外国人才引进，提升科技创新能力。全年全市获批省国际科技合作计划项目8项，省引进外国人才专项计划项目9项；获省财政拨款738万元；7家单位获批2020年“江苏省外国专家工作室”。全年组织实施市国际科技合作计划项目14项，下达市财政拨款250万元。完成外国人来华工作许可审批430件，引进外国来华工作人员106人。

11月11日—13日，镇江市组织相关单位参加2020年“中国·江苏第七届国际产学研合作论坛暨跨国技术转移大会”，镇江市119家高新技术企业参与线上技术信息发布及8个重点国别领域专题论坛；同时，镇江市27家企业与外方进行线上一对一对接洽谈。大全集团有限公司、镇江农业科学院、江苏恒顺醋业股份有限公司等10家企事业单位代表参与“跨国企业创新合作交流会”“‘一带一路’农业创新合作交流会”等线下活动。

（唐　蕊）

2020年度镇江市承担江苏省产学研合作指导性项目表

表24－1

项目编号	项目名称	项目承担单位	合作单位
BY2020371	不动产登记一窗受理软件研发	江苏科技大学	江苏科大汇峰科技有限公司
BY2020372	半主动波浪补偿吊机研发	江苏科技大学	中船绿洲镇江船舶辅机有限公司
BY2020373	大型泵站进出水流道优化设计软件开发与计算分析	淮阴师范学院	江苏汇创流体工程装备科技有限公司
BY2020374	基于纤维杂交增强技术的防护模块研发	江苏科技大学	江苏安卡新材料科技有限公司
BY2020375	基于3D扫描技术的隧道施工智慧管控平台研发	江苏科技大学	镇江明知科技有限公司
BY2020376	工地高精度人脸识别及安全帽自动监测系统研发	江苏科技大学	镇江元一智能科技有限公司
BY2020377	无人艇用柴油机喷泵驱动系统集成控制器研发	江苏科技大学	镇江四洋柴油机制造有限公司
BY2020378	基于水油两溶性的碳纳米管改性剂改性增强ABS复合材料的研发	江苏科技大学	句容市诚春塑料有限公司
BY2020678	智能化岸电系统双向并网技术研发	江苏科技大学	江苏镇安电力设备有限公司
BY2020679	自适应次高频逆变机器人电阻焊控制系统电极焊接材料的优化关键技术的研发	江苏科技大学	中正智控（江苏）智能科技有限公司
BY2020680	基于光场调控技术的动态聚焦激光除锈装备研发	江苏科技大学	江苏金海创科技有限公司
BY2020681	高比例新能源应用的电能路由变换器研发	扬州大学	镇江市丹高电器有限公司
BY2020682	基于室内地图及无线AP的路径流量大数据分析模型系统研究	江苏科技大学	镇江雅迅软件有限责任公司

续表 24－1

项目编号	项目名称	项目承担单位	合作单位
BY2020683	聚合物全固态锂电池的开发	盐城师范学院	江苏奥特帕斯新能源科技有限公司
BY2020684	储能电站空气热能管理系统研发	江苏科技大学	江苏华强新能源科技有限公司
BY2020685	高性能油水分离离心机研发	南京工程学院	镇江市长江机电设备厂有限公司
BY2020686	髓鞘靶向近红外荧光小分子探针的制备及成像研究	南京科技职业学院	江苏耐雀生物工程技术有限公司

（卢永慧）

2020 年度镇江市承担江苏省国际科技合作计划项目情况表

表 24－2

项目编号	项目名称	项目承担单位	拨款（万元）
BZ2020025	满足医疗需求的新型即时检测（POCT）诊断试剂的合作研发	镇江博安特生物科技有限公司	100
BZ2020042	卤代苯甲酰氯绿色合成新工艺的合作研发	江苏万隆化学有限公司	70
BZ2020043	浓缩醋粉类黑精定向富集技术集成及功能产品联合开发	镇江恒顺生物工程有限公司	70
BZ2020060	鱼跃意大利研发中心建设	江苏鱼跃科技发展有限公司	70
BZ2020079	天然油砂重油高效提取工艺的联合研发及工业化推广	江苏云端重工科技有限公司	70
BZ2020080	具有全频降噪功能的高铁内饰板关键技术的联合研发	镇江市江岛电器制造有限公司	70
BZ2020087	恒宝股份有限公司新加坡研发中心建设	恒宝股份有限公司	70
BZ2020068	基于无人机遥感数据反演的喷灌系统的合作研发及海外应用示范	江苏大学	90
合　计			610

（唐　蕊）

科技计划

【概况】 2020 年，镇江市获省级以上科技计划项目立项 352 项，获上级科技拨款 2.91 亿元。全年下达市级科技计划项目 198 项，资助金额 9790 万元。当年，镇江市 2 个项目获国家重点研发计划重点专项立项；3 个项目获省重点研发（产业前瞻与共性关键技术）项目（子课题）立项；14 个项目获省重点研发计划（现代农业）项目立项（争取经费数列江苏省各设区市第 3 名）；8 个项目获省重点研发计划（社会发展）项目立项；272 个项目获自然科学基金项目立项。

（宋胡生　陈丽明　陈　晨）

2020 年镇江市获江苏省重点研发（产业前瞻与共性关键技术）项目立项表

表 24－3

序号	项目编号	项目名称	承担单位	总拨款（万元）
1	BE2020036	支持方言和情感的复杂环境智能语音交互关键技术研发	江苏大学	120
2	BE2020037	高效率高质量激光精密切割 CFRP 复材关键技术及设备	江苏大学	120
3	BE2020083－3	基于全固态激光雷达的智能网联汽车多目标精准感知关键技术研究	江苏大学	180

（陈丽明）

2020 年镇江市获国家重点研发计划重点专项立项表

表 24－4

项目编号	项目名称	项目牵头承担单位	中央经费（万元）
2020YFC1512400	山区和边远灾区应急供水与净水一体化	江苏大学	2098
2020YFC2003600	零/低负荷睡眠监测与调控系统的研发及基于临床数据模型的示范应用	江苏鱼跃医疗设备股份有限公司	529

（陈　晨）

2020 年镇江市获江苏省重点研发计划(现代农业)项目立项表

表 24 －5

项目编号	项目名称	申报单位	省拨经费(万元)
BE2020327	麦棉套种全程机械化优质高效生产技术集成创新与示范	江苏大学	200
BE2020328	温室用单吊轨式静电喷雾机高效绿色关键技术研发	江苏大学	50
BE2020329	食品智能高效固态发酵装备的研发	江苏大学	200
BE2020330	智能高效农业灌溉变频提水泵关键技术研究	江苏大学	50
BE2020331	稚蚕期桑叶与蚕座智能检测与管理系统研发	江苏科技大学	50
BE2020403	甘蓝类蔬菜农机农艺融合绿色生产技术研发	江苏丘陵地区镇江农业科学研究所	50
BE2020404	草坪的离地化、工厂化高效绿色生产关键技术研发	江苏农林职业技术学院	50
BE2020405	基于设施农业废水资源化定向培育产油丝状微藻的复合磁/电场干预技术研发	江苏大学	50
BE2020406	基于视觉系统的苹果快速采摘机器人研发	镇江大全现代农业发展有限公司	50
BE2020418	家蚕抗血液型脓病新品种的选育与推广	中国农业科学院蚕业研究所	30
BE2020419	优质多抗适合机械化作业油菜新品种镇油7、8号	江苏丘陵地区镇江农业科学研究所	30
农业科技社会化服务后补助	句容经济林果产业分店	镇江万山红遍农业园	30
农业科技社会化服务后补助	句容市现代农业电子商务星创天地	江苏九谷生态农业有限公司	20
农业科技社会化服务后补助	句容市现代农业产业星创天地	江苏禾木农博园有限公司	20

(陈　晨)

2020 年镇江市获江苏重点研发计划(社会发展)项目立项表

表 24 －6

项目编号	项目名称	承担单位	省拨经费(万元)
BE2020675	钛白粉行业副产钛石膏资源化利用关键技术及应用研究	江苏镇江建筑科学研究院集团股份有限公司	50
BE2020676	重金属污染土壤微生物矿化原位修复关键技术与污染场地处理应用示范	江苏大学	50
BE2020677	谷物及其制品中典型霉菌毒素荧光可视化阵列传感快速检测技术研发与应用	江苏大学	50
BE2020678	SETD5 作为卵巢癌潜在治疗靶点的研究及其抑制剂筛选	江苏大学	50
BE2020679	靶向软骨细胞成熟分化的骨关节炎转化研究	江苏大学	50
BE2020680	基于外泌体 circRNAs 的胃癌精准诊疗技术与决策体系构建	江苏大学	200
BE2020681	BCMA 靶向 CAR T 细胞治疗作为多发性骨髓瘤初诊患者一线巩固策略的前瞻性临床研究	江苏大学附属医院	200
BE2020775	间质干细胞来源外泌体转运 14 －3 －3ζ 促进 LSEC 自噬抑制肝窦毛细血管化	镇江市第三人民医院	50

(陈　晨)

【272 项自然科学基金项目立项】 2020 年,镇江市争取国家自然科学基金项目资金数创历史新高,江苏大学和江苏科技大学 2 所高校获国家自然基金项目立项 200 项,获国家支持经费 9082 万元。镇江市获省基础研究计划(自然科学基金)项目立项 72 项,获省级支持经费 1560 万元。其中,省杰出青年基金项目立项 2 项、省优秀青年基金项目立项 2 项,获省级支持经费 300 万元。(陈　晨)

【新冠肺炎疫情防控科技应急攻关】 2020 年，镇江市的江苏鱼跃医疗设备股份有限公司承担的“新冠病毒肺炎疫情应对无创正压及高流量呼吸机研发和产业化”项目获省疫情防控科技应急攻关项目立项，获支持经费 100 万元。市科技局下达的镇江市新冠肺炎应急攻关项目——由镇江市第三人民医院（镇江市传染病医院）承担的“中西医结合治疗新型冠状病毒肺炎的疗效及安全性评价”项目获市支持经费 10 万元。 （陈　晨）

高新技术产业化

【概况】 2020 年，镇江市有 433 家企业被认定为国家高新技术企业，总数 1188 家；450 家企业进入省高新技术企业培育库，797 家企业备案为国家科技型中小企业；84 家企业新增为省民营科技企业。新获批国家级孵化器 2 家、省级孵化器 1 家、省级“众创社区”1 家、省级“众创空间”6 家。江苏蓝鲸新材料有限公司的压电单晶项目获第八届“创业江苏”科技创业大赛初创组二等奖。推进民营企业服务月活动，举办全市科技创新专题辅导报告会暨对接交流会。镇江市科技、税务、财政部门联合加大科技创新政策的宣传与落实，全年企业申报研发费用加计扣除 1345 家，加计扣除抵扣应纳税所得额 51.79 亿元，比上年增长 13.8%；申报高新技术企业所得税减免 333 家，减免税额 9.25 亿元。 （陈丽明）

【科技金融】 2020 年，镇江市科技部门以“科技金融”助力企业缓解资金难题。市科技局、中国银行江苏分行、省生产力促进中心组织开展“高企融资直通车”活动，对 48 家高新技术企业发放“高企贷”3.1 亿元。市科技局对当年新增的“苏科贷”以及其他“中小微企业助力贷”，实行一季度全额贴息、二季度 50% 贴息政策。发放“苏科贷”135 笔、4.6 亿元；发放“中小微企业助力贷”104 笔、3.64 亿元。开展“科技金融进孵化器”系列活动。开展创新需求千企调查。市科技局、人民银行镇江中心支行、市财政局联合推进银企对接活动，帮助 160 多家科技企业融资 9.5 亿元。 （陈丽明）

【企业创新能力建设】 2020 年，镇江市科技部门推进科研平台载体建设，促进企业创新能力提升。全年新建省级企业工程技术研究中心 23 家，总数为 191 家（其中国家级 1 家）。鼓励企业建设市级企业工程技术研究中心，全年新建市级工程技术研究中心 115 家，总数为 847 家。组织金海创、丹佛斯等细分行业的龙头企业与省产业技术研究院开展对接，当年新建省产业技术研究院企业联合创新中心 11 家，其中，丹佛斯企业联合创新中心为全省第 1 家外资型企业联合创新中心，全市企业联合创新中心总数为 16 家。 （马　弋）

【科技服务业】 2020 年，镇江市科技部门推进科研设施和仪器开放共享，引导中小企业使用公共科技资源开展研发创新。开展大型科学仪器开放共享用户补贴申报工作，通过用户补贴审核企业 3 家，获补贴金额 97492.05 元，其中，省级、市级各补贴 48746 元。征集驻镇江高校院所、检测机构等管理的大型科学仪器，更新充实大型科学仪器设备资源平台库，平台上集聚 77 家服务机构的大型科学仪器设备近 1400 台（套），设备原值超过 13 亿元。推动“大型科学仪器设备共享地图”上线运行，降低企业研发成本，提高仪器设备资源使用率。 （马　弋）

【镇江苏南国家自主创新示范区建设】 2020 年，镇江市推进镇江苏南国家自主创新示范区建设，构建完善创新生态链。镇江高新区通过国家“双创升级打造特色载体”项目验收，并获 5000 万元资助；获批江苏省第四批备案试点“众创社区”。首次以“云评审”“云路演”的创新方式举办“镇江高新区杯”创新创业大赛。发布并实施镇江高新区“团山英才”计划。总投资 30 亿元的中船电气科技产业园项目入选省重点产业项目；“团山睿谷”和“中集车辆挂车帮租赁”项目入选省重点服务业项目。镇江智能制造创新研究院、镇江中澳人工智能研究院、镇江哈工大高端装备研究院实体化运作。丹阳高新区获批省医疗器械产学研协同创新基地等；申报成功江苏省知识产权示范园区；在国家级科技企业孵化器 2019 年度考核评价中（2020 年评定）获评优秀（A 类）；列 2019 年全省 51 家国家和省级高新区综合排名（2020 年评定）第 27 名。扬中高新区围绕“产业高地、创新高地、人才高地”定位，在 2019 年全省 51 家国家和省级高新区创新驱动发展综合评价中列第 17 名，在 30 家省级高新区创新驱动发展综合评价中列第 4 名；扬中高新区建有院士工作站 7 家、博士后工作站 6 家；有国家级技术研发中心 1 家、国家“863 计划”成果转化基地 1 家；有国家级孵化器 1 家、省级孵化器 2 家、省级“众创空间”3 家，其中，扬中市智能电器科技创业服务中心分别获评省科技厅“科技企业孵化器绩效评价 A 类”、科技部火炬中心“科技企业孵化器综合评价 A 类”。 （卢永慧）

2020 年镇江市新认定国家高新技术企业一览表

表 24 －7

序号	企业名称	序号	企业名称
1	大亚人造板集团有限公司	51	江苏新光环保工程有限公司
2	丹阳市好猫半导体科技有限公司	52	江苏优拿大环保科技有限公司
3	丹阳市华清机车配件有限公司	53	句容市大唐电气有限公司
4	丹阳市华一医疗器械有限公司	54	句容市华盛电气有限公司
5	丹阳市环宇特钢有限公司	55	句容市苏南汽车配件有限公司
6	丹阳市雷登智能科技有限公司	56	句容中圣板带科技有限公司
7	丹阳市鹏辉照明器材有限公司	57	镇江北新建材有限公司
8	丹阳市现代实业有限公司	58	镇江光纳光电科技有限公司
9	丹阳市新联汽车配件有限公司	59	镇江启迪数字天下科技有限公司
10	丹阳市宇奇车辆配件有限公司	60	镇江苏博特新材料有限公司
11	丹阳市宇帅检测工具有限公司	61	镇江鑫源达园艺科技有限公司
12	丹阳市正阳光学有限公司	62	江苏大航有能输配电有限公司
13	丹阳市鑫洁源工具有限公司	63	江苏大力城电气有限公司
14	丹阳市鑫烨光学仪器有限公司	64	江苏大全长江电器股份有限公司
15	冈田精机丹阳有限公司	65	江苏福泰电力设备有限公司
16	江苏傲赛工业密封有限公司	66	江苏国明浩辰电气有限公司
17	江苏碧云天农林科技有限公司	67	江苏海晟涂料有限公司
18	江苏长诚档案设备有限公司	68	江苏和成显示科技有限公司
19	江苏创力电梯部件有限公司	69	江苏华都电气有限公司
20	江苏大亚铝业有限公司	70	江苏华强电力设备有限公司
21	江苏凤雏金属制品有限公司	71	江苏华维电力科技有限公司
22	江苏富新电子照明科技有限公司	72	江苏康尔臭氧有限公司
23	江苏海伦隐形眼镜有限公司	73	江苏林诚电仪设备有限公司
24	江苏华伟佳建材科技有限公司	74	江苏隆鑫电气设备有限公司
25	江苏黄金屋光学眼镜有限公司	75	江苏美好电气有限公司
26	江苏汇能重工有限公司	76	江苏培城电气有限公司
27	江苏金鹤新材料有限公司	77	江苏鹏盛光电科技有限公司
28	江苏仅一联合智造有限公司	78	江苏三力防腐管阀件有限公司
29	江苏科力机械有限公司	79	江苏省中原通用机电有限公司
30	江苏申阳交通装备有限公司	80	江苏圣大中远电力科技有限公司
31	江苏斯丹德检验认证有限公司	81	江苏通灵电器股份有限公司
32	江苏松德生物科技有限公司	82	江苏万创灭菌设备科技有限公司
33	江苏天工精密工具有限公司	83	江苏万有电气科技有限公司
34	江苏天威焊接产业有限公司	84	江苏欣法电气有限公司
35	江苏万腾新材料科技有限公司	85	江苏兴隆防腐设备有限公司
36	江苏万新光学有限公司	86	江苏毅星新能源科技有限公司
37	江苏威科电子有限公司	87	江苏永拓电气有限公司
38	江苏唯美包装材料有限公司	88	江苏永兴电能设备科技有限公司
39	江苏维尔炉业有限公司	89	江苏宇航建材科技有限公司
40	江苏香草新材料科技有限公司	90	江苏中晟钻石工具有限公司
41	江苏新航合金科技有限公司	91	江苏众众电热科技有限公司
42	江苏新江南炉业科技有限公司	92	扬中鸿运医药包装有限公司
43	江苏优立光学眼镜有限公司	93	扬中灵平风机制造有限公司
44	镇江全诚电气科技有限公司	94	扬中市第一蝶阀厂有限公司
45	艾锐克智能装备(江苏)有限公司	95	扬中市丰华塑电有限公司
46	江苏飞天玻璃实业有限公司	96	扬中市恒润机械仪表有限公司
47	江苏华神特种橡胶制品股份有限公司	97	扬中市华龙橡塑电器有限公司
48	江苏南瓷绝缘子股份有限公司	98	扬中市通发实业有限公司
49	江苏三超金刚石工具有限公司	99	扬中市永工密封件有限公司
50	江苏汤辰机械装备制造股份有限公司	100	镇江安华电气有限公司

续表 24－7

序号	企业名称	序号	企业名称
101	镇江春环密封件集团有限公司	152	威信广厦模块住宅工业有限公司
102	镇江东丰特殊合金有限公司	153	镇江贝斯特新材料有限公司
103	镇江恒安防爆电器有限公司	154	镇江泛沃新能汽车技术股份有限公司
104	镇江华舟电器有限公司	155	镇江高美新材料有限公司
105	镇江默勒电器有限公司	156	镇江润晶高纯化工科技股份有限公司
106	镇江市博德电气设备有限公司	157	镇江市丹高电器有限公司
107	镇江市长江机电设备厂有限公司	158	镇江市正源智能科技有限公司
108	镇江市华银仪表电器有限公司	159	镇江苏仪德科技有限公司
109	镇江市美盛母线有限公司	160	江苏道博信息技术有限公司
110	镇江正丰电子有限公司	161	江苏吉凯中科技有限公司
111	中兴电气(江苏)股份有限公司	162	江苏柳工机械有限公司
112	江苏艾力升电缆有限公司	163	江苏美佳马达有限公司
113	江苏宝山重型机械制造有限公司	164	镇江华东电力设备制造厂有限公司
114	江苏佳创纳米科技有限公司	165	镇江市恒源汽车零部件有限公司
115	江苏力凡胶囊有限公司	166	丹阳丹耀光学有限公司
116	江苏希西维轴承有限公司	167	丹阳光明光电有限公司
117	江苏镇安电力设备有限公司	168	丹阳九宇光学元件有限公司
118	江苏卓威智能科技有限公司	169	丹阳市爱可信软件技术有限公司
119	镇江成功汽车零部件有限公司	170	丹阳市百盛电器有限公司
120	镇江大力液压马达股份有限公司	171	丹阳市方蓝气体设备有限公司
121	镇江金鑫有色合金有限公司	172	丹阳市华富机械有限公司
122	镇江市蓝火环保能源有限公司	173	丹阳市惠达通讯器材有限公司
123	镇江市亚美特机电有限公司	174	丹阳市剑锋冲件有限公司
124	镇江市鑫泰绝缘材料有限公司	175	丹阳市精艺印务有限公司
125	镇江元沣机械设备有限公司	176	丹阳市科达镀膜材料有限公司
126	镇江鑫天鸿机械科技有限公司	177	丹阳市丽宏汽车部件有限公司
127	江苏金海星导航科技有限公司	178	丹阳市致远塑件有限公司
128	江苏科大汇峰科技有限公司	179	丹阳鑫睿传输设备有限公司
129	江苏锐天信息科技有限公司	180	德昂机械丹阳有限公司
130	镇江江科机电工程有限公司	181	江苏柏瑞鑫铝业科技有限公司
131	镇江金叶螺旋桨有限公司	182	江苏潮华玻璃制品有限公司
132	镇江魔能网络科技有限公司	183	江苏丹毛纺织股份有限公司
133	镇江鑫海自动化技术有限公司	184	江苏电智道能源科技有限公司
134	江苏瑞祥科技集团有限公司	185	江苏飞天光电科技有限公司
135	江苏远东环保工程有限公司	186	江苏韩创新材料有限公司
136	镇江市科捷电器有限公司	187	江苏恒神股份有限公司
137	镇江市新创计算机系统集成有限公司	188	江苏鸿凯医疗科技有限公司
138	布朗科汽车制动系统(镇江)有限公司	189	江苏弘成环保科技有限公司
139	航天海鹰(镇江)特种材料有限公司	190	江苏华凯比克希线束有限公司
140	江苏奥特帕斯新能源科技有限公司	191	江苏嘉佳药用玻璃制品有限公司
141	江苏佰策信息科技发展有限公司	192	江苏巨贸康万家医疗设备有限公司
142	江苏枫润线缆材料有限公司	193	江苏肯帝亚木业有限公司
143	江苏吉贝尔药业股份有限公司	194	江苏乐诚光学眼镜有限公司
144	江苏江大流体技术有限公司	195	江苏菱智电梯制造有限公司
145	江苏领瑞新材料科技有限公司	196	江苏梦得新材料科技有限公司
146	江苏豌豆垃圾处理器制造有限公司	197	江苏鹏湃装饰材料有限公司
147	江苏万宝瑞达高新技术有限公司	198	江苏秦龙汽车科技有限公司
148	江苏逸飞激光设备有限公司	199	江苏顺发电热材料有限公司
149	江苏愿景宏科技有限公司	200	江苏泰科微通讯科技有限公司
150	金东纸业(江苏)股份有限公司	201	江苏威姿曼机械有限公司
151	禄根仪器(镇江)有限公司	202	江苏伟润锻造有限公司

续表 24－7

序号	企业名称	序号	企业名称
203	江苏文光车辆附件有限公司	254	江苏亿龙电气有限公司
204	江苏新丽源南亚新材料有限公司	255	江苏永丰电器仪表有限公司
205	江苏新绿能科技有限公司	256	江苏铀力电气有限公司
206	江苏鱼跃医疗设备股份有限公司	257	江苏雨龙低压电气设备有限公司
207	江苏正理电器有限公司	258	江苏正能电子科技有限公司
208	江苏梵希光学眼镜有限公司	259	天源华威集团有限公司
209	上手金钟手术器械江苏有限公司	260	通用美联集团有限公司
210	镇江市和云工业废水处置有限公司	261	香江科技股份有限公司
211	江苏电科电气设备有限公司	262	扬中市国鹰电器有限公司
212	江苏浩宇电子科技有限公司	263	扬中市宏鑫电光源有限公司
213	江苏久正光电有限公司	264	扬中市红洲磨具有限公司
214	江苏联博精密科技有限公司	265	扬中市华森密封件有限公司
215	江苏明洋测量工具有限公司	266	扬中市橡胶塑料厂有限公司
216	江苏同辉新材料有限公司	267	镇江鸿泰电器设备有限公司
217	江苏拓华人防设备有限公司	268	镇江环太硅科技有限公司
218	江苏万顺新富瑞科技有限公司	269	镇江科宝电器设备有限公司
219	江苏一马先包装有限公司	270	镇江乐州电气有限公司
220	江苏毅马铸锻有限公司	271	镇江荣诚管业有限公司
221	江苏盈科汽车空调有限公司	272	镇江市华成电子器材有限公司
222	江苏云锋塑料制品有限公司	273	镇江市宜扬密封制品有限公司
223	江苏智研科技有限公司	274	镇江市萱瀚管阀件有限公司
224	句容市百事特复合材料有限公司	275	镇江市锶达合金材料有限公司
225	句容市宝亚汽车摩擦材料配件有限公司	276	镇江苏海电力科技有限公司
226	句容市凯瑞机械制造有限公司	277	镇江天一合金材料有限公司
227	句容市万顺轻工机械有限公司	278	镇江西门子母线有限公司
228	句容新易捷环保设备有限公司	279	镇江笑宁能源科技有限公司
229	镇江巨能电气有限公司	280	镇江旭世机械设备有限公司
230	镇江林泰电气有限公司	281	镇江易拓电气有限公司
231	镇江森豊新材料有限公司	282	镇江中佳电器有限公司
232	镇江天力变压器有限公司	283	泛凯斯特汽车零部件(江苏)有限公司
233	镇江众一光电有限公司	284	江苏宏安变压器有限公司
234	标优美生态工程股份有限公司	285	江苏联盟信息工程有限公司
235	蜂巢动力系统(江苏)有限公司	286	江苏元洲生物工程有限公司
236	江苏大全凯帆电器股份有限公司	287	江苏镇德电力设备有限公司
237	江苏大全凯帆开关有限公司	288	斯特姆(江苏)智能科技有限公司
238	江苏弗洛瑞生物工程设备有限公司	289	镇江安之盾高温纤维制品有限公司
239	江苏沪运制版有限公司	290	镇江宝瑞轴承有限公司
240	江苏江城电气有限公司	291	镇江恒昇船舶设备有限公司
241	江苏久汇电气有限公司	292	镇江仕德汽车零部件有限公司
242	江苏美科硅能源有限公司	293	镇江市合利仪器设备有限公司
243	江苏全惠电气科技有限公司	294	镇江市科瑞制样设备有限公司
244	江苏润宇环境工程有限公司	295	镇江市龙城包装有限公司
245	江苏森林建筑新材料股份有限公司	296	镇江市欧菱电气自动化系统设备有限公司
246	江苏省华力电力设备有限公司	297	镇江市润发铝业有限公司
247	江苏帅天电气有限公司	298	镇江市申茂机械有限公司
248	江苏泰宇电气有限公司	299	镇江索达联轴器有限公司
249	江苏欣安新材料技术有限公司	300	中铸新材工业(江苏)有限公司
250	江苏新久扬环保设备科技有限公司	301	江苏创普信息科技有限公司
251	江苏星河阀门有限公司	302	江苏金芙蓉环保装饰产业有限公司
252	江苏兴鼎塑料科技有限公司	303	江苏瑞恒中显光电科技有限公司
253	江苏兴盟包装材料有限公司	304	江苏索普赛瑞装备制造有限公司

续表 24－7

序号	企业名称	序号	企业名称
305	江苏因为信息科技有限公司	356	江苏恒畅光学眼镜有限公司
306	镇江海鸿船舶设备有限公司	357	江苏恒聚机械设备有限公司
307	镇江陆陆电气有限公司	358	江苏林泉汽车装饰件有限公司
308	镇江培蕾基质科技发展有限公司	359	江苏美新建材科技有限公司
309	镇江日泰生物工程设备有限公司	360	江苏纽托普能源科技有限公司
310	镇江市金舟软件有限责任公司	361	江苏诺得胜工具有限公司
311	镇江新连邦科技有限公司	362	江苏日昌汽配有限公司
312	江苏金亿达能科技有限公司	363	江苏施诺照明有限公司
313	镇江景源消防器材有限公司	364	江苏图南合金股份有限公司
314	镇江市博驰汽车配件有限公司	365	江苏唯益换热器有限公司
315	航发优材(镇江)增材制造有限公司	366	天工爱和特钢有限公司
316	江苏巴马型钢有限公司	367	江苏宏景电气有限公司
317	江苏国泉泵业制造有限公司	368	江苏天晟药业股份有限公司
318	江苏库博德金属科技有限公司	369	江苏万邦新材料科技有限公司
319	江苏莱森生物科技研究院有限公司	370	江苏微能电子科技有限公司
320	江苏瑞尔隆盛叶轮科技有限公司	371	句容市诚春塑料有限公司
321	江苏天诺道路材料科技有限公司	372	句容市凯特电力电器有限公司
322	江苏稳润光电有限公司	373	镇江清腾畅净化有限公司
323	江苏英杰铝业有限公司	374	镇江润泓新材料科技有限公司
324	江苏宇新环保工程管理有限公司	375	江苏丰泽生物工程设备制造有限公司
325	莱特巴斯光学仪器(镇江)有限公司	376	江苏华欧电器设备制造有限公司
326	优利德(江苏)化工有限公司	377	江苏津谊新能源科技有限公司
327	镇江奥菲特光电科技有限公司	378	江苏瑞能电力设备有限公司
328	镇江丹高电力科技有限公司	379	江苏省福达特种钢有限公司
329	镇江东方电热有限公司	380	上迈(镇江)新能源科技有限公司
330	镇江东方山源电热有限公司	381	扬中市先锋电子有限公司
331	镇江蓝箭电子有限公司	382	镇江化工仪表电器有限公司
332	镇江联沃微波通信有限公司	383	镇江市荣达电器有限公司
333	镇江赛尔尼柯自动化有限公司	384	镇江维纳特气门科技有限公司
334	镇江现代包装有限公司	385	镇江亿维硅材料科技有限公司
335	镇江新区固废处置股份有限公司	386	镇江永亮电气科技有限公司
336	镇江尧研工具有限公司	387	镇江亘古电力科技有限公司
337	中耕耘成建筑科技(江苏)有限公司	388	江苏捷诚车载电子信息工程有限公司
338	江苏金天辰新材料有限公司	389	江苏金宝重工有限公司
339	镇江中煤电子有限公司	390	江苏力信电气技术有限公司
340	镇江麒麟船舶设备有限公司	391	镇江高海生物药业有限公司
341	中禹新能源(镇江)有限公司	392	镇江恒创纺织机械有限公司
342	常诚车业江苏有限公司	393	镇江华驰电器有限公司
343	丹阳市宝利锯业机械有限公司	394	镇江康源新材料科技有限公司
344	丹阳市恒旺五金电器有限公司	395	镇江润茂钢球有限公司
345	丹阳市华龙特钢有限公司	396	镇江银联软件有限公司
346	丹阳市荣飞自动化设备有限公司	397	江苏索普化工股份有限公司
347	丹阳市益讯机械有限公司	398	江苏现代造船技术有限公司
348	丹阳市银海镍铬化工有限公司	399	镇江飞驰汽车集团有限责任公司
349	丹阳顺科精密机械有限公司	400	镇江金江机械制造有限责任公司
350	恒宝股份有限公司	401	镇江蓝舶科技股份有限公司
351	江苏爱仕达电子有限公司	402	镇江海达船舶设备有限公司
352	江苏佰正车辆实业有限公司	403	镇江沁远电力设备有限公司
353	江苏长泰照明有限公司	404	江苏奥凯电气有限公司
354	江苏超力电器有限公司	405	江苏国瓷新材料科技股份有限公司
355	江苏超力散热器有限公司	406	江苏汉鼎汉方环境科技有限公司

续表 24－7

序号	企业名称	序号	企业名称
407	江苏弘冉智能科技有限公司	421	镇江鸿文精密机械有限公司
408	江苏力策工具有限公司	422	镇江美博红外科技有限公司
409	江苏乾元新材料科技有限公司	423	镇江上电电气有限公司
410	江苏新越沥青产业研发有限公司	424	镇江市人杰医疗器械有限公司
411	江苏阳明船舶装备制造技术有限公司	425	镇江市中鼎电子仪器有限公司
412	江苏一诺路桥工程检测有限公司	426	镇江硕阳电气设备有限公司
413	江苏英思达科技有限公司	427	镇江优创信息技术有限公司
414	江苏永亚汽车零部件有限公司	428	镇江中森科技有限公司
415	江苏众翔电气有限公司	429	江苏匡集工业科技有限公司
416	江苏焱焱工具有限公司	430	江苏七〇七天然制药有限公司
417	马上游科技股份有限公司	431	镇江美格照明有限公司
418	纳图(镇江)母线有限公司	432	镇江欧缇迪机械技术有限公司
419	镇江爱豪科思电子科技有限公司	433	中船动力有限公司
420	镇江高鹏药业有限公司		

（陈丽明）

科技成果

【概况】 2020年，镇江市获国家技术发明二等奖1项；获省科学技术奖26项，其中，一等奖4项、二等奖5项、三等奖17项。江苏鱼跃医疗设备股份有限公司承担的“可控式靶向精准给药气溶胶呼吸治疗设备研发及产业化”等2个项目获省科技成果转化专项资金项目立项，获支持总经费1600万元；镇江威特药业有限责任公司承担的“畜牧场防控智能洗消成套设备的研发及产业化”等5个项目获科技部“科技助力经济2020重点专项”立项，获支持总经费300万元。

（郭秋丽）

【技术合同成交情况】 2020年，镇江市签订技术合同2759项，成交总金额56.73亿元。其中，技术开发合同1493项，合同成交金额43.05亿元；技术转让合同419项，合同成交金额2亿元；技术咨询合同76项，合同成交金额3763.4万元；技术服务合同771项，合同成交金额11.30亿元。全市通过减免税认定登记技术合同1102项，合同成交总额4.3亿元，技术交易额4.22亿元，合计减免各类税收约2500万元。（曹宏兵）

2020年镇江市获国家科学技术奖项目表

表 24－8

奖励名称	项目名称	主要完成人
国家技术发明奖二等奖	高效低成本晶硅太阳能电池表界面制造关键技术及应用	丁建宁(江苏大学)、程广贵(江苏大学)等

（郭秋丽）

2020年镇江市获省科学技术奖项目表

表 24－9

奖励名称	项目名称	完成单位	完成人员
省科学技术一等奖	微生物矿化技术及在土木与环境工程中应用	东南大学、江苏省交通工程集团有限公司、南京倍立达新材料系统工程股份有限公司、西卡(中国)有限公司、江苏奥莱特新材料股份有限公司、江苏科技大学、天津城建大学	钱春香、詹其伟、荣辉、熊吉如、郑春扬、巫亚明、曲军、李敏、李丽、张旋、罗勉
	复杂行驶环境下汽车高性能驾驶辅助系统关键技术及应用	江苏大学、吉利汽车研究院(宁波)有限公司、奇瑞新能源汽车股份有限公司、开沃新能源汽车集团股份有限公司	蔡英凤、刘卫国、王海、李祎承、袁朝春、李博、高立新、董钊志、熊晓夏、孙羽、陈小波
	水力机械空化理论与关键技术及应用	江苏大学、北京理工大学、黄河水利委员会黄河水利科学研究院、江苏振华海科装备科技股份有限公司	袁寿其、王勇、黄彪、张雷、任旭东、吴钦、高波、邱勇、付燕霞、郭维克、李贵勋
	超薄玻璃物理钢化及超薄光伏组件制造技术及装备	常州亚玛顿股份有限公司、常州大学、江苏大学、常州工业职业技术学院	程广贵、朱科钤、丁建宁、林金锡、林金汉、袁宁一、张忠强、张建根、王国祥

续表 24－9

奖励名称	项目名称	完成单位	完成人员
省科学技术二等奖	江苏贝类资源高值化利用关键技术及产业化示范	南京中医药大学、江南大学、江苏省海洋水产研究所、江苏海洋大学、江苏康缘药业股份有限公司、江苏威伍水产发展股份有限公司、江苏恒顺醋业股份有限公司	吴皓、刘睿、程建明、许泓瑜、万夕和、李树安、王欣之、王团结、居向东
	高压燃油喷射空化喷雾理论与关键技术及应用	江苏大学、一汽解放汽车有限公司无锡柴油机厂、中船动力有限公司	王谦、何志霞、钟汶君、玄铁民、郭根苗、罗福强、柏金、王一江、张占虎
	纳米结构陶瓷薄膜共格界面的构造、超硬效应机理和性能调控	江苏科技大学、上海交通大学	许俊华、李戈扬、喻利花、岳建岭、胡晓萍
	动力总成低摩擦功能表面设计制造关键技术及装备	江苏大学、常柴股份有限公司、江苏飞船股份有限公司、南京江峰微特精密机械科技有限公司	尹必峰、符永宏、符昊、贾和坤、纪敬虎、华希俊、解玄、徐波、程用科
	复杂污染水体健康诊断、修复技术与装备开发及应用	江苏大学、江苏维赛科技生物发展有限公司、沭阳康源泰博生物科技有限公司、江苏澳洋生态园林股份有限公司、苏州苏净环保工程有限公司	杜道林、解清杰、赵如金、张波、武涛、林振锋、周晓红、依成武、曾昆
省科学技术三等奖	基于国产安全芯片的移动支付智能卡研发与产业化	恒宝股份有限公司	尤洪松、梁宇、底明辉、何碧波、刘翔宇、梅海鹏、赵李明
	车用高比能动力电源系统关键技术研究与工程应用	江苏春兰清洁能源研究院有限公司、江苏大学	沈华平、栗欢欢、王亚平、杨桃、王丽梅、刘良、吉盛
	大型余热回收机组高性能双壳体高温高压泵研发及产业化	江苏永一泵业科技集团有限公司、江苏大学	李伟、刘栋、刘永付、王颖泽、朱勇、黄一峰、季磊磊
	海工船舶/车辆再电气化高效能量转换、功率管理及其工业互联	东南大学、镇江赛尔尼柯自动化有限公司、国充充电科技江苏股份有限公司	赵剑锋、王建华、潘小刚、季振东、姚更生、夏建中、赵志宏
	汽油车国六排放控制关键技术研发及产业化	苏州奥易克斯汽车电子有限公司、江苏大学、清华大学苏州汽车研究院(吴江)、安徽艾可蓝环保股份有限公司、柳州五菱柳机动力有限公司	于树怀、李捷辉、华伦、王鹏、潘金冲、刘屹、钟成
	极端服役条件下高性能特种安全玻璃的研发及产业化	江苏铁锚玻璃股份有限公司、江苏大学	吴贵华、王银茂、杨娟、高国忠、袁厚呈、姜守进、王双
	双塔并联式节能环保大型甲醇合成系统的开发与应用	江苏索普(集团)有限公司、华东理工大学、江苏大学	胡宗贵、应卫勇、张海涛、代松涛、朱卫华、朱桂生、马宏方
	自修复防腐涂层设计与制备关键技术研究及其应用	南京理工大学、江苏固格澜栅防护设施有限公司、南京昱邦科技发展有限公司	傅佳骏、王瑛、丁晨迪、王明东、王婷、朱发海、庄毅诚
	乘用车智能化柔性涂装生产线	江苏骠马智能装备股份有限公司、东南大学、江苏大学、江苏科技大学	季松林、戚晨皓、赵德安、蒋小平、陈伟、李发忠、吴长龙
	船舶直流综合电力系统高可靠性技术及装备	大全集团有限公司、江苏科技大学、国网江苏省电力有限公司、江苏大全凯帆电器股份有限公司、江苏大全凯帆开关有限公司	朱志宇、王颢雄、戴罡、王满商、王伟然、曾庆军、智鹏飞
	海洋深水油气井成套钻具高性能设计制造关键技术与应用	扬州大学、江苏和信石油机械有限公司、长江大学、南京航空航天大学、江苏大学	缪宏、赵钧羡、罗开玉、左敦稳、夏成宇、王明娣、张燕军
	绿色智能型2万箱级集装箱船关键技术研发及应用	南通中远海运川崎船舶工程有限公司、江苏科技大学	莫中华、陈弓、陆明锋、孙启荣、林品一、周兰喜、周宏
	汽车电磁制动与摩擦制动的系统集成和协调控制	江苏大学、中车时代电动汽车股份有限公司、苏州海格新能源汽车电控系统科技有限公司、泰乐玛汽车制动系统(上海)有限公司	何仁、汪伟、王骏骋、胡东海、吴新兵、刘学军、朱俊
	薄壳山核桃优良品种选育及高效繁育技术集成与应用	江苏省中国科学院植物研究所、江苏省农业科学院、江苏水木农景股份有限公司	郭忠仁、朱海军、朱灿灿、吴文龙、贾晓东、张计育、宣继萍
	淡水水产品关键技术创新及应用	江苏威伍水产发展股份有限公司、江苏省农业科学院、江苏大学、中国水产科学研究院淡水渔业研究中心	高瑞昌、李莹、刘波、袁丽、戚国祥、戚定泉、冯进
	禽沙门氏菌病防控技术创新集成与应用	江苏省家禽科学研究所、江苏省动物疫病预防控制中心、镇江威特药业有限责任公司	龚建森、徐步、陈昌海、董永毅、黄文江、窦新红、张笛
	脓毒症时先天免疫功能抑制及器官功能障碍的病理机制研究	苏州市立医院、江苏大学附属医院	孙炳伟、王旭、宋明明、刘大东、徐晓涵

（郭秋丽）

2020 年镇江市获省科技成果转化专项资金项目表

表 24 - 10

项目编号	项目名称	承担单位	市(区)	项目拨款(万元)
BA2020074	可控式靶向精准给药气溶胶呼吸治疗设备研发及产业化	江苏鱼跃医疗设备股份有限公司	丹阳市	800
BA2020075	LNG 储卸装置用大口径高磅级超低温阀门关键技术研发及产业化	江苏亿阀股份有限公司	扬中市	800

(郭秋丽)

2020 年镇江市获科技助力经济 2020 重点专项项目表

表 24 - 11

项目名称	承担单位	市(区)	项目拨款(万元)
畜牧场防控智能洗消成套设备的研发及产业化	镇江威特药业有限责任公司	镇江新区	100
大幅面、高精度、高功率激光切割设备技术的研发	江苏大华激光科技开发有限公司	句容市	50
光催化镁质胶凝材料的研发及产业化	江苏蓝圈新材料股份有限公司	丹徒区	50
抗菌防霉型高纯度低挥发份硅橡胶的研发与产业化	江苏天辰新材料股份有限公司	扬中市	50
LR 系列碱性电池生产线及成套设备系统集成平台的研发及产业化	丹阳琦瑞机械有限公司	丹阳市	50

(郭秋丽)

知识产权工作

【概况】 2020 年，镇江市推进符合镇江特色的知识产权工作体系建设，对接创新主体需求，健全知识产权保护全链条，各项工作有成效。制定《2020 年镇江市知识产权强市建设工作计划》《2020 年镇江市知识产权战略实施工作计划》，完善《镇江市知识产权专项经费管理办法》。全年全市专利申请总量 28110 件，比上年增长 17.78%；专利授权总量 19814 件，增长 56.77%。商标申请量 14297 件，增长 14.19%；有效商标注册量 52225 件，增长 16.91%。万人发明专利拥有量 41.7 件，列全省第 4 名。

知识产权强企行动。推进企业知识产权管理标准化工作，全年新增贯标备案企业 185 家，通过认证或绩效评价企业 42 家。开展发明专利申报质量审核试点，指导企业合理开展知识产权战略布局。推进开展高新技术企业注册商标“清零”工作，有 79 家企业开展商标注册工作。

知识产权培育工作。市知识产权部门支持驻镇江高校面向镇江产业发展战略需求，在优势学科领域获取更多具有战略储备价值的知识产权。协助江苏大学召开“高端、智能化收获机械技术高价值专利培育示范中心”现场示范会。协助江苏科技大学开展“中国船舶与海洋工程产业知识产权联盟年会暨专利导航产业发展高层论坛”等活动；开展“海洋资源开发高端装备(转化运用型)高价值专利培育示范中心”建设工作。支持国家专利导航试点工程(江苏)研究基地建设，建立高价值专利培育、审核和运营平台，全市首批 82 家企业参加专利质量审核。开展“知识产权进园区”系列活动，推动园区知识产权示范工作规范化和体系化发展。丹阳高新技术产业开发区获批省级知识产权示范园区，京口工业园区通过省知识产权示范园区复核。

“十三五”期间成效。镇江市创新知识产权工作机制，围绕扩大知识产权数量、提升知识产权质量、优化知识产权结构等方向重点开展工作，增强知识产权创造和运用能力。截至 2020 年，全市万人发明专利拥有量 41.7 件，比 2015 年年底增长 124.6%。镇江市成为全国首批专利保险、专利质押融资双示范城市。 (施 萌)

【知识产权保护工作】 2020 年，镇江市知识产权部门以食品、药品、医疗机械、家用电器、日常生活用品等领域知识产权保护为重点，组织开展专利、商标行政执法保护工作，全年全市查处商标侵权案 126 起、专利案件 440 件、专利电商案件 814 件；专利纠纷调解 31 件；开展知识产权纠纷案件和法律援助咨询 36 件。制定《重点商标保护名录》，对全市 84 家高知名度商标企业及其商标实施重点保护，查处涉及驰名商标案件 17 件。组织开展春节期间地理标志使用专项整治、春茶市场地理标志专项整治以及地理标志换标后使用情况检查，并提出整改建议。对全市 100 家重点企业的 1000 件商标

开展监测保护服务，对70家重点企业的200件专利开展维权托管，推送商标监测报告、专利维权报告1000余份。（施　萌）

【知识产权保护体系建设】　2020年，镇江市完成中国（镇江）知识产权维权援助中心职能及人员划转设立工作，强化维权援助机构职能。镇江市知识产权部门成立5个知识产权维权援助分中心，实现全市知识产权维权全覆盖；成立知识产权人民调解分中心、仲裁调解分中心，完成调解案件4件，健全知识产权调解机制；深化国家知识产权侵权纠纷检验鉴定技术支撑体系试点建设，建立专业化技术鉴定工作机制，提升知识产权纠纷专业鉴定水平；发布全国唯一专利侵权技术鉴定服务地方标准《专利侵权技术鉴定服务规范》，为专利侵权纠纷案件行政裁决和司法判决提供技术支撑，填补国内空白。（施　萌）

【知识产权服务体系建设】　2020年，镇江市发布《2019年度镇江市知识产权发展与保护状况》白皮书。开展“4·26”世界知识产权日宣传活动。全年培训知识产权工程师125人、企业高管150人。

知识产权公共服务工作。市知识产权部门完善镇江市知识产权公共服务网络平台，构建知识产权运营服务全链条。推动镇江新区建设江苏省知识产权服务业集聚区，集聚区内有线下服务机构59家、线上服务机构109家。开展发明专利收储与托管项目，对接江苏省重点培育的13个先进制造业集群和镇江12条重点产业链发展需要，打造镇江市发明专利收储托管工作体系，建设发明专利收储与托管服务平台，健全到期发明专利预警、预警提示、多方沟通、专家确认、签订协议、缴纳费用、跟踪服务、专利转让等工作流程。强化知识产权服务机构监管，开展“蓝天行动”，对2家代理机构注册“吹哨人”“李文亮”商标的行为进行立案查处。

知识产权金融工作。市知识产权部门推进知识产权质押融资镇江模式建设。将知识产权质押纳入2021年镇江市财政金融助力贷产品。市知识产权局、中国银行镇江分行出台《关于加强知识产权金融助力疫情防控重点保障企业和支持小微企业复工复产工作的通知》，支持科技创新型企业复工复产。举办银企对接活动，为企业融资搭建平台。创新知识产权保险工作，拓展知识产权保险的范围。4月24日，地理标志“金山翠芽”保险签约仪式在人保财险镇江分公司举行，该保险是镇江第一单地理标志类保险，也是全国茶叶类地理标志保险首单。（施　萌）

2020年镇江市获省级知识产权项目立项情况表

表24－12

项目类别	项目名称	单位名称	所属地区	拨款经费（万元）
高价值专利培育计划项目	功能树脂材料高价值专利培育项目	万新光学集团有限公司	丹阳市	150
企业知识产权战略推进计划项目	知识产权战略推进计划项目	江苏天宏机械工业有限公司	丹阳市	30
		江苏肯帝亚木业有限公司		30
		江苏万奇电器集团有限公司	扬中市	30
		江苏锋芒复合材料科技集团有限公司		30
		江苏亿阀股份有限公司		30
重点产业专利导航项目	省重点产业专利导航项目（高端零部件）	江苏大学	京口区	30
	高端海洋油气装备专利导航分析（海洋工程装备）	江苏科技大学		30
	省重点产业专利导航项目（汽车及零部件）	镇江中智知识产权有限公司	镇江新区	30
正版正货示范街区项目	正版正货示范街区	苏宁置业有限公司	京口区	30

（施　萌）

气象科技与服务

【概况】　2020年新冠肺炎疫情期间，镇江市气象部门成立新冠肺炎疫情防控工作领导小组，制定工作方案，印发疫情防控指南，落实防控措施；对接市卫健委发布14期《疫情防控气象服务专题报告》，运用短信、微博、微信发布疫情防控科普知识、重要提醒通知。句容市和丹阳市气象局通过应急广播系统联合向社会和基层信息员每日播报疫情防控相关信息及防疫指南，提高疫情防控信息传播覆盖率。推进县级气象局党组设立工作，丹阳气象局党组成立。市气象局党建品牌“风雨先锋”成为省气象局全省重点培育项目；1人获评中国气象局“全国气象部门优秀党员”。加强对施放气球的安全管理，对全市主要干道、商业中心等场所进行巡查，全年巡查118次。对镇江市气象信息服务系统进行等级保护测评，并完成公安部门备案工作。

基础业务情况。加强气象观测质量管理体系建设，推进地面气象观测自动化改革，推进农业气象人工观测标准格式数据上线。同时，根据综合气象观测业务运行信息化平台要求，完成系统内功能角色、数据角色分配，以及全市各类观测设备元数据、仓储数据填报等工作，年内该系统试运行。开展气象观测数据产品用户满意度调查和外供方评价工作；开展质量管理系统目标和绩效指标跟踪完成情况统计，组织各相关单位参加质量管理体系视频培训。2019年12月—2020年10月，镇江市地面综合气象探测业务质量指标为99.18%。按照中国气象局《智能网格预报行动计划(2018—2020)》要求，推进镇江市智能网格预报工作，并探索将精细化网格预报制作成可以应用的气象服务产品。市气象局、市总工会和市人社局联合举办镇江市第二届气象行业预报职业技能竞赛。市气象局参加全市防汛抢险某联合演练、全市危化品事故应急演练、江苏省某地震应急救助演练等活动。

气象宣传工作。通过“镇江气象”微信公众号、“镇江气象”今日头条、“镇江预警发布”抖音公众号等载体，推送气象动态。其中，“今年梅姑娘性子有点急”“明日起，新一轮强降水蓄力再击”等话题入选“镇江10大热议榜单”；“镇江气象”微信公众号新增用户300余人，发布文章400余篇；“镇江预警发布”抖音公众号“获赞”2000多条。利用“3·23”世界气象日、“5·12”防灾减灾日、科普宣传周、安全生产日等时间节点开展气象科普宣传。原创科普视频、科普讲座、气象音频节目在“喜马拉雅”平台开播。

基层预警传播工作。各市(区)乡镇预警传播制度、预警传播信息员全覆盖，传播手段以短信、“钉钉”为主；丹阳市和句容市增加应急广播作为预警信息传播的重要方式，实现全市乡镇(街道)、行政村(社区)“四个有”建成率在90%以上。推进“六个一”(建立气象防灾减灾数据“一本账”、绘制基层气象防灾减灾“一张图”、部署预警信息发布传播“一张网”、制定防灾减灾规范制度“一把尺”、建立基层气象防灾减灾“一队伍”、用好气象防灾减灾业务支撑“一平台”)的建设工作。 (尹媛媛)

【气象服务工作】 2020年，镇江市气象部门做好寒潮、雾霾、强降水等灾害性天气监测预警服务，完成春运、“两会”、高考、关键农事季节等重大活动气象保障工作。市气象、水利、防汛防旱指挥部办公室完善信息共享交换机制，深化气象领域军地交流合作，提升军民一体化气象保障能力。年内，对2020镇江国际马拉松、镇江(国际)低碳城市大会等重大社会活动以及五峰山长江大桥建设等重大工程开展气象服务，全年开展气象服务保障任务30余次。成立2020年汛期气象服务工作领导小组，建立基本业务工作规章制度、预警信号发布制度，制定预警信号发布流程，完善《镇江市气象灾害应急预案》《镇江市突发事件气象保障应急预案》，地面测报、技术装备、预报服务和后勤保障等均形成应急值班工作制度。当年，发布重要天气报告23期以及新冠肺炎疫情防控、春运、“两会”、低碳大会、大气污染防治等专题、专项服务材料300期；制作发布各类气象灾害预警信号59次。召开全市生态气象服务研讨会，围绕“全市生态气象服务发展方向、现代农业气象服务发展现状以及镇江市农业气象服务发展需求”等三个方面进行研讨。

为农气象服务。将全市农业保险协理员、种养殖大户、新型农业经营主体等纳入气象灾害预警信息发布系统，全年发布气象预警信息40余条。开展春播春耕、夏收夏种、秋收秋种粮食安全气象服务保障工作，完成气象服务保障材料26期；开展针对种植业大户、新型经营主体、农险协保员等不同群体的直通式服务，短信服务4000余条。开展樱花观赏期预报、茶叶气象服务、水蜜桃采摘期预报等专业气象服务工作。

“蓝天工程”服务。加强与市大气办和市环境监测站等部门的合作，建立日、月、年等横跨各个时间尺度的城市大气污染分析预测体系，应用智能网格综合数值预报平台，每天对风速风向、降水、空气污染扩散条件等进行精细化分析，并上报至市大气办；运用江苏省大气污染气象扩散条件分析平台，对风、降水、气温、垂直扩散条件等各个方面进行综合分析，将相关产品发送至市大气办和市环境监测站；年末制作生态质量气象监测评估年报，对霾时空分布特征、大气污染气象条件、污染物与气象条件的关系等进行综合分析。 (尹媛媛)

【气象应急管理】 2020年，镇江市气象、应急管理部门签订框架合作协议，并联合印发气象防灾减灾、预警发布等相关实施方案。句容市、丹阳市、扬中市政府修订印发各自辖区内的气象灾害应急预案。全年启动寒潮、暴雨等重大气象灾害应急响应6次。市气象局、市应急管理局联合申报“全国综合减灾示范社区”。市气象局推进丹徒区预警信息发布工作，3月，丹徒区突发事件预警信息发布中心成立；11月，

丹徒区政府印发《丹徒区突发事件预警信息发布管理办法》。截至11月底,镇江预警信息发布准确率为100%;1月1日—12月1日,镇江市通过"12379"江苏省突发事件预警信息发布平台发布相关信息454条,其中,气象灾害预警信息420条、洪水预警7条、地质灾害预警4条;交通、烟花禁放、应急提醒等重要通知23条。（尹媛媛）

【人工影响天气工作】 2020年,镇江市气象部门开展生态气候评估业务,针对特殊暖冬、干旱等异常气候情况,制作气象灾害评估报告2期;市气象局、省气象局气候中心联合制作城市热岛生态遥感分析材料1期。按照人工影响天气常态化工作要求,10月15日,开展人工增雨作业1次,发射火箭弹4枚,作业安全零事故。（尹媛媛）

【防雷安全监管】 2020年,镇江市气象部门制定防雷安全工作方案,明确防雷安全专项整治工作部门和岗位责任清单;将民用爆炸物使用存储的仓库纳入防雷重点单位,并全部纳入防雷重点单位名录库。全年检查易燃易爆等危险化学品单位370家,下达整改通知书96份,全部整改到位。推动地方政府将防雷安全工作纳入地方安全生产考核体系,"加强防雷安全管理"纳入2020年度镇江各市(区)党委政府履行安全生产工作责任考核评价指标。市气象局、市应急管理局联合开展高温季节全市烟花爆竹批发企业安全检查,下达整改通知书6份,提出隐患19处并跟踪督促整改。加强对全市防雷检测中介机构的监管,检查防雷中介单位12家,发现隐患19条,出具责令整改通知单3份。

（尹媛媛）

【气象科研情况】 2020年,镇江市气象部门以创新团队为切入点,改革科研模式,实行业务班和科研班双规并行机制;创新科研方向,以打造试验基地推动科研新发展。全市完成省气象局课题验收2项(省气象局软科学课题1项、预报员专项1项),市气象局自立课题验收4项;在研项目市科技局1项,省气象局面上项目1项、预报员专项1项;市气象局自立课题立项8项,发表论文8篇。

（尹媛媛）

水文科技与服务

【概况】 2020年,镇江市推进地表水、地下水基本和专用水文站网体系建设,强化布局,完善项目。全市有地表水基本站19处、专用站29处;浅层地下水监测井11处、深层地下水监测井11处;水量巡测断面沿江口门8处及市界口门4处、水质监测断面131处。全年镇江水文部门编制《镇江市湖泊水生态监测简报》4期,《2020年度深层地下水动态监测报告》季报4期、年报1期,《句容市水功能区水质、湖泊水生态通报》12期;编制《2020年镇江市水资源公报》。（蒋闻雨）

【水文监测】 2020年,镇江市完成国家基本水文监测站年数如下:降水18站年、蒸发1站年、水位10站年、流量6站年;浅层地下水逐日水位11站年、水温11站年;深层地下水逐日水位7站年、人工十五日水位4站年、水温11站年;另有中小河流水文监测系统以及市水文现代化站网中降水24站年、水位11站年、流量2站年、墒情3站年。其他监测站年数:自记雨量(镇江、丹阳、句容)降水2站年、地方水库站降水14站年、沿江巡测站水位3站年、市界口门巡测站流量4站年。（蒋闻雨）

【水文情报】 2020年,镇江市雨水情遥测站运行稳定,向水利部、省水文局、市防汛防旱指挥部发送雨水情遥测数据3500多万个,数据完整率在99.9%以上。全年编发水情月报12期、周报19期;句容市雨水情分析12期、分析快讯15期、预报专报43期;参加市防汛防旱指挥部防汛会商8次,发送雨水情短信3.3万多条。开展长江镇江站潮位、扬中沙家港潮位站日常化预报工作,达到甲等预报精度。全年发布、变更洪水预警6次。（蒋闻雨）

【水资源监测】 2020年,镇江市加强湖泊水生态、饮用水源地、地下水、入河排污口、边界河道、长江、大运河、运粮河支流等水质监测工作。全年监测项目50多个,监测站点272个,取水样4200多个,获水质数据8万多个。（蒋闻雨）

教　育

责任编校：潘　珏

综　述

【概况】　2020年，镇江市完成教育现代化建设监测工作，省教育现代化建设监测综合得分90分以上，各市（区）得分稳中有进，其中扬中市96.95分，连续4年列全省各县（市、区）第1名。

教育优先发展。各市（区）党委、政府将教育发展主要目标纳入经济和社会发展整体布局，重视基础教育资源建设，定期召开教育专题会议，破解教育发展问题。全年投入19.8亿元，新建、改扩建学校34所。市区“八校联动、三大工程”接近尾声，老城区义务教育资源优化。省丹阳中学、吕叔湘中学、马相伯中学（含幼儿园）3个教育卫生重点民生项目开工。句容市启动省句容高级中学易地新建工程。各地安全防控体系建设加强，“三防”建设达标，校园智慧安防建设推进。校园和校车安全专项整治有实效，专职安保人员和警用器械配强配足，标准化校车配备全覆盖。句容市成立校车服务公司，投入近3000万元新购90辆标准化校车，共投入使用134辆标准化校车。

教育均衡发展。完成基础教育重要交账工作任务，全市义务教育适龄少年儿童112名控辍保学对象全部销账。全市义务教育学校均消除大班额现象。8所民办中小学通过信息平台报名招生，市区联动，化解部分学区生源过多问题。义务教育集团化办学推动，全市成立39家教育集团。应对新冠疫情，落实线上教育教学工作，运用“镇江智教育 非常云课堂”平台，向幼儿园、中小学推送公益课程1186节，全市31.31万名幼儿、中小学生实现“停课不停学”。构建学校、家庭、社会“三位一体”的育人格局。

教育经费。全年各市（区）一般公共财政教育支出63.12亿元，比上年增加44063万元，增长7.51%。除镇江新区外，其他地区均有所增长，其中丹阳市、句容市、扬中市、丹徒区、京口区、润州区分别增长11.74%、3.04%、9.39%、4.6%、7.93%、0.17%。多数地区均按规定要求安排各类教育生均公共财政预算公用经费，拨款标准比省基准定额提高10%。

教育生态环境。学前教育优质普惠，普惠性幼儿园覆盖率92.25%临时照护点全面稳妥取消。全市优质园覆盖率92.33%。义务教育优质均衡，全市义务教育学校100%达到省定办学标准。全市义务教育优质均衡发展达标比例全省第1名。特殊教育优质融合，全市建成融合教育资源中心159个，构建以普通学校随班就读为主体，以特殊教育学校为骨干，以送教上门为补充的特殊教育服务体系。申报省特殊教育发展工程项目4个、前瞻性项目1个。扬中市率先编制《融合教育资源中心课程设置与实施指南》。出台文件加强学生发展指导，规范和完善普通高中教学组织管理，指导高中学校特色发展。省扬高中省前瞻性教学改革实验项目、丹徒高级中学“体育课程基地”立项成功。职业成人教育质量提升，全市建成4个省职业学校现代化实训基地和2个现代化专业群。高职校、丹阳中专成为省中职学校领航计划建设单位，扬中市印发《扬中产业工人队伍建设改革试点工作方案》。全年开展21个现代学徒制项目，高职校1个试点项目通过省级验收，建成5个江苏省中小学生职业体验中心。镇江高职校学生在首届全国职业技能大赛中获铜牌1枚。全市建成1个国家级农村职业教育和成人教育示范县（市、区）。

师资整体水平。全市建成62个市级“四有”好教师团队，其中省级5个。创建市级教师发展示范基地校30所，其中省级教师发展示范基地校6所。全市招聘中小学幼儿园教师3336人(含备案制)。组织21名教师参加13项国家级教师培训，5315名教师参加91项省级培训。全市义务教育学校实施教师"县管校聘"管理改革，引导优秀教师、骨干教师向乡村学校、薄弱学校流动，交流教师占符合交流条件教师的比例超过19%。 (裴 伟)

【教育投入】 2020年，镇江市地方教育经费总投入93.36亿元，比上年增加1.84亿元，增长2.01%。其中，全市国家财政性教育经费总投入82.82亿元，增加2.41亿元，增长2.99%；民办学校举办者投入0.59亿元，减少0.28亿元，下降32.16%；捐赠收入1022万元，增加8万元，增长0.75%；事业收入9亿元，减少0.15亿元，下降1.59%；其他教育经费收入0.92亿元，减少0.07亿元，下降7.03%。

全市一般公共预算教育经费(包括教育事业费、基本建设经费、教育费附加)76.43亿元，增加1.53亿元，增长2.03%。其中，润州区、丹徒区、丹阳市、扬中市、句容市分别增长0.66、4.6、11.63、6.33、8.58个百分点。

各地各学段生均公用经费拨款比省定标准提高10%以上，其中学前教育、普通小学、普通初中、普通高中、中职校每生每年分别不低于650元、770元、1100元、1100元、1500元。特殊教育学校和随班就读学生按生均公用定额的8倍安排。

学生资助政策体系实现学前至高等教育阶段全覆盖，从制度上保障每一名家庭经济困难学生都能入学。全年全市发放学生助学金共计5944万元，增长14.45%。学前教育财政投入为6.29亿元，学前教育财政投入占全市财政性教育投入7.6%，超过省定标准2.6个百分点。 (蒋 峰)

【招生考试】 2020年，镇江市教育系统组织考试报名22次、考试26次、教师资格面试1次，总规模288578人次。

高考。全市高考报名10813人，录取10426人，其中本二以上8235人。普高学业水平合格性考试11920人，信息技术合格性考试12001人，高职院校提前招生考试816人，专转本考试1880人，省美术类统考689人，省编导类统考119人。

研究生考试。市教育考试院首次承担硕士研究生报名考试工作，报考人数为1841人。

成人高考。全市报名考试9535人，录取7737人。

中考。初三报名考试22557人，录取高职、中专2091人；初二地理生物考试23119人；中考艺术学考22592人。义务教育阶段学业水平测试13582人。

中职考试。全市报名考试3062人，录取2824人；3710人报考中职学业能力测试。

招收飞行学员考试。空军航空大学、海军航空大学、空军青少年航校分别录取飞行学员。

全年自学考试和社会各类考试报考规模149829人次，其中，学历考试报名25327人次，毕业生人数2315人；非学历考试报名124502人次。 (张小兰)

【特殊教育】 2020年，镇江市有特殊教育学校5所，特殊教育指导中心8个，有学前阶段特殊教育需要学生248人入学、义务教育阶段1628人入学，高中教育阶段有244人入学，基本普及残疾学生15年教育。全市配备20名教科研中心组成员、67名巡回指导教师及159名融合教育资源教师。全市共建成融合教育资源中心159个，实现所有乡镇(街道)学前、小学、初中融合教育资源中心全覆盖。

(史雪君 赵丽娜)

【镇江籍大一新生体质抽测数据排名提升】 2020年，镇江市大一新生身体素质抽测在全省排名连续5年列全省前4名。近3年的大一新生身体素质抽测逐年攀升，从省各设区市排名的第4名，提升到第3名，再到第1名。从2007年开始，江苏省教育厅在全国率先对江苏籍大学一年级新生进行身体素质抽样测试，并将测试结果按生源地反馈给各设区市。该测试结果反映各地区青少年体质健康的实际状况以及各地学生体质健康促进工作的效果。

(马正汉)

【语言文字工作】 2020年，镇江市推行计算机辅助普通话水平测试在线报名工作，实行普通话水平测试线上报名，实现报名、信息查询等线上功能。全市有2300多名考生参加2020年普通话水平测试考试。

市语言文字工作委员会、市教育局等单位开展以"传承中华优秀文化，礼赞伟大时代精神"为主题的第十一届"我们的节日·京江明月中秋韵"经典诵读活动。市语委办在全省"中华诵写讲"系列活动中，获优秀组织奖；一批节目获奖。 (裴 伟)

教师队伍

【概况】 2020年，镇江市有教职工46977人，其中专任教师32267人。普通中小学教职工22765人，其中专任教师21061人，包括小学专任教师10700人，初中专任教师6660人，普通高中专任教师3701人。幼儿园教职工11197人，其中专任教师6166人。特殊教育学校教职工188人，其中专任教师168人。

镇江市市属学校教职工总数2244人，其中专任教师2077人。中职学校教职工448人，其中专任教师402人。普通中学教职工1735人，其中专任教师1617人。特殊教育学校教职工61人，其中专任教师58人。

全年评选出市"十佳教师"56人、"感动镇江教育人物——2020最美班主任"39人，1人获评"感动江苏教育人物——2020最美班主任"提名奖，1人获评"2019江苏教师年度人物"，2人入选"苏教名家"培养工程培养对象、2人担任江苏省名教师工作室领衔人，1人入选教育部乡村优秀青年教师奖励计划。教师节期间，市教育系统走访慰问退休教师、困难教师，召开优秀教师代表座谈会，开展"师德第一课"活动，并对在职教师有偿补课等问题开展专项整治。

推进全市中小学、幼儿园、中等职业学校、特殊教育学校"四有"好教师团队建设，各级、各类学校建成市级"四有"好教师团队62个，其中5个入选省级重点培育团队。强化各级教师发展示范基地校建设，完善"四位一体"教师发展体系建设。全市创建市级教师发展示范基地校30所，其中省级教师发展示范基地校6所。加强年轻教师基础培训，全市通过跟岗实践、浸入式学习等形式培训新招聘青年教师800多人。依托国培、省培、市培和校本培训，全年全市培训教师超过30000人次。（王俊义）

【拔尖人才培养】 2020年，镇江市1734名教师获评镇江市第八批中青年骨干教师，13名教师通过省级评审获正高级教师（讲师）专业技术资格。市教育局与市人才办共同组织市基础教育"169"人才高级研修班，与江苏大学继续教育学院共同组织市特级教师后备人才暨教育系统领军人才培训班。

（王俊义）

【教育协作与援助】 2020年，镇江市与新疆生产建设兵团第四师可克达拉、西藏拉萨、陕西渭南、江苏连云港等市教育部门协作交流，全年接待近200名校长、教师交流观摩，并遴选90名教师赴新疆生产建设兵团第四师、西藏、陕西支教。组织可克达拉市首届名师、名班主任工作室培训班，安排12名教师在外国语学校和红旗小学跟岗培训，2名长三角教育系统后备干部跟岗培训。10月，安排20名教师赴可克达拉市开展以"转方式·提质量"为主题的第九届疆内外教学周活动，开设17节公开课、15场报告，新疆生产建设兵团第四师1000多名教师参与教学周活动。

（王俊义）

学前教育

【概况】 2020年，镇江市有幼儿园277所，其中，公办园174所，占比62.82%；省优质园202所。在园幼儿85999人，在公办园和普惠性民办园就读幼儿79338人、在优质园就读幼儿79402人。教职工总数10733人，其中专任教师6186人。

建立健全非营利性民办普惠园认定机制，扩大学前教育普惠资源，应对入园高峰和人口转移带来的入园压力，33所城镇小区配套幼儿园完成治理工作，新增普惠性学位9750个。5所临时照护点中4所关停、1所转公办园办班点，300余名幼儿全部安置公办园或普惠性民办园就读。全市普惠性幼儿园覆盖率92.25%，比上年提升5.6个百分点，所有市区均达成省定建设目标，5个市区达到或超过90%。

全市完成29所幼儿园省市优质幼儿园验收和复审工作，争创省基础教育内涵发展项目4个，确定市级课程改革项目10个，全市优质园覆盖率92.33%，所有市区提升至90%左右。（史雪君　凌育朵）

【《镇江市市区学前教育设施布局规划（2018—2035年）》发布】 2020年2月，《镇江市市区学前教育设施布局规划（2018—2035年）》发布。该规划范围涵盖镇江市区1088平方千米，包括中心城区和9个乡镇。计划到2035年，市区新增幼儿园77所，配置幼儿园243所，可容纳幼儿数67830人。（凌育朵）

基础教育

【概况】 2020年，镇江市有小学107所，初中61所，九年制学校28所；普通高中17所，完全中学2所，十二年制学校3所。小学在校生163180人，初中在校生71022人，普通高中在校生39509人。民办学校中，九年制学校3所，在校生1206人；十二年制学校3所，在校生3551人；小学1所，在校生882人；完全中学1所，在校生1211人；高中1所，在校生773人。全市义务教育适龄少年儿童控辍保学对象112人，全部销账。新学期中没有新增辍学学生和复学后再次辍学学生。全市所有义务教育学校均消除大班额现象。

启动镇江市教学质量提升机制建设。市教育局印发《关于进一步加强和改进普通高中教育教学工作的意见》和《关于进一步推进高品质示范高中建设的实施意见》，加强学生发展指导，规范和完善普通高中教学组织管理，注重制度建设和工作落实，提升普通高中的办学水平和育人质量。

全年全市新增基础教育前瞻性教学改革实验项目4个，中小学生品格提升工程4个，中小学课程基地与学校文化建设项目13个。镇江市实验高级中学和句容市第三中学接受省四星级高中复审。

（顾正勇　马继红）

【阳光招生信息平台建成】　2020年，镇江市教育部门研发覆盖全市义务教育学校招生的信息平台，全市228所义务教育学校利用该平台招收52426名新生。落实公民同招，全市8所民办义务教育学校通过信息平台报名招生，其中镇江第一外国语学校、丹徒炎黄外国语学校和南京师范大学镇江附属小学等3所学校首次采用电脑派位方式招生。（顾正勇）

【新冠肺炎疫情期间线上教学服务】　由于新冠肺炎疫情影响，2020年2月10日，镇江市从原定开学时间开始在全市范围内组织中小学利用“镇江智教育”“镇江名师空中课堂”等云平台开展线上教学辅导工作，通过网络、电视等同步推送云课堂教学资源，使用传统电视频道，兼顾农村个别家庭和学生需求，覆盖各年级、学科，全市30多万名幼儿、中小学生，实现“离校不离教，停课不停学”的疫情防控工作目标。（顾正勇）

【普通高中新课程实施】　2020年，镇江市强化新高考、新课程和新教材培训和实施。规范课程设置与管理，通过全市综合素质评价培训，合理安排普通高中三年各学科的课程计划，确保普通高中新课程的实施和教育教学秩序稳定。做好三年一轮的新教材全员培训，提高国家课程方案、课程标准与教师教学过程、学生学习过程的一致性水平，整体提升普通高中课程教学品质。发挥新课程、新教材省级示范校作用，完善三级教学研究体系，提升校本教研质量，推进基于课程标准的教学；开展学科典型学习方式研究，提升教师课程实施水平。（马继红）

【中小学生心理健康教育】　2020年，镇江市教育部门从6个方面施策，加强中小学生心理健康教育。针对年初居家抗疫和学生自伤害情况，出台系列文件，加强家庭教育指导和心理健康教育，制定学校新冠疫情防控心理危机预防与干预实施方案，公布学生心理援助联系方式，将专兼职心理健康教育教师合理分配到各班级。开学复课前，向26万多名中小学生推送线上心理健康教育和家庭教育指导、生命安全教育微课120节；开学复课后，开展以情绪管理、人际交往、耐挫能力和生命安全等主题的心理健康教育课教育，提升学生心理复原力。秋季学期，将心理健康教育课按每班每两周1节纳入中小学课程。排查学生心理健康问题，对有“重度、中度”预警的学生，及时进行干预；梳理有潜在心理问题学生。加强心理危机预防与干预，督促学校将心理健康教育纳入课表。指导学校发挥班主任、任课教师的作用，优化教育教学管理。开展家校共育活动，引导家长合理安排孩子生活、正确处理亲子关系、关注孩子的心理健康，协助家长建立良好的家庭氛围和亲子关系，构建家校心理育人联动机制。全年开设线上家庭教育讲座700多场，参与家长约38万人次。强化学生心理健康教育和排查。组建学校专兼职心理健康教育团队，常态化开展学生心理健康教育工作，通过主题班会以及心理健康、道德与法治、科学、生物等学科教学开展生命教育。在全市开展心理危机排查工作，建立学生心理健康档案，慎重对待心理健康普测中的预警信息，科学专业开展访谈筛查工作和心理辅导。（裴　伟）

2020年镇江市区普通高中录取分数线情况表

表25－1

学　校	统招分数(分)			
	文化	美术	音乐	日语
江苏省镇江中学	582	—		
江苏省镇江第一中学	588			
镇江市实验高级中学	553	529	525	485
镇江崇实女子中学	515	丹徒520		
镇江心湖高级中学	539	—		
镇江枫叶国际学校	425			
镇江第一外国语学校	511			
镇江正兴学校	465			
镇江江河艺术高级中学	425			

（裴　伟）

职业教育和社会教育

【概况】　2020年，镇江市有中职和五年制高职学校10所，其中，省中等职业学校领航计划建设单位2所，在校生2.63万人。开设15个专业大类45个三年制中职专业、50个五年制高职专业，有省职业学校现代化专业群13个，省职业学校现代化实训基地10个。

全市建成1个国家级农村职业教育和成人教育示范县,3个省教育服务"三农"高水平示范基地、3家省社会教育学习体验基地、2家长三角市民终身学习体验基地、5个"江苏省社区教育品牌项目",1个省级老年教育资源库项目。

市职业学校在全国职业院校技能大赛改革试点赛中,学生选手获1个团体一等奖。在第五届江苏技能状元大赛中,学生选手获1个二等奖和6个三等奖。在省职业学校技能大赛中,选手获9个一等奖、33个二等奖、79个三等奖。在省职业学校教学大赛中,教师获3个一等奖、11个二等奖、7个三等奖。

(许大宏)

【职教扶贫】 2020年,镇江市4所职业学校(3所国家示范校、1所省四星级)对接云南省普洱市,招收普洱建档立卡困难家庭学生到镇江接受职业教育。9月,云南普洱9县1区的139名学生到镇江市就读高星级饭店运营与管理、汽车运用与维修、电梯安装与维修保养等专业。各职业学校根据普洱市学生实际,定制人才培养方案,优化课程设置,注重学生专业技能教学,加大考工考证培训,提升学生就业能力。

(许大宏)

【校外培训教育整治】 2020年,镇江市印发《镇江市校外培训机构安全专项整治行动实施方案》,将校外培训机构安全管理纳入公共安全和社会治安综合治理体系。市教育局、市民政局、市人社局、市市场监管局印发《关于做好镇江市校外培训机构"双随机、一公开"及2020年度监管工作的通知》,全年开展校外培训机构排查1329批次,共计20609家次。 (许大宏)

【镇江高等职业技术学校】 镇江高等职业技术学校(江苏联合职业技术学院镇江分院)是一所以五年制高职教育为主、三年制中职教育为辅,兼顾继续教育和职业培训的职业学校。学校占地面积17.18万平方米,建筑面积9.78万平方米,实训基地面积4.9万平方米;在校生4489人,教职工450人。有机电工程系、信息工程系、财经艺术系、旅游系和基础部等5个系部。

2020年,学校有432名学生进入本科院校继续学习深造。学校面向社会开展各级各类职业技能培训,年培训5500人次。全年获江苏省教学大赛一等奖1个、二等奖6个、三等奖3个;省技能大赛一等奖8个、二等奖22个、三等奖28个,全国一等奖1个;获第二届江苏省暨长三角地区智能制造物流管理技能竞赛团体一等奖。雏鹰创客中心6304团队获FIRST团队奖项主席奖,是2020年中国唯一获主席奖的队伍。1人代表江苏参加全国职业技能大赛3D数字游戏艺术项目比赛获第3名,入选世界职业技能大赛国家集训队。

2020年镇江市职业学校(含技工学校)情况表

表25-2

区域	学校名称	等级	主管部门	备注
市直	镇江高等职业技术学校	国家示范职业学校;江苏省现代化示范性职业学校	镇江市教育局	省领航计划建设单位
	镇江技师学院	国家示范职业学校	镇江市人社局	整合江苏省丹徒中等专业学校、镇江市建设学校,其中,江苏省丹徒中等专业学校保留牌子
	镇江市体育运动学校	三星级职业学校	镇江市体育局	—
润州区	江苏省润州中等专业学校	四星级职业学校	润州区教育局	—
丹阳市	江苏省丹阳中等专业学校	国家示范职业学校;江苏省现代化示范性职业学校	丹阳市教育局	省领航计划建设单位;整合丹阳市技工学校
	丹阳吕凤子工艺美术学校	—	—	民办
句容市	江苏省句容中等专业学校	国家示范职业学校;江苏省现代化示范性职业学校	句容市教育局	整合江苏城市学院句容办学点
扬中市	江苏省扬中中等专业学校	四星级职业学校	扬中市教育局	—
省属	江苏省交通技师学院	国家示范职业学校	省交通运输厅	部分交通类五年制高职
	江苏省司法警官高等职业学校	—	省监狱管理局	五年制高职
高校	镇江市高等专科学校	—	镇江市政府	镇江卫生学校保留牌子并入镇江市高等专科学校;五年制师范、四年制护理
	江苏农林职业技术学院	—	省农业农村厅	部分涉农专业五年制高职

(许大宏)

学生参加省“文明风采”竞赛，6件作品获评最佳作品，学校获优秀组织奖。参加全国“新时代好少年”主题教育读书活动，获5个一等奖、12个二等奖、16个三等奖，学校获全国读书活动先进集体称号。在“领航杯”省中小学电脑制作活动中，获一等奖4个、二等奖4个，其中2件作品入选“第二十一届全国中小学电脑制作活动全国交流活动”。1人获评江苏省“最美职校生标兵”，1人获评镇江市“新时代好少年”。学校先后获评全国禁毒工作先进集体、全国“新时代好少年”主题教育读书活动先进集体、省中小学校“一校一品”党建文化品牌项目、省中职校领航计划建设单位、省级教师发展示范基地校、省职业院校技能大赛先进单位、省教科研工作先进集体等。

（居忠诚　刘　春）

【镇江市老年大学】 2020年，受新冠肺炎疫情影响，镇江市老年大学封校一年。期间，学校采取停课不停学模式，利用“乐龄网”开展教学活动；发放《告全校师生的一封信》，号召全校师生配合各级党政有关防疫工作的部署和安排，全校师生无一人感染新冠肺炎；部分学员加入社区抗疫志愿者队伍，服务抗疫工作。

（毛建国）

【镇江市少年宫】 镇江市少年宫是全市最大的校外教育机构，2020年，市少年宫开设33门公益课程，普惠全市千余名少年儿童。上半年，少年宫的市属初中劳技课采用“送教上门”授课形式，劳技教学除开发园艺系列课程，还开发“戳戳绣”、家政等新课程。因新冠疫情影响，学校创新公益活动形式，在网上开设八段锦、扬州评话网络课堂，推出“寓乐湾”线上七大模块编程课。开展致敬“最美逆行者”活动、“童心抗疫守望相伴”募捐行动、“童心抗疫 迎接春天”主题系列书画作品征集活动、“学习雷锋精神 致敬抗疫英雄”等活动。组织“写春联 剪窗花 传统文化进万家”公益活动、2020镇江市“爱碑刻”少儿临碑书法大赛及“江河交汇、爱运河”主题绘画大赛；承办2020“电信杯”全市少儿网络安全主题书画大赛等活动。设立学雷锋志愿服务站。

弘扬中华优秀传统文化，市少年宫与镇江市民间艺术馆合作建设少儿扬州评话少儿书场，设立“扬州评话少儿传承基地”；与镇江康盛剧社共建“周周看扬剧”项目；学校有梅庵派古琴、古筝、武术等社团。学员代表参加“镇青春 · 少年行”镇台学子夏令营及“吴韵汉风 · 云聚江苏”——2020海外青少年网上冬令营开营仪式演出，教师、学员的45幅书画作品在日本柴田町参加中日往来都市文化交流书画展。

全年市少年宫获评第三届“米芾杯”国际青少年书法大赛优秀组织单位（其中一等奖7名、二等奖4名、三等奖6名）。3名书法社团学员在“七彩语文杯”江苏省第十四届中小学生硬笔、软笔书法展示赛获软笔中学组特等奖，1名学员获一等奖，1名学员获小学高级组软笔特等奖。书画社团多名学员参加“爱碑刻”少儿临碑（贴）书法比赛、2020“电信杯”镇江市少儿网络安全主题书画展、“江河交汇 · 爱运河”镇江市少儿绘画大赛获奖，市少年宫获优秀组织奖。琵琶、古筝二重奏《大浪淘沙》及合唱《梦中的卓玛》获市属学校文艺会演二等奖。

做好教师培训工作，市教科研中心和华东校外教育研发中心的课题“新时代少年宫家长参与方式研究”通过中期评估。1名教师在长三角校外教师教育教学基本功展示中获一等奖。多名教师参与江苏省校外教育优秀微课展示交流活动获二、三等奖。

（樊　涛）

【镇江市青少年活动中心（江苏省镇江青少年综合实践基地）】 江苏省镇江青少年综合实践基地位于丹徒区世业镇纸厂公房49号，占地33.33公顷（500亩），有教职工64人。基地主要承担市属中学和各区小学、初中相关年级的综合实践活动课程，市属普通高中和职业学校新生国防教育，全市和全国各地中小学生研学实践教育活动等任务。2020年，基地开设亚夫农业、航空科技、乡情文化、素质拓展、健康教育、主题教育等六大类约120门课程，全年服务中小学生近10万人次。主办2020台湾大学生镇江实习就业体验营暨“镇青春 · 少年行”镇台学子夏令营活动。资助并组织西藏拉萨一中近百名师生赴江苏开展研学实践教育活动，获共青团江苏省委表彰。承办镇江市大运河文化带学校共同体启动仪式暨“江河交汇 · 我爱运河”全市少儿绘画大赛获奖作品展。“行知农谷职业体验中心”被认定为首批江苏省中小学生职业体验中心。基地获评中央文明委“第五届全国未成年人思想道德建设工作先进单位”。　（姜　光）

高等教育

【概况】 2020年，镇江市有普通高校8所，其中省属本科院校4所，省属专科院校1所，市属专科院校2所，民办专科院校1所。

8所高校中，江苏大学是首批国家重点大学和首批具有博士、硕士学位授予权的高校；江苏科技大学是以工科为主的普通高等学校，是江苏省重点建设高校；南京师范大学中北学院是首批经教育部批准成立的独立学院和经江苏省事业单位登记管理局批准成立的公益性事业单位；南京财经大学红山学院是培养普通全日制本科人才的独立学院，学校形成以经管为主，兼具文法的专业特色；江苏农林职业技术学院是扎根中国农村大地办高职，践行“课堂移村口、师生到田头、成果进农户、论文写大地”的建设思路；镇江市高等专科学校传承吕凤子“崇爱尚美”教育思想，贯彻“工学结合”培养理念；江苏航空职业技术学院是江苏省首家航空类专业高等职业教育院校；金山职业技术学院是民办全日制普通高等职业院校。

2020年，镇江高校有在校生12万余人，其中全日制本、专科生103563人、硕士研究生14776人，博士研究生1778人；教职工12207人，其中专任教师6303人。专业涵盖工科、理科、医学、农业、管理、经济、法学、文学、哲学、教育、艺术等10多个门类120余个专业。拥有国家级实验教学示范中心5个，国家人才培养模式创新实验区4个，部省级重点实验室、工程技术研究中心24个，博士后科研流动站13个，博士学位授权一级学科11个，国家级重点学科9个，省部级重点学科18个。（张　路　卢双岩）

·江苏大学·

【概况】 2020年，江苏大学专任教师2700余人，其中具有1年以上海外经历占37%。学校在校生4万余人，其中，研究生1.3万余人，学历留学生2300余人。校园占地面积200公顷（3000余亩），各类建筑面积120万余平方米。学科涵盖工学、农学、理学、医学、管理学、经济学、哲学、法学、文学、教育学、历史学、艺术学等12大学科门类。设有27个学院，97个本科专业（其中国家一流专业建设点30个）。学校有14个一级学科博士点，13个博士后科研流动站；44个一级学科硕士点，20个硕士专业学位类别。拥有2个国家重点学科，1个国家重点（培育）学科，10个江苏高校优势学科。学校有国家水泵及系统工程技术研究中心、混合动力车辆国家地方联合工程中心、国家级新农村发展研究院、高端装备关键结构健康管理国际联合研究中心、流体工程装备节能技术国际联合研究中心、高端流体机械装备与技术学科创新引智基地等一批国家级科技创新平台；建有国家知识产权培训（江苏）基地。习近平总书记对学校去信作出重要批示。（李普华）

【“十三五”期间主要情况】 江苏大学在“十三五”期间，综合实力增强，排名列世界大学排行榜Top1000，连续4年列内地高校第40名左右。8个学科进入ESI全球排名前1%，工程学和化学进入全球前2‰。10个学科入选省优势学科，9个学科入选省“十三五”重点（含培育）学科。新增一级学科博士点5个、硕士点9个、专硕点10个。成为全国25所、江苏省属唯一一所“三全育人”综合改革试点高校。获评国家级一流本科课程18门，获批国家级实践教学平台2个；获国家级教学成果一等奖1项、二等奖2项；13个专业获批国家级一流本科专业建设点，通过工程教育认证且在有效期内的专业数并列全国第1名（19个）；国家级新工科研究与改革实践项目以优秀成绩通过验收，新增国家级新农科研究与改革实践项目。学校获评“全国创新创业典型经验高校”“全国高等学校创新创业教育改革特色典型经验高校”。研究生教育成果奖有突破，19项案例入选国家专业学位案例库。在学学历留学生规模列全国前40名、江苏第1名。入选首批留学江苏目标高校，通过首批教育部来华留学质量认证。科研总经费41亿元，其中纵向经费12.4亿元。新增国家级科研平台3个。获批自然科学国家重点、重大专项（含参与）149项，获批国防重大、重点项目4项。获批国家科学技术奖4项、全国创新争先奖1项、中国青年科技奖1项，获农机领域首项国家专利奖金奖和银奖。国家社科重大专项、重点项目、艺术基金单列项目有突破，获批省部级平台7个。产学研合作项目总经费28.6亿元，新增3个“亿元级”合作平台，获中国产学研合作创新成果奖一等奖4项，技术转移中心获批教育部首批科技成果转化及技术转移示范基地，获评国家技术转移机构优秀（A级）。全职引进中国工程院院士1人、外籍院士2人，柔性引进院士9人。1人入选俄罗斯自然科学院和乌克兰国家工程院外籍院士。新增国家级人才46人、省级人才319人、省级团队14个。专任教师博士学位比例71%、海外经历比例上升为37%。成建制中外合作办学、双学位联合培养项目20项。新建国际合作交流平台14个、国际科研合作项目19项，获批“高等学校学科创新引智计划（111计划）”基地。学校当选江苏英国高水平大学联盟首轮主席单位和江苏方常设秘书长单位，牵头成立农业工程大学国际联盟、农业装备国际（产能）合作联盟，合作孔子学院承办国家汉办全球首个来华创新试点项目。获批成为国家留学基金委乡村振兴人才培养专项、创新型人才国际合作培养项目等高层次国际化人才培养项目单位，以及教育部首批“高层次国际化人才培养创新实践基地”建设高校。（李普华）

【人才培养】 学校获首批国家一流本科课程18门，13个专业入选国家一流本科专业建设点。国家级新工科研究与改革实践项目通过验收，“新农科、新工科一体化建设，打造一流涉农专业集群的探索与实践”入选国家级新农科研究与改革实践项目。19个专业通过工程教育认证。人工智能与智能制造学院获批江苏省首批重点产业学院。学校成为首批“国际组织人才培养创新实践基地”建设高校。学校获国际国内大学生学科竞赛奖项36项。连续6届获大学生智能农业装备国际创新大赛优胜杯。学校获第六届“互联网+”大学生创新创业大赛银奖、铜奖各1项。2020届毕业生总就业率超过94%。（李普华）

【科学研究】 1项成果通过国家技术发明二等奖评审并获评“全国创新争先奖”“中国青年科技奖”。主持承担国家重点研发项目和军工重大项目各1项，国家杰出青年科学基金项目有突破。获批国家自然科学基金项目151项，国家社会科学基金项目19项。授权国家发明专利988件、发达国家专利33件，专利转让和许可287件，获批第二十一届中国专利银奖1项。16项成果获评2020年度江苏省科学技术奖（其中一等奖3项），获奖总数列省属高校前2名、一等奖数量列省属高校第1名。获批江苏省重点研发计划现代农业项目5项、社会发展项目5项、产业前瞻与关键核心技术项目3项，获批项目数量及立项经费为近5年最高水平。与南京国家农业高新技术产业示范区签订总额3亿元的合作协议，打造智能农业装备创新港。共建“江苏大学恒顺集团研究院”“江苏大学—徐工集团农业机械研究院”“万亩现代农业智慧示范基地”等科研创新平台。高产水稻联合收获机主要技术指标达到国际先进水平，首台套产品100马力无人驾驶轮边电机拖拉机在国际农业机械展发布。完成农业农村部委托“中国农机产业国际竞争力分析报告”专题研究任务。牵头组建“江苏省智能农机装备产业联盟”。（李普华）

【学科建设及研究生培养】 2020年，江苏大学新增环境生态学学科进入ESI全球前1%，ESI前1%学科数增加到8个。1个学科进入全球软科世界一流学科前50名、3个学科进入前100名，以15个上榜学科数并列全国高校第50名、省属高校第2名。泰晤士高等教育首届中国学科评级，学校以3个A类学科、22个上榜学科数并列内地高校第44名。12项案例入选国家专业学位教学案例库。与中科院上海技物所南通智能感知研究院签订合作协议，打造国际智慧农业大数据中心，共建江苏大学南通研究生分院。

（李普华）

【师资队伍】 入选俄罗斯自然科学院和乌克兰国家工程院外籍院士1人，全职引进中国工程院院士1人，柔性引进加拿大两院院士等3人，新增国家级人才11人。新增省级高层次人才55人。获批中国博士后科学基金面上资助52项，国际交流计划派出项目、引进项目、香江学者计划以及学术交流项目各1人，首次获批“中德博士后交流项目”。招收博士后191人，其中外籍博士后75人。获省级以上公派出国（境）项目资助53人，其中国家公派22人。

（李普华）

【学校国际交流】 2020年，合作办学机构江苏大学克兰菲尔德未来技术研究生院和高端流体机械装备与技术学科创新引智基地获批。举办2020江苏大学赞比亚第三期农业机械培训暨现代农业机械及农产品加工高级工坊，赞比亚江苏大学注册。与联合国工发组织签署合作备忘录，成为首批教育部“高层次国际化人才培养创新实践基地”建设高校。举办2020“一带一路”农业现代化国际合作发展论坛。与巴奥科技大学共建中巴农业与食品卓越中心。获批国家留学基金委智能农机轻量化材料复合型应用型乡村振兴人才培养项目和智能电动车辆及控制系统创新型人才培养项目。新增硕士研究生留学项目4个，3个月以上境外交流学生462人，短期海外研修学生496人，47人获国家留学基金委项目资助。25门课程被认定为江苏高校外国留学生英文授课省级精品课程，获评数列全省第2名、省属高校第1名。首次获批中国政府奖学金“中非友谊”学历生项目。学校与巴基斯坦—奥地利应用科技大学签约，共建农业与食品卓越中心。（李普华）

【科研成果助力新冠肺炎疫情防控】 2020年，江苏大学的科研成果红外传感器、新型超低量静电喷雾消毒机和强电离静电喷雾消毒机、“校园防疫通道2.0版”、武汉火神山和雷神山医院污水处理系统、中央厨房、“社区抗疫”专业书籍等助力新冠肺炎疫情防控。学校附属医院先后分批选派医护人员赴湖北武汉、黄石两地，开展新冠肺炎救治工作，获评全国抗疫先进个人1人，省级抗疫先进个人10人、先进集体2个。学校疫情防控工作方案2.0版本是全国唯一被列入教育部《高等学校新型冠状病毒肺炎防控指南》的参考文献。（李普华）

·江苏科技大学·

【概况】 江苏科技大学是江苏省重点建设高校。学校有镇江长山、梦溪2个校区和张家港校区以及上海办事处，占地265.27公顷（3979亩）。学校有教职员工2200余人，其中专任教师1510余人。具有正高职称人员240余人，副高职称人员740余人。在校普通本科生18250余人，硕士、博士研究生4060余人，本科、硕士、博士学历留学生730余人，苏州理工学院（独立学院）在校学生7560余人。学校纸质图书文献总量228万余册，电子图书119万余册，电子期刊23

万余册。学校设16个学院、66个本科专业，有3个博士后科研流动站，4个一级学科博士学位授权点、20个一级学科硕士学位授权点，10个硕士专业学位培养类别。工程学、材料科学、化学3个学科进入ESI学科全球排名前1%。有国家国防特色学科5个，江苏省高校优势学科3个，江苏省"十三五"一级学科重点培育学科5个；国家级特色专业建设点4个。有国家级一流本科专业建设点12个，国家级卓越工程师教育培养计划专业3个，省一流本科专业建设点10个。学校2020年录取本科生5210人，博士、硕士研究生1647人，学历留学生206人，苏州理工学院（独立学院）录取本科生1879人。学校是江苏省人民政府与国家国防科技工业局共建高校，是江苏省人民政府与中国船舶集团有限公司共建高校。

学校主办有《江苏科技大学学报（自然科学版）》《江苏科技大学学报（社会科学版）》《蚕业科学》《中国蚕业》《现代面粉工业》等公开出版学术刊物。学校牵头成立中国船舶与海洋工程产业知识产权联盟、江苏船舶与海洋类高校协同发展联盟，先后与海军政治部、中国船舶集团有限公司、中国农业科学院、江苏省粮食局等单位建立合作关系。学校海外教育学院与澳大利亚、俄罗斯、乌克兰、美国、英国、法国、印度、日本等国开展科研与办学合作。与江南造船（集团）有限责任公司、沪东中华造船（集团）有限公司、上海外高桥造船有限公司、大连船舶重工集团有限公司、昆明船舶设备集团有限公司、招商局重工（江苏）有限公司等企业建立长期合作关系。中国船舶工业工程师继续教育学院设在学校。学校各类奖助学金年总额5517余万元。

学校USNews2021世界大学综合排名列内地高校第136名，比上年上升41名；"2020软科中国大学排名"列全国第142名，比上年上升31名。获批省一流本科专业10个，全部推荐参评国家级一流本科专业；获批国家一流课程6门；2部教材推荐参评全国优秀教材奖；大学生学科竞赛参赛学生9300余人次，获全国性奖项372项。新申报的3个学术型博士点、2个专业型博士点、4个学术型硕士点、4个专业型硕士点全部通过省内审核；进入ESI全球排名前1%学科数增至3个；5个学科入围2020年"软科世界一流学科排名"。全职引进国家杰出青年1人，学校教师入选国家杰出青年1人、青年长江学者1人；获批青年托举计划1人，新增入选省特聘教授4人，签约优秀博士130人，获批省"青蓝工程"中青年学术带头人3人。学校参与研制的"奋斗者"号载人潜水器在马里亚纳海沟成功坐底；参研的"海上大型绞吸疏浚装备的自主研发与产业化"获国家科技进步特等奖；1项发明专利获中国专利奖银奖。获批国家知识产权试点高校和高校国家知识产权信息服务中心。江苏省人民政府与中国船舶集团有限公司签署共建协议，共同支持学校建设具有船舶特色的一流大学，中国船舶集团有限公司与学校签订战略合作协议；获装备承制单位资格认证证书。7月，镇江市船舶与海洋工程行业协会在江苏科技大学举行成立仪式。（张　静）

【"十三五"期间主要情况】 "十三五"期间，江苏科技大学获评江苏省2019年度地方普通高校综合考核（其他本科高校组）第一等次、江苏省2020年度地方普通高校综合考核（高水平本科组）第二等次，并获组内唯一"争先进位"奖。全日制在校生由18255人增加到22984人，新增专业14个、国家级一流专业建设点8个，6门课程被认定为首批国家一流课程，获各类学生竞赛国家奖40余项。新增博士学位授权点2个、硕士学位授权点6个，工程学、材料科学和化学3个学科进入ESI学科全球排名前1%，新增2个省优势学科、5个国防特色学科。承担国家级项目332项，参与获国家科技进步特等奖1项（排名第6名），牵头获国家专利银奖1项，牵头主持科技部国家重点研发计划项目2项、工业和信息化部先进制造业集群项目1项，获国家优青项目1项，国家杰青项目1项，获省级以上领导批示2件，参与"蛟龙号"载人深潜器、豪华邮轮、大型挖泥船等一批国家重点重大研发计划项目，成果直接应用于深海探测、岛礁建设、军工型号项目等国家重大工程。补充博士师资413人，引进和培养国家级人才8人，新增国务院政府特殊津贴专家2人，获批江苏特聘教授15人，省"333工程"第二层次培养对象2人，省突出贡献中青年专家3人、省自科优青1人、省社科优青1人，新增各类人才团队9个。发展优质海外合作伙伴47家，建成留学生优质生源基地7个，获批国家留学基金委资助项目1项；与俄罗斯奥加辽夫莫尔多瓦国立大学合作举办的能源动力专业硕士研究生教育项目获教育部批准，农业农村部在学校挂牌成立中国——古巴蚕桑科技合作中心。

（张　静）

【上海船校搬迁镇江办学50周年纪念】 2020年，为纪念上海船校搬迁至镇江办学50周年，江苏科技大学组织开展一系列活动，还原学校重要发展时期面貌，展现学校精神传承；举行庆祝搬迁镇江办学50周年文艺晚会。《中国教育报》和《新华日报》分别刊发《五十载初心不改 做造船工程师的摇篮》《高扬奋斗之帆乘风破浪》专题报道。（张　静）

【江苏科技大学参研项目获国家科技进步特等奖】 2020年1月，江苏科技大学参研项目"海上大型绞吸疏浚装备的自主研发与产业化"获2019年国家科技进步特等奖，项目主要完成人参加在北京举行的国家科学技术奖励大会，该项目是江苏科技大学自2014

年获奖后再次获特等奖。该项目构建多区域、多系统协同运行和疏浚作业集成监控与管理一体化平台，实现实景智能可视操作、精确疏浚和功率平衡自动调节，解决疏浚装备在复杂多变工况条件下智能、高效疏浚作业的难题。 （张　静）

【江苏科技大学新校区搬迁使用】 2020 年 6 月，江苏科技大学首批学生搬迁至长山校区，当天新校区西苑食堂揭牌开业。新校区建筑面积 66.46 万平方米。9 月，2 万多名师生整体入驻，相关保障有力、运行平稳。 （张　静）

【国家杰出青年科学基金获批】 2020 年 11 月，2020 年度国家杰出青年科学基金资助项目批准，江苏科技大学教授嵇春艳申请的项目"海洋工程结构水动力学理论与可靠性评估方法"获资助总经费 400 万元。该项目是江苏科技大学承担的第一个国家杰出青年科学基金项目，实现零的突破。 （张　静）

·南京师范大学中北学院·

【概况】 南京师范大学中北学院（以下简称"中北学院"）成立于 1999 年，由南京师范大学与南京师范大学教育发展基金会共同举办，是首批经教育部批准成立的独立学院和经江苏省事业单位登记管理局批准成立的公益性事业单位。2020 年，学院有在校生 10748 人，教职工 431 人。学院下设 8 个系科，分别为人文系、外语系、经济与管理系、公共管理系、信息科学与技术系、工学系、美术系、音乐系，有 38 个本科专业。日语和环境设计等 2 个专业获批江苏高校一流本科建设专业。

人才培养。2020 年，在一流专业建设方面，中北学院扩大招生规模，推进一流课程建设和培育，启动院级一流课程建设工作，重点建设线下课程、线上线下混合式课程、社会实践课程等三类课程；打造"院级—省级—国家级"三级一流课程，立项建设 12 门院级一流课程。在大学生创新创业方面，立项项目 150 项，其中，院级项目 116 项，省级项目 34 项。在各级各类学科竞赛方面，中北学院学生获国家级奖项 80 人次，省部级奖项 168 人次。在暑期社会实践方面，在校学生组建暑期社会实践团队 1435 支，学生参与率超 96%，其中多支团队实践项目被《扬子晚报》《镇江日报》《扬州日报》等 20 余家报刊报道，多家电视台、多家网络及官方微博对部分活动进行宣传；1 名教师和 1 名学生获评江苏省暑期社会实践先进个人，5 支团队获评 2020 年镇江市大学生志愿者暑期"三下乡""返家乡"社会实践活动优秀团队，10 名学生获评社会实践活动先进个人，13 支团队获评院 2020 年暑期社会实践优秀团队。

师资队伍。学院 1 名教师入选 2020 年江苏省"青蓝工程"优秀青年骨干教师培养对象，1 名教师完成"333 高层次人才培养工程"第三层次培养对象管理期满考核工作。全年学院引进人才 3 人，3 名教师获评丹阳市教育局年度"好老师"，1 名教师获评镇江市"十佳教师"。 （王　慧　姜　黎）

【学校科学研究】 2020 年，中北学院遴选 5 个院级重点科研机构，获批江苏省高校哲学社会科学研究项目一般项目 10 项、思政专项 7 项，江苏省高校自然科学研究面上项目 1 项，省社科联应用研究精品工程项目 4 项，江苏高校"大学素质教育与数字化课程建设"专项课题 3 项，镇江市社科应用课题 4 项；完成 2020 年度院级新立项项目 11 项，获横向课题立项 2 项。外语系 1 人成果入选江苏省第十六届哲学社会科学优秀成果评奖。工学系 2 人成果分别获评丹阳市科技论文评选工信类和农业类一等奖。 （王　慧　姜　黎）

【校企合作】 2020 年，中北学院与华为等公司在人才培养标准制定、联合教学创新、多样化人才培养等方面进行合作，成立华为 ICT 学院，组建华为精英班，成立大学生创新中心。学院与南京相关企业在数据科学与大数据技术、计算机科学与技术专业合作，进行嵌入式培养。在国际经济与贸易、商务英语专业设立跨境电商人才培养方向，明确课程和培养方案衔接。学院与上海发那科机器人有限公司就机械工程、电气工程等专业在工业机器人运行和维护方向的师资培训、人才培养方案修订、共建 FANUC 机器人培训中心方面进行合作。学院与新梅眼科医疗集团就共同开展眼视光产业人才培养、共建实习基地等方面签订协议。 （王　慧　姜　黎）

·镇江市高等专科学校·

【概况】 2020 年，镇江市高等专科学校占地面积 66.67 公顷（1000 余亩），全日制在校生 1 万余人，各类成人教育学员 2000 余人。学校有 12 个二级学院（部）、35 个专业，建有中央财政支持的提高专业服务产业能力重点专业 3 个，省"十二五"重点专业（群）3 个，省高水平专业群 2 个，省高水平骨干专业 3 个，省品牌特色专业 2 个。有教职工 644 人，其中，专任教师 455 人，正高职称教师 30 人，副高职称教师 253 人。

学校推动"三全育人"工作开展，推进"三全育人并举,构建大思政格局”特色项目和“三全育人”综合改革试点院部建设的培育引导、中期检查等工作;产生首批12个“课程思政”先进教学团队,完成《中国精神教育读本》编撰,推进“晨读经典”课程化建设。全年评选产生“三全育人”特别贡献奖单位2个、“三全育人”示范岗12个、“三全育人”先进个人31人。

学校优化“三大专业组合”布局,获批省高水平专业群2个、“1+X”证书试点项目5个、省级重点教材2部,申报新专业4个,获省高职院校技能大赛团体二等奖1项、三等奖2项。开展第十三届“课堂教学质量月”活动,立项校级教学改革项目36项,完成2020级35个专业、650门课程标准的修订。3个班级获“省先进班集体”称号,4人获评“省三好学生”,4人获评“省优秀学生干部”,1人获评“茅以升家乡教育奖”。毕业生年终就业率93.08%。

全年引进博士4人、硕士2人、副高职称1人,委培博士毕业4人、送培1人。新增省“青蓝工程”优秀教学团队1个、中青年学术带头人培养对象1人、优秀青年骨干教师培养对象2人,市有突出贡献中青年专家1人,市高校“十佳教师”1人。

学校开展科研与社会服务工作,获批“江苏省高职院校社科应用研究协同创新基地”1个、“江苏高校哲学社会科学优秀创新团队”1个。全年市厅级以上项目立项134项,经费194.95万元;完成江苏省技术合同登记11项,技术交易额51.8万元。申请专利235件,其中发明专利98件;授权专利103件,其中授权发明专利11件。

“十三五”期间,学校完成新校搬迁,累计引进博士11人,硕士52人;新增国务院特殊津贴专家1人,省“333工程”培养对象12人,省“青蓝工程”培养对象17人,省知识产权领军人才2人。学校承担地方政府和企业横向合作课题145项,撰写咨询报告64篇,出版专著、教材59部;获省级以上科研奖励16项,获授权专利538件,其中发明授权108件。

(何　斌)

【校园疫情防控】 2020年新冠肺炎疫情发生后,镇江市高等专科学校及时响应《关于启动江苏省教育系统突发公共卫生事件一级响应的紧急通知》,成立学校应对新型冠状病毒感染的肺炎疫情工作领导小组及9个专项工作组,实施校园全封闭管理。学校有若干名校友支援湖北,有校友在疫情防控一线战斗;若干名学生在家乡自愿参加疫情防控志愿者活动。

(何　斌)

【“晨读经典”阅读项目获评“镇江市优秀阅读项目”】 2020年4月23日,镇江市第8届文心阅读节开幕式举行。镇江市高等专科学校“晨读经典”阅读项目获评“2019年度镇江市优秀阅读项目”。“晨读经典”阅读项目,旨在“用经典传承文化,用阅读传承经典”,结合学校创始人吕凤子的“崇爱尚美”文化育人理念,发挥第一课堂文化育人作用,是“思政+文化”特色品牌工程。学校有超过9000名学生、近千名教职员工参与该项目,同时,阅读内容借助学校图书馆微信公众号平台面向全社会发布。

(何　斌)

【“线上+线下”社会人员新生开学典礼】 2020年7月11日,镇江市高等专科学校面向社会人员新生学员开学典礼举行。开学典礼以现场和同步直播的方式进行,62名各专业新生学员代表参加现场活动,238名同学通过“移动和商务直播平台”观看典礼活动。

(何　斌)

【首届大学生减脂健身班开班】 2020年下半年,镇江市高等专科学校开始开设大学生减脂健身班。该课程面向体质指数大于26的大学生,并纳入课程体系进行管理,给予3倍学分。第一届减脂健身班开班招收35名单纯肥胖学生作为干预对象。学校多部门联动,校内外专家协同推进,制定科学运动方案,通过有氧耐力练习、辅助力量练习、饮食营养控制和心理健康干预等方法,专门配备班主任帮助大学生减重。该做法被《人民日报》、人民网、《中国日报》、“荔枝新闻”等媒体官方微博转载。

(何　斌)

·江苏农林职业技术学院·

【概况】 江苏农林职业技术学院创建于1923年,校园占地总面积218.93公顷(3284亩),建筑总面积35.01万平方米。学院有在校生12000多人,设有农学园艺学院、风景园林学院、畜牧兽医学院、茶与食品科技学院、机电工程学院、经济与人文学院、信息工程学院等7个二级学院;专业45个,其中,2个国家高水平专业群,2个省级高水平专业群,7个国家重点专业,18个省重点专业,覆盖农林牧渔等12个专业大类。

2020年,学院引进博士42人、高级职称10人、柔性人才40人、教学团队1个,打造结构化教学创新团队,新增省有突出贡献中青年专家等省级人才8人(个),获批镇江市技能大师工作室1个,立项校级大师工作室20个。2名教师获聘人力资源和社会保障部技能大赛教练。学院教师获全国教学能力比赛三等奖1项,省教学大赛一等奖2项、二等奖3项、三等奖5项。“双师”型教师占比为90.68%。学院获省农业技术推广奖7项,获“挑战杯”“互联网+”国赛铜奖3项,立项国家自然科学基金项目2项。

新冠肺炎疫情期间，学院成立防控领导小组和工作组，推进疫情防控工作。面向全校师生开展安全教育，组织消防安全、传染病防治等专题活动，组织一系列安全演练。开展全院性安全隐患排查4次，疫情防控专项检查30余次。

学院构建"1+7+7"框架体系，即1个总体规划、7个专项规划和7个二级学院规划。学院全年实施"双高"（中国特色高水平高职学校和专业建设计划）建设任务点987个，完成946个，占比95.85%，38类省级及以上标志性成果全部达成。开展在线"云就业"指导、发放求职补贴、拓宽就业渠道、组织线上线下招聘会、发布就业信息，学生初次就业率84.32%，年底就业率97.48%。

学院当选省现代农业职业教育行业指导委员会主任委员和秘书长单位，完成农林牧渔类一体化专业目录研制，开展专业结构与产业结构吻合度调研，承办职教活动周活动。（王海莉）

【种业创新和成果转化】　2020年，江苏农林职业技术学院加强种业创新和成果推广支持力度，启动10个动植种质资源库建设专项，收集各类资源1578份。获授权国审品种6个，省审品种2个，推广面积120万公顷（1800万亩），获评省人民政府农业技术推广奖一等奖1项。（王海莉）

【本科层次职业教育探索】　2020年，江苏农林职业技术学院与江苏大学等4所高校联合开办"4+0"（在江苏农林职业技术学院学习4年，双方联合培养）"3+2"（在江苏农林职业技术学院学习3年，后至本科院校学习2年）专业4个。与金山中等专业学校等联合开办"3+3"（在中职院校学习3年，后至江苏农林职业技术学院学习3年）专业7个，与江苏大学合作开办"专转本"专业6个。获核心期刊《农业装备技术》的主办权。（王海莉）

【乡村振兴学院设立】　2020年，为打造服务乡村振兴战略高层次平台，省农业农村厅在江苏农林职业技术学院设立乡村振兴学院。乡村振兴学院、新希望绿领学院、全国新型职业农民培育示范基地等共同构成高素质农民教育培训的综合平台，扩大学历教育，承接社会培训，开展结对帮扶。《新华日报》报道学院"太湖猪"助力陕西佳县脱贫成果。（王海莉）

·江苏航空职业技术学院·

【概况】　江苏航空职业技术学院是江苏省唯一航空类专业高职院校，是全国航空工业职业教育教学指导委员会副主任单位、无人机应用技术专业教学指导委员会主任单位。学院围绕航空产业发展，系统打造无人机应用技术、飞机机电设备维修、通用航空器维修、空中乘务、机场运行等15个专业，形成航空工程、航空服务、无人机应用技术三大特色专业群。学院推行6S管理理念和民航服务礼仪规范，注重学生航空职业素养训导。2020年12月，无人机应用技术专业群获批江苏省高等职业教育高水平专业群立项。

学院聘请5名中国工程院院士担任专业导师，11名企业家担任大学生创业就业导师，聘请3名省级产业教授和40多名企业一线技术工人、高级管理人员担任兼课教师。学院与中国商用飞机有限责任公司、中国航发北京航空材料研究院等涉航央企和国内多家知名航空公司、航空制造和维修企业、镇江航空航天产业园及相关优质企业签订合作培养协议。学院与南京航空航天大学等大学开通专起本、专转本渠道，建立大专—本科联动的应用型人才培养体系。2020年，学院学生就业率98.5%。

新冠肺炎疫情期间，学院提前规划7周在线教学课程，确保师生"线上开学"在线教学典型案例入选江苏省职业院校疫情防控期间在线教学优秀案例汇编。学院实现安全开学，学生返校报到率93%，复课率98%。学院94名青年志愿者参与到全国21个省市和自治区的疫情防控中。

2020年，学院扩大校企合作规模，实质性校企合

图25－1　2020年，江苏省农业农村厅在江苏农林职业技术学院设立乡村振兴学院　（王海莉　供稿）

作企业扩增至近百家，校外实训实习基地扩增至60个。学院探索定向班和冠名班的人才培养模式，与中国商飞上海飞机制造有限公司共同打造“大飞机班”，共同制定校企合作手册，探索现代学徒制。

学院在江苏省高校微课教学大赛中获评2个一等奖、2个二等奖、4个三等奖。教师指导学生参加国家一类职业技能大赛——全国人工智能应用技术技能大赛全国总决赛，获评“无人机装调检修工（飞行器人工智能技术应用）”赛项全国第4名，是当年江苏省代表队在该项赛事的最好成绩。教师指导学生参加全国航空职业院校空中乘务技能大赛，分别获评一等奖、二等奖，4人获评“中航之星”。

学院牵头编写全国职业院校无人机应用技术专业7本核心教材。其中《无人机结构与系统》于8月出版并申报首届全国教材建设奖。牵头编写江苏省首个《消防无人机操作应用手册》，并在全省消防救援队伍中推广使用。牵头制定《高等职业学校无人机应用技术专业实训教学条件建设标准》并通过教育部评审论证，计划2021年由教育部正式发布并全国推广执行。（刘子琪）

【国家“1+X空中乘务职业技能等级证书”考点和“1+X无人机驾驶职业技能等级证书”考点获批】 2020年，江苏航空职业技术学院先后获批“1+X空中乘务职业技能等级证书”考点和“1+X无人机驾驶职业技能等级证书”考点。12月，完成首批300人的空中乘务职业技能等级考证，计划2021年3月安排首批无人机驾驶职业技能等级考证。（刘子琪）

【全国首家校园“航空书店”】 2020年，江苏航空职业技术学院与中航出版传媒有限公司共建全国首家校园“航空书店”。书店设有阅读区、交流区等，有航空主题图书400多种2000余册。（刘子琪）

【航空科普专项扶贫队扶贫工作】 2020年6月24日开始，江苏航空职业技术学院“我爱飞翔”航空科普专项扶贫队对接帮扶甘肃陇南市礼县王坝镇，开展专项航空科普教育、无人机植保等扶贫工作。扶贫队组织近50天的专项扶贫活动，在王坝镇的中小学支教70节课，捐赠航空流动书角书籍260册，捐赠航空模型650套；完成无人机植保233.33公顷（3500亩），无人机播撒140公顷（2100亩）；为王坝镇政府、王坝中心小学、王坝镇农民木耳合作社等免费制作宣传片。（刘子琪）

·金山职业技术学院·

【概况】 金山职业技术学院是教育部备案、江苏省政府批准，独立设置的全日制民办普通高等学校。学院投资者为扬中绿洲新城实业集团有限公司。2007年11月，通过省教育厅组织的高职人才培养工作水平评估。2020年，学院面对生源低谷的形势，研究、探索应对措施，制定招生工作机制，组建专业招生队伍，招生工作稳步推进，生源呈现上升态势。学院有机电与交通系、建筑与艺术系、经济与贸易系、现代服务与管理系4个教学单位29个专业，在籍学生3066人。学院建立建成金山艺术馆、文体中心。

学院利用校企合作单位资源推进就业工作开展。定期邀请校企合作单位人员开展就业指导及进行校园招聘，并在10月召开百企招聘会。学院2020届毕业生总人数1397人，年终就业率95.06%。

面对新冠肺炎疫情，学院编制防控方案和开学工作方案。采取“线上+线下”教学模式，开设线上课程114门，学生出勤率98.93%。首次实施线上毕业手续的办理和云端毕业典礼。学院新设2个新专业，加强校内实训基地建设，强化学生专业技能培训。

全年学院引进教职工10人，其中硕士2人，高级职称2人。选派教师参加各类国培、省培项目，举办校本培训、青年教师教学竞赛，组织课题申报，开展新老教师结对。全年学院申报成功4个省级纵向课题，结题2个省级纵向课题；4个项目参加省级技能竞赛；新申报10项大学生实践创新训练项目，结题6项大学生实践创新训练项目；1人获评镇江市“十佳教师”；1人入选江苏高校“青蓝工程”优秀青年骨干教师培养对象。（朱禹丞）

【工学结合】 2020年，金山职业技术学院把工学结合放在线上、线下同时进行，把工学结合平台拓展到苏州、无锡、常州、上海、南京等周边地区。先后与原来的合作单位江苏太阳集团等10余家企业进行用工信息交流，并制定初步用工方案。此外，联系苏州人力资源公司等8家单位，确保2019级工学结合工作推进。（朱禹丞）

【技能培训】 2020年，金山职业技术学院联合扬中人社部门，成立金山职业技术学院技能鉴定中心，争取到近百名学生高级工技能考证项目。学院举办育婴师（中级和高级）、茶艺师、电工（中级）、汽车维修工（中级）等项目培训，报名人数459人。6月，组织开展学生技能鉴定，鉴定人员400多人。与长城汽车蜂巢易创合建汽车实训室，长城汽车蜂巢易创扬中产业园和江苏瑞尔实业集团有限公司在学院的金山学堂举办专场招聘会。学院参与国家“1+X”职业技能认证试点工作，与上海腾科等多家企业签约合作。

（朱禹丞）

综 述

【概况】 截至2020年年底，镇江市有公共图书馆7个、文化馆7个、文化站56个、村（社区）综合性文化服务中心665个、博物（纪念）馆14个、美术馆3个，其中文化馆与图书馆均为国家一级馆。有省级以上重点文物保护单位67处，其中全国重点文物保护单位13处。累计公布六批市级“非遗”名录项目，认定四批“非遗”代表性传承人。有市级及以上“非遗”名录项目184项，其中，国家级9项、省级39项、市级136项；市级及以上“非遗”名录项目代表性传承人133人，其中，国家级6人、省级22人、市级105人。有娱乐场所145家、互联网上网服务场所219家、文艺表演团队17个、演出场所经营单位4家、演出经纪机构9家、经营性互联网文化单位20家、艺术品经营单位44家。全市有上市文化产业企业35家、省级文化产业园区（基地）4个。完成第四批国家公共文化服务体系示范区验收。全年建成文化礼堂56个、自然村小微型文化广场340个，每千人拥有公共文化设施面积370.9平方米。镇江市文广旅局出台《镇江市深化文化广场提升三年行动计划（2020—2022年）》，征集发布活动496场。实施基层公共文化场馆效能提升“十百千”工程，以全市40个基层公共文化场馆为示范点，创新句容市图书馆“公共阅读在您身边”总分馆制建设、丹徒区文化馆“文艺播种计划”群众文化供需对接、丹阳市延陵镇综合文化站“季子”特色文化全民普及等亮点做法。评选公布镇江市增强人民群众公共文化服务获得感创新典型案例，面向全市宣传推广7个“十佳”案例和14个优秀案例。全市4家公共文化场馆申报成功中央专项资金补助120万元，并通过省文旅厅验收。当年，举办“巾帼风采 彰显大爱”宁镇扬女书画家作品展、“镇江·常州”书法作品交流展——常州书法作品镇江展等跨地区文化艺术作品交流展，推动区域间文化事业交流与互动。 （王佑嘉）

【“十三五”期间主要情况】 “十三五”期间，镇江市通过国家公共文化服务体系示范区验收，市、县、镇、村四级公共文化设施网络实现全覆盖。全市每千人拥有公共文化设施面积从“十二五”时期的182.7平方米增长至370.9平方米。《镇江市公共文化服务保障办法》于2019年1月1日施行。“文化广场管理服务标准体系”通过国家标准化管理委员会验收，成为国家标准。建成覆盖全市的应急广播体系。建成政府主导下的图书馆、文化馆总分馆体系。

文化惠民活动。组织开展“文心”系列、“淘文化网”、“节日展风采”等文化惠民活动2.7万余场次，参与群众近850万人次。2016年，举办第六届苏台灯会“江苏·台湾灯会”；2019年，启动8年未开展的金山文化旅游节；2020年举办的第十四届金山文化旅游节发放20.5万张、价值3384.6万元的文旅消费券，接待游客275万人。

艺术创作生产。推出《花旦当家》《完节堂1937》《红船》《茶山女人》4部扬剧，《花旦当家》获评省“文华大奖”和“中国戏曲现代戏突出贡献剧目”，市创研中心龚莉莉获第28届中国戏剧梅花奖，为镇江市史上第1个梅花奖。丹剧现代戏《啷噹与你拉家常》参加江苏紫金文化艺术节会演。2016年，江苏省戏曲现代戏研究会镇江创作基地挂牌成立；2019年，在江苏农林职业技术学院设立“扬剧高校研习社”；2020年，在江苏大学设立镇江首个“戏曲传承”基地。

文化遗产保护。实施焦山摩崖石刻保护等文物修缮保护工程27项,各级投入文物保护资金超亿元。开展区域评估文物保护评价工作。推进文物区域评估和考古前置工作,完成150万平方米考古勘探任务。出台《镇江市古籍保护办法》,该办法是全国第1部古籍保护方面的政府规章;出台《镇江市非物质文化遗产项目代表性传承人条例》,该条例是全国首个"非遗"代表性传承人地方性法规。

(王佑嘉)

【文化旅游公共服务融合】 2020年,镇江市文广旅局制定出台《镇江市文化和旅游公共服务融合发展实施意见》,在西津渡历史文化街区试点建设公共文化和旅游融合发展试验区。句容市文化馆成为文化和旅游公共服务机构功能融合江苏省试点;句容市白兔镇中心村、镇江新区姚桥镇儒里村成为江苏省"文旅e乡村"试点。在镇江市文化馆、镇江博物馆等文化场馆设置交通向导指示牌,完善交通向导设置。

(王佑嘉)

【文化艺术创作成果】 2020年,镇江市现代扬剧《茶山女人》成为2020年度江苏省艺术基金资助项目,获2020年紫金文化艺术节新创舞台剧目第7名,并分别在镇江市、南京市等地演出。丹阳市选送小品《静静的夜》获第十四届江苏省"五星工程奖"小戏小品类第2名。蒋丹东创作的《华彩啷当》和周韵宁创作的《丹剧浸韶光》入选2020"戏曲百人百戏百画"作品展,草书手卷《送瘟神二首》、国画《防护》等入选江苏省文旅厅抗疫主题美术书法作品展,《老街新韵》《山水一方·家园》等作品参加江苏省全面小康主题优秀美术书法作品展。镇江艺术剧院、丹阳市文体广电和旅游局、丹阳市戏剧总团等3家单位获评2019年江苏省艺术创作工作先进单位。

(王佑嘉)

【公共文化场馆数字化建设】 2020年,镇江市文广旅局组织开展第5次文化馆评估定级工作,完成镇江市文化馆、镇江市图书馆馆舍内外环境整治出新,建成全市图书馆、文化馆数据大屏显示系统。全市4家公共文化场馆申报成功中央补助地方公共数字文化建设专项资金120万元,完成制作数字文化资源2太字节以上;开展系列化、智能化体验活动512场,开展直播活动45次,观看人数89万人次。

(王佑嘉)

【广播电视监管】 2020年,镇江市有广播电视制作播出机构5家,分别为镇江市广播电视台、丹徒区融媒体中心、丹阳市融媒体中心、句容市融媒体中心、扬中市融媒体中心。丹徒区、丹阳市、句容市、扬中市将广播电视与报业资源整合,统一采集、多平台发布。开展广电行业"网安2020"专项行动,配合市公安机关开展"2020年网络安全执法检查"。开展对"黑广播"的专项整治,查处和取缔"黑广播"7座。开展"小耳朵"专项整治工作,与市文化综合执法支队联合专项检查8次,查处非法销售点46个,劝阻销售"小耳朵"200余台,发放《拒绝"小耳朵"倡议书》150余份。覆盖至村(社区)的应急广播体系建成并通过验收。应急广播体系在新冠肺炎疫情防控工作中发挥重要作用,电视新闻《江苏句容:4000多个农村"大喇叭"把疫情防控知识送到村》被中央电视台《新闻联播》选用播出。对市(区)各广播电视台"广播电视节目传送业务经营许可证(无线)""广播电视频率使用许可证"进行年度审查。

(王佑嘉)

【文化保护、传承和利用】 2020年6月16日,扬中市博物馆建成开馆。扬中市博物馆馆藏文物500余件(套),是一座集陈列展览、文物收藏、文物保护、宣传教育为一体的地方综合性博物馆,通过"聚沙成洲""岁时民俗""舌尖美味""乡音未改""扬中之子""上善若水"六个篇章进行展陈与演绎。9月28日,乡村博物馆群——陈履生博物馆群建成开馆,包括汉文化博物馆、陈履生美术馆、竹器博物馆。开展大运河文化带建设和国家文化公园建设工作,市文广旅局指导编制《京口闸遗址展示工程方案设计》,完成京口闸至丹徒闸沿线考古调查工作。推进文物保护工程工作,京口闸遗址保护工程完工,通过省文物局验收。铁瓮城遗址—西门遗址保护展示前期勘察研究获国家文物局批准立项。推进焦山定慧寺大雄宝殿维修工程、京口闸展示工程、赛珍珠故居防雷工程、许维新烈士故居保护工程等项目。争取国家、省文物保护专项资金1701万元,其中,国家文物保护专项资金1399万元,省级文物保护专项资金为302万元,列全省第5名。组织开展"网友品文化旅游——大运河文化之旅"活动,组织各类节庆日、纪念日文博社教活动160余场。为各级景区内的文物保护单位设立二维码50处。镇江博物馆和焦山碑刻博物馆参加第二届江苏省大运河文化旅游博览会。推进季子文化研究十件实事相关工作,围绕季子庙景区打造诚信文化。挖掘吴文化和六朝文化,放大北固山吴文化特色,推进铁瓮城西门遗址发掘、丹阳南朝陵墓石刻申遗。挖掘红色文化,打造红色研学游基地。

(王佑嘉)

【考古前置和文物资源区域评估】 2020年,镇江市文广旅局先后向市自然资源和规划局,丹阳市、句容市、扬中市、丹徒区、镇江新区等地自然资源和规划部门发出《关于落实大型基本建设项目考古工作的建议函》，并派员赴句容市、丹阳市、镇江新区等地指导考古前置、文物资源区域评估工作。全市各地大型基本建设约30余个地块申请进行考古调查勘探项目。规范申请、委托、监管、验收等考古管理流程。句容小东岗土墩墓、句容高骊山路赵塘头墓地、句容宝华牡丹西路六朝墓地、镇江大港新区华山村西侧墓地等8个考古调查勘探及发掘项目通过省文物局的验收；丹阳华海燃气热电联产配套项目等5个考古调查勘探项目通过市文物局验收。（王佑嘉）

【“非遗”保护传承】 2020年，镇江市开展传承人“四个一”（走访一批传承人、发放一笔传习补贴、举办一期工作培训、打造一台展演活动）扶持工作，指导传承人创作《赵亚夫——现代农业的探路人》面塑作品参加中国人民对外友好协会“匠心筑梦——用民间艺术讲述江苏脱贫故事”线上展，并入围“匠心琢韵”单元。市文广旅局公布镇江市第六批市级非物质文化遗产名录项目，配合完成江苏省“非遗”美食地图编辑。镇江市国家级非物质文化遗产项目——古琴艺术（梅庵派）作为优秀保护案例在全省培训班做经验介绍。新冠肺炎疫情防控期间，组织镇江非物质文化遗产代表性传承人创作文艺精品19个，组织非物质文化遗产保护单位捐赠。争取到国家非物质文化遗产专项补助资金108万元（资金总量列全省第5名）、省财政非物质文化遗产专项补助资金57万元。完成2020年“文化和自然遗产日”非物质文化遗产展示展演活动，“西湖·遇见爱——西湖爱情故事展”参展。同阿里巴巴、京东商城等主流电商对接，为非物质文化遗产企业、传承人搭建合作平台，指导12个非物质文化遗产项目在淘宝、天猫、京东、快手等电商平台开设14家店铺，上线106种“非遗”产品，“非遗”购物节期间完成销售额113万元。（王佑嘉）

【文化市场综合执法】 2020年，镇江市在全省率先建立市级文化市场综合执法师资库，与南京大学政府管理学院签订综合执法人员在职培养协议，建立综合执法人员联合培养机制，提升执法人员政治业务素养。在全省开展市级文化执法队伍规范化建设试点课题研究，开展文化和旅游部“地市级文化市场综合执法队伍规范化建设”示范点课题研究。12月24日，《江苏省文化市场综合行政执法管理办法》实施推进会在镇江市召开。完成无证文旅场所“清零”行动，市、县两级出动执法检查人员406人次，对全市50多个镇、街道的文化市场无证经营单位开展拉网式复查，清理整治无证经营场所34家，取缔关停19家，督促指导获许可证15家。（王佑嘉）

文学艺术

【概况】 2020年，镇江市受新冠肺炎疫情的影响，文化活动开展较少；文艺创作成绩较好。抗击新冠肺炎疫情主题小品《静静的夜》在第十四届江苏省“五星工程奖”决赛上，获总分排名第2名。小品《一张罚款单》获江苏省“五星工程奖”（戏剧类），朱国良魏碑《艺概选抄》获江苏省“五星工程奖”（美术类）。小戏小品剧本《心愿》《大宝的生日》分别获“戏剧中国”作品征集推选活动“上佳剧本”“潜力剧本”。润州区文艺工作者创作的7首抗击新冠肺炎疫情诗歌以及抗击新冠肺炎疫情歌曲《美丽眼睛》被推送至《学习强国》江苏平台发表。书法作品草书手卷《送瘟神二首》入选江苏省文旅厅抗疫主题美术书法作品展。中国画作品《防护》入选江苏省文旅厅抗疫主题美术书法作品展。中国画作品《天使的职责》入选中国书画杂志社主办的全国书画名家主题创作线上展、江苏省美术家协会举办的抗疫作品展。中国画作品《岁月静好》入选江苏省文旅厅抗疫作品展，并被江苏省美术馆收藏。油画作品《山水一方·家园》入选江苏省全面小康主题优秀美术书法作品展。书法作品草书手卷《陆贾·新语》选抄入选江苏第九届江左风流奖。中国画作品《大美新疆》参加“江苏·伊犁两地艺术家联合采风”作品展。中国画作品《老街新韵》参加江苏省全面小康主题优秀美术书法作品展。中国画作品《锦绣福泽》参加“小康颂·第三届江苏美术奖”作品展。市文广旅局、江苏大学成立镇江首个高校戏曲传承基地，建立艺术传承发展的长效工作机制，开展“戏曲进校园”活动；组织开展2020年街头艺术表演家招募选拔工作。4月17日，第八届“百花争艳”——2020·宁镇扬女书画家作品展在镇江市美术馆开展。8月26日—9月5日，“镇江·常州”书法作品交流展开展。9月9日—16日，镇江·蚌埠两地艺术家美术作品展开展。10月24日，江苏省基层优秀美术作品系列展——镇江市防疫抗疫作品特展开展。（王佑嘉）

【抗击新冠肺炎疫情主题创作工作】 2020年，镇江市文广旅局组织抗击新冠肺炎疫情主题艺术创作，全市文艺工作者创作书画、摄影、戏剧、歌曲、诗词等主题作品近千件，多件作品被推广。组织参加由省委宣传部、省卫健委、省文联、新华日报社联合举办的“致敬江苏援鄂白衣勇士”书画作品赠送活动。举办2020江苏省基层优秀美术作品系列展——镇江市防疫抗疫作品特展，《防护》《天使的职责》等2幅国画作品入选江苏省文旅厅抗疫主题美术书法作品展。举办致最美逆行者——赠镇江赴鄂白衣战士书画作品展，组织全市书画家29人创作79幅艺术作品，汇编成《致最美逆行者——赠镇江赴鄂“白衣战士”书画作品集》，赠送给镇江赴鄂“白衣战士”。组织“共克时艰 彰显大爱——镇江书法家在行动”活动，创作说唱作品《同舟共济》、歌曲《我来了》、快板《众志成城 阻击疫情》《风雨过后是晴天》、三句半《科学防控要记牢》，改编扬剧《只见你双眼如炬眉如画》等文艺作品。

（王佑嘉）

【第三届“米芾杯”国际青少年书法大赛】 2020年8月8日，是由（全国）教育书画协会、中国国际书画艺术研究会、守望汉字联盟、中国文字博物馆、江苏省教育书法协会和镇江市政府主办的第三届“米芾杯”国际青少年书法大赛总决赛开赛。总决赛采用3个主赛场+N个分赛场，以“云直播”形式进行。镇江市丹徒区文化艺术中心、安阳中国文字博物馆、南京牛首山文化旅游区三地为主赛场，全国80多家机构另设分赛场。中国江苏网、新江苏、抖音、快手、CCtalk、丹徒时刻、丹徒融媒体中心等互联网同步直播。

（王佑嘉）

【第七届“灵秀镇江”——“全面小康”美术、书法作品展】 2020年1月21日，由镇江市委宣传部、市文广旅局、市文联主办的第七届“灵秀镇江”——“全面小康”美术、书法作品展开展。展览以“全面小康”为创作主题，旨在从艺术的视角反映镇江市的“全面小康”文化建设。经由书法、美术专家委员会遴选，中国画、书法类80幅作品，油画、版画、水粉水彩类56幅作品参展。该展览分别在镇江市美术馆（中国画、书法），焦山书画院（油画、版画、水粉水彩画）展出。

（王佑嘉）

【镇江书画院揭牌仪式暨当代书画名家邀请展】 2020年9月19日，由镇江市文化广电和旅游局主办，镇江市美术馆（镇江书画院）承办的镇江书画院揭牌仪式暨当代书画名家邀请展在镇江市美术馆开幕。该作品展以省当代书画名家作品为主体，展出中国画作品与书法作品90余件。镇江画院是江苏省最早成立的画院之一。1957年创建“镇江国画室”，1978年改名为“镇江国画馆”，1989年定名为“镇江中国画院”，2007年更名为“镇江画院”。当年，经镇江市委编办、镇江市文广旅局同意，“镇江画院”更名为“镇江书画院”。

（王佑嘉）

【高校“戏曲传承基地”成立】 2020年5月28日，由江苏大学和镇江市文广旅局联合成立的戏曲传承基地在江苏大学揭牌。这是镇江设立的第1个高校“戏曲传承基地”。该基地将“戏曲进校园”与江苏大学“三全育人”特色工作等结合，旨在建立艺术传承发展的长效工作机制，加强大学生戏曲通识教育。“戏曲传承基地”将主要承担高校传统戏曲人才的培养及指导艺术表演等工作，活动内容包括文化传承、理论研究、对外交流、社会服务等。

（王佑嘉）

【社会艺术水平考级活动义务监督志愿者试点】 2020年，镇江市成为社会艺术水平考级活动义务监督志愿者试点城市（全省4家）。全市遴选义务监督志愿者29人，专题召开社会艺术水平考级义务监督志愿者工作培训会议，学习文化和旅游部《社会艺术水平考级管理办法》和《恢复开展社会艺术水平考级现场考级活动疫情防控措施指南》，并给义务监督志愿者颁发聘书。全年派遣义务监督志愿者24人次，监督艺术考级考场46个。2020年，查处的考级违规案件数量减少，数量从上年的7起下降到3起。

（王佑嘉）

【第18届中国微型小说年度奖评选活动】 2020年5月—10月，由镇江市委宣传部、镇江市高等专科学校、市文联主办，《金山》杂志社、市文学艺术研究院、市作协承办的第18届中国微型小说年度奖评选活动举行。该活动收到4万余篇作品投稿，初选50篇作品，

图26-1 2020年5月28日，江苏大学戏曲传承基地揭牌

（冯 磊 供稿）

经公示后进入终评，最终9篇作品获3个奖项。吴港的《夜半搭车》获一等奖，孙春平的《女孩与鼠》、赵淑萍的《弹花匠和他的女人》、刘浪的《拼车》获二等奖，赵新的《功夫》、顾振威的《父亲变成一只羊》、晴月的《陶》、刘林波的《奶奶的火车梦》、杨汉光的《一个人的大会》获三等奖。 （高兴玺）

【第三届镇江金山合唱节】 2020年9月—10月，由镇江市委宣传部、市文明办、市教育局、市总工会、市文联共同主办，市音协和市合唱联盟承办的第三届镇江金山合唱比赛举行。该次合唱比赛包括童声组、少年组、青年组和中老年组4个组别，分初赛、复赛和决赛3个阶段进行，初赛选拔出23支合唱团，复赛选拔出13支合唱团。经决赛演出评审后，扬中市丰裕中心小学合唱团、丹阳市五中“梦之韵”合唱团、丹阳市教师合唱团、镇江老年大学合唱团分别获童声组、少年组、成人A组、成人B组金奖。 （高兴玺）

【第十五届摄影艺术展】 2020年12月12日，由镇江市文联、市摄影家协会主办的“源春杯·镇江市第15届摄影艺术展览”在西津画院开幕。该展览投稿人数近400人，应征作品近6000件。经过评委会评选，评出一批对抗击新冠肺炎疫情、复工复产、脱贫攻坚、抗洪抢险、环境保护、生态建设等重大主题和事件进行记录和反映的优秀作品，展出作品148件。（高兴玺）

【镇江市第七届书法篆刻双年（小品）展】 2020年12月29日，由镇江市文联、市文广旅局主办，市书法协会与市美术馆承办的“镇江市第七届书法篆刻双年（小品）展”在镇江市美术馆展出，展出作品131件。该次参展作品字体不限，以自作诗、词、联、文为主，展览作品全部是小品。 （高兴玺）

【“桃李争妍”——镇江舞蹈“广玉兰奖”第二届少儿舞蹈展演】 2020年12月13日，由镇江市文联主办的“桃李争妍”——镇江舞蹈“广玉兰奖”第二届少儿舞蹈展演在镇江影剧院举办。全市近40个舞蹈培训机构报名参加，报名人数近2000人，节目数量近百个。经过初评、复评，评选出24个舞蹈培训机构的43个节目分别进入幼儿组和少儿组的最终评比，参演人数近700人。 （高兴玺）

【首届国展班创作成果汇报展】 2020年8月7日—12日，由镇江市文联主办，市美术家协会、市美术馆承办的首届国展班创作成果汇报展在市美术馆开展，展出作品约40件。该汇报展期间，市文联牵头组织国展培训班，邀请北京的国展教学团队为参加培训的美协成员授课。 （高兴玺）

【“当代书法江苏论坛”】 2020年9月3日，由江苏省文联主办，省评论家协会、省书法家协会承办的“正本清源，守正创新——实话实说·当代书法江苏论坛”在镇江市中国米芾书法公园举行，省、市30多名书法界、评论界代表参加论坛。该论坛旨在依靠江苏文艺评论的力量，对当下书法界存在的问题、不良书法社会现象开展健康的批评与研讨，更好地发挥评论引领文艺风尚的功能作用。 （高兴玺）

·文学艺术界协会·

【镇江市作家协会】 2020年，镇江市作家协会有会员862人，其中，省级会员151人，国家级会员23人。协会在文学创作、队伍建设、活动组织等方面有成效，在南京举行的首届“南钢·江苏报告文学奖”颁奖大会上，镇江市5部作品获奖，3人作品入围，1部作品获金奖。面对新冠肺炎疫情，市（区）作家协会和全市作家创作关于身边的抗击新冠肺炎疫情英雄和普通群众的散文、诗歌以及其他文艺作品近500篇（首）。镇江市作家协会加强文艺创作，6月，市作协副主席尤恒出版长篇纪实文学《生命养护所：一座养老院的前世今生》。7月31日，镇江市文联召开该作品研讨会，市作家协会、市文艺评论家协会等20余人参与作品研讨。7月18日，在首届“南钢·江苏报告文学奖”颁奖大会上，市作协董晨鹏作品《共和国平民简史》获报告文学奖金奖；蔡永祥的《大医许祥生》和钱俊梅的《跪向土地》获报告文学奖；蔡永祥的《张雅琴·一个女支书的新农村创业传奇》和董晨鹏的《我的兄弟，我的姐妹》获荣誉奖；唐金波、曹伦平、王东海3人作品入围。在第三届镇江市精神文明建设“五个一工程”奖评选中，董晨鹏创作的《冲天》，景广权、唐金波、陆渭南、尤恒等创作的《雪域高原的镇江海拔》获第三届镇江市精神文明建设“五个一工程”奖。 （高兴玺）

【镇江市戏剧曲艺家协会】 2020年，镇江市戏剧曲艺家协会有会员164人，其中，省级会员62人，国家级会员13人。市戏剧曲艺家协会组织会员开展戏剧、曲艺艺术创作，创作排演扬剧《茶山女人》，小戏《上岸》《革命媳妇》，小品《大爱无疆》《承诺》，歌曲《万山红遍》《大江》等一系列文艺作品。协会定期组织会员开展戏剧进校园、进社区活动，协助市艺术创作研究中心与江苏大学党委宣传部挂牌建立“戏曲传承基地”，定期对学生进行辅导。对定点结对的社区加大戏曲扶持力度，创作、排练、辅导大量新节目。参与组织策划西津渡尚清戏台戏曲专场演出。开展文艺志愿服务活动。组织发动多名戏剧家开展

文艺志愿者服务，6名会员下基层辅导，服务6个社区10余个团队，开展活动20余次。（高兴玺）

【镇江市音乐家协会】 2020年，镇江市音乐家协会有会员755人，其中，省级会员212人，国家级会员30人。协会打造"春花秋实"品牌，10月12日，参与承办由市文联主办的"春华秋实"迎新年音乐会——第六季（镇江市文联第五期文艺新秀专场）。承办第三届镇江金山合唱节。组织会员学习交流活动，10月，组织部分会员观摩由省委宣传部、中国音乐家协会、省文化和旅游厅、省文联在江苏大剧院主办的"金钟之星"——中国音乐金钟奖获奖选手音乐会、"苏韵流芳"——纪念刘天华先生诞辰125周年专场音乐会等活动。面对新冠肺炎疫情，协会会员创作、演绎近50个抗击新冠肺炎疫情音乐作品，协会精选部分作品出版《使命召唤——镇江抗击新冠肺炎疫情原创音乐作品集》。协会参与"文艺进乡村"活动。（高兴玺）

【镇江市舞蹈家协会】 2020年，镇江市舞蹈家协会有会员401人，其中，省级会员82人，国家级会员16人。协会召开七届三次理事（扩大）会，会上表彰2019年度镇江市优秀舞蹈工作者和"最美舞蹈志愿者"。协会举办"跑起来·舞起来"——镇江首届街舞大赛，全市300多人报名参赛。举办镇江舞蹈"广玉兰奖"首届社会舞蹈大赛。举办镇江舞蹈"广玉兰奖"第二届少儿舞蹈展演活动，40余个作品、600余名少儿参加展演。参与"春华秋实"——镇江市文联第五期文艺新秀专场汇报演出。组织参加江苏省第七届社会舞蹈展演和第九届少儿舞蹈展演，协会选送的6件作品入围决赛。开展文艺精品创作和志愿服务。新冠肺炎疫情期间，组织会员创作录制抗击新冠肺炎疫情《为武汉加油》舞蹈视频作品，引导和支持舞蹈社会培训机构开展线上公益教学，授课近千课时。指导基层舞协开展工作，丹阳市舞协召开第四次会员代表大会；句容市舞协举办首届少儿舞蹈大赛。（高兴玺）

【镇江市美术家协会】 2020年，镇江市美术家协会有会员659人，其中，省级会员147人，国家级会员30人。协会打造"宜园"人才培训基地，举办3期中国画国展创作班、2期油画高研班，全国各地和镇江当地近百名学员参加培训。12月25日，协会成立"镇江市青年美术家协会"并召开第一届会员大会，王治当选为镇江市青年美术家协会第一届理事会主席。9月，"在水一方"——镇江·蚌埠两地艺术家美术作品展在镇江美术馆展出。10月，组织山东荣成写生活动，参与画家近30人。组织抗击新冠肺炎疫情网络展。组织协会会员创作并参加"致敬江苏援鄂白衣勇士"书画作品捐赠活动。组织"大家风采"老艺术家作品展。参与省美协"百年江苏——大型美术精品创作"活动；组织会员参加省展和国展，18人入选"小康颂"江苏第三届美术奖。（高兴玺）

【镇江市书法家协会】 2020年，镇江市书法家协会有会员450人，其中，省级会员214人，国家级会员49人。承办镇江市第七届书法篆刻双年（小品）展；承办镇江—常州书法作品交流展。组织协会会员参与抗击新冠肺炎主题创作活动，在省书协组织的"致敬白衣勇士"书画作品赠送活动中，市书法家协会组织市书法家创作60件书法作品。（高兴玺）

【镇江市摄影家协会】 2020年，镇江市摄影家协会有会员1585人，其中，省级会员478人，国家级会员126人。协会围绕"产业强市""乡村振兴""脱贫攻坚""致富小康"等主题，多次组织会员到企业、乡村、街道等地采风创作。与市国资委联合主办"跑起来，国资骄傲"主题摄影大赛，组织会员到10多个国（央）企开展拍摄活动，收到投稿近5000件。新冠肺炎疫情期间，组织会员到高速卡口、定点隔离医院等参加志愿服务工作。协会公众号以"抗击疫情"为主题，发布《风雪坚守》《暖心故事》《复工复产》《共盼春来》等5期会员作品。8月，举办"疫痕"专题摄影展。会员王军举办"'疫'路有你"纪实摄影展。市摄影家协会举办2020恒顺味道打酱醋文化节摄影比赛；市摄影家协会与江苏省摄影家协会、丹阳市摄影家协会等共同举办"相约香海，四季丹阳"江苏省摄影比赛；举办"让纪录无所不能"——镇江航拍之旅摄影、微视频大赛；与市侨联共同举办"侨海情深——决战小康，奋斗有我"摄影作品征集活动。出版《影像纵横——镇江摄影论文集》；编印省以上展赛获奖作品集《收获2019》《镇江市第15届摄影艺术展览作品集》；编印2期《镇江摄影》会刊。（高兴玺）

【镇江市民间文艺家协会】 2020年，镇江市民间文艺家协会有会员394人，其中，省级会员181人，国家级会员90人。开展文化惠民活动，举办"我们的节日"系列活动2场。市民间文艺家协会与江苏大学汽车学院开展"节日展风采——吹响幸福年"太平泥叫叫制作体验活动。举办"扬州评话少儿书场"活动，协会会员黄俊章及他的学生表演《武松打虎》《刘备招亲》《天下第一家》等节目。举办民间艺术"进校园、进机关、进企业、进景区、进社区、进农村"等活动近30场，分别到朝阳楼幼儿园、润州山路社区、江东社区、槐荫村等地，开展"民间艺术进农村——七夕节"系列文艺志愿服务。开展线上线下创作。协会组织多名会员创作近20件"剪纸""面塑""木雕"等艺术作品和近10篇(首)民间方言、歌谣作品,利用网络和微信平台推送孙阿英"南乡田歌"《田歌一曲抗疫情》、盛木兰"镇江方言"《待等凯歌传捷报》。组织省级"非遗"项目"扬州评话"传承人黄俊章拍摄5期《扬州评话网络课堂》节目、市民间文艺家协会会员陈秀红拍摄4期《剪纸微课堂》节目。市民间文艺家协会与市非物质文化遗产保护中心合作举办镇江市"第六届民俗文化周"系列活动,邀请无锡、宿迁、嘉兴三市在西津渡景区以"动态展演""传统手工技艺现场展示""非遗精品展"三种形式参展,4市14名"非遗"传承人、10支"非遗"表演团队参加活动。

市民间文艺家协会组织10余名会员创作《和韵》《醋香》《金山春色》《文亮哨》等56件(组)作品,参加第六届金山文化创意设计大赛和第七届"紫金奖"文化创意设计大赛。组织10余名协会会员参加省民间文艺家协会举办的抗击新冠肺炎疫情创作大赛。报送省级"非遗"项目"春城马灯""宝堰双推车"参加"第十五届中国民间文艺山花奖优秀民间艺术表演作品"初评。组织会员参加"2020年紫金文化英才和优青"选拔。组织会员赴澳门参加澳门国际文化艺术品交易博览会。

(高兴玺)

【镇江市电影电视艺术家协会】 2020年,镇江市电影电视艺术家协会有会员266人,其中,省级会员40人,国家级会员5人。市影视家协会完成新一轮文艺新秀人才的推荐工作,推荐导演2人为第六批镇江市文联文艺新秀工程的候选人;开通微信公众号。市电影电视艺术家协会开展抗击新冠肺炎疫情短视频创作活动,收到作品200多部。由会员秦凯组织拍摄的院线电影《寻人启示录》获广电总局的许可,并完成拍摄和后期制作工作。协助市文联完成镇江新区数字影视创业园与社会影视制作机构的联谊座谈活动。先后推荐作品参加第十四届小康电视周、第三十五届江苏电视奖评奖、第十三届旅游电视周、第八届亚微节、第七届深圳青年影像节等赛事。

(高兴玺)

【镇江市设计艺术家协会】 2020年,镇江市设计艺术家协会有会员208人,其中,省级会员11人,国家级会员7人。5月,镇江市设计艺术家协会组织召开一届十二次理事扩大会议,增补孙荣华为协会副主席。开展学习交流活动。市设计艺术家协会到镇江汇聚金属门窗有限公司考察交流,开展"设计师走进企业"系列活动;组织会员参与"第六届金山文化创意设计大赛"及"第七届紫金奖文创大赛"作品报送;组织开展"2020年镇江市十佳设计师"评选工作。

(高兴玺)

【镇江文艺评论家协会】 2020年,镇江文艺评论家协会有会员108人,其中,省级会员13人,国家级会员1人。5月30日,协会召开一届五次理事会,增补理事7人,成立镇江市文艺评论家协会文学评论、书画评论、摄影影视评论等3个专业委员会。组织协会会员创作关于新冠肺炎疫情相关的文艺作品,组织的新闻报道被刊播数百篇,20多篇稿件被"学习强国"平台选用。文艺评论家协会、市摄影家协会举办孙悦萌《疫痕》专题摄影作品展及研讨会。镇江文艺评论家协会组织开展阅读推广和学习交流活动,协会和镇江市图书馆合作在西津渡举办"文心品书会"读书沙龙活动。协会和"镇江壹周读书会"合作,组织参与"慈爱书香进校园""文化阅读进社区"等公益活动。

(高兴玺)

【镇江市诗词楹联协会】 2020年,镇江市诗词楹联协会(简称市诗协)有数十名会员在《中华诗词》《中华辞赋》《诗刊》等国家级期刊发表诗词作品。市诗协编印《多景诗词》4期。围绕抗击新冠肺炎疫情主题,组织诗词楹联创作,并将作品制成"美篇",用诗书画形式传播。组织参加"共克时艰赋壮篇"全国抗疫诗书画大赛。组织创作以全面小康为主题的诗词楹联作品,12人、13首(副)诗词楹联作品入选"'小康墨韵'决胜全面建成小康社会 江苏省书法名家主题作品邀请展"。组织参加中国作家协会、省委宣传部主办的"小康中国 美丽江苏"诗文大赛,朱思丞获一等奖。组织4名会员为善园撰写楹联。1月18日,"城门挂春联·江苏开门红"镇江揭联仪式举行,南京师范大学教授钟振振和市诗协常务副会长蒋光年创作的对联,分别悬挂于米芾书法公园和西津渡。12月24日,"江海诗词"微信公众号上线。在庚子端午诗人节期间,镇江诗书画院举办"和园雅集"活动。润州区和句容市有12家单位获中华诗教先进单位称号,全市总数33家,占全国中华诗教先进单位总数的十分之一。

(丘　溪)

公共文化服务

【概况】 2020年,镇江市推进文化广场管理服务国家标准体系建设,实施《镇江市深化文化广场提升三年行动计划(2020—2022年)》,征集发布、组织开展广场活动496场。实施基层公共文化场馆效能提升"十百千"工程,指导全市建立示范点40个。评选公布镇江市增强人民群众公共文化服务获得感创新典型"十佳"和优秀案例。组织全市4家公共文化场馆申报成功中央专项资金补助120万元,并通过省文旅厅验收。全市4家公共文化场馆开展系列化、智能化体验活动512场,开展直播活动45次,观看人数89万人次。推出“云直播”“云培训”“云旅游”“云观展”等3000多项在线服务。“文艺播种计划”在8个市(区)全覆盖,征集基层文艺需求612项,选派246名文艺志愿者开展艺术普及志愿辅导活动,开展艺术普及志愿辅导3300余场,并举办优秀成果展览展演活动。开展全民艺术普及“六进”活动,发布150余项艺术普及项目,打造“全民艺术普及 城乡播种行动”市级机关“十佳”品牌。举办全民艺术普及“进机关”培训2期64场;开展“淘文化”网送演出到基层52场;开展“千场文化活动进农村”1345场;开展“文化普惠”“全民艺术普及进企业”培训活动41个班次492场。对接江苏公共文化云平台,发展“江苏公共文化云”注册用户数累计5.4万人,数字服务效能列全省第1名。

2020年,镇江市完成文化和旅游部、财政部统一组织的制度设计课题研究、过程管理、实地检查、满意度测评和集中评审。形成《聚力要素,把准向度,实现高质量供给——镇江市公共文化服务获得感“1+6提升模式”研究》报告,出台《镇江市增强人民群众文化“获得感”实施方案》等制度,为全国公共文化服务建设探索路径提供方案。落实过程管理相关规定,通过督查暗访测评,检查公共文化设施近1000处,回收群众问卷5400多份。印发《公共文化服务在您身边》手册106万册,张贴广告横幅及相关宣传海报20余万份,在《人民日报》、“学习强国”等平台上推送信息稿件1072篇。建立“半月一暗访、每月一调度、三月一总结、半年一通报、年终大总结”的督查制度,检查文化场馆126次,召开调度会54次,发布整改通知615条,发布督查通报18期,督促提高示范区创建工作水平。完善多方参与的公共文化服务绩效考核评价机制,聘请第三方开展4轮暗访,检查公共文化设施355处,对全市630处公共文化设施周围居民进行随机调查。 (王佑嘉)

【“文艺播种计划”工作】 2020年,镇江市启动覆盖8个市(区)的文艺播种计划,招募近300人组建文艺志愿辅导教师资源库,征集基层器乐类、声乐类、舞蹈类、戏曲类、曲艺类、静态类文艺需求612项,选派246名文艺志愿者“结对子、种文艺”,全市开展艺术普及志愿辅导3300余场。建立一支近300人的志愿辅导师资队伍,培育一批文艺爱好者,创作一批优秀作品,提升基层文艺特色化、专业化、优质化水平。举办“文艺播种计划”优秀成果展演活动,选拔基层的15支文艺团队共同演出,上演舞龙、锡剧、越剧、小品等节目。同时,“文艺播种计划”优秀美术摄影作品展在市文化馆文心展厅开展,有88件作品参展,其中,书法46件、绘画34件、摄影7件、剪纸1件。 (王佑嘉)

【线上文化活动发展】 2020年,镇江市针对新冠肺炎疫情防控期间群众不宜聚集等情况,开展各类线上文化艺术活动。镇江市图书馆通过微信公众号、馆网站等数字平台,推送“每日听书”“每日一学”“文心书房”“文心有声阅读”“英文绘本故事会”等各类线上阅读资源;举办“抗击疫情,线上讲座”等系列主题讲座17场;举办“古籍藏书印展”“书卷上的镇江”等线上展览10场。镇江市文化馆开通“文化在线”艺术云讲堂,邀请文化馆业务骨干及老年大学的优秀教师在线直播,涵盖声乐、器乐、舞蹈、语言、书画等多种艺术门类。镇江博物馆推出线上“馆藏精品展”,包括吴文化青铜器、古代陶瓷器、古代金银器、古代工艺品及热门考古书籍等。焦山碑刻博物馆完成焦山碑林网站建设,举办17期线上展览,并参加湛江书画院组织的“以笔化情,助力全民抗‘疫’”主题书法作品网络公益展览。茅山新四军纪念馆将展览搬上“云”端,开展“馆藏文物线上展示”活动,分别在江苏省档案信息网、“文化镇江”微信公众号、“茅山新四军纪念馆”微信公众号、“茅山风景区”微信公众号等推送革命文物故事,推送54件(套)馆藏文物介绍。 (王佑嘉)

【2020金山文化艺术节】 2020年8月30日至10月中旬,2020金山文化艺术节开幕。该艺术节以“让文艺点燃镇江”为主题,活动分为开幕式、闭幕式及精品剧目展演、群众文化活动、艺术展览与讲堂、金山合唱节、街头文艺表演、文化惠民品牌计划等6大板块,集中展示文艺创作成果、发动群众参与文化活动。金山文化艺术节是在新冠肺炎疫情防控常态化背景下举行的,全程5G直播。(参见第59页) (王佑嘉)

【公共文化旅游融合发展】 2020年,镇江市按照“宜融则融、能融尽融”的总体思路,制定出台《镇江市文化和旅游公共服务融合发展实施意见》,推动文化和旅游公共服务实现载体平台、功能配置、产品项目、品牌创建“四个融合”。8月26日,西津渡历史文化街区获评镇江市首个“文化和旅游公共服务融合发展试验区”。在大市口中心区新设4个旅游大巴车停靠点,在镇江高铁南站、镇江市文化馆等设置交通向导指示牌,完成59块旅游交通标牌标识工程安全检测、整改、复检工作。新(改)建厕所79座,全市420座旅游厕所百度地图标注工作完成率100%,列全省第1名。 (王佑嘉)

·图书馆事业·

【概况】 2020年,镇江市推进图书馆事业发展,完成数字资源统一揭示平台的建设,对不同渠道来源的信息资源进行统一汇聚,打造一个整合国家、省、市多级数字资源和热点网站"一键通"的公共数字服务平台,实现统一分类、统一元数据、统一数据格式、统一管理、统一调用、统一监管。"一键通"数字资源统一揭示平台对全市共享工程基层点开放,镇江市图书馆协助丹阳市、句容市、扬中市、丹徒区、京口区和润州区等6个市(区)公共图书馆建成"云"上公共电子阅览室。镇江市图书馆编辑出版《镇江文库》;加强"书香校园馆校联盟"建设;完善全市图书馆总分馆布局;开展全民艺术普及活动。

开展全民阅读系列活动。市图书馆全年全市开展各类社教活动683场。策划并举办"镇江夜美好——诗词大会"活动。9月20日晚,首场诗词大会活动在文心讲堂举办,众多游客、诗词爱好者参加。同步直播点击量为20万人次。以诗词大会的形式,让市民、游客、学生更加了解镇江历史文化,鉴赏镇江诗词歌赋。首次联动参与长三角地区11个城市图书馆阅读活动,举办2020年长三角地区阅读马拉松大赛,有150人报名参加。举办"4·23"世界读书日系列活动。组织开展魔法乐读节、"声采飞扬"青少年口语风采大赛、抗击新冠肺炎疫情朗诵大赛、诗经之美线上知识竞赛等活动。

优化"阅读+"积分兑换课程。市图书馆开设游泳、羽毛球、极速魔方、创意DIY等课程,与市文化馆公益联盟合作开设儿童设计、素描、陶笛、儿童剧口才表演等18门课程,完成108场积分兑换活动。举办第七届"书香镇江·少儿阅读季"活动。历时3个月,组织17个项目、177场各类少年儿童阅读推广与分享活动。举办"夕阳红e时代"老年人培训53场。先后到京口区、润州区、扬中市等地街道、社区及养老院,向老年人传授手机运用的基本知识。邀请专业老师在市老干部活动中心举办手机摄影知识和艺术处理技法课程,100多名离退休老干部参与学习。开展数字资源线下活动,全年完成数字资源推广活动64场。市图书馆与中山路小学联合举办"情满端午"主题线下活动,有135名小学生参与活动。

打造"文心"品牌。市图书馆举办"文心讲堂"线下讲座34场、"文心课堂"33场、"文心展览"33场;放映"文心电影"104场;开展各类"文心悦读"活动479场。推动、引导和服务全市全民阅读工作和"书香镇江"建设,扩大"文心"系列活动的品牌影响力。

(王佑嘉)

【镇江市图书馆】 2020年,镇江市图书馆有持证读者176593人,年借还图书50万册,年接待读者87.26万人。推进镇江市"馆校联盟"建设。与市贺家弄、京河路等10多家幼儿园以及中山路小学、解放路小学和红旗小学等共同组织"图书馆畅游计划"24场,幼儿园小朋友和小学生1200人走进镇江市图书馆,通过参观和活动了解图书馆;举办"传统文化进校园"活动75场,以地情教育方式,向中小学生介绍古代典籍的不同材质、装帧和制作工艺,现场体验雕版印刷术、活字印刷术以及手工装订线装书等。履行全民艺术普及的社会责任,形成"文心系列活动"和"阅读+"少儿积分兑换课程、佩佩故事会、少儿数字艺术资源等多项全民艺术普及活动品牌,全年举办各类艺术普及活动238场。

2020年,镇江市图书馆加强政府主导下图书馆服务体系建设,完善全市图书馆总分馆布局,新建镇江市文化馆24小时城市书房1家;建成焦顶山社区分馆、江苏省女子隔离戒毒所分馆、华润燃气分馆、"33文化产业园"分馆、市政务服务中心分馆、某部队分馆等6家分馆。建成退役军人管理中心和前季酒店等2个图书流通点。9月28日,镇江市图书馆润心分馆揭牌仪式举行。

(王佑嘉)

【《镇江文库》编纂出版工作】 2020年,镇江市图书馆推进《镇江文库》史料编撰工作,以馆藏古籍和民国时期文献作为底本,向上海图书馆、国家图书馆等藏书机构征集资料,征集到地理游记卷41种,兵事卷28种,社会经济卷82种,教育文化卷47种,传记资料卷51种,共计249种。

(王佑嘉)

【江苏大学图书馆】 江苏大学图书馆由校本部馆、4个学院资料室、北固校区借阅处组成,总面积47270平方米(不含资料室)。截至2020年12月底,累计馆藏中外文纸质图书272.1万册、电子图书176.2万册、中外文纸质报刊1405种、电子报刊24600多种,订阅数据库116个,自建特色数据库9个。"国际赛珍珠文献资源中心"是国内外相关文献资源种类最多、原著作品最全的机构。该图书馆完成"1+4"(1个主规划,《图书馆十四五规划》;4个分规划,《江大文库专项规划》《农装中心专项规划》《三线书库专项规划》《文化空间专项规划》)规划制订工作。承办"江苏省高校图书馆'十四五'规划研讨会",省内50余所高校图书馆馆长及代表60余人参加会议。

基础服务工作。面对新冠肺炎疫情,该图书馆推出"委托借书""快递还书"等服务,开展查收查引、科技查新、原文传递、学科服务等10余项服务。全年接待读者约100万人次,超过往年入馆量的2/3。考研专区开设1个半月,开放时间延长至夜间24:00。

阅读推广活动。千余名师生参加以"光——韶光淑气,拾书于旁"为主题的线上读书节活动。以毕业季、迎新季和传统节日为主轴，推出“最美书房”、“我和图书馆的故事”主题征文、“书声”等活动。推动深阅读和浅阅读相结合，全年推出20期线上荐书和4期扫码看书活动。承办“致敬镇江经典传诵”镇江大学生诗词大会，录制6场专家线上讲座，举办8期线上赏析活动，全市13所高校近3000人参与诗词打卡活动。该图书馆获中国图书馆学会主办的“大学生‘悦读之星’读书演讲风采展示大赛”优秀组织奖。

教学科研工作。获批国家级项目2项、教育部项目1项、江苏高校哲学社会科学研究项目2项。发表论文58篇，其中C刊及以上收录24篇。出版留学生英文教材《医学信息检索》。1人获学校教学竞赛新教师组一等奖、1人获评“最受学生欢迎的十佳教师”。研究生培养探索内外联合培养创新、科教协同育人机制，1人获评“江苏大学优秀研究生教师”、1个研究生导师团队获评“江苏大学优秀研究生导师团队”。

（卞丽芳）

【江苏科技大学图书馆】 2020年，江苏科技大学图书馆推进“管理模式”“阅读模式”和“服务模式”转变，图书馆服务水平和服务能力有提升。

新馆建设工作。完成新校区图书馆建设、搬迁工作以及梦溪校区密集书库建设，安装长山校区图书馆内文化装饰。完成RFID智能图书管理系统建设，实现图书自助借还的大流通、大阅览模式。安装部署电脑40台、查询机33台，安装校园卡读卡器11台，处理门户网站高危漏洞3次。完成图书馆门禁系统、虚拟图书馆建设，完成图书管理系统和学校统一身份认证平台的对接工作。

机构设置和管理体系。完成两校区馆的部门机构调整和人员重新分配，明确各项业务流程、部门职责和人员岗位职责。将原来内部机构设置的“8部1室”按照现代化业务流程调整为“3部1室”，即资源建设与技术保障部、信息咨询与服务部、读者服务部、综合办公室。向全校发布2020版图书馆读者手册，宣传推广图书馆各项服务内容和管理制度。

文献信息资源建设和技术保障工作。当年，该图书馆的中外文图书购书经费支出290.68万元（码洋），典藏中文图书50748册、外文图书83册。处理读者荐购记录57条，查重后发订42种。截至12月10日，汇文系统统计馆藏纸质文献总量合计170万余册。完成30个数据库平台的采购和续订工作，电子资源投入费用合计490.62万元。采集读者文献信息资源需求，为学校博士点申报、学科评估等提供数据支持。

读者服务工作。该图书馆日均不间断开放16个小时，每周开放7天，全年无事故正常开放，累计接待读者50多万人次。分别召开教师和学生读者座谈会，广泛收集读者对图书馆管理和服务工作的意见和建议。

信息咨询与服务工作。完成学校研究生及5个本科专业学生的文献检索课教学任务。完成学校科研工作、人才筛选、职称评审所需要的项目科技查新报告10份、科研论文查收查引1600余篇次；面向相关院系提供学科科研统计数据12次；结合学校的学科发展发布ESI学科简报6次，ESI学科发展态势年度报告2次。Worldlib文献资源服务群推送文献31685次，读者满足率为94.88%；盈科文献资源服务群推送文献8304次。面向全校师生举办在线读者培训及数字资源宣传活动6次，开展现场信息素养主题教育1次。完成信息服务与咨询工作线上服务平台建设。

阅读推广与书香校园建设工作。10月26日，举办第四届“悦读·起航”读书节活动启动暨图书馆开馆仪式，邀请省内外高校图书馆70余人出席活动并召开专家报告会。打造“梦溪读书会”“长山读书会”2个阅读文化品牌，开展书画摄影作品展览、“阅读马拉松”、“书海拾遗，为君朗读”、“初春荏苒 致语图书馆”等线上线下系列阅读推广活动。

（师衍辉）

【镇江市高等专科学校图书馆】 镇江市高等专科学校图书馆建筑面积22500多平方米，分设主校区图书馆、丹阳师范学院图书馆、润州校区（原镇江市卫生学校）图书馆。该图书馆有馆员29人，其中副高及以上职称10人；注册读者9000余人；有纸质图书76万余册，各类电子版图书300万种，中文专业期刊近500种，电子期刊全文数据库1万多种、8000多万篇。图书馆内设有文学艺术借阅区、社科类借阅区、自然科学借阅区、教师阅览室（特色书库）、电子阅览室、文学欣赏室、影视欣赏室、密集书库、研讨（修）区、咖啡吧休闲区等功能区。该图书馆建有超星读秀数据库、知网期刊论文数据库、CALIS外文期刊网、镇江地方文化数据库、海研全球科研项目数据库、新东方多媒体学习库等，此外还有维普期刊数据库、东篱科研大数据发现系统（DRDS）等试用资源。2020年，吕凤子数字图书馆建成。

2020年，该图书馆定期举办读书节活动；开展优秀书目推广、好书阅读活动，以及相关的培训和专题讲座。承担“晨读经典”推广项目的微信编辑制作和发布，该项目获2019年度镇江市全民阅读先进典型“优秀阅读项目”。当年，该图书馆获“江苏省高职院校大学生信息素养大赛”优秀组织奖。

（魏胜宏）

文化产业

【概况】 2020年,镇江市召开推介招商会发布招商项目32个,签约文旅产业项目30个,签约总投资超120亿元。全年全市18个重点文旅项目计划总投资167.17亿元,年度完成投资12.53亿元。实施文旅项目建设"统筹协调、每月跟进、每季督查、半年通报、年度考核"五项推进机制,建立重大项目领导挂钩责任制、季度现场推进制。5月21日,全市重点文旅项目现场推进会在句容市召开。镇江市文广旅局制定出台应对新冠肺炎疫情影响支持文旅企业生产经营的8条措施。推进镇江市夜间经济发展,探索城市消费"夜间模式"。与南京中陆必得旅游规划设计研究院合作编制镇江市文旅产业招商图谱。加快推进镇江文化产业园区建设。推荐大禹山创意新社区创建第二批国家级文化产业示范园区。配合省文旅厅开展省级文化产业示范园区(西津渡文化产业园)复核工作。结合新标准,对认定的5家省级工业旅游区进行评定性复核,指导2家企业做好省级工业旅游区评审相关工作。 (王佑嘉)

【第四届"希望之星"镇江艺术考级单位优秀节目展演】 2020年11月,镇江市举办第四届"希望之星"镇江艺术考级单位优秀节目展演活动(线上),全市40余家艺术考级单位参与,选送作品300多件。经专家评选,评出"希望之星"8个、优秀节目10个、优秀书画作品10件、优秀指导老师25人、优秀组织单位13家。 (王佑嘉)

【项目招商推介】 2020年6月20日,镇江文化旅游推介招商会在上海市举办,上海及周边城市客商代表30余人参会。推介会发布世业洲智慧旅游综合体等项目,签约和园民宿文创展馆、万豪星级酒店等文化旅游产业合作项目14个,预计投资总额超17亿元。8月13日—14日,在杭州市、湖州市举办文化旅游推介招商活动,客商代表100余人参会。推介会发布镇屏山文化街区(东)等项目,同时现场观摩湖州龙之梦项目、世界乡村旅游大会举办地项目、杭州滨湖银泰项目等。12月15日,在北京市举办"创新创业福地·山水花园名城"镇江文化旅游投资合作推介会。北京市及周边城市客商代表近60人参会。推介会发布新河街旅游街区等项目,签约丹阳水晶山旅游度假区、青苗汉竹游学营地、茅山金象温泉文化村等文旅产业合作项目16个,预计总投资103亿元。10月31日,在镇江国际饭店举办2020镇江文旅投资合作交流洽谈会,北京市、上海市、深圳市、安徽省、南京市等地的客商以及当地文旅企业代表超120人参会。会上解读中国银行助推文旅产业发展相关金融政策,北京大话神游光影科技等3家客商代表交流发言,推进一批企业和项目对接洽谈。 (王佑嘉)

【企业复工复产】 2020年,镇江市文广旅局开展文旅企业受新冠肺炎疫情影响问卷调查,召开文旅企业负责人座谈会,制定出台《关于应对疫情影响支持文旅企业生产经营八条措施的通知》,并通过"文化镇江"微信平台发布"政策工具包"。帮助7个重点旅游项目、11家旅行社和5家绿色网吧争取纾困资金,推动8个文旅项目享受省级旅游产业基金免息224万元,圌山风景区景观提升项目获批新增贷款500万元。指导企业进一步用好文化和旅游领域地方政府专项债券、贷款再贴现等政策工具。集中组织市(区)文广旅局和重点文旅企业参加地方政府专项债券业务线上培训。市文广旅局、市财政局摸排和筛选9个项目申报2020年省级旅游产业发展基金。西津渡文化旅游有限责任公司、句容市宝华山国家森林公园管委会入选首批省级夜间文旅消费集聚区建设单位,获建设奖励资金200万元。

(王佑嘉)

【夜间经济】 2020年,镇江市文广旅局起草《关于培育镇江夜间经济的实施意见》,召开镇江夜间经济发展研讨会。遴选确定"镇江夜美好"夜间经济品牌,并在第十四届中国镇江金山文化旅游节新闻发布会上发布。推出"夜游镇江"活动版块,围绕"镇江夜美好"品牌,组织各市(区)联动开展夜跑、夜跳、夜演、夜购、夜嗨、夜游、夜忆、夜读、夜品、夜宿十大主题近100个活动。镇江市文广旅局与西津渡举办"镇江夜美好——西津集市",现场布置摊位100余家,涵盖"非遗"文创、特色餐饮、音乐酒吧、露天演出、互动体验等多种业态,引入各类主流平台媒体直播。推动博物馆、民间艺术馆、美术馆等开展夜游活动。西津渡、千华古村、开心休博园等景区分别开展"HIFI西津音乐节""梦幻灯光节""再现市井街"等各类主题活动,长山薰衣草彩虹小镇推出夜游项目。润州区、京口区围绕"润州明月夜""星夜大市口"夜间经济主题,发放文化旅游消费券,发售"酒店+夜游"项目优惠套票,推出"西津渡+金山湖"夜游线路,开通大学城—西津渡夜间免费班车,策划开展"润州请您来吃饭""润州请您来读书""润州请您来健身""京喜大市口"等系列夜间体验活动。

(王佑嘉)

文化遗产保护

【概况】 2020 年，镇江市加强文化遗产的保护和传承，京口闸遗址保护工程完工，通过省文物局验收。西长安里 8 号维修工程，鹤林寺大殿、杜鹃楼环境整治工程通过验收。镇江焦山碑刻博物馆展陈提升工程、冷遹故居陈展提升工程竣工。杨一清墓修缮工程完成。笃行堂（殷氏六房）保护工程、王家花园保护工程方案获省文物局批准。镇江英国领事馆旧址消防工程、安防工程方案获省文物局批准。《茅山新四军纪念馆馆藏文物数字化保护》和《扬中市博物馆馆藏文物数字化保护》获省文物局批准。《隆昌寺戒坛附属建筑、屏教所、大寮、新大寮维修方案》获省文物局批准。"铁瓮城遗址—西门遗址保护展示前期勘察研究"获国家文物局批准立项。推进焦山定慧寺大雄宝殿维修工程、京口闸展示工程、赛珍珠故居防雷工程、许维新烈士故居保护工程等项目。镇江市公布第六批镇江市级非物质文化遗产名录，包括传统舞蹈、传统戏剧、传统体育游艺与杂技、传统技艺、传统医药和民俗六大类 16 项。镇江市级非物质文化遗产扩展项目名录包括传统美术、传统技艺、传统医药和民俗等四大类 10 项。认定四批"非遗"代表性传承人。全市有市级及以上非物质文化遗产名录项目 184 项，其中，国家级 9 项、省级 39 项、市级 136 项；市级及以上"非遗"名录项目代表性传承人 133 人，其中，国家级 6 人、省级 22 人、市级 105 人。全市 8 个市（区）建立非物质文化遗产名录和传承人保护体系。

"5·18"国际博物馆日期间，全市文博场馆举办"我在镇博修文物""承古拓今——焦山碑林拓片直播""宝华云考古""茅山新四军纪念馆库房探秘""句容先吴文化博物馆—云游先吴"等 13 项活动。文化和自然遗产日活动期间，组织"网友品文化旅游"、"文物赋彩 全面小康——镇博 知行"文化和自然遗产日研学活动、"走近焦山碑林"流动图片展、"非遗"知识展等线上、线下活动 22 项。市文广旅局组织文博场馆开展青少年文明礼仪教育"五项行动""七彩假期 禁毒伴我行"和"七彩的夏日"等文化实践活动 66 场；组织各地文博场馆举办"'签'与千寻""品月饼 话中秋 迎国庆"和"玉兔有约"等活动 33 场。6 月 22 日，镇江市非物质文化保护中心与杭州西湖博物馆总馆共同举行"西湖·遇见爱——西湖爱情故事展"；10 月 16 日—18 日，"梦溪梅庵 相约西湖"第五届梅庵琴荟系列活动在杭州市举办。开展南京都市圈联盟博物馆研学项目推广活动，合作举办"又绿江南"——南京都市圈八城市文物联展。

镇江市文广旅局完成文化和旅游部非物质文化遗产司布置的 2020 年春节、元宵节期间开展"非遗过大年 文化进万家"的工作任务。新冠肺炎疫情防控期间，组织发动镇江"非遗"代表性传承人创作文艺精品 19 个，"非遗"保护单位捐赠现金 200 余万元、实物 80 余万元，相关内容被"新华网""文旅中国""交汇点"等媒体报道。向上争取到中央财政"非遗"专项资金补助 108 万元，资金数列全省第 5 名。对因新冠肺炎疫情造成传习困难的入住西津渡街区的 6 个"非遗"项目，协调有关部门和单位争取政策扶持。完成 2020 年度省级非物质文化遗产保护专项资金申报工作，为 10 个省级"非遗"项目、11 名省级代表性传承人争取省级财政"非遗"专项资金。完成 2021 年镇江市国家级"非遗"保护专项资金申报工作。"镇江恒顺香醋酿制技艺"项目成为全省第 1 个通过文化和旅游部审核的申报项目，项目资金为 100 万元。当年，镇江市向国家和省争取到 13 个文物保护项目文物保护专项资金 1701 万元，与上年相比，项目数量增加 7 个，争取资金比上年增长 75.6%。其中，争取到国家文物保护专项资金 1399 万元，占全省总数额的 9.8%。 （王佑嘉）

【"非遗"扶持】 2020 年，镇江市文广旅局对全市国

图 26－2　2020 年 5 月 17 日，"又绿江南"——南京都市圈八城市文物联展举行 （程晓怡　供稿）

家级、省级和部分市级"非遗"代表性传承人进行走访调研,实地了解"非遗"代表性传承人生活和传承现状,建立台账。发放国家、省、市三级传承人补助43.6万元。举办工作培训,提升传承人"非遗"保护意识,提高履职尽责水平。 (王佑嘉)

【镇江市第六届民俗文化周系列活动】 2020年9月26日,镇江市第六届民俗文化周系列活动开幕,该活动作为"第十四届中国镇江金山文化旅游节"子活动,汇集长三角地区嘉兴市、无锡市、宿迁市及镇江市的"非遗"代表性传承人14人、"非遗"表演团队10支。活动以"行街展演""传统手工技艺现场展示""四市非遗作品联展"为主题,开展4天,参与人数近2.6万人次。同时,在镇江民间文化艺术馆同步举行"非遗巧工匠心独运——长三角地区嘉兴无锡宿迁镇江四市非遗作品联展",展示的近50件(组)作品中涵盖"惠山泥人""紫砂陶制作技艺""旋木雕""南湖画舫制作技艺""乱针绣"等多个国家级、省级"非遗"项目。 (王佑嘉)

【"文化和自然遗产日"宣传系列活动】 2020年,镇江市非物质文化遗产保护中心以"非遗传承,健康生活"为主题,围绕传统医药、传统体育类"非遗"项目,开展"非遗传承 健康生活——中医体质养生讲座""镇江苏派装裱技艺非遗展""镇江非遗走进西津古渡社区"等多项活动,并借助"文化镇江"微信平台,同步上线"镇江民间文化艺术馆云展馆",发布"非物质文化遗产网络课程"。 (王佑嘉)

【文物外展及考古区域合作】 2020年,镇江博物馆举办馆藏文物外展6场,其中包括赴绵阳博物馆、湖州博物馆展出"古吴神韵——吴文化青铜器精品展",赴常州博物馆、鸦片战争博物馆展出"古韵茶香——镇江博物馆馆藏历代茶具精品展",赴福建名俗博物馆、贵州省民族博物馆展出"刀痕——沙清泉版画艺术展"。镇江博物馆与常州博物馆、常州市文物保护中心签订战略合作协议,组织常州市的考古勘探工作。镇江博物馆进入南京市考古勘探资质单位库,赴南京市完成4个地块的考古勘探工作并通过验收。 (王佑嘉)

【博物馆专题展览】 2020年,镇江博物馆开展"多元华彩 融合创新——青海民族民间艺术展""虫鸣螽跃——辽西古生物昆虫化石科普展""紫玉金砂——陈凤九藏紫砂壶精品特展""有朋自远方来——龟负论语玉烛酒令筹筒特展"等专题展览8个。同时,举办"古韵茶香——馆藏历代茶具精品展""古吴神韵——吴文化青铜器精品展""刀痕——沙清泉版画艺术展"等外出巡展交流6场。茅山新四军纪念馆举办"勿忘国耻 振兴中华——日本侵略中国东北史实展"。焦山碑刻博物馆"鹤鸣九皋——镇江焦山碑林馆藏名碑名帖拓片展"赴云南安宁、晋宁巡展。 (王佑嘉)

【考古前置工作】 2020年,镇江市文广旅局配合城市及基本建设开展考古发掘,推进考古前置工作,实现建设项目全覆盖。当年,开展10项基建考古项目,其中包括完成古运河京口闸至丹徒闸沿线考古调查、勘探项目;配合宁句轨道交通项目,完成句容黄梅尹家遗址的发掘、南岗山勘探,进行小东岗土墩墓发掘工作;在南京博物院的带领下,进行溧阳东滩头遗址发掘,面积1000平方米;完成会莲庵街旧城改造考古勘探工作,发现城垣、登仙桥、河道等遗存;对丹阳凤凰山遗址西侧地块进行考古勘探,发现遗址分布区域12000平方米,墓葬5座,窑址2座。 (王佑嘉)

【文物保护工程】 2020年,镇江市完成世界红卍字会江苏省会旧址消防工程、丹阳南朝陵墓石刻安全防范系统方案设计等9个"三防"(消防、安防、防雷)工程设计方案的编制、报批。完成王家花园、笃行堂等5个修缮工程方案编制、报批。编制申报隆昌寺铜殿无梁殿、昭关石塔、镇江英国领事馆旧址——工部局巡捕房旧址、铁瓮城遗址——西门遗址等4个文物保护工程计划书。新四军四县抗敌总会纪念馆馆藏文物数字化保护、丹阳市总前委旧址纪念馆可移动文物预防性保护、丹阳市总前委旧址展陈提升设计方案和丹徒区冷遹纪念馆文物数字化保护方案编制报批。 (王佑嘉)

哲学社会科学

【概况】 2020年,镇江市社科系统实施重大研究课题5项、社科观察重点课题2项、部门协作课题1项,涉及区域融合、产业布局、园区发展、文化建设等重点领域,编印《镇江发展研究报告》11期。全市征集社科应用研究课题426项,立项210项,45项课题获评镇江市"应用研究精品工程奖"。"赛珍珠研究"、法学、人才、"大运河文化带建设研究"专项课题分别完成立项20项、88项、20项、38项,分别评选出优秀成果11项、31项、6项、18项。举办"重塑争雄志 再造争雄势"第五届镇江智库论坛、第二届大运河文化论坛;承办省社科界第十四届学术大会苏南区域专场;协办2020年宁镇扬一体化论坛。全年先后举办2期社科系统培训班,社科学会和社科普及基地100余人参加。组织中青年社科名家结合各自研究领域，对中共十九届四中全会、五中全会精神进行阐释，《镇江日报》刊发2期社科理论专版。组织开展"推进'三高一争'新实践，谱写'镇江很有前途'新篇章"理论研讨。当年，镇江市社科联获省社科联2020年度全省社科联工作先进单位和工作创新案例奖，获市级机关部门综合考核第一等次。

市社科联在助力做好《江苏地方文化史镇江卷》编撰工作的同时，开展镇江文化软实力研究，《镇江日报》全文刊载《镇江很有前途的软实力》研究报告。市大运河文化带建设研究中心参与大运河镇江段保护传承利用规划编制工作，形成大运河国家文化公园镇江主城片区建设建议方案。赛珍珠研究会围绕打造赛珍珠文化品牌，开展建设赛珍珠文化一条街专题调研。历史文化名城研究会牵头筹办苏颂1000周年诞辰纪念活动，参与建设苏颂祠，出版书籍《苏颂精神长青》。

探索建立产业强市和乡村振兴社科观察点，产业强市社科观察点选择以"产业园区高质量发展"为年度重点观察内容，乡村振兴社科观察点选择以"党建引领乡村振兴"为年度重点观察内容。召开"我为产业强市做什么——全市社科类社会组织'跑起来'座谈会"。全年新吸收心理学会、社工协会、法官协会、保险协会等4个学会团体会员。推进"新媒体+社科普及"，举办"社科知识伴我成长"校园行精品讲座20场，上百所学校10万人次参加省社科主题知识网络竞答活动。举办"学亚夫精神、寻初心使命"、"生命安全"体验、美丽镇江文化之旅等4期社科普及基地市民一日行活动。做好"一起镇江"App《社科"镇"有料》和《社科悦读》专栏，全年推送社科知识150余篇。

（汪建莉）

【第二届"镇江中青年社科名家"评选活动】 2020年3月17日，第二届"镇江中青年社科名家"评选结果揭晓。马国建、任晓霏、吴洁、金丽馥、郭昭昭、董晨鹏等6人获第二届"镇江中青年社科名家"。"镇江中青年社科名家"每3年评选1次，由镇江市哲学社会科学工作领导小组组织评选，旨在表彰为服务全市高质量发展作出突出贡献的优秀社科理论专家。 （汪建莉）

【"致敬镇江 经典传诵"镇江大学生诗词大会】 2020年11月1日，由镇江市社科联等部门联合主办的"致敬镇江 经典传诵"镇江大学生诗词大会决赛在镇江艺术剧院闭幕，6所高校的8名大学生参加决赛，江苏省交通技师学院的学生获冠军。该次大会以"让镇江文化进高校、让高校学子爱镇江"为主题，在4个多月的时间里，组织开展系列诗词活动，先后推出镇江诗词赏析、诗词诵读等4大板块，并开设6个专题诗词讲座，制作13集讲课视频，全市11所高校、18万人次学生参与。人民网、新华网、交汇点新闻等10多家媒体进行报道。

（汪建莉）

【第十三届社科优秀成果征集工作】 2020年8月，镇江市第十三届哲学社会科学优秀成果征集工作开始，最终形成《社会办医路径研究：医联体建设视角》（著作）、《城镇化、服务业发展与消费需求扩张》（著作）、《苏南五市工信产业链与产业集群比较研究及对镇江市产业强市的启发和对策建议》（研究报告）、《破产"府院联动"机制运行实证分析》（研究报告）、《老旧小区改造应在"好住"上下功夫—对我市老旧小区改造后长效管理的调查》（研究报告）、《农民工城市落户行为研究》（著作）、《基于"镜式"分析框架的研究生导师文化心理研究》（论文）等30项社科优秀成果。当年，全市有18项成果获省十六届社科优秀成果奖，其中一项成果获一等奖（设区市中市本级唯一）。

（汪建莉）

【江苏省社科界第十四届学术大会苏南区域学术专场举行】 2020年12月23日，江苏省社科界第十四届学术大会苏南区域专场在镇江市举行。上海社会科学院、南京大学、苏州大学、江苏大学、江苏省社科联以及南京、苏州、无锡、常州、镇江五市社科界的专家学者百余人参会，围绕"新发展格局与苏南对外开放再出发"主题展开研讨交流。该届大会收到社会各界提交的论文160多篇，评选出一等奖论文19篇、二等奖论文29篇，并出版论文集；会议现场对优秀论文作者进行表彰。当年，市社科联获省十四届学术大会优秀组织奖。

（汪建莉）

历史文化名城研究

【概况】 2020 年，镇江市历史文化名城研究会有会员 176 人，全年召开会议 22 次，参加学术会议 300 多人次。学会撰写论文 100 多篇，报刊发表 60 多篇次。加强学术研究、应用性研究和咨询服务。编印《镇江市历史文化名城研究会论文集》第 21 集。与市科技局联合承办“纪念苏颂千年诞辰 弘扬科技创新精神”活动。召开镇江市历史文化名城研究会成立 20 年座谈会。做好《镇江通史》编撰相关工作，创作丹徒站（镇江东站）广场雕塑，完成伯先路历史街区历史文化研究和振兴繁荣的调研报告，完成镇江市高校园区文化展示研究报告。镇江市历史文化名城研究会被省炎黄文化研究会评为弘扬优秀传统文化先进集体，荣誉会长钱永波、名誉会长李壮云、理事王荣飞被省炎黄文化研究会评为弘扬优秀传统文化先进个人。《镇江方志馆展陈大纲研究报告》被评为镇江市第十三届哲学社会科学优秀成果，镇江市历史文化名城研究会被市哲学社会科学联合会评为 2018—2019 年度镇江市社会科学先进单位。 （蓝纯龙）

【《镇江市历史文化名城研究会论文集》第 21 集】 2020 年编印的第 21 集《镇江市历史文化名城研究会论文集》收入论文 61 篇，约 30 万字，内容涉及名城保护与建设、大运河文化带镇江段建设、优秀传统文化与乡村振兴、文化和旅游融合、文史研究等六大类 20 多个方面。其中有 10 多篇论文在 2020 年《炎黄文化》《钟山风雨》《江苏地方志》等省级期刊发表。受新冠肺炎疫情影响，未召开 2020 年镇江市历史文化名城研究会年会，代之以向会员寄送研究会书面工作报告和论文集。同时，组织相关会员在网上开展学术研讨，撰写《200 余年前的逆行者——记清代镇江名医王之政》《科教英才父女俩——李佩及其父亲李宝龄》《“将论文写在大地上，写到车间里”的段正澄院士》等文章。 （赵康琪）

【“纪念苏颂千年诞辰、弘扬科技创新精神”活动】 2020 年 12 月 10 日，是北宋著名科学家苏颂 1000 周年诞辰。当日，由镇江市政府、中国科学院自然科学史研究所主办，镇江市科技局、镇江市历史文化名城研究会承办的“纪念苏颂千年诞辰、弘扬科技创新精神”活动在镇江举行。中国科学院和省市有关领导出席活动。江苏省副省长马秋林，镇江市委书记、市人大常委会主任马明龙共同为“苏颂纪念堂”揭牌。中国科学院紫金山天文台副台长吴雪峰做题为《从水运仪象台到天文大科学装置——天文学发展的历史和未来》的主旨报告。各地苏颂研究领域相关专家、市历史文化名城研究会有关人员，以及镇江部分苏颂后裔进行座谈。市历史文化名城研究会于 2019 年年底成立苏颂精神研究课题组，邀请和会同中国苏颂研究会专家学者联合挖掘查找史料，梳理苏颂科技创新、勤奋、公廉精神以及与镇江的深度关系，策划、推进苏颂纪念堂建设。策划出版研究著作《苏颂精神长青》和征稿编印《“纪念苏颂千年诞辰、弘扬科技创新精神”座谈会论文集》。（参见第 47、327 页） （赵康琪）

【《镇江通史》（七卷本）编撰工作】 2020 年 7 月 9 日，《镇江通史》（七卷本）第二次主编工作会议召开，总主编、常务副总主编及各分卷主编交流工作进展情况。12 月 20 日，《镇江通史》编写大纲专家论证会召开，上海、南京、扬州及镇江市高校、专业机构、出版单位的 16 名专家、学者对分卷大纲提出意见和修改建议，并被整理成纪要。 （罗福春）

【参与省炎黄文化研究会专题学术研讨活动】 2020年,镇江市历史文化名城研究会贯彻省炎黄文化研究会"常态化疫情防控形势下历史文化名城保护与更新"视频座谈会和联络工作视频会议精神,围绕"江苏水文化与水韵江苏建设"专题,组织会员撰写论文7篇,其中,徐苏《〈四库全书〉七阁江苏独占其二的水文化意义》、张永刚《镇江漕运文化的历史考察》、霍强《镇江水文化遗产调查及保护与利用》、张峥嵘《浅析西津古渡水文化神祇崇拜的社会功能》等4篇入选省研讨会论文集。 (赵康琪)

【镇江市历史文化名城研究会成立20年座谈会】 2020年9月22日,镇江市历史文化名城研究会召开成立20年座谈会。市历史文化名城研究会自2001年5月成立以来,先后编撰出版13部著作(含3套丛书),召开21次年度学术研讨会,编辑21集研究论文集;重视应用性研究,相继完成89个咨询服务项目。在江苏省和镇江市社科优秀成果评选中多项成果获奖。推动地域优秀历史文化的传播普及。市老领导钱永波、李壮云、昌万海、尤敦立,会长任振棣及专家学者40人参加座谈。 (赵康琪)

【丹徒站(镇江东站)广场雕塑创作】 2020年,镇江市历史文化名城研究会受市交通产业集团委托,创作连淮扬镇铁路丹徒站(镇江东站)广场雕塑。组织专家商讨创作主题和作品特色、风格等,《镇江印记》等4件作品与其他单位提供的3件作品参评。经专家评审、网上征询市民意见等,最终选定《镇江印记》的设计方案。 (罗福春)

【伯先路历史街区历史文化研究和振兴繁荣课题研究】 2020年,镇江市历史文化名城研究会受市西津渡文化旅游有限责任公司委托,开展"伯先路历史街区历史文化研究和振兴繁荣的建议"课题研究。组建课题组搜集史料、调查走访、征询专家意见建议、召开座谈论证会等,形成"伯先路历史街区历史文化研究和振兴繁荣的建议"。该建议介绍伯先路历史街区的历史文化脉络,概述街区内近代建筑群,尤其是现存的民国文化、商贾文化、名人文化、民居文化、宗教文化等建筑遗存,阐述街区民俗和影响以及保护的意义与价值,提出伯先路历史街区振兴繁荣的建议:以商业、金融、文博展览、特色文化旅游为重点业态,科学进行布局,营造消费市场,打造具有镇江特色的民国文化和民俗风情一条街。 (罗福春)

【镇江市高校园区文化展示课题研究】 2020年,镇江市历史文化名城研究会受市规划设计研究院委托,组织专家对镇江高校园区开展文化特色展示课题研究并形成课题文本。文本介绍十里长山区域历史文化积淀和园区各高校办学特色,提出公共空间特色文化元素展示构想素材和特色文化元素落地空间示意图,建议建设"科技四星"雕塑广场,镇江历史文化名著展示园、赛珍珠英语角、镇江珍稀植物园、镇江杰出教育家影壁等。 (罗福春)

图27-1 2020年12月11日上午,丹徒站(镇江东站)正式启用。图为丹徒站(镇江东站)广场雕塑 (市名城研究会 供稿)

赛珍珠研究

【概况】 镇江市赛珍珠研究会成立于2003年,是全国第一个赛珍珠学术专业社团,有会员170多人,分布于高校、文博、出版、翻译、党政机关、旅游等行业领域。2020年,赛珍珠研究会秉持"抓重点、求实效、有影响"的工作原则,围绕打造赛珍珠文化品牌这一主线,在研究领域内涵的拓展、文化传播模式的创新以及赛珍珠文化一条街的构建等方面进行探索,取得成果。3月,镇江市赛珍珠研究会被市社科联评为"2018—2019年镇江市社科学会先进单位";12月,"全面打造赛珍珠文化品牌"案例获市社科联第二届优秀创新奖案例评选一等奖。

赛珍珠文化品牌打造。2019 年起，市委宣传部提出要着力打造包括“赛珍珠文化品牌”在内的文化领域五大品牌建设工程。2020 年 4 月 27 日，全市外宣工作会议采纳《今后赛珍珠文化品牌外宣工作的思路》及《2020 年赛珍珠品牌建设外宣工作重点》。5 月 22 日下午，市委书记马明龙，市委常委、宣传部部长、统战部部长孙晓南到赛珍珠文化公园调研指导赛珍珠文化品牌建设工作。马明龙要求赛珍珠研究会要充分利用学术团体、民间组织和赛珍珠文化品牌优势，配合有关部门，通过介绍赛珍珠及其作品，开展国际交流活动，向世界讲述中国故事，讲好镇江故事，让世界了解镇江，让镇江走向世界。8 月 28 日，市八届人大常委会召开第二十八次会议，马明龙主持会议并讲话。会上，他进一步指出，对外交流交往工作要服从、服务于当前国家总体外交策略，发挥优势打好“地方牌”，尤其要打造好赛珍珠这张镇江的文化品牌。9 月 21 日，马明龙在《坚持不懈打造赛珍珠文化品牌》专项报告上批示：“赛珍珠是镇江乃至全省的品牌，务必利用好，研究好，发展好。市委将积极支持赛珍珠研究会的工作和国际合作”。

组织开展赛珍珠专项课题研究。2020 年是市赛珍珠研究会主持镇江市社科应用研究“赛珍珠研究”专项课题的第三个年头。市赛珍珠研究会编制对建设“强富美高”新镇江具有理论性、前瞻性、指导性、可行性的课题指南，得到在镇江高校及其他有关单位研究者的响应，最终确定 20 个课题立项，课题成果全部如期完成。经专家组评审，评选出一、二、三等奖共 11 项。3 所高校教师在开展专项课题研究的同时，及时将科研成果推广到教学工作中，研究生、本科生加入赛珍珠研究领域，开展省、市级创新课题研究。镇江市高专赛珍珠研究所在完成 6 项课题的同时，还开展校本课程教学探索尝试，研究所通过“校级科研机构”验收。编印第三辑《赛珍珠研究资料译丛》共 7 册。

2020 年是美国赛珍珠国际基金会换届年。11 月 10 日，中美两地赛珍珠研究机构举行视频会议，市外办、市赛珍珠研究会负责人、3 所高校研究所负责人代表等，与美国赛珍珠国际总裁及项目部主任在线互动，交流情况，商讨进一步合作事宜。市赛珍珠研究会会长卢章平介绍镇江多年来赛珍珠研究、赛珍珠遗迹保护、开展国际交流的情况；赛珍珠国际基金会总裁安娜和项目部主任斯蒂芬分别介绍疫情以来开展的活动，介绍他们线上举办有关赛珍珠作品的“全球阅读”活动。双方就 2021 年及今后一段时间的交流与合作进行沟通，并就若干事宜达成初步意向和共识。镇江市拟订《关于组团赴美国西弗吉尼亚等地开展友好交流活动的方案》。受疫情影响，经商定，原定于 2020 年 10 月在美国西弗吉尼亚大学举办的赛珍珠国际学术研讨会拟延期于 2021 年举行。

（裴　伟）

【“赛珍珠与镇江”图书专区开设】 2020 年，在镇江市政协八届四次会议上，政协委员卢章平提出在国外相关城市开设“赛珍珠与镇江”图书专区的提案。市政协将该提案交由市委宣传部和市外办办理。

为落实市委宣传部关于“打造赛珍珠文化品牌”工作方案和市政协提案要求，着力打造、推介赛珍珠文化这一镇江对外宣传品牌，讲好“中国故事”“镇江故事”，加强与国际友好城市和相关国外团体常态化联系和沟通，进一步扩大镇江对外影响力，在与镇江结好的 14 个国际友好城市、与镇江交往较为密切的国外其他城市和大学以及在赛珍珠研究方面与镇江互动较多的城市和机构等地开设图书专区，主要包括赛珍珠关于中国题材的作品、赛珍珠与镇江的资料、国内外研究赛珍珠的资料等。截至年底，第一批寄往美国赛珍珠国际基金会、西弗吉尼亚大学历史文化中心，第二批发往韩国富川市、意大利米兰大学孔子学院。

（裴　伟）

图 27－2　2020 年 9 月 7 日，镇江市赛珍珠研究会与宿州市赛珍珠研究会签署建立赛珍珠研究城市联盟合作协议　（纪　东　供稿）

【赛珍珠文化公园】 2020 年 3 月，赛珍珠文化公园设立的“大地翰墨”书画室开放，作为纪念馆的内容延伸，常态展出赛珍珠主题诗书画影印作品。6 月 26 日（赛珍珠诞辰日）晚，在文化公园珍珠书屋前广场，举办纪念赛珍珠 128 周年诞辰活动。新成立的赛珍珠文化艺术学校和赛珍珠艺术团揭牌，艺术团成员开展首场公益演出。其中有民歌《好一朵茉莉花》以及吉他、小提琴、中提琴、大提琴等合奏的《春江花月夜》等节目，还展演20世纪30年代由好莱坞拍摄的《大地》电影片段。9月30日晚，赛珍珠文化艺术团为市民奉献一场“珍珠明月夜”国庆中秋文艺晚会。10月8日，解放军陆军军事交通学院镇江校区200多名教官、学员参观赛珍珠文化公园。（裴　伟）

图27－3　2020年9月30日，赛珍珠文化艺术团演出，庆国庆迎中秋

（纪　东　供稿）

【赛珍珠文化旅游和赛珍珠文化一条街调研与建设】　2020年，市赛珍珠研究会组织专家对全市赛珍珠相关遗存、景点和元素等进行全面调查，就打造赛珍珠文化旅游线路开展专项课题研究，此课题被市社科联立项。7月，成立“赛珍珠文化一条街建设”课题调研组。组员由研究会与相关部门、单位、社区等领域专家组成，分综合、规划建设、文旅、经济4个组分别开展调查研究。课题组赴绍兴、泰州等地学习考察。在各分课题报告基础上，完成课题总体报告。就利用赛珍珠文化公园周边区域、打造赛珍珠文化一条街等内容，提出符合相关规划与政策要求、有针对性的整体调研报告，并报市委、市政府。（裴　伟）

【2020年年会暨赛珍珠学术研讨会】　2020年1月，举办镇江市赛珍珠研究会2020年会暨学术研讨会。会长卢章平做工作报告。报告回顾2019年工作，提出2020年工作计划。会上，对2019年度市社科应用研究“赛珍珠研究专项”获奖课题进行颁奖；江苏大学、江苏科技大学、镇江市高等专科学校的赛珍珠研究所负责人分别介绍赛珍珠研究情况；获奖的专项课题部分项目负责人进行交流。（裴　伟）

【首届赛珍珠研究青年学者暑期研习营】　2020年8月19日，赛珍珠研究会主办的首届赛珍珠研究青年学者暑期研习营开营式，在腾讯会议平台和镇江崇实女中同步举行。此期暑期研习营吸引首都师范大学、长沙理工大学、南京理工大学、西北大学、江苏大学、江苏科技大学、西安工程大学、齐鲁师范学院、通化师范学院、蚌埠学院、镇江市高等专科学校、江苏航空职业技术学院和英国东安格利亚大学等高校教师和研究生营员。每天在线学习、交流互动的国内外人员150多人。研习营为期6天。其间开设多种线上交流活动，包括镇江市赛珍珠研究会3名名誉会长中国人民大学外国语学院教授郭英剑、南京师范大学外国语学院教授姚君伟、复旦大学中文系教授段怀清，以及同济大学外国语学院教授董琇等的专题讲座。《江苏大学学报（社会科学版）》《镇江高专学报》编辑就“赛珍珠研究专栏”建设与营员进行线上交流。营员王蕾的论文《赛珍珠跨国书写中的女性口述与文化记忆》在《江苏大学学报（社会科学版）》发表。（裴　伟）

【赛珍珠研究城市联盟】　2020年9月，镇江市赛珍珠研究会会长卢章平带队，老领导许晓霞，副会长袁平、纪东等前往安徽省宿州市，与宿州市领导和宿州市赛珍珠研究会共同讨论赛珍珠研究城市联盟的宗旨、原则、机构、章程等具体事宜。两市赛珍珠研究会会长卢章平、居永立签署合作协议，并就筹备城市联盟成立大会等事项，达成一致意见。（裴　伟）

三国文化研究

【概况】　镇江市《三国演义》学会（以下简称学会）成立于1992年12月26日，基本职责是：组织《三国演义》学术研究、考察活动；开展学术讲座；撰写学术论文，出版学术刊物、学术专著；开展三国文化旅游咨询活动；开展国内外《三国演义》研究交流活动，向有关部门推荐论文。2020年，镇江市《三国演义》有会员76人，召开学术研讨会1次，参加学术会议4次。学会撰写学术论文26篇，在书刊上发表21篇次。获奖项1项。编印《三国文化》刊物两期，每期印发750份。王玉国申报的“镇江大运河遗产调查与研究”获批重点课题项目，苏国宝申报的“三国史上真实空城计防御战的时间与地点成因与结果”获

批一般课题项目，两个项目于11月底被批准结项。学会“培育‘全国市县三国研究机构学术会议’品牌”创新案例获市社科联优秀创新奖案例评选二等奖。（镇　文）

【镇江市《三国演义》学会第八届学术研讨会】 2020年12月29日，镇江市《三国演义》学会第八届学术研讨会在市赛珍珠纪念馆举行，撰写论文的会员和部分学会班子成员共30人出席会议。该次会议收到论文17篇。论文内容涉及多个方面，从不同视角展示最新研究成果。其中与会中青年会员论文数量占一半以上。学会每隔一年举行一次学术研讨、一次学术论坛。（镇　文）

【出席山东·东平第三届罗贯中与《三国演义》《水浒传》学术研讨会暨全国市县三国研究机构第七届学术会议】 2020年9月23日—24日，山东·东平第三届罗贯中与《三国演义》《水浒传》学术研讨会暨全国市县三国研究机构第七届学术会议开幕式在东平县举行。该次研讨会由中国《三国演义》学会、中国《水浒》学会、全国市县三国研究机构学术会议、山东省水浒研究会、东平历史文化研究会主办，东平县罗贯中研究会、东平县图书馆、东平县旅游协会承办。全国10多个省市的60多名专家学者参加会议。12名专家、学者做学术交流。学会荣誉会长王玉国做《投桃报李，携手并进》的会议总结演讲。学会会员赵顺凌《影响三国历史的关键节点》和苏国宝《也谈关云长单刀赴会》入选论文集。会议还组织考察戴村坝、罗贯中纪念馆、东平湖、水浒影视城。（镇　文）

【镇江历史文化网站建立】 2020年6月5日，学会创建镇江历史文化网站，网站除设置镇江市“三国演义”板块外，还设置吴文化研究、三国文化、南朝文化、镇江古诗词等板块。（镇　文）

姓氏文化与名人研究

【概况】 2020年，镇江市民间修祠续谱活动持续不断，镇江新区大港赵家庄赵氏、丹阳鹤溪永思堂施氏、丹阳曲阿街道戎家村戎氏、扬中三畏堂尹氏、扬中崇本堂苏氏、丹徒区上党镇其一村何氏等多个姓氏家族续成家谱并举行颁谱庆典。10月31日，丹徒区辛丰镇河达村朱氏举行纪念朱熹890周年诞辰暨河达朱氏宗祠修缮、家谱续修启动仪式；11月29日，镇江新区雩山纪氏举行修谱大会。

寻根祭祖、宗亲联谊和姓氏文化研究活动常年开展。1月18日，省谱牒与家族文化理论研讨会在常州召开，镇江市多位专家参会并作交流发言，提出促进姓氏文化发展的建议；8月，广州市黄花岗公园来函寻找阮德山烈士后人，经市媒体报道后，引发部分阮姓市民寻根；12月21日，来自海内外的解氏宗亲在镇江新区丁岗镇葛村解氏宗祠举行冬至祭祖典礼，参加祭祖活动的解氏宗亲及嘉宾近150人。

姓氏文化和家谱文献开发整理取得新成果。1月，西津渡救生会获赠《京江蒋氏宗谱》，家谱证明史志记载救生会家族传承的真实性，给西津渡救生文化以史料支撑；5月，一批姓氏文化遗存被认定为镇江历史建筑；9月，中医著作《陈氏脉学》出版；同月，《丹阳谱牒诗词选粹》首发；12月，5处姓氏文化遗存入选省传统建筑组群。年内，京江医派整理挖掘工作取得阶段性成果，江南何氏、大港沙氏、丁氏痔科、丹阳贺氏、句容新塘朱氏等五大流派的历史源流、著名医家、学术成就、传承脉络初步梳理清楚。

名人研究和名人文化资源开发有新突破。4月，杨一清墓修缮工程完成；6月，市文广旅局启动“季子文化”书籍编撰工作；7月，鹤林寺景区经修缮后重新开放，其中新建有茂叔祠和苏公竹院，分别纪念周敦颐和苏轼这两位与镇江有重要历史渊源的文化名人；10月，《陈光甫》专题纪录片开镜；同月，巫恒通旧居完成修缮对外开放；12月，“纪念苏颂千年诞辰 弘扬科技创新精神”活动举行，省市领导出席并为“苏颂纪念堂”揭牌；12月，句容葛洪纪念馆建成开放。

家风文化建设愈受重视，家风家训成为学校教育、单位宣讲、社区文化的重要内容。扬中三跃社区统一制作家风家训标牌，截至年底，有1200多户人家悬挂家风牌匾。（邱隆洪）

【纪念苏颂千年诞辰活动举行】 2020年12月10日，由镇江市政府、中国科学院自然科学史研究所主办的“纪念苏颂千年诞辰 弘扬科技创新精神”活动在镇江举行。副省长马秋林、市委书记马明龙共同为“苏颂纪念堂”揭牌。市委副书记、市长徐曙海，中国科学院自然科学史研究所所长张柏春，省科技厅副厅长蒋洪出席并致辞。现场举办赠书活动。国家杰青、中国科学院紫金山天文台副台长吴雪峰作主旨报告。苏颂研究领域相关专家学者、市历史文化名城研究会、苏颂研究会有关人员，以及镇江苏颂后裔进行座谈。苏颂是北宋时期著名政治家、天文学家、天文机械制造家、药物学家，官至宰相，徙居镇江直至终老，葬于镇江五州山。为纪念苏颂，镇江市在五州山新建苏颂纪念堂。（参见第47、323页）（杨　泠　邱隆洪）

【《陈光甫》专题纪录片开镜】 2020年10月12日，《陈光甫》专题纪录片开镜仪式在镇江市档案馆举行，该片由市档案馆主办拍摄。镇江是近现代中国金融业发祥地之一，产生众多优秀银行家和金融家，其中陈光甫是代表人物。他被称为“中国近代金融史上的传奇”，同时被西方人誉为“中国第一银行家”“中国最优秀银行家”“中国摩根”。他成功创办上海商业储蓄银行，业务发展遍及海内外；还创办中国旅行社，是中国现代旅游业奠基人之一。此外，他也是中国保险业先行者之一。《陈光甫》专题纪录片为中国国家重点档案保护开发资金项目之一，由中央电视台《新影发现之旅》频道负责拍摄、制作。

（千光磊　邱隆洪）

【5处姓氏文化遗存入选省传统建筑组群】 2020年12月，江苏省住房和城乡建设厅公布江苏省传统建筑组群目录。镇江市有6组传统建筑入选，其中有5处为姓氏文化遗存，分别是丹阳柳茹村贡氏祠堂传统建筑组群、丹徒黄墟村冷遹旧居传统建筑组群、丹徒黄墟村殷氏六房传统建筑组群、丹徒黄墟村殷氏宗祠传统建筑组群、镇江新区儒里村朱氏宗祠传统建筑组群。

（邱隆洪）

【一批姓氏文化遗存被认定为镇江历史建筑】 2020年5月，镇江市政府办公室公布镇江市第二批历史建筑名录，35处建筑被确定为镇江市第二批历史建筑，其中包括润州宝塔路街道荣庆里券门，镇江新区姚桥镇华山村冷氏祠堂、遗先堂，丹徒区宝堰镇下桥史家老宅、中营里杨家宅院、东大街张家盐站、西大街黄家布店、工字街汪瑞记布店等一批姓氏文化遗存。2019年，镇江市自然资源和规划局对市区历史建筑进行普查，并与历史文化街区、名镇名村保护规划相结合，按照“应保尽保、能保则保”的总体要求，拟定第二批历史建筑推荐名单。针对已公布的历史建筑，市政府办要求严格落实保护措施，加强宣传和管理。相关部门建立历史建筑保护档案；开展历史建筑测绘工作；划定历史建筑本体及保护范围；设置保护标志（挂牌），明确保护责任和义务；拟定建筑保护相关配套政策，推动历史建筑保护和活化利用等。

（方良龙　印文凤　邱隆洪）

【杨一清墓修缮工程完成】 2020年4月3日，位于镇江高新区蒋乔街道嶂山村的杨一清墓修缮工程完成。墓区呈长条形，长约60米，宽约20米，沿缓坡地形自然向上延伸，划分为墓基、墓道和墓穴三大区域。杨一清（1454年—1530年），原籍云南安宁，字应宁，号邃庵，明代著名政治家、文学家。杨一清因其父杨景葬于镇江，故在镇江定居，在丁卯桥建别墅“石淙精舍”。明嘉靖八年（1529年），76岁的杨一清罢职后回到镇江，次年病逝。后赠太保，谥文襄。杨一清墓于1987年被列为市级文物保护单位。2017年上半年，修缮工程开工。

（马彦如　张小军　邱隆洪）

【广州市黄花岗公园来函寻找阮德山烈士后人】 2020年8月，镇江市有关部门接到省退役军人事务厅转来的广州市黄花岗公园（黄花岗七十二烈士墓园）公函，请求寻找阮德山烈士后人。阮德山，亦作德三，镇江市丹徒宝堰人，21岁应征入南京新军，清宣统三年（1911年）加入同盟会，参加赵声（伯先）在广州发动的武装起义，不幸壮烈牺牲，与在起义中遇难的其他71名烈士葬在广州黄花岗，史称黄花岗七十二烈士。《京江晚报·晚报帮你忙》栏目刊登寻亲消息，记者先后联系上阮德山侄子阮玉彬的外甥、阮德山侄孙女的儿子等人，了解到更多有关阮德山烈士及其后人的相关信息。

（邱隆洪）

【西津渡救生会获赠《京江蒋氏宗谱》】 2020年1月17日，《京江蒋氏宗谱》捐赠仪式在西津渡救生会举行，京江蒋氏后人蒋祥泉将收藏的一套《京江蒋氏宗谱》捐赠给西津渡救生会。西津渡京口救生会是世界上最早、传承最久的民间水上救生组织，清代乾隆初年起，京口义士蒋豫继承族人之志，召集乐善好施者全力振兴京口救生会，与其后人连续六代苦心经营京口救生会，前后140多年。《京江蒋氏宗谱》续修于清代咸丰年间，整部家谱分四本六卷，其中将蒋家先人事迹和传承记录无遗，明确记载自蒋豫至蒋宝六代父子相承的血亲关系，证明史志记载救生会家族传承的真实性。

（邱隆洪）

【京江医派整理挖掘工作】 截至2020年年底，京江医派整理挖掘工作取得阶段性成果，镇江地区的江南何氏、大港沙氏、丁氏痔科、丹阳贺氏、句容新塘朱氏等五大流派（统称京江医派）的历史源流、著名医家、学术成就、传承脉络初步梳理清楚。镇江市在2018年6月成立中医流派传承工作领导小组，具体负责中医流派整理挖掘工作，办公室设在市中医院，传承工作小组成员按照分工负责梳理各中医流派传承谱系，收集整理代表性医家及其著作，先后收集到一批历史资料、名医书籍、处方书札45本，文物（含复制品）7件，传承工作小组成员还多次外出考察，学习先进地区流派开发经验，拜访中医流派传人，多方搜集资料，初步梳理清楚五大流派传承脉络。传承工作小组成员重点挖掘江南何氏流派京口支，协同何氏传人探索传承脉络，整理出京口何氏世医23世200人行医。江南何氏尊南宋何公务为居润始祖，分为京口（镇江)、松江两支,自南宋初年以来,800 多年间相继涌现出 350 多位医家,世代相承,至今历 30 多世。传承工作小组成员还联合丹阳、扬中、句容等地挖掘丹阳贺氏、句容新塘朱氏等医派传承脉络。

(何　勇　于晓雯　邱隆洪)

【中医著作《陈氏脉学》出版】 2020 年 9 月,镇江市著名老中医陈健俟、陈登临所著《陈氏脉学》由北京科学技术出版社出版。陈健俟(1895 年—1969 年)是清末民初史学家陈庆年次子。他一生从事中医,精研脉学十年,有"切脉如神"之称。陈健俟第四子陈登临(1929 年—2014 年),随父学中医。30 年后,陈登临结合自身实践,写成《陈氏脉学》。陈登临逝世后,其内弟尤志心花 3 年时间,整理编辑成《陈氏脉学》书稿。《陈氏脉学》由三部分组成。第一部分为两篇"代序",分别介绍陈健俟、陈登临行医事迹;第二部分为陈氏脉学主体部分。对脉的作用与要素、脉的现象与本质、脉的性质与规律、脉形与脉象名、脉与病的关系、如何切脉等,作详细阐述;第三部分为陈健俟用文言文所作《哀启》,是一份为其父亲陈庆年治病的详尽医案,由尤志心进行标点、注释,并逐段评析。

(华新波　裴　伟　邱隆洪)

【《丹阳谱牒诗词选粹》首发】 2020 年 9 月 13 日,《丹阳谱牒诗词选粹》首发式在丹阳市新时代文明实践中心文化基地举行。省、市谱牒文化专家、丹阳市文艺界代表及参编人员等参与活动。丹阳市是"中华诗词之乡",丹阳市档案馆组织地方文史学者、专家,对族谱中诗词挖掘研究,从 26 个姓氏 29 套家谱中选出千余首诗词,汇编成书。其中既有韦昭、储懋、沈固、丁一道、丁一中等丹阳地方先贤的诗作,也有孟浩然、岳飞、唐顺之、沈周、杨一清、于谦、王世贞、袁枚等著名历史人物的应和酬唱之作,内容多为歌咏云阳八景、管山八景、欧溪十景、麦溪八景、孙山十二景、丁庄八景、黄连山八景等丹阳地方掌故和文化遗迹的佳作。

(马彦如　邱隆洪)

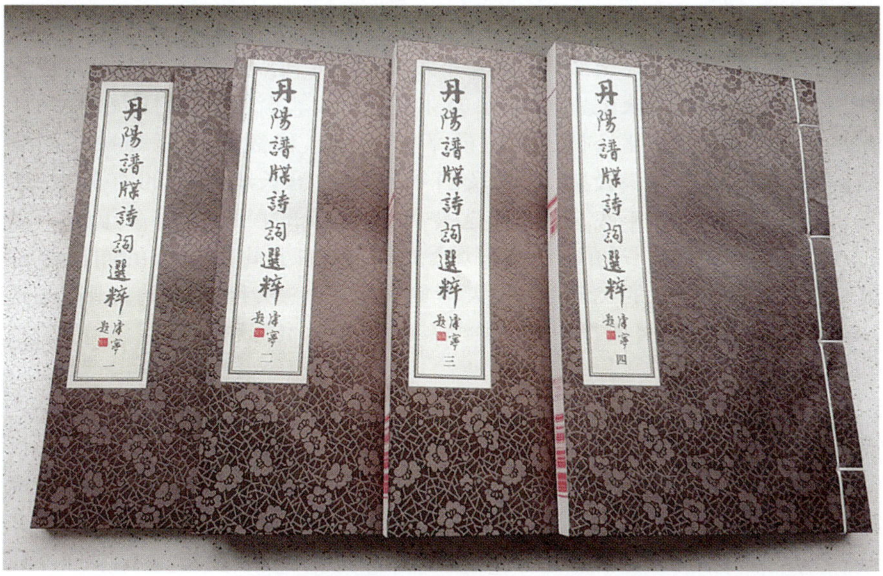

图 27－4　《丹阳谱牒诗词选粹》书影　(邱隆洪　供稿)

【句容葛洪纪念馆建成开放】 2020 年 12 月 27 日,位于句容葛仙湖公园的葛洪纪念馆建成对外开放,中国中医药信息学会葛洪研究会副会长、南京中医药大学教授陈仁寿,葛洪后人共同为纪念馆揭幕。纪念馆牌匾由诺贝尔医学或生理学奖获得者屠呦呦题写。纪念馆为五层,一层是儿童研学区和办公区域,二层、三层和四层分别展示葛洪家族、葛洪生平成就。葛洪,东晋句容人,著名医药学家,著有《抱朴子》《肘后备急方》等,其中《肘后备急方》提出用青蒿治疗疟疾的药方,中国当代女科学家屠呦呦受此启发,发现青蒿素并获诺贝尔奖。

(顾　辉　滕庆海　邱隆洪)

【巫恒通旧居对外开放】 2020 年 10 月,经过近 3 年努力,位于句容市白兔镇的抗战英烈巫恒通旧居完成修缮和展览布置,对外开放。巫恒通(1903 年—1941 年),字天侠,句容市白兔镇柘溪村人。巫恒通烈士遗迹现仅存巫恒通烈士墓和巫恒通旧居两处。其中巫恒通烈士墓经过多次整修,于 2017 年迁至句容市兆文山烈士陵园,巫恒通旧居在修缮前由其后人居住。2018 年,句容市文体广电和旅游局与白兔镇政府共同出资保护、修缮巫恒通旧居。随后白兔镇政府与巫恒通烈士之子巫健柏商谈,通过居住房屋产权置换的方式妥善解决英烈后人居住问题,将英烈旧居产权收归国有并进行修缮,将故居辟为巫恒通烈士纪念场所和红色教育、爱国主义教育的重要基地。

(刘玉斌　滕庆海　邱隆洪)

【扬中三跃社区家风家训标牌】 截至 2020 年底,扬中经济开发区三跃社区有 1200 多户人家悬挂家风牌匾。多年来,三跃社区注重社会美德氛围营造,专门开辟文明实践基地——"家风家训林",围绕"好家风"文明主题,社区连续十多年每年投入 2 万元打造和巩固 130 个家庭小书房,组织开展"和美家庭"评选活动。涌现出"镇江好人""扬中好人"和"扬中市最美家庭"等先进典型。

(孙　薇　胡　群　徐心俊　邱隆洪)

闻捷研究

【概况】 闻捷(1923—1974),当代著名诗人,丹徒高资人,祖籍石马乡巫岗村,谱名巫之禄,曾用名巫咸、巫拓真、赵文节。15岁赴武汉参加抗敌演剧四队。1938年3月加入中国共产党。1940年至延安,在陕北工学学习后在陕北文工团工作。1944年开始文艺创作,“闻捷”成为常用笔名。1945年起,先后任《边区群众报》记者、新华社西北总社采访部主任,1952年任新华社新疆分社社长。1958年任中国作家协会兰州分会副主席。1961年起,在中国作家协会上海分会从事专业创作。1955年发表的《天山牧歌》被誉为劳动与爱情的赞歌。长篇叙事诗《复仇的火焰》第一部《动荡的年代》和第二部《叛乱的草原》分别出版于1959年和1962年,第三部因“文化大革命”而未能完成。《复仇的火焰》等诗歌奠定他在中国新诗界的地位,与贺敬之、郭小川等诗人齐名。20世纪60年代初,闻捷回家乡丹徒体验生活,挂职中共丹徒县委常委,着手创作反映长江岸边人民旧社会苦难史和新社会奋斗史的《长江万里》。其间,他与袁鹰作为中国作家代表团出访阿尔及利亚、巴基斯坦。“文化大革命”开始后,受到“江青反革命集团”及其爪牙的残酷迫害,1971年1月13日含冤去世。1978年,上海文联举行闻捷的骨灰安放仪式,市作协主席巴金主持,为其平反昭雪。2001年,北岳文艺出版社出版《闻捷全集》4卷。2009年,人民文学出版社出版《闻捷诗选(中国文库·文学类)》。2017年,上海市为庆祝党的十九大召开,举办“从石库门到天安门”的诗歌朗诵会,选择18首经典诗歌,其中有闻捷的诗篇——《我思念北京》。

2007年10月,镇江市科技局机关干部沈晓昆投资在高资镇农业技术推广站建成闻捷史料陈列室。2010年5月,迁至高资镇文化中心,更名为闻捷纪念馆。2013年闻捷90周年诞辰之际,闻捷纪念馆迁至高资中心小学,诗人贺敬之和镇江籍院士王元题写“闻捷纪念馆”馆名,画家高莽创作“诗人闻捷”肖像画;闻捷纪念馆编印《永远的闻捷》纪念文集,贺敬之题写书名,诗人与散文家周涛作序。2019年,丹徒区政府、丹徒区高资街道以闻捷纪念馆为基础,在水台村建成闻捷诗歌馆。截至2019年年底,闻捷纪念馆和闻捷诗歌馆接待全国各地参观者数千人次。2013年起,闻捷纪念馆办起闻捷纪念馆网站。至2020年底,该网站点击量超过40万人次。

2018年7月10日,镇江市闻捷研究会成立,蔡永祥任名誉会长,沈晓昆任会长,严有榕和米正英任副会长,吴明宝任秘书长,钱兆南任副秘书长。研究会成立至2020年年底,撰写并发表闻捷研究论文及有关文学作品30余篇、10万余字。

(吴明宝　沈晓昆)

【闻捷诗歌馆建成开放】 2019年,丹徒区政府、丹徒区高资街道在水台村投入900万元,在闻捷纪念馆基础上建成闻捷诗歌馆。该馆占地0.33公顷(5亩),包括主馆、广场、高低廊、六角亭等配套设施,主馆内全部展品主要由原闻捷纪念馆提供。10月12日,闻捷诗歌馆举行开馆仪式,江苏省作家协会一级巡视员王朔、镇江市副市长潘早云等参加开馆仪式,沈晓昆受聘为名誉馆长。2019年12月7日,闻捷长女赵永桔和三女赵咏梅到诗歌馆参观。2020年春节前,闻捷在上海的亲属寄赠5000支铅笔和8000枚书签,作为赠送闻捷诗歌馆参观者的纪念品。

2020年初,闻捷诗歌馆因新冠疫情影响闭馆。4月复馆以后,参观者有50多批次、约5000人。11月,安徽卫视摄制组到闻捷诗歌馆拍摄《诗中国——闻捷的爱情诗》专题片,作为2021年中国共产党成立100周年献礼节目。闻捷诗歌馆开馆以来,参观者近万人次。

(吴明宝　沈晓昆)

【闻捷资料收集】 2020年,闻捷诗歌馆藏品进一步增加,搜集到125件有关闻捷的文献。收到名人签名书5本和20多件20世纪50年代至60年代的报纸文献,其中有中国作协副主席吉狄马加为闻捷诗歌馆的题词和签名书。狄吉马加题词为:“笔含天山诗意,情牵昆仑梦魂。”他在签名书扉页上题写为:“闻捷的名字和他不朽的诗歌,都将永远存活与伟大的中国诗歌史册中。”此外,叶兆言、曹文轩、沙晨、敬一丹、祁智等先后给闻捷诗歌馆题词或签名书。徐伟法等书法家给闻捷诗歌馆赠送书法作品。搜集到人民文学出版社出版的1962年第3期《诗刊》,载有长篇通讯《诗座谈记盛》,记录有朱德、陈毅、郭沫若、周扬及谢冰心、赵朴初、袁鹰、俞平伯、徐迟、魏巍和闻捷等参加的座谈会盛况,以及当年发表这篇长篇通讯的有关报纸。年底,搜集到选登闻捷整理的民间故事《“剥皮”老爷》的《水推长城》复印件,加上此前搜集的闻捷整理的民间故事《天下第一家》《三女拜寿》,共三则,这是《闻捷全集》中没有收入的珍贵资料。

(吴明宝　沈晓昆)

【闻捷研究与纪念文章】 2020年上半年,《镇江日报》《京江晚报》发表4篇闻捷研究及纪念文章。《金山》杂志、镇江市名城研究会年会会刊各发表1篇文章。下半年,当地媒体发表研究及纪念文章4篇。《中国作家》发表5篇,《新长江文学》发表4篇,《浪花文艺》发表3篇,所有发表文章在闻捷纪念馆网站和“闻捷研究”公众号推送。全年闻捷纪念馆网站点击量5万人次。 (吴明宝　沈晓昆)

附:闻捷研究与纪念文章题录(2011年—2020年)

与时代交汇的心灵回响——闻捷、舒婷爱情诗歌比较/周娜/泸州职业技术学院学报2011年第3期
闻捷:边疆新生活的牧歌手/刘大先/中国民族报2011—4—22
在延安怀念闻捷/赵康琪/镇江日报2012—8—24
诗人闻捷的工作调动信/兰州晚报2013—3—1
主流意识形态下的“边地叙事”——民族国家认同与“边地”爱情吟唱——以《复仇的火焰》为例/江磊/黄冈师范学院学报2012年第2期
诗人闻捷之死/王锐/青年作家2013年第3期
闻捷政治抒情诗的民族特色——以《天山牧歌》为例/时曙辉/天中学刊2013年第5期
永远的闻捷/周涛/人民日报2013—6—5
怀念闻捷/赵智远/兰州晚报2013—7—16、中国文化报2013—7—17
再访闻捷纪念馆/吴扬/京江晚报2014—2—16
诗的戏剧化——闻捷的诗《苹果树下》赏析/李丹/青春岁月2014年第3期
纯洁的牧歌与赤诚的赞歌——闻捷诗歌导读/邹建军、刘玉杰/中国诗歌2014年第3期
闻捷《复仇的火焰．动荡的年代》版本考证/杨晓华/丝绸之路2014年第14期
政治话语境里的爱情表达——论闻捷的爱情诗写作/姚宏伟/名作欣赏2014年第10期
“十七年”和“文革”传统诗歌“死亡”解读——以李季闻捷的诗歌创作为例/李家富、陈俐/文教资料2015年17期
闻捷诗歌研究述评/姚洪伟/泸州职业技术学院学报2015年第2期
重识新疆文学及其当代意义——以闻捷、王蒙等人的新疆题材创作为中心/袁盛勇/当代作家评论2016年第5期
复仇的火焰:一部未完的“红色”史诗/马榕/中华读书报2016—2—24
观闻捷纪念馆随感/王芳梅/京江晚报2016—10—28
闻捷的第一部作品——记革命历史剧《翻天覆地的人》两贴/镇江日报2017—6—23
吟唱天山的镇江歌者/滕建峰/金山2017年第9期
奠定闻捷诗坛位置的首部诗集——天山牧歌/毛乐耕/中华读书报2017—6—7
在河西走廊的行走与歌唱/滕建锋/镇江日报2017—7—21
天山谱牧歌曲成天下闻/滕建锋/镇江日报2017—11—17
闻捷生前唯一诗选集——略谈《生活的赞歌》/滕建峰/镇江日报2017—12—1
饱含乡情的炽热/赵康琪/金山2017第12期
乌尔都语的歌唱/滕建锋/镇江日报2018—2—9
高山苍莽人敬仰——高莽先生画诗人闻捷/沈晓昆/镇江日报2018—4—2
我请周涛先生为《永远的闻捷》写序/沈晓昆/镇江日报2018—6—8
物理诗歌本相通——李荫远院士与闻捷纪念馆/沈晓昆/镇江日报2018—7—2
袁鹰先生与闻捷纪念馆/沈晓昆/镇江日报2018—8—3
浅谈闻捷爱情诗/焦韵晗/山西青年2018年第8期
贺敬之先生与闻捷纪念馆/沈晓昆/镇江日报2018—9—25
邵燕祥与闻捷纪念馆/沈晓昆/镇江日报2018—11—9
丁芒与闻捷纪念馆/沈晓昆/镇江日报2018—12—7
闻捷轶事一束/纪迅、冷城/金山2018年第1期
听闻捷谈诗歌创作/王耀良/金山2018年第2期
爱情诗从丹心来/曲延安/金山2018年第3期
诗人闻捷在丹徒/魏长顺/金山2018年第5期
在春风里追寻永恒的诗心/魏燕/金山2018年第6期
激情着歌唱/曲延安/金山2018年第7期
永远的闻捷/冯亦同/金山2018年第8期
重逢闻捷/赵康琪/金山2018年第9期
关于“闻捷谈诗”/孙友田/金山2018年第9期
长忆诗人闻捷/石英/金山2018年第10期
走在“闻捷纪念馆”/杜怀阳/金山2018年第10期
闻捷与王国维/龚舒琴/金山2018年第11期
文节——闻捷/方政/金山2018年第12期
论闻捷《天山牧歌》思想及艺术特色/杜晓丽/南国博览2019年第2期
早春高歌西部的巨星/银笙/金山2019年第3期

(沈晓昆)

出版管理

【概况】 截至2020年年底，镇江市有1家出版社、7种报纸、14种期刊、7个报刊社驻镇江记者站、466家印刷企业。全市一般作品版权登记数量为3728件。

全年完成版权登记3728件，比上年增长22%。申报省级优秀版权作品12件。镇江市推进江苏国家数字出版基地镇江园区发展，培育镇江数字出版企业集中集约发展。截至年底，睿泰数字产业园有入驻、注册单位344家，其中，产业链相关企业272家。通过吸引上下游企业入驻，助力数字教育出版产业链打造。立足名通、易乐等龙头企业，鼓励支持区内数字经济领军企业强化自身特色、提升产品业态、注重版权保护。当年，镇江市版权局获评国家版权局“打击侵权盗版有功单位”。 （赵之辰）

【印刷业管理】 截至2020年年底，镇江市有印刷企业有466家，其中，出版物印刷企业17家、专项印刷企业3家、包装装潢印刷企业284家、其他印刷品印刷企业156家、数字印刷企业6家。全市印刷业工业总产值75.59亿元，工业增加值14.1亿元，实现销售收入71.9亿元，比上年下降4.9%。全市亿元以上产值印刷企业为14家，产值5000万元以上印刷企业为23家。全市印刷业从业人员1.2万人，资产总额110.74亿元，实现利润总额3.2亿元。完成全市印刷企业、出版物发行单位年度核验工作，组织开展发行企业负责人、连续性内部资料性出版物编印和印刷企业负责人法律法规培训，督促规范经营。组织开展对重点商铺、出版物、音像经营市场的“双随机、一公开”检查；联动多部门开展复打印点和发行网点专项检查。镇江市恒宝股份有限公司、江苏中彩印务有限公司2家企业入选“2020中国印刷包装企业100强”。 （赵之辰）

【发行管理】 截至2020年年底，镇江市有出版物发行单位553家，其中，出版物批发单位10家，零售单位543家。全市出版物发行业实现销售额约854万元。完成43家连续性内部资料出版物的年度核验工作。 （赵之辰）

【版权管理】 2020年，镇江市版权局指导市（区）做好版权登记和服务工作，全年完成版权登记3728件。以“4·26世界知识产权日”为切入点，集中开展版权宣传系列活动。镇江市版权局、市扫黄打非办和知识产权局开展广场宣传活动，发放宣传资料；以各市（区）为主体开展系列版权培训；在门户网站、文化网站和微信平台上普及相关法律法规；在文化场馆、闹市区等地张贴宣传海报；在镇街区文体服务中心、村（社区）综合性文化服务中心服务大厅放置宣传展牌、设立临时版权咨询服务点，为群众提供版权法规咨询服务。全年全市14件作品参加优秀版权作品申报，3件作品获摄影美术类三等奖。镇江傲游网络科技有限公司入选国家版权产业转化项目库。 （赵之辰）

【江苏大学出版社】 2020年，江苏大学出版社上报选题409种，其中，首次申报年度选题155种，增补选题254种。全年出版图书700种，其中，新书249种，重印书451种，重印占比64.42%。新书码洋3102万元，重印书码洋6073万元。出版的新书品种包括高等教育教材教辅（130种）、学术著作（71种）、大众读物（48种），各类别的比例为52.2%、28.5%、19.3%。营业收入1620万元。江苏大学出版社有员工48人，其中，副高级职称9人（副编审5人）、中级职称

19 人。

江苏大学出版社完成“十三五”江苏省重点出版规划项目《中国楹联与诗词艺术》的出版工作。《泵及系统理论与关键技术丛书》项目获批国家出版基金资助,该丛书依托国家级科研平台,由流体机械(泵)领域的国内专家学者主持编写,聚焦流体机械(泵)研究领域的最新、最具代表性的重大科研成果和关键技术;丛书包括《消防炮理论与设计》《核主泵内部流动基础理论与技术》《光伏水泵运行特性与优化设计》《离心泵系统节能运行理论与关键技术》《低比转速离心泵内流特性与水力设计》《混流泵瞬态过程理论与特性》6 个分册。组织申报江苏省高等学校重点教材建设项目、教育部中职七科教材建设项目、首届全国教材建设奖全国优秀教材评选,有多本教材入选。14 种教材入选“十三五”职业教育国家规划教材。

面对新冠肺炎疫情,江苏大学出版社组织全国公共卫生事业管理领域的专家学者,以“社区疫情防控”为主题,以“指导社区,教育民众”为目标,编写出版普及读物《新冠肺炎突发疫情的社区防控:组织与管理》《新冠肺炎突发疫情的社区防控:实践指南》,1 个月图书销量突破 15000 册。其中,《新冠肺炎突发疫情的社区防控:组织与管理》获第十届钱学森城市学“城市卫生健康问题”金奖提名奖。出版社策划出版现实题材文学作品《八四医院》,该作品入选 2019 年度中宣部新闻出版署和中作协联合推荐的 25 部优秀原创文学作品,同时获南京艺术基金的立项资助。当年,出版社的新出高等教育教材数量略有下降,组织开发职业教育、本科教育和研究生教育教材。

江苏大学出版社打造“泵流体系列”丛书,累计出版系列专著近 20 种。当年,出版《泵叶轮正反问题》《大型低扬程泵站理论与实践》《离心泵非定常内流激励特性及其控制》《喷微灌工程与应用》《喷微灌装备理论与技术》。同时,做好理工科系列专著的出版工作,推出“光电材料器件测试及控制技术系列丛书”,该丛书反映省内高校在光电材料研究方面的最新研究成果。

江苏大学出版社出版一批反映中国高等教育和中小学教育发展研究的学术专著,包括《教育扶贫研究》《新时期高校法治文化建设问题研究》《积极心理学视角下大学生极端心理危机的影响因素与干预机制研究》《知行明德:新时代高校辅导员的发展之道》《班主任工作原理与策略》《小学创客课程的建构与实践探索》《小学信息技术学科思维与数字化学习》《爱在“达学园”:幼儿园外场课程的探究与实践》等,涉及教育事业发展、高校文化建设、教师队伍建设、课程建设等方面。

江苏大学出版社出版《树木画投射测验全息分析理论和技术》。该书将研究贯穿到潜意识空间,从分析理论、研究方法、指标体系等方面创立具有中国本土特色的绘画投射测验体系,并在应用层面进行大量实践。出版农业指导用书《镇江林业病虫》。江苏大学出版社经整理、修订,重新推出《杨海明词学文集》(精装本),该丛书共 10 卷。

江苏大学出版社推出《镇江诗词一百首》《镇江小史》《苏颂精神长青:北宋著名科学家苏颂史料研究》等反映镇江人文历史的大众读物。出版《恒顺故事》,向读者介绍镇江恒顺酱醋厂的历史沿革、产品理念和人才培养战略。

江苏大学出版社做好农家书屋和中小学图书馆书目推荐工作,有 1 种图书入选 2020 年全国农家书屋重点图书推荐目录,19 种图书入选 2020 年江苏省农家书屋重点出版物推荐目录,2 种图书入选 2020 年河南省中小学图书馆(室)推荐书目。出版社开发阅读研究方面的选题,出版《典藏遗产:博物馆、美术馆与图书馆》《高校图书馆从传统走向大数据》《新媒介环境下图书馆读者心理演变研究》。

当年,江苏大学出版社出版的书籍《亲历农机化:中国农机化发展历程》获评“2019 苏版好书”;《近代中国中小学公民教育研究》获江苏省第十六届哲学社会科学优秀成果奖二等奖;《近代中国中小学教员资格检定制度研究》《诗词里的镇江地名》《碳排放转移:宏观涌现与微观机理》《汉画像石西王母图像方位模式研究》获江苏省第十六届哲学社会科学优秀成果奖三等奖;《小学信息技术学科学生计算思维培养的实践研究》获第五届江苏省教育科学优秀成果奖二等奖;《镇江文物志》获评江苏省地方志书质量评定优秀成果;《永不打烊的警务室》获江苏省第七届紫金山文学奖(报告文学奖);《韵河:扬州牵头中国大运河申遗八年纪实》获首届“南钢·江苏报告文学奖”优秀作品奖;《永不打烊的警务室》《大医许祥生》获首届南钢江苏报告文学奖;《张雅琴:一个女支书的新农村创业传奇》获首届南钢江苏报告文学奖荣誉奖。(常　钰)

报业传媒

【概况】 2020 年,镇江报业传媒集团(以下简称报业集团)在做好宣传的同时,加强经营活动的组织策划,拓展业务领域。打造镇江政务微信群,拓展书画市场,开展镇江故事绘本大赛。《京江晚报》、金山网、“今日镇江”客户端及微信公众号明确定位,与党报形成差异化报道。回应民生关切问题,引导社会舆情。针对读者和群众关心的热点,进行建设性舆论监督,引导采编人员关注基层,关注群众的切身利益。

报业集团在开办《镇江日报》《京江晚报》的基础

上，推进“报网端微”平台建设。打造金山网微信公众号和“今日镇江”客户端平台，在“江苏省重点新闻媒体微信排行榜”中，金山网微信由上年的第19名上升到第17名。“镇江发布”微信、金山网微博、“镇江发布”微博、其他微博矩阵阅读量比上年均有增长；金山网今日头条推荐量、“镇江发布”今日头条推荐量，比上年有增长。承接“学习强国”镇江地区供稿平台，发稿采用逾300篇。运用文字、图片、视频、原创手绘、H5等多种形式增强可读性和传播力。推出“e”访谈、“精美镇江”微信图文、“镇江解放见证人”等视频专题。《虹起大江涌，放歌新时代》快闪短视频作品登上“学习强国”平台。报业集团、市地方金融监管局、人行镇江市中心支行、镇江银保监分局等部门在《镇江日报》开设《优化金融生态，助力产业强市》专版专栏。《镇江日报》为江苏恒顺醋业股份有限公司建立180周年拟定相关宣传活动方案。当年，镇江报业传媒集团主办的“第32届增华阁阅读写作大赛”被认证为2019年度江苏省一类公益阅读推广活动，“金山e支教 大爱中国行”网络扶贫案例获“江苏省网络扶贫优秀案例”奖。

报业集团开展“心语心愿”“社会妈妈”“爱心年夜饭”“金山e支教”“书香镇江关爱行动”等公益活动。其中，“心语心愿”工作室被镇江市委组织部命名为“党员示范岗”，“爱心年夜饭”活动每年为困难家庭发放年夜饭。（伍广庆　吴峰云）

【“十三五”期间主要情况】　“十三五”期间，镇江报业传媒集团按照中共镇江市委、市政府统一部署和要求，抓住融合发展主线，做好宣传、做强媒体、做大产业、做优队伍，完成“十三五”的各项指标。集团稳定广告、发行、印刷等核心业务。加强经营活动的组织策划，整合社会资源，拓展业务领域。优化公共阅报栏、公共自行车亭的布点，提高集团经营管理能力。“十三五”期间，该集团获评“江苏省文明单位”。

加强新闻策划组织报道。“十三五”期间，镇江报业集团强化重大宣传的策划，推出《砥砺奋进的五年》《镜头记录·五年里的变迁》等专栏；推出《深度对接苏南 深化改革创新》《聚焦营商环境》《40年聆听风云人物故事》等宣传栏目。围绕“总书记视察镇江五周年”推出“牢记总书记嘱托，书写强富美高答卷”“聚力产业强市，推进高质量发展”“新中国成立70周年和镇江解放70周年”“扫黑除恶专项斗争”等内容的系列报道。组织策划全面小康系列宣传、抗击新冠肺炎疫情宣传等报道。

该集团把媒体融合作为转型升级的重点。坚持移动优先，扶持金山网发展，投资200多万元完成历史报纸数字化工作，投资100多万元建成网络视频直播室。“今日镇江”客户端用户近30万人；金山网微博、微信矩阵用户近20万人；“镇江发布”微博、微信矩阵用户60多万人。（吴峰云）

【全面建成小康社会系列宣传】　2020年，镇江报业传媒集团制定全面建成小康社会宣传方案，《镇江日报》先后推出“贯彻市委市政府最新工作部署系列访谈”“贯彻‘两会’精神系列访谈”“圆梦全面小康·脱贫者说”等七个系列专题报道；《京江晚报》记者采访全面小康的建设者、参与者、受益者等，以记者一日出镜的形式推出封面VLOG小康日志。推出“万人游镇江 眼见为实小康行”活动，组织市民实地感受小康生活变迁。开辟《镜头里的小康故事》《数读小康》等栏目，以看图写话的方式，报道全面小康。（伍广庆）

【产业强市、“比学赶超，争先进位”系列宣传】　2020年，镇江报业传媒集团围绕“跑起来”主题，组织全媒体采访队伍走进园区、走进企业、走近项目，推出“比学赶超看园区”系列报道，展现镇江各园区在招商引资、项目建设、产业发展、改革创新等方面的实绩。《镇江日报》开设专栏《聚力产业强市 奋力争先进位》，内设《发展尖兵·镇江榜样》《一把手访谈》《贯彻产业强市大会精神系列评论》等多个子栏目。（伍广庆）

【抗击新冠肺炎疫情宣传】　2020年，镇江报业传媒集团组建抗击新冠肺炎疫情报道专班，整合调度全媒体采编人员，启动创意策划、一线采访和全媒体编发联动的快速反应机制，深入报道全市各级党委、政府防控新冠肺炎疫情的举措。《镇江日报》推出系列报道《战“疫”·践行初心使命的时代交响》，分医护篇、党员篇、企业篇、大爱篇、保障篇等5大板块。《京江晚报》加强对镇江支援湖北医护人员的报道。在金山网、“镇江论坛”、微信群、QQ群、微信朋友圈、微博等平台开展防控知识宣传，制作推出微视频、公益广告、H5等新媒体产品。开设“‘宅家也精彩’短视频大赛”专题，倡议广大市民不聚集、少走动，居家防控新冠肺炎疫情。金山网流量比上年增长60%，“镇江发布”和“今日镇江”增长100%。（伍广庆）

【计划留镇大学生“镇江一日”暨践行“四力”在路上记者节活动】　2020年11月8日，镇江报业传媒集团、中国电信镇江分公司、索普集团、镇江港务集团、文旅集团等联合组织开展计划留镇大学生“镇江一日”暨践行“四力”在路上记者节活动。120名计划留在镇江的大学生参加活动。该活动旨在向驻镇江高校大学生更好宣传镇江、推介镇江。活动过程中，大学生们参观五峰山长江大桥、索普生产厂区、镇江港、金山湖水上游览线等。（吴峰云）

2020 年镇江报业传媒集团新闻作品获奖情况表

表 28 －1

2019 年度江苏省报纸版面获奖作品			
奖级	标　题	类　别	编辑
一等奖	《镇江日报》3 月 12 日 4 版 ~5 版	版面	方　舒、吴　斌
三等奖	《京江晚报》6 月 20 日封面	版面	徐贤礼、胡　骏
2019 年度江苏省优秀新闻论文作品			
奖级	标题及媒体	类　别	作者
三等奖	《以记者“四力”增强媒体“四力”》《中国报业》	论文	刘兰明
	《“话题”引领“人物”主导“故事”聚合——〈镇江日报〉创新“四季歌”报道的探索》《新闻战线》	论文	王景曙
2019 年度江苏省新闻漫画获奖作品			
奖级	标题及媒体	类　别	作者
三等奖	《传承五千年中华文明 讲述新时代中国故事》《镇江日报》	漫画	方　舒
2019 年度江苏省报纸副刊获奖作品			
奖级	标题及媒体	类　别	作者
二等奖	《乖张不是真性情》《镇江日报》	文艺评论	滕建锋
三等奖	《马兰，我的精神家园》《京江晚报》	散文	沙艳秋
2019 年度江苏省好新闻（摄影）获奖作品			
奖级	标题及媒体	类　别	作者
三等奖	《因为 9 年前的一句承诺　19 朵“格桑花”来镇“省亲”》（组照）《镇江日报》《京江晚报》	摄影作品	马镇丹
2019 年度江苏省优秀新闻摄影获奖作品			
奖级	标题及媒体	类　别	作者
铜　奖	《因为 9 年前的一句承诺　19 朵“格桑花”来镇“省亲”》（组照）《镇江日报》《京江晚报》	摄影作品	马镇丹
	《镇江长江五峰山大桥建设》（组照）《镇江日报》《京江晚报》	摄影作品	谢道韫
	《禁钓成了摆设》（单幅）《京江晚报》	摄影作品	马镇丹
	《鲜花换纸钱　共筑防火墙》（单幅）《京江晚报》	摄影作品	文　雯
《京江晚报》获 2019 年度赵超构新闻奖篇目			
奖级	标　题	类　别	作者、编辑
一等奖	《应诉土耳其反保障措施无税结案天工挑战国际贸易壁垒“三连胜”》	消息	作者：张翀煜、邱隆洪（白世国） 编辑：李　恒、王爱敏
二等奖	《怪事！20 辆新公交车居然无人认领》	消息	作者：张驰川　编辑：王坚平、孙　力
	《有种等候叫望子成龙》	摄影	作者：王　呈　编辑：王爱敏
三等奖	《一对新人省下 30 万酒席钱成立基金“励学敦行”》	消息	作者：张翀煜、张立华、朱秋霞 编辑：刁　斌、周本林
	《镇江五峰山长江大桥建设》	摄影	作者：谢道韫　编辑：徐贤礼
	《万人打酱油》	摄影	作者：辛　一　编辑：巫悦萌
《镇江日报》参加 2019 年度全国报纸副刊作品评选获奖篇目			
奖级	标　题	类　别	作者、编辑
三等奖	《中年人的焦虑》	杂文	作者：花　蕾　编辑：滕建锋
	《名城品读》	专栏	编辑：花　蕾
	2019 年 6 月 21 日 9 版	版面	编辑：滕建锋、笪　伟
《京江晚报》参加 2019 年度全国报纸副刊作品评选获奖篇目			
奖级	标　题	类　别	编　辑
优秀专栏	《来弄潮》	专栏	编辑：肖方元、郑海仑、胡　骏
优秀版面	2019 年 4 月 29 日 A13 版	版面	编辑：沙艳秋、郑海仑

续表 28－1

《镇江日报》参加 2019 年度全省报纸副刊作品评选获奖篇目			
奖级	标　题	类　别	作者、编辑
二等奖	《乖张不是真性情》	文艺评论	作者:滕建锋　编辑:笪　伟
	《听潮的王国维》	散文	作者:马　温　编辑:花　蕾
	《70 年前,这所大学完整交还人民》	大特写	作者:滕建锋　编辑:笪　伟
三等奖	《生命之火,温暖长留》	大特写	作者:花　蕾、谢　勇　编辑:滕建锋、笪　伟
《京江晚报》参加 2019 年度全省报纸副刊作品评选获奖篇目			
奖级	标　题	类　别	作者、编辑
一等奖	《马兰,我的精神家园》	散文	作者:沙艳秋　编辑:郑海仑
三等奖	《那些为钱奋斗的人们》	散文	作者:陈　洁　编辑:郑海仑、卢伟庆
	《今夜,我在德令哈》	散文	作者:常秀华　编辑:沙艳秋
	《英灵山寻秦记》	散文	作者:卢伟庆　编辑:卢伟庆、郑海仑
	《种葡萄的小舅舅》	散文	作者:朱　朱　编辑:卢伟庆、胡骏
	《家谱记载的陈观阳家族世系》	特写	作者:邱隆洪、马阿林
	《闲说金兀术脱逃龙王庙》	散文	作者:刁　斌　编辑:卢伟庆
	《满怀深情写诗评——浅析闻捷的诗歌评论》	特写	作者:吴明宝、沈晓昆　编辑:沙艳秋、肖方元

（吴峰云）

广播影视

【概况】 2020 年,镇江文广集团实施"媒体＋"战略,加强全媒体产品供给研发,推动事业产业发展。

新闻宣传工作。镇江文广集团所属媒体围绕"全面建成小康社会、脱贫攻坚"主题,策划开设《党建引领 乡村振兴》《助力脱贫攻坚 镇江在行动》《走向我们的小康生活》等专题专栏,推出系列报道、新闻专稿 2504 篇。围绕"新冠肺炎疫情防控"主题,组织开展《打赢疫情防控阻击战》《同心战疫情,镇江在行动!》《夺取疫情防控和经济社会发展"双胜利"》等系列宣传报道,采发相关报道 5073 篇。围绕"产业强市""文明城市建设"主题,推出《思想大解放 发展高质量》《建设更高水平文明城市》等专题专栏,制作播出系列报道、新闻专稿 1804 篇。拓展新媒体外宣渠道,推进新闻宣传创新创优,在中央电视台用稿 40 条,在中央人民广播电台用稿 40 条。"一起镇江"App 发布信息 4 万多条,阅读量 1600 多万次。推出《市委书记马明龙初谈镇江优势,满满都是信心》《镇江地名文化》《跑起来,镇江!》等系列短视频。开展"无接触 5G 视频庭审直播",与南京市、扬州市联合推出"三城一水间、云游宁镇杨"直播活动,开展"宅家买菜"新闻公益行动、"社科普及基地市民一日行"、"苏货直播 e 起小康"、"脱贫日"等主题活动。实施完成新闻频道全流程高清化技术改造项目。

作品创作工作。复排音乐剧《九九艳阳天》,并组织该剧在武汉、上海、青岛、天津、句容、宝应、兴化等地演出 11 场。完成 2020 金山文化艺术节精品剧目展演工作。拍摄制作纪录片《扬剧金派"第一小生"——国家非物质文化遗产传承人姚恭林》。制作广播剧《小号手》在中央广播电视总台"中国之声"、江苏故事广播等频率播出。制作长篇报告文学《桥魂》,记述五峰山长江大桥建设过程和建设者的智慧和坚守。举办第十一届中国·镇江文物艺术品交流展暨第五届文物商店艺术品拍卖会、镇江市青少年音乐会、镇江市中老年春晚等品牌文化活动。策划执行 2020 年金山文化艺术节开幕式、2020 紫金文化艺术节群文广场演出镇江分会场暨金山文化艺术节闭幕式、2020 金山文化旅游节开幕式、中央电视台农业频道"全国美丽乡村微视频"颁奖典礼等活动。

产业拓展工作。镇江文广集团探索"融媒体＋电商"的发展新路径,打造"文广优选"项目,建立并扩大"文广优选"社群,实施"全员分销"和"主播带货"等模式,加速与电子商务领域融合。文广集团拓展转贷服务、保理业务、大众健康医疗项目等金融强关联产业。加强与中建科技、ABB(中国)公司等央企国企、"世界五百强"企业合作,与 ABB(中国)公司签署战略合作协议,成为 ABB 电气产品经销商。参与连镇铁路丹徒站、扬州东站、五峰山长江大桥等电力工程项目建设,全年完成电力工程合同收入 1.1 亿元。对接"数字镇江"项目。投资建设光伏电站项目并网发电,实现年利润 100 万元。完成第 1 批无雨棚站台项目 10 座亭体的建设工作、智能公交站台的设备维护和保洁工作。推进“丝路屏媒”项目，面对新冠肺炎疫情，将市场拓展重心由国外转向国内，与北京首都机场广告有限公司签署47家机场（包括14家干线机场，33家支线机场）的合作协议。会展业务板块向展厅、场景设计施工等方面延伸，承接包含无锡智慧展厅设计、镇江老小区改造设计施工、镇江新区践行“三高一争”重大项目集中签约开工仪式、推动三峡集团长江经济带城镇污水治理工作现场会、万企联万村共走振兴路现场会、恒顺180周年高质量发展峰会等一系列项目和活动。

当年，镇江文广集团获CPTN（中国公共电视新闻网）“新闻协作杰出交流奖”、2020年度中央广播电视总台中国之声新闻报道突出贡献奖；文广集团广播管理中心获江苏省广播电视政府奖先进广播电视单位奖；《新闻早报》栏目获江苏省广播电视政府奖广播电视栏目奖；37件作品获江苏省优秀广播电视节目奖；与市文广旅局联合创排的扬剧《茶山女人》获2020紫金文化艺术节优秀剧目奖。（王　骏）

【电影行业管理】　2020年，镇江市城市影院放映电影23万场、观影196.53万人次、票房6594.90万元（含服务费）。农村公益放映影片5561场次、观影76.34万人次。全年完成5家乡镇影院建设，乡镇影院建设覆盖率32.26%，列全省第5名。电影《彩云深处》获评2020中国国际儿童电影展“最喜爱的中国故事片”。（陶佳娟）

【电商平台建设】　2020年，面对新冠肺炎疫情，镇江文广集团启动“宅家买菜”新闻公益行动。借助“一起镇江”平台，整合资源，组建配送团队，在“产、供、销、配、送”5个方面解决城市本土商品配送难题，形成“宅家买菜”新闻公益行动的品牌。单日成交量最高近1000笔订单，销售蔬菜、水果、生鲜食品7万多吨，服务群众10万人次。同时，通过完善平台电商功能和增加平台销售的商品种类，依托“一起镇江”手机客户端的“宅家买菜”转型升级为“文广优选”，建立并扩大“文广优选”社群，实施“全员分销”和“主播带货”等模式，加速与电子商务领域融合。5月—7月，文广集团举办“电商大惠”活动，平台订单量超8000单，成交金额51.27万元，其中，6场助农直播订单量2188单，成交金额15.63万元。（王　骏）

【“融媒体+充电桩”项目】　2020年，镇江文广集团实施“融媒体+充电桩”项目，在镇江市企事业单位、城市综合体、商务办公楼、大型居民区、公园景区等各类人群密集场所建设12座电动汽车充电站。通过站体宣传广告位、充电桩电子显示屏和“文广充电”App相结合的方式，使户外媒体、电视媒体和网络媒体融为一体。（王　骏）

2020年镇江文广集团新闻宣传创优获奖情况表

表28－2

江苏省广播电视政府奖			
奖级	获奖作品（单位或个人）	奖　项	主创人员
	《新闻早报》	广播电视栏目奖	孙文萍、黄岩、王晓琴、任佳、张舒
	镇江市广播电视台广播管理中心	先进广播电视单位奖	—
提名奖	《莫让共享经济成为“共享危机”》	广播电视节目奖	李军、范梅源、潘宇琴、卫晓峰
提名奖	《长风破浪会有时》	广播电视节目奖	张兵、沈卓、贺萍、孙海明、田原
提名奖	《落子无悔》	网络视听节目奖	孙逊、伊萌、张达、王迪君、张兵、沈卓、黄宏斌、金威、朱鹏、王铮、徐颖
提名奖	《历史文化名城镇江》	电视节目录制技术质量奖	—
提名奖	江苏镇江中波发射台	安全播出奖	—
江苏省新闻媒体“走转改”优秀新闻作品（2019年）			
奖级	获奖作品（单位或个人）	奖　项	主创人员
一等奖	《村小启示大——农业合作社的“戴庄模式”》	江苏省新闻媒体“走转改”优秀新闻作品	周文超、牛国付
2019年度江苏省优秀广播电视节目奖			
奖级	获奖作品（单位或个人）	奖　项	主创人员
一等奖	《闪闪“镇江星”》	江苏广播社教节目奖对象性节目	王羽宣、张之旭、朱青
一等奖	《提升地方电视新闻的“调查指数”——关于地方电视主流媒体提升公信力的几点思考》	江苏省广播电视学术论文奖节目研究	李军、范梅源
一等奖	《领先播报》	江苏广播电视播音与主持作品奖广播主持新闻	高扬
一等奖	《厚植爱国情是不可或缺的第一课》	江苏广播电视报刊新闻与专稿奖评论	朱晨

续表 28－2

2019 年度江苏省优秀广播电视节目奖			
奖级	获奖作品(单位或个人)	奖　项	主创人员
优秀栏目	《空中门诊》	江苏广播社教节目奖优秀栏目	陈卓伟(卓玮)、陶颖峰
	《新闻早报》	江苏广播新闻奖优秀栏目	集体
二等奖	《繁华散尽长恨歌》	江苏广播电视播音与主持作品奖电视播音文艺	钱世彤
	《新闻镇江》	江苏广播电视播音与主持作品奖电视播音新闻	曹紫阳、代思梦
	《师道·传承》	江苏电视社教节目奖公益广告	李军、杨凌、张文欣、曹惠
	《刘欣:福克斯频道的中国嘉宾》	江苏广播电视彩虹奖对外电视专题	秦寅、尹媛媛、伏涛、朱正云
	《胜过亲生的半路母子》	江苏广播电视播音与主持作品奖广播播音社教	马婵
	《茅善玉:守"沪"敦煌的女儿》	江苏广播电视报刊新闻与专稿奖专访	朱晶晶
	《崇德扬善 共建家园——2019"大爱之星"年度人物盛典》	江苏广播新闻奖现场直播	陶颖峰、孙文萍、卓玮(陈卓伟)、陆飞(翟骏昕)
	《由生命托举说道路交通事故救援中的二次伤害》	江苏广播社教节目奖知识性节目	陶颖峰、施梦菲
	《转业不转志、退伍不褪色——镇江最美退役军人》	江苏广播新闻奖连续(系列)报道	沙月莹、赵欢、黄灏、孙文萍、梁晨
	《这一家人》	江苏广播新闻奖访谈节目	孙文萍、陈卓伟(卓玮)
	《为了万里之外的患者》	江苏广播社教节目奖公众性节目	赵欢、王书、孙文萍、梁晨
	《镇江解放,听见证人说》	江苏广播社教节目奖特别节目	集体
	《又见九九艳阳天》	江苏广播文艺奖音乐节目	任佳、周艺雯、孙文萍
三等奖	《凝聚民意 让百姓成为社会治理的"主角"》	江苏电视新闻奖评论	苏烨、秦寅、尹升辉、潘登
	《曲溪堂里传匠心》	江苏广播电视彩虹奖对外广播专题	孙文萍、黄岩
	《从窨井"吃人"到有奖举报,小小奖励撬动了什么?》	江苏广播新闻奖评论	赵欢、孙文萍、高静
	《一起听镇江》	江苏广播电视播音与主持作品奖广播播音新闻	高静
	《不忘初心,为民服务》	江苏广播电视播音与主持作品奖广播播音社教	高晓红
	《入骨相思无尽处,唯以诗词寄哀情》	江苏广播电视播音与主持作品奖广播播音文艺	周浩
	《"5G＋融媒体创新实验室"揭牌镇江文广联手镇江电信合作探索 5G＋融媒体新生态》	江苏广播电视报刊新闻与专稿奖消息	朱晶晶
	《"随手扔"变"随手分" 我市多措并举推行生活垃圾分类》	江苏广播电视报刊新闻与专稿奖通讯	朱晨
	《大手牵小手——"走进镇江"》	江苏电视文艺奖综艺节目	刘元良、张兵、孙国芳、王剑、姜岚、刘博文、鞠文倩、唐莉
	《荣炳〈家乡的油菜花〉》	江苏电视文艺奖音乐节目	包荣军、仲梅、王剑、刘博文
	《追寻》	江苏电视社教节目奖长纪录片	李军、曹惠、张文欣、林海琴
	《"听见"世界》	江苏电视社教节目奖科普节目	李军、胡雪、陈国、朱颖华
	《镇江市 2019"信用让消费放心"3.15 消费者权益日主题直播》	江苏电视社教节目奖特别节目	李军、曹惠、周媛媛、刘博文、贾峰、李卓颖、栾凡、林海琴
	《融媒时代的庭审直播》	江苏省广播电视学术论文奖节目研究	戴建平、赵丽江
	《如何让时政题材的短视频更具可看性?——基于"我向市长说句话"系列短视频实际操作的思考》	江苏省广播电视学术论文奖新媒体研究	秦寅
	《镇江各地》	江苏广播电视播音与主持作品奖电视主持新闻	周倩芸
	《读者时间》书香进校园——"孝"主题文化班会	江苏广播电视播音与主持作品奖电视主持社教	陈静
	"蜘蛛人"百米高空遇险 市民合力成功施救	江苏电视新闻奖短消息	葛亮、陈进、朱正云、陈康

续表 28－2

奖级	获奖作品(单位或个人)	奖　项	主创人员
2020 年全省广播电视公益广告优秀作品			
奖级	获奖作品(单位或个人)	奖　项	主创人员
	《依法纳税》	全省广播电视公益广告优秀作品	朱青、成石磊
	《感冒,请您自觉戴口罩》	全省广播电视公益广告优秀作品	周萍
	《马路神功》	全省广播电视公益广告优秀作品	刘超
2020 年度江苏省广播电视节目录制技术质量奖			
奖级	获奖作品(单位或个人)	奖　项	主创人员
二等奖	《保护江豚》	(广播)广告类	刘胜哲、毛砚慧、方芳
	《2020 镇江少儿春晚》	(电视)综艺类	王婧、吕杰、朱舒雅、张善玉、刘东、何磊、高宇澄、王怀逸
三等奖	《火眼金睛让高铁更安全》	(广播)语言类	黄卫
	《新中国开始摇滚了》	(广播)语言类	刘胜哲、张扬
	《关键词"隔离"》	(广播)语言类	刘胜哲、黄岩
	《爸爸的书房》	(广播)片花类	刘胜哲、宋法敏
	《2020 镇江少儿春晚》	(电视)片头类	潘杰、顾子健、王禹琛
	《舞爸舞妈》	(电视)片头类	王婧、朱舒雅、刘冰阳
2020 年度江苏省广播电视科技创新奖			
奖级	获奖作品(单位或个人)	奖　项	主创人员
二等奖	《多区域,多场景大型应急演练高清直播方案》	江苏省广播电视科技创新奖	杨捷、吕国钧、余建忠、刘青、何静、张善玉
2020 年(第 25 届)全国广播电视技术能手竞赛预选赛(江苏赛区)暨江苏省广播电视行业职业技能竞赛个人奖			
奖级	获奖作品(单位或个人)	奖　项	主创人员
三等奖	傅迪	江苏省广播电视行业职业技能竞赛个人奖	—
	张一颖	江苏省广播电视行业职业技能竞赛个人奖	—

(王　骏)

图书发行

【概况】 2020 年,江苏凤凰新华书店集团有限公司镇江分公司围绕经营管理目标和各项工作任务,加强管理,改革创新,拓展市场。全年销售(含丹徒区)9310 万元,实现利润 649 万元。加强社会效益工作和企业文化建设,组织多形式全民阅读推广活动;开展创建文明单位、创星级门店活动。全年开展"白衣天使 守护健康"活动、"让阅读成为童年最好的陪伴"绿书签行动、"江苏 12 本好书"和"2019 年度中国好书"联展活动。全年发行《习近平谈治国理政(第三卷)》5 万多册。10 月,邀请儿童文学作家英娃到江滨实验小学举办公益讲座。举办《交响曲的声音》和《阅读文学和文学阅读》文化讲座,并同步直播,浏览量 30 万人次。

新冠肺炎疫情期间,组织员工在家办公,开展线上学习培训。春季教材发运期间,对接地方防控和交通管理部门,为镇江市的教材发运开辟绿色通道;对接教育主管部门和学校,通过邮寄和分散领取等新形式将教材送至学生手上,完成"课前到书、人手一册"的工作任务。大中专教材的发放采用新模式,秋季开学后,根据学生到校批次,分 4 次到校发放教材。开拓线上销售模式,通过"抖音"等平台宣传图书;开设微店,扩大线上销售品种。　(姚　远)

【"假期阅读征文"活动】 2020 年,镇江新华书店与京口区、润州区教育局以及镇江新区社会发展局举办"假期征文活动",引导学生阅读优秀读物。寒、暑假期间全市各有 4 万多名中小学生参加活动,收到征文 6000 多篇。活动期间,镇江新华书店在各门店设立优秀课外读物专架。　(姚　远)

2020 年镇江市新华书店经营情况表

表 28－3

店　名	营收总额（万元）	册　数（万册）	利润总额（万元）	劳动生产率（万元/人）	年末固定资产原值(万元)
镇江市	7860.85	293.31	379.98	98.26	1602.97
丹徒区	1449.39	109.9	269.73	289.88	566.86
丹阳市	6027.05	515.49	349.86	94.17	5972.37
句容市	3630.94	325.02	325.18	93.10	4476.30
扬中市	3426.32	297.02	206.06	107.07	839.58
合　计	22394.55	1540.74	1530.81	101.79	13458.08

（姚　远）

网络媒体

【概况】　截至2019 年12 月底，镇江市 IPv4 地址数为68.7 万个。推进 IPv6 规模部署工作，规划 Ipv6 地址数 193.9 亿块/64；使用 Ipv6 地址数 143.1 亿块/64。镇江市网民规模为 192 万人，农村网民占比为25.0%。镇江市互联网普及率为 60.1%。镇江市网民中，以 20 岁～39 岁年龄段为主要群体，比例合计为65.4%，其中，20 岁～29 岁年龄段的网民占比最高，为 36.7%。98.6% 的人通过手机接入互联网，手机网民规模为 189 万人。镇江市网民人均周上网时长为33.8 小时，比全国平均水平（30.8 小时）高出 3 小时，比江苏整体水平（31.6 小时）高出 2.2 小时，比苏南地区的平均水平（33.3 小时）高出 0.5 小时。从镇江市网民对各类互联网应用的使用情况看，即时通信、搜索引擎、网络新闻、网络视频等应用的使用率均在70% 以上，即时通信的使用率为 96.1%。

2020 年，镇江市首次编制《2019 数字镇江建设发展报告》，梳理“数字镇江”建设成绩，明确“数字镇江”建设任务和发展重点。编制《2019 年镇江市互联网发展状况报告》，发布网民规模和互联网用户、网民互联网应用、互联网基础设施和资源、工业互联网发展、互联网企业发展、网络安全等方面的情况。启动规划编制工作，《镇江市“十四五”网络安全和信息化发展规划》被纳入市级重点规划目录，《镇江市“十四五”信息化发展规划》被纳入“十四五”市级专项规划编制目录。

网络新闻信息传播和社会工作。研究出台网络安全党委（党组）工作责任制考核指南，优化考核指标和操作办法，强化网络安全工作顶层设计。开展 2020 镇江网络嘉年华暨“听・见小康 加速奔跑”全媒体行动，围绕“决胜全面建成小康社会”“产业强市再出发”等五大主题，开展 30 多项网络文化子活动，推动网络文化发展。镇江市委网信办以“网信镇江”微信平台及“人民号”为阵地，推出微网评专栏《“镇”在评》。制作网络公益微电影《全城救援》。

网络安全管理工作。镇江市发放“重要敏感舆情通报反馈联系单”，提升舆情发现力、研判力、引导力和处置力。当年，镇江市获评“全省专项行动优秀集体”。出台《网络安全“飞行检查”管理办法（试行）》，对 60 余家单位进行网络安全“体检”，打造“四全网安”工作品牌，经验做法被中央网信办、省委网信办推广。

（丁淑芬）

【新冠肺炎疫情防控工作】　2020 年，新冠肺炎疫情发生后，镇江市委网信办启动 7×24 小时不间断的快速响应机制，建立网情专报制度，编发专报近百期。发挥新媒体、自媒体优势，组织全市重点新闻网站、客户端开设专题专栏，推送正能量稿件 1 万余篇，推出抗疫 H5 作品、海报、漫画图集等原创新媒体产品和“镇在评”系列微网评 100 余篇，总点击量超过 1 亿次；策划“‘三招’齐发力 加速‘跑起来’”主题网宣活动，制作发布各类稿件近百篇；加强“数字防疫”，协调数十家企事业单位推出五大类 20 项信息化产品和服务，涵盖“防疫抗疫”、网络安全、线上办公、线上商务、健康医疗等五大行业，相关经验做法被中央网信办推广。

（丁淑芬）

【“网事三部曲”综合治理体系】　2020 年，镇江市委网信办加强网络综合治理，打造“网事三部曲”，形成镇江特色品牌。其中，“网事当面说”构建党委政府与网民直接沟通渠道；“网事茶馆”通过网信“普法课”，引导互联网企业遵纪守法；“网事园丁”招募数百名网络志愿者，做好未成年人网络防护工作。“网事三部曲”先后被中央和省网信动态信息推介，典型案例被“学习强国”、人民网、“网信江苏”等多平台推送，并被省委改革办《江苏改革简报》专刊录用；同时，获评

"2020全国民生示范工程""2020年度全省宣传思想文化工作创新奖""2020年度全省网信工作创新奖"。
（胡晓健）

【"网眼看镇江见'镇'跑起来"网络主题宣传活动】 2020年，镇江市网信办开展"网眼看镇江见'镇'跑起来"网络主题宣传活动。先后发布各类稿件300多篇，并在腾讯、新浪、网易等国内重点网络平台推送转发各类网络短视频50余部、图文等近百篇，全网阅读量破3000万次。活动内容被中国网信网、"网信江苏"、江苏网信网以及"学习强国"等平台刊载。
（汤　沛）

【网络安全事件应急实战演练】 2020年10月22日，由江苏省委网信办、镇江市委网信委主办的全省网络安全事件应急演练在镇江市举行，省直机关和省重点企事业单位分管领导、镇江市各地各部门主要领导约300人参加观摩。该演练设置3个科目，筛选重要网站和信息系统作为预设目标，涉及全省各党政机关和重点企事业单位，以直观的方式展现检测结果和应急处置过程。该活动被"网信中国"推送，获评"江苏省网络安全优秀案例"；镇江市委网信办获"优秀组织奖"。
（张国蕾）

【2020全国网络名人镇江行暨"产业强市与民生发展"调研活动】 2020年，镇江市网信办、人民日报社《民生周刊》新媒体部组织开展2020全国网络名人镇江行暨"产业强市与民生发展"调研活动。活动邀请第十一届全国人大财经委副主任委员、原国家统计局副局长贺铿，国家发改委原秘书长李朴民等领导、专家学者、媒体参加座谈交流及现场走访活动。人民日报社全媒体平台、中国日报网、"国际在线网"等多家网络平台报道活动动态。
（汤　沛）

【"四全"网安工作品牌】 2020年，镇江市网信办打造"网安责任'全面'压实、保障体系'全域'推进、风险隐患'全时'防范、宣传培训'全员'展开"的"四全"网络安全工作品牌。建设全省首个"网络安全特色示范社区"，实现治理体系和治理能力现代化双融合，经验做法获中央网信办、省委网信办推广。同时，围绕品牌创建活动，出台《网络安全"飞行检查"管理办法（试行）》，全年对60多家单位进行突击性网络安全现场"体检"。
（张国蕾）

【金山网】 金山网创办于2002年12月，隶属于镇江日报社，由镇江报业网络传媒有限公司营运，是国家一类新闻网站。有金山网、《镇江数字报》、"今日镇江"App、金山网微博微信矩阵、《镇江网情》杂志等新媒体产品资源以及网络问政、网络发言人等网络栏目，是镇江互联网新媒体领域主流新闻传播舆论平台。

2020年，金山网做好新冠肺炎疫情防控工作的报道，全年编辑发布抗疫相关稿件近万篇。聚焦决胜全面小康和纪念志愿军抗美援朝出国作战70周年等重大主题，开设《防控新冠肺炎疫情镇江在行动》《圆梦全面小康》《纪念志愿军抗美援朝入朝作战70周年》《聚力产业强市 推动高质量发展》等专题、专栏近百个。策划"金山网四全媒体基层行"常年性的全媒体采访实践活动，截至12月底，开展7期集中采访活动，形成图文视频H5等原创新媒体稿件200多件。3件作品获镇江市委宣传部第十九届"镇江新闻奖"，1件作品获提名奖。当年，金山网专稿内容融入集团方正采编系统，"今日镇江"和集团采编系统数据共享共通；上线NAS系统，将视频、图片集中存储；完成金山网文章模板的优化升级，能依据访问终端适配页面。

受新冠肺炎疫情影响，该网全年未举办大型社会公益活动。"金山e支教 大爱中国行"运用新媒体开设"云课堂"，开展陶笛、科学等特色课程。金山公益志愿者关心陪伴失独老人，组织多场小范围的公益活动。"金山e支教 大爱中国行"网络扶贫项目入选"江苏省网络扶贫优秀案例荣誉奖"。
（高　新）

【"镇江网友之家"】 "镇江网友之家"（my0511.com）创办于2000年5月，是镇江地区主流的社区门户网站。网站致力于发展网络应用服务，为广大镇江市民提供各类免费信息服务，有消费娱乐指南、镇江房产介绍、租房售房、婚介交友、便民查询和互动交流等服务，经过发展和当地各部门的支持，访问量稳步攀升。截至2020年年底，网站有员工55人，注册会员200万人，日均访问用户20万人，日均访问量300万人次。全年该网站旗下的移动端产品"My0511"App装机量70万，"镇江 My0511""我们的镇江""0511吃喝玩乐""镇江房产网"等微信公众号矩阵粉丝85万人，均在镇江地区较为领先。
（张　炜）

卫生健康

责任编校：钱金金

综　述

【概况】 2020年，镇江市卫生健康系统全力应对新冠肺炎疫情，启动“健康镇江”行动，深化医疗改革，医疗服务水平有提升，公共卫生、中医药发展、重点人群健康服务有成效。

新冠肺炎疫情防控。镇江市贯彻国家和省各项疫情防控决策部署，第一时间建立组织指挥体系，完善疫情防控预案，精准调整疫情防控策略。落实“四早”要求，加强预检分诊能力和发热门诊建设；开展流行病学调查；强化核酸检测能力；建立健全应急处置队伍，加强对重点人群、重点环境、重点场所、重大活动的监测预警和防疫指导。按照“四集中”原则，完善医疗救治体系和流程，中西医协同诊治，严格控制院内感染风险，做好救治保障。组织医务人员和疾控专家支援湖北武汉、黄石以及新疆乌鲁木齐等地。镇江市先后经受住疫情爆发初期、复工复产复学、境外疫情输入、常态化疫情防控等考验，成为江苏省确诊病例最少、无确诊病例时间最长的设区市。当年，市卫健委获评“江苏省抗击新冠肺炎疫情先进集体”；卫生系统有1个集体、1人获国家级表彰，8个集体、29人获省级表彰。

综合医改工作。镇江市推进各级、各类医联体建设，调整优化市医疗集团运行机制，实现紧密型县域医共体建设县（涉农区）全覆盖。制定市区公立医院（医疗集团）绩效考核办法，优化三医联动考核指标。二级以上医疗机构全部制定章程，规范医院内部治理结构和运行规则。制定《改革完善医疗卫生行业综合监管制度实施方案》，健全机构自治、行业自律、政府监管、社会监督相结合的多元化综合监管体系。市中西结合医院增挂“镇江市老年病医院”，推进市传染病医院应急病房楼工程项目，新建发热门诊21个、核酸检测实验室25个。推进农村区域性医疗卫生中心建设，句容郭庄、丹徒辛丰中心卫生院转设为二级医院。推进家庭医生签约服务，新增家庭医生工作室22个，全市建成家庭医生工作室71个，其中省“星级家庭医生工作室”5个。组建627支家庭医生团队。扬中市被确认为省家庭医生服务模式创新单位。加快“智慧健康”建设，建成5家互联网医院，推动患者就诊、电子处方、药品购买与配送、费用支付等就医全流程实现线上闭环。推动电子健康档案跨区域调阅工作，向签约居民个人授权开放电子健康档案23.26万份。市区28家社区卫生服务中心（乡镇卫生院）使用家庭医生签约服务信息系统，线上签约人数超17万人。镇江市获评省政府“2019年度城市公立医院综合改革成效明显地方”。 （卫健委办）

【“十三五”期间主要情况】 “十三五”期间，镇江市以“健康镇江”建设为统领，深化医药卫生体制改革、医疗卫生、社会服务领域基本公共服务均等化工作，推动全市卫生健康工作发展。

“健康镇江”建设工作。镇江市通过国家卫生城市第四轮复审，80%以上乡镇获评省级卫生乡镇，农村无害化卫生户厕普及率超过99.99%。实施普及健康生活、优化健康服务、完善健康保障、建设健康环境、发展健康产业“五大行动”，建成“15分钟健康服务圈”。居民平均预期寿命为78岁以上，城乡居民健康素养水平超过30%。加强职业健康工作，强化重点职业病防治，全市未发生群体性和有影响性职业病危害事件。

医疗服务能力工作。组建镇江市医疗集团、江苏江滨医疗集团、京江中医医疗集团，成立市级胸痛、高危孕产妇、新生儿危急重症、精神专科疾病、传染病救治、中医发展等8个专科联盟。建成公立医院综合改革国家级示范城市。建成市级胸痛中心2个、卒中中心2个、创伤中心2个,建成县级胸痛中心2个、卒中中心1个、创伤中心1个。句容市、扬中市被确定为国家紧密型县域医共体建设试点县。全市建成4个国家临床重点专科,26个省级临床重点专科,7个省级中医重点专科,4个省妇幼健康重点学科。

公共卫生服务工作。推动家庭医生签约服务,14类55项基本公共卫生服务项目全部落实。强化传染病和慢性病预防控制,应对新冠肺炎疫情。丹阳市、扬中市、句容市、丹徒区和京口区建成国家级慢性病综合防控示范区,润州区建成省级慢性病综合防控示范区。全市标准化预防接种门诊建设率为100%,适龄儿童免疫接种率保持在95%以上。2020年,孕产妇死亡率5.98/10万,婴儿死亡率1.73‰。实施免费计划生育技术服务、免费婚前医学检查、免费孕前优生健康检查和农村妇女宫颈癌、乳腺癌筛查项目。

中医药服务体系建设。全市建成二级及以上中医医院(中西医结合医院)6所,三级中医(中西医结合)医院3家,基层"中医馆"实现全覆盖。建成省级中医重点临床专科4个、重点学科1个、重点专科建设单位2个,建成省级基层医疗中医特色专科3个。句容市完成全国基层中医药工作先进单位的创建评审工作,丹阳市、扬中市通过全国基层中医药工作县级单位复评。

家庭发展和老龄工作。施行全面两孩政策、生育登记承诺制。关爱计生特殊家庭,组织开展计划生育特殊家庭心理健康服务。三级以上综合医院开设老年病科比例100%,全市养老服务机构基本医疗服务实现全覆盖。

"智慧健康"建设。推进"智慧医院"建设,普及和规范门诊电子病历,全市8家三级公立医院电子病历系统应用水平达到三级及以上水平,2家三甲医院通过国家医疗健康信息互联互通标准化成熟度四级甲等测评。江大附院、市第一人民医院、市妇幼保健院、市中医院、丹阳市人民医院建成互联网医院;丹阳市、扬中市、润州区、镇江新区实现远程医疗服务全覆盖。普及诊间结算,运用医保刷脸支付、自助式诊间结算设备和微信、支付宝,实现从预约挂号、缴费到检查检验结果查询等全过程服务。 (汪　峰)

【公共卫生服务】 2020年,镇江市卫健委宣传贯彻《中华人民共和国基本医疗卫生与健康促进法》,将基本公共卫生服务项目经费补助标准提高到人均81.87元。完成血吸虫病、重点寄生虫病和地方病"十三五"终期评估,京口区和镇江新区通过省级血吸虫病消除达标考核。推进慢性病综合防控示范区建设,连续14年未发生"急感"疫情。推动将水痘疫苗纳入地方免疫规划,为全市适龄儿童免费接种水痘疫苗2万余剂次。成立镇江市社会心理服务体系建设试点工作组,指导丹阳市开展社会心理服务体系建设试点。做好严重精神障碍管理治疗服务工作,全市在册患者管理率为96.1%。出台《落实健康中国行动推进健康镇江建设实施方案(2020—2030)》,新建国家卫生镇1个、省级卫生镇4个、省级卫生村93个,实现省级卫生村全覆盖。举办第五届全民健康节活动,开展4轮爱国卫生运动、1525场健康宣教活动。新建农村无害化卫生户厕3.44万座,修缮户厕14万余座,基本实现农村无害化卫生户厕全覆盖。加大"健康细胞"建设,全年新建4个省级健康镇、32个省级健康村、18个省级健康社区、19家省级健康单位。市卫健委、市机关事务管理局、市文明办启动镇江市无烟党政机关建设,有36家创建单位符合无烟机关标准。加大公共场所吸烟行为查处力度,检查单位3904家,处罚个人21起,处罚单位12家,罚款金额1050元。修订《镇江市突发公共卫生事件应急预案》《镇江市突发公共卫生事件医疗卫生救援应急预案》,组织开展应急演练12次,处置各类传染病预警信息391条,完成各类重大会议活动医疗保障156次。 (卫健委办)

【医疗服务能力建设】 2020年,镇江市传染病医院启动镇江市传染病医院应急病房楼工程建设。全市全年新增省级临床重点专科9个、省级临床重点专科建设单位1个,市区8个重点培育特色专科形成品牌效应。探索"互联网+护理服务"试点工作,全市二级以上医院病房优质护理服务覆盖率为100%。完善院前医疗急救网络资源配置和急救体系"六统一"规范建设,开展非急救转运社会化服务试点,在20个人员密集场所投放自动体外除颤器。开展优质服务基层行活动,全市有13家基层医疗卫生机构符合"推荐标准",39家基层医疗卫生机构符合"基本标准","推荐标准"和"基本标准"机构分别占总机构数的19.7%和78.79%。全年新增省级基层特色科室建设单位5个,市级基层特色科室10个;截至年底,全市省、市级基层特色科室59个(其中省级基层特色科室20个),65%的基层医疗卫生机构至少有1个特色科室。推进"中医经典病房"建设,全市有"中医经典病房"床位90张,收治病人481人次。全市乡镇卫生院、社区卫生服务中心"中医馆"实现全覆盖,村卫生室、社区卫生服务站"中医阁"建成率为56%。开展"中医巡诊巡讲""中医药就在你身边""岐黄校园行"等文化科普活动210场次,服务群众2.5万余人次。建成句容茅山卫生院中医诊疗中心,新建1个省级"名老中医传承工作室"和1个基层工作站,建成2个省级"名老中医传承工作室"。新增备案中医诊所12家。全

市各医疗机构全年核销疾病应急救助基金243.77万元，救助323人次。 （卫健委办）

【重点人群保障】 2020年，镇江市实施全面二孩政策，落实生育登记承诺制，全年办理生育登记9921人，再生育审批302人。全年发放各类计划生育奖励扶助资金2.32亿元，惠及群众18.7万人，计生奖励扶助政策兑现率100%。落实住院护工保险制度，全年给付失独家庭理赔金89.93万元。增强婴幼儿照护服务有效供给，新增普惠托育机构4家，其中1家获评江苏省示范托育机构。建成江苏省妇幼健康示范门诊4家，市级妇幼健康规范化门诊建成率超过60%；引进上海红房子医院妇科、南京儿童医院儿科团队。推进出生缺陷综合防治项目，实现产前检查筛查和新生儿疾病筛查全覆盖。全年全市孕产妇死亡率为5.98/10万，婴儿死亡率1.73‰，5岁以下儿童死亡率为2.87‰。做好0岁～6岁儿童眼健康和视力筛查工作。制定《镇江市出生医学证明档案管理实施方案》，实行出生医学证明档案集中统一管理。出台《镇江市老龄工作委员会工作规则》，制定《镇江市积极应对人口老龄化任务清单（2020年—2022年）》。全市建成医养结合机构32家，开放床位7950张，有15家纳入医保定点。全市三级综合医院全部开设老年人绿色就医通道，为全市34.27万名65岁以上老年人提供一次免费健康体检服务。"敬老月"期间投入500余万元，开展130场主题活动，服务老年人27519人次。建立县、镇、村三级职业健康监管网络，开展工业企业职业病危害摸底调查，尘肺病防治攻坚行动完成。 （卫健委办）

【人才队伍建设】 2020年，镇江市出台《镇江"金山英才"医学领域高层次人才引进实施办法（试行）》，资助7个项目690万元，并引进全职骨干博士4人。全年全市有75项各类科研项目获各级科技部门立项和经费资助，其中，获国家自然基金项目9项、省自然基金项目4项、省级重点研发专项1项；各类项目获科研资助经费855.5万元。全市获各类医学科技成果奖10项，其中，获省医学新技术引进奖一等奖1项、二等奖5项。全年申报获准国家级继续医学教育项目4项、省级44项、市级247项。组织住院医师232人规范化培训公共科目考核，合格率为99.15%。组织基层卫生人员131人参加县乡村卫生人才能力提升线上培训活动。开展农村基层卫生人员务实进修工作，乡镇卫生院医务人员35人和乡村医生30人参加实用技能进修培训。开展新一轮基层卫生骨干人才遴选，全市遴选出基层卫生骨干人才267人。新入选"全国名老中医学术经验指导老师"1人，基层卫生技术人员150人完成中医药知识与技能培训。 （卫健委办）

【卫生应急】 2020年，镇江市卫健委建立和完善突发公共卫生事件应急处理机制及应急预案，提高突发公共卫生事件预警和应急处理能力。

卫生应急预案体系建设。镇江市卫健委制定《镇江市新冠肺炎疫情防控应急预案》，修订《镇江市突发公共卫生事件应急预案》《镇江市突发公共事件医疗卫生救援应急预案》，提高全系统快速反应和应急处理能力，提升新冠肺炎疫情应对能力，保障公众健康与生命安全。

卫生应急演练。4月14日，镇江市卫健委组织开展全市卫生健康系统新冠肺炎疫情应急处置桌面演练活动，检验镇江市新冠肺炎疫情防控和应急反应体系运行情况，提升全市卫健系统的应急指挥协调系统、疫情报告信息系统、临床诊断救治系统、疾病预防控制系统、卫生监督系统和后勤保障系统等对突发情况应对效率和处置能力。组织参加院前、院内应急联动演练、西气东输演练、观音山隧道演练等12次应急演练，检验各类应急预案的针对性、实用性和可操作性。

卫生应急保障工作。2020年，全市卫生健康系统完成"两会"、"中高考"、国家统一法律职业资格考试、公务员招录考试、金山文化旅游节等重大活动、会

图29－1 2020年4月14日，镇江市卫生健康委新冠肺炎疫情应急处置桌面演练活动举行 （王鑫乐 供稿）

议等医疗保障156次，出动救护车122辆次，参与保障医务人员约500人次。

自救互救素养提升工程。9月16日，市卫健委、市住建局、市应急管理局、市红十字会、市消防救援支队、市气象局等单位在索普集团联合开展“安全应急科普环省行进企业·镇江站”活动，现场普及宣传新冠肺炎防控知识和职业病防治等专业知识。市卫健委推进“健康镇江行动”，加强各级各类应急队伍标准化建设和规范化管理，在疫情常态化管控的形势下结合线上培训系统，开展卫生应急知识“六进”活动，健全卫生应急社会动员机制；投放20台自动体外除颤仪（AED），培训设置场所AED使用人员400余人；组建“红细胞‘救’在您身边”——急救生命呵护志愿队伍22支、志愿者500人；开展各类应急知识宣传100场，发放材料19900份；镇江急救科教体验馆接待参观2455人次；全年通过“全民自救互救覆盖式培训”“校园应急救护安全工程”“双百讲堂进社区走万家”“红细胞助力乡村振兴战略——自救互救十百千万工程”“红细胞‘镇’有爱——应急救护志愿者规培工程”等系列品牌，培训各类人员4万人次。（邱 晨）

【卫生机构、床位和人员】 2020年，镇江市有各级各类卫生计生机构1052个，其中，医院类单位53个，包括：综合医院29所，中医医院5所，中西医结合医院2所，专科医院10所，护理院7所；基层医疗卫生机构959个，包括：社区卫生服务中心30个，社区卫生服务站99个，乡镇卫生院37所，村卫生室316个，门诊部95个，诊所、卫生所、医务室、村卫生室、护理站383个；专业公共卫生机构32个，包括：疾病预防控制中心（防疫站）7个，专科疾病防治院（所、站）4个，妇幼保健院（所、站）7个，急救中心（站）2个，采供血机构2个，卫生监督所7个，计划生育技术服务机构3个；其他机构8个。

全市实有床位17300张，比上年增加1456张，其中，医院病床12477张，增加827张，占全市病床总数的72.12%。综合医院、中医院、中西医结合医院、卫生院和社区卫生服务中心分别有病床7703张、1277张、430张、1936张和1642张，分别占病床总数的44.53%、7.38%、2.49%、11.19%和9.49%。

全市有卫生人员27289人，比上年增加350人，其中，卫生技术人员22312人，增加621人，占人员总数的81.76%。全市有执业（助理）医师8965人，注册护士9678人，每千人拥有执业（助理）医师和注册护士分别为2.79人和3.01人。（巫 斌）

【卫生收支情况】 财政拨款。2020年，镇江市医疗卫生健康机构争取到各级财政拨款233132.73万元，比上年增加60503.53万元，增长35.05%。其中，医疗机构财政补助142069.03万元（公立医院增加19245.24万元，增长46.96%；基层医疗机构增加15465.72万元，增长23.3%），增加34710.96万元，增长32.33%。卫生健康机构（非医疗）财政拨款91063.7万元，增加25792.57万元，增长39.52%。

收入情况。全市医疗机构实现收入898317.37万元，比上年减少25743.69万元，下降2.79%。其中，公立医院医疗收入600982.87万元，占收入比重的87.07%，减少62672.58万元，下降9.44%；基层医疗机构医疗收入117366.6万元，占全市公立基层医疗机构总收入的56.41%，减少4924.25万元，下降4.03%。全市卫生健康机构（非医疗）总收入95260.3万元，增加24876.9万元，增长35.34%，其中，实现事业收入3721.3万元，减少1071.66万元，下降22.36%。

支出情况。全市医疗机构实现支出906205.68万元，减少9231.15万元，下降1.01%。公立医院支出704262.78万元，减少14889.84万元，下降2.07%。其中，医疗业务成本617523.03万元，管理费用75405.71万元，资产处置费用108.4万元，所得税费用4.43万元，其他费用11221.22万元。基层医疗机构年度支出201942.9万元，增加5658.69万元，增长2.88%。其中，业务活动费用188904.76万元（医疗费用占业务活动费用86.11%，公共卫生费用占业务活动费用13.89%），单位管理费用10754.91万元，资产处置费用605.02万元，其他费用1678.21万元。卫生健康机构支出89942.1万元，增加17082.43万元，增长23.45%。

工作量完成情况。全市医疗机构完成门急诊工作量为1742.8万人次，比上年减少348.73万人次，下降16.67%。实际出院人数33.4万人，减少8.39万人，下降20.08%。公立医院实际开放总床日为356.22万床日，实际占用总床日为273.25万床日，病床使用率为76.71%，病床周转次数30.13次。基层医疗机构实际开放总床日为112.4万床日，实际占用总床日为50.37万床日，病床使用率为44.81%，病床周转次数为13.01次。

均次费用。公立医院门诊均次收费水平为295.12元，其中药品费101.79元；每床日平均收费水平1228.19元，其中药品费318.54元；出院者平均医药费用11225.66元，其中药品费2911.46元。基层医疗机构门诊均次收费水平为116.51元，其中药品费69.89元；每床日平均收费水平378.87元，其中药品费100元；出院者平均医药费用4588.12元，其中药品费1211元。（邵乐婷）

【“智慧健康”信息化建设】 2020年，镇江市推动互联网医院建设，上线市互联网医疗服务监管平台，市妇幼保健院通过省、市互联网医疗服务监管系统实现监管。推广诊间结算便民服务，该项服务在京口区、润州区及镇江新区基层社区卫生服务中心（乡镇卫生院）全覆盖，丹徒区部分覆盖。推进医疗废弃物管理系统建设，完成二级以上医院和市区29家基层医疗机构医疗废物监控系统建设，完成医疗废弃物管理系统部署及市直各医院医疗废物回收车设备部署。推进智慧健康管理平台二期及区域人口健康信息平台电子票据系统建设。完善健康档案开放功能，梳理健康档案内容，优化健康档案质量，标记并进行授权开放推动远程医疗系统建设，上线世业洲卫生院远程诊疗平台，包含远程影像、远程心电、远程会诊等功能。落实信息安全等级保护工作，加强网络安全管理和风险排查，定期进行应急演练，开展重点人群安全培训。

（朱月兰）

疾病预防控制

【概况】 2020年，镇江市做好各类疾病预防控制特别是新冠肺炎疫情的防控工作，推进“健康镇江”建设，各项工作有成效。

新冠肺炎疫情防控工作。镇江市成立疫情防控工作领导小组，实行区域包干负责制，全市组建市、县（区）两级流调队伍、核酸检测队伍、环境消杀队伍、心理健康服务队伍。紧急集中办公，开展技术培训，投入400余万元，增强物资储备。加强综合协调研判，编制风险评估报告6期。规范流调处置，所有确诊病例流行病学史均调查明确，密切接触人员全部纳入集中隔离医学观察，未出现社区传播病例。加强生物安全，规范检验检测，及时提供准确数据。指导医学观察，开展消毒，核实系统信息，处理相关信息。加强重点场所防控，协助制定相关防控技术指南并参与督导。加强宣传引导，开发宣传品，印发宣传材料近16万份，编印平面材料162份、视频64部，微信公众号推送科普知识400余条，传递疫情防控正能量。疫情防控期间，市疾控中心每日安排值守做好监测指导；派出人员驻点接送境外到镇江和返镇江人员，加强第一入境地为外地的镇江籍入境人员和在镇江入境中国籍船员防疫管理，实现无缝对接、闭环管理。开展现场技术指导，完成国家和省、市新冠肺炎相关项目，省、市疾控专家联合开展集中隔离场所技术指导，做好高风险人群排查、重大活动保障、专业技术培训及其他各项防控措施落实。当年，镇江市疾控中心获评全国抗击新冠肺炎疫情先进集体。

健康教育工作。全市举办各类健康宣传咨询活动670次、健康巡讲（展）1728场次。开展“世界无烟日”系列宣传活动，1.2万人参与“我为控烟发声”线上竞赛活动。举办镇江市第五届“全民健康节”启动仪式活动。开展全市健康知识普及行动暨居民健康素养在线竞答、中医药知识微信答题抽奖活动。全市省居民健康素养评估学习系统点击率242264次，占全市总人口的7.58%，知识知晓率为86.53%，行为形成率为95.63%。健康素养丹阳市国家监测点和丹徒区省级监测点完成监测调查问卷2325份，烟草京口区国家监测点完成调查问卷720份。京口区和镇江新区参与国家学校减盐健康教育推广项目，组建预实验调查团队调查96人，落实干预和随访92人。创成省级健康促进医院4家。推进无烟机关建设。组队参加省健康教育技能竞赛。

（施泉清）

【职业与放射卫生】 2020年，镇江市疾控部门完成单位职业健康监护1223家、61022人，放射性疾病哨点监测41家单位、设备90台，个人剂量监测236家单位、4272人次；完成2家单位4个项目的放射卫生评价、102家医疗机构和99家工业单位放射卫生基本情况国家平台网报、1656名放射工作人员职业健康检查、6家工业单位放射卫生工作情况调查及现场检测。接待职业病咨询400余人次，组织职业病诊断10次，确诊职业病人37人。完成全市尘肺病随访与回顾性调查3898人、职业病危害摸底调查5692人、工作场所危害因素监测182家单位。

（施泉清）

【食品、环境卫生】 2020年，镇江市疾控部门完成城乡饮用水水质监测520份，水样合格率100%。开展重点公共场所和高风险场所4大类16家单位健康危害因素监测282份。指导丹徒区开展空气污染对人群健康影响监测工作。指导丹阳市、句容市开展农村环境卫生监测工作。完成卫生监督监测重点抽检187份。完成食品安全风险监测492份；启动食源性疾病主动监测，完成食源性疾病病例报告2411例、样本检测624份；食品饮用水放射性污染监测样品12类38份。

（施泉清）

【学校卫生】 2020年，镇江市疾控部门实施学生缺课监测工作，322所学校缺课网络报告上报率为97.7%，非零上报率为68.3%；全市预警数3633起，及时处置3621起，预警处置率为99.7%；完成学校卫生缺课监测风险评估。市疾控、教育、卫生部门联合做好学生健康体检质量控制工作，全市完成220所中小学校学生226291人健康体检监测数据录入，学生健康体检信息监测中小学校覆盖率93.2%，学生覆盖率85.6%。完成42所学校环境卫生监测，监测率17.80%，环境整改信息反馈率77.14%。开展学生伤害监测，学生伤害上报率80.04%，非零上报率6.22%，学生伤害发生率4.36%。推进建立中小学生视力健康档案工作，并开展学生视力不良专项调查。指导扬中市、丹徒区完成省学生常见病和健康影响因素监测项目监测工作。开展5所国家抽取学校的教学环境"双随机"卫生监督监测工作。组织各市(区)参与省"儿童青少年近视防控知识网络答题"活动。

(施泉清)

【消毒与媒介生物防制】 2020年，镇江市疾控部门开展病媒生物密度和抗药性监测、控制水平现场评估、虫媒传染病综合监测、伊蚊专项监测、蚊虫携带乙脑病毒监测等工作。市区18个居民小区建成病媒生物防制示范小区。完成8家医院和托幼机构的消毒质量监测、17家单位透析液和透析用水监测、12家单位洁净手术室监测等。 (施泉清)

【急性传染病防治】 2020年，镇江市报告乙类传染病14种3057例，比上年下降12.88%；报告丙类传染病2935例，下降57.57%；无甲类传染病病例和较大规模传染病暴发流行发生。全市传染病疫情网络报告综合质量为100%。全市接报、处置突发公共卫生事件及相关信息15起，处置各类传染病预警信息570条，24小时内响应率为99.30%，未发生较大暴发疫情或突发公共卫生事件。开展流感、禽流感、手足口病、虫媒传染病、住院肺炎等疾病监测采样4238份。全市肠道门诊登记腹泻病人25293例，病源检索率为24.3%。

(寻海占)

【计划免疫】 2020年，镇江市将免费接种水痘疫苗列为2020年度镇江市卫生健康领域十件民生实事之一。镇江市政府办下发《关于印发镇江市适龄儿童免费接种水痘疫苗实施方案的通知》，将水痘疫苗纳入镇江市地方免疫规划，为镇江市满1周岁和4周岁的儿童免费接种水痘疫苗，全市安排专项经费518.1万元。9月1日起，全面启动免费接种工作，截至12月底，全市为适龄儿童免费接种水痘疫苗22000剂次。全市全年63家儿童预防接种单位开展一、二类疫苗接种82万余剂次，一类疫苗接种率和及时率分别在95%和90%以上。开展麻疹疫苗查漏补种活动，接种0岁～15岁儿童4523人，接种率97.79%，实现应种人群、重点人群和重点单位含麻疹成分疫苗接种率双超95%的工作目标；报告疑似预防接种异常反应1669例，报告发生率2.03‰，相关补偿保险投保率43.62%；儿童预防接种专用App软件绑定率为76.01%。全市53家狂犬病暴露预防处置门诊、23家医院产科预防接种室信息系统上线运行，符合省卫健委3个100%(100%安装、100%使用、100%扫码接种)及各类门诊9月1日前所有疫苗扫码接种率为100%的工作要求。 (寻海占)

【血吸虫病、寄生虫病和地方病防治】 2020年，镇江市完成血吸虫病、重点寄生虫病、地方病"十三五"终期评估和地方病防治专项三年攻坚行动终期评估工作。京口区和镇江新区通过省级血吸虫病消除达标考核。镇江市血防办制定下发《2020年镇江市血吸虫病防治工作方案》《2020年镇江市春季查灭螺工作方案》等工作方案，市政府召开全市血防工作会议，对完成血防规划目标任务进行部署。全市全年查螺1.45亿平方米，查出有螺面积427.3万平方米，灭螺3021万平方米，用药250吨；完成血防查病7.9万人。在全市高危重点环境增加横幅标语100余条，增设血防警示牌382块，启用32台语音警示监控系统；设置血防岗哨，加大防急感巡查力度，全市连续14年未发生"急感"疫情。做好疟疾及其他重点寄生虫病防治工作，完成疟疾血检筛查5464人次，未发现疟疾病例。完成居民层次碘盐监测与人群碘营养监测，零售层次盐碘采样960份，检测合格率为99.8%。 (寻海占)

【结核病防治】 2020年，镇江市卫健委制定下发《关于明确我市当前结核病防治工作有关措施的通知》《关于进一步强化耐药结核病患者治疗与管理的通知》，对新冠肺炎防控期间的肺结核患者报告转诊、诊断治疗及患者管理等工作做出明确的规范；开展耐药结核病免费筛查，扩大新技术应用，将免费分子快速检测扩大到所有疑似结核病患者，为耐药肺结核患者提供免费的基本抗结核二线药品，提高耐药患者的纳入治疗率，提升耐药结核病防控水平。全市全年报告利福平敏感肺结核患者919例，比上年下降23.8%，纳入治疗率99.9%，治疗成功率91.2%；病原学阳性新患者分子生物学耐药筛查率100%；高危人群耐药筛查率99.9%；确诊耐药患者纳入治疗率100%；患者管理率各指标均为100%；重点人群老年人体检结核病筛查症状问诊率99.9%，胸片筛查率100%，纳入糖尿病随访管理人员结核病症状问诊和胸片筛查率均为100%。 (寻海占)

【艾滋病防治】 2020年，镇江市完成《"十三五"艾滋病防治行动计划》和《中国预防与控制梅毒规划(2010—2020年)》终期评估。全市建立并完善高危人群综合干预体系，"十三五"国家科技重大专项——精准导向的男性行为人群综合干预技术研究通过省和国家艾滋病防治重大专项办公室的评估。市卫健委、市公安部门建立吸毒人群干预的联防联控机制常态化运行。全市全年检测各类人群677225人次，占全人群的21.2%，比上年增长27.5%；新报告艾滋病感染者和病人151人，下降4.4%。全市随访艾滋病感染者和病人的抗病毒治疗比例为95.9%；感染者和病人CD4检测率、结核筛查率和配偶检测率分别为99.9%、100%和100%。推进艾滋病防治知识传播校园行活动，全市9所高校实施艾滋病宣教干预和HIV自助检测材料发放工作，避孕药具和艾滋病检测材料发放设备覆盖率100%；HIV自助检测材料发放11294份，反馈检测结果600余次，接受咨询200余人次。

（寻海占）

【慢性病防治】 2020年，镇江市推进慢性病综合防控示范区建设，丹阳市、句容市、扬中市、京口区和丹徒区等5家国家级慢性病综合防控示范区完成年度资料动态填报工作，镇江新区通过省级慢性病综合防控示范区复审。市卫健委、市发改委等10部门联合下发《镇江市推进癌症防治工作实施方案（2020—2022）》，在全市开展癌症患者康复指导和随访管理项目工作。扬中市、丹阳市农村癌症早诊早治项目完成筛查3023例，查出上消化道肿瘤37例。规范开展慢性病信息收集工作，全年全市死因监测工作覆盖率为100%，粗死亡率为780.42/10万人，报告及时性98.14%，审核及时性99.04%。开展全民健康生活方式行动系列主题宣传活动，开展健康宣传活动和健康讲座30次，开展“三减三健”专项行动，举办全省“健康江苏我行动”健步走比赛。当年，镇江市“关口前移构建慢性病高风险人群健康管理模式”获全国慢性病综合防控工作优秀案例评选优秀奖。 （寻海占）

【社会心理服务体系建设】 2020年，镇江市推进社会心理服务体系建设，市卫健委等9个部门联合制定下发《转发全国社会心理服务体系建设试点2020年重点工作任务及增设试点的通知》，成立镇江市社会心理服务体系建设试点工作组，指导丹阳市开展社会心理服务体系建设试点工作。做好严重精神障碍管理治疗服务工作，截至12月底，全市报告患病率为4.19‰，在册患者管理率为96.1%，规范管理率为96.07%，精神分裂症患者服药率为88.09%。做好新冠肺炎疫情防控心理疏导工作，组建心理危机干预团队，制定心理危机干预方案，开通2部24小时免费心理援助热线，提供心理支持、心理疏导等服务，截至12月底，接听电话720余次。在政风行风热线开设心理健康讲座5期，播放心理健康小视频5期，在“看见大市口”App、镇江电视台《健康镇江》栏目开设心理健康讲座2期。 （寻海占）

卫生监督

【概况】 2020年，镇江市行政许可办件量为4110件，其中市卫生监督所1546件。全市查处各类卫生行政违法案件318件，其中，一般程序221件、简易程序97件，罚没款169.54万元，“两法衔接”移送案件3件，申请法院强制执行8件。市本级立案查处办理案件91件，其中，一般程序40件、简易程序51件，罚没款47.4637万元。入选国家级信用监管典型案例和市级行政执法优秀案例各1个，入选省级一、二、三等奖优秀案例各1个；1篇案例和2份案卷代表镇江市参加省司法厅优秀执法案例和“十佳案卷”评比活动。受理各类投诉举报41件，查实并调查处置41件，按期办结率和群众满意率100%。开展传染病防治、医疗服务、公共场所、饮水卫生等11个专业的日常卫生监督，全市应监督单位9945户，实际监督8678户次，覆盖率为87.2%；日常抽检单位数696户，日常快检单位数225户；抽检样品3183件，合格2938件，合格率92.3%。开展“安全生产月”、“一年小灶、三年大灶”安全专项行动、“今冬明春消防安全整治”等活动，重点对车辆、电梯、消防、水电等进行排查，巡查60余次，发现整改隐患20余处，整改率100%。启动“信用+综合监管”试点工作，市卫生监督所参加国家卫生监督中心“信用监管措施机制研究、应用研究”项目。

当年，镇江市卫健委成立“卫民健康”普法宣讲团，制定“镇江市卫生健康委员会2020年法治惠民实施项目”，开展以“服务健康普法行”为主题的普法系列活动。开设“普法大讲堂”，对住宿场所卫生管理、医废处置管理、口腔器械消毒、放射防护管理、计划生育技术管理等重点专业与重点领域开展线上宣传247次、线下主题宣传8次，接受群众咨询610余人次，发放各类宣传资料500余份。开展“卫民健康·法治护航”普法巡讲37轮次。 （彭林玉）

【疫情防控监督】 2020年新冠肺炎疫情期间，镇江市以定点收治、指定发热门诊医疗机构，医疗机构院感防控、实验室生物安全与质量控制、预防接种门诊、体检中心、血透中心，大型商场、超市、候车室、宾馆等人群聚集性公共场所，消毒产品市场及生产企业、学校复学复课、企业复工复产等为重点，开展多轮次疫情防控措施，落实情况监督检查、“回头看”专项督查和卫生（监督）指导服务工作；市卫生监督部门派员参加重要交通关口的防控工作。当年，全市卫生监督机构疫情防控出动18955人次，检查单位17656家次（其中，医疗机构2864家次，疾控机构15家次，公共场所11864个次，学校卫生1713所次，集中式供水单位112家次，复工企业959家，消毒产品经营单位108家次，消毒产品生产企业21家次），发现问题9286条。其中，市本级出动卫生监督员1471人次，检查单位1527家次，发现问题1626条，出具意见书426份。（彭林玉）

【卫生监督行政执法】 2020年，镇江市卫健委建立符合工作实际的“双随机”工作月通报和稽查考核抽查机制，制定《2020年镇江市国家随机监督抽查计划实施方案》和各专业抽检方案，对违法行为查处。当年，全市在全省率先牵头完成国家抽查任务1078件、省级抽查任务606件。全市“双随机”工作实施行政处罚105件，罚款13.6463万元，分别比上年增长208%、702%，案件案由涉及传染病防治、公共场所、医疗机构、计划生育、学校卫生等多个领域。镇江市卫健委落实行政执法公示制、记录制、审核制“三项制度”，明确重大执法决定事项标准，完善审核重大执法决定法制审核程序和工作规范，备案审核3件。梳理2020年行政权力清单，其中，新认领权力事项16项，失效行政权力1项。行政许可21项，行政处罚222项，行政强制7项，行政给付7项，行政奖励21项，行政确认7项，裁决1项，其他权力事项13项。举办“执法记录仪使用与管理”“信息化建设和移动执法系统应用”2期培训班。修订完善重大执法决定事项标准、法制审核程序和工作规范等业务工作制度16个，统一制作11个专业47类监督检查表单和37类执法文书模板。推进“七室一中心”和“卫生监督执法综合监管指挥平台”建设。镇江市卫健委开展游泳场所、医疗美容、学校卫生、产前诊断技术、人类辅助生殖技术、尘毒专项治理、餐饮具集中消毒7个国家和省级专项监督；开展住宿业、集中空调、口腔诊所、放射卫生、医疗废物、计划生育技术服务、婚前医学检查等7个市级专项监督。（彭林玉）

【卫生监督特色项目】 2020年，镇江市卫健委开展全省“中医诊所监管工作要点及路径指南”项目研究，编制《中医备案诊所依法执业标准化培训指南》手册。开展国家中医药管理局政策法规与监督司委托的“中医药监督执法负面清单目录研究”项目，出台《中医药服务负面清单》目录。完成食品安全国家标准宣传应用、咨询服务、跟踪评价和备案管理工作任务，对“酿造酱”“水产调味品”“糕点、面包”“饼干”等4个标准开展跟踪评价，并接受食品标准咨询56次，备案公开各类食品安全企业标准92件。开展区域供水情况调研检查，落实跨区域供水属地责任。应用“互联网+”技术，在32家大中型住宿场所清洗消毒间，安装实时监控系统。（彭林玉）

爱国卫生

【概况】 2020年，镇江市推进“健康镇江”建设，开展爱国卫生运动，巩固提升卫生城镇村创建成果。推进农村户厕改造。落实公共场所控烟措施。新创建1个国家卫生镇（丹阳市延陵镇）、4个省卫生镇（丹阳市陵口镇、界牌镇，句容市宝华镇，镇江新区姚桥镇）、93个省级卫生村，基本实现省级卫生村全覆盖。1个省卫生镇和108个省级卫生村通过复审。（刘　刚）

【“健康城市”建设】 2020年，镇江市卫健委出台《健康中国行动推进健康镇江建设实施方案（2020—2030）》。开展公益宣传活动，在各类媒体播出健康知识公益广告；主办《健康镇江》电视系列片24期。组织开展市级健康素养巡讲3场次，区、县级以上巡讲22场次，乡镇级讲座354场次，村级讲座655场次。向市区中小学新生免费发放健康教育读本1.6万余册。开发设计新冠肺炎疫情防控宣传材料近70种，开展健康教育宣传活动1525场（次），发放宣传资料54.74万份。举办第五届全民健康节，颁布《市民文明健康公约》。开展“健康融入所有政策”的项目选题、实践案例征集评选工作，评选出优秀项目选题1个、优秀实践案例4个，入围项目选题1个，入围实践案例5个。新创建4家省级健康促进医院，建设4个省级健康镇、32个省级健康村、18个省级健康社区。加强公共场所控烟工作，制作烟草危害公益宣传片，在电视台、微信公众号等滚动播出；动员10余万市民参与“我为控烟发声”第四季对决赛竞赛活动；印发《镇江市关于加强无烟党政机关建设的通知》。对医疗机构、网吧、星级宾馆、汽车站、火车站、交通工具等开展执法检查，检查单位3904家，处罚个人21起，处罚单位12家，罚款金额1050元。（刘　刚）

【农村户厕改造】 2020年，镇江市开展农村“厕所革命”，推进农村户厕改造，改善农村人居环境。召开全市农村无害化卫生户厕建设技术培训会；建立市级农村改厕专家库以及成立4个督查小组，印发《关于高质量推进农村户厕改造工作的通知》等文件，将农村户厕无害化改造工作纳入农村人居环境整治、高质量发展考核指标。全市新建农村无害化卫生户厕3.44万座，修缮户厕14万余座，基本完成农村无害化卫生户厕改造的工作目标，并通过农村户厕改造省级验收销号以及农业农村部组织开展的农村人居环境检查工作。（刘　刚）

【病媒生物防治】 2020年,镇江市开展病媒生物防治工作,清除孳生地,杀灭蚊蝇、老鼠等。集中开展病媒生物灭杀活动1000余次(处)、新置(增补)毒饵站18018处,投放灭鼠药杀蟑螂胶饵200多处。在城区建设18个病媒生物防制示范小区,病媒生物密度符合要求。（刘　刚）

基层卫生

【概况】 2020年,镇江市加强基层卫生管理体系和基层卫生服务能力建设,提升服务能力。全市涉农地区均出台紧密型县域医共体建设实施方案,启动医共体建设工作。开展优质服务基层行活动,全市有13家基层医疗卫生机构符合服务能力"推荐标准",39家符合服务能力"基本标准"。3家乡镇卫生院被省卫健委确认为首批农村区域性医疗卫生中心基本建成单位。新增5个省级基层特色科室建设单位、10个市级基层特色科室,65%的基层医疗卫生机构至少有1个特色科室。组织基层卫生人员131人参加县乡村卫生人才能力提升线上培训活动。开展新一轮基层卫生骨干人才遴选,全市遴选出基层卫生骨干人才267人,其中150人被确认为省优秀基层卫生骨干人才。巩固"全—专联合门诊"和康复联合病房建设成果,54家基层机构开设"全—专联合门诊"103个,上级医院下派的医务人员年度工作时间为2280天,服务4.2万人次;20家康复联合病房收治上级医院下转康复期病人1073人次。（谢旭东）

【家庭医生签约服务】 2020年,镇江市以老年人、孕产妇、儿童、慢性病患者、农村建档立卡低收入人口等人群为重点,推进家庭医生签约服务工作,全市组建627支家庭医生团队,常住人口签约率38.82%,重点人群签约率76.06%,农村建档立卡低收入人口签约率99.5%。在城市社区和城乡一体化程度较高的农村地区开设71个家庭医生工作室,当年,新增2个江苏省星级家庭医生工作室。扬中市开展家庭病床、预约上门服务,获评省家庭医生服务模式创新单位。组织开展全市家庭医生团队感控技能竞赛,提高基层医务人员院感防控技能,在全省家庭医生团队感控技能竞赛中,2支参赛队伍分别获二等奖和三等奖,镇江市获优秀组织奖。（谢旭东）

【基本公共卫生服务项目】 2020年,镇江市卫健委印发《2020年度全市基本公共卫生服务项目绩效评价方案》,全市基本公共卫生服务项目经费补助标准提高到人均82元。录制线上培训视频,分项目对基层医务人员开展项目培训。制作国家基本公共卫生服务项目宣传海报,在各类健康教育宣传栏上张贴2000余份。以重点人群为突破口,推动电子健康档案向签约居民个人授权开放,提升群众对国家基本公共卫生服务项目和家庭医生签约服务工作的感受度,全市23.26万份居民电子健康档案向签约居民免费开放。（谢旭东）

健康服务

【概况】 2020年,镇江市卫健委推进《镇江市"十三五"卫生与健康发展规划》《镇江市"十三五"妇女儿童发展规划》和《镇江市"十三五"妇幼健康事业发展规划》。运用"预防出生缺陷日""母乳喂养周""早产儿日""世界避孕日""世界艾滋病日"等公益宣传日,开展多种形式的宣传科普活动。开展"青春健康一堂课"活动,提高大学生对基本避孕药具服务的知晓率。句容市异地迁建妇幼保健院工程重启内部装修工作。

妇幼公共卫生项目。镇江市卫健委制定《镇江市2020年城乡妇女"两癌"检查工作实施方案》,落实项目补助资金,扩大筛查的覆盖面。市卫健委、市总工会印发《镇江市女职工生殖健康和"两癌"筛查三年行动实施方案》,推动提升镇江市女职工健康水平,降低"两癌"发病率。制定《镇江市子宫颈癌防控工作方案(试行)》,建立完善子宫颈癌防控组织体系,加强子宫颈癌防控工作。2020年,全市完成宫颈癌检查11.45万人次,完成乳腺癌筛查11.45万人次。各级财政投入检查资金1656.14万元,其中,省级财政272.9万元、市级财政136.14万元、县(区)级财政1247.1万元。叶酸补服项目任务完成率102.55%。孕产妇艾滋病、梅毒和乙肝免费检测率为100%。

母婴保健服务管理。加强各级孕产妇和新生儿危急重症救治中心建设,组织开展市、县级孕产妇和新生儿危急重症救治中心验收和绩效评估工作。全市建成省级孕产妇危急重症救治中心1家、市级1家、县级4家;省级新生儿危急重症救治中心1家、市级2家、县级4家。全年全市孕产妇死亡率为5.98/10万人,婴儿死亡率1.73‰,5岁以下儿童死亡率为2.87‰。

计划生育服务管理。开展防病合作试点工作,在全市4所高校利用避孕药具自助发放机开展HIV自助检测试剂发放和统计试点工作,发放自助检测试剂1000余份。加强药具服务推进工作,落实为万家单位免费提供避孕药具的需求。利用"3·8"妇女节、"5·20"、母亲节等节日活动为机关事业单位女性提供免费节育器宣传咨询、到期换置服务，发放关爱礼包2500个。

老龄健康服务管理。推进医养结合机构建设，实行备案制管理，取消养老服务机构内设医务所（室）的设置审批。全市建成32家医养结合机构，其中，15家机构纳入医保定点；有床位7950张。开展安宁疗护试点工作，在扬中市新坝中心卫生院、扬中市护理院等机构试点安宁疗护工作，其中，新坝中心卫生院将安宁疗护融入“智慧医养结合护理病房”，院内智慧家庭护理病床累计建床63张，服务床日近8000日。三级以上综合医院开设老年人就医绿色通道率100%。基层医疗卫生机构结合基本公共卫生服务项目，由签约家庭医生团队为辖区65岁以上老年人提供1次健康体检服务并建立健康档案。截至年底，为34.27万名65周岁以上老年人免费提供一次基本健康体检服务；65周岁以上老年人健康管理率74.09%；家庭医生签约率74.45%。推进医疗机构向养老机构提供延伸医疗服务工作，全市有86个医疗机构与养老机构签约合作。为有需求的老年人开设家庭病床服务，全年建床313例。开展社区日间照料中心嵌入医疗卫生服务工作，让老年人就近、就便享受健康养老服务。建成机构养老服务设施138家，提供养老床位近29982张（养老机构护理型床位占机构床位总数的比例为60%）。开展各类敬老专题活动，服务老年人27599人次。（陈媛媛　姜玲莉）

【出生缺陷综合防治】 2020年，镇江市卫健委完善镇江市出生缺陷防控体系，市卫健委、市财政局、市妇儿工委办下发《关于做好2020年度出生缺陷综合防治民生实事项目工作的通知》，全面开展免费产前筛查和免费新生儿疾病筛查工作，市财政共投入140万元，做到目标人群全覆盖。市新生儿疾病筛查分中心对筛查确诊的116名患儿进行治疗补助17.4万元。18名患儿通过审核，获省先天性遗传代谢病出生缺陷救助项目救助。（陈媛媛）

【0岁~6岁儿童近视防控项目】 2020年，镇江市开展在园儿童视力健康档案建档工作，提高儿童眼保健和视力检查服务覆盖率，加强视力筛查经费保障力度。全年免费视力筛查70296人次，建立视力健康档案75498份。（陈媛媛）

【孝老爱老助老社会环境建设】 2020年，镇江市卫健委组织“敬老月”敬老爱老活动以及老年健康宣传周活动。利用传统节假日，发动相关单位、社会组织、志愿服务团队开展健康知识讲座、走访慰问、亲情关爱、法律援助、文艺体育运动等一系列关爱老年人志愿服务活动。活动期间，全市开展各类敬老爱老助老活动130场次，发放健康宣传资料10000余份，服务老年人27599人；发放慰问金（含各类物品）、举办活动等投入519万元。组织老年人代表参加省老年书画摄影展、省老年大学合唱节、省老年太极健身推广活动，分别获评省老年大学合唱节优秀组织奖、省老年书画作品展优秀组织奖、省老年太极健身推广活动最佳组织奖。全市4家单位获评“全国敬老文明号”，7人获评“全国爱老助老敬老模范人物”。完成《镇江市老龄事业发展“十三五”规划》末期评估工作。（姜玲莉）

【尊老金发放】 2020年，镇江市区按一次登记、两次“打卡”发放方式做好尊老金发放工作，即当年新增和上年漏报人员在上半年实行一次性登记，7月底前“打卡”发放1月—6月尊老金及上年补发尊老金，12月底前“打卡”发放7月—12月尊老金。经统计，2020年市区尊老金发放总人数为11.19万人，发放资金7895.85万元。（朱　映）

【安康关爱行动】 2020年，镇江市通过政府统保和自费投保相结合方式推进“安康关爱行动”，率先在全省实现60周岁以上老年人意外伤害保险政府统保全覆盖。截至2020年年底，全市参保101.26万人次，参保率100%，参保率列全省第1名。（朱　映）

医政管理

【概况】 2020年，镇江市以新冠肺炎疫情救治和医疗机构院感防控为重心，统筹推进分级诊疗制度建设、现代医院管理制度建设等工作。围绕依法行政和依法执业等重点任务，提升医疗服务能力水平，完善医疗服务监管机制，构建和谐医患关系。发挥20个市级医疗质量控制中心作用，确保医疗质量和安全。完善专科能力建设，推进8个重点培育特色专科发展。加强对全市医疗机构的全行业监督管理，依法规范医疗机构设置审批、执业变更和校验等工作。全年执业登记医疗机构2所，校验医疗机构20所，办理医疗机构变更登记18项。（殷　猛）

【新冠肺炎疫情医疗救治】 2020年，镇江市卫健委制定新冠疫情医疗救治工作预案，组建市级救治专家组，绘制新冠肺炎救治流程图，规范开展救治工作，全市确诊病例全部救治成功。加强医疗机构发热门诊建设，建成发热门诊21家，其中，经省复核验收合格的规范发热门诊3家，经市级验收基本合格发热门诊18家。落实医院感染预防控制管理制度和工作要求，加强对重点科室、重点部位和重点环节的感染预防控制管理；执行医院环境清洁与消毒制度，定期开展环境监测；定期开展院感全员培训，加强全员健康监测。加强新冠病毒核酸检测设施、设备配置和人员培训，提高医疗卫生机构核酸检测能力。25 家医疗卫生机构具备核酸检测能力，其中，医疗机构 15 家、疾控机构 7 家、第三方医学检验实验室 3 家。组建市核酸应急检测队，并依托镇江市疾病预防控制中心建成镇江市城市核酸检测基地。加强医疗卫生机构检测人员队伍建设和病原微生物实验室生物安全管理要求等培训，实现全市检验人员培训全覆盖。（殷　猛）

【医联体建设】　2020 年，镇江市完善医联体建设规划，统筹推进城市医疗集团、县域医疗服务共同体、专科联盟、远程医疗协作网等四种形式的医联体建设。在城区建设分别由镇江市第一人民医院、江苏大学附属医院和镇江市中医院牵头的镇江康复医疗集团、江苏江滨医疗集团和镇江市京江中医医疗集团，强化牵头医院主体责任。推动各医疗集团修订集团章程、明确建设方案和理事会成员，推进医联体建设，巩固分级诊疗制度。（吴宝林）

【医疗服务】　2020 年，镇江市卫健委引导各医疗机构根据自身业务特色，扩展远程医疗服务范围和覆盖范围。镇江市第一人民医院以远程影像、远程心电、远程检验、远程病理四大中心为依托，实现与 26 个社区服务中心、卫生院检查信息的互联互通；江苏大学附属医院开展与新疆、陕西等对口支援地区的远程医疗服务，全年开展远程医疗服务 3800 余人次。推进全预约诊疗工作，全市所有二、三级医院与省预约平台转诊预约通道对接，落实"预约优先"原则，预约率较上年度有较大提高。推广多学科联合诊疗（MDT）、日间手术管理，提升服务效率。13 所医疗机构全年开展日间手术 8748 例。落实《江苏省"志愿者医院服务"活动实施方案》，6 所医院开展社工服务；19 所医院开展志愿者服务，全市注册志愿者 7492 人。

（彭加茂）

【医疗质量】　2020 年，镇江市卫健委推进临床路径应用管理工作，扩大临床路径管理覆盖面、专业及病种。全市各二级以上医院全部实施临床路径管理，全年完成临床路径管理病例 90000 余例，入径率 82.5%，完成率 92.8%。落实 18 项医疗质量安全核心制度，完善医疗服务质量管理与控制指标体系。开展病历质量检查，全市抽查 20 所二级以上医院住院病历 335 份，其中甲级病历 333 份，甲级率 99.4%。

（彭加茂）

【医患关系】　2020 年，镇江市卫健委加强调解处理服务能力建设，化解医患纠纷。全年接待各类案件 52 件、结案 45 件；调解成功 42 件，调处成功率 93.34%。保险公司受理赔付"两险"案件 31 起，其中，医疗责任险 13 起，赔付 106.818 万元；基本医疗意外险 18 起，赔付 65.3 万元。指导各医院开展平安医院建设活动，镇江市第一人民医院获评"省平安示范医院"。

（彭加茂）

【临床专科建设】　2020 年，镇江市新增省级临床重点专科 5 个、省级重点专科建设单位 1 个；4 个省级重点专科建设单位晋升为省级临床重点专科。加强对 8 个市（区）重点培育特色专科建设指导与考核评估，江苏大学附属医院心血管内科牵头的胸痛中心获中国胸痛中心认证，获 2020 年标准版胸痛中心年度质控金奖，并通过中国房颤中心认证现场核查。统筹规划医疗资源分配，构建完善市域内胸痛、创伤、卒中救治网络体系，开展市、县级三大救治中心评估验收工作。江大附院胸痛、创伤、卒中救治中心通过市级救治中心验收；丹阳市、句容市、扬中市人民医院胸痛、创伤、卒中救治中心，丹阳市中医院卒中救治中心，丹徒区人民医院胸痛中心通过县级救治中心验收。

（彭加茂）

【对口支援】　2020 年，镇江市加强城市医院医生晋升职称前到基层服务的制度。全年城区下派医务人员 89 人，合计 121 人次；分别支援 6 家二级医疗机构、19 家社区卫生服务中心以及院前急救机构等。开展卫生援疆、援陕工作，组织 10 人参加镇江市第三批医疗"小援疆"工作，选派医务人员 40 人赴渭南参加卫生援陕工作。同时组织全市 23 人参加援非医疗工作。（吴宝林）

【基本药物制度】　2020 年，镇江市加强对基本药物制度实施情况的监测评价与考核评估，加强基本药物采购供应、配备使用、货款结算，推动基本药物制度各项政策的规范执行。加大二级以上医疗机构使用基本药物力度，优化用药结构，配备品种和销售金额达到规定比例，实现与基层医疗卫生机构用药衔接。基层医疗卫生机构根据特色专科建设、慢性病防治、疾病康复治疗以及建立双向转诊、分级诊疗制度需要，按比例配备使用基本药物目录、医保目录和新农合目录内药品，增加基层医疗卫生机构慢性病、康复及特色专科用药。（吴宝林）

【药事管理】　2020 年，镇江市强化医疗机构药事管理，加强抗菌药物临床应用管理，举办"以耐药监测促抗菌药物合理应用和科学管理"专题培训。开展新一轮抗菌药物备案审核工作，全年完成25家二级以上医疗机构的抗菌药物备案审核工作。组织对全市二级以上医疗机构的药事建设、处方管理、抗菌药物使用、特殊药品的管理、肿瘤治疗药物和临床辅助用药的管理、精麻药品管理等内容的专项督查，促进合理使用，强化监督管理。（吴宝林）

【护理服务】 2020年，镇江市创新护理服务模式，探索"互联网+护理服务"试点工作，建立慢病管理模式，完善医护患一体化服务；帮扶基层医疗机构护理工作，改进护理服务质量。二级以上医院的病房全部推进优质护理服务，全市有二级以上医院优质护理A类病房159个。强化优质护理服务内涵，推进护士岗位管理工作，完善护理人员分层岗位培训制度，开展护士规范化培训，年轻护士407人参加规范化培训考核，386人合格，合格率为94.8%。（周　喆）

【院前急救工作】 2020年，镇江市院前急救全年接警98291次，出车21996次，其中，有效出车18815次，处置病人18902人，监护转运危急重症患者4255人。规范院前急救医疗服务行为，完善院前医疗急救网络资源配置和急救体系"六统一"（呼救号码统一、车体标识统一、人员服饰统一、指挥调度统一、设施配置统一、收费规范统一）规范建设，加强院前医疗急救体系的指导监督管理和调度质量控制，规范非急救患者转运服务，促进院前急救医疗服务适应人民群众需求。（周　喆）

【院内感染控制】 2020年，镇江市加强院感防控及监督管理，落实医院感染预防控制管理制度和工作要求，加强对重点科室、重点部位和重点环节的感染预防控制管理。组织开展新冠肺炎院感防控专项督查15次，查找薄弱环节和安全漏洞，督促立整立改。开展医疗废物专项督查，要求各地各单位做好医疗机构废弃物自查，对全市507家社会办医疗机构进行摸底排查，整改发现问题。（周　喆）

【血液检验管理】 2020年，镇江市加强采供血分支机构管理，保持血站血液核酸检测全覆盖，提高血液质量安全。落实《医疗机构临床用血管理办法》，加强临床合理用血管理。加强自体血回输技术推广，全面停止互助献血，提高血液使用效率。开展对全市用血量较大的5所二级以上医院的血液安全技术及医院临床用血与管理情况的专项督查，保障临床用血安全。市区全年无偿献血31161人次，比上年增长6.9%；向临床安全供应血液9.45吨；采集机采血小板4351人份，增长7.5%。（徐君怡）

【卫生科技与教育】 2020年，镇江市有75项各类科研项目获各级科技部门立项和经费资助，其中，获国家自然基金项目9项、省自然基金项目4项、省级重点研发专项1项、省卫健委医学科研项目11项、市社会发展项目45项、市级软科学研究4项、市级重点研发计划项目1项，获科研资助经费859.5万元。全市获各类医学科技成果奖10项，其中，获省医学新技术引进奖一等奖1项、二等奖5项，省医学科技奖三等奖1项。全年申报获准国家级继续医学教育项目4项、省级项目44项，评审公布市级继续医学教育项目247项。（徐君怡）

【住院医师培训】 2020年，镇江市全年新招录住院（全科）医师221人，全部进入江苏大学附属医院、镇江市第一人民医院2家国家级住院医师规范化培训基地，以及镇江市中医院、镇江市口腔医院2家协同医院进行培训。市卫健委加大全科、儿科、精神科等紧缺专业住院医师培训力度，新录用临床医师参培率100%；组织住院医师规范化培训阶段考核工作，分别组织249名住院医师参加理论省统考，245名住院医师参加临床技能考核（均含中医类），通过率分别是89.96%和89.80%。（徐君怡）

【农村定向培养】 2020年，镇江市卫健委根据省卫健委等有关部门统一部署，在丹阳市、句容市、扬中市及丹徒区开展农村订单定向医学生免费培养工作，为农村基层医疗卫生机构培养适宜医学人才。全市4个市（区）获91个免费培养名额、61个预留定向招录事业编制名额。（徐君怡）

中医药事业

【概况】 2020年，新冠肺炎疫情期间，镇江市发挥中医药防治优势，成立中医专家组，对5家中医院的发热门诊和预检分诊流程进行专项督导，促进中医防控与全市防控工作紧密结合，形成系统的中西医并行防控体系。全市确诊病例均按照辨证施治的原则救治；在康复患者恢复期注重中医的运用，专门配备中医康复处方，巩固和提升治愈效果。组织支援湖北地区防疫救治工作，有中医医护人员随医疗救援队进驻武汉、黄石等地区。市中西医结合医院有康复科和泌尿外科2个省级中医重点专科建设项目接受省级考核验收；新建1个省级"名老中医传承工作室"和1个基层工作站，建成2个省级"名老中医传承工作室"，1人新入选全国"名老中医学术经验指导老师"；2人成为省级"西学中"高级人才研修项目培养对象。加强中医药课题研究，立项1个市级新冠肺炎中西医结合诊疗的科研项目；市传染病医院参加省级中医药专项课题研究；1项课题获省中医药管理局立项。扬中市中医院入选国家县级中医院能力建设项目，成为国家二级公立中医院绩效考核试点单位。全市建成中医经典病房床位90张，收治病人481人次。

市卫健委完成2020年中医药健康文化素养调查丹阳市样本点调查工作。举办全市“中医备案诊所依法执业标准化建设”培训班。加强中医备案诊所依法备案管理，全市新增备案中医诊所19家，总数61家。结合“中医中药中国行”“中医药就在你身边”等主题开展中医药健康巡诊、巡讲活动236场次，发放宣传资料2.5万余份，布置宣传展板223块，媒体报道47篇次，受益人数2.6万余人次；举办各类纪念《中华人民共和国中医药法》颁布实施3周年活动，开展“2020年中医药健康知识”网络有奖竞答活动，参与人数近4万人；组织开展中医药宣传月系列活动，宣传《江苏省中医药条例》；在《镇江日报》刊登制作《我们身边的名中医》专栏5期。完成基层卫生技术人员中医药知识与技能培训150人。市卫健委、南京中医药大学举办全市中医经典大讲堂活动2期。（张　行）

【基层中医药服务能力建设】 2020年，镇江市加强基层中医药服务能力建设，开展基层中医药服务能力“十三五”提升行动计划督查评估，在全市乡镇卫生院、社区卫生服务中心新建“中医馆”2个，实现乡镇卫生院、社区卫生服务中心“中医馆”建设全覆盖；在全市村卫生室、社区卫生服务站新建“中医阁”41个，村卫生室、社区卫生服务站“中医阁”建成率为56%。推进中医发展联盟建设，市中医院牵头农村中医诊疗中心试点建设，提高基层中医特色专科建设水平，建成句容茅山卫生院中医诊疗中心。（张　行）

医疗集团

【镇江市医疗集团】 2020年，镇江市医疗集团由镇江市第一人民医院、镇江市中西医结合医院（市第二人民医院）、镇江市传染病医院（市第三人民医院）、镇江市妇幼保健院（市第四人民医院）、镇江市精神卫生中心（市第五人民医院）、镇江市中医院、镇江市口腔医院和镇江市第一人民医院新区分院8家医院组成。润州区官塘桥、蒋乔、金山、和平路、黎明、宝塔路、七里甸、工业园，四院正东路，镇江新区平昌中心社区、大港街道、姚桥、大路，丹徒区世业卫生院等14家社区卫生服务中心协议加入。同时，该集团与镇江九久老年康复中心、信缘康护理院、句容老人山骨科医院、丹阳市第三人民医院、镇江新区丁卯街道社区卫生服务中心等5家机构签订合作协议。

2020年，该集团围绕“优化资源配置、促进集约利用、提升服务能力”的中心工作，加强医疗资源整合优化方面全局性、战略性问题的研究，结合市场需求、群众需要，统筹谋划医院布局、基建、设备采购、学科建设、人才引进等工作，推进集团实体化改革的各项工作。参与全市新冠肺炎疫情防控，在交通卡口医疗检测点协助开展联防联控；指导市直公立医院及相关单位做好医疗救治、防控措施落实、复工复诊等工作。

按照中共镇江市委、市政府关于调整集团体制机制的决策部署要求，该集团成立5个专项调研组，形成分级诊疗工作情况等6篇专题调研报告，为优化集团运行机制提供依据；围绕新职能、新任务，配合推进并完成市康复医疗集团、市京江中医医疗集团医联体建设工作，推动分级诊疗工作落实；协助做好2020年省级公立医院改革各项任务和市综合考核工作；研究推进市域智慧医疗集团建设；协助跟踪督导市第三人民医院重点建设项目，推动医院债务化解。

该集团拓展分级诊疗工作内涵，开展“体医融合”改革，探索推进“5G赋能镇江市医疗集团互联网医院”项目，省内首家引入“远程超声机器人”；推进“镇江智能雾化中心全市模式”项目，创新分级诊疗新模式。在签约的14家社区卫生服务中心开设“全—专联合门诊”，医院下派医护人员服务天数914天，全年诊疗患者9542人次；8家康复联合病房收治下转卒中、骨伤等康复期病人429人次。

镇江市第一人民医院开通“云康复”网上医院，将线下服务拓展到网络上，方便患者就医。市中西医结合医院引进上海市第一人民医院泌尿外科夏术阶团队、省中西医结合医院肿瘤科霍介格团队，加大专学科建设和人才培养力度。市传染病医院开通与上海肺科医院肺小结节专病远程门诊，引进北京302医院感染科杨永平团队，提升专科服务水平。市妇幼保健院申报成功互联网医院，推进智慧医院建设；组建小儿外科，引进儿童外科专家曲志博，并与上海儿童医学中心合作，开展的多项小儿外科手术填补市内空白。市精神卫生中心做好新冠肺炎疫情下心理危机干预和心理健康教育活动，开设疫情心理援助热线，实行24小时心理健康服务。市中医院引进南京中大医院消化科施瑞华团队，提高专科业务能力。市口腔医院加入上海第九人民医院集团、南京市口腔医院集团专科联盟。市第一人民医院新区分院加入国家消化道早癌防治中心联盟，并与复旦大学附属金山医院签订化学伤害急危重病医学合作专科协议，促进专科能力提升。

当年，镇江市第一人民医院通过全国文明单位复评，获评“江苏省抗击新冠疫情先进集体”“江苏省五一劳动奖章”等；“降低门诊药房库存成本”课题获全国医院质量管理工具应用成果二等奖。市传染病医院获评“全国文明单位”“江苏省抗击新冠肺炎疫情先进集体”。市中医院通过省“三级甲等中医医院”复评，1 人获评“镇江市人民奖章”。（周长兰）

【江滨医疗集团】 2020 年，江苏江滨医疗集团以改善服务为重点，深化医疗卫生行业供给侧改革，推进医联体建设各项重点任务。

新冠肺炎疫情防控。面对新冠肺炎疫情，江苏大学附属医院作为核心医院，完成抗疫任务。1 人获评全国疫情防控先进个人，5 人、1 个集体作为全省抗疫先进个人和集体获省委省政府表彰；江苏大学附属医院是全市 13 所孕产妇发热门诊之一，也是确诊新冠肺炎孕产妇住院分娩和新生儿定点救治医院；江苏大学附属医院援鄂医疗队做客《全球疫情会诊室》，连线坦桑尼亚、赞比亚分享疫情防控与救治经验。

互联网医院建设。“网上江滨医院”强化“智慧医疗”服务能力，新增集团内谏壁社区卫生服务中心接诊点，集团外达孜区人民医院、江苏大学校医院接诊点，与各专科联合做好“专病日”“专病周”等各类线上义诊活动 5 次，线下义诊 11 次。“网上江滨医院”注册用户 4.1 万余人，用户量比上年增长 260%，日访问量 8000 余次，患者累积问诊近万人次。疫情期间，“网上江滨医院”发挥互联网诊疗无接触、响应快、突破空间地域等优势，指导患者有序就诊，减少医院人员聚集，缓解救治压力。

优质资源拓展。该集团整合医院和社区资源，做优“全一专联合门诊”、做强康复联合病房；完善医联体内双向转诊机制，通过逐步设立的互联网医院社区接诊点，利用互联网与社区医院联动，建立双向转诊网络，畅通患者的上下转诊渠道，在双向转诊原则与转诊临床标准不变的前提下，实现无缝隙转诊；利用互联网医院开展远程医疗、慢病分级管理等服务。加强镇江市胸痛救治联盟、新生儿危急重症救治联盟建设，加强与句容市人民医院医共体、扬中市人民医院医共体的对口协作，提升区域内医疗救治水平。当年，牵头医院下派 9 个团队下社区开设“全一专联合门诊”，服务 112 天；向各社区下转病人 68 人次；接收各社区卫生服务中心上转病人 2811 人次。

江苏大学附属医院牵头召开江苏省医院协会医联体建设专业委员会第二届学术年会，1 人受邀成为中国医院协会医联体专委会委员；该医院获评国家呼吸与危重症医学科（PCCM 科）规范化建设三级达标单位、国家卫健委基层医院外科专项能力培训基地、国家检验医学进修与培训基地、省社区护理专科护士培训基地；房颤中心通过国家认证，胸痛中心、心衰中心分别获评国家“年度质控金奖”“质控之星”；卒中中心升级为综合卒中中心；医学检验科再次通过国家认证认可监督管理委员会 ISO 15189 复评审；加速康复外科团队获评市创新争先成绩突出科技团队。当年，该医院新增麻醉、核医学科为省级临床重点专科；门诊开设肺癌肺结节、不孕不育、骨质疏松、缓和安宁疗护等 4 个多学科联合诊疗门诊。在江苏大学各学院中，该医院的 ESI 分子生物学与遗传学贡献度列第 1 名。该医院列“2019 年度中国医院竞争力排行榜——地级城市医院百强榜”第 67 名。“网上江滨医院”创新开发自助核酸检测、自助体检预约等功能模块，开通送药到家服务，探索“互联网 + 护理服务”“互联网 + 药学服务”等。当年，组建江苏省第 30 期援桑给巴尔医疗队，开展为期一年的对外援助；派出 3 人援藏，1 人援疆，5 人援陕，接收对口医院医疗骨干 12 人到医院进修。该医院获陕西省卫健委“医疗卫生对口帮扶成效奖”。按照江苏省卫健委要求，启动与泗阳县人民医院对口帮扶工作。瑞康医院全年开展新技术、新项目 10 余项，完成镇江市首例 UBE 技术手术。东吴医院升级安宁疗护工作，完成住院部消防改造工程和老院区电力增容，并开设 VIP 病房。瑞和老年病院开设消化内科、老年科、心血管内科、疼痛科、中医内外科、耳鼻咽喉科、口腔科、康复科等专家门诊，开展普外科、妇科、肛肠及腹腔镜手术。大市口社区卫生服务中心与江苏大学附属医院建立中医专科联盟，整合中医资源布局，开设中医普通门诊、针灸理疗科；探索“互联网 + 中医药”服务，开展“云”中医房服务。谏壁社区卫生服务中心建立互联网医院接诊点，实现智能导诊、预约挂号、脱卡支付、各类报告查询以及慢病复诊、在线续方、送药到家等便捷就医功能。四牌楼社区卫生服务中心康复医学科建成江苏省基层特色科室和特色科室孵化基地。象山社区卫生服务中心申报创建成功 2020 年度省级特色科室，其口腔科获评“市级特色科室”。健康路社区卫生服务中心 1 人获评“全国先进工作者”。（杨　雪）

综 述

【概况】 2020 年，镇江市群众体育、竞技体育、体育产业发展较好。2020 年 5 月 1 日，利用体彩公益金投资 1.78 亿元的健康路体育公园建成开放。全市新建 5 个体育小公园、10 个多功能运动场、6 个笼式足球场，安装更新 80 条健身路径。市体育局、润州区政府、市足协共同投资 1400 万元建成足球主题的西口门滨江体育公园。组队参加江苏省第八届全民健身运动会，获 18 个团体优胜奖，72 个个人优胜奖。11 家体育场馆获省级及以上免费低收费补助资金 758 万元。建成世业镇卫生院运动与健康服务促进中心。市体育局、镇江市高等专科学校开展“体医”（体育、医疗）、“体教”（体育、教育）等项目合作，举办 6 期全市科学健身大讲堂，承办 4 期社会体育指导员培训和技能展示交流活动。4 月 30 日，市体育局召开共青团镇江市体育局委员会成立大会暨第一次团员代表大会，选举产生第一届体育局团委委员。8 月 13 日、11 月 4 日，省体育局局长陈少军一行到镇江调研。

2020 年，镇江市有新注册教练员 219 人、运动员 1562 人。全年在击剑、棋类、足球、田径、游泳等项目上，获 4 块全国金牌，36 块省级金牌。9 名运动员进入国家集训队，其中，2 名乒乓球运动员进入国少集训队。承办全国 U 系列田径通讯赛（江苏赛区）系列赛、省拳击锦标赛等 2 项省级及以上赛事；举办 13 个项目市级青少年阳光体育竞赛。组织 6 期全市二级裁判员培训班，5 期市级及以上教练员培训班。完成体育场地调查统计工作，镇江市人均体育场地面积为 3.11 平方米。全年体育彩票销售额为 7.55 亿元，市场份额为全省第 3 名，总销售额为全省第 12 名，增幅为全省第 10 名。 （王煜琦）

【“十三五”期间主要情况】 2016 年，镇江市级和各市、区均创成省级“公共体育服务体系示范区”。2016 年—2020 年，全市新建 376.5 千米健身步道、122 个体育小公园、220 个多功能运动场、57 个笼式足球场，安装更新健身路径 1206 条、室外乒乓球桌 1064 张、篮球架 462 副。利用体彩公益金投资 1.78 亿元建成健康路体育公园并对外开放。各级体育主管部门和县级以上体育社会组织每年举办赛事活动超过 200 场次，其中，城市业余联赛、“体育伴你行”品牌活动、“千台万人”乒乓球赛、南山越野赛、“健康杯”羽毛球赛等影响较广泛。镇江市参加江苏省首届智力运动会获 5 枚金牌、10 枚银牌、7 枚铜牌；在江苏省第八届全民健身运动会上获 18 个团体优胜奖，72 个个人优胜奖。全市有县级及以上体育社会组织 488 个，其中 AAAAA 级 1 个，AAAA 级 30 个；全市有社会体育指导员 17420 人，万人拥有社会体育指导员 54 人，市民体质总体达标率 96.3%。开展体质测定与科学健身指导活动，5 年累计服务近 10 万人次，创成 9 家省级体质测定与运动健身指导站。镇江市运动员在 2017 年天津全运会上获 2 枚金牌、2 枚银牌、5 枚铜牌；在第二届全国青年运动会上获 4 枚金牌，输送运动员 30 人次在 5 个项目上获 10 枚金牌；3 名镇江籍运动员代表中国参加 2018 年雅加达亚运会，获 1 枚金牌、2 枚银牌、1 枚铜牌，其中张心妍入选亚运会“中国队十大人物”。女足（05～06 年龄组）、田径中长跑等省市联办项目，“谁羽争峰”港澳台羽毛球交流基地等落户镇江。创成 1 个国家级体育后备人才基地、3 个省级单项训练基地、27 家国家级青少年奥林匹克体育俱乐部、21 家省级体育传统项目学校（含国家级 3 家），向省级以上训练单位输送 33 名运动员。每年举办市级青少年阳光体育联赛，全市有 1 个全国青少年校园足球试点县，141 所全国校园足球特色学校，28 所全国校园足球特色幼儿园。2015 年—2017 年，承办两个赛季 CBA 江苏肯帝亚篮球俱乐部主场赛事；举办国家蹦床队奥运选拔赛、全国赛艇冠军赛、中国户外健身休闲大会（镇江站）、两届中国国际飞行器设计挑战赛总决赛和江苏航空体育旅游季（2016、2017）、“2018 砂板乒乓球世界杯”、镇江国际马拉松、环太湖国际公路自行车赛（句容赛段）等赛事及活动；2017 年举办镇江市第十五届运动会。“2018 镇江国际马拉松”“2019 句容国际马拉松”获评中国田径协会“金牌赛事”。2016 年—2020 年，镇江市 17 个体育产业项目争取省级体育产业发展专项资金 1380 万元。2017 年，镇江市政府与北京体育大学签订战略合作协议，编制完成《镇江市体育产业总体规划（2020—2030）》。2017 年，调整镇江体育产业发展有限公司运营管理体制（体育局为主管部门）。2020 年，市体育会展中心被认定为“江苏省第三批体育服务综合体”。5 年间全市体育彩票销售额合计 42.96 亿元，市场份额列全省前 3 名。 （王煜琦）

【镇江城市业余联赛】 2020 年 8 月—12 月，由镇江市体育局、镇江市体育总会主办的镇江城市业余联赛举行，该联赛分 13 大项，分别是：三人篮球、五人篮球、航空模型、游泳、广场舞、乒乓球、羽毛球、门球、气排球、魔方、象棋、掼蛋、太极拳。竞赛期间，进行 5000 多场次比赛，有近 12 万人次参赛。 （王煜琦）

【第三届“健康江苏健步走”活动】 2020 年 12 月 14 日，第三届“健康江苏健步走”启动仪式在世业洲举行。该次活动主题为“没有全民健康，就没有全面小康”，全省体育、卫健系统代表，镇江市体育社会组织成员等 500 余人参加。会上，击剑奥运冠军骆晓娟宣读全民健身倡议书；全体人员参观世业镇（镇南）体育公园、世业镇卫生院，并参加全程 6.5 千米健步走活动。 （王煜琦）

群众体育

【概况】 2020 年，镇江市根据新冠肺炎疫情形势，有序恢复全市全民健身赛事活动，采用线上线下相结合方式，举办第二届城市业余联赛、第三届南山越野赛、福地句容线上跑挑战赛、“润州请你来健身”、长江（世业洲）户外休闲徒步大会、第三届“健康江苏健步走”、“健身气功八段锦进机关”等近 100 项全民健身活动，约有 20 余万人次参与。2020 年，镇江市散打运动协会、镇江市轮滑运动协会成立，镇江市弈智棋院获评 AAAA 级社会组织。6 月 18 日—8 月 28 日，市体育局开展 27 期健身气功·八段锦培训活动，全市 34 个机关单位 670 名干部职工参加培训。7 月 20 日，市体育馆组织开展“体育伴你行”——镇江市体育馆暑期少儿公益系列培训活动；12 月 26 日—27 日，举办镇江市第四届“健康杯”羽毛球比赛。 （王煜琦）

【全国新年登高健身大会（镇江站）】 2020 年 1 月 1 日，由镇江体育局主办的“中国体育彩票‘国缘’杯 2020 年全国新年登高健身大会（镇江站）”在镇江市南山风景区北入口举行。该次大会设立 1 个国家主会场、7 个区域主会场、22 个省级主会场、120 个分会场，镇江作为分会场之一，近 500 人参加活动。活动设置两条线路，“健体组”线路全程约 6 千米；“强身组”线路全程约 12 千米。 （王煜琦）

【居家健身法推广】 2020 年 2 月，镇江市体育局推出系列居家健身方法，旨在提高群众免疫力。其中，市广场舞协会、市社会体育指导员协会等制作科学健身指导视频；市弈智棋院免费向社会开放围棋培训学习网络视频；体育会展中心健身会所推出系列线上直播课程；微信公众号“体育伴你行”、“镇江市全民健身中心”等每天发布 1 条 ~2 条居家锻炼信息。

（王煜琦）

【战“疫”健身气功八段锦网络比赛】 2020 年 4 月 29 日，由江苏省体育总会主办，江苏省社会体育管理中心承办的“中国体育彩票杯”江苏省体育系统战“疫”健身气功·八段锦网络比赛闭幕。参赛人员以全省体育系统工作人员为主，各设区市体育局，昆山市、泰兴市、沭阳县体育局等 16 个单位组成代表队，苏州市、扬州市、镇江市获一等奖。该次比赛还提供线上教学培训，参赛选手报名成功可在线上根据视频自行练习。 （王煜琦）

【击剑运动协会第一届会员大会】 2020 年 5 月 15 日，镇江市击剑运动协会第一届会员大会在市体育会展中心举行。会议审议通过《镇江市击剑运动协会章程》《镇江市击剑运动协会会费收费办法》，选举镇江市击剑运动协会第一届理事会理事和监事。郑迎伟当选会长。 （王煜琦）

【老年人体育协会第九次会员大会】 2020 年 6 月 2 日，镇江市老年人体育协会第九次会员大会召开。大会审议通过《市老体协第八届委员会工作报告和财务报告》《镇江市老年人体育协会章程》，选举产生市老年人体育协会新一届理事会。张甫雄当选会长。

（王煜琦）

【江苏省第十五届"长江经济带"全民健身大联动启动仪式暨"江河交汇·运河人家"线上健步走活动】
2020年6月6日，江苏省第十五届"长江经济带"全民健身大联动启动仪式暨2020"江河交汇·运河人家"线上健步走活动在镇江市健康路体育公园举办。该次活动由江苏省体育局、镇江市政府主办，镇江市体育局、镇江市体育总会承办。活动的形式由以往的集体健步走改为自主运动、线上统计的方式，通过"体育+互联网"的赛事模式，避免人员聚集。活动期间，通过网络媒体推荐创意路线：长江路步道、金山湖步道、南山步道、滨水路步道、运河路、健康路体育公园内环道和镇江市体育会展中心等。活动从6月6日一直持续到10日结束，近5000人参与活动。（王煜琦）

【省首届健身气功·八段锦网络达标赛镇江赛区活动】 2020年7月10日，江苏省首届健身气功·八段锦网络达标赛闭幕。该次比赛镇江市有800人参加，其中，润州区180人、京口区120人、丹阳市120人、句容市120人、扬中市100人、丹徒区70人、镇江新区60人、镇江高新区30人。比赛结果镇江市优秀人数62人、良好人数216人，团体总分列全省第9名；润州区陈峰以10780分获全市最高分；个人赛优秀和良好的运动员获电子达标证书，其余参赛运动员获电子纪念证书。（王煜琦）

【全民健身日系列庆祝活动】 2020年8月8日，庆祝全国第十二个"全民健身日"暨"农行杯"2020年镇江城市业余联赛三人篮球比赛开幕式在市体育会展中心举行。会上，市体育局、市体育产业发展有限公司向镇江市77名援鄂医疗队队员赠送全民健身中心健身年卡；各市区41支队伍、200余人参加三人篮球比赛。8日—9日，"全民健身日"活动期间，镇江市举办城市业余联赛游泳赛等体育赛事；市体育部门开展线上线下联动教学、免费培训、展示交流、免费体质测试等活动；全市部分大型公共体育场馆免费向市民开放。（王煜琦）

【暑期少儿体育公益"夜"培训】 2020年8月15日—21日晚7:00—8:30，由镇江市体育局、京口区政府主办的体育相伴"京"夜无眠——暑期少儿体育公益培训活动在健康路体育公园举行，400余名少年儿童参加活动。培训有14个项目，分别是足球、篮球、网球、乒乓球、武术、儿童体适能、街舞、拳击、击剑、游泳、跆拳道、啦啦操、轮滑、平衡车。（王煜琦）

【江苏省第八届全民健身运动会（线上、线下）系列活动】 2020年8月底至11月，江苏省第八届全民健身运动会举行，其中，线下组织30个大项、32个赛区267个小项竞赛；线上组织42个项目，包括"云端秀""云打卡""云对抗""冠军云擂台"4个类别。镇江市组织492人参加线下24个项目的竞技（另有36026人参加线上比赛）；同时，承办线下魔方、传统棋类等比赛，均获"最佳赛区奖"。（王煜琦）

2020年镇江选手参加江苏省第八届全民健身运动会（线下）成绩表

表30－1

项　目	地点	日期	团体优胜奖(个)	双人优胜奖(个)	个人优胜奖(个)
电子竞技	扬州	9月18日—20日	1	—	—
桥牌	徐州	9月8日—11日	2	1	—
风筝	南通	9月11日—13日	—	—	3
健身秧歌	连云港	9月12日—14日	2	—	—
健身气功	盐城	9月12日—15日	1	—	—
航空模型	苏州	9月18日—20日	—	—	8
航海模型	泰州	9月24日—26日	—	—	12
柔力球	连云港	9月27日—30日	—	1	—
广场舞	盐城	10月10日—12日	1	—	—
太极拳	徐州	10月13日—16日	—	—	9
轮滑	苏州	10月16日—19日	—	—	1
乒乓球	张家港	10月16日—19日	2	2	3
网球	扬州	10月19日—22日	1	1	2
新兴棋类	无锡	10月23日—26日	—	—	5
门球	连云港	10月23日—26日	1	—	—

续表 30－1

项　目	地点	日期	团体优胜奖(个)	双人优胜奖(个)	个人优胜奖(个)
壁球	张家港	10 月 23 日—26 日	—	—	1
啦啦操	南京	10 月 26 日—29 日	1	—	—
气排球	扬州	10 月 29 日—11 月 1 日	2	—	—
魔方	镇江	10 月 30 日—11 月 2 日	1	—	6
羽毛球	东海	10 月 30 日—11 月 2 日	1	2	1
掼蛋	淮安	11 月 3 日—6 日	1	1	—
传统棋类	镇江	11 月 6 日—9 日	1	—	12

（王煜琦）

【镇江市国家第五次国民体测抽样工作】 2020 年 9 月 1 日，镇江市国家第五次国民体质监测抽样工作在丹阳市丹北镇启动，该次监测内容包含身体形态、身体机能和身体素质等项目，旨在了解镇江市市民体质状况和变化规律。该次监测工作的对象为 3 周岁～79 周岁的居民（不含 7 周岁～9 周岁人群），按年龄分为幼儿（3 岁～6 岁）、成年人（20 岁～59 岁）和老年人（60 岁～79 岁）3 个年龄段。11 月中旬完成监测工作，有 3200 人次样本，监测数据上报至江苏省国民体质监测中心。（王煜琦）

【第九届“千台万人”乒乓球比赛】 2020 年 10 月 5 日，第二届城市业余联赛“建工杯”第九届“千台万人”乒乓球比赛在市体育馆举行。该次比赛新增男女双打项目，并允许 14 岁以下少年选手参加男女团体比赛项目。经过前期预选赛、排位赛、对抗赛，近 200 人进入决赛。丹徒区代表队和京口区代表队分别获男女团体第 1 名。（王煜琦）

【江苏省“运动处方师”培训】 2020 年 10 月 9 日—18 日，由江苏省体育局和省卫健委联合举办的江苏省“运动处方师（E 系列）”培训班在南京体育学院举办。全省有 100 名学员参加培训，镇江市选派的 8 名体育工作者参加培训，全部通过考核并获“运动处方师（E 系列）资格证”。（王煜琦）

【江苏省定向锦标赛暨省定向邀请赛】 2020 年 11 月 1 日，由江苏省体育局主办，江苏省无线电和定向运动协会、镇江市体育局、市文广旅局等部门承办的江苏省定向锦标赛暨江苏省定向邀请赛开幕式在镇江市丹徒区举行。该次定向锦标赛为期 3 天，有浙江大学等多所大学在内的 87 支代表队近 700 名选手参加。比赛在回龙水库（林隐茶博园）、嶂山村、宝堰镇和镇江市体育会展中心 4 处场地开展，有短距离赛、中距离赛、百米定向和团队赛 4 项赛程。（王煜琦）

【“健康镇江”江苏省老年人体育节镇江分会场闭幕式暨全市老年人健步走大联动活动】 2020 年 11 月 11 日，由镇江市体育局、市卫健委、市老年人体协、京口区老年人体协、润州区老年人体协联合主办的“健康镇江”2020 年江苏省老年人体育节镇江分会场闭幕式暨全市老年人健步走大联动活动在镇江市健康路体育公园举办。该活动全程约 3 千米，1000 多名老年人参加活动。（王煜琦）

【镇江代表队获省广场舞创编大赛全部一等奖】 2020 年 11 月 19 日，江苏省第八届创编广场舞（健身

图 30－1　2020 年 11 月 1 日，2020 年江苏省定向锦标赛暨江苏省定向邀请赛在镇江市举行　（文　雯　供稿）

操)交流比赛在无锡市落幕。镇江市社会体育指导员协会代表队获团体总分一等奖、规定套路一等奖、自选套路一等奖;市体育总会获优秀组织奖;原创舞蹈《大江东去》获"最佳创编奖"。镇江市连续2年在比赛中获全部奖项一等奖。 (王煜琦)

【第三届镇江南山越野赛暨宁镇扬越野邀请赛】 2020年11月22日,由镇江市体育局、镇江市体育总会等单位主办的第三届镇江南山越野赛暨宁镇扬越野邀请赛在南山国家风景区开赛,1000余名选手参赛。镇江市的"悦跑团"、丹阳长跑协会以及泰州越野跑团、南通"野悦营"等近30家跑团成员参加。竞赛分为ENS精英组(32千米)、CNS挑战组(20千米)、YNS体验/亲子组(9.8千米)。 (王煜琦)

【2020年长江(世业洲)户外休闲徒步大会】 2020年11月29日,由丹徒区政府主办的2020年长江(世业洲)户外休闲徒步大会在世业洲举行,大会设有徒步毅行、青少年无线电测向竞赛、"跳蚤市场"爱心义卖和家庭趣味嘉年华等4个活动项目,镇江市、常州市、扬州市、泰州市、张家港市、无锡市等地近2000人参加活动。 (王煜琦)

竞技体育

【概况】 2020年,镇江市召开全市体教融合联席会议,研究推进学校体育、体校建设、人才培养、赛事体系等相关工作;出台《镇江市体教融合专项基金考核资助实施办法》,对20家做出贡献的学校进行奖励。3月6日,镇江市乒乓球运动学校增挂"镇江市乒乓球运动管理中心"牌子,承担全市乒乓球运动项目的业务管理及运动员相关训练、参赛工作。5月13日,镇江市中心业余体校与江苏省镇江中学举行击剑、游泳教体融合市校联办项目签约仪式,旨在共同培养高水平、高层次竞技后备人才。7月19日,"谁羽争峰"港澳台交流基地暨镇江市青少年羽毛球训练基地揭牌仪式在市体育会展中心展览馆举行。当年,镇江围棋选手徐海哲成为全国年龄最小,也是镇江市首位围棋女子职业棋手。11月22日,镇江市夏小茜入选第一期国家乒乓球青少集训队,张博海入选第一期国家乒乓球少儿集训队。 (王煜琦)

【2020年中国足协三级裁判员培训班(镇江)】 2020年1月10日—12日,由江苏省足球协会主办、镇江市足球协会承办的2020年中国足协三级裁判员培训班(镇江)在镇江市体育会展中心举行,30名学员参加培训。培训班按照中国足协三级裁判员培训大纲授课,经理论与裁判实习两个环节的培训,通过考核的学员由省足协向中国足协申请下发三级裁判员证书。 (王煜琦)

【"乐享足球 健康校园"镇江市校园足球特色学校线上足球技能比赛】 2020年7月21日,由共青团镇江市委、市体育局、市教育局联合主办的"乐享足球 健康校园"2020年镇江市校园足球特色学校线上足球技能比赛闭幕,有39所小学、26所中学参赛。丹阳市正则小学1人获小学组颠球冠军,镇江市宜城小学的5人团队获小学组五人颠球接力冠军,镇江科技新城实验学校1人获中学组颠球冠军;镇江科技新城实验学校2人和丹阳市第六中学2人同获中学组两人头球对顶冠军;镇江市宜城中学5人团队获中学组五人颠球接力的冠军。 (王煜琦)

【丹阳市云阳学校初中女子足球队获"2020省长杯"冠军】 2020年9月3日—10日,江苏省"省长杯"初中组女子足球比赛在常州市举行,丹阳市云阳学校初中女子足球队获冠军。教练卢爱雪获"最佳教练员"称号,霍悦欣获"最佳球员"称号,闫瑞秋获"最佳射手"称号。 (王煜琦)

【江苏省青少年拳击锦标赛】 2020年9月11日—14日,由江苏省体育局、省教育厅主办,镇江市体育彩票中心总冠名的"体彩杯"2020年江苏省青少年拳击(17岁~18岁组)锦标赛在镇江市体育馆举行。比赛设男子52公斤、男子57公斤、女子48公斤等16个组别,全省10支代表队、77名运动员参赛。镇江市代表队获体育道德风尚奖。 (王煜琦)

【镇江市少儿竞技体适能暨快乐体操专项培训班】 2020年9月18日,由镇江市教育局、市体育局共同主办的2020年度镇江市少儿竞技体适能暨快乐体操专项培训班在市体育会展中心举行。包括幼儿园教师、业余体校教练员、体育专业学生、社会青少年体育俱乐部的教师等128名学员参与线下培训,69人通过线上直播方式同步完成学习。 (王煜琦)

【镇江选手在省青少年象棋锦标赛获奖】 2020年10月30日—11月1日,2020年江苏省青少年象棋锦标赛在苏州昆山举行,全省13个地级市的20多支代表队共260名运动员参赛。镇江市参赛队员获4枚金牌、5枚银牌、1枚铜牌。4枚金牌分别是:凌思妍获儿童女子甲组冠军,田丁匀获儿童女子乙组冠军,冯熙尧和朱汐玥分别获幼儿组男、女冠军。 (王煜琦)

【镇江市“市长杯”校园足球联赛】 2020年11月2日，由镇江市体育局、市教育局、团市委主办的2020年镇江市“市长杯”校园足球联赛在市体育会展中心闭幕。该次“市长杯”校园足球联赛为期14天，104支球队近1500名球员参赛。（王煜琦）

【全国U系列田径通讯赛（江苏赛区）系列赛】 2020年12月5日—6日，全国U系列田径通讯赛（江苏赛区）系列赛在镇江市体育会展中心举行。18个省、2个直辖市的77支代表队的618名运动员参加，近千人参与。系列赛分为U20、U18和U16三个组别，运动员参加的竞赛项目包括必测的体能测试3项和单项比赛，其中，单项比赛包括100米、110米栏、800米、5000米、跳远、铅球、铁饼等13个项目。（王煜琦）

【镇江选手在全国青少年柔道锦标赛获奖】 2020年12月5日，全国青少年柔道锦标赛在江西省赣州市举行。该次比赛是2020年度全国青少年柔道最高级别赛事，青年组、少年组各设置14个级别，全国90多个代表队、1000多名运动员参赛。镇江市体育运动学校柔道队选派6名运动员参赛，马赛获男子少年组－90公斤级冠军。

（王煜琦）

【镇江市体教融合工作会议】 2020年12月8日，镇江市体教融合工作会议召开，会议要求全市体教融合工作要加强顶层设计，答好“体教融合改革答卷”；完善培养体系，答好“体育人才培养答卷”；优化资源配置，答好“深化体校改革答卷”；实施科学管理，答好“制度建设保驾护航答卷”。江苏省镇江中学、丹阳市云阳学校、镇江市红旗中心小学3家单位做交流发言。会议表彰全市体教融合工作成绩突出的6家重点项目单位、8家特色项目单位、6家一般项目单位。（王煜琦）

2020年镇江市承办省级及以上体育比赛情况表

表30－2

级　别	名　称	日　期	规模(人)
国家级	全国U系列田径通讯赛(江苏赛区)系列赛	12月5日—6日	790
省　级	2020年江苏省青少年拳击锦标赛	9月9日—14日	107

（王煜琦）

2020年镇江籍选手在全国赛事前三名获奖情况表

表30－3

名　称	项　目	运动员	名　次
2020年全国青少年柔道锦标赛	男子少年组－90公斤	马　赛	第1名
2020年全国击剑锦标赛	女子成年组佩剑团体	杨恒郁	第1名
2020年全国击剑锦标赛	女子成年组花剑团体	龚　雨	第1名
2019—2020赛季全国击剑冠军赛(总决赛)	女子成年组佩剑团体	杨恒郁	第1名
2019—2020赛季全国击剑冠军赛(总决赛)	男子成年组花剑团体	刘壮壮	第2名
2020年全国空手道A类赛暨第十四届全运会积分赛(第二站)	女子个人型	郭懿娴	第2名
2020—2021中国女排超级联赛	女子	勇　乐	第2名
2019—2020中国男子排球超级联赛	男子	于垚辰、刘向东	第2名
2020年全国青少年U系列曲棍球锦标赛	U15组	扬中女子曲棍球队	第3名
2020年全国击剑锦标赛	男子成年组花剑团体	刘壮壮	第3名
2020年全国青少年柔道锦标赛	女子少年组－63公斤	杨娟廷	第3名
2020年全国柔道锦标赛暨冠军赛	男子60公斤	伏　鑫	第3名
2020年全国空手道锦标赛	女子个人型	郭懿娴	第3名
2020年全国空手道冠军总决赛	女子团体组手	沈　月	第3名

（王煜琦）

体育产业

【概况】 2020年,镇江市有4个体育产业项目获省级体育产业发展专项资金190万元。镇江体育产业发展有限公司与上海美再晨公司就“健康路体育公园健身会所”项目签约;体育会展中心全年引进12家入驻单位,在新冠肺炎疫情影响下,全年营收基本持平。当年,镇江市选手徐寅在首届全国职业技能大赛中,获全国职业技能大赛体育运动指导(健身)项目金牌。在2020年全省游泳指导、救生职业技能大赛上,镇江市代表队获团体第3名,1人获个人比赛第1名。6月29日,镇江市体育会展中心作为“体育中心型”,被认定为“江苏省第三批体育服务综合体”。 (王煜琦)

【5家体育企业获2019年度省级专项资金】 2020年4月,根据江苏省财政厅、省体育局有关文件,镇江传奇文化旅游发展有限公司、江苏润扬通用航空有限公司、江苏安定建设工程有限公司、江苏利奥酒店有限公司4家体育企业的产业项目获2019年度省级体育产业发展专项资金260万元,镇江尚动力健身管理有限公司获省级健身俱乐部专项扶持资金50万元。 (王煜琦)

【镇江市区游泳场馆联合检查】 2020年7月17日,镇江市卫健委、市体育局对随机抽取的市区3家游泳场馆进行联合检查。检查内容包括开办经营性公共游泳场所是否按照要求取得高危险性体育项目经营许可证;游泳救生员数量是否符合国家标准,是否配足在岗;能否提供急救药品、氧气袋及救生圈、救生杆和护颈套等救生器材及卫生运营方面的问题。对存在问题的游泳场馆当场下达责令改正通知书,要求限期整改到位。 (王煜琦)

【高危项目许可检查】 2020年8月24日—25日,由江苏省体育局、省公安厅、省卫健委组成的“双随机”联合检查小组,对镇江市2020年度经营高危险性体育项目行政许可单位开展检查。该次检查活动抽查全市6家(含县区2家)游泳场馆,检查结果镇江市游泳场馆情况较好。 (王煜琦)

【镇江代表队在省游泳指导、救生职业技能大赛中获奖】 2020年9月20日—23日,镇江市代表队参加江苏省游泳指导、救生职业技能大赛,比赛内容包括专业理论知识和专业技能两部分。镇江参赛选手蒋伟以个人总成绩第1名获个人一等奖,并获“江苏省五一创新能手”称号;镇江市代表队获团体三等奖。 (王煜琦)

【镇江选手在全国职业技能大赛中获金牌】 2020年12月13日,中华人民共和国第一届职业技能大赛在广州闭幕,全国各地、各行业2557名选手参赛。社会体育指导(健身)项目比赛包括体能比拼、动作教学、知识竞答、小团体课程、姿态与动作评估、运动计划设计6个模块,镇江选手徐寅获该项目金牌,这是大赛唯一一块体育类金牌。 (王煜琦)

2020年镇江市体育彩票百万元以上大奖情况表

表30-4

日期	玩法	奖期	销售站点	奖级	中奖注数	中奖总金额(万元)	中奖地区
6月15日	体彩大乐透	20050	3211011160	二等奖(含追加)	1	197.075	市区
8月8日	体彩大乐透	20073	3211011239	一等奖	1	974.2502	市区
9月21日	体彩大乐透	20092	3211011148	二等奖	1	183.7215	市区
10月23日	体彩排列5	20243	3211011401	一等奖	10	100	句容市

(王煜琦)

民政事务

【概况】 2020年，镇江市募集资金1.79亿元，救助支出1.25亿元，惠及困难群体27.67万人次。举办第五个“中华慈善日”活动。镇江慈善文化公园建成开园。1家慈善组织、1个个人、1个项目分别获“江苏慈善奖”。完成安全生产专项整治“一年小灶”和“六保”任务专项巡察整改工作。全国流浪乞讨救助管理工作标准体系研讨会在镇江市召开。当年，镇江市获评民政部、财政部“全国居家和社区养老服务改革试点成果特别优秀地区”，并获中央财政资金奖励；镇江市“建设‘智慧界线’，创新界线管理”获2020年度“全省高质量民政事业发展优秀成果”；丹阳市“深入推进殡葬综合改革”获2020年度“全省高质量民政事业发展创新成果”；镇江市“诗词里的镇江地名”成果获省哲学社会科学优秀成果三等奖。

截至2020年年底，镇江市有城乡低保对象11766户、17554人，其中，城市低保5206户、7721人；农村低保6560户、9833人。全年发放低保金1.294亿元。实施临时救助4805人次，支出临时救助资金631.844万元。7月，镇江市城乡低保标准统一提高至每人每月790元，临时救助标准实现同步增长。全市享受困难残疾人生活补贴25102人、重残护理补贴20187人；全市发放资金22365.3175万元。全市享受惠民殡葬16581人，减免基本服务费2696.146万元。全市火化尸体22440具。

截至2020年年底，全市60岁以上老年人73.7万人，占总人口27.4%。其中，65岁以上老年人55.8万人，占总人口20.7%；100周岁以上老年人183人。当年，为全市11.19万名80虚岁以上老人发放尊老金7895.85万元。

截至2020年年底，全市有各类养老机构114家，其中，公办养老机构45家、民办养老机构69家；有养老机构床位数18750张。市民政局开展养老院服务质量建设专项行动，解决全市养老机构消防审验问题；实施特困人员供养服务设施“双提升”工程，新建3家失能（失智）特困供养机构和3家农村区域性养老服务中心；推进养老护理员队伍建设，举办全市养老护理员职业技能大赛，全市3家单位获评省级养老服务实训基地。

全市475个村委会、251个社区居委会的城乡和谐社区建设达标率分别为97.5%、99.3%；城乡社区综合服务设施建设新标准达标率为100%。全市726个村（社区）依法开展“两委”换届选举工作。完成20个城乡社区综合服务设施提升改造，新增服务面积1.1万平方米，达标率100%。建成6家中心社区，城市社区工作者进入职业体系比例为89.5%。扬中市“契约式”社会治理工作法、京口区“3433”参与式治理模式分别获省基层社会治理创新成果奖和提名奖。完成村规民约和居民公约修订工作，并编印《村规民约优秀案例》。

全市社工考试报名人数1416人，通过人数348人；全市有2546人获助理社工师以上资格；每万人拥有持证社工数7.96人。3名社工获江苏省第二届“最美社工”称号，1人获评省“社会工作领军人才”。实施政府购买民办社工机构社会工作服务，为老年人、护理员和养老机构提供“套餐式”服务。全市民办社工机构为69个。 （朱　映）

【“十三五”期间主要情况】 “十三五”期间，镇江市全省第3家实现设区市范围内的城乡低保标准一体化，低保标准由“十二五”期末的每人每月610元和580元统一增长至790元，城市特困人员集中和分散年供养标准分别增长46.22%、130.7%，农村特困人员标准分别增长53.5%、68.85%。在全省率先建成社会救助“云”平台，新申请对象排除率74%以上。建成9家省级农村留守儿童和困境儿童“关爱之家”。政府购买居家养老上门服务对象由60周岁以上困难老年人扩大至80周岁以上全体老年人，完成2020户特殊困难老年人家庭“菜单式”居家适老化改造。建成街道老年人日间照料中心30个、老年人助餐点400多个，城乡社区居家养老服务中心基本实现全覆盖。养老机构床位数近2万张，千名老人拥有养老床位40.8张，其中，社会力量举办或运营的床位占比超过75%，护理型床位占比超过59.76%。养老机构综合责任险覆盖率为100%。在全省率先实现60周岁以上老年人意外伤害保险政府统保全覆盖，5年时间赔付4.19万人次，赔付金额6575.87万元。城乡社区综合服务设施实现全覆盖，全省首家推行“1+X”（在3个~5个相邻基本社区建设1个中心社区，实现服务设施集中使用、社会组织集中孵化，为居家养老、医疗卫生、文体活动、各类社会组织等资源进入社区搭建平台载体）的中心社区治理模式，建成中心社区33家。城市社区工作者进入职业体系比例为89.5%。打造“流动小板凳”会商、“432”[“四议三公开两监督”：“四议”即对村级事务实行群众提（询）议、“两委”商议、大会决议、代表评议；“三公开”即对村级事务实行立项公开、过程公开、结果公开；“两监督”，即对村级事务实行由村（社区）监委、纪委全程监督，发挥群众监督和党内监督重要作用]工作法、“135”（“1”是牢牢坚持以社区党组织为核心；“3”是着力把好议事的组织关、议事关、认同关；“5”是针对不同的利益群体、利益诉求和议事内容，分别采用党群议事会、共建议事会、环境圆桌会、矛盾协调会、三方联席会等5种形式开展民主议事）民主议事、“一规五制”（以村规民约为规范，村级事务议事协商制、财务管理监督制、居民办事代理制、社会组织参与制、服务成效评议制）等协商自治品牌。新建社会组织孵化基地11个，市、县两级实现全覆盖。全市社会组织登记3656家，备案3995家，每万人拥有社会组织数23.6个。全市持证社工人才为2548人，每万人拥有持证社工数7.95人，比2015年增长190.5%。扶持发展民办社工服务机构66家，增长450%。发放困难残疾人生活补贴约8.59亿元、重度残疾人护理补贴1.12亿元；6个精神障碍康复社区服务点建成投入运营。慈善组织信息公开率100%，救助困难群众超过260.11万人次。全市福彩销量22.5亿元，筹集公益金7.8亿元，分别增长14.5%和42.3%。市地名地址信息公共服务系统上线运行，全省率先完成行政区域界线矢量转化，形成覆盖全市范围的市、县、镇、村四级界线网格。建成60个乡镇公益性骨灰（安息）堂和4家重点乡镇集中守灵中心，减免基本殡葬服务费1.3亿元。村级红白理事会实现全覆盖，节地生态安葬比例增长至80%。补录中华人民共和国成立后婚姻登记历史数据30余万条。（朱　映）

【新冠肺炎疫情防控工作】　2020年，在新冠肺炎疫情期间，镇江市下发各类保障金，并为困难群众发放防疫“大礼包”；开展留守儿童（老人）电话温情慰问活动，启动社会救助办理“绿色通道”，88名对象“足不出户”完成申请。全市养老、儿童福利等机构实现封闭式管理全覆盖，未发生1例感染新冠肺炎病例。动员慈善力量、社会组织、社工志愿者投身新冠肺炎疫情联防联控工作，总结推广部分社区防控经验做法。全市各级慈善力量募集防控款物2849.69万元，一线城乡社区工作者新冠肺炎疫情补助按期发放到位。通过推送政策、培训指导、链接资源等服务，助力新冠肺炎疫情防控和企业复工复产。向全市养老机构发放一次性新冠肺炎疫情防控补贴“红包”。

（朱　映）

【社会组织管理】　2020年，镇江市有社会组织3656个（市级社会组织621个）。其中，社会团体1696个、民办非企业1948家、基金会12个；AAAAA级社会组织5个、AAAA级社会组织97个。市级托底管理的社会组织中建成独立党支部3个、联合党支部1个、非建制功能型党支部9个。当年，新增AAAA级社会组织15家、复评2家，97家社会组织获政府职能转移和购买服务资质。增强社会组织培育力度，全年新增孵化基地7家，全市累计建成孵化基地31家，市、县两级孵化基地实现全覆盖，县乡两级孵化培育和活动场所覆盖率25%，城乡社区平均拥有社会组织分别超过10个和5个。加强事中事后监管，实施行政指导7次、行政约谈6次、行政执法48次。全市235家行业协会、商会完成脱钩改革任务，41个行业协会、商会涉企收费问题全部清理规范到位。举办“产业强市·我们‘益’起跑起来”——首届社会组织交流对接会，发布政府购买服务项目21个，资金总额145.4万元。

（朱　映）

【地名管理】　2020年，镇江市命名地名183件，设置地名标志221个。市民政部门完成“宁镇线”界线联检工作，形成界线联检报告；完成镇江市行政区域界线界桩移动管理平台建设；完成《江苏省标准地名词典》（第一部分）295个词条，《江苏省标准地名志》（第一部分）37个词条，《中华人民共和国标准地名词典》（第二至八部分）78个词条释文编纂及三审三校工作；编制出版《镇江市政区地名图集》《镇江行政区划图》《镇江城区地名图》；推进地名普查成果转化和不

规范地名清理整治。（朱　映）

【困难群体普惠制节日慰问】 2020年"两节"期间，镇江市向3.93万人次城乡困难群众发放节日补助金1201.09万元，其中市级发放春节专项补助438.52万元。全年9次启动物价补贴机制，为22.8728万名困难群体发放物价补贴约2941.92万元。（朱　映）

【城乡特困人员供养】 2020年，城市特困供养镇江市标准（丹徒区、京口区、润州区）为1740元/人·月（丹阳市1751元/人·月、句容市1700元/人·月、扬中市1940元/人·月）；农村特困供养镇江市标准为1030元/人·月（镇江新区集中供养1580元/人·月、分散供养1185元/人·月）。全市有特困供养对象6181人，其中，城市特困对象386人（集中供养201人、分散供养185人），平均供养标准为21393元/年·人；农村特困对象5795人（集中供养1469人、分散供养4326人），平均供养标准为13206元/年·人。全年发放特困供养资金7789.265万元。（朱　映）

【全国居家和社区养老服务改革试点】 2019年8月，镇江市入选第四批中央财政支持开展居家和社区养老服务改革试点地区，争取中央补助资金1839万元。2020年9月，镇江市获评民政部、财政部"全国居家和社区养老服务改革试点成果验收特别优秀地区"，并获中央财政资金奖励100万元。（朱　映）

【福利彩票发行工作】 2020年，镇江市彩民约40万人。全年完成福彩销售2.54亿元，募集福彩公益金3024万元。其中，电脑型彩票销售1.95亿元，比上年下降7.6%；即开型彩票销售1369万元，增长3.49%；视频型彩票销售4598万元，下降74.94%。

（朱　映）

【婚姻登记工作】 2020年，镇江市结婚登记人数15034对，其中，涉外，涉港澳台、华侨结婚登记22对。离婚登记人数7990对，其中，涉外，涉港澳台、华侨离婚登记6对。全市初婚登记平均年龄男性为28.2岁，女性为26.7岁。（朱　映）

【未成年人保护工作】 2020年，镇江市有农村留守儿童510人、孤儿98人。其中，集中养育孤儿55人，市区集中供养标准为2553元/月/人；社会散居孤儿43人，分散供养标准为1915元/月/人。镇江市完善未成年人响应、闭环处理机制，发挥各级农村留守儿童关爱保护和困境儿童保障工作联席会议平台作用，开展"合力监护、相伴成长"专项行动。建立完善农村留守儿童、农村留守妇女和困境儿童信息台账，构建未成年人社会保护数据库。建设6个省级农村留守儿童和困境儿童"关爱之家"，总结推广"关爱之家"可持续发展的运行模式，引导社会力量通过政府购买服务、公益创投等形式提供儿童关爱服务。（朱　映）

【流浪乞讨救助】 2020年，镇江市救助城市生活无着的流浪乞讨人员1138人次，其中，男性977人，女性161人，未成年人27人，患病、残疾265人；护送返乡142人次；开展寻亲服务53次，寻亲成功16人。24名长期滞留人员获落户（市救助站19人，丹阳市1人，句容市4人）。（朱　映）

【社区治理能力提升行动】 2020年，镇江市推进社区治理能力提升行动，全年建成中心社区6家，有13家社区（村）开展参与式社区治理。城市社区工作者进入职业体系比例为89.5%。推行"四议两公开"（"四议"：党支部会提议、"两委"会商议、党员大会审议、村民代表会议或村民会议决议；"两公开"：决议公开、实施结果公开）民主决策程序，农村社区"一规五制"和村民小组"一组两会"（党小组，新农村建设理事会，村落社区志愿者协会）等自治试点有成效。扬中市推行"契约式"社会治理法，完成479个建制村村规民约修订工作。（朱　映）

人口与家庭

【概况】 2020年，镇江市落实全面"两孩"政策，全面落实生育登记承诺制，办理生育登记9921人（"一孩"6151人、"二孩"3770人），办理再生育审批302人，出生人口性别比保持正常水平。按照国务院推进政务服务"一网通"工作要求，实现生育登记等多项计生工作"不见面"审批。加强母婴设施建设，全市应配置母婴设施的公共场所及用人单位建成标准化母婴设施。推进3岁以下婴幼儿照护服务，出台《2020年普惠托育民生实事项目实施方案》，全市建成普惠托育机构4家，其中1家获评"江苏省示范托育机构"。全年全市发放各类计划生育奖励扶助资金2.32亿元，惠及18.7万人。市卫健委、市财政局、市人社局共同出台《关于市区持"独生子女父母光荣证"企业退休职工一次性奖励工作的补充规定》，进一步细化人员类别，明确筹资方式，理清当事人退休企业的税源地，规范一次性奖励金的发放。市卫健委开展2020年企业退休职工计划生育一次性奖励金信用维权专项行动，通过信用提醒告知、座谈、行政调解等方式，协调246家企业向703名往年退休职工兑付奖励金，计210.9万元。当年，镇江市实现计生特殊家庭联系人制度、家庭医生签约服务、优先便利医疗服务“三个全覆盖”。落实住院护工保险制度，按照每人每年保费 500 元，保障住院津贴 130 元/天、总计 70 天的标准，为城区失独家庭提供住院护工保险。开展“暖心行动”，推进“连心家园（暖心家园）”建设，截至年底，建成“连心家园”项目点 59 个，其中省级优秀项目点 3 个。

（龚　璐）

【计生特殊家庭保障】 2020 年，镇江市开展计生特殊家庭常态化帮扶活动，打造扬中“润苗”工程——关爱失独第三代、丹阳“两步走模式”、句容“莓好白兔·连心家园”、丹徒“心连心家园”幸福家园、镇江新区“宜爱”连心家园等关爱失独家庭特色品牌。构建计生特殊家庭成员心理健康管理服务网络，由三级甲等精神病医院（市精神卫生中心）心理专业人员为计划生育特殊家庭成员提供专业心理援助。推广“金山公益社会志愿组织”关爱特殊家庭“334 模式”（拥有“3 个 1”：1 个“金山公益之家”，1 个 QQ、微信群，1 个“博爱驿站”；建设“3 支队伍”：志愿者队伍、失独家庭互助队伍、有偿家政服务队伍；做好“4 个服务”：暖心陪伴、心理疏导、助医助困、临终关怀服务），以精神慰藉、心理疏导、生活关怀为重点，推进共助互助。

（龚　璐）

民族事务

【概况】 镇江市有 47 个少数民族，常住人口中少数民族人口 18493 人，占全市总人口的比例为 0.594%。少数民族人口中，人数排在前 5 名的是回族 7288 人、苗族 2291 人、土家族 1820 人、彝族 1280 人、蒙古族 1062 人，以上 5 个少数民族人口占全市少数民族人口的 74%。全市有 3 个少数民族村，分别为：句容市边城镇佴池民族村、丹徒区世业镇卫星民族村、润州区工业园区大桥民族村；8 个省级民族工作示范社区，分别为：丹阳市云阳镇凤美新村社区、扬中市三茅镇文化新村社区、丹徒区新城长山社区、京口区大市口街道千秋桥社区、京口区四牌楼街道江滨新村第一社区、京口区正东路街道贺家弄社区、润州区金山街道杨家门社区、润州区宝塔路街道同德里社区；2 所民族学校，分别为：镇江市民族实验小学、镇江市穆源民族学校；1 所对口支援学校，为丹阳六中新疆班。同时，全市有山巷清真寺、古润礼拜寺、句容清真寺、丹阳清真寺等 4 座清真寺以及 2 家清真食品基本供应点。6 家企业被确定为“十三五”期间全国民族特需商品定点生产企业，分别是镇江联友历代服饰工艺品有限公司、镇江维达斯裘革鞋业有限公司、丹阳通泰纺织品有限公司、丹阳市春明漳绒有限公司、扬中金海新源电气江苏有限公司、镇江威特药业有限公司。1 个市级社会团体，为市民族团结促进会。全市有 7 处民族公墓，其中，丹阳 2 处、句容 2 处、市区 3 处。

2020 年，全市民族工作围绕各民族“共同团结奋斗，共同繁荣发展”主题和“铸牢中华民族共同体意识”主线，推进民族聚居地方经济社会高质量发展。10 月，丹阳市第六中学、句容经济开发区管理委员会、丹徒区世业镇卫星村获评江苏省政府“全省民族团结进步模范集体”，张俊美、朱冬宏获评“全省民族团结进步模范个人”。11 月 28 日—12 月 15 日，镇江市举行“第二期少数民族来镇务工人员语言文化政策教育培训班”，少数民族到镇江务工人员及各市（区）民族干部 100 多人参加培训。

（曹晓光　黄萍萍）

【民族团结进步宣传月活动】 2020 年 10 月 23 日，镇江市以“民族团结一家亲，小康路上心连心”为主题，举行第十七个“民族团结进步宣传月”启动仪式。启动仪式现场举办民族传统体育比赛、民族政策法规咨询、民族团结义诊、民族文化社科普及、民族工作成就展、民族风味美食品鉴等多项活动。同时，各族群众代表数百人观看民族歌舞、快板书、情景剧、京剧等节目。

（曹晓光　黄萍萍）

图 31－1　2020 年 10 月 23 日，镇江市民族团结进步宣传月活动启动仪式举行

（田　冰　供稿）

宗教事务

【概况】 镇江市是江苏省宗教工作重点城市，全市有佛教、道教、伊斯兰教、天主教、基督教等五类教派。经依法登记的宗教活动场所154处，分别是佛教62处、道教15处、伊斯兰教4处、天主教1处、基督教72处。其中，金山江天禅寺、焦山定慧寺、宝华山隆昌寺、茅山道院是全国重点寺观；山巷清真寺是全国模范清真寺；镇江新区绍隆寺是江苏省重点寺院。全市有宗教团体21个，宗教教职人员551人。心澄担任中国佛教协会副会长、省佛教协会会长，孙敏财担任省道教协会常务副会长，心平、徐朝文、沙振镇分别担任省佛教协会、省道教协会、省伊斯兰教协会副会长，尹素华担任省基督教三自爱国委员会副主席。教职人员中有37人次在各级人大常委会、政协担任职务。其中，全国政协委员1人；省政协常委1人；市级人大代表2人（含常委1人），政协委员9人（含常委4人）；县级人大代表5人，政协委员19人（含常委5人）。

2020年，镇江市组织宗教界人士学习习近平有关宗教工作讲话精神等。做好第五届国际道教论坛会议筹备工作，完成“2+11”重点工程项目、11项配套工程项目、道宫内外部装修、外部环境提升工作等，洲际酒店正式营业。加强与中央统战部宗教文化出版社战略合作，上线宗教专业资源库、数字图书馆、微信公共平台，合作建成全国首家宗教类实体公益图书馆“兰书房”，并在镇江市揭牌成立数字研发中心。开展县级宗教团体专题调研，并业务协助市伊斯兰教协会完成主要负责人届中调整工作。12月，市宗教界以“不以规矩，无以成方圆”为主题，组织开展第一届讲经比赛，对各自宗教经典、优秀文化进行阐释。开展宗教领域安全工作专项整治；做好宗教领域新冠肺炎疫情防控工作，落实联防联控要求，全市未发生宗教领域涉疫情事件。开展民间信仰规范化管理专项工作，对民间信仰活动场所登记造册，纳入统战、民宗系统管理；开展全市宗教教职人员、基督教私设聚会点和未登记组织的普查工作，掌握宗教团体和活动场所发展状况，完善宗教工作基础数据和档案。推进解决超岸寺历史遗留问题相关工作。江苏佛学院（焦山学院）正式办学。推进江苏佛学院（焦山学院）扩建和鹤林寺房产使用管理问题解决，初步形成统筹解决方案。 （潘煜龙）

【中国道教协会第十次全国代表会议召开】 2020年11月26日—28日，中国道教协会第十次全国代表会议在句容茅山召开。会议总结中国道教协会第九次全国代表会议以后开展的各项工作，交流经验，研究部署下一阶段工作，并选举产生新一届理事会。中央统战部副部长、国家宗教事务局局长王作安到会讲话，省委常委、省委统战部部长杨岳致辞。中央统战部十二局副局长肖虹、吴国生，省委统战部副部长、省民宗委主任陈正邦等出席开幕式。中国道教协会全国代表会议首次在北京以外城市召开，全国30个省、市、自治区近600余人参加会议。 （潘煜龙）

社会保险

【概况】 2020年，镇江市主要险种覆盖率98%以上，城乡基本养老、失业、工伤保险参保人数分别为200.08万人、55.26万人、65.51万人，比2019年年底分别增加2.63万人、1.26万人、2.73万人；3项社会保险基金总收入160.3亿元，总支出200.84亿元，累计结余95.32亿元，基金运行总体平稳。全市46家、17856名国有企业退休人员移交属地纳入社会化管理。市人社局实施“人社服务快办行动”和“综合柜员制改革”，社保业务实现“提速办、网上办、简便办”。

“十三五”期间，全市参加城乡基本养老、失业、工伤保险分别为200.08万人、55.26万人、65.51万人，覆盖率稳定在98.2%以上。镇江市入选全国首批创建社会保险标准化建设“先行城市”，市、县、镇、村四级人社服务平台体系成为全国社保标准化建设地级市样板。建筑工程项目工伤保险参保率100%。全市企业退休人员基本养老金实现16连增。 （郑仁轩）

【社会保险制度改革】 2020年，镇江市按照“全覆盖、保基本、多层次、可持续”的方针，推动各项社会保险改革任务落实。执行企业养老保险省级统筹规定，基金收支平衡稳定运行；市区21万名离退休人员养老金按时足额发放，并争取到省级调剂金净补助36.88亿元。推进机关事业单位养老保险制度改革，2014年10月改革后退休“中人”待遇计发工作落地，全市核定并发放正式待遇7866人，其中市本级2283人。2019年度“中人”复审入库1457人，其中，市本级475人，通过率87.93%；核定正式待遇1205人，补发养老金3389万元。推进职业年金的征收和归集工作，完成已征收职业年金的账实匹配工作，全年向省职业年金账户归集上划职业年金23.74亿元，其中市本级8.28亿元。市本级职业年金正式待遇首批发放2290人，补发1578.7万元。实施阶段性减免企业社保费和降低费率政策，全市减免养老、失业、工伤三项社保费34.08亿元，惠及企业2.8万家、职工48.6万人;减免医保费 4.72 亿元,执行降低费率政策,减少三项基金收入 11 亿元以上,为企业减负超过 45 亿元;市区各类企业 1.38 万家,全年减免 22.09 亿元,企业养老、医保、失业、工伤保险费分别减免 17.75 亿元、2.83 亿元、5907 万元、9193 万元,中小微企业占减免总额的 96.5%。做好被征地农民社会保障工作,市政府出台《关于市区被征地农民参加养老保险有关问题的通知》,将被征地农民参加企业养老保险由前补缴费调整后延缴费,新增被征地农民参保率 100%。推进工伤保险省级统筹工作,全年为企业减征 1.9 亿元,惠及企业 2.7 万家、职工 50.56 万人。完成省级储备金上解工作,其中市本级 858 万元。按江苏省规定调整工伤保险费率,市区企业平均费率从 0.81% 下调至 0.61%,全年减征 3000 万元。扩大工伤保险覆盖面,出台非全日制实习生、超龄就业人员参保办法,开展综合式工伤预防培训。完成国企退休人员社会化管理改革任务,市区自 5 月 21 日起分 6 批全部完成移交,各市(区)同步实施移交工作,全市移交 46 家国有企业 17856 名退休人员,人事档案移交率 100%,党员组织关系移交率 89.95%。对企业确实无法联系的 132 名退休人员,暂由市社保中心统一接收代管。

(郑仁轩)

【社会保险扩面征缴】 2020 年,镇江市实施全民参保计划,强化政府部门间数据共享和信息化手段比对,推进新业态、灵活就业、农民工等各类人员全面持续参保,退捕渔民、退役军人、征地农民、贫困人口等重点群体实现应保尽保。市区企业养老保险参保缴费 33.3 万人、离退休 21 万人,赡养比为 1.59: 1。市人社、市场监管、税务等部门对各类用人单位有效数据进行比对和排查,对未参保单位逐户告知,督促其及时依法参保。落实参保缴费各项政策,鼓励灵活就业人员稳定参保缴费,全年新增登记参保单位 4000 户,新增扩面参保 2.8 万人。市区企业养老保险基金全年减免企业养老保险费 17.75 亿元(大企业 0.52 亿元,中小微企业 17.23 亿元)。全年实际完成基金收入 71.25 亿元,其中,征缴收入 21.05 亿元,省级补助收入 49.77 亿元(剔除上解企业养老保险省级统筹调剂金 12.89 亿元,省级补助净收入 36.88 亿元);支出 81 亿元,其中,养老金支出 67.77 亿元,上解上级支出 12.89 亿元;当期收支缺口 9.75 亿元,累计结余 0.96 亿元。全市城乡居民养老保险参保 22.4 万人、缴费人数 16.81 万人、领取待遇 42.03 万人;全年基金总收入 118419 万元,总支出 125826 万元,累计结余 250674 万元,财政投入 56710 万元。落实城乡居民基本养老保险扶贫“三个 100%”(100% 登记参保、100% 为其代缴最低标准城乡居民养老保险费、100% 享受城乡居民基本养老保险待遇)政策,对全市 4.65 万名贫困人口进行筛选比对,将符合条件的人员全部纳入参保范围,确保特殊困难群体人员应保尽保、动态清零。建档立卡等低收入人员由市财政按最低缴费档次全额代缴,全市代缴人数 1.09 万人、代缴金额 186 万元。纳入城乡居保扶贫的困难人员,符合养老待遇领取条件的 1.99 万人全部享受到相关待遇。完成部分退役士兵社会保险接续工作,按政策办理养老、医疗保险补缴手续。全市审核通过补缴申请对象 7172 人(含低保对象 30 人),落实财政配套资金 7932 万元。其中,养老保险完成个人缴费 4779 人,视同缴费 1415 人,财政配套资金 7844 万元;医疗保险符合退休条件办理缴费 45 人,财政配套资金 41 万元。落实长江“十年禁渔”工作,对 16 周岁以下未成年人员实行一次性补偿,将劳动年龄段人员纳入养老保险,将 60 周岁以上人员纳入养老补助范围;16 周岁以上的 1476 人全部纳入社会保障,筹集退捕渔民专项保障资金近 1.2 亿元。开展工伤保险扩面专项行动,推进“同舟计划二期”,做好非煤矿山、冶金、建材、船舶制造等重点行业领域参保扩面工作。全年全市新增工伤保险参保 2.74 万人,农民工参保 20.52 万人。347 个新开工建设项目参保率 100%,危化品、尘肺病等重点行业企业应保尽保。

(郑仁轩)

【社会保险经办服务】 2020 年,镇江市人力资源和社会保障局实施社会保险经办能力提升工程,推进窗口服务标准化建设,推进综合柜员制改革,完善社保服务体系。做好新冠肺炎疫情期间社保经办工作,全市相关部门建立实时联动机制,保障社保领域安全稳定;强化经办大厅防控措施,落实“不见面”服务措施,允许参保企业和个人延期办理业务,并开通医护及相关人员工伤保障绿色通道。推进社保服务“快办行动”、精简证明材料、优化服务流程、压缩经办时限,95% 事项实现“全程网上办”,90% 事项“当场办结”,平均办理提速 70%。将社保登记与企业招用员工、终止劳动关系、申领失业金等 10 个“一件事”实现“打包办”;职工退休审批、丧抚费申领等 2 项业务实现“提速办”;丧抚费申领等事项通过取消证明、告知承诺实现“简便办”。推进综合柜员制服务新模式,12 个业务窗口“一站式”办理就业、社保等 90 多项公共服务,并通过实体大厅、“网上掌上”自助办事等多渠道,实行全天候不间断服务,全年办件量 13.2 万件。委托第三方机构开展窗口服务“好差评”工作,落实业务技能练兵比武活动,加大考核奖惩力度,提升服务效能和群众满意度。养老保险关系跨省转移实现全程“线上办”,参保人员在国家社保公共服务平台、“掌上 12333”App 或通过电子社保卡渠道提出转移申请,办理时限由原 45 个工作日压缩至 15 个工作日,并取消“基本养老保险参保缴费凭证”等纸质材料传递。做好退休人员社会化管理服务工作。开展企业退休人员免费健康体检,36422 人参加体检。举行第十二届退休人员门球比赛;组织参加江苏省企业退休人员“夕阳美·社保情”活动;推荐扬中市“笛王——民族乐器制作传承”参加全省“云展播”,并获二等奖。开展“以守住钱袋子·护好幸福家”为主题的防范非法集资集中宣传月活动,向市区退休人员发送短信 10 万条。（郑仁轩）

【社会保险待遇保障】 2020 年,镇江市按照“以人为本,统筹兼顾,适度保障”原则,建立社会保险待遇确定和正常调整机制。市区 19.95 万名企业退休人员养老金实现“16 连涨”,比上年人均增加 157.7 元,增长 6.2%,补发养老金 2.2 亿元,调整后市区月平均养老金水平为 2702.5 元。全市 4.73 万名机关事业单位退休人员养老金调整,其中,市本级 13558 人,补发 2457 万元,人均 259 元。按照江苏省发布的计发基数、记账利率等参数政策,对当年新办企业退休人员重新计发待遇,人均增加 170.52 元,补发养老金 178.53 万元。提高城乡居民基本养老保险待遇,完成城乡居民基础养老金最低标准提标工作,市区最低标准提高到每人每月 170 元,每人增加 18 元,惠及城乡居民 42 万人。市区近 10 万名年满 65 周岁及以上未享受原老年居民养老补贴参保人员,每人每月增发 5 元基础养老金,全年增加财政支出近 400 万元。调整工伤保险定期待遇标准,一至四级工伤职工伤残津贴在原标准基础上每人每月分别增加 263 元、234 元、228 元、223 元。生活完全不能、大部分不能、部分不能自理的护理费分别按 260 元/月、210 元/月、160 元/月调增,调增后分别按不低于 3222 元/月、2578 元/月、1933 元/月执行。因工死亡职工供养亲属的抚恤金在原标准基础上每人每月增加 70 元。市区 886 名工伤职工调整补发伤残津贴、生活护理费 253.19 万元,407 名工伤职工供养亲属调整补发 33.56 万元。同时,调整工伤保险待遇计发基数,上调工伤职工住院治疗和转外就医的食宿补助标准。（郑仁轩）

【社会保险基金监管】 2020 年,镇江市人力资源和社会部门健全各项社保基金风险防控制度,构建全流程、立体化的防控体系,保障基金安全。强化基金审计、巡察等问题整改,对照企业养老保险审计中发现的问题,在规定时间内全部整改到位。全面开展社保经办风险防控自查整改工作,突出违规补缴、提前退休等重点问题。执行国家企业职工退休政策,全年新办职工退休 10470 人,其中特殊工种等提前退休 436 人。通过数据比对,加强待遇领取资格认证,核查部级、省级下发的比对信息,对补缴社保费、退休待遇审核等关键节点实行重点防控,对死亡、服刑人员冒领及重复领取待遇的追缴 130 万元。开展养老保险提前退休专项核查,堵实管理漏洞,防范化解风险。开展企业职工基本养老保险基金安全评估工作,经第三方专业机构评估复查,综合评估得分 93.30 分,评估类别为最高级 A 类,基金运行安全。（郑仁轩）

医疗保障

【概况】 截至 2020 年年末,镇江市参加基本医疗保险(含职工基本医保和居民基本医保,以下简称基本医保)279.16 万人,参保率 98%,其中,参加职工医疗保险 106.38 万人,参加城乡居民基本医疗保险 172.78 万人。全年基本医保基金总收入 66.88 亿元,比上年增长 6.29%(按职工医保和生育保险合并后的新统计口径,下同);基本医保基金总支出 47.45 亿元,比上年下降 6.47%;全市基本医疗保险基金当期结余 19.43 亿元,累计结余 106.28 亿元,其中,统筹基金累计结余 47.56 亿元,个人账户累计结余 58.72 亿元。

医保市级统筹。镇江市统一基金管理,出台职工医保和生育保险市级统筹基金管理办法,实现职工医保和生育保险基金全市统收统支。统一基本制度和完善待遇标准,印发《关于统一全市职工基本医疗保险待遇的通知》,建立门诊、住院、大病“三个统筹”制度;完善居民医保待遇政策,增加儿科门急诊待遇。统一经办管理,制定全市统一的经办管理和服务规范与标准体系。统一定点管理,制定全市统一的医保定点医药机构协议管理办法。

医保精准扶贫。统一全市社会医疗救助制度,实施“基本医保 + 大病保险 + 医疗救助 + 慈善助医”四重保障制度;实行参保缴费补助、医疗费用减免、个人自付补助、“基本医疗服务包”和急难型特殊医疗救助五大救助措施。医疗救助对象制度内门诊报销比例为 84%、住院报销比例为 94%。做好退捕渔民医疗保障工作,全市 1837 名退捕渔民实现“应保尽保、应救尽救”。

医保支付方式改革国家、省级试点。2020 年 11 月,镇江市在医保 DRG(疾病诊断相关分组)付费省级试点的基础上,被列为医保 DIP(基于大数据的病种)付费国家级试点。镇江市打造“以总额预算为基础、以病组分值付费为重点、以就诊人头为核心”的复合式医保付费方式,在丹徒区世业镇卫生院试行“按人头打包付费”模式,并与健康管理相结合,当地参保患者健康水平有改善。国家医保局副局长陈金甫对“世业模式”做出批示。（孙　苈）

【"十三五"期间主要情况】 "十三五"期间,镇江市推进医保政策市级统筹,构建全市统一的职工基本医疗保险、城乡居民基本医疗保险、补充医疗保险、社会医疗救助等制度体系。印发《关于镇江市生育保险和职工基本医疗保险合并实施的实施意见》《镇江市职工医疗保险和生育保险市级统筹基金管理办法》,并实现两险合并。将职工医保基金三段按顺序支付调整为"统筹起付标准""统筹共付"两段按顺序支付,优化职工医保统账运行方式。建立运行统一规范、基金互济调剂的职工补充医疗保险制度,健全社会医疗救助制度,实现基本医保、大病保险、医疗救助等"一站式"结算。

医保重点改革。深化支付方式改革,实行以按人头、按疾病诊断相关分组点数法为主的复合式医保支付方式。医保药品目录动态调整基本形成,所有定点医药机构全面执行《国家基本医疗保险、工伤保险和生育保险药品目录》,将国家谈判药品中 40 种以抗癌药为主的药品纳入特药管理。深化医疗服务价格改革,制定医疗服务价格协同管理规定,动态调整部分医疗服务项目价格。推进药品(医用耗材)治理改革,参加 3 批国家组织药品集中带量采购和 3 批省药品(医用耗材)采购联盟高值医用耗材带量采购。组成镇江市、常州市、连云港市、扬州市"四市"联盟,议价谈判的医用耗材价格最高降幅 85.01%;2020 年,新增无锡市组成"五市"联盟。

基金监管。建立健全医保基金监管长效机制,加强医保基金内控和外控两个方向的监管。开展以"整顿和规范秩序,打击医保违规违法行为"为主题的医保反欺诈专项整治行动,实现现场检查全覆盖,维护基金安全,提高基金使用效率。建立医保基金绩效评价体系,惩治失信行为。依法依规查处违法、违规行为,形成经办机构协议处理、医保行政处罚和司法处理的衔接机制。受理上级医疗保障机关移交线索清单以及各类群众举报案件,实现办结率 100%。

医保精准扶贫。建立"医保 + 医疗救助"与慈善助医相衔接的机制,将医疗救助纳入整个医疗保障体系,实施医疗保险、医疗救助与慈善助医一体化运行。建立困难群体"全覆盖"救助机制,在原 6 类基本救助对象的基础上,增加重点优抚对象和因病支出性急难型特殊救助对象,并将农村"建档立卡"困难对象纳入参照享受医疗救助范围。 (孙 荔)

【医疗保障公共服务体系建设】 2020 年,镇江市推进医疗保障四级服务体系建设,将 8 项业务(个人信息模拟卡打印及个账查询、住院期间医保卡临时解卡、异地就医联网结算登记、居民医保重大疾病登记、职工医保透析登记、镇江市内一般费用报销、职工医保参保人员外购药品报销、职工医保参保人员异地就医费用报销)下沉至社区卫生服务机构办理,打通医保服务"最后一米"。全市基本建成涵盖市医保中心、3 个县市医保中心和 4 个区级办事处、31 个乡镇(街道)医疗保障服务中心、61 个村(社区)医疗保障服务站的公共服务四级网络。同时,以其他一级定点医疗机构、定点零售药店为补充,初步建立 69 个医疗保障服务点,打造 15 分钟医疗保障公共服务圈,全市基层平台建成率超过 90%。镇江市四级平台做法入选国家医疗保障局管理增效案例。 (孙 荔)

【药品(耗材)集中招采改革】 2020 年,镇江市落实国家、省药品(耗材)阳光采购政策,3 批国家组织药品和省药品(医用耗材)采购联盟集中采购全年减少费用支出约 8450 万元。镇江市、常州市、连云港市、扬州市、无锡市组成"五市"联盟,开展首批医用耗材带量采购议价谈判。镇江市在全国率先实施基层医疗机构药品集中采购货款工作,由医保基金直接与药品配送企业结算,全年支付药品款 2.02 亿元,其中,国家集中采购药品付款 712.3 万元。深化药品供给侧改革,扩大基层医疗机构用药范围;深化基层医疗机构与二级以上定点医疗机构的联系协调,推进参保人员所需用药备案采购,保障参保人员特别是慢性病、罕见病、重大疾病及特殊用药患者的用药需求。

(孙 荔)

优抚安置

【概况】 2020 年,镇江市享受优抚补助的优抚对象 11816 人,其中,重点优抚对象 3685 人,其他优抚对象 8131 人,当年审核新增优抚对象 423 人。组织重点优抚对象短期疗养 463 人次。动态调整镇江市抚恤补助标准,发放抚恤补助 1.24 亿元。全年优抚事业总投入 2.22 亿元,地方配套 1.25 亿元。困难退役军人和其他优抚对象入册"一本账",投入帮扶资金 67.62 万元。全市采集退役军人及其他优抚对象信息数万条。全年发放现役军人优待金数千万元,立功奖励金 63.3 万元,以及大学生入伍奖励金。符合政府安置工作条件的转业士官安置率为 100%。

(黄良俊 姚 佳)

【退役军人培训服务】 2020 年,镇江市首次以大市为单位,组织开展 2020 年度秋季退役士兵适应性培训。2019 年度自主就业退役士兵有学习意愿者 100% 参训。全市创建 8 个就业创业示范(孵化)基地;举办退役军人专场招聘活动 23 次。举办全市退役军人创业创新大赛,江苏兵创管理有限公司获全省大赛一等奖，市退役军人事务局获优秀组织奖。举办1期“2019—2020年度镇江市区军转干部岗前适应性培训班”，组织2019年度—2020年度军转干部进高校专项培训，帮助军转干部提升地方工作能力。退役士兵教育培训后就业率为95.99%。

（黄良俊　姚　佳）

慈善事业

【概况】 2020年，镇江市慈善系统募集慈善资金1.786亿元，救助支出1.264亿元，救助27.67万人次。其中，市本级募集收入4155.12万元；救助支出2948.44万元，救助12.89万人次。超额完成“4年募集资金5.6亿元、救助支出4亿元”的助力脱贫攻坚目标任务。全市慈善总会系统结存资金8.85亿元，其中，市本级结存资金1.68亿元。在首届“长三角慈善之星”评选中，镇江市1家企业和1名个人入选。在第五届“江苏慈善奖”评选中，市慈善总会获评“江苏省最具影响力慈善组织”。

基层慈善组织建设。市慈善系统资金超过100万元的村（社区）工作站有13个，其中，资金200万元以上的有1家，资金50万元以上的有2家；5个镇级慈善分会结存资金5395万元，其中，5个镇突破1000万元。全市工作站有资金3909.81万元，平均每个村（社区）有慈善资金51.4万元。全年基层组织开展救助5402人次，救助支出1266.1万元。

社会慈善公益力量建设。市慈善总会与中国人寿保险公司镇江分公司签署合作协议，为全市慈善志愿者购买意外伤害及重大疾病保险；为“雷锋车队”“爱心车队”等4个车队的68名慈善志愿者免费体检。评选表彰“十佳慈善志愿者”、优秀志愿者等100人；邀请江苏省妇幼健康研究会专家举办“为老服务增能技术”和“为儿童服务增能技术”培训班，为41个团队的近80名慈善志愿者开展培训，提升志愿服务能力。

（汤　敏）

【“十三五”期间主要情况】 “十三五”期间，镇江市慈善系统把助力脱贫攻坚作为慈善工作的主要任务，2017年至2020年，连续3年举行“脱贫攻坚·慈善助力”主题活动，全市慈善总会超额完成“4年募集资金5.6亿元、救助支出4亿元”的助力脱贫攻坚目标任务。全市63个镇（街道）、726个村（社区）全部建立慈善分会和慈善工作站，实现基层慈善组织建设全覆盖。

政策制定工作。市慈善系统制定出台《镇江市慈善组织助力脱贫攻坚奔小康实施意见》以及《全市慈善系统精准助力脱贫攻坚若干实施细则》20条，并适时调整救助政策，提高救助标准。截至2020年12月，全系统募集资金16.9亿元，救助支出8.34亿元，救助364.87万人次。

扶贫项目落实。市慈善总会、市残联、市住建局等部门实施“光伏扶贫”“安居工程”，先后为426户残疾困难家庭和建档立卡户安装太阳能发电装置，每户年均增收3000元～4000元；对773户建档立卡、低保、“分散五保”、贫困残疾家庭的危房进行改造；向对口支援的渭南地区捐赠200多万元援建“镇江慈安桥”，同时，捐赠价值144.8万元的医疗器械、教育设备、电器用品、冬装被褥等物品，并慰问资助贫困老人和大学生3000多人。

（汤　敏）

【慈善系统助力抗疫工作】 2020年年初，镇江市慈善总会成立新冠肺炎疫情防控领导小组，明确责任分工，并开通镇江慈善公众号、网银汇款等网络专项捐赠渠道。全市慈善系统先后收到捐款1013.49万元，物资折款价值186.31万元。其中，市本级收到捐款418.6万元，物资折款价值150.82万元。市慈善总会对所有捐赠款物的进出，全过程依法依规运作，并通过媒体、网络公布捐赠款物的接收与拨付情况；同时，配合市审计局审计，并接受社会监督。全年市慈善总会向江苏援鄂新冠肺炎疫情防控前方指挥部捐赠175万元；与市妇联发起关爱战“疫”天使项目，为70余名支援湖北医护人员家属提供志愿服务、生活用品、心理援助、法律咨询服务等；配合省慈善总会为援鄂医护人员家人发送“慈善暖心包”。市慈善总会牵头多个单位实施“让最可爱的人，有双最明亮的眼——援鄂一线战士摘镜公益行动”，为全省援鄂医疗团队眼睛近视的医护人员，分批提供激光手术服务。当年，市慈善总会举行“奉献爱心、助力抗疫”表彰活动，表彰19家单位和12名个人。

（汤　敏）

【善款募集工作】 2020年，镇江市慈善总会开展“慈善一日捐”活动，市区募捐善款1271.33万元，其中，市本级收到捐款533.19万元；市本级18家重点对象当年到账资金546万元；单位“定向捐赠”到账资金937.21万元，比上年增长18.52%。上海都耀集团4名镇江籍青年创始人捐赠50万元，设立“都耀助困慈善基金”，定向救助家乡大港地区的贫困家庭。

网络募捐。2020年，市慈善总会通过“镇江慈善”微信公众号“扫码捐赠”功能，收到捐款8.5万元。市慈善总会、中国银行镇江分行联合开通“中银慈善云”网捐平台，并开展“关爱城市天使”等4个项目，累计捐款超过17万人次，捐款金额超17万元；中国银行镇江分行通过51家网点宣传慈善理念。9月7日—9日，市慈善总会开展“99公益日”网络募捐活动，全市46个团队和单位，上线51个项目，13.7万人次参与;公众募捐776.42万元,“腾讯”配捐80.92万元,省慈善总会配捐33.50万元,企业配捐116.44万元,市慈善总会配捐73.5万元(给23个项目)。全市累计募捐总金额1007.28万元,列全省第3名,并获评全省“最佳组织奖”和“创新慈善品牌项目”。

(汤　敏)

【慈善救助工作】　2020年,镇江市慈善总会调整完善《镇江市区慈善应急性救助管理办法》,健全慈善救助制度,提高应急性救助标准,低保类救助对象由原来的最高救助2万元提高到5万元,低收入类救助对象由原来的最高8000元提高到2万元。

传统品牌救助项目。2020年,镇江市本级实施助医助学、助残助困、安老抚孤为重点的传统品牌救助项目22个,全年救助支出2948.44万元,救助困难群众12.89万人次。其中,助医支出372.86万元,中华慈善总会镇江发药点为1858人次重病患者发放援助药品折合金额2247.68万元;助学支出131.04万元;助残支出480万元;助困支出1240.3万元;助老支出78.58万元。

全市合作救助项目。市慈善系统推进“造血”扶贫:2017年,扬中市建立“光伏扶贫专项基金”,3年投入300万元,先后为196户残疾困难家庭和建档立卡户安装太阳能发电装置,每户年均增收3000元~4000元;句容市对茅山老区230户残疾人家庭实施“光伏扶贫”,每个家庭年均增收2000元~3000元。实施“慈善安居工程”:扬中市投入568.7万元,先后对379户建档立卡户、低保户、分散“五保户”、贫困残疾家庭的危房全部进行改造。丹阳市投入312.42万元,完成374户建档立卡户、低保户、“五保户”、贫困残疾家庭的危房改造;投入30多万元,完成20户建档立卡户房屋微改造;投入180万元,为3000多户困难家庭免费安装高清智能电视机顶盒,并减免相关收视费用。慈善助困送温暖活动:市慈善总会开展“慈善温暖行动”走访慰问活动,发放救助金1000万元以上;与市残联共同组织的第13次慈善助残“复明行动”“健行行动”,为180多名生活贫困白内障患者免费手术,为91名生活贫困肢障残疾人免费安装假肢;与市文明办、市总工会联合开展“缘结慈善·情系模范”慰问活动,为61名生活困难模范人物发放慰问金33万元;与市住建、环保部门等开展“慈善赠衣送温暖”活动,捐赠冬衣6000多件、棉被800多床、双肩包4000多只。“今世缘”酒业从2016年开始参与的“缘结慈善·情系模范”项目,5年定向捐赠100万元。市慈善总会帮助市区30多家慈善公益团队开拓社会慈善资源,募集善款616.16万元;对接“微慈善”项目30多个;为3.5万多名需要关爱的群体提供帮助。

西部对口扶贫。市慈善总会先后捐赠200多万元,为渭南市5个镇、村援建“镇江慈安桥”。全市慈善系统先后向渭南市捐赠价值144.8万元的医疗器械、教育设备、电器、冬装被褥等物品,慰问资助生活贫困老人和大学生3000多人。

(汤　敏)

【“中华慈善日”活动】　2020年9月5日,江苏省慈善总会、镇江市慈善总会联合举行以“共襄慈善事业,决胜全面小康”为主题的江苏省·镇江市纪念第5个“中华慈善日”暨“镇江慈善文化公园”开园活动,该活动现场同时也是全省“中华慈善日”、“江苏慈善周”、全省“9·9大型公益捐赠”宣传活动的主会场和启动仪式会场。活动现场启动全市“99公益日”和“慈善一日捐”活动,并表彰镇江市第四届“优秀慈善志愿者团队、单位和个人”。江苏省慈善总会会长蒋宏坤等领导出席活动。

(汤　敏)

【镇江慈善文化公园】　2020年9月5日,镇江慈善文化公园建成开园。镇江慈善文化园位于南山北部风景区秦潭区域,项目规划建设面积约3.4万平方米。该项目依托景区原有资源,融入慈善文化内容,建设有慈爱磐石、慈爱牌坊、慈爱亭、慈安桥、慈爱金榜带、德善桥、仁爱廊等新景点。慈善文化公园的建设旨在推动慈善文化传播与旅游景区建设有机结合,让公众在旅游休闲中,接受社会主义核心价值观和慈善文化的感化教育。中共中央政治局原常委、国务院原副总理李岚清为该公园题写园名。

(汤　敏)

【中小学校园慈善文化建设】　2020年10月10日,江苏省教育厅、江苏省慈善总会在扬中市八桥中学联合召开全省中小学校园慈善文化建设推进会,与会人员参观八桥中学慈善文化教育基地,观看扬中市校园慈善文化建设工作纪实专题片。会上,扬中市八桥中学获颁全省“中小学校园慈善文化建设示范教育基地”牌匾。省慈善总会会长蒋宏坤等领导出席会议。12月17日,镇江市慈善总会、市教育局联合召开全市中小学校园慈善文化建设推进会,贯彻落实全省现场推进会精神。同时,镇江市委办、市政府办转发《市教育局、市慈善总会关于深入推进全市中小学校园慈善文化建设的意见》,推进校园慈善文化建设。

(汤　敏)

收入与消费

【居民收入情况】　2020年,镇江市居民收入稳步增长,在全省13个设区市中,镇江市全体居民可支配收入列苏州市、南京市、无锡市和常州市之后,列全省第5名。从增长速度看,镇江市全体居民可支配收入增幅比全省平均水平低0.5个百分点。

全体居民收入增长呈以下特点：工资性收入增长，全体居民工资性收入28908元，比上年增长2.5%，占可支配收入的比重为62.6%，影响可支配收入增长1.62个百分点。经营性收入小幅提高，全体居民经营净收入6181元，增长0.3%，占可支配收入的比重为13.4%，影响可支配收入增长0.05个百分点。财产净收入增长较快。全体居民人均财产净收入4309元，增长8.5%，占可支配收入的比重为9.3%，拉动可支配收入增长0.76个百分点。转移净收入增速最高，全体居民人均转移净收入6782元，增长14.2%，拉动可支配收入增长1.91个百分点。城乡居民收入相对差距缩小。全体居民人均可支配收入46180元，增长4.3%，其中，城镇居民人均可支配收入54572元，增长3.5%；农村居民人均可支配收入28402元，增长6.0%。城乡居民收入比值由上年同期的1.97∶1缩小至1.92∶1。

增收的主要因素有以下几个方面：镇江市重视重点群体就业，开展多项就业行动，促进居民收入增长。建立健全企业用工调度保障机制，设立“用工调剂专区”，多方式、多渠道发布企业岗位信息，帮助企业招工用工，促进重点群体就业。当年，全市新增城镇就业58361人，城镇登记失业率1.71%。多项政策减免企业负担，助力经济发展。减免小微企业的3项社会保险单位缴费、职工基本医疗保险单位缴费，减免受新冠肺炎疫情影响严重行业的房产税和城镇土地使用税；完善“富民创业贷”，助力创业企业发展，通过扩大对象范围、提高贷款额度、简化审批流程等方式解决企业资金难题；阶段性降低非居民用水电气价格，帮助企业复工复产。居民多渠道理财，金融市场稳定发展。出租房屋价格上涨，房租收入增长，当年，镇江市区私房房租增长0.8%，自有住房增长1.1%；金融市场稳健发展，居民理财有更多选择，可通过支付宝、银行App等方式选择高收益率金融产品；农村集体分红增长。社会保障标准提高，惠及更多居民。城乡基础养老金最低发放标准调高至170元/月，增长11.8%；企业退休人员退休金上调，全市人均增加145元，增长6.3%；失业人员动态物价补贴发放标准上调，上调至每人66元/月，增长4.8%；强化精准扶贫，城乡最低生活保障费提高至790元/月，增长5.3%，并在节日期间对特别困难群众发放节日慰问金。

（市统计局）

【居民消费情况】 2020年，镇江市常住居民人均消费性支出25337元，比上年下降2.2%，降幅比2020年上半年收窄3.2个百分点，消费支出呈现恢复态势。全市居民8大类支出呈现“三增五减”态势，其中，食品烟酒、生活用品及服务、居住支出略有增长，分别增长3.0%、2.4%、0.7%；衣着、交通通信、教育文化娱乐、医疗保健、其他用品及服务支出不同程度下降，分别下降3.7%、2.0%、15.8%、1.8%、14.5%。

居民消费基本情况。恩格尔系数上升，在外饮食消费明显减少。食品烟酒支出是居民消费支出的重要组成部分，全市居民人均支出7388元，增长3.0%；居民在饮食服务（食堂用餐、在外饮食等）方面的支出明显下降，人均下降13.9%。全市恩格尔系数29.2%，增长1.5个百分点，其中，城镇居民恩格尔系数为29.0%，农村居民恩格尔系数为29.7%。居住支出略有上涨，居住环境改善。全市居民人均居住支出5969元，增长0.7%。其中，城镇居民人均支出6662元，增长2.2%；农村居民人均支出4500元，下降4.4%。全市人均住房建筑面积54.94平方米，增长1.2%。从构成看，居住类分项支出有增有减，其中，自有住房折算租金、水电燃料及其他增长，租赁房房租、住房维修及管理支出稍有下降。线下补习班和外出娱乐受限，文教娱乐支出大幅下降。全市居民人均教育文化娱乐支出3207元，下降15.8%，其中，城镇居民人均支出3649元，下降14.1%；农村居民人均支出2270元，下降21.7%。教育文化娱乐消费占生活消费支出的比重为12.7%，下降2个百分点。从构成看，教育支出和文化娱乐支出分别下降11.4%和19.3%。交通出行减少，网络通信费用增加。全市居民人均交通通信支出3517元，下降2.0%。其中，城镇居民人均支出3859元，下降4.0%；农村居民人均支出2791元，增长3.6%。从构成看，交通类支出下降3.9%；通信类支出增长2.2%。城乡居民医疗保健支出各有增减。全市居民人均医疗保健支出1307元，下降1.8%。其中，城镇居民人均支出1359元，下降3.3%；农村居民人均支出1198元，增长1.5%。从构成看，医疗器具及药品、医疗服务费用支出分别下降0.5%和2.6%，其中农村居民相关费用分别上涨1.7%和1.4%。生活用品及服务支出小幅上涨，衣着、其他用品及服务支出下降。全市居民人均生活及服务支出1513元，增长2.4%；衣着支出1778元，下降3.7%；人均其他用品及服务支出658元，下降14.5%。

居民消费特点。城、乡消费不同程度下降。全市城镇居民人均消费支出28374元，下降1.9%；农村居民人均消费支出18904元，下降4.1%，城乡居民消费不同程度下降，城镇消费略好于农村。居民消费意愿下滑。全市居民人均可支配收入46180元，人均消费支出25337元，消费倾向为54.9%，下降3.7个百分点。其中，城镇居民消费倾向为52.0%，下降2.9个百分点；农村居民消费倾向为66.6%，下降7.0个百分点。

（市统计局）

应急管理

【概况】 2020年，镇江市安全生产事故和死亡人数“双下降”，全年发生各类生产安全事故165起、死亡79人，分别比上年下降45.4%和51.2%，是全省未发生较大及以上事故的5个设区市之一。

中共镇江市委、市政府将安全生产和消防工作考核纳入全市高质量考核专项指标。制定《市委常委会成员、市政府领导班子成员2020年安全生产重点工作清单》，厘清安委会成员单位安全生产职责，并增挂“安全生产监督管理处”牌子，核增职数。中共镇江市委、市政府多次召开会议，专题研究推进安全生产专项整治工作。开展“春风行动”和“百团进百万企业”两轮宣讲活动，覆盖规模以上工业企业1884家、规模以下工业企业16412家，实现规模以上工业企业关键岗位人员、安全管理人员、主要负责人和规模以下工业企业主要负责人宣传教育两个“全覆盖”。镇江市委党校将安全生产列入干部培训教育必学内容。

镇江市围绕全国、省专项整治“一年小灶”任务落实，研究制定专项整治行动工作方案，形成“1+28+1+6”（“1”即1个专项整治总体方案；“28”即28个重点行业领域专项整治子方案；“1”即1个危险化学品综合治理方案；“6”即6个专项整治补充方案）方案体系。出台隐患问题整改“十条措施”，建立上级督导交办12类、1200条问题隐患清单，并全部整改到位，初步形成危化品生产、运输、储存、使用，危废处置等全生命周期监管体系。出台全省首个源头治理货车超限超载规范性文件以及全省首部电梯安全地方法规。开展群租房、城中村、养老机构、农村民宿等群众身边安全隐患专项整治工作。

镇江市、区两级安委会办公室全部实现实体化运作。推进安全生产问题处置平台有效运行，建成重大危险源监测预警平台，探索建设分布式智慧消防监控系统。完善安全生产长效管理机制，市级部门出台近70项管理制度，构建责任网络。完成修订《镇江市自然灾害救助应急预案》，并先后开展镇江市危化品生产安全事故应急救援综合演练、隧道突发事故应急救援演练、某地震应急救助演练等。做好防汛工作，紧急转移安置5287人，下拨省、市冬春救灾款近300万元。推进全国综合减灾示范社区创建工作，6家社区通过省级验收。（李国静）

【“十三五”期间主要情况】 “十三五”期间，镇江市安全生产责任体系不断健全，制定印发《关于印发镇江市安全生产“党政同责、一岗双责”实施办法的通知》《镇江市委镇江市政府关于推进安全生产领域改革发展的实施意见》等制度文件，促进应急管理规范化建设。建立12个安全生产专业委员会，市、县两级安委会办公室全部实体化运作。修订完善《市安全生产委员会单位工作职责清单》，建立月调度、季评估、年考核的安全生产目标管理考核机制，以及安全生产警示提示、约谈、督办、述职报告等综合监管五项制度。“十三五”期间，全市生产安全事故起数和死亡人数连续下降。镇江市应急管理局挂牌成立，构建起上下贯通、左右协同的应急联动工作机制；建立上下级网格协调联系制度，成立镇江市突发事件预警信息发布中心，具备对突发事件易发、多发的18个灾种预警信息的综合发布功能。制定印发《镇江市突发事件信息报告情况通报办法》。编制《镇江市应急管理信息化发展规划实施方案（2019—2022年）》，构建“两网络、四体系”（感知网络、应急通信网络；应急管理综合应用系统、数据治理系统、应急指挥信息系统、融合通信系统）应急管理综合平台。

“十三五”期间，镇江市风险防控体系建设逐步完善，建立“1+4”（市自然灾害应急救援总指挥部和4个专项指挥部）自然灾害应急救援体系。在“互联网+”安全生产平台基础上，打造安全风险管控及隐患排查“双重预防”体系。在全省率先组建市化工灾害事故专业应急救援队，将驻镇江某部队纳入核心救援力量建设，并与多家单位签订战略合作协议，进一步提升全市自然灾害综合应急救援力量。建立市级救灾物资储备库、县级救灾物资储备库、救灾物资储备点等数十个；建成应急避难场所数十个，可避难数十万人。（李国静）

【“保险+科技+服务”安全生产责任保险“镇江模式”】 2020年，镇江市推广安全生产责任保险，发挥商业保险在事前风险预防、事中风险控制、事后理赔服务等方面的作用，通过经济和市场手段加强和改善各类生产经营单位安全管理水平。全年实现非煤矿山、危化品、烟花爆竹、民用爆炸物品、船舶等七大行业企业应保尽保，累计保额近14亿元、保费超1000万元。（李国静）

【联动监管工作】 2020年，镇江市吸取响水“3·21”特别重大爆炸事故教训，根据《关于做好生态环境和应急管理部门联动工作的意见》，加强对废弃危险化学品等危险废物和环境治理设施的监督管理。市生态环境局、市应急管理局签署部门联动工作机制备忘录，以信息互通、资源共享、协调联动、优势互补、务实高效、积极推进为原则，建立完善的联动长效机制，形成整体监管合力，提高对废弃危险化学品等危险废物

和环境治理设施的监管能力。（李国静）

【违法违规"小字头"作坊安全生产专项整治】 2020年，镇江市开展违法违规"小字头"（"小冶炼""小电镀""小喷涂""小印染""小涉爆粉尘"和各类"小散乱污"企业、作坊、窝点）作坊安全生产专项整治工作，建立专项整治工作领导小组和联席会议制度，排查企业（场所）30007家次，排查出违法违规"小字头"企业1824家，对8家违法违规"小字头"作坊立案查处，处罚金额8万余元，刑事立案3起，刑事拘留26人。（李国静）

【防震减灾建设】 2020年，镇江市强化防震减灾建设水平，完成地震现场流动测震平台和丹阳市、扬中市深井测震项目建设，全市完成17套地震预警和烈度速报监测仪以及9台预警信号接收终端布设，市地震监测能力为1.5级，全市及周边地区有感地震速报时间小于3分钟。（蒋昊持）

【消防安全】 2020年，镇江市消防救援系统推改革、促发展，战疫情、抗洪灾，"开小灶"、强整治，完成新冠肺炎疫情防控、抗洪抢险和"一年小灶"3项重大任务。全市火灾起数实现七连降，连续7年未发生较大以上火灾事故，连续26年未发生重特大火灾事故，镇江市政府连续6年在省政府消防工作考核中获评"优秀"等次。

市消防救援支队开展消防安全"一年小灶""三年大灶"专项行动，围绕国务院、省政府督导反馈问题和"四个清单"，17条交办问题全部销账，12家重大火灾隐患完成整改。推动政府出台《关于深化消防执法改革的实施意见》《镇江市消火栓管理办法》，推行"双随机一公开"监管模式，构建"综合+行业"监管、"消地协作"监管新机制，检查单位1.1万家次，督改隐患1.27万处。丹阳陵口、界牌等地"智慧消防系统"建设有亮点。围绕重型地震救援、高层灭火、水域救助、化工处置和高速救援建设专业队伍，加大装备物资投入力度，强化队员基础理论教育培训。全年接处警3860起，出动车辆6734辆次，出动警力30649人次，保护财产价值1.2亿多元，处置成功常州"3·8"赛蓝光伏火灾跨区域增援、句容"4·27"双龙纺织厂、丹阳"5·15"兴兴光学厂爆炸等火灾事故。在防汛抗洪工作中，支队出动27车次指战员分赴长江流域水阳江区域，以及镇江江心洲、世业洲，开展水面搜救、昼夜巡防加固堤坝、营救疏散群众、指导排灌排涝、卫生防疫消杀等工作。

2020年，中共镇江市委常委会、政府常务会3次研究消防工作，将"十四五"消防规划列入全市重点专项规划目录；市委将消防安全纳入安全生产专项巡视。市消防救援系统优化便民利民措施，压缩行政审批时限，推进重大项目建设，提升优化营商环境；调整完善市、各市（区）、镇（街道）三级消防安全委员会，修订出台市消防安全委员会工作规则和成员单位职责，制定市级行业部门消防工作职责清单，落实成员单位照单履职、定期报告、信息共享、联动协作等工作制度，压实单位消防安全主体责任。（张俊忠）

【火灾情况及分析】 2020年，镇江市发生火灾347起，直接财产损失1503.5万元，全市火灾形势稳定。从火灾发生场所分析，住宅宿舍类火灾167起，交通工具类火灾52起，厂房类火灾45起，商业场所类火灾30起，其他类火灾53起。从火灾发生原因分析，电气故障引发火灾164起，生活用火不慎引发火灾44起，生产作业类火灾23起，自燃引起火灾26起，不明确原因火灾33起。从火灾发生区域分析，集镇镇区火灾86起，城市市区火灾72起，农村火灾123起，县城城区火灾29起，开发区、旅游区火灾26起，其他区域火灾11起。（张俊忠）

【防汛工作】 2020年，镇江市水利系统面对长江洪水险情，统筹安排、强化落实，保障人民群众生命财产安全。汛前，落实防汛责任，对448座长江穿堤涵洞进行探查，完成60处度汛隐患整改；编制12份洪水应急预案，设备调试、物资储备、队伍演练全部到位。汛中，全市组织超20万人次巡堤、5000余人抢险；排查处置险情79处、转移安置群众6099人；全市未决一堤、未发生1起人员伤亡事故、未出现重大灾情。汛后，争取市级以上经费1200万元，开展水毁修复工作。（参见第9页）（龚　源）

市级新任领导

马明龙

2020年6月任中共镇江市委书记，市人大常委会主任、党组书记。

1965年11月生，江苏苏州人，研究生学历，硕士学位。1988年12月加入中国共产党，1989年3月参加工作。1989年3月东南大学自动控制系测试技术及智能仪器专业硕士研究生毕业后，在苏州计算机开发应用研究所工作，历任技术员、总师办副主任，医电部副主任、主任；1994年11月任苏州苏净集团公司总经理助理；1995年2月任苏州电子计算机厂副厂长、总工程师（1997年9月获评高级工程师）；1997年10月起先后任苏州电子控股（集团）有限公司总经理助理、董事、副总经理、党委委员；1998年3月任苏州市政府副秘书长；2000年8月任苏州市科委主任、党组书记；2001年1月任吴江市委副书记、市长；2003年12月任吴江市委副书记、市长，吴江经济开发区管委会主任（副厅级）；2004年8月任苏州工业园区党工委副书记、管委会主任；2008年4月任苏州市委常委、苏州工业园区党工委书记；2012年5月任江苏省商务厅厅长、党组书记；2020年2月任镇江市委书记，市人大常委会党组书记。（市委组织部）

徐曙海

2020年6月任中共镇江市委副书记、市长、市政府党组书记。

1968年7月生，江苏沭阳人，研究生学历、博士学位。1993年7月加入中国共产党，1990年6月参加工作。1990年6月南京师范大学中文系汉语言文学专业毕业后，在共青团江苏省委工作，历任学校部干部、办公室副科级干部（其间1990年6月至1991年1月兼任南京师范大学留学生部汉语教师；1993年3月至1994年3月任省委驻丰县扶贫工作队队员）；1995年12月在省委办公厅宣传科教处工作，历任助理秘书、秘书、副处长、正处级（其间1998年7月至2001年7月援藏任拉萨市委副秘书长）；2002年9月任南京市栖霞区区长助理（其间2002年10月至2003年3月兼任马群街道党工委副书记）；2004年4月任南京市栖霞区副区长；2007年11月任南京市建邺区委常委、区纪委书记（2001年9月至2008年6月南京师范大学文学院文艺学专业在职研究生学习，获文学博士学位）；2008年9月任南京市委副秘书长；2010年5月任南京市委副秘书长、市接待办公室主任；2011年6月起先后任南京市玄武区委副书记、代区长、区长；2015年12月任南京市玄武区委书记、区长；2016年5月任南京市玄武区委书记；2018年7月任南京市委常委、秘书长，玄武区委书记；2018年9月任南京市委常委、秘书长；2020年4月任镇江市委副书记，市政府党组书记、代市长。（市委组织部）

巩海滨

2020年10月任中共镇江市委副书记、统战部部长（正市级）。

1970年5月生，山东桓台人，研究生学历，博士学位。1998年4月加入中国共产党，1992年7月参加工作。1992年7月山东大学法律系法学专业毕业后，在山东省水产集团总公司工作，历任总公司职员、阿根廷中鲁渔业公司职员、总公司办公室副科级干部、政策法规室副主任（正科级）；2000年10月在中国证监会济南证管办工作，历任稽查处干部、主任科员、案件调查处主任科员、案件调查一处主任科员、党委（纪检监察、行政）办公室副主任；2004年3月在中国证监会山东证监局工作，历任党委（纪检监察、行政）办公室副主任、稽查一处副处长、党委（纪检监察）办公室主任（其间2002年4月至2004年12月在山东大学法学院法律硕士专业在职研究生学习，获法律硕士学位）；2008年2月在中国证监会稽查总队工作，历任调查四处处长、五大队副大队长（主持工作）（其间2008年9月至2008年12月选派至英国汇丰集团总部工作实习）；2011年9月任中国证监会四川监管局副局长、党委委员（2011年2月至2013年7月在北京大学政府管理学院公共管理专业在职研究生学习，获公共管理硕士学位）；2015年2月任中国证监会行政处罚委员会办公室副主任（其间2015年9月至2015年12月在中央党校司局级干部进修班学习；2013年9月至2017年6月在西南财经大学证券期货学院金融学专业在职研究生学习，获经济学博士学位）；2018年1月任中国证券投资者保护基金公司副董事长、总经理、党委副书记。（市委组织部）

郭　建

2020年12月任中共镇江市委常委、常务副市长、市政府党组副书记。2020年7月任中共镇江市委常委、市政府党组副书记，提名为副市长人选。简历参见《镇江年鉴（2017）》第369页。（市委组织部）

陈可可

2020年8月任中共镇江市委常委、秘书长、改革办主任。简历参见《镇江年鉴（2019）》第283页。

（市委组织部）

宋祥林

2020年12月任中共镇江市委常委、市纪委书记。

1966年10月生，江苏泰州人，大学学历，学士学位。1988年12月加入中国共产党，1990年8月参加工作。1990年8月西南政法学院法学专业毕业后，在扬州市政府法制局工作，历任办事员、法规科助理秘书、科长（其间1991年12月至1993年1月在扬州市食品制造总厂挂职锻炼）；2000年11月任宝应县委常委、政法委书记；2001年2月任宝应县委常委、宣传部部长；2005年11月任扬州市纪委常委、监察局副局长；2011年4月任扬州市检察院党组副书记、副检察长（正处级）（其间2014年1月至2014年12月兼任扬州经济技术开发区检察院检察长、党组书记）；2017年1月起先后任连云港市检察院代检察长、检察长、党组书记。（市委组织部）

张　娟

2020年12月任中共镇江市委常委、组织部部长。

女，1968年10月生，山东梁山人，党校研究生学历，学士学位。1987年6月加入中国共产党，1991年7月参加工作。1991年7月中国青年政治学院青年工作系青年思想教育专业毕业后，在共青团中央工作，历任组织部干部一处科员，统战部办公室（全国青联民族宗教工作部）科员、副主任科员，统战部青年社团工作处（全国青联社团工作部）正科级干事、副处长（副部长）（其间1992年2月至1993年1月赴山东省莱西市店埠乡挂职任团委副书记）；1999年2月到苏州市工作，历任市科委办公室副主任兼组织人事处副处长，市科技局办公室主任、组织人事处（老干部工作处）处长、机关党委副书记；2002年11月任苏州市平江区副区长（其间2003年3月至2006年6月兼任区红十字会会长）；2006年6月任苏州市平江区委常委、组织部部长（2004年9月至2007年7月在省委党校政治经济学专业在职研究生学习）；2011年4月任苏州市委组织部副部长、部机关党委书记；2012年8月任苏州市委组织部副部长、市委非公经济工委（"两新"工委）书记、部机关党委书记；2017年4月任苏州市委组织部常务副部长、市委"两新"工委书记、老干部局局长、部机关党委书记；2020年6月任苏州市委组织部常务副部长、市委"两新"工委书记、老干部局局长，一级调研员、部机关党委书记。（市委组织部）

周　凯

2020年4月任镇江市政府副市长、党组成员（挂职）。

1977年6月生，江苏滨海人，研究生学历，博士学位。2004年9月加入中国共产党，1999年8月参加工作。1999年8月南京大学国际经济贸易系国际贸易专业毕业后，在中国建设银行江苏省分行工作，历任风险管理处科员、风险管理部业务副经理、风险管理部风险经理（专业技术五级）（其间2002年9月至2005年6月在南京大学商学院工商管理专业在职研究生学习，获工商管理硕士学位；2005年9月至2008年12月在南京农业大学经济管理学院农村金融专业在职研究生学习，获管理学博士学位；2008年12月获评高级经济师）；2009年12月起历任南京银行风险管理部副总经理（其间2011年6月至2013年2月主持工作）、总经理；2013年8月任江苏银行风险管理部总经理（2013年11月获评正高级经济师）；2018年1月任江苏银行党委委员，风险管理部总经理；2018年5月任江苏银行党委委员、行长助理；2019年3月任江苏银行党委委员、副行长。（市委组织部）

殷　敏

2020年12月任镇江市政府副市长、党组成员。

女，1970年12月生，江苏镇江人，研究生学历，硕士学位。1994年10月加入中国共产党，1990年8月参加工作。1990年8月江苏工学院无锡分部模具设计与制造专业毕业后，在镇江市供销社工作，历任工业科干部，团委副书记，外经科副科长，社务管理部副部长、部长（其间1991年5月至1992年5月在镇江市供销机械厂挂职锻炼；1995年8月至1997年12月在中央党校函授学院涉外经济专业在职大学学习）；1998年4月起先后任共青团镇江市委副书记、党组成员、市少工委主任、市青联主席；2006年6月任镇江市润州区委常委、宣传部部长；2007年11月任镇江市润州区委常委、组织部部长（2005年9月至2007年12月在昆明理工大学工商管理专业在职研究生学习，获工商管理硕士学位）；2008年2月任镇江市司法局局长、党组书记（其间2008年12月兼任镇江市委政法委委员）；2015年7月任镇江市商务局局长、党委书记、贸促会会长；2016年4月起先后任镇江市京口区委副书记、代区长、区长；2017年7月任镇江市京口区委书记；2019年9月任扬中市委书记；2020年10月任镇江市政府党组成员。（市委组织部）

高国成

2020年1月任镇江市政协副主席、党组成员，润州区委书记。

1966年2月生，江苏镇江人，党校研究生学历。1988年1月加入中国共产党，1984年7月参加工作。1984年7月丹阳师范学校普师专业毕业后，在镇江市政府办公室工作，后任综合科副科长（1988年9月至1991年7月在江苏工学院夜大管理工程专业在职大专学习）；1992年7月任镇江市地产开发总公司副总经理、党组成员；1996年7月任镇江市规划局副局长、党组成员（1995年9月至1997年7月在东南大学哲学与科学系科技经济与行政管理专业研究生课程进修班学习）；2000年12月任句容市委常委、副市长（其间2001年9月至2002年12月在省委党校科学社会主义与国际共产主义运动结转毕业在职研究生学习）；2002年12月任句容市委常委、组织部部长；2004年11月任镇江市口港局局长、党组书记；2013年12月起历任镇江市润州区委副书记、代区长、区长；2017年12月任润州区委书记。（市委组织部）

吴　彤

2020年1月任镇江市政协副主席、党组成员。

女，1964年8月生，北京人，党校研究生学历。1992年10月加入中国共产党，1982年12月参加工作。1982年12月在镇江市自来水公司工作；1985年12月起在镇江市检察院工作，历任法纪科书记员、助理检察员、政治处助理检察员、副科级、政治处副主任、审查批捕处副处长（其间1987年9月至1989年7月在省级机关管理干部学院法律专业大专班专修科学习）；1998年2月在镇江市委组织部工作，历任机关干部处副科级组织员、副处长，正科级，干部监督处处长，机关干部处处长（2002年12月取得省高等教育自学考试南京大学法律专业大学学历）；2006年3月任镇江市委组织部部务委员、机关干部处处长；2007年11月任镇江市委组织部副部长、机关干部处处长；2008年3月任镇江市委组织部副部长；2008年9月任镇江市委组织部副部长、市人才办主任（其间2008年9月至2011年7月在中央党校经济学专业在职研究生学习）；2012年9月任镇江市委组织部副部长、老干部局局长，市人才办主任（其间2013年12月兼任市红十字会副会长；2015年7月不再兼任市人才办主任职务）；2017年9月任镇江市委组织部常务副部长、老干部局局长；2018年7月任镇江市委组织部常务副部长；2020年1月任镇江市政协副主席、党组成员，市委组织部常务副部长（2020年7月不再担任市委组织部常务副部长职务）。（市委组织部）

蒋鹏程

2020年1月任镇江市政协副主席、市第一人民医院院长、农工党市委主委。

1969年10月生，江苏扬中人，农工党党员，研究生学历、博士学位。1991年8月参加工作。1991年8月南京医学院临床医学专业毕业后，在镇江市第一人民医院工作，历任住院医师、主治医师、外科教研室秘书、外总教研室秘书、大外科秘书、院长助理；2004年2月任镇江市第一人民医院副院长；2009年11月任江苏省康复医疗集团副院长、镇江市第一人民医院副院长；2011年3月任江苏省康复医疗集团副院长、镇江市第一人民医院常务副院长兼市卫生局（卫计委）副局长（副主任）（其间2011年8月获评主任医师；2011年11月任农工党镇江市委副主委；2010年9月至2013年6月在山西医科大学外科学专业在职研究生学习，获医学博士学位）；2016年2月任江苏省康复医疗集团副院长、镇江市第一人民医院常务副院长、农工党镇江市委副主委；2016年11月任农工党镇江市委主委、江苏省康复医疗集团副院长、镇江市第一人民医院常务副院长（其间2017年1月当选农工党江苏省第十二届委员会常委）；2018年7月任农工党镇江市委主委、江苏省康复医疗集团副院长、镇江市第一人民医院院长；2018年12月任农工党镇江市委主委、镇江市第一人民医院院长。（市委组织部）

黄万荣

2020年10月任镇江市政府党组成员（副厅职）、连云港市副市长（挂职）。

1971年5月生，江苏扬中人，研究生学历，硕士学位。1992年6月加入中国共产党，1992年7月参加工作。1992 年 7 月南京大学历史系历史学专业毕业后，在扬中市政府办公室工作，历任综合科副科长、科长、办公室主任助理、办公室副主任；2001 年 3 月任扬中市外经委（外经贸局）主任（局长）；2002 年 12 月任扬中市副市长；2003 年 3 月任扬中市副市长兼扬中经济开发区党工委书记（2001 年 9 月至 2003 年 10 月在南京师范大学与澳大利亚麦考瑞大学合作培养经济学专业在职研究生学习，获经济学硕士学位）；2005 年 7 月任共青团镇江市委书记、党组书记（其间 2010 年 4 月至 2011 年 4 月在省第二期中青年高级管理人才海外研修班学习）；2011 年 5 月任句容市委常委、常务副市长；2012 年 11 月任镇江市京口区委副书记、区长；2016 年 4 月任镇江市财政局局长、党组书记；2018 年 12 月起先后任丹阳市委副书记、代市长、市长。

（市委组织部）

模范人物

黄汉龙

中船动力有限公司副总工程师，2020 年获全国劳动模范称号。

1965 年 1 月生，江苏常州人，九三学社社员，大学文化，研究员级高级工程师。黄汉龙爱岗敬业，为中船动力有限公司技术创新研发和转型发展做出重要贡献。他先后组织完成多种新型船用柴油机及机组的开发研究、产品技术消化吸收和关键零部件国产化研制；完成国内首套某微引燃双燃料样机生产并实现产业化；组织承担工业和信息化部低速机重大专项某新机型研发，以及大型邮轮创新专项“邮轮动力及辅助系统集成”技术攻关。“十三五”期间，他带领团队在船舶动力主推进系统集成、海工大功率电站系统开发等多个方面，开发出双燃料发动机、大功率移动电站、SCR 尾气后处理装置等多项高新技术创新成果。他先后获省、市科技进步奖以及机械工业科技进步奖等多个奖项，其组织的国产化项目为公司降本数千万元。他曾获评中国船舶工业集团公司“劳动模范”、江苏省劳动模范，并获全国五一劳动奖章。（张冬芹）

钱　军

镇江市第一人民医院血液科主任，2020 年获全国先进工作者称号。

1971 年 9 月生，江苏南通人，农工党党员，研究生文化，主任医师、教授。钱军将基础医学和实验血液学的最新技术和理论应用于临床，不断提高对血液病的诊治水平。他在骨髓增生异常综合征早期诊断和发病机制、白血病耐药及其逆转、恶性淋巴瘤早期诊断和规范化治疗等方面，开展广泛研究。他在血液肿瘤的表观遗传学研究方面有较大贡献，在镇江市开展多种类型造血干细胞移植治疗恶性血液病研究，同时，在镇江市率先开展 CAR－T 细胞治疗复发难治性 B 淋巴细胞肿瘤研究。自 2014 年起，他带领科室连续 6 年入选中国医学科学院评选的“中国医院科技影响力专科排行榜”的专科，同时，科室先后入选“江苏省医学创新团队”“镇江市血液病临床医学研究中心”。他先后获国家、省、市级课题资助 20 余项，省部级、市厅级科技进步奖和成果奖 20 余项；发表 SCI 论文 90 余篇。他培养研究生 50 多人。他曾获评江苏省先进工作者、江苏省“333 工程”第二层次培养对象、江苏省“六大人才高峰”高层次人才选拔培养对象等，并享受国务院特殊津贴。（张冬芹）

沈春雷

江苏广兴集团有限公司首席技师、总工程师，2020 年获全国劳动模范称号。简历参见《镇江年鉴（2019）》第 284 页。（张冬芹）

汤文辉

江苏美龙航空部件有限公司技术部副部长，2020 年获全国劳动模范称号。简历参见《镇江年鉴（2020）》第 281 页。（张冬芹）

杨　凌

镇江市京口区健康路社区卫生服务中心花山湾社区卫生服务站主任，2020 年获全国先进工作者称号。

女，1971 年 4 月生，江苏徐州人，中共党员，大学文化，主任医师。杨凌扎根基层 23 年，曾 7 次在非工作场合下，对突发的危重病人进行急救；2 次在街头抢救猝死老人，在无任何消毒用具的情况下，直接口对口为老人做人工呼吸；她抢救晕厥的孩子，为防止孩子昏迷时咬破舌头，她把自己的手指伸到患儿嘴里，被咬伤三根手指。她常年为社区行动不便的老人送医送药，她自掏腰包为生活贫困老人垫付医药费，她冒着酷暑为习惯性流产的大龄孕妇保胎，她热心帮助患有抑郁症的夫妻，她是多名生活贫困学生的社会妈妈……新冠肺炎疫情发生后，她第一时间递交请战书并日夜坚守在防控一线。她曾获评“中国好人”“全国巾帼建功标兵”“江苏省先进工作者”“江苏省百名医德之星”“江苏省十大医德标兵”“江苏省三八红旗手”等。（张冬芹）

张达鑫

江苏天宏机械工业有限公司副总经理，2020 年获全国劳动模范称号。

1982 年 6 月生，江苏南京人，中共党员，大学文化，助理工程师。张达鑫勇于创新，主要负责铝合金轮毂工装夹具设计与改善工作，先后组织开发“翻板机”“立式车床前置式快换轮毂动力卡盘”“联动调整指状卡盘”“联动式一爪卡盘”“伺服翻转平台”等产品，项目产品减轻一线操作工的劳动强度，大幅缩短轮圈厂加工调试夹具的时间，有效地降低设备库存，帮助公司夹具市场占有率由 45% 提高到 70%。他主导“联动调整指状卡盘”“四轴数控切冒机”等近 20 项高精尖新装备、机器人应用技术开发，其中，“TH－165 搬运机器人”“五自由度机器人表面精整机”先后获江苏省科技项目支撑、重大装备首台（套）认定。2014 年 1 月，他负责编制“GB/T 35094—2018《镁铝合金轮毂夹具通用技术规范》国家标准；2015 年主导研发铸造铝合金车轮旋压工艺装备；2017 年主导研发卡车、大巴车冷旋压工艺装备。他曾获评“江苏省劳动模范”、江苏省“333 高层次人才培养工程”第三层次培养对象等。（张冬芹）

凌建锋

镇江市公共交通有限公司党委副书记、总经理，2020 年获评全国抗击新冠肺炎疫情先进个人。

1977 年 1 月生，江苏镇江人，中共党员，大学文化，助理经济师。面对新冠肺炎疫情，凌建锋第一时间召集紧急会议，部署疫情防控工作。春节期间，他想方设法筹集防疫物资，保障公交线路营运。作为镇江公交战线的“防疫指挥官”，他坚持在抗疫一线，凌晨前往公交停车场，仔细检查防疫措施落实情况，关心驾驶员行车安全；白天他在交通管控组办公，及时传递疫情防控动态信息，参与研究制定疫情管控的具体措施；晚上他召集公司疫情防控领导小组成员举行视频会议，分析形势，调整第二天的运力安排。他为镇江市的防疫胜利做出贡献。他曾获评江苏省劳动模范、全省交通一卡通互联互通工作先进个人等。

（朱之豪）

赵俊霞

丹阳市延陵镇卫生院护士长，2020 年获评全国抗击新冠肺炎疫情先进个人。

女，1970 年 2 月生，江苏丹阳人，中共党员，中专文化，主管护师。在延陵镇卫生院召开的进驻丹阳市新冠肺炎密切接触者隔离点的会议上，赵俊霞率先报名，主动要求到抗疫一线工作。其间，她未曾休息过一天，每天工作 12 小时以上。她为隔离点的安全做出较大的贡献。（丹阳志办）

郦海星

江苏肯帝亚木业有限公司董事长，2020 年获江苏省五一劳动奖章。

1975 年 5 月生，江苏丹阳人，研究生文化。郦海星于 2003 年创立肯帝亚集团，专业制造地板、智能化木结构洋房等木制品。2015 年，他建立江苏肯帝亚男篮，扩大肯帝亚品牌效应。他积极投身公益事业和教育事业。2006 年，该公司出资 300 多万元参与新农村建设，为陵口镇煦庄村修建水泥路面等公共设施，解决农民行路难的问题，促进村级经济发展。2007 年，该公司参与“绿满中国”育林活动，在中国绿化基金会设立“肯帝亚绿化基金”，出资在内蒙古阿拉善地区营造 8000 亩（533.3 公顷）“育林防沙基地”，为当地居民改善生存环境。2008 年，该公司参与北京的环境治理，出资在北京污染比较严重的门头沟种植企业林，改善北京周边生态。2008 年—2014 年，该公司向四川汶川灾区、中华慈善总会、丹阳市慈善总会、西藏自治区达孜县人民政府、马相伯教育奖励促进会等捐赠 1070 万元。2013 年，该公司和镇江市委统战部、镇江光彩事业促进会共同发起“千亩榉树致富林”同心工程。多年来，郦海星在捐资助学、扶贫赈灾、献爱心、速生林和生态林种植支持等社会公益活动中捐款、捐物 5000 多万元。他曾获评“中国地板行业功勋人物奖”“中国弹性地板行业突出贡献奖”“感动镇江十大人物”“2015 苏商十大年度经济人物”“2016—2017 年度苏商富民强省新领军者”“2017《新华日报》年度经济封面人物”“2018—2019 年度苏商高质量发展领军人物”等。（张冬芹）

周鹤军

江苏环太集团有限公司车间主任，2020 年获江苏省五一劳动奖章。

1983 年 4 月生，江苏扬中人，中共党员，大学文化。2014 年，周鹤军带领团队对传统的坩埚烧结方式做出大胆尝试，通过在坩埚内部的脱模剂中增加系列操作模式，最终实现坩埚的免烧结，这一创新操作，减少坩埚烧结炉设备的投资，降低高温烧结的电费，每年为公司降低成本 146 万元。2016 年，周鹤军负责金刚线替代砂浆液截断项目。传统的回收料截断方式为碳化硅＋聚乙二醇＋结构线，缺点是产能低、成本高、操作环境差、污水处理费用高。通过一系列的改善措施，他将砂浆液截断的方式改善为金刚线＋水截断的模式，将原有的截断设备单台 6 刀/天产能提升至 16 刀/天，不仅提升截断产能、降低生产成本，还减少砂浆液在后道污水处理的成本。2018 年，他带领团队完成“降低硬质点个数”改善项目，个人获 6sigma“绿带”；他参加扬中市 QC 小组质量攻关项目评比获第 2 名。2019 年，他助力集团在内蒙古包头的分公司建设，带领团队在零下 25℃ 的严寒下，完成 117 台多晶炉、120 台单晶炉的安装调试投产任务。他曾获评

扬中市首届十大“扬中工匠”，并获镇江市五一劳动奖章。（张冬芹）

刘　飞

镇江市江泰建筑安装有限公司项目经理，2020 年获江苏省五一劳动奖章。

1990 年 11 月生，江苏淮安人，大学文化，工程师。刘飞先后担任公司施工员、质量员、项目经理。施工过程中他对每一道工序全程监督，他负责的施工项目零安全事故。他参与“屋面防水施工质量控制”QC 小组，打破一出现渗漏问题就想到堵的思维模式，总结提出渗漏问题根本在于疏，并制定具体施工方案“调整屋面作品顺序，平屋面增设内天沟”，该 QC 小组项目成果获市级“QC 优秀成果二等奖”，该项目工程获省“扬子杯”奖。他担任丁卯农贸综合体工程项目经理，该项目获省级“文明工地”、“扬子杯”奖。他担任镇江市丹徒区综治办综治中心工程项目负责人期间，为确保施工对环境、噪音及扬尘的控制，他制定一套绿色施工措施，土方作业完全采用湿作业法，循环利用雨水收集系统的水用于现场洒水降尘；合理使用和控制材料堆放，减少建筑垃圾的产生；对噪音较大的机械设备采取降噪隔音措施。2019 年，他担任公寓式酒店项目项目经理，施工过程中重视危险源的分析识别与预控，严格按照标准化工地的要求进行规划布局，并进行常态化管理，该项目获市级“文明工地”、市级“优质结构奖”。他曾获评江苏省建筑业企业“安全生产先进个人”、镇江市建筑业企业“优秀建造师”，并获镇江市五一劳动奖章。（张冬芹）

吴　俊

镇江奇美化工有限公司维修班长，2020 年获江苏省五一劳动奖章。

1985 年 1 月生，江苏镇江人，中专文化，高级工程师。2012 年 9 月，吴俊入职该公司，从事电气仪表维修、保养及管理工作。他在工作中坚持高标准、严要求，认真对待自己的每项维修保养工作以及领导交代的各项任务。他参与公司新建橡胶项目一期、二期工程建设，主导电气仪表设备调试、验收工作，保证项目按期交付、顺利投产。他勤奋学习、刻苦钻研，2016 年，在镇江新区仪表工竞赛中获第 1 名。他重视团队建设，打造学习型班组，积极发挥“传、帮、带”作用，帮助班组成员提高维修技能，所带的班组连续两年被评为公司“先进班组”，1 名班组成员在 2019 年镇江新区“圌山杯”电工技能大赛中获三等奖。他曾获评镇江市技术能手、镇江新区“金牌工匠”，并获镇江市五一劳动奖章。（张冬芹）

张雪琴

镇江市索普初级中学教科室主任，2020 年获江苏省五一劳动奖章。

女，1977 年 2 月生，江苏丹阳人，中共党员，大学文化，高级教师。张雪琴热爱教育事业，在学校里身兼数职，在教书和育人两方面均取得较好成绩。她热爱语文教学，培养学生良好的学习习惯，激发学生对于语文的浓厚兴趣。在历年语文中考中，她所教班级学生的语文均分都较优秀。她热爱班主任工作，尤其注重培养孩子的品行和习惯，能抓住契机主动细致地做学生思想工作，调动学生参与班级管理的积极性。她作为教科室主任，积极贯彻学校工作，为学校献计献策。她积极组建青年教师成长社团，引领青年教师快速成长发展。她负责学校特色课程建设，申报成功江苏省课程基地和省规划课题。她曾获评“镇江市十佳教师”、镇江市优秀教育工作者、镇江市中青年骨干教师、镇江市优秀班主任、镇江市“169”科技骨干，并获镇江市五一劳动奖章。（张冬芹）

毛金忠

镇江市第三人民医院放射兼介入科主任，2020 年获江苏省五一劳动奖章。

1969 年 4 月生，江苏丹阳人，中共党员，大学文化，主任医师。毛金忠从事放射诊断与治疗工作 30 年，使医院放射科诊治水平由单纯的影像诊断步入疾病的主动治疗。在 2003 年抗击“非典”的过程中，为了加快医院新购 2 台 X 线床边摄片机调试进度，他冒着多次接受 X 线辐射的风险让科里同事用他自己的身体做试验进行拍片调试；他独自一人承担高风险的发热病人的床边摄片工作，共计 200 余人次。2005 年介入科创建初期，他在普通胃肠机上进行介入治疗，接受的 X 线是专用数字胃肠机的数十倍之多，他的射线剂量监测每个月都超标。为了便于对介入术后并发症的及时发现与处理，他一天至少 3 次给介入治疗病人查房。经过 10 多年的发展，医院介入科每年开展肝癌介入治疗 300 多例，成为全市开展介入病例数最多的科室。在他的带领下，科室常年与国家顶尖重点学科合作，开展肝癌、肝血管瘤、脾亢的部分脾动脉栓塞术、肺咯血等介入项目。在抗击新冠肺炎的过程中，他作为影像诊断组组长，及时研究影像诊断规范，第一时间对全员进行影像诊断标准的培训，并第一个进入发热门诊为患者摄片，进行影像鉴别诊断。他曾获评第二届镇江市“我最喜爱的健康卫士”等，并获镇江市五一劳动奖章。（张冬芹）

梁赛蕾

中国移动通信集团江苏有限公司镇江分公司集

团部副经理,2020 年获江苏省五一劳动奖章。

女,1978 年 6 月生,江苏镇江人,中共党员,大学文化。梁赛蕾有较强的责任感、服务意识和协调能力。她面对新冠疫情防控的严峻形势,主动请缨,取消春节休假,并及时组建防疫保障组,争分夺秒协助市政府建设完成以市政府为主会场,各市(区)为分会场的视频会议系统的搬迁、在线联调工作。她是镇江移动政企中心负责人,积极带领所有人员参与做好镇江市不见面视频会议的保障工作:如镇江市与韩国洪城郡"云签"友好合作关系备忘录、境外疫情防输入视频会议等。她不但自己毫无怨言的扑在疫情防控的第一线,还以劳模创新工作室为载体,带领全体成员克服困难,为镇江市复工复产提供扎实的通信技术支持。她曾获评镇江市劳动模范、镇江市"三八红旗手"、镇江市产业发展党员先锋、中国移动通信集团江苏有限公司"先进个人"等。(张冬芹)

杜文军

镇江焦化煤气集团有限公司机电设备部副经理,2020 年获江苏省五一劳动奖章。

1970 年 12 月生,江苏镇江人,中共党员,大专文化。杜文军从事设备维修工作近 30 年,先后组织并参与公司生产系统 200 多台(套)大中型电气设备的大修与技术改造,并实施改进质量、提高产能、设备自动控制与节能降耗、降本增效的合理化建议与技术革新等项目 80 多项,有 20 多项成果分别获企业合理化建议与革新成果一、二、三等奖或省"QC 优秀成果奖"。他先后参与企业重点设备的夜晚和节假日突发性故障抢修 60 多次,有 20 多次他坚持通宵达旦在现场组织协调指导,并通过改进检修方法,使得设备故障检修时间大大缩短。他在 2012 年江苏省技能状元大赛镇江选拔赛中获市职工电工技能比赛第 1 名。他为企业的 50 多名电工培训讲课 120 多次,先后有 20 多名中青年电工获高级工或技师职称,他所在的维修班组获评省、市"质量信得过班组"称号。他曾获评镇江市技术能手、"镇江市名师授徒十大名师"等,并获镇江市五一劳动奖章。(张冬芹)

田 耘

中国工商银行股份有限公司镇江分行网络维护工程师,2020 年获江苏省五一劳动奖章。

女,1967 年 1 月生,江苏淮安人,大专文化,工程师。田耘在科技岗位工作 30 年,是镇江市工行网络、信息安全、OA 领域技术带头人。中国工商银行江苏省分行曾对《科技管理员培训教材》征求修订意见,田耘参与教材的修订,她提出的意见占全量的 2/3。2013 年年底,47 岁的她顾全大局,接手从未接触过的网络管理和维护工作,经过努力,她所带领的团队在全省工商银行网络专业考核中连续两年第 1 名。她开发出一种通用网络设备配置生成工具,提高工作效率和质量。她拥有多个"江苏省工行首创",显著提高工作质量和效率。例如,通过创新,将微机的安装时间由每台半天以上压缩到 20 分钟以内,将全省工行科技人员从烦琐的重复劳动中解放出来;"利用正则表达式进行网络设备配置比对"、4G 路由器高效批量配置等经验在全省工商银行中推广。她曾获评"镇江市五一巾帼标兵"、中国工商银行"信息科技骨干人才"、江苏省工行"金融科技工作先进个人"等。

(张冬芹)

刘立森

镇江金蚁田园农业发展有限公司农艺师,2020 年获江苏省五一劳动奖章。

1965 年 6 月生,台湾新北人,大专文化。刘立森从 2005 年开始学习种植技能,此后一直坚持研究现代农业科技技术,拥有丰富的技术经验。他于 2017 年投身镇江金蚁田园农业发展有限公司"精研热带水果于温带及亚热带地区种植方案"项目,主要研究百香果高端精准种植技术。百香果种植于国内尚未形成标准化技术体系,其中病虫害防治更是一项技术难题。在他的带领下,经过 2 年的努力,技术团队攻克种植障碍,克服百香果无法于华东地区开展大面积经济型生产的障碍,成为在国内高纬度区域大面积经济种植百香果成功的第一团队。他热心帮带新一代农业种植专业技术人员,无私传授专业技术和经验,让更多年轻一代更愿意投身高科技农业事业。

(张冬芹)

吴 群

江苏鱼跃医疗设备股份有限公司总裁,2020 年获江苏省五一劳动奖章。

1988 年 1 月生,江苏丹阳人,研究生文化。作为海外归国青年,吴群于 2012 年加入鱼跃集团,他创建电子商务部门,从电商运营团队的组建、电商平台的入驻谈判,到自有电商平台的建设都是亲力亲为,一直工作在部门运营第一线。他用 4 年时间,实现公司电子商务业务较传统渠道的全面超越,开拓鱼跃医疗新的增长点。在他的领导下,鱼跃医疗成为中国最大的医疗器械全球化集团公司之一。他建立鱼跃慈善基金会,并且与中国红十字会等多个社会公益组织合作开展包括尘肺病人救助、渐冻人救助、AED 捐赠等各项公益活动;在北京中医药大学等高校设立专项奖学金,促进中国医药人才培养,近年来他个人和代表公司累计捐赠金额超 2 亿元。在新冠肺炎疫情防控工作中,他作为鱼跃疫情防控物资保障总指挥,带领公司承担影像检测类产品、筛查诊断类、呼吸治疗类、感控消毒类等 4 大类、12 个品种、100 多个规格的疫情防控产品的生产保供任务。面对全国疫情防控物资紧缺的局面,他以身作则,夜以继日,奋战在重点核心防疫物资扩产、扩能的最前线,用最短的时间完成新增呼吸机 4 条生产线、红外体温计 3 条生产线、感控消毒产品 4 条生产线的扩产任务,产能平均提高 8 倍。（张冬芹）

徐　寅

健身教练,2020 年获中华人民共和国第一届技能大赛体育运动指导(健身)项目个人冠军,并获全国技术能手称号。

1986 年生,江苏镇江人。2002 年就读镇江市运动学校,2005 年就读南京体育学院。2017 年获江苏省健身教练职业技能大赛个人亚军,并获江苏省技术能手称号;2019 年获江苏省健身教练职业技能大赛个人冠军,获江苏省五一劳动奖章,并获江苏省技术能手称号;2019 年获全国体育行业职业技能大赛个人冠军,并获全国技术能手称号;2020 年获江苏省第五届技术状元大赛个人冠军。他曾获"江苏工匠"、江苏省青年岗位能手等称号。（王煜琦）

马　赛

柔道运动员,2020 年获全国青少年柔道锦标赛 -90 公斤第 1 名。

2004 年生,江苏镇江人。2015 年进入镇江市体育运动学校柔道队。2019 年获江苏省青少年柔道锦标赛 -81 公斤第 1 名;2020 年获江苏省青少年柔道锦标赛 -93 公斤第 1 名。（王煜琦）

杨恒郁

击剑运动员,2020 年与队友合作获全国击剑冠军赛(女子佩剑)团体冠军;与队友合作获全国击剑锦标赛(女子佩剑)团体冠军。简历参见《镇江年鉴(2019)》第 285 页。（王煜琦）

龚　雨

击剑运动员,2020 年与队友合作获全国击剑冠军赛(女子花剑)团体冠军;与队友合作获全国击剑锦标赛(女子花剑)团体冠军。简历参见《镇江年鉴(2017)》第 378 页。（王煜琦）

徐海哲

围棋运动员,2020 年获全国围棋定段赛女子冠军。

女,2008 年生,江苏镇江人,职业初段,国家一级运动员。2017 年 5 月进入杭州棋院学习。2018 年、2019 年均获"华星杯"浙江省少年儿童业余围棋公开赛女子第 1 名;2018 年获"百灵杯"全国少儿围棋公开赛儿童 B 组女子冠军;2019 年获"安顺·百灵杯"全国少儿围棋公开赛少年组女子冠军。（王煜琦）

2020 年"镇江市劳动模范"获得者名单

薛冬顺	欧阳瑞芳(女)	张　俊	徐辉霞(女)	程文燕(女)	姜瑜林
贺文祥	洪　波(女)	郭俊杰	符爱芬(女)	朱华平	谢公晚
钱　京	陈　赟	赵国荣	巢荣军	丁建兵	束金祥
马建国	赵培丽(女)	顾军华	陶　岚(女)	丁金平	谢明光
茅建俊	蒋须俊	葛云峰	周宇静(女)	孙金阳	谢正宝
范　磊	张宏鹏(女)	毛丹霖	万里香	王荣祥	苏青峰
孙来红(女)	唐银萍(女)	应　珏(女)	罗　明	王世兵	曲秀鹏
吴其法	张奎峰	刘　龙	王　青(女)	吴大军	方　静
赵贤财	郁宝锋	裔玉荣	杨华俊(女)	刘宏伟	贺明华
张庆朋	孙　剑	蔡金荣(女)	冷纪美(女)	贾　杰	徐广林
季　娟(女)	李前进	蔡　斌	何光荣	王纪龙	吴俊云(女)
蒋冬生	祝启国	许云英(女)	陈大庆	杨乐红	刘万龙
韩庆祝	潘　斌	袁治华	韩红亮	刘和兵	胡国玲(女)
戴　静(女)	吴立成	夏国建	丰　俊	蔡扣成	陆　卿
汪月霞(女)	王　华	神学慧	许　峰	周德标	王春勇
陈魏新(女)	胡颖健	许春干(女)	钟文斌	李素琴(女)	陈　龙

郑海庆	易苏川	徐建春	熊保刚	史梅玲(女)	庄炳锁
董春永	魏　森	雍永美(女)	唐　伟	耿仲毅	谭　伟
郭　磊	赵吴刚	孙兆彬	朱梦杰	李洪斌	周俐莎(女)
薛宣东	夏桂芳(女)	张　炎	王　萍(女)	冯筱祥	陈文博
孙晓红(女)	谭双才	赵红文(女)	丁　鹏	方立东	周克群
夏学斌	杨　彦	王兴和	贺联中	崔益兵	胡冰心(女)
张玉枚(女)	董朝霞(女)	王　莹(女)	孙国芳(女)	陈　钢	华甜甜(女)
施　琴(女)	张永刚	李滨城	王　东	姚　俊	王　震
周文健(女)	马　敏(女)	陈锦清	朱灿宏	徐　然	陈　皓
鲍建武	许日红	姚　明	解　丽(女)	丁　琼(女)	梁　强
张春花(女)	王友红	王亚奇	徐春山	胡丰明	吴郝华
庞　飞	孙国忠	金正昔(女)	杨　毅	裴云锋	周秀伟
刘　玲(女)	高士海	洪　涛	束兆林	卞丽娜(女)	周　健
李　迪	梁丽丽(女)	崔　阳	孙桂芳(女)	孔　剑	高　平
杨　刚	陈　晖	陈　慧(女)	鄂筱红(女)	曹美霞(女)	汤晓梅(女)
唐　方	黄乘升	吕淑芳(女)	蒋　伟	李学洪	王跃勇
赵　媛(女)	黄　炜	杭　坚	田宏伟	王　鹏	郭耀钟
王照龙	夏红辉(女)				

(张冬芹)

2020 年“镇江市人民奖章”获得者名单

丁建宁	万柏方	王翔宇	孔国娣(女)	史亚祥	包东明
汤龙保	芮东明	杨剑霞(女)	肖　雄	吴修良	沈春雷
陈履生	陈魏新(女)	范明华(女)	洪良义	贺设平	栾立敏
黄　洁(女)	葛　飞				

(江　鉴)

逝世人物

段正澄

中国工程院院士、华中科技大学机械科学与工程学院教授、制造装备数字化国家工程研究中心首席科学家。2020 年 2 月 15 日，段正澄在武汉逝世。

1934 年 6 月生，出生于江苏省镇江市，教授、博士生导师。段正澄 1957 年从华中工学院（现华中科技大学）机械系毕业后留校任教，先后担任机械系助教、讲师、副教授，教研室副主任、主任；制造自动化研究所所长。2009 年当选为中国工程院院士。段正澄长期从事机械制造与自动化学科的教学与科研工作。1996 年，段正澄将机械科学与放疗医学相结合，研发国际首台全身伽马刀，获 2005 年国家科技进步二等奖；1999 年，由中国“原创”的世界首台大型放疗设备——全身伽马刀问世。段正澄先后获 1978 年全国科学大会奖 2 项、国家科技进步二等奖 3 项，省部级一等奖 5 项、二等奖 4 项；授权专利 19 项。同时，他先后获评全国优秀教师、湖北省先进教育工作者、湖北省先进科技工作者等。

(江　鉴)

郭礼荣

镇江市政协原党组书记、主席。2020 年 12 月 28 日，郭礼荣在镇江逝世。

1951 年 10 月生，江苏扬中人，大学文化。郭礼荣 1974 年 2 月参加工作，1971 年 12 月加入中国共产党。

1974年2月至1975年5月，任扬中县新坝公社建新大队党支部书记；1975年5月至1979年10月，任扬中县新坝公社党委副书记；1979年10月至1982年2月，先后任共青团扬中县委副书记、书记；1982年2月至1983年3月，任共青团镇江地委副书记；1983年3月至1986年7月，任共青团镇江市委书记；1986年7月至1992年12月，任镇江市工商局党组书记、局长；1992年12月至1995年2月，先后任丹徒县委副书记、代县长、县长；1995年2月至1997年11月，任句容县(市)委书记、县(市)人大常委会主任；1997年11月至2000年12月，任镇江市委常委、秘书长；2000年12月至2001年9月，任镇江市委副书记、市委秘书长；2001年9月至2006年1月，任镇江市委副书记、市纪委书记；2006年1月至2012年6月，任镇江市政协党组书记、主席。2014年12月退休。郭礼荣担任句容县委书记期间，提出“撤县设市”“跻身百强”“实现小康”三个目标，推动句容撤县设市，并进入“全国百强县”。担任镇江市委副书记、市纪委书记期间，他分管纪检、政法综治等工作，党务公开试点工作获中央肯定，“平安镇江”创建获“三连冠”，并获“长安杯”；他本人获评全国社会治安综合治理先进个人。担任市政协主席后，他坚持团结和民主两大主题，围绕中心、服务大局，推动镇江政协事业阔步前行。

（李　泥）

丁　憬

新疆生产建设兵团第四师可克达拉市党委书记、政委，伊犁哈萨克自治州党委常委，国家级霍尔果斯经济开发区兵团分区党工委书记、管委会主任。2020年3月10日，丁憬在镇江因病逝世。

1964年8月生，江苏泰兴人，中央党校研究生学历，1986年6月加入中国共产党。丁憬在援疆之前，长期在镇江市工作，1983年4月至2011年12月，先后任丹徒区区长、丹徒区委书记、镇江市副市长。2011年12月，丁憬到第四师可克达拉市援疆工作，先后任第四师可克达拉市党委常委、副师长，党委副书记、副师长，其间先后兼任国家级霍尔果斯经济开发区兵团分区党工委副书记、管委会主任，党工委书记、管委会主任；2017年6月留第四师可克达拉市工作，历任第四师可克达拉市党委副书记、师长、市长，党委书记、政委、伊犁州党委常委，其间一直兼任国家级霍尔果斯经济开发区兵团分区党工委书记、管委会主任。2020年6月，兵团党委追授丁憬为“兵团优秀共产党员”。

（江　鉴）

王忠保

镇江市人大常委会原副主任。2020年6月17日，王忠保在镇江因病逝世。

1930年11月生，江苏武进人，中共党员。王忠保1949年6月参加工作，1953年5月加入中国共产党。王忠保1949年6月至1949年12月，任武进县湟里公安局文书；1949年12月至1959年6月，任武进县公安局治安股内勤干事；1959年6月至1963年2月，先后任武进县监委秘书、副书记；1963年2月至1969年9月，任武进县公安局教导员；1969年9月至1970年8月，任武进县卫生服务站负责人；1970年8月至1978年8月，任湖塘区革命生产领导小组组长、区工委书记；1978年8月至1983年3月，先后任镇江地区检察院副检察长、检察长；1983年3月至1987年4月，任镇江市委常委、政法委书记；1987年4月至1987年10月，任镇江市人大常委会副主任、政法委书记；1987年10月至1993年3月，任镇江市人大常委会副主任；1994年12月离职休养。他在主持政法委工作并分管市政法工作，以及在市人大常委会工作期间，旗帜鲜明地反对动乱，反对资产阶级自由化，对稳定大局起到很好的作用。他在主持政法委工作期间，认真学习和研究法学理论，发表或指导组织发表法学理论文章，对镇江市的法治建设发挥一定的作用。

（赵敬敬）

麋　林

镇江市农业科学院果树研究室主任、研究员、第六党支部书记。2020年2月18日，麋林因病去世。

1963年8月生，出生于江苏镇江，中共党员。麋林1987年7月参加工作，33年如一日扎根农村工作一线，潜心钻研农业科技，热情服务广大农民，一生致力于脱贫攻坚和农民增收致富，为提高农业生产经营水平、带领农民致富、改变农村面貌做出重要贡献。他把科技成果推广到中西部地区4个省、17个县，培训农民16万多人次，辐射带动200多万农民脱贫致富。他是江苏省“333工程”高层次人才培养对象，先后获评江苏省优秀科技特派员、江苏省科普惠农兴村带头人、镇江市跨越发展突出贡献者、镇江市优秀共产党员、镇江市有突出贡献中青年专家等，并获“镇江市人民奖章”。6月4日，中共镇江市委组织部下发《关于在全市开展向麋林同志学习活动的通知》；6月16日，中共镇江市委召开学习麋林同志先进事迹座谈会，号召在全市开展向麋林学习的活动。他曾获评“中国好人榜·敬业奉献好人”“全国脱贫攻坚奖·贡献奖”“江苏时代楷模”等称号。

（市委组织部）

书　目

2020 年江苏大学出版社出版图书书目一览表

表 33 － 1

ISBN	书名	第一责任者	出版月份	字数(千字)
978 － 7 － 5684 － 1212 － 4	小学儿童发展与教育心理学	苏　洵，钱雅文，主编	1	524
978 － 7 － 5684 － 1099 － 1	中外美术史	沈海泳，冼　宁，主编	1	430
978 － 7 － 5684 － 1216 － 2	大学语文:人文思考与写作实践	乔　芳，周　衡，王　祥，徐美秋，张　敏，罗昔明，编著	1	410
978 － 7 － 5684 － 1138 － 7	基础会计	黄　电，杨淑红，荣明宇，主编	1	343
978 － 7 － 5684 － 1251 － 3	*CorelDRAW* 基础与实例	周　序，刘冠南，主编	1	335
978 － 7 － 5684 － 1255 － 1	界面设计	钟　华，主编	1	330
978 － 7 － 5684 － 1237 － 7	3ds Max & V － Ray 室内外空间表现	沈　杨，主编	1	319
978 － 7 － 5684 － 1159 － 2	景观设计原理	段瑞静，王瑛瑛，主编	1	252
978 － 7 － 5684 － 1219 － 3	核医学检验技术	毛朝明，主编	1	251
978 － 7 － 5684 － 1348 － 0	建宁苏区的红色记忆	中共建宁县委宣传部，福建社会科学院文学研究所，中共建宁县委党史研究室，编	1	250
978 － 7 － 81130 － 824 － 2	书籍装帧	杨　奎，谢中杰，辜晨露，主编	1	229
978 － 7 － 5684 － 1208 － 7	人体工程学	陈　雷，主编	1	228
978 － 7 － 5684 － 1235 － 3	色彩构成	吴怡昕，梅苏筠，主编	1	168
978 － 7 － 5684 － 1297 － 1	高等混凝土结构理论	陆春华，操礼林，主编	2	594
978 － 7 － 5684 － 1326 － 8	计算机应用基础	袁　琼，龙　军，龚　略，主编	2	451
978 － 7 － 5684 － 1268 － 1	新时代 新作为:中华优秀文化与世界华文文学	刘小新，袁勇麟，陈舒劼，主编	2	420
978 － 7 － 5684 － 1338 － 1	美发与形象设计:高级美发	姜南飞，主编	2	268
978 － 7 － 5684 － 1339 － 8	美发与形象设计:盘发设计	姜南飞，主编	2	268
978 － 7 － 5684 － 1282 － 7	鲜食葡萄标准化建设与实务	镇江市市场监督管理局，句容市市场监督管理局，编	2	260
978 － 7 － 5684 － 1336 － 7	美发与形象设计:初级美发．下	姜南飞，主编	2	200

续表 33－1

ISBN	书名	第一责任者	出版月份	字数(千字)
978－7－5684－1328－2	比较视域下孟子与亚里士多德哲学思想探析	宋丽萍，著	2	190
978－7－5684－1337－4	美发与形象设计:中级美发	姜南飞，主编	2	177
978－7－5684－1335－0	美发与形象设计:初级美发. 上	姜南飞，主编	2	149
978－7－5684－0415－0	泵叶轮正反问题	李文广，张玉良，著	3	565
978－7－5684－1283－4	喷微灌工程与应用 = *Spraying and Micro-irrigation Engineering and Its Application*	朱兴业，蔡　彬，谈明高，主编	3	506
978－7－5684－1343－5	物流综合实训	李安平，彭　聪，舒　秘，主编	3	407
978－7－5684－1332－9	公信社区志(精装)	中共扬中市新坝镇公信社区委员会，扬中市新坝镇公信社区居民委员会，编	3	337
978－7－5684－1323－7	似远行近:万平近自选集	万平近，著	3	300
978－7－5684－1273－5	新媒体时代的网络小说研究	王　东，刘　媛，刘金华，著	3	290
978－7－5684－1351－0	产品设计手绘表现技法	张龙翔，王　林，刘夏滢，主编	3	267
978－7－5684－1240－7	设计素描	吴灵琴，陈洁茹，曾　崴，主编	3	259
978－7－5684－1074－8	孝爱流风:董永孝文化集萃	金坛董永孝文化研究会，编	3	240
978－7－5684－1271－1	设计文化:产业转型与传统再生	管　宁，著	3	239
978－7－5684－1291－9	法哲学原理与实践	董玉荣，秦媛媛，主编	3	231
978－7－5684－1276－6	无锡城南村明清遗址考古报告(精装)	无锡市文化遗产保护和考古研究所，编著	3	230
978－7－5684－1059－5	历代雅词大观	车乘轨，编注	4	2600
978－7－5684－1252－0	衢州乡土语文读本	童志斌，主编	4	510
978－7－5684－1267－4	文学及其周边	刘小新，著	4	411
978－7－5684－1249－0	艺术欣赏	严交笋，周雅彤，主编	4	410
978－7－5684－1266－7	问题与介入	郑海婷，著	4	400
978－7－5684－1278－0	校园足球可持续发展研究:基于实践的探索	徐兴国，著	4	365
978－7－5684－1246－9	珥陵掌故	陈　辉，编著	4	350
978－7－5684－1241－4	连云港乡土语文读本	陈　武，崔月明，主编	4	310
978－7－5684－1359－6	儿童画基础教程	郑娇娇，主编	4	283
978－7－5684－1247－6	办公空间设计	刘　爽，主编	4	276
978－7－5684－1358－9	定格动画	陈晓燕，主编	4	222
978－7－5684－1349－7	企业物流管理	蒋　菲，何海波，左　珈，主编	4	210
978－7－5684－1280－3	联合收获中的清选物料堵塞问题及仿生防堵研究	马　征，著	4	194
978－7－5684－1357－2	新冠肺炎突发疫情的社区防控:组织与管理	周绿林，陶红兵，编著	4	192
978－7－5684－1362－6	食品工程新技术	徐莉莉，主编	4	190
978－7－5684－1356－5	新冠肺炎突发疫情的社区防控:实践指南	汪文新，陈　旭，郭子予，主编	4	150
978－7－5684－1250－6	工程力学：静力学和动力学 = *Engineering Mechanics:Statics and Dynamics*	吴卫国，主编	5	675
978－7－5684－1344－2	物流管理基础	李　英，罗　杰，主编	5	411
978－7－5684－1361－9	保险原理与实务	张微娜，魏　玮，钟　芊，主编	5	336
978－7－5684－1366－4	发动机高压燃油空化喷雾测试与理论	何志霞，王　谦，著	5	300
978－7－5684－1371－8	白描花卉写生研究及创作	吴新伟，著	5	209
978－7－5684－1355－8	多理论视角下专利隐性价值评估研究	王秀红，著	5	208

续表 33－1

ISBN	书名	第一责任者	出版月份	字数(千字)
978－7－5684－1206－3	四代"四跨"科技人之路	李德桃，主编	5	202
978－7－5684－1368－8	实践集：黄选能文集	黄选能，著	6	416
978－7－5684－1317－6	班主任工作原理与策略	薛晓阳，蔡　澄，申卫革，主编	6	290
978－7－5684－1372－5	病理学学习指导	中职生升学考试命题研究组，主编	6	277
978－7－5684－1365－7	配电网工程建设管理	何惠清，韩　坚，彭　奕，编著	6	249
978－7－5684－1374－9	生理学学习指导	中职生升学考试命题研究组，主编	6	243
978－7－5684－1367－1	科学数据素养教育	刘　敏，主编	6	231
978－7－5684－1377－0	解剖学基础学习指导	中职生升学考试命题研究组，主编	6	225
978－7－5684－1024－3	旅游美学	张苏榕，主编	6	220
978－7－5684－1384－8	中国基础设施与经济增长研究：兼论港口水路运输建设	郑广琯，著	6	200
978－7－5684－1369－5	色彩基础	刘国松，编著	6	187
978－7－5684－1373－2	病理学模拟冲刺试卷	中职生升学考试命题研究组，主编	6	161
978－7－5684－1375－6	生理学模拟冲刺试卷	中职生升学考试命题研究组，主编	6	161
978－7－5684－1378－7	解剖学基础模拟冲刺试卷	中职生升学考试命题研究组，主编	6	161
978－7－5684－1299－5	设计心理学	刘　瑛，苏力健，著	6	135
978－7－5684－1314－5	岘堂诗稿	昆阳子，著	6	120
978－7－5684－1308－4	唐宋词史	杨海明，著	7	522
978－7－5684－1262－9	中国楹联与诗词文化	汪小洋，著	7	507
978－7－5684－1312－1	宋词三百首新注	杨海明，著	7	460
978－7－5684－1310－7	唐宋词美学	杨海明，著	7	450
978－7－5684－1307－7	唐宋词论稿续编	杨海明，著	7	430
978－7－5684－1318－3	唐宋词与人生	杨海明，著	7	400
978－7－5684－1392－3	急救护理学	王　钰，王丽华，吴鹏飞，主编	7	335
978－7－5684－1390－9	计算机网络技术复习指导	刘丽双，叶文涛，主编	7	329
978－7－5684－1306－0	唐宋词论稿	杨海明，著	7	320
978－7－5684－1391－6	区域发展和治理的探索与实践：2019年镇江发展研究报告	于　伟，主编	7	310
978－7－5684－1126－4	消防炮理论与设计	薛　林，著	7	300
978－7－5684－1333－6	构成基础	吴良勇，主编	7	298
978－7－5684－1379－4	现代中职生礼仪修炼	陈志新，雷建波，林允筑，主编	7	248
978－7－5684－1388－6	劳动创造美好生活：新时代劳动教育教程	张文胜，彭勇军，柴全喜，主编	7	248
978－7－5684－1386－2	新编现代礼仪实用教程	雷晓琴，石　珂，徐大威，主编	7	242
978－7－5684－1309－1	张炎词研究	杨海明，著	7	240
978－7－5684－1398－5	美术基础复习指导	王金潮，陈一萍，主编	7	216
978－7－5684－1311－4	唐宋词风格论	杨海明，著	7	210
978－7－5684－1319－0	唐宋词纵横谈	杨海明，著	7	205
978－7－5684－1321－3	宋词趣谈	杨海明，著	7	204
978－7－5684－1302－2	飞秒激光微器件制备质量优化技术研究	潘雪涛，著	7	200
978－7－5684－1325－1	印刷工艺与实训	吴华堂，编著	7	200

续表 33－1

ISBN	书名	第一责任者	出版月份	字数(千字)
978－7－5684－1298－8	室内手绘与设计表现	刘德来，编	7	197
978－7－5684－1295－7	色彩	黄　喆，主编	7	185
978－7－5684－1403－6	八四医院	王鹏骄，著	7	160
978－7－5684－1424－1	硅基氮化镓光电探测器的多层异质外延生长研究＝*Studies on Plasma Assisted Molecular Beam Epitaxial Growth of GaN－Based Multilayer Heterostructures on Si for Photodetector Application*	郑　益，著	7	160
978－7－5684－1370－1	寻觅春天的诗行：朱开宝散文集	朱开宝，著	7	150
978－7－5684－1401－2	史经坤山水写生集	史经坤，著	7	28
978－7－5684－1402－9	稚幼艺术小画家丛书(全9册)	赵　烜，孙　霞，赵家兴，编	8	900
978－7－5684－1341－1	高级护理实践案例教程	罗彩凤，曹松梅，徐剑鸥，主编	8	642
978－7－5684－1405－0	现代产业经济理论与政策	胡绪华，主编	8	496
978－7－5684－1380－0	电路分析仿真与实验教程	郭业才，编著	8	450
978－7－5684－1389－3	低压电工实用技术	孙丽娜，何　玲，主编	8	432
978－7－5684－1330－5	大学物理实验(修订本)	许伯强，主编	8	414
978－7－5684－1381－7	新时代技工院校学生职业素养教育	朱建忠，主编	8	410
978－7－5684－1274－2	*AutoCAD* 室内设计制图	钟华志，梁　峰，主编	8	402
978－7－5684－1414－2	学前儿童卫生与保健	陈小莲，苏丹阳，主编	8	375
978－7－5684－1397－8	行稳致远：大学生职业生涯规划与就业指导	张新生，王　凯，赵　荣，主编	8	364
978－7－5684－1418－0	信息技术：基础模块．上册	戴　维，裴鹏飞，苏吉金，主编	8	333
978－7－5684－1415－9	病理学与病理生理学学习与实验指导	邹富鸿，主编	8	326
978－7－5684－1383－1	特种加工技术	王鹏程，主编	8	320
978－7－5684－1421－0	学前儿童社会教育	肖成林，赵倩倩，冯敏洁，主编	8	312
978－7－5684－1404－3	电子技术基础实验教程	郭业才，编著	8	310
978－7－5684－1419－7	心理健康与职业生涯	罗勇智，刘厚房，王明强，主编	8	280
978－7－5684－1423－4	中国文化概论十五讲	樊　娟，单　辉，徐晓明，主编	8	280
978－7－5684－1399－2	立德树人 以文化人：中华优秀传统文化育人创新实践探索	王险峰，主编	8	270
978－7－5684－1354－1	英语晨读之旅：诵读励志故事	洪欣平，潘锡娟，许蕴莹，主编	8	260
978－7－5684－1430－2	职业道德与法治学习指导	黄　静，吴　刚，主编	8	248
978－7－5684－1412－8	小学信息技术学科思维与数字化学习	周旺纯，著	8	246
978－7－5684－1426－5	信息技术(基础模块)能力训练．上册	吴俊绩，李朝松，邓　泽，主编	8	244
978－7－5684－1422－7	电磁波与光学实验教程	刘　罡，王　伟，编著	8	233
978－7－5684－1413－5	经济数学	雷安平，主编	8	231
978－7－5684－1327－5	设计美学	王　艳，薛晓如，主编	8	220
978－7－5684－1420－3	职业道德与法治	张　娜，陈　龙，王明强，主编	8	218
978－7－5684－1396－1	学生科学假设能力培养	许应华，著	8	211
978－7－5684－1406－7	增量配电网全过程多维精益化管理	何惠清，韩　坚，申益平，编著	8	204
978－7－5684－1265－0	绿野诗宗	李汉中，程庆澜，姚以嫒，著	8	193
978－7－5684－1292－6	景观规划设计	曾　誉，主编	8	192

续表 33－1

ISBN	书名	第一责任者	出版月份	字数(千字)
978－7－5684－1364－0	纳米药物－多功能聚合物药物递送系统研究＝*Nanomedicine－Study on Multifunctional Polymer－Based Drug Delivery Systems*	张源源，著	8	185
978－7－5684－1316－9	镇江诗词一百首	中共镇江市委宣传部，编	8	158
978－7－5684－1416－6	读经典名句　写规范汉字：重庆市乡村学校少年宫书法字帖	重庆市乡村学校少年宫管理办公室，主编	8	28
978－7－5684－1387－9	仓储管理与库存控制	徐国泉，黄文军，主编	9	452
978－7－5684－1385－5	C语言程序设计	李　燕，李振宏，耿焕同，主编	9	424
978－7－5684－1207－0	微机原理与单片机技术实验教程	郭业才，左官芳，编著	9	400
978－7－5684－1437－1	工程热力学	王　谦，刘　涛，吉恒松，主编	9	397
978－7－5684－1429－6	信息技术：基础模块. 下册	江　燕，邱长勇，李红艳，主编	9	310
978－7－5684－1393－0	思想道德修养与法律基础教与学：基于*BOPPPS*模型的指导书	张　蓉，夏　芸，编著	9	306
978－7－5684－1382－4	交互艺术设计：符号学视野下的艺术内容设计理论及应用	杨东润，孟　翔，李惠芳，著	9	264
978－7－5684－1436－4	信息技术(基础模块)能力训练. 下册	鲍巧莉，主编	9	251
978－7－5684－1350－3	MATLAB基础教程	曾　英，华　龙，胡友明，主编	9	246
978－7－5684－1395－4	大学出版社差异化发展研究	施小占，著	9	230
978－7－5684－1431－9	哲学与人生学习指导	秦婧妍，徐瑞婷，王　倩，主编	9	220
978－7－5684－1400－5	高校图书馆从传统走向大数据	张敷欣，张典焕，张敷慈，编著	9	209
978－7－5684－1409－8	国民政府时期四川户政文献研究：1935—1949	黄小忠，著	9	180
978－7－5684－1434－0	恒顺故事(精装)	江苏恒顺集团有限公司，编著	9	128
978－7－5684－1435－7	恒顺故事(平装)	江苏恒顺集团有限公司，编著	9	128
978－7－5684－1277－3	光绪丹徒县志. 全二册	〔清〕何绍章，〔清〕冯寿镜，修	10	2085
978－7－5684－1438－8	美学探讨与话语建构. 全二册	刘小新，杨健民，郑海婷，主编	10	800
978－7－5684－1394－7	水利工程运行系统安全	唐荣桂，马中飞，赵林章，莫根林，编著	10	402
978－7－5684－1441－8	包装英语. Ⅱ：包装材料英语	张冬梅，周　敏，主编	10	391
978－7－5684－1459－3	旅游政策与法规	王　霞，蒋　艳，徐宝群，主编	10	374
978－7－5684－1345－9	典藏遗产：博物馆、美术馆与图书馆	谢友宁，编著	10	370
978－7－5684－1451－7	旅游景区服务与管理	范宗建，陈文专，刘宝平，主编	10	362
978－7－5684－1433－3	电工电子学实验教程＝*The Lab Tutorial of Electrical Engineering and Electronics*	杨永红，奚彩萍，主编	10	349
978－7－5684－1442－5	包装英语. Ⅰ：包装设计英语	张冬梅，胡　伟，主编	10	341
978－7－5684－1352－7	旅游经济学	胡　阳，金　云，潘丽琴，主编	10	337
978－7－5684－1320－6	镇江小史	徐　徐，著	10	305
978－7－5684－1447－0	旅游电子商务	宋　佳，张　敏，向晓芳，主编	10	287
978－7－5684－1313－8	王步高年谱	徐复兴，编著	10	260
978－7－5684－1432－6	心理健康与职业生涯学习指导	李　妍，主编	10	227
978－7－5684－1363－3	工程伦理与管理决策简明教程	顾　涵，主编	10	206
978－7－5684－1428－9	同题作文对对碰	刁　斌，编著	10	202
978－7－5684－1411－1	秋日宴	童　晔，著	10	200
978－7－5684－1425－8	哲学与人生	陈　鹏，许立侠，邓佳英，主编	10	184
978－7－5684－1303－9	知行明德：新时代高校辅导员的发展之道	李宏刚，李洪波，著	10	180
978－7－5684－1408－1	可见光通信系统光场分布关键技术研究	王加安，著	10	158

续表 33－1

ISBN	书名	第一责任者	出版月份	字数(千字)
978－7－5684－1493－7	我国“三农”热点问题研究	金丽馥，石宏伟，著	11	530
978－7－5684－0870－7	苏颂精神长青：北宋著名科学家苏颂史料研究	管成学，主编	11	440
978－7－5684－1468－5	树木画投射测验全息分析理论和技术	刘　伟，刘一格，著	11	426
978－7－5684－1452－4	小学数学课程与教学	苏新富，李小航，刘兆宗，主编	11	410
978－7－5684－0694－9	大型低扬程泵站理论与实践	戴　景，戴启璠，郑　源，著	11	409
978－7－5684－1353－4	四十年追随改革开放：严正自选集	严　正，著	11	380
978－7－5684－1458－6	广西服务业转型升级研究	朱芳阳，编著	11	300
978－7－5684－1445－6	新媒介环境下图书馆读者心理演变研究	张毅华，主编	11	238
978－7－5684－1457－9	共享发展理念下当代中国社会治理研究	李树文，著	11	220
978－7－5684－1407－4	新时期中国史学思潮的递进与嬗变研究：1978—2011	范国强，著	11	210
978－7－5684－1065－6	小学创客课程的建构与实践探索	蔡　艳，著	11	200
978－7－5684－1466－1	交易所企业债收益率波动研究	王世文，著	11	200
978－7－5684－1467－8	比较　评估　展望：江苏大学学科年度分析报告	袁俊杰，束长安，王　蕾，主编	11	195
978－7－5684－1427－2	面向领域问答系统的自然语言理解及语义文法学习方法	王东升，著	11	188
978－7－5684－1453－1	低氟化学溶液法制备 *YBCO* 超导膜的研究	卞维柏，著	11	160
978－7－5684－1449－4	培养 3～6 岁幼儿“坚持性”的研究与实践	宋晓东，著	11	156
978－7－5684－1508－8	江苏大学年鉴. 2019	江苏大学档案馆，编	12	1400
978－7－5684－1471－5	核主泵内部流动基础理论与技术	袁寿其，朱荣生，龙　云，付　强，王秀礼，著	12	686
978－7－5684－1376－3	江庐落叶	张惠峰，著	12	624
978－7－5684－1486－9	会计学＝*Principle of Accounting*	杨顺华，吴梦云，编著	12	600
978－7－5684－1476－0	爱在“达学园”：幼儿园外场课程的探究与实践	陶　铵，编著	12	520
978－7－5684－1497－5	企业管理虚拟实景实验教学云平台实务教程	尹　隽，欧　镇，苏　翔，主编	12	518
978－7－5684－1145－5	人体机能学	李月英，李永金，主编	12	651
978－7－5684－1502－6	玩出“大师”来：幼儿园公共建构游戏的实践与探索	朱巧云，编著	12	473
978－7－5684－1064－9	新型低扬程立式泵装置设计与应用	张仁田，单海春，著	12	800
978－7－5684－1478－4	娓娓道来不了情	史久雄，著	12	442
978－7－5684－1288－9	工程地质与土力学＝*Engineering Geology and Soil Mechanics*	殷　杰，陈　亮，主编	12	674
978－7－5684－1446－3	课程与教学论基础. 2 版	潘洪建，陈云奔，编著	12	420
978－7－5684－1417－3	喷微灌装备理论与技术＝*Theories and Technologies of Sprinkler Irrigation and Micro-irrigation Equipment*	李　红，蒋　跃，汤玲迪，汤　攀，编著	12	395
978－7－5684－1491－3	嵌入式系统实验指导教程	左官芳，王新蕾，编著	12	395
978－7－5684－1513－2	数学教育学	宋晓平，冯志刚，主编	12	390
978－7－5684－1444－9	离心泵非定常内流激励特性及其控制	张　宁，高　波，著	12	367
978－7－5684－1463－0	离心泵系统节能运行理论与关键技术	骆　寅，汤　跃，著	12	305
978－7－5684－1489－0	*Autodesk Inventor API* 解读	沈国华，主编	12	365
978－7－5684－1443－2	数字平面设计	王　勇，主编	12	348
978－7－5684－1520－0	概率论	赵海清，周效良，黄　娟，主编	12	348
978－7－5684－1511－8	婚恋与人生	王宇航，施周婷，编著	12	340

续表 33－1

ISBN	书名	第一责任者	出版月份	字数(千字)
978－7－5684－1514－9	园林植物种苗生产	宗树斌，主编	12	340
978－7－5684－1448－7	光电显示技术实践教程	王　伟，刘　罡，编著	12	337
978－7－5684－1461－6	应用光学实验实训教程	潘宝珠，刘春梅，王爱红，编著	12	312
978－7－5684－1360－2	镇江林业病虫	徐小明，周爱东，编著	12	300
978－7－5684－1464－7	混流泵瞬态过程理论与特性	李　伟，施卫东，季磊磊，著	12	266
978－7－5684－1470－8	低比转速离心泵内流特性与水力设计	张金凤，袁寿其，金实斌，著	12	416
978－7－5684－1558－3	大胡庄·1941	于兆文，著	12	440
978－7－5684－1580－4	“五心＋”课堂教学法	武传跃，主编	12	300
978－7－5684－1456－2	无线传感网实践教程	王　青，王新蕾，编著	12	298
978－7－5684－1506－4	移动通信与光纤通信实践教程	王新蕾，左官芳，编著	12	288
978－7－5684－1517－0	高校图书馆读者实体资源检索行为研究	苏文成，著	12	280
978－7－5684－1440－1	中国传统文化选讲	袁　娟，潘　山，主编	12	270
978－7－5684－1479－1	行为与人生	赵春珍，编著	12	270
978－7－5684－1522－4	越过风景	费永学，著	12	270
978－7－5684－1301－5	青少年社交媒体使用与社会心理发展	姜永志，著	12	262
978－7－5684－1504－0	大学物理练习册:习题分析与解答.2 版	江苏大学物理与电子工程学院大学物理教学部，编	12	262
978－7－5684－1454－8	行思教学在路上	李　艳，著	12	246
978－7－5684－1500－2	学前儿童美术教育与活动指导	肖轶文，主编	12	243
978－7－5684－1512－5	人工智能技术增强变异测试的理论及应用	党向盈，巩敦卫，姚香娟，著	12	240
978－7－5684－1450－0	地域特色的景观设计构思与过程表现	邢洪涛，著	12	231
978－7－5684－1469－2	实用前列腺扩开术	刘加升，主编	12	225
978－7－5684－1340－4	京口诗画	柳学健，编著	12	220
978－7－5684－1475－3	溶剂染料分类及应用手册	无锡明辉科技有限公司，无锡明辉国际贸易有限公司，主编	12	215
978－7－5684－1482－1	临床思维逻辑与病史采集训练	钱　炜，蒋鹏程，史　霆，主编	12	206
978－7－5684－1322－0	新时期高校法治文化建设问题研究	任　梅，秦　犹，著	12	200
978－7－5684－1474－6	印象丹徒	张国金，主编	12	200
978－7－5684－1501－9	环境与人生	刘向前，著	12	200
978－7－5684－1507－1	基于高频加热电离层的 ELF/VLF 通信技术研究	周凯杰，曹培培，于海春，著	12	200
978－7－5684－1574－3	药剂学实验＝*Pharmaceutics Experiment*	巢艳红，朱文帅，主编	12	200
978－7－5684－1588－0	中国书画鉴藏研究	朱光耀，朱　剑，著	12	180
978－7－5684－1579－8	拾筏集:艺术地理中的美术	于　亮，著	12	150
978－7－5684－1492－0	职业体育球迷消费行为研究	耿志伟，段　斌，著	12	140
978－7－5684－1503－3	教育扶贫研究	赵建武，李　芳，苏　航，著	12	140
978－7－5684－1533－0	艺陶星火:两代紫砂艺人的对话	毛子健，著	12	100

（常　钰）

2020年镇江市部分作者编著出版图书书目一览表

表33－2

书　　名	编著者	出版者	出版年月	字数（千字）
大学生心理健康指导	靳江丽、夏川生、杨淑芳	清华大学出版社	2020年1月	408
Microalgae Biotechnology for Food, Healthy and High Value Products	霍书豪	Springer Nature Singapore Pte Ltd	2020年1月	330
扬州古代工艺美术研究	朱　喆	人民日报出版社	2020年1月	276
计算机软件课程设计与教学研究	陈建军	北京工业大学出版社	2020年1月	210
城市有毒污染土壤快速修复技术	解清杰	化学工业出版社	2020年1月	200
竞技运动竞争平衡理论探索与实践	赵　均	中国矿业大学出版社	2020年1月	190
机械工程英语	冉晓莉、陈　薇等	西安电子科技大学出版社	2020年1月	167
Modern Detection Technology for Solid－State Fermentation Process	江　辉	LAMBERT Academic Publishing	2020年2月	330
Thermophysical properties and measuring technique of Ge－Sb－Te alloys for phase change memory	兰　睿	Springer Nature	2020年2月	290
扬子江畔的明珠：一个外国人眼中的镇江	［德］诺伯特·艾格尔著，仇宽永译	江苏人民出版社	2020年2月	144
古人名言警句	冷继民	中国文化出版社	2020年2月	—
Spraying and micro-irrigation engineering and its application	朱兴业	Jiangsu University Press	2020年3月	510
模式识别	吴　陈、王丽娟	机械工业出版社	2020年3月	509
食品色彩化学	马海乐	中国轻工业出版社	2020年3月	350
吴越之迹：江南地区早期国家形态变迁	付　琳	厦门大学出版社	2020年3月	300
天虫礼物——走进蚕的世界	陈克平	安徽科学技术出版社	2020年3月	300
玻璃电熔炉技术（第二版）	陈金方	化学工业出版社	2020年3月	263
The ELSI Handbook of Nanotechnology: Risk, ELSI and Commercialization	林　琳	Wiley	2020年3月	160
水运时转——中国古代擒纵调速器之系统化复原设计	林聪益	山东教育出版社	2020年4月	122
镇江市档案馆藏侵华日军战时暴行与战后所受人道待遇档案汇编1	镇江市档案馆	中华书局	2020年4月	—
镇江市档案馆藏侵华日军战时暴行与战后所受人道待遇档案汇编2	镇江市档案馆	中华书局	2020年4月	—
句曲诗综	李洪文	中国国际广播出版社	2020年5月	842
文物里的丹徒三千年	刁　斌	上海古籍出版社	2020年5月	790
大同武术史	王占斌	中国文史出版社	2020年5月	758
Cavitation Erosion	康　灿	科学出版社	2020年5月	310
共和国教育学70年·德育原理卷	张忠华	北京师范大学出版社	2020年5月	294
酒仙李太白新评（续）	颜景农	中国文化出版社	2020年6月	244
朐阳殷氏宗谱	殷作斌	黄河水利出版社	2020年7月	932
模式识别基础理论及其计算机视觉应用	成科扬	西安电子科技大学出版社	2020年7月	268
多元文化理论与英语教学策略研究	付　娆	吉林教育出版社	2020年7月	225
阿尔布卓夫戏剧中歌队功能研究	艾绘荣	白桦出版社	2020年7月	160

续表 33 -2

书　名	编著者	出版者	出版年月	字数（千字）
护理药理学(第二版)	叶宝华、秦红兵等	人民卫生出版社	2020 年 8 月	424
网络营销(第 2 版)	高　晖	西安交通大学出版社	2020 年 8 月	381
间充质干细胞与肿瘤	朱　伟	东南大学出版社	2020 年 8 月	349
江苏船舶与海洋工程装备产业发展的专利匹配激励与促进机制研究	吴　洁	金琅学术出版社	2020 年 8 月	240
家园	王文咏	团结出版社	2020 年 8 月	160
高校生态德育研究(*Research on Ecological Moral Education in Colleges and Universities*)	郭昭君	Lambert academic publishing	2020 年 8 月	—
缪俊杰文集	缪俊杰	人民文学出版社	2020 年 9 月	4853
镇江年鉴 2020	镇江市史志办公室	方志出版社	2020 年 9 月	1107
句容年鉴 2020	句容市史志办公室	方志出版社	2020 年 9 月	700
扬中年鉴 2020	扬中市史志办公室	方志出版社	2020 年 9 月	664
丹徒年鉴 2020	丹徒区史志办公室	方志出版社	2020 年 9 月	588
润州年鉴 2020	润州区史志办公室	方志出版社	2020 年 9 月	528
社交商务时代的在线互动与消费者行为	刁雅静	经济管理出版社	2020 年 9 月	286
张君秋	张学玲	五洲传播出版社	2020 年 9 月	280
新仪象法要	〔宋〕苏颂撰刘蔷整理	湖南科学技术出版社	2020 年 10 月	428
土壤附着机理的理论与实验研究	张金铮	中国农业科学技术出版社	2020 年 10 月	216
丹阳年鉴 2020	丹阳市史志办公室	凤凰出版社	2020 年 11 月	925
京口年鉴 2020	京口区史志办公室	江苏人民出版社	2020 年 11 月	544
Nondestructive Evaluation of Agro-products by Intelligent Sensing	郭志明	Bentham Science	2020 年 11 月	500
Web 前端技术	诸　峰	西安电子科技大学出版社	2020 年 11 月	496
钢骨超高强混凝土框架结构体系抗震性能研究	张建成	武汉理工大学出版社	2020 年 11 月	220
Industrial Oil Plant	林　琳	Springer	2020 年 11 月	210
基于市场导向的高校专利商业化战略：形成与实施	唐　恒、程　龙	经济管理出版社	2020 年 11 月	176
镇江新区年鉴 2020(创刊号)	政协镇江新区工作委员会办公室	广陵书社	2020 年 12 月	730
网络嵌入与中小企业开放式创新	田红云	上海三联书店	2020 年 12 月	250
国际化视野下创意教育与音乐教育融合路径研究(专著)	刘一心、周国岐	吉林人民出版社	2020 年 12 月	153
Application of Nano/Micro - Encapsulated Ingredients in Food Products	林　琳	Elsevier	2020 年 12 月	150
Recent Advances in Classification, Recognition and Modeling Methods	邓　星	Tech Science Press	2020 年 12 月	93
江苏文库 · 书目提要(2018 年)	"江苏文脉整理与研究工程"工作委员会	凤凰出版社	2020 年 12 月	—
江苏文库 · 书目提要(2019 年)	"江苏文脉整理与研究工程"工作委员会	凤凰出版社	2020 年 12 月	—
江苏文库 · 书目提要(2020 年)(上)	"江苏文脉整理与研究工程"工作委员会	凤凰出版社	2020 年 12 月	—
江苏文库 · 书目提要(2020 年)(下)	"江苏文脉整理与研究工程"工作委员会	凤凰出版社	2020 年 12 月	—

（史　图　犀　泽　叶　卜）

文　摘

2019 年镇江市互联网发展状况报告

中共镇江市委网信办

2019 年，镇江市网民规模 192 万人，比上年增长 0.5%。镇江市互联网普及率 60.1%，增长 0.4%。98.6% 的网民通过手机接入互联网，手机网民规模 189 万人。网民男女比例 50.7∶49.3，农村网民占比 25%，20 岁～39 岁年龄段网民占比最高 65.4%。网民个人月收入在 3000 元以上群体 62.6%，高于全省平均水平 0.8 个百分点。网民人均周上网时间 33.8 小时，高出全省整体水平 2.2 小时。

从使用情况来看，前几位为即时通信、搜索引擎、网络新闻、网络视频等应用，使用率分别为 96.1%、86.9%、83.5%、75.9%。网络支付和网络购物使用率分别为 72% 和 73.9%。旅行预订使用率 57.1%。公共服务行业在互联网带动下迅速发展，全市 65.9% 网民使用政府网上办事服务，高出全省平均水平，政务头条号 210 个，居全省第 3 位，总发文量 1.6 万条，居全省第 6 位；在线缴费、在线医疗和在线教育使用率分别为 67.5%、73.73% 和 25.3%。

2019 年，镇江市成立 5G 产业联盟，构建"网 + 云 + 端"（宽带网络、工业云、智能终端）三级工业互联网基础设施体系，物理基站总数累计 5229 个、光纤线路总长 2852 万皮长千米、宽带接入端口 293.9 万个、移动互联网用户 271.6 万个、光纤到户覆盖率 100%。相继建成两大数据中心，城市综合运行监管平台、大数据共享交换平台等两个基础平台，以及一批应用平台。

2019 年，全市工业互联网企业应用在全省打造电气、化工、物流、农机 4 个工业互联网平台，新增工业互联网发展示范平台企业 3 家、省级星级上云企业 113 家。大全集团成为镇江市第一家省工业互联网标杆工厂企业，诺得物流成为江苏省入选工信部制造业"双创"平台试点示范企业。（摘自中共江苏省委新闻网 http://www.zgjssw.gov.cn/shixianchuanzhen/zhenjiang/202006/t20200614_6687486.shtml）

镇江市南京都市圈工作综述

陈志奎

南京都市圈基础设施建设。连淮扬镇铁路通车，南京都市圈辐射力增强。宁句城际轨道交通工程 7 月底进入铺轨阶段，有望提前至 2021 年底开通运营。同时，南沿江城际铁路加快推进全线路基、桥梁施工，该项目与扬马城际铁路并站，与宁句城际句容站共同打造综合交通枢纽，有望在 2022 年通车。全市加快润扬第二过江通道前期研究，力争 2021 年完成可研报告，促进宁镇扬区域一体化发展。

深化新形势下产业链协同创新发展。7 月，宁镇扬党政联席会议召开，主要领导调研互访，合力推进 G312 产业创新走廊，按照"一体、两翼、三带、多片区"城市发展布局，镇江把 G312 产业创新走廊和示范区建设作为全市产业创新承载地和创新驱动主引擎，打造创新创业福地建设和高质量发展新增长极。8 月初，2020 年高校院所走进镇江产学研合作大会举行，南京大学、东南大学、南京邮电大学等 40 多家高校院所，64 支专家技术团队一同走进镇江，就技术、人才、成果开展现场对接，现场成功签约 20 个项目。9 月底，首场以"宁镇同'芯''链'动发展"为主题的宁镇集成电路产业链对接活动在镇江举行。6 家南京市集成电路骨干企业和服务机构到镇江实地考察。新芯电子与镇江市江苏艾科半导体有限公司现场达成合作意向。一个月后，在南京开展宁镇两市集成电路、新能源汽车同"芯"活动。

共享资源服务提质。世业卫生院与南京大医院实现无缝对接，实现远程会诊。镇江市推动远程影像中心和远程心电中心建设，市第一人民医院影像中心对接南京市远程影像平台、与南京市鼓楼医院合作建成远程影像诊断中心，市第二人民医院建成与省中西医结合医院合作的远程会诊平台。全市 46 家医疗机构（其中基层医疗机构 32 家）接入南京都市圈统一预约挂号服务平台。同时，镇江市推动都市圈区域检查检验报告查询工作，依托报告查询平台可调阅江大附院、市第一人民医院等 5 家医院，给都市圈群众就医带来便利。落实都市圈八市共同签订的《南京都市圈教育交流合作协议》，镇江市先后建成南京师范大学中北学院（丹阳）、南京师范大学附属镇江小学和幼儿园、江苏省镇江青少年综合实践基地。

强化水环境协同治理。2018 年，南京市与镇江市签订《流域横向生态保护合作及跨界水环境区域补偿协议》。2020 年，双方又达成跨界水体水质提升合作协议，为打破行政壁垒、实施跨界水体水质联防联治确立治水新思路。

深化文化旅游互动共享。镇江市适时开通世业洲至扬州旅游直通车，沿途停靠开心乐之岛、世业洲游客服务中心，以及扬州文昌阁、四望亭、瘦西湖等站点，双休日每天往返 8 个班次。句容市将"两山一湖"及散落在乡间的旅游景点有机串联，努力构建全域旅游交通网。（摘自金山网 http://www.jsw.com.cn/2020/1205/1594644.shtml）

琐话镇江名著

彭　义

镇江代有名著。春秋时有吴公子季札，战国时有稷下学人环渊（或称涓子），但均无著作传世，只有环渊的《琴心》为刘勰《文心雕龙》的书名提供了启发。两汉是经学昌明的时代，丹阳包咸写过《论语章句》，为何晏《论语集解》大量吸纳，成为唐宋《十三经注疏》的重要组成部分。从六朝至唐代，佛教与道教不断崛起。葛洪和陶弘景留下《抱朴子》《肘后备急方》《神仙传》《西京杂记》《真诰》等著作。隋唐间律宗南山派祖师道宣撰有《四分律删繁补阙行事钞》等律学著作；另有《广弘明集》和《续高僧传》，则是对《弘明集》《高僧传》的增广或续作。宋明两代学术以理学为主流，镇江学者于此道不算突出。史学方面有王存《元丰九域志》、刘宰《京口耆旧传》等，子学方面则有吴淑《事类赋》、沈括《梦溪笔谈》、苏颂《新仪象法要》等。明代杨一清《关中奏议》讲政事，计成《园冶》讲造园，在明代尚虚浮的风气中可算一股清流。清代前期，张玉书主持编纂过《康熙字典》《佩文韵府》等。镇江朴学起步较迟，乾嘉间除当时隶属镇江府的金坛文字学家段玉裁之外，并无大家。但道光以后，则有柳兴恩《穀梁大义述》、陈立《公羊义疏》《白虎通疏证》和庄（忠）棫《周易通义》，都是新崛起的今文学派成果。近代以来，西风东渐，学者往往引现代思想理念与传统学术相结合，并催生出语法学、甲骨学、文化史等新学科，马建忠《马氏文通》、刘鹗《铁云藏龟》、柳诒徵《中国文化史》、吕叔湘《中国文法要略》等，都是新时代学术风潮下的重要著作。

图 33－1　萧统主编的《文选》　（市　图　供稿）

从文学的角度来看，六朝是文学觉醒的时代，随着北方诸州郡的世家南迁至京口，镇江出现许多文学家和文学著作，其中有鲍照《鲍参军集》（或称《鲍氏集》《鲍明远集》）、刘勰《文心雕龙》、萧统《文选》、徐陵《玉台新咏》等。唐诗之精妙华美为历代之冠，镇江出现张祜、权德舆、许浑、皇甫冉等诗人，各有别集传世，总集则有殷璠《河岳英灵集》。宋代以词为一代之文学，镇江有洪兴祖《楚辞补注》。至于宗泽、陈东、陆秀夫等，其人为南宋之栋梁，其诗文也是当时历史的见证。元代以曲为主流，镇江现存有岳伯川《吕洞宾度铁拐李岳》杂剧等。明清盛行小说，镇江有清末刘鹗谴责小说《老残游记》，此外诗有鲍皋、张曾等人作品。民国时期有赛珍珠小说《大地》等，是当时中西文化交流的重要成果。中华人民共和国成立后又有闻捷新诗《天山牧歌》等。

名著之所以为名著，通常表现在广泛的传播范围和很高的社会知晓度。《抱朴子》《世说新语》《文心雕龙》《昭明文选》《梦溪笔谈》《康熙字典》等名著，存世传本都很丰富。《文心雕龙》《昭明文选》还分别形成“龙学”和“文选学”，引起海内外众多学者的研究。清代的《康熙字典》既是我国第一部以“字典”命名的字书，也是传统时代流行最广的工具书。（摘自《京江晚报》2020－7－29）

报刊文章题录

经济和政治

题名／作者／文献来源

镇江港口经济发展策略分析／陈伟忠、周春应／中国水运 2020 第 10 期

对地方中小法人金融机构流动性风险监测与管理的思考——以镇江为例／曹旻、狄燕／北方金融 2020 年第 7 期

镇江：服务外包重塑城市新坐标／崔颖、孙亚斌／服务外包 2020 年第 2 期

供给侧结构性改革视域下农民专业合作社产业结构调整研究——基于江苏镇江 426 个合作社的调研／杨健、邹富良／改革与战略 2020 年第 11 期

镇江产业结构优化研究／李秋阳／江南论坛 2020 年第 2 期

镇江旅游业高质量发展的影响因素及潜力研究／王婧娴、彭佳琪／经济研究导刊 2020 年第 25 期

“三项机制”助推乡村振兴——以镇江为例/周秋琴/经济研究导刊 2020 年第 25 期
镇江如何“跑起来”/姚永康/决策 2020 年第 7 期
句容茅山地区茶文化生态旅游资源开发研究/戚燕丽/旅游纵览 2020 年第 20 期
党组织为何富有战斗力？——以革命时期中共扬中党组织为例/钱吕军/青年与社会 2020 年第 30 期
镇江制造业高质量发展路径选择研究/胥畅/统计科学与实践 2020 年第 4 期
大运河镇江城区段沿岸文化资源提炼与旅游品牌建设研究/钱兴/镇江高专学报 2020 年第 1 期
镇江方志文化产业化研究与思考/吴海平/镇江社会科学 2020 年第 1 期
镇江古诗词旅游资源开发琐论/戴君倩/镇江社会科学 2020 年第 1 期
镇江制造业高质量发展的升级路径与对策建议/戴坚/镇江社会科学 2020 年第 1 期
优化镇江营商环境的关键问题及对策研究/江科大、市委研究室、市社科联/镇江社会科学 2020 年第 2 期
培育集群优势，突出补链强链，推进镇江航空航天产业高质量发展/申高青/镇江社会科学 2020 年第 2 期
依托赛珍珠文化品牌，大力发展镇江文旅产业/卢章平/镇江社会科学 2020 年第 3 期
镇江主动融入长三角一体化发展的对策建议/市委研究室、江苏大学/镇江社会科学 2020 年第 4 期
关于优化我市民营经济营商环境的调研报告/市委研究室、镇江调查队/镇江社会科学 2020 年第 4 期

（沙 跃 犀 泽 叶 卜）

社 会

题名/作者/文献来源

镇江市医保支付方式改革的实践与思考/范国富、范馨等/中国医疗保险 2020 年第 11 期
高质量推进江苏文化建设的路径依赖——以镇江市文化建设为例/单毅君/经济研究导刊 2020 年第 3 期
贯彻新发展理念 助力现代化开局 全力推进镇江全民健康工作走在前列/马明龙/学习时报 2020－12－31
镇江海绵城市建设老旧小区改造中的挑战与对策/仲笑林、李迪华/中国给水排水 2020 年第 24 期
镇江市地震预警系统效能分析/董晨阳、董建平等/震灾防御技术 2020 年第 3 期
新冠肺炎疫情防控中镇江市网格化社区治理实践探索/周秋琴/镇江高专学报 2020 年第 4 期
以“五大协同”为突破口，深入推进镇江乡村振兴/市社科联、江科大课题组/镇江社会科学 2020 年第 2 期
镇江很有前途的软实力/社言/镇江社会科学 2020 年第 2 期
绿色发展助力“美丽镇江”建设/颜正清/镇江社会科学 2020 年第 2 期
丹阳方言和东乡方言人称代词类复数标记“－们［mʔn～（55）］”的分布研究/王旭莹/文化学刊 2020 年第 2 期
晚清民国镇江清真寺伊斯兰教刻经述论/张平凤/世界宗教研究 2020 年第 1 期
博物馆陈展空间改造——镇江原英国领事馆的保护与利用/孟琦、周翔宇/设计 2020 第 22 期
江苏省传统村落空间形态特征研究——以丹阳市柳茹村为例/眭樱、李鹏宇/建筑与文化 2020 年第 12 期
突发饮用水污染事件人群健康风险评估方法的探讨：以江苏镇江苯酚水污染事件为例/郑浩、丁震等/环境与职业医学 2020 年第 7 期
以绿色发展推进生态文明建设的思考——以镇江市为例/孙忠英、高亮等/环境保护与循环经济 2020 年第 6 期
苏南地区孤岛型河南话方言岛比较研究——以吴江菀坪和丹阳埤城为例/陈晓姣/华中学术 2020 年第 1 期
城镇居民低碳出行类型及其转变因素——基于江苏省镇江市的实证分析/袁亚运/干旱区资源与环境 2020 年第 4 期
华洋杂处下的西津渡：19 世纪京口江岸区域的社会秩序/吴滔、胡晶晶/地方文化研究 2020 年第 1 期
中小型水利工程建设档案管理的问题与对策——以镇江市引航道水利枢纽工程为例/仇蓉/档案与建设 2020 年第 3 期
大运河文化标志性景观品牌形象提升研究——以镇江金山寺为例/卢一奇、汪瑞霞/大众文艺 2020 年第 3 期
功能复合下城市公共图书馆的空间设计研究——以镇江市图书馆新馆项目为例/汪燎宇、林旭文/城市建筑 2020 年第 8 期
从大西路到西津渡 镇江老街的沧桑世事/姚力/城市地理 2020 年第 1 期
谈如何吸引更多高校毕业生到镇江就业创业研究/田进军/才智 2020 年第 6 期
镇江让山水花园名城展露现实模样/ 马明龙/新华日报 2020－11－30

（沙 跃 犀 泽 叶 卜）

文 史

题名/作者/文献来源

镇江英国领事馆馆舍初建时间及相关史事考论/连小

刚、陆为中/中国国家博物馆馆刊2020年第5期
《丹阳集》诗人丁仙之墓志考释/杨琼/中华文史论丛2020年第1期
从“铜出丹阳”到“会稽作镜”——汉代铸镜中心的分布与变迁/时嘉艺/长江师范学院学报2020年第6期
陕西省图书馆藏丹徒赵艺博积微室藏书/郎菁/古籍保护研究2020年第1期
镇江昭关石塔/潘春华/建筑2020年第19期
鉴裁文明遗产:《瘗鹤铭》打捞缀合版/方汉文、丁超等/江南大学学报(人文社会科学版)2020年第1期
裴头陀“驱蟒、开山、得金”等传说探赜/裴伟/江苏地方志2020年第1期
高丽李子渊仿造润州甘露寺/裴伟/江苏地方志2020年第6期
保护·传承·创新——镇江扬剧“金派”艺术发展概述/刘燕平、卢琦/剧影月报2020年第6期
杨棨诗文中的镇江战役/王紫菲/牡丹2020年第4期
镇江非遗太平泥叫叫的传承与发展/沈青/上海工艺美术2020年第1期
太平天国时期江南民众迁徙及其对徙居区域影响——以扬中为例/钱吕军/现代交际2020年第19期
地方诗词资源的关联组织研究——以苏轼镇江诗词为例/李永卉、周树斌等/数字图书馆论坛2020年第2期
《清人诗文集总目提要》订补——以贺裳等三位丹阳贺氏家族作家为中心/朱则杰/苏州科技大学学报(社会科学版)2020年第3期
镇江私立胜天聋哑学校的两件珍贵实物/马建强/现代特殊教育2020年第24期
大运河镇江段文化内涵研究/孙洪军/镇江高专学报2020年第1期
大运河镇江城区段沿岸文化资源提炼与品牌建设研究/钱兴/镇江高专学报2020年第1期
三城记:江南运河文化视域下的白蛇传说流变/吴秋阳/镇江高专学报2020年第1期
明清镇江府城运河水道变迁考/高逸凡/镇江高专学报2020年第1期
京口驿的建置、职能及作用初探/石文倩/镇江高专学报2020年第2期
镇江梅庵派古琴艺术保护传承现状与措施研究/李洁/镇江高专学报2020年第2期
镇江方志所录薩都剌诗及其史料价值/杨贵环/镇江高专学报2020年第4期
朱方在何方？吴地古镇江/徐强、孟宪威、赵昱霖/创新2020年第3期
中共茅山地委/市史志办/创新2020年第9期
沿用2200多年的“丹徒”地名/孟宪威/创新2020年第6期
苏皖区党委/市史志办/创新2020年第7期
苏南区行政公署/市史志办/创新2020年第11期
千年寻踪觅“谷阳”/翁红霞、孙万玉/创新2020年第4期
江左占形胜 最数古徐州/徐强、孟宪威/创新2020年第10期
瘗鹤铭新考/王家葵/大学书法2020年第5期
故宫藏“潘宁本”《瘗鹤铭》再鉴——兼论“水前本”问题(上)/王家葵/中国书法报2020-5-5
故宫藏“潘宁本”《瘗鹤铭》再鉴——兼论“水前本”问题(下)/王家葵/中国书法报2020-5-6
发现《瘗鹤铭》残石赝拓伪本/陈郁/中国书法报2020-5-5
《瘗鹤铭》与陶弘景关系考/梁少膺/中国书法报2020-5-6
《瘗鹤铭》残石打捞纪实/丁超/中国书法报2020-5-6
“蒜山五户”与京口文化/张峥嵘/镇江日报2020-6-5
访旧谱,修新谱——镇江家谱文化在传承中开新/笪伟、殷琛/镇江日报2020-6-5
“京镇”略述/乔长富/镇江日报2020-12-18
千年张官渡/周竹生/京江晚报2020-4-18
孙氏宗祠:一段悲壮的历史/刘荣清/京江晚报2020-5-9
公祠:供奉先贤的祠堂/张峥嵘/京江晚报2020-5-9
“数”说镇江姓氏文化/邱隆洪/京江晚报2020-7-31

(沙　跃　犀　泽　叶　卜)

镇江人物研究

题名/作者/文献来源
先生之风与山高水长——作为“段子手”的马相伯/王启元/上海地方志2020年第3期
沈括《梦溪笔谈》对本草专书的纠误/周云逸/中医药文化2020年第5期
米芾论书诗及其书学思想/王阁祥、傅如明/大学书法2020年第2期
米芾交游诗研究/喻文/名作欣赏2020年第6期
马建忠与近代早期朝鲜地缘政治争端/高磊/外国问题研究2020年第2期
论禅宗思想对米芾书法的影响/高超/美与时代(中)2020年第7期
吕去病主编之《吕凤子韵语》讹误辨正/徐铭/镇江高专学报2020年第3期

吕凤子正则绣职业人才培养研究/李杰、胡菲/镇江高专学报 2020 年第 3 期
吕凤子任职江苏省立第六中学校长事迹考/蒋纯利/镇江高专学报 2020 年第 3 期
吕凤子对吕澂早年美育研究的影响/王诗媛/镇江高专学报 2020 年第 3 期
黄鹤鸣生平及任扬州钞关主事考/马梦恬/镇江高专学报 2020 年 4 期
从眉山三苏祠诗碑探析苏轼与柳子玉的交谊/金欢/镇江高专学报 2020 年 4 期
沈括使辽终点及最后七驿路径详考/孙国军、胡廷荣等/赤峰学院学报(汉文哲学社会科学版)2020 年第 12 期
惠浴宇请陈云证明党籍/杜娟/世纪风采 2020 年第 7 期
从“概念”到“图像”:沈括的“董源”发现与董其昌的“董源”鉴藏/何清俊/南京艺术学院学报(美术与设计)2020 年第 2 期
北宋米芾书法艺术综述/范荟/大众书法 2020 年第 4 期
“一代怪才”米芾书法艺术思想研究/苏建功/艺术评鉴 2020 年第 8 期
马相伯与中华职教社/王荣、王抒滟/团结报 2020－6－4
董其昌的米芾情结/张冰/中国书法报 2020－03－17
镇江丁氏家族兴旺之源:家训中的兴学条款/徐苏/镇江日报 2020－4－17
李友芳扶危正途/滕建锋/镇江日报 2020－12－4
管有为烈士事迹考辨/孟宪威/镇江日报 2020－12－4
流芳他乡的桑梓佳宦顾方/孟宪威/镇江日报 2020－12－18
元代镇江达鲁花赤萨都剌/王铁牛/京江晚报 2020－5－9

(沙 跃 犀 泽 叶 卜)

刘勰与《文心雕龙》研究

题名/作者/文献来源
释《文心雕龙·诸子》篇“混洞虚诞”/柯月吟/海南广播电视大学学报 2020 年第 4 期
杨明照先生与“《文心雕龙》学”/朱文民/语文学刊 2020 年第 6 期
《文心雕龙·体性》之“轻靡”辨析/刘慧青、万奇/语文学刊 2020 年第 6 期
《文心雕龙·宗经》篇“正末归本”新释——兼释《文心雕龙》中的“本”与“末”/李金秋/语文学刊 2020 年第 6 期
民国时期的《文心雕龙》研究(上)/刘文勇/古代文学理论研究 2020 年第 1 期
民国时期的《文心雕龙》研究(下)/刘文勇/古代文学理论研究 2020 年第 2 期
原道与神思——读《文心雕龙》札记/严寿澂/古代文学理论研究 2020 年第 2 期
“愤激的反驳”与“文人的出路”:《文心雕龙·程器》篇新读/朱供罗/古代文学理论研究 2020 年第 2 期
《文心雕龙》“道心惟微”的深层隐蔽意义解读——对“道—圣—文”生成逻辑的再阐释/杨吉华/古代文学理论研究 2020 年第 2 期
“以技为喻”与《文心雕龙》批评话语的生成/赵忠富/古代文学理论研究 2020 年第 2 期
《文心雕龙》与《文选》“哀”体发微/孙颖/辽宁工业大学学报(社会科学版)2020 年第 6 期
论《文心雕龙》篇末“赞曰”与佛教偈颂的关系/哈磊/四川大学学报(哲学社会科学版)2020 年第 6 期
《文心雕龙》批评庄子研究/胡辉/昆明学院学报 2020 年第 5 期
刘勰对山水诗的创造性误读与中古诗学的转向/余开亮、贾瑞鹏/南京大学学报(哲学·人文科学·社会科学)2020 年第 4 期
由《文心雕龙·论说》谈魏晋玄学致思相关问题/汪洪章/浙江社会科学 2020 年第 7 期
《文心雕龙·原道》篇“逮及商周,文胜其质”之“胜”字解/贺敬雯、张然/济南大学学报(社会科学版)2020 年第 4 期
范文澜《文心雕龙讲疏》发覆/张海明/清华大学学报(哲学社会科学版)2020 年第 4 期
《文心雕龙·祝盟》篇论宋玉《招魂》与刘勰的祝辞文体观/拜昆芬/古代文学理论研究 2020 年第 1 期
方法论和文体学观照下的刘勰赋体理论/李凯/古代文学理论研究 2020 年第 1 期
《文心雕龙·附会》主旨辨/高宏洲/古代文学理论研究 2020 年第 1 期
《文心雕龙》批评陆云研究/胡辉/文艺评论 2020 年第 1 期
《文心雕龙》心理诗学研究/庞铁博/哈尔滨师范大学 2020 年第 1 期
《文心雕龙》中的“人化文评”现象研究/詹文伟/哈尔滨师范大学 2020 年第 1 期
《文心雕龙》“奇”范畴研究/陈婉燕/闽南师范大学 2020 年第 1 期
古代文论的“内听”难题与文术探研——以《文心雕龙·声律》篇为中心/胡海/中国人民大学学报 2020 年第期
《文心雕龙》骈文体制的变通/何越鸿/北华大学学报(社会科学版)2020 年第 3 期
从征引五经看《文心雕龙》的“依经立义”/朱供罗、李笑频/昆明学院学报 2020 年第 2 期

《文心雕龙·明诗》与《杂体诗三十首》并序的比较研究/王青枝/河北北方学院学报(社会科学版)2020年第2期

刘勰及东宫职事考论/马朝阳/长春师范大学学报2020年第3期

《文心雕龙·练字》的图像学阐释/刘海明/太原师范学院学报(社会科学版)2020年第2期

论《文心雕龙》中的自然象喻批评/李宛玲/萍乡学院学报2020年第1期

刘勰"文以明道"中的情志主体论/刘锋杰/安徽师范大学学报(人文社会科学版)2020年第1期

依《诗》为骚与两汉拟骚文学的艺术走向——兼论刘勰"《九怀》以下,遽蹑其迹,而屈宋逸步,莫之能追"的文学理据/侯少博/三峡大学学报(人文社会科学版)2020年第1期

(沙　跃)

赛珍珠研究

题名/作者/文献来源

《水浒传》中汉语特色表达的英译策略对比分析——以赛珍珠、沙博理两译本为例/张海燕、黄伟、郝景东/长春理工大学学报(社会科学版)2020年第4期

文学伦理学批评视角下《大地三部曲》解读/庞丽娜/哈尔滨师范大学2020年硕博论文

赛珍珠《东风·西风》中后殖民女性主义解读/董晓烨、赵姝昕/哈尔滨职业技术学院学报2020年第4期

美国文学里的中国农民——赛珍珠《大地》赏析/黎荔/黑河学院学报2020年第4期

典籍英译中的回目人物本名研究——以赛珍珠《水浒传》英译为例/张海燕、黄伟、郝景东/黑河学院学报2020年第4期

文旅融合背景下提升镇江赛珍珠名人效应的路径研究/高远/黑龙江生态工程职业学院学报2020年第6期

区域经济文化视域下的校本特色课程建设与创新研究——以赛珍珠乡土文学作品为例/潘玥/湖北广播电视大学学报2020年第2期

论赛珍珠的中西文化观——以《东风·西风》为例/陈薇/湖北开放职业学院学报2020年第19期

赛珍珠、比尔·波特到彼得·海斯勒作品的中国形象研究/刘小毓/吉林大学2020年硕博论文

论《大地》《儿子们》与《分家》之间的内在整体性/段怀清/江苏大学学报(社会科学版)2020年第1期

多元数据视角下的中国赛珍珠研究主题演化分析/卢章平、郭新辰、苏文成/江苏大学学报(社会科学版)2020年第1期

共识·分歧·启迪:从《告语人民》看赛珍珠与晏阳初的平民教育对话/郭英剑、刘向辉/江苏大学学报(社会科学版)2020年第4期

赛珍珠《大地》在当代英语读者中的接受/吕子青、赵梦丹/江苏科技大学学报(社会科学版)2020年第2期

赛珍珠和林语堂小说中的女性形象书写——阿兰与姚木兰之比较/陈婷婷/牡丹江大学学报2020年第6期

赛珍珠《水浒传》译本中女性形象的重构与翻译途径/张媛/南京理工大学学报(社会科学版)2020年第4期

跨文化视角下的赛珍珠教育观探究/李蔚文/镇江高专学报2020年第2期

文化边缘人——赛珍珠《群芳亭》中吴太太和安德雷的身份分析/颜小清/海外英语2020年第3期

改写理论视角下赛珍珠英译《水浒传》研究/周士平/海外英语2020年第22期

一个主题 五种艺术——卢章平主编《春晖大地——赛珍珠主题诗书画影印作品集萃》简评/姚君伟/图书情报研究2020年第2期

哈金评说赛珍珠/姚君伟/金山2020年第5期

赛珍珠在江浙/子张/文化交流2020年第12期

也谈1949年之前赛珍珠在中国的接受/孙宗广/文教资料2020年第25期

拆迁之路与国家认同:简析赛珍珠的《新马路》/孙宗广/文学教育(上)2020年第9期

《郭沫若书信集》所收"致赛珍珠并全美作家"信札考释/袁洪权/现代中文学刊2020年第6期

赛珍珠的跨文化身份探究/彭美佳/鸭绿江(下半月)2020年第18期

论赛珍珠自传写作中的自我身份建构/周菲菲/扬州大学2020年硕博论文

赛珍珠受到钱钟书斥责原因探析/姚君伟/英美文学研究论丛2020年第2期

《原配夫人》:赛珍珠《大地》的写作缘起/段怀清/镇江日报2020-1-10

没有卜凯,就没有赛珍珠的《大地》/段怀清/镇江日报2020-6-19

(沙　跃　犀　泽)

重要会议报告

高质量发展 高品质生活 高效能治理 在谱写“镇江很有前途”新篇章中争得城市荣光

——在中共镇江市委七届十一次全会上的报告(摘要)

市委书记 马明龙

一、镇江呈现出加速“跑起来”的蓬勃气象

今年以来，面对突如其来的新冠肺炎疫情，全市上下深入贯彻新思想，科学统筹“两手抓”，以“1234”考核目标推动争先进位，经济社会发展迅速跑出上扬线。主要经济指标逐月向好，增幅位次明显前移，其中全市地区生产总值实现了从一季度增长 -9.4%到上半年增长 0.5%的反转，在全省提升 5 位。

交出了大战大考新答卷。疫情防控阻击战成绩优异。坚持人民至上、生命至上，第一时间构建指挥体系、启动一级响应，落实“四早”“四集中”要求，筑起“大数据 + 网格化 + 铁脚板”防控“铁壁”，成为全省确诊病例最少、无确诊病例持续时间最长、唯一无农村地区确诊病例的地区。复工达产主动战实效明显。向企业派出驻企员 1000 余名，开通点对点返岗“直通车”100 余辆。出台惠企 18 条、稳外贸 10 条、旅游惠民 14 条等政策，发放稳岗返还补贴 1.18 亿元，开设受疫情影响小微企业融资绿色通道。“三大攻坚战”持续推进。开展脱贫攻坚“回头看”，2 万余名建档立卡低收入人口稳定实现“两不愁三保障”。深化生态文明建设综合改革，打好蓝天碧水净土保卫战，市区 $PM_{2.5}$ 平均浓度同比降低 22.6%，优良天数比率同比上升 17.3 个百分点，全市地表水国、省考断面达标率 100%，长江干流项目清理通过省级验收、污染物全收集全处理、“三无”船舶全面整治、“十年禁渔”退捕任务全面完成。

干出了产业强市新业绩。项目建设热潮涌动。全市新签约亿元以上项目 156 个、总投资 636.6 亿元，其中 10 亿元以上项目 21 个、同比增长 2.5 倍；30 亿元以上项目 5 个、同比增长 25%，实现历史性突破。企业发展克难奋进。弘扬新“四千四万”精神，着力构建“亲清”政商关系。落实优化营商环境 100 项任务清单，为企业减税降费 36.9 亿元。向“金山奖”“梦溪奖”企业送出政策大礼包，实施“新时代企业家精神师承计划”，企业家发展动能明显激发。产业层次优化提升。深入实施“金山英才”计划、校地合作引才计划、万名高校毕业生留镇行动，强化高新技术企业培育，推动行业龙头企业与省产业技术研究院共建联合创新中心。

迈出了乡村振兴新步伐。农业发展兴旺。开辟春耕生产“绿色通道”，全市夏粮平均亩产量达历史最好水平。加快恢复生猪生产，存栏数完成全年任务的 56.1%。农村展现新貌。发起农村人居环境整治“春夏攻势”，7014 个自然村全部完成集中整治督查销号。推进“四好农村路”建设，行政村双车道四级路通达率

100%。扎实推进特色田园乡村建设,全市美丽乡村达标率80%。农民持续增收。深化农村集体产权制度改革,培育发展新业态新模式,巩固提升农村低收入人口生活保障水平,拓宽农民增收渠道,农村居民人均可支配收入同比增长2.3%。乡村治理有效。全市推行村书记专职化管理,在全省形成"镇江经验"。构建"一核四治"乡村治理体系,推行"四议两公开"民主决策程序。深化文明村镇创建,开展薄养厚葬、不讲诚信等问题综合治理,塑造文明乡风。

展现了民生改善新作为。就业形势稳得住。出台稳就业、促创业等专项政策,组织开展"云招聘""云培训",减免社保费用16亿元,新增城镇就业2.7万人,城镇登记失业率1.77%,零就业家庭保持动态清零。民生实事有序推。谷阳路跨铁路桥、老旧小区改造等项目进展顺利。深化教育综合改革,教育现代化建设监测水平保持全省前列。公共卫生基础设施建设加快推进,紧密型县域医共体建设有力推动。文明创建抓得实。深化全国文明城市创建,出台《镇江市文明行为促进条例》,常态发布"大爱镇江"品牌建设项目。平安法治成效好。高水平建设平安镇江、法治镇江,组织开展"雷霆""净网"系列专项行动,获批全国市域社会治理现代化试点城市。

取得了管党治党新成效。党建质量持续提升。拓展"不忘初心、牢记使命"主题教育成果,糜林同志被追授为江苏"时代楷模"。探索实施党建助推产业强市、党建引领乡村振兴专项行动。领导干部"政治体检"、"一创六争"活动、社区工作者职业体系建设、党校联盟等工作在全省影响力不断放大。作风效能持续改进。开展机关部门"五抓五促"专项行动,"基层减负年"成果得到巩固。惩腐肃贪持续高压。推进防疫监督有形化,运用"第一种形态"处置涉疫问题53人,督促整改问题1489项。围绕落实"六保"任务开展专项巡察,聚焦优化营商环境、打好"三大攻坚战"等重点任务开展专项监督,推动政治监督常态化。

二、奋力开创"三高一争"新局面

面向新时代、开启新征程,全市上下必须按照总书记指引的正确方向,因势而谋、应势而动、顺势而为,坚定不移推进高质量发展、创造高品质生活、实施高效能治理,在谱写"镇江很有前途"新篇章中争得城市荣光。

1. 找准城市定位。把"创新创业福地、山水花园名城"作为未来一个时期的镇江城市定位和发展愿景,是比较合适的。这个定位,深化了发展内涵。产业强市战略,已经在全市上下形成高度共识,实践中必须更加注重创新驱动、创业活力激发。彰显了发展自信。在新的历史时期,我们要彰显这种自信,提高认知度、放大影响力,吸引更多人融入有福之地。突出了城市特质。镇江的城市肌理就是江河交汇、城市山林、山水花园。展现了历史底蕴。"名城"这个定位凸显了镇江是一座有着3000多年建置史的历史文化名城。总的来看,"创新创业福地、山水花园名城",既充分体现了苏南现代化建设示范区规划明确的镇江"一中心、两名城、四基地"发展定位,也全面把握时代要求,做了新的概括提炼,既一脉相承,又与时俱进。

2. 明确战略路径。重点实施三大战略:一是产业强市战略。牢牢抓住发展第一要务,对镇江来说,重中之重就是抓产业发展。二是创新驱动战略。要深刻把握创新的全面性,系统推动科技创新、产业创新、制度创新、治理创新等各方面创新,真正把创新融入一切工作之中。三是融合发展战略。要全方位推动区域融合、产业跨界融合、产城融合、生产生活生态融合、军民融合、校地融合等各领域融合发展。

3. 优化发展布局。立足现有基础,着眼市域一体化,加快构建"一体、两翼、三带、多片区"发展布局。"一体两翼"是按主体功能划分的三大协同发展区。一是中部城市协同发展区。二是东翼产业协同发展区。三是西翼创新协同发展区。"三带"是打造沿东西走向的三条发展带,有效串联起"一体两翼",构成大市域发展的经纬线,实现市域层面的更好整合。"北线"打造沿江生态保护和高质量转型发展带。"中线"打造产业创新发展带。"南线"打造绿色生态发展带。"多片区"是围绕"一体、两翼、三带"功能定位,依据现有发展基础,打造若干重点发展载体。

4. 抢抓最现实机遇。紧抓宁镇扬"小三角",全面对接长三角"大三角",在大格局中求得大发展。一是坚持全域参与。按照全市域整体参与的原则,充分考虑各区域重点对接方向,绘好"一张蓝图",引领"一体发展"。二是坚持项目推进。全面落实长三角一体化、宁镇扬一体化发展规划,围绕产业发展、科技创新、交通建设、公共服务等领域,每年度务实推进一批合作项目,做到工作项目化、项目清单化、清单责任化。三是坚持基础先行。构建一体化综合交通体系,加强新型基础设施的协同建设,形成"大互联"发展格局,让人民群众享受更多一体化发展"红利"。四是坚持机制创新。围绕产业园区共建,建立完善成本共担和利益共享机制,积极推动政策协商机制,建立健全地方立法、政务服务等重点领域合作机制,形成更多可复制可推广的改革经验,为更深层次一体化发展提供制度保障。

三、抓紧抓实下半年各项工作

1. 更大力度推进产业强市。狠抓项目招引建设。要深化招商体制改革,千方百计招大引强、招新引优。要落实项目"全生命周期"管理服务机制,加速固定资产投资落地。着力提升产业层次。聚焦重点产业链,探索建立市领导挂帅的"链长制",推动创新强链、龙头引链、项目补链、业态延链、人才兴链、服务稳链，让产业体系更具标识度、竞争力。深度激发创新活力。深化校地合作，推进名城名校融合发展，支持江苏大学、江苏科技大学创建国家一流学科。优化科技重大专项等资金管理办法，重视招引大院大所，加快新型研发机构建设，突出企业创新主体地位，实施更有吸引力的人才政策。全面增强平台承载力。推动开发区向“创新生态区”转型，整合盘活城市楼宇资源，建设一批特色鲜明的“立体园区”，聚焦重点区域，打造宜居、宜创、宜业的国际化创新社区。持续优化营商环境。围绕市场化法治化国际化目标，持续深化“放管服”改革，强力推动“一件事一次办”，提高政务服务效能。重视诚信文化、契约精神培育，把诚信“基因”发扬光大。同时要构建“亲清”政商关系，支持服务企业家心无旁骛、长远打算，以恒心办恒业。

2. 更高水平建设精美镇江。牢牢守护绿水青山底色。要统筹治污、添绿、留白三篇文章：“治污”方面，要加快补齐环保基础设施、环境治理能力等短板，坚定不移“腾笼换凤”，切实解决好环境突出问题；“添绿”方面，要坚定不移“砸笼换绿”，坚决落实长江“十年禁渔”，全面修复山体、水体、湿地、岸线生态；“留白”方面，要强化生态空间管控，坚持“多规合一”，统筹划定“三区三线”，启动实行“三线一单”生态环境分区管控，真正实现全市域“一张蓝图管到底”。持续提升城市功能品质。要推进连镇铁路镇江段、宁句城际轨道等重大工程建设，畅通城市交通微循环，完善“外联内聚”交通体系。要优化山水城空间格局，打造主城区“一山一景”，深化大运河国家文化公园（镇江段）试点，促进文旅融合增效，彰显山水风貌、文化印记，让城市更有韵味。要以蝉联全国文明城市为抓手，深入推进“城市双修”，持续整治“城市乱象”。深入推进美丽田园乡村建设。用环境塑造“美”，巩固农村人居环境整治成果，治理乡村公共空间，因地制宜建设特色田园乡村。用文化润泽“美”，建好新时代文明实践中心，实施“文艺播种计划”，深入推进移风易俗，加强文化遗产保护和活态传承，挖掘乡愁记忆。用食安保障“美”，稳妥推进农村乱占耕地建房问题整治，稳定发展粮食、生猪生产，守牢“米袋子”，拎稳“菜篮子”。

3. 更加有效增进民生福祉。巩固脱贫攻坚成果。加强“两户两骤”动态监测，加大就业帮扶、社会救助和兜底保障，防止致贫返贫。坚持扶贫与扶志、扶智相结合，探索产业扶贫、激励性就业机制，激发贫困人口脱贫致富的内生动力。开展消费扶贫，推动产销对接，助推经济薄弱村“造血产业”强壮起来。全力推动就业创业。要全面推行惠企政策“免审即享”，有针对性地实施刺激消费策略，降低大众创业门槛，发展“夜间经济”，繁荣“小店经济”，用心用情帮助企业共克时艰。助力乡村产业发展，促进农村劳动力就地就近就业。加强困难人员托底就业，“兜”住最困难群体，“保”住最基本生活。提高公共服务供给质量。持续排查、用心解决好群众的“急难愁盼”，增强人民群众获得感。扩充优质教育资源，优化教育资源配置，满足家长们对“上好学”的需求。坚定践行“两康”理念，纵深推进健康镇江行动，努力在健康中国建设中成为典范。

4. 更深层次推动改革开放。聚焦市场化进行改革攻坚。改进特许经营制度，逐步打破市政公用行业垄断。坚持竞争中性原则，平等对待各类所有制企业。持续深化国资国企改革，推动国有企业混合所有制改革，全面完成从事生产经营活动事业单位改革，推动专业化公司运营提质增效。深化开发区体制机制改革，推进去行政化，探索园区市场化运营，创新基础设施投融资机制。完善市场主体退出制度，降低市场退出成本，促进企业优胜劣汰。聚焦高水平打好开放主动仗。要加大外资招引力度，发展外贸新业态新模式，推动外资逆势增长、外贸稳中提质。支持外贸企业出口转内销，帮助他们“留住青山”。复制推广自贸区改革政策，推动尽快在镇江“落地生根”。深化信用体系建设，丰富守信激励措施、扩展守信激励领域，健全信用监管和信用修复机制。聚焦实效性创造更多镇江经验。领导干部特别是主要负责同志，要当好改革促进派、实干家，对负责的领域、联系的重点任务，牵头加强研究谋划、督查推动、提炼提升，努力形成更多“镇江样板”。鼓励基层对上积极争取改革试点，结合实际勇于探索创新，释放改革红利，激活蛰伏潜能。

5. 更实举措提升治理效能。培育全民法治素养。加强法治政府建设，高标准迎战“七五”普法末期大考，加大《民法典》等法律法规宣贯力度，推动党员干部依法履职、依法办事，带动全社会更好尊法守法。强化制度建设执行。抓好机构改革等重大改革的评估深化，不适应不符合的制度机制要敢于修正、及时改进。坚决维护制度权威，组织开展重要制度执行情况专项效能监察，更好把制度优势转化为治理效能。创新基层社会治理。纵深推进镇（街道）审批服务执法力量整合，全面推行“大数据 + 网格化 + 铁脚板”治理机制，拓宽党建引领下多元主体参与渠道，构建“人人参与、人人尽力、人人享有”的社会治理共同体。

四、纵深推进全面从严治党

1. 牢记初心使命，让“三高一争”的信心更加坚定。

2. 激发斗志干劲，让“三高一争”的动能更加强劲。

3. 聚力强基固本，让“三高一争”的根基更加牢靠。

4. 持续正风肃纪，让“三高一争”的生态更加清朗。

扛起新使命　开启新征程
向着“三高一争”加速奔跑

——在中共镇江市委七届十二次全会上的报告(摘要)

市委书记　马明龙

一、“跑起来”激发强动能，镇江经济社会发展取得明显进步

1. 以“比学赶超、争先进位”为奋进指向，推动全市发展呈现蓬勃态势。主要指标取得新提升。地区生产总值增幅实现反转，固定资产投资、工业投资、实际利用外资等投入类指标增幅进入全省前列，工业增加值、金融机构人民币存贷款余额等指标增幅高于全省平均，社会消费品零售总额、工业用电量等指标增幅位次前移。“三大攻坚战”夺取新胜利。财政全口径债务总量下降、成本下降、结构优化，防范化解债务风险取得明显成效。长江经济带生态环境突出问题、中央环保督察和“回头看”反馈问题整改到位，长江退捕全面完成，“三无”船只全面清理，长江浮吊全面取缔。经济薄弱村、建档立卡低收入人口脱贫成果持续巩固，全面小康指数列全国地级市第21名。发展格局展现新面貌。研究确定新时代镇江城市定位、发展布局，各板块竞相发展。

2. 以“产业强市、创新驱动、融合发展”为战略路径，推动高质量发展走深走实。项目建设拼出新高。全市新签约亿元以上产业项目数量和总投资创近年来最好水平，省重大、市重点产业项目超额完成年度投资计划。产业结构逐步优化，战略性新兴产业、高新技术产业占比稳步提升。创新能力不断增强。企业研发投入力度加大，科技项目层次明显提高，高新技术企业、“专精特新”小巨人企业培育实现新突破。“金山英才”五年计划圆满收官。融合发展实质推进。区域融合发展迈上新台阶，城乡融合发展体制机制逐步健全，“万企联万村共走振兴路”行动强力推进，村企联建取得明显成效。改革开放走向纵深。生态文明建设综合改革深入推进，全国居家和社区养老服务改革试点被评为特别优秀地区，农村集体产权制度改革任务通过国家评估。国家级行政服务标准化试点高分通过验收，与金融机构战略合作全面升温，“五送五助”民营企业服务活动扎实开展，营商环境不断优化。

3. 以“人民至上、以人为本”为根本立场，推动人民生活持续改善、安全与发展相统筹。基本民生有力保障。持续保持零就业家庭动态清零，退役军人就业创业“五大行动”“十大工程”经验做法在全省推广。牢牢稳住“米袋子”“菜篮子”，生猪恢复生产任务顺利完成。公共服务有力提升。十大民生实事顺利完成，教育现代化建设等指标在全省名列前茅，高标准完成国家公共文化服务体系示范区创建任务，居民健康素养水平位居全省前列。安全底线有力巩固。疫情防控交出了“全省病例最少、无确诊病例持续时间最长、唯一无农村确诊病例地区”的优异答卷。科学应对历史级汛情，未出现重大灾情。深入推进安全生产专项整治“一年小灶”，生产安全事故起数、死亡人数大幅下降。平安镇江、法治镇江建设扎实推进。

4. 以“充满温度、独具魅力”为总体目标，推动美丽镇江建设收获新成效。城市形态更优。高质量编制国土空间总体规划及相关专项规划。老旧小区改造三年任务、村庄人居环境集中整治全面完成，城市路网更加完善。生态环境更好。污染防治有力推进，优良天数比例明显上升，河湖环境显著改善。深入开展长江岸线清理整治，超额完成两岸造林绿化任务。文明程度更高。蝉联“全国文明城市”，连续六届入选“全国无偿献血先进城市”，骨髓捐献志愿者人数列全省第3位，获得“中国醋都·镇江”城市品牌。

5. 以“让辛苦者心不苦”为鲜明导向，推动干事创业精气神全面激发。党建引领不断强化。深入推进党建助推产业强市“三项行动”、党建引领乡村振兴专项行动，全面压实基层党建“书记项目”，党旗始终在重大任务一线高高飘扬。思想高地持续筑牢。完善党委(党组)理论学习中心组制度化、规范化建设。加强意识形态责任制专项检查和考核。大力弘扬“亚夫精神”“糜林精神”，做好“镇江市人民奖章”、劳动模范等评选表彰工作，全社会崇尚奋斗的氛围进一步浓厚。担当作为深度激发。巩固深化“不忘初心、牢记使命”主题教育成果。深化“一创六争”，扎实推进“五抓五促”专项行动。实施领导干部能力提升工程，全面增强“八个本领”，让广大党员干部更能担当。正风肃纪从严推进。严格落实中央八项规定精神，驰而不息整治形式主义、官僚主义，切实为基层减负。坚决查处群众身边腐败和作风问题。圆满完成市委巡察“全覆盖”目标任务，强化运用监督执纪“四种形态”，持续巩固风清气正政治生态。

今年是“十三五”规划收官之年。五年来，全市

上下团结一心解难题，全力以赴促发展，“强富美高”新镇江建设取得重大阶段性成果。地区生产总值达“十二五”末的1.4倍，城乡居民人均可支配收入分别增长40%和46%，一批重大基础设施工程建成投运，生态特色更加彰显，乡村振兴走在全省前列，涌现出一批重大先进典型，蝉联全国社会治安综合治理“长安杯”，镇江高水平全面建成小康社会胜利在望，为全面建设社会主义现代化奠定了坚实基础。

二、紧扣“两争一前列”重大使命、“三高一争”奋斗目标，在全面建设社会主义现代化新征程上加速奔跑

——实现“三高一争”，必须把握新发展阶段，锚定目标方位、展现更大作为。实现“两个高于”，就是要以高于全国全省平均的速度，高于全省平均的水平，率先基本实现现代化。全市上下要坚定信心、敢于争雄，推动整体发展从“跟跑”实现“并跑”，基础较好领域从“并跑”实现“领跑”，到2035年现代化产业强市基本建成，区域创新能力明显增强，城市综合实力大幅跃升，让“镇江很有前途”展露更加生动现实的模样，让人们心目中的“创新创业福地、山水花园名城”跃然眼前。打造“三个城市”，就是致力打造长江经济带重要节点城市，长三角重要区域中心城市，沪宁线重要创新创业、休闲旅游目的地城市。要抢抓长江经济带高质量发展重大“红利”，充分挖掘交通区位、深水岸线等优势，打造长江经济带产业发展、生态保护的重要节点。镇江地处长三角中心区，必须增强要素资源集聚力，努力从长三角“地理中心”成为“发展重心”。后疫情时代，远程办公、快速通勤带来了生产生活方式的明显变化，为大都市圈的三线城市带来新机遇，必须瞄准上海、南京等高能级城市，有效承接辐射、联动发展，推动“都市产业、镇江协作”，“都市研发、镇江转化”，“都市工作、镇江休闲”。争当“三个示范”，就是要在“美丽中国”、“健康中国”、乡村振兴建设中争当示范。要外塑形象、内提品质，努力成为“美丽中国”的先进典范。要在发展公共卫生事业上开展新探索，努力成为“健康中国”的模范生、样板地。要推动特色经验往深处探索、特色亮点往面上拓展，努力让“盆景”变成“风景”、“风景”变成“全景”，打造“五大振兴”的示范样本。

——实现“三高一争”，必须践行新发展理念，提升思维层次、增强工作本领。要强化担当意识。有担当就要勇争雄，展现更大作为、争得更大荣光。有担当就要敢攻坚，善于背着“沙袋”跑，坚决顶着压力上。有担当就要勤为民，让城市发展更有温度、人民生活更有质感。要坚持系统观念。统筹好发展与安全，有效防范化解各类经济社会风险。统筹好速度与质量，推动经济量质齐升、量质快升。统筹好整体与局部，齐心协力、共促发展。要拓宽国际视野。坚决破除“小城思维”，树立起打造国际化城市的志向，在对标国际一流中练就世界眼光、国际视野、全球胸襟。要针对营商环境、城市风貌、生活配套等方面的差距，有力有序加以改进，推动各方面更有“国际范”。要提高能力水平。对国之大者心中有数，坚决把党中央决策部署贯彻到工作各方面。牢固树立正确政绩观，多做打基础、利长远的事。要加强补课充电，推动思维理念、工作方法全面适应新时代、引领新征程。要注重扬优展长。围绕重大战略叠加这一最大红利、自然生态这一最大潜力、科教人才这一最大资源、区位交通这一最大支撑、人文底蕴这一最大底气，创造性地挖掘优势、整合优势、转化优势，在扬优展长中实现新路超越。

——实现“三高一争”，必须融入新发展格局，把握形势变化、用好战略机遇。要在“时”与“势”的科学研判中发现机遇。要坚持正确的历史观、大局观、发展观，从发展不平衡不充分这个主要矛盾出发，牢牢扭住发展第一要务不松劲，心无旁骛谋发展，聚智聚力抓发展。必须深刻认识到，在构建新发展格局过程中，产业链、创新链、人才链会深度调整，这是镇江面临的新一轮重大战略机遇。全市上下必须加倍付出、加倍努力，绝不可错过时代、辜负时代。要在“危”与“机”的转变演化中用好机遇。要在对冲逆全球化影响、实施扩大内需战略中用好机遇，坚持需求牵引供给、供给创造需求，大力发展夜经济等消费新业态，引导企业提品质、增品种、创品牌，用高质量供给抢占市场、带动发展。要在全球贸易格局深刻调整中用好机遇，全面对接东亚“小循环”，更好融入国际“大循环”，推动更高水平对外开放。要在“竞”与“合”的辩证把握中抢抓机遇。要以更大格局、更广胸怀、更宽视野，拥抱一体化、融入一体化，在共建共享中携手赢得未来。抢抓机遇、时不我待。我们要坚定自信、加速奔跑，守住底线、高质发展，更好激发“三高一争”的奋进伟力，在真抓实干中开创镇江美好前途！

三、扎实做好明年各项工作，跑出“十四五”精彩开局

明年是“十四五”规划的开局之年，开局之年当有开局之势，必须干出新业绩、展现新气象。全市工作的总体要求是：以习近平新时代中国特色社会主义思想为指引，深入贯彻中央和省委各项决策部署，坚持稳中求进工作总基调，坚持以推动高质量发展为主题、以深化供给侧结构性改革为主线、以改革创新为根本动力、以满足人民日益增长的美好生活需要为根本目的，继续做好“六稳”工作、落实“六保”任务，巩固拓展争先进位良好态势，确保“十四五”

开好局、全面建设社会主义现代化起好步，以优异成绩庆祝中国共产党成立100周年。重点做好八个方面工作：

1. 坚决抓好常态化疫情防控和各类风险防范。要把防风险作为高质量发展的基础。充分认清当前国内外疫情防控形势，坚持“外防输入、内防反弹”总体防控策略，用“防得住”保障“放得开”。落实防范化解重大风险“四项机制”，完善安全稳定预案，坚决防控经济、社会、生态、网络等各领域重大风险。全力推进债务化解，守牢底线，确保完成年度工作任务。切实扛起安全生产政治责任，牢牢把握“两个不放松”要求，继续保持“开小灶”的劲头，坚决完成好“三年大灶”目标任务，把本质安全水平提升到一个新高度。

2. 更大力度实施产业强市“一号战略”。推动项目工作持续突破。全力招大引强、招新引优，确保项目招引实现更大突破。提升产业链现代化水平。认真落实“链长制”，巩固拓展军民融合特色优势，推动现代服务业与先进制造业、现代农业融合发展。强化载体平台建设。加快推动省级以上开发区、高新区提档升级，深化开发区体制机制改革，稳妥推动“小散低”园区撤并整合，提升园区集中集约度。

3. 牢牢坚持创新核心地位。优化创新生态。完善创新资金管理机制，完善科技创新容错机制，畅通创新要素流通渠道。集聚创新资源。加快打造G312宁镇产业创新走廊，突出企业创新主体地位，高质量建设一批新型研发机构。广纳创新人才。实施人才“镇兴”行动，启动新一轮“金山英才”计划和大学生“聚镇”计划，擦亮“创新创业福地”品牌。

4. 有力有序推进美丽镇江建设。优化全域空间配置。围绕“一体、两翼、三带、多片区”总体布局，加快构建符合未来发展需求、彰显镇江城市肌理的“三生”融合空间格局。提升城市功能品位。从外延式扩张转向内涵式发展，高品位推进城市规划建设，实施一批道路改造修复工程，拓展绿色生活新空间，加快补齐市政基础设施短板。持续改善生态环境。把修复长江生态环境摆在压倒性位置，持续打好污染防治攻坚战，深入开展生态文明综合试点改革，坚定不移加快推进产业结构、能源结构调整，制订落实碳排放达峰行动方案。全面推动乡村振兴。放大“戴庄经验”示范效应，深化村企联建，狠抓项目建设。严格保护耕地，狠抓粮食生产，为打好种业翻身仗贡献“镇江力量”。推动城乡融合发展，提升公共服务水平。建强基层党群组织，拓展乡村自治、法治、德治体系。

5. 持续保障和改善民生。扎实推动共同富裕。严格落实就业优先政策，确保就业大局稳定。继续实施全民参保计划，加强退役军人服务保障体系建设。提升公共服务水平。深化教育综合改革，推进义务教育优质均衡发展、学前教育普及普惠，大力支持在镇高校高质量发展，提升职业教育办学层次。完善公共卫生事业投入机制，健全疾病预防控制体系，提升医疗服务质量。推进世业洲“健康岛”建设，打响健康镇江品牌。持续排查解决突出民生问题。着力解决好老旧小区改造、危房解危、现有住宅加装电梯、养老助残机构建设等热点问题，有效提升群众获得感。

6. 全方位深化改革开放。更大力度优化营商环境。做响“镇合意”服务品牌，提升营商环境市场化、法治化、国际化水平，全面深化“放管服”改革。更实举措激发市场主体活力。深化国资国企改革，大力支持民营经济发展，深化诚信镇江建设，优化金融生态，弘扬企业家精神。更深层次推进重点领域改革。加快推进经济体制改革，持续深化民生领域改革，扎实推进农业农村改革。统筹推进民主法治、社会治理、文化体制、生态文明、党的建设等领域改革，推动各方面制度更加成熟定型。更高水平扩大开放合作。落实稳外资稳外贸系列举措，支持镇江新区、镇江高新区发挥开放发展主阵地作用，积极创建自贸区联动创新区，推进对外贸易高质量发展。

7. 扎实推进市域治理现代化。着力推进依法治市。深入学习贯彻习近平法治思想，全面推进依法治市，深入开展法治宣传教育，推动全社会形成浓厚法治氛围。着力建设平安镇江。常态化推进扫黑除恶，优化应急管理体系和能力建设，让“长治久安”成为镇江的永久名片。着力创新社会治理。坚持“大数据+网格化+铁脚板”治理机制，坚持和发展新时代“枫桥经验”，扎实有效推进“有事好商量”协商议事工作。

8. 加快提升文化软实力。讲好镇江故事。推进《镇江通史》编撰工作，深入挖掘传统文化精髓，重视乡土文化传承，积极推动历史文化街区振兴。深化文旅融合。统筹集成文化旅游资源，推进“三山一湖一渡”大景区整合，深化全域旅游示范区创建，办好国际道教论坛等重大活动，争创中国休闲城市。塑造城市精神。传承新“四千四万”、“大爱镇江”精神，弘扬“亚夫精神”、“糜林精神”，塑造新时代城市精神品格。

四、纵深推进全面从严治党，为甩开膀子“跑起来”提供强力保障

1. 在坚持党的全面领导中进一步激发担当作为。

2. 在锻造创新创业“铁军”中进一步激发担当作为。

3. 在筑牢基层基础中进一步激发担当作为。

4. 在坚持长管长严中进一步激发担当作为。

政府工作报告(摘要)

——2021 年 1 月 19 日在镇江市第八届人民代表大会第六次会议上

市长　徐曙海

打赢收官战,全面建成小康社会胜利在望

(一)决胜大疫大汛考验,经济运行稳中向好。2020 年,我们经受了艰难困苦的历史大考。面对严峻疫情,全市上下团结一心,筑牢疫情防控严密防线,用不到半个月时间实现确诊病例“零新增”,随后一个月内实现 12 名确诊病例治愈清零,交出了“全省确诊病例最少、无新增病例持续时间最长、农村地区唯一没有确诊病例”的优异答卷。与此同时,我们派出 4 批共 77 名医务人员驰援湖北,为全国抗疫大局作出了镇江贡献。面对疫情严重冲击,我们按照党中央、国务院和省委、省政府决策部署,坚持“两手抓、两手硬”,全力落实“六稳六保”任务,及时按下复工复产“快进键”,经济发展实现“V”型反转,市场信心持续回升,主要经济指标总量和增速好于预期,省对市高质量考核 68 项绩效评价指标中,预计 52 项进入全省前十,其中 17 项进入全省前六。实现地区生产总值 4220 亿元、增长 3.5%,一般公共预算收入 311.7 亿元、增长 1.6%,固定资产投资 1023.8 亿元、增长 3%,城乡居民人均可支配收入分别达 54572 元、28402 元,增长 3.5%、6%,城镇登记失业率控制在 1.8% 以内。面对江、河、湖齐涨的复杂汛情,众志成城、科学应对,全市共组织 10 万人次巡堤、5000 余人抢险,紧急转移安置 6099 名受灾群众,实现未决一堤、未伤亡一人。

(二)高举产业强市大旗,发展动能持续增强。把产业强市作为“一号战略”强力推进,建立领导挂钩、现场观摩、考核讲评等机制,营造出比学赶超、争先进位的浓厚氛围。项目招引成效显著,新签约亿元以上产业项目数量和总投资额同比分别增长 27.3%、64.5%,其中 30 亿元以上项目 9 个,更有润州的阿里·和润数字产业园、京口的微软数字经济创新中心等世界级企业投资的新兴产业项目落地。项目建设推进有力,省市重大产业项目超额完成年度投资计划,新招引项目当年开工率达 40.6%,镇江新区签约项目及签约落地率创历史新高,总投资 50 亿元以上的国药医疗器械产业(丹阳)基地等大项目开工建设,扬中的蜂巢易创产业园正式投产,丹徒的北汽麦格纳新能源汽车实现量产。创新动能稳步增强,新认定高新技术企业 433 家,新增省级企业工程技术研究中心 23 家、企业联合创新中心 11 家,镇江高新区的丹佛斯全球研发中心获批省级跨国公司功能性机构,江苏天工工具有限公司荣获省长质量奖,镇江奇美化工有限公司年度纳税额突破 10 亿元;预计战略性新兴产业产值增长 8.5%,高新技术产业产值占规模以上工业产值比重达 46%、科技进步贡献率提升至 65%,位居国家创新型城市第 21 位,镇江高新区创成首批国家级“双创”特色载体。

(三)补齐短板弱项,“攻坚战”取得重大成效。打好“三大攻坚战”、开展安全生产专项整治是党中央部署的政治任务,更是自身补短强弱的现实需要。针对金融及债务风险,我们采取遏增量、调结构、降成本等措施,政府全口径债务总量和成本“双下降”,风险得到良好管控,市场信心越来越强,银行业不良贷款余额和不良贷款率持续下降,句容、扬中获评金融生态优秀县。针对防污治污和长江大保护,全面压实责任,坚决落实蓝天、碧水、净土保卫战具体措施,中央和省环保督察反馈问题全部完成整改,空气质量持续向好,国、省考断面水质优Ⅲ比例首次达到 100%,污染地块土壤治理有序推进,长江禁捕退捕、长江干流岸线清理整治、“三无”船舶整治、水上过驳取缔、两岸造林绿化等任务全面完成。针对脱贫攻坚,在巩固脱贫成效、确保脱贫户不返贫、边缘户不致贫的同时,帮助对口帮扶地区全部实现了脱贫。针对安全生产专项整治,全市上下拿出超常规力度和举措攻坚破阻,“一年小灶”圆满收官,事故起数和死亡人数大幅下降。

(四)统筹城乡区域发展,功能品质不断提升。居住环境更加优美,老旧小区改造三年行动顺利完成,共改造 162 万平方米、惠及居民 5.44 万户,农村人居环境整治任务全面完成,城乡污水管网覆盖面稳步提升,农村“厕所革命”、公共基础设施管护取得明显成效,市域黑臭水体基本消除。交通优势更加彰显,连淮扬镇铁路镇江段、五峰山大桥建成通车,大港南站投入运营,丹徒站综合枢纽建成;交通出行更加便捷,谷阳路及跨铁路桥通车在即,双井路、宗泽路等断头路、瓶颈路扩容贯通,市区至辖市直达公交通车运营。区域联动更加紧密,主动对接长三角一体化,南京都市圈党政联席会议成功在我市举办,G312 产业创新走廊规划建设顺利,官塘创新社区管委会揭牌运行,与连云港共建省级创新试点园区正在积极筹备。城乡融合更加深化,“万企联万村”联建项目总投资超百亿元,乡村旅游等多业态融合发展成效喜人,句容进入全国乡村振兴百佳示范县前列。

(五)深化改革开放,发展活力加速迸发。纵深推进“放管服”改革,“放”的方面,新取消、下放市级

权力事项391项，百项高频政务服务事项实现“一件事一次办”，健全减税降费、援企稳岗政策和资金直达等机制，全年降低企业成本107.7亿元；“管”的方面，推行跨部门联合“双随机、一公开”监管，实施失信联合惩戒，严重失信企业数量首次实现下降；“服”的方面，组织多场企业家早餐会、座谈会，依法依规、合情合理、尽力而为帮助企业解决问题，帮助近千家企业修复信用。营商环境的优化，激发出创新创业活力，新登记市场主体数量同比增长12.8%。推动对外开放向高水平发展，国家级服务外包示范市排名跃升17位，完善“外商投资一卡通”政策，对外投资额增长104.5%，利用外资稳中提质，制造业利用外资占比高于全省平均24.7个百分点，“信保+再贷款+出口贷款”模式入选商务部典型案例。

（六）增进民生福祉，人民生活稳步改善。坚持发展为了人民，发展成果更多惠及人民群众，74.7%的公共财政支出用于民生领域，民生支出增长7.3%，十项民生实事顺利完成。出台稳就业和促进退役军人、高校毕业生创业就业政策，城镇新增就业5.8万人，零就业家庭保持“动态清零”，稳就业工作受到省政府表彰。退休人员基本养老金、城乡低保标准保持增长。基本医疗保险实现市级统筹，医保目录新增药品平均降价60%以上，市级医疗保障四级服务体系做法在全国推广，省级卫生村实现全覆盖，蝉联全国卫生城市。粮食稳产、生猪复产目标全面完成，重要农产品供给充足，食品安全保障有力。公共服务持续改善，义务教育优质均衡比例、教育现代化建设等指标位居全省前列。获评全国居家和社区养老服务改革特别优秀地区。国家公共文化服务体系示范区创建通过验收，获得“中国醋都·镇江”城市品牌。第七次全国人口普查京口试点受到国务院人普办通报表扬。用心用情、依法依规化解了安置房权证办理等一批历史遗留问题和信访积案，“扫黑除恶”专项斗争圆满收官，公众安全感超过98%。

一年来，我们唱响争先进位最强音，力戒形式主义、官僚主义，市域治理效能有效提升，干部精气神明显提振。司法行政、民族宗教、审计、统计、外事、对台事务、港澳、侨务、行政学院、人口计生、机关事务、文史、档案、地方志、防震、气象、供销、科普等工作取得新成绩，老龄、妇女儿童、青少年、残疾人、工会、红十字、慈善、关心下一代、见义勇为等事业取得新进展，国家安全、国防动员、双拥共建、退役军人事务、人民防空、援藏援疆援陕等工作取得新成效。

成绩殊为不易！这是在一季度经济受到严重影响的情况下取得的：面对突如其来的疫情，为了人民群众的生命健康，市委、市政府果断按下“暂停键”，全市经济一季度下滑严重。这是在极为复杂严峻的外部环境中取得的：疫情使世界经济陷入深度衰退，经济全球化遭遇逆流，我市也深受其害。这是在资源紧约束下取得的：财政收支平衡压力加大，要素瓶颈制约趋紧，安全环保约束趋严。在困难和压力面前，全市人民没有退缩，通过艰苦努力，逆势跑出了增长上扬线。

各位代表！2020年是全面建成小康社会和“十三五”收官之年。过去五年，是我市经济发展稳步增长、综合实力持续提升的五年，是城乡功能日臻完善、建设水平持续提升的五年，是改革开放深入推进、发展活力持续提升的五年，是生态文明特色彰显、环境质量持续提升的五年，是社会事业协调发展、文明程度持续提升的五年。“十三五”期间，“经济强”的基础更加厚实，地区生产总值年均增长5.7%，工业应税销售年均增长7.3%，人均地区生产总值超过13万元。“十三五”期间，“百姓富”的感受更加明显，70%以上的公共财政支出用于民生领域，城乡居民收入差距持续缩小，教育、医疗、住房、养老等民生保障水平稳步提高。“十三五”期间，“环境美”的底色更加亮丽，单位GDP能耗下降19.5%，空气和水环境质量大幅改善，创成全国海绵城市，荣获中国人居环境奖。“十三五”期间，“社会文明程度高”的标识更加鲜明，蝉联全国文明城市和“长安杯”荣誉称号，涌现出一大批先进典型，公共安全感稳居全省第一。“十三五”期间，创新创业的活力更加丰沛，苏南国家自主创新示范区加快建设，经济、文化、社会、生态环境领域和关键环节改革纵深推进。

开启新征程，“十四五”宏伟目标催人奋进

——“十四五”时期发展主要目标。共设置5大类32项指标，其中地区生产总值年均增长6%左右，研发经费投入年均增长7%左右，高新技术产业产值占规模以上工业产值比重达到48%，常住人口城镇化率达到75%，居民人均可支配收入年均增长略高于经济增速。

——2035年远景目标。以高于全国全省平均的速度、全省平均的水平，率先基本实现社会主义现代化，“镇江很有前途”呈现更加生动的现实图景，人们心目中的“创新创业福地、山水花园名城”跃然眼前。

“十四五”时期，我们将着重抓好五个方面重点任务。

1. 紧扣“双循环”，在服务构建新发展格局上取得新进展。坚持扩大内需战略基点，供给体系对国内需求的适配性显著增强，固定资产投资、制造业投资增速走在全省前列，内需潜力不断释放。对外开放合作领域不断拓宽，利用外资质量和效率显著提升，我市产业在国际国内产业分工和价值链中的地位日益增强，更高层次开放型经济不断发展。

2. 紧扣“高质量”，在强化创新支撑、推动产业升级上取得新进展。产业强市战略取得重大成果，主导

产业能级显著提升，力争形成4个千亿级产业集群。创新能力明显增强，创新创业人才加速集聚，高新技术企业数量、规模持续壮大，一批关键核心技术攻关取得突破，科技成果加速转化。经济发展质效显著提升，战略性新兴产业贡献度持续提高，传统产业转型升级步伐加快，产业基础高级化、产业链现代化水平明显提高，基本建成创新引领、具有竞争力的现代产业体系。

3. 紧扣"高品质"，在兜牢基本民生保障前提下推动社会事业取得新进展。着力补好基本民生保障短板，脱贫攻坚成果更加稳固，社会救助体系更加完善，多层次社会保障体系基本建成。实现更加充分更高质量就业，中等收入人群比例持续扩大。教育现代化水平不断提升，文化事业日益繁荣，医疗卫生体系更加健全，重大疾病防控能力有效增强。生态环境质量持续向好，美丽镇江展现迷人风采。农业农村现代化加速推进，乡村振兴取得重大进展，乡村面貌焕发勃勃生机。

4. 紧扣"高效能"，在统筹发展和安全、化解重大风险上取得新进展。防范化解重大风险体制机制不断健全，政府全口径债务管理进入更加良性轨道，突发公共事件应急处置能力显著增强，自然灾害防御水平明显提升，生态安全屏障更加牢固，形成安全生产长效机制，存量风险隐患基本化解，增量风险得到有效遏制。社会治理特别是基层治理水平明显提高，政府公信力和行政效率显著提升，法治镇江和诚信镇江建设取得战略性成果，重点领域改革取得实质性进展，文明城市常态化建设水平全面提升，基本形成共建共治共享的社会治理格局，高水平通过全国市域社会治理现代化试点城市验收。

5. 紧扣"一体化"，在优化区域布局、促进协调发展上取得新进展。市域一体化发展全面提速，初步形成"一体、两翼、三带、多片区"发展布局，中心城区首位度显著提高。全面融入长江经济带、长三角一体化、宁镇扬一体化等重大发展战略，资源禀赋和比较优势充分彰显，跨区域深层次合作不断扩大。

奋战起步年，新征程新开局蹄疾步稳

今年是"十四五"规划开局之年，从今年起，我们进入到全面建设社会主义现代化新发展阶段。做好政府工作，必须坚持以习近平新时代中国特色社会主义思想为指导，全面贯彻党的十九届五中全会精神，认真落实习近平总书记对江苏工作重要指示要求，按照省委、省政府和市委各项决策部署，坚持稳中求进工作总基调，坚持以推动高质量发展为主题，以深化供给侧结构性改革为主线，以改革创新为根本动力，以满足人民日益增长的美好生活需要为根本目的，扎实做好"六稳"工作、全面落实"六保"任务，巩固拓展争先进位良好态势，确保"十四五"开好局、全面建设社会主义现代化起好步，以优异成绩庆祝中国共产党成立100周年。

今年经济社会发展的主要预期目标是：地区生产总值增长6.5%，一般公共预算收入增长3%，固定资产投资增长8%，制造业投资增长10%，研发经费支出占GDP比重达到2.35%，规模以上工业企业中有研发活动企业数占比达到48%，规模以上工业增加值增长6.5%，社会消费品零售总额增长7%，实际利用外资达到8亿美元，进出口总额实现稳中提质，城镇新增就业5万人，城镇登记失业率控制在3%以内，居民人均可支配收入稳步增长，居民消费价格涨幅控制在3.5%以内。主要约束性目标是：单位地区生产总值能耗下降率、主要污染物减排、单位地区生产总值二氧化碳排放下降率、空气质量优良天数比例、$PM_{2.5}$平均浓度、地表水达到或好于Ⅲ类水体比例完成省定目标，杜绝重特大生产安全事故、严控较大生产安全事故，事故起数和死亡人数实现"双下降"。

今年将重点做好六个方面工作。

（一）培育壮大新兴动能，厚植产业根基。坚定不移推进产业强市，加快构建现代产业体系。

优化生产力布局。一是优化国土空间布局。编制完成国土空间总体规划，实现与"十四五"规划及各专项规划有机衔接，启动编制控制性详细规划，建立增量供地与存量盘活挂钩机制。全面完成市区征收拆迁地块扫尾，充分用好土地资源。二是整合提升开发园区。下决心整合省级以下开发园区，提升园区的整体承载能力，推动主城区产业园区加快向创新社区转变。加快园区改革创新，推动园区市场化建设运营，探索引进各类市场主体、专业机构运营的模式。三是培育壮大产业链群。聚焦全市主导产业集群和重点产业链，实施"产业强链"三年行动计划，落实"链长制"，精准延链补链。聚力抓项目招引，新签约亿元以上项目248个、总投资达到1200亿元；强力抓项目建设，省重大产业项目确保量质齐升，上半年实现全面开工，市重点产业项目当年投资额增长40%以上，健全招商评价机制，当年签约项目开工率超过35%；统筹抓项目布局，健全招商信息跨区域流转等机制，实行重大产业项目要素保障市级统筹，推动招大引强、特色发展。

推进产业转型升级。一是加快培优扶强。支持龙头企业加快技术创新，壮大百亿企业方阵。扶持中小企业提升基础产品、先进工艺、研发制造能力，新增省级以上"专精特新"企业6家。实施资本市场"扬帆"计划，提高直接融资比重，新增挂牌上市企业20家。二是推动数字赋能。大力发展数字经济，促进大数据、人工智能、5G等数字技术与各产业深度融合，组建市数据资产运营管理公司和数字化供应链平台，软件和信息服

务业收入增长8%。三是深化国企改革。实施国企改革三年行动，明晰功能定位，推进市属企业及其子公司重组整合、瘦身健体；提升运营水平，完成全民所有制企业公司化改造，稳妥推进混合所有制改革，积极引进战略投资者，做大做强国有上市板块；完善激励机制，建立与债务管控、业绩贡献、资产盘活挂钩的薪酬分配体系，提升企业活力。四是促进多业态融合发展。集聚壮大生产性服务业，促进服务业与制造业、现代农业深度融合。做大做强文旅产业，深化国家全域旅游示范区创建，推进旅游景区整合，提升旅游服务质量，旅游总收入超过1000亿元。

强化科技战略支撑。一是建优创新载体。建设一批新型研发机构，提档升级科技企业孵化器和众创空间，完善创新孵化培育链条。二是加强自主创新。加快企业研发平台建设，入围省级以上科技项目200项以上。实施高新技术企业培育“小升高”行动，认定高新技术企业350家。推进产学研用深度融合，提高驻镇高校、院所等科研成果转化率。三是集聚创新人才。实施人才“镇兴”行动，建立人才分类目录，精准实施引才政策，重视蓝领人才培养，促进人才人口导入。四是营造创新生态。完善技术交易、仪器资源共享等服务平台，加强知识产权保护运用。组织创新创业大赛，营造鼓励探索、宽容失败的创新环境。

（二）整体推进改革开放，释放优势潜能。把握规律、顺势而为，运用改革思维和改革办法共建新发展格局，在融入国家战略中扬长补短、借势登高。

推动区域一体发展。全面对接长三角一体化发展，加快宁镇扬一体化发展进程，积极融入南京都市圈建设。一是推动基础设施互联互通。开工建设312国道宁镇段快速化改造和346国道城区段城市化改造项目，推进南沿江高铁、宁句城际轨道交通等工程建设，江宜高速镇江段建成通车，加快扬镇宁马城际铁路项目准备。二是推动产业创新协同发展。推进G312产业创新走廊建设，深化产业链跨区域协同合作。三是推动生态环境共保联治。联动开展长三角地区大气污染综合治理攻坚行动，加强跨界水体项目立项、入河排污口审批事前协调，开展联合执法行动。四是推动公共服务共建共享。深化与长三角城市的合作，共建一体化公共就业创业服务平台，推动住房公积金“跨省通办”，实现社保、公交、文旅“一卡通用”。

充分挖掘内需潜力。一是促进消费扩容提质。千方百计拓宽居民增收渠道，努力提高居民收入；合理增加公共消费，提高教育、医疗、养老、育幼等公共服务支出效率，减轻居民消费的后顾之忧，提升居民消费意愿。扩大传统消费，培育新型消费，举办系列消费促进活动，打造“镇江夜美好”消费经济核心区。强化市场秩序监管，着力营造安全放心消费环境。二是持续优化投资结构。推进能源、水利等传统基础设施和5G、充电桩等新型基础设施建设。实行“一城一策”调控，加强土地供应管理，统筹安置房、公租房建设管理，促进房地产市场平稳健康发展。三是健全现代商贸流通体系。推进铁、公、水、航有机衔接、集成发展。促进电商物流、冷链物流、大件运输等专业化物流发展，打通城乡物流“最后一公里”。

更高水平对外开放。加大力度“走出去”，实施口岸中转落地、总部订单争取等专项行动，用好出口退税、出口信用保险等政策工具，支持外贸企业全力保订单、保市场。发展跨境电商等外贸新业态，积极创建自贸区联动创新区，推动综合保税区全面对接江苏自贸区。更高水平“引进来”，落实促进利用外资政策措施，提升外资使用质量和效率，引进一批重大外资项目。

（三）保护修复生态环境，建设美丽镇江。把保护好绿水青山作为千秋大计，促进人与自然和谐共生。

推动生产方式绿色转型。一是加强资源高效利用。加快淘汰低端落后产能和“散乱污”企业。建立岸线利用评价指标体系，加快小散码头兼并重组，真正让“黄金水道”“黄金岸线”释放“黄金效益”。二是推进产业绿色发展。刚性落实长江经济带发展负面清单，“一企一策”推进沿江化工生产企业处置。加快建设环保公共基础设施，实施绿色制造节能工程，启动新一轮绿色工厂培育计划。三是坚持最严格生态保护。制定实施二氧化碳排放达峰行动方案及“十四五”应对气候变化专项规划，完善能源消费“双控”、生态环境监测评价制度，严厉打击破坏生态环境类犯罪，让生态红线成为不可触碰的“高压线”。

建设美丽宜居生活空间。一是优化城市空间形态。提高中心城区首位度，确定中心城区空间结构，加强城市规划设计，强化对重点区域、重点地段的控制引导，构筑特色鲜明的自然山水空间、历史文化空间、现代城市空间，提升中心城区集聚要素、配置资源、发展经济、提供服务的功能。二是持续提升城乡功能品质。实施城市更新、生态提升行动，继续实施城镇老旧小区改造和危房解危，补齐城市功能性短板，畅通城市微循环。推进美丽宜居住区（街区）建设，完善配套功能，构建“15分钟社区服务圈”。实施山体景观改造和滨水空间开发，让人们亲山近水，共享绿色资源。三是精细化推进城市管理。实施新一轮环卫市场化保洁，提升居民小区垃圾分类实效。深化窨井盖、渣土车等专项整治，开展无商业广告示范街试点。优化道路交通组织，提高路网通行效能。推进智慧城市建设，完善人口、法人、电子证照等基础数据库，整合各类业务专网，健全数据共享机制，拓展“智慧镇江”移动政务服务功能，提供更多高效便捷的应用服务。

持续改善生态环境质量。一是深化治气治水治废。开展空气质量达标管理行动，抓好挥发性有机物和秋冬季大气污染防治攻坚，推动 $PM_{2.5}$ 和臭氧浓度“双控双减”。落实河湖长制，开展“幸福河湖”三年行动，推动城镇污水治理提质增效，建成区实现污水管网全覆盖、污水全收集全处理，基本消除劣 V 类水体。加强危险废物、医疗废物收集处理，治理修复重点污染地块，促进土壤资源永续利用。二是抓好长江大保护。持续推进港口和船舶污染防治，高质量完成沿江绿色生态廊道建设任务。组建禁渔护渔队，健全联动执法长效机制，确保长江“十年禁渔”一抓到底。三是深化生态文明改革。完善生态补偿制度，建立生态环境质量与价值挂钩机制，促进绿水青山更好发挥生态效益和经济社会效益。

（四）全面推进乡村振兴，焕发乡村活力。坚持农业农村优先发展，加快构建工农互促、城乡互补、协调发展、共同繁荣的新型工农城乡关系。

繁荣发展乡村经济。一是保障重要农产品供给。落实粮食安全生产责任制，加强高标准农田建设，强化农业科技和装备支撑，开展乱占耕地建房专项整治，防止耕地“非粮化”。稳定畜禽水产养殖，确保猪肉、蔬菜等重要农产品稳产保供。二是加快农业结构调整。坚持质量兴农、绿色兴农，放大“戴庄经验”示范效应，推动粮、茶、果、花等产业结构调整和高效园艺基地建设。三是壮大新型经营主体。深化“万企联万村”行动，提档升级农业园区，培育农民合作社、家庭农场等新型农业经营主体，健全农业专业化社会化服务体系。

实施乡村建设行动。一是调整优化镇村布局。落实新一轮镇村布局规划，因地制宜编制“多规合一”实用性村庄规划，开展镇级国土空间规划编制工作。二是推进美丽宜居乡村建设。深化乡村公共空间治理，扎实推进农村改厕、生活垃圾分类处理和污水治理。深入开展特色田园乡村建设，建立市级传统村落保护名录，加强重要节点空间、公共空间、建筑和景观设计。三是加快公共服务下沉。增强镇（街道）所在地和中心村公共服务能力，促进公共服务资源向农村覆盖，推动城乡融合发展见实效。

深化农村重点改革。一是推进农村土地制度改革。完成农村房地一体不动产确权登记颁证工作，规范农村宅基地审批管理。稳妥推进丹阳农村集体经营性建设用地入市改革试点。二是深化农村集体产权制度改革。探索集体资产股份有偿退出、抵押、担保、继承等权能实现形式，提升集体经济组织自主经营管理能力。三是持续推动农村移风易俗。推广参与式治理和契约式村规民约治理，巩固提升违建墓地专项整治成果，促进社会文明进步。

（五）保障改善民生，共创幸福生活。坚持尽力而为、量力而行，持续排查解决突出民生问题，继续办好民生实事，切实增进民生福祉。

兜牢基本民生底线。一是全力做好就业工作。不遗余力稳定和扩大就业，强化企业稳岗支持，确保重点人群稳定就业。发展新就业形态，支持灵活就业，健全职业培训体系，深化“创响镇江”行动，促进更高质量就业创业。二是提升社会保障能力。深入实施全民参保计划，健全城乡居民基础养老金常态调整机制。全面做实基本医保市级统筹，深化医保支付方式和医疗服务价格改革。完善社会救助制度，健全老年人、残疾人、孤儿等关爱服务体系，安排好困难群众生产生活。三是巩固拓展脱贫成果。保持扶贫措施相对稳定，健全防止返贫动态监测和帮扶机制，推进脱贫攻坚同乡村振兴有效衔接。

提升公共服务水平。一是办好人民满意教育。坚持立德树人，推进学前教育普及普惠，促进义务教育优质均衡，推动普通高中多样化、有特色发展，加强高素质、专业化教师队伍建设，营造尊师重教浓厚氛围。提升职业教育办学层次，支持在镇高校高质量发展。二是推进健康镇江建设。促进中医药传承创新发展，完善公共卫生事业投入机制，健全疾病预防控制体系，提升医疗服务质量。推进普惠性托育、社区综合养老等工作，开展多样化全民健身活动，提升居民健康素养。三是繁荣文化事业。推进大运河文化带镇江段建设，承办第五届国际道教论坛，实施“乡村文艺播种计划”，办好金山文化艺术·旅游节、民俗文化周等活动，优化公共文化供给。高质量推进新一轮全国双拥模范城创建工作。

维护社会安全稳定。扎实推进平安镇江建设，切实提高人民群众的安全感和幸福感。一是有效化解金融风险。抓实政府隐性债务化解工作，着力压降存量债务规模、优化结构；遏制债务增量，关紧“水龙头”，严格规范政府投资项目生成、审批、竣工验收等流程，禁止国有平台违规举债建设非经营性项目；精细算好城市经营平衡账，杜绝超越财力安排支出。严厉打击恶意逃废债等非法金融活动，稳妥推动“破圈解链”，维护金融生态和信用环境。二是深化安全生产专项整治。坚持标准不降、力度不减，接续推进“三年大灶”，聚焦危化品、道路运输、建筑施工、消防等重点行业领域和重大风险隐患，持续加大排查整治力度，推动安全生产形势全面稳定向好。三是创新社会治理方式。坚持和发展新时代“枫桥经验”，常态化推进“扫黑除恶”，加大违法犯罪行为打击力度，打造更具安全感城市。开展信访积案化解专项行动，用心用情解决群众合理诉求，持续巩固安定和谐的发展环境。

慎终如始防控疫情。疫情远未结束，形势依然严峻复杂，防得住才能放得开，放得开才能发展好。我们将绷紧思想之弦，筑牢责任之堤，毫不放松抓好“外防输入、内防反弹”各项工作,坚持“人物同防”,紧盯口岸管理、入境防控等关键环节,落细落实防控措施。全面提升疫情检测、流调、隔离、救治等能力,建设市传染病医院应急病房楼和示范发热门诊,有序推进疫苗接种,完善应急处置措施,筑牢保障人民生命安全和身体健康的坚固防线。

(六)加强自身建设,提高治理效能。

更大力度推进法治政府建设。自觉践行习近平法治思想,切实转变政府职能,全面推进依法行政,完善权责清单,法定职责必须为,法无授权不可为。落实普法责任制。完善行政执行的实施、评价、问责等机制,强化对行政权力的制约和监督,把权力关进制度笼子。依法接受同级人大及其常委会的监督,自觉接受人民政协的民主监督,主动接受社会和舆论监督。政府工作人员要自觉接受法律、监察和人民监督。

更实举措推进作风效能建设。强化担当意识、服务意识,力戒形式主义、官僚主义。构建亲清政商关系,拓宽政企沟通渠道,落实纾困惠企政策,健全政策直达企业机制。深化审批制度改革,深入推进“一件事一次办”,加强和规范事中事后监管,推进跨部门联合“双随机一公开”监管,优化线上线下服务,提升“互联网+政务服务”水平。落实首问负责、首办负责、一次告知、帮办代办、限时办结等制度,健全部门联办机制,提高政务服务效率,审批时限压缩50%、即办件率达到30%,打造“镇合意”服务品牌。推动政务服务向基层延伸,推行综合窗口一站式办理。

更高站位推进反腐倡廉建设。严格落实全面从严治党主体责任,锲而不舍贯彻中央八项规定及其实施细则精神,加强党风廉政教育,运用监督执纪“四种形态”,抓早抓小、防微杜渐。严以用权,正确对待手中的权力,严守纪律底线。厉行勤俭节约,坚持过“紧日子”,从严控制专项资金。

法律、法规及重要文件

镇江市文明行为促进条例

(2020年6月19日镇江市第八届人民代表大会常务委员会第二十七次会议通过 2020年7月31日江苏省第十三届人民代表大会常务委员会第十七次会议批准)

目 录

第一章 总 则

第一条 为了培育和践行社会主义核心价值观,规范、倡导文明行为,提高公民文明素质和社会文明程度,根据有关法律、法规,结合本市实际,制定本条例。

第二条 本市行政区域内文明行为促进工作,适用本条例。

本条例所称文明行为,是指遵守宪法和法律、法规规定,体现社会主义核心价值观,维护公序良俗、引领社会风尚、推动社会文明进步的行为。

第三条 文明行为促进工作应当完善党委统一领导、政府组织实施、各方分工负责、社会积极参与的工作机制。

第四条 市、县级市(区)人民政府应当将文明行为促进工作纳入国民经济和社会发展规划以及年度计划,明确工作目标、任务和要求,将所需工作经费列入同级财政预算。

镇人民政府、街道办事处应当根据县级市(区)人民政府确定的职责,做好本区域内的文明行为促进工作。

村民委员会、居民委员会应当协助做好文明行为促进工作。

第五条 市、县级市(区)精神文明建设指导机构具体负责本行政区域内文明行为促进的规划、指导、检查、评估和通报等工作。

有关部门、社会团体和具有管理公共事务职能的组织应当按照各自职责,共同做好文明行为促进工作。

第六条 国家机关、文明创建先进单位以及公务人员、人大代表、政协委员、教育工作者,应当在文明行为促进工作中发挥表率作用。

鼓励单位和个人积极参与文明行为促进工作。

第七条 新闻出版、广播电视以及互联网信息服务提供者等应当积极宣传文明行为规范、文明礼仪,报道文明行为先进典型,批评和谴责不文明行为,营造全社会促进文明行为的氛围。

户外广告经营管理单位应当按照规定发布公益广告。

第八条 市、县级市(区)人民政府应当建立健全社会信用体系,持续推进政务诚信、商务诚信、社会诚信建设,提高全社会诚信意识。

因文明行为受到表彰的信息或者因不文明行为受到处罚的信息,有关部门应当依法录入公共信用信息系统。

第九条 单位和个人有权对不文明行为予以劝阻,对不听劝阻的可以向政府公共服务热线或者有关部门投诉、举报。

市、县级市(区)人民政府及其有关部门应当受理不文明行为的投诉、举报,依法及时处理,并为投诉、举报的单位和个人保密。

第二章 基本规范和文明倡导

第十条 公民应当牢固树立国家观念,参与爱国主义教育实践活动,维护国家安全、荣誉和利益,维护国家统一和民族团结。

公民应当自觉遵守镇江市文明倡导公约,弘扬和践行大爱镇江精神,争做文明有礼镇江人。

第十一条 倡导下列基本文明行为规范:

(一)在公共场所举止得体,语言文明,衣着整洁,不喧哗,排队依次有序,礼让老、弱、病、残、孕等人员;

(二)在公共场所注意卫生,不随地吐痰、便溺;

(三)在突发传染性呼吸道公共卫生事件,或者患有流行性感冒等传染性呼吸道疾病时佩戴口罩;

(四)珍惜粮食,文明用餐,使用公筷、公勺;

(五)维护小区环境卫生,爱护小区公共设施,生活垃圾按规定分类投放;

(六)驾驶车辆主动礼让行人,通过积水路段时减速慢行,规范停车;

(七)开展广场舞等文体活动时,合理使用场地、设施和音响器材,避免影响他人正常生活;

(八)文明上网,不侵害他人隐私,不编造、散布虚假信息,不传播低级媚俗信息;

(九)遵守旅游管理规范,尊重当地民俗习惯、文化传统和宗教信仰,服从景区、景点工作人员引导和管理,爱护文物古迹和旅游设施;

(十)移风易俗,喜事新办,丧事简办;

(十一)夫妻和睦、孝老爱亲,守望相助、向上向善,培育良好家风和文明社风;

(十二)其他有益于社会和谐发展的文明行为。

第十二条 市、县级市(区)精神文明建设指导机构和有关部门应当组织开展文明城市、文明单位、文明家庭等群众性精神文明创建活动,开展时代楷模、道德模范、身边好人、最美人物、优秀志愿者等先进典型评选和宣传活动,建立健全道德典型帮扶礼遇制度。

第十三条 鼓励和支持国家机关、企业事业单位、社会团体、基层群众性自治组织等对其工作人员的文明行为进行表扬或者奖励。

鼓励和支持利用本单位场所设立爱心服务区、公共阅读点等公益设施,并积极创造条件向社会公众开放内部停车场、运动场所和厕所。

第十四条 鼓励和支持慈善公益活动,依法保护慈善公益活动当事人的合法权益。

第十五条 全社会应当关爱和尊重残疾人、老年人,推进无障碍环境建设、老年宜居环境建设,为保障残疾人、老年人平等参与社会生活提供便利。

第十六条 鼓励和支持个人参加志愿服务活动和依法设立志愿服务组织。

有关单位应当为志愿服务活动提供便利。

市、县级市(区)精神文明建设指导机构协调指导有关部门和单位、社会力量开展志愿服务,逐步推行志愿者注册、积分管理、嘉许回馈等制度。

第十七条 医疗机构、红十字会等单位应当普及急救知识,开展急救培训,提升社会公众救护能力。

鼓励政府有关部门和社会力量在人员密集的公共场所设置自动体外除颤器等急救设备。

鼓励医疗卫生人员、经过急救培训的人员积极参与公共场所急救服务。鼓励公民为需要急救的人员拨打急救电话呼救,并提供必要帮助。

第十八条 鼓励个人无偿献血,自愿捐献造血干细胞、器官、遗体。尊重和保护捐献人的捐献意愿、隐私和人格尊严。

第十九条 鼓励、支持和保护个人采取合法、适当的方式实施见义勇为。市、县级市(区)人民政府应当依照有关规定,对见义勇为人员给予表扬或者奖励。

第三章 重点治理

第二十条 下列不文明行为列入重点治理清单:

(一)乱丢垃圾、乱倒污水;

(二)随意丢弃烟蒂,在禁烟区吸烟;

(三)擅自占用公共空间,随意堆放物料,毁绿、种菜,浇筑停车位;

(四)乱穿马路、闯红灯、跨越道路护栏;

(五)非机动车逆行、闯红灯,在机动车道行驶;

(六)机动车随意变道、加塞,向车外抛洒物品,违规鸣笛,夜间行车不按照规定使用灯光;

(七)机动车未经许可从事道路旅(乘)客运输经营;

(八)在公共场所开展集会、娱乐、展销等活动时,造成环境噪声污染;

（九）在公共场所乱涂乱画乱刻，乱贴乱发小广告；

（十）从建筑物、构筑物向外抛掷物品；

（十一）违规养犬；

（十二）其他不文明行为。

市精神文明建设指导机构应当定期对重点治理工作进行评估，并可以根据评估结果和文明行为促进工作需要，在广泛征求社会公众意见后，对重点治理清单提出进行部分调整的意见，经市人民政府同意后向社会公布。

第二十一条　公民应当文明养犬，禁止下列行为：

（一）在限养区内饲养烈性犬只和大型犬只；

（二）驱使或者放任犬只恐吓、伤害他人；

（三）遛犬不牵绳，不清理粪便；

（四）犬吠干扰他人正常生活；

（五）携带除军警犬、引导犬之外的犬只出入学校、医院、商场、宾馆、饭店、超市等人员密集场所和搭乘公共交通工具。

前款规定的限养区，烈性犬、大型犬的体型和具体品种认定标准，由市人民政府规定并公布。

第二十二条　市、县级市（区）精神文明建设指导机构应当根据本行政区域内文明行为促进工作的现状和目标，提出重点治理总体方案，经本级人民政府同意后组织实施。

有关部门应当根据重点治理总体方案，制定相应的工作计划并实施。

第二十三条　市、县级市（区）人民政府应当建立健全综合整治工作机制和查处协调联动机制，针对列入重点治理清单的不文明行为，组织开展重点监管、联合执法等工作。

第二十四条　行政执法人员查处列入重点治理清单的不文明行为时，有权要求行为人提供姓名、住址、联系方式等基本信息。行为人拒不提供的，行政执法部门提请公安机关协助核查。

第二十五条　市、县级市（区）精神文明建设指导机构和有关部门应当将列入重点治理清单的不文明行为查处情况及时向社会公开。

第四章　实施和管理

第二十六条　国家机关、企业事业单位、社会团体应当将文明行为规范纳入本单位入职培训、岗位培训内容。窗口单位工作人员应当做到言语文明、服务规范。

第二十七条　精神文明建设指导机构应当进行社会主义核心价值观教育和公民道德教育，组织开展文明城市、新时代文明实践中心等建设工作，开展社会文明程度指数测评、学雷锋志愿服务活动，引导公民养成文明行为习惯。

第二十八条　市、县级市（区）人民政府及其有关部门可以通过委托第三方、公开招募等方式，在礼仪示范、秩序维护等方面开展宣传引导服务，劝阻不文明行为。

第二十九条　城市管理部门应当完善市容环境管理网络，对城市管理中的不文明行为加强监管，及时制止，依法查处。

城市管理部门应当会同有关部门加强对生活垃圾分类处理设施、公共厕所的规划布局和建设管理。

第三十条　公安机关应当会同有关部门完善道路监控系统，保持道路交通安全设施完好，加强交通管理和文明出行宣传，及时制止交通不文明行为，依法查处交通违法行为。

公安机关应当依法查处网络传播中散布、传播谣言等违法行为。

第三十一条　文化和旅游主管部门应当倡导文明旅游，建立文明旅游引导机制和不文明旅游约束机制，收集并发布不文明旅游信息。

旅游景区景点经营者和管理者应当加强宣传引导、巡查管理和客流疏导调控，维护景区景点游览秩序。

旅行社、导游和领队应当带头遵守并向旅游者告知和解释文明旅游行为规范，引导旅游者文明旅游，劝阻不文明行为。

第三十二条　教育主管部门和教育机构应当推进文明校园建设，开展校园文明行为规范教育；加强师德师风建设，督促教师遵守职业道德规范。

第三十三条　互联网信息管理部门应当加强互联网信息内容管理和监督，引导文明上网。

第三十四条　卫生健康主管部门和医疗机构应当依法规范行医、引导文明就医，加强医患沟通，保护医疗卫生人员的人身安全、人格尊严。

第三十五条　环境保护行政主管部门应当完善环保设施，逐步在城市市区主要交通要道、商业区和人口集中区域合理设置噪声自动监测和显示设施，加强环境噪声监控。

第五章　法律责任

第三十六条　违反本条例规定的行为，法律、法规已有处罚规定的，从其规定。

第三十七条　违反本条例第二十条第一款第九项规定，在公共场所乱涂乱画乱刻、乱贴乱发小广告的，由城市管理部门予以警告，并责令改正，拒不改正的，处以三百元以上五百元以下罚款。使用通信工具从事上述行为的，城市管理部门可以建议有关单位暂停其使用通信工具。

第三十八条　违反本条例第二十条第一款第十项规定，从建筑物、构筑物向外抛掷物品的，由公安机关依法及时调查，查清责任人，予以警告或者处以一百元以上五百元以下罚款。

第三十九条　违反本条例第二十一条规定的行为，按照下列规定予以处罚：

（一）在限养区内饲养烈性犬只或者大型犬只的，由公安机关责令养犬人在十日内妥善处置，并处以五百元以上五千元以下罚款；逾期不处置的，没收犬只。

（二）驱使或者放任犬只恐吓、伤害他人的，由公安机关依照《中华人民共和国治安管理处罚法》有关规定进行处罚。

（三）遛犬不牵绳的，由公安机关责令改正，可以处以五十元以上五百元以下罚款；不清理粪便的，由城市管理部门责令纠正违法行为，采取补救措施，可以对养犬人处以一百元以上二百元以下罚款。

（四）养犬人未采取有效措施制止犬吠干扰他人正常生活的，由公安机关予以警告；警告后仍不改正的，处以二百元以上五百元以下罚款；罚款后仍不改正的，没收犬只。

（五）携带犬只出入人员密集场所或者乘坐公共交通工具的，由公安机关责令改正，并处以五十元以上五百元以下罚款。

第四十条　有关部门及其工作人员在文明行为促进工作中不作为、弄虚作假、滥用职权、徇私舞弊的，由监察机关或者其所在单位依法处理；构成犯罪的，依法追究刑事责任。

第四十一条　采取威胁、侮辱、殴打等方式打击报复劝阻人、投诉人、举报人，构成违反治安管理行为的，由公安机关依法予以治安管理处罚；构成犯罪的，依法追究刑事责任。

第六章　附　　则

第四十二条　本条例自2020年9月1日起施行。

镇江市电梯安全管理条例

（2020年8月28日镇江市第八届人民代表大会常务委员会第二十八次会议通过　2020年9月25日江苏省第十三届人民代表大会常务委员会第十八次会议批准）

目　录

第一章　总　　则

第一条　为了加强电梯安全管理，保障人身和财产安全，根据《中华人民共和国特种设备安全法》《江苏省特种设备安全条例》等法律、法规，结合本市实际，制定本条例。

第二条　本市行政区域内电梯的生产、使用、维护保养、检验、检测、应急处置和监督管理等活动，适用本条例。

本条例所称电梯是指按照国家规定的特种设备目录确定的载人电梯、载货电梯、自动扶梯和自动人行道等。仅供单一家庭使用的电梯不适用本条例，改作公共使用的，适用本条例。

第三条　市、县级市（区）人民政府应当加强对本行政区域内电梯安全工作的领导，建立协调机制，督促有关部门依法履行职责，及时解决电梯安全管理中存在的重大问题。

第四条　市、县级市（区）特种设备安全监督管理部门负责本行政区域内电梯安全监督管理工作。

住房和城乡建设、应急管理、工业和信息化、公安、教育、交通运输、商务、卫生健康、文化广电和旅游等部门和消防救援机构应当按照各自职责，做好电梯安全监督管理工作。

镇人民政府、街道办事处应当依法履行职责，协助有关部门做好电梯安全管理工作。

第五条　特种设备安全监督管理部门应当加强电梯安全宣传教育，普及电梯安全知识，增强社会公众的安全意识。

电梯生产、使用、维护保养等单位应当开展电梯安全知识宣传，引导社会公众安全使用电梯。

学校、幼儿园等教育机构应当加强电梯安全知识宣传教育，培养学生、幼儿安全文明使用电梯的习惯。

新闻媒体应当开展电梯安全公益宣传和舆论监督。

第六条　推行电梯安全责任保险，鼓励电梯生产、使用、维护保养、检验、检测等单位投保电梯安全责任保险，运用保险机制创新电梯安全管理方式。

第七条　电梯行业协会应当建立行业自律机制，开展行业信息分析研究，提供电梯安全培训、宣传教育、咨询等服务。

第二章　生　　产

第八条　电梯生产应当符合电梯安全技术规范

和有关标准的要求。

禁止将报废的零部件用于电梯生产。

第九条　电梯制造单位对电梯提供质量保修期限不得少于二年，自电梯安装监督检验合格之日起计算。电梯销售合同对质量保证期限起算日期另有约定的，从其约定。质量保修期内电梯维护保养应当由电梯制造单位或者其委托的依法取得相应资质的单位承担。

建设单位对电梯机房屋面、底坑的防渗漏保修期限不少于五年，自工程竣工验收合格之日起计算。

第十条　建设工程设计单位应当根据建筑物的使用功能，按照有关规定和标准合理设计电梯安装、运行的井道、底坑、机房和层站等建筑结构，并提出电梯选型配置的意见。

施工图审查机构应当按照有关规定和标准对电梯的有关设计进行审查。

建设单位应当依据审查意见，采购与建筑结构、使用需求相适应，符合国家和省有关规定，满足应急救援、消防、无障碍通行等要求的电梯。

建设工程竣工验收后，建设单位应当将包括电梯制造和安装、监督检验证明等资料在内的建设工程竣工档案移交城建档案管理机构和电梯使用单位保存。

第十一条　电梯安装、改造、重大修理经检验合格后，电梯施工单位将钥匙以及技术资料等移交给电梯使用单位，即为交付。

第十二条　安装载人电梯，建设单位应当配置具有安全管理运行参数采集和网络远程传输等功能的智能化装置，实现电梯轿厢内公共移动通信网络信号覆盖，并在电梯机房内安装满足电梯安全运行需要的空气调节器。公众聚集场所、住宅小区安装的电梯应当配置符合公共安全视频管理规定的视频监控设施。

本条例实施前已投入使用的载人电梯，未安装前款规定的智能化装置、公共移动通信网络、机房内空气调节器以及视频监控设施的，在改造或者重大修理时，电梯使用单位应当依法经符合规定人数的业主同意后予以加装。

第十三条　鼓励既有住宅加装电梯。

既有住宅加装电梯应当遵循政府引导、业主自愿、充分协商、保障安全的原则，具体实施办法由市、县级市（区）人民政府制定。

第三章　使　　用

第十四条　电梯所有权人应当按照有关规定明确电梯使用单位，未明确电梯使用单位的电梯不得投入使用。

第十五条　电梯使用单位是电梯使用安全的责任主体，应当履行下列义务：

（一）电梯投入使用前，建立岗位责任、隐患治理、应急救援等安全管理制度，健全电梯事故风险防范机制；

（二）按照规定配备电梯安全管理人员，每个物业管理区域至少配备一名电梯安全管理人员并在管理区域内公示；

（三）在电梯显著位置张贴安全注意事项、使用登记标志、救援标识、警示标志、安全使用说明等，并保持其完好；

（四）保持电梯紧急报警装置随时有效应答；

（五）满足电梯安全运行的通风、温度、湿度、光照度等环境要求，不得在电梯轿厢、机房、井道内安装或者放置与电梯运行无关的设施和物品；

（六）用于防爆场所以及建设工程等特殊环境下的电梯满足相应的使用管理要求；

（七）保证公众聚集场所、住宅小区使用的电梯视频监控设施正常运行，监控数据保存不少于三十日；

（八）更换电梯维护保养单位的，在新维护保养合同生效之日起三十日内办理变更手续；

（九）劝阻、制止损坏电梯的行为，劝阻、制止无效的，及时报告有关主管部门；

（十）法律、法规和安全技术规范规定的其他义务。

第十六条　电梯乘用人应当按照电梯安全注意事项和警示标志使用电梯，不得有下列行为：

（一）使用明示停用的电梯；

（二）超过额定载荷使用电梯；

（三）采用非安全手段开启电梯层门、轿厢门；

（四）破坏电梯安全标识、救援标识、零部件和其他附属设施；

（五）在电梯内吸烟、蹦跳、攀爬、打闹或者在运行的自动扶梯、自动人行道上逆行、滞留；

（六）非紧急情况下启动紧急制动装置；

（七）将电动自行车、摩托车带入载人电梯、自动扶梯或者自动人行道；

（八）运送建筑材料、建筑垃圾以及家具、电器等易造成电梯损坏的物品时，未采取安全防护、防洒漏措施；

（九）其他影响电梯安全运行的行为。

监护人应当履行对被监护人安全、文明使用电梯的监护职责。

第十七条　已建立电梯专项维修资金的，业主对住宅电梯进行更新改造时，可以依法申请使用电梯专项维修资金。

未建立电梯专项维修资金或者电梯专项维修资金余额不足的，业主对住宅电梯进行修理或者更新改造时，可以依法申请使用住宅专项维修资金。

无住宅专项维修资金或者住宅专项维修资金不足的，住宅电梯进行修理或者更新改造所需费用由业主自行筹集或者续交住宅专项维修资金后申请使用。

第十八条　市、县级市（区）人民政府可以根据本行政区域老旧电梯安全管理的需要，建立电梯修理、更新、改造经费筹措机制，为筹措资金提供必要支持。

第十九条　管理电梯的物业服务企业，应当每半年公布一次电梯维护保养、检验、检测费用使用情况；电梯有独立电表的，应当每年公布一次电费使用情况。有关业主有权对电梯经费使用情况进行监督。

第二十条　有下列情形之一，可能影响电梯使用安全的，电梯所有权人、使用单位应当委托电梯检验、检测机构进行安全评估，并根据评估结论确定电梯是否继续使用或者对电梯及时进行修理、改造、更新：

（一）受到严重水浸或者火灾、雷击、地震等灾害影响的；

（二）使用期超过十五年或者故障频发的；

（三）其他需要进行安全评估的情形。

电梯零部件不能继续使用、不能保证安全性能，存在事故隐患的，应当及时更新。

第二十一条　受委托的电梯安全评估单位应当按照规定开展安全评估活动，对评估结论的真实性、公正性负责，及时将评估结论报告电梯所在地县级市（区）特种设备安全监督管理部门。

电梯使用单位应当在电梯显著位置公布安全评估结论。

第四章　维护保养与检验、检测

第二十二条　电梯维护保养单位对其维护保养电梯的安全性能负责，并遵守下列规定：

（一）每年至少进行一次符合有关规范的自行检查，并向电梯使用单位出具检查记录或者报告；

（二）在电梯显著位置标明本单位的名称、救援电话和投诉电话，确保电话随时有效应答；

（三）在维护保养期间采取围蔽、警示等安全防护措施，防止意外发生；

（四）不得采用更改软件程序、变动硬件设施等方式设置技术障碍，影响电梯正常运行；

（五）维护保养工作完成之日，在电梯显著位置公示维护保养信息；

（六）建立维护保养记录和故障处置记录，经电梯使用单位签字确认后归入档案，并至少保存四年；

（七）新签订电梯维护保养合同的，在合同生效之日起十五日内书面报告当地特种设备安全监督管理部门；

（八）不得将业务转包、分包或者以授权、委托、挂靠等方式变相转包、分包；

（九）禁止以不正当竞争手段获取维护保养业务；

（十）履行法律、法规和安全技术规范规定的其他义务。

第二十三条　开展电梯维护保养业务的单位，应当符合相应资质要求，在本市设置固定的办公场所，配备相应资格作业人员，并在首次开展电梯维护保养工作前，书面报告市特种设备安全监督管理部门。有关信息发生变更的，应当在变更之日起十五日内，书面报告市特种设备安全监督管理部门。

第二十四条　电梯维护保养单位应当采用信息化管理手段，加强对维护保养人员和工作过程的管理，将维护保养信息及时上传特种设备安全监督管理部门网络平台。

第二十五条　公众聚集场所、使用期超过十五年或者故障频发的电梯，使用单位和维护保养单位应当根据电梯运行的实际状况，增加维护保养频次和维护保养项目。

第二十六条　电梯检验、检测机构在本市首次开展电梯检验、检测工作前，书面报告市特种设备安全监督管理部门。有关信息发生变更的，应当在变更之日起十五日内，书面报告市特种设备安全监督管理部门。

第二十七条　电梯检验、检测机构应当建立符合电梯动态监督管理要求的检验、检测数据信息交换系统，并在出具检验、检测报告之日，按照特种设备安全监督管理部门要求传输更新检验、检测数据。

第五章　应急处置

第二十八条　市人民政府应当安排电梯安全应急救援专项资金，建立全市统一的电梯应急处置服务平台。

市、县级市（区）人民政府应当制定电梯事故应急预案。电梯使用、维护保养、检验、检测等单位应当制定电梯事故应急专项预案，并按照有关规定定期开展应急处置演练。

第二十九条　电梯发生困人事件、伤人事故时，电梯使用单位应当立即启动电梯事故应急专项预案，通知并协助电梯维护保养单位实施救援，采取措施安抚被困人员、救助受伤人员。

消防救援、医疗等机构应当配合做好电梯事故的应急救援工作。

因电梯事故造成人身伤害，已经投保电梯安全责任保险的，电梯使用单位应当通知保险人，保险人应当及时启动电梯事故应急垫付、支付机制。

第三十条　除不可抗力外，承担法定救援责任的电梯维护保养单位接到电梯困人报告后，应当在三十分钟内到达现场实施救援；救援结束后应当对电梯进行检修，排除故障并做好记录。

接到电梯应急处置服务平台救援指令的单位，应当立即实施，不得推诿；在完成救援工作后，及时将有关情况报告电梯应急处置服务平台。

第六章　监督管理

第三十一条　市特种设备安全监督管理部门应当委托电梯检验、检测机构对电梯生产、维护保养、检验、检测的质量实施监督抽查，并及时向社会公布。抽查不合格的，责令限期整改；拒不整改或者整改不合格的，向发证机关提出撤销其资质许可的建议。

第三十二条　市特种设备安全监督管理部门应当会同有关部门每年向社会公布电梯安全状况。

第三十三条　市特种设备安全监督管理部门应当建立电梯安全信息化管理系统，运用物联网、大数据等技术，对电梯运行数据和故障记录进行采集、统计、分析，建立以故障率、使用寿命为主要指标的电梯质量安全评价和电梯全生命周期质量安全追溯体系，开展风险监测。

电梯生产、使用、维护保养、检验、检测等单位，应当按照国家规定向特种设备安全监督管理部门提供电梯安全有关数据，并对信息的真实性、完整性负责。

第三十四条　特种设备安全监督管理部门可以委托电梯检验、检测机构对电梯事故隐患进行鉴定，受委托的检验、检测机构应当及时出具鉴定报告。

检验、检测机构出具的鉴定报告可以作为电梯安全监督管理的技术依据。

第三十五条　特种设备安全监督管理部门发现违反有关法律、法规和安全技术规范要求的行为时，应当以书面形式发出特种设备安全监察指令，责令有关单位及时采取措施予以改正。

对危害电梯安全的行为或者发现电梯存在事故隐患的，任何单位或者个人都有权向特种设备安全监督管理部门举报。属于其职责范围的，应当按照有关规定进行核查、处理，并向举报人反馈；不属于其职责范围的，应当在二个工作日内移交有关职能部门，并告知举报人。有关职能部门应当及时处理，并将处理结果反馈举报人。

特种设备安全监督管理部门应当公布举报电话、通信地址、网络举报平台等，接受举报。

第三十六条　住房和城乡建设部门应当加强建设工程中电梯设计审查和电梯井道、底坑、机房等土建工程质量的监督管理，指导督促物业服务企业履行电梯安全管理职责。

公安机关应当依法查处破坏电梯设施和危害电梯安全的违法行为。

教育、交通运输、商务、卫生健康、文化广电和旅游等部门应当指导、督促主管行业内电梯使用单位履行电梯安全管理职责。

第七章　法律责任

第三十七条　违反本条例第八条第二款规定，将报废的零部件用于电梯生产的，由特种设备安全监督管理部门责令改正，没收违法所得，并处二万元以上二十万元以下罚款。

第三十八条　违反本条例第十二条第一款规定，安装载人电梯机房内未安装满足电梯安全运行需要的空气调节器或者公众聚集场所、住宅小区安装的电梯未配置符合公共安全视频管理规定的视频监控设施的，由特种设备安全监督管理部门责令建设单位限期改正；逾期未改正的，处一万元以上五万元以下罚款。

第三十九条　违反本条例第十五条第三项、第四项、第七项规定，电梯使用单位未履行相应义务的，由特种设备安全监督管理部门责令限期改正；逾期未改正的，责令停止使用，处二万元以上五万元以下罚款。

第四十条　违反本条例第二十一条规定，电梯安全评估单位出具虚假评估结论的，由特种设备安全监督管理部门责令改正，处五万元以上二十万元以下罚款；对直接负责的主管人员和其他直接责任人员处五千元以上五万元以下罚款。

第四十一条　违反本条例第二十二条第二项、第三项、第四项规定，或者违反本条例第二十三条规定未在本市设置固定办公场所、未配备相应资格作业人员的，由特种设备安全监督管理部门责令限期改正；逾期未改正的，处一万元以上五万元以下罚款。

第四十二条　违反本条例第二十二条第八项规定，电梯维护保养单位将业务转包、分包或者以授权、委托、挂靠等方式变相转包、分包的，由特种设备安全监督管理部门责令改正，没收违法所得，并处五万元以上十万元以下罚款。

第四十三条　违反本条例第三十条第一款规定，电梯维护保养单位未按要求到达现场实施救援的，由特种设备安全监督管理部门责令改正，并处一万元以上五万元以下罚款。

第四十四条　负有电梯安全管理职责的部门未履行本条例规定职责的，由其上级机关责令改正；情节严重的，对直接负责的主管人员和其他直接责任人员，依法给予处分；构成犯罪的，依法追究刑事责任。

第八章　附　　则

第四十五条　本条例所称电梯生产，包括电梯设计、制造、安装、改造、修理等活动。

第四十六条　本条例自2021年1月1日起施行。

2020年镇江市重要文件一览表

表34－1

文 件 名	发 文 号	发文日期
中共镇江市委关于印发《中共镇江市委常委会2020年工作要点》的通知	镇发〔2020〕1号	2020年1月3日
市委 市政府印发《关于应对新型冠状病毒感染的肺炎疫情支持企业共渡难关的政策意见》的通知	镇发〔2020〕5号	2020年2月6日
市委 市政府关于表彰新冠肺炎疫情防控工作先进个人的决定	镇发〔2020〕6号	2020年3月1日
市委 市政府关于印发《镇江市全面实施预算绩效管理实施方案》的通知	镇发〔2020〕7号	2020年4月1日
关于授予2019年度制造业金山奖、科技创新梦溪奖、金融服务贡献奖的决定	镇发〔2020〕8号	2020年4月23日
关于表彰镇江市劳模的决定	镇发〔2020〕9号	2020年5月10日
关于统筹推进"三农"领域重点工作 开启基本实现农业现代化新征程的实施意见	镇发〔2020〕10号	2020年5月28日
关于印发《镇江市深化生态文明建设综合改革实施意见》的通知	镇发〔2020〕13号	2020年6月11日
印发《关于加强新时代人大工作和建设的意见》的通知	镇发〔2020〕14号	2020年9月3日
中共镇江市委 镇江市人民政府关于印发《镇江市解决突出民生问题行动方案》的通知	镇发〔2020〕17号	2020年10月29日
中共镇江市委 镇江市人民政府印发《关于建立更加有效的区域协调发展新机制的实施方案》的通知	镇发〔2020〕18号	2020年10月29日
中共镇江市委 镇江市人民政府印发《关于建立健全城乡融合发展体制和改革体系的实施方案》的通知	镇发〔2020〕19号	2020年10月30日
关于深入推进美丽镇江建设的实施意见	镇发〔2020〕21号	2020年11月24日
镇江市人民政府关于科学有效防控疫情加快企业有序复工的意见	镇政发〔2020〕8号	2020年2月9日
镇江市人民政府关于进一步支持企业上市挂牌的政策意见	镇政发〔2020〕16号	2020年4月16日
镇江市人民政府关于进一步做好稳就业工作的实施意见	镇政发〔2020〕26号	2020年7月16日
镇江市人民政府关于印发镇江市见义勇为称号评定实施办法的通知	镇政发〔2020〕37号	2020年9月9日
镇江市人民政府关于印发镇江市授予"荣誉市民"称号实施办法的通知	镇政发〔2020〕42号	2020年10月31日
镇江市人民政府关于进一步落实粮食安全责任制确保镇江市粮食安全的实施意见	镇政发〔2020〕47号	2020年12月15日
镇江市人民政府关于印发镇江市政府投资管理办法的通知	镇政发〔2020〕50号	2020年12月31日
镇江市人民政府关于印发《镇江市道路货物装载源头超限超载治理办法》的通知	镇政规发〔2020〕1号	2020年6月22日
镇江市人民政府关于印发镇江市门楼牌号管理办法的通知	镇政规发〔2020〕2号	2020年12月8日
市委办公室 市政府办公室印发《2020年全市机关作风效能建设工作要点》的通知	镇办发〔2020〕1号	2020年1月23日
市委办公室 市政府办公室 关于印发2020年市重点项目投资计划、市级政府项目投资计划的通知	镇办发〔2020〕5号	2020年2月15日
中共镇江市委办公室印发《关于推行村党组织书记专职化管理的指导意见》的通知	镇办发〔2020〕6号	2020年3月6日
中共镇江市委办公室关于印发《中共镇江市委全面深化改革委员会2020年工作要点》的通知	镇办发〔2020〕7号	2020年3月11日
关于印发《2020年镇江市产业项目招引工作意见》的通知	镇办发〔2020〕14号	2020年4月23日
中共镇江市委办公室关于印发《镇江市党建助推产业强市三项行动实施方案》的通知	镇办发〔2020〕15号	2020年4月27日
中共镇江市委办公室关于印发《镇江市党建引领乡村振兴专项行动实施方案》的通知	镇办发〔2020〕16号	2020年4月27日
关于印发《镇江市推进城市安全高质量发展的实施意见》的通知	镇办发〔2020〕20号	2020年6月2日
市委办公室 市政府办公室 关于深入解决形式主义突出问题持续为基层减负的通知	镇办发〔2020〕21号	2020年6月9日
中共镇江市委办公室转发《市委宣传部、市委组织部关于做好〈习近平谈治国理政〉(第三卷)学习教育工作的通知》的通知	镇办发〔2020〕25号	2020年8月3日
印发《关于党建引领全团改革再出发的实施意见》的通知	镇办发〔2020〕26号	2020年8月21日
印发《关于进一步建立健全全市重大产业项目推进工作机制的意见》的通知	镇办发〔2020〕29号	2020年9月29日
印发《关于确保重要农产品有效供给的意见》的通知	镇办发〔2020〕31号	2020年11月11日
印发《关于推动我市信访工作高质量发展走在前列的工作意见》的通知	镇办发〔2020〕32号	2020年11月17日
印发《关于巩固深化"不忘初心、牢记使命"主题教育成果的实施意见》的通知	镇办发〔2020〕37号	2020年12月31日
镇江市人民政府办公室关于镇江市区既有住宅加装电梯工作实施意见(试行)	镇政办发〔2020〕6号	2020年1月22日

续表 34－1

文 件 名	发 文 号	发文日期
镇江市人民政府办公室关于印发《镇江市职工医疗保险和生育保险市级统筹基金管理办法》的通知	镇政办发〔2020〕10 号	2020 年 2 月 5 日
镇江市人民政府办公室关于创设"破产资产池"推动资源优化利用的实施意见	镇政办发〔2020〕12 号	2020 年 2 月 6 日
镇江市人民政府办公室关于应对新冠肺炎疫情支持城乡建设企业稳定持续发展的实施意见	镇政办发〔2020〕14 号	2020 年 2 月 28 日
镇江市人民政府办公室关于应对新冠肺炎疫情支持外贸企业稳定发展的政策意见	镇政办发〔2020〕20 号	2020 年 3 月 3 日
镇江市人民政府办公室关于长江镇江段全面禁捕长效管理的工作意见	镇政办发〔2020〕22 号	2020 年 3 月 11 日
镇江市人民政府办公室关于贯彻落实《镇江市历史文化名城保护条例》的实施意见	镇政办发〔2020〕23 号	2020 年 3 月 11 日
镇江市人民政府办公室关于深入做好困难职工帮扶工作的实施意见	镇政办发〔2020〕26 号	2020 年 3 月 14 日
镇江市人民政府办公室关于贯彻落实《镇江市山体保护条例》的实施意见	镇政办发〔2020〕28 号	2020 年 3 月 17 日
镇江市人民政府办公室转发市政务服务办关于深化公共资源交易平台整合共享贯彻落实意见的通知	镇政办发〔2020〕31 号	2020 年 3 月 21 日
镇江市人民政府办公室关于巩固提升农村低收入群体生活保障水平的意见	镇政办发〔2020〕33 号	2020 年 3 月 28 日
镇江市人民政府办公室关于切实加强全市农村河道管护工作的意见	镇政办发〔2020〕37 号	2020 年 4 月 19 日
镇江市人民政府办公室关于废止镇江市不动产登记所涉历史遗留问题处置暂行办法的通知	镇政办发〔2020〕61 号	2020 年 9 月 25 日
镇江市人民政府办公室关于加快推进社会信用体系建设构建以信用为基础的新型监管机制的实施意见	镇政办发〔2020〕67 号	2020 年 11 月 12 日
镇江市人民政府办公室关于印发镇江综合保税区发展绩效考核办法(2020—2022 年)的通知	镇政办发〔2020〕72 号	2020 年 12 月 8 日
镇江市人民政府办公室关于贯彻落实《镇江市电梯安全管理条例》的实施意见	镇政办发〔2020〕80 号	2020 年 12 月 21 日
镇江市人民政府办公室关于印发镇江市市区小微企业周转贷款管理办法(修订)的通知	镇政办发〔2020〕87 号	2020 年 12 月 31 日

（郭　松　徐海音）

组织机构及负责人名单

·中共镇江市委员会·

书　　记　马明龙(2 月任)
　　　　　惠建林(2 月止)
副 书 记　徐曙海(4 月任)
　　　　　张叶飞(4 月止)
　　　　　巩海滨(10 月任)
　　　　　李　健(12 月止)
常　　委　黄利民(12 月止)
　　　　　秦海涛
　　　　　郭　建
　　　　　詹立风
　　　　　孙晓南(12 月止)
　　　　　李迎久
　　　　　许　文
　　　　　陈可可(8 月任)
　　　　　宋祥林(12 月任)
　　　　　张　娟(女,12 月任)
秘 书 长　郭　建(8 月止)
　　　　　陈可可(8 月任)
副秘书长　张伟清(11 月止)
　　　　　匡文虎
　　　　　胡敖成
　　　　　沈　红(女)
　　　　　谭坚强
　　　　　刘　璇(女,11 月任)

办公室
(市委机要局、市国家保密局、市国家密码管理局、市档案局)

主　　任　匡文虎
副 主 任　谈国兴(5 月止)
　　　　　刘　璇(女,11 月止)
　　　　　李　牧
　　　　　陈文博(5 月任)
　　　　　胡　瑾(女,11 月任)
　　　　　张向秋(11 月任)
市纪委监委派驻市委办纪检监察组
　组长　王　珏
市国家保密局局长　李　牧

市国家保密局副局长　崔　超

组织部
（市委党建工作领导小组办公室、市委非公有制企业和社会组织工委、市公务员局）

部　　长　李　健（12 月止）
　　　　　张　娟（女，12 月任）
副 部 长　吴　彤（女，7 月止）
　　　　　毛　健
　　　　　顾小俊（兼）
　　　　　杜官军
　　　　　蒋建中
　　　　　郭　鑫（7 月任）
市纪委监委派驻市委组织部
　纪检监察组组长　唐承军
部务委员　郭　鑫（7 月止）
　　　　　刘文正
　　　　　李　玲（女，8 月任）
党建工作领导小组办公室主任　蒋建中
党建工作领导小组办公室副主任　周永祥（5 月任）
非公有制企业和社会组织工委书记　郭　鑫
非公有制企业和社会组织工委副书记　邱乔森
市公务员局局长　蒋建中
市考核工作委员会办公室副主任　秦艳贞（女）
市远教中心（市党员教育中心）主任
　　　　　梁　亮（11 月止）
　　　　　张　惠（11 月任）
举报核查中心主任　罗小兵（援藏）
　　　　　　　　　杨　韬

宣传部
［市精神文明建设指导委员会办公室、市政府新闻办公室、市新闻出版局（版权局）］

部　　长　孙晓南（12 月止）
副 部 长　曾文兵（4 月止）
　　　　　张　兵（9 月任）
　　　　　翟胜勇（兼，4 月任）
　　　　　徐志伟
　　　　　陆艳华（女）
　　　　　王德家（4 月任）
市纪委监委派驻市委宣传部纪检监察组
　组长　肖军荣
部务委员　朱巍巍　鲜永超
市精神文明建设指导委员会办公室主任　徐志伟
市精神文明建设指导委员会办公室副主任　凌继堂
市新闻出版局（版权局）局长　曾文兵（4 月止）
　　　　　　　　　　　　　　张　兵（9 月任）
市新闻出版局（版权局）副局长　曹永忠
市政府新闻办公室主任　陆艳华（女）
市政府新闻办公室副主任　吴修飞（11 月止）
　　　　　　　　　　　　聂　军（女，11 月任）

统一战线工作部
（市政府侨务办公室）

部　　长　巩海滨（10 月任）
　　　　　孙晓南（10 月止）
副 部 长　夏和生（兼）
　　　　　徐建锋
　　　　　王协祖
　　　　　王红卫（11 月任）
　　　　　黄宝红
市社会主义学院院长　徐建锋
市社会主义学院副院长　於光辉
　　　　　　　　　　　张欣平（兼）
　　　　　　　　　　　孙中良（兼）
市政府侨务办公室主任　王协祖
市政府侨务办公室副主任　贺　亮

政法委员会

书　　记　许　文
副 书 记　王文生（兼）
　　　　　彭忠东
　　　　　李明洪
　　　　　朱　海
政治部主任　余晓林
政法专员　孙和平
　　　　　高　辉
市纪委监委派驻市委政法委纪检监察组
　组长　宋卫东

研究室

主　　任　谭坚强
副 主 任　刘春安（9 月止）
　　　　　阎　军（援藏）
　　　　　凡　浩　周陪袁
　　　　　张平平（11 月任）

网络安全和信息化委员会办公室

主　　任　翟胜勇
副 主 任　蔡国华
　　　　　束剑竑（女）
　　　　　王洪涛（9 月任）

机构编制委员会办公室
（市事业单位登记管理局）

主　　任　顾小俊

副 主 任　陈小平
　　　　　周　飞
　　　　　张志豪(7 月任)
事业单位登记管理局副局长　汪　涌(7 月任)
市机构编制政务管理中心主任　吴业辉

台湾工作办公室
(市政府台湾事务办公室)

主　　任　吕朝霞(女,4 月止)
　　　　　孙德举(5 月任)
副 主 任　许德华
　　　　　李　劲
市政府台湾事务办公室副主任　洪　涛

市级机关工作委员会

书　　记　潘国建
副 书 记　朱凯生
　　　　　何　俊(女)
　　　　　苏建全
　　　　　李建忠
市纪委监委市级机关纪检监察工委
　书记　张建平

市委巡察工作办公室

主　　任　聂美红(女)
副 主 任　沈　华(女,12 月止)
　　　　　邓玉红(12 月任)
　　　　　周　欣(女,5 月任)
　　　　　眭尔佳(5 月止)
市委巡察组组长　任曼青(女)
　　　　　　　　沈　华(女)
　　　　　　　　闻　风(女)
　　　　　　　　谢　键
　　　　　　　　易北江
　　　　　　　　吕永生
市委巡察组副组长　陈志耕
　　　　　　　　　束国玉
　　　　　　　　　杨万兵
　　　　　　　　　徐　刚
　　　　　　　　　张晓燕(女)
　　　　　　　　　宋卫东
　　　　　　　　　赵志功
　　　　　　　　　张晓勤(女)
　　　　　　　　　杨恒林
　　　　　　　　　张立祥
　　　　　　　　　周新华
　　　　　　　　　朱录军

老干部局
(市委离退休干部工作委员会)

局　　长　杜官军
副 局 长　王瑞卿
　　　　　胡继锡
　　　　　陈　红(女)
市委离退休干部工作委员会书记　杜官军
市委离退休干部工作委员会副书记　蒋朝霞(女)

史志办公室
(市委党史工作办公室)

主　　任　吴海平
副 主 任　徐　强
　　　　　杨　兵
　　　　　王　浩
党组书记　吴海平

党　校
(市行政学院)

校　　长　李　健
常务副校长　艾晓晖
副 校 长　张欣平
　　　　　蔡　欣
　　　　　孙文平
　　　　　姚海荣(7 月任)
教 育 长　姚海荣(7 月止)
　　　　　彭智勇(7 月任)
党委书记　艾晓晖
党委副书记　王会明(5 月止)
　　　　　　张欣平(5 月任)
行政学院院长　李　健(7 月任)
　　　　　　　裔玉乾(1 月止)
行政学院常务副院长　艾晓晖
行政学院副院长　张欣平
　　　　　　　　孙文平
　　　　　　　　姚海荣(7 月任)
行政学院教育长　姚海荣(7 月止)
　　　　　　　　彭智勇(7 月任)

档案馆

馆　　长　徐　策
副 馆 长　於志洪
　　　　　吴红平(11 月任)
党组书记　徐　策

合作交流中心

主　　任　沈　红(女)
副 主 任　盛　伟

曹　雷(5月任)

供销合作总社

理事会主任　李明俊
理事会副主任　吴士富(6月止)
　　戚　研
　　王光国
　　殷秀忠
监事会主任　吴士富(6月任)
党委书记　李明俊(9月止)
党组书记　李明俊(9月任)

文化广电产业集团(广播电视台)

总经理(台长)　张　兵(9月止)
　　何广林(9月任)
副总经理(副台长)　江忠顺
　　杨　捷
　　沈　卓
　　石劲松
　　蔡　耘(女,4月任)
党委书记　张　兵(9月止)
　　何广林(9月任)
纪委书记　翟正兴
市广播电视发展中心主任　童　舒(女,4月止)

报业传媒集团

社　　长　王红卫(11月止)
　　徐红军(11月任)
副 社 长　柳昌焰
　　任　罡
董 事 长　王红卫(11月止)
　　徐红军(11月任)
总 编 辑　徐红军(11月止)
　　吴修飞(11月任)
副总编辑　刘玉祥
　　张翀煜(女)
　　刘兰明
党委书记　王红卫(11月止)
　　徐红军(11月任)
党委副书记　徐红军(11月止)
　　吴修飞(11月任)
纪委书记　徐洪波

·镇江市人民代表大会常务委员会·

主　　任　马明龙(6月任)
　　惠建林(3月止)
副 主 任　王　萍(女)
　　王常生(12月止)
　　岳卫平
　　裔玉乾(1月任,12月止)
　　陈　琳(女,12月止)
秘 书 长　丁羽如
副秘书长　陈鹏飞
　　周义平
　　魏跃明
　　张纪成
党组书记　马明龙(2月任)
　　惠建林(2月止)
党组副书记　裔玉乾(1月任,12月止)
机关党组书记　丁羽如(6月任,11月止)
　　张伟清(11月任)
市纪委监委派驻市人大政协
　纪检监察组组长　殷国平

办公室

主　　任　陈鹏飞
副 主 任　丁　吉(援陕)
　　李西仑
　　徐超琼(女)
信访处处长　李书明(5月止)
　　谭双才(5月任)

研究室

主　　任　胡高云
副 主 任　王　平

监察司法工作委员会

主　　任　倪艳平(女)
副 主 任　王克华

法制工作委员会

主　　任　张　蕾(女)
副 主 任　娄正前

预算工作委员会

主　　任　张炳良
副 主 任　乔姝蓉(女)

经济工作委员会

主　　任　许向阳(女)
副 主 任　孙　艺(女,5月任)

农村工作委员会

主　　任　夏雨林

副 主 任　郑宇飞(12 月止)

环境资源城乡建设委员会

主　　任　姚继承
副 主 任　戴永卿

教育科学文化卫生委员会

主　　任　赵　峰
副 主 任　金　蓓(女)

民族宗教侨务台湾事务委员会
(外事工作委员会)

主　　任　卫锁宏
副 主 任　徐　静(女)

人事代表联络委员会

主　　任　于士和
副 主 任　王丰江

·镇江市人民政府·

市　　长　徐曙海(6 月任)
　　　　　张叶飞(4 月止)
副 市 长　郭　建(12 月任)
　　　　　裔玉乾(1 月止)
　　　　　胡宗元
　　　　　曹丽虹(女)
　　　　　王文生
　　　　　陈可可(12 月止)
　　　　　潘早云
　　　　　周　凯(4 月任,挂职)
　　　　　殷　敏(女,12 月任)
秘 书 长　贾　晟(12 月止)
　　　　　马国进(12 月任)
副秘书长　薛国荣
　　　　　张　军(11 月止)
　　　　　杨益斌
　　　　　夏卫军(兼)
　　　　　李　军(11 月任)
　　　　　刘春安(9 月任)
　　　　　卢利林(11 月止)
　　　　　杨　毅
党组书记　徐曙海(4 月任)
　　　　　张叶飞(4 月止)
党组副书记　郭　建(7 月任)
　　　　　　裔玉乾(1 月止)

办公室
(市政府研究室、大数据管理局)

副 主 任　王　磊
　　　　　谈建新
　　　　　顾明华(4 月任)
　　　　　凌宇翔
　　　　　闵　佳(4 月止)
党组书记　贾　晟(12 月止)
　　　　　马国进(12 月任)
市纪委监委派驻市政府办纪检监察组
　组长　张学斌
研究室副主任　王　军
大数据管理局副局长　蒋　磊
市政府驻北京联络处主任　孙国平
市政府驻北京联络处副主任　童　舒(女,4 月任)
　　　　　　　　　　　　　吴建明
　　　　　　　　　　　　　崔晓俊(11 月止)
市政府驻上海联络处主任　王　蔚
市政府驻上海联络处副主任　施大庆

发展和改革委员会
(粮食和物资储备局)

主　　任　殷国兴
副 主 任　史健洁(女)
　　　　　吕仁卿
　　　　　陈　明
　　　　　周德荣(11 月止)
　　　　　孙嘉磊
　　　　　宋小娜(女,挂职,9 月止)
党组书记　殷国兴
市纪委监委派驻市发改委纪检监察组
　组长　陈银芳(女,11 月止)
　　　　杜友义(11 月任)
市粮食和物资储备局局长　殷国兴
市粮食和物资储备局副局长　何益华
市委军民融合发展委员会办公室副主任
　　　　　石子刚

教育局
(市委教育工作委员会)

局　　长　刘元良
副 局 长　薛安明
　　　　　黄科文
　　　　　王　健
　　　　　赵建军(12 月任)
　　　　　王树利(兼)
党委书记　刘元良
党委副书记　朱定明

市纪委监委派驻市教育局纪检监察组
组长　周　巍
教育工作委员会书记　刘元良
教育工作委员会副书记　朱定明
市政府教育督导室副主任　赵建军(12 月止)
孙　鹏(12 月任)

科学技术局

局　　长　蔡　萍(女)
副 局 长　朱　峰
杨国祥
肖晨帆(女)
赖忠民(7 月止)
张　松
方立东(7 月任)
施伟东(兼)
党组书记　蔡　萍(女)
党组副书记　朱　峰

工业和信息化局

局　　长　卜晓放
副 局 长　陆炳西(援疆)
朱明珠(女)
孙　勇　刘荷生
党委书记　卜晓放

民族宗教事务局

局　　长　夏和生
副 局 长　王明法(9 月任)
张俊美
周志强
朱开荣
黄　勇(11 月任)
党组书记　夏和生

公安局

局　　长　王文生
副 局 长　梁　坚
顾传先
季成宾
单永建
高建新
钱建平
党委书记　王文生
党委副书记　梁　坚
郦锡梅(女)
市纪委监委派驻市公安局纪检监察组
组长　李桂芳
政治部主任　郦锡梅(女)
政治安全保卫支队支队长　俞　斌
政治安全保卫支队政委　施有才
治安警察支队支队长　朱游仙
治安警察支队政委　杨忆宁(4 月止)
詹　波(4 月任)
刑事警察支队支队长　赵晓平
刑事警察支队政委　翟建军
经济犯罪侦查支队支队长　陈　俊
经济犯罪侦查支队政委　钟俊国(4 月任)
交通警察支队支队长　陈雪华
交通警察支队政委　陆　斌
水警支队支队长　许文浩(4 月止)
水警支队政委　曹　瑞
网络安全保卫支队支队长　杨忆宁(4 月任)
网络安全保卫支队政委　吴　洁(女)
技术侦察支队支队长　孙瑞冰
技术侦察支队政委　倪荣锦
巡特警支队支队长　赵福民
巡特警支队政委　刘海鹰
新区分局局长　范存建
新区分局政委　陆　军
市公安局督察长　王文生

民政局

局　　长　尹卫民(4 月止)
吕朝霞(女,4 月任)
副 局 长　陈发荣
陈海虹(女)
杨宏斌
陆　敏(女)
党委书记　尹卫民(4 月止)
吕朝霞(女,4 月任)
党委副书记　陈发荣
市社会福利服务中心主任　郭宇光

司法局

局　　长　马建生
副 局 长　王　宏
王卫红
冯　琳
陈志杰
石庆银
曾　见(兼)
党组书记　马建生
镇江仲裁委员会秘书处秘书长　马建生
镇江仲裁委员会秘书处副秘书长　窦高林

财政局

局　　长　戴非平
副 局 长　王　捷
　　　　　严明礼
　　　　　张跃明
　　　　　孙明祥(7月任)
　　　　　林　海(5月止)
总会计师　孙明祥(7月止)
党组书记　戴非平
党组副书记　王　捷
市纪委监委派驻市财政局纪检监察组
　组长　屠文华

人力资源和社会保障局

局　　长　孙沛然(4月止)
　　　　　曾文兵(4月任)
副 局 长　温小卫(5月止)
　　　　　殷利民(9月止)
　　　　　崔海柱　吴志龙
　　　　　崔晓俊(11月任)
　　　　　曹志云(女,9月任)
党委书记　孙沛然(4月止)
　　　　　曾文兵(4月任)
党委副书记　温小卫(5月止)
　　　　　　崔海柱(9月任)
人才服务中心主任　翟　海

住房和城乡建设局
(人民防空办公室、地震局)

局　　长　宇文家胜
副 局 长　戴宏才　周锦程
　　　　　陈　凯　施仁新
　　　　　王宝海　孟　坚
　　　　　庄晋财(兼)
总工程师　潘海涛
党委书记　宇文家胜
党委副书记　戴宏才
　　　　　　余　雷
市纪委监委派驻市住建局纪检监察组
　组长　蔡迎曙(女)
市人民防空办公室主任　宇文家胜
市人民防空办公室副主任　戴卫东
市地震局局长　戴宏才
市地震局副局长　王　宁(9月任)

城市管理局
(城市管理综合行政执法局)

局　　长　宋平生
副 局 长　贺建国
　　　　　贾安民
　　　　　项志明
　　　　　张新仁
　　　　　周　藜(女,4月任)
　　　　　曹　鹏(挂职,9月止)
党委书记　宋平生
城市管理行政执法支队支队长　郑定国

交通运输局
(地方铁路建设办公室)

局　　长　丁　锋
副 局 长　陈峰林
　　　　　夏　军
　　　　　金国俊
　　　　　杨　文(兼)
总工程师　顾建武
党委书记　丁　锋
党委副书记　赵　坚
市纪委监委派驻市交通运输局
　纪检监察组组长　唐友余
市地方铁路建设办公室主任　丁　锋
市地方铁路建设办公室副主任　李海军

水利局

局　　长　凌荣春
副 局 长　李　军(11月止)
　　　　　张益民
　　　　　田　谷
　　　　　许国忠
　　　　　董文生
总工程师　汤　兵(4月任)
党委书记　凌荣春
党委副书记　李　军(11月止)

农业农村局
(市政府扶贫工作办公室)

局　　长　马国进
副 局 长　吴　杨
　　　　　周惠瑜
　　　　　朱　毅
　　　　　李传德
总农艺师　徐　洪
总畜牧兽医师　祝　威(4月任)
党委书记　马国进
市纪委监委派驻市农业农村局
　纪检监察组组长　邵卫国
市政府扶贫工作办公室主任　马国进

市政府扶贫工作办公室副主任　刘明传
市委农村工作领导小组办公室副主任
　　　　张海斌
市农业综合行政执法支队支队长　王正平(8 月任)

商务局
(口岸办公室)

局　　长　谈沁磊
副 局 长　黄志中
　　　　　林丹如
　　　　　周军捷
　　　　　潘大春
党委书记　谈沁磊
党委副书记　张玉宏
　　　　　　邵　教(8 月任)
中国国际贸易促进委员会镇江市支会
　会长　张玉宏
中国国际贸易促进委员会镇江市支会
　副会长　章存保
市口岸办公室主任　谈沁磊
市口岸办公室副主任　李　蔚(女)

文化广电和旅游局
(文物局)

局　　长　周文娟(女)
副 局 长　马建中
　　　　　朱国夫
　　　　　许　伟(女)
　　　　　曹　玮
　　　　　杨正宏
　　　　　陈学军(7 月任)
党委书记　周文娟(女)
文物局局长　周文娟(女)
文物局副局长　周连锁(7 月任)
镇江博物馆馆长　周明磊(女)
文化市场综合执法支队支队长　薛玉龙

卫生健康委员会
(中医药管理局)

主　　任　胡云霞(女)
副 主 任　郭　军
　　　　　陈　宏(女)
　　　　　柯舜刚
　　　　　朱朝阳
　　　　　吴晓晖(11 月任)
　　　　　李遇梅(女,兼)
党委书记　胡云霞(女)
党委副书记　章昆明

市纪委监委派驻市卫健委
　纪检监察组组长　周建华(女)
市中医药管理局局长　胡云霞(女)

退役军人事务局

局　　长　方德龙
副 局 长　侯阳锦
　　　　　龚祺祯(女)
　　　　　夏振刚(5 月任)
　　　　　缪德新
　　　　　贾全新(5 月任)
党组书记　方德龙

应急管理局

局　　长　徐志刚
副 局 长　吴志忠
　　　　　张　勤
　　　　　郦卫星
　　　　　周德厚
　　　　　徐　军
　　　　　章运动(7 月任)
总工程师　孙建春
党组书记　徐志刚(9 月止)
党委书记　徐志刚(9 月任)
党组副书记　吴志忠(9 月止)
党委副书记　吴志忠(9 月任)
市安全生产委员会办公室专职副主任
　　　　　吴志忠(4 月止)
　　　　　王　钊(4 月任)
安全生产监察支队支队长　王跃峰

审计局

局　　长　刘晓东
副 局 长　吴小红(女)
　　　　　田茂松
　　　　　史　宏
　　　　　许晓世(兼)
总审计师　曹　敏(女)
党组书记　刘晓东

政府外事办公室
(政府港澳事务办公室)

主　　任　魏弘扬(11 月止)
　　　　　卢利林(11 月任)
副 主 任　张忠华
　　　　　许德成
　　　　　赵　宓(女)
党组书记　魏弘扬(11 月止)

卢利林（11 月任）
政府港澳事务办公室主任
魏弘扬（11 月止）
卢利林（11 月任）

政府国有资产监督管理委员会

主　　任　董和建
副 主 任　张荣军（4 月止）
张志军
殷　军
陈　峰
党委书记　董和建
党委副书记　李　志
市纪委监委派驻市国资委纪检监察组
组长　魏春林

政务服务管理办公室

主　　任　陈新中（5 月止）
戴　坚（5 月任）
副 主 任　张　敏
周春旺
黄国华
陈启华
张卫星
党组书记　陈新中（5 月止）
戴　坚（5 月任）
党组副书记　周春旺

市场监督管理局（知识产权局）

局　　长　杜秀芹（女）
副 局 长　邓国平
翟春辉
吴圣涛
赵国新
吴福平
周君梅（女）
陈　文
赵剑萍
徐　艺
石学勇（挂职，9 月任）
食品安全总监　朱志玲（女）
总工程师　陈继卫
党组书记　邓国平
党组副书记　翟春辉
市纪委监委派驻市市场监督管理局
纪检监察组组长　颜美薇（女）
市知识产权局局长　翟春辉
市知识产权局副局长　刘　远

体育局

局　　长　戚亚新
副 局 长　郑迎伟（女）
尤卫东　承　纲
孙庆海（兼）
党组书记　戚亚新
党组副书记　郑迎伟（女）

统计局

局　　长　戴　坚（5 月止）
林　海（5 月任）
副 局 长　王　涛
陈正群
卞　茜（女）
王大华
总统计师　王　军
党组书记　戴　坚（5 月止）
林　海（5 月任）

医疗保障局

局　　长　胡　强
副 局 长　张彤明（女）
缪　宏
范国富
党组书记　胡　强
医保基金管理中心主任　张正明

信访局

局　　长　张　军（11 月止）
夏卫军（11 月任）
副 局 长　吕志强
庄兴国
刘　进
陈　莹（女，4 月任）
信访专员　张　搏
党组书记　张　军（11 月止）
夏卫军（11 月任）

地方金融监督管理局（市政府金融工作办公室）

局　　长　钱仁汉
副 局 长　史　强　张祝建
李　静
李红玲（女，挂职，9 月任）
党组书记　钱仁汉
市政府金融工作办公室主任　钱仁汉

机关事务管理局

局　　长　徐海亮
副 局 长　张剑斌
　　　　　刘立军
　　　　　周瑞荣（12 月止）
　　　　　王　宏（女）
　　　　　王　栋（12 月任）
党组书记　徐海亮

镇江新区
［党工委、人大工委、管理委员会、政协工委、纪工委（镇江经济技术开发区监察工委）］

党工委书记　秦海涛
党工委副书记　薛　峰
　　　　　　　孙家政
　　　　　　　刘祥生
党工委委员　邵　兵
　　　　　　马云明
　　　　　　吴晓彤
　　　　　　朱晓阳
　　　　　　杨菊兰（女）
　　　　　　范存建
　　　　　　王德家（4 月止）
　　　　　　陆建林
　　　　　　徐志华（女）
　　　　　　朱小兵
　　　　　　蒋红武（9 月任）
　　　　　　吴　江（9 月任）
　　　　　　图登佩杰（挂职，9 月任）
纪工委书记（镇江经济技术开发区监察工委主任）
　　　　　　吴晓彤
纪工委副书记　任驭阳
　　　　　　　陆海栋
监察工委副主任　任驭阳
　　　　　　　　陆海栋
政法委书记　陆建林
组织部部长　徐志华（女）
宣传统战部部长　蒋红武（4 月任）
　　　　　　　　王德家（4 月止）
人大工委主任　经山河
人大工委副主任　安　江（6 月止）
　　　　　　　　王　忠
　　　　　　　　刘　巍（9 月任）
管委会主任　薛　峰（12 月止）
　　　　　　路月中（12 月任）
管委会副主任　邵　兵
　　　　　　　马云明
　　　　　　　朱晓阳
　　　　　　　杨菊兰（女）
　　　　　　　范存建
　　　　　　　图登佩杰（挂职，9 月任）
　　　　　　　任　重（挂职）
　　　　　　　董凯松（挂职，9 月任）
政协工委主任　孙家政
政协工委副主任　倪　宏（4 月止）
　　　　　　　　张春华（4 月任）
镇江出口加工区管理委员会主任　薛　峰
党政办公室主任　成　锋（4 月任）
　　　　　　　　蒋红武（4 月止）
经济发展局局长　张春华
科学技术和信息化局局长　方　莉（女，4 月止）
　　　　　　　　　　　　管　理（9 月任）
社会发展局局长　徐仁兰（女，9 月任）
财政局局长　朱　萍（女）
人社局局长　徐子荣
城乡建设局局长　王开吉
综合行政执法局局长　夏志远
市场监督管理局局长　刘　巍（9 月止）
　　　　　　　　　　赵建平（9 月任）
行政审批局局长　吴　江（9 月止）
　　　　　　　　陶　伟（9 月任）
综合保税区管理局局长　徐　丹（援陕）
　　　　　　　　　　　成　锋（4 月止）
　　　　　　　　　　　方　莉（女，4 月任）
生态环境和应急管理局局长　顾祥刚（4 月任）
国家大学科技园管理办主任　徐仁兰（女，9 月止）
　　　　　　　　　　　　　蒋峻青（9 月任）
新能源产业园管理办主任　赵建平（9 月止）
　　　　　　　　　　　　王　引（9 月任）
新材料产业园管理办公室主任　蒋峻青（9 月止）
中瑞生态产业园管理办公室主任　杨承忠
航空航天产业园管理办公室主任　杨　亮
集成管理指挥中心主任　吴　江（9 月任）
镇江经济开发区法院院长　卜士凡

镇江高新技术产业开发区
（党工委、管理委员会）

党工委书记　詹立风
党工委副书记　尹卫民（4 月任）
　　　　　　　严竹波（4 月止）
　　　　　　　曹　军
党工委委员　肖敬东
　　　　　　张宁晖
　　　　　　曹文栋
　　　　　　刘晓虎
　　　　　　王　旭

文层耕
于晓波(挂职,4 月止)
于　涛(挂职,4 月任)
金　峰(挂职,9 月任)
纪工委书记　曹文栋
管委会主任　尹卫民(4 月任)
严竹波(4 月止)
管委会副主任　肖敬东
张宁晖
刘晓虎
文层耕
段志旺(挂职,7 月止)
张贤杰(挂职)
于晓波(挂职,4 月止)
于　涛(挂职,4 月任)

企业改革指导办公室

主　　任　吴光明
党委书记　吴光明

行业老干部管理服务办公室

主　　任　钱忠勤
党委书记　钱忠勤

农业科学院

院　　长　姚克兵
副 院 长　刘照亭　吴盛祥
戴忠良
党委书记　孙德举(7 月止)
刘国明(7 月任)
党委副书记　姚克兵
陈明春
纪委书记　王建祥

城市水利管理处

主　　任　颜朗辉
党总支书记　颜朗辉

房屋征收指导中心

主　　任　贾泽栋
党总支书记　贾泽栋

城市干道工程建设办公室

主　　任　李少龙
党支部书记　李少龙

给排水管理处

处　　长　蒋礼兵
党委书记　蒋礼兵

交通运输综合行政执法支队

支 队 长　赵永富

综合交通事业发展中心

主　　任　石小武

公路事业发展中心

主　　任　王　宁

港航事业发展中心

主　　任　周明盛

交通工程建设管理处

党总支书记　侯　辉

城市建设产业集团

董 事 长　庞　迅
总 经 理　翟德智
副总经理　何新荣(7 月止)
曹　俊
陆　江
高建文
郎德虎
高　超(7 月任)
党委书记　庞　迅
党委副书记　翟德智
景有军(7 月止)
何新荣(7 月任)
市纪委监委派驻城建产业集团
纪检监察组组长　张　涛
总会计师　张　慧(女)
工会主席　高　峰

交通产业集团

董 事 长　余国根
总 经 理　王明法(9 月止)
部益农(9 月任)
副总经理　秦开颜
部益农(9 月止)
聂　江　张旭伟
党委书记　余国根
党委副书记　王明法(9 月止)
部益农(9 月任)
蔡　超
市纪委监委派驻交通产业集团
纪检监察组组长　袁　泉

总会计师　刘冬明
工会主席　顾文娟(女)

文化旅游产业集团

董 事 长　段永齐
总 经 理　谢　翔
副总经理　蒋云峰
　　　　　沈忠华(7月止)
　　　　　史　勇
　　　　　石　磊
　　　　　曹学松
　　　　　张　立(7月任)
党委书记　段永齐
党委副书记　谢　翔
　　　　　　蒋云峰
　　　　　　王永平(7月止)
　　　　　　沈忠华(7月任)
工会主席　吴江玲(女)

港口发展集团有限公司

董 事 长　荆天翔
总 经 理　胡文辉
副总经理　韩年庚(11月止)
　　　　　陈国华(12月任)
　　　　　眭尔佳(11月任,12月止)
　　　　　丁邦红
　　　　　张玉龙
党委书记　荆天翔
党委副书记　胡文辉
　　　　　　陈龙平(5月任)
纪委书记、监察专员　陈国华(12月止)
　　　　　　　　　　眭尔佳(12月任)
工会主席　周洪源

国有投资控股集团

董 事 长　周　毅
总 经 理　陈家军
副总经理　蒋金署
　　　　　田习高
　　　　　朱　涛(9月止)
　　　　　常啸宇
　　　　　张翼达(8月任)
　　　　　李朝勤(9月任)
　　　　　韩绪超(8月任)
党委书记　周　毅
党委副书记　陈家军
　　　　　　杜友义(11月止)
工会主席　张翼达(11月止)
　　　　　吴剑瑛(11月任)

江苏恒顺集团有限公司

董 事 长　杭祝鸿
总 经 理　聂旭东
副总经理　王召祥(7月止)
恒顺醋业总经理　李国权
恒顺醋业副总经理　王召祥
党委书记　杭祝鸿
党委副书记　聂旭东
　　　　　　夏振刚(5月止)
　　　　　　高　广(5月任)
纪委书记、监察专员　陈月娥(女)
工会主席　强　健

江苏索普(集团)有限公司

董 事 长　胡宗贵
总 经 理　邵守言
常务副总经理　凌　晨(女)
副总经理　许宝华
　　　　　吴　杰
　　　　　代松涛
党委书记　胡宗贵
党委副书记　邵守言　范立明
　　　　　　凌　晨(女)
纪委书记、监察专员　谢天白
工会主席　朱晓新

体育产业发展有限公司

董 事 长　孙佑美(女)
总 经 理　李朝勤(9月止)
　　　　　朱　涛(9月任)

住房公积金管理中心

主　　任　林　海(5月止)
　　　　　苏　畅(7月任)

劳动就业管理中心

主　　任　庄志南
党总支书记　庄志南

社会保险基金管理中心

主　　任　胡西华
党总支书记　胡西华

疾病预防控制中心

主　　任　徐承平
党总支书记　何广立

卫生监督所

所　　长　贡浩凌(女)
党总支书记　贡浩凌(女)

餐饮安全监督所

所　　长　陈　辉

财政干部培训中心

主　　任　周方明(4月止)
　　　　　李文江(4月任)

公共资源交易中心

主　　任　赵　波
总支部书记　赵　波

·政协镇江市委员会·

主　　席　李国忠(12月止)
副 主 席　徐　平
　　　　　朱开宝
　　　　　卢道富
　　　　　张红娣(女)
　　　　　陈林海
　　　　　高国成(1月任)
　　　　　吴　彤(女,1月任)
　　　　　蒋鹏程(1月任)
秘 书 长　何培树
副秘书长　谈德成(11月止)
　　　　　韩迎农(11月止)
　　　　　吕纯贵(12月止)
　　　　　魏弘扬(11月任)
　　　　　张旭彬(兼)
　　　　　宗加伟
　　　　　梁新歌(女,兼)
　　　　　尹红敏(女,兼)
　　　　　吴银权(兼)
　　　　　方玉强(兼)
　　　　　张　标(兼)
　　　　　张　峥(12月任)
党组书记　李国忠(12月止)
机关党组书记　何培树(6月任,11月止)
　　　　　　　张　军(11月任)

办公室

主　　任　谈德成(11月止)
　　　　　魏弘扬(11月任)
副 主 任　陈　青(女,5月止)
　　　　　张　峥(12月止)
　　　　　魏欲龄(女,5月任)
　　　　　燕会友(12月任)

研究室

主　　任　张旭彬
副 主 任　周　涛

提案委员会

主　　任　张友林
副 主 任　周方明(4月任)

经济科技委员会

主　　任　蒋平权(11月止)
　　　　　周德荣(11月任)
副 主 任　解志勇

农业农村委员会

主　　任　吴　当
副 主 任　李方喜

教卫体委员会

主　　任　任一鸣
副 主 任　陈　青(女,5月任)

文化文史委员会

主　　任　蔡永祥
副 主 任　汤光强(12月止)
　　　　　沈　洋(女,12月任)

社会法制委员会
(民族宗教委员会)

主　　任　葛玉连
副 主 任　卢小芳(女)

港澳台侨委员会
(外事委员会)

主　　任　戴永胜
副 主 任　陈　红(女,9月止)
　　　　　毛守军(9月任)

城乡建设人口资源环境委员会

主　　任　季　平
副 主 任　孔　萍(女)

政协委员工作办公室

主　　任　汤光强(12月任)
　　　　　许小琦(12月止)

副 主 任　时文洁(女)

·中共镇江市纪律检查委员会 镇江市监察委员会·

书　　记　黄利民(12 月止)
　　　　　宋祥林(12 月任)
副 书 记　徐冀锋
　　　　　周奇恒
　　　　　庄　旭
常　　委　聂美红(女)
　　　　　陈　晖
　　　　　李　军
　　　　　许志民
　　　　　陈炳林(8 月止)
　　　　　朱海生(8 月任)
监察委员会主任　黄利民
监察委员会副主任　徐冀峰
　　　　　　　　　周奇恒
　　　　　　　　　庄　旭
监察委员会委员　黄　斌(4 月止)
　　　　　　　　朱海生(8 月止)
　　　　　　　　傅　裕(女,8 月任)
　　　　　　　　陈　功(8 月任)
办公室主任　邓玉红(12 月止)
组织部部长　徐雪蕾(女)
宣传部部长　李立云(5 月止)
　　　　　　眭尔佳(5 月任,11 月止)
法规研究室主任　李立云(5 月任)
党风政风监督室主任　赵小堂(11 月止)
信访室主任　高　呈(女)
案件监督管理室主任　傅　裕(女,7 月止)
　　　　　　　　　　骆　俊(9 月任)
第一纪检监察室主任　赵明生(7 月止)
第一审查调查室主任　赵明生(7 月任)
第二纪检监察室主任　陈　功(7 月止)
第三纪检监察室主任　卞啸君(7 月止)
第三审查调查室主任　卞啸君(7 月任)
第四纪检监察室主任　许　辉(5 月任,7 月止)
第四审查调查室主任　许　辉(7 月任)
第六监督检察室主任　叶　红(女,7 月任)
第七纪检监察室主任　左　荣(女,7 月止)
第七监督检察室主任　左　荣(女,7 月任)
第八纪检监察室主任　骆　俊(7 月止)
第八监督检察室主任　骆　俊(7 月任,9 月止)
第九纪检监察室主任　蔡　璟(女,7 月止)
第九监督检察室主任　蔡　璟(女,7 月任)
案件审理室主任　赵凌云(女,5 月止)
　　　　　　　　吴　燕(女,5 月任)
纪检监察干部监督室主任　赵凌云(女,5 月任)
市纪委监委派驻综合纪检监察组
　组长　叶　红(女,7 月止)

·镇江市中级人民法院·

院　　长　汤小夫
副 院 长　章纯钢
　　　　　吴　猛
　　　　　陈　敏
　　　　　张子敏
党组书记　汤小夫
党组副书记　章纯钢
市纪委监委派驻市中级人民法院
　纪检监察组组长　周国达(11 月止)
　　　　　　　　　赵小堂(11 月任)
政治部主任　闻　风(女,1 月止)
　　　　　　於剑锋(1 月任)
审判委员会专职委员　陈　玉(女)
　　　　　　　　　　岳益民
　　　　　　　　　　柳建安
执行局局长　张巧林

·镇江市人民检察院·

检 察 长　张新祥
副检察长　朱　毅(5 月止)
　　　　　陈兴生(挂职,5 月任)
　　　　　解维克(8 月任)
　　　　　鲁　宽
　　　　　方红卫(女)
　　　　　周绪平(11 月任)
党组书记　张新祥
党组副书记　朱　毅(5 月止)
　　　　　　陈兴生(挂职,5 月任)
　　　　　　解维克(8 月任)
市纪委监委派驻市检察院
　纪检监察组组长　黄亚平
政治部主任　丁立新
检察委员会专职委员　王志祥(11 月止)
　　　　　　　　　　黄　进(11 月任)
镇江经济开发区检察院检察长　景双彬
金山地区检察院检察长　李晓明

·民主党派、工商联·

中国国民党革命委员会镇江市委员会

主任委员　王加友
副主任委员　施伟东
　　方玉强(驻会)
　　于　明

中国民主同盟镇江市委员会

主任委员　杨晓勤(女,驻会)
副主任委员　王瑞楠
　　袁建平
　　卢全有
　　林黎明

中国民主建国会镇江市委员会

主任委员　孙中良(驻会)
副主任委员　夏　军
　　陆霄霞(女)
　　庄晋财
　　宋小燕(女)

中国民主促进会镇江市委员会

主任委员　徐　平
副主任委员　李耀明
　　邹家生
　　陈建红
　　尹红敏(女,驻会)

中国农工民主党镇江市委员会

主任委员　蒋鹏程
副主任委员　梁新歌(女,驻会)
　　李遇梅(女)
　　王卫方(女)
　　李国海

中国致公党镇江市委员会

主任委员　张红娣(女)
副主任委员　张　标(驻会)
　　许　伟(女)

九三学社镇江市委员会

主任委员　钱伯安
副主任委员　陈沛华(女)
　　祝中昊
　　姚震球
　　贺丽娟(女)

工商业联合会

主　　席　卢道富
副 主 席　王红卫(11月任)
　　张国华
　　刘　杰
　　吴银权
　　胡舜根
　　吴光明(兼)
　　陈晓龙(兼)
　　王　刚(兼)
　　郦海星(兼)
　　倪道宏(兼)
　　郭　琰(兼)
　　施文进(兼)
　　耿仲毅(兼)
　　高庆文(兼)
　　艾学平(兼)
　　张玉宏(兼)
党组书记　王红卫(11月任)
党组副书记　张国华
秘 书 长　左建香(女)

·群众团体·

总工会

主　　席　王常生
副 主 席　刘正泰
　　殷利民(9月任)
　　解军英(女)
　　徐炳辉
　　吕毓蕾(女)
　　林田中(兼)
　　周惠祥(兼)
　　左克祥(兼)
　　彭遂红(女,挂职,12月任)
党组书记　刘正泰
市纪委监委派驻市总工会
　纪检监察组组长　毛乾元

共青团镇江市委员会

书　　记　陈秋明
副 书 记　胡光亮
　　杜　剑
　　王思思(女,4月任)
　　王　啸(挂职)
　　吴国涛(兼职)
　　曹大威(兼职)
　　王　丹(女,兼职)

党组书记　陈秋明(8 月止)

妇女联合会

主　　席　张宜英(女)
副 主 席　罗　娟(女)
　　　　　蔡琳琳(女)
　　　　　卞莹莹(女)
　　　　　左建香(女,挂职,7 月任)
　　　　　高　静(女,兼)
　　　　　方美芳(女,兼)
　　　　　孙逍霞(女,兼)
　　　　　秦　艳(女,兼)
党组书记　张宜英(女)
党组副书记　罗　娟(女,7 月任)
市政府妇女儿童工作委员会
　办公室主任　刘志奇(女)

科学技术协会

主　　席　王　琴(女)
副 主 席　蒋继红
　　　　　赵　飞(4 月任)
　　　　　谢立新(11 月任)
　　　　　朱　毅(5 月任,6 月止)
　　　　　丁建宁(兼)
　　　　　王加友(兼)
　　　　　黄科文(兼)
　　　　　杨国祥(兼)
　　　　　王　捷(兼)
　　　　　刘捷铃(女,兼)
　　　　　章昆明(兼)
党组书记　王　琴(女)
党组副书记　朱　毅(5 月任,6 月止)
秘 书 长　王亚东

哲学社会科学界联合会

主　　席　于　伟
副 主 席　刘业林
　　　　　杨　猛(女)
　　　　　谢林祥
　　　　　薛玉刚
　　　　　李洪波(兼,4 月任)
　　　　　谈　镇(兼,4 月任)
　　　　　谭坚强(兼,4 月任)
　　　　　郭　鑫(兼,4 月任)
　　　　　严明礼(兼,4 月任)
　　　　　戴　坚(兼)
　　　　　艾晓晖(兼,4 月任)
　　　　　李大洪(兼,4 月任)
　　　　　梅　强(兼,4 月止)
　　　　　黄　进(女,兼,4 月止)
　　　　　陈鹏飞(兼,4 月止)
　　　　　谭浩俊(兼,4 月止)
　　　　　陆介平(兼,4 月止)
党组书记　于　伟
秘 书 长　薛玉刚

文学艺术界联合会

主　　席　张志耕
副 主 席　孙　彤
　　　　　潘仲民
　　　　　王香莲(女)
　　　　　阚爱萍(女,兼)
　　　　　黄科文(兼)
　　　　　孙小梅(女,兼)
　　　　　汤文彪(兼)
　　　　　蔡永祥(兼)
党组书记　曾文兵(4 月止)
　　　　　张志耕(11 月任)
党组副书记　张志耕(11 月止)

归国华侨联合会

主　　席　王永新
副 主 席　黄　蓓(女)
　　　　　施伟东(兼)
　　　　　顾　平(兼)
　　　　　陈　惠(兼)
党组书记　王永新

台湾同胞联合会

会　　长　刘贤忠

残疾人联合会

理 事 长　孙　萍(女,5 月止)
　　　　　温小卫(5 月任)
副理事长　孙　权
　　　　　陈　前
　　　　　蔡世源
　　　　　刘　静(女,兼)
　　　　　汤优钢(兼)
党组书记　孙　萍(女,5 月止)
　　　　　温小卫(5 月任)

红十字会

会　　长　许　文(兼,4 月止)
　　　　　潘早云(兼,4 月任)
副 会 长　苏　枫(女)

薛国荣(兼,4月任)
郭　鑫(兼,4月任)
徐志伟(兼,4月任)
何　俊(女,兼,4月任)
黄科文(兼,4月任)
郦锡梅(女,兼)
陈发荣(兼)
严明礼(兼,4月任)
张玉平(兼)
朱朝阳(兼,4月任)
徐　军(兼,4月任)
胡舜根(兼,4月任)
胡光亮(兼,4月任)
濮　勇(挂职,4月任)
林　枫(兼,4月止)
吴　彤(女,兼,4月止)
顾小俊(兼,4月止)
白连生(兼,4月止)
杨　毅(兼,4月止)
赵　峰(兼,4月止)
朱定明(兼,4月止)
朱明珠(女,兼,4月止)
刘　杰(兼,4月止)
党组书记　苏　枫(女)
监事会监事长　赵　峰(兼,4月任)
副监事长　施章传(兼,4月任)

·市(区)·

丹阳市

市委书记　黄春年
市委副书记　黄万荣
赵志强
市委常委　赵立群
金夕龙
石　捷
薛军民
周东明(6月止)
方　明
杭春云
杨连波
刘宏程(8月任)
人大常委会主任　李忠法
人大常委会副主任　马耿良
周爱仙(女)
任剑平(6月止)
蒋明辉(1月止)
韩静慧(女)
市　长　黄万荣
副市长　赵立群
贺云华(女)
符卫国(7月止)
刘宏程(8月止)
黄俊杰
魏国荣(1月止)
孙桂林
杨文军
束克之(8月任)
谢正宝(8月任)
政协主席　沈岳方
政协副主席　钱留梅(女)
魏国荣(1月任)
谭国祥
陈建红
夏　炜(1月任)
纪委书记　方　明
法院院长　唐东升
检察院检察长　周绪平(11月止)
方红卫(女,2018年12月止)

句容市

市委书记　潘　群
市委副书记　周必松
高庆华
市委常委　宋飞雄
贾云亮
姚　华
赵树锋
查兆娣(女)
孙卫军(10月止)
陈志勇
汪丹宁
人大常委会主任　文雁才
人大常委会副主任　周春芳
石继刚
黄　培
刘志鹏
市　长　周必松
副市长　宋飞雄
贾云亮
侯华锋
张荣海
王大金(12月止)
吴明成
凌　华(女)
政协主席　章壮钧

政协副主席　商　震
吴小香(女)
倪定胜
王道银(女)
胡现龙
纪委书记　赵树锋
法院院长　王锁平
检察院检察长　高　鹏

扬中市

市委书记　殷　敏(女,10 月止)
张德军(10 月任)
市委副书记　张德军(10 月止)
贾　晟(12 月任)
马家胜
市委常委　王成明(12 月止)
张永意
孙　健
卜兴荣
巫晓辉
王汉英
潘　杰
孙丽君
于德祥(11 月止)
李世杰(12 月止)
陈祝平(12 月任)
人大常委会主任　冯锦跃
人大常委会副主任　唐崇林
王继兰(女)
常　云
蒋金龙
市　长　张德军(12 月止)
代 市 长　贾　晟(12 月任)
副 市 长　王成明(12 月止)
张永意
陈波涛
宫金生
孙冬梅(女)
林成春
周　勇
仲　泉
政协主席　施健华
政协副主席　沈大银
陆国平
蒋相根
黄成刚
兰云林
倪　军
纪委书记　巫晓辉
法院院长　朱晓军
检察院检察长　黄卫群

丹徒区

区委书记　谢继步
区委副书记　马振兵
韩宏亮
区委常委　陈平才
陈炳林(4 月任)
包荣军
李莉珺(女)
洪　伟
朱　彤
贺　文
陈　勇
张　蕾(9 月任)
人大常委会主任　李幸福
人大常委会副主任　杨伟民
王卫方(女)
宋守雷
程道云
区　长　马振兵(1 月任)
副 区 长　李莉珺(女,4 月任)
贺丽娟(女)
陈　静(女)
姚恒清
梅　放(11 月止)
邵建海
江达贤(1 月任)
政协主席　徐新祥(1 月止)
黄子来(1 月任)
政协副主席　叶向东
郭祥明
李晓娟(女)
任金华
纪委书记　陈炳林(4 月任)
李莉珺(女,4 月止)
法院院长　汤国生
检察院检察长　黄　进

京口区

区委书记　徐申锋
区委副书记　贾敬远
王为华
区委常委　何广林(9 月止)
倪新明
孙国林

杨国平
汤　杲
徐玉军
郑兆巍(11 月任)
人大常委会主任　施正中
人大常委会副主任　姜厚荣(1 月止)
郑苏真(女,1 月止)
陈德福
杜承华
区　　长　贾敬远(1 月任)
副 区 长　何广林(9 月止)
杨国平(11 月任)
林黎明
郑兆巍(11 月止)
顾明华(4 月止)
杨　彬
闵　佳(4 月任)
赵　鹏
顾洪涛(12 月任)
政协主席　孙国平(1 月止)
刘吉顺(1 月任)
政协副主席　徐　军(8 月止)
朱裕根
盛　杰
张和松
宋小燕(女)
纪委书记　汤　杲
法院院长　刘　凯
检察院检察长　张东生

润州区

区委书记　高国成
区委副书记　徐心田
徐　燕(女)
区委常委　蒋　勇
杨　坚
张庆松
胡如明(11 月止)
张　成
邵学军
梁　亮(11 月任)
人大常委会主任　范永放
人大常委会副主任　刘凯成
易丽娟(女)
赵宝恒(1 月止)
徐菊生(1 月止)
周向群(1 月任)
区　　长　徐心田
副 区 长　蒋　勇
祝中昊
刘国明(7 月止)
赖忠民(7 月任)
王家振
江朝民
景建国
政协主席　蔡文龙(7 月止)
政协副主席　蔡　飞
季　莉(女)
倪南成
张春平
刘向华(女,1 月任)
纪委书记　杨　坚
法院院长　张传军(1 月任)
张子敏(2019 年 12 月止)
检察院检察长　王　飞

·部省属单位·

生态环境局

局　　长　王玉华(8 月止)
成　杰(8 月任)
副 局 长　王敏敏
高　平(4 月任)
贾龙华　罗航宇(女)
总工程师　高　平(4 月止)
汤　立(4 月任)
环境监察支队支队长　汤　立(4 月止)
党组书记　王玉华(8 月止)
成　杰(8 月任)

自然资源和规划局

局　　长　陈跃生
副 局 长　黄　毅(9 月止)
张朝晖
郭继军
吴　斌(女)
殷　强
王建国
总规划师　段志旺
党委书记　陈跃生
党委副书记　王国生
规划监察支队支队长　张炳林
土地储备中心主任　何玉博

国家税务总局镇江市税务局

局　　长　孙　虹

副 局 长　徐向东(11 月止)
　　　　　刘卫忠
　　　　　李　峻
　　　　　朱智宏
　　　　　杨长春
　　　　　邵　云
　　　　　郦梅生
　　　　　洪　宇(女)
总会计师　孙　军
　　　　　何光荣
总经济师　沈志坚
　　　　　高　凌(女)
党委书记　孙　虹
党委副书记　徐向东
纪检组长　王　莉(女)

国家安全局

局　　长　张　强
副 局 长　周光第(11 月止)
　　　　　施　云(女)
党委书记　张　强
政　　委　周光弟(11 月任)
政治部主任　朱国华

镇江海事局

局　　长　张金宝
副 局 长　王　泉(5 月任)
　　　　　张卫星(2019 年 6 月任)
　　　　　姚　亮(5 月任)
党委书记　张金宝
党委副书记　彭慧敏
政　　委　彭慧敏
纪委书记　彭慧敏

镇江海关

关　　长　顾惠娟(女)
副 关 长　贡立新
　　　　　徐六生
　　　　　朱　华
　　　　　王兴荣
　　　　　蒋　敏(女)
　　　　　李　喆
　　　　　余　峰
南京海关第十一派驻纪检组组长
　　　　　陈银健
党委书记　顾惠娟(女)

海关缉私分局

局　　长　徐六生
副 局 长　王　军

国家统计局镇江调查队

队　　长　潘荣军(8 月止)
　　　　　罗凌俊(8 月任)
副 队 长　韩志明(1 月止)
　　　　　蔡建刚(2 月止)
　　　　　周松青(女,11 月止)
　　　　　黄　璐(女,8 月任)
党组书记　潘荣军(8 月止)
　　　　　罗凌俊(8 月任)
纪检组长　李玉强

镇江市气象局

局　　长　尹连荣
副 局 长　顾　茗(女)
　　　　　顾永顺(9 月止)
　　　　　潘建梅(女,9 月任)
党组书记　尹连荣
纪检组长　曹纪平(9 月止)
　　　　　顾永顺(9 月任)

邮政管理局

局　　长　杨　文
副 局 长　戴文涛
党组书记　杨　文
纪检组长　戴文涛

烟草专卖局
(省烟草公司镇江市公司)

局长(经理)　李一匡
副 局 长　耿龙华
副 经 理　郭　俊
总会计师　宋　昀(女,12 月任)
党组书记　李一匡

盐业有限公司

总 经 理　戴奇鸣
副总经理　刘长龙
　　　　　王统翔
　　　　　张群林
　　　　　孙小松(6 月任)
党委书记　刘长龙
党委副书记　戴奇鸣
　　　　　　王统翔
纪委书记　王统翔
工会主席　王统翔

镇江供电公司

总 经 理　王　勇
副总经理　施天明
　　　　　刘　勇(12 月止)

王文天(6 月止)
孙海渤　张子阳
季晓明(6 月任)
总会计师　刘　勇(12 月止)
党委书记　施天明
党委副书记　王　勇
纪委书记　孙晓辉
工会主席　孙晓辉

省广电信息网络股份有限公司镇江分公司

总 经 理　陈　剑
副总经理　包信家
陶　伟(8 月任)
王　斌(12 月任)
党委书记　陈　剑
纪委书记　张旭峰
工会主席　包信家

中国电信股份有限公司镇江分公司

总 经 理　唐　方(9 月止)
贺　军(9 月任)
副总经理　贺　军(9 月止)
邹征宙(女,6 月止)
张明桥
解　梅(女)
沈骏祥(6 月任)
党委书记　唐　方(9 月止)
贺　军(9 月任)
纪委书记　张明桥(10 月止)
汤先曾(10 月任)
工会主席　贺　军(9 月止)
张明桥(9 月任)

江苏移动通信有限公司镇江分公司

总 经 理　陈　逵(5 月止)
刘磊健(5 月任)
副总经理　李劲松
陈苏闽
郭慧钰(女)
党委书记　陈　逵(5 月止)
刘磊健(5 月任)
纪委书记　陈苏闽
工会主席　李劲松

中国联通镇江分公司

总 经 理　殷海云(女)
副总经理　李宏立(1 月止)
王　刚
高　翔(4 月任)
张　进(12 月任)
派驻纪检组组长　徐卫华
党委书记　殷海云(女)

省邮政公司镇江分公司

总 经 理　左　斌
副总经理　杭　坚(5 月止)
朱宏波
戴文斌(7 月止)
郭华波
丁震宇
何爱梅(女,3 月任)
党委书记　左　斌
纪委书记　郭华波
工会主席　杭　坚(5 月止)

· 学校、医院 ·

江苏大学

校　　长　颜晓红
副 校 长　丁建宁
吴春笃
梅　强
张济建
全　力
赵玉涛
陈　红(女)
党委书记　袁寿其
党委副书记　颜晓红
李洪波
纪委书记　高庆国

江苏科技大学

校　　长　周南平
副 校 长　景旭文
王加友
汤　建
姜朋明(12 月止)
俞孟蕻
谈　镇
嵇春艳(女)
党委书记　葛世伦
党委副书记　周南平
景旭文
许俊华
纪委书记　郑培钢

镇江市高等专科学校

校　　长　丁　钢
副 校 长　万碧波(女)
　　　　　冷耀明
　　　　　李大洪
　　　　　李冬梅(女)
党委书记　林　枫
党委副书记　丁　钢
　　　　　　王桂龙
纪委书记　胡永盛

江苏农林职业技术学院

院　　长　巫建华(7 月止)
　　　　　简祖平(7 月任)
副 院 长　周兴元
　　　　　贾　君(女)
　　　　　曹仁勇
党委书记　俞卫东(4 月止)
　　　　　巫建华(7 月任)
党委副书记　巫建华(7 月止)
　　　　　　简祖平
纪委书记　周国义

江苏省交通技师学院

院　　长　司马华炜
副 院 长　纪玉国　陈　伟
　　　　　杨雪茹(女)
党委书记　曾正德
党委副书记　司马华炜
　　　　　　高为群
纪委书记　李　岩

镇江技师学院

院　　长　朱建忠(7 月止)
　　　　　何　峰(7 月任)
副 院 长　何　峰(7 月止)
　　　　　张宗锋　蔡　浪
　　　　　张　永
党委书记　朱建忠
党委副书记　何　峰
纪委书记　戴　云(女)

江苏航空职业技术学院

院　　长　浦黄忠
副 院 长　孙家政　戴金跃
　　　　　陆纪荣　师　平　马士良
党委书记　路月中(12 月止)
党委副书记　浦黄忠
　　　　　　潘国华
纪委书记　刘永希

镇江中学

校　　长　冯章葆
副 校 长　陶圣建
　　　　　赵国斌(6 月止)
　　　　　李国建　陆建根
党委书记　冯章葆
党委副书记　钱　进(8 月止)
　　　　　　俞　惠(女, 8 月任)
纪委书记　俞　惠(女,8 月止)

镇江第一中学

校　　长　吴铁俊
副 校 长　赵竹林　郭晓峰
　　　　　王瑞楠(8 月止)
　　　　　邹建平　龚保庆
党委书记　吴铁俊
党委副书记　赵竹林
纪委书记　张　俊

镇江市高等职业技术学校

校　　长　张伟斌
党委书记　张伟斌

江苏江滨医疗集团

院　　长　陈德玉
副 院 长　何咸兵　陈吉祥
　　　　　李遇梅(女)　袁国跃
财务总监　张开华

镇江市医疗集团

院　　长　邵　教(8 月止)
　　　　　胡云霞(女,8 月任)
副 院 长　周　云　张红光
　　　　　孔繁芝(女)
党委书记　邵　教(8 月止)
　　　　　胡云霞(女,8 月任)
纪委书记　苗　培
理 事 长　邵　教(8 月止)
　　　　　胡云霞(女,8 月任)

说明:领导人职务任止年份除特别说明外,均为 2020 年

(市委组织部)

统计资料

·综　合·

2020 年镇江市行政区划和土地面积情况表

表 34－2

地　区	镇(个)	村民委员会(个)	街道(个)	居民委员会(个)	土地面积(平方千米)	
						建成区面积
全　市	31	488	25	282	3840	227.11
市　区	9	133	18	157	1088	144.62
京口区	—	5	6	56	125	—
润州区	—	8	7	52	89	—
丹徒区	6	83	2	16	617	—
高新区	—	5	1	8	35	—
新　区	3	32	2	25	222	—
辖　市	22	355	7	125	2752	82.49
丹阳市	10	145	2	77	1047	36.01
扬中市	4	58	2	23	327	15.17
句容市	8	152	3	25	1378	31.31

（市统计局）

2020 年镇江市地区生产总值情况表

表 34－3　　单位：亿元

地　区	地区生产总值	第一产业	第二产业		第三产业	人均地区生产总值（元）
				工业		
全　市	4220.09	149.50	1988.63	1770.01	2081.96	131580
市　区	1909.66	30.08	833.04	731.38	1046.54	150902
京口区	449.48	0.83	116.06	95.22	332.59	123755
润州区	245.23	0.46	35.80	13.86	194.04	101946
丹徒区	414.03	20.77	207.13	168.82	162.93	121185
高新区	117.33	0.64	45.11	37.75	63.90	198190
新　区	683.59	6.35	431.46	415.73	223.49	262013
丹阳市	1145.36	50.14	591.89	552.92	486.48	115974
扬中市	489.59	15.36	260.20	236.48	209.45	155181
句容市	675.48	49.89	284.07	233.09	318.55	105766

（市统计局）

2020 年镇江市人口情况表

表 34－4

地　区	户籍人口数					自然增长率（‰）
	总户数（户）	人口数（万人）	男	女	平均户均人口	
全　市	1025968	269.25	132.82	136.43	2.62	－1.98
市　区	407361	102.72	50.76	51.96	2.52	－1.68
京口区	128126	31.31	15.56	15.75	2.44	0.22
润州区	90180	21.10	10.56	10.54	2.34	－0.59
丹徒区	103607	28.89	14.16	14.73	2.79	－3.30
高新区	13616	3.05	1.49	1.56	2.24	1.25
新　区	71832	18.37	8.99	9.38	2.56	－4.12
丹阳市	280806	79.90	39.39	40.51	2.85	－2.78
扬中市	107160	28.10	13.74	14.37	2.62	－1.53
句容市	230641	58.53	28.93	29.59	2.54	－1.61

（市统计局）

2020 年江苏省各设区市主要经济指标表

表 34－5

市名称	土地面积（平方千米）	年末常住人口（万人）	地区生产总值（亿元）	社会消费品零售总额（亿元）	进出口总额（亿元）	实际利用外资（亿美元）	一般公共预算收入（亿元）	居民人均可支配收入（元）	农林牧渔业总产值（亿元）
南京市	6587	931.97	14817.95	7203.03	5340.20	45.15	1637.70	60606	489.84
无锡市	4627	746.40	12370.48	2994.36	6075.61	36.21	1075.70	57589	209.85
徐州市	11765	908.39	7319.77	3286.09	1067.16	22.01	481.82	31166	1248.34
常州市	4372	527.96	7805.32	2421.36	2417.25	28.78	616.60	52080	278.45
苏州市	8657	1274.96	20170.45	7701.98	22321.43	55.40	2303.00	62582	357.02
南通市	10549	772.80	10036.31	3370.40	2627.08	27.12	639.30	42608	845.03
连云港市	7616	460.10	3277.07	1104.29	643.45	6.76	245.17	29501	702.48
淮安市	10030	455.92	4025.37	1675.85	344.38	10.59	264.21	31619	700.30
盐城市	16931	671.06	5953.38	2216.12	823.55	10.12	400.10	33707	1207.20
扬州市	6591	456.10	6048.33	1379.29	770.20	14.70	337.27	38843	541.93
镇江市	3840	321.10	4220.09	1141.93	722.44	7.88	311.74	46180	257.10
泰州市	5788	451.68	5312.77	1333.26	1014.01	16.50	375.20	39701	506.37
宿迁市	8524	498.82	3262.37	1258.08	335.31	5.56	221.17	26421	588.34

（市统计局）

·经济建设主要指标·

2020年镇江市固定资产投资完成情况表

表34－6　　　　单位:万元

项　目	全　市	市　区						丹阳市	扬中市	句容市
			京口区	润州区	丹徒区	高新区	新　区			
固定资产投资总额	10237560	5030128	1103044	935992	920825	426739	1643528	1840577	895474	2471381
一、按登记注册类型分										
内资	9469196	4621721	1026100	931880	894078	397829	1371834	1799539	869826	2178110
#国有企业	731602	416948	122079	156023	125454	100	13292	81601	2724	230329
集体企业	46637	25834	9134	220	480	—	16000	1929	—	18874
股份合作企业	32300	2300	2300	—	—	—	—	30000	—	—
联营企业	162750	162750	—	—	—	—	162750	—	—	—
有限责任公司	2071688	1417904	286646	410139	156103	84586	480430	191392	78245	384147
股份有限公司	355747	236265	70734	73305	6428	4279	81519	93275	4041	22166
私营企业	5646470	2186760	453985	262523	597327	293729	579196	1398005	784816	1276889
其他	422002	172960	81222	29670	8286	15135	38647	3337	—	245705
港澳台商投资企业	292336	171900	28235	4112	18881	966	119706	18773	6471	95192
外商投资企业	476028	236507	48709	—	7866	27944	151988	22265	19177	198079
二、按资金来源分										
上年末结余资金	2436737	1041435	146204	307161	76213	96978	414879	353252	190453	851597
国家预算内资金	190008	85231	47670	30000	7161	400	—	19561	—	85216
国内贷款	1573758	550319	70295	84000	289891	2300	103833	111824	182900	728715
债券	15606	15606	—	15106	500	—	—	—	—	—
利用外资	43321	6188	500	—	500	—	5188	21312	1180	14641
自筹资金	5200567	2449422	470091	418878	482594	129248	948611	879780	486794	1384571
其他资金	506526	309177	41374	26875	52427	94427	94074	14325	76549	106475
三、按构成分										
建筑安装工程	6131483	2879767	746339	599375	544650	222684	766719	1069073	480701	1701942
设备工器具购置	2052033	1231748	166221	40028	298154	45028	682317	266522	292501	261262
其他费用	2054044	918613	190484	296589	78021	159027	194492	504982	122272	508177
四、按产业分										
第一产业	111963	44691	—	781	25886	—	18024	16575	4245	46452
第二产业	4149130	2073314	303190	5975	479922	92300	1191927	920716	563491	591609
#工业	4149130	2073314	303190	5975	479922	92300	1191927	920716	563491	591609
第三产业	5976467	2912123	799854	929236	415017	334439	433577	903286	327738	1833320
新增固定资产	4130407	2391130	750441	299157	238418	122335	980779	588857	485017	665403

（市统计局）

2020 年镇江市城市人口、建设用地情况表

表 34－7

项目	单位	市区	丹阳市	扬中市	句容市
城市人口	万人	103.10	79.90	28.10	58.53
#城区人口	万人	79.30	31.70	14.90	15.96
城市化水平	%	88.7	80.1	70.2	64.6
城市面积	平方千米	1088	1047	332	1386
#城区面积	平方千米	555.43	154.22	94.75	92.80
建成区面积	平方千米	144.62	36.41	13.90	38.00
城市建设用地面积	平方千米	170.21	52.35	32.88	53.32
#居住用地	平方千米	42.3	7.4	4.17	11.48
公共管理与公共服务用地	平方千米	14.41	6	1	1.56
商业服务业设施用地	平方千米	7.96	7.24	0.93	2.08
工业用地	平方千米	53.2	8.6	3.36	6.34
物流仓储用地	平方千米	4.15	0.8	0.43	0.3
道路与交通设施用地	平方千米	30.95	1.15	2.59	5.62
公用设施用地	平方千米	3.41	4.23	0.64	0.22
绿地与广场用地	平方千米	13.83	0.99	2.02	3.71
本年征用土地面积	平方千米	5.78	1.2	1.71	0.82
#耕地	平方千米	2.8	0.88	0.89	0.47

（市统计局）

2020 年镇江市农村基本情况表

表 34－8　　单位：万元

项目	单位	全市	市区						丹阳市	扬中市	句容市
			市区	京口区	润州区	丹徒区	高新区	新区			
一、农村基本情况											
乡村户数	万户	56.63	13.24	1.29	0.34	8.18	0.45	2.97	19.62	7.56	16.21
乡村人口	万人	169.51	39.56	3.62	1.34	25.16	0.96	8.47	59.85	23.81	46.30
乡村劳动力资源	万人	107.74	24.99	2.17	0.63	15.81	0.64	5.73	39.36	15.44	27.95
1. 男	万人	55.53	12.70	1.09	0.33	8.01	0.32	2.95	20.35	7.83	14.64
2. 女	万人	52.21	12.29	1.08	0.30	7.80	0.32	2.78	19.01	7.61	13.31
二、从业人员情况											
劳动年龄内人口数	万人	100.56	23.04	2.04	0.63	14.49	0.64	5.23	37.11	14.20	26.21
#劳动年龄内上学的学生数	万人	5.36	1.32	0.12	0.01	0.74	0.08	0.37	1.93	1.06	1.06
劳动年龄内丧失劳动能力的人数	万人	2.61	0.67	0.07	0.01	0.40	0.04	0.15	0.79	0.36	0.80
乡村实有从业人员合计	万人	99.55	22.76	2.05	0.50	14.50	0.56	5.15	36.32	13.59	26.89
#男性	万人	51.62	11.80	1.03	0.26	7.56	0.33	2.61	18.84	6.92	14.06
女性	万人	47.93	10.97	1.02	0.24	6.94	0.23	2.54	17.48	6.67	12.83
#劳动年龄内从业人员	万人	88.28	20.44	1.86	0.48	12.97	0.52	4.61	32.59	11.99	23.26
#农林牧渔业	万人	18.64	4.11	0.10	0.03	3.03	0.04	0.91	6.06	1.74	6.74
#种植业	万人	15.59	3.61	0.09	0.03	2.64	0.01	0.84	4.59	1.56	5.82
工业	万人	51.28	11.66	1.12	0.25	6.96	0.25	3.08	21.99	8.89	8.74
建筑业	万人	11.73	1.93	0.12	0.04	1.45	0.05	0.26	2.95	0.60	6.25
交通运输、仓储和邮政业	万人	3.44	0.88	0.11	0.04	0.50	0.04	0.19	1.02	0.35	1.19
信息传输、计算机服务和软件业	万人	0.97	0.45	0.05	0.01	0.32	0.01	0.06	0.16	0.18	0.17
批发、零售业	万人	3.15	0.62	0.12	0.02	0.26	0.05	0.18	1.10	0.52	0.92
住宿和餐饮业	万人	2.17	0.71	0.10	0.02	0.47	0.02	0.10	0.49	0.29	0.67
金融、保险业	万人	0.61	0.16	0.02	0.01	0.09	0.01	0.03	0.20	0.14	0.11
房地产、社会服务业	万人	1.13	0.49	0.10	0.01	0.33	0.03	0.02	0.18	0.13	0.33
卫生、体育和社会福利业	万人	0.47	0.16	0.02	0.02	0.08	0.02	0.02	0.12	0.09	0.10
教育、文化、艺术和广播电视事业	万人	0.42	0.14	0.03	0.01	0.07	0.01	0.02	0.13	0.05	0.10
科学研究和综合技术服务事业	万人	0.25	0.06	0.02	0.01	0.01	0.01	0.01	0.04	0.04	0.10
乡经济组织管理从业人员	万人	0.57	0.12	0.01	0.01	0.07	0.02	0.01	0.21	0.13	0.11
其他从业人员	万人	4.71	1.28	0.13	0.02	0.86	0.01	0.26	1.65	0.44	1.35

（市统计局）

2020年镇江市农业现代化基本情况表

表34－9　　　　单位：万元

项　目	单位	全　市	市　区						丹阳市	扬中市	句容市
				京口区	润州区	丹徒区	高新区	新　区			
农用化肥施用量(折纯)	吨	46697	10703	645	401	7169	22	2466	13917	3211	18866
氮肥	吨	20524	4050	289	156	2832	—	773	6368	1957	8149
磷肥	吨	1467	140	32	24	84	—	—	171	316	840
钾肥	吨	2549	208	58	6	144	—	—	959	343	1039
复合肥	吨	22157	6305	266	215	4109	22	1693	6419	595	8838
农用薄膜使用量	吨	2494	169	11	6	121	1	30	1426	104	795
#地膜使用量	吨	1177	70	6	—	58	1	5	795	80	232
地膜覆盖面积	公顷	4970	796	30	—	730	5	30	2180	387	1606
农用柴油使用量	吨	19547	2294	46	8	1690	—	550	6749	348	10155
农药使用量	吨	2020	344	11	7	189	1	135	689	193	795
农业机械总动力	千瓦	1528941	423737	57658	17575	259855	—	88649	395572	136332	573300
#柴油机	千瓦	935944	272977	36590	5674	176728	—	53985	194383	72907	395677
汽油机	千瓦	120405	32253	6768	5912	14361	—	5212	45489	8101	34562
电动机	千瓦	472592	118507	14300	5989	68766	—	29452	155700	55324	143061
农业机械与设备											
大中型拖拉机	台	5029	1272	57	22	1062	—	131	2220	288	1249
小型拖拉机	台	11481	711	9	15	624	—	63	1435	310	9025
农用水泵	套	32850	11361	1008	518	7735	—	2100	6671	3795	11023
联合收获机	台	3102	681	52	4	527	—	98	1487	210	724
机动脱粒机	台	—	—	—	—	—	—	—	—	—	—
机动喷雾(粉)机	台	—	—	—	—	—	—	—	—	—	—
饲草料加工机械	台	2593	790	—	—	715	—	75	1220	136	447

（市统计局）

2020年镇江市主要农作物生产情况表

表34－10　　　　单位：千公顷、公斤/公顷、吨

项　目	单位	全　市	市　区						丹阳市	扬中市	句容市
				京口区	润州区	丹徒区	高新区	新　区			
农作物总播种面积	面积	180.97	39.74	2.09	0.74	24.89	0.26	11.76	69.70	15.69	55.84
一、粮食作物	面积	132.35	28.04	1.54	0.11	18.31	—	8.08	57.93	9.70	36.68
	单产	7224	7130	6173	8782	7184	—	7169	7367	7391	7026
	总产	956010	199928	9477	955	131569	—	57927	426720	71688	257674
（一）夏收粮食	面积	46.17	7.79	0.51	—	4.78	—	2.50	25.52	3.53	9.33
	单产	5129	5021	4971	—	4846	—	5364	5225	5294	4894
	总产	236811	39111	2535	—	23165	—	13411	133347	18689	45664
夏收谷物	面积	45.31	7.64	0.49	—	4.65	—	2.50	25.07	3.33	9.27
	单产	5174	5069	5104	—	4906	—	5364	5273	5438	4897
	总产	234414	38726	2501	—	22814	—	13411	132186	18107	45395
#小麦	面积	44.87	7.63	0.49	—	4.64	—	2.50	24.66	3.32	9.26
	单产	5191	5069	5104	—	4906	—	5364	5306	5438	4898
	总产	232918	38678	2501	—	22766	—	13411	130824	18055	45351

续表 34－10

项 目	单位	全 市	市 区						丹阳市	扬中市	句容市
				京口区	润州区	丹徒区	高新区	新 区			
元麦	面积	0.36	0.01	—	—	0.01	—	—	0.35	—	—
	单产	3350	4800	—	—	4800	—	—	3309	—	—
	总产	1206	48	—	—	48	—	—	1158	—	—
夏收豆类	面积	0.86	0.15	0.02	—	0.13	—	—	0.45	0.2	0.06
	单产	2787	2567	1700	—	2700	—	—	2580	2910	4483
	总产	2397	385	34	—	351	—	—	1161	582	269
(二)秋收粮食	面积	86.18	20.25	1.03	0.11	13.53	—	5.58	32.41	6.17	27.35
	单产	8346	7942	6675	8782	8010	—	7978	9053	8590	7753
	总产	719199	160817	6942	955	108404	—	44516	293373	52999	212010
秋收谷物	面积	78.26	17.98	0.88	0.11	12.2	—	4.79	30.41	4.97	24.9
	单产	8831	8581	7483	8782	8577	—	8788	9438	9500	8138
	总产	691199	154279	6585	955	104634	—	42105	287016	47213	202608
#稻谷	面积	72.30	15.07	0.61	0.09	10.07	—	4.30	30.2	4.97	22.07
	单产	9091	9110	8270	9129	9156	—	9129	9473	9500	8463
	总产	657324	137291	5045	821	92170	—	39255	286070	47213	186750
粳稻	面积	67.78	14.61	0.61	0.09	10.07	—	3.84	27.64	4.97	20.57
	单产	9084	9100	8270	9129	9156	—	9091	9474	9500	8449
	总产	615834	132944	5045	821	92170	—	34908	261878	47213	173799
玉米	面积	5.72	2.91	0.27	0.02	2.13	—	0.49	0.21	—	2.60
	单产	5795	5838	5704	6700	5843	—	5816	4505	—	5858
	总产	33164	16988	1540	134	12464	—	2850	946	—	15230
秋收豆类	面积	5.45	1.66	0.12	—	1.00	—	0.54	1.47	0.80	1.52
	单产	2591	2237	2283	—	1975	—	2700	2812	2758	2682
	总产	14122	3714	274	—	1982	—	1458	4134	2206	4068
秋收薯类	面积	2.47	0.61	0.03	—	0.33	—	0.25	0.53	0.40	0.93
	单产	5619	4493	0	—	5418	—	3812	4221	8950	5715
	总产	13878	2741	0	—	1788	—	953	2223	3580	5334
二、油料合计	面积	13.16	3.21	0.27	0.06	2.54	0.01	0.33	2.45	0.64	6.86
	单产	2576	2537	2708	2754	2489	2400	2730	2601	2624	2582
	总产	33900	8145	734	157	6321	24	909	6363	1677	17715
花生	面积	0.86	0.10	—	—	0.10	—	—	0.29	—	0.47
	单产	1807	2254	—	—	2254	—	—	2623	—	1211
	总产	1550	223	—	—	223	—	—	758	—	569
油菜籽	面积	11.45	3.02	0.27	0.06	2.35	0.01	0.33	2.01	0.64	5.78
	单产	2687	2586	2730	2754	2550	2400	2730	2632	2624	2765
	总产	30763	7809	729	157	5990	24	909	5290	1677	15987
芝麻	面积	0.85	0.09	0.00	—	0.09	—	—	0.15	—	0.61
	单产	1861	1256	1250	—	1178	—	—	2143	—	1900
	总产	1587	113	5	—	108	—	—	315	—	1159
三、棉花(皮棉)	面积	0.50	—	—	—	—	—	—	—	—	0.50
	单产	855	—	—	—	—	—	—	—	—	855
	总产	427	—	—	—	—	—	—	—	—	427

(市统计局)

2020年镇江市工业总产值前50家企业表

表34－11

企业名称	所属地区	企业名称	所属地区
镇江奇美化工有限公司	新　区	巨宝精密加工(江苏)有限公司	句容市
金东纸业(江苏)股份有限公司	新　区	道达尔润滑油(中国)有限公司	新　区
江苏鼎胜新能源材料股份有限公司	京口区	中节能太阳能科技(镇江)有限公司	新　区
中储粮镇江粮油有限公司	京口区	大亚人造板集团有限公司	丹阳市
江苏鑫海高导新材料有限公司	丹阳市	中润油新能源股份有限公司	新　区
江苏沃得农业机械股份有限公司	丹阳市	香江科技股份有限公司	扬中市
江苏鸿泰钢铁有限公司	京口区	江苏恒顺醋业股份有限公司	丹徒区
丹阳龙江钢铁有限公司	丹阳市	中冶东方江苏重工有限公司	丹阳市
江苏鱼跃医疗设备股份有限公司	丹阳市	镇江华润燃气有限公司	润州区
江苏索普(集团)有限公司	京口区	镇江市东方电热科技股份有限公司	新　区
国家能源集团谏壁发电厂	京口区	江苏新韩通船舶重工有限公司	扬中市
江苏鹤林水泥有限公司	丹徒区	凯迩必机械工业(镇江)有限公司	新　区
江苏天工工具有限公司	丹阳市	江苏振光电力设备制造有限公司	丹徒区
华电江苏能源有限公司	句容市	江苏大力神科技股份有限公司	丹阳市
天工爱和特钢有限公司	丹阳市	江苏长丰纸业有限公司	丹阳市
江苏华电句容发电有限公司	句容市	句容台泥水泥有限公司	句容市
建华建材(中国)有限公司	句容市	江苏正丹化学工业股份有限公司	新　区
句容市天工新材料科技有限公司	句容市	镇江西门子母线有限公司	扬中市
江苏通达铜材有限公司	新　区	蜂巢动力系统(江苏)有限公司	扬中市
镇江联成化学工业有限公司	新　区	江苏省镇江船厂(集团)有限公司	润州区
江苏镇江发电有限公司	丹徒区	大赛璐安全系统(江苏)有限公司	丹阳市
镇江江南化工有限公司	新　区	丹阳飞达重工有限公司	丹阳市
江苏中海粮油工业有限公司	扬中市	江苏新泉汽车饰件股份有限公司	丹阳市
句容宁武新材料股份有限公司	句容市	孚能科技(镇江)有限公司	新　区
索尔维(镇江)化学品有限公司	新　区	江苏锐升新材料有限公司	丹阳市

（市统计局）

2020年镇江市营业收入前50家企业表

表34－12

企业名称	所属地区	企业名称	所属地区
镇江奇美化工有限公司	新　区	镇江市东方电热科技股份有限公司	新　区
金东纸业(江苏)股份有限公司	新　区	大赛璐安全系统(江苏)有限公司	丹阳市
江苏沃得农业机械股份有限公司	丹阳市	蜂巢动力系统(江苏)有限公司	扬中市
江苏鸿泰钢铁有限公司	京口区	江苏振光电力设备制造有限公司	丹徒区
江苏鱼跃医疗设备股份有限公司	丹阳市	江苏新泉汽车饰件股份有限公司	丹阳市
国家能源集团谏壁发电厂	京口区	镇江南帝化工有限公司	新　区
江苏天工工具有限公司	丹阳市	镇江默勒电器有限公司	扬中市
江苏鹤林水泥有限公司	丹徒区	优利德(江苏)化工有限公司	新　区
华电江苏能源有限公司	句容市	威腾电气集团股份有限公司	扬中市
江苏华电句容发电有限公司	句容市	海昌隐形眼镜有限公司	丹阳市
天工爱和特钢有限公司	丹阳市	沃得精机(中国)有限公司	丹阳市
建华建材(中国)有限公司	句容市	二重集团(镇江)重型装备厂有限责任公司	丹徒区
江苏镇江发电有限公司	丹徒区	镇江李长荣高性能材料有限公司	丹徒区
道达尔润滑油(中国)有限公司	新　区	江苏亿能电气有限公司	扬中市
索尔维(镇江)化学品有限公司	新　区	国电江苏谏壁发电有限公司	京口区
巨宝精密加工(江苏)有限公司	句容市	恒宝股份有限公司	丹阳市
江苏恒顺醋业股份有限公司	丹徒区	金隆浆纸业(江苏)有限公司	新　区
大亚人造板集团有限公司	丹阳市	江苏华凯比克希线束有限公司	丹阳市
香江科技股份有限公司	扬中市	江苏天工精密工具有限公司	丹阳市
凯迩必机械工业(镇江)有限公司	新　区	江苏沃得高新农业装备有限公司	丹徒区
中节能太阳能科技(镇江)有限公司	新　区	江苏大亚新型包装材料有限公司	丹阳市
镇江华润燃气有限公司	润州区	爱励铝业(镇江)有限公司	京口区
江苏新韩通船舶重工有限公司	扬中市	江苏大全长江电器股份有限公司	扬中市
句容台泥水泥有限公司	句容市	江苏苏菱铝用阳极有限公司	丹徒区
镇江西门子母线有限公司	扬中市	江苏英科医疗制品有限公司	新　区

（市统计局）

2020 年镇江市利税总额前 50 家企业表

表 34－13

企业名称	所属地区	企业名称	所属地区
镇江奇美化工有限公司	新　区	江苏船山矿业股份有限公司	润州区
江苏鱼跃医疗设备股份有限公司	丹阳市	江苏吉贝尔药业股份有限公司	新　区
金东纸业(江苏)股份有限公司	新　区	江苏仅一联合智造有限公司	丹阳市
建华建材(中国)有限公司	句容市	瑞肯耐特流体控制系统(镇江)有限公司	新　区
江苏沃得农业机械股份有限公司	丹阳市	凯迩必机械工业(镇江)有限公司	新　区
江苏鹤林水泥有限公司	丹徒区	天工爱和特钢有限公司	丹阳市
国家能源集团谏壁发电厂	京口区	江苏新泉汽车饰件股份有限公司	丹阳市
华电江苏能源有限公司	句容市	江苏图南合金股份有限公司	丹阳市
句容台泥水泥有限公司	句容市	镇江李长荣高性能材料有限公司	丹徒区
大亚人造板集团有限公司	丹阳市	江苏万隆化学有限公司	新　区
索尔维(镇江)化学品有限公司	新　区	江苏天奈科技股份有限公司	新　区
江苏华电句容发电有限公司	句容市	江苏鸿泰钢铁有限公司	京口区
江苏镇江发电有限公司	丹徒区	镇江市东方电热科技股份有限公司	新　区
镇江南帝化工有限公司	新　区	江苏英科医疗制品有限公司	新　区
海昌隐形眼镜有限公司	丹阳市	特耐斯(镇江)电碳有限公司	新　区
江苏恒顺醋业股份有限公司	丹徒区	托尔专用化学品(镇江)有限公司	新　区
江苏天工工具有限公司	丹阳市	巨宝精密加工(江苏)有限公司	句容市
道达尔润滑油(中国)有限公司	新　区	江苏大全长江电器股份有限公司	扬中市
香江科技股份有限公司	扬中市	大亚(江苏)地板有限公司	丹阳市
镇江西门子母线有限公司	扬中市	江苏铁科新材料股份有限公司	高新区
优利德(江苏)化工有限公司	新　区	江苏大亚印务有限公司	丹阳市
镇江华润燃气有限公司	润州区	江苏天工精密工具有限公司	丹阳市
国电江苏谏壁发电有限公司	京口区	镇江默勒电器有限公司	扬中市
江苏大亚滤嘴材料有限公司	丹阳市	丹阳港华燃气有限公司	丹阳市
大赛璐安全系统(江苏)有限公司	丹阳市	江苏美佳马达有限公司	高新区

（市统计局）

2020 年镇江市资产总额前 50 家企业表

表 34－14

企业名称	所属地区	企业名称	所属地区
金东纸业(江苏)股份有限公司	新　区	江苏大全长江电器股份有限公司	扬中市
华电江苏能源有限公司	句容市	索尔维(镇江)化学品有限公司	新　区
建华建材(中国)有限公司	句容市	中节能太阳能科技(镇江)有限公司	新　区
江苏鱼跃医疗设备股份有限公司	丹阳市	恒宝股份有限公司	丹阳市
镇江奇美化工有限公司	新　区	蜂巢动力系统(江苏)有限公司	扬中市
江苏天工工具有限公司	丹阳市	丹阳水务集团有限公司	丹阳市
江苏华电句容发电有限公司	句容市	镇江市自来水公司	京口区
江苏沃得农业机械股份有限公司	丹阳市	江苏天奈科技股份有限公司	新　区
江苏恒神股份有限公司	丹阳市	大赛璐安全系统(江苏)有限公司	丹阳市
巨宝精密加工(江苏)有限公司	句容市	江苏吉贝尔药业股份有限公司	新　区
国家能源集团谏壁发电厂	京口区	江苏彤明高科汽车电器有限公司	丹阳市
句容台泥水泥有限公司	句容市	江苏鸿泰钢铁有限公司	京口区
香江科技股份有限公司	扬中市	镇江华润燃气有限公司	润州区
句容市水务集团有限公司	句容市	北汽蓝谷麦格纳汽车有限公司	丹徒区
江苏新泉汽车饰件股份有限公司	丹阳市	镇江默勒电器有限公司	扬中市
海昌隐形眼镜有限公司	丹阳市	镇江香江云动力科技有限公司	新　区
二重集团(镇江)重型装备厂有限责任公司	丹徒区	凯迩必机械工业(镇江)有限公司	新　区
天工爱和特钢有限公司	丹阳市	威腾电气集团股份有限公司	扬中市
江苏新韩通船舶重工有限公司	扬中市	沃得精机(中国)有限公司	丹阳市
爱励铝业(镇江)有限公司	京口区	金隆浆纸业(江苏)有限公司	新　区
江苏恒顺醋业股份有限公司	丹徒区	江苏仅一联合智造有限公司	丹阳市
江苏鹤林水泥有限公司	丹徒区	优利德(江苏)化工有限公司	新　区
镇江市东方电热科技股份有限公司	新　区	镇江南帝化工有限公司	新　区
江苏镇江发电有限公司	丹徒区	镇江大东纸业有限公司	新　区
大亚人造板集团有限公司	丹阳市	江苏图南合金股份有限公司	丹阳市

（市统计局）

2020 年镇江市利润总额前 50 家企业表

表 34－15

企 业 名 称	所属地区	企 业 名 称	所属地区
镇江奇美化工有限公司	新　区	瑞肯耐特流体控制系统(镇江)有限公司	新　区
江苏鱼跃医疗设备股份有限公司	丹阳市	江苏吉贝尔药业股份有限公司	新　区
江苏沃得农业机械股份有限公司	丹阳市	江苏仅一联合智造有限公司	丹阳市
金东纸业(江苏)股份有限公司	新　区	江苏船山矿业股份有限公司	润州区
建华建材(中国)有限公司	句容市	天工爱和特钢有限公司	丹阳市
江苏鹤林水泥有限公司	丹徒区	江苏万隆化学有限公司	新　区
华电江苏能源有限公司	句容市	江苏新泉汽车饰件股份有限公司	丹阳市
句容台泥水泥有限公司	句容市	江苏英科医疗制品有限公司	新　区
国家能源集团谏壁发电厂	京口区	江苏图南合金股份有限公司	丹阳市
大亚人造板集团有限公司	丹阳市	镇江李长荣高性能材料有限公司	丹徒区
索尔维(镇江)化学品有限公司	新　区	特耐斯(镇江)电碳有限公司	新　区
镇江南帝化工有限公司	新　区	巨宝精密加工(江苏)有限公司	句容市
海昌隐形眼镜有限公司	丹阳市	江苏天奈科技股份有限公司	新　区
江苏天工工具有限公司	丹阳市	托尔专用化学品(镇江)有限公司	新　区
江苏华电句容发电有限公司	句容市	凯迩必机械工业(镇江)有限公司	新　区
江苏镇江发电有限公司	丹徒区	江苏铁科新材料股份有限公司	高新区
江苏恒顺醋业股份有限公司	丹徒区	江苏美佳马达有限公司	高新区
香江科技股份有限公司	扬中市	江苏天工精密工具有限公司	丹阳市
道达尔润滑油(中国)有限公司	新　区	丹阳港华燃气有限公司	丹阳市
镇江华润燃气有限公司	润州区	镇江市东方电热科技股份有限公司	新　区
镇江西门子母线有限公司	扬中市	江苏大全长江电器股份有限公司	扬中市
优利德(江苏)化工有限公司	新　区	视悦光学有限公司	丹阳市
国电江苏谏壁发电有限公司	京口区	江苏大亚印务有限公司	丹阳市
江苏大亚滤嘴材料有限公司	丹阳市	江苏金斯瑞生物科技有限公司	新　区
大赛璐安全系统(江苏)有限公司	丹阳市	江苏海伦隐形眼镜有限公司	丹阳市

(市统计局)

2020 年镇江市主要工业产品产量表

表 34－16

产　品　名　称	单　位	实　绩	产　品　名　称	单　位	实　绩
一、采矿业产品			饮料酒	千升	68008.24
石灰石	万吨	1116.27	饮料	万吨	11.55
二、水电工业产品			四、纺织工业产品		
发电量	亿千瓦小时	414.13	纱	万吨	1.90
自来水生产量	万立方米	29454.28	布	万米	9657.01
三、农副食品加工业产品			棉混纺布	万米	5905.99
原盐	万吨	160.43	化学纤维短纤布	万米	1593.76
小麦粉	万吨	39.45	化纤长丝机织物	万米	1448.77
大米	万吨	1.89	无纺布	吨	4456.26
饲料	万吨	6.37	蚕丝被	万条	18.90
食用植物油	万吨	90.05	服装	万件	4896.40
鲜、冷藏肉	吨	2411.89	#梭织服装	万件	4559.40
焙烤松脆食品	吨	784	针织服装	万件	337.00
酱油	吨	2580	帐篷	万顶	32.12
食醋	万吨	30.92	手提包(袋)	万个	61.30
方便面	吨	13908	鞋	万双	501.61

续表 34－16

产品名称	单位	实绩	产品名称	单位	实绩
#皮革鞋靴	万双	252.44	气体压缩机	万台	10.19
纺织面鞋	万双	131.80	电梯、自动扶梯	台	39.00
五、化学工业产品			阀门	万吨	3.12
硫酸	万吨	27.60	滚动轴承	万套	907.02
冰乙酸(冰醋酸)	万吨	117.86	工业链条	吨	7745
化学农药原药	万吨	4.93	风机	台	13241
涂料	万吨	1.80	工商用制冷、空调设备	万套	1.73
初级形态塑料	万吨	148.13	电动手提式工具	万台	19.09
#ABS 树脂	万吨	15.60	金属紧固件	万吨	1.86
合成橡胶	万吨	4.89	建筑工程用机械	台	701
碳纤维及其复合材料	吨	2468.00	农产品加工专用设备	台	3093
化学药品原药	吨	200.06	大型拖拉机	台	2642
中成药	吨	532.76	中型拖拉机	台	23476
化学纤维	万吨	3.11	机械化园艺机具	万台	9.27
#涤纶纤维	万吨	2.51	眼镜成镜	万副	1130.49
塑料制品	万吨	8.40	大气污染防治设备	台(套)	141
纸浆	万吨	27.29	灭火器	万台	18.32
机制纸及纸板	万吨	256.76	汽车	辆	1825
#涂布类印刷用纸	万吨	189.39	#新能源汽车	辆	1705
纸制品	万吨	18.28	改装汽车	辆	8
#瓦楞纸箱	万吨	3.06	工业锅炉	蒸发量吨	4.60
单色印刷品	万令	17.45	两轮脚踏自行车	万辆	1076.19
多色印刷品	万对开色令	98.42	电动自行车	万辆	13.85
化学试剂	万吨	2.46	金属包装容器	万吨	0.50
六、建材工业产品			铸铁件	万吨	10.75
人造板	万立方米	31.42	铸钢件	万吨	1.42
实木木地板	万平方米	361.04	锻件	万吨	0.37
复合木地板	万平方米	4697.86	弹簧	万吨	0.29
家具	件	348.47	化工生产专用设备	吨	402.00
硅酸盐水泥熟料	万吨	838.55	九、电子通信工业产品		
水泥	万吨	1550.74	变压器	万千伏安	384.82
商品混凝土	万立方米	458.04	高压开关设备	台	115
预应力混凝土桩	万米	1576.06	电力电缆	亿米	9.82
钢化玻璃	万平方米	51.74	光缆	芯亿米	89.63
石膏板	万平方米	245.18	绝缘制品	万吨	1.88
砖	万块	17601.00	蓄电池	万千伏安时	8.06
玻璃包装容器	吨	1288.00	电光源	万只	8815.00
玻璃纤维布	万米	2497.86	灯具及照明装置	万套	2556.30
纤维增强塑料制品	万吨	4.68	手机	万台	164.26
耐火材料制品	吨	2295.14	集成电路	万块	28.83
石墨及碳素制品	万吨	20.48	光电子器件	万只	82.00
七、冶金工业产品			液晶电视机	万台	6.49
钢材	万吨	501.76	电子元件	亿只	17.98
铁合金	万吨	1.94	印制电路板	万平方米	124.78
锌合金	吨	247.00	汽车仪器仪表	万台	145.76
铜材	万吨	2.84	光学仪器	万个	47.41
铝材	万吨	71.08	多晶硅片	万片	92451
八、机械工业产品			桥架	万吨	35.60
金属切削工具	亿件	7.68	母线	万米	135.23
金属成形机床	台	8349	高低压开关面板	万面	4.71
金属压力容器	万吨	1.92	电工仪器仪表	万台	97.84
工业锅炉	蒸发量吨	4.60	电动机	千瓦	8584
泵	万台	28.42			

(市统计局)

2020 年镇江市社会消费品零售总额情况表

表 34 – 17　　　　单位：万元

项　目	全　市	市　区	京口区	润州区	丹徒区	高新区	新　区	丹阳市	扬中市	句容市
合　计	11419350	5537508	2379785	1146494	627276	199460	1184494	3022488	1333012	1526342
一、按所在地分										
城　镇	10303387	5383284	2375676	1138970	537665	199460	1131514	2621198	1124612	1174293
乡　村	1115963	154224	4109	7524	89611	0	52980	401290	208400	352050
二、按行业分										
批发业	1855126	971581	297586	195157	152343	152294	174202	495103	84977	303466
零售业	8400390	4052918	1835220	844776	411984	41357	919581	2198256	1088840	1060375
住宿业	82648	44335	18684	12237	4364	375	8676	5980	21436	10897
餐饮业	1081186	468673	228296	94324	58585	5433	82036	323149	137759	151605
三、按规模分										
限额以上	3494521	1945016	754965	452490	168269	20816	548476	636681	412739	500085
批发业	300718	141642	1859	119382	7822	12579	0	124306	31812	2957
零售业	2928433	1672399	679619	305604	145242	3964	537970	459633	334659	461741
住宿业	33356	12267	6460	2169	3238	0	401	5390	12565	3135
餐饮业	232015	118708	67028	25335	11968	4272	10106	47353	33702	32252
限额以下	7924828	3592491	1624820	694003	459007	178644	636018	2385807	920273	1026257
批发业	1554409	829939	295727	75774	144521	139715	174202	370797	53165	300508
零售业	5471957	2380519	1155601	539172	266742	37393	381611	1738623	754181	598634
住宿业	49292	32068	12224	10068	1126	375	8276	590	8871	7762
餐饮业	849171	349965	161268	68989	46617	1161	71930	275797	104057	119353

（市统计局）

2020 年镇江市进出口总额情况表

表 34 – 18　　　　单位：亿元

项　目	进出口总额	出口	进口	项　目	进出口总额	出口	进口
全市	722.44	512.21	210.23	扬中市	31.99	29.34	2.65
京口区	88.48	50.48	38.00	句容市	42.17	33.11	9.05
润州区	19.10	17.46	1.64	总计中：国有企业	53.18	18.96	34.22
丹徒区	49.02	44.57	4.44	民营企业	382.87	313.12	69.75
高新区	29.74	26.83	2.91	外商及港澳台商企业	286.39	180.13	106.26
新　区	246.74	115.70	131.04	总计中：一般贸易	579.9	438.7	141.2
丹阳市	215.20	194.70	20.50	加工贸易	88.13	65.28	22.85

（市统计局）

2020 年镇江市外资使用情况表

表 34 – 19

项　目	新设企业数（个）	实际使用外资金额（万美元）	历年累计批准企业数（个）	项　目	新设企业数（个）	实际使用外资金额（万美元）	历年累计批准企业数（个）
按投资方式分	80	78764	4895	金融业	1	1380	16
独资经营	48	44901	2982	房地产业	3	1061	195
合资经营	28	33618	1823	租赁和商务服务业	3	8335	118
合作经营	0	0	85	科学研究、技术服务和地质勘查业	15	3903	100
合伙企业	4	0	4	水利、环境和公共设施管理业	2	3874	25
按国民经济行业分	80	78764	4895	居民服务和其他服务业	2	0	51
农、林、牧、渔业	1	192	175	教育	0	0	6
采矿业	0	0	16	卫生、社会保障和社会福利业	0	0	3
制造业	23	49603	3593	文化、体育和娱乐业	0	0	7
电力、燃气及水的生产和供应业	1	587	43	按投资国别（地区）分：	80	78764	4895
建筑业	0	205	61	亚洲	56	62419	3573
交通运输、仓储及邮政业	2	0	65	非洲	1	0	25
信息传输、计算机服务和软件业	6	7585	63	欧洲	3	8129	347
批发和零售业	20	2039	338	拉丁美洲	0	0	38
住宿和餐饮业	1	0	56	北美洲	5	1730	617

（市统计局）

2020年镇江市全社会用电情况表

表34－20　　单位:万千瓦小时

项　目	全　市	市　区	丹阳市	扬中市	句容市
全社会用电量	2670464	1298082	878261	169119	325002
#第一产业	14173	3966	7150	822	2235
第二产业	1950839	973233	692348	104966	180292
工业	1922333	961595	685571	101889	173278
第三产业	381855	188128	87810	29732	76185
交通运输、仓储和邮政业	64813	30074	18296	1140	15303
信息、计算机服务和软件业	21808	11802	4869	1410	3727
批发和零售业	81641	34306	23895	7706	15734
住宿和餐饮业	21339	7643	6163	2985	4548
金融业	4671	2225	1071	708	667
房地产业	54676	33506	5159	1646	14365
租赁和商务服务业	10969	3734	1381	4336	1518
公共事业和管理组织	110492	61381	23377	8478	17256
城乡居民生活用电	323597	132755	90953	33599	66290
城　镇	166626	98088	32217	10937	25384
乡　村	156971	34667	58736	22662	40906

（市统计局）

2020年镇江市个体私营经济情况表

表34－21

项　目	经营户数（个）	从业人员（人）	注册资本（万元）	项　目	经营户数（个）	从业人员（人）	注册资本（万元）
一、总　计	501921	1742263	89866191	交通运输、仓储和邮政业	26780	57103	1794837
城镇	401919	1262986	73792641	住宿和餐饮业	40370	104893	897443
农村	100002	479277	16073550	信息传输、软件和信息技术服务业	4680	18105	1636616
二、按行业分				金融业	318	2612	1567024
第一产业	16573	47981	1839135	房地产业	4579	25159	2614726
农、林、牧、渔业	16573	47981	1839135	租赁和商务服务业	18923	78264	13548429
第二产业	84875	706546	38731684	科学研究和技术服务业	10836	69381	10653681
工业	65058	592050	25809822	水利、环境和公共设施管理业	474	4050	333857
采矿业	49	598	57675	居民服务、修理和其他服务业	39669	88716	1004935
制造业	64712	589240	25299236	教育	2276	7455	172632
电力、热力、燃气及水生产和供应业	297	2212	452911	卫生和社会工作	558	2319	150460
建筑业	19817	114496	12921862	文化、体育和娱乐业	7049	17613	634050
第三产业	400473	987736	49295372	其他	35	128	2950
批发和零售业	243926	511938	14283732	三、当年新增	101029	174527	11531928

（市统计局）

2020年镇江市各类学校基本情况表

表34－22

项目	全市	市区	丹阳市	扬中市	句容市
学校总数(所)	243	105	65	27	46
普通高等学校	8	8	—	—	—
普通中等专业学校	6	3	1	1	1
普通中学	110	45	39	10	16
高中	19	9	5	2	3
初中	91	36	34	8	13
技工学校	3	2	1	—	—
小学	111	45	23	15	28
特殊教育学校	5	2	1	1	1
毕业生总数(人)	97608	56350	22279	6855	12124
普通高等学校	25989	25989	—	—	—
普通中等专业学校	6872	3193	1978	553	1148
普通中学	33083	13037	10958	3366	5722
高中	10486	4076	3543	1040	1827
初中	22597	8961	7415	2326	3895
技工学校	2864	2752	112	—	—
小学	28635	11296	9201	2914	5224
特殊教育学校	165	83	30	22	30
招生总数(人)	113076	69115	24081	7172	12708
普通高等学校	35493	35493	—	—	—
普通中等专业学校	6872	3193	1978	553	1148
普通中学	37482	14862	12639	3676	6305
高中	13724	5410	4634	1398	2282
初中	23758	9452	8005	2278	4023
技工学校	4474	4234	240	—	—
小学	28635	11296	9201	2914	5224
特殊教育学校	120	37	23	29	31
在校学生总数(人)	417690	239316	98161	28711	51502
普通高等学校	108513	108513	—	—	—
普通中等专业学校	20522	9808	5364	1566	3784
普通中学	110417	43291	37468	10897	18761
高中	39100	15222	13387	4047	6444
初中	71317	28069	24081	6850	12317
#女生	53491	21003	18126	5339	9023
技工学校	14187	13764	423	—	—
小学	163492	63730	54809	16126	28827
#女生	77408	30375	25618	7626	13789
特殊教育学校	559	210	97	122	130
专任教师总数(人)	29976	15473	7865	2343	4295
普通高等学校	6540	6540	—	—	—
普通中等专业学校	1629	662	492	170	305
普通中学	10361	3815	3479	1078	1989
高中	3701	1328	1221	401	751
初中	6660	2487	2258	677	1238
技工学校	578	546	32	—	—
小学	10700	3830	3834	1063	1973
特殊教育学校	168	80	28	32	28

（市统计局）

2020 年镇江市高等教育基本情况表

表 34 －23　　　　单位：人

项　目	在校学生数	招生数	毕业生数	教职员工数	
					专任教师
普通高等学校	108513	35493	25989	11064	6540
江苏大学	37230	11011	8252	5803	2701
江苏科技大学	22314	6730	5220	2207	1513
镇江市高等专科学校	8590	3927	1968	634	452
江苏农林职业技术学院	11442	4068	3721	788	563
金山职业技术学院	3066	1210	1315	235	182
江苏大学京江学院	11185	3428	2500	505	437
南京财经大学红山学院	10004	3145	2220	645	508
江苏航空职业技术学院	4682	1974	793	247	184
成人高等学校	34602	16146	13457	—	—
江苏大学	9832	4671	6089	—	—
江苏科技大学	16193	7693	5022	—	—
江苏农林职业技术学院	2700	808	847	—	—
镇江市高等专科学校	5877	2974	1499	—	—

（市统计局）

2020 年镇江市市区普通高中教育基本情况表

表 34 －24　　　　单位：人

项　目	在校学生				毕业生数	专任教师
		高一年级	高二年级	高三年级		
江苏省镇江中学	2749	921	915	913	804	238
江苏省镇江第一中学	2769	926	940	903	806	226
镇江市实验高级中学	2680	922	903	855	789	193
镇江市第二中学	770	296	268	206	245	104
镇江枫叶国际学校	379	121	111	147	207	—
江苏省大港中学	1642	571	554	517	523	170
镇江市丹徒区高级中学	1743	606	570	567	558	193
镇江第一外国语学校	34	10	13	11	27	—
镇江市外国语学校（国际学校）	0	0	0	0	117	—
镇江市京口区正兴学校	577	211	233	133	0	59
镇江心湖高级中学	1097	479	343	275	0	91
镇江江河艺术高级中学	782	347	306	129	0	54

（市统计局）

2020 年镇江市文化事业机构情况表

表 34 －25 单位:个

项目	全市	市区	丹阳市	扬中市	句容市
艺术事业	8	4	1	2	1
艺术表演团体	5	3	1	1	—
艺术表演场馆	3	1	—	1	1
图书馆	9	5	2	1	1
博物馆	14	6	4	1	3
群众文化事业	67	34	13	7	13
文化馆	8	5	1	1	1
文化站	59	29	12	6	12
其他文化事业	10	4	3	1	2

（市统计局）

2020 年镇江市卫生机构、床位、人员情况表

表 34 －26

项目	机构数（个）	床位数（张）	卫生工作人员数（人）	卫生技术人员数（人）	执业（助理）医师	注册护士
合计	1052	17300	27289	22312	8965	9678
市区	430	9578	13764	11399	4316	5249
丹阳市	261	3789	6737	5403	2294	2212
扬中市	121	1733	2582	2121	871	819
句容市	240	2200	4206	3389	1484	1398
一、医院及妇幼保健院（所、站）合计	60	13518	16793	13864	5080	6801
# 医院	53	12477	14950	12329	4468	6086
# 综合医院	29	7703	10233	8687	3137	4311
中医医院	5	1277	1898	1612	681	669
专科医院	10	1761	1627	1238	413	654
二、卫生院	37	1936	3465	2919	1373	919
三、社区卫生服务中心	30	1642	2715	2335	979	857
四、急救中心（站）	2	0	118	58	28	22
五、采供血机构	2	0	149	104	7	65
六、妇幼保健院（所、站）	7	1041	1843	1535	612	715
七、疾病预防控制中心（防疫站）	11	200	529	382	201	49
八、卫生监督所	7	0	152	137	0	0
九、医学在职培训机构	2	0	15	4	1	1
十、门诊部、诊所、卫生所、医务室、村卫生室、卫生服务站	892	4	3204	2392	1242	941
十一、其他卫生机构	2	0	36	31	6	21

（市统计局）

2020年镇江市医疗卫生水平及保障情况表

表34－27

单位：张、人、%

项 目	全 市	市 区	丹阳市	扬中市	句容市
每千人拥有卫生机构床位数	5.39	7.56	3.83	5.49	3.44
每千人拥有医院(卫生院)床位数	4.49	6.30	3.06	4.92	2.89
每千人拥有卫生技术人员数	6.95	9.00	5.46	6.72	5.30
每千人拥有执业(助理)医师数	2.79	3.41	2.32	2.76	2.32
每千人拥有注册护士数	3.01	4.14	2.24	2.60	2.19

（市统计局）

·人民生活·

2020年镇江市城镇每百户常住居民家庭耐用消费品情况表

表34－28

年购买量	单 位	2020年	2019年	年末拥有量	单 位	2020年	2019年
家用汽车	辆	2.4	2.0	家用汽车	辆	62.0	59.7
摩托车	辆	0.3	0.8	摩托车	辆	13.2	16.6
电动自行车	台	10.8	12.4	电动自行车	台	138.1	131.9
洗衣机	台	5.8	6.4	洗衣机	台	106.1	105.6
电冰箱(柜)	台	6.8	6.4	电冰箱(柜)	台	113.4	113.4
微波炉	台	3.6	2.4	微波炉	台	95.8	95.4
彩色电视机	台	6.1	6.4	彩色电视机	台	197.3	196.9
空调	台	9.0	8.0	空调	台	245.3	245.1
热水器	台	4.2	6.6	热水器	台	117.5	118.0
洗碗机	台	0.2	0.2	洗碗机	台	1.5	1.4
排油烟机	台	3.2	3.2	排油烟机	台	92.4	91.7
移动电话	部	35.3	41.0	移动电话	部	266.9	267.5
计算机	台	4.6	4.7	计算机	台	81.5	82.9
照相机	台	0.0	0.3	照相机	台	18.6	19.8
中高档乐器(含钢琴)	元/人	13.3	6.8	中高档乐器(含钢琴)	架	9.8	9.5
健身器材	元/人	3.7	3.7	健身器材	台	10.0	10.8
空气净化器(含新风系统)	台	0.2	0.0	空气净化器(含新风系统)	台	7.8	7.8
吸尘器	台	1.2	2.5	吸尘器	台	19.5	20.2

（市统计局）

2020年镇江市农村每百户常住居民家庭耐用消费品情况表

表34－29　　　　单位：千克

项　目	全　市	新　区	丹徒区	丹阳市	扬中市	句容市
一、粮食消费量	94.5	88.0	70.1	125.0	110.3	115.8
（一）谷物消费量	83.0	72.0	57.8	114.0	98.5	108.2
#小麦	24.1	20.0	16.0	24.0	28.0	29.6
稻谷	56.0	49.5	39.0	85.0	66.0	73.2
玉米	1.9	1.5	1.0	2.0	2.0	3.4
（二）薯类消费量	2.5	2.2	2.0	3.0	2.8	0.5
#红　薯	0.5	0.7	0.7	0.5	0.8	0.1
（三）豆类消费量	9.0	13.8	10.3	8.0	9.0	7.1
大豆	0.3	0.6	0.3	0.4	0.6	0.5
其他豆类	8.7	13.2	10.0	7.6	8.4	6.6
二、油脂类消费量	8.0	5.7	5.6	10.0	8.8	8.5
植物油	7.5	5.0	5.2	9.0	8.4	7.8
动物油	0.5	0.7	0.4	1.0	0.4	0.7
三、蔬菜及菜制品消费量	69.9	107.8	71.9	73.0	70.5	67.2
鲜菜	65.4	102.1	67.7	68.0	64.3	65.0
干菜及菜制品	1.2	1.4	1.0	1.0	1.8	0.8
鲜菌	3.1	4.1	3.1	3.0	4.2	1.2
干菌及菌制品	0.2	0.2	0.1	1.0	0.3	0.2
四、干鲜瓜果类	32.5	35.7	36.5	31.0	29.9	35.0
鲜瓜果	28.8	31.9	32.4	25.0	26.2	31.5
瓜果制品	0.9	1.3	0.7	3.0	1.4	0.7
坚果类	2.8	2.5	3.5	3.0	2.3	2.8
六、食糖	0.9	1.4	1.0	1.0	0.7	0.9
七、烟草（元）	883.5	595.2	1047.5	985.2	722.9	982.0
八、肉类	24.6	31.3	25.7	21.6	23.9	24.2
猪肉	20.0	26.8	21.0	18.0	18.7	19.6
牛肉	1.3	1.0	1.0	1.0	1.7	1.5
羊肉	0.4	0.4	0.3	0.4	0.4	0.5
其他肉类及制品	2.9	3.2	3.4	2.2	3.1	2.6
九、禽类	11.4	10.7	12.1	14.5	8.4	17.8
鸡	6.5	6.7	6.0	5.8	5.1	10.7
鸭	1.1	0.8	0.5	2.1	0.5	2.9
鹅	0.7	0.5	1.3	1.1	0.4	1.0
其他禽类及制品	3.0	2.6	4.4	5.5	2.3	3.2
十、蛋类及蛋制品	9.9	11.7	10.2	11.0	10.1	8.9
鲜蛋	9.4	10.9	9.7	10.2	9.4	8.5
蛋制品	0.5	0.8	0.5	0.8	0.7	0.4
十一、水产品	15.8	14.9	13.7	15.0	18.6	17.5
鱼类	11.3	10.8	10.8	10.0	12.6	13.7
虾、贝、蟹类	3.3	3.0	2.1	3.0	4.6	3.0
藻类	0.4	0.2	0.4	1.0	0.5	0.3
其他	0.8	0.9	0.4	1.0	0.9	0.5
十二、奶和奶制品	13.1	11.3	10.0	11.0	17.8	13.7
十三、酒类	17.1	9.4	13.5	8.4	19.0	12.0
白酒	5.3	3.2	4.6	5.0	5.0	7.0
啤酒	3.8	2.5	3.0	3.0	4.4	5.0
果酒	0.1	0.0	0.1	0.4	0.0	0.0
十四、茶叶消费量	0.3	0.2	0.1	0.2	0.2	1.0

（市统计局）

2020年镇江市居民消费价格分类指数表

表34－30

项　目	以上年价格为100	项　目	以上年价格为100
居民消费价格总指数	102.4	2.服装材料	102.4
其中:非食品烟酒价格指数	100.3	3.其他衣着及配件	99.9
服务价格指数	101.3	4.衣着加工服务费	101.1
消费品价格指数	103.1	5.鞋类	98.7
一、食品烟酒	107.5	三、居住	101.0
1.食品	109.8	1.租赁房房租	100.7
(1)粮食	100.9	2.住房保养维修及管理	101.5
(2)薯类	110.5	3.水电燃料	100.2
(3)豆类	105.7	4.自有住房	101.1
(4)食用油	102.7	四、生活用品及服务	100.3
(5)菜	107.6	1.家具及室内装饰品	97.1
鲜　菜	109.1	2.家用器具	97.7
(6)畜肉类	135.0	3.家用纺织品	101.7
(7)禽肉类	101.1	4.家庭日用杂品	99.7
(8)水产品	104.6	5.个人护理用品	103.4
(9)蛋类	86.0	6.家庭服务	105.2
(10)奶类	101.5	五、交通和通信	95.4
(11)干鲜瓜果类	92.6	1.交通	94.7
(12)糖果糕点类	102.9	2.通信	97.1
(13)调味品	102.3	六、教育文化和娱乐	102.7
(14)其他食品类	100.8	1.教育	103.7
2.茶及饮料	100.8	2.文化娱乐	101.7
3.烟酒	101.9	七、医疗保健	100.8
(1)烟草	100.2	1.药品及医疗器具	103.3
(2)酒类	104.8	2.医疗服务	99.2
4.在外餐饮	104.3	八、其他用品和服务	104.8
二、衣着	99.9	1.其他用品类	112.2
1.服装	100.2	2.其他服务类	98.9

(市统计局)

2020年镇江市商品零售价格分类指数表

表34－31

项　目	以上年价格为100	项　目	以上年价格为100
商品零售价格总指数	101.9		
一、食品	109.0	九、交通、通信用品	99.3
二、饮料、烟酒	101.9	十、家具	96.5
三、服装、鞋帽	99.8	十一、化妆品	103.3
四、纺织品	102.5	十二、金银饰品	123.4
五、家用电器及音像器材	98.2	十三、中西药品及医疗保健用品	103.1
六、文化办公用品	103.9	十四、书报杂志及电子出版物	102.0
七、日用品	100.6	十五、燃料	90.0
八、体育娱乐用品	98.3	十六、建筑材料及五金电料	98.8

(市统计局)

镇江市第七次全国人口普查公报

镇江市统计局
镇江市第七次全国人口普查领导小组办公室

第一号(全市人口情况)

根据镇江市第七次全国人口普查结果,现将2020年11月1日零时我市常住人口[2]的基本情况公布如下:

一、全市常住人口

全市常住人口为3210418人。

二、人口增长

全市常住人口与2010年第六次全国人口普查的3114105人相比,十年共增加96313人,增长3.09%,年平均增长率为0.31%。

三、户别人口

全市共有家庭户[3]1144197户,集体户68331户,家庭户人口为2870233人,集体户人口为340185人。平均每个家庭户的人口为2.51人,比2010年第六次全国人口普查的2.92人减少0.41人。

注释:

[1] 本公报数据均为初步汇总数据。

[2] 常住人口包括:居住在本乡镇街道且户口在本乡镇街道或户口待定的人;居住在本乡镇街道且离开户口登记地所在的乡镇街道半年以上的人;户口在本乡镇街道且外出不满半年或在境外工作学习的人。

[3] 家庭户是指以家庭成员关系为主、居住一处共同生活的人组成的户。

第二号(地区人口情况)

根据镇江市第七次全国人口普查结果,现将2020年11月1日零时我市各地区常住人口[2]有关数据公布如下:

一、地区人口

各市、区,镇江新区、高新区中,人口超过90万人的地区有1个,在60万~90万人之间的地区有1个,在30万~60万人之间的地区有3个,少于30万人的地区有3个。

各地区人口

表34-32　　单位:人、%

地　区	人口数	比重[3]	
		2020年	2010年
全　市	3210418	100.00	100.00
京口区	355757	11.08	12.47
润州区	239892	7.47	8.20[4]
丹徒区	347264	10.82	9.71
新　区	263813	8.22	6.86
高新区	60064	1.87	1.32[5]
丹阳市	988900	30.80	30.85
扬中市	315462	9.83	10.76
句容市	639266	19.91	19.84

二、地区人口变化

与2010年第六次全国人口普查相比,有5个地区人口增加,依次为:镇江新区、丹徒区、丹阳市、句容市、高新区,分别增加50237人、44919人、28238人、21560人、19034人。年平均增长率较高的地区为:高新区和镇江新区,分别增长3.88%和2.13%。分区域看,市区[6]人口所占比重上升0.90个百分点。

注释:

[1] 本公报数据均为初步汇总数据。部分数据因四舍五入的原因,存在总计与分项合计不等的情况。

[2] 常住人口包括:居住在本乡镇街道且户口在本乡镇街道或户口待定的人;居住在本乡镇街道且离开户口登记地所在的乡镇街道半年以上的人;户口在本乡镇街道且外出不满半年或在境外工作学习的人。

[3] 指各地区的常住人口占全市常住人口的比重。

[4] 润州区2010年第六次人口普查数据为剔除高新区的人口数据。

[5] 镇江高新区于2014年10月升格为国家高新区,2017年6月高新区实体化运作。高新区2010年人口数据,是依据第六次人口普查登记数据,并按照2020年11月的行政管理区域整理而来。

[6] 市区是指京口区、润州区、丹徒区、镇江新区、高新区。

第三号（人口性别构成情况）

根据镇江市第七次全国人口普查结果，现将2020年11月1日零时我市常住人口[2]性别构成情况公布如下：

一、全市常住人口性别构成

全市常住人口中，男性人口为1631648人，占50.82%；女性人口为1578770人，占49.18%。总人口性别比（以女性为100，男性对女性的比例）由2010年第六次全国人口普查的105.11下降为103.35。

二、地区人口性别构成

各市、区，镇江新区、高新区中，总人口性别比在100以下的地区有1个，在100～103之间的地区有4个，在103以上的地区有3个。

各地区人口性别构成

表34－33　单位：%

地区	占总人口比重		性别比
	男	女	
全　市	50.82	49.18	103.35
京口区	50.53	49.47	102.13
润州区	49.90	50.10	99.60
丹徒区	51.81	48.19	107.51
新　区	51.66	48.34	106.87
高新区	51.63	48.37	106.74
丹阳市	50.72	49.28	102.93
扬中市	50.62	49.38	102.52
句容市	50.63	49.37	102.57

注释：

［1］本公报数据均为初步汇总数据。

［2］常住人口包括：居住在本乡镇街道且户口在本乡镇街道或户口待定的人；居住在本乡镇街道且离开户口登记地所在的乡镇街道半年以上的人；户口在本乡镇街道且外出不满半年或在境外工作学习的人。

第四号（人口年龄构成情况）

根据镇江市第七次全国人口普查结果，现将2020年11月1日零时我市常住人口[2]年龄构成情况公布如下：

一、全市人口年龄构成

全市常住人口中，0～14岁[3]人口为381669人，占11.89%；15～59岁人口为2072396人，占64.55%；60岁及以上人口为756353人，占23.56%，其中65岁及以上人口为562226人，占总人口的17.51%。与2010年第六次全国人口普查相比，0～14岁人口的比重上升1.59个百分点，15～59岁人口的比重下降8.89个百分点，60岁及以上人口的比重上升7.30个百分点，65岁及以上人口的比重上升7.16个百分点。

全市人口年龄构成

表34－34　单位：人、%

年　龄	人口数	比重
总　计	3210418	100.00
0～14岁	381669	11.89
15～59岁	2072396	64.55
60岁及以上	756353	23.56
其中：65岁及以上	562226	17.51

二、地区人口年龄构成

各市、区，镇江新区、高新区中，15～59岁人口比重在65%以上的地区有3个，在62%～65%之间的地区有5个。65岁及以上老年人口比重均超过7%，除高新区外，其他7个地区65岁及以上老年人口比重超过14%。

各地区人口年龄构成

表34－35　单位：%

地区	占总人口比重			
	0～14岁	15～59岁	60岁及以上	
				其中：65岁及以上
全　市	11.89	64.55	23.56	17.51
京口区	11.20	65.62	23.17	16.88
润州区	11.67	64.52	23.80	16.97
丹徒区	10.77	64.89	24.34	17.97
新　区	13.20	66.06	20.73	14.84
高新区	12.56	68.02	19.42	13.79
丹阳市	12.29	64.49	23.21	17.33
扬中市	12.00	62.58	25.42	18.73
句容市	11.67	63.90	24.43	18.95

注释：

［1］本公报数据均为初步汇总数据。

［2］常住人口包括：居住在本乡镇街道且户口在本乡镇街道或户口待定的人；居住在本乡镇街道且离开户口登记地所在的乡镇街道半年以上的人；户口在本乡镇街道且外出不满半年或在境外工作学习的人。

［3］0～15岁人口为405102人，16～59岁人口为2048963人。

第五号（人口受教育情况）

根据镇江市第七次全国人口普查结果，现将2020年11月1日零时我市常住人口[2]受教育基本情况公布如下：

一、受教育程度人口

全市常住人口中，拥有大学（指大专及以上）文化程度的人口为614297人；拥有高中（含中专）文化程度的人口为555661人；拥有初中文化程度的人口为1129074人；拥有小学文化程度的人口为673378人（以上各种受教育程度的人包括各类学校的毕业生、肄业生和在校生）。与2010年第六次全国人口普查相比，每10万人中拥有大学文化程度的由11513人上升为19134人；拥有高中文化程度的由18524人下降为17308人；拥有初中文化程度的由40423人下降为35169人；拥有小学文化程度的由22017人下降为20975人。

各地区每10万人口中拥有的各类受教育程度人数

表34－36　　单位：人/10万人

地　区	大学（大专及以上）	高中（含中专）	初中	小学
全　市	19134	17308	35169	20975
京口区	35582	19478	25602	13281
润州区	25954	21629	30362	15028
丹徒区	19788	14599	35062	22784
新　区	19211	19135	34753	19341
高新区	19509	18485	35394	18930
丹阳市	13092	16447	41596	22004
扬中市	18799	16170	32422	24875
句容市	16513	16980	33920	23855

二、平均受教育年限[3]

与2010年镇江市第六次全国人口普查相比，全市常住人口中，15岁及以上人口的平均受教育年限由9.58年上升至10.31年。

各市、区，镇江新区、高新区中，平均受教育年限在11年以上的地区有2个，在10年至11年之间的地区有4个，在9年至10年之间的地区有2个。

各地区15岁及以上人口平均受教育年限

表34－37　　单位：年

地　区	2020年
全　市	10.31
京口区	12.02
润州区	11.24
丹徒区	10.10
新　区	10.51
高新区	10.49
丹阳市	9.83
扬中市	10.09
句容市	9.88

三、文盲人口

全市常住人口中，文盲人口（15岁及以上不识字的人）为64876人，与2010年第六次全国人口普查相比，文盲人口减少24640人，文盲率[4]由2.87%下降为2.02%，下降0.85个百分点。

注释：

［1］本公报数据均为初步汇总数据。

［2］常住人口包括：居住在本乡镇街道且户口在本乡镇街道或户口待定的人；居住在本乡镇街道且离开户口登记地所在的乡镇街道半年以上的人；户口在本乡镇街道且外出不满半年或在境外工作学习的人。

［3］平均受教育年限是将各种受教育程度折算成受教育年限计算平均数得出的，具体的折算标准是：小学＝6年，初中＝9年，高中＝12年，大专及以上＝16年。

［4］文盲率是指全市常住人口中15岁及以上不识字人口所占比例。

第六号（城乡人口和流动人口情况）

根据镇江市第七次全国人口普查结果，现将2020年11月1日零时我市常住人口[2]城乡分布及流动情况公布如下：

一、城乡[3]人口

全市常住人口中，居住在城镇的人口为2550827人，占79.45%；居住在乡村的人口为659591人，占20.55%。与2010年第六次全国人口普查相比，城镇人口增加620935人，乡村人口减少524622人，城镇人口比重上升17.48个百分点。

二、流动人口[4]

全市常住人口中，人户分离人口[5]为1352182人，流动人口为1120778人。流动人口中，省外流入人口为418530人，与2010年第六次全国人口普查相比，增加132632人，增长46.39%。

注释：

［1］本公报数据均为初步汇总数据。

［2］常住人口包括：居住在本乡镇街道且户口在本乡镇街道或户口待定的人；居住在本乡镇街道且离开户口登记地所在的乡镇街道半年以上的人；户口在本乡镇街道且外出不满半年或在境外工作学习的人。

［3］城镇、乡村是按国家统计局《统计上划分城乡的规定》划分的。

［4］流动人口是指人户分离人口中扣除市辖区内人户分离的人口（市辖区内人户分离人口是指一个设区市所辖的区内和区与区之间，居住地和户口登记地不在同一乡镇街道的人口）。

［5］人户分离人口是指居住地与户口登记地所在的乡镇街道不一致且离开户口登记地半年以上的人口。

标准地名命(更)名

2020年镇江市市区标准地名命(更)名情况表

表34－38

标准地名	实体状况说明
天禧院	位于京口区四牌楼街道,双井路341号,长江路与双井路交会处西南侧,东至双井路,南至会莲庵街,西至电力路,北至长江路,占地面积35069平方米,总建筑面积143206.79平方米(含地下建筑面积30467.25平方米)。其中,"天禧院8栋"商业、物业经营用房及市政配套位于会莲庵街114号,"天禧院9、10、11栋"商业分别位于会莲庵街112号、116号、118号,"天禧院12栋"商业及市政配套位于会莲庵街120号,"天禧院13栋"商业位于长江路31号,"天禧院14栋"商业位于双井路343号
香颂苑	位于高新区蒋乔街道,枣林路380号,檀山路与五州山路交会处东北侧,东至枣林路,南至五州山路,西至檀山路,北至白龙山路,占地面积142700平方米,总建筑面积361783.343平方米(含地下建筑面积74143.98平方米)
恒美山庄七区	位于京口区象山街道,学府路121－7号,东临汝山路,南至学府路,西至原"恒美山庄",北至戴家湾路,占地面积50700平方米,总建筑面积78197.677平方米。"恒美山庄"四至范围变更为东临汝山路,南至学府路,西至"紫榭丽舍",北至戴家湾路,总占地面积208491平方米,总建筑面积255966.057平方米
宜园	位于镇江新区丁卯街道,楚桥路555号,东、北至横山凹,西至楚桥路,南至四平山路,占地面积25479平方米
港欣城	位于镇江新区丁岗镇烟墩山路468号,东至烟墩山路,南至官塘路,西至南宫路,北至港南路,占地面积256300平方米,规划总建筑面积546511.95平方米(含地下建筑面积103020.96平方米)。其中,"港新城36－74幢"位于烟墩山路466号
瑞峰嘉苑	位于镇江新区大路镇,普照路6号,东至普照路、圌峰路,南至兴港东路,西至闸南路,北临长虹路,占地面积160896平方米,总建筑面积419019.31平方米(含地下建筑面积118695.35平方米)。其中,"瑞峰嘉苑26栋～30栋"位于普照路1号,"瑞峰嘉苑31栋"幼儿园位于普照路2号,"瑞峰嘉苑32栋"商业、社区用房位于普照路4号,"瑞峰嘉苑33栋"商业位于圌峰路200号
金域铭居	位于镇江新区大港街道,扬子江路158号,东临周章路,南至银山西路,西至通港路,北至扬子江路,占地面积71876.5平方米,总建筑面积242828.74平方米(含地下建筑面积51544.49平方米)。其中,"金域铭居20栋"商业位于银山西路45－1～45－15号,"金域铭居21栋"商业位于银山西路43－1～43－25号,"金域铭居22栋"商业位于银山西路41－1～41－10号,"金域铭居36栋"商业位于扬子江路162－1～162－11号,"金域铭居38栋"商业位于扬子江路160－1～160－16号,"金域铭居39栋"商业位于扬子江路156－1～156－15号
清河湾小区	位于润州区和平路街道,解放湾路90号,东至桃西路,南至运粮河,西至太平路,北至金湖花园,占地面积72100平方米,总建筑面积188340.93平方米(含地下建筑面积61749.36平方米)。其中"清河湾小区南部区域1－2幢、4－12幢"位于解放弯路39号,"清河湾小区南部区域3幢"菜市场位于解放湾路37号
物语花园	位于京口区象山街道,焦山路167号,东至清平路、南至禹山路,西至焦山路,北至清河路,占地面积120346平方米,总建筑面积382667.94平方米(含地下建筑面积74882.72平方米)。其中"物语花园35栋"商住楼沿街商业编制沿街门牌号"焦山路167号101～119"
峰汇苑	位于京口区象山街道,学府路139号,东至宗泽路,南至学府路,西至谷阳路,北至镇江恒顺亚飞汽车有限责任公司,占地面积66144.38平方米,总建筑面积176287.45平方米(含地下建筑面积42558.73平方米)。其中,"峰汇苑1～6栋之间东入口"位于孟家湾路1号
倚山雅筑	位于润州区七里甸街道,冠城路9号,东至曙光路、南至团山路,西至檀山路,北至冠城路,占地面积35800平方米,规划总建筑面积163878平方米(含地下建筑面积29836.55平方米)
玖著雅苑	位于京口区象山街道,禹象路99号,东至航信路(规划待建);南临禹山路;西至禹象路;北至象山路,占地面积63503平方米,规划总建筑面积130846.33平方米(含地下建筑面积29320.86平方米)。其中,"玖著雅苑1栋"物业、商业及市政社区服务用房位于禹象路97号,"玖著雅苑18栋"商业及市政设施配套用房位于禹象路101号,"玖著雅苑19栋"幼儿园位于禹象路103号
云图花园	位于润州区官塘桥街道,宝珠路2号,东至宝平路,南至宝珠路,西至规划朱岗路,北至三里岗路,占地面积64448平方米,规划总建筑面积148083.29平方米(含地下建筑面积30584.33平方米)。其中"云图花园20栋"商业位于三里岗路3号,"云图花园21栋"商业位于三里岗路5号
美堤苑	位于润州区和平路街道,百花路8号,东至金山湖路、中泠路,南至百花路,西至镜天路,北至万润路,占地面积83700平方米,规划总建筑面积164800平方米(含地下建筑面积47322.55平方米)
和院	位于润州区金山街道,和平路61号,东至和平路、南至紫阳花园、西临运粮河、北至新河路,占地面积33822平方米,总建筑面积68660.96平方米(含地下建筑面积23813.58平方米)
合山居	位于京口区象山街道,焦山路99号,东至御锦城三区、南至清河路,西至焦山路,北至象山路。占地面积41747平方米,总建筑面积119958.63平方米(含地下建筑面积23091.32平方米)。其中,"合山居4幢"沿街商铺位于焦山路95号,"合山居10幢"沿街商铺位于象山路26号,"合山居11幢"沿街商铺位于焦山路111号
上悦诗苑	位于润州区七里甸街道,鸿鹤桥路55号,东至矿机路,南至规划康泰路,西至规划康平路,北至鸿鹤桥路。占地面积55539.28平方米,规划总建筑面积129545.71平方米(含地下建筑面积28372.47平方米)。其中,"上悦诗苑20幢"沿街商铺位于鸿鹤桥路53号,"上悦诗苑21幢"沿街商铺位于鸿鹤桥路51号

续表 34 －38

标准地名	实体状况说明
湖润园	位于镇江新区丁岗镇，宜侯路188号，东至港中路，南至宜侯路，西至银山南路，北临港南路。占地面积98731.2平方米，规划总建筑面积375564.61平方米（含地下建筑面积77526平方米）。其中，“湖润园22幢”商业、物业及社区用房位于郁金香路1号，“湖润园23幢”酒店式公寓位于郁金香路3号，“湖润园24幢”商业及物业用房位于郁金香路5号
聆江阁	位于京口区象山街道，江滨路288号，东至清平路、南至清流路，西至北望江府，北至江滨路。占地面积86903平方米，规划总建筑面积169251.47平方米（含地下建筑面积45548.36平方米）
都苹雅苑	位于镇江高新区蒋乔街道，七里路26号，东至蚕宝路，南至七里路，西至金蚕路，北至蚕桑路。占地面积112889.44平方米，规划总建筑面积321419.69平方米（含地下建筑面积64465.22平方米）。其中，“都苹雅苑23幢”沿街商铺位于蚕宝路3号，“都苹雅苑24幢”独立商业位于七里路27号
恒景苑	位于京口区象山街道，汝山路555号，东至规划翠谷路、南至恒顺翠谷小区、西至汝山路、北至京岘山，占地面积20300平方米，总建筑面积69131.108平方米（含地下建筑面积11665.836平方米）
香江苑	位于京口区象山街道，桓王亭路69号，东至智慧大道，南接东城绿洲，西至桓王路，北至桓王亭路，占地面积24500平方米，规划总建筑面积42581.47平方米（含地下建筑面积9130.62平方米）。其中，“香江苑7栋”沿街商业编制沿街门牌号“桓王亭路71－1号～71－24号”，“香江苑8栋”沿街商业编制沿街门牌号“桓王亭路67－1号～67－33号”，“香江苑独立幼儿园”位于“桓王亭路73号”
紫晟兴寓	位于镇江新区大港街道，通港路11号，东至香郡小区，南至吉祥街，西至通港路，北临兴港西路，占地面积4226.9平方米，规划总建筑面积10346.52平方米（含地下建筑面积1718平方米）
天成嘉园	位于镇江新区丁卯街道，纬二路66号，东至经五路、南至纬一路、西临经三路、北至纬二路，占地面积42778平方米，规划总建筑面积107749.61平方米（含地下建筑面积30710平方米）
象山花园四区	位于京口区象山街道，禹象路89号，东至规划航信路，南至象山路，西至禹象路，北至清流路待建向东延伸段，占地面积98747平方米，规划总建筑面积275168.97平方米（含地下建筑面积65999.26平方米）。其中，“象山花园四区6栋”沿街商业编制沿街门牌号“禹象路87－1号～87－9号”，“象山花园四区15栋”沿街商业编制沿街门牌号“禹象路91－1号～91－9号”
九如商业广场	位于润州区金山街道，东临宝塔路，南至平安巷，西至薛家巷，北至大西路，占地面积8018平方米，总建筑面积14077.84平方米（含地下建筑面积4540平方米），其中“九如商业广场1栋”位于大西路287号，“九如商业广场2栋”位于大西路289号
经开大厦	原“大港金融大厦”，2020年初更名为“宜候大厦”，后更为现名。位于镇江新区大港街道，港南路401号，占地面积10609平方米，总建筑面积78300平方米，共24层
瑞民路	位于镇江新区姚桥镇，北起瑞江路，南至王家路子村，长349米，宽5米
苏颂路	位于镇江高新区蒋乔街道，东起戴家门路，西至五州山净因寺，长365米，宽4米
润浦路	位于镇江新区丁岗镇，南北走向，北起心湖路，南至润岗路，长170米，宽7.5米
润东路	位于镇江新区丁岗镇，南北走向，润浦路东侧，北起心湖路，南至润岗位，长170米，宽7.5米
润岗路	位于镇江新区丁岗镇，东西走向，东起润东路，西至章元路，长349米，宽9.25米
章元路	位于镇江新区丁岗镇，南北走向，北起心湖路，南至滨湖路，长320米，宽7米
章丁路	位于镇江新区丁岗镇，南北走向，北起心湖路，南至滨湖路，长320米，宽7米
滨湖路	位于镇江新区丁岗镇，东西走向，东起章丁路，西至章元路，长550米，宽7米
郁金香路	位于镇江新区丁岗镇，东西走向，东起港中路，西至银山南路，长450米，宽10米
紫竹路	位于镇江新区大港街道，东西走向，东起赵声路，西至吉祥西街，长600米，宽20米
心湖路	位于镇江新区丁岗镇，东西走向，东起港中路，西至赵声路，全长1677米，宽32米（部分路段宽37.75米）

（市民政局）

2020年镇江市各市（区）标准地名命（更）名情况表

表 34 －39

市（区）	标准地名
丹徒区	璟院、尚湖雅居、晟悦尚居、智富嘉园、东方丽晶花苑、宝庆路、一清路、昌园路
丹阳市	凤熹台小区、尚城、樾府里、和谐嘉苑、河阳新城、东城金街小区、桃源里、嘉荟新城中苑、嘉荟新城西苑、熙悦城、迈村新城、百胜路、富强路、东丰路、夏家路、凤林大道、漕运路、怡景路、求真路、简渎河路、锦华路、怡和路、田园路、恒兴路、蒋巷路、创新路、创智路、创意路、力合路、河沿路、东方路、进士庄路、上庄巷、群兴路、群旺路、群发路、群达路、新桥河路、新巷路、大七桥路
句容市	可园、云麓小院、玖悦名筑、春城佳苑、富春新苑、宸悦赋小区、云庭、兰园、宸品花园、桃源雅居、福桂小区、好运居、江南人家花园、博雅居、雅澜居、福康园、樱花苑、石狮家园、君华大厦、华亭东路、华亭南路、华亭北路、华亭西路、容昌路、兴源路、兴港路、洪山路、碧山路、双欧路、陈昌路、民生路、正安路、正康路、正宁路、容润路、容和路、容通路、容范路、容光路、园西巷、西唐路、延义路、后岗头巷、白东路、镇荣北路、镇荣南路、镇荣路、跃进河路、陶然路、凤台路、通源路、桃园路、下蜀人民东路、下蜀人民西路、红山路、下蜀北街、下蜀南街、下蜀东街、下蜀西街、仁信路、崇信路、茶香路、诗乡路、平成路、清阳路、引河东路、引河西路、沭正路、守正路、桥新路、亭湾路、滨江路、伟业路、兴旺路、平江路、望江路、闻江路、敬业路、乐业路、宝业路、华兴路、蜀义路、蜀礼路、蜀智路、咸兴路、蜀仁路、蜀信路、水圩路、三蔡路、莺歌路、姊妹桥路
扬中市	丰裕华庭、智创科技园、恒宁路、领航路、文苑路、裕兴路

（市民政局）

索　引

说　明

一、本索引采用主题分析方法编制。标引词中机构、单位名称用简称。标引词按第一字汉语拼音音序排列；第一字相同，按第二字排列，依次类推。

二、类目、分目（次分目）名称用黑体字标明。标引词后的阿拉伯数字表示内容所在页码，数字后的字母a、b分别表示从左至右第一、二栏。标引词后第二个页码起，表示该索引参见内容所在位置；空一字起排的为上一标引词的附见内容。

D

E

F

H

K

L

M

R

S

X

Z